城市风物

城市定位：融入上海桥头堡、以港强市枢纽城、对德合作示范区、城乡和美幸福地

文化名片：郑和下西洋起锚地、娄东画派发祥地、江南丝竹发源地、牛郎织女降生地

两院院士：唐孝威（中国科学院院士）、吴建屏（中国科学院院士）、邹世昌（中国科学院院士）、黄胜年（中国科学院院士）、顾懋祥（中国工程院院士）、唐孝炎（中国工程院院士）、杨胜利（中国工程院院士）、陆佑楣（中国工程院院士）、龚知本（中国工程院院士）、施剑林（中国科学院院士）、吴健雄（中国科学院外籍院士）、朱棣文（中国科学院外籍院士）

全国重点文物保护单位：张溥宅第、太仓石拱桥（皋桥、州桥、周泾桥、井亭桥、金鸡桥）、浏河天妃宫遗址、太仓海运仓遗址

国家级非物质文化遗产：江南丝竹

中国历史文化名镇：沙溪镇

江苏省非物质文化遗产：滚灯、太仓七夕节、双凤山歌、太仓肉松制作技艺、太仓糟油制作技艺、妈祖祭、唐调（苏州吟诵）、汤面制作技艺（双凤羊肉面制作技艺）、白猿通背拳

风物特产：太仓肉松、太仓糟油、双凤肥羊面、双凤爊鸡、长江绒螯蟹、太仓白蒜、新毛芋艿、板桥西瓜、新湖番茄

高校教育：苏州健雄职业技术学院、西北工业大学太仓智汇港、西交利物浦大学太仓校区

2024

太仓年鉴

太仓市史志办公室 编

（总第28卷）

方志出版社
Publishing House of Local Records

图书在版编目(CIP)数据

太仓年鉴 . 2024 / 太仓市史志办公室编 . -- 北京 : 方志出版社 , 2024. 9. -- ISBN 978-7-5144-6323-1

Ⅰ . Z525.34

中国国家版本馆 CIP 数据核字第 2024HN2863 号

责任编辑：刘方圆
责任校对：张玉霞
责任印制：梅中英
出 版 者：方志出版社
地　　址：北京市朝阳区潘家园东里 9 号（国家方志馆 4 层）
邮　　编：100021
网　　址：http://www.zgfzcb.cn
发　　行：方志出版社图书营销中心（010-67110500）
印　　刷：南京凯德印刷有限公司
开　　本：889 毫米 × 1194 毫米　1/16
印　　张：28.75 印张　插页：6.5 印张　地图：2 幅
字　　数：1272 千字
版　　次：2024 年 9 月第 1 版
印　　次：2024 年 9 月第 1 次印刷
定　　价：200.00 元

《太仓年鉴（2024）》编纂人员

主　　编　芮　萌

副 主 编　龚益锋　许　斌

执行编辑　邢友来　仲　彦　施　璎　李　婷

编　　辑　顾鸿飞　高健彪　范志芳　朱敏峰　许燕东

摄　　影　计海新　姚建平

封面题字　郁宏达

图片专题设计　每日传媒

编 辑 说 明

一、《太仓年鉴》以马克思列宁主义、毛泽东思想、邓小平理论、“三个代表”重要思想、科学发展观、习近平新时代中国特色社会主义思想为指导，坚持辩证唯物主义和历史唯物主义的立场、观点和方法，全面、系统、真实、准确、客观地记载太仓自然、政治、经济、文化、社会和生态等方面的现状，发挥年鉴为领导决策所用、为一线工作所用、为百姓知情所用、为学术研究所用、为宣传交流所用的功能，为社会各界了解太仓、建设太仓和续修地方志书提供基本资料。

二、《太仓年鉴（2024）》记述时间原则上为2023年1月1日至2023年12月31日，部分内容适当上溯或下延。年鉴采用分类编辑法，基本结构分类目、分目、副分目、条目等层次，部分分目增设子目，以条目为基本单位，其中条目以黑体字加【 】表示。大事记中同日或同月用△表示。全书卷首设封面故事、年度便览、视觉太仓3个图片专题，正文设特别报道、大事纪要、太仓概览、人居环境、太仓港、高新区及中德合作示范区、区域经济、公共服务、社会治理、地方组织机构、城镇街道等类目11个，书后设附录及索引。

三、《太仓年鉴（2024）》编写框架与上年相比，有适当微调：“人居环境”类目增加“城市更新”分目；撤销“智慧城市建设”副分目，相关内容移至“地方组织机构”类目的“太仓市政府”分目下“数字政府建设”中；“交通行业监管”副分目移至“社会治理”类目下“公共安全”分目；“长江渔业资源保护”改为“长江大保护”。“区域经济”类目下“工业经济”分目中撤销“工业园区”副分目，内容移至相关区镇；“经济管理”分目下增加“‘太舒心’营商服务”“公共资源交易”“检验检测”副分目；“知识产权管理”副分目移至“科技创新”分目。“公共服务”类目增加“居民收入与消费”分目；“社会事务”分目增加“新市民服务”副分目。“社会治理”类目下“公共安全”分目增加“网络安全”副分目，撤销“武警”副分目。

四、《太仓年鉴（2024）》卷首图片专题中，“封面故事”以“太仓阿尔卑斯国际度假区开幕”为主题，并简要介绍度假区及太仓文旅发展情况。“年度便览”收录“数说太仓·2023”和“重要荣誉·2023”。“视觉太仓”收录“年度掠影”“太仓市撤县建市30周年”“精神文明建设十佳新人新事”等内容。

五、《太仓年鉴（2024）》“附录”中“年度荣誉”以有关表彰文件（证书）为准，并经编者筛选，一般收录获评省条线（含）以上的先进集体和先进个人。

六、《太仓年鉴(2024)》数字用法、标点符号用法分别采用国家标准《出版物上数字用法》(GB/T 15835—2011)、《标点符号用法》(GB/T 15834—2011)，计量单位采用国家技术监督局1993年12月发布的《量和单位》系列国家标准。

七、《太仓年鉴（2024）》资料、数据均由各部门、各镇（区、街道）和部分协会、企业提供，并经各单位领导审核确认，同类数据若有出入，则以统计资料为准。部分数据因四舍五入原因，导致分项数与合计数不一致，不再一一说明。

太仓阿尔卑斯国际度假区外景 计海新 摄

太仓文旅产业发展迎来重要里程碑

——太仓阿尔卑斯国际度假区开幕盛典举行

2023年11月9日，太仓阿尔卑斯国际度假区举行开幕盛典。这是太仓人民期盼已久的一件盛事，更是太仓全域旅游发展的重要里程碑。

太仓市委书记汪香元代表太仓市委、市政府向阿尔卑斯国际度假区的开业投运表示祝贺。他说，作为宜居宜业、幸福和美的现代田园城市，太仓依托长三角一体化等战略机遇叠加的“天时”、沿江临沪近海的“地利”、广大客商青睐的“人和”，大力发展以农文旅融合为重点的全域旅游，罗腾堡风情街、七十二家理想村、香塘野邻露营村等一批文旅项目成为网红打卡地，特别是复星倾力打造的阿尔卑斯国际度假区，和太仓打造的玫瑰庄园景区，是太仓全域旅游版图中的重要“两极”，将为游客带来高品质、沉浸式的度假体验，必将助推太仓文旅产业发展实现新跃升，成为华东地区休闲旅游的新地标。太仓将充分发挥阿尔卑斯国际度假区的龙头带动作用，加速完善全域旅游格局，推动冰雪游与乡村游、古镇游、港口游等串珠成链，把太仓建设成为“全域皆景、全域可游”的长三角休闲旅游目的地。诚邀广大游客朋友到太仓观光旅游，赏田园之美、听丝竹之韵、游冰雪之旅、品美食之鲜。

（摘自2023年11月9日《太仓日报》 记者：王俊）

总面积：**809.93** 平方千米

户籍人口：**54.25** 万人

常住人口：**84.80** 万人

地区生产总值：**1734.94** 亿元

其中

- 第一产业增加值：**24.33** 亿元
- 第二产业增加值：**813.97** 亿元
- 第三产业增加值：**896.64** 亿元

人均（常住）地区生产总值：**20.51** 万元

公共财政预算收入：**189.42** 亿元

规模以上工业总产值：**3212.26** 亿元

全社会固定资产投资：**553.43** 亿元

其中

- 工业投资：**212.62** 亿元
- 服务业投资：**339.72** 亿元

商品房新开工面积：**168.73** 万平方米

商品房施工面积：**676.31** 万平方米

商品房竣工面积：**29.73** 万平方米

商品房销售面积：**165.41** 万平方米

社会消费品零售总额：**548.83** 亿元

注册外资及港澳台资：**11.35** 亿美元

实际使用外资及港澳台资：**5.34** 亿美元

服务外包接包合同额：**12.19** 亿美元

其中

- 离岸执行额：**4.32** 亿美元

进出口总额：**152.77** 亿美元

其中

- 出口总额：**82.85** 亿美元

旅客运输量：**384** 万人次

货物运输量：**2795** 万吨

太仓港集装箱吞吐量：**803.91** 万标箱

太仓港货物吞吐量：**2.75** 亿吨

接待境内外游客：**745** 万人次

旅游业总收入：**145** 亿元

私人汽车保有量：**27.1** 万辆

金融机构人民币存款余额：**2742.88** 亿元

其中

住户存款余额：**1219.95** 亿元

金融机构人民币贷款余额：**2993.72** 亿元

小学：**40** 所

其中

民办小学：**7** 所

普通初中：**18** 所

普通高中：**4** 所

特殊教育学校：**1** 所

中等专业学校：**1** 所

高等院校：**3** 所

老年大学：**1** 所

社区教育中心：**9** 个

授权专利：**8159** 件

其中

发明专利：**1408** 件

各类医疗机构：**331** 所

卫生机构拥有床位：**4530** 张

卫生技术人员：**5703** 人

人均期望寿命（户籍人口）：**83.30** 岁

乙类传染病报告发病率：**182.33/10** 万

儿童免疫规划建卡率（常住人口）：**100%**

居民健康档案建档率（常住人口）：**93.72%**

城镇居民人均可支配收入：**82639** 元

城镇居民人均生活消费支出：**49376** 元

农村居民人均可支配收入：**46462** 元

农村居民人均生活消费支出：**32390** 元

- 中国县域高质量发展百强第六位
- 全国综合实力百强县第七位
- 全国县域发展潜力百强县第二位
- 中国县域投资竞争力百强第六位
- 科技创新县域百强第二位
- 全国绿色发展百强县市第三位

- 全国新型城镇化质量百强县市第三位
- 中国最具幸福感城市县级市榜单首位
- 企业家幸福感最强市（区）榜单首位
- 全国第二批创新型县（市）
- 全国城市营商环境创新县（市）（2022年）

年度摄影

2023年1月17日
苏州市暨太仓市文化、科技、卫生“三下乡”活动在沙溪镇启动，50余个部门捐款捐物合计人民币91.25万元，现场开展五大类49项志愿服务活动

2023年1月19日
太仓市组织书法家到璜泾镇雅鹿村，为农户书写春联、福字，将新春祝福送进农家

2023年1月28日
苏州托克斯冲压设备有限公司生产技术人员调试即将出厂的汽车生产设备　计海新摄

2023年2月2日
城厢镇县府社区在街头采用"猜猜乐福袋"宣传中共二十大精神

姚建平摄

2023年2月3日
璜泾镇孟河村、永乐村举行猜灯谜、包元宵、文艺表演等活动，迎接元宵节的到来

计海新摄

2023年2月4日
浏河镇举行“前‘兔’似锦 喜韵‘浏’年”民俗传统文化展演庆元宵活动　计海新摄

▼ 2023年2月7日
太仓港经济技术开发区举行“春风送暖，就在港城”——2023年港区“春风行动”专场招聘会，44家用人单位提供的217个岗位吸引400多名求职者应聘　**计海新**摄

2023年2月9日
位于太仓港经济技术开发区的江苏润邦工业装备有限公司的生产技术人员正在组装出口欧洲市场的港口集装箱起重机械
计海新摄

2023年2月15日

太仓市绿色产业园摩创科技（苏州）有限公司员工在生产线上生产装配汽车门锁。该公司为国内多家汽车品牌配套加工门锁、尾箱锁，产品自动化生产率达70%

计海新摄

▲ 2023年2月14日

果农在双凤镇勤力村草莓种植园内采摘草莓，销往市场

计海新摄

2023年2月22日
双凤镇勤力村梅花庄园4000余株梅花竞相绽放，吸引游人踏春赏花　　计海新摄

2023年2月25日
航拍长江太仓水域货船运输繁忙景象　计海新摄

2023年2月27日
中铁上海工程局铁路建设者在沪宁沿江高铁（南沿江城际铁路）太仓市站前10标施工现场进行无砟轨道施工
计海新摄

2023年2月28日
太仓高新区一家AEO高级认证企业管理人员向太仓海关关员介绍企业相关生产情况
计海新摄

▲2023年3月2日

在太仓港国际集装箱码头，2500余台国产品牌燃油车及新能源车通过“可折叠商品车专用框架”海运新模式发往希腊、西班牙、意大利等多个国家的港口

计海新摄

2023年3月3日
“学习雷锋好榜样 志愿服务树新风”——2023年太仓市新时代文明实践集中行动暨志愿服务展示交流活动在天镜湖广场举行
计海新摄

2023年3月5日
太仓市爱心商家联合会的志愿者在沙溪镇一农户家开展现场直播助销活动
姚建平摄

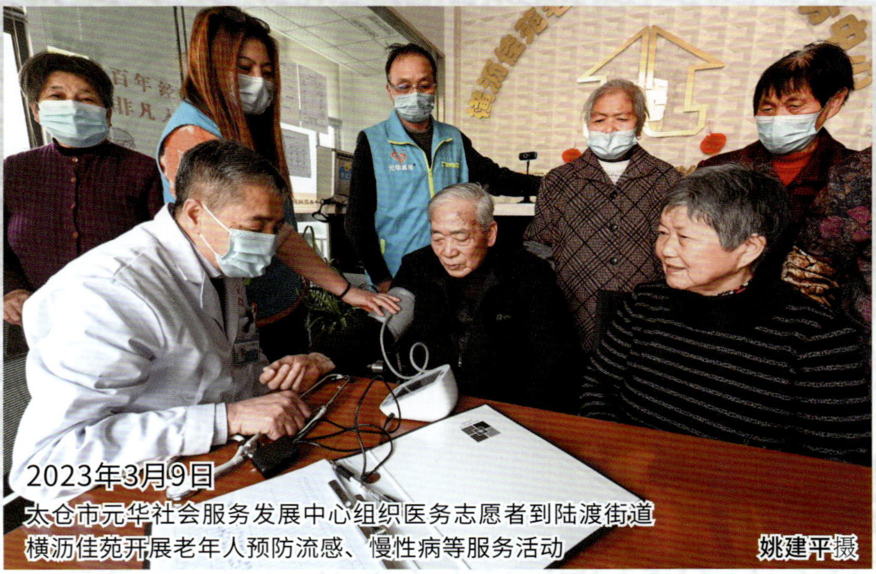

2023年3月9日
太仓市元华社会服务发展中心组织医务志愿者到陆渡街道横沥佳苑开展老年人预防流感、慢性病等服务活动
姚建平摄

2023年3月18日
初春时节，游人在璜泾镇雁月湖油菜花田间踏春赏花 计海新摄

▲2023年3月28日
航拍苏州市特色田园乡村——沙溪镇香塘村　　计海新摄

2023年4月8日
2023年全国竞走大奖赛（第2站）暨世界田联竞走巡回赛在太仓市举行
计海新摄

2023年4月12日
百名施工人员在娄江新城瑞金医院太仓分院建设工地上挑灯夜战
计海新摄

2023年4月16日
全景拍摄沙溪古镇沿河人家　　姚建平摄

2023年4月20日
航拍平谦（太仓）现代产业园区　计海新摄

2023年4月28日
太仓市第一家个人文学馆——凌鼎年文学馆在太仓市第一中学开馆　姚建平摄

2023年4月30日
航拍位于太仓海运堤的罗腾堡风情街夜色　计海新摄

2023年5月19日
科教新城常丰社区居民在小区内自娱自乐 姚建平摄

2023年5月23日
无人机航拍娄江新城 姚建平摄

2023年5月29日
党员志愿者在双凤镇新湖惠民蔬菜专业合作社番茄种植大棚内开展田间网络直播销售番茄，帮助合作社拓展网络销售渠道，助力乡村振兴　计海新摄

2023年6月19日
航拍烟雨中的南园，更具江南园林韵味　姚建平摄

2023年6月29日
科教新城常丰社区将一批定制收音机送给老党员，传递党的好声音
姚建平摄

2023年7月22日
陆渡街道办组织学生开展毛猴制作活动，传承“非遗”文化
姚建平摄

▼2023年8月11日
农民在双凤镇勤力村“水八仙”蔬菜种植基地水田间采收莲藕　　　计海新摄

2023年8月17日
党员志愿者、大学生在双凤镇庆丰村初心小院分享阅读体会 计海新摄

2023年8月17日
双凤镇新湖村党员志愿者在葡萄种植园帮助果农给葡萄“测糖”、套袋 计海新摄

2023年8月21日
太仓市交警大队交警对全市运营校车开展安全检查　计海新摄

2023年9月1日
太仓市科教新城实验小学迎来开学第一课　计海新摄

2023年9月1日
一群鸽子在城西民居上空悠然飞过，蓝天白云衬托出美丽城景
姚建平摄

COSCO SHIPPING

2023年9月2日
航拍太仓港 计海新摄

2023年9月6日
农技人员在双凤镇万亩绿色优质水稻基地操控无人植保机为水稻喷洒农药　　计海新摄

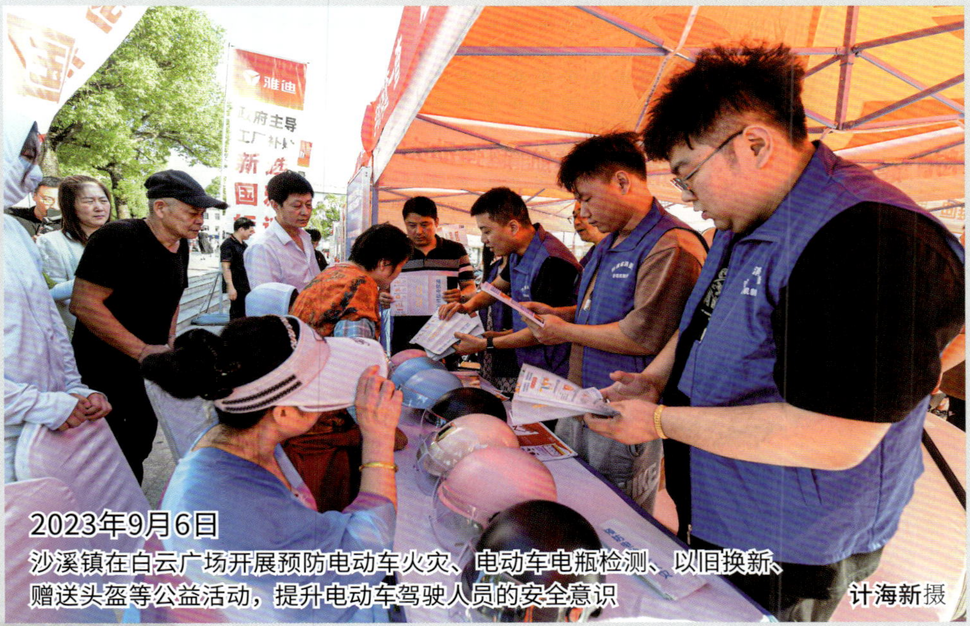

2023年9月6日
沙溪镇在白云广场开展预防电动车火灾、电动车电瓶检测、以旧换新、赠送头盔等公益活动，提升电动车驾驶人员的安全意识
计海新摄

2023年9月28日
沪宁沿江高铁开通运营。图为当天一列动车组列车驶入太仓站
计海新摄

▼2023年10月11日

太仓港区集装箱码头作业繁忙有序。截至9月，太仓港完成集装箱吐吞596万标箱　　**计海新**摄

2023年10月20日
航拍太仓城市更新项目——古松弄地块建设工地现场（右下为改造前的面貌） 姚建平摄

▲2023年10月30日
群众在城厢镇东林村田头唱响丰收歌 姚建平摄

2023年11月1日
航拍太仓市水稻丰产区　姚建平摄

2023年11月20日
中德智能制造论坛在太仓市举行　　姚建平摄

2023年11月26日
航拍“江尾海头第一镇”——浏河镇面貌　　姚建平摄

2023年11月26日
航拍太仓东城区公路、铁路交叉景观　姚建平摄

2023年12月1日
科教新城常丰社区新时代文明实践站开展国家宪法日主题宣传活动 姚建平摄

2023年12月1日
一批即将出口海外市场的汽车停放在太仓港区。截至11月，太仓港区汽车吞吐量突破42万辆 计海新摄

2023年12月12日
航拍城厢镇永丰村独溇小海　计海新摄

2023年12月23日
城厢镇府东社区开展以“勤廉”为主题的五谷粘贴画手工活动　姚建平摄

太仓市撤县建市30周年

2023年是太仓市撤县建市30周年。3月，太仓市召开撤县建市30周年暨德企发展30年大会，回顾太仓改革发展的光辉历程，并举办“娄江潮涌——太仓市撤县建市30周年图片展”。该图片展共分3个篇章、10个单元，选用300余张图片，多角度全方位展示太仓市撤县建市30年的新成就、新面貌、新变化。本专题选取其中部分图片，回顾太仓30年巨变。

第一篇章：砥砺跨越

一、勇立潮头

1993年3月28日
太仓市成立庆祝活动现场

1993年3月28日
太仓市成立大会召开

1993年11月
太仓市第一家德资企业——克恩—里伯斯弹簧有限公司开业

1996年
太仓市对外经济合作恳谈会在北京举行

1993年3月，太仓建设全国第一个农村电气化示范县工作起步。1995年7月，全市镇、村、户通电率100%；1995年9月，电力工业部授予太仓“农村电气化县”称号，并在全国推广太仓市建设全国第一个农村电气化示范县经验

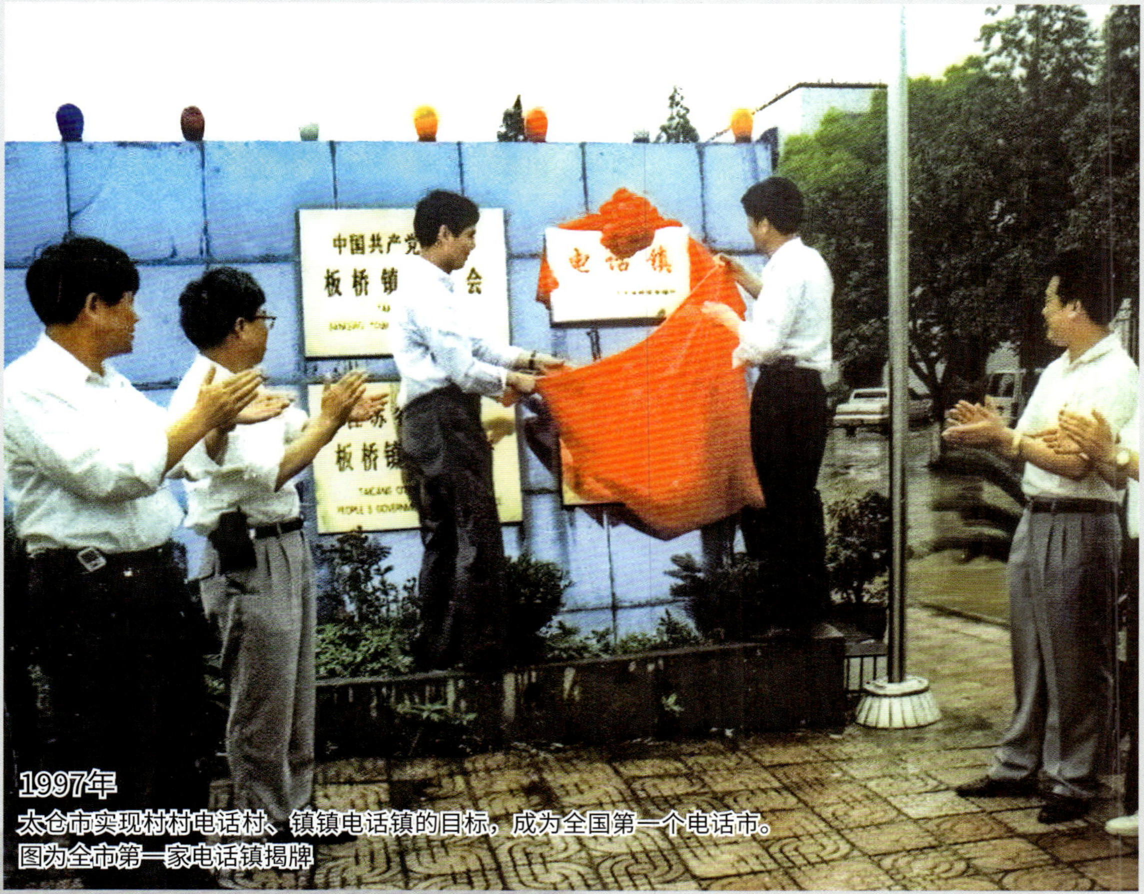

1997年

太仓市实现村村电话村、镇镇电话镇的目标，成为全国第一个电话市。

图为全市第一家电话镇揭牌

1997年1月18日

太仓市举行太仓港开港典礼、中远国际城开发有限公司成立大会暨对外经贸洽谈会

1997年1月18日
太仓港开港剪彩仪式举行

1997年10月27日
中远国际城第一座万吨级码头举行开工典礼

1996年
太浏一级公路完成拓宽改建。图为太浏路横沥立交桥

1999年

太仓市启动老城区街坊改造。上图为新东街改造时情景，下图为新东街改造后街景

太仓中心广场旧貌（摄于20世纪80年代）

改造后的太仓中心广场（摄于2003年）

2001年
太仓市借鉴德国模式，在中国首创“双元制”职业培训。
图为太仓德资企业专业工人培训中心揭牌并举行开学典礼

1997年1月
耐克（苏州）体育用品公司开工奠基。
2002年，耐克公司成为太仓市第一家国税入库超1亿元的企业

二、小康示范

▲2006年10月

省外经贸厅批准设立太仓德资工业园。2008年11月24日，商务部和德国经济部共同授予太仓市“中德企业合作基地”称号，太仓是全国第一个“中德企业合作基地”。图为太仓德资工业园区

2010年12月31日

天顺风能（苏州）股份有限公司在深圳证券交易所中小企业板上市，成为太仓在A股市场上市的首家企业

2011年2月22日

耐克中国物流中心在太仓投运，这是耐克集团在亚洲地区最大的物流中心

▲2008年12月15日
海峡两岸海上直航首航仪式在太仓举行

2010年4月17日
太仓港至美国西岸航线开通，太仓港成为全国第10个开通集装箱干线的港口

2021年4月
第九届“娄东之春”文化艺术节开幕。“娄东之春”是太仓优秀传统文化和现代公共文化的集中展示平台，也是百姓创造文化、参与文化、享受文化的盛会

2022年8月
太仓发布“太风尚10条”新规，进一步推进移风易俗，打造城乡文明整合发展“太仓示范”。
图为太仓举办集体婚礼，践行婚俗新风

2018年5月
国际田联世界竞走团体锦标赛在太仓举行。
同年，国际田径联合会授予太仓"竞走之城"称号

2009年
太仓市获“全国村务公开民主管理示范市”称号，为全国唯一一个获村民自治工作三大奖项的县级市。图为2004年12月11—12日，全国村务公开民主管理经验交流会在太仓召开

太仓市把平安太仓建设打造成惠民工程、民心工程、品牌工程。2013年，太仓市被授予“长安杯”，成为全省首次获得该殊荣的县级市

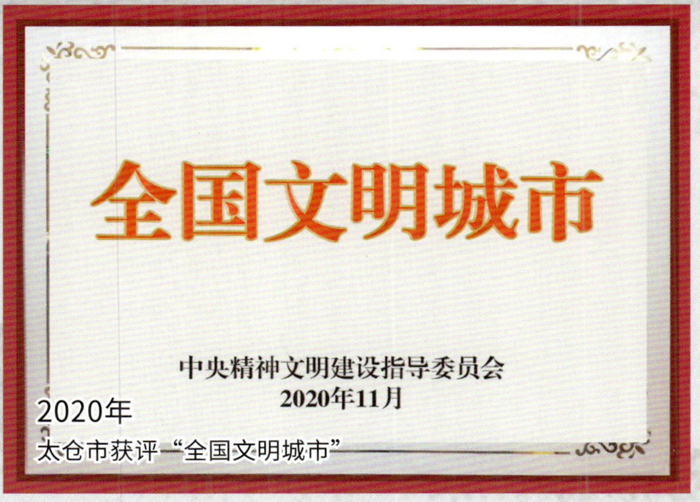

2020年
太仓市获评“全国文明城市”

▲2020年

太仓市实现全国双拥模范城“两连冠”。2022年，太仓市实现省双拥模范城“七连冠”。图为2011年海军“郑和舰”访问太仓

2019年
太仓市被列入新时代文明实践中心建设全国试点市

▲ 2022年9月
西交利物浦大学太仓校区正式启用

2022年10月
航拍西北工业大学太仓智汇港、西交利物浦太仓校区

2009年4月18日

太仓市汽车客运中心和公交枢纽站落成

2009年12月31日

沪太城际快线站开通，太仓与上海轨道交通11号线实现零距离换乘

▲2011年

太仓博物馆、大剧院等一批文化设施项目建成。
上图为太仓大剧院，下图为太仓博物馆

2008年10月17日
南洋广场建成开放

2010年
海运堤一期风情水街开街

2011年
太仓市浏河水源地工程建成

▲2006年
太仓江南丝竹被列入第一批国家级非物质文化遗产名录

▲2004年5月
太仓出台《太仓市征地补偿和被征地农民基本生活保障实施办法》，为被征地农民基本生活建立完善的保障体系。图为璜泾镇土地换社保办理现场

2008年
太仓市率先完成社会医疗保险城乡全面统筹，实现全民参保，建立公平可持续的基本医疗保障体系

2011年7月
太仓创新试点“大病再保险”项目，被国务院医改办称为大病保险“太仓模式”。
2012年8月，太仓首创的“大病再保险”被引入国家医保新政。图为市民排队报销相关医疗费用

2012年1月1日
《太仓市城乡居民社会养老保险暂行办法》正式实施，
在省内县级市中率先废除农保制度，实现城乡统一的社会养老保险制度

三、高质画卷

2013年5月13日
国务院发文同意设立太仓港综合保税区。2014年9月，太仓港综合保税区（一期）通过国务院联合验收组验收，为太仓增添一块国家级"金字招牌"

2016年6月2日
太仓德国中心开业，这是全球第六家德国中心，也是中国第三家德国中心

2021年
太仓德企突破400家。图为10月28日，太仓市在金秋经贸月洽谈会上举行第400家德企——艾威昂智能科技（太仓）有限公司落户仪式

2020年7月1日
沪苏通铁路开通运营，太仓站、太仓南站启用，标志着太仓迈入高铁时代

▲2020年9月
娄江新城建设指挥部成立，标志着娄江新城建设拉开帷幕

2020年10月
苏州（太仓）港口型国家物流枢纽入选2020年国家物流枢纽建设名单

2022年12月29日
太仓港第800万个集装箱起吊，标志着太仓港、苏州港集装箱通过能力迈上新台阶

至2023年，太仓市共获“中国最具幸福感城市”荣誉12次，8次位列榜首

2020年10月
太仓市老年大学新校区启用

2018年起，太仓对城区农贸市场进行集中提档升级改造。图为改造后的农贸市场

2022年初，钱家祠弄9幢居民楼加装的两部电梯投入使用，成为太仓市最先投用的既有多层住宅加装电梯

2013年
太仓市获“中国人居环境奖”

2020年
太仓市获评“国家生态园林城市”

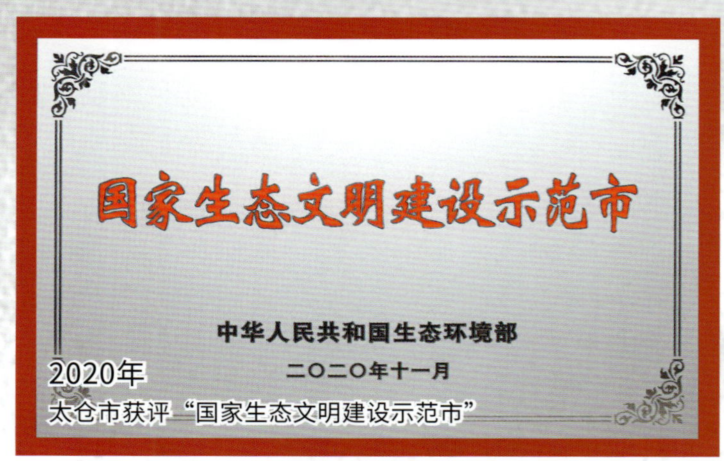

2020年
太仓市获评“国家生态文明建设示范市”

2017年起
太仓市13个被撤并镇（管理区）先后开展有针对性的整治提升工作，经过3年时间，实现被撤并镇（管理区）“环境优化、设施配套、服务完善、管理有序、发展持续”的目标。图为改造后的街道面貌

2018年11月
长江“环境大整治、环保大提升”拉开帷幕。通过“大整治、大提升”行动，太仓市把生态保护红线区域扩大至130.1平方千米。图为江滩湿地公园

2021年年底
太仓市城市更新项目启动

2019年12月
位于太仓市中心的市民公园建成开放

2022年
太仓七浦塘获评全国“最美家乡河”，是江苏省唯一一条入选河道

第二篇章:

芳华正劲

航拍太仓现代交通路网（2018年摄）

多条铁路线在太仓会集，
太仓加快成为区域交通枢纽（2021年摄）

太仓繁华商业广场（2020年摄）

海运堤特色商业街（2021年摄）

航拍现代田园城、美丽金太仓（2019年摄）

庆江南

▲航拍太仓科教新城（2021年摄）

娄江新城初现雏形（2023年摄）

第三篇章：

振翅高飞

2022年8月16日
苏州市委常委会专题调研太仓，
提出“要把港产城一体化作为太仓城市发展的第一战略”

太仓市围绕“双区多园”总体格局，推动先进材料产业链条式、集群化发展。图为2022年10月，沙溪镇新材料产业园区俯瞰图

2022年5月25日
太仓市召开生物医药产业创新集群发展会议，助推全市生物医药产业步入“快车道”，实现新跃升

2022年6月
赛业（苏州）生物科技有限公司上榜首届“毕马威中国生物科技创新50企业”

2020年10月
昭衍（苏州）新药研究中心实验室工作人员对处理后的产品进行样品分析

2023年
太仓港外贸汽车出口势头强劲

长江最大的汽车滚装码头——海通太仓码头
（2022年摄）

2022年11月10日
苏州市航空航天产业创新集群推进会暨第二届苏州（太仓）航空航天产业发展大会召开，
太仓抢抓航空航天产业发展机遇，加快构建特色鲜明、要素集聚、智能高端的现代化航空航天产业创新集群

江苏点石航空航天科技有限公司研发的550公斤推力级涡喷发动机，
耗油率、推重比和可靠性等指标均达到业内先进水平（2020年摄）

2023年2月8日
昆太数字经济时代产业创新集群融合发展现场推进会暨两地科技产业园合作共建签约仪式举行，太仓昆山两地携手在践行“敢为、敢闯、敢干、敢首创”、落实苏州市委关于推进市内全域一体化的决策部署、推动昆太协同发展方面迈出扎实步伐

江苏皇冠新材料科技有限公司光学膜车间 （2022年摄）

2023年1月29日
中外运华东暨长江经济带运营总部项目开工奠基。该项目策应长江经济带建设，立足太仓港综保区功能优势，聚焦国际采购与分销中心、跨境电商服务中心、智慧物流示范中心、大数据综合服务中心四大功能中心，打造太仓港跨境贸易新平台

航拍发展中的港区（2019年摄）

2023年2月10日
超大型集装箱船“鑫福102轮”从太仓出发试航

风塔制造龙头企业——苏州天顺风能设备有限公司一角（2017年摄）

2023年11月

太仓阿尔卑斯国际度假区开业。度假区位于太仓市南部，毗邻太仓南站与上海嘉定区，包含雪世界滑雪场、冰雪乐园以及度假村、“时光境”沉浸式体验街区、阿尔卑斯营地、光影世界等体验区

太仓市第二十一届（2023年度）精神文明建设十佳新人

1. 暖心配送的“零点骑士”

陈建国，达达快送“骑士”。与大多数“骑士”不同，陈建国配送时间集中在夜间11点至次日凌晨5点，即便春节也是如此。2021年春节假期的最后一天，陈建国在凌晨1点多接到一个紧急送药订单，及时解决病人深夜的燃眉之急。此后，他把配送时间调整到零点，风雨无阻，因此也被大家称为“零点骑士”。他工作认真、服务高效，常年位居好评榜前列。同时，他也是个有心人：搬石头、捡钉子、捎一程赶路人，遇到车祸伸出援手……星光下的配送路，也是他的传递温暖之路。

2. 深耕农村的“95后”“田园UP主”

施权洋，城厢镇电站村党委委员、团支部书记。2017年，她作为农业委培生入职城厢镇电站村，在6年多的奋斗路上，她带领团队“触网”宣传，为村里的精神文明建设工作打造“品牌IP”，多渠道拓宽乡风文明传播路径；她探索社区管理模式，推出“文明公社 睦邻小家”等项目，激发村民参与乡村治理的自发动力；她推进“聚能电站”青年学习社线路、青匠坊等特色亮点项目建设，为农村青年提供施展自我的一方天地；她将手机作为“新农具”，直播带货开辟科技兴农新模式，为农文旅发展增加人气。

3. 五十多年如一日照顾残疾弟弟的好姐姐

蔡惠兰，沙溪镇岳星村村民。1968年，蔡惠兰的弟弟龚惠清因高烧导致智力残疾，生活不能自理。自此，当时只有6岁的她开始和父母一起全心全意照顾弟弟。为了照顾弟弟，她的择偶条件中有一条是“要一起照顾弟弟到老”。1982年，她找到志同道合的丈夫，两人先后生下女儿和儿子，夫妻俩上有老、下有小，还要照顾残疾弟弟，忙得像陀螺一样。如今，蔡惠兰三十多岁的儿女在母亲的影响下，照顾舅舅成为他们的生活日常，女儿每周都回来为舅舅剪指甲、刮胡子……五十多年来，蔡惠兰悉心陪伴着弟弟，姐弟感情越来越深。弟弟情绪暴躁时，只有姐姐能安抚他。邻居们都知道，他只听姐姐的话。

4. 悉心照料半身不遂婆婆26载的孝儿媳

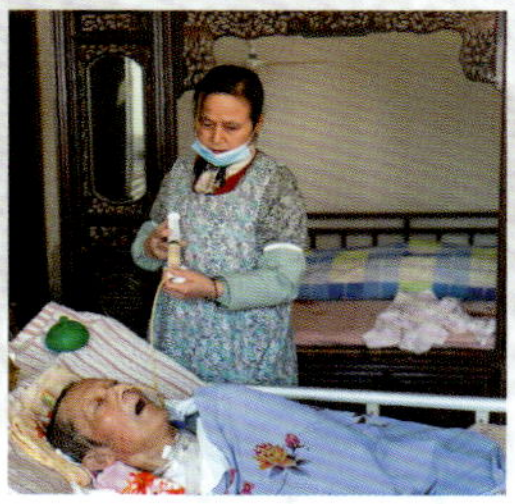

左小八，璜泾镇杨漕村29组村民。1998年，左小八的婆婆突发疾病中风，住院期间，左小八主动陪护照料，端茶倒水洗衣擦身，像亲生女儿一样服侍婆婆直至出院。婆婆落下半身不遂，她一边上班一边精心照料，26年来从无怨言。如今，在她的照顾下，婆婆可以下床步行。然而，天有不测风云，2021年4月，左小八的公公摔倒昏迷、不能起身，左小八又一次毫不犹豫地站出来。为了能悉心服侍公婆，她向厂里请了长假，挑起照顾整个家的重担。左小八照料公婆的事迹传遍乡村，邻居乡亲都对她赞不绝口。

5. 从山脚下走出的优秀农民工

高军会，江苏皇冠新材料科技有限公司党支部书记、总经办主任。1998年，高军会从陕西农村出发，经过20多年磨炼，成长为企业管理人员。他是关切职工的“服务员”，不断提升企业的运营管理能力，保障职工权利，“有困难找高部长”成为皇冠公司职工的共识。他是乐于奉献的“热心人”，个人累计向慈善机构捐款捐物超万元，累计献血40多次。他是建言献策的“调研员”，先后担任苏州市政协委员、苏州市人大代表、江苏省人大代表等，深入基层调研，撰写高质量意见建议30余篇。

6. 不惧湍流勇救落水者的“最美园丁”

仲亮，陆渡中心小学体育教师。仲亮平时潜心教书育人，在太仓市教师专业素养竞赛中多次荣获一等奖，同时积极参加校外志愿服务，被评为太仓市校外辅导站“优秀教师志愿者”、高新区“最美志愿者”。2023年7月3日晚，仲亮和家人散步时，突然听到河边有人高喊救人，他马上朝呼救方向奔去，同时大声向路人呼喊：“找绳子、泡沫箱、报警！”随后，他一跃跳入河中，快速游向落水者，一把抓住落水者的衣服，奋力向回游，将落水者拖到岸边，在确认落水者安全后才放心离开。仲亮在危急时刻毫不犹豫、无惧无畏，用大爱谱写新时代的师者赞歌。

7. 凭“四力”唱响正气歌的好记者

徐盛兵，市融媒体中心融媒编辑部主任。在20多年的新闻工作中，徐盛兵与群众打成一片，锻造思想品格、磨炼意志品质。在采访过程中，遇到困难群体，他经常伸出援手，除报道事迹、呼吁社会关注外，还自掏腰包，捐钱捐物。尤其注重挖掘报道身边好人，培养好人典型。朱建国、闵知行、范依萍、梁雪芳等人的事迹在他的笔下被全国人民知晓，获评“中国好人”。尤其他从2014年开始持续追踪报道梁雪芳的事迹，并在采访中为不断扩大梁雪芳的影响力拿主意、出点子。

8. 打造“梨想”家园的 90 后新时代农民

陶煜东，太仓福田家庭农场总经理。2012年，从中国农业大学毕业的陶煜东开始从事果树种植。作为高素质青年农民，他积极参加国内外培训交流，学习先进理念和技术，创新采用果园数字化应用场景，巧用“大数据”，让农业更“智慧”。他将自己十年来果树种植的经验和技术无偿与全国各地的果农分享，接待各地农业观摩团、农业委培生参观学习，组织开展技术技能培训、乡村振兴人才培训等各类活动，大大促进果业增效、果农增收。陶煜东先后获全国“双带”农村致富青年先进个人、江苏省乡村振兴青年先锋、江苏省乡土人才“三带”新秀、乡村振兴技艺师、苏州市十佳高素质农民、太仓市劳动模范等荣誉。

9. 教科书般紧急救助昏迷老人的最美公交司机

周伟清，太仓市公共交通有限公司一分公司班组长。2023年4月11日中午，112路公交车到达终点站时，驾驶员发现车厢内一位老人昏迷，立刻报告班组长周伟清。周伟清发现老人双手颤抖抽搐，意识模糊，情况十分严重，他立即拨打报警与急救电话，并在急救指挥中心的远程指导下进行现场施救，他将自己的手垫在老人脖子后面，保证老人呼吸畅通。正是由于周伟清教科书般的紧急施救，老人最终转危为安。周伟清因此获市公安局颁发的“见义勇为人员决定书”，同时荣获苏州市“最美公交车司机”称号。面对江苏电视台的采访，周伟清说：“遇到这种突发事件，作为公交人，我们理应尽自己的所能来保证乘客的安全。”

10. 长江航运东大门水上运输安全的守卫者

李雷，太仓海事局浏河海巡执法大队副队长。他长期奋战在基层海事执法一线，是“李雷除险队”的领军人物。长江流域干旱期间，为防止船舶搁浅堵塞航道，他组织带领“李雷除险队”全体成员连续驻守杨林河口32个昼夜，保障“苏货苏运”大动脉安全通畅、苏太快航集装箱船舶不误船期；他曾积极参与台风“梅花”“轩岚诺”以及寒潮大风等极端天气应急处置30余次，安全疏散船舶600余艘；多次参与辖区重大险情事故的应急处置，救助水上遇险人员70余人。

太仓市第二十一届（2023年度）精神文明建设十佳新事

1. 打造区域新时代文明实践工作新路径

太仓市积极探索区域新时代文明实践分中心建设，出台《太仓市高质量推进区域新时代文明实践分中心建设实施意见》，创设沿江区域、金仓田园区等分中心。将区域分中心打造为实践中心与区域内所、站、点及各文明单位的中间枢纽，聚焦共同主题形成横向联通的“一体化”供需模式。通过常务轮值制、研学路线点单、自有资源和外拓资源同步运用、“内行人”队伍、项目赋能提升行动等区域分中心特色内容，凝聚起区域文明实践联动发展的合力，做优行业、区域分中心双线并行工作布局。

2. 推进桥下空间治理，激发城市多元活力

桥下空间是推进城市高质量建设的重要空间资源，是提升人民生活环境的重要组成。科教新城积极梳理并规划适合建设健身设施的边角地、桥下空地和公园河岸等空间资源，于2023年打造桥下空间项目5个，为沿岸4个社区13个居住区的市民提供多元的活动空间。不断改善城市品质、激发城市活力、彰显城市温度，让桥下空间不再是“隐秘的角落”。

3. 楼道里的文明实践，家门口的精神家园

城厢镇充分利用楼道“小空间”，紧贴居（村）民实际需求，实施“楼道里的文明实践，家门口的精神家园”项目，对楼道“软硬件”进行全方位优化提升，让一幢又一幢的居民楼道实现“华丽变身”。开展丰富多彩的文明实践和志愿服务活动，把小区楼道变成面向千家万户的文明“通道”，满足居（村）民们的精神文化需求，使文明元素镌刻在城市治理细节处、浸润于美好生活底色中。让居（村）民们的文明家园既有“高颜值”，更有“深内涵”。

4. 创新打造“板凳夜谈话新风”新模式

乡风文明建设是乡村振兴的关键一环。浏河镇新时代文明实践所创新迭代“板凳夜谈2.0”系列活动，全镇15个村（社区）实践站结合“夜模式”系列活动开展“板凳夜谈政策宣讲”主题活动。活动期间，各实践站志愿者为老百姓送政策，答疑解惑，倡导新风理念，利用百姓纳凉时间，在轻松的氛围中普及理论政策。以移风易俗工作为抓手，运用网格带动、宣传引领、实践为先“三把钥匙”，不断革除陈规陋习，解锁文明乡风密码。

5. 发挥司法智慧，公正裁判孤寡残疾老人遗产指定管理案

杨师傅系聋哑残疾人，晚年生活无法自理，顾氏三兄弟主动照顾杨师傅直至去世。因杨师傅去世后财产无人管理，三人向太仓市人民法院申请指定杨师傅的遗产管理人。市人民法院创新运用《中华人民共和国民法典》遗产管理人制度，认为顾氏三兄弟虽无赡养义务，但已对杨师傅进行事实上的扶养，符合“可以分给适当遗产”情形，判决太仓市民政局为杨师傅的遗产管理人。太仓市民政局依法履行遗产管理人职责，将杨师傅的遗产分配给顾氏三兄弟。该案的裁判结果充分肯定顾氏三兄弟助残扶弱、尊老敬老的善举，丰富《中华人民共和国民法典》中有关“利害关系人”的内涵，有助于推动完善遗产管理人制度，且对于弘扬中华民族守望相助、扶残救济的善良风俗具有积极意义。

6. 数智赋能，推动道路交通安全治理模式转型

2023年，太仓市公安局打造“慧眼”交通智管平台，架构“全面、精准、闭环”的电动自行车交通违法治理新模式。通过智能管理平台开展违法查处、精准宣教、事故处理、源头管理等交通管理工作，重塑勤务管理模式、构建联动治理机制，有效提升电动自行车管理水平，提升太仓交通管理水准和市民群众的满意度、安全感。

7. 学校社工从“试点实践”到“全域覆盖”的太仓实践

太仓市民政局把学校社会工作专业服务纳入“家校社”协同育人机制，2023年在全省率先实现初高中“一校一社工”全覆盖，在全市20所初高中派驻20名专业社工提供服务，形成具有太仓特色的学校社会工作协同育人新格局，构建“童享未来 护航成长”服务品牌，打造以“关系为要、分层预防、多维支撑”为核心举措的发展模式。

8.“和美共创 ‘物’必有你”物业服务质效提升行动

2023年以来，太仓市城管局联合公安、住建、市监、消防等部门，对全市227个物业管理项目实施综合性监督考评，联动联处群众在物业管理中遇到的急难愁盼问题85个。组织首届“最美物业人”寻访活动，牵头开展物业小区“邻里连心”文明实践活动，动员全市物业企业投身“文明楼道”建设，开展睦邻文化活动，惠及群众近万人次。

9.“人间烟火气 最抚凡人心”农贸市场升级改造

太仓市市场监督管理局牵头开展农贸市场改造提升行动，对东郊、陆渡等10家近5年内未改造的农贸市场进行改造提升。改造提升过程中，创新研发全市农贸市场智慧综合管理系统，打造智慧农贸市场监管“太仓样板”。引入线上销售运营模式，实现农贸市场经营户“线下+线上”同步销售。加强对农贸市场的日常综合管理，引导农贸市场布局便民商业业态，为群众提供更加便捷、完善的物质生活和精神生活服务。

10. 数字化助残就业 新时代同频共振

苏州健雄职业技术学院经济管理学院党总支开展数字化赋能残疾人就业工作，将培训和用工有效融合，解决残疾人就业难题。2019年起，先后开展电子商务培训、网络直播等培训80余场，培训残疾人2300余人次。同时，开展残疾人数字化技能定制培训，为爱心企业输送合格人才。三年来，共举办直播带货160余场次，销售农副产品230万元，参与志愿者310余人次，参与残疾人960余人次。

要　目

目　录

特别报道

大事纪要

太仓概览

人居环境

太仓港

高新区及中德合作示范区

区域经济

公共服务

社会治理

地方组织机构

城镇街道

附　录

索　引

专　文

江南水乡与德企之乡的“双面绣”
——写在太仓市撤县建市30周年暨德企发展30年之际（上）

一、历史的轨迹总是连接着未来的方向。当历史的时光坐标往前推移，把岁月时钟回拨到1993年1月8日，经国务院批准，撤销太仓县，设立太仓市，这是太仓发展史上具有里程碑意义的重要一刻。这座千百年来以“鱼米之乡”著称的江南小城，就此翻开新的一页。

同年，乘着“南方谈话”的东风和浦东开发开放的春潮，一群怀揣梦想的太仓人，在娄东的荒野阡陌中，铲起奠基起步的第一锹土，点燃创业者们缔造一个开发区的热血激情。自此，一粒创新“种子”在太仓试种，一擎“火炬”在这里熊熊燃烧，由此拉开艰苦创业、开拓奋进的序幕。

也正是在这一年，克恩—里伯斯公司总裁斯坦姆博士试探性地投资50万马克“试水”，第一家德资企业——弹簧制造商克恩—里伯斯公司落户太仓。如果说，克恩—里伯斯选择太仓是投石问路的一种探索，那全球第8家、中国第3家德国中心落户太仓，则直接证明了太仓“德企之乡”的魅力。对克恩—里伯斯来说，却不曾想到，自己会成为一个时代的揭幕者。从此，一颗希望的种子在娄东种下，逐渐破土而生，并伴随着改革开放的春风孕育发芽、茁壮成长。

二、哲人说，历史中有属于未来的东西，找到了，思想就永恒。30年风雷激荡的撤县建市，30载波澜壮阔的对德合作，从这段历史里，将触摸到怎样的永恒？

回溯这段历史，点点滴滴的变化之中，都洋溢着无数人的精彩和感动，更离不开无数人的创新和实干。一代代太仓人用热火朝天的干劲和艰苦卓绝的拓荒牛精神，书写了中德合作的璀璨一页。和合共生，同向而行，在与时俱进中标注对德合作的太仓典范。

一路走来，踏石留印。这不仅是太仓对德合作30年砥砺奋进的写照，也是太仓高新区30年探索前行的缩影。30年前高新区还是荒芜一片，如今已是德企满园、破茧成蝶，成为项目建设主战场、高质量发展排头兵。历史的发展从来不是一条直线。30年对德合作成就瞩目，也存在不少困难和问题。但太仓对德合作的战略始终如一。正因为此，对于太仓而言，“要不要对德合作”的提问，才会得到不容置疑的回答，才会成为30年不变的呼声。三年的疫情阻隔不了德资持续看好、长期扎根太仓的信心，也阻断不了太仓30年坚持对德合作、久久为功的恒心。如果善于从历史中汲取智慧，于持续30年的变局中探寻那些隐藏在表象下面的变革力量，在更大的视野里认识总结，学习并继承开拓者的勇气，那么对当下对德合作的一些问题就不会感到突兀和茫然，在通往中国式现代化太仓图景的道路上，也会有更大的信心和力量。

三、“典范”是优中选优，更具引领性、示范性和标杆性。“典范”追求的是更高水平的合作共赢、更高质量的绿色发展，太仓对德合作的典范体现在经济、文化、生态、治理、城市等诸多方面，是一种全方位、高水平、整体性的典范。

德国有句谚语：“山和山不相遇，人和人会相逢。”“中国市场”为“德国技术”带来机遇，“德国质量”助推“中国速度”实现飞跃，正在成长的“中国制造”与成熟可靠的“德国制造”珠联璧合，无疑将极大促进中德经济社会发展，中德合作不仅成为中国改革开放中互利共赢的典范，还成为新兴国家与发达国家合作的典范。

太仓与德国有着相似的制造基因，人文相亲又让深化合作有了更强黏合度。在城市竞争重归产业主赛道的今天，专注于制造、秉持细致精巧的匠心，是德国与太仓的默契所在。当娄江遇见莱茵河，从第一家德企落户太仓到2023年，太仓与德国牵手已有30年，太仓被商务部和德国经济部联合授予中国唯一一个“中德企业合作基地”、被工信部授予全国首个“中德中小企业合作示范区”，入选第三轮中欧区域政策合作中方案例，第一个建在县级市的“德国中心”落户太仓，建成全国第一个中德知识产权保护基地等20多项对德合作的全国第一和唯一。太仓对德合作被写进《长江三角洲区域一体化发展规划纲要》，被科技部作为“中德科技创新的典范代表”列入《科技创新共塑未来·德国战略》。2021年3月，省商务厅、省发改委、省科技厅、省自然资源厅等部门发布《关于支持太仓进一步深化对德经贸合作，打造中德中小企业合作示范区的意见》。这个重磅文件明确太仓对德合作在全省对外开放中的地位，填补了30年省级政策支持的空白，让太仓对德合作翻开新篇章，有了十足的底气。

30年春风化雨，30年春华秋实。德企“缘定”太仓，面对百年变局和世纪疫情挑战，德企用实打实的投资投下对太仓的信任票。德国前驻华大使史明德感慨：“太仓在德国的知名度，比在中国大多了。”30年来，太仓对德合作奋楫扬帆、破浪前行、行稳致远，一路披荆斩棘、探索前行，成为中德合作的一个实践范例、高质量发展的一个精彩样本。

30年披荆斩棘，30载雨雪风霜。太仓成为世界第二大和第四大经济体产经合作的缩影，竖起中德双边务实合作的典范。太仓对德合作的成功实践表明：太仓对德合作30年的历程，走的是一条敢闯敢试、开放合作、创新精进、高质特色之路，为全国其他地区中小企业加快实现向创新驱动转型和深化职业教育体制改革提供借鉴经验，提供了中小企业合作、产教深度融合、产业协同创新、城市合作交流的示范样本。

四、30年来，太仓对德合作于险阻处开路、在跌宕里壮大。1993—2023年，历史将怎样审视这波澜壮阔的30年？探究历史，对德合作靠什么成就典范荣光，靠什么标注“中国德企之乡”？

该用什么样的语言描述这30年？有人说，是一个飞速发展、翻天覆地的时代；有人说，是一个充满激情与梦想的时代；也有人说，是一个变革与重构交织、海水与火焰交融的时代。回首30年，这是一段艰苦拼搏、迎难而上的奋斗史，也是一段敢为人先、迭代超越的创业史，更是一段对标竞进、追赶跨越的发展史。

太仓30年的对德合作，与许多城市选择的“自上而下”项目带动模式有所不同，“源自民间、自下而上、市场主导、创新为核、产教融合、反哺民企”是太仓独特的对德合作模式。优越的地理位置和开放的营商环境让太仓在德国的名气越来越响，吸引德企纷至沓来，不仅有许多大型德资企业在太设立生产和服务部门，也吸引了更多中小规模项目在太落户。太仓人将这种发展模式通俗地描述为“把德资企业养大”，许多德资企业刚落户太仓时往往只是个小团队，然后慢慢扩大规模。德企的发展也带动了当地民营企业转型升级，形成了中德企业共生共融、互利共赢的发展格局。如今95%以上的“规上”德企进行了本土化研发及创新成果的本地化应用，全市600余家本土企业与德企在产业配套、技术研发、智能制造等方面实现深度合作。太仓的对德合作受到中德两国政府部门的重视，越来越成为中德两国交往中的会谈话题和关键词，被纳入两国战略合作框架。太仓在全国率先引入德国“双元制”教育模式，打通国际职业资格与国内职称比照认定通道，落户全国首家AHK学院，构建覆盖“中专、大专、本科、研究生”的技术人才培养体系，成为国内最大的“德国职业资格”考试和培训基地。从引进“德国模式”到制定“中国标准”，太仓将“双元制”教育建设成为“技能人才的供给仓”和“创新人才的储备仓”，训练有素的技术工人对德企更为难得，他们让德企在太仓投资设厂有了底气。太仓建成了充满德式元素的绿色人文环境，现代田园城市的风貌让德国人把太仓当成自己的第二故乡。德国企业严谨守信、精益求精的企业文化，与太仓“精致、和谐、务实、创新”的城市精神相得益彰，太仓的营商环境和德国比较契合，太仓人不急不躁的性格特点和德国人也很相似，太仓在细水长流中，与德企慢慢建立信任，让德国人喜欢上太仓，推动太仓成为中国德企投资最密集、发展最好的地区之一。

五、尽管每一段历史都有它不可复制的独特性，可是，1993—2023年的太仓，却是极富典范色彩的一个历史段落。太仓在30年对德合作历程中创造的典范，足以让经济学家着迷。解析这一典范的根源，不仅是专家研究的学术范畴，更是走向未来的现实需要。

时间丈量着发展的进度，也标出了攀登的高度。30年砥砺求进，德资企业数量上实现了从0到470多家的发展突破。30年筚路蓝缕，德资企业结构上实现了从生产制造业拓展到生产服务业的发展跨越，德企在太仓的布局由制造基地向研发中心、销售中心和区域总部升级。合作领域涉及新能源汽车、智能制造、工业互联网、航空航天、生物医药、3D打印、数字化教育等。30年笃行不怠，对德合作领域上实现从经贸科技到产业创新、职业教育、文体交流、城市合作等多个领域的拓展深化。30年波澜壮阔，对德合作地域上实现从巴伐利亚州、巴符州等11州到北德五州的合作全覆盖。从最具德国特色的“双元制”职业教育，到连续多年举办的中德乒乓球赛、足球赛和中德创业大赛；从充满异域风情的德国“啤酒节”、中国德商会“商会之夜”，到把娄东画派、江南丝竹等太仓非遗文化带到德国柏林、法兰克福、慕尼黑等地的“太仓日”活动；从德国酒吧、面包房到中德友好幼儿园、拜仁慕尼黑太仓足球学校；从罗腾堡风情街到中德创新城，太仓通过“绣花”功夫，打造出满足德企发展需要的“德国生态”。30年来，务实创新、奋发图强的太仓人，以精卫填海之志，以夸父追日之勇，以创新引领之笔，筑就卓越典范之路，谱写了一曲曲对德合作的锦绣华章。

策马度关山，历尽艰辛成此景。回首30年发展征程，太仓对德合作历经三次创业，经历了起步初创、快速成长、转型创新三个时期，谱写了辉煌的发展史。

1993—2002年，拓荒热土，破冰启航。太仓是改革开放的探索者。太仓这片热土，充满朴素而蓬勃的希望，随着第一家德资企业克恩—里伯斯公司落户太仓，对德合作完成了重要开端。为了让更多的德企了解中国，走进太仓，斯坦姆博士引荐了一大批德国朋友到太仓投资兴业，他们的到来消融着中德两国人民在最初交往合作中存在的迟疑和偏见。1995年9月，德国依纳轴承（中国）有限公司（后来的舍弗勒）在太仓领到其在中国的第一张营业执照。作为第一任总经理的荣誉市民克罗斯特，穿梭在中德之间，当好德企的“招商红娘”和“民间大使”。这十年，德资企业投资都较小，多少还有点偶然性，大多采用厂房租赁，具有试探性投资的特征。但以斯坦姆博士和克罗斯特先生为代表的一批“家在太仓”的德国朋友书写了独特的中德故事，至此，太仓从“江南水乡”迈向“德企之乡”。

2002—2012年，蓄力勃发，开拓续航。太仓是科学发展的践行者。时间的长河奔腾不息，奋斗拼搏的步履不止。随着德资企业的不断进入投产，太仓利用中国加入世贸组织后形成的外商投资高潮，开始主动以德资企业为引资重点，德资企业的集聚投资和顺利发展获得中德双方各级政府的支持重视，太仓充分利用中德企业合作基地品牌优势，很快克服金融危机造成的影响，太仓成为德国中小企业在中国的重要聚集地。德资在太仓的生长发展由“偶然”成为“必然”。这是嬗变的十年，为太仓对德合作的加速崛起、典范塑造奠定坚实基础，这十年，太仓对德合作从“走进德国”迈向“德中同行”。可以说，太仓的对德合作进入一个多领域拓展的快速迸发时期。

2012年至今，长风破浪，扬帆远航。太仓是高质量发展的引领者。2012年中国进入中国特色社会主义新时代，历史的巧合总是在不经意间碰撞，这一年恰逢中德建交40周年，太仓被工信部批准为中国首个中德中小企业合作示范区，其意义在于把德国中小企业的成功经验复制到太仓。不求最大，但求最好，先做精再做大，这是太仓德企的特点，耐得住寂寞的太仓终于成为中德合作的典范。2015年3月，全球第8家，中国继北京、上海后的第3家德国中心落户太仓，其意义超越地方层面，不单单是服务于德企之乡的现实需要，更彰显德企对在华发展的信心，更重要的是太仓服务被德国人称之为难以替代的创新优势，标志着太仓对德合作迈上新台阶。2012年以来的十年，太仓对德合作迎来新时代，进入创新期，从“共塑创新”迈向“共赢未来”，共享“一带一路”的新机遇，阔步“典”亮新征程，太仓对德合作一步步成为高质量发展的强劲引擎和亮丽名片。

六、而立正青春，更向潮头立。30年，对于中德合作典范的太仓而言，是一本厚重的书。书的封面由一代代太仓人绘制，书的内容由这片热土上的每一个人书写，书的厚度则由发展的热度、创新的浓度、城市的温度决定。

依托“奋斗”作为底色，30年来太仓对德合作始终在创新上做文章，用一系列的创新速度、创新元素、创新力量，创造了一个又一个典范，镌刻了30年对德合作史中浓墨重彩的一笔。

30年筚路蓝缕，30年栉风沐雨。太仓高新区因改革而生，由创新而强，“高”和“新”，是高新区的灵魂，自诞生之日起，对作为对德合作主战场的高新区而言，始终传承着创新创造“基因”，以产业合作为基础、以职业教育为支撑、以文体交流为媒介、以科技创新为动力，形成全方位对德合作的独特模式。30年来，太仓人敢闯敢试、勇于探索，坚决破除各领域、深层次障碍，始终坚持“项目为王”的理念，把项目建设作为一切工作的主基调，紧盯欧美企业，把对德合作作为产业发展重点方向，围绕产业图谱，深入对接德国工业“4.0”，积极引入德国创新要素，全面拓展与德国知名高校、科研院所、跨国公司等合作，建成投用中德智能制造联合创新中心、弗劳恩霍夫硅酸盐研究所太仓国际技术研发转移中心、中德创新园等一批创新载体，探索“飞地经济”模式，在北京、深圳、上海布局飞地创新中心，建设太仓（斯图加特）海外离岸孵化创新中心、太仓—柏林双向创新中心等。30年来，太仓对德合作致力于产业集聚、创新驱动，实现新旧动能转换，高质量发展乐章早已奏响，形成以新能源汽车、航空航天、工业母机为核心的产业创新集群，一座产城融合、绿色智慧、和谐善治的未来之城必将在江海交汇的娄东大地璀璨夺目！

七、数据是最鲜活的现实明证，荣誉是最生动的实践写照。一个个变化的数字，展示着对德合作发展的速度；一个个闪光的荣誉，标记着对德合作奋力攀升的高度。“物有甘苦，尝之者识；道有夷险，履之者知。”当下，更需剖析隐于数据荣誉背后的逻辑。

从1993年第一家德资企业到太仓，到2008年100家德企的集聚，经历了15年；从2008年到2013年，第二个100家德企落户，用了5年；从2013年到2018年，第三个100家德企落户，同样用了5年；从2018年到2021年，第四个100家德企落户，仅用了3年。至2023年，太仓德企总数突破470家，德企投资总额近60亿美元，年工业产值超600亿元，“隐形冠军”德企达50家，制造业德企数量占全国比例超10%，暗藏在这一组组极具说服力的数字下的，是太仓对德合作的新气象、新面貌急欲破茧之势。

这是一条敢闯敢试之路。太仓人始终坚持思想大解放，用新思想定向领航、向新思想寻策问道，敢想敢干、敢破敢立，项目立区、产业强区，狠抓创新驱动、改革推动，高新区成为全市产业发展的主阵地、对外开放的主窗口、项目建设的主力军。

这是一条创新精进之路。太仓人以速度与激情绘就对德合作，坚持与时间赛跑，以实干开路。在最初的燃情岁月里，以招商引资为笔，以产业创新为墨，真实地描绘对德合作前进的轨迹，怀揣着德企之乡的梦想，“一张蓝图绘到底”。在30年这个恢宏巨大的时间轴里，不断经历着对德合作蓝图与现实、问题与办法的精彩较量，成就了一段“中德合作首看太仓，合作典范必看高新”的佳话。

这是一条开放共赢之路。营商环境“软实力”挺起了发展“硬脊梁”，太仓制定对德合作产业发展、推进总部经济加快发展等专项政策，设立对德合作产业发展专项资金、中德青年创新创业专项基金等，推出“德企服务专窗”等改革举措，创新推出土地出让“双信三即”等做法，全力为德企营造“最舒心”的发展环境。30年为合作注脚，为共赢点赞。奏响合作之声，凝聚众行之志，携手30年的开放合作，跨越山海的友好之约，这是孕育希望、走向未来30年最为成功和最具活力的典范。

八、所有的成功，都源于一个坚定的开始；所有的荣光，都诞生于接续的奋斗之中。

30年，足以让窖藏新酒变成陈年佳酿，足以让啼哭婴儿成为稳重青年。对于太仓对德合作而言，30年，足以脱胎换骨，成就典范。30年的务实奋进，为对德合作奠定坚实基础；30年的砥砺前行，为对德合作开创未来凝聚磅礴力量。

每一张照片都书写一个故事，每一帧画面都记录一段历史。在中德合作展示馆里，有一些老照片，“储存了”时光，有一些新照片，“惊艳了”世人，但它们都在见证，这里如何不忘初心、从“芯”出发、“典”亮新程！

回望30年，留在记忆里的，不只是节节攀升的德企数字，恢宏壮观的对德合作篇章，更有一个个写满希望梦想、饱含时代温度的中德合作太仓故事。

九、历史是现在与过去之间永无止境的问答交流。人们只有借助过去才能理解现在，也只有借助现在才能瞭望未来。历史，也总是在一些特殊年份给人们以汲取智慧、继续前行的力量。

历史的长河有时迂回曲折，有时一泻千里，这其中有历史的契机，也有人的主观努力。回望30年对德合作，所遇的风险与挑战，正是因为坚定不移地推进对德合作，才有底气有实力斩关夺隘，一路向前，成就典范。今天，困难与挑战仍在，信心与勇气依旧。不为任何风险所惧，不为任何干扰所惑，太仓的对德合作必将打开一片新的天地。

在中国文化中，“30”是个特殊的年轮。抚今追昔，意在登高望远；知往鉴今，志在开辟未来。心有所向，路必不远。风物长宜放眼量，三十而立从头越。全市上下全力推进中国式现代化太仓新实践，聚力建设娄江新城，打造国家级对德合作平台，争创国家级高新区，全面打响“对德合作看太仓”品牌，“德企之乡”必定会续写对德合作更多的“成功故事”。

（摘自2023年3月27日《太仓日报》，执笔：张　忠）

三十而立再出发

——写在太仓市撤县建市30周年暨德企发展30年之际（下）

一、1993年1月8日，经国务院批准，撤销太仓县，设立太仓市，揭开了太仓历史崭新的一页，从此太仓迈上发展的快车道。当中国式现代化太仓新实践蓄势出发时，历史已不经意完成30年的时空轨迹。

由“县”变“市”，不仅是名称上的改变，更是太仓经济社会发展方式全方位的变革，意味着新的起点、新的机遇、新的希望。大家都在期待一个万象更新的太仓，一个乘“市”而上的太仓。30年来，太仓人民创造了不可磨灭的发展业绩，创造了令人赞叹的“太仓速度”。

历史，总是在回望中意味深长。当太仓人集结能量，用新的智慧和眼界破解这一不同寻常的“历史单元”时，太仓的发展正进入一个新的战略机遇期。历史的发展往往是螺旋式上升或波浪式前进的，这里有历史的契机和积累，也有人的主观能动性的发挥。认真研究和总结这耐人寻味的30年，对于总结经验，把握规律，探索中国式现代化太仓新实践，具有重要意义。

二三十年风雨写春秋，三十年奋斗铸辉煌。对于有着4500年历史的太仓，30年只是历史长河的一个句点，只能选择重要关节，选择几个维度总结，因为一个地区的发展道路紧要处往往只有几步。

30年，一个新生的稚童，走过少年，步入而立之年。30年放之于历史不过白驹过隙，于太仓却见证了一座城市的蝶变。事实和数据也许是枯燥的，但它最简单，也最雄辩，在总结太仓撤县建市30年的成就时，最容易找到共识。太仓运用看得见的“统筹之手”，神奇地编织出一幅物阜民丰的和谐画卷，抒写了一座城市的精彩传奇。

恢宏华彩、波澜壮阔的时代乐章，总是在接续奋斗中谱写；物华天宝、人杰地灵的时代画卷，总是在砥砺前行中绘就。30年来，太仓乘“市”而上，以实干拼搏铸就实力之城；顺“市”而为，以合作共赢塑造开放之城；因“市”而谋，以精致匠心构筑品质之城；因“市”利导，以初心情怀雕琢幸福之城。在历届市委、市政府的坚强领导下，在全市人民的共同努力下，谱写出绚丽多彩的动人篇章。太仓的经济更强了，2022年全市地区生产总值、一般公共预算收入、工业产值分别是1993年的30倍、70倍和17倍；太仓的城市更美了，城市更新优雅成长，娄江新城磅礴崛起，主城港城美美与共，构筑起如诗如画的田园之美。太仓城市建成区面积从1992年的6.5平方千米增加到2022年的150平方千米；太仓的交通更发达了，从沿江高速通车到“5+1”轨道交通网络形成，“任督二脉”悄然打通；太仓的人民更富裕了，城镇居民可支配收入从1992年的3021元增加到2022年的76733元，农民人均可支配收入从1931元增加到41446元，分别增长约25倍和21倍；太仓的文明程度更高了，社会保障健全，科教文卫发达，百姓安居乐业……历史悠久文化愈盛的太仓正焕发出无限生机和无穷魅力。

历史的轨迹，可以看出发展的脉络。回溯太仓30年的发展轨迹，一条线索清晰可见：改革开放的天时、江风海韵的地利、幸福善治的人和，汇聚起太仓“由农到工”“从内到外”“从量到质”跨越的澎湃力量。30年来，创先争优、务实创新的太仓人跨越一个又一个发展高峰，创造一个又一个故事奇迹，从一个“鱼米之乡的江南小县”发展到全国县域经济的“领跑者”。太仓综合经济实力稳居全国百强县市前十强，获得全国文明城市、国家生态市、国家卫生城市、国家环保模范城市、国家园林城市、中国最具幸福感城市等全国性荣誉，成为全省首个获得“长安杯”的县级市……一个流淌着神韵而又饱含着张力的新太仓正在奏响新发展理念下的动人交响。

回顾30年的光辉历程和巨大成就，深深体会到：于弯道中进位，于关键处奋进，激动人心的表象背后是浪遏飞舟，风雨彩虹。那些看不见的力量，或许才是最重要的“变量”，比数据更为亮丽和深远的，是全市上下拼出“太仓速度”的精气神。激发率先领先的志气、攀高比强的勇气、团结奋进的士气就是“精致、和谐、务实、创新”的城市精神。

三、让人民幸福，这是太仓30年经济社会发展的根本导向，也是“现代田园城、幸福金太仓”的题中应有之义。在太仓30年发展道路上，接力描绘“以人民为中心”的斑斓画卷，始终烙印着鲜明的发展成色、民生本色和幸福底色。

如何在现代化历程中以“人”的视角来谋定城市的发展使命，切实增进人民的福祉？太仓面对责任这道考题交上的一份厚重答卷，诠释“发展为了人民、发展依靠人民、发展成果由人民共享”的深刻内涵。太仓这座城市带给人民的，不是枯燥的经济数据，而是让群众切实感觉到城市有温度、生活有温情、人间有温暖。太仓幸福的味道就像夏日繁花，芬芳扑鼻；就像冬日暖阳，遍洒大地。广场上的轻歌曼舞，公园里的闲庭信步，书屋中的怡情养性，成为这座城市最生动最幸福的剪影。对于百姓来说，家前屋后的安宁祥和，才是最为靠得住的人间烟火。

回首太仓30年经济跨越发展的每一个脚印，皆可窥见民生的影子，太仓手握民生之笔，始终把民生作为首选项，精描细画，用汗水浇筑幸福坐标，写下温暖的篇章。凝望太仓共建共享的民生情怀、民生实践，更有值得载入史册的经典镜头：那是太仓在疫情防控大战大考中展现出的“太仓速度”“太仓温度”。

这是以人为本发展观的价值原点，民生支出占一般公共预算支出超七成，体现出市委市政府的民本情怀。或许还原几个场景，能更清晰地看到民生日益改善。教育优质均衡多元特色发展，在全省率先普及15年教育，“双元制”职业教育堪称“全国样板”，西北工业大学和西交利物浦大学落户太仓，彰显着学有优教的暖心。率先实现医疗、养老、低保三大保障并轨，国家“大病保险”新政植入“太仓模式”。瑞金医院太仓分院让病有良医触手可及。中国康养百佳县市榜首的长寿之乡衬托出老有颐养的安心。“政社互动”创新实践、公共法律服务“太仓模式”全国推广，荣捧“长安杯”，让百万市民“此心安处是吾乡”。基本公共文化服务体系覆盖城乡，大剧院、美术馆、市民文体中心、市民公园、古松弄等老旧小区更新等一批民生工程变成民心工程。

四、一个健康的躯体，总能展现优美的协调性；一座和谐的城市，总能弹出美妙的协奏曲。

实践表明，协调发展经济、政治、文化、社会、生态建设，是现代化进程中普遍面临的挑战。“发展起来以后的问题不比不发展时少。”种种烦恼考验着太仓人的智慧，也考量着太仓发展的未来。

30年来，太仓坚持量质并举，更加注重发展速度与质量、效益相统一，坚持全面协调可持续发展，不断增强发展整体性，全力提高城乡、经济社会发展的协调性、平衡性、均衡性，量变产生质变，裂变促成巨变，避免“木桶”效应显现。

俯瞰太仓城市发展轨迹，天蓝地绿、河清湖美成为人们最直白而深情的表述。“一心两湖三环四园”涵养着这座城市的生态体系，贯通绵延的新浏河风光带，“出门见绿、移步见景”的公园极目入怀，生态文明、绿色发展在太仓人的眼里不只是一种理念，更是奋力追求的一个更高发展阶段。太仓人响亮地提出“生态优先”的战略口号，从污染防治到生态修复，从城市生态体系到绿色低碳发展，曾经引以为豪的江南水乡田园风光再现娄东大地。

人之魂，文以化之；城之魂，文以铸之。一个城市的无限魅力，来自其散发出的人文精神光芒。30年来太仓以文脉滋养城脉，海运仓、天妃宫、樊村泾……传承着融江追海的文化基因。娄东大地源远流长的文化基因微光成炬，烛照未来，无数次浴火淬炼，重塑一座城市的精神风骨。“精致和谐、务实创新”的城市精神已成为全市人民的文化内核。山水田园般的太仓，孕育着多姿多彩的太仓文化，用太仓文化的融江追海精神赋能现代田园城市建设，提升城市文化软实力，增强文化自信，让城市之魂再度成为“复兴”文明的感召之源，和谐美丽的幸福新家园，太仓人渐行渐近。

理念之变引领时代前进，时代之变考验抉择智慧。太仓人清醒地认识到，经济发展程度越高，越是要夯实发展的法治根基，越是要以法治建设破题引领经济发展腾飞，于是提出“让法治成为核心竞争力的重要标志”的发展理念，太仓开创“政社互动”、网格化联动机制、公共法律服务均等化等多个全国率先领先的实践举措，探路基层治理体系现代化，形成“多元普惠、和谐善治”的社会治理新模式，法治成为太仓人生活方式的重要内容，成为太仓抢抓新机遇、增创新优势的重要砝码，增强创新驱动发展的深层动力。

五、马克思曾说，一切都取决于它所处的历史环境。所谓机遇，不过是“历史环境”造就的历史机会。机遇从不会给因循守旧的人带来奇迹。能否抓住机遇，关键在于能否以变革乘势而上，将各种有利条件和因素兑现为太仓发展的动力。

一座城市，只有看清自己所走过的路，才能在千变万化的现实中不断校准前进的方向。抓住机遇、赢得美好未来，错失机遇、落后一个时代。30年来，太仓抓住浦东开发开放和全面建设小康社会等重大机遇，实现“由农转工”“由内转外”“由量转质”的历史性跨越。回顾太仓的发展，在每一个阶段，都能在变局中抢抓机遇，在逆境中创新有为。当下的太仓，再次站到历史性跨越的新起点上。身处改革攻坚关键期、转型升级换挡期、结构调整阵痛期，或许是历史的巧合，当太仓准备“借船出海”时，“一带一路”建设、长江经济带发展、长三角一体化发展等国家战略机遇叠加，特别是虹桥国际开放枢纽建设加快推进，沪苏同城化步伐提速，太仓将迎来一个千载难逢的历史性黄金机遇。

风起于青萍之末，浪成于微澜之间。太仓天时、地利、人和俱在。历史的契机又一次等待把握，面对新时代的奋进坐标，太仓在国家“命题”中寻找“答案”，再一次迸发出把握未来的胆略智慧和激越豪情，一系列宏观谋势、中观布局、微观落子，给出太仓特色的创新回答：围绕“现代田园城、幸福金太仓”目标定位，奋力拼出“太仓速度”，在新起点上吹响了做优“接轨上海、以港强市、对德合作”三篇文章的嘹亮号角，把“上海下一站”的区位优势转化为“下一站上海”的奋斗追求，加快打造虹桥国际开放枢纽北翼发展极，精心描绘中国式现代化太仓新图景。

六、改革未有穷期，创新正当其时。太仓三十年的扬帆奋进史，实则是一部改革创新史。

太仓的每一次腾跃，都蕴涵无数改革创新的理念和举措，而每一次改革创新，让太仓克服“成长的烦恼”，经济社会发展的内涵质量明显提升。太仓的每一次华丽转身，都定格了勇立潮头、勇于创新的风采；每一处跋涉脚印，都镌刻着永不僵化、永不停滞的劲头。实践证明，改革里既有化蛹为蝶的秘密，更有乘势而上的动力。

东风浩荡满眼春。30年来，太仓，这片江风海韵的江南福地，龙腾虎跃的发展沃土，到处都是活跃的创造，到处都涌动着澎湃的浪潮，跃动着勃发的生机。从1993年省政府批准设立省级开发区，到太仓港经济技术开发区晋升为国家级经济技术开发区；从太仓港作为一类口岸开港到“长江第一港”；从1993年第一家德企克恩一里伯斯入驻太仓到拥有470多家德企的“中德企业合作基地”；从“双信三即”到“太舒心”营商环境服务品牌……大胆创新，勇于尝试，一切有利于经济社会发展的思路和办法，让太仓的一块块“试验田”生机勃勃。

靠什么在危机挑战中破浪前行？用什么谱写社会主义现代化建设精彩篇章？太仓的回答是：创新引领。风只能吹灭蜡烛，但会让火燃烧得更旺。一个城市的无限活力，来自其创新驱动的神奇力量。创新对市场、资源、人力、制度的拓展与重构，成为驱动太仓发展的新动能、转型升级的新引擎。太仓借力工业互联网，加快制造业智能化改造和数字化转型，在发展路径上迈出了跨越“创新峡谷”的坚实一步，加快从资源依赖向创新驱动转变，从“汗水经济”向创新经济、数字经济转变。太仓，昔日郑和七下西洋的起锚地，如今正沿着创新转型的航标“扬帆起航”。

人才是第一资源，也是创新之本。高铁、高校、高端科研院所的多重叠加，太仓不断加码吸引人才的筹码，以更开放的姿态拥抱天下英才，“才聚太仓更幸福”，太仓成为引才强磁场。可以预见的是，未来有更多人才上演沪太“双城记”，也给太仓人才招引带来更多吸引力。同时，高素质人才的大量集聚将反哺城市的产业发展，丰富着太仓这座城市的“大脑智慧”，成为创新发展中另一大动能。

七、三十年风雨兼程，有太多的追求和思索；三十年辉煌历程，有更多的清醒和坚定。产业强则经济强，经济强则城市强。这被实践证明的真知灼见，正是30年来也是今后太仓跨越发展的基本逻辑。

30年来，太仓谋发展、抓发展、促发展的强大气场始终在鼓动、在加热、在升腾，你追我赶、同频共振的“场效应”越来越强劲，涌动着激情跨越的澎湃力量。发展的基础在产业，产业的关键在项目。市委、市政府把握产业发展“方向盘”，壮大“3+3”产业创新集群规模，擦亮“做航空，到太仓”“建总仓到太仓”产业名片，打造更具竞争力、更有标识度的产业创新集群，以产业项目撑起经济的钢筋铁骨，打造现代产业高地砥砺前行。

从经济角度看，现代化的进程就是工业化、城市化互动的过程。在工业化后期，则更多地体现出“城市决定产业”的发展规律，太仓选择建设现代田园城市的城市发展道路，不断强化产城融合，深层次的内涵则是全面协调推进现代化。太仓拒绝“小确幸”，寻求大视野，作出高起点高质量高水平建设娄江新城的战略部署，一座引领未来的新城将成为太仓现代田园城市的新样板和中德合作创新城的新典范。

八、岁月如歌，红旗如画。回眸太仓撤县建市30年发展之路，始终有高高飘扬的党旗引领太仓前行。

30年来，历届市委、市政府坚持解放思想、务实创新、与时俱进、科学决策，积极探索具有太仓特色的发展道路。从破除“两小”思想到弘扬“三创三先”精神；从第九次党代会提出“为本世纪末实现基本现代化而努力奋斗”和“科教兴市、以港兴市、外向带动”战略，到第十次党代会提出“科教兴市、以港强市、经济国际化”战略，到第十一次党代会的“四个现代”和“科教兴市、以港强市、接轨上海、经济国际化、可持续发展”五大战略，到第十二次党代会的“六个现代体系”和“创新引领、以港强市、接轨上海、城乡一体、可持续发展”五大战略，到“打造苏南现代化建设示范区太仓样本”，到第十三次党代会的“践行新理念、开拓新境界，为谱写好中国梦的太仓篇章而努力奋斗”，到第十四次党代会的“拼出太仓速度，勇担使命跨越发展，激情谱写社会主义现代化建设太仓精彩篇章”。实践充分证明党的坚强领导是现代化建设的根本保证。

最是从严能致远。全面从严治党，落实主体责任，不是一道“选做题”，更不是一道“送分题”，而是一道“必须要答对答好答满分的政治题”。风清气正的政治生态为太仓经济社会持续健康发展提供坚强的政治保证。从党的群众路线教育实践活动、“三严三实”专题教育、“两学一做”学习教育，到“不忘初心、牢记使命”主题教育、党史学习教育，在一次次立根铸魂、固本培元的思想淬炼中，太仓凝聚起奋进新征程的强大合力。

看似寻常最奇崛，成如容易却艰辛。突破困局、打破僵局、开创新局，需要各级干部敢于担当、善于担当、体现担当，身先士卒、勇于任事，当好发展的开路人，带领群众一起干事创业，防止改革推而不动、发展涛声依旧。30 年来，太仓持续推进作风效能建设，让“机关就是服务，公务员就是服务员”成为每一个机关干部的自觉追求。踏石留印、抓铁有痕，这股干劲浸透在全市各级干部的心中，显现在每一个创新发展的探索实践中。

时间是最忠实的记录者，也是最客观的见证者。而比时间的力量还要深邃的，则是人的奋斗。惟敢于担责、勇于作为者胜。30 年来，全市广大党员和干部群众中涌现出许许多多朴实而平凡的感动。正是这样的精神引领和力量汇聚，支撑太仓迈过一道道坎儿，稳健向前。

九、30 年既是时间的刻度，更是奋斗的标尺。今天，总是过去的时空延续；未来，也一定是今天的明天。只有回首过去，才知道已经走出多远。能看到多远的过去，就能看到多远的未来；能拥有多宽的视野，就能获得多大的空间。

历史的前进不是一条直线，如果将太仓撤县建市 30 周年作为一个整体、一个结果，就能够比较容易比较集中看到成就；如果将这 30 年作为一个过程，就能比较充分地看到其间所碰到的困难和挑战。太仓这片热土所经历与所收获的，都将汇成太仓发展不同寻常的历史跨越，标注上一段征程的辉煌，等待下一个征程的出发。

敢蹚别人没走过的路，才能收获别样风景；敢拓前人没垦过的荒，才能开辟新的空间。太仓撤县建市 30 周年是一场竞逐，也是一种积累。30 年的沧桑巨变，展示着太仓人民求实创新、勤奋敬业、矢志探索的创业精神。

追梦人的脚步，总是铿锵而坚定；攀登者的征程，始终向高远延伸。抚今追昔，太仓撤县建市 30 周年，不仅是太仓发展史上的里程碑，更是太仓续写辉煌的新起点。在这个大有可为的时代，可观可感的中国式现代化的太仓新图景将不再遥远。

（摘自 2023 年 3 月 28 日《太仓日报》，执笔：张　忠）

媒体眼中的太仓

寻路太仓——县域经济高质量发展样本观察

以卫星视角俯视地球，50 万米下的太仓不过是亚欧大陆东南部面朝浩瀚太平洋的一个小点。小点无法小看——综合实力百强、县域发展潜力百强、最具幸福感城市等全国榜单中，因“天下粮仓”得名之城始终位居前列。

近观地图，太仓形如风帆。600 多年前郑和由此七下西洋，开启了全球大航海时代。千古“大”仓，加上对外开放的“点”睛之笔，终成“太”仓。太仓港是长江第一外贸大港、集装箱吞吐量跃居全国第八；作为首个“中德企业合作基地”，汇聚国内十分之一制造业德企。

似乎不“抢眼”，实则很“抢位”。撤县建市 30 年，太仓以战略布局构建开放新局、以创新势能提升发展动能、以国际标准打造城市标杆，不断廓清方向、探寻最适合自身的前进道路。

三十而立。打造县域高质量发展示范标杆的太仓，正起笔绘就中国式现代化的“江南盛景”。

城市路标：沿江、临沪、达海

太仓位于长江入海口南岸，拥有 38.8 千米黄金岸线、12.5 米深水航道。站在太仓港，只见塔吊林立、货堆如山、车辆穿梭、船只往来不停，繁忙景象可让人联想起当年，在这片土地上浩浩荡荡出海起锚的郑和船队。

通江达海，因港而兴。30 年前，太仓港打下万吨码头建设第一桩。而如今，港区集聚 18 家世界 500 强企业和总投资约 319 亿元的央企项目，形成全球最大集装箱制造基地、亚洲最大高级润滑油基地、江苏沿江最大火力发电基地。

“北风呼啸，荒无人烟，只见芦苇和茅草。”港区退休干部邢高前仍记得 1992 年江边场景，不过当时已有新加坡客商和他分析太仓港的特别之处：如果把长江比作龙，长江口是龙嘴，太仓港的地理位置，如同龙嘴里一颗夜明珠。

“明珠”光芒持续闪亮：2022 年太仓港集装箱吞吐量超 800 万标箱，2023 年 1—2 月完成 77.5 万标箱，较上年增长 21.6%；开辟运营集装箱班轮航线 217 条，与 160 多个国家和地区建立经贸往来。

以港强市，港口被视为太仓城市发展的核心战略资源。目前正统筹推进江海河联动发展和港铁双枢纽建设，构建内河喂给、长江集并、沿海内贸、近洋直达、远洋中转航线网络，加速迈向“千万标箱大港”。

接轨上海，深度融合。从太仓市政府到上海人民广场，车程约 50 千米、1 小时可达。天气晴好时，登上政府附近大楼能望见陆家嘴的上海中心。太仓站和太仓南站投入运营后，与上海最近处仅隔一站。“上海下一站”名副其实。

太仓和上海很近，且 30 年间距离不断拉近：最早派人骑自行车去上海，接回“星期天工程师”指导工业生产，后又紧随浦东开发脚步，与上海同频共振。促进长三角地区深化改革、协同开放的《虹桥国际开放枢纽建设总体方案》中，11 次提及太仓，太仓成为虹桥商务区的北向拓展带的一部分，“虹桥北”真正成为“北虹桥”。

沪太同城，区域共建共享。刷上海公交卡可在太仓坐车，刷太仓医保卡可在上海看病；规划千张床位的瑞金医院太仓分院计划于 2025 年投入使用，将协同推进医疗、教学、科研成果转化，形成“瑞金总院—北部院区—太仓分院”一小时医疗服务圈。

深度融合，成色见于细节。企业项目通过上海的推介会被引入太仓，产业成果由太仓生成配套往上海去；集装箱从太仓港往上海港只需一次查验，货物到上海港等同进太仓港，两座大港将拓展直连直通的远洋航线，打造江海联运核心港区与近洋运输集散中心。

对照学习、对标追赶，太仓响亮喊出“下一站上海”。随着长三角一体化进程提速，太仓正以全新姿态，与上海产业链、供应链和交通圈、生活圈进一步接轨。

志在四海，万里比邻。山和山不相遇，人和人要相逢。同样身处内河临近大海，德国汉堡港与太仓港相距两万多海里；同样生长高大挺拔的水杉，太仓新浏河畔与德国黑森林山川异域却风月同天。1993年德国企业家斯坦姆在异国却引发思乡之情，于是落子于太仓。

30年间，一颗种子长成参天大树：克恩—里伯斯（太仓）从只有6个人的小工坊，跃升为年产值15亿元的“弹簧大王”；太仓汇集德企近480家，累计投资60亿美元。

在外资高地苏州，60亿美元的规模不算大，但太仓的外资质量之高却引人赞叹：“隐形冠军”企业55家，德国前十大机床企业中六家落户，德企亩均产值高达1400万元。

斗转星移，水杉林依旧挺立，太仓又增添不少“他乡似故乡”的元素：德国酒店行业翘楚“玛丽蒂姆”投入试运营，德式餐吧“申德勒加油站”加的不是汽油而是正宗的德国啤酒，中德友好幼儿园等生活配套愈加完备。

许多德国商人描述太仓是“上海旁边一座大城市”，其实这个城市“大”在定力：三大路标引领，三十年方向不改。

发展路径：绿色为底、制造为基、开放为本

30年在历史长河中不过沧海一粟，但足以见证一座城的沧桑巨变：地区生产总值从54.68亿元增至1653.57亿元，进出口总额、城市建成区面积、人均可支配收入等增长十倍乃至百倍；从公共文化设施稀少，到博物馆、美术馆、大剧院等“文化地标”拔地而起，老城活力迸发，娄江新城定位“未来之城”；从只有一个小汽车站，到挺进“高铁时代”、长三角主要城市“1小时通勤”……

由“县”到“市”，名称改变，更是太仓经济社会发展的全方位变革。这个将田园、产业、江海等元素刻入肌理的城市，30年来，以自然生态涵养城市气韵，以实体经济打造城市气质，以对外开放塑造城市气派，汇聚成蓬勃向上的发展气势。

与自然和谐共生，持之以恒描摹“田园画卷”。晨光熹微，不少太仓人沿着天镜湖跑步或骑行，开启全新一天。湖水荡漾、绿树成荫、沿途风景如画，湖边有序分布着高端酒店、商业、住宅以及企业总部。

天镜湖状如明镜。以“镜”观之，可见太仓如何构建疏朗有致的城市格局、精心调试人与自然的距离。

太仓陆域面积665平方千米，约为上海十分之一。与江苏省内其他县级市相比，太仓不算大，但绿色发展一直“算大账”：城市绿化率高达43%，自然湿地保护率超过70%，均在全国领先，土地开发强度控制在34%左右、城市规划中近三分之二面积留给农业和生态建设。

航拍视角看太仓，生态绿廊连绵蜿蜒、清澈河道纵横交错，高楼与道路掩映在大片绿地中。如果追江赶海是一以贯之的“大写意”，现代田园城就是精雕细琢的“工笔画”：公园、绿地与廊道、水系勾连互补，打造“一心两湖三环四园”的生态体系；50多个街头游园被提档改造，一批林荫路、景观路和湿地公园陆续建成。

太仓主城区有一片300多亩的核心地块，经测算如果开发房地产可带来数十亿元财政收入，但最终选择建设市民公园。漫步其间，植被密布、空间广阔，如同家门口的天然“氧吧”。

先后建成国家生态城市、国家园林城市的太仓，人均公园绿地面积近18平方米。太仓市委书记汪香元说，“城在田中、园在城中”是历届市委、市政府共同梦想，新征程上将坚定生态优先，注重城乡统筹，打造既有现代城市功能、又有优美田园风光的宜居宜业之城。

与产业升级共进，执着坚守培育制造体系。30年间，太仓工业总产值增长十余倍，“块头”猛增，“脊梁”不改——始终坚守制造业。

轻工、纺织、机械等传统行业在太仓曾辉煌一时，大批乡镇企业全面开花，虽显分散但打下工业根基。撤县建市后，太仓持续优化产业结构，推动大批乡镇企业转变发展方式，同时引入德国制造技术，聚焦重点行业和新兴产业，最终形成“3+3”产业矩阵：高端装备、先进材料、现代物贸三个千亿级产业集群，航空航天、生物医药、文化旅游三个特色产业集群。

锚定实体经济，谋求高质量发展。记者采访了解到，太仓将研究细化产业链图谱，深耕高端数控机床、汽车核心零部件、功能性高分子材料等细分领域，着力引育产业链“链主”企业，全面提升产业规模质效。

产业升级离不开数字赋能。全球有“灯塔工厂”132家，其中50家在中国，太仓占两席。太仓发挥“灯塔工厂”示范作用，加快产业智能化改造和数字化转型步伐，力争规上工业企业全覆盖。

与世界交融共赢，海纳百川助力城市生长。郑和公园内，18米高的郑和铜像巍然屹立。视野开阔的航海家无法预料，当年起锚地有朝一日与世界关系如此紧密。

太仓有外资企业1583家，投资总额328.7亿美元，实际使用外资85.3亿美元。德企总数约占三分之一，年工业产值超600亿元，更带动周边600多家民营企业发展，高端装备制造等主导产业与太仓“3+3”产业集群规划深度融合。

对德合作，一往情深。见证德资壮大过程的太仓市高新区管委会原副主任冯玉良等人介绍，德国人的精致务实和太仓城市精神完全契合，太仓的城市结构和产业结构也更匹配“小而精”的德国制造业，由此双向奔赴、聚沙成塔，形成目前的开放结构。

数据也可印证：前100家德企聚集太仓历时14年，而从第300家到400家仅用3年。受访德企负责人回答为何选择太仓，都说起“城市干净精致”和“政府务实守信”，加上产业链集聚效应不断增强，形成良性循环。

太仓欧商投资企业协会主席张臻伟的比喻令人印象深刻：德国人的性格就像是壁炉，要烧透厚厚的壁砖会很慢，但是热起来一定会很长久。据统计，90% 以上早期落户的德企都在太仓完成增资扩产。

未来路基：科技创新、未来产业、物贸中心

太仓有多条以当地名人命名的路，如教育家唐文治和核物理学家吴健雄。历来崇文重教、对高端科教资源向往已久的县级市，建成西交利物浦大学太仓校区和西北工业大学太仓智汇港。两所大学既是太仓原始创新基础，更是城市发展的动能所在。

构建城市大脑，积蓄创新力。西浦太仓校区 2022 年 9 月启用，到 2025 年将为当地每年输送不少于 2000 名高层次创新人才。校区结合太仓产业特点和发展需求，对应设置智造生态、人工智能与先进计算、芯片等学院，已有海尔集团、中科曙光等多家企业参与学院建设。

作为智能机器人学院合作伙伴之一，科沃斯创新模式研究院院长赵亮认为，太仓校区让学生在校园就接受专业系统的行业技术学习，增强毕业后的适应能力，还能推动相关领域产学研深度合作，为前沿科研项目从技术研发到落地应用提供肥沃土壤。

同样，以“三航”（航空、航海、航天）著称的西北工业大学牵手太仓，面向通用航空、民用航空、信息技术等方向培养人才。该校近千名学生暑期到太仓，进入相关企业实习锻炼，实现人才培养与产业链、创新链有机衔接。

西工大相关负责人告诉记者，太仓智汇港和长三角研究院发挥学校在航空航天领域的学科优势，对标区域社会经济发展需要，探索产教融合新模式，为太仓产业提级升档提供助力。

布局未来产业，提升竞争力。每到周五下班，太仓生物医药产业园门前车水马龙、车流量陡然增高，人们赶往城区或回到上海。占地仅 6 平方千米，却聚集 400 多家生物医药企业，年营业收入近 300 亿元。

生物医药是太仓“3+3”产业矩阵的重要一环，为了让“太仓药谷”更具含金量，太仓将充分承接上海张江和苏州的溢出效应，并锁定医药合同服务外包、医疗器械、生物创新药三大方向，找准定位、错位发展。

依托优势才能再造优势。采访中太仓干部和企业家多次提及，太仓产业发展最显著特点是充分利用自身禀赋，瞄准升级方向、把准时代脉搏，有的放矢规划布局。

从深蓝到深空，航空航天是太仓另一个“未来产业”。20 多年前落户的德企舍弗勒，开发出新型航空发动机轴承，每年可为全球客机节约 20 万吨燃油，加上西工大等科研机构支撑，太仓提出航空航天产业规模 2025 年争取突破 500 亿元。

航空航天发动机换热器铸造工艺曾长期被外国垄断，江苏华钛瑞翔科技有限公司实现稳定量产，但 2022 年受疫情等因素影响产值仅 200 多万元，太仓政府仍兑现房租减免等承诺。太仓高新区管委会主任李刚表示，航空航天属于全新赛道，未来一定会迎来爆发。

对产业培育的耐心体现在产业生态的营造。“一个园区里，上下楼就是产业链的上下游。”华钛瑞翔总经理刘荣华举例，不足百米外就是刚开业不久的北航天航长鹰实验室，将负责检测公司零部件。

提升港口能级，锻造持续力。沿海如果没有港口，大海就是尽头；但有了港口，就能打开面向世界的窗口。2022 年太仓港集装箱吞吐量创下历史新高，全球集装箱港口排名第 25。

联动人流、物流、信息流、资金流，推动产业升级、发展高端服务业，实现“货物量级”向“服务能级”转变。太仓将现代物贸产业作为主导产业，推进港口航运物流运营中心、知名品牌物贸结算中心、大宗商品现货交易中心和楼宇经济创新创业中心发展。

面向未来，太仓港主要目标不再是做大规模，而是提升功能，将“港口流量”更好转变为“经济增量”。看中物流资源集聚、市场辐射范围广、分拨配送成本低等优势，全球知名运动休闲品牌耐克、斯凯奇等均在此建设中国物流中心和结算中心，太仓产业链也得以向“微笑曲线”两端延伸。

把港产城一体化作为城市发展“第一战略”——这是苏州市为新形势下太仓发展定下的基调，与“以港强市”战略一脉相承，又提出了更高要求。

一个数百万平方米的全球特色商品展销中心正在港区筹建，集商品展示、物流分拨、交易结算于一体。东南亚的水果、全球的海鲜、各国的名车齐聚，实现一站式“买全球、卖全球”。

当年郑和从这里下西洋把中国带给世界，而今太仓正努力“把世界带给中国”。

一路同行：一生之城的治理之道

在千年古镇沙溪的老茶馆里，两位本地老人一人手执二胡，一人指弹吉他，合奏宛如高山流水，意蕴悠扬，引得路人驻足欣赏。

老人的闲适与自在，可管窥“幸福之城”——11 次获评中国最具幸福感城市，7 次登上县级市榜首。太仓把人的全生命周期作为城市建设宗旨和治理指向。

打造人才“引力场”，留人更“留心”。人才是所有城市的核心竞争要素。太仓引才靠什么？

诗人白居易未成名时初到长安，曾被人戏谑“长安米贵，居大不易”，一语道破初来乍到之难。白居易曾任苏州刺史，当年治下的太仓如今打造“太易居”人才公寓品牌，三年内新增 1 万套，“人到太仓就有房”。

满足大学本科毕业及以上学历，只要来太仓实地了解就业、创业环境，就能在线申领最高 500 元的“人才考察礼遇”补贴。“这是一座让人无法拒绝的城市。”2022 年研究生毕业到太仓的颜璐聊起太仓热爱溢于言表。

自动化领域从业 20 多年的龚学培是地道的上海人，两年前到太仓担任通快（中国）机床事业部销售总监，一开始每个周末都回上海，如今已在太仓买房。“与这座城市相遇时的惊喜，没有一丝褪色。”他说。

截至2023年3月，太仓吸引领军人才（团队）达到827人，高层次人才数量超过2.4万人。

构筑完整“幸福拼图”，有尊重更有尊严。让每一颗心灵都有所归属，才能构成一座城市完整的幸福拼图。太仓既为各类人群追求“民生高线”，又为老人、外来儿童、残疾人等群体构筑“温暖底线”。

作为人口老龄化率超30%的“长寿之乡”，太仓除发放高龄老人尊老金等常规动作，还努力发掘老年人“为社会所需”的价值。78岁的教师姚品良退休后发现，许多外地民工子女缺乏照看，于是成立志愿者服务队，辅导学生参加多届全国少儿美术大赛，85件作品获金奖。

定点吸纳外来务工人员子女，太仓市高新区第二小学九成学生非太仓籍。高标准足球场上，五年级的安徽学生丁睿哲正参加校足球队“百川源源”的训练。“孩子们来自五湖四海，如百川汇聚。每年举办‘百川节’分享各自家乡故事和美食，没有地域差别，都能找到归属感。”丁睿哲的妈妈范雪萍说，儿子踢了6年球，球队也拿到全省冠军，内向的农村娃越来越自信。

陆晓晨此前是仓库搬运工，在全国首家致力于雇用心智障碍人士的中德融创工场，她成为一名高端汽车零部件流水线工人。最欣慰的不是工作变得轻松，而是收获了尊重。“在这里我们不会被当作特殊人群，大家都在平等地创造价值。”表达并不流利，但收获尊严的她眼中有光。

过去十年，太仓低保标准由每月570元调整至1095元，5年来累计发放困境儿童生活保障资金超千万元。达到常住人口三分之一的太仓市民注册成为志愿者，常态化关爱弱势群体。

从“造景”到“育境”，品质兼具品位。红砖粉墙、塔楼尖顶，极具欧洲中世纪的复古情调——在新浏河畔的海运堤，太仓最新的“造景”之作罗腾堡德风街去年底开业，完美还原德国小镇风貌。

跨越山海，“家在太仓”。不久前举办的“春天的信念”中德诗歌朗诵会上，德企高管克里斯蒂安携中国妻子和两个孩子登台，朗诵了德国诗人赫尔曼·黑塞的《幸福》，已在太仓生活8年的这家人节目尾声一齐用中文说：“这就是我们幸福的家。”

“幸福之城”，绝非偶然。太仓一般公共预算收入水平是同等经济体量县市的近两倍，每年超过80%的财政收入用于民生支出。打造“一刻钟便民生活圈”，让市民生活“不出圈”，幸福更“出圈”。

城乡统筹，短板不短。太仓城乡居民收入比为1.85∶1，是全国收入差距最小的城市之一。“2000亩地9个人就能种好，秸秆打包发酵后作为饲料养羊，羊粪肥田后产出的富硒大米一斤能卖到16元。”东林村党委书记苏齐芳介绍，“一片田、一根草、一只羊、一袋肥”支撑起生态循环农业，去年村集体可支配收入超过3000万元。

在外闯荡两年后，王梦洁决定回到故乡东林村，依田而居的农民家庭住进现代社区的电梯房。“回来后想不到还有薪金、股金等福利。”她说村里生活与城市几无差别，还多了城里人向往的田园风光。

田园风光是生活品质的“诗意栖居”，太仓丰富高质量文化供给，让精神品位的“诗和远方”触手可及。包含齐白石、徐悲鸿等绘画大师作品的高规格开馆展免费向市民开放，开馆两个月接待参观者超7万人次。

美术馆的观景平台是一个半开放的窗，向外望去，市民公园里有人陪着孩子到儿童区域玩沙，情侣在静谧的林荫小道上散步，还有人走进湖畔的自助有声图书馆“听”书……

以窗为框，春夏秋冬四时风景映入眼帘。设计者匠心独运：观景窗被设计成长长的矩形，犹如一幅展开的山水长卷——中国式现代化的江南盛景图正徐徐绘就。

（摘自2023年3月27日《新华每日电讯》，新华社记者：刘　亢、张展鹏、杨绍功、杨丁淼、陈圣炜）

叩问太仓：幸福是什么

618年前，航海家郑和在这里首航出海，七下西洋，书写人类航海史和文明史荡气回肠的篇章。30年前，经国务院批准，地处江尾海头的崭新县级市在这里诞生，中国改革发展浪潮中又一艘巨轮扬帆启航。

岁月如歌，《半月谈》记者近期走访“三十而立”、11次获评“中国最具幸福感城市”的江苏省太仓市，聆听传统与现代的交响，触摸城市与乡村的脉动，体会这座城市肌理中散发的幸福张力。

幸福是每一次耕耘，收获新的喜悦

幸福是什么？幸福是奋斗的执着。

6：00，起床；7：00，从上海家中出发；7：40，在太仓开始工作；19：00，错峰返程……从工程师转型为创业者，西北工业大学软件学院教授张仕进“以秒计数”。2021年初，他在太仓搭建团队，研发高能束智能装备。“早一秒产出，多一分收获。奋斗是通往幸福的阶梯，我想欣赏更美的风景。”他说。

无声咖啡馆内，“姐妹花”严颖峰、严颖开操持有序。这对身患先天性听力障碍的年轻咖啡师，将生意打理得日渐红火，开出多家分店，帮助30多名残障人士就业。姐妹俩表示，城市的幸福感，体现在对弱势群体的关爱上，“我们的成功得益于残联支持和爱心人士帮助，希望把幸福能量传递给更多人”。

奋斗，渲染幸福底色，提升城市亮色。2022年，太仓市实现地区生产总值1635亿元，较上年增长2%以上，一般公共预算收入177.8亿元，同口径增长2.1%。

在开拓者眼中，幸福更像是创造，释放新的价值。

百年德企克恩—里伯斯主要业务为弹簧制造。1993年，克恩—里伯斯在太仓投资分公司，成为该市首家德企，仅有6名员工和400平方米租赁厂房。30年来，该企业拥有5万平方米现代化厂房和千余名员工，在华成立6家分支机构。公司中国业务集团高级副总裁、中国区代表范西蒙说："我们与太仓深度融合，共同成长，这种发掘、培育、努力的过程，难忘而迷人。"

鼓励本土企业、科研院所与德企产业配套、创新协同、人才共育、资本联合……30年来，太仓放大对德合作优势，集聚德企475家，总投资近60亿美元，年工业产值近600亿元，中国"德企之乡"名副其实。

幸福是每一次探索，发现新的惊喜

阳光洒入颐悦护理院，社工带领老人们开展春日创作。年过八旬的张奶奶绘就一幅身穿旗袍的江南女子图："我年轻时常穿旗袍，满满的回忆。"

颐悦护理院是太仓构建多层次、多样化养老服务体系的缩影。作为富裕型中国长寿之乡，太仓探索老龄社会治理新模式，建成210家日间照料服务中心（站）、167家老年人助餐点、11家养老机构，提供居家养老上门服务超3万人次。

生动的瞬间还有很多，幸福在细节间悄然流淌。

由3所农村小学合并而成的科教新城实验小学内，变形金刚、航天火箭模型等组成风景线，百宠园、百草园等实践基地各具特色，学生们参加绘画、木工、3D打印等课余活动。五年级女生孙雨彤说："摇桂花、种草药，自制香囊、为丝巾染色，学校就像大乐园。"露天中心广场上，扫磨抛光机穿梭，干净的地面供居民"席地而坐"；驻足卖秧桥畔，工人驾驶清洁船划过，河道及绿化带清爽整洁……当地引入"城市管家"，为居民提供环卫保洁、垃圾分类、绿化管养、城市照明等10个方面的服务。从企业和个人生命周期出发，以"一张表单、一链申报、一站办理"为设计起点，在全省率先推出"出生""入学""购房入住联办"等30个"一件事"线上一次办。

太仓坚持均等普惠理念，将超八成财政投入民生。在长三角率先开通异地就医"自主转诊"划卡结算；入选全国首批义务教育发展基本均衡县（市、区）；大病医保、公共法律服务"太仓模式"全国推广……一幅幸福画卷跃然在江南土地上。

幸福是每一次付出，孕育新的美好

71岁的王美珍是城厢镇南区社区新民村小区7幢居民楼96户人家的小网格长。16年来，她带领居民平路面、堵漏水、装照明、修绿化……王美珍说："办好百姓的事比办好自己的事更幸福。"电影放映员陆丁兴30年来足迹遍及建筑工地、敬老院、社区广场等，为群众放映电影2000多场次，通过电影播撒文明幸福的种子。

走向幸福的过程，是群众提高生活质量、转变生活方式、增强实现自我价值能力的过程。河南籍务工青年徐铭报考了网络远程教育本科班，生活忙碌中充满快乐。浮桥镇新时代文明实践所内，阅览室、书法室不一而足。62岁的沈福贵告诉《半月谈》记者："在家门口书场就能观看评弹演出，文化大餐丰富了业余生活。"

一次给予，温暖人心；一束光影，照亮前程。普通人用默默奉献踏出幸福城市的坚实脚步，也在分享成果、品味甘甜、感受获得，这是幸福的魅力和动力。

2022年12月16日，是海德韦尔（太仓）能源科技有限公司成立日，也是公司总经理顾茸蕾儿子的生日。他说："意在把企业视作孩子，在变革中迎接新生。"香塘·野邻LINE FRIENDS露营村负责人左毛毛终日忙碌在布朗熊等卡通造型中，他说："依托IP新体验、新消费、新经济，实现农文旅产业新提升，这种探索，神秘而幸福。"

跨入新阶段，太仓人又有新目标，用太仓市委书记汪香元的说法，就是要拿出敢为天下先的干劲、敢闯无人区的冲劲、敢做弄潮儿的拼劲，以更快行动谋突破，勾画中国式现代化幸福太仓新图景。

（摘自2023年第5期《半月谈》，记者：刘巍巍）

"港产城"蓄积城市新势能

太仓围绕"港产城一体化"，立足"港口、港区、港城"三个层次，推动港口与城市同频共振。

2023年9月11日，太仓港区国际集装箱码头，一批新能源汽车通过可折叠车辆框架箱运输上船，整装待发，即将出海驶向远方。

地处长江经济带和21世纪海上丝绸之路交汇处，太仓港拥有38.8千米江岸线、12.5米深水航道。2022年，太仓港完成集装箱吞吐量802.6万标箱，稳居全国第八，连续5年位居江苏第一。

"云帆高张，昼夜星驰"，600多年前，郑和率领庞大的船队，正是从这里出发，开创了波澜壮阔的海上远航。600年后，这里巨大的龙门塔吊林立江岸，集装箱层层堆叠，车辆来往不断，巨轮进出不绝，太仓港以"志在万里"的胸襟再度追梦深蓝。

因港而兴，以港促城，太仓围绕"港产城一体化"，立足"港口、港区、港城"三个层次，着力推动港口与城市同频共振。

港口巨变

"港口发生了巨变。"港区退休工人王诚向《瞭望东方周刊》回忆道，此处最初杂草丛生，一片荒芜。如今，港口已焕发新颜，"2022年，太仓港集装箱吞吐量创下历史新高，在全球集装箱港口中排名第22。"太仓港区现代服务业发展中心副主任杨勇告诉《瞭望东方周刊》。

联手上海港，太仓港助力“引海入江”。每日满载进口货物的货轮可从上海洋山港直抵太仓港集装箱码头，无须再办理任何手续，集卡车即刻驶离。

上海组合港管委会办公室主任徐国毅介绍，以往一艘外籍船舶从沿海航行至长江沿线港口，需分别向两家不同的引航机构提出申请，个别港口甚至同时存在多个同类管理部门。

沪太两港在全国率先实现通关一体化，货物进了太仓港视同进入上海港。2022年，沪太两港联动运输箱量达到150万标箱，增长31%。沪太两港联合开辟“太申快航”水上驳运快线，已覆盖上海港3个港区，往返密度达每天30余班。

太仓港不断提升内功，打造“通江达海”的出口中心。“近年来，通过长江水运，武汉、重庆等长江中上游城市每天将光伏和机电等高附加值物资向太仓港集结，再经远洋中转，以江海联运的方式出口至欧美各国。”太仓海关物流管理科科长魏蔚告诉《瞭望东方周刊》。

8月17日，中国汽车工业协会发布数据显示，2023年上半年，中国汽车整车出口量同比增长76.9%，半年度汽车出口量跃居世界首位。

面对旺盛的汽车出口市场需求，港口船舶运力吃紧，商品车出口舱位不足、运输成本高企，成为中国商品车出口亟待解决的问题。依靠江海联运、构建中转枢纽，太仓港具备独特竞争力。

2023年1月至7月，太仓港完成汽车吞吐量29.26万辆，其中出口汽车20万辆，较上年同期增长5.6倍。“太仓港找到了转型创新的路径，也为当前的高质量发展找到了抓手。”国务院发展研究中心市场经济研究所所长王微表示。

2023年，太仓港近洋航线已覆盖日本、韩国等24个主要港口，形成近洋直达、远洋中转等5大航线网络。国内航线覆盖的江海河港口达67个，开辟运营集装箱班轮航线217条，与160多个国家和地区建立经贸往来。

太仓港正全力建设专业汽车滚装码头，增大运输量。未来，凭借江海河交汇区位优势及公、铁、水多式联运优势，其将助力国产汽车顺畅出海。“作为全国唯一享受海港待遇的内河港口，太仓港已成为内河与海洋航运的核心枢纽，将赋予城市更多可能。”魏蔚说。

产业引领

9月22日，位于太仓港的斯凯奇中国物流中心仓储区码满了货物，工作人员忙碌不停。该中心承担着斯凯奇中国地区50%的电商业务，庞大的业务量让其在销售旺季更显忙碌。

“依托港口的优势，太仓港正加快由‘物流港’向‘物贸港’转型。”杨勇告诉《瞭望东方周刊》。

在杨勇看来，物流港与物贸港之间，不只是一字之差。“如何将港口‘流量’转变为港口‘留量’，是我们未来发力的主要考虑方向。”

8月9日，太仓木材贸易代理进口的首张银行信用证成功开出，意味着太仓港区可自主开展木材代理进口业务。此前，企业进口木材需向外贸公司支付一笔银行授信代理费用。“这次信用证的成功开具，缓解了我们自身的资金压力，让木材企业安心发展。”江苏德木供应链管理有限公司董事长魏德强告诉《瞭望东方周刊》。

小小信用证，打开新局面。“木材贸易信用证的成功开具，不仅方便了企业，也进一步助推太仓将‘港口流量’转化为‘经济增量’。”杨勇表示。

城市另一角，机械隆隆作响，那是斯凯奇中国物流中心二期项目建设现场。该项目总投资超30亿元，定位为斯凯奇亚洲最大的物流总仓，建成后与一期项目共同成为斯凯奇在中国线上线下的“双总仓”。

太仓通过提升物流物贸能级，壮大现代物贸产业集群。“‘物贸总部经济’初具规模，‘建总仓、到太仓’成为诸多大企业的选择。”太仓市发改委主任万芬奇对《瞭望东方周刊》说。

“总仓”集聚的步伐不断加快。自2022年以来，太仓引进爱乐买冷链电商总部、夸特纳斯国际食材集采集配销售中心，并加快建设中外运华东暨长江经济带运营总部项目。同时，太仓还与新疆库尔勒、顺丰总部深入合作，以建仓的方式，将全国优质特色产品集聚太仓，并为苏州各大进出口贸易企业提供全流程便捷服务，建设国内产品出口“全球仓”。

“总仓经济”的蓝图正被擘画。《太仓建设港口型国家物流枢纽城市行动计划（2022—2025年）》提出，到2025年，太仓AAA级以上物流企业30家、物贸总部20家，现代物贸产业规模超2000亿元。

“太仓港通过港口的发展来集聚产业，产业的集聚又进一步推升了港口的发展，‘港口＋产业’‘港口＋创新’多种模式的组合，最终实现的是港口能级的提升和区域经济的创新转型。”王微说。

蓄能造势

2023年7月17日，西北工业大学首届“千人百企进太仓”活动举行，百余家航空航天、航海、智能制造等长三角区域企业代表，上千名学生齐聚太仓娄江新城。

娄江新城位于太仓东南部，在面积仅50平方千米的土地上，分布着科教创新区、智能制造区、高铁商务区、临沪国际社区四大片区。杨勇介绍：“‘港产城一体化’中‘城’是港口和产业发展的依托。”港口有活力，产业有韧性，城市有未来。

“近年来，太仓形成了高端装备制造、先进材料、现代物贸三大主导产业和生物医药、航空航天、文化旅游三大特色产业，构建起‘3+3’高质量现代产业体系。”万芬奇说。2023年，娄江新城排定重点建设项目88个，总投资455.5亿元，年度投资87.8亿元。

产业背后，太仓积极引进高等院校和科研院所，为城市发展积蓄创新力。例如，西交利物浦大学在娄江新城建立太仓校区，打造国际化办学的港湾。“太仓校区结合太仓产业特点和发展需求，对应设置智造生态、人工智能与先进计算、芯片等学院，有海尔集团、中科曙光等多家企业参与学院建设。”太仓市委组织部常务副部长王维峰告诉《瞭望东方周刊》。

产研融合之外，太仓“港产城一体化”的另一重要动力能极，是中心娄江新城、东部港区、西部昆太协同发展区同步推进。

在西部昆太协同发展区，太仓市科技产业园与昆山市光电产业园仅一河之隔，园区引进中淳电子、奥特等昆太产业合作项目42个，总投资超100亿元，产值超200亿元；在东部港区，引入优质公共服务资源的同时，建设包括高能级疏港铁路物流园、全球特色商品展销中心在内的配套设施。“通过提高港区规划前瞻性，我们不断完善港区中心区规划和城市配套功能。”太仓市港区规划建设局副局长顾佳说。

由港兴产，以产兴城。伴着“港产城一体化”进程不断深入，太仓融入上海的模式正式从“点状对接”向“块状融入”升级。

上海和太仓的时空距离正被不断拉近。上海嘉定区与娄江新城隔街相望，2021年2月，《虹桥国际开放枢纽建设总体方案》正式获批，方案中11次提及太仓，太仓成为虹桥国际开放枢纽北向拓展带的一部分。随着沪苏通铁路的开通，沪苏通铁路二期、北沿江高铁以及嘉闵太线等项目的加快推进，“半小时沪太通勤圈”进一步提速。

“块状融入”不仅体现在城市空间的“硬连接”上，还体现在民生事业、社会治理、文化交流等领域的“软耦合”中。

2023年以来，总投资近40亿元的瑞金医院太仓分院主体结构封顶，上海外国语大学附属学校签约落户太仓，沪太两地在多个领域实现“跨省通办”。

“苏州人常说，大树底下种好碧螺春，苏州是碧螺春，上海就是这棵大树。”在万芬奇看来，随着太仓融入上海的一个个节点被打通，未来的太仓，将持续擦亮“上海下一站、下一站上海”城市标识。

（摘自2023年10月7日《瞭望东方周刊》，记者：方舟 重洋）

融入长三角一体化

【长三角交通互联互通】 2023年，太仓市持续擦亮“上海下一站、下一站上海”标识，争当融入上海新标杆。加速融入“轨道上的长三角”，彰显太仓枢纽之城区位优势，缩短太仓与上海市中心的通勤时间，实现与上海轨道交通2号线、9号线、12号线及上海市域线、机场联络线等无缝换乘，加密通勤网络，融入上海城市轨交网，助力太仓全方位融入上海“半小时通勤圈”。年内，沪苏通铁路一期、沪宁沿江高铁通车运营，实现与虹桥枢纽26分钟通勤、与南京1.5小时通勤，沪苏通铁路二期、沪渝蓉铁路（北沿江高铁）加快建设，签署苏锡常城际铁路太仓先导段运营筹备合作意向书，加快推进嘉闵太线建设。加快融入上海国际航运中心，建设中近洋集装箱贸易港以及上海港远洋集装箱运输的喂给港，在全国率先实现“沪太通关一体化”，运营上海港空箱中心太仓港分中心，联合上港集团推出“苏州ICT2.0”“沪太通3.0”航运产品，发挥“沪太同港”效应，加快太仓港转向“物贸港”步伐。太仓港获批全国智慧口岸建设试点，与上海港、宁波港实现双向“离港确认”，全年实现集装箱吞吐量803.9万标箱、货物吞吐量2.75亿吨，外贸货物吞吐量首次突破1亿吨。全年疏港铁路专用线共计到发588列、到发运量5万标箱。太仓港推进中欧班列与丝路海运、西部陆海新通道联动发展，加快形成中欧中亚班列并举、西线东线双向运输的发展新格局。

【长三角产业协同发展】 2023年，太仓市融入上海世界级汽车产业集群、大飞机产业体系建设，高标准建设航空航天产业园，举办太仓市航空航天产业成果对接会等活动，全

2023年9月28日，沪宁沿江高铁开通运营
（市交运局供稿）

2023年11月6日，第六届中国国际进口博览会IASC国际航空价值链领袖峰会暨太仓航空航天重点项目集中签约活动在上海举行
（市发改委供稿）

球航空集群联盟第一中国中心（GACP）正式开业。加强与上海张江高科技园区、上海自贸区临港新片区生命蓝湾生物医药特色产业园等产业协作，与上海市生物医药行业协会达成战略合作，长三角生物医药产业服务发展联盟办公室落地太仓。年内，引进戴世智能等上海项目138个，共建嘉昆太协同创新核心圈，发布"五大行动"和"百项重点合作事项"，建立新能源汽车产业等合作联盟，连续第六年共同举办长三角科技成果交易博览会。对德合作多层级拓展，"支持太仓持续深化中德合作，推动中德（太仓）产业合作发展基地，打造对德合作新高地"被写入《关于推动虹桥国际开放枢纽，进一步提升能级的若干政策措施》，AHK学院揭牌，中德标准化合作创新中心正式投用。

【长三角科技创新对接合作】 2023年，太仓市通过"8+1"国家技术转移联盟太仓工作站、科技镇长团等平台，集聚科技、产业、人才等资源要素，打造"创新技术策源地、创新要素集散地、创新成果转化地"。持续和复旦大学等上海高校合作，与中国科学院上海硅酸盐研究所达成成果转化专项合作，运营中国科学院上海硅酸盐研究所苏州研究院、上海技术物理研究所太仓分所等沪太共建科创平台。协调建立本级领军人才计划项目与T-MAX"科创太仓"国际创新创业大赛获奖项目贯通机制，吸引长三角地区优质项目落户太仓。举办2023年苏州国际精英创业周太仓专场活动，打造"创赢太仓"全球创新创业大赛品牌。举办"高校太仓日"系列活动，赴上海交通大学、上海大学等高校对接引进优秀青年人才项目。

【长三角公共服务资源共享】 2023年，太仓市构建跨区域信用合作体系，共建互联互通信息服务平台。推进长三角医疗保障一体化，打造长三角医疗1小时服务圈，打通跨省信息联办，实现异地就医线上备案"跨省通办"，依托国家跨省异地就医管理平台开展医疗费用直接结算服务，太仓参保人员在沪苏两地享受免备案直接划卡，嘉昆太药店异地购药直接刷卡结算服务。上海瑞金医院太仓分院主体结构封顶。加强校地合作，实现共赢发展，与上海外国语大学共建研究生实践基地，上海外国语大学中德交流合作太仓基地揭牌。推动农文旅融合发展，优化沪太旅游交通服务，推动上海游客一站式直达太仓主要旅游景区，长三角旅游直通车正式开通，太仓阿尔卑斯国际度假区、七十二家理想村开业，长三角农文旅协同发展。强化与上海及周边地区生态环境共治，共建"嘉太生态区"，建立区域污染联防联控、环境应急等机制。（程　勇）

【政务跨省通办】 2023年，太仓市行政审批局长三角"一网通办"窗口创新推出虚拟窗口，"跨省通办"采用"虚拟窗口"模式，与上海市嘉定区等地区开通长三角"虚拟窗口"远程导办工作模式，解决原先远程通办产生的材料审核不及时、远程交互核实不畅通、网上填报导办困难等问题，实现两地审批工作人员及办事人员三方实时"面对面"办理。长三角"一网通办"虚拟专窗覆盖全市所有镇（街道），系统配置通办事项30个，并与长三角地区65个地市互联互通。年内，办理全国重点营运车辆联网联控系统查验的跨省业务，获相关危险品运输企业好评。（王　雯）

【"嘉昆太"司法协作】 2023年，太仓市深化落实"嘉昆太"三地法院司法战略协作，构建多元化跨省的警务交流合作机制。太仓市人民法院与上海市嘉定区人民法院、昆山市人民法院联合举行司法警务合作共建签约仪式，就三地法院司法警察大队政治能力建设、执法能力建设、人才培育机制等工作达成共建协议，共同推进司法警察工作现代化发展。以签署合作共建协议为契机，通过支委会联学、党课联上、队伍联训、主题党日联办等形式，推进党员人才工程，提升党员队伍整体素质，破解跨省交流沟通"壁垒"，带动盘活党建资源，放大集聚效应。强化警务工作科学化配置，探索建立跨区域警务协作机制，打造"嘉昆太"警务融合圈。针对部分警务工作如刑事警务保障、异地执行等执勤任务，加大三地警力共享力度，畅通人才交流通道，优化人才培育机制，推动三地法院司法警务工作最优化保障。以"嘉昆太"协同创新核心圈、"嘉昆太"司法战略协作框架为蓝本，拓展司法警务合作共建，"同圈"化发展，形成区域辐射效应，构建多元化跨省司法警务交流机制，打造司法警务协作新样本。（陈　源）

2023年7月11日，第十五届苏州国际精英创业周太仓专场暨中德人才培养与评价体系融合发展论坛开幕
（市发改委供稿）

2023年，太仓市人民法院与上海市嘉定区人民法院、昆山市人民法院联合举行司法警务合作共建签约仪式
（市人民法院供稿）

2023年太仓市十大新闻

1. 学习贯彻与主题教育一体推进，在深学悟透中奋进笃行

2023年是贯彻落实中共二十大精神的开局之年，太仓市把学习宣传贯彻中共二十大精神作为首要政治任务，兴起学习宣传贯彻热潮。3月8日，市委常委会召开会议，学习传达习近平总书记参加十四届全国人大一次会议江苏代表团审议时的重要讲话精神；7月9日，传达学习习近平总书记考察江苏、苏州重要讲话重要指示精神；12月16日，传达学习习近平总书记在盐城考察时的重要指示精神。9月12日，太仓市召开专题会议部署开展主题教育，此后，举办主题教育读书班，开展正面案例、反面案例剖析式调研，开展“四下基层”“千村万企、千家万户”“集中服务月”走访。全市上下以忠诚感恩之心、实干担当之行，把学习成果转化为推动高质量发展的生动实践。

2023年9月12日，太仓市召开专题会议部署开展主题教育 （**市委宣传部**供稿）

2. 举办撤县建市30周年暨德企发展30年活动，精心描绘中国式现代化太仓新图景

2023年3月28日，太仓市撤县建市30周年暨德企发展30年大会召开，回顾太仓改革发展光辉历程，展望美好未来。30年来，太仓攀高逐新的“发展之路”越走越宽，扬帆远航的“开放基因”历久弥新，德企发展的“城市名片”愈加亮眼，幸福温暖的“民生底色”更为鲜明。2023年，太仓一着不让抓项目、优服务、促发展，全年地区生产总值增长5%以上，一般公共预算收入、规上工业产值、全社会固定资产投资等8项指标增速超过苏州平均水平，其中4项指标增速位居苏州前三。太仓立足“现代田园城、幸福金太仓”建设路径和发展内涵，先行先试、敢为善为，以拼出“太仓速度”、全力振翅高飞的过硬成效，描绘中国式现代化太仓新图景。

3. 沪宁沿江高铁正式开通运营，太仓加速迈向“轨道上的长三角”

2023年9月28日，沪宁沿江高铁正式开通运营。沪宁沿江高铁在太仓站与沪苏通铁路交会后共线，接入上海铁路枢纽。10月10日，苏锡常城际铁路太仓先导段运营筹备合作意向书签约。苏锡常城际铁路太仓先导段与上海市域铁路嘉闵线北延伸衔接，采用与嘉闵线一致的市域铁路标准建设，建成后可实现贯通运营。2023年，太仓与上海方面合作持续深入，引进上海项目138个，深化嘉昆太协同创新核心圈建设，共同发布“五大行动”方案和“百项重点合作事项”清单，建立新能源汽车产业等合作联盟；瑞金医院太仓分院主体结构封顶，上海外国语大学共建项目签约，开通长三角旅游直通车、政务跨省通办远程窗口、药店异地购药直接刷卡结算等便捷服务，沪太同城效应进一步彰显。

2023 年 6 月 20 日，太仓作为全国唯一一个县级市出席中德经济技术合作论坛，并受邀参加工业绿色转型分论坛　　（**市委宣传部**供稿）

4. 出席和承办高级别合作交流活动，对德合作迈向更高平台

2023 年 6 月 20 日（德国当地时间），太仓市作为全国唯一一个县级市，出席中德经济技术合作论坛。第七届中德环境论坛、商务部中德产业园经验交流会分别于 11 月 1 日、12 月 9 日在太仓举行。年内，太仓市举办或承办中德教育与产业合作交流大会、德国中小企业圆桌会等高层次活动，新设立北德联络处，获商务部复函支持建设中德（太仓）产业合作示范区，中德（太仓）产业合作发展基地写入“虹桥升级版政策”。舍弗勒太仓制造基地新能源二期工厂启用、三期签约，全市德企总数突破 500 家，AHK 学院揭牌、揭幕，中德标准化合作创新中心投用，拜仁太仓足球学校开班，举办 2023 年第 18 届太仓罗腾堡啤酒节，对德合作领域和能级持续提升。

5. 综合实力稳居全国百强第六，最具幸福感城市实现“八连冠”

2023 年 7 月，“2023 年赛迪百强县” 榜单揭晓，太仓位列第六，综合实力稳居全国百强县前十。2023 年 11 月，新华社《瞭望东方周刊》发布 “2023 年中国最具幸福感城市” 榜单，太仓位列中国最具幸福感城市（县级市）榜单第一，这是太仓第 12 次获评中国最具幸福感城市、第 8 次荣登县级市榜首。2023 年，太仓蝉联全国科技创新百强县市第二位，位列全国绿色发展百强县市第三名。持续位列各类榜单第一方阵，既源自太仓攀高逐新的经济发展硬实力，也依靠可观可感的社会民生软实力。太仓产业创新集群蓬勃发展，与 180 多个国家和地区建立经贸往来，乡村振兴实绩考核连续三年蝉联全省第一等次，大病医保、县域养老等工作走在全国前列，在“家门口”上好学、看好病、养好老触手可及。

2023 年 11 月 24 日，中国幸福城市论坛发布“2023 年中国最具幸福感城市”系列榜单，太仓位列中国最具幸福感城市（县级市）榜单第一名　　（**市委宣传部**供稿）

6. 年外贸货物吞吐量突破亿吨大关，太仓港枢纽地位更加凸显

2023 年 11 月 1 日，太仓港区三期工程 9 号、10 号泊位尾留工程通过竣工验收，至此，太仓港一期至四期码头 4631 米集装箱岸线共计 16 个泊位全部打通。1—11 月，太仓港共完成外贸货物吞吐量 1.02 亿吨，较上年同期增长 15.96%。这是太仓港开港以来，年外贸货物吞吐量首次突破 1 亿吨大关。2023 年，太仓港集装箱吞吐量突破 800 万标箱，货物吞吐量突破 2.7 亿吨，较上年实现双增长，集装箱吞吐量全球排名上升至第 22 位，获批全国智慧口岸建设试点，与上海港、宁波港实现双向“离港确认”，太仓物流园蝉联省级示范物流园区十强榜首。太仓港作为长江集装箱第一大港、江苏外贸第一大港、全国内河集装箱第一大港的地位得到进一步巩固。

7. 重点项目数列苏州第一，年度投资完成率超 100%

2023 年，太仓市排定市级重点项目 183 个，其中，省重大项目 6 个、苏州市重点项目 56 个，省重大、苏州市重点实施项目数量均列苏州第一。太仓市强化招商引资全市域统筹，健全项目全生命周期管理，掀起招商引资和项目建设热潮。年内，举办北京、上海、成都、深圳等城市招商推介会，成立小分队赴德法日韩等开展境外招商。招引庆良电子、伯曼设备等投资超 1 亿美元或 10 亿元人民币项目 20 多个，能量光子、零一汽车等科技及人才项目超 1000 个，183 个重点项目年度投资完成率超 100%，博马科技、莱茵长三角运营中心二期等一批重大产业项目加快建设，联电新能源汽车动力总成二期、舍弗勒太仓制造基地新能源二期等 97 个项目建成投产，元气森林华东生产运营基地竣工。

8. 太仓阿尔卑斯国际度假区开业，全域旅游全面推进

2023 年 11 月 8 日，拥有华东地区规模级室内滑雪场的太仓阿尔卑斯国际度假区正式开业。9 月，浏河镇七十二家理想村开园，太仓市民宿联盟、太仓市民宿学校揭牌，“上海—太仓” 长三角旅游直通车正式开通。10 月，举办太仓市全域旅游高质量发展大会，集中签约、开工、开业重点项目 39 个，总投资 87.09 亿元。太仓市把文旅产业纳入 “3+3” 产业创新集群谋篇布局，推动农文旅融合发展，推动构筑 “双核、两廊、多极” 的全域旅游发展版图，打造电站生态园、香塘 · 野邻 LINE FRIENDS 度假村等一批特色亮点，罗腾堡风情街成为体验德式生活的打卡地，生态休闲示范项目玫瑰庄园景区加快提档升级，“全域皆景、全域可游、全域精彩”的旅游发展新格局加快形成。

2023年11月8日，太仓阿尔卑斯国际度假区开业
（市委宣传部供稿）

9. 产业用地“竞生态投入”碳中和试点，提供绿色发展“太仓方案”

2023年5月4日，太仓首创的全国首宗“限地价竞生态投入”产业用地签订成交合同。这是太仓继全国首创“双信地”模式之后，在产业用地配置模式上的又一创新，也为践行“两山”理论提供范例。8月8日，中欧（太仓）绿色数字创新合作区碳中和试点项目启动，发布《中欧（太仓）绿色数字创新合作区产业规划》，签署《中欧绿色科创公司发起倡议》和《中欧（太仓）碳中和创新合作示范项目之实施框架协议》。太仓加快导入“新能源—新工业—数字经济”产业生态，开展中欧标准互通互认全生命周期碳足迹管理，为全国绿色可持续发展提供“太仓方案”。年内，耐克中国物流中心成为国内首个“风光一体化”零碳物流园，宝洁、新大洲本田入选国家级绿色工厂。

10. 美术馆新馆开放，群众乐享文化大餐

2023年2月8日，太仓市美术馆新馆开馆。美术馆的落成，不仅让太仓拥有一座现代艺术建筑，增添一处公众享受文化服务和参观休闲的场所，更为娄东文化的传承和发展再添新地标，成为向世界展示和推介太仓、巩固和拓展太仓对外交流合作的一张新名片。年内，太仓市提档改造郑和公园，郑和纪念馆对外开放，进一步彰显郑和文化历史底蕴；长江国家文化公园建设扎实推进，参与海上丝绸之路申遗；持续抓好樊村泾遗址考古、海运仓遗址规划；《太仓“老底子”》丛书发布；高质量举办“娄东之春”文化艺术节、江南丝竹演出季等品牌活动，为群众提供丰富多彩的文化体验，全年开展文化惠民活动超3000场。

（市委宣传部）

2023年太仓市民生实事项目

【概况】 2023年，太仓市共安排8个大类、20项民生实事项目，年内全部开工建设。至年底，完工工程8项，其余项目推进顺利。

【城区学前教育普惠资源优质提升项目】 该项目由市教育局负责，包括新建幼儿园2所，新增学位945个。至2023年年底，城南幼儿园新建项目竣工，完成验收；城北幼儿园新建项目完成装修。

【娄江新城高中新建项目】 该项目由市教育局负责，新建一所24轨72班高中，总建筑面积13.8万平方米。至2023年年底，项目完成土建60%。

【重点医院门诊、急诊楼建设项目】 该项目由市卫健委负责，包括2个医院的急诊科技楼新建、改建或扩建项目，总建筑面积4.93万平方米。至2023年年底，太仓市第一人民医院急诊科技楼新建项目主体结构封顶，幕墙施工完成，进入机电、玻璃安装和内装、智能化施工阶段；市中医医院门诊、急诊楼改扩建项目主体结构封顶，地坪、幕墙施工完成，进入电梯安装阶段，吊顶龙骨安装完成50%。

【太仓市娄江新城医院（上海交通大学医学院附属瑞金医院太仓分院）新建项目】 该项目由娄江新城建设指挥部负责，按三级甲等综合医院标准建设，总建筑面积27万平方米，床位1000张。至2023年年底，项目主体结构封顶并完成验收，二次结构、精装样板间施工完成，机电安装工程完成35%，幕墙工程骨架施工完成60%。

【金仓湖康养中心新建项目】 该项目由市民政局负责，建设集福利中心、老年医院、儿童康复中心、健康养老公寓四大功能于一体的康养中心。至2023年年底，老年公寓主体结构进入施工；社会福利中心和老年医院基础结构完成施工。

【城市更新项目（古松弄、胜利村、原城三小地块）】 该项目由城厢镇负责，对古松弄、胜利村、原城三小地块危房和无修缮保留价值的老旧建筑进行拆除后重构居住空间。至2023年年底，古松弄地块主体工程封顶，二次结构完成85%，进入内外墙粉刷阶段；原城三小地块地下室结构完成，地上主体结构完成55%，二次结构进入施工阶段；胜利村地块完成施工、监理招标。

【老旧小区改造项目】 该项目由市住建局负责，对9个老旧小区按照“一小区一方案”进行综合整治改造。至2023年年底，完成竣工验收小区2个；进入改造施工收尾阶段小区6个；完成雨污水改造小区1个，其他改造内容持续推进施工；古松弄地块桩基工程完工；胜利村地块签约住户74户，原城三小地块完成签约清零。

【城乡公交服务提质项目】 该项目由市交运局负责，包括新增更新新能源公交车65辆、优化调整公交线路10条、改造公交刷卡机具。至2023年年底，购置新能源公交车65辆，优化调整公交线路15条，完成公交刷卡机具改造，全面上线苏州市民卡功能。

【一级公路中央分隔带护栏完善提升项目】 该项目由市交运局负责，主要对全市范围内国省干线及四车道以上骨干县乡道实施中央分隔带护栏完善提升。至2023年年底，完成国道省道中央分隔带护栏59.75千米，完成县道中央分隔带护栏54.84千米。

2023年2月，太仓市一级公路中央分隔带护栏完善提升项目开工建设 （市交运局供稿）

【太仓市街头绿化微更新项目】 该项目由市住建局负责，包括增加绿地内景观配套及休憩设施和维修菽园内公共设施。至2023年年底，项目全部完工。

【洙泾河（飞沪大道—石头塘段）整治项目】 该项目由市水务局负责，主要为拓浚整治河道2347米，新建生态护岸4695米。至2023年年底，项目全部完工。

【“典范社区”营造项目】 该项目由市民政局负责，主要推进4个村（社区）开展“典范社区”建设。至2023年年底，项目全部完工，科教新城常丰社区、城厢镇南区社区、璜泾镇银杏社区、娄东街道华盛园社区、陆渡街道翱翔社区建成“典范社区”。

【人社公共服务提质项目】 该项目由市人社局负责，包括完善“十五分钟公共就业服务圈”，完善“十五分钟社会保障服务圈”，推进社会保障“一卡通”一期工程建设。至2023年年底，项目全部完成，城区、港区公共就业服务驿站启用，职业技能提升培训人员9443人次；建成银行办理社保业务“就近办”网点43个并通过验收；“一卡通”一期工程建设完成。

【全市农贸市场改造提升三年行动项目】 该项目由市市场监管局负责，改造提升全市农贸市场32家。至2023年年底，当年度实施的10家农贸市场改造提升全部完成。

2023年5月，提档升级后的沙东市集正式启用 （叶　军摄）

【互连互通供水管道项目】 该项目由市水务局负责，包括在太仓与常熟之间新建16.3千米供水互连互通DN1000（直径1000毫米）管道1根，新建泵站1座；改造现有昆太互连互通管，增设泵站1座。至2023年年底，常太互通管线及泵站完成，昆太泵站完成施工许可证办理。

【新建输变电项目】 该项目由市供电公司负责，包括建设红庙110千伏输变电工程和群星220千伏输变电工程。至2023年年底，群星220千伏变电站投运，红庙110千伏输变电工程开工建设。

【人才乐居保障项目】 该项目由市人才办和市城发集团负责，包括完成1141套人才公寓收购及上线。至2023年年底，共完成人才公寓上线运营1300套。

【高标准农田连片改造提升项目】 该项目由市农业农村局负责，主要建设高标准农田666.67公顷。至2023年年底，项目全部完成。

【城镇燃气“瓶改管”项目】 该项目由市住建局负责，在管道天然气覆盖范围内，对500户瓶装液化气餐饮用户实施“瓶改管”。至2023年年底，签约用户285户，完成通气用户及符合通气条件的用户125户、配套设施建设项目25处。

【地方粮食中心储备库扩建项目一期】 该项目由市发改委负责，新建总仓容6万吨的粮食仓储区和附属用房。至2023年年底，临时办公室建设完成，进入淤泥清运以及施工现场高压线搬移准备工作阶段。

（市政府办）

2023年大事记

1月

2日 苏州市新能源汽车产业创新集群建设推进大会暨项目集中开工签约仪式在太仓举行。

2—4日 中国人民政治协商会议太仓市第十五届委员会第二次会议在市行政中心举行，会议听取并审议市政协十五届二次会议期间提案审查情况的报告，通过市政协十五届二次会议《决议》。

3—5日 太仓市第十七届人民代表大会第二次会议在市委党校召开。大会宣布2023年民生实事项目票决结果；通过《关于太仓市人民政府工作报告的决议》《关于太仓市2022年国民经济和社会发展计划执行情况与2023年国民经济和社会发展计划的决议》《关于太仓市2022年预算执行情况与2023年预算的决议》《关于太仓市人民代表大会常务委员会工作报告的决议》《关于太仓市人民法院工作报告的决议》《关于太仓市人民检察院工作报告的决议》《关于实施农贸市场改造提升，营造放心舒心消费环境议案的决议》7项决议。

9日 太仓市6家企业入围2022年江苏省绿色工厂（第三批），分别是太仓中集集装箱制造有限公司、太仓海螺水泥有限责任公司、合兴汽车电子（太仓）有限公司、江苏申久（集团）有限公司、苏州宏达制酶有限公司和慕贝尔汽车部件（太仓）有限公司。至此，全市创建国家级绿色工厂3家、省级绿色工厂7家、国家级绿色设计产品企业3家。

11日 白云渡大道城市化改造一期工程（江南路—S339）全幅通车，娄江新城交通路网持续完善。

12日 太仓市新型基础测绘实体数据库试点方案通过省级评审，太仓成为全省首个新型基础测绘实体数据库建设试点地区。

16日 司法部、民政部发布《关于命名第九批“全国民主法治示范村（社区）”的决定》，城厢镇电站村获评全国民主法治示范村。

17日 国家标准化管理委员会、工业和信息化部联合公布2022年度智能制造标准应用试点项目名单，舍弗勒（中国）有限公司申报的“新能源汽车核心零部件智能工厂标准应用试点”项目入选，是苏州唯一入选项目。

18日 太仓娄城合创商业保理有限公司在娄江新城建设指挥部揭牌。公司由苏州城投资本控股有限责任公司、太仓娄江城市发展有限公司和太仓市金控发展有限公司共同发起设立，是太仓市首家商业保理公司，填补太仓金融产业布局领域空白。

19日 太仓万方国际码头有限公司门机班班组长、高级技师褚锋当选第十四届全国人民代表大会代表。

△ 玖龙纸业（太仓）有限公司、江苏学泰印务有限公司获评2022年度第二批省星级上云企业。至此，太仓市累计拥有省星级上云企业413家；其中，五星级上云企业12家、四星级上云企业122家。

20日 十四届市委第45次常委会会议召开，学习贯彻习近平总书记近期系列重要讲话重要指示精神和省、苏州两会精神，审议相关文件，研究部署有关工作。会议审议《中共太仓市委常委会关于坚决维护党中央权威和集中统一领导的规定》《中共太仓市委关于贯彻落实〈中央政治局贯彻落实中央八项规定实施细则〉的实施办法（修订稿）》。

31日 “沪”融“沪”通·“太”想你来——2023年太仓（上海）招商会在上海举行。会上，太仓市作相关产业推介和招商推介。

是月 《中国名村志丛书·电站村志》正式出版发行，这是太仓市第一部正式编纂的村志，也是苏州市唯一一部以生态农业、乡村旅游为特色被列入中国名村志的志书。

△ 2022年度全省群众安全感测评结果公布，太仓市群众安全感99.62%，位列苏州地区第一；矛盾纠纷调解率、网格知晓率、扫黑满意度等子项测评指标也位列苏州第一。

△ 太仓市公共自行车运营系统建成，在线运营站点累计456个，租用量1400万次。

△ 农历春节期间，全市10家商场、超市等重点商贸流通企业实现销售额7466万元，较上年增长1.2%。

2月

1日 太仓市举行昆太协同工作现场推进会，贯彻落实苏州市委常委会调研太仓对昆太协同发展工作提出的明确要求，打造苏州市域一体化发展示范样板。昆太产业联动发展区集聚规上企业75家，产值规模106亿元；实施中淳电子、奥特润滑设备等昆太产业合作项目18个，总投资78亿元。

△ 2022年度全省推进乡村振兴战略实绩考核结果公布，太仓位列县（市、涉农区）级综合排名第一等次，得分97.51，排名第七位。

2日 科技部火炬中心印发《关于进一步做好“企业创新积分制”工作的通知》，太仓高新区入选第三批“企业创新积分制”实施单位。

8日 昆太数字经济时代产业创新集群融合发展现场推进会暨两地科技产业园合作共建签约仪式举行，发布《昆太协同发展工作方案》。昆山市自然资源和规划局、太仓市自然资源和规划局签署协同空间规划协议；昆山开发区和太仓市城厢镇签署昆山光电产业园——太仓科技产业园合作框架协议、昆太协同发展科技产业园合作共建协议。

△ 太仓美术馆开馆。太仓美术馆位于上海东路和

半泾南路交叉口，总建筑面积约 1.65 万平方米，延续清代太仓园林的空间结构，营造园林式观感体验。建筑采用大面积白色清水混凝土，还原娄东画派浓墨山水的意境，蕴含“娄东一脉，山水传神”的象征意义。美术馆有展览区、学术讨论、公共教育、咖啡区及文创商店等功能区，其中展览区分为 7 个展厅。

△ 太仓市人民政府与中国对外文化集团签署战略合作协议，双方围绕城市文化品牌建设、城市形象国际推广、展览品牌引入、文旅融合、乡村振兴等开展合作。太仓市文体广旅局与中国对外艺术展览有限公司签署项目合作协议。特邀艺术家助力乡村振兴活动、“走读中国 · 走进太仓——外国网红太仓行”活动启动。

△ 太仓市委书记汪香元会见日本大和房屋工业株式会社常务执行董事、海外本部统辖东亚事业发展部、东盟南亚事业发展部部长片冈幸和一行，双方就进一步加强沟通与合作进行友好交流。

△ 昆太协同数字经济产业园一期项目开工奠基，总投资 10 亿元，以培育数字经济产业为主导，通过云计算、大数据、区块链、人工智能、物联网、5G 等技术，创新“枢纽带动、融合联动、整体协同”发展模式，打造产业生态系统化、基础设施网络化、功能服务精准化和运营发展智能化的智慧园区，推动昆太两地数字经济新兴企业成长与传统产业数字化转型升级。

9 日 太仓市红十字会第四届理事会第二次会议召开，倪嘉臻当选市红十字会会长。

△ 《2023 年江苏省重大项目清单》发布，太仓有 6 个项目列入清单，占苏州市实施项目的 17.1%，其中产业项目 4 个、在苏州市占比 15.4%。6 个省重大项目分别是太仓舍弗勒航空零部件项目、太仓恒度生物高性能纳米微球项目、太仓联电新能源汽车动力总成项目、太仓博马汽车零部件项目、苏锡常城际铁路太仓先导段项目、华能太仓 2×100 万千瓦机组扩建项目。

10 日 沪武高速公路太仓至常州段扩建工程开工动员会在 G15 沈海高速（G4221 沪武高速并线段）沙溪服务区北广场举行。该项目批复建设工期 4 年，概算总投资约 360.5 亿元。

△ 拜仁太仓足球学校揭牌。

21—25 日 太仓招商团赴新加坡招商，签约生物医药智能化装备产业化项目和中新璜泾智能制造产业社区项目，投资总额 1.67 亿美元，项目涵盖生物医药、航空航天等领域。

22 日 国务院安委会综合检查组第十三组第 2 小组应急部调查统计司二级巡视员黄海洪率队到太仓市公共交通有限公司、太仓海皇物资运输有限公司、太仓阳鸿石化有限公司等地，对太仓道路交通、危化、工贸、民政等领域开展安全督导。黄海洪对太仓市运用数字赋能，构建工业企业安全风险防控体系，深化拓展到交通运输、工业企业消防、养老场所等 12 个重点领域，探索构建“大安全”一网统管格局的工作给予肯定。

23 日 江苏省文物局公布 2023 年度江苏省博物馆纪念馆精品展览项目，太仓博物馆“樊村泾元代遗址出土文物展”首次入选，是 2023 年苏州唯一一个精品展、巡回展双入选项目。

24 日 《太仓市义务教育阶段新市民子女积分入学实施细则（试行）》公布。每年 4 月 1 日至 5 月 15 日（节假日除外），申请人可通过“太 e 办”微信小程序、“太融 e”App 或者到居住地镇（街道）便（为）民服务中心新市民积分管理窗口，办理入学申请。

27 日 长三角一体化背景下苏州（太仓）港口型国家物流枢纽建设高端智库咨询会举行。物流行业的专家学者齐聚太仓，共同为推动长三角一体化发展、高质量建设苏州（太仓）港口型国家物流枢纽献计献策。中国物流与采购联合会副会长贺登才，中国宏观经济研究院所属国家发改委综合运输研究所所长汪鸣，国务院发展研究中心市场经济研究所所长王微，江苏省发改委副主任黄海楠，太仓港口管委会主任邵建林，太仓市委副书记、市长胡卫江等出席会议。

28 日 娄江新城城市价值品鉴会暨太仓高新区 2023 年经营性用地推介会在上海举行。太仓高新区与华发、仁恒、越秀、苏州城投、土拍网 5 家企业进行战略合作签约。

28—30 日 《中国青年报》《解放日报》《新华日报》及江苏卫视等中央、省、苏州市级媒体组成的媒体团到太仓开展集中采访，重点聚焦太仓撤县建市 30 周年、对德合作 30 周年社会经济发展变迁等事件。

是月 “太仓青年人才驿站”新增站点 8 个，全市站点总数 13 个。45 周岁以下本科及以上学历的应往届毕业生，首次到太仓求职，可通过“太仓人才考察礼遇”微信小程序申请免费入住“酒店驿站”“公寓驿站”。“太仓青年人才驿站”为有意到太仓发展的青年人才提供短期免费住宿和就业创业指导、政策信息解读、城市体验交流等人才服务。

3 月

1 日 民政部养老服务司司长俞建良、副司长李邦华一行到太仓市老年大学、璜泾九如城护理院、永乐村老年人日间照料服务中心等地，调研养老服务工作。

△ Y4 新友梦想——第四届“嘉温昆太”新的社会阶层人士统战工作协同创新论坛在太仓举行。论坛以“‘数’聚长三角 · 奋楫新征程”为主题，讨论数字经济时代下的长三角产业创新集群发展。

3 日 中建国际安装工程有限公司揭牌成立，并与太仓高新区管委会签署合作协议。

7 日 市委书记汪香元，市委副书记、市长胡卫江，市委副书记徐志强，市人大常委会主任王红星，市政协主席赵建初等市四套班子负责人与有关部门工作人员在娄江新城高中地块南侧共同参加义务植树活动。

△ 市管干部学习贯彻习近平新时代中国特色社会主义思想和中共二十大精神集中轮训班在市委党校开班，苏州市委宣讲团成员、太仓市委书记汪香元作专题授课。轮训共分两期，每期 5 天，参训对象为全体在职市管干部。

8日 苏州市委常委、宣传部部长金洁到太仓调研长江国家文化公园建设情况。她强调，太仓要突出入海口、出海处区位优势，挖掘长江文化内涵，改善长江生态环境，展现长江国家文化公园“最美窗口”；要围绕高水平展现长江文化价值内涵、高质量推进长江沿线生态守护等要求推进项目建设，结合太仓实际完善长江文化旅游线路，持续提高长江国家文化公园（太仓段）能见度。

8—10日 新华社江苏分社社长刘亢率采访团到太仓开展采访调研，深度报道太仓推动高质量发展的生动实践。

9日 苏州市政协主席朱民一行到太仓，就苏州市数字经济时代产业创新集群融合发展情况进行视察调研。朱民一行深入企业生产车间，实地察看企业产品研发、技术创新等情况，听取企业负责人关于企业智能制造、数实融合等情况介绍，了解太仓市高端装备、航空航天等产业发展生态。

9日 太仓市在深圳举行“深”耕医药产业 · 共谋未来之“仓”——2023年太仓（深圳）生物医药产业合作交流会，与粤港澳大湾区企业家共谋合作发展。

9—11日 太仓党政代表团在广东省深圳市、东莞市等地交流考察和招商引资。太仓市委书记汪香元在深圳拜会中兴创始人侯为贵，双方就推动吉太航空科技（苏州）有限公司更好发展进行深入交流。汪香元在东莞拜会玖龙环球（中国）投资集团董事长张茵，双方围绕深化政企合作、共谋长远发展进行座谈交流。

△ 太仓市举办航空航天与数字智能技术产业创新集群科创论坛暨项目路演。

14日 太仓 · 书香酒店在港区举行签约仪式，酒店定位为具有鲜明江南特色的文化主题酒店，弥补港区在高端住宿餐饮方面的短板。

△ 太仓港经济技术开发区化工园区入选苏州市第一批数字化转型示范园区名单。

15日 市政府第21次常务会议召开，会议审议并原则通过《太仓市推动文化创意产业高质量发展三年行动计划（2023—2025年）》《太仓市促进知识产权、检验检测认证服务业发展三年行动计划（2023—2025年）》等文化创意产业高质量发展议题。

19日 住房和城乡建设部等部门印发《关于公布第六批列入中国传统村落名录村落名单的通知》，太仓市浮桥镇三市村、方桥村入选。

20日 第二批江苏省数字乡村试点地区名单公示，太仓入选特色专项试点地区。

21日 耐克中国零碳智慧物流园启动仪式暨企业可持续发展高端对话举行。耐克中国物流中心风力发电项目及全自动无人立体仓库项目正式启用，标志着耐克中国物流中心成为中国首个“风光一体化”零碳智慧物流园。

△ 苏州市委常委、副市长唐晓东率队到港区调研，唐晓东要求太仓高标准、严要求，努力争先进位，持续擦亮港区国开区金字招牌。

23日 2023年“赢在苏州 · 创赢未来”第十五届苏州青年精英创业大赛启动仪式暨“青创太仓”系列赛事启动仪式在太仓举行，太仓中德青年创新创业中心揭牌。

24日 太仓市撤县建市30周年暨德企发展30年大会重点项目开工开业活动举行。博马科技中国区总部及制造基地项目开工奠基，舍弗勒太仓基地新厂房落成。

△ 江苏省人大常委会副主任周广智一行到太仓开展《江苏省外商投资条例》立法调研，并召开省人大《江苏省外商投资条例》立法调研座谈会。

△ 苏州市人大常委会主任李亚平到太仓调研港口外贸进出口情况，并召开座谈会，推进开放型经济迈上高质量发展新台阶。

△ 太仓市首家外来务工者“爱心驿站”——河南杞县务工人员爱心驿站在沙溪镇揭牌启用。

△ 第六届“创赢太仓”全球创业大赛暨太仓港区全球创业大赛同济大学校友会专场路演活动举办。签约上海人才项目6个，涵盖智能驾驶、航空航天、先进材料等领域。

25日 长三角区域先进技术成果转化研究院太仓孵化基地揭牌。

25—28日 主题为“罗腾堡，遇见你”的首届太仓海运堤罗腾堡风情街文化狂欢节在罗腾堡风情街二期和三期广场同时举办，拜仁慕尼黑太仓展示中心揭幕。

27日 娄东街道娄江社区大庆锦绣新城自主更新项目交付暨垃圾分类房提档启用仪式举行。

27—29日 由中国外文局国际传播发展中心、市文体广电和旅游局共同举办的“走读中国 · 走进太仓”外国网红游太仓活动举行。活动参访团由德国、西班牙、俄罗斯、法国、委内瑞拉、泰国等国的网红博主组成，博主们深入太仓，体验现代田园城市魅力。

28日 太仓市撤县建市30周年暨德企发展30年大会召开，回顾太仓改革发展的光辉历程，展望渐行渐近的美好未来。现场启动太仓市撤县建市30周年图片展，举行太仓中德合作展示馆开馆仪式。苏州市人民政府与上海外国语大学签订战略合作协议；苏州市人民政府外事办公室、上海外国语大学与太仓市人民政府签订项目合作协议。“上海外国语大学中德交流合作太仓基地”揭牌。45个单体投资超10亿元的重点项目签约落户太仓。

29日 太仓市委书记汪香元会见德国莱茵T · V集团总裁兼首席执行官富笔一行，政企双方开展深入交流，共谋长远发展。

30日 嘉昆太协同创新核心圈首届梨花节开幕，太仓、嘉定两地探索协力打造涵盖“一带、两圈、五片区”的“四季亭浏长三角乡村振兴开拓区”，嘉定区华亭镇与太仓市浏河镇共同发布“乡约农好”农业合作共建项目。活动持续至4月5日。

△ 城市更新原城三小地块正式开工，推进老旧小区综合改造工作。

△ 苏州健雄职业技术学院通快双元制学徒项目签约仪式举行，2022级通快学徒班开班，16名学生签约成为首届通快班学徒。

△ 江苏省科协公布2023年度“江苏科技智库青年

人才计划”入选人员名单，太仓市青年科技工作者魏利斌入选杰出青年专项，这是苏州首个入选该人才计划的杰出青年专项。

31 日 科技部火炬中心公布 2022 年度国家级科技企业孵化器名单，太仓生物医药企业孵化器入选。

是月 太仓市首个建筑垃圾资源化利用项目正式投运。该项目总占地面积 5.33 公顷，主要负责太仓市域范围内的装修垃圾、拆建垃圾、大件垃圾（含绿化垃圾）以及可回收物的规范化处置。全年可处置建筑垃圾 70 万吨，其中装修垃圾 52 万吨、拆建垃圾 18 万吨；大件垃圾（含绿化垃圾）1.5 万吨、可回收物 12 万吨。该项目让建筑垃圾从收运、处置到资源化利用形成闭环，实现建筑垃圾“减量化、资源化、无害化”。

△ 2023 年苏州市重点项目清单公布，太仓市入选项目 55 个，数量位列苏州各板块第一。55 个项目计划总投资 1109 亿元，年度计划投资 231.9 亿元。其中，产业项目 41 个、基础设施项目 3 个、生态环保项目 4 个、民生工程项目 1 个、创新载体项目 6 个。

4 月

1 日 《太仓市推动存量空间自主更新推进载体高质量发展的指导意见（试行）》施行，有效期至 2025 年 3 月 31 日。计划形成一批经济贡献大、产业集聚度高、创新能力强、管理规范、服务专业的特色产业园区和产业集聚园区。全市以新一轮国土空间规划为指导，围绕“3+3”产业集群，统筹各类载体建设需求，做好资源要素保障，并强化优质产业载体政策支持等，拓展优化发展空间。

△ “苏州时代新人”4 月榜单揭晓，照顾残疾弟弟五十余载的沙溪镇岳星村村民蔡惠兰上榜。

1—2 日 第 34 届江苏省青少年科技创新大赛在西北工业大学太仓智汇港举行，大赛分为公开展示、专项奖问辩、封闭问辩、国赛项目遴选、科学讨论会、专项奖颁奖等环节。全省 13 个设区市、536 支代表队的近 700 名选手参加终评活动。

2 日 太仓市生物医药产业园第一家“大院大所”——苏州思萃免疫所开业。

3 日 “苏韵入香江　聚焦港产城”——苏州太仓投资说明会在香港举办。

△ 中央广播电视总台《2022 年城市营商环境创新报告》发布。太仓获评“2022 城市营商环境创新县（市）”，是全国 42 个获评县（市）之一。

7 日 香塘慈善基金成立，香塘集团有限公司出资 300 万元成立慈善冠名基金。

8 日 由太仓市人民政府、中国中小企业协会高新技术产业分会联合主办的做航空到太仓·太仓（北京）航空航天产业交流会在北京举行，航空航天产业界专家、学者和企业家代表出席。

8—9 日 由中国田径协会、江苏省体育局主办，江苏省体育竞赛管理中心、苏州市体育局、太仓市人民政府承办的 2023 年全国竞走大奖赛（第 2 站）暨世界田联竞走巡回赛在太仓开赛。4 个国家和地区的近 360 名运动员参赛，比赛设置 35 千米、20 千米、10 千米、5 千米以及团体赛等项目。

10 日 太仓市委书记汪香元会见中铁一局集团有限公司副总经理张林一行，政企双方开展深入交流，打造央地深度合作样板。

11 日 法国活动集团董事长吉勒·巴里萨特和中法绿色科技峰会中方总监、主任斯万一行到太仓考察投资环境。

12 日 国家发展改革委区域开放司司长徐建平一行到太仓中德合作成果展示馆、太仓港集装箱四期码头及中控中心等地调研区域开放工作。

△ 太仓辅警学院成立，首批 156 名辅警参与学院的本科、专科学历提升学习，这是苏州范围内成立的首家辅警学院。

13 日 中央政策研究室农村局副局长曹利群率国家部委联合调研组到太仓，就巩固农村集体产权制度改革成果、发展新型农村集体经济情况，开展实地调研并召开座谈会。调研组希望太仓再接再厉，在巩固农村集体产权制度改革成果、发展新型农村集体经济方面作出更多探索和示范。

15 日 第 133 届中国进出口商品交易会（广交会）在广州开幕，太仓市有 20 家外贸企业参展，涉及展位 44 个，参展商品包括地毯及挂毯、家用电器、大型机械及设备、玩具、家居用品、汽车配件、家具等 18 类。

17—21 日 汉诺威工业博览会在德国汉诺威举行，太仓搭建独立展台，进行太仓城市专题推介。

19 日 太仓市“冬训主讲人·飞燕训练营”活动暨“娄城飞燕”巡回宣讲启动仪式在市工人文化宫举行。

△ 江苏省交通运输厅副厅长金凌一行到太仓参加“长三角晚报总编打卡江苏交流”活动，并调研太仓农村公路发展情况。

20 日 2023 年（第七届）商用航空发动机国际论坛在太仓开幕。论坛以“科技创新，激活绿色动力；低碳赋能，航向洁净未来”为主题。业内专家学者围绕民用航空动力绿色低碳技术、航空发动机寿命预测、商用航空发动机适航审定、民用飞机动力装置系统集成等作主题报告。论坛进行太仓市航空产业集群推介。

21 日 2023 年太仓旅游文化美食节暨金仓湖文化嘉年华开幕式在金仓湖畔举行。活动以“寻鲜之旅·乐享太仓”为主题。活动现场举行世界“食”分精彩——中德意春宴荟萃活动，发布 2023 寻味太仓美食地图，举行 2023 年太仓市中青年厨艺大赛启动仪式，太仓文旅促消费措施发布，嘉昆太江南水乡景区联盟正式成立，一批文旅合作框架协议签订，太仓首条旅游巴士线路“游 1 线”运营。

△ 太仓市举行成功捐献造血干细胞志愿者礼遇仪式，在苏州率先对造血干细胞捐献者颁发见义勇为奖励。

△ 西北工业大学太仓长三角研究院公共测试中心入选 2023 年度江苏省科技创新券服务机构（第一批）入库

名单。

22日 "融江追海 · 文旅扬帆"太仓市撤县建市30周年专场演出暨第10届"娄东之春"文化艺术节在金仓湖公园开幕。活动持续至11月，共有活动22项。

23—24日 由学生、企业家、工程师等组成的意大利马切拉塔交流团一行30人到太仓，参观太仓港、太仓市规划展示馆、南园、城厢镇电站村、沙溪古镇等地。

26日 西交利物浦大学侨联太仓分会成立，西交利物浦大学侨联太仓分会和西交利物浦大学太仓校区为侨服务工作站揭牌，"地方侨联＋大学侨联"合作机制签约，西交利物浦大学太仓校区与中德融创工场校企合作签约。

28日 苏州市域一体化道路交通项目集中开工建设动员会暨项目通车仪式在太仓举行。开工项目涉及太仓的共3个，分别为339省道快速化、前进路—城蓬线、昆太路提档升级。

是月 江苏省住建厅发布首批开放共享公园绿地清单及地图，全省共开放共享绿地585处，其中太仓有15处。包括社区公园1处，即滨河公园；游园2处，即河畔游园、兰德游园；综合公园5处，分别是弇园、市民公园、净水公园、金仓湖公园、天镜湖公园；专类公园2处，即弇山园、城北河湿地公园；其他绿地共5处，分别是中心广场、娄江河景观带、盐铁塘慢行绿道、十八港生态湿地、科教新城文渊路大草坪。

△ 太仓市总体国家安全观主题公园开放，公园位于陆渡街道横沥路与十八港路交界处，面积约1500平方米。

△ 太仓港正和兴港集装箱码头有限公司通过国家信息化和工业化融合管理体系AAA级评定，是全国港口企业中首家通过两化融合AAA级认证的企业。

5月

4日 中新智地（苏州太仓）运营管理有限公司与市资源规划局签订《国有建设用地使用权出让合同》，标志着由太仓首创的全国首宗"限地价竞生态投入"产业用地成交。

5日 太仓市委书记汪香元会见海通证券股份有限公司总经理李军。

6日 江苏省医疗保障局公布2022年度"15分钟医保服务圈"省级示范县（市、区）和省级示范点名单，太仓市入选首批示范县名单。

9日 巴斯夫全球高级副总裁Carla Seidel一行到太仓参观考察，推动与太仓在新能源、低碳和化学分析等领域开展深度合作。

10日 国开行苏州分行党委书记、行长王少丹一行到太仓调研并出席太仓市港口型物流枢纽综合功能提升一期项目启动仪式，深化双方战略合作。

△ 江苏省委党史工办一级巡视员万建清一行到太仓，重点围绕"用好用活党史资源，助推中国式现代化江苏新实践"主题开展调研。

10—16日 太仓市招商团赴瑞士和德国招商，走访欧洲多个城市，拜会10余家企业负责人。

11日 太仓市委书记汪香元在市行政中心会见珀金埃尔默总裁Dirk Bontridder，双方围绕深化政企合作、共谋长远发展进行深入交流。

12日 壹城经济咨询中心在2023年中国财富峰会上发布《中国县域高质量发展报告》，太仓位列"全国县域高质量发展百强"榜单第六。

16日 太仓市委书记汪香元在上海拜会临港新片区党工委副书记，临港集团党委书记、董事长袁国华。双方围绕深化多领域合作、共谋长远发展进行座谈交流，达成广泛共识。

△ "首"聚苏州、"购"享全球2023年苏州首店经济发展大会在金鸡湖畔举行。两家品牌首店项目与太仓重点载体合作签约；苏州口水娃食品有限公司、太仓俞长盛餐饮管理有限公司获评2022年度苏州引领性本土品牌，沙胆彪炭炉牛杂煲获评2022年度苏州最具人气首店。

17日 太仓市举行"海棠花红 · 暖商护商"党建惠企服务先锋行动启动仪式，"揭榜挂帅"攻关项目签约。太仓市人才创新创业全生命周期支持政策发布。人才公寓集中供给仪式举行。

△ "助残有我 · 太仓大爱"太仓市第33次"全国助残日"暨"太有爱 · 太无碍"行动启动仪式在沙溪镇胜利村举行。"太有爱 · 太无碍"助残行动方案公布，发布"为残疾人办实事项目"，发放助残爱心卡，太仓市残疾人就业创业孵化基地揭牌。

18日 太仓城市价值品鉴会在深圳举行，学习借鉴改革开放前沿阵地的发展经验，与珠三角工商界共商发展新愿景，共谋合作新机遇。

△ 2023年江苏省高校访企拓岗太仓行系列活动暨第二届"乐就太仓"百校千企人力资源供需洽谈会启幕仪式举行，全国近百所高校代表到太仓参加活动，搭建校政企合作和产教融合平台，推进高校毕业生资源与经济协同发展。

△ 第20届（2023年）中国慈善榜发布，太仓市体育产业发展有限公司获"2023年中国慈善榜年度慈善榜样"称号。

△ 2023年中国港口协会绿色港口等级评价评审结果发布，太仓武港码头获评"四星级中国绿色港口"。

19日 太仓市组织部分重点上市后备企业到深圳证券交易所学习，加强与深圳证券交易所的沟通合作，推进太仓企业加快登陆资本市场。

△ 太仓市村（社区）"两委"班子成员法治素养提升研学基地——"九问学堂"在娄东街道景瑞社区揭牌启用。太仓市司法局与上海政法学院法律学院签约。太仓市"强基工程"试点管理系统正式上线。

△ 科技部火炬中心正式发文公布2022年度国家级科技企业孵化器名单，"太仓生物医药企业孵化器"位列其中。这是太仓首个专业类（生物医药）国家级科技企业孵化器。

20日 由人民日报社、新华社、求是杂志社、中央广播电视总台、新华日报社、扬子晚报社等19家中央和省级主流媒体组成的采访团到太仓开展“高质量发展调研行”主题采访活动。

△　沪宁沿江高铁全线铺轨贯通。

21日　以“情系苏州·共筑梦想”为主题的苏州发展大会在苏州国际会议酒店开幕，太仓市委书记汪香元会见天九共享集团全球首席执行官戈峻，香港捷丰集团董事局主席姚征，复星全球合伙人、复星国际执行总裁钱建农等。

21—26日　第17届全国武术之乡比赛在吉林省四平市举行。太仓涂松武术队共18名运动员参赛，其中：功力展示获特等奖、集体拳获一等奖；个人赛中获得冠军5项、亚军3项、季军6项。

22日　太仓市举办苏州发展大会——“共襄苏州发展行”太仓活动。

22—26日　新华社、中央广播电视总台、《中国青年报》、《证券时报》、解放日报社、新华日报社、苏州日报社等媒体到太仓采访调研，解码太仓高质量发展之道。

23日　江苏省人大常委会副主任曲福田率领督查组到太仓，围绕省委《关于新时代坚持和完善人民代表大会制度、加强和改进人大工作的实施意见》精神贯彻落实情况开展专项督查。

△　全国双拥工作领导小组副组长兼办公室主任、退役军人事务部副部长钱锋率调研组到太仓，重点围绕全国双拥模范城创建工作，就“发挥双拥优势助力巩固提高一体化国家战略体系和能力”开展调研。

△　2023年“欢乐文明百村（社区）行”、第十届文化养老艺术节暨第十六届业余文艺团队“百团大展演”启动仪式在双凤镇凤中村文化广场举行。活动持续至11月底，由政府购买52场次、定向补助158场次、主题巡演15场次，并采用“点单式”服务，为村（社区）配送文艺演出。

24—25日　中德智能制造科技创新合作联盟到高新区开展交流调研，加强智能制造科技创新与园区企业对接。

25日　太仓市委、市政府在成都举办“科创太仓·智汇未来”2023年太仓（成都）产业创新合作推介会暨科技、人才项目签约仪式。电子科技大学（太仓）科技创新发展中心揭牌，四川大学国家技术转移（太仓）分中心签约，10个潜在独角兽项目签约，太仓市科技创新发展高校联盟（西南片区）启动。

△　太仓市委书记汪香元拜会四川大学校长、党委副书记汪劲松，双方围绕加强校地合作、推动科技创新成果转化、实现互惠共赢发展进行座谈交流。

26日　苏州市委常委、宣传部部长金洁，太仓市委书记汪香元一行赴陕西省西安市拜会西北工业大学党委书记李言荣、校长宋保维。双方就继续开展务实合作、深化校地融合发展达成共识。

29日　太仓高新区与江苏省信用再担保集团有限公司签订合作协议，江苏信保集团苏州首个担保子公司落户太仓，服务太仓实体企业健康发展。

30日　太仓市夏收工作启动。小麦累计收购4.74万吨，其中国有粮食企业商品粮收购3.27万吨，其他社会主体商品粮收购1.47万吨；价外补贴订单收购3.21万吨，直接促进农户增收642万元。

31日　江苏省委常委、政法委书记刘建洋率队到太仓市沙溪镇社会矛盾纠纷调处化解分中心、娄东街道景瑞社区、市网络综合治理中心、市数字城市运营管理中心、市社区和社会组织服务中心等地，调研太仓社会治理工作开展情况及创新举措。

△　中新智地（太仓）璜泾智能制造产业园奠基活动暨首批项目集中签约仪式在璜泾镇举行。

△　“领跑无‘蒂’金太仓　共绘缤‘分’美娄城”——2023年世界环境日主题活动暨太仓市“垃圾分类”公益园揭牌。

是月　太仓市港城幼教中心港区幼儿园开园，港区（浮桥镇）幼儿园数量增至8个。

6月

6日　《太仓—昆山—常熟协同区生态循环农业暨农文旅融合发展专项规划》发布，范围约300平方千米，涉及太仓4个镇、25个行政村、1个涉农社区。

7—9日　江苏省2023年普通高校招生全国统一考试举行，全市高考编排人数1937人，较上年增加83人；共设考点2个、考场75个（含备用考场7个）。

12日　教育部公示首批全国健康学校建设单位名单，苏州健雄职业技术学院上榜。

17—19日　2023年苏州市初中学业水平考试（中考）举行。太仓中考编排考生6459人，较上年增加414人，共设考点14个、考场225个，各考点都设置备用考场3~5个，均启用标准化考点。

19日　退役军人事务部拥军优抚司副司长张莉一行到太仓，调研全国双拥模范城建设、退役军人服务保障和思想权益等工作。

19—20日　由省委网信办、省农业农村厅主办的2023年江苏省数字乡村发展大会在南京召开。大会以“数字赋能，乡村振兴”为主题，展示数字乡村建设成果，交流数字乡村建设经验，搭建供需对接平台，探讨乡村数字化转型发展新路径新模式。太仓市被授予“江苏省数字乡村试点”称号。

20日　太仓市作为唯一一个县级市受邀参加第11届中德经济技术合作论坛。中德经济技术合作论坛是中德两国交流与合作的重要平台，由国家发展改革委与德国联邦经济和气候保护部联合主办，两国总理出席活动。该届论坛主题为“携手共促绿色发展——政策推动工业实现绿色转型”。

△　由太仓市人民政府主办、太仓高新区承办的第15届“太仓日”活动走进“汽车之都”德国斯图加特市，宣传太仓营商环境，深化对德投资贸易合作关系。

△　苏州恒度生物高性能纳米微球产品研发及产业基地项目开工仪式在港区化工园区举行。该项目为2023

年度江苏省重大项目，计划总投资 9.99 亿元。

21 日 第七届太仓乡村旅游节暨沙溪镇“夏日溪游季”启动仪式在沙溪古镇开幕，活动延续至 10 月。

△ 江苏省社会管理和公共服务领域“企业全生命周期政务服务”标准化试点项目在太仓港区行政审批局启动。

26 日 上海交通大学附属瑞金医院太仓分院封顶、院徽揭牌。该项目总投资 40 亿元，总占地面积 12.07 公顷，总建筑面积 27 万平方米，设置床位 1000 张，由上海交通大学附属瑞金医院提供垂直化管理、同质化医疗、一体化运作，建成后将成为长三角地区具有影响力的研究型、创新型、示范性、现代化大型三级甲等综合医院。

△ 长三角区域合作办公室综合协调组组长、上海市发改委长三角处处长吕军焘到太仓调研嘉昆太同城化发展工作，推动嘉昆太合作向纵深发展。

28 日 德国伯曼集团设施设备项目签约仪式在太仓市行政中心举行，项目计划总投资 1 亿欧元，达产后年产值可超 14 亿元人民币、税收超 5000 万元人民币。

△ 2023 年第一季度“江苏好人榜”发布，太仓万方国际码头门机司机褚锋上榜，获评敬业奉献类“江苏好人”。

29 日 太仓市委书记汪香元会见到太仓考察的阿尔卑斯阿尔派株式会社社长栗山年弘。双方就深化务实合作、扩大产业投资等方面开展交流。

△ 省委第二巡视组巡视太仓市工作动员会召开。省委第二巡视组组长蔡骏作动员讲话，对做好巡视工作提出要求。苏州市委常委、市纪委书记、市监委主任刘乐明就太仓市接受巡视监督、配合和支持巡视工作提出要求。太仓市委书记汪香元主持会议并作表态发言。省委巡视组在太仓巡视至 8 月 31 日。

29—30 日 第九届中国生物医药创新合作大会暨华医榜 2023 年中国生物医药产业价值榜颁奖盛典在苏州举行，太仓生物港获评“最具成长性生物医药产业园区 TOP10”。

30 日 太仓市委书记汪香元为太仓老党员代表颁发“光荣在党 50 年”纪念章。

是月 太仓市“城市道路绿色照明 LED 改造三年攻坚计划”完成，实现城市道路 LED 全覆盖。

7月

1 日 市委书记汪香元率党政代表团赴嘉兴市南湖区开展党性教育。

3 日 太仓市人民政府—江苏太仓港口管理委员会—江苏省港口集团有限公司战略合作框架协议签约仪式举行。三方在新开、增开、加密近远洋国际航线、沿海内贸干线、沿江及内河中转航线，加强物流与供应链衔接，发展多式联运业务，推进港口岸线开发等方面开展合作，共同推动太仓港及太仓临港产业高质量发展。

4 日 太仓市举办先进载运装备 · 航空航天领域产学研专场对接活动，搭建校地交流合作平台，加速长三角地区优质科技成果在太仓落地转化。

5 日 “一见三十年 · 而立再出发”——太仓对德合作高质量发展全媒体新闻行动启动仪式举行。该次全媒体新闻行动由太仓高新区、市商务局联合市融媒体中心共同策划。

6 日 利洁时太仓工厂二期杜蕾斯项目开工典礼在港区举行，项目总投资 3.5 亿元。

7 日 苏州市委常委、宣传部部长金洁一行到太仓调研民营企业，了解民营企业发展状况，面对面倾听诉求和建议，研究解决问题的路径，提振民营企业家信心，推进民营经济高质量发展。

△ 工商银行苏州分行党委书记、行长丛小东一行到太仓考察，围绕深化政银合作、金融服务支持地方经济社会高质量发展等事项开展座谈交流。

9 日 太仓高新区与吉林大学共建研究生社会实践基地启动仪式举行，吉林大学太仓研究生社会实践基地揭牌。

11 日 2023 年（第 15 届）苏州国际精英创业周太仓专场暨中德人才培养与评价体系融合发展论坛开幕式举行。活动上，“江苏省能量光子制造技术研究所”“江苏人才创新创业路演中心太仓分中心”“新能源飞行器电子控制技术联合实验室”揭牌。太仓与江苏省产业技术研究院以及华中科技大学开展合作，成立研究所。合作签约环节，举行留学人才服务赋能共建合作签约、“留创贷”金融产品集中授信签约、“双元制”培训基地共建签约、中德产业人才培养与评价合作签约、人才科创基金合作签约、科创运营服务机构合作签约。项目签约环节，7 个批次、共 40 个科技人才项目签约落地，总投资超 26 亿元。

13 日 南环桥（苏州）供应链有限公司太仓港物贸基地揭牌暨签约仪式举行，该平台是太仓首家进口生鲜物贸服务平台。现场进行合作意向签约，太仓市人民政府、江苏太仓港口管理委员会与中国银行股份有限公司苏州分行、宁波银行股份有限公司苏州分行签约；太仓市商务局、太仓港发展服务中心、太仓港经济技术开发区现代服务业发展中心、南环桥（苏州）供应链有限公司签约。

△ 中国社科院社会学所太仓研究中心揭牌暨《陆学艺全集》赠书仪式举行，开启中国社科院社会学所与太仓“所地合作”新篇章。

14 日 太仓海事局与长江上海航道处举行合作共建仪式，双方将共享发展机遇，在航道保护、辖区水域安全畅通、信息化建设等方面加强合作；共谋创新发展，发挥各自技术优势，开展科技项目研究和成果推广，共建太仓港数字孪生项目；共促融合发展，开展联学共建，促进党建与业务深度融合，助力长江航运高质量发展。

15—16 日 上海外国语大学党委书记姜锋一行到太仓调研，就校地合作进行探讨，进一步明确合作意向。

17 日 第十一批次江苏省特色田园乡村名单发布。双凤镇勤力村水漤名列其中，成为太仓市第 7 个“江苏省特色田园乡村”。

19 日 《太仓“老底子”》丛书发布会暨“太仓市政协

文史馆”揭幕仪式举行。

24 日 太仓市委书记汪香元在北京会见中国工程院院士、北京航空航天大学可靠性与系统工程学院党委书记王自力以及中国民航大学校长、党委副书记，北航航空发动机研究院 CPI（专业方向首席）丁水汀一行。双方围绕推动航空航天产业相关项目落户太仓，实现合作共赢进行座谈交流。

25 日 由赛迪顾问股份有限公司主办的 2023 年县域经济创新发展论坛在北京举行。论坛上揭晓“2023 年赛迪百强县”榜单，太仓位列第六。市委书记汪香元参加论坛并作经验分享，系统阐述太仓高质量发展实践。

26 日 江苏省妇女第十四次代表大会闭幕。会上表彰省三八红旗手（集体）和省三八红旗手标兵，太仓市张绪美获评省三八红旗手标兵。

27 日 太仓市人民政府与江苏省信用再担保集团有限公司战略合作签约仪式举行。双方全面深化合作关系，提升合作层次，发挥江苏信保集团金融综合服务功能，推进太仓经济社会高质量发展。

是月 省自然资源厅印发《关于开展天地图在线协同更新云数据库建设试点工作的通知》，依托太仓市地理信息公共服务平台（天地图 · 太仓）建设，太仓市获批天地图在线协同更新云数据库县级分库建设省级试点，成为全省 4 座试点城市之一。

△ 苏州市市场监督管理局下达 2023 年度第二批苏州市地方标准项目计划，由双凤镇申报的《苏式传统文化，龙狮制作技艺与文化传承指南》获批立项。该项标准是全省首个龙狮制作技艺与文化传承类市级地方标准。

△ 全球航运权威媒体——《劳氏日报》公布 2022 年全球 100 大集装箱港口排名，太仓港排名上升至第 22 位。

8 月

1 日 中国共产党太仓市第十四届委员会第五次全体会议召开。全会审议通过《中共太仓市委关于深入学习贯彻习近平总书记对江苏工作重要讲话精神，在推进中国式现代化中走在前做示范，高质量建设“现代田园城、幸福金太仓”的决定》《中国共产党太仓市第十四届委员会第五次全体会议决议》。

2 日 市委书记汪香元在市行政中心会见国家能源集团江苏电力有限公司党委书记、董事长季明彬一行。双方围绕能源保供、央地合作、新能源发展等主题进行深入交流。

△ 省民政厅公布全省“五社联动”机制创新试点单位名单，太仓名列其中。该次试点周期两年，太仓按照“编制试点方案、形成工作实效、注重总结推广”要求，有序推进试点工作。

3 日 2023 年太仓港木材产业发展大会举行。活动现场举行合作意向签约仪式，宣传太仓港区物贸政策，并举行全球产业链木材数字平台“和木网”上线仪式。

4 日 江苏省市场监管局下达 2023 年度江苏省地方标准项目计划，太仓市东林农场专业合作社主导起草的《生态农场种养循环技术指南》获批立项。该项目是城厢镇立项的首个江苏省级农业地方标准，也是近 3 年苏州市唯一由企业主导编制的省级农业地方标准项目。

8 日 中欧（太仓）绿色数字创新合作区碳中和试点项目启动会议在北京召开。会议由中欧碳中和合作项目办公室、工业和信息化部国际经济技术合作中心、太仓市人民政府共同主办。会上发布《中欧（太仓）绿色数字创新合作区产业规划》，签署《中欧绿色科创公司发起倡议》《中欧（太仓）碳中和创新合作示范项目之实施框架协议》。

10 日 南通市海门区委书记郭晓敏率党政代表团到太仓考察，重点了解太仓在对德合作、乡村振兴、城市能级提升等方面的经验做法，加强两地之间的交流合作，共同携手推进跨江融合发展。

12 日 以“发展、协同、创新”为主题的 2023 年西北工业大学太仓校区发展建设研讨会在太仓举行。

16 日 苏州市委常委会专题调研太仓工作会议召开，听取相关工作情况汇报，研究部署太仓下一步发展重点任务，统筹推进苏州港改革发展、推动外贸稳规模优结构。

22 日 2023 年镇域经济 500 强榜单发布，太仓 6 个镇全部上榜。其中，浮桥镇、城厢镇跻身百强。

23 日 第十届中国 IVD（体外诊断）产业投资与并购 CEO 论坛暨 IVD 及精准医疗产业与投资联盟年会在太仓开幕。活动上，举办论坛新十年启动仪式和太仓市生物医药产业推介活动。该次活动为期两天，包含开幕式、主旨演讲、圆桌论坛、专项主题会议等多个环节。

25 日 农业农村部办公厅和财政部办公厅联合发文公布首批国家农业产业强镇名单，璜泾镇（蔬菜）上榜。

28 日 太仓市汽车电子及汽车零部件产业创新集群融合发展推进会召开，签约重点项目 12 个，总投资 88 亿元。

△ 市委书记汪香元会见苏州银行党委书记、董事长崔庆军一行。围绕深化政银合作、强化金融支撑等事项，双方进行座谈交流。

29 日 海南省保亭县党政代表团在县委书记穆克瑞的带领下到太仓考察，重点了解太仓在营商环境、对德合作、城市发展等方面的经验做法，加强两地之间的交流合作。

△ 农业农村部农产品质量安全中心公示 2023 年第二批全国名特优新农产品名录。太仓市的南郊香葱、新毛芋艿、新湖番茄、双凤莲子、浏河大球盖菇入选。

30 日 省委书记信长星到苏州张家港、太仓的企业和港口等地调研。

31 日 苏州港航集团和中铁特货上海分公司合作的太仓港疏港铁路首列商品汽车笼车班列抵达浮桥作业站，装载的 208 辆国产汽车在太仓港通过海铁联运方式装船出海发往墨西哥。标志着太仓港为国内汽车企业出口开辟一条便捷、高效、安全的国际物流新通道。

9月

1日 “深化新时代‘海上枫桥经验’，服务保障苏州港高质量发展”司法联动协同共建协议签约暨南京海事法院太仓巡回审判点揭牌仪式在港区举行。这是优化苏州港航营商环境、提升涉海基层治理工作水平、助推太仓港产城一体化发展的创新之举。

4日 广东省揭阳市揭东区委书记梁柱华率党政代表团到太仓考察，重点了解和借鉴太仓在对德合作、优化营商环境、城市建设等方面的经验做法，深化两地之间的交流合作，走好高质量发展之路。

6日 “文明之帆·幸福之城”太仓市首届精神文明建设“金帆奖”颁奖展示活动在市融媒体中心综艺演播厅举行。活动中，首届“金帆奖”揭晓，涵盖“精神文明建设十佳新人”“十佳文明实践带头人”“十佳文明‘扬帆之星’”“十佳文明暖心事”“精神文明建设十佳新事”“十佳文明实践优秀案例”“十佳文明创意作品”“十佳文明实践站点”“十佳文明示范楼道”及“十佳文明‘最美窗口’”十大类奖项。

△ 太仓市人民政府与中铁一局集团战略合作签约暨中铁一局集团江苏建设发展有限公司揭牌仪式在太仓海运堤举行。

7日 省科协党组成员、副主席李千目一行到太仓调研工程师资格国际互认工作，完善工程师联系服务机制，打通国际职业资格与职称比照认定通道。

△ 意大利籍“拉各斯盛世”轮在太仓港装载汽车后驶往意大利焦亚陶罗港。这是该轮交付后的首航，并刷新长江港口接靠营运滚装船最大尺度纪录。

△ 省应急管理厅与太仓市人民政府签订合作框架协议，并向省危化品应急救援太仓队授牌。

8日 中国残联维权部主任周建一行到太仓调研无障碍环境建设工作。

11日 省残联党组成员、副理事长庆祖杰一行到太仓，对太仓市残疾预防和残疾儿童康复工作开展督查。

12日 农业农村部办公厅公布2023年中国美丽休闲乡村名单，城厢镇东林村名列其中。

14日 巴克斯酒业太仓基地项目签约仪式在港区举行。该项目总投资不低于10亿元，达产后可年产5000万箱预调鸡尾酒。

△ 利洁时太仓工厂滴露项目投产仪式在港区举行。

15日 作为第二届江苏产学研合作对接大会的分会场，太仓市生物医药产业专题对接会暨2023年江苏—澳大利亚大健康技术创新合作对接会在太仓市生物医药产业园举行。活动举办前，太仓市委副书记、代市长徐华东会见出席该次大会的澳大利亚驻上海总领事馆副总领事刘冰。在签约环节，“嘉倍护智能家园幼儿健康安全守护平台”和“可穿戴式肌少症电阻抗成像监测系统”2个项目签约落户。

18日 民革中央专职副主席、民革江苏省委会主委陈星莺一行到太仓，专题调研“凝心铸魂强根基，团结奋进新征程”主题教育开展情况。

19日 由《瞭望东方周刊》主办，中共苏州市委宣传部、中共太仓市委、太仓市人民政府承办的2023年企业家幸福感营商对话暨制造业立市苏州论坛主论坛暨颁奖典礼在太仓举行。活动现场，先后发布2023年企业家幸福感最强市（区）（城区及县级市）榜单、2023年企业家幸福感最强市（地级及以上城市）榜单，并由企业家代表为20座获奖城市颁奖。太仓位列2023年企业家幸福感最强市（区）（城区及县级市）榜单第一，苏州入选2023年企业家幸福感最强市。

△ 到太仓出席企业家幸福感营商对话暨制造业立市苏州论坛的新华社副总编辑、党组成员兼瞭望周刊社总编辑、党委书记任卫东，全国政协常委、民革中央专职副主席、民革江苏省委会主委陈星莺一行在太仓市参观考察，了解太仓市高质量发展状况。

20日 太仓市基金发展推进会暨项目投融资路演活动举行，引导更多优质资本关注太仓、投资太仓，促进资本与项目有效对接，助推太仓“3+3”产业创新集群发展壮大。

22日 第18届太仓啤酒节在海运堤罗腾堡风情街举行，该届啤酒节与德国慕尼黑啤酒节同步进行，围绕六大主题展开，包括光影大秀、盛装巡游、全民嗨啤、德式美食、音乐狂欢和酷玩抽奖，包含近百场演出，活动持续至9月30日，场地设置在海运堤一、二、三期。

23日 2023年中欧（太仓）新能源产业合作交流会在太仓高新区举行，现场举行项目签约仪式，瑞高新能源汽车部件项目、天顺风能新能源装备项目、华鹏新能源汽车总部项目等16个新能源产业优质项目签约落户高新区，总投资52.5亿元。

25日 2023年江苏—德国经贸合作交流会在太仓举行。会上，签约项目22个、总投资4.3亿美元，AHK学院揭牌。

26日 2023年太仓市农文旅金秋季系列活动开幕暨七十二家理想村开园活动举行，上海市宝山区、嘉定区以及苏州市的政企嘉宾们在浏河镇参加活动。活动以视频形式介绍七十二家理想村一期情况，并发布七十二家理想村二期概念规划。现场进行农文旅沪太协同系列合作签约，为树蛙部落等2023年太仓市等级民宿奖励单位颁奖，并为太仓市民宿联盟、太仓市民宿学校揭牌；“上海—太仓”长三角旅游直通车开通。

△ 2023年苏州太仓·西安周至东西部协作联席会议在太仓娄东宾馆召开，推动太周协作更好地开展。

28日 沪宁沿江高铁开通运营，正线全长278.5千米，最高设计时速350千米，全线共设南京南、句容、金坛、武进、江阴、张家港、常熟、太仓8座车站，在太仓站经沪苏通铁路一期接入上海。该线路投用后，太仓站从4个站台扩充至8个站台，太仓至南京的车程由原来3个多小时压缩至95分钟。

△ 沪苏锡常城际铁路先导段太仓站项目主体结构

封顶，标志江苏自主实施建设管理的首条铁路进入全新阶段。

△ 江苏省民政厅公布2023年省级地名文化遗产评选结果，太仓州桥入选古桥梁地名。

是月 省农业农村厅、团省委、省少工委联合遴选推荐10家江苏省农耕文化实践营地，太仓市城厢镇东林村的味稻东林农耕文化实践营地入选。

10月

10日 苏锡常城际铁路太仓先导段运营筹备合作意向书签约仪式在太仓海运堤会议中心举行，沪苏两地携手，全面推进项目建设、深化战略合作，标志太仓先导段建设迈出重要一步。

△ 省委第二巡视组向太仓市反馈巡视情况。省委第二巡视组组长蔡骏代表省委巡视组，分别向太仓市委书记汪香元、太仓市委领导班子反馈巡视情况，对抓好巡视整改工作提出要求。苏州市委常委、市纪委书记、市监委主任刘乐明就履行主体责任、抓好整改工作提出要求。汪香元主持会议并作表态发言。

13日 中国日报社联合江苏省委宣传部等单位共同主办的"一带一路"十周年纪念系列活动在太仓举行。活动上，"'一带一路'上的青春力量"主题新时代大讲堂开讲，举行中国日报社Z世代国际传播中心入驻太仓签约仪式。

△ 2023年海峡两岸（太仓）妈祖文化交流暨庆祝浏河天妃宫落成900周年活动举行，该活动由市长江国家文化公园建设工作领导小组办公室指导，市委宣传部、市委统战部主办，浏河镇承办，为江苏省2023年长江文化节系列活动之一。活动上，首届海峡两岸书画名家邀请展开幕，并为海峡两岸（太仓）妈祖文创大赛获奖者颁奖，《重走郑和七下西洋海上丝绸之路太仓倡议》发布。

16日 太仓市化工（危化品）安全技能实训基地启用仪式举行，基地包含"太仓市安全教育体验馆""化工安全专项技能培训中心""化工安全技能仿真培训中心""化工安全通用技能培训中心"4个中心。

17日 省人大常委会副主任魏国强率队到太仓，围绕农业社会化服务体系建设，开展涉农专业代表小组活动。苏州市人大常委会副主任沈国芳等参加活动。

△ 德国巴符州驻华首席代表海宁（Henning Vogelsang）率巴符州代表团到太仓访问，深入交流加强合作。

19日 太仓市第十七届人民代表大会第三次会议在市委党校召开。代市长徐华东代表市人民政府向大会报告今年以来全市经济社会发展情况。会议经过表决，通过《选举办法》。

△ 国家卫生健康委发布《关于2023年全国示范性老年友好型社区拟命名名单的公示》，璜泾镇永乐村上榜。

20日 太仓市第十七届人民代表大会第三次会议选举徐华东为太仓市人民政府市长。

△ 2023年太仓市全域旅游高质量发展大会在金仓湖公园举行，该次大会共有集中开工项目13个、集中开业11个项目，投资总额37.89亿元；乡村振兴提质增效项目、五洋滨江广场整体提升项目、万豪酒店项目等15个太仓市重点文旅项目集中签约，总投资49.2亿元。

△ 由中国中小城市发展高峰论坛组委会国信中小城市指数研究院主办的"2023年全国千强镇发布暨镇域高质量发展论坛"在北京举办。论坛现场公布全国千强镇名单，太仓6个镇全部上榜，浮桥镇、城厢镇、沙溪镇、浏河镇、双凤镇、璜泾镇分别位列第19名、第65名、第100名、第144名、第335名、第392名。

24日 苏州市人大常委会主任李亚平一行到太仓，专题调研太仓推进人大代表履职载体、全过程人民民主基层实践基地建设情况。

24—25日 省人大常委会调研组到太仓，就太仓市发挥人大代表"家站点"作用、拓宽民意征集渠道等情况进行调研，并就食品安全问题征求意见和建议。

26日 2023年中德（太仓）教育与产业合作交流大会举行。大会由江苏省教育国际交流协会、太仓市人民政府主办，苏州健雄职业技术学院、江苏省太仓中等专业学校、中德职业教育产教融合联盟、江苏德国高职教育合作联盟承办，以"深化对德合作，产教协同发展"为主题，是太仓市对德合作30周年系列活动的重要组成部分。活动现场，国家职业教育研究院与太仓市联合建立双元制创新研究基地，"'多瑙艾辛根—太仓'双元制海外培训中心""上海市欧美同学会留德语国家分会太仓创新中心"揭牌。"中德新能源汽车零部件行业产教融合共同体"成立，"江苏省第一批现场工程师专项培养计划（太仓）项目"启动。

△ 工信部公示2023年度智能制造优秀场景名单，旭川化学（苏州）有限公司的资源动态配置场景、太仓市同维电子有限公司的精益生产管理场景上榜。

27日 省政协社会法制和民族宗教委员会主任赵长林一行到太仓，就建立长期护理保险制度相关工作开展调研。

28日 "中国县域/市辖区高质量发展研讨会2023"在中国社会科学院举行。壹城经济咨询中心（壹城智库）在研讨会上发布《中国县域发展潜力报告2023》，太仓市位列"2023年全国县域发展潜力百强县"榜单第二。

31日 苏州市委副书记、政法委书记黄爱军到太仓调研"三农"和社会稳定工作。

是月 江苏省生态环境厅与江苏省工商业联合会发布2023年度绿色发展领军企业名单，太仓中化环保化工有限公司名列其中。该企业是该次太仓市唯一入选的企业。

△ 省委网信办公布2023年全省"走好网上群众路线"优秀新媒体账号名单，"太仓发布"（微信公众号）上榜，是全省唯一上榜的县级市新媒体账号。

11月

1日 生态环境部与省政府在太仓市签署《以高品质

2023年11月1日，第七届中德环境论坛在太仓市举行（计海新摄）

生态环境支撑高质量发展，加快推进人与自然和谐共生的现代化》合作协议。生态环境部部长黄润秋、省长许昆林代表双方签约并举行工作会谈。

△　第七届中德环境论坛在太仓市举行，论坛主题为“推动绿色和可持续发展——协同应对污染、生物多样性丧失和气候变化”。

△　舍弗勒太仓制造基地新能源二期启用暨三期签约仪式举行。

2日　中欧区域政策合作案例地区苏州太仓市—斯图加特大区合作备忘录（MoU）签约仪式在海运堤会议中心举行。

△　农业农村部、中央宣传部、司法部联合发文公布第三批全国乡村治理示范村镇名单，城厢镇东林村入选。

3日　中国福利会副主席、政协上海市第十三届副主席、党组副书记李逸平和东华大学党委书记刘承功一行到太仓，参观了解太仓市经济社会高质量发展情况，交流东华大学实习生基地落地相关事宜。

6日　第六届中国国际进口博览会IASC国际航空价值链领袖峰会暨太仓航空航天重点项目集中签约活动在上海举行。峰会上，16个航空航天产业链重点项目签约落户太仓。

△　第六届中国国际进口博览会上，西门子—太仓高新区合作协议签约仪式举行。西门子与太仓高新区共建“双碳”实验室，并共同实施双元制职业教育项目。

7日　标准创新融合发展推进会——苏州中德标准化合作交流活动在太仓举行。活动上，中德标准化合作苏州创新中心揭牌。

△　“海棠花红·和美田园”太仓市党建引领乡村振兴提升工程推进仪式在金仓湖公园举行。活动上，党建惠

2023年11月7日，“海棠花红·和美田园”太仓市党建引领乡村振兴提升工程推进仪式举行　（市委组织部供稿）

农服务联盟成立，由全市52家单位共同组建。现场分别进行乡村产业项目、“揭榜挂帅”农业技术攻关项目、电商企业助力乡村振兴合作、乡村振兴重点帮促村村企结对项目签约；发布太仓乡村振兴产业发展资金池。

△　由商务部投资促进事务局、太仓市人民政府主办的健康中国—2023年生命健康产业跨境合作“太仓对话500强”活动在上海举行，生命健康领域知名世界500强企业、投融资机构等各界代表参加。现场进行重点项目签约，签约项目投资总额29.26亿元。

△　赛迪顾问县域经济研究中心发布《2023年中国县域投资竞争力百强研究报告》，在“县域投资竞争力百强”榜单中，太仓位居第六位。

8日　太仓阿尔卑斯国际度假区举行开业仪式，省委常委、苏州市委书记刘小涛，复星国际董事长郭广昌出席活动。

△　“风雨三十载·智创新未来”克恩—里伯斯中国业务集团30周年暨与太仓携手共赢30周年庆典举行。

△　工信部公示2023年度国家级绿色制造名单，江苏宝洁有限公司和新大洲本田摩托（苏州）有限公司入围“绿色工厂”。

9日　作为苏州首个江苏省危化品应急救援队的港区危化品专职消防救援队启用，标志江苏省级专业应急救援力量体系更加完善。

10日　北德企业进博会代表团走进德企之乡太仓暨德国中小企业项目集中签约仪式举行，15个德国项目现场集中签约落户太仓。太仓高新区驻北德联络处揭牌。

11日　2023年嘉昆太协同创新核心圈轮值会议在昆山召开，发布“五大行动”方案和“核心圈建设100项重点合作事项”清单。

△　德国工商大会全国副主席、德国黑森州工商会主席基尔斯滕·肖德尔—施泰因米勒带队到太仓考察，并参加AEK学院揭幕仪式。

16日　太仓市互联网行业党群服务中心启用仪式举行。活动上，中国电信数智未来体验中心、太仓市互联网行业党群服务联盟揭牌。

17日　工业和信息化部公布《2023年5G工厂名录》，太仓市新大洲本田摩托（苏州）有限公司5G工厂、苏州现代货箱码头有限公司5G工厂和太仓港正和兴港集装箱码头有限公司5G智慧港口3个项目入选。

18日　《2023年中国中小城市高质量发展指数研究成果》发布。太仓位列2023年度全国综合实力百强县市第七、全国科技创新百强县市第二、全国绿色发展百强县市第三、全国新型城镇化百强县市第三。

20日　江苏省委常委、苏州市委书记刘小涛结合开展主题教育，到太仓专题调研重点项目建设情况。

△　2023年中德智能制造论坛在太仓举办。现场进行集中签约。中国科协智能制造学会联合体与太仓市人民政府签约，中国机械工程学会、中德智能制造/工业4.0产教融合联盟与苏州市职业大学签约，欧洲技术转移联合会与苏州市科协、国家海外人才离岸创新创业基地（苏州工

业园区）签约，欧洲技术转移联合会与苏州市科协、太仓高新区管委会签约。

21 日　“深化所地合作”中国科学院上海硅酸盐研究所—太仓对接会举行。活动上，一批创新平台、优质项目签约。

23 日　“产教融合 · 协同育人”第二届苏州人工智能产业发展研讨会在太仓市举行，会议旨在推进人工智能与高校人才培养体系相融合，探索 AI 赋能如何推动科研创新与人才培养，打造太仓人工智能产学研合作新高地。

24 日　由新华社《瞭望东方周刊》主办的 2023 年中国幸福城市论坛在四川省成都市举行。论坛发布“2023 年中国最具幸福感城市”系列榜单，太仓位列中国最具幸福感城市（县级市）榜单第一。这是太仓第 12 次获评中国最具幸福感城市，第八次荣登县级市榜首。市委书记汪香元出席论坛并作主旨发言。

△　慧眼 · 扬帆——县域数智公安（交管）合作论坛在太仓举办。论坛上，太仓市公安局作为县域数智公安建设的优秀典型，分享太仓在探索道路交通安全治理能力和体系现代化之路上的先进经验。活动中，太仓数智交管联合创新基地揭牌成立。

△　江苏省报协公布“2022—2023 年江苏报业融合创新项目奖”获奖名单，太仓市融媒体中心报送的“太融 e”太仓市城市服务总入口项目上榜，获区县融媒体创新发展奖。

12 月

5 日　太仓市新市民金融惠新矩阵发布仪式举行，精准聚焦新市民群体，提供全方位、专业化、多元化的优质金融服务，打造新市民金融服务“太仓样本”。活动中，市新市民之家揭牌。

△　自然资源部办公厅公布 2023 年自然资源部科普基地名单，太仓市规划展示馆位列其中，是全国唯一获评的县级市规划馆。

6 日　中国医药保健品进出口商会七届十次理事会在太仓举行。中国医药保健品进出口商会是全国规模大、业务范围广、专业性强的医药健康行业组织之一，前期与沙溪镇达成战略合作。

△　省信息化领导小组办公室公布 2023 年智慧江苏重点工程和标志性工程项目名单。太仓城市服务总入口——“太融 e”获评智慧江苏重点工程。

7 日　苏州市航空航天产业标准化联盟成立会议在太仓举行，推动航空航天标准化工作，构建面向全领域、全要素、全链条的新型标准系统。现场发布《苏州市航空航天标准体系建设指南》，启动苏州市航空航天标准研制与检验检测能力比对项目。

△　第十二批次江苏省特色田园乡村名单发布，太仓市城厢镇永丰村朱门泾、横塘河名列其中。

8 日　苏州太仓市经济大镇座谈会举行，苏州市委常委、副市长顾海东出席会议并讲话。

△　2023 年中国农民丰收节第三届全国乡村文化产业创新发展大会在江苏举行，太仓市城厢镇东林村报送的《循环农业造就经济强村》入选产业项目类创新典型案例。

9 日　商务部副部长兼国际贸易谈判副代表凌激在太仓市主持召开中德产业园经验交流会，邀请 6 家中德产业园负责人介绍发展经验；尔后主持召开德国中小企业圆桌会，听取 14 家德国中小企业和外国商协会在华发展运营情况、问题诉求及对中国营商环境的意见建议。北京市、辽宁省、江苏省、浙江省、广东省、青岛市商务主管部门有关负责人参会。

11 日　首批省级非遗工坊名单由江苏省文化和旅游厅、江苏省人力资源和社会保障厅、江苏省乡村振兴局联合发布，太仓肉松制作非遗工坊入选首批省级非遗工坊。

15 日　嘉兴市南湖区委书记邵潘锋，区委副书记、区长陈群伟率党政代表团到太仓考察，重点了解和借鉴太仓在城市建设、对德合作、优化营商环境等方面的经验做法，深化两地之间的交流合作。

△　常熟市人大常委会主任王建国带领考察组到太仓，了解太仓经济社会发展情况。

19 日　西藏自治区林周县委副书记、县长德吉央宗率党政代表团到太仓考察，加强双方交往交流交融，巩固拓展援藏工作成果。

△　退役军人事务部调研组到太仓市开展双拥工作调研。

23 日　太仓市人民政府与苏州市港航投资发展集团有限公司战略合作框架协议签约仪式在太仓港综合枢纽（多式联运）物流园区举行。

25 日　江苏省科技厅公示 2023 年度江苏省科技企业孵化器名单，航小天空天产业创新孵化器入选，是太仓唯一获评的孵化器。

27 日　中国共产党太仓市第十四届委员会第六次全体会议在市行政中心召开。会议听取和讨论汪香元受市委常委会委托作的工作报告，审议通过《中共太仓市委常委会 2023 年度落实全面从严治党主体责任情况的报告》《中国共产党太仓市第十四届委员会第六次全体会议决议》。

（市史志办）

太仓概览

自然理

【位置面积】 太仓位于江苏省东南部、长江口南岸，地处北纬31°20' ~31°45'、东经120°58' ~121°20'。东濒长江，与崇明岛隔江相望，西连昆山市，南邻上海市宝山区、嘉定区，北接常熟市。总面积809.93平方千米，长江水域面积143.97平方千米，陆地面积665.96平方千米。

【地形地貌】 太仓属长江三角洲冲积平原。全境地势平坦，自东北向西南略呈倾斜。东部为沿江平原，西部为低洼圩区。

【水运口岸】 太仓港地处长江入海口南侧，太仓市东部。口岸位于长江白茆沙南水道，上至白茆河口，下至浏河口下游浏黑屋，中心位置在七丫口，即北纬31°37'、东经121°14'。拥有长江岸线38.8千米，其中深水岸线25千米，距吴淞口13海里，是距长江入海口最近的港口。港区范围内岸线基本平直且边滩稳定，终年不冻不淤，深水区开阔、稳定，能满足10万吨级船舶回转水域的要求，是长江下游地区最佳港址之一。2013年1月1日起，太仓港作为沿海港口管理，执行相关行政事业性收费政策。太仓港为全国第一个获批享受海港待遇的内河港。

（市史志办）

【气候】 气候特点。太仓属亚热带季风性湿润气候区，四季分明。冬季温暖，夏季多雨，春秋两季冷暖多变。2023年，太仓市年平均气温、年日照时数均与常年（常年指1991年到2020年，下同）相当，其中夏季气温偏高，其他季节正常。年降水量与降水日数比常年较多。年平均气温17.2℃。四季转换日期，入冬、入春、入秋均比常年偏晚，仅入夏比常年偏早。年内极端最高、最低气温分别为38.3℃（7月12日）、零下7.2℃（1月25日）。年降水量1566.8毫米，较常年多26%，属偏多年份，其中夏、秋两季显著偏多，其他季节正常。年降水日数124天，较常年偏少3天，其中夏、秋两季较常年偏多，其他季节与常年相当。年日照时数2260.9小时，较常年偏多13%，其中夏、冬两季较常年偏多，其他季节正常。全年出现寒潮天气过程6次和持续阴雨天气过程10段。全年暴雨日7天，8级以上大风2天，高温日16天。6月17日入梅，7月10日出梅。梅雨期长24天，较常年（21天）偏长3天，梅雨量444.3毫米，较常年（238.5毫米）偏多86%。全年最长连续降水日数6天，出现在3月20—25日、5月3—8日、7月5—10日和7月19—24日，累计雨量分别为28.7毫米、15.2毫米、71.8毫米和71.8毫米。连续最长无降水日数26天，出现在2022年12月18日至2023年1月12日。

基本气候概况。2023年，太仓市平均气温17.2℃，较常年偏高0.5℃，属正常年份，8月和12月气温偏低，2月、5月、7月和11月正常，其他时间均偏高。全市各气象自动监测站年平均气温最高21.2℃，年平均气温最低16.2℃。市域地理空间分布中间低四周高。年极端最高气温38.3℃，出现在7月12日。年极端最低气温零下7.2℃，出现在1月25日。全市各气象自动监测站极端最高气温39.4℃（7月12日），年极端最低气温零下8.1℃（1月25日）。

2023年，太仓市降水量1566.8毫米，较常年多26%，属于偏多年份，四季分布不均，夏季降水最多，冬季最少。全市各气象自动监测站年降水量最多为1731.2毫米、最少为1190.3毫米。市域地理分布总体南高北低。年降水日数124天，较常年偏少3天，属于正常年份。全市各气象自动监测站年降水日数最多为138天、最少为118天。降水日数地理空间分布不均匀。

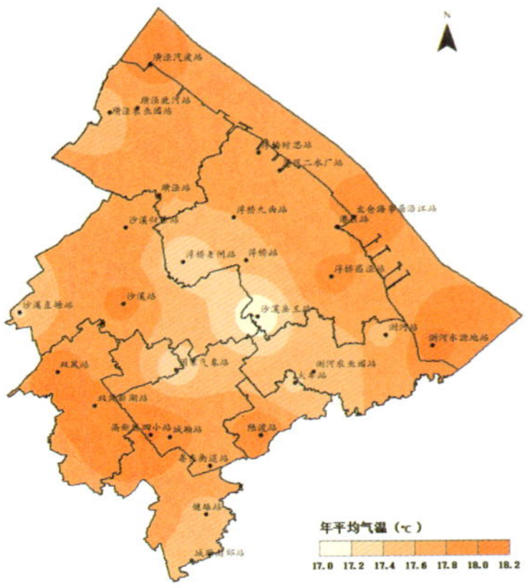

图1 2023年太仓市各气象自动监测站年平均气温分布图

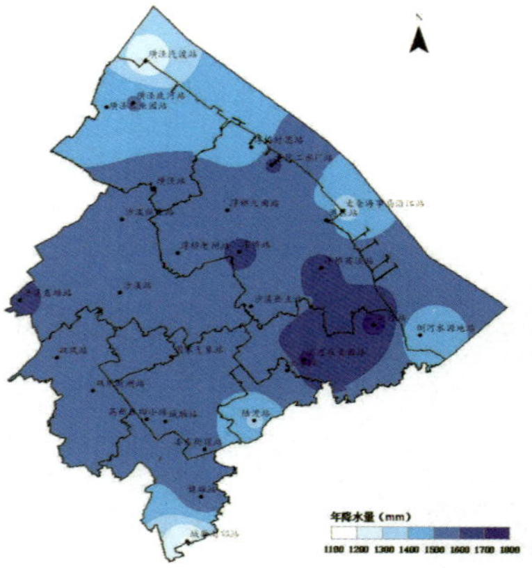

图 2　2023 年太仓市各气象自动监测站年降水量分布图

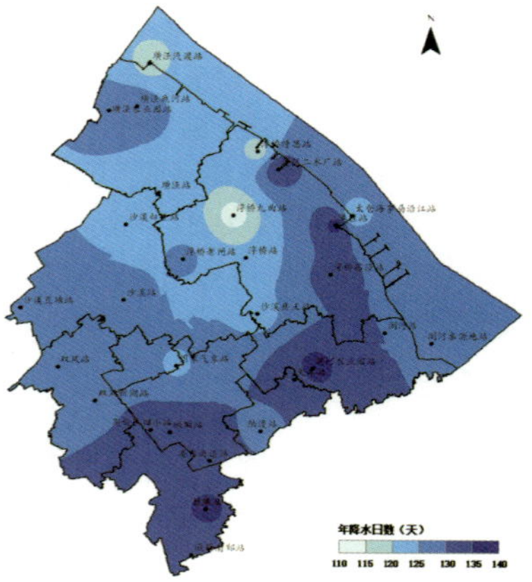

图 3　2023 年太仓市各气象自动监测站年降水日数分布图

2023 年，太仓市日照时数 2260.9 小时，较常年偏多 18%，属于正常年份。四季均较常年偏多。

四季评述。太仓市冬季（2022 年 12 月至 2023 年 2 月）平均气温 5.3℃，与常年同期相当，其中 2022 年 12 月偏低，2023 年 1 月偏高，2 月偏高。2022 年 11 月 30 日入冬，较常年偏早。极端最高气温 20.8℃（1 月 12 日），极端最低气温零下 7.2℃（1 月 25 日）。全市各气象自动监测站冬季平均气温最高 6.7℃、最低 5.2℃。冬季降水量 157.1 毫米，较常年同期偏少，其中 12 月偏少，1 月正常，2 月正常。全市各气象自动监测站冬季降水量最多为 179.3 毫米、最少为 109.6 毫米。冬季降水日数 23 天，较常年同期偏少 6 天。全市各气象自动监测站冬季降水日数最多 28 天，最少 20 天。冬季日照时数 476.1 小时，较常年同期略偏多，四季均较常年偏多。

太仓市春季（3—5 月）平均气温 16.8℃，属于偏高年份，其中 3 月和 4 月偏高，5 月正常。3 月 9 日入春，较常年偏早。极端最高气温 35.4℃（5 月 29 日），极端最低气温零下 0.3℃（3 月 3 日）。全市各气象自动监测站春季平均气温最高 17.5℃、最低 16.4℃。春季降水量 219.9 毫米，较常年偏少，其中 3 月偏少，4 月显著偏多，5 月偏多。全市各气象自动监测站春季降水量最多为 222.7 毫米、最少为 105.0 毫米。春季降水日数 27 天，较常年同期偏少 7 天。全市各气象自动监测站春季降水日数最多 33 天、最少 26 天。春季日照时数 579.1 小时，较常年同期偏多，其中 3 月、4 月、5 月均偏多。

太仓市夏季（6—8 月）平均气温 27.5℃，较常年同期正常略偏高，其中 6 月和 7 月偏高，8 月正常。5 月 30 日入夏，较常年偏晚。极端最高气温 38.3℃（7 月 12 日），极端最低气温 16.1℃（6 月 7 日）。全市各气象自动监测站夏季平均气温最高为 28.1℃、最低为 27.3℃。夏季降水量 844.0 毫米，较常年同期异常偏多，其中 6 月和 7 月异常偏多，8 月显著偏多。全市各气象自动监测站夏季降水量最多为 967.9 毫米、最少为 652.1 毫米。夏季降水日数 46 天，较常年同期偏多 7 天。全市各气象自动监测站夏季降水日数最多为 50 天、最少为 43 天。夏季日照时数 626.4 小时，与常年同期相当，其中 6 月偏多，7 月和 8 月正常。

太仓市秋季（9—11 月）平均气温 19.1℃，与常年同期相当，其中 9 月正常略偏高，10 月和 11 月正常。10 月 1 日入秋，较常年偏晚。极端最高气温为 34.9℃，极端最低气温为 1.6℃。全市各气象自动监测站秋季平均气温最高为 20.8℃，最低为 18.9℃。秋季降水量 337.9 毫米，较常年同期显著偏多，其中 9 月异常偏多，10 月偏少，11 月偏少。全市各气象自动监测站秋季降水量最多为 404.4 毫米、最少为 213.6 毫米。秋季降水日数 27 天，较常年同期多 2 天。全市各气象自动监测站秋季降水日数最多为 31 天、最少为 25 天。秋季日照时数 579.3 小时，与常年同期正常略偏多，9 月偏少，10 月和 11 月偏多。

【主要天气气候事件】 2023 年，太仓市主要天气气候事件为寒潮、连阴雨、暴雨、高温、台风、大风、梅雨、低温、雾和霾等。

寒潮。2023 年，太仓市有寒潮天气 6 次，分别出现在 1 月 13—15 日、1 月 23—25 日、2 月 18—20 日、3 月 11—13 日、11 月 11—13 日 和 12 月 14—17 日。1 月 13—15 日受寒潮影响，48 小时最低气温降幅为 16.2℃，1 月 15 日早晨最低气温降至零下 0.9℃，极大风速 13.8 米 / 秒。全市各气象自动监测站 48 小时最低气温降幅最大为 16.8℃，最小为 11.9℃。各自动站极大风速最大值为 18.6 米 / 秒。1 月 23—25 日受寒潮影响，48 小时最低气温降幅为 13.2℃，1 月 25 日早晨最低气温低至零下 7.2℃，极大风速为 15.1 米 / 秒。全市各气象自动监测站 48 小时最低气温降幅最大为 14.6℃，最小为 11.5℃。各自动站极大风速最大值为 20.4 米 / 秒。2 月 18—20 日受寒潮影响，48 小时最低气温降幅为 10.5℃，2 月 20 日早晨最低气温低至零下 1.5℃，极大风速为 10.6 米 / 秒。全市各气象自动监测站 48 小时最低气温降幅最大为 10.5℃，最小为 5.2℃。各自动站极大风速最大值为 14.9 米 / 秒。3 月 11—13 日受寒潮影响，48 小时最低气温降幅为 12.5℃，3 月 13 日早晨最低气温低至 2.5℃，极大风速为 13.5 米 / 秒。全市各气象自动监测站 48 小时最低气温降幅最大为 12.5℃，最小为 5.8℃。各自动站极大风速最大值为 19.1 米 / 秒。11 月 11—13 日受寒潮影响，48 小时最低气温降幅为 7.6℃，11 月 13 日早晨最低气温低至 4.6℃，极大风速为 8.8 米 / 秒。全市各气象自动监测站 48 小时最低气温降幅最大为 8.5℃，最小为 6.3℃。各自动站极大风速最大值为 16 米 / 秒。12 月 14—17 日受寒潮影响，48 小时最低气温降幅为 9.4℃，12 月 17 日早晨最低气温低至零下 3.5℃，极大风速为 13.2 米 / 秒。全市各气象自动监测站 48 小时最低气温降幅最大为 10.1℃，最小为 9.0℃。各自动站极大风速最大值为 23.1 米 / 秒。

梅雨。2023 年 6 月 17 日，太仓市入梅，7 月 10 日出梅。梅雨期长 24 天，较常年（21 天）偏长 3 天，梅雨量 444.3 毫米，较常年（238.5 毫米）偏多 86%。梅雨量空间分布不均，其中最大为 558.3 毫米，最少为 314.4 毫米。

连阴雨。2023 年，太仓市共出现连阴雨天气（最长连续降水日≥ 5 天）10 段，分别出现在 2 月 9—13 日、3 月 20—25 日、4 月 3—7 日、5 月 3—8 日、6 月 4—8 日、7 月 5—10 日、7 月 19—24 日、8 月 27—31 日、9 月 12—16 日、9 月 20—24 日。2 月 9—13 日，全市普遍出现持续阴雨天气，累计雨量 45.3 毫米；其间日照时数 0 小时。3 月 20—25 日，全市普遍出现持续阴雨天气，累计雨量 28.7 毫米，其间日照时数 1.1 小时。4 月 3—7 日，全市普遍出现持续阴雨天气，累计雨量 22.2 毫米，其间日照时数 17.6 小时。5 月 3—8 日，全市普遍出现持续阴雨天气，累计雨量 15.2 毫米，其间日照时数 18.2 小时。6 月 4—8 日，全市普遍出现持续阴雨天气，累计雨量 25.8 毫米，其间日照时数 24.1 小时。7 月 5—10 日，全市普遍出现持续阴雨天气，累计雨量 71.8 毫米，其间日照时数 29.5 小时。7 月 19—24 日，全市普遍出现持续阴雨天气，累计雨量 71.8 毫米，其间日照时数 32.5 小时。8 月 27—31 日，全市普遍出现持续阴雨天气，累计雨量 87.2 毫米，其间日照时数 15.3 小时。9 月 12—16 日，全市普遍出现持续阴雨天气，累计雨量 196.0 毫米，其间日照时数 1.3 小时。9 月 20—24 日，全市普遍出现持续阴雨天气，累计雨量 30.1 毫米，其间日照时数 2.5 小时。

暴雨。2023 年，太仓市共有暴雨日（以 24 小时累积雨量计算）7 天，分别出现在 5 月 27 日、6 月 18 日、6 月 19 日、6 月 24 日、7 月 8 日、7 月 16 日、9 月 16 日。最大日降水量出现在 6 月 18 日，日降水量 97.2 毫米。全市各气象自动监测站暴雨日数最多为 9 天，最少仅为 3 天。最大日降水量 164.2 毫米（6 月 18 日，浮桥茜泾站）。

高温。2023 年，太仓市共有高温日数 16 天，其中 5 月 1 天，6 月 3 天，7 月 8 天，8 月 4 天。全年最高温度 38.3℃，较常年同期偏多 1 天。全市各气象自动监测站高温日数最多为 32 天，最少为 9 天。市域日极端最高气温 39.5℃（7 月 12 日，健雄站）。

台风。2023 年，太仓市受台风影响 1 次，即第 5 号台风 '杜苏芮'（7 月 28—30 日）。受 5 号台风 "杜苏芮" 外围云系影响，7 月 28 日 8 时到 7 月 30 日 8 时，国家站过程雨量 6.8 毫米，极大风速 12.5 米 / 秒。全市各气象自动监测站最大过程雨量 16.5 毫米，极大风速 20.4 米 / 秒（浏河水源地站）。该次台风有风雨但无明显灾情。

大风。2023 年，太仓市共有 8 级以上大风 1 天。全年极大风速 19.9 米 / 秒（8 级，出现在 6 月 10 日）。全市各气象自动监测站极大风速 34 米 / 秒（12 级，出现在 4 月 15 日，璜泾汽渡站）。

低温冰冻。2023 年，太仓市日最低气温≤ 0℃的日数为 33 天，其中 1 月 15 天，2 月 6 天，3 月 1 天，12 月 11 天。均无明显灾情。全市各气象自动监测站年最低气温最小值为零下 8.2 ℃（1 月 25 日，璜泾农业园站）。全年日最低气温≤ 0℃的日数最多为 35 天（沙溪岳王站和火车站）。

雾和霾。2023 年，太仓市共有雾日 57 天，大雾天气常出现在秋冬月份，对交通运输带来不利影响。太仓市共有霾日 39 天，较上年增加 23 天。各月分布不均，12 月 9 天，为全年最多；7 月未出现霾天气。（市气象局）

【土地资源】 2023 年，太仓市贯彻落实国家、省和苏州市对 2022 年度土地变更工作部署要求，推进 2022 年度变更工作。2022 年度太仓市变更成果数据：耕地 22151.11 公顷，占总面积的 27.35%；园地 1387.54 公顷，占总面积的 1.71%；林地 3639.62 公顷，占总面积的 4.49%；草地 1106 公顷，占总面积的 1.37%；湿地 342.78 公顷，占总面积的 0.42%；城镇村及工矿用地 23445.31 公顷，占总面积的 28.95%；交通运输用地 4865.13 公顷，占总面积的 6.01%；水域及水利设施用地 23923.86 公顷，占总面积的 29.54%。其他土地 131.57 公顷，占总面积的 0.16%。（市资源规划局）

【水资源】 2023 年，太仓市水域面积 256 平方千米，其中内陆水域面积 112 平方千米。全市河道分六级，共有 4458 条 3537.7 千米，其中流域性河道为长江 36.2 千米；区域性河道 5 条，分别为东西向的浏河塘、杨林塘、七浦塘、新荡茜河 4 条通江河道，南北向的盐铁塘，共 123.42 千米；太仓市级河道 20 条 197.88 千米，镇级河道 225 条 613.58 千米，村级河道 642 条 968.15 千米，生产河道 3562 条 1592.28 千米。境内主要有水利分区 4 个，即吴塘河以西的低洼圩区、吴塘河至盐铁塘之间的半高地、盐铁塘至沪浮璜公路一线的中部平原区以及沪浮璜公路以东的沿江高水片。年内，太仓市有效控制水资源消耗总量，全市用水量 27.27 亿立方米（按全统计口径），单位地区生产总值水耗 37.63 立方米 / 万元。（市水务局）

【林业及湿地保护】 2023 年，太仓推进营造林和绿美村庄绿化建设，新增更新成片造林 46.68 公顷，全市林木覆盖率 18.91%，培育健康稳定的森林生态系统。全年完成森林抚育 233.33 公顷，提升森林碳汇能力，全年采伐面积 13.4 公顷，采伐蓄积 785 立方米。年内，市林业局在全市各镇区绿色通道、新建林带、农业园区等地投放释放周氏啮小蜂 3500 万头、管氏肿腿蜂 35 万头、花绒寄甲 35 万头，通过释放生物天敌，"以虫治虫" 防治美国白蛾、杨舟蛾及天牛类害虫。全市湿地面积 22.38 万公顷，湿地保护率 64.5%。湿地保护与恢复主要通过地形地貌修复、水系沟通、自然岸线修复、湿地植被恢复等生态修复措施，提升湿地生态功能，增强湿地生态系统稳定性。市资源规划局加强重要湿地巡查保护，实施全市湿地面积总量控制，"一心两湖三环四园" 城市生态体系基本形成。2 月 2 日，市资源规划局联合金仓湖湿地公园开展 "湿地修复" 保护湿地宣传活动，发放《中华人民共和国湿地保护法》、鸟类图册、植物图册等宣传资料 200 余份，宣传湿地生态价值，现场展示太仓市长江湿地、金仓湖湿地公园、西庐园湿地公园等宣传展板。

【野生动物保护】 2023年，太仓市做好野生动植物保护管理工作。年内，完成全市2家驯养繁殖企业日常检查和野生动物栖息地日常巡查。开展“网盾行动”“清风行动”，做好野生动物野外巡护，消除威胁候鸟迁徙安全和其他野生动物种群安全隐患。做好野生动物疫源疫病监测防控，落实乡镇专员监测鸟类异常情况。利用湿地日、爱鸟周等主题宣传活动举办广场宣传、观鸟活动、科普讲座等，共发放宣传资料1000余份。全年开展野生动物保护咨询和救助100余次，救助野生动物44只，其中国家二级及以上保护动物12只，拆除捕鸟网14张。（市资源规划局）

历史人文

【建置沿革】 太仓在4500年前已有人类生活。夏商时为滨海村落，商末至战国时先后属吴、越、楚国，秦汉时属会稽郡（吴郡）娄县惠安乡。春秋吴国等吴地政权曾多次于此建仓屯粮，太仓因而得名，亦渐次发展。元代于太仓刘家港开创海运漕粮，通商海外，遂日益繁盛，成为万家之邑，号称“六国码头”。元末筑太仓城。吴元年（1367年，即元至正二十七年）建太仓卫，明初置镇海卫，屯兵驻防。明永乐至宣德年间（1403—1435年），航海家郑和率舟师在太仓扬帆起锚，七下西洋，太仓由此成为海上丝绸之路的主要港口之一。弘治十年（1497年），割昆山、常熟、嘉定3个县地建太仓州。清雍正二年（1724年），升为江苏直隶州，并析地置镇洋县，辖镇洋、崇明、嘉定、宝山4个县。民国元年（1912年），太仓州和镇洋县合并，定名太仓县。中华人民共和国成立后，始属苏南人民行政公署，后隶属江苏省苏州地区专员公署。1983年3月，改隶苏州市。1993年3月，撤县建太仓市。

（市史志办）

【娄东文化】 太仓属娄东，娄东文化内容丰富，涵盖广泛，积淀深厚，涉及文坛艺苑、经史理学、建筑园林等各个领域，时间绵延千百年，明清时期最为辉煌，经世代传承，延续至今。

文学是娄东文化的精粹之一。太仓历史上有成就地位的诗人、文学家很多。文学家徐祯卿是明代“吴中四才子”“前七子”之一，有《迪功集》《谈艺录》等著作。文学家王世贞为明代“后七子”代表人物，曾独主文坛二十余年，著有《弇州山人四部稿》等数十部著作。张溥不仅是著名文学家，著有《七录斋诗文合集》等，而且他组织的“复社”，成员遍及全国，是中国古代规模最大、影响最广的文学社团。清代诗人吴伟业所创长篇叙事七言歌行，世称“梅村体”，名篇《圆圆曲》为历代传诵，他与钱谦益、龚鼎孳并称“江左三大家”，率“娄东十子”，形成“娄东诗派”。

经史学术成就是娄东文化一个重要表现。从元、明开始，太仓即有学者从事经史学的研究著述，王世贞、张溥等人著有《读易纂》《弇山堂别集》《书经注疏大全合纂》《通鉴纪事本末》等经史学著作数十种，在经史学上有较高评价。清代经史学家毕沅，造诣很深，他在幕宾襄助下，编撰了许多有价值的著作，其中《续资治通鉴》是史学中的鸿篇巨制。陆世仪则是明末清初理学家，一生著作40余种，所著《思辨录》洋洋数百万字。他先后在太仓、无锡、武进、丹阳等地书院宣讲理学，至者数百人，被称为“江南大儒”。

绘画是娄东文化的重彩之笔。元明以来太仓即成为书画之乡，明代画家王履、夏昶等人为太仓书画打下基础。仇英工笔重彩，山水人物，无不精到，与沈周、文徵明、唐寅并称“明四家”。清代王时敏、王鉴首开娄东画风，誉为“画苑领袖”。王原祁在艺术上达到新的高度，是娄东画派的代表人物。娄东画派由此成为当时中国的主流画派，引领清代画坛三百年。之后，太仓又出现王昱、王宸、王愫、王玖等“小四王”和王三锡、王廷元、王廷周、王鸣韶等“后四王”。中华人民共和国成立后，又有朱屺瞻、宋文治两位国画大师，他们在传统基础上不断创新，成为海派和新金陵画派的代表人物。

戏曲是娄东文化一块艺术瑰宝。明代中期，太仓南郊的魏良辅改革昆山腔，创制了流丽悠远的昆曲，成为中国的“百戏之祖”，魏良辅被尊为“曲圣”“昆曲鼻祖”。王世贞、王衡、吴伟业等人撰写的《鸣凤记》《真傀儡》《秣陵春》等传奇、杂剧，在中国戏曲史上有相当高的地位。魏良辅撰写的《南词引正》，沈乘麐撰写的《韵学骊珠》是论述昆曲的经典著作。高步云、朱传茗、汪世喻在昆剧编曲、表演、演奏和培养昆剧人才上均有建树，名重一时。

江南丝竹也发源于太仓。是明代张野塘协助魏良辅改革创制昆曲过程中衍生出来的一种配置齐全的丝竹

江南丝竹表演　（市委宣传部供稿）

合奏乐种，优美明快，委婉动听，具有独特的艺术魅力，古人赞为“仙乐霓裳”。历经400多年，经久不衰。

古琴家徐上瀛与常熟严澂共创著名的“虞山琴派”，其成员有多位太仓人。徐上瀛积极钻研发展古琴技艺，被誉为“虞山琴派的集大成者”，他所著《溪山琴况》一书，是中国古代重要的音乐美学著作之一。

明代汪关创立“娄东印派”；民国时期俞颂华被黄炎培誉为“新闻界之释迦牟尼”；电影导演朱石麟，执导一批优秀电影，被誉为“香港电影的拓荒者”；吴晓邦高扬“为人生而舞”的旗帜，是中国新舞蹈艺术的奠基人。

【文化遗产】 太仓文化具有开放性，多种特色文化丰富多彩，有全国“桥牌之乡”“武术之乡”“龙狮之乡”“民乐之乡”等称号，文学、舞蹈、戏曲、音乐、摄影、书法等文化艺术硕果累累。民间音乐江南丝竹、传统舞蹈滚灯、民俗七夕节（太仓七夕习俗）等60个项目及2个扩展项目被列入太仓市级非物质文化遗产名录，其中江南丝竹被列入国家级非物质文化遗产名录，滚灯、七夕节、双凤山歌（吴歌扩展）等10个项目被列入省级非物质文化遗产名录，堂名（昆曲扩展）、双凤新湖龙狮制作技艺等18个项目被列入苏州市级非物质文化遗产名录。袁光华、张佳林被列入江苏省级非物质文化遗产项目代表性传承人名录，徐松明、王耀宗、仇国良等17人（含去世4人）被列入苏州市级非物质文化遗产项目代表性传承人名录，先后被列入太仓市级非物质文化遗产项目代表性传承人名录77人（80人次，含去世6人）。

【文化名人】 太仓自古为文化之乡，人文荟萃，积淀厚实，形成独具风格的娄东文化。是郑和下西洋的起锚地，江南丝竹的发源地，娄东画派的发祥地，又是神话传说牛郎织女的降生地。早在东晋，名士瞿硎等活动于境内传播文化知识。元代，漕运开通，刘家港发展成为“天下第一码头”。元代的桥梁建筑独具风格，境内至今保存着国内少有的元桥群。明初郑和七下西洋，在刘家港启航停泊，沟通太仓与东南亚各国文化交流。被誉为“百戏之祖”的昆曲和优美动听的江南丝竹源自太仓一带。明清园林之盛，有“太仓园林甲东南”之誉。太仓建州后学堂、书院盛极一时，民间读书成风，培养出众多杰出人才，使太仓文化得到全面发展。

丰厚的文化底蕴孕育了举不胜举的名人，明清尤盛。有‘四代一品’的王锡爵家族，“后七子”代表人物王世贞，“江左三大家”之一吴伟业，“明四家”之一仇英，“娄东画派”代表人物王时敏、王鉴、王原祁等。近现代有画家朱屺瞻，电影艺术家朱石麟，舞蹈艺术家吴晓邦，教育家陆宝忠、唐文治、俞庆棠，著名记者俞颂华，物理学家“中国的居里夫人”吴健雄、诺贝尔物理学奖获得者朱棣文，以及唐孝威、邹世昌、黄胜年、吴建屏、杨胜利、唐孝炎、顾懋祥、龚知本、陆佑楣、施剑林等12位“两院”院士。

（市文体广旅局）

行政区划

【概况】 太仓市隶属江苏省苏州市管辖，市人民政府驻地县府东街99号。2023年年底，全市有太仓港经济技术开发区、省级高新区和科教新城、城厢镇、沙溪镇、长江口旅游度假区（浏河镇）、浮桥镇、璜泾镇、双凤镇、娄东街道、陆渡街道等区镇街道。全市共有村、社区161个，其中城市社区89个（涉农社区20个）、村72个；共有村民委员会、社区居民委员会157个，未选举产生居委会成员的社区4个。年内，行政区划无调整变化。

【村居变更情况】 2023年，太仓市新增社区1个，即浏河镇沿江社区；调整社区服务管理范围1个、村服务管理范围1个，分别为浏河镇紫薇苑社区、东仓村。具体情况如下。

新增江沿社区。管理服务范围为东至听海路，西至346国道，南至上海东路、杨家浜、浏河塘，北至紫薇路。办公地点在平洋街和悦雅苑。

调整紫薇苑社区管理服务范围。调整后的紫薇苑社区管理服务范围东至闸北路，西至346国道、听海路，南至上海东路、紫薇路，北至郑和东路。办公地点在紫薇路1号。

调整东仓村管理服务范围。调整后的东仓村管理服务范围东至346国道、老浏河（沪太路），西至先贤路、苏张泾、姜家宅河，南至老浏河（沪太路）、老浏河（石桥闸）、老浏河（浏岛），北至上海东路、钱泾河、钱泾河南侧无名道路、望海路。办公地点在和美路1号。

【边界管理】 2023年，太仓市加强界线管理和平安边界建设工作，印发《太仓市2023年度界线界桩集中巡查暨平安边界建设工作方案》。成立工作领导小组，完成“沪苏线”第五轮联检相关工作，与昆山市民政局、常熟市民政局开展界线联检并召开平安边界建设工作会议，开展平安边界创建、边界文化建设等活动，维护边界地区和谐稳定。落实界桩维护报告制度，加强管护人员队伍建设，建立完善《太仓市行政区域边界纠纷协调处置应急预案》，健全应对各种行政区域边界矛盾纠纷协调处置应急机制，规范边界处理行为，在实地勘界、走访了解中排查、化解、处置各类边界矛盾纠纷隐患。委托第三方专业技术服务单位运用无人机航拍技术做好界线界桩的巡查和管护工作，界桩完好率（包括恢复）100%，维护行政区域界线的权威性、法定性。

（市史志办、市民政局）

人口方言

【人口】 截至2023年年底，太仓市有户籍人口54.25万人，较上年增加9459人。其中，男性25.72万人，女性28.53万人。户籍人口出生率4.81‰，死亡率10.47‰，自然增长率-5.66‰。全市常住人口84.80万人，城镇化率71.15%。

（市统计局）

【方言】 太仓方言属吴语。吴语又称江东话、江南话、吴越语，自商周春秋至今有3000多年的历史变迁，文化底蕴深厚。吴语主要分布于江苏南部、上海、浙江以及安徽、江西、福建等部分地区，是中国官方定义的八大方言之一，拥有国际语言代码。语言学上，将吴语使用地域划分为多个层次的若干区域，太仓话被划入“吴语太湖片苏沪嘉小片太仓大区”。“太仓大区”范围大致相当于清代太仓直隶州的辖境，即东北至海门、启东市，西北至太仓与昆山、常熟接壤处，南至今上海市吴淞江北岸。在“太仓大区”内，除太仓话之外，还有嘉定话、宝山话、崇明话、海门话、启东话等与太仓话的近缘方言。当代太仓方言根据语音特征，分为三个小片：一是北片，大致包括鹿河、王秀、归庄和璜泾、时思、沙溪等地区，语音带有较明显的常熟音，突出表现为有翘舌声母；二是南片，大致包括与上海嘉定接壤的浏河、陆渡、南郊等地区，语音接近嘉定音；三是中片，即除北片、南片以外的中段地区，语音接近昆山音。三片的词汇大部分相同，语法基本一致。

太仓方言与普通话词汇的差别主要有以下几点。一是同样的物体或概念，用词完全不一样。如普通话中的“小姑娘”“花生”“好久”等词在太仓方言中分别为“小细娘（小娘家）”“长生果”“长远”等。二是词语的文字相同，但表达的意思不同。如普通话中的“壮”，在太仓方言中除了“强壮”的意思外，还有“肥胖”“肥沃”的意思。如“该只猪养得蛮壮”（这头猪养得很肥）、“该块田蛮壮”（这块地很肥沃）等。三是有些复合词表达的意思相同，但排列次序颠倒。如普通话中的“螺蛳”“热闹”“力气”等词在太仓方言中分别为“蛳螺”“闹热”“气力”等。

太仓方言的语法特点主要有以下几点。一是重叠法。太仓方言词汇中重叠用法较为广泛。量词、名词的重叠形式及其作用与普通话基本相同，而动词、形容词的重叠则较有特色。动词重叠。单音节动词重叠，经常在后面加助词“看”或“好”。加“看”，表示动作尝试性。如“用用看”“看看看”。加“好”表示希望动作做得妥善一些，如“写写好”“坐坐好”。双音节重叠形式为ABAB式，表动作的短暂性，如“打听打听”“孛相孛相”。形容词重叠。单音节形容词重叠有自叠、附加成分重叠及嵌字重叠。附加成分重叠式一为ABB式，表示程度，如“硬梆梆”“胖嘟嘟”；一为BBA式，表示的程度比前一种更高些，如“邦邦硬”“彻彻软”“雪雪白”。嵌字式为“A过A念”，表示非常高的程度，如“好过好念”“香过香念”“闹过闹念”；还有“A透A过”式，其作用与前一种相同，如“好透好过”“香透香过”。双音节形容词重叠有AABB式，如“太太平平”“服服帖帖”；以及“A里AB”式，此多带有贬义色彩，如“怪里怪气”“龌里龌龊”。二是词缀。前缀“阿～”。加在称谓前，表示亲昵，如“阿婆”“阿伯”“阿弟”“阿大”“阿囡”“阿宝”“阿福”“阿张”。加在某些形容词、名词之前，产生贬义，如“阿憨”（傻乎乎的人）、“阿木林”（反应迟钝的人）；还有贬义而泛称的“阿猫阿狗”，以及称有流氓习气的人为“阿飞”。后缀“～头”。加在形容词之后，构成名词，如“老头”“滑头”“寿头”“老实头”。加在某些动词、形容词之后，表示“……价值”或“……值得”的意思，如“看头”“吃头”“花头”“噱头”。加在方位词和名词后，表示位置，如“东横头”“上底头”“灶前头”“水桥头”“河滩头”“角落头”“床横头”。后缀“～子”。太仓方言中有一些在普通话里没有的“子”尾的词，如“角子”（元以下货币单位）、“哑子”（哑巴）、“皮夹子”（钱包、票夹）、“石卵子”（鹅卵石、小石块）。三是词语组合特点。数词的省略。以“一”为首的多位数字，可以省略，甚至连带省去后一个单位数，如“一百六七十”可说成“百六七十”或“百六七”，“一千六百”可说成“千六”，“一万三千”可说成“万三”。量词的省略。表度量衡单位和货币单位的量词，在与数词组成“数＋量＋数＋量”的形式时，常省去后一个量词，如“二丈四（尺）”“五斤三（两）”“一角七（分）”。

（市文体广旅局）

民族宗教

【民族】 太仓为汉族聚居地区，少量少数民族散居。截至2023年年底，全市有蒙古族、回族、藏族、维吾尔族、苗族、彝族、壮族、布依族、朝鲜族、满族、侗族、瑶族、白族、土家族、哈尼族、哈萨克族、傣族、黎族、傈僳族、佤族、畲族、高山族、拉祜族、水族、东乡族、纳西族、景颇族、柯尔克孜族、土族、达斡尔族、仫佬族、羌族、布朗族、撒拉族、毛南族、仡佬族、锡伯族、阿昌族、普米族、怒族、俄罗斯族、鄂温克族、德昂族、裕固族、塔塔尔族、独龙族、鄂伦春族、赫哲族等48个少数民族，共有少数民族户籍人口3729人，以满族、土家族和回族居多；有少数民族流动人口（公安居住登记）15515人，以苗族、彝族、土家族等为主。全市有城厢镇人民政府、市伊斯兰教协会、娄东街道惠阳社区、浮桥镇浮桥社区、双凤镇黄桥村、双凤镇泥泾村、太仓市明德小学、太仓市荣文小学等8家单位获“苏州市民族团结进步创建示范基地”称号，其中城厢镇人民政府、浮桥镇浮桥社区获江苏省“红石榴家园”称号。

【宗教】 太仓市有佛教、道教、伊斯兰教、天主教、基督教。1980年恢复开放第一个宗教活动场所（城厢基督教堂），至2023年年底，全市有经批准的合法宗教活动场所（寺观教堂、固定处所）34处。全市有佛教活动场所9处，其中寺院7处，固定处所2处，备案僧尼48人。全市有道教活动场所14处，其中宫观2处，固定处所12处，备案道士13人。全市有伊斯兰教清真寺1座，阿訇1人。全市有天主教活动场所5处，其中教堂2处，固定处所3处，备案神父3人。全市有基督教活动场所5处，其中教堂2处，固定处所3处，备案牧师2人，传道7人。全市有民间信仰点138个。太仓市自1985年起相继成立市佛教协会、市道教协会、市伊斯兰教协会、市天主教爱国会、市基督教三自爱国会等爱国宗教团体5个。2023年，市佛教协会、市道教协会、市基督教三自爱国会完成换届工作。（市民宗局）

名胜景点

【南园】 南园（1998年重建）为国家AAA级旅游景区，位于太仓市南园东路7号，总面积4.67公顷，为明万历年间（1573—1620年）首辅王锡爵赏梅种菊处。清初，其孙大画家王时敏又加以拓建，邀请当时叠山大师张南垣主持营造，画师与匠师合作，使南园成为集造园与绘画于一体的历史名园，为清代以来太仓园林之首。南园景色可概括为“景域辽阔、空间宽敞、小桥流水、碧波荡漾”。园内设有门楼、绣雪堂、香涛阁、大还阁、鹤梅仙馆、寒碧舫、潭影轩、长廊等，水景约占全园面积的1/3。

【弇山园】 弇山园（2003年改造扩建）为国家AAA级旅游景区，位于太仓市县府西街90号，明朝时为太仓籍文学家王世贞园邸，历史悠久。园内主要景观有宋代花石纲遗物——望海峰、明洪武年间开凿的通海泉、元代大型铁釜及墨妙亭等。扩建后，恢复弇山堂、嘉树亭、点头石、分胜亭、小飞虹、九曲桥等景点20多处，面积由原4.4公顷增至7.67公顷。

南园 （市委宣传部供稿）

弇山园 （市史志办供稿）

【古镇沙溪】 2005年9月，沙溪镇入选第二批中国历史文化名镇名单。2012年，沙溪古镇被列入中国世界文化遗产后备名录。2014年12月，获评国家AAAA级旅游景区。2022年，沙溪镇入选首批苏州市古镇名单。沙溪旧名“沙头”，建于1300年前，自古有“东乡十八镇，沙头第一镇”之说。沙溪老街坐落在七浦塘两岸，塘北为主街，明清风格的建筑保留至今。古镇民居进深长，水弄堂密布；临水建筑参差起伏，纵横交错；河上3座古桥俊秀挺拔。除沿河水乡民居外，还有乐荫园、橄榄岛、雕花厅、小白楼等景点。猛将堂内300年树龄的银杏树和清代古弄“一线天”亦为观光者流连。沙溪老七浦有1000多年历史。古人为通舟、取水、洗涤或乘凉观景，临水民宅皆建有河棚间，棚下是水桥和船坞，各家河棚、水桥造型各异。河棚有吊脚楼式的，有石头堆砌的；河棚窗户有半窗、落地长窗，窗格花型多样，配有栏杆或美人靠；水桥石级有驳岸式和条石悬挑式。临水建筑形态纷呈、古朴苍老，是珍贵的历史文化遗产。

【古镇浏河】 位于长江口旅游度假区（浏河镇）漕漕塘两岸，左侧为中心街，右侧为河西街，总面积16.9公顷，核心范围6.9公顷。浏河古镇历史久远，更替绵长，人文荟萃，被誉为“江尾海头第一镇”，入选全国重点镇，是一个集航海文化、郑和文化和渔文化等特色于一体的江南古港老镇。古镇历史可追溯到三国时期，历来为出海要津，素有“万里长江第一港”之称。元明两代，因海上贸易发达，商贾云集，又被誉为“六国码头”“天下第一码头”。古镇漕漕河上由北向南依次有桥梁6座，连接中心北街与河西街两岸，临街留有明清时期江南民居和木结构楼宇80余幢，保存着河街相依、前店后宅、双向通达的传统街区模式。浏河古镇集聚多种特色本土文化元素，有天妃宫、老浮桥、邢少兰艺术馆、老照片陈列室、浏河历史长廊、邵滨孙纪念馆、六国码头青瓷文化馆、浏河文史馆等文化场馆和景观。2022 年，浏河镇入选首批苏州市古镇名单。2023 年，浏河镇获批江苏省历史文化名镇（第九批）、苏州市“重点中心镇”。

【张溥宅第】 位于太仓市新华西路 57 号，全国重点文物保护单位，始建于明天启年间（1621—1627 年），距今约 400 年，为明代文学家、社会活动家、复社领袖张溥生活及活动的场所。故居包括古代建筑实体和张溥遗迹陈列，前者展示江南民居的建筑特色，后者系统介绍张溥的生平事迹。故居是一座保存比较完整的一落三进尚书府第，其中由官帽厅、堂楼和后楼组成的通转走马楼，俗称“迷宫”，建筑特色独特，具有很高建筑艺术价值和历史纪念价值。

【王锡爵故居】 位于太仓市新华东路 60 号，江苏省文物保护单位，始建于明万历年间（1573—1620 年），故居主人为明代万历首辅王锡爵。现存门屋（俗称“太师第门楼”）与王氏宗祠三进，门楼面阔五间，门厅左右为上下两层，该类门楼式样在江浙一带绝无仅有。修复后的王锡爵故居及其宗祠占地面积 1354 平方米，总建筑面积 716 平方米。王氏一门英才辈出，王锡爵曾孙王掞在清康熙年间（1662—1722 年）官至大学士，人称“祖孙宰相”“两世鼎甲”；王锡爵之孙王时敏、王时敏之孙王原祁是娄东画派“四王”中的代表人物。该建筑具有较高的文化历史价值和建筑艺术价值。故居内设有“大明首相王锡爵陈列”和名家名寺碑廊，保存有元代赵孟頫书法石刻等在内的一批具有较高历史文化价值的历代碑刻。

【元代古桥】 在横穿太仓市区的致河塘上有周泾桥、州桥、皋桥 3 座保存完好的元代石拱桥，1982 年被江苏省人民政府列为省级文物保护单位。周泾桥和州桥为三孔石桥，皋桥为单孔石桥。其中周泾桥最负盛名，建于元至顺元年（1330 年），原名“海门第一桥”。州桥始建于元天历二年（1329 年），原名为“安福桥”。皋桥建于元元统二年（1334 年），原名兴福桥。

【西庐园】 西庐又名西田，位于城厢镇西门外约 3 千米处，为明末清初著名画家王时敏晚年回归故里所筑的田园式别墅。内有农庆堂、稻香庵、霞外阁、锦镜湖西田诸胜。王时敏曾与诸多画家在此聚会，赋诗作画，晚年自号为“西田老人”。2002 年，在原址重建西庐，2004 年 11 月竣工。新建成的西庐园占地面积 30 公顷，园内亭台错落，竹廊环绕，古木青波相映，芳草鲜花葱茏，是一座开放式生态公园，亦是游人感受古人“采菊东篱下”境界的休闲地。

【浏河天妃宫遗迹】 位于长江口旅游度假区（浏河镇）新东街 90 号，是中国具有较大影响力的航海保护神妈祖的行宫，又称“天妃灵慈宫”，俗称“娘娘庙”。始建于北宋宣和五年（1123 年），由旅居娄江口的闽粤海商所建，原址在浏河北岸五杨池，元至正二年（1342 年）移建于现址。天妃宫历经元、明、清、民国诸代多次扩建修缮，主修者有郑和、林则徐等历史名人。郑和七下西洋时，曾多次前来朝拜，祈求天妃保佑赐福。现天妃宫恢复为道教活动场所，主建筑为后殿楼，上有元代木雕和楠木梁柱等古构件，建筑结构严谨规整，繁简适度，建筑风格古朴典雅，气势轩昂。2013 年，被列为全国重点文物保护单位。

【阅兵台】 位于长江浏河段南江堤内侧，由兵台、炮台、厅堂、碑刻四部分组成，是太仓境内珍贵的古代军事建筑设施。阅兵台为宋代名将韩世忠于建炎年间（1127—1130 年）所建，明代时，倭寇常从这里登岸侵扰，至今矗立在阅兵台的 4 块碑刻真实记载抗金抗倭的史实。后阅兵台在战火中屡经损毁，为弘扬爱国主义精神，浏河镇人民政府对阅兵台进行修复和保护，为太仓市文物保护单位。

【郑和公园】 位于太仓港经济技术开发区，占地面积 122 公顷，公园建筑风格以还原郑和船队远洋的历史文化为主，融入现代设计理念，再现郑和率领当时世界上规模最大、技术最先进的船队七下西洋的壮举。公园内设郑和纪念馆，以郑和精神为核心，从不同视角展示郑和航海文化，反映郑和七下西洋的起锚地——太仓海运业的特色，采用声光电技术，在展示效果与互动实用结合下，可身临其境感受中国 600 多年前的航海盛举。

【维新遗址】 位于太仓市双凤镇维新村，于 2003 年被苏州、太仓文博部门发现并建成遗址进行保护。考古人员在清理明代古墓时，发现厚达 1 米多的红烧土堆积和印纹陶罐碎片，

天妃宫

（市史志办供稿）

经鉴定为距今约4500年的良渚文化及马桥文化遗址。后太仓市人民政府投资500多万元建成保护性建筑，进一步对遗址进行保护、开发及合理利用。

【现代农业园】 太仓现代农业园为国家AAAA级旅游景区，集聚现代农业展示馆、花卉园艺展示馆、鹭园生态湿地馆、恩钿月季公园、亲子园、四季花海等景点，周边配套建有玫瑰庄园、艳阳度假酒店、盛兴生态园等度假酒店，另有草莓、蓝莓、樱桃、枇杷、翠冠梨等瓜果采摘基地。

【金仓湖公园】 金仓湖公园为国家水利风景区，水域面积约67公顷，是太仓最大的湖泊。金仓湖公园有6个功能区域，包括滨水生态体验区、湿地休闲区、体育运动区、休闲购物区、旅游度假区和住宅区。

【三家市古村落】 位于浮桥镇三市村石头塘东侧。据旧志记载，古村落原为宋末元初时流亡丞相陈宜中所创建，最初由陈、王、周三家营建，故称为"三家市"，距今有700多年历史。古村落占地1.2公顷，为太仓唯一现存的古村落。2012年12月，被列为太仓市文物保护单位，经近年整修，恢复修缮部分建筑物，三家市古村落格局得到较完整保存。

（市文体广旅局、市史志办）

乡风习俗

【春节】 从农历十二月二十三至正月十五，历时20多天，春节是最热闹、隆重的传统节日。农历十二月二十三、二十四，各家都要祭灶神，俗称"送灶"，祈望灶神"上天言好话，下界保平安"，除夕时再把灶神接回，俗称"接灶"。二十四后，各家开始打扫卫生，掸灰尘、洗被褥、擦洗家具、打扫庭院、置办年货、蒸年糕、做米酒，还要炒豆子、玉米、花生，俗称"炒发禄"，这些习俗在农村仍有保留。除夕，俗称"过年"，斋家堂、祭祖宗。除夕夜，贴春联、挂红灯、贴年画，一家人团圆吃年夜饭，长辈给孩子送压岁钱。当夜守岁，看中央电视台春节联欢晚会，或打牌娱乐至深夜12点钟，开始燃放烟花爆竹，俗称"关门炮仗"。年初一，早晨燃放"开门炮仗"，谓之"开门见喜"；还需斋灶、斋家堂、敬天地；大人小孩穿戴一新，依次向祖宗拜年，晚辈向长辈拜年，同辈互相恭贺新禧，说声新年好。此日要讲吉利话，禁忌吵嘴骂人。初二开始，亲戚朋友互相往来拜年。初五接财神，燃放烟花爆竹，商店开始营业。2000年后，国家规定春节放假7天，被列为"黄金周"，外出旅游度假者增多。一些家庭或随旅游公司组团旅游，或自驾外出游玩。正月十五元宵节，家家户户吃元宵、馄饨，挂灯笼，小孩子牵兔子灯；有的单位或部门举办灯会、谜会；社区开展各项文体活动，有舞龙舞狮、唱歌跳舞、腰鼓秧歌、拳操舞剑，一片欢乐喜庆景象。

【清明节】 一般每年公历4月5日为清明节，如遇农历有闰年、闰月，公历日期略有变动。清明节要"过清明"祭祖，境内西南部农村还盛行吃青团子。人死后第一个清明节谓之"新清明"，要办酒祭奠亡者，有的在这一天将骨灰盒下葬或送往公墓。1986年后，清明扫墓风渐趋盛行，无论城乡，家家户户要到祖先坟前扫墓，插一束花，填一抔土，并焚化纸锭冥币，寄托哀思。很多旅居外地的人，回乡扫墓，借此兄弟姐妹团聚。机关、单位，特别是学校，组织人员、学生到烈士墓扫墓，敬献花圈，缅怀革命先烈。

【端午节】 农历五月初五为端午节，以往民间要挂菖蒲、艾草、野菊花、紫苏、荠菜花等，小孩佩戴香包，以祛病辟邪。后该习俗渐淡，但吃粽子的习俗依然盛行。农村多数家庭自己动手采摘芦苇叶包粽子，并在亲戚邻里间互相赠送；城镇居民多数到商店购买粽子。

【中秋节】 农历八月十五为中秋节，人们在节前准备好月饼等食物，互相赠送贺节。晚辈向长辈送月饼、水果，孝敬老人。家家户户吃馄饨。晚上，全家人围坐在一起边吃月饼、水果，边赏月。有的社区、单位还组织文体活动，演出节目，欢度中秋。

【重阳节】 农历九月初九为重阳节，登高望远的习俗已经不再，太仓人以吃重阳糕取代。重阳节被江苏省定为敬老日、苏州市定为老年节后，成为老年人的节日。每年重阳节，党政机关、企事业单位开展敬老活动，慰问老人，向老年人送慰问金、慰问品，并号召全社会发扬尊老爱老的光荣传统。涉老部门和社区组织老年人开展各项文体活动，庆祝老年人自己的节日。

【其他传统习俗】 除传统节日外，一些传统习俗较为流行，如立夏要"称人"（称体重），夏至要吃"夏至粥"（赤豆、麦粒、红枣、大米等掺在一起煮成的粥），七月初七"七夕"女孩子要染红指甲，农历七月十五"鬼日"要祭祖，十月初一"十月朝"要祭祀，冬至要"过冬至"祭祖，新丧人家要过"新冬至"等。

【婚嫁】 青年男女通过自由恋爱，或通过介绍人牵线，再经过一段"谈恋爱"时期，然后结婚。在农村，恋爱初期，男方请女方"吃馄饨"，谓之"走通"；恋爱成熟后，办酒席，请亲朋好友吃酒，谓之"定亲酒"；定亲以后，选定吉日，正式结婚。20世纪80年代至90年代初期，结婚一般双方都办酒，男方给女方彩礼，女方要备脚盆、马桶、箱柜、被褥、日用品、家用电器等嫁妆。在结婚当天由男方派人去女方家拿嫁妆，称为"扛嫁送"，有十八扛或二十四扛，越多越显得有气派。男方用汽车或摩托车迎娶新娘举行婚礼。90年代中后期起，随着居住和生活条件改善，大多数人家不需要脚盆、马桶、箱柜，日用品、家用电器大多自备，"扛嫁送"不复存在。结婚时用彩车迎亲，在家中或在酒楼宾馆举行婚礼。婚礼由司仪主持，主婚人、证婚人向新郎新娘表示祝贺，并提出希望；新婚夫妇向双方父母鞠躬行礼，新婚夫妇之间互送戒指等礼物，互表忠诚，还要接吻拥抱。亲朋好友送礼金以示喜庆。结婚仪式一般都拍摄录像，制成光盘，留作纪念。

【丧葬】 亲属为逝者设立灵堂，悬挂白布幛联，全家举哀，昼夜守灵，女眷哭灵或放哀乐。20世纪80年代，农村普遍推行新式丧礼，开追悼会，由队里干部、家属代表讲话，亲友戴黑纱或白束腰，晚辈亲属穿白衣服向逝者鞠躬或唱喏致哀。90年代，旧式葬礼复现，要请道士念经、做道场，还要扎库焚化，请乐队吹奏哀乐、唱哀歌。丧礼完毕后，由亲属护送灵柩至火葬场火化并将骨灰带回家中灵台供奉，至第二年清明或腊月进行土葬。在城镇，人死后一般直接送到殡仪馆，由殡仪馆进行沐浴、穿衣、整容，隔天请亲属和生前好友到殡仪馆举行追悼会，然后火化。骨灰安放于公墓或埋葬。2000年后，部分村建造“安息堂”，骨灰不再土葬，统一放在“安息堂”。

【寿庆】 孩子一周岁时过“搭纪”（亦称“纪过”），办酒席宴请亲朋好友，吃生日蛋糕。亲朋好友送礼祝贺。孩子10岁时过“十搭纪”，办酒席宴请。平时无论大人、小孩过生日并不太看重，或一家人吃面、吃蛋糕以示纪念，或请至亲庆贺一番。老年人过60岁、70岁、80岁大寿，少数家庭举办庆寿酒。

【其他喜庆习俗】 生小孩要“送糖”，亦称“送舍姆羹”，并办“送糖酒”，宴请亲朋好友，亲朋好友送礼品或礼金恭贺；青年参军办“参军酒”；子女考上大学办“状元酒”；搬家办“乔迁酒”；农村修造新房要办“造房酒”（或称“上梁酒”）。20世纪90年代后期，出现“谢师宴”，即初、高中毕业生为感谢老师的培育，宴请老师。此风流行至今。（市史志办）

太仓特产

【太仓肉松】 太仓肉松历史悠久。清光绪十二年（1886年），太仓开设倪鸿顺肉松店，其肉松为官方礼品，驰誉四方。民国4年（1915年），获巴拿马国际博览会甲级奖。太仓肉松挑选优质太湖瘦肉型猪宰杀，佐料讲究，炒制工艺先进，采用全封闭式机械化生产，洁净卫生，由于水与脂肪成分比例控制合理，因此肉松保质期得到有效延长。太仓肉松以其独特风味享誉四方。

【太仓糟油】 糟油创制人为清乾隆年间的李梧江。清代袁枚《随园食谱》写道：“糟油出太仓，愈陈愈佳。”旧志记载：“色味佳胜，他邑所无。”太仓糟油具酱色、糟香、鲜美等特点，能解腥除异味、提鲜增香、开胃增食。

【长江四鲜】 太仓地处长江入海口，江海交汇之处，鱼类品种甚多，较为著名的有合称为“长江四鲜”的银鱼（另有一说为河豚）、刀鱼、鮰鱼、鲥鱼。2019年2月1日起，农业农村部停止发放刀鲚（长江刀鱼）、凤鲚（凤尾鱼）和中华绒螯蟹（河蟹）的专项捕捞许可证，禁止上述三种天然资源的生产性捕捞。

银鱼，古称“脍残鱼”，鱼形细长，身透明，体光滑，长约一指。喜栖息于近海长江口，学名长江间银鱼，当地人称“面杖鱼”。因其明莹如银、细骨无鳞、肉质鲜美，深受食客青睐。

刀鱼，其状似刀形，故称刀鱼。刀鱼“狭薄而长头”，与凤鲚有相似之处，但比凤鲚个大，也称江鲚。个大者有一尺（约33厘米）来长。刀鱼肉质细腻鲜嫩，入口即化，但细骨较多。清明前上市；清明后，其细骨变硬，价格下跌。

鮰鱼，亦称鮠鱼，俗称“白戟”。其吻圆突，口腹部，体无鳞，个大者长达1米。现产量急剧减少，大鮰鱼不易捕捉。鮰鱼肉质肥美，可精炖可红烧。其鳔肥厚，可制鱼肚，历来为上等食用鱼类。

鲥鱼，古称“魱”。形秀而扁，似鲂而长，长约70厘米，银白色，腹部具棱鳞。一般三四龄成熟，春夏之交，溯江而上，主要产于太仓长江入海口至南京燕子矶一带的下游地段。其味极为鲜美，宜不去鳞清炖，为长江鱼类中极品，可惜近年濒临绝迹。

【中华绒螯蟹】 国家著名特色水产品，具有味鲜美、营养价值高的特点。太仓市临濒长江口，繁育和养殖中华绒螯蟹有着得天独厚的优势，不但蟹种正宗，而且蟹的纯度高、生存力强、易养殖，成蟹只形大、产量高。太仓蟹养殖以浮桥镇为中心，分布在浏河镇、璜泾镇、沙溪镇等地。

【太仓梅山猪】 梅山猪是太仓市最具地方特色的优质种质资源之一，是太湖猪的主要品系之一，以肉质鲜美、繁殖量高而著称，曾多次被国家领导人作为国礼赠送友邦。2011年5月，太仓市种猪场被授予“国家级太湖猪（梅山猪）保种场”称号。

【双凤爊鸡】 双凤爊鸡为太仓著名的传统食品。早年的双凤大户人家乃至普通农家几乎都有一口多代相传的锅，每当入冬腊月，逢年过节，则活杀自养之鸡，煮至半熟，稍加冷却后，放入有老汤的锅中，然后按秘方放入茴香、花椒等多种佐料，以文火焖煮。制成后鸡皮色亮，丰腴肥实，香气沁人。

【双凤羊肉】 太仓双凤养羊、食羊的习俗有数百年历史，双凤羊肉专选品质上乘的山羊为原料，皮肥肉酥，味道鲜美。在昆山、嘉定、宝山等周边城市开有多家太仓双凤羊肉食品店。2007年起，每年举办双凤福地文化羊肉美食节活动。2008年9月，双凤镇被中国烹饪协会冠名为“中国羊肉美食之乡”。

【双凤肥羊面】 双凤肥羊面为太仓餐饮文化中的特色品种之一，以酥、浓、香、肥著称，为地方上的冬令特产名吃。专选品质优良的太仓本地上等山羊为原料，辅以10多种调味品、中草药，文火焖煮2小时以上而成红烧羊肉。味入骨肉，皮肥肉酥，汤汁鲜美而绝无膻味。面汤用烹羊原汤熬制，浓而不浊、油而不腻。面则以手工制作，经多次压滚，细、柔、滑、韧，入水便熟，口感极好。

【太仓白蒜】 始种于清代，于20世纪60年代在太仓大面积种植。太仓白

太仓白蒜　　（市农业农村局供稿）

新毛芋艿　　（市农业农村局供稿）

蒜蒜头肥硕结实，蒜瓣大而匀称，色泽洁白，味道辛香，为蒜中精品。与上海嘉定白蒜、山东苍山白蒜、新疆白蒜齐名，并称为中国“四大名蒜”。2015年10月，“太仓白蒜”获评国家地理标志证明商标。2020年12月，“太仓白蒜”获太仓首个国家农产品地理标志认证。

【新毛芋艿】 芋艿为太仓特色传统蔬菜品种之一，具有悠久的种植历史和优良独特的品种资源。新毛芋艿不但外形圆整，而且带有特别的香味，吃口糯滑，享誉苏、浙、沪。用其制作的“桂花糖芋艿”更是风味独特，是江南人家八月中秋必不可少的名点佳品。太仓常年种植芋艿约533公顷，年产颇丰。2014年6月，“新毛芋艿”成为太仓首件地理标志证明商标。2021年6月，“新毛芋艿”获国家农产品地理标志认证。

【太仓紫葛叶】 紫葛叶（又名紫果叶、紫角叶）是太仓民间一种不起眼的植物，其历史甚为悠久。紫葛叶含有丰富的维生素、皂素以及胶质等多种营养成分，质地肥嫩爽口、鲜美清香，可清炒，可入汤，被赞誉为“蔬菜皇后”。紫葛叶还有一定的药用价值，具有清血凉血、消热解毒、润燥滑肠、解郁除积、接骨止痛等多种功效。紫葛叶病虫害较少，几乎不使用农药，是绿色珍蔬的代表。1990年第11届北京亚运会期间，紫葛叶被列为指定蔬菜，价格上涨，出现在苏州、上海等各大宾馆的宴席上。

【板桥西瓜】 太仓板桥历来有种植西瓜的习惯，由于土壤肥沃，气候适宜，栽培技术先进，板桥西瓜以其皮薄、品质优、果形适中而闻名苏州、上海等地。主要品种有京欣一号、早佳84—24和小型礼品瓜（拿比特、万福来、红小玉、黄小玉、早春红玉等）。这些品种的共有特点是品质优良，皮花，果实圆形或椭圆形，中心糖分占12%以上，礼品瓜1~1.5千克/个，常规瓜2.5~4千克/个，商品性极佳。

【太仓毛板青蚕豆】 色青粒大、板子宽阔、尾有凹痕、肉色白净、味鲜而糯、易酥不腻，百粒重130~135克，比一般品种高20克左右，并含有多种营养成分，为蔬菜食品的佳品。毛板青蚕豆食用方法较多，除青食外，还有煮、氽、炒、蒸、拌、汤等食法，且其皮可入药，故深受群众欢迎。太仓毛板青蚕豆是江苏省名贵农特产品，为蚕豆品种中的上品。因产于毛家市（现太仓市城厢镇新毛管理区）周围，故名之，别称“宣公豆”。上海特产老城隍庙五香豆即以毛板青蚕豆为原料。2015年10月，“太仓毛板青蚕豆”获评国家地理标志证明商标。

【太仓牛踏扁毛豆】 种植历史悠久，是百姓欢迎的传统青食良种。其荚形大，粒扁平，皮青色，味鲜洁，吃口糯，晚熟。产品以毛豆形式销售，主要销往上海、苏州等周边大中小城市，销路颇广，供不应求。2015年10月，“太仓牛踏扁毛豆”获评国家地理标志证明商标。

【太仓大米】 种植历史悠久，其糯性强，支链淀粉含量高。蒸煮后米饭晶莹剔透，口感柔软滑润，富有弹性，冷而不硬，食味品质极佳。太仓地区为沙壤土质，养分含量高，适宜大米种植，用本地区种植的特种稻加工的优质袋装米、粉以及制作精美的八宝饭、点心等，在上海、厦门、苏州等地销售良好。2015年10月，“太仓大米”获评国家地理标志证明商标。

【太仓山药糕】 将山药蒸至酥烂，捣成山药泥，拌入糯米粉、糖，将果料在碗壁内摆放成图案形，再把拌好的山药泥放入碗中，将豆沙放在山药泥中间，上笼蒸熟。口味微甜，软糯滑爽。

【太仓长江蟹】 太仓长江蟹系长江水系中华绒螯蟹，产区天然，蟹种纯度高，是国内享有盛名的特色水产品。其壳青色有光泽，隆起明显且坚硬，脐腹呈乳白色，金爪黄毛，腿长爪尖，双螯强健，八足有力，反应敏捷，行动迅速。可食部分肉实体丰，品质白嫩，口味鲜甜，黄多膏厚，无土腥味或其他杂味。蟹苗与成蟹的外部特征相似，形似纽扣，又名“扣蟹”。太仓长江蟹养殖主要以浮桥镇为中心，辐射浏河镇、璜泾镇、沙溪镇等地，蟹苗除自养外，大部分销往全国各养蟹地区。

【新湖番茄】 太仓新湖地区种植番茄始于中华人民共和国成立初期。20世纪70年代末至80年代初，产业结构调整，番茄种植面积逐步扩大，栽培方式从露地栽培发展为小环棚双膜栽培，90年代探索成功大棚三膜栽培，一年三茬（番茄—丝瓜或苦瓜—莴苣或芹菜）高效套作模式。新湖地区土壤类型为脱潜型水稻土中的乌栅土，质地重壤，耕层黏粒含量20%左右，保肥性能好，土壤肥力高，有机质含量高达35.9克/千克。2005年，新湖番茄成功申报无公害产品。新湖番茄果形适中，单果重250克左右，表皮薄、洋红色、沙瓤、微酸、甜度适中，自然成熟，口感好，凉拌、炒菜及做水果食用皆宜。2023年，太仓市与苏州农科院合作，试点引进夏洛特、青霞、紫霞、艳玉4个新品种小番茄。

新湖番茄　（市农业农村局供稿）

【麦秸画】 精选麦秸为原料，经过除膜、切片、劈丝等加工处理，运用拼贴、镂刻、镶嵌等制作方法，按照平面、浮雕、立体等构图造型，利用麦秸原有的光泽、独有的纹理，巧妙设计，精工细作，通过麦秸的明暗、深浅、厚薄、疏密等搭配和点、线、面的合理布局来制作麦秸画工艺品。史仁杰经40多年研究，制作麦秸画的工艺日益成熟。品种包括山水风景、花鸟鱼虫、人物走兽、房屋建筑等，图案华而不媚、素而不俗。

（市文体广旅局、市农业农村局）

自然资源和规划管理

【土地空间规划】 2023年，太仓市坚持战略引领，衔接落实长三角一体化、上海大都市圈建设、嘉昆太协同创新区等重大区域政策，完成《太仓市国土空间总体规划（2021—2035）》编制工作，塑造开放创新格局，引领建设现代田园城市。加强国土空间规划批准前的过渡期规划管理，科学编制两轮太仓市预支空间规模指标落地上图方案，为智汇谷二期、港区航空航天产业园、昆太协同发展区道路配套等重大项目、基础设施做好规划保障，成果获省政府批准。推进专项规划编制工作，优化资源要素配置。开展《太仓市镇村布局规划（2023版）》编制工作，调整完善村庄分级分类，细化村庄规划建设引导要求。开展太仓专篇优化调整工作，强化市域线太仓区段与城市功能的协同性，专题研究9号线、11号线支线的线站位方案、车辆基地选址，方案通过苏州市规委会审议。

【建设用地保障】 2023年，太仓市建设用地批次项目共获批41个、总面积458.36公顷，其中村镇建设用地批次项目8个、总面积24.11公顷（其中新增建设用地面积16.51公顷），单独选址项目9个、总面积337.08公顷（其中新增建设用地面积250.25公顷），实施方案批次项目23个、总面积96.64公顷，增减挂钩批次项目1个、总面积0.52公顷。年内，市资源规划局树立“项目为王”理念，提前介入、主动对接，确保重大项目落地，183个三级重大项目用地保障率100%。完成太仓市3批、23个片区土地征收成片开发方案编制，2批、6个片区土地征收成片开发方案调整，2批、2个片区土地征收成片开发方案重新备案，总面积1809.68公顷，拟征收面积608.93公顷。年内，共计保障娄江新城住宅项目用地面积26.91公顷，包括新浏河北1号、2号、3号、4号地块，瑞金医院太仓分院南1号、2号、3号地块和天和雅苑地块。保障娄江新城公共管理和公共服务用地项目用地1.82公顷，包括锦绣东方学校和精神堡垒项目。保障娄东新城交通运输用地5.19公顷，包括新建娄旺街（太阅路—太仓大道）、娄贤街（太阅路—太仓大道）工程、学致街、西安路项目。

【耕地资源保护】 2023年，太仓市加强耕地保护和用途管控，落实耕地保护任务，坚决遏制耕地“非农化”“非粮化”，确保“藏粮于地”，在确保耕地数量的同时提升耕地质量，提高耕地粮食产能。全年完成拆旧复垦75.8公顷，划定永久基本农田储备区181.3公顷。做好2023年度耕地“进出平衡”总体方案编制和实施推进，涉及耕地转进面积34.75公顷，转出面积20.15公顷，严控耕地不合理流出。年内，太仓耕地保护工作被中央电视台《焦点访谈》和《新华日报》等媒体持续报道；璜泾镇获评2023年省级耕地保护激励乡镇，获资金奖励200万元。

【土地资源保护】 2023年，太仓市聚焦高质量绿色低碳发展，提升自然资源管理水平，持续优化工业用地“标准地＋双信地＋定制地”供应服务模式，加快构建生态产品价值实现要素支撑体系。为贯彻落实关于建立健全生态产品价值实现机制的相关要求，结合自然资源配置要求及项目发展定位，在全国首创“限地价竞生态投入”供地新模式，采用“出让＋生态”方式，在土地资源配置环节创新生态领域政企协作新模式，运用市场化机制推动“产业＋生态”深度融合，激发社会资本参与生态保护修复，激发土地市场活力和社会主体创造力，实现自然资源高水平保护、高效率利用。案例入选《江苏省自然资源领域生态产品价值实现典型案例》。

▲资料链接

“限地价竞生态投入”具体做法

（一）创新土地出让机制，融合生态保护与土地配置。限地价竞生态投入，指在土地出让竞价阶段超过终止价格时，系统不再接受竞买人报价，土地出让金竞价结束，转为竞生态投入，以生态投入所报价格最高的报价者为地块竞得人。竞得人需向出让地块所在地人民政府指定账户缴纳承诺的生态投入专项资金，持缴纳凭证签订投资发展监管协议，同时将《生态投入承诺书》作为投资发展监管协议附件。在土地开发建设及项目运营管理之

2023 年 4 月 28 日，太仓首宗“限地价　竞生态投入”产业用地签订成交确认书
（市资源规划局供稿）

外，秉持生态优先、绿色发展理念，与属地政府商议生态投入方案，积极参与方案的制定与落实，确保生态投入资金专款专用。

（二）引入生态投入模块，促进企业践行绿色发展理念。产业用地竞生态投入配置模式，是在“标准地 + 双信地 + 定制地”配置模式的基础上引入生态投入模块选项。政府与竞得人按照“政企互信 + 政企守信”契约原则，充分发挥政府在政策扶持、监管服务方面的作用，向竞得人提供菜单式全流程服务，促进企业开发建设及竣工验收。在防止工业地产无序化竞争的同时，通过引入“企业明确主体方向、政企双方共同探索方案”的生态投入环节，引导企业践行社会责任，自主树立绿色发展理念，实现经济效益、生态效益与社会效益的最优化。

（三）协同全域整治行动，实现产业用地提质增效蝶变。

【节约集约用地】 2023 年，太仓市贯彻新发展理念，落实最严格的节约集约用地制度，在转变资源利用方式、提高资源利用效率上下功夫，做优增量、盘活存量，提升建设用地节约集约利用水平和产出效益，推动全市产业转型升级，保障经济社会高质量发展。市资源规划局推进批而未供消化、供而未建处置、产业用地更新和低效用地再开发工作。全年完成批而未供消化 94.6 公顷，通过促建、协议收回等方式完成处置供而未建土地 18 宗，总面积 40.58 公顷。通过提高容积率、增资技改、回购重新供应、二级市场转让等方式，实现原地更新面积 132.07 公顷。低效用地再开发“十四五”专项规划和年度实施计划通过省厅备案，全年完成低效用地再开发 169.73 公顷。年内，太仓市获 2023 年江苏省自然资源节约集约利用模范县（市、区）。

【土地供应】 2023 年，太仓市立足保发展、保民生两大关键，提升资源要素保障水平，助推太仓市经济高质量发展。全年供应土地 483.84 公顷。出让国有建设用地 62 宗、207.44 公顷，出让金总额 126.54 亿元。其中，经营性用地 28 宗、87.53 公顷，出让金总额 121.46 亿元；工矿仓储用地 34 宗、119.91 公顷，出让金总额 5.08 亿元。办理划拨用地 88 宗、395.56 公顷，保障北沿江、华能电力、粮食储备库、陆渡教育园区等基础设施、民生项目用地需求，促进完善城市功能、提升城市品质。

表 1　2023 年太仓市国有建设用地使用权公开出让分类情况表

土地类别	面积（公顷）	比例（%）
工业及仓储	119.91	57.80
住宅（含安置房用地）	67.47	32.53
商住	10.63	5.12
商服（含商服、公共）	4.83	2.33
公共服务	4.60	2.22
合计	207.44	100

表 2　2023 年太仓市经营性用地公开出让分类情况表

土地用途	成交面积（公顷）	成交总价（亿元）	成交均价（万元 / 公顷）	单宗最高成交价（万元 / 公顷）
住宅（含安置房用地）	67.47	106.23	15745.10	24787.32
商住	10.63	13.69	12881.09	14649.48

续表 2

土地用途	成交面积（公顷）	成交总价（亿元）	成交均价（万元 / 公顷）	单宗最高成交价（万元 / 公顷）
商服（含商服、公共）	4.83	1.30	2690.89	3870.37
公共服务	4.60	0.23	506.52	602.69

【土地储备管理】 2023年，太仓市做好土地储备规划、年度土地储备计划与土地出让计划衔接工作，地块上市严格执行“逢拍必储、先储后拍”。全年完成储备地块55宗，合计面积172.91公顷。强化前期整备，实行“标准地+双信地+定制地”配置模式，做到“三净地”收储，完成“七评合一”和土地平整的“标准地”供应。形成“申—评—储—整—档—标”闭合管理链条，全方位提升要素保障能力，加速项目落地。实施净地收储、绿色管护、净土供应，全年共计完成污染状况地块调查18宗、68.53公顷。盘活土地储备资产，将住宅、商业用房共111套（面积14600.57平方米）有偿转让给太仓市城发公司，助推城市开发建设和有机更新。制定太仓市《工业用地“标准地+双信地+定制地”供应管理规范》。《2分钟看懂“双信地”出让模式》获第四届“新华信用杯”全国信用应用场景优秀微视频最具传播创新奖和2023年苏州市社会信用体系建设优秀案例。

【以林长制促进林长治】 2023年，太仓市践行“绿水青山就是金山银山”理念，全面推行林长制，提升全市林业生态环境。市资源规划局完善方案制度，层层压实工作责任，落实林长制主体责任，建立责任体系健全、权责明确、运行高效、保障有力的林长工作体系。推进沿江绿廊、城市快速路、公园河道等绿化建设，推进造林绿化工作。加强护林执法，打击林地管理区域内违法用地行为，严守林地保护红线，保护林业发展成果。加强科研宣教，开展主题宣传活动，提升林长制工作社会认知度和全民参与度。市资源规划局以生态优先、节约优先为基本前提，侧重林地优化空间利用结构与布局，突出资源保护和修复，在集约利用过程中注重维护生态系统功能，推进太仓市林业生态文明建设，确保森林资源得到有效保护，保障和促进太仓市绿色自然生态文明可持续发展。年内，完善林长制方案制度，落实312名林长的具体职责和区域划分，顺畅全面推行林长制各环节流程；制定林长制年度工作计划、编制任务清单，明确各部门、板块林长制具体工作职责；组织开展四套班子植树节活动及市级林长制会议和巡林活动。

【土地规划服务乡村振兴】 2023年，太仓市协调推进各镇组织开展村庄规划编制工作，解决宅基地安置、基础设施和公共服务设施建设等民生问题。全市有规划编制需求的涉农村（涉农社区）共计75个，全部开展村庄规划编制工作，覆盖率100%，44个村庄规划通过太仓市政府批准。全年完成13宗设施农业用地系统上图入库工作，面积26.75公顷。

【不动产统一登记】 2023年，太仓市创新服务举措，优化服务流程，实现不动产登记服务效能双提升。创新打造“数智登记”。通过打造“不动产+”数据平台，打通各部门数据壁垒，实现商品房转移、存量房转移、净地首次登记、入学、水电气等涉不动产事项，一个办理入口、一套数据标准，全流程数据共享、全业务一网通办，助力营商环境最优化。开展“带押过户”，在常态化开展“带押过户”基础上拓展“带押过户”应用场景，将“带押过户”拓展应用于工业用地及商业用地转让、住宅地块转移、一手商品房预告登记办理、“商转公”等场景，并作为“带押过户”优秀案例在全省推广。推进农村产权登记，常态化开展农房日常登记，完成未发证农户的摸底调查和未登记农房原因归类。创新推出承包经营权合同备案及不动产登记线上一窗一次办理模式，被自然资源部全国推广。化解安置房办证问题，安置房首次登记率100%、转移登记率85.5%。全年共发放不动产权证书12.98万本、不动产登记证明3.57万本，信访答复853件，农房日常发证2494份，解决历史遗留问题、无证建筑补充办证、分幢登记等共计1928件。

2023年8月23日，太仓市不动产登记中心在苏州广播电视总台进行“带押过户”专题访谈节目录制
（市资源规划局供稿）

【测绘管理】 2023年，太仓市在“多测合一2.0”基础上，完成太仓市“多测合一”信息管理平台建设，与审批系统对接，打造“多测合一改革3.0”版本，实现测绘成果线上流转审批，测绘企业在线提交各项测绘成果供各部门审核，通过“线上检查、人工审核”两级检查，提高太仓市测绘成果质量，实现全建设周期内材料共享、成果共享、一网通办、一测到底的全流程服务，全年办理“多测合一”业务139宗。11月，太仓市“多测合一”改革项目获评省自然资源厅、省住房和城乡建设等四部门联合开展的全省工程建设项目“多测合一”改革典型案例，相关经验做法在全省推广。

【地下管网管理及建设规划管理】 2023年，太仓市持续推进新增地下管线普查，全年更新地下管线数据126.56千米。累计查明全市地下管线共1.19万千米，其中包含给水管线1296.3千米、雨水管线1620.1千米、污水管线1060.3千米、天然气管线776.5千米、电力管线408.5千米等，共涉及管线18类、权属单位23家。全年完成建设工程项目50个，规划开工验线单体建筑物511幢；完成规划核实城东水质净化厂工程、太仓智汇谷项目等建设工程项目107个，总竣工面积466.71万平方米。

【自然资源执法监察】 2023年，太仓市持续以“零容忍”态度坚决遏制新增违法用地，重视和推进历年部级耕地保护督察整改工作；做好全年土地卫片执法检查及当年度违法用地“动态清零”整改销号工作，2021年、2022年、2023年例行督察反馈问题全部整改销号；持续推进农村乱占耕地建房问题专项整治；常态化开展自然资源领域扫黑除恶斗争、“大棚房”问题清理整治工作。全年共涉及行政复议5件、行政诉讼20件，诉讼案件行政负责人出庭率100%。提出合法性审核意见132份（其中重大行政执法决定法制审核13份、法律意见12份、政府合同类审查102份）。接待群众来访来电400余次，登记受理信访投诉请求18件。受理办结政府信息公开申请65件。办理联动平台案件1548件。开展各类安全生产检查、巡查、督导40余次，问题隐患均及时整改完成。6月2日，市资源规划局联合市公安局、市市场监管局、市农业农村局等部门开展“清风行动”执法检查。检查组对浏河镇中心菜场、饭店等10余家商铺开展检查，重点检查商户摊位、展柜及储存柜是否存放有野生动物及其制品，打击野生动物非法贸易，禁止“野味上餐桌”。

【自然资源普法宣传】 2023年，太仓市资源规划局依托“法润太仓·法护自然”普法品牌，结合“世界地球日”“全国土地日”等各类主题宣传日，在各镇区开展普法宣传活动20余次，“学思践悟二十大·童心助力护地球”宣传活动被省厅和省科协评为“第54个世界地球日主题宣传好项目”。2023年是“世界野生动植物日”十周年，也是《濒危野生动植物种国家贸易公约》（CITES）签署50周年。3月3日，市林业站在市民公园开展“广泛发动社会力量，共同推进物种保护”广场宣传活动。现场发放《爱鸟爱自然》《中华人民共和国野生动物保护法》《太仓常见鸟类图册》等野生动物保护宣传材料100余册，普及野生动物保护法规和如何救护野生动物等科学知识。5月12日，市资源规划局组织志愿者在太仓市民公园开展“防范灾害风险，护航高质量发展”科普宣传工作，发放森林防火、林长制、野生动物保护的相关宣传手册200余份，做好森林防火宣传教育工作，提高大众支持和参与维护林业生态安全的自觉性和主动性，增强全民森林防火意识。年内，市资源规划局获评“2022年度全省自然资源系统法治建设和普法工作成绩优秀单位”。 （陆春蕾）

城市更新

【概况】 2023年，太仓市坚持“规划引领、统筹推进、政府主导、多方参与”原则，结合城市现状、百姓需求，持续推进以老旧小区（城中村）解危、居住社区改造提升、城市绿地与传统商圈提档升级、产业用地转型升级为主要内容的城市更新改造工程。以城市有机更新带动城市发展，提升城市形象，改善居民生活，厚植为民情怀，打造高品质城市空间；突出老城振兴，通过更新让老城区生活功能配套更加完善、生态修复质量更加突出、区域空间格局更加优化、发展活力更加凸显；坚持一流标准，让“老破小”变身“精品小区”。全年围绕“三百一千”（百日签约、百日腾房、百日征收、千日回迁）目标，持续做好古松弄、胜利村、原城三小等3个重点地块的城市更新工作。

【拆迁安置工作】 2023年，太仓市规范安置房管理工作，保障动迁安置工作顺利推进。累计完成征收拆迁签

2023年12月，古松弄地块项目主体结构封顶 （市住建局供稿）

2023年12月，太仓港区安置小区静江佳苑项目完成各项验收
（市住建局供稿）

约1384户，其中住宅529户、非住宅855户，涉及征迁建筑面积89.73万平方米；实际腾房1250户，其中住宅469户、非住宅781户，腾出土地面积121.29万平方米。做好安置房分房工作，确保分房程序合法。9月4日，古松弄地块分房动员大会召开，坚持从实际出发，最大程度保护群众利益，严格执行分房政策和纪律，做到“一个政策定到底、一把尺子量到底，该落实的政策要一分不少，不该开的口子丝毫不动”，确保整个分房过程严格执行“公平、公开、公正”原则。

【安置房建设】 2023年，太仓市做好安置房建设管理与监督工作，确保安置房工程建设成为惠民利民的民生工程、民心工程，实现从“住有所居”向“住有优居”转变。市住建局加大监督检查力度，强化质量安全监管，确保被征迁群众“有房住、住好房”。全年在建及年内拟建安置小区共15个，共建设安置房8880套，建筑面积95.26万平方米。

表3 2023年太仓市安置小区建设情况一览表

序号	区镇	安置小区名称
1	港区（含浮桥镇）	静江佳苑
2	科教新城	科教新城利民五期
3	娄东街道	五洲路地块
4	城厢镇	古浦路小区
5		万丰馨苑二期
6		古松弄安置小区
7		原城三小安置小区
8	浏河镇	新建钱泾安置小区
9		闸北二区三期（13~15#楼）
10		望海花苑
11		苏州北建置业有限公司新建320585004205GB01630地块住宅用房及其配套用房项目（代建小区）
12		太仓临江房地产开发有限公司新建320585004205GB02356号地块住宅用房（安置房）及其配套用房项目
13	璜泾镇	丰华苑一期
14		丰华苑二期
15	双凤镇	新安苑三期

【老旧小区改造】 2023年，太仓市坚持科学规划设计、补齐基础短板，推进老旧小区改造，增进民生福祉。通过系统梳理老旧小区空间，合理落实安装充电桩车棚，动态排查消除安全隐患，引入物业服务，打造功能完善、生活便捷的居住环境。倾听民声民愿，做到精准施策。面对改造过程中的不同诉求，听取群众意见、尊重群众意愿，满足群众多元化需求。明确职责分工，建立长效机制。明确街道相关部门、村社区各方在改造过程中的职责分工，加强横向联系和沟通，建立动态联系。年内，太仓市完成纳入国家年度改造计划和省政府改造目标任务

的老旧小区8个［南洋花园、武家桥小区、向阳一园、向阳二园、复兴东街北侧老小区、津华园（北区）、建湖路沿街老小区、张家苑小区］，共涉及镇（街道）6个、居民606户、建筑67栋，总建筑面积7.82万平方米。

（朱琳媛）

【农贸市场改造】 2023年2月，太仓市印发《太仓市农贸市场改造提升三年行动方案》，成立农贸市场综合管理委员会，启动"农贸市场改造提升三年行动"。提升全市农贸市场综合管理水平，实现农贸市场硬件建设标准化、功能设施完善化、网点布局合理化、长效管理精细化、管理手段智慧化的目标，满足新时代人民群众对农贸市场的新需求。市市场监管局负责全市农贸市场智慧监管系统及综合管理平台的研发、部署；牵头组织农贸市场及周边环境综合考核，督促指导各镇（区、街道）、各市场管理方落实各项管理要求；做好农贸市场交易行为、食品安全等方面的监督管理工作，依法查处市场监管领域违法行为。年内，太仓市共完成农贸市场改造提升10家，其中迁建市场3家，分别为东郊市场、沙东市场、陆渡市场；改造市场6家，分别为常青市场、鹿河市场、璜泾市场、浏家港市场、时思市场、归庄市场；转型市场1家，即西郊市场。农贸市场改造提升结合"一刻钟便民生活圈"建设，明确农贸市场与周边同步改造原则，将修裁衣物、钥匙配置等便民集成服务摊位和急救医药、书柜等设施作为"标配"，融入特色文化元素（如浏家港市场融入郑和航海文化，沙东市集融入古镇文化，归庄市场融入黄酒文化等），打造最美市场、网红市场，提升群众购物体验感和便捷度。在市场改造过程中，采取经营权回租、产权回购等方式，推动市属、镇属国资公司和村办企业主办或参股新建农贸市场，引导现有农贸市场循序渐进实施资产重组，提高农贸市场公益属性。农贸市场改造提升工作项目获苏州市人大民生实事项目实施情况满意度测评第二名，成为苏州各板块唯一入选2023年"苏州十大民心工程"的农贸市场改造提升项目，获评太仓市第21届精神文明建设"十佳新事"。东郊市集、沙东市集、伟阳市场、世福市场获评首批苏州市文明菜场。

2023年7月，提档升级后的高新区东郊菜场启用　（**市市场监管局**供稿）

表4　太仓市农贸市场改造提升行动情况表

序号	农贸市场名称	责任单位	改造类别	改造完成时间
1	东郊农贸市场	娄东街道	迁建	2023年底
2	陆渡农贸市场	陆渡街道	迁建	2023年底
3	沙东农贸市场	沙溪镇	迁建	2023年底
4	归庄农贸市场	沙溪镇	改造	2023年底
5	浏家港农贸市场	浮桥镇	改造	2023年底
6	时思金辉农贸市场	浮桥镇	改造	2023年底
7	璜泾农贸市场	璜泾镇	改造	2023年底
8	鹿河农贸市场	璜泾镇	改造	2023年底
9	常青农贸市场	浏河镇	改造	2023年底
10	西郊农贸市场	城厢镇	转型	2023年底
11	南郊临时疏导点	科教新城	迁建	2024年底

续表 4

序号	农贸市场名称	责任单位	改造类别	改造完成时间
12	桃园农贸市场	娄东街道	改造	2024 年底
13	岳王农贸市场	沙溪镇	改造	2024 年底
14	浦南农贸市场	沙溪镇	改造	2024 年底
15	新湖农贸市场	双凤镇	改造	2024 年底
16	九曲农贸市场	浮桥镇	改造	2024 年底
17	新塘农贸市场	浏河镇	改造	2024 年底
18	伟阳农贸市场	城厢镇	智慧提升	2024 年底
19	新毛农贸市场	城厢镇	智慧提升	2024 年底
20	兴业楼农贸菜场	城厢镇	智慧提升	2024 年底
21	世纪苑农贸市场	娄东街道	智慧提升	2024 年底
22	世福农贸市场	娄东街道	智慧提升	2024 年底
23	华中园农贸市场	娄东街道	智慧提升	2024 年底
24	板桥农贸市场	娄东街道	智慧提升	2024 年底
25	天镜湖农贸市场	科教新城	智慧提升	2024 年底
26	双凤农贸市场	双凤镇	智慧提升	2024 年底
27	直塘农贸市场	沙溪镇	智慧提升	2024 年底
28	牌楼农贸市场	浮桥镇	智慧提升	2024 年底
29	浮桥农贸市场	浮桥镇	智慧提升	2024 年底
30	汇邻农贸市场	浮桥镇	智慧提升	2024 年底
31	老闸农贸市场	浮桥镇	智慧提升	2024 年底
32	王秀农贸市场	璜泾镇	智慧提升	2024 年底

▲资料链接

太仓市农贸市场经营摊(店)要求

1. 禽类摊(店)要求:应当设置冷鲜光禽摊位。冷鲜光禽摊应设有专门用于公示经营主体资格和冷鲜禽检疫检验合格证明的设施。柜台高度宜为 0.7~0.8 米。柜台采用不锈钢台面,柜台立面应贴墙面砖,柜台靠通道外侧边沿应设挡水凸边,高度不低于 5 厘米。配备冷藏、冷冻设施,冷藏柜温度保持在 0~4℃,冷冻柜温度保持在 −15℃以下。

2. 水产摊(店)要求:水产品销售点宜设置在靠墙侧,布局相对集中合理,通风良好。内墙面瓷砖高度不小于 2.2 米。地面铺设防滑地砖,要有一定的排水坡度。必须设置操作台、排污槽和固定污物桶,严禁在地面上进行操作,污物桶置于操作台下方。冰鲜水产品零售点,陈列柜台用不锈钢结构或用砖砼结构,设挡水沿口,外贴浅色面砖,内外侧地面均设排水明槽。所销售水产品放在不锈钢盘(或食用级塑料盘)中,铺设散冰保鲜,并配置保鲜冷柜。活水鱼交易区宜设计为 0.3~0.5 米高度的柜台,上面摆放市场统一设置的蓄养容器或直接砌成砖砼结构、玻璃缸式的分隔蓄养池,柜台外沿挡水板不低于 0.2 米,水池内设有直径不小于 0.04 米的下水口。活水鱼摊位外设隔水设施,隔水设施应高于鱼池(盆)上沿 0.25 米。每个商位内设置统一的杀鱼操作台面、水龙头与排水口,活鲜水产品陈列柜台内侧地面要设排水明沟,沟中有水产品废弃物收集篮,以利清洗。外侧地面设置排水系统。该处必须使用防水电器开关和插座。有条件的市场鼓励将活水鱼交易区设置为酒店式玻璃陈列柜台,水产品销售区瓷砖铺设到顶,并配备高压水枪冲洗装置。

3. 南北货摊(店)要求:实行集中设摊,须统一商家货架样式、材质,靠墙壁的货物垫架应做好垫高(离墙、离地不低于规定标准)。有条件的可根据实际情况设置卷闸门,实行开架销售。

4. 熟食店要求：熟食不得露空售卖，须有专间（店）。熟食品营业房采用统一透明的玻璃封面设计，悬挂造型美观、照明度好的灯光设施，设置专用售货柜、空调和双门售卖窗，配备防尘、防蝇、防鼠、防蟑螂和加热或冷藏设施，配备洗手池、消毒池、紫外线灯等设施。熟食品加工的需设置制作专间及更衣专间，熟食品销售的需设置更衣专间。

5. 半成品摊（店）要求：半成品（经腌制、调制加工后的净菜、肉菜制品、豆制品、冷冻食品等）配有密闭、保鲜、防尘、防蝇设施。豆制品柜台上采用玻璃半封闭式与外界隔离的设施，不得露空售卖。

6. 肉类摊（店）要求：鲜肉经营鼓励设品牌销售区。肉类销售区域温度不高于25℃，经营场地内应设有保鲜温控设备。设置动物检疫证、交易确认单公示牌，配备封闭的垃圾桶，配置冷藏保鲜设施。肉类柜台靠购物通道一侧台面上安装多孔不锈钢板或木制板、TPR板（可后期软装增加），靠柜内一侧铺设聚丙烯塑料板用于切割，柜台内安装独立砧板用于砍剁，砧板架须统一固定设计。肉类区柜台上方可设置专门的悬挂肉类产品的设置和长度统一的挂钩，便于整齐悬挂。因肉类销售区域温度不高于25℃，有条件的市场的经营场地内应设有保鲜温控设备。

7. 蔬菜、水果类摊（店）要求：蔬菜柜台鼓励采用阶梯摆放式设计，柜台高度宜为0.45~0.6米，以0.1~0.15米呈阶梯上升，一般设计为三层。水果商位鼓励采用开架摆放式设计，柜台采用斜坡递增分隔式，柜台架子可采用固定式或活动式、组合装配式相结合。

8. 豆制品摊（店）要求：豆制品经营区温度应低于25℃，高温期间，应置于温度不高于18℃的陈列柜中销售。未售完的豆制品应冷藏保存。

9. 清真食品摊（店）要求：清真食品专柜的设置与运作必须符合国家和有关民族政策。经营清真类食品须符合清真食品供应的专摊、专人、专库、专车的要求。

10. 其他摊（店）要求：其他商品类的摊位设置，要本着便于管理、便于交易的原则，设置相应的封闭式垃圾桶，配置防尘、防蝇、防鼠、防蟑螂等设施。设置排放油烟的饮食服务项目时，应在设计阶段统一考虑，合理布局，并设置公共烟道，废气经油烟净化装置处理后高空排放。

（寿　芸）

基础设施建设

公　路

【概况】　截至2023年年底，太仓市公路总里程1357.82千米，公路桥梁1267座，公路密度219千米/百平方千米。其中，高速公路57.54千米，一级公路291.19千米，二级公路506.35千米，三级公路105.42千米，四级公路397.32千米。较上年四级公路增加8.6千米。全年交通基础设施建设公路完成投资8.1亿元。实施农村公路亮化工程、公路横截沟盖板更新工程，打造“畅安舒美”农村公路。新港公路改造工程投资5.3万元完成亮化0.14千米，安装120瓦路灯5套、240瓦灯头2套。

【快速路网建设】　2023年，太仓市完成256省道沙溪—双凤工程土方填筑、路面沥青、管涵、箱涵、中桥、盐铁塘大桥等，年度工程投资1.22亿元；完成沪宜高速公路金仓湖互通工程项目现浇箱梁、钢箱梁、房建主体、路基灰土填筑、水稳等施工，年度工程投资1.17亿元；完成龙江路（协鑫路—新港公路）工程现浇箱梁、钻孔灌注桩、承台、立柱等施工，年度工程投资6012万元。年内，沪宜高速公路金仓湖互通工程、龙江路快速化一期工程获评2023年度江苏省公路水运平安工地建设省级“示范工地”，沪宜高速公路金仓湖互通工程创建成功2023年度苏州市公路水运平安百年品质工程；正夫路（江申大道—204国道）新建工程获2023年苏州市“姑苏杯”优质工程奖。

【农村公路发展】　2023年，太仓市贯彻落实乡村振兴战略、推动农村道路建设高质量发展，打造“平安放心路”，强化农村地区道路交通安全管理，创造安全畅通、文明和谐的农路环境。加快推进农路提档升级，实施农村公路提档升级和大中修工程47千米，改造农路老桥9座。推进沙溪镇项桥中心线、洞星路等农村公路改造项目建设，累计补助乡镇农路资金750万元。市交运局探索新形势下道路安全管理新方法、新模式，推进基层治理体系和治理能力现代化，推行“路长制”，实现“路长治”。建立滚动

2023年12月，沪宜高速公路金仓湖互通工程项目进行钢结构桥梁架设、现浇箱梁浇筑施工

（市交运局供稿）

排查机制，持续推进交通安全设施精细化提升工程和农村公路整治提升行动，实施204国道和346国道太仓段平面交叉口提升改造、县道风险与隐患路段整治工程及一级公路中央分隔带护栏完善提升工程，排查整治农村公路基础设施类隐患。引入第三方专业机构加强对农村公路的安全管理，提升农村公路应急保障和防灾抗灾能力。以政府购买社会服务方式，实现农村公路综合责任险全覆盖。加强农路科技治安，推广应用自主发光标志，设置行人过街预警系统70套，在全市215个路口推行大货车右转必停。加密路网监测设施，实现260个重要节点电子监控全覆盖，全面提高农村公路信息化水平。2月，太仓市东林片区环线获评2022年度江苏"美丽农村路"样板路；12月，太仓市花家湾路、滨河线、东港路、邢巷线东延、双湖路、凤南路、中市路获评2023年度苏州市"美丽农村路"。（陈颖兰）

2023年9月28日，沪宁沿江高铁开通运营　　（市交运局供稿）

铁　路

【概况】2023年，太仓市铁路及配套计划投资26亿元，实际完成投资25.95亿元。苏锡常城际铁路太仓先导段太仓站主体工程完工。沪宁沿江高铁（南沿江城际铁路）开通运营。沪渝蓉高铁（北沿江高铁）、沪苏通铁路二期加速推进各项建设工作，征地拆迁工作基本完成，其中沪渝蓉高铁（北沿江高铁）完成拆迁总量96%，沪苏通铁路二期完成拆迁总量98%。1月，太仓市铁路事业发展中心获评苏州市2022年度铁路建设先进集体。

【沪渝蓉高速铁路】沪渝蓉高铁（北沿江高铁）是国家"八横八纵"高速铁路网中"沿江通道"的骨干线路，是京沪辅助通道的重要组成部分，也是长三角城市群核心城际通道。2023年，太仓段建设里程约28千米（其中约4千米在长江），涉及征地面积约89.67公顷，涉及拆迁农户118户，完成拆迁农户签约109户；涉及企事业单位9家，签约完成7家；完成迁移大型地面附着物75处。10月，自然资源部正式批复新建上海至南京至合肥高速铁路（简称北沿江高铁）苏州至南通段项目建设用地。

【沪苏通铁路二期】沪苏通铁路二期工程采用客货共线，设计时速250千米，太仓境内正线3.45千米，联络线12千米，建设工期5年，涉及征地面积25.33公顷。2023年，项目共涉及拆迁农户10户，完成签约8户，完成率80%（主线内完成率100%）；完成企业签约9户，完成率100%；大型地面附着物签约10处，完成率91%。10月，太仓市第一次组卷工作完成，后在自然资源部审查时提出要求，因红线发生较大调整，重新开展预审查工作，并上报至省资规厅。

【沪宁沿江高铁】沪宁沿江高铁（南沿江城际铁路）自南京南站引出，途经南京市江宁区、秦淮区，镇江市句容市，常州市金坛区、武进区、经开区，无锡市江阴市，苏州市张家港市、常熟市、太仓市，终至太仓站。设计时速350千米，正线全长278.53千米。2023年6月，开始联调联试；7月，进行最高测试速度等级提速试验；8月，进入"模拟办客"阶段；9月，通过验收，实现5G信号全覆盖；9月28日，沪宁沿江高铁开通运营，加密长三角铁路网，助力区域一体化发展。

【苏锡常城际太仓先导段】苏锡常城际铁路太仓先导段线路全长10.3千米，由高铁太仓站西侧站前大道引出，沿江南路、兴业路走行至江苏省界，与上海市域铁路嘉闵线北延伸衔接，在太仓境内设太仓站、白云渡路站、十八港路站共3个站及车辆段1个。2023年，苏锡常城际太仓先导段与上海方面签订运营筹备合作意向书，太仓站主体工程完工。（陈颖兰）

航　道

【概况】截至2023年年底，太仓市航道养护总里程319.35千米，其中三级航道27.76千米，五级航道24.84千米，六级航道12.23千米，七级航道37.28千米，等外级航道217.24千米。全年交通基础设施建设航道完成投资982.65万元。2023年，市交运局畅通太仓水上交通运输网络，保障船舶安全通行。盐铁塘航道护岸维修整治工程通过交（竣）工验收，杨林塘航道牌楼锚地疏浚工程完工，杨林塘太仓段航道整治工程航道疏浚完善工程、吴塘河航道（杨林塘—S48吴塘河大桥北）疏浚工程开工。市港航事业发展中心以杨林塘航道沿线护岸及双凤水上服务区为载体，推出"灯塔领航 · 航韵娄城"港航品牌，加快重点工程项目建设，开展航道沿线环境整治行动，建设"灯塔驿站"便民服务点等，打造内河航运发展太仓样板，深化沪苏同城化发展，推进长三角一体化走深走实。

【盐铁塘航道护岸维修整治工程】2023年，太仓市对盐铁塘航道市区

2023 年 12 月，杨林塘太仓段航道整治工程航道疏浚完善工程开工
（市交运局供稿）

段进行护岸维修加固，整治两岸护岸 5065 米，维护水上交通秩序和行洪安全，改善沿河环境面貌。6 月 25 日，项目完成交（竣）工验收。

【杨林塘太仓段航道整治工程航道疏浚完善工程】 2023 年，太仓市按照三级航道标准，疏浚整治杨林塘太仓段航道严重淤积航段，疏浚航道 8.33 千米，疏浚总土方 28.57 万立方米。12 月 4 日，项目开工；截至年底，累计完成疏浚土方量 30%。

【吴塘河航道（杨林塘—S48 吴塘河大桥北）疏浚工程】 2023 年，太仓市按照五级航道标准，疏浚整治吴塘河航道（杨林塘—S48 吴塘河大桥北），疏浚航道 1.2 千米，疏浚总土方 7.55 万立方米。12 月 2 日，项目开工。截至年底，累计完成疏浚土方量的 70%。

【杨林塘航道牌楼锚地疏浚工程】 2023 年，太仓市按照三级航道标准，疏浚杨林塘航道牌楼锚地前沿水域，疏浚总长 533 米，疏浚总土方 1.82 万立方米。12 月 5 日，项目完工。

（陈颖兰）

公共交通

【概况】 截至 2023 年年底，太仓市共有公路客运场站 14 个、长江汽渡 1 个。常规公交线路 65 条，投放车辆 349 辆；一级线网 39 条，投放车辆 186 辆；二级线网 10 条，投放车辆 33 辆，三级线网 16 条，投放车辆 30 辆；全市长途客运班线共运营 47 条，其中，市交运集团运营线路 27 条，投放车辆 78 辆。全年全市公交客运量 972.79 万人次、班线客运量 133.10 万人次、包车客运量 31.59 万人次、太海汽渡客运量 60.73 万人次，安全运送旅客 1560.14 万人次。

【铁路客运】 2023 年，太仓市有铁路枢纽站 2 个（太仓站、太仓南站），太仓站日停靠列车 113 列，其中上行 53 列、下行 60 列，太仓南站日停靠列车 15 列，其中上行 6 列、下行 9 列，直达全国 18 个省（自治区）、4 个直辖市、92 个地级市。全年发送旅客 361.94 万人次。其中，日最高发送旅客 1.11 万人次，到达旅客 1.11 万人次。

【公共交通发展】 截至 2023 年年底，太仓市有一级汽车客运站 1 个（太仓市汽车站）、公交场站 14 个，其中太仓枢纽站和城区换乘站为换乘枢纽站，其他为公交首末站。有中途站点 1950 个，其中电子候车亭 569 个，电子站牌 283 个。年内，新增纯电动公交车 65 辆，新增旅游公交线路 2 条，优化调整公交线路 15 条。全市公交营运车辆驾驶区域均安装隔离装置，所有运营车辆均安装主动智能防控视频探头。市交运局开展城乡交通运输一体化建设，完善城乡路网体系，推进客货运基础设施建设，探索多态融合的城乡公交发展模式，结合美丽乡村和美丽公路建设，打造集交通出行、旅游观光、农产品购物、邮政物流于一体的多业态融合示范公交线路。全市形成相互衔接、布局合理、方便快捷、畅通有序的公共交通服务体系，构建以城市为中心、乡镇为节点、道路为纽带、站场为依托，连接城镇、辐射乡村的城镇村放射状三级公交网络体系，实现镇镇有站、村村有亭。8 月，太仓市获评城乡公交一体化达标县（市、区）。

【新能源公交车】 2023 年，太仓市淘汰老旧柴油及天然气公交车 46 辆。截至年底，全市有清洁能源型 LNG 天

2023 年 4 月 29 日，太仓首条旅游公交专线“游 1 路”开通试运营
（市交运局供稿）

然气车36辆、新能源型气电混合动力车45辆、新能源型油电混合动力车20辆、新能源型纯电动车227辆。车辆配备主动安全防控系统、车道偏离预警装置、自动灭火装置、自动破玻器、安全防护门等，车内额外增加公共视频设备2个，分别安装在车厢后部和驾驶室的踏板附近，保障乘客出行安全。新型能源及清洁能源公交车占全市公交车总量83.67%。新增公交车中新能源车占比100%。（陈颖兰）

公用事业

【供水】 2023年，太仓市有自来水厂2个，取长江水为水源，供水能力70万吨/日，配套建有浏河水源地蓄淡避咸水库，总库容1742万吨，有效蓄水总量1427万吨，可在应急情况下保障全市（60万吨/日）安全供水约25天。全市DN100以上的供水主管道1601千米。下辖城区（南郊）增压站、城厢镇水务服务中心、8个乡镇供水管理站，负责全市机关、企事业单位及居民的生产、经营和生活用水供应。全市设有供水压力监测点114个，实时监控全市供水管网压力，确保水压稳定。全市纳入智慧化监管系统二次供水泵房364座，确保高层供水安全。出厂水实施班组、厂区、自来水检测中心三级检测，全年水质达标，出厂水每年定期送无锡、南京国家水质监测站进行106项指标全分析，均优于国家标准。全年全市供水总量1.1亿吨，平均日供水量30.2万吨；售水总量1亿吨，平均日售水量27.46万吨，自来水漏损率9.07%。其中居民用水3970.82万吨，占比39.62%，工业用水5030.03万吨，占比50.19%，特种用水605.37万吨，占比6.04%，学校、福利院、社区等执行生活用水价格的非居民用水415.78万吨，占比4.15%。

【"娄城水管家"服务】 2023年，太仓市水务集团落实"以水传真情，服务无止境"宗旨，以智慧服务之"便"，践行供水为民之"实"，推进智能远程水表改造和普及工作，提升居民用水幸福感。全市水务事业持续发展，供排水行业管理体系日益优化，实现供水排水网格化巡查、精细化管理、一体化服务。设立市级水务服务中心，全市市镇两级水务服务中心加速形成。12月29日，太仓市首家区镇水务服务中心——城厢镇水务服务中心揭牌。城厢镇水务服务中心业务范围包括：自来水接水业务办理、水费收缴；污水接管申请、现场核查、排水户监管；供排水设施与管网的巡查养护；对接协调属地供排水事务，简化业务办理流程等。中心的挂牌成立，标志太仓全面优化供排水服务，正式步入涉水事务管理服务一体化时代，推动水务服务行业的创新和发展。市水务集团与市民政局联合实施"千户老年家·庭智能水表"项目，当独居老人家中24小时内用水读数低于0.01立方米，智能水表即发出预警信息，为老人增设一重"数字守护"。开展主题鲜明、形式多样、内容丰富、覆盖面广的水资源科普宣传活动，动员市民共同行动，营造全社会惜水、爱水的良好氛围。组成"娄城水管家"志愿团队走进村、校园、融媒体中心等，为居民、学生、小记者们开展水资源科普宣传活动。供水管理站工作人员解读居民用水政策，分享节约用水小妙招，解答各类节水问题，倡导科学用水、保护水资源。市融媒体中心、市水务集团联合开展"走进太仓市第三水厂，探寻水的奥秘"科普活动。"娄城水管家'志愿者为融媒体小记者们讲解自来水净化流程，并通过现场实验、互动答题，加深小记者们对自来水净化的理解。

（陈婧雯）

【供水安全】 2023年，太仓市推进节水控水，强化水资源保护利用，加强水源地建设保护，编制《苏州太仓市长江浏河口水源地抗咸供水应急保障预案（试行）》；完成水源地达标建设和标准化建设，建立职责明确、规范有序的应急保障体系。开展苏州市域供水互联互通工程（太仓段）建设，全市新建供水管网12.3千米，改造5千米。该项目为苏州市、太仓市2023年民生实事项目，总投资约2.36亿元，包括两部分：一是常熟—太仓管网互联互通工程太仓部分，包括新建管道16.3千米、新建10万立方米/天的双向增压泵站1座；二是在昆山—太仓互联互通管上新建10万立方米/天的增压泵站1座。项目竣工后，太仓与周边县市的供水互联互通管道增至2条，日供水能力20万吨，发挥区域水量调配优势，有效应对咸潮等供水突发事件，保障供水安全。年内，供水互联互通工程常太段管线铺设及泵站建设完成；昆太段泵站完成招标开工。

（周　婷）

【供电】 2023年，太仓市共有用电客户46.7万户，全年全社会用电量112.1亿千瓦时，较上年增长6.16%，其中

2023年12月29日，太仓市首家区镇水务服务中心——城厢镇水务服务中心揭牌

（徐晴奕摄）

工业电量82.24亿千瓦时，较上年增长5.22%。调度最高用电负荷200.73万千瓦。为456户高压客户、3253户低压小微企业接电。国网太仓市供电公司立足发展、靠前服务，在电力保障、新能源发电项目并网、优化电力营商环境等作贡献。年内，国网太仓市供电公司获评全国电力设施保护宣传周电力设施保护公共宣传示范单位、国网江苏省电力有限公司安全生产先进集体。

2023年10月8日，国网太仓市供电公司工作人员在群星220千伏变电站110千伏送出工程现场进行架线工作，助力太仓阿尔卑斯国际度假区项目建设（张怡文摄）

【供电安全生产】 2023年，国网太仓市供电公司保障电网安全稳定运行和电力可靠供应。推进一流配电网建设，实现少停电、不停电、能自愈、快复电，保障企业可靠用电。在全省率先签订迎峰度夏电力需求响应合作协议，投运苏州首个迎峰度冬工程（220千伏群星输变电工程）。应对台风“杜苏芮”“卡努”等恶劣天气，做好防汛防台各项准备工作，保障电网安全有序运行。选派人员支援成都大运会保电工作，完成中考、高考、太仓市撤县建市30周年暨德企发展30年大会等重大保电任务68项。深化“应急+电力”战略合作，用好电力设施保护联办机制，发挥安全支撑作用，协同推进应急管理体系和能力现代化建设。开展重大事故隐患排查整治行动，治理率100%。建成220千伏太安智慧电缆隧道项目，打造数字化智慧电缆运维系统，通过数字化转型提质增效，提升电缆运维效益。筑牢输电线路“防外破”安全网，杜绝因外力破坏造成的线路故障，连续五年实现220千伏输电线路“零外破”。

【新型电力系统建设】 2023年，国网太仓市供电公司高标准推进新型电力系统建设。推进电网规划建设，修订《电力设施专项规划（2021—2035年）》，提供安全、可靠、清洁、高效的电网服务。提升配网水平，推动500千伏郑和变规划选址落地。投运220千伏群星输变电工程、110千伏新塘（海塘）输变电工程。投运配农网工程500余项。编制《太仓中压配电网规划》，制订《加强示范引领·建设“太智慧”现代配电网方案》。国网太仓市供电公司发挥在能源转型中的枢纽作用，创新构建“政府统筹、供电主导、社会参与、用户受益”的绿色合作伙伴关系，整合各方资源和优势，促进太仓绿色低碳转型和高质量发展。新增光伏装机并网119.60兆瓦，较上年增加135.43%，累计装机366兆瓦。全年交易绿电5224万千瓦时、绿证2907张。做好用能技术研究咨询、电力配套工程建设、清洁能源接入消纳、低碳转型资源聚合等方面服务支撑保障，采用风光热生物质一体化综合利用新模式，建成风电6兆瓦、光伏4兆瓦，利用沼气发电和地源热泵系统，实现物流园区100%零碳能源供给，建成全国首个“风光一体化”零碳智慧物流园。国网太仓市供电公司和耐克体育（中国）有限公司联合申报“江苏苏州耐克物流中心低碳转型实践”案例入选“能源绿色低碳转型典型案例”，也是国网县域唯一入选的实践案例。“零碳乡村”案例获全省首个“金钥匙——面向SDG的中国行动”乡村振兴类全国冠军奖。

2023年12月13日，国网太仓市供电公司输变电运检中心工作人员在220千伏太安电缆隧道开展保电特巡（张怡文摄）

【供电服务】 2023年，国网太仓市供电公司持续优化营商环境，升级打造“太舒心电力”优化电力营商环境品牌。举办“获得电力”体验日系列活动，发布“获得电力服务水平再提升十项举措”“服务德企十项行动”“电靓和美乡村方案”。成立重点项目办公室，对183个省市县三级重点项目实行“一张表”管理，为阿尔卑斯雪世界等93个重大项目高效接电。连续三年“获得电力指标”满分，获省发改委营商环境评价第一等次。聚焦乡村振兴，发布电靓和美乡村方案，实现保电稳供、电暖农心、村以电兴、民因电富、电助村美等目标；紧扣地方发展急难愁盼问题和个性化、多元化需求，推出设备供应“一站共享”、充电设施“一步到位”、企业用电“一接即用”等创新举措，提升客户获得电力和使用电力的安全感、满足感、幸福感。年内，在全省首家实现“水电阶梯一件事办理”和“第二代电e柜全覆盖”，居民“充电桩报装一件事”相关做法在苏州市推广应用，太仓首个“全电共享充电机器人”建成投运。乡村振兴持续赋能。深化数字化供电所建设，沙溪供电所获评“国网公司五星级乡镇供电所”。持续丰富服务体系，选派驻村第一书记，推动东林村获评首批“国网助力乡村振兴示范村”“国网村网共建示范点”。

（曹诗雨）

【供气】 2023年，太仓市供气格局以管道天然气为主、瓶装液化石油气为辅，拥有燃气经营企业9家，其中，管道燃气经营企业3家、液化石油气经营企业4家、压缩天然气经营企业1家、汽车加气经营企业2家（其中浮宅路加气站属于太仓华润燃气有限公司）。建有太仓、浏河、疏港高速等天然气门站3座，城镇天然气高中压管道长度约740千米，管道燃气用户约24.6万户；液化石油气用户约5.1万户，车用燃气用户315户。全年全市稳定供应管道天然气约2.7亿立方米，液化石油气约1.2万吨。

【燃气安全管理】 2023年，太仓市优化全市用能结构，规范用气行为，消除潜在风险隐患，提升全市重点场所燃气使用安全水平。11月，印发《太仓市重点场所“瓶改管”“瓶改电”补贴方案》等实施方案，对全市重点场所“瓶改管”“瓶改电”实行财政等补贴。推进重点场所“瓶改管”“瓶改电”工作，拧紧燃气“安全阀”，从源头上杜绝燃气安全风险，提升城镇燃气安全水平。严格规范作业，开展置换工作，规范燃气市场秩序。全年全市完成“瓶改管”“瓶改电”用户519户。

▲资料链接

“瓶改管”“瓶改电”补贴标准

餐饮用户：用户承担2万~3万元，财政补贴2万元（市级、区镇财政各1万元），其余部分由燃气企业承担。工业企业（食堂）等其他重点场所用户：由燃气企业对其“瓶改管”工程建设进行设计并做造价报告，用户支付“瓶改管”工程建设费用的70%，剩余30%由燃气企业承担。

重点场所“瓶改电”补贴标准。补贴金额不超过电炊具发票含额，同时满足以下限额标准。餐饮用户：餐饮场所面积≤60平方米补贴最高限额1万元，60平方米＜面积≤150平方米最高限额1.3万元，面积>150平方米最高限额1.5万元。工业企业（食堂）等其他重点场所用户：场所用餐人数≤100人补贴最高限额1万元，100人＜人数≤300人补贴最高限额1.3万元，人数>300人补贴最高限额1.5万元。

（朱琳媛）

垃圾处理

【概况】 2023年，太仓市收运焚烧处置生活垃圾34.08万吨，鲁控餐厨厂收运处置餐厨垃圾4.46万吨。资源化处置建筑垃圾30.49万吨。年内，太仓市居民小区厨余垃圾分出率42.76%，全市厨余垃圾分出率高于30%，厨余垃圾分类收集处理量占生活垃圾分类清运量的比例稳定保持在25%以上，生活垃圾分类回收利用率40%以上，生活垃圾资源化利用率80%以上。再生资源综合利用项目运行，生活垃圾实现本地全量焚烧。生活垃圾分类投放设施基本实现全覆盖，创成苏州市生活垃圾分类三星小区108个、四星小区33个、五星小区13个，江苏省垃圾分类达标小区135个；建设垃圾分类主题小区9个、垃圾分类户外阵地9个。提升农村生活垃圾分类水平，畅通生活垃圾“村收集”与“镇转运”作业衔接，创新打造双凤镇新闸村等24个村（涉农社区）的村级生活垃圾分类管理站。

【垃圾分类宣传活动】 2023年，太仓市成立镇级垃圾分类青少年志愿服务团队9支，吸引青少年参与志愿服务活动，开展暑期“小小督导员”志愿服务活动，“抓一小带全家”，带动更多人参与垃圾分类。建设户外垃圾分类宣传“蜂巢”阵地9个、垃圾分类主题特色小区9个。举办各类形式多样的垃圾分类宣传活动，提升群众垃圾分类意识，构建共建共治共享的垃圾分类工作格局。5月22日，“生活垃圾

2023年5月22日，“生活垃圾分类引领新时尚”主题活动暨太仓市垃圾分类宣传月启动 （市城管局供稿）

分类引领新时尚”主题活动暨太仓市垃圾分类宣传月启动仪式在中心广场举行。5月31日，举办“领跑无‘蒂’金太仓·共绘缤‘分’美娄城”2023年世界环境日主题活动暨太仓市垃圾分类“公益园”揭牌仪式。举行第二届“五彩缤‘分’缔造娄城新风貌”垃圾分类挑战赛、“顺溪寻梦·从零废弃开始”沙溪古镇亲子分类游、“活力港城·拼搏有我”浮桥镇“垃分同行”健步走、“跨年减量低碳行，‘骑’乐无穷迎元旦”等大型主题志愿宣传活动。结合“全国法制宣传日”，开展“守护文明与法治，垃圾分类润万家”主题联盟系列活动。开展垃圾分类宣传进社区、“小蜜蜂”志愿服务团队骨干再培训、“低分小区”日常志愿巡查和多轮次专项宣传。开展月度“主题宣传月”活动、季度“小蜜蜂垃圾分类志愿服务”活动；对企事业单位、社区、物业、学校开展“三新”（新入学、新入职、新入住）人员靶向宣传。全年共开展市域级宣传活动8次、镇域级宣传活动70余次、垃圾分类培训80余场，开展各类垃圾分类志愿活动1500余场，累计时长2.2万小时。加大专项执法力度，全年出动执法人员2.39万人次，督促整改6万次，办理生活垃圾分类案件1.26万件。

（曾亚萍）

路灯管理

【概况】 2023年，太仓市共有功能照明灯12.12万盏、景观照明灯17.78万盏、配电箱（柜、屏）1475个。太仓市推进城市照明设施精细化管养，全市域维修功能照明灯8454盏、景观照明灯8306盏，维修线路总长76.05千米，维修配电设施420台，确保亮灯率99%以上，全市照明设施安全稳定运行。推进多功能杆建设工作，完成城厢镇支一路、科教新城海运堤西延道路等道路多功能杆项目，新增多功能杆417杆，全年共建成多功能杆932杆。推进景观照明“提景增靓”，完成高新区亮化提档一期、二期、三期及城厢镇金仓华府景观亮化工程、浏河镇古镇亮化提升工程、娄东街道盐铁塘景观带灯光修复工程和沙溪古镇亮化

2023年1月，娄江路完成LED路灯改造 （市城管局供稿）

工程。开展全市地下管线专项整治行动，共计排查地下管线6314千米、路灯井盖1426个。开展变压器检测工作，对县级及以上道路（主城核心区及娄江新城范围外）126台变压器进行部件检测及空载、短路等相关试验。推进全市路灯标签补贴工作，完成2万余杆灯杆号牌的替换、修补和增补工作。

【绿色照明】 2023年6月，太仓市完成推进照明节能减排与绿色发展三年改造攻坚计划，全市城市道路路灯LED覆盖率100%。共计改造传统光源灯具4.2万盏，节电率62%，预计全市每年可节约用电约2400万千瓦时，按照3000千瓦时电等效1吨标准煤计算，相当于每年节约8000吨标准煤，降低二氧化碳排放2.4万吨。改造后LED灯具色温保持在3000开尔文，保障灯光在雨雾天气的穿透性和正常天气的显色性。建设“智慧照明平台”，搭配“双开灯”机制，主城区统一调度实行“日常”和“节假日”两种不同开灯模式，同时安装LED单灯控制器，实现LED光源精准调光，提高节能效益，让城市照明设施节能“可控化”。

（曾亚萍）

城镇绿化

【概况】 2023年，太仓市加强城市园林绿化建设、养护管理工作，提高城市园林绿化水平，改善人居环境，提升城市品位，巩固国家生态园林城市成果，推进“公园城市”建设，顺应城市园林绿化从增量模式转变为存量更新提升模式的发展新趋势新要求，实现城市园林绿化质量的提高和管养水平的提升，促进城市可持续发展。截至年底，太仓城市建成区绿化覆盖面积2456公顷、覆盖率44.1%，城市建成区绿地面积2259公顷、绿地率40.57%，城区人均公园绿地面积16.9平方米，公园绿地服务半径覆盖率93.58%。城市绿量充沛，“三绿”指标均达到全国领先水平。太仓市良辅公园、为民游园、城南花园西侧口袋公园获评2023年度苏州市“园林杯”最美口袋公园，文昌路与梅村路路口小微绿地获评2023年度苏州市“园林杯”最美小微绿地。

【绿化项目建设】 2023年，太仓市坚持科学规划、生态优先、建管并重、节约资源的原则，注重文化、生态、景观协调统一，科学确定城镇绿化目标，保障城镇绿化投入，提高城镇绿化水平。落实“公园城市”建设理念，完善“一心两湖三环四园”的现代田园城市生态体系。加强行业管理及政策指导工作，印发《2023年太仓市园林绿化工作目标考评方案》《关于进一步加强我市城市园林绿化建设养护管理工作的实施意见》等文件；推进绿化实事项目建设，完成绿化项目建设

2023年，太仓市在城南花园西侧口袋公园打造“庭院式”休憩座椅区域，丰富区域景观面貌 （市住建局供稿）

任务80余个，其中口袋公园及小微绿地13个，全市累计新增及改造绿地面积124万平方米，总投资额2.16亿元；入选公园绿地开放共享省级试点城市名单，推动“乐享园林”活力空间建设及公园绿地开放共享工作，盐铁塘两岸景观亮化提升工程入选2023年江苏省100处“乐享园林”活力空间名单，印发《太仓市公园绿地开放共享工作实施方案（试行）》，明确开放的15处公园绿地名录入选江苏省首批开放共享公园绿地清单，总面积410公顷，开放共享面积13.56公顷；完成太仓市城市绿地绿线划定，明确绿地类型、位置、规模、范围等，建成区内公园绿地个数提升至91个，总面积566.69万平方米；提升信息技术保障能力，完善绿地规划信息管理系统。

【省级特色田园乡村建设】 2023年，太仓市按照“生态优、村庄美、产业特、农民富、集体强、乡风好”目标，深化特色田园乡村和特色田园乡村示范区建设。市住建局通过组织开展特色田园乡村建设、传统村落保护、农村住房条件改善、农村人居环境整治提升等工作，持续改善乡村面貌，展现可观可感的“农村美”现实模样。7月，双凤镇勤力村侯巷、水溇、寺浜、朱家溇入选第11批次江苏省特色田园乡村名单。11月，城厢镇永丰村朱门泾、横塘河入选第12批次江苏省特色田园乡村名单。截至年底，太仓市共有江苏省特色田园乡村8个。

表5 **太仓市省级特色田园乡村一览表**

序号	区域	村庄	命名时间	批次
1	璜泾镇	杨漕村草庙	2020年9月	第4批
2	城厢镇	太丰社区花墙	2020年12月	第5批
3	浮桥镇	三市村三家市	2020年12月	第5批
4	沙溪镇	庄西村庄西	2020年12月	第5批
5	城厢镇	万丰村柴塘	2021年12月	第8批
6	浮桥镇	方桥村方家桥	2022年12月	第8批
7	双凤镇	勤力村侯巷、水溇、寺浜、朱家溇	2023年7月	第11批
8	城厢镇	永丰村朱门泾、横塘河	2023年11月	第12批

（朱琳媛）

污水处理

【概况】 2023年，太仓市共有生活污水处理厂10座，其中城东污水处理厂、江城污水处理厂由属地政府负责运营，处理能力分别为7万吨/日、2万吨/日，其余8座生活污水处理厂由太仓市水务集团有限公司负责建设、运营，处理能力为34.5万吨/日，尾水排放均达到《苏州特别排放限值标准》。有工业污水处理厂2座，分别是港城组团污水处理厂、沙溪工业污水处理厂，处理能力5万吨/日，执行《太湖地区城镇污水处理厂及重点工业行业主要水污染物排放限值》。璜泾工业污水处理厂推进建设，处理能力1万吨/日。全年全市水务集团8家污水处理厂处理污水6572万吨；COD（化学需氧量）削减量1.391万吨，BOD（生化需氧量）削减量6363吨，全年污水处理稳定达标排放。

【区域水环境治理】 2023年，太仓市水务集团配合市水务局、各区镇推进水环境治理项目，提升区域水环境。全年完成污水管网检测321千米、养护1299千米、小区管网养护174千米，完成雨污分流改造区块89个、168千米，新建及改造市政污水管54千米。3月22日，市水务集团举行

2023年4月27日，太仓市璜泾镇工业污水处理厂开工仪式举行

（徐晴奕摄）

城区水务服务中心启用暨“娄城水管家”品牌及企业精神发布仪式。以服务客户为宗旨，提升居民用水体验，确保污水达标排放，推进管网建设养护，实现城市水生态环境改善，助力现代田园城的绿色低碳发展。全市共设服务中心21个，实现市域水务服务全覆盖，保障人民日益增长的高品质用水需求。4月27日，太仓市璜泾镇工业污水处理厂项目在璜泾镇举行开工仪式。该项目计划总投资约2亿元，施工总工期671天，工程内容包括污水预处理、二级生物处理、深度处理、污泥处理、除臭设施、办公及化验辅助用房、仓库及附属建筑物等。（陈婧雯）

【城乡生活污水治理】 2023年，太仓市推进城乡生活污水治理。城东水质净化厂试运行，璜泾污水处理厂提标改造工程进水调试，通沟污泥处置工程设备安装基本完成。建成污水处理提质增效达标区9个，完成全市达标区建设87个，覆盖面积197.91平方千米；开展达标区建设“回头看”行动，巩固达标区建设成效。推进以“三消除”（消除城市黑臭水体、污水直排口、污水管网空白区）、“三整治”（整治工业企业排水、小散乱排水、阳台和单位庭院排水）、“三提升”（提升城镇污水处理综合能力、新建污水管网质量管控水平、污水管网检测修复和养护管理水平）为主要内容的城乡生活污水处理提质增效精准攻坚“333”行动，完成任务445项，新建污水管网61千米，整改提升农污设施63套。截至年底，建成污水处理总规模30.5万吨/日、污水管网2600余千米，主管网基本实现全覆盖，农污治理率100%。污水处理厂尾水排放稳定达到“苏特排”标准，污泥安全处置100%。全年全市生活污水处理量8645万吨，较上年上升14.45%。创新排水管理工作机制。修订《太仓市污水处理资金管理办法》，加强和规范污水处理费征收、拨付工作。推行污水治理特许经营权模式，提高全市污水处理行业的整体运行效率和管理水平。实现排水许可“审管执信”一站式全链管理，全年发放排水许可证639张，较上年增长214%；查处涉水案件68件，较上年增加425%，总数列苏州市第二。

【污水处理示范区建设】 2023年3月，江苏省城镇排水与污水处理工程研究中心和省城镇供水安全保障中心发文，在太仓市设立省城镇排水与污水处理工程研究中心太仓示范基地，牌子增挂在太仓市水务服务中心。供排水数字孪生项目列为水利部先行先试项目并通过验收。太仓市探索开展污水收集处理常态化监测管理示范区和污水处理提质增效高质量建设示范区建设。通过两个示范区先行先试，逐步实现“污水不入河、外水不进管、进厂高浓度、减排高效能”目标。年内，南郊、沙溪、浏河、城区、双凤5家污水处理厂建成“污水处理+光伏发电”项目。南郊、城区污水处理厂获评2023年省级优秀污水处理厂。

（周　婷）

水利设施

【概况】 2023年，太仓市完成洙泾河（飞沪大道—石头塘段）整治工程，提升娄江新城防洪、排涝能力，保障夏季灌溉用水需要，改善片区水环境。该项目为2023年太仓市民生实事项目，共拓浚整治河道2347米，新建生态护岸4659米，概算投资7289.75万元。完成钱泾塘、随塘河护坡修复及光明塘节制闸工程，提高璜泾镇沿江片区防洪、排涝、灌溉、调节水环境能力，改善区域水环境质量。工程位于璜泾镇，涉及长洲村、新海村及孟河村等3个村。主要建设内容为，新建钱泾塘护岸440米、随塘河护岸700米及其

2023年12月，太仓市南郊污水处理厂扩建提标改造完成（市水务局供稿）

2023年5月，太仓市完成洙泾河（飞沪大道—石头塘段）整治。图为整治后的洙泾河
（市水务局供稿）

支河护岸570米；拆除光明塘套闸，新建5米光明塘节制闸1座。

【防汛安全】 2023年，太仓市建立完善防汛安全保障体系，以系统思维强化防汛防台能力，筑牢防汛抗旱"安全坝"。编制《特大暴雨城市防洪避险预案》《太仓市城镇内涝防治专项规划》。《太仓市暴雨强度公式编制报告》通过专家评审，太仓成为苏州各县市中首个率先通过暴雨强度公式评审的城市。暴雨强度公式为描述降雨量、降雨历时和重现期三者之间数学关系的经验公式，对科学计算雨水排水设计流量等具有重要意义，为城市排水系统规划、设计和管理的依据。完善防汛抗旱应急预案，落实水旱灾防御措施，持续开展长江冲刷预警段水下监测和情况通报。加强工程监测，修复加固完成杨林右港堤迎水坡、圩区闸站、城区河道驳岸等。加强河湖空间管理和长效管护，拆除河道施工坝121处，开通铁路施工淤塞河道2段。对155处易积涝点分类制定整改措施，实施项目化改造16处、"微改造"12处和强化运维处置127处，提升城市排水防涝治理能力。全年全市汛期共经历强降雨15轮，累计雨量1198毫米，市水务局做好防风防雨各项措施，出动抢险队伍2000余人次，全市防汛抗旱形势总体平稳。

【水环境保护】 2023年，太仓市按照"全员参与、任务相当、就近管理、区划清晰"原则，设置巡河网格，落实每人一段"责任河"，织密河道巡查"责任网"，责任人以"水面无漂浮物、河中无障碍物、河岸无污水直排、河道管护范围内无垃圾、岸线内无违章建筑物"为目标，全年共巡河1454人次，发现问题577个，完成整改577个，整改率100%，全年全市共立案查处涉水违法案件63件，罚款26.97万元，案件查处总量位列苏州市各板块第二。年内，太仓市蝉联苏州水利建设质量工作考核A级；获苏州市2021—2022年水利建设质量工作考核A级。太仓《节约用水从我做起》获评2023年"节水中国·你我同行"联合行动最佳创意视频；市水务局获评苏州市"生态环境保护工作"先进集体。12月，由中国水利报社副社长唐瑾带领的人民日报社、新华社、中国水利报社、新华日报社、江苏卫视等中央、省级媒体组成的媒体团到太仓采访报道。

（周　婷）

气象科技

【气象预警】 2023年，太仓市地面气象测报质量较高，太仓气象站无错情，无责任性事故发生，各项数据传输顺畅，各类报表按时报送。国家站测报及时率100%，到报率100%，数据可用率100%；区域站及时率99.99%，到报率99.99%，数据可用率100%。全年全市暴雨预报准确率85.71%，寒潮预报准确率100%，高温预报准确率81.25%，晴雨预报准确率97.40%，定性预报准确率96.40%，定量预报准确率78.57%。年内，太仓市气象局获评江苏省气象局观测网络业务先进集体。

【气象防灾减灾】 2023年，太仓市气象局共完成防雷装置设计施工图技术审查项目7个、面积6616.83平方米，完成防雷装置竣工检测项目7个、面积9.41万平方米。按照苏州市气象局有关要求，做好防雷领域安全监管工作。检查太仓市防雷安全生产专项整治工作中所涉及的防雷重点监管行业及企业，全覆盖检查防雷安全重点企业171家，参与检查人员

2023年3月，航拍全国"最美家乡河"——七浦塘　（张　锷摄）

357 人次，发现防雷安全隐患 96 处，随机抽查检查企业 53 家，跟进落实整改情况。

【气象服务】 2023 年，太仓市气象台共制作发布预警信号 92 次，发送决策和预警短信 219 条、17.49 万人次，制作各类专题气象服务材料 106 期。持续做好气象预警显示终端布设和巡查维护，提升气象预报预警信息“最后一公里”传播率。持续开展气象防灾减灾进社区活动，让学生、社区居民等关注了解气象文化。开展气象预警预报服务需求及满意度调查卷，宣传气象防灾减灾知识和气象灾害应急避险知识，发放气象灾害防御手册等科普宣传资料，提升市民防灾减灾意识及应对气象灾害的自救技能。开展 2023 年“七彩夏日”气象科普宣传系列活动，让学生们在活动中探索天气的奥秘，零距离感受气象科学的乐趣和魅力。

【气象合作】 2023 年 4 月 3 日，太仓市气象局联合市文体广旅局、市消防救援大队开展文旅行业安全生产检查，联合在宋文治旧居及王锡爵故居开展文旅行业安全生产检查，全面排查整治安全隐患，最大限度化解安全风险，压紧压实安全生产责任，确保全市文化旅游行业安全稳定运行。检查组查阅景区防雷安全主体责任落实情况等台账资料，发放《雷电防护重点单位落实防雷安全主体责任清单》，实地排查雷电防护装置。检查组要求景区严格落实防雷安全主体责任，强化防雷安全生产工作意识及安全隐患排查，落实闭环整改，在保护好文物及旅游景点同时，保护好人民生命和财产安全。

（邓文斌）

生态环境

生态环境质量

【概况】 2023 年，太仓市践行“绿水青山就是金山银山”理念，放大田园城市生态优势，突出“现代田园城、幸福金太仓”生态基底，探索出一条逐绿前行、因绿而兴、绿满金生、以绿惠民的可持续发展之路。全域建设形成“一心两湖三环四园”城市生态体系，建成区绿化覆盖率 45%；推进长江大保护，开展长江岸线植绿复绿与绿化改造提升行动，高标准打造沿江“万亩绿廊”。强化生态保护修复，立体化、全方位地修复改善生态环境，全域生态环境质量持续稳定。年内，新增更新成片造林 46.68 公顷，完成森林抚育 233.33 公顷，林木覆盖率 18.91%。

【水环境】 2023 年，太仓市有饮用水源地 1 个，为太仓第三水厂水源地，全年全市集中式饮用水水源地取水总量 1.14 亿吨，饮用水水源地水质监测结果达Ⅲ类水标准。全市共有地表水国省考断面 12 个，其中国考断面 4 个、省考断面 8 个；4 个国考断面分别是长江浏河右岸、浏河塘浏河闸、杨林塘仪桥、七浦塘荡茜河桥断面；8 个省考断面分别是浏河塘振东渡口、盐铁塘新丰桥镇、新泾新泾闸、鹿鸣泾鹿鸣泾桥、老七浦塘滨江大道桥、新塘河新塘河闸、浪港浪港闸、钱泾钱泾闸断面。年内，12 个国省考断面水质优Ⅲ比例 100%，9 个国省考断面水质达优Ⅱ水平，地表水环境质量综合指数位居全省第二。

表 6　2023 年太仓市国省考断面水质监测年均值情况表

单位：毫克 / 升

序号	断面名称	所在河流	水质类别	pH	溶解氧	高锰酸盐指数	生化需氧量	氨氮	化学需氧量	总氮	总磷
1	浏河（右岸）	长江	Ⅱ	8	8.4	2.0	1.5	0.06	8.8	1.80	0.08
2	浏河闸	浏河塘	Ⅲ	8	7.1	2.4	2.2	0.27	9.5	1.67	0.10
3	振东渡口	浏河塘	Ⅲ	7.71	7.5	3.8	2.6	0.36	10.9	2.65	0.12
4	新丰桥镇	盐铁塘	Ⅲ	7.84	9.2	4.0	2.8	0.28	13	2.96	0.12
5	仪桥	杨林塘	Ⅱ	8	7.9	2.5	1.5	0.14	9.6	1.91	0.10
6	荡茜河桥	七浦塘	Ⅱ	8	7.3	2.9	1.9	0.32	9	1.61	0.09
7	新泾闸	新泾	Ⅱ	7.97	8.8	2.5	1.5	0.08	9.5	1.97	0.07
8	鹿鸣泾桥	鹿鸣泾	Ⅱ	7.94	8.6	2.2	1.2	0.08	9.3	2.10	0.07
9	滨江大道桥	老七浦塘	Ⅱ	7.96	8.6	2.7	1.8	0.14	9.2	1.95	0.09
10	新塘河闸	新塘河	Ⅱ	7.80	8.0	2.7	1.5	0.20	9.5	2.22	0.09
11	浪港闸	浪港	Ⅱ	7.99	8.9	2.4	1.4	0.07	9.0	1.87	0.07
12	钱泾闸	钱泾	Ⅱ	7.96	9.0	2.3	1.3	0.07	9.1	1.93	0.08

【空气环境】 2023年，太仓市环境空气有效监测天数365天，其中优良天数为305天，优良率83.6%，较上年上升0.6个百分点；全年污染天数为60天，其中轻度污染52天、中度污染8天，未出现AQI指数（空气质量指数）300以上的严重污染天气。细颗粒物$PM_{2.5}$年均浓度26微克/立方米，较上年上升8.3%。臭氧浓度161微克/立方米，较上年下降9.6%。太仓市共有降尘监测点位2个，分别为监测站点位和气象观测站点位。监测结果显示，2023年监测站点位降尘月均值为2.43吨/平方千米，气象观测站点位降尘月尘均值为2.14吨/平方千米；太仓市降尘月均值为2.3吨/平方千米。全年全市无酸雨发生，太仓连续三年酸雨发生率为0，降水pH均值为6.13。

表7　2023年太仓市环境空气质量监测情况表

单位：天

时间	有效监测天数	一级（优）	二级（良）	三级（轻度污染）	四级（中度污染）	五级（重度污染）	六级（严重污染）
1月	31	8	19	4	0	0	0
2月	28	15	13	0	0	0	0
3月	31	3	25	3	0	0	0
4月	30	3	22	4	1	0	0
5月	31	7	16	7	1	0	0
6月	30	6	16	5	3	0	0
7月	31	12	12	7	0	0	0
8月	31	15	11	3	2	0	0
9月	30	14	13	3	0	0	0
10月	31	8	19	4	0	0	0
11月	30	9	16	5	0	0	0
12月	31	9	14	7	1	0	0
全年	365	109	196	52	8	0	0

【土壤环境】 2023年，太仓市土壤环境质量保持稳定，全市重点建设用地安全利用率100%。6月9日，太仓市第三次全国土壤普查领导小组办公室组织专家验收太仓市第三次全国土壤普查试点成果。专家组对太仓试点成果进行逐项评分验收，数据、图件、报告三类成果专家综合平均分为95.6分，一致认为太仓市第三次全国土壤普查试点工作三类成果均合格，同意通过验收。

【声环境】 功能区噪声。2023年，太仓市功能区噪声均达到相应类别标准，达标率100%。

区域噪声。2023年，太仓市区域声环境昼间等效声级为54.6分贝，等级划分为二级“较好”；夜间等效声级为46.1分贝，等级划分为三级“一般”。

道路交通噪声。2023年，太仓市道路交通声环境昼间等效声级为63.9分贝，等级划分为一级“好”；夜间等效声级为56.7分贝，等级划分为一级“好”。

【辐射环境】 截至2023年年底，太仓市共有辐射安全许可证持证单位158家，较上年增加24家。其中涉源单位13家，包括省管单位2家，其中2家单位已不涉及放射性同位素，办理相关许可证注销手续；Ⅱ类射线装置25家，以工业企业为主，仅太仓市中医医院为医疗机构；Ⅲ类射线装置120家，其中工业企业21家，其余均为医疗机构。（秦茜茜）

工业污染源

【工业废气】 2023年，太仓市燃煤总量1454万吨，较上年增加14.5%。电力、热力生产和供应业为煤炭消耗主要行业，耗煤量1329万吨，占全市总耗煤量的91.4%。全市工业废气排放总量1659亿立方米，较上年增加20.5%。其中，电力、热力生产和供应业是废气排放量最大行业，累计排放量975亿立方米，占全市总量的58.8%。全市工业废气中二氧化硫、氮氧化物的排放量分别为3186吨、7519吨，较上年分别增加21.2%、13.5%。其中，电力、热力生产和供应业是废气污染物排放的第一大行业，二氧化硫、氮氧化物分别为2680吨、6024吨，分别占全市总量的84.1%、80.1%。全市烟（粉）尘排放量615吨，造纸和纸制品业为烟（粉）尘排放量最大行业，累计排放量287.9吨，占全市总量的46.8%。

【工业废水】 2023年，太仓市工业废水排放总量3058万吨。工业废水排放的主要行业是造纸和纸制品业，排放量2098万吨，占比68.6%。全市工业化学需氧量和氨氮排放量分别为1449吨和92吨，较上年分别下降0.2%和14%。造纸和纸制品业是全市化学需氧量和氨氮排放量最大的行业，造纸和纸制品业化学需氧量排放量1135吨，占全市排放总量的78.3%；造纸和纸制品业氨氮排放量84吨，占全市排放总量的91.3%。

【工业固体废物】2023年，太仓市一般工业固体废物产生量344万吨，综合利用量338.4万吨，综合利用率98.4%。危废产生量6.44万吨，危废处置量6.45万吨。危险废物主要产生行业为金属表面处理及热处理加工业，产生量1.62万吨，占危险废物产生量的25.16%。全市共有城镇污水处理厂10座，年产污泥量5万吨。

（秦茜茜）

生态保护

【概况】2023年，太仓市开展省级生态文明建设示范村创建工作，完成《太仓市“十四五”生态环境保护规划》中期评估。印发《太仓市生态空间管控区监督管理评估实施方案》，确保全市生态空间管控区域功能不降低、面积不减少、性质不改变。加强生物多样性保护和监测能力建设，召开《太仓市生物多样性本底调查报告》专家评审会，完成金仓湖、长洲村生物多样性观测站建设。开展生物多样性本底调查，调查发现物种1369种，调查报告显示，太仓市珍稀濒危及重点保护动植物种类丰富，水生态环境“指示物种”水蕨稳定分布，江豚频现长江太仓段，太仓复元生物多样性，生态环境持续向好。年内，推进全市23项生态环境基础设施重点工程。累计完成投资17.3亿元，年度完成投资11.7亿元。

表8　太仓市2023年度生态文明建设重点工程情况表

序号	项目名称	建设内容
1	太仓市城东水质净化厂	新建水质净化厂（污水处理厂）1座，规模15万吨/日
2	璜泾污水厂扩建项目（太仓市璜泾污水处理厂扩建及提标改造工程）	提标改造现状1万吨/日的璜泾生活污水处理厂处理设施，扩建2万吨/日的污水处理规模
3	2023年修复污水主支管工程	修复污水主支管150处
4	太仓市通沟污泥处置工程	新建通沟污泥处置站1座，处理规模80吨/日
5	2023年城乡生活污水治理工程	铺设18千米污水主支管网
6	太仓市璜泾镇工业污水处理厂工程	新建日处理规模1万吨的工业污水处理厂1座
7	太仓市沙溪镇工业污水处理厂配套管网工程	新建太仓市沙溪镇工业污水处理厂配套管网工程。主要工程内容包括废水收集管道工程、中途提升泵站工程。其中管道长度108.32千米
8	太仓市璜泾镇工业污水处理厂配套管网工程	废水收集管道工程，中途提升泵站工程
9	国能太仓发电有限公司2×630兆瓦机组全厂废水零排放综合治理改造项目	1.新建废水零排系统，采用烟气余热浓缩+二次风干燥工艺，设计处理废水量25吨/小时，每台机组设置1座浓缩塔+2座干燥填料塔。2台机组共用一套脱硫废水调质处理车间；2.新建生活污水处理系统，设置两套处理量为2×5吨/小时、采用双极MBR膜的生物反应器；3.新建一般工业废水处理系统，经pH调整、过滤处理后回用
10	中化废水综合利用项目	1.项目由雨水回收利用工程600吨/日，生产废水回收利用工程400吨/日组成；2.根据单元建设雨水处理工艺单元、污水预处理工艺单元、污水反渗透工艺单元、浓水处理工艺单元等
11	沿河地块土壤风险管控工程	启动污染地块土壤风险管控
12	原太仓农药厂地块土壤风险管控工程	启动污染地块土壤风险管控
13	太仓市垃圾分类和收转运体系提档升级项目（娄江新城项目）	总建筑面积1.17万平方米
14	太仓市垃圾分类和收转运体系提档升级项目（沙溪镇项目）	总建筑面积1.18万平方米
15	太仓中蓝环保科技服务有限公司处置医疗废物的技术改造项目	对回转窑危废处置生产线进行局部设备设施改造升级，进行适应性投料入口改造和防疫设施完善，实现新增1800吨/年的医疗废物处置能力。医废技改项目新建厂房1000平方米，用于医疗废物的贮存、周转及处置，依托现有焚烧装置配套设施改造，实现医废合规化焚烧处置

续表 8

序号	项目名称	建设内容
16	太仓市生物多样性本底调查	太仓市生物多样性本底调查工作
17	长洲村生物多样性观测站点	建成鸟类、鱼类、水生植物观测站点
18	钱泾塘、随塘河护坡修复及光明塘节制闸工程	钱泾塘新建护岸 410 米；随塘河新泾口新建护岸 700 米；拆除光明塘套闸，新建光明塘节制闸 1 座
19	洙泾河（飞沪大道—石头塘段）整治工程	拓浚整治河道 2347 米，新建生态护岸 4695 米
20	"苏州市'消劣争优'创建幸福河湖"项目	整治劣Ⅴ类水体 31 条，建设幸福河湖 70 条
21	省控气站设备更新	更新省控大气自动站部分性能指标达不到技术要求的监测设备
22	苏州市太仓环境监测站实验室搬迁建设项目	搬迁建设苏州市太仓环境监测站，总建筑面积 5400 平方米
23	太仓市浏河突发水污染事件应急防范体系建设工作	制定方案，摸清河流沿线支流分布、闸站建设情况。分析两岸风险源，确定临时筑坝点等应急处置措施，确保浏河流域发生突发水污染事件时，及时处理处置污染，减轻事故对水质影响，保护监控断面

【生态治理】 2023 年，太仓市印发《太仓市 2023 年度水生态环境保护工作计划》《太仓市 2023 年大气污染防治工作计划》《太仓市 2023 年土壤、地下水和农业农村污染防治工作计划》《太仓市 2023 年度环境监察工作计划》等。推进企业"环保经理"培训制度，落实环保经理证书年审和积分考核机制，覆盖全市重点污染监管企业，举办第二期太仓市企业环保管理人员培训，参训学员 287 人。整治"散乱污"企业 148 家，累计腾出厂房面积 14.36 万平方米、腾退土地面积约 18.33 公顷。推动生态环境损害赔偿工作，启动索赔 25 件，启动率 100%，签订生态环境损害赔偿协议 15 件，涉及赔偿总额近 27 万元。

（秦茜茜）

水资源保护

【概况】 2023 年，太仓市水域面积 256 平方千米，其中内陆水域面积 112 平方千米。全市河道分六级，共有 4458 条 3537.7 千米，其中流域性河道为长江 36.2 千米；区域性河道 5 条，分别为东西向的浏河塘、杨林塘、七浦塘、新荡茜河 4 条通江河道，南北向的盐铁塘，共 123.42 千米；太仓市级河道 20 条 197.88 千米，镇级河道 225 条 613.58 千米，村级河道 642 条 968.15 千米，生产河道 3562 条 1592.28 千米。境内主要有水利分区 4 个，即吴塘河以西的低洼圩区、吴塘河至盐铁塘之间的半高地、盐铁塘至沪浮璜公路一线的中部平原区以及沪浮璜公路以东的沿江高水片。年内，太仓市强化节水管理，落实"节水优先、空间均衡、系统治理、两手发力"治水思路，坚持走绿色、低碳、循环发展道路，全市万元地区生产总值用水量、万元工业增加值用水量逐年下降。持续保障城市节水工作，统筹推进供水、排水、节水、水环境治理等工作，提升工业企业用水效率和效益。全年全市用水总量控制指标为 27.71 亿立方米，实际用水总量为 27.27 亿立方米；万元地区生产总值用水量为 37.63 立方米 / 万元，万元工业增加值用水量为 49.75 立方米 / 万元。截至年底，太仓市创成节水型企业 65 家、节水型单位 104 家、节水型小区 46 个、节水型学校 56 所、节水型高校 1 所、节水型高速公路服务区 1 个。11 月，通过国家节水型城市复查。

【"世界水日""中国水周"系列宣传活动】 2023 年 3 月 20 日，太仓市举行

2023 年 3 月 20 日，"世界水日""中国水周"宣传活动暨联合河长周启动
（陆媛媛摄）

“世界水日”“中国水周”宣传活动暨联合河长周启动仪式。3月22日是第31届“世界水日”，3月22—28日是第36届“中国水周”。其间，太仓市举办“强化依法治水·携手共护母亲河”系列宣传活动，活动包括“节水大使”表彰、宣读节水倡议书、节水型载体授牌、“智水太仓”小程序上线、联合河长制集中签约、重点项目签约、河湖长制研究院太仓分院年度重点课题开题等活动。录制解读水土保持相关政策法规的新闻发布会，开展网络答题、“跟着河长来巡河”系列视频展播、主题征文等线上活动，组织苏沪边界长江采砂联合执法宣传活动、“微巡河”、学生看水务等线下互动活动。推行河湖长制、打造幸福河湖集群，推进“水安全、水资源、水生态、水文化”四篇水文章，全市河湖面貌实现从“清”到“美”的提升。七浦塘水质常年稳定达到Ⅲ类以上。

【沙溪服务区节水型项目入选全国高速公路运营管理优秀案例】 2023年4月，中国公路学会高速公路运行管理分会2023年学术年会暨第25届全国高速公路运行管理研讨会公布2022年全国高速公路运营管理优秀案例，沙溪服务区节水型项目入选。江苏沿江高速公路有限公司太仓沙溪服务区是G15高速上海进入江苏的第一个服务区，有南北2个服务区，占地面积约19公顷，总建筑面积1.8万平方米。南、北服务区均建蓄水容积60立方米的雨水收集系统，实现年节水4000立方米。北服务区内建有日处理能力200立方米的污水处理站1座，实现污水资源化，年节约自来水5.5万立方米。投资110万元更新全服务区卫生器具，年节水6000立方米；建设智慧服务区物联网综合管理平台，实时监控全部用水部位，深化智慧水务项目建设，加快构建智慧水务体系，把智慧水务建设打造成国内县级水务信息化的示范工程。

【河长制工作】 2023年，太仓市持续建立“党建+河长制”工作机制，率先在苏州建立“河长+检察长”协作机制，强化联合治水。全市58条交界河道建立联合巡河、共同保洁、信息共享工作机制。打造香塘村、方桥村等多个幸福河湖群示范样板，形成独具水乡特色的沙溪古镇老七浦塘特色历史水街。召开全市河湖长制暨高质量推进城乡生活污水治理工作会议，印发《全市水环境整治提升行动实施方案》。建立分片区挂钩指导机制，清单化推进市级重点督办水环境整治项目18个。健全河长履职考评机制，深化区镇河长办实体化运作，每月编制《太仓河长制工作简报》《全市水环境整治提升工作推进情况的通报》，市镇村三级河长累计巡河9.5万次，完成苏州市级“一事一办”任务19项、“一河一策”任务384项、交办单7份。推行“党建+河长制”工作模式，成立行动支部、党建联盟。

【嘉太跨界河湖协同治理】 2023年，太仓市深化“联合河长”工作机制，推动嘉太跨界河湖协同治理，研究浏河塘、老浏河周边水系沟通与生态修复方案。太仓科教新城新丰社区与上海嘉定工业园区雨化村地域相连，有黄姑塘等跨界河道3条。两地以“共商、共治、共管”原则，持续深化联合河长制协作机制。11月7日，嘉太联合河长制现场推进会在黄姑塘生态湿地召开，两地分别聘请跨界河湖长，共同助力提升交界区域水生态环境质量，开启两地交界河道生态治理新篇章。活动现场，双方共同向黄姑塘投放鱼苗，所投鱼苗适应性强，促进形成河水中生物链、平衡水系生态环境、修复沿河水域生态环境。

【劣Ⅴ类水体整治】 2023年，太仓市劣Ⅴ类水体基本消除。整治完成劣Ⅴ类河道18条，累计完成劣Ⅴ类水体整治121条、销号108条。巩固黑臭水体整治成效，常态化开展水质监测。全市重要江河湖泊水功能区水质达标率100%，地表水环境质量稳居全省县级市第二。年内，浏河塘、杨林塘等7条河湖（群）获评2022年度苏州市级（示范）幸福河湖。

【幸福河湖建设】 2023年，太仓市推行“水岸同治、上下协调、左右联动、流域共治”系统治理理念，围绕七浦塘、盐铁塘、浏河塘等骨干河道，统筹推进周边镇村特色田园乡村、水美乡村建设，打造兼具生产性和观赏性的沿线连片美丽乡村风貌带。推进全域幸福河湖成群连片建设。年内，创建幸福河湖110条，累计创建幸福河湖376条。编制完成金仓湖、天镜湖、凤凰湖三个湖泊的“一湖一策”方案。加速推进金仓湖现代农业示范片区农污资源化利用等首批水环境整治提升重点项目7个。9月，太仓市发布《太仓市幸福河湖群评价办法（试行）》，系全省首发、全国首

2023年11月16日，太仓市与上海市嘉定区签署跨界河流水环境共治协议
（市水务局供稿）

2023 年 8 月，浏河塘通过苏州市级（示范）幸福河湖验收
（市水务局供稿）

创关于幸福河湖群建设评价工作的县级版本，为全面推进太仓幸福河湖群建设树立指标体系。以东林村、万丰村、方桥村、香塘村等幸福河湖群为示范样板，推进全域幸福河湖成群连片建设。建成东林村名人水街，构建水下森林水生态系统。建成投用七浦水文化展示馆，绿化提升七浦塘沿线，打造口袋公园，持续改善河道水质和沿线景观品质。聚焦天镜湖、阿尔卑斯国际度假区、城厢电站生态园、浏河七十二家理想村等农文旅重点项目周边河道，开展精品河湖示范项目治理方案论证，制订水环境提升、水生态修复方案。

表 9　2023 年太仓市幸福河湖建设情况表

镇（街道）	村（社区）	河湖名称	河道 / 湖泊等级	起讫位置	
				起点（河湖名称或地标名称）	终点（河湖名称或地标名称）
浮桥镇（含港区）	时思社区	奚心泾	镇级	老荡茜	鹿鸣泾
浮桥镇（含港区）	牌楼社区	罗凉河	村级	牌楼高标准农田	塘泾
浮桥镇（含港区）	浪港村	庵弄新开河	村级	庵弄灌区 3 号河	庵弄灌区 6 号河
浮桥镇（含港区）	七丫村	七丫新开河	村级	杜泾	梅园泾
浮桥镇（含港区）	方桥村	家东泾	村级	方桥高标准农田	方池河
浮桥镇（含港区）	方桥村	长泾河	村级	老丁泾	南张浦
浮桥镇（含港区）	方桥村	王家宅河	村级	方桥高标准农田	方桥高标准农田
浮桥镇（含港区）	方桥村	南横港	村级	老丁泾	南张浦
浮桥镇（含港区）	方桥村	老丁泾	村级	南横港	茜泾河
浮桥镇（含港区）	方桥村	方池河	村级	家东泾	长泾河
浮桥镇（含港区）	三市村	蔬菜配送基地东侧河	村级	北塘	庙泾
浮桥镇（含港区）	三市村	周晓峰宅前河	村级	北塘	庙泾
浮桥镇（含港区）	三市村	冯家塘	村级	北塘	庙泾
浮桥镇（含港区）	三市村	新泾塘	村级	北塘	庙泾
浮桥镇（含港区）	三市村	北塘	村级	新泾河	冯家泾
浮桥镇（含港区）	牌楼社区	大泾河	村级	罗凉河	五金城西
浮桥镇（含港区）	建红社区	慈善公园河	村级	慈善公园	慈善公园
浮桥镇（含港区）	建红社区	建红新开河	村级	庙泾	花蒲河
浮桥镇（含港区）	建红社区	庙泾	村级	沈家浜	花蒲河
浮桥镇（含港区）	建红社区	宋家泾	村级	庙泾	南环路

续表 9

镇（街道）	村（社区）	河湖名称	河道 / 湖泊等级	起讫位置	
				起点（河湖名称或地标名称）	终点（河湖名称或地标名称）
娄东街道	城北社区、华盛园社区、花北社区、香花桥社区	横一河	镇级	盐铁塘	兴业路
娄东街道	城北社区、华盛园社区、香花桥社区	王家泾	镇级	盐铁塘	十八港
娄东街道	华盛园社区、柳园社区、洋沙社区、荷塘社区	城北河	镇级	盐铁塘	北中心河
娄东街道	东郊社区、荷塘社区	八佰泾	镇级	常胜北路	十八港
娄东街道	东郊社区、裕珑社区、太胜社区	界河	镇级	小半泾	十八港
娄东街道	东郊社区、荷塘社区、太胜社区	北中心河	镇级	庙龙泾	界河
娄东街道	滨河社区	刘家河	镇级	东城河	半泾河
娄东街道	娄江社区、太胜社区	一号河	镇级	娄江河	十八港
娄东街道	华盛园社区	纵一河	镇级	湖川塘	城北河
娄东街道	东郊社区	清福泾	镇级	娄江河	四通路
娄东街道	荷塘社区	庙龙泾	镇级	北中心河	十八港
娄东街道	太平社区	北城河（高新区段）	镇级	太平路	东城河
娄东街道	东郊社区、洋沙社区	小半泾	镇级	城北河	县府街
娄东街道	朝阳社区、惠阳社区	南城河	镇级	樊泾河	东城河
娄东街道	朝阳社区	相公河	镇级	樊泾河	东城河
娄东街道	朝阳社区、惠阳社区	团结河	镇级	致和塘	浏河塘
娄东街道	香花桥社区	兴业路 2 号浜	村级	四通路	十八港
陆渡街道	横沥村、洙泾村	胡家港	镇级	洙泾	浏河塘
陆渡街道	小桥村	划船泾	镇级	腰泾	湖川塘
陆渡街道	小桥村	湖川塘	市级	G15 高速	马如港
科教新城	南郊社区	南郊河	镇级	天镜湖	盐铁塘
科教新城	常丰社区、文渊社区	中心河	镇级	天镜湖	东老浏河

续表 9

镇（街道）	村（社区）	河湖名称	河道 / 湖泊等级	起讫位置	
				起点（河湖名称或地标名称）	终点（河湖名称或地标名称）
科教新城	南郊社区、鹊桥社区	老浏河	镇级	天镜湖	204 国道
科教新城	常丰社区	赵家河	镇级	天镜湖	范家河
科教新城	南郊社区	后朝泾	村级	204 国道	浜梢
科教新城	城南社区	桔园小河	村级	桔园小区	桔园小区
城厢镇	南园社区	南长春河	镇级	西城河	长埭路
城厢镇	南园社区、康乐社区、西区社区、德兴社区	西城河	镇级	浏河塘	北城河西段
城厢镇	德兴社区	北城河西段	镇级	盐铁塘	西城河
城厢镇	胜泾村、新农村	向阳河	镇级	城蓬路	大长泾
城厢镇	新农村、永丰村	古浦	镇级	吴塘河	上海交界
城厢镇	胜泾村	陈门泾	村级	吴塘河	向阳河
城厢镇	胜泾村	新农路河	生产河道	杨泾河	黄姑塘
城厢镇	东林村	牛车泾	村级	半泾河	内陆
城厢镇	东林村	北吊溇	村级	半泾河	南吊溇
城厢镇	东林村	南吊溇	村级	北吊溇	洙泾河
城厢镇	东林村	九号河	村级	半泾河	新开水街
城厢镇	东林村	新开水街	村级	牛车泾	内陆
城厢镇	东林村	洙泾河	村级	半泾河	南吊溇
城厢镇	东林村	横沥河	镇级	金仓湖	顾门泾
城厢镇	东林村	横河	村级	横沥河	侯塘
城厢镇	东林村	施家浜	村级	十八港	内陆
城厢镇	南区社区	樊泾河	镇级	相公河	致和塘
城厢镇	东区社区、县府社区	致和塘（中段）	镇级	盐铁塘	太平路
城厢镇	中区社区	北城河（中段）	镇级	盐铁塘	太平路
城厢镇	南区社区、东区社区	东长春河	镇级	盐铁塘	樊泾河
沙溪镇	项桥村、虹桥村	渠泾	镇级	毛漕塘	洋漕
沙溪镇	项桥村	张泾河	镇级	G15 高速	洋漕
沙溪镇	项桥村	庙浜	村级	新七浦庙浜涵洞	项桥小区内
沙溪镇	项桥村	崔家湾	村级	新七浦崔家湾涵洞	白云路

续表 9

镇（街道）	村（社区）	河湖名称	河道 / 湖泊等级	起讫位置	
				起点（河湖名称或地标名称）	终点（河湖名称或地标名称）
沙溪镇	项桥村	钱家浜	村级	归项线	渠泾
沙溪镇	项桥村	侯塘	村级	项新线	陈泾
沙溪镇	项桥村、庄西村	毛漕塘	镇级	新七浦毛漕塘北闸	渠泾
沙溪镇	庄西村	郁家浜	村级	渠泾	庄西小区北
沙溪镇	庄西村	横浜	村级	庄西酒庄东	G15 高速
沙溪镇	太星村	姚浜	村级	柳夏泾	雄心河
沙溪镇	泥桥村	直北圩	镇级	七浦塘	陆泾
沙溪镇	印北村	周泾	镇级	金丝漕	陈水泾
沙溪镇	半泾村	张青河	村级	七浦塘	周庄泾
沙溪镇	新建村	杜泾河	镇级	石头塘	千步泾
沙溪镇	胜利村	双刘浜	村级	南横沥	经三路
沙溪镇	虹桥村	陆泾	镇级	盐铁塘	洋漕
沙溪镇	渠泾村	进贤泾	镇级	沪通铁路	聚丰路
沙溪镇	洪泾村	晒浜	村级	北横沥	金丝漕
沙溪镇	香塘村	漕头塘	村级	沙溪璜泾交界	新开河
沙溪镇	塘桥村、岳星村	千步泾	镇级	黄泥泾	长浜口
浏河镇	闸北村、新闸村	墅沟河	镇级	西官路沟	桃源泾
浏河镇	闸北村、新闸村	洋子泾	镇级	五号河	西官路沟
浏河镇	何桥村	向阳河 2（浏岛）	镇级	小塘子河	苏张泾
浏河镇	闸北村	盘松河	村级	墅沟河	老汤泾
浏河镇	何桥村	牛路泾	村级	洙泾河	新开横河
浏河镇	何桥村	新开横河	村级	小黄泥泾	横浜
浏河镇	何桥村	新开河	村级	南陈蒲塘	洙泾河
浏河镇	万安村	横河	村级	河塘	毛家湾
浏河镇	何桥村	西北沟	村级	洙泾河	钱泾河
浏河镇	何桥村	陈家湾	村级	新区交界	马路塘
浏河镇	何桥村	何桥小区北新开河	村级	西北沟	横浜
浏河镇	万安村	界娄	村级	339 省道	谢宅河
浏河镇	新塘村	河塘	村级	339 省道	洙泾河
璜泾镇	新华村	迷泾	村级	新华村 32 组	新华小桥
璜泾镇	永乐村	白塘	村级	346 国道	346 国道

续表 9

镇（街道）	村（社区）	河湖名称	河道 / 湖泊等级	起讫位置	
				起点（河湖名称或地标名称）	终点（河湖名称或地标名称）
璜泾镇	永乐村	周家浜	村级	老荡茜河	七浦塘
璜泾镇	永乐村	朱沟泾	村级	荷花中心路	杨泾塘
璜泾镇	孟河村	乌几塔	村级	乌几塔河伍鹿路	乌几塔河伍鹿路
璜泾镇	长洲村	周介泾	村级	中心河	外随塘河
璜泾镇	孙桥村	孙桥荷花池	村级	白荡路	白荡路
璜泾镇	新联村	团泾	村级	新联村 24 组	新联村 17 组
璜泾镇	雅鹿村	荷花池	村级	雅鹿村 32 组路边	花木路西路
璜泾镇	杨漕村	莳泾	村级	草王线	鹿河交界
璜泾镇	荣文村	环池	村级	小璜泾塘东	永乐交界西
璜泾镇	王秀村	过仓浜	村级	石头塘朱家泾边	湘杨路边
双凤镇	庆丰村	徐泾	镇级	盐铁塘	半泾
双凤镇	庆丰村	顾门泾	镇级	盐铁塘	半泾
双凤镇	庆丰村	缪泾	镇级	盐铁塘	陈四浜
双凤镇	新卫村	黄泥漕	镇级	太平河	古塘河
双凤镇	黄桥村	腰娄	镇级	周市交界	吴塘
双凤镇	维新村	西小腰娄	村级	宋家浜	吴塘
双凤镇	维新村	宋家浜	村级	湖川塘	石家港
双凤镇	新湖村	丁江门	镇级	金鸡河	吴塘
双凤镇	勤力村	潘泾	镇级	常熟交界	吴塘
双凤镇	新湖村	西水沟	村级	杨林塘	秦冈门

（周　婷）

长江大保护

2023 年 12 月，长江太仓段水上公共安全共建区成立　（市公安局供稿）

【概况】 2023 年，太仓市持续推进长江国家文化公园（太仓段）建设，科学规划空间布局。以长江太仓段沿线文物和文化资源为主干，突出入海口、出海处区位优势，明确以港区（浮桥镇）、沙溪镇、浏河镇、璜泾镇为核心区，高新区、城厢镇、双凤镇为拓展区，打造长江国家文化公园（太仓段）“最美窗口”，推进长江文化遗存保护，展现长江文化价值内涵，推进长江沿线生态守护和长江文旅融合发展、展现江南水乡原真风貌。全市统筹整合涉水域部门执法资源，落实长江大保护部署要求，多维度开展长江公共安全、生态经济保护工作，形成协同作战、优势互补、水域共治的良好治理格局。12月，长江太仓段水上公共安全共建区成立。通过长江水上基层治理全要素协同联动，开展长江生态保护、加强联合执法、应急处置、打击违法犯罪，从源头上防范风险隐患，化解矛盾纠纷等，完善长江太仓段水上治安防控体系，建立健全水域联合执法管理长效机制，共同开展好长江生态共护、风险隐患共治、矛盾纠纷共查、联动巡逻共防、应急事件共处、党建共建共创等工作。 （陈 虹）

▲资料链接

长江国家文化公园（太仓段）主要建设项目

1. 长江沿线文化带。从北向南串联起长江生态文化弘扬区（璜泾镇）、郑和文化核心展示区（港区）、长江口文旅融合区（浏河镇）三个重点建设片区。

2. 浏河集中展示带。浏河亦称娄江，流经太仓24千米。与吴淞江、东江并称太湖三江，其历史可追溯到夏禹时期，为太湖水排泄入海的三条重要水道之一。浏河为太仓母亲河，孕育出璀璨绚烂的娄东文化。

3. 七浦塘文脉保护带。七浦塘自古为太湖下游东北部“三十六浦”之一。西受阳澄诸湖之水，向东流经吴塘、盐铁塘，经沙溪古镇，至浮桥七丫口入长江。七浦塘沿线文化带自东向西，串联江南水乡传统利用区（沙溪镇）等重点项目、片区。

4. 杨林塘水乡风情带。杨林塘是阳澄水网一条重要通江河道，以杨林塘为轴，串联沿河两岸金仓湖公园、玫瑰庄园及东林村、万丰村、电站村、勤力村4个行政村，做好长江沿线传统村落、传统建筑风貌保护和活化利用，因地制宜打造一批历史底蕴深厚、地域特点显著的特色村镇。

【长江水上治安防控】 2023年，太仓市公安局强化水域治安整体防控能力建设，打击生态环境领域突出违法犯罪，联合长江航运公安太仓派出所、太仓海事局、市农业农村局等健全完善联合巡逻机制，吸收义务巡堤员、江豚巡护队、环保志愿者、水上救援队等力量参加巡防队伍，发展壮大群防群治力量，构建以长江水上公安力量为骨干、涉水行政单位及群防群治力量共同参与的长江“大巡防”工作格局。12月21日，开展长江太仓段联合巡航执法行动，围绕维护航道秩序、打击违法犯罪、整治风险隐患等，完善长江太仓段水上治安防控体系建设，保障辖区内水域安全稳定。 （成 波）

【“法润太仓·法护长江”集中宣传教育】 2023年2月1日至3月20日，太仓市开展“法润太仓·法护长江”集中宣传教育活动。贯彻落实《中华人民共和国长江保护法》（以下简称《长江保护法》），加强对《长江保护法》立法目的、适用范围以及规划管控、资源保护、水污染防治、生态环境修复、绿色发展的基本原则等重点内容的宣传，提升《长江保护法》知晓率，引导全社会增强“共抓大保护、不搞大开发”的政治自觉、思想自觉和行动自觉，促进公民法治素养提升，在法治轨道上共同推进长江保护各项工作。制作发放长江大保护法治文化产品，在辖区内车站、码头、船舶、公园、广场、景区、村（社区）等重点区域，运用广告牌、LED显示屏、宣传栏、墙报板报，以及普法微博微信、门户网站、客户端等新媒体普法矩阵开展广泛宣传，加强长江保护法治宣传教育，营造长江保护法治氛围，将《长江保护法》纳入领导干部应知应会法律法规清单，落实党委（党组）理论学习中心组学法、政府常务会议学法、旁听庭审、行政机关负责人出庭应诉等制度。开展沿江、涉江企业“法律体检”“法律帮扶”，提供环保风险防控建。 （陈 虹）

【长江流域退捕禁捕工作】 2023年，太仓市打击非法捕捞，规范垂钓行为，纵深推进“长江大保护”工作。市市场监管局累计发放宣传资料5000余份，查处违法案件1起。针对“涉网”投诉举报增加、线下线上违法行为“迸发”的新趋势，提出“数字+铁拳”的案件查办模式，探索推出网络综合监管“云箭”工程，组建太仓市场监管网络综合作战中心，开展网络交易监测和互联网网络广告信息监测，重点运用网安的“中科天玑”系统，针对网络食品销售和长江禁捕等领域开展短视频、直播带货监测。开展网络广告主体监测1800条、网络交易监测7000余条、短视频监测1200条、专项事项监测800余条。年内，市农业农村局建立长江禁渔“宣传防线”，沿江设立长江禁渔公示牌和宣传牌37块，发放宣传册700余份，发送短信48万条。

【长江禁捕执法威慑】 2023年，太仓市优化机构职能、加强人员力量配备、厘清职责边界，立体化协作、织密防范巡查“一张网”，提升太仓市渔政监管执法能力。设立长江禁捕指挥调度中心，搭建长江禁渔信息化监控平台，提升禁渔信息化监管水平。建设长江禁渔智能化监控系统，沿江布设监控探头77个，实现长江太仓段监控无死角全覆盖。组建乡镇护渔员50人，与17家企业签订“十年禁渔”承诺书。构建水、陆、空并行的巡查网络，市、镇、村三级联动的组织架构，捕、贩、销三方共抓的执法体系，织牢禁捕防控网。加强交界水域执法巡航，推动左右岸、上下游执法联动常态化。加强长三角区域联合执法，市农业农村局与上海市宝山区农业农村委员会执法大队、长航公安、上海市公安局宝山分局水上治安派出所、太仓市公安局水警大队签订《长江禁渔联合执法工作协议》。3月1日，太仓市、上海市崇明区、南通市海门区、常熟市的农业、公安、海事以及长航公安等，在崇太虞海交界水域开展长江禁捕春季联合执法巡航，严防非法捕捞长江刀鲚、鳗鱼苗等违法行为发生，出动执法人员40余人，巡航20余千米。开展打击刀鲚非法捕捞“利刃”系列专项执法行动、长江禁捕执法“春季百日攻坚”专项执法行动，落实24小时禁渔执法驻守和重点区域蹲点驻守。年内，市市场监管局累计开展跨部门跨区域联合执法行动12次，打击非法捕捞和销售行为。市农业农村局出动执法人员2000余人次、执法船艇130余艘次，监控平台检查300余次，清理涉渔“三无”船舶6艘，查处涉长江禁捕行政案件228件，行政处罚金额14.01万元，移送公安司法机关7件、8人，接收检察院移交案件13起、17人。

（寿 芸 宋 健）

【水生生物资源监测】 2023年，太仓市守护长江水生生物资源，守护长江生态绿廊。市农业农村局做好水生生物丰富度、水体环境洁净度、水域执法力度等工作。增加水体环境洁净度，推进农业面源污染治理。加强畜禽粪污资源化利用，推进养殖尾水污染防治，推广虾蟹混养、稻渔综合种养等生态养殖模式。与中国水产科学研究院淡水渔业研究中心合作，构建长江水域水生生物资源动态资料库。连续17年开展增殖放流活动，累计放流水生生物苗种2000万尾。强化沿江涉渔工程监管，与江苏省交通工程建设局、沪杭铁路客运专线股份有限公司签订《生态保护与补偿协议》，严格落实海太过江通道、北沿江高铁工程施工期与运营期生态保护措施，降低工程对渔业资源影响。（宋 健）

污染防治

【大气污染防治】 2023年，太仓市完成产能淘汰、锅炉整治、VOCs（挥发性有机物）综合治理、扬尘控制等大气污染防治工程项目401个。淘汰国三及以下柴油车1518辆，宣传新能源叉车优势，更新淘汰柴油叉车650辆。落实排放大户友好减排措施。推动清洁原料替代工作，摸底调查全市有机溶剂使用企业，编制下达清洁原料替代工作方案。推进铸造行业大气污染综合治理，完成21家铸造企业“一企一策”专项治理方案，落实治理要求。加强建筑工地扬尘防治督查检查，严格落实“六个百分百”（工地周边百分百围挡、物料堆放百分百覆盖、出入车辆百分百冲洗、施工现场百分百硬化，土方开挖百分百湿法作业、渣土车辆百分百密闭运输）要求，每日检查工地扬尘管控情况，建立工地扬尘污染防治长效机制。

【水污染防治】 2023年，太仓市针对水质不稳定达Ⅲ类标准的断面，开展重点断面“一断面一方案”攻坚行动。围绕市考断面攻坚克难，成立市、镇两级水质治理专班，多次组织召开专题及现场会议，推动水污染治理工程项目落地见效。开展城镇区域水污染物平衡核算，查找区域范围内污水收集短板，提升城市污水集中收集处理率。针对管网破损、错接漏接情况，实施EPC管网查漏补缺工程，并按需建设多套临时分布式污水处理设施。推动工业废水与生活污水分类收集、分质处理，完成4座城市污水厂及62家纳管企业评估工作。在前期排查、检测、溯源基础上，对232个长江入河排污口再排查，形成问题清单交办属地整治。保障长江干流水质，制定《太仓市长江太仓段干支流水质保障工作方案》《长江干流水质保障隐患排查问题清单》，强化部门协作，凝聚工作合力，建立联合会商机制，强化水质监测预警，开展精准溯源排查，以支流保干流，确保长江干流水质稳定达Ⅱ类标准。

【土壤污染防治】 2023年，太仓市坚持“预防为主、保护优先、分类管理、风险管控、污染担责、公众参与”原则，推动土壤污染防治各项工作，持续打好“净土保卫战”。全市土壤环境质量总体保持稳定，农用地和建设用地土壤环境安全得到基本保障，土壤环境风险得到基本管控。年内，督促21家重点监管单位开展土壤污染隐患排查“回头看”。完成太仓港经济开发区化工园区地下水环境状况详细调查评估，探索开展地下水污染风险管控与修复试点工作。加强对太仓农药厂地块土壤污染风险管控和城厢镇沿河2号地块土壤污染修复治理的全过程监管。加快推进26个高风险遗留地块、24个关停的高风险在产企业地块及44个优先监管地块的土壤污染风险管控和修复。严格污染地块用地准入，优化土地开发和使用，确保重点建设用地安全利用率100%。提升改造农污处理设施56座，加强长效运维管护，确保水质达标。推进环太湖地区城乡有机废弃物处理利用示范区建设，开展中期评估。推广“东林模式”，在东林村生态循环农业典型的基础上，以循环经济为设计理念，以区域统筹为布局策略，以浮桥镇初腐熟物料深加工制备商品有机肥厂项目为重点，辐射打造沙溪镇、浏河镇、浮桥镇、璜泾镇、双凤镇、陆渡街道等6个分初腐熟中心，形成“一厂六中心”农业有机废弃物综合资源化利用体系。依托中央农作物秸秆综合利用重点县建设项目试点经验，复制推广示范秸秆区域定点轻简堆肥模式，创新农业废弃物就地就近消纳利用途径，园林绿化废弃物、畜禽粪污、秸秆综合利用率100%。

【“无废城市”建设】 2023年，太仓市印发《太仓市“十四五”期间“无废城市”建设实施方案》，强化源头减废、循环利用和风险管控，探索推进“无废园区”“无废集团”建设。启动覆盖高关注、高产（用）量、高环境检出率，优评优控化学物质4000余种，涉及行业大类15个、行业小类122个，共调查统计企业2599家。推动涉废企业系统管理“应纳尽纳”，督促1700家危险废物产生单位纳入全生命周期系统，427家企业纳入小微ERP系统（企业资源计划，为企业提供决策运行手段的管理平台）管理。全市危废处置能力36.89万吨/年，清洗废旧包装容器158.45万个/年，小量危废收集能力1.55万吨/年。

表10 “十四五”期间太仓市“无废城市”建设任务分解情况表

序号	主要任务	实施内容
1	强化顶层设计引领，统筹固体废物综合管理	编制“无废城市”建设实施方案 健全固体废物管理机制

续表 10

序号	主要任务	实施内容
2	加强工业固废综合利用，推进绿色生产	推进工业固废源头减量和综合利用 强化危险废物全生命周期监管
3	促进生活源固废资源化，倡导绿色生活	推进生活垃圾分类 探索再生资源高效应用
4	支持建筑垃圾循环再生，推广绿色建筑	促进建筑垃圾循环利用 构建建筑垃圾监管体系
5	提升农业废弃物利用率，发展绿色农业	推动农业废弃物循环利用
6	完善“无废城市”体系配套，保障建设实效	健全“无废城市”制度体系 健全“无废城市”市场体系 健全“无废城市”监管体系 健全“无废城市”技术体系

表 11 “十四五”期间太仓市“无废城市”市场体系建设任务清单一览表

序号	领域	名称	制度内容
1	生活源固体废物	再生资源回收网络体系	指导社区回收网点、区域分拣中心为主体的再生资源回收网络体系建设
2	农业固体废物	农业再生资源产品市场体系	开展农业再生资源产品供销体系建设
3		秸秆收储运体系	建立政府引导、企业为龙头、专业合作经济组织为骨干、农户参与的秸秆收储运管理体系
4		农膜回收市场体系	合理布局回收站（点），建立健全县级收贮中心、乡级定点收贮、基层网点回收的工作体系，建立“政府扶持、市场主导、多方回收”的废旧农膜回收体系
5		养殖场与农作物生产用田结合消纳机制	建立养殖场与农作物生产用田结合消纳机制，定点定区域处理畜禽粪污，打造农牧循环生态链条
6	危险废物	规范危险废物处置市场化运营	强化危险废物处置市场信息公开，完善危险废物处置供需共享和自主选择平台，保障危险废物产生单位、利用处置单位等各类市场主体权利平等、机会平等、规则平等。从严整顿危险废物利用处置行业，保障市场公平有序，提升行业整体污染防治水平

表 12 “十四五”期间太仓市“无废城市”监管体系建设任务清单一览表

序号	领域	名称	制度内容
1	工业固体废物	“无废园区”试点开展工业固废信息化监管	开展“无废园区”试点建设，推动园区固废信息化管理平台，将产废单位逐步纳入固废信息化管理平台，全流程监管固废的产生、运输、收集、处置
2		工业固体废物专项调查	结合排污许可申报及一般工业固废台账管理等工作，调查统计全市一般工业固废产生量、类别、贮存、转移、利用处置等情况
3		企业一般工业固废管理责任落实等专项培训	针对企业，开展一般工业固废管理责任落实等专项培训，加强对企业的法律宣传和教育等各种措施，使本市的一般工业固废源头管理日臻完善
4	建筑垃圾	建筑垃圾处置企业信用评价	建立守信失信联合奖惩机制，完善建筑垃圾处置相关企业信用评价办法

续表 12

序号	领域	名称	制度内容
5	农业固体废物	尾菜资源化利用考核	协助完成尾菜资源化利用列入苏州市绿色蔬菜保供基地的考核内容，提高蔬菜废弃物资源化利用率
6		畜禽粪污发酵罐在线监管	推进畜禽粪污处理配套设施升级，推动粪污发酵罐24小时在线监管
7	危险废物	危险废物处置利用能力建设	定期评估全市危险废物处置利用能力，持续推进危险废物处置利用能力建设，保障危险废物处置需求
8		开展经营单位规范化评估	定期开展危废经营单位规范化评估，督促企业提升污染治理水平
9		建立重点环境风险防控体系	建立完善网格化的固体废物巡查机制，以“一园一策”“一企一策”模式推动建立重点环境风险源防控体系。建立完善危险废物重点监管单位清单，全面实施危险废物全生命周期监管，加强危险废物流向监控
10		危废经营单位规范化运营专项排查	加强危险废物利用处置单位规范化建设运营，依法查处超范围超规模经营、非法处置危险废物、超标排放的经营单位
11		危险废物专项整治行动	严厉打击危险废物非法转移处置倾倒等违法犯罪行为
12	综合	应用卫星遥感强化固体废物监管	利用卫星遥感结合图像智能识别技术，实现区域固体废弃物倾倒、违规贮存等环境污染、生态破坏现象的非现场智能排查

【“无废太仓”宣传】 2023年，太仓市面向党政机关、学校、社区、家庭、企业开展生态文明教育，将绿色生产方式和生活方式等“无废城市”理念教育纳入培训教育体系。利用太仓文旅特色，结合水乡、运河、园林、古镇等景区保护，强化宣传引导。结合限塑规定及太仓市低值可回收物回收利用工作，加大生活垃圾分类宣传力度，建立常态化宣传工作机制，发挥主流媒体舆论导向作用，注重典型引路、正面引导，在太仓电视台、《太仓日报》等媒体开设垃圾分类专栏，报道垃圾分类政策措施及成效。加强对各类人员的垃圾分类培训：强化学校教育，以青少年为重点，将垃圾分类纳入各级各类学校教育内容；单位、社区通过组织志愿者、发动物业等方式，针对新入职、新入户（新租客）等人员，开展全覆盖入户宣传，重点告知分类要求，居民清洁屋位置、投放时间段及违规处罚条款，提高群众参与率及投放准确率。酒店、旅游、家政等行业制作宣传单页或电子告知书，对住店旅客、游客、家政从业人员开展垃圾分类知识宣传。（秦茜茜）

节能减排

【工业节能】 2023年，太仓市坚持以生态文明建设为统领，以推进绿色发展为主线，落实国家、省、苏州市的决策部署，围绕苏州市政府下达太仓市的节能指标，推进节能降耗工作。全年全市规模以上工业综合能源消费量671.09万吨标准煤，较上年上升10.33%；规模以上工业万元产值能耗0.21吨标准煤，较上年上升8.37%。规模以上工业增加值能耗（当量）较上年上升7.12%。

【工业绿色转型升级】 2023年，太仓市推进绿色制造体系创建，打造一批制造业绿色转型升级的示范标杆。市工信局鼓励企业实施节能改造和绿色制造项目，推荐先进企业创建工信部“绿色工厂”和“绿色产品”，单位产品能耗领先的企业推荐创建省和国家“能效领跑者”企业。江苏宝洁有限公司和新大洲本田摩托（苏州）有限公司2家企业获评国家级“绿色工厂”，舍弗勒（中国）有限公司、苏州良浦节能新材料股份有限公司、太仓中集冷藏物流装备有限公司等8家企业获评省级“绿色工厂”，娄城环保（苏州）有限公司、碧辟（中国）工业油品有限公司、太仓阿尔派电子有限公司等11家企业获评苏州市市级（AAA）绿色工厂（第一批）。开展重点企业“能效对标”活动，促进企业节能降碳、提质增效，苏州瑞高新材料股份有限公司、慕贝尔汽车部件（太仓）有限公司、中广核三角洲（江苏）塑化有限公司等3家企业获先进称号。

【节能监察执法】 2023年，太仓市健全节能执法体系和流程，加强事中事后监管，督促企业落实节能主体责任，严格执行节能法律法规。市工信局加强重点用能企业管理，开展节能监察执法，推进节能绿色改造和绿色制造体系建设，助力全市工业转型升级和绿色低碳发展。年内，太仓市节能监察中心查阅企业能源消耗和设备台账、计量器具配备、能源管理制度等资料，核算单位产品能耗，查勘企业生产工艺及用能设备情况。完成节能监察企业5家，配合省节能监察中心开展全社会重点用能单位专项监察、工信

2023 年 7 月 10 日，太仓市全国节能宣传周启动仪式在市企业服务中心举行（市工信局供稿）

部工业专项监察等项目 7 个，配合苏州市节能监察中心开展节能监察企业 12 家。（张文贝）

【公共机构节能】 2023 年，太仓市推进生态优先、节约集约、绿色低碳的高质量发展，借助发展新兴产业、加强源头控制、淘汰落后产能、提升绿色化水平等方式，拓宽能耗空间，提高能源利用效率。加强节能工作的组织监管，推动工业企业资源集约利用，加强节能监察等各类节能监管方式，各重点用能企业严格落实节能主体责任。市公共机构节能办排查全市公共机构建筑能耗情况，走访“单位建筑面积”能耗超约束值的单位 12 家，重点检查空调机房等高能耗设备，督促能耗实现同比下降。推进全市公共机构屋顶光伏建设工作，新增屋顶光伏项目 4 个，建设面积 1.79 万平方米。实施行政中心能源费用托管项目，完成能源审计、专家评审工作。加强重点用能企业管理，开展节能监察执法、节能绿色改造和绿色制造体系建设，确保完成能耗“双控”目标任务。

【节能宣传周系列活动】 2023 年 7 月 10 日，太仓市节能减排工作领导小组节能办公室、太仓市工业和信息化局在市企业服务中心举办 2023 年太仓市全国节能宣传周启动仪式。7 月 10 日至 16 日为全国节能宣传周，活动主题为“节能降碳，你我同行”；7 月 12 日为全国低碳日，活动主题为“积极应对气候变化，推动绿色低碳发展”。启动仪式上，中集集装箱、海螺水泥、合兴汽车、申久集团、宏达制酶、慕贝尔等 6 家企业获颁省级“绿色工厂”奖牌。北新建材、普为光电、荣文库柏等 3 家企业分别进行节能产品路演。市机关事务中心组织各单位收看公共机构节能宣传周启动仪式、全国低碳日公共机构主题活动，线上学习低碳节能知识，覆盖全市公共机构 387 家。在市行政中心开展“节能降碳，你我同行”主题宣传活动，布置节能宣传快展架，市机关事务中心“碳管家”志愿服务队发放节能宣传手册，开展节能知识问答，讲解低碳生活小妙招，向机关干部职工普及绿色办公、垃圾分类等节能知识，传递生态环保意识，倡导绿色低碳生活方式。9 月，市委党校、市委老干部局、市资源规划局、市医保局、市供销总社等 5 家单位建成节约型机关，全市 57 家入选创建计划的公共机构全部完成节约型机关创建工作。市住建局完成省节能低碳示范单位创建，市法院、苏州健雄职业技术学院完成省节能低碳示范单位复核，发挥公共机构节能示范引领作用。（张严严）

环保监管

【概况】 2023 年，太仓市践行习近平生态文明思想，坚持走生态优先、绿色发展之路，推进美丽太仓建设，实现主要污染物持续下降、生态环境质量明显改善。太仓生态环境局坚持聚焦本质治污，打好污染防治攻坚战，强化污染治理和生态保护修复，推动绿色低碳发展，聚焦生态质量，持续推进生态保护和修复，守护好一方蓝天碧水净土。年内，太仓市蝉联苏州市深入打好污染防治攻坚战成效考核优秀等次，生态环境领域真抓实干成效明显，获省政府办公厅督查激励。在年度苏州市生态文明建设群众满意度调查中，太仓生态环境满意率 94.8%，位列苏州第一。

【环境突出问题整改】 2023 年，太仓市推进第二轮中央及省生态环境保护督察问题整改，完成交办信访件 25 件，推动老旧机动车淘汰、劣Ⅴ类水体整治、生活垃圾处置等 13 项省督察反馈问题整改，夯实生态环境基础，提升生态环境治理水平。完成省长江经济带生态环境警示片披露的 5 个具体问题整改验收。以生态环保督察、长江经济带警示片披露、省市曝光问题整改为契机，开展机械加工行业环保整治，完成 365 家重点机加工企业整治提升。开展电镀行业环保整治，对电镀企业开展整治现场帮扶 91 次。开展“两治一提升”（治理噪声、异味污染专项行动，提升人民群众获得感）专项行动，推进全市声环境功能区划分评估和噪声污染防治责任分工，完成餐饮油烟整治或“回头看”250 家。

【环境执法监管】 2023 年，太仓市开展大气监督帮扶、检验检测机构、汽修行业等专项执法检查。对 753 家企业开展“双随机”执法检查，联合检查 11 次，检查企业 48 家。探索实施包容审慎监管，对符合不予行政处罚、不予实施行政强制措施的违法行为，在收集违法证据的同时收集不予、从轻或减轻行政处罚的证据，并提出相应建议，共对 9 个行政相对人进行免于处罚，涉及金额 157 万元；从轻处罚 12 起，涉及金额 89 万元。全年现场检查企业 4532 家次，出动人员 1.15 万人次；查处环境行政处罚案件

2023年10月25日，太仓、昆山联合组织生态环境执法人员对太仓境内持证危险废物经营单位开展生态环境联合执法检查（秦茜茜摄）

85件，较上年减少35.6%，处罚金额891.6万元，较上年减少220.53万元，其中停产限产案件4件、查封扣押1件、行政拘留4件、涉刑案件1起。深化“非现”执法，在执法领域推进监管数据与信息技术深度融合，整合大气环境、水环境、自动监控、危废全过程监管、用电监控等数据信息，推进数据“化零为整”。完善“非现”流程，实现非现场监管执法全流程留痕和监管执法闭环。落实正面清单制度，提高执法综合效能。

【生态环境领域安全生产】 2023年，太仓市每月开展生态环境领域安全风险研判工作，开展重点时段安全生产督查8批次，抽查企业16家次。成立市危废处置及辐射安全专委会，召开专题会议，检查重点企业8家次，发现并整改问题19个。开展“百团进百万企业千万员工”专题宣讲，警醒企业自觉履行安全生产工作要求。将全市1700余家产废单位纳入危险废物全生命周期监管，开展在线排查2500家次，累计发现并整改问题隐患469处。常态化开展安全隐患排查整治，现场核查重点企业386家次，检查治理设施1152套，发现安全隐患640项，全部完成闭环整改。严管核与辐射安全，排查核技术利用单位82家次。强化环境应急能力建设，更新《太仓市突发环境事件应急预案》等应急预案5个，印发《太仓市区域突发环境事件风险评估报告》。完成浏河、新塘河等重点河流突发环境事件风险评估和“一河一策一图”应急处置预案，健全港区化工园区三级防控体系，排查重点企业105家，发现并整改安全应急问题126个。太仓生态环境局与太仓海事局、市交运局签订涉水突发环境事件应急联动工作机制，确保“五个第一时间”（第一时间报告、第一时间赶赴现场、第一时间开展监测、第一时间开展调查、第一时间向社会发布信息）落实到位。

【环评审批】 2023年，太仓市落实“三线一单”（生态保护红线、环境质量底线、资源利用上线和生态环境准入清单）生态环境分区管控要求，严格环境准入。严控“两高”（高耗能、高排放）项目环评审批，加强部门联动，在履行各项审批手续前，分析评估项目对环境质量、碳排放和产业高质量发展的影响。做好项目“落地”服务，对接全市重点项目，分别建立省市县三级重大项目环评审批服务保障清单，跟进项目进度，为重点项目环评论证、审批、落地保驾护航。推进环评和排污许可领域改革，开展规划环评与项目环评联动改革工作，实行告知承诺制审批，简化环评手续。配合港区完成环评审批赋权工作。发挥产业园区规划环境影响评价的宏观引领作用，促进建设项目环境影响评价提质增效。全年审核各类建设项目环评文件235个，核发排污许可证431张。围绕全市重点企业，开展环保“把脉问诊”，将执法与普法结合，开展各类环境问题精准帮扶，为企业纾困解难。创新开发“生态太仓政企通”平台，实现政企沟通零距离，传递政策法规、强化政企协同，提升生态文明信息化建设水平，推进信息化与生态文明建设融合。指导33家企业完成强制性清洁生产审核及中期评估。落实企事业环保信用评价相关制度，开展信用信息归集工作，确保信息归集零延误。探索“环保信用+助企服务”模式，提升企业信用修复效率，降低企业信用修复成本。

2023年6月5日，太仓市“六五环境日”主题活动在城厢镇东林村举行（秦茜茜摄）

【环保法治宣传】 2023年11月1日，“推动绿色和可持续发展——协同应对污染、生物多样性丧失和气候变化”第七届中德环境论坛在太仓举行。论坛由生态环境部、德国环境部、江苏省人民政府、德国经济亚太委员会主办。生态环境部部长黄润秋，德国联邦环境、自然保护、核安全与消费者保护部部长莱姆克，江苏省委副书记、省长许昆林出席论坛并致辞。论坛期间，黄润秋与莱姆克举行双边会谈，会见德国国际合作机构董事会主席托斯滕，推进环境治理合作，深化绿色产业合作，加强友好交流合作。年内，太仓市开展《中华人民共和国长江保护法》系列宣传活动和“世界地球日”“生物多样性日”“六五环境日”等主题活动，增强公众环保意识。围绕污染防治攻坚战、年度生态环境质量、环境执法等主题召开新闻发布会，回应社会关切热点，放大生态环境保护主流声音。在光明网、《苏州日报》等媒体发表生态环境领域文章18篇。市污防攻坚办拍摄制作的宣传视频《守护》获江苏省攻坚微电影一等奖。常态化开展生态环境领域学法培训，组织业务骨干组成志愿宣讲团，开展菜单式环保普法，累计培训700人次。（秦茜茜）

工业循环经济

【概况】 2023年，太仓市持续发展循环经济，建设资源节约型、环境友好型社会，推进工业绿色高质量发展，将发展循环经济纳入工业发展和节能规划，按照减量化、再循环、再利用原则，推进工业循环经济发展，重点建设一批循环经济项目，推进一批循环经济示范企业，打造一批循环经济示范样板。全市工业循环经济具有一定规模，基本形成电厂废弃物循环利用、再生资源回收利用、农林废弃物资源化再利用、有机物厌氧发酵沼气利用、餐厨垃圾无害化处置利用、管道蒸气长距离集中供热等产业链。市工信局在化工、造纸、建材、电力等重点行业加快推进先进技术的应用，重点推广资源节约和替代技术、新能源和可再生能源开发利用技术、工业废弃物资源化利用技术等。

【再生资源综合利用】 2023年，太仓市组织开展再生资源综合利用行业规范企业申报，加强废钢铁、废旧轮胎等再生资源综合行业监管，常态化开展公告企业监督检查，推进全市再生资源综合利用行业规范发展，助力资源节约型和环境友好型社会建设。全年全市公告再生资源综合利用规范企业合计处理废钢铁7.55万吨、废轮胎689.3吨。

【资源减量化】 2023年，太仓市加强对重点用能企业的节能监管，深化产业循环链条。统筹推进节能绿色低碳发展，借助发展新兴产业、加强源头控制、淘汰落后产能、提升绿色化水平等方式，拓宽能耗空间，提高能源利用效率。通过节能监察、能源审计、能效对标、能源管理体系建设、机电设备能效提升、水效领跑者、绿色制造体系建设等方法，促进工业企业能效、水效的提升，降低能耗、物耗、水耗，推进企业生产源头的资源减量化。

（张文贝）

乡村振兴

【概况】 2023年，太仓市把握“在推进农业现代化上走在前”任务，学习借鉴“千万工程”经验，纵深推进乡村振兴战略，加快建设农业强、农村美、农民富的新时代鱼米之乡“太仓样板”。全市夯实现代农业根基，推进农业现代化；健全农业产业体系，推动乡村产业升级；锚定现代生活条件，建设宜居宜业和美乡村；拓宽增收致富渠道，促进农民农村共同富裕；育好用好乡土人才，强化乡村振兴人才支撑；深化农村改革创新，加强乡村振兴要素保障；加强组织领导，汇聚“三农”（农业、农村和农民）工作强大合力。太仓市实施生态循环农业——农业有机废弃物肥料化利用项目，全域规划建设“一厂六中心”资源肥料化利用体系获2023年度省乡村振兴实绩考核单项工作通报表扬。1月，太仓市获2022年度省乡村振兴实绩考核第一等次。

▲资料链接

“一厂六中心”资源肥料化利用体系

在浮桥镇建立腐熟物料深加工制备商品有机肥厂，在双凤镇、沙溪镇、璜泾镇、浮桥镇、浏河镇和陆渡街道6个点分别建设有机废弃物初腐熟中心。项目分两期建设，一期于2023—2025年完成浮桥镇初腐熟物料深加工制备商品有机肥厂和双凤镇、沙溪镇、璜泾镇等3个分初腐熟中心项目建设，其中双凤镇、沙溪镇、璜泾镇3个分初腐熟中心项目于2023年底建成并运行；二期计划于2025—2030年完成浮桥镇、浏河镇和陆渡街道等3个初腐熟中心项目建成。

【农村集体经济发展】 2023年，太仓市加强信息化平台建设，推动农村集体“三资”（资金、资产和资源）监管平台升级，立足农村集体三资监管移动办公、信息共享、村银互动等新需求，拓展三资智慧监管应用新场景，开辟智慧监管新路径。对农村集体三资的五大类13个关键指标数据进行多维指标模型自动综合分析，实现农村集体“三资”大数据功能。推进数据智慧融合，探索各级农村集体三资监管平台技术对接，解决省、市、县三级系统多头报送、跨系统数据流动难的问题，实现上下级多系统平台“一键联”、多应用场景数据传递“一点通”。丰富农村集体“三资”监管领域数字应用场景，率先上线数字人民币支付功能，与太仓农商行数币钱包互联互通。规范开展农村产权交易，累计组织农村产权交易2569笔。截至年底，全市共有农村集体经济抱团发展平台30个，发展抱团项目45个，涵盖物业用房建设、绿化保洁服务、商业零售、股权投资等，实现收入1.5亿元。深化村企联建发展，新增项目18个。村均集体经营性收入1008万元。年内，太仓市获评江苏省数字乡村试点县。

【农村综合改革】 2023年，太仓市全国农村改革试验任务（激活农村集体建设用地、承包地、宅基地权能试验改革）通过部级验收。全年累计盘活利用闲置宅基地251宗，主要用于日间照料中心、展示馆、垃圾转运点等公益用途以及休闲农业、乡村旅游、餐饮民宿等经营用途。推动宅基地管理和改革，指导各区镇完成宅基地审批，全年全市共批准宅基地32.14公顷。创新运用以政府引领、社会参与、村民自治为手段，集思想引领、道德教化、行为规范于一体的诚信积分制管理模式，推动基层社会治理向指标化、数据化、全域化转变，乡村治理积分制实现全覆盖。年内，城厢镇东林村获评“全国乡村治理示范村”。

【特色康居乡村（示范区）建设】 2023年，太仓市紧扣“现代田园城、幸福金太仓”发展定位，把加快特色康居乡村建设作为“三农”工作重点，坚持“一村一品、一村一景”推进特色康居乡村建设，打造一批“生态优、村庄美、产业特、集体强、农民富、乡风好”的美丽村庄，全市田园城市形态、城乡环境面貌明显改观，农村居民获得感、幸福感明显提升。年内，太仓市持续推进特色康居乡村（示范区）建设，在注重保护好乡村风貌和传统文化同时，加快补齐短板，彰显太仓美村特色。建成苏州市特色康居乡村10个、特色康居示范区1个。截至年底，累计建成苏州市特色康居乡村352个、特色康居示范区11个（城厢镇万丰村、沙溪镇香塘村、浏河镇新塘村、浮桥镇方桥村、璜泾镇杨漕村、双凤镇勤力村、沙溪镇七浦农文旅特色康居示范区、璜泾镇长江红色农文旅特色康居示范区、城厢镇金仓湖片区特色康居示范区、双凤福地田园特色康居示范区、浮桥镇乡村农旅融合特色康居示范区），特色康居（宜居）村占比100%。年内，太仓市获评农村人居环境整治提升示范县（市、区）。

【农村人居环境整治提升】 2023年，太仓市持续推进农村人居环境整治行动，聚焦“五园一景”（美丽庭院、美丽菜园果园、美丽田园、美丽健身公园、美丽村景）建设，打造生态宜居美丽乡村。突出生态美，以高标准农田连片建设为重点，破除农业生产障碍，整合闲置零散地块，通过“净化”农田环境、“绿化”农田林网、“美化”田间设施等措施打造美丽田园，提升田容田貌、生产设施和规模经营水平。突出环境美，开展美丽庭院建设评比活动，营造“人人参与、户户争先、家家爱美”氛围，引导村民主动开展门前屋后、院里院外环境美化靓化，展示乡村美丽风貌。太仓市累计获评省级美丽家园示范点3个，苏州市美丽庭院示范村1个、美丽庭院示范户54户。突出业态美，坚持“五化”举措（规模化种植、标准化生产、商品化处理、品牌化销售、产业化经营），建设高标准园艺产业基地，推动园艺产业绿色高质高效发展。全市累计建成省级园艺作物标准化示范园8个、苏州市美丽菜园示范村3个。突出人文美，坚持面向农村、贴近农业、服务农民，组织“美丽乡村健康跑”“丰收节农民运动会”等具有农耕农趣农味体育健身和竞赛活动，提档农村公共休闲体育设施。累计建成省级最美乡村健身公园5个、农民体育健身活动基地1个，累计建成苏州市级美丽乡村健身公园15个、农民体育基地10个。突出常态美，强化规划引领，聚焦乡土特色、“美丽经济”、产业融合、长效管理、乡风文明，系统推进美丽乡村建设。学习浙江“千万工程”经验，持续实施“啄木鸟”“娄城人居随手拍”“美丽村庄保洁日”等行动，建设宜居宜业和美乡村。立足本土生态、文化、产业等优势，因地制宜改善农村人居环境。激活农耕、龙狮、酿酒等文化因子，新添苏州市乡村文化基地3个。拓宽乡村文化与农业经济转换通道，完善江南古镇游、田园观光游、乡村研学游等全域旅游产品体系，香塘野邻露营村入选省乡村旅游业态创新示范项目名录，《循环农业造就经济强村》入选全国乡村文化产业创新发展典型案例。年内，科教新城天镜湖健身公园、城厢镇电站村美丽乡村健身公园、浮桥镇三市村三家市健身公园入选苏州美丽乡村健身公园名单；沙溪镇庄西村农民篮球体育基地、沙溪镇太星村幸福里农民门球体育基地、城厢镇东林村健康跑体育基地入选苏州市农民体育基地名单。其中，科教新城天镜湖健身公园、城厢镇电站村美丽乡村健身公园获评2023年苏州市“十佳”美丽乡村健身公园；沙溪镇庄西村农民篮球体育基地、城厢镇东林村健康跑体育基地获评2023年苏州市“十佳”农民体育基地。

2023年12月8日，双凤镇“美丽村庄保洁日”主题活动暨庆丰村“板凳会”品牌发布仪式在双凤镇庆丰村稻田理想园举办　（双凤镇供稿）

【新型职业农民培育】 2023年，太仓市构建具有地方特色的定向委培、教育培训、认定管理、政策扶持“四位一体”新型职业农民定向培育模式，培养一批“有文化、懂技术、善经营、会管理”的高素质职业农民，为乡村振兴提供人才支撑。强化职业农民培训，成立新型职业农民培育工作领导

2023 年 9 月 13 日，太仓市定制村干入额遴选——农技实操测试开考
（常　笑摄）

小组，建立议事协调机制，确保新型职业农民培育制度化。印发《关于进一步规范培训管理的若干规定》《农业科技培训指导手册》等文件，搭建省内外涉农高校、科研院所、农技推广部门实训基地（田间学校），通过现场教学、网络授课等方式打造多元化培训供给体系，提升职业农民实用技术技能。创新农业委培机制，完善“政校合作、定向招生、定制课程、定岗培养、定向就业”农业委培生培育模式，通过“目标共定、方案共制、教学共担”，定制田间专项培训、农机驾驶培训等特色课程，强化委培生农业生产技术、农业信息装备、农村经营管理等技能。毕业委培生通过双选招聘会选择村（社区）或农场合作社工作，落实在职跟踪综合评价。规范认定管理体系，印发《太仓市新型职业农民认定管理办法》，明确新型职业农民培育认定、激励政策、动态管理等实施细则，形成机构明确、流程清晰、结果公示管理体系。优化激励扶持政策，对单位就业以及灵活就业新型职业农民给予社保补贴，对农业委培生学宿费实行全额补助，享受奖、助、贷学金政策。创新“定制村干”遴选计划，畅通委培生晋升通道。搭建创业平台载体，连续四年举办农村创业创新大赛，全市 9 个园区（基地）入选全国农村创业园区（基地）目录。年内，太仓市新招录农业委培生 45 人，安排毕业委培生就业 72 人，新认定新型职业农民 63 人。与江苏农业职业技术学院联合申报的《政校村联通、农科教融通、职前后贯通：乡村农科人才定制培养的江苏模式》获国家级教学成果奖一等奖。全年全市举办数字农业（信息化）、农产品电子商务、稻麦绿色优质高效生产技术等培训班 33 期，累计培训人员 2552 人次。（宋　健）

城市管理

【概况】 2023 年，太仓市持续深化城市管理体制和综合行政执法改革，提升城市科学化、精细化、智能化治理水平，营造“安全美观、整洁有序、群众满意”的城市环境，持续彰显现代田园城市魅力。市城管局深化城市管理领域全国文明城市创建，推进区域环境综合整治协同发展，深化违法建设治理行动，创建无违村（社区），提高垃圾分类处置实效，扩大市容市貌“共建共治共享”，建设“净美苏州”太仓样板，提质增效物业管理服务，优化数字城管建设运行。

【市容和环境卫生执法】 2023 年，太仓市宣传贯彻《江苏省城市市容和环境卫生管理条例》，开展垃圾分类、乱停机动车（废弃汽车）、建筑工地施工扬尘等专项整治，强化乱丢烟头纸屑、乱停非机动车等小微违法执法力度，整治各类市容乱象。市城管局完善综合执法平台建设，初步实现纪检监察和行政执法双融合，执法效能提升。年内，太仓市城市管理领域共作出行政处罚决定 4.47 万起，其中一般案件 2887 件、简易案件 4.18 万件。加强长三角执法协作，举办长三角综合执法融合共建暨队列会操“大比武”活动。强化区域联动，签订沪苏毗邻区域执法协作备忘和共建协议书，完善跨区域联动协作机制。组建行政执法监督员队伍，印发《城市管理领域服务外包三方联审办法》，开展各类纠察 399 次。深化培育综合行政执法优秀队伍品牌，接续开展“一局一品”创建活

2023 年 6 月 6 日，长三角一体（沪苏）综合执法融合共建暨队列会操“大比武”活动在太仓举行
（市城管局供稿）

动。推动审慎包容监管，累计办理城市管理领域免罚案件71起，发布信用修复提醒函266张。

【市容秩序管理】 2023年，太仓市开展毗邻区域一体化环境提升和重点区域市容环境综合整治提升工作，城蓬线（204国道—昆山界）提档升级建设工程和"满电回家"沿街商铺非机动车统筹规范工程获评苏州市示范项目。实施"助企面对面·纾困零距离"专项活动，推出城管上门服务制度，支持44个重点商圈临时占用公共空间开展特色经营活动。《"信易+服务+监管"规范"地摊经济"守护城市"烟火气"》案例获评2023年苏州市"信易+"示范场景。万和路街区创成苏州市"精品美丽街区"，长江后浪街区创成苏州市"美丽街区"；中市路创成苏州市城市管理示范路，凤北路创成苏州市"城商协作"样板道路；获评苏州市市容环卫责任"星级商户"5家。

2023年11月，航拍苏州市"精品美丽街区"——万和路商业街
（市城管局供稿）

【户外广告整治】 2023年，太仓市动态化整治违法违规户外广告和店招标牌，持续清理屋顶镂空字，推进违法违规流动字幕屏整治，加快高速沿线高立柱设施整治，拆除各类违章广告和店招标牌1064处、1.1万平方米，确保户外广告设施和店招标牌设置规范有序。开展户外广告安全隐患专项整治行动，重点对沿街建筑物遮挡窗户、影响消防安全的户外广告和店招标牌设施开展排查摸底整治。推进户外广告和店招标牌"智慧化"管理，完善苏州智慧城管大数据平台内商铺信息及户外广告设施数据更新，掌握存量设施"一处一档"；依托太仓市综合执法平台，建成店招标牌安全管理动态监管平台，在线实时监管全市户外广告。

【环卫保洁作业】 2023年，太仓市高标准推进精细化保洁作业。优化调整《太仓市环境卫生作业督查管理办法》，全年督查全市主次干道792路次、街巷新村528处、公共卫生间528座次、垃圾转运站264座次。深化环卫体制改革，老城区"城市管家"和沙溪岳王一体化保洁项目稳定运行。持续推进"厕所革命"质量提升工程，高标准新建公共卫生间3座。集中开展"同净环境卫生·共绘娄城新貌"环卫行业主题活动12次。开展"净美苏州"行动，拓展"席地而坐"城市客厅3处，建成"净美街巷"5条、无烟头示范路10条、环卫+执法联动示范路5条。新改建环卫驿站（休息点）20处，加强环卫从业人员关怀和权益保障。严格建筑垃圾（工程渣土）目录制管理，建立建筑垃圾（工程渣土）源头库、终端库，优化运输库，强化全过程监管，累计约谈运输目录制企业24家次、驾驶员128人次，作出限期停牌处理60次。完善部门联防联控机制，累计查处抛撒滴漏、未密闭运输等违规运输案件679起。

表13 2023年太仓市新增街容巷貌荣誉一览表

序号	街巷名称	荣誉名称	所属辖区	获奖时间
1	实小弄（县府街—向阳西路）	苏州"净美街巷"	城厢镇	3月19日
2	太平弄（县府街—向阳西路）	苏州"净美街巷"	城厢镇	3月19日
3	洛阳西路（人民路—太平路）	苏州"净美街巷"	城厢镇	3月19日
4	钱家祠弄（人民路—观塘路）	苏州"净美街巷"	城厢镇	3月19日
5	向阳西路（人民路—太平路）	苏州"净美街巷"	城厢镇	3月19日
6	万和路街区	苏州市"精品美丽街区"	娄东街道	12月5日
7	长江后浪街区	苏州市"美丽街区"	陆渡街道	12月5日

【市政停车管理】 2023年，太仓市持续推进太仓大道地下综合管廊项目，启动城市道路桥梁桥下空间治理提升行动。打造良辅路、鹊桥路、野塘路、子冈路等试点更新项目。整治路面平整度面积约6.5万平方米，常规检测桥梁191座，高标准完成井盖整治300个。做好城市道路、桥梁基础数据普查及道桥系统数据录入。江申大道等3处养护工程获2023年度苏州市“姑苏杯”（市政等类）优质工程奖。截至年底，太仓市共有公共自行车站点456个，投放公共自行车7825辆、助力车500辆，租用量183.76万次。持续推进停车便利化工程，通过道路泊位施划、新改建停车场等方式，新增机动车泊位1.9万个，其中公共停车泊位1681个。试点“商居共享”停车新模式，开辟启迪广场、海运堤二期等“商居共享”点位15个、泊位2138个。全市公共停车场（点）及其他收费停车场（点）全部接入市级平台监管，新增动态数据接入3万个。112个停车场（点）以视频巡检车方式实现无人化收费，全市公共停车场（点）智能化改造率100%，在市人民医院、市中医医院等3处停车场及28条城市主要道路安装“ETC无感支付”设备。构建“一码通付”停车支付场景，依托公共停车特许经营项目，建成“太e停”平台收费停车场（点）221个。年内，娄东街道大庆锦绣新城片区获评苏州市停车便利化工作示范区。

【数字城管运行】 2023年，太仓市推进江苏省城市管理示范市创建，通过省级申报审核（全省入围15个县级市）。城市运行管理服务平台启动建设，基本完成开发，部分模块上线试运行。优化数字城管平台运行，案件的立案、结案标准向苏州市级高标准严要求靠拢。全年全市数字城管平台共流转案件8.43万件，处置8.4万件，处置率99.88%。建设“雪亮工程2.0”，赋能前端视频监控系统，实现店外经营、门前三包（脏乱）、机动车乱停放等城市管理违法违规事件抓拍，在已投建的小区垃圾分类房进行未按规定时间乱丢垃圾行为的AI视频识别，处置“门前三包”案件2940件，垃圾分类未按规定时间投放2.5万件。

表14　2023年太仓市城市管理重点工作任务责任分解一览表

序号	项目	主要任务
（一）高位推进重要创建活动		
1	深化城市管理领域全国文明城市建设	完善部门联动工作机制，做好各级测评保障；发挥数字城管监督指挥作用，结合实际开展“专域专巡”，建立路段“档案”。健全对接交办工作机制，确保问题高效处置
2	创建江苏省城市管理示范市（县）	申报创建江苏省城市管理示范市（县），制定年度创建方案，完善创建机制，推进创建工作
		成立城市管理运行服务平台建设工作组，分析研判现有的数字驾驶舱、综指联动指挥平台、集成数据中心等系统功能，推进平台建设工作
（二）贯彻落实区域协同发展		
3	开展毗邻区域环境综合整治	针对昆太等毗邻区域，开展村庄环境、生活垃圾、园林绿化、市容市政、违法建设等重点领域市容环境综合整治，并因地制宜建设口袋公园、城市家具、景观小品等。建立健全领导挂钩、双周报送、每月例会、季度调度、全年总结制度
4	开展重点区域市容环境综合整治提升	开展“改善道路设施、街面秩序整治、非机动车停车秩序整治、建筑工地整治、空间绿化美化活化”等八个方面整治提升工作
		结合农贸市场改造3年行动，围绕改造达标类、新建迁建类、转型升级类、智慧提升类四种类型，实施农贸市场整治提升“一场一策”，开展全市农贸市场周边环境整治工作
5	开展城乡环境卫生整治提升“百日行动”	聚焦镇村容貌秩序、农村道路保洁、农村垃圾治理等方面，推进城乡环境卫生整治提升“百日行动”。重点改善35条毗邻区域、板块与板块、镇域到村域之间连接道路沿线的整体环境面貌，打造一批整治提升“红旗村”
（三）深化违法建设治理行动		
6	加大拆违力度	完成不少于100万平方米拆违目标任务[其中港区（含浮桥镇）11.11万平方米，高新区10.12万平方米（含科教新城2929平方米、娄东街道5.29万平方米、陆渡街道4.54万平方米），城厢镇12.96万平方米，沙溪镇23.94万平方米，浏河镇16.37万平方米，璜泾镇16.86万平方米，双凤镇8.65万平方米]。各镇、街道至少完成1个重点项目和1个重大挂牌督办案件

续表 14

序号	项目	主要任务
7	严控新增违建	优化完善在建违法建设快速处置机制，一经发现，立即叫停，迅速处理，提高及时处置率、有效办结率、拆违结案率。各镇、街道前置宣传和防控环节，在小区交房阶段提前介入，开展针对性宣传和服务，实现新交付小区违法建设治理宣传全覆盖
8	丰富多元治理	坚持依法治理和综合施策相结合，落实限制房屋登记、交易等制约措施，建立健全严格规范的补证、危房解危、没收处罚等工作机制，推动存量违法建设分类处置、闭环管理、治理到位。推动小区重大事项自治会议制度全流程闭环式管理，各镇、街道建立本级审核机制，并落实标准化管理，做好"一区一档"
9	创建无违村（社区）	深化无违村（社区）创建，各镇、街道年内争创不少于1个无违达标村（社区），全市层面重点打造2~3个无违典范村（社区），形成以点带面、辐射引领的社会效应
（四）提高垃圾分类处置实效		
10	提升源头分类质效	优化居民小区分级管理模式，精准治理过时投放问题，试点"无人督导"。培育壮大垃圾分类专项社会组织，加强垃圾分类靶向宣传培训。各镇、街道打造不少于1个垃圾分类特色主题小区和1个垃圾分类户外宣传阵地
		提升厨余垃圾资源化利用水平。开展资源化利用及协同处置等关键技术研究，探索建立资源化利用标准体系。"三定一督"居民小区厨余垃圾精准分出率35%以上，厨余垃圾分类收集处理量占生活垃圾清运量的比例稳定保持在25%以上
		加快推进农村生活垃圾源头分类减量。清理农村暴露垃圾，对村级垃圾收集点、进村主要道路沿线等区域开展督查整治，打造干净村庄。农村生活垃圾分类达标率100%，行政村生活垃圾分类处理占比100%，农村生活垃圾集中收运占比100%
11	完善收运处体系	优化大件垃圾收运处置。开展大件垃圾免费清运活动，全年不少于12次。完善预约收运流程，实现"苏周到"预约功能。加强大件垃圾处置点位管理和资源化利用研究，资源利用率80%以上
		推进沙溪镇、璜泾镇、娄江新城转运站建设
		成立太仓市再生资源回收利用网络体系建设领导小组，印发《推进太仓市生活垃圾分类再生资源回收体系建设的工作方案》《太仓市生活垃圾分类再生资源回收利用管理实施意见》等文件，在主城区试点再生资源收运、管理、处置模式，向各镇、街道逐步推广
		保障再生资源综合利用项目运行，高效运行建筑垃圾资源化利用项目。加强环卫设施运行监管工作。落实省级《生活垃圾填埋场规范封场和生态修复工程实施方案》要求，持续推进综合治理
12	破解建筑垃圾管理难题	制定建筑装修垃圾、拆除垃圾、工程渣土等相关管理办法，建立源头库、终端库，优化运输库。各镇、街道实体化运作渣土办，加强全过程管理，重点规范建筑垃圾（工程渣土）处置备案核准制度，严厉查处跨区域违法违规运输处置建筑垃圾行为，查处一批重点案件。落实全市大气污染防治工作部署，加强工地扬尘污染防治。对装修垃圾管理进行破题研究，推进"投、收、运、处"全流程管理，明确投放方式、收运模式、收运价格、责任主体
（五）扩大市容市貌共治共享		
13	扩大市容市貌示范创建	健全沿街商户工作联系机制，各镇、街道分别建成1个以上"城商协作"道路（街区），全市27条苏州市城市管理示范路完成"城商协作"道路建设。开展市容环卫责任"星级商户"寻访活动，各镇、街道分别甄选5家"星级商户"参加评选活动。开展"美丽街区"建设，各镇、街道分别建成1个以上"美丽街区"，积极参加苏州市"美丽街区"评选活动。开展市容环境卫生管理"红旗街道"竞赛活动，各镇、街道划分为城区型、城郊型两个类别进行评比

续表 14

序号	项目	主要任务
14	开展“助企面对面　纾困零距离”专项活动	适度放开占道外摆，支持重点商圈、商业综合体等区域商户，临时占用公共空间开展特色经营活动。推出城管上门服务制度，为辖区内大额投资、标志性项目和重点企业配备一对一的“城管服务专员”
15	整治提升户外广告设施	各镇、街道对示范路、重要节点户外广告店招进行“一街（场）一方案”设计，明确禁设区、限设区、展示区，统一管控与设置标准，规范户外广告设置秩序。开展户外广告店招标牌设置规范片区、特色街区培育选树和“百佳招牌”创意创新设计评选活动。各镇、街道各报送 5 家及以上商户参与评选，完成 1 个规范片区或特色街区打造，报送 1 个高质量户外广告亮点项目
		动态化推进违法违规户外广告和店招标牌整治，持续清理屋顶镂空字，推进违法违规流动字幕屏整治。加快高速沿线高立柱设施整治，沙溪镇成立沿江高速高炮工作专班，依法按时拆除高炮设施。推进招牌备案制度改革，各镇、街道报送每月户外广告（店招标牌）审批数据。落实户外广告安全监管平台使用，完成智慧城管市容和广告系统商铺数据录入，实现实时更新。各镇、街道户外广告设施定期安全鉴定百分之百落实，并根据设施安全等级实施分级管理。各镇、街道按时完成市综合执法平台下派的店招标牌安全管理信息任务，及时做好反馈
（六）建设“净美苏州”太仓样板		
16	聚焦卫生顽疾治理	整治积存垃圾、暴露垃圾，对问题反复区域，实施微改造、微更新，各镇、街道改造更新区域不少于 2 个；联合治理烟头类小垃圾，各镇、街道打造无烟头示范路不少于 1 条
17	推进“厕所革命”	完成 3 座新建任务。健全“建管用”并重的长效管理机制，落实“一客一卫一保洁”制度，完善“一厕一档”，保证各类设施正常运转，拓展公共服务功能
18	实施全域精细化作业	创新人机深度结合保洁作业新模式，重点路段机械化作业率 100%。拓展“席地而坐”城市客厅建设，强化示范引领，实现从“盆景”到“风景”的扩面增质。建立“环卫 + 执法”联动工作机制，各镇、街道建设“环卫 + 执法”示范路不少于 1 条。开展背街小巷环境提升“深度美颜”活动，各镇、街道打造“净美街巷”不少于 1 处
19	强化环卫监管保障	强化环卫作业质量监督考评，将环卫企业纳入信用管理。开展环卫专项评比，加强环卫权益保障，各镇、街道新改建环卫驿站（环卫职工休息点）不少于 1 座
（七）夯实市政设施建设管养		
20	推进地下管廊建设	组建绩效考核小组，对太仓大道地下综合管廊及配套工程特许经营项目进行考核评价，推进项目建设；西安路地下管廊启动建设
21	整治城市道路桥梁井盖	对城市道路桥梁不均匀沉降、桥头跳车、车辙严重等质量病害问题开展整治。持续推进城市桥梁规范化管理，完成 191 座城市桥梁的常规检测，修复隐患桥梁 5 座
		逐条道路开展城市道路窨井盖专项整治，持续推动可调式、一体式防沉降井盖座、智慧井盖等新技术应用。全市完成不少于 300 个城市道路窨井盖整治任务
		完善城市道桥及照明信息系统，开展辖区内所有城市道路、桥梁、照明、管廊本底数据普查、核实工作，提升市政设施基础数据全面性和准确性
22	推进高架道路桥下空间活化利用	制定《太仓市城市高架道路桥下空间综合治理行动方案》。健全完善高架道路桥下空间规划、建设、运维的长效机制，实现精细化治理
23	推进停车便利化	新增各类机动车停车泊位 1.2 万个［含配建。其中，科教新城 800 个，城厢镇 1600 个，沙溪镇 1800 个，浏河镇 1100 个，浮桥镇（港区）1900 个，璜泾镇 900 个，双凤镇 1000 个，娄东街道 2000 个，陆渡街道 900 个］；新增公共停车泊位 1500 个，其中“分步式”道路停车泊位 450 个；新增非机动车停车泊位 5400 个（区镇街道各 600 个）；全市公共停车场（点）全部接入市级智慧停车管理平台统一电子支付，其他收费停车场（点）全部进行接入监管，新增动态数据接入 3 万个；逐步提升停车收费管理率，城厢镇、娄东街道按照泊位数的 40% 和 60% 开展道路停车点和公共停车场的收费管理工作；其他镇（区、街道）按照泊位数的 30% 和 50% 开展收费管理工作
		按照“能开放，则开放”原则，再推动一批机关、事业单位对外开放共享，探索“商居共享”新模式

续表 14

序号	项目	主要任务
24	倡导绿色低碳出行	整合现有充电桩资源，优化充电设施布局，加快充电场站在公共停车场（点）方面的建设，提高充电设施利用效率。做好公共自行车与公交站点衔接，结合市民出行需求逐步增加公共自行车点位，优化调整点位设置，逐步开展公共自行车更新换代工作
25	照明“提景增靓”	推进全市照明节能减排与绿色发展，年内城市道路绿色照明覆盖率 100%。各地至少建设一条智慧路灯（综合杆）示范道路，打造太仓路灯建设新亮点
		结合夜经济品牌打造，亮化美化城市重点区域、重要地标景观灯光
		推动景观照明统一启闭，年内主城区范围内实现景观照明统一启闭
（八）提质增效物业管理服务		
26	加强物业管理机制建设	建立物业服务综合评价机制，实施《物业服务质量综合评价办法》，由各职能部门在各自职责范围内对物业管理项目开展全覆盖检查工作，形成齐抓共管的工作格局
		建立物业管理执法联动机制，建立住宅小区行政执法清单制度，明晰事项名称、主管部门、执法依据等基本要素，在住宅小区内显要位置公示各执法主体相关信息。深化物业管理案件线索移交机制，各镇（区、街道）年度线索移交量原则上不低于辖区内项目总数的 10%
		强化物业服务企业信用评价机制，制定和实施物业服务企业分类评价办法，对“红榜”企业予以更多奖励激励，对“黑榜”企业依法予以惩戒
27	加快物业管理委员会组建	加快物业管理委员会组建工作，符合组建条件的住宅物业小区原则上年内组建率不低于 70%
28	试点酬金制改革	制定物业服务酬金制改革工作指南，对有条件的小区开展试点工作。调整物业服务等级收费管理制度，修订部分明显滞后的价格政策
（九）打造城市管理（综合行政）执法铁军		
29	注重规范化建设	常态化开展各级城管执法队伍全员培训、队列训练等，提振城管执法队伍精气神。综合执法人员（协管人员）年度培训时间累计不少于 15 天；开展法律法规线上测试，合格率不低于 95%。每月开展不少于一次队列训练。严格规范行政执法辅助人员及第三方人员的管理。对行政执法辅助人员和第三方人员定期（季度）开展自查和清理工作，对不符合资格条件及违反相关规定的，坚决予以清退
		巩固“守底线、防风险、保稳定”专项行动成效，持续深入开展城管执法队伍纪律作风整顿工作。印发《全市综合执法队伍纠察办法》，完善市镇两级纠察队伍运行机制。常态查纠队伍不作为、不规范、不尽责等问题，建立健全综合执法队伍规范管理体系，确保各类问题整改率 100%
30	注重品牌化建设	深化“一局一品”队伍品牌建设，重点以精细化管理、队伍管理等工作实绩检验队伍品牌成效。全年挖掘打造 3 个全市综合执法队伍优秀品牌。实施太仓市综合行政执法“双促双控”暨“3+1”法治啄木鸟培养项目，建立法治员管理约束机制、健全法治员激励奖励机制、完善法治员压力传导机制，搭建能力展示平台，打造一支业务精、服务好、敢挑刺、能破题的法治尖兵队伍
31	注重实战化建设	探索建立跨区域的执法协作联动机制，常态化推进轻微违法行为快速处置机制，落实每周三“统一行动日”，进行街面行走执法。开展渣土违规运输、户外广告违规设置、垃圾乱投等专项执法。各镇、街道常态化开展建筑垃圾（工程渣土）专项整治，全市每月至少一次“零点行动”、每季度一次跨部门联合整治
（十）优化数字城管建设运行		
32	提高数字城管案件处置标准	发挥市级数字城管平台和市、镇（街道）两级联动平台作用，提高数字城管案件办理质效，保障城市管理工作的网格化、精细化、常态化。推进数字城管与“12345”便民服务系统的工作联动，整合共享平台资源，对市民群众反映的城市管理问题统一按照数字城管标准规范办理
33	规范数字城管运行	增强数字城管监督指挥功能，加大信息采集，组织协调处置，落实跟踪督办，完善分析研判、通报考核、工作点评等工作机制。强化数据应用，提升城市管理问题预测、监测和分析研判能力。生活垃圾分类数据、建筑垃圾数据、执法工作数据符合苏州市级要求

（曾亚萍）

太仓港

港口码头

2023 年 5 月 24 日，苏州港管理委员会第一次全体会议召开 （计海新摄）

【概况】 太仓港地处长江入海口南侧，太仓市东部。口岸位于长江白茆沙南水道，上至白茆河口，下至浏河口下游浏黑屋，中心位置在七丫口，即北纬 31°37'、东经 121°14'。拥有长江岸线 38.8 千米，其中深水岸线 25 千米，距吴淞口 13 海里，是距长江入海口最近的港口。港区范围内岸线基本平直且边滩稳定，终年不冻不淤，深水区开阔、稳定，能满足 10 万吨级船舶回转水域要求，是长江下游地区最佳港址之一。2013 年 1 月 1 日起，太仓港作为沿海港口管理，执行相关行政事业性收费政策。太仓港是全国第一个获批享受海港待遇的内河港。2023 年，太仓港完成集装箱吞吐量 803.9 万标箱，较上年增长 0.2%，其中外贸完成 507.5 万标箱，较上年增长 5.8%，集装箱吞吐量稳居全国第 8 位。货物吞吐量完成 2.75 亿吨，较上年增长 3.7%，其中外贸货物完成 1.11 亿吨，较上年增长 13.6 %，外贸货物吞吐量首次突破亿吨大关。疏港铁路完成到发 588 列、5 万标箱，较上年增长 40%。商品车整车业务完成出口 43.9 万辆，较上年增长 139%。建有泊位 96 个，其中万吨级以上泊位 40 个，集装箱泊位 14 个。新辟集装箱班轮航线 16 条。完成港口项目投资 7.2 亿元。

2023 年 9 月 25 日，德国汉堡港与江苏太仓港签署合作备忘录（计海新摄）

【航线开辟】 2023 年，太仓港按照“主攻近洋、拓展远洋、重抓沿海、深耕长江、联动内河”发展战略，拓宽合作范围，对外与德国汉堡港，对内与锦州港、济宁港达成战略合作。全年新辟集装箱班轮航线 16 条。其中，中近洋方面，新辟俄罗斯海参崴、韩国平泽、印度蒙德拉、马来西亚巴生航线 4 条；远洋方面，新辟俄罗斯新罗西斯克和圣彼得堡、土耳其阿利亚加、斯里兰卡科伦坡、澳大利亚黑德兰航线 5 条；沿海方面，新辟天津、虎门、揭阳、锦州、钦州航线 5 条；内河方面，新辟安徽阜阳、凤阳航线 2 条，搭建苏州内河水运平台，加密苏南、苏北、安徽等航线。

【苏州港管理委员会第一次全体会议】 2023 年 5 月 24 日，苏州港管理委员会举行第一次全体会议，标志苏州港管理委员会进入实质性运作阶段。苏州港管理委员会主任、苏州市市长吴庆文指出，要学习贯彻习近平总书记关于港口发展系列重要指示精神，围绕“主攻近洋、拓展远洋、重抓沿海、深耕长江、联动内河”发展方针，系统谋划全市港口、航运、物流产业发展，重点抓好“统一航线布局和政策、统一服务资源和管理、统一信息化服务平台、统一安全管理和标准、统一口岸环境和资质、统一港口转型战略”六个“统一”，推动苏州港一体化发展，打造现代化一流港口。

2023年8月31日，太仓港疏港铁路首列商品汽车笼车班列停靠到站
（太仓港口管委会供稿）

【太仓港区四期工程增资协议签署】 2023年7月3日，江苏省港口集团、上海港集团太仓港区四期工程合作增资协议签约仪式在太仓正和国际集装箱码头有限公司举行。“沪太同港化”再次迈上新台阶，进一步放大太仓港作为上海港国际航运中心重要北翼、集装箱干线港、江海联运中转枢纽港优势，推动更多资源要素向太仓港和太仓集聚。

【太仓港木材产业发展大会】 2023年8月3日，太仓港木材产业发展大会举行，太仓港口党工委书记、太仓市委书记汪香元，太仓港口管委会主任邵建林，中国木材与木制品流通协会会长李佳峰，国家信息中心经济预测部副主任王远鸿出席大会，俄罗斯、新西兰、北美、德国、法国、瑞典、白俄罗斯等世界主要木材供应国（地区）贸易商、出口商、代理商代表，全国原木、锯材及加工厂等业内领军企业代表，金融、供应链、货代等相关服务公司代表以及行业专家等共500余人参加大会。会上举行合作意向签约仪式，木材企业代表与太仓港经济技术开发区现代服务业发展中心进行框架合作协议签约；太仓市木材与木制品流通协会与金融机构进行合作签约；木材企业代表与供应链公司进行合作签约；高校、企业、协会三方代表进行科技创新产学研合作签约。会上，开展太仓港区物贸政策宣传推介，并举行全球产业链木材数字平台“和木网”上线仪式。大会聚焦把港口优势转化为产业优势，把港口流量转化为经济增量，做好“以港强市、以市兴港”文章，打造百亿国际木材交易中心，振兴木材产业。

【太仓港疏港铁路笼车运输汽车新模式开通】 2023年8月31日，太仓港疏港铁路首列商品汽车笼车班列停靠浮桥作业站，列车搭载208辆上汽大通商品汽车，通过海铁联运方式装船出海发往墨西哥。该列笼车采用商品车铁路运输专用车型，车厢专为商品车运输设计，内部有多重加固保护结构，能有效保护汽车运输安全，同时简化装载方案，具有运量大、装卸效率高等优势，在节约人力成本的同时，提升运输安全性与便利性。商品汽车笼车班列的开通，标志着苏州港太仓港区商品车出口铁水联运模式逐步成熟，为建设集仓储堆存、公路运输、铁路运输、水水中转和远洋运输等多种物流模式于一身的整车出口基地打下基础，助力中国制造汽车从苏州港出口全球。

表15 2023年太仓港码头泊位一览表

所属公司名称	泊位名称	主要用途	投产年份（年）	码头前沿水深（米）		码头长度（米）	泊位数（个）	靠泊吨级（吨）	通过能力（万吨）
				实际水深	设计水深				
江苏扬子江海洋油气装备有限公司	1号泊位	舾装	2016	13	9.45	928	1	—	—
	2号泊位	件杂货	2016	13	9.45	140	1	2000	12
太仓鑫海港口开发有限公司	1号泊位	煤炭	2016	13.5	13.5	310	1	50000	518
	2号泊位	煤炭	2016	2.2	2.2	51	1	500	83
	3号泊位	煤炭	2016	2.2	2.2	51	1	500	83
	4号泊位	煤炭	2016	2.2	2.2	51	1	500	83
	5号泊位	煤炭	2016	2.2	2.2	51	1	500	83

续表 15

所属公司名称	泊位名称	主要用途	投产年份（年）	码头前沿水深（米）		码头长度（米）	泊位数（个）	靠泊吨级（吨）	通过能力（万吨）
				实际水深	设计水深				
太仓鑫海港口开发有限公司	1号泊位	通用件杂货	2012	14	12	251	1	50000	111
	2号泊位	通用件杂货	2012	14	12	264	1	50000	112
	3号泊位	通用件杂货	2012	14	12	260	1	50000	112
	4号泊位	通用件杂货	2012	6.5	6.5	100	1	1000	26
	5号泊位	通用件杂货	2012	6.5	6.5	100	1	1000	27
	6号泊位	通用件杂货	2012	6.5	6.5	100	1	1000	27
太仓万方国际码头有限公司	1号泊位	通用件杂货	2010	12.8	12.8	170	1	10000	130
	2号泊位	通用散货	2010	13.2	13.18	182	1	15000	850
	3号泊位	通用散货	2010	13.2	13.18	186	1	20000	323.5
	4号泊位	通用散货	2010	13.2	13.18	253	1	40000	323.5
	6号泊位	通用散货	2021	5.3	5.28	208	1	5000	203
太仓润禾码头有限公司	1号泊位	通用件杂货	2017	12.8	12.8	361	1	50000	88
太仓武港码头有限公司	1号泊位	金属矿石	2009	20	16.5	345	1	150000	1200
	2号泊位	金属矿石	2009	20	16.5	370	1	200000	1200
	3号泊位	金属矿石	2009	20	5.5	95	1	5000	150
	4号泊位	金属矿石	2009	20	5.5	95	1	5000	150
	5号泊位	金属矿石	2009	20	5.5	95	1	5000	150
	6号泊位	金属矿石	2009	20	5.5	95	1	5000	150
	7号泊位	金属矿石	2012	5	5	100	1	2000	47.75
	8号泊位	金属矿石	2012	5	5	100	1	2000	47.75
	9号泊位	金属矿石	2012	5	5	100	1	2000	47.75
	10号泊位	金属矿石	2012	5	5	100	1	2000	47.75
华能太仓港务有限责任公司	1号泊位	煤炭	2013	20.3	14	310	1	100000	680
	2号泊位	煤炭	2013	22.1	14	300	1	50000	670
	3号泊位	煤炭	2013	9.9	5.2	142	1	5000	235
	4号泊位	煤炭	2013	9.6	5.2	142	1	5000	235
	5号泊位	煤炭	2013	10.6	5.2	142	1	5000	235
	6号泊位	煤炭	2013	11.8	5.2	144	1	5000	235
	7号泊位	煤炭	2013	6.3	3.8	80	1	1000	68
	8号泊位	煤炭	2013	4.5	3.8	80	1	1000	68
	9号泊位	煤炭	2013	5.9	3.8	80	1	1000	68
	10号泊位	煤炭	2013	6.1	3.8	80	1	1000	68
	11号泊位	煤炭	2013	5.1	3.8	80	1	1000	68
	12号泊位	煤炭	2013	6.2	3.8	80	1	1000	70

续表 15

所属公司名称	泊位名称	主要用途	投产年份（年）	码头前沿水深（米）		码头长度（米）	泊位数（个）	靠泊吨级（吨）	通过能力（万吨）
				实际水深	设计水深				
华能太仓发电有限责任公司	1 号泊位	煤炭	1999	12.5	13	260	1	35000	379
	2 号泊位	煤炭	2006	12.5	13	275	1	35000	520
	3 号泊位	件杂货	1999	6.5	7	52	1	1000	20
	4 号泊位	件杂货	2009	6.5	7	135	1	3000	100
海通（太仓）汽车码头有限公司	11 号泊位	商品汽车	—	—	13.6	708	1	70000	—
	12 号泊位	商品汽车	—	—	13.6		1	70000	
	内档泊位	商品汽车	—	—	5.6	150	1	3000	—
太仓国际集装箱码头有限公司	1 号泊位	多用途	1998	12	12.5	270	1	25000	140
	2 号泊位	多用途	1999	12	12.5	270	1	25000	140
	3 号泊位	集装箱	2003	12	12.5	195	1	50000	—
	4 号泊位	集装箱	2003	12	12.5	195	1	50000	—
苏州现代货箱码头有限公司	5 号泊位	集装箱	2006	12.5	12.5	280	1	50000（20000）	—
	6 号泊位	集装箱	2006	12.5	12.5	280	1	50000（20000）	—
	7 号泊位	集装箱	2006	12.5	12.5	270	1	50000（20000）	—
	8 号泊位	集装箱	2006	12.5	12.5	270	1	50000（20000）	—
太仓港正和兴港集装箱码头有限公司	9 号泊位	集装箱	2010	12.5	12.5	322	1	50000	—
	10 号泊位	集装箱	2010	12.5	12.5	323	1	50000	—
太仓正和国际集装箱码头有限公司	13 号泊位	集装箱	2010	12.5	12.5	332	1	100000	—
	14 号泊位	集装箱	2010	12.5	12.5	332	1	100000	—
太仓正和国际集装箱码头有限公司	15 号泊位	集装箱	2022	12.5	12.5	323	1	100000	—
	16 号泊位	集装箱	2022	12.5	12.5	323	1	100000	—
	17 号泊位	集装箱	2022	12.5	12.5	323	1	100000	—
	18 号泊位	集装箱	2022	12.5	12.5	323	1	100000	—
玖龙纸业（太仓）有限公司	1 号泊位	煤炭	2005	13	12.5	261	1	50000	98
	2 号泊位	通用	2008	9	9	157	1	3000	100
	3 号泊位	通用	2008	9	9	157	1	3000	100
	4 号泊位	多用途	2023	13	13	240	1	30000	150
	5 号泊位	多用途	2023	13	13	114	1	5000	42
太仓港协鑫发电有限公司	1 号泊位	煤炭	2003	11.8	11.4	250	1	35000	230
	2 号泊位	煤炭	2004	11.8	11.4	280	1	35000	451
	3 号泊位	通用件杂货	2003	6	6	65	1	800	60

续表 15

所属公司名称	泊位名称	主要用途	投产年份（年）	码头前沿水深（米）		码头长度（米）	泊位数（个）	靠泊吨级（吨）	通过能力（万吨）
				实际水深	设计水深				
江苏长江石油化工有限公司	1号泊位	液体化工	1995	10.5	10	299	1	10000	75
	2号泊位	液体化工	1999	6	6	125	1	3000	30
	3号泊位	液体化工	1999	6	6	125	1	3000	30
	4号泊位	液体化工	2011	4.5	4.5	68	1	1000	50
	5号泊位	液体化工	2011	4.5	4.5	68	1	1000	50
	6号泊位	液体化工	2003	12.6	10.5	290	1	80000	162
	7号泊位	液体化工	2003	8	8	140	1	5000	42
	8号泊位	液体化工	1999	4	4	27	1	300	1.5
	9号泊位	液体化工	1999	4	4	27	1	300	1.5
太仓阳鸿石化有限公司	1号泊位	液体化工	2009	12.5	14.8	270	1	30000	210
	2号泊位	液体化工	2009	12.5	14.8	175	1	10000	120
	3号泊位	液体化工	2009	8	8	125	1	3000	30
	4号泊位	液体化工	2009	8	8	85	1	1000	20
	5号泊位	液体化工	2016	6.5	6.5	128.5	1	1000	39.25
	6号泊位	液体化工	2016	6.5	6.5	128.5	1	1000	39.25
	7号泊位	液体化工	2016	6.5	6.5	128.5	1	1000	39.25
	8号泊位	液体化工	2016	6.5	6.5	128.5	1	1000	39.25
美孚太仓石油有限公司	1号泊位	液体化工	1997	11	10	229	1	25000	222
	2号泊位	液体化工	1997	6.8	7.2	105	1	5000	10
	3号泊位	液体化工	1997	4	4	38	1	300	10
	4号泊位	液体化工	1997	4	4	38	1	500	5

（任春艳）

港区建设

【概况】 太仓港经济技术开发区成立于1993年11月，时为省级开发区，2011年6月晋升为国家级经济技术开发区，2013年5月获批设立太仓港综合保税区。港区管辖面积170平方千米，其中浮桥镇镇域面积160平方千米，太海汽渡至荡茜河口、新塘河口至水库围滩用地10平方千米。常住人口13.6万人。港区先后获评港口型国家物流枢纽、最具投资价值园区、全国模范劳动关系和谐工业园区、江苏省文明单位、省级新型工业化产业示范基地、省级物流示范园区、省级生产性服务业集聚示范区、省智慧园区等荣誉。太仓港区发展成为千亿元级先进制造基地和现代物贸基地，形成世界500强、中央企业、欧美企业3个特色企业集群，集聚宝洁、三井、京东等18家世界500强企业投资的33个项目，中集、中化、华能等17家中央企业投资的34个项目，利洁时、美孚、霍尼韦尔等35家欧美企业投资的39个项目，构建以高端装备、先进材料、健康医药、现代物贸四大主导产业以及高端润滑油、轻工造纸、电力能源三大传统产业为核心的产业格局，成为全球最大的集装箱制造基地、亚洲最大的高级润滑油生产基地、华东最大的个人健康护理产品生产基地、沿江地区最大的电力能源基地。2023年，港区完成一般公共预算收入37.47亿元，较上年增长32.3%，其中税收收入32.26亿元，较上年增长26.4%。完成全社会固定资产投资67.05亿元，较上年增长40.3%，其中工业投资40.05亿元，较上年增长18.8%。完成限额以上批发业销售额451.66亿元，较上年增长45.6%，零售业销售额34.90亿元，较上年增长8.6%。

【项目引建】 2023年，太仓港区4个项目入选2024年省重大项目名单，数量居苏州市第一。全年累计签约落户巴克斯酒业、玖龙纸业特种新材料、高博航空、普洛泰超级大豆蛋白等项目106个，总投资324亿元，其中1亿元以上项目45个，超10亿元项目3个，超50亿元项目1个。引进TMC新材料、Mecotec超低温冷疗室等德资企业14家。与中国船级社江苏分社签订战略合作框架协议，“长江航运第一股”华光源海航运物流及供应链项目落户，新增港航服务业企业93家。推进2023年度三级重点项目30个，上半年开工建设新增项目20个，竣工苏州左旋星生命科学技术有限公司、宝华海恩斯压缩机（江苏）有限公司等项目12个。综合保税区出口汽车超6300辆。发展特色产业，规模以上物贸营收较上年增长28%，京迅递、京东健康分别成为太仓最大物流企业、最大零售业企业，太仓物流园蝉联省级示范物流园区10强首位。临港航空航天产业园被列入全省遥感卫星现代产业集群建设重点工程名单。化工园区通过省政府认定复核，获评苏州首批数字化转型示范园区。

【港城建设】 2023年，太仓港区加快改善城乡面貌。年内获批总投资80亿元的临港经济产业园区综合功能提质升级项目。苏州全球特色商品展销中心（一期）建成投用，集中供热工程（北段）完工，港城广场1号楼装修改造完成，龙江路快速化工程进入箱梁浇筑阶段。综合提升五洋滨江广场，签约落户棒约翰、华录乐园太仓首店。郑和纪念馆改造完成，郑和公园全年入园游客超24万人次。签约异地盘活拆旧复垦土地14公顷，拆除5.3公顷。增进民生福祉。交付投用港区幼儿园、港城第二小学。完工牌楼卫生院配套建设等民生项目13个。推进港区医院新院内部装修装饰。静江佳苑安置房竣工验收。全年办理安置房不动产证4163套，总办证率85%。村均集体总收入超1400万元。方桥村、三市村获评第六批中国传统村落。全域“枫桥式村（社区）”建设达标率100%。抓实安全环保工作。化工专业消防站正式投勤，应急救援指挥中心投入运行，危化品应急救援队被纳入省应急救援专业骨干队伍。通报红牌、黄牌分类警示企业44家，新增二级安全生产标准化工贸企业11家。完成大气污染防治工程项目84个。整治销号劣Ⅴ类水体22条，国省考5个断面优Ⅲ比例达100%。在全市率先推行生态宜居积分制。

【产业改革创新】 2023年，太仓港区加快产业转型升级，获评国家级5G工厂2家、省级绿色工厂5家、省智能制造示范车间7个。“智改数”转实现规模以上工业全覆盖，新增国家级智能制造优秀场景企业2家、省工业互联网标杆工厂3家、苏州市智能工厂1家、星级上云企业24家。江苏宝洁有限公司获评国家级绿色工厂，太仓中化环保化工有限公司入选省绿色发展领军企业名单。旭川化学（苏州）有限公司获评国家知识产权优势企业、“苏州制造”品牌登峰企业。入选“2023苏州民营企业100强”名录企业4家。盘活闲置低效用地25.93公顷，收回未开发土地6.4公顷。提升创新能力，获评国家级专精特新“小巨人”企业4家、省级专精特新中小企业16家。新增国家级人才5人，省级、苏州市级各类“人才计划”人才14人。新认定高企75家，首次获评省潜在“独角兽”企业2家。新增苏州市级以上工程技术研究中心17家、企业技术中心13家。太仓港科创园一期、长三角先进载运创新港投用，获评省级众创空间3家。奕瑞新材料获评太仓市唯一一个苏州市重大科技成果转化项目。优化营商环境，“企业全生命周期政务服务标准化试点”获批全省唯一一个政务服务类标准化试点。成功争取化工建设项目审批前部门联合会商权限层级压缩，承接苏州应急管理及生态环境全链条审批事项，实现联合审图一体化。发放首张“一照多址”营业执照。在太仓全市率先开展区域文勘。

【特色企业选介】 江苏扬子三井造船有限公司。该公司是扬子江船业集团旗下三大造船基地之一，由扬子江船业集团与日本三井E&S造船株式会社、三井物产株式会社于2019年合资成立。公司注册资本9990万美元，总投资20亿元，拥有10万吨级平地船位4个，配备1100吨龙门吊和10万吨浮船坞，年造船15~18艘、150万载重吨。先后获评国家级专精特新“小巨人”企业、国家高新技术企业，拥有江苏省企业技术中心、江苏省液化气体船工程技术研究中心、江苏省研究生工作站等科研平台，搭载全球首制低温碳锰钢三耳C型罐4万立方米LPG（液化石油气）和液氨运输船入选江苏省工信厅关键技术攻关项目。公司专注于建造LNG（液化天然气）/LEG（液化乙烯气体）/

2023年10月27日，太仓港区举行秋季项目集中签约仪式

（太仓港区供稿）

LPG清洁能源运输船、MR油轮（3~5万载重吨成品油轮）、绿色环保新一代卡姆萨型散货船等高技术船舶。2023年，扬子三井完成产值33.25亿元，较上年增长38.42%，完成税收1.20亿元。

京东。中国自营式电商企业，旗下设有京东商城、京东金融、拍拍网、京东智能、O2O及海外事业部等。2017年，太仓港区与京东物流板块签订合作协议，港区设立京东物流江苏区域总部，注册江苏京迅递供应链管理有限公司，从事物流分拨配送业务。2023年，京迅递累计销售额97.09亿元，纳税821.64万元。港区与京东健康板块签订合作协议，企业在港区设立医疗器械和保健食品华东总部，注册太仓京东健康有限公司。与市卫健委及公立医院合作开展区域互联网医院、区域处方审核流转平台、“互联网＋紧密医联体”、以居民电子健康档案和电子病历为核心的基层卫生健康信息化等“智慧医疗”项目；与市医保局合作推出“智慧医保”。2023年实现销售额32.21亿元，纳税6428.09万元。

利洁时（苏州）有限公司。利洁时集团成立于1823年，总部位于英国，是全球知名日用消费品行业巨头。利洁时集团旗下有超过200个品牌，其中超过20个是全球一线品牌，包括杜蕾斯避孕套（Durex）、滴露消毒产品（Dettol）、薇婷脱毛膏（Veet）、诺洛芬退烧药（Nurofen）、嘉胃斯康胃药（Gaviscon）、Calgon洗衣机清洁剂等。利洁时全球研发制造中心项目总投资3亿美元，注册资本1亿美元，占地11.33公顷，位于浮桥镇长江大道路99号。项目生产滴露品牌个人护理用品、杜蕾斯品牌安全套等产品，打造利洁时全球研发中心、亚洲最大的生产基地。利洁时一期项目占地8.67公顷，完成投资1.19亿美元，建成各类建筑4万平方米，其中滴露厂房面积1.57万平方米。2022年，滴露项目完成竣工验收，2023年正式投产。2023年7月，开工建设利洁时二期杜蕾斯项目，占地2.67公顷，建筑面积2万平方米，总投资3.5亿元，主要建设杜蕾斯产品生产基地、研发中心、分拨配送中心等。

表16　2023年港区世界500强企业基本情况表

单位：万元

序号	企业名称	投资方	投资总额
1	埃克森美孚（太仓）石油有限公司	埃克森美孚	138776
2	碧辟（中国）工业油品有限公司	英国石油公司	47144
3	中国石油天然气股份有限公司华东润滑油厂	中国石油天然气集团有限公司	93000
4	江苏长江石油化工有限公司		41500
5	太仓中石油润滑油添加剂有限公司		48000
6	江苏宝洁有限公司	宝洁公司	183600
7	太仓中化环保化工有限公司	中国中化控股有限责任公司	63195
8	苏州中化国际聚氨酯有限公司		8000
9	中化蓝天霍尼韦尔新材料有限公司		69986
10	华能太仓发电有限责任公司	中国华能集团有限公司	375000
11	华能太仓港务有限责任公司		219300
12	中外运物流供应链管理（苏州）有限公司	招商局集团有限公司	3000
13	中外运太仓国际物流有限公司		57600
14	五矿邯钢（苏州）钢材加工有限公司	中国五矿集团有限公司	18600
15	国能太仓发电有限公司	国家能源投资集团有限责任公司	503000
16	太仓华电开发建设有限公司	中国华电集团有限公司	53000
17	太仓武港码头有限公司	中国远洋海运集团有限公司、招商局集团有限公司	183600
18	太仓港正和国际集装箱码头有限公司	中国远洋海运集团有限公司	219000
19	太仓中集集装箱制造有限公司		137000
20	太仓中集特种物流装备有限公司		49468
21	太仓中集冷藏物流装备有限公司		151000
22	太仓国际集装箱码头有限公司		17460

续表 16

序号	企业名称	投资方	投资总额
23	太仓中理外轮理货有限公司	中国远洋海运集团有限公司	1560
24	中国太仓外轮代理有限公司		1500
25	太仓中联理货有限公司		300
26	苏州华苏塑料有限公司	中国海洋石油集团有限公司	82751
27	瀚德（太仓）密封系统有限公司	中国航空工业集团有限公司	50000
28	江苏京迅递供应链管理有限公司	京东集团股份有限公司	30000
29	太仓京东健康有限公司		10000
30	利洁时（苏州）有限公司	利洁时集团	320000
31	江苏扬子三井造船有限公司	三井物产株式会社	206032
32	太仓市港城碧桂园房地产开发有限公司	碧桂园控股有限公司	58100
33	博马（苏州）控股有限公司	罗伯特・博世有限公司	299800
合计	—	—	3740272

表 17　2023 年港区欧美企业基本情况表

序号	企业名称	投资方	投资总额
1	玖龙纸业（太仓）有限公司	玖龙集团	585787 万元
2	玖龙智能包装（太仓）有限公司		15273 万元
3	江苏宝洁有限公司	美国宝洁公司	191420 万元
4	苏州华苏塑料有限公司	华美集团	85985 万元
5	伟思磊新材料（太仓）有限公司		7500 万美元
6	埃克森美孚（太仓）有限公司	埃克森美孚公司	59926 万元
7	碧辟（中国）工业油品有限公司	英国石油公司	47144 万元
8	艺康（太仓）科技有限公司	美国艺康公司	63000 万元
9	迪皮埃复材构件（太仓）有限公司	TPI	25000 万元
10	太仓泛能拓颜料有限公司	Venator	24734 万元
11	格瑞夫（太仓）包装有限公司	格瑞夫公司	10375 万元
12	太仓宇加纤维有限公司	美国宇加化学纤维公司	8277 万元
13	岱纳包装（太仓）有限公司	格兰达公司	6640 万元
14	中化蓝天霍尼韦尔新材料有限公司	霍尼韦尔	69986 万元
15	明达工业（太仓）有限公司	宇达公司	133630 万元
16	明达码头（太仓）有限公司		118860 万元
17	明达置业（太仓）有限公司		24734 万元
18	明达仓储（太仓）有限公司		49800 万元
19	宣特金属制品（苏州）有限公司	美国宣特公司	1140 万美元

续表 17

序号	企业名称	投资方	投资总额
20	之宝(中国)户外产品有限公司	ZIPPO 公司	25000 万元
21	太仓思成塑化有限公司	承宝公司	600 万美元
22	太仓和达塑化有限公司		215 万美元
23	美轮运动器材(太仓)有限公司	美国美轮运动器材公司	550 万美元
24	强盛(苏州)金属制品有限公司	自然人投资或控股	490 万美元
25	太仓金洋实业有限公司	环球贸易公司	166 万美元
26	瀚笙金属材料(太仓)有限公司	美国昇辉贸易公司	150 万美元
27	亿斯特工艺品(苏州)有限公司	自然人投资或控股	144 万美元
28	苏州晃石服装整理有限公司	美国奇佳公司	90 万美元
29	苏州奥圜生物科技有限公司	自然人投资或控股	98 万美元
30	苏州申建汽车配件有限公司	美国 AJC 国际有限公司	20.65 万美元
31	法孚低温设备(苏州)有限公司	法国法孚低温公司	15000 万元
32	阿普拉(江苏)塑料制品有限公司	Alpla Holding GmbH	6000 万美元
33	阿凯斯(江苏)安全座椅有限公司	Axkid AB	5000 万元
34	斯凯奇(太仓)商贸物流有限公司	斯凯奇	248000 万元
35	利洁时(苏州)有限公司	利洁时有限公司	30000 万美元
36	达必温汽车零部件(太仓)有限公司	DBW ADVANCED FIBER TECHNOLOGIES GMBH	2000 万美元
37	苏州淞岚节能技术有限责任公司	Walter Mittelbach	200 万欧元
38	宝得流体控制系统(江苏)有限公司	Burkert International AG	38400 万元
39	苏州夸特纳斯供应链管理有限公司	QUATERNES 2 LIMITED	15000 万美元
40	宝华海恩斯压缩机(江苏)有限公司	德国宝华压缩机集团	600 万美元
41	博马(苏州)控股有限公司	罗伯特·博世有限公司	299800 万元
合计	—	—	2605961 万元

表 18　2023 年港区中央企业基本情况表

单位:万元

序号	企业名称	涉及央企	投资总额
1	中国石油天然气股份有限公司华东润滑油厂	中国石油天然气集团有限公司	93000
2	江苏长江石油化工有限公司		41500
3	太仓中石油润滑油添加剂有限公司		48000
4	北新建材(苏州)有限公司	中国建材集团有限公司	45000
5	中建材光电装备(太仓)有限公司		40000
6	太仓中化环保化工有限公司	中国中化控股有限责任公司	63195
7	苏州中化国际聚氨酯有限公司		8000
8	中化蓝天霍尼韦尔新材料有限公司		69986

续表 18

序号	企业名称	涉及央企	投资总额
9	华能太仓发电有限责任公司	中国华能集团有限公司	800000
10	华能太仓港务有限责任公司		219300
11	国能太仓发电有限公司	国家能源投资集团有限责任公司	503000
12	太仓华电开发建设有限公司	中国华电集团有限公司	53000
13	苏州首钢钢材加工配送有限公司	中国宝武钢铁集团有限公司	113679
14	五矿邯钢（苏州）钢材加工有限公司	中国五矿集团有限公司	18600
15	中外运物流供应链管理（苏州）有限公司	招商局集团有限公司	3000
16	中外运太仓国际物流有限公司		57600
17	太仓港正和国际集装箱码头有限公司	中国远洋海运集团有限公司	219000
18	太仓中集集装箱制造有限公司		49468
19	太仓中集特种物流装备有限公司		17460
20	太仓中集冷藏物流装备有限公司		151000
21	太仓国际集装箱码头有限公司		137000
22	太仓中理外轮理货有限公司		150000
23	中国太仓外轮代理有限公司		1560
24	太仓中联理货有限公司		1500
25	太仓华商冷藏物流有限公司	中粮集团有限公司	53223
26	太仓检验认证有限公司	中国检验认证（集团）有限公司	300
27	太仓武港码头有限公司	中国远洋海运集团有限公司、招商局集团有限公司	183600
28	中广核三角洲（苏州）高聚物有限公司	中国广核集团有限公司	120000
29	瀚德（太仓）密封系统有限公司	中国航空工业集团有限公司	50000
30	上海烟草集团太仓海烟烟草薄片有限公司	中国烟草总公司	108859
31	苏州国林华东商贸有限公司	中国林业集团有限公司	20000
32	江苏中林森立木业有限公司		15000
33	中林物资（太仓）有限公司		60000
34	中化学建筑工程有限公司	中国化学工程集团有限公司	100000
合计	—	—	3614830

（陆方舟）

口岸服务

【口岸营商环境建设】 2023 年，太仓港各口岸单位优化口岸营商环境，助力建设现代化港口。太仓海事局成立集装箱船舶保运专班，优化受限船舶保障举措，助力船舶进出，保障港口汽车进出口；太仓海关创新开展智慧海关建设，保障货走太仓港更顺畅；太仓边检站优化勤务模式，建立“一船一策”服务机制，推动船舶出入、人员验放更便利；太仓引航站安全引领重点、难点船舶，进出船舶引航精准高效；长航公安太仓派出所强化源头治理，健全联合快速反应检查机制，保障发展环境更安全；市航道处加强航道维护管理，助力航道等级提升，保障通航硬件设施更优良。

【智慧港口建设】 2023 年，太仓港建成投运苏州港综合运输服务平台，覆盖空箱服务、支线订舱、选箱配船、动态跟踪等船舶运输服务业务，助力苏州港一体化运营。开发建设海关智慧水运口岸平台全景数字驾驶舱、智慧查验平台升级改造等项目，推动"智慧＋智能＋智享"监管新模式。牵头编制《江苏省集装箱码头智慧化建设技术指南》，为全省集装箱码头智慧化建设树立新标杆。国家口岸管理办公室下发文件批复，太仓港区获批全国智慧口岸建设试点。

【口岸环保安全工作】 2023年，太仓港聚焦港口安全监管重点领域和关键环节，开展安全生产风险专项整治巩固提升和重大事故隐患排查整治行动，推动安全管理信息化平台顶层设计，修订完善应急预案体系，统筹推进防台防汛、冰冻雨雪、水下冲刷等应急处置工作。开展长江最美港口建设，武港码头获评四星级中国绿色港口，正和兴港获评省级五星级绿色港口，苏州现代、正和国际、鑫海码头获评省级四星级绿色港口，星级绿色港口数量位居全省第一。太仓港是全国内河唯一一个岸电覆盖率100%的港口。

（任春艳）

2023年8月15日，太仓海关关员查验监管进境木材 （杨泽浩摄）

海　关

【概况】 太仓海关按授权负责指定口岸和区域范围内海关各类管理工作，管辖范围为太仓市各项海关管理工作。辖区内有国家一类开放口岸太仓港，共有开放码头17个、海关监管作业场所19个；太仓港综合保税区1个，保税监管场所5个。2023年，太仓海关监管集装箱151.4万箱次，在江苏地区海关排第一位；监管进出境运输工具8182艘次，监管进出口货运量4536.6万吨，税收入库148.2亿元，审结进出口报关单35.7万票。助推太仓港集装箱吞吐量连续6年位居江苏省港口第一，连续14年领跑长江港口，稳居全国集装箱港口第八位；服务太仓市外贸进出口总额1106.40亿元，较上年增长0.20%。做好德国驻华大使馆海关专员调研江苏工作，协同"地方政府＋海关＋德企"开展务实座谈交流，推进深化中德海关关际合作。全年接待发展中国家与共建"一带一路"海关官员研修班参观考察5批次，与200位各国海关中高级官员开展现场工作交流，分享太仓港口岸监管海关经验。年内，太仓海关查验一科获评2023年江苏省"扫黄打非"先进基层示范点。

【入境检疫】 2023年，太仓海关率先完成口岸传染病核酸快检和免疫法快检设备配置运行，检出"乙类乙管"后全国首起18例船员聚集性新冠病毒感染事件，全国海关系统首次检出BA.5.2变异株，检出非洲猪瘟阳性2批次，截获各类病媒生物264批次，输入性病媒生物截获数量位居江苏地区海关第一。完成《太仓海关国门安全风险分析与对策研究报告》，在进境旧家具中发现携带黄檀、棱柱木属等濒危物种2批次24件，梅花鹿角等野生动物制品2件，查发无IPPC标识木质包装123批次，未申报木质包装16批次，连续在11批次俄罗斯干豌豆中截获检疫性杂草。全年截获外来有害生物201种8139种次，其中检疫性有害生物20种1290种次，列南京海关第一方阵。

【税收征管】 2023年，太仓海关签发RCEP（《区域全面经济伙伴关系协定》）原产地证书4423份，金额2.5亿美元，较上年增长29.4%；RCEP进口享惠货值3.43亿美元，较上年增长68.9%，居江苏地区海关第一。推进以企业为单元的担保制度改革，为111家企业办理税款担保3613票，全年累计减少企业资金占用11.97亿元。

【企管稽查】 2023年，太仓海关创建"阳光服务·质效通关"营商环境品牌，推进"问题清零区镇行"活动，探索企业服务"网格员"机制，联系企业234家，实地调研落实"海关总署16条""南京海关29条"优化营商环境措施，解决企业问题22项。为100余家进出口企业宣讲综合保税区、AEO［"经认证的经营者"，AEO制度是世界海关组织（WCO）为实现《全球贸易安全与便利标准框架》所倡导的一项制度］等最新惠企政策，开展主动披露作业23个，助企减免滞纳金48.35万元。统筹实施属地查检与核查叠加作业40次，减少外勤执法频次。开展远程属地查检改革试点工作，经系统自动审核通过货物6328票，企业"秒获"电子底账，远程查检放行货物172票，企业从预约到实施查检零等待。

【智慧海关建设】 2023年，太仓海关加快智慧海关建设进程，参与各类业务场景应用试点，形成太仓海关"1个特色项目+5个参与项目"总体模块，参与总署总关长江经济带智慧物流监管、海关贸易统计综合管理、货物监管—属地查检、交通工具卫生监督功能研发、木材AI初筛识别远程支持等场景及系统建设。依托"智慧水运口岸"平台优势，完成硬件建设，投运视频监控等系统，集成开发综合展示、智慧监控、智慧辅助、智慧预警四大智慧模块、24个二级子模块、30个三级子模块，实体化运行太仓海关三级监控中心，绘制"数字地图"形成口岸场站立体管理，推动智慧水运口岸项目业务信息化、人力资源最小化、专业资质人员集约化、监管智能化。

【海关助力港口发展】 2023年，太仓海关推进长江流域首个自动化智能码头——太仓港四期码头开放运行，助力太仓港获得进口水果、粮食、水生动物、肉类、冰鲜、A类和B类木材六类特色指定口岸资质，成为全省口岸资质最齐全的港口，支持地方物流转物贸发展战略。搭建物流分拨平台，便利太仓港疏港铁路—综合保税区—港口码头"海铁联运""区港联动"，推动电动载人汽车、锂电池、光伏产品等中国出口"新三样"集聚太仓港。年内，太仓港集装箱吞吐量803.9万标箱，较上年增长0.2%，其中外贸集装箱507.5万标箱，较上年增长5.8%；货物吞吐量2.75亿吨，较上年增长3.7%，其中外贸货物吞吐量1.11亿吨，较上年增长13.6%。

【海关服务汽车出口】 2023年，太仓海关开辟出口专窗提供提前申报、线上预约、抵港直装等便利，实现查验"24小时无陪同+常态化加班"，设立首席专家岗提前分析航线、指导汽车框架包装等特殊物料申报，确保即靠即检、无缝装卸，组建"海关—港口—企业"联合专班提升汽车堆场码头能级，一站式监管保障汽车高效进场、通关，吸引特斯拉、比亚迪等汽车企业自太仓港出口。年内，太仓口岸出口汽车43.95万辆（数据来源太仓海关，下同），居江苏口岸首位，较上年增长1.39倍，其中新能源车18.07万辆，较上年增长1.93倍，占全国出口总量10.2%。

【长三角港口协作】 太仓海关首创"联动接卸"模式（通过上海洋山港与太仓港联动，建立沪太两点合一通关模式，将通关流程集中到一个海关完成。该模式下，企业将出口货物运抵太仓港码头，经专用驳船转运至洋山港上货船离境。企业不再需要办理转关申报和二次运抵相关手续，有效降低相关成本）写入国务院《关于推动外贸稳规模优结构的意见》，在全国范围内持续推广。2023年，"联动接卸"模式进出口监管货物21.1万标箱，较上年增长123%，惠及企业100余家，通关时间每票平均节约20小时，累计为企业节约物流成本8000万元。持续推动"船边直提、抵港直装"模式，全年完成大宗散货进口"船边直提"462.07万吨，较上年增长100%，出口货物"抵港直装"12.5万标箱，较上年增长16%。开通太仓港、上海港、宁波港双向"离港确认"模式，强化长三角港口协作互动，全年"离港确认"转关1181票，从抵港到放行平均仅需2小时，节约中转时间15小时。

【危险品综合治理】 2023年，太仓海关推进"打击进出口危险品伪瞒报"专项行动，开展进出口危险化学品监管专项督察，发挥"云擎"智能大数据优势，构建危险品专项监控分析模型，摸排高风险货物和企业。组建危险品风险防控专班，从抵港、放行至提离全过程监控，确保危险品限时提离，强化太仓口岸常态化危险品全链条监管机制。全年查发口岸危险品伪瞒报情事16起，属地出口危险品不合格批次19批，办理涉危行政处罚案件15个，涉案货值1251万元，数量位居江苏地区系统第一。 （舒中亚）

2023年7月21日，太仓海关关员查验太仓港出口汽车 （计海新摄）

长江引航

【概况】 2023年，太仓引航站服务港口实现"量增"，服务企业实现"质增"，全年共引领中外籍船舶8635艘次，较上年增长21.8%；引航船舶总吨位2.4亿吨，较上年增长23.2%；引航里程43万千米。其中，引领受限船舶1817艘次、夜航船舶2776艘次；引领集装箱船舶2848艘次，较上年增长20.9%。

【港口高质量发展保障】 2023年，太仓引航站宣传、贯彻、落实"长江引航八项服务承诺”，保障矿砂、化工原料、木材及载运其他物资船舶进口，保障海工产品、集装箱、新能源汽车出口。优先引领载运电煤、成品油等国计民生重点物资船舶。保障太仓武港码头10月接卸货物量突破300万吨。太仓华能港务、美锦码头新增靠泊开普型船舶48艘次。为新能源汽车出口保驾护航，助力太仓港打造长江汽车出口第一大港，全年引领汽车滚装船353艘次，较上年增长13.9%，保障超40万辆汽车从太仓港出口。引领最大宽度159.33米的荷兰籍大件货物运输船“巴伦支海”轮靠泊太仓润禾码头并装载桥吊出口，创造长江港口接靠船舶最大宽度纪录。引领船长249.03米的意大利籍滚装船“拉各斯盛世”轮靠泊太仓正和兴港码头，刷新长江港口接靠营运滚装船最大尺度纪录。

【引航安全保障】 2023年，太仓引航站应对船舶大型化、船型多样化、服务需求个性化，结合太仓辖区实际和引航特点，从通航环境、引航船舶、引航员及管理措施方面全面辨识安全风险。排查隐患，采取对应防范措施。强化安全红线意识和底线思维，通过安全生产谈心谈话、站长讲安全、安全知识进企业，强化安全主体责任，夯实本质安全。持续深化“海事＋引航＋企业”安全联防联控机制，逐步形成“1+1+1 ＞ 3”的共赢格局。发挥以专业技术保障长江公共水域安全“国家队”的作用，实现安全形势持续稳定，助力港口安全、绿色发展。

【绿色引航】 2023年，太仓引航站落实MARPOL公约（国际防止船舶造成污染公约）要求，强化绿色引航，优化安全生产模式，督促引航船舶做好防污工作，全年引领船舶零污染。引领集全球最新高效节能科技于一身、具有独特设计的绿色船舶——全球首制4万立方米双燃料液化石油气液氨运输船交付出江。强化失控船舶应急处理，邀请专家讲解长江太仓段失控船舶防范案例，开展失控船舶安全风险防控大讨论，督促做好交通车和交通船维修保养，将风险隐患遏制在萌芽状态。加强重点船舶管理和引航计划审核，宣传贯彻江苏海事局《关于加强散装液体危险货物船舶安全风险管控的通告》，加强引领危化品船舶的风险防控，按照操作规程，及时和船方交换信息，发现船上有明火作业、洗舱等违规操作时，及时制止并报主管机关。

【远程可视系统建设】 2023年，太仓引航站发挥信息化在引航安全监管中的智能支撑作用，在长江引航中心和江苏太仓港口管理委员会的支持和指导下，推进软硬件工程建设，完成引航站内沿江“闭路电视”远程可视系统接入工程。该系统通过整合海事、引航及其他有关监控信息，实现对涉及引航生产组织及安全管理的拖轮规范使用、护航措施落实、计划准点率、码头作业完成进度、沿江现场实时风力风向、能见度、潮流以及引航员现场操作等情况进行监督管理。

（刘　源）

海　事

【概况】 2023年，太仓海事局保障辖区进出港船舶17.8万艘次、国际航

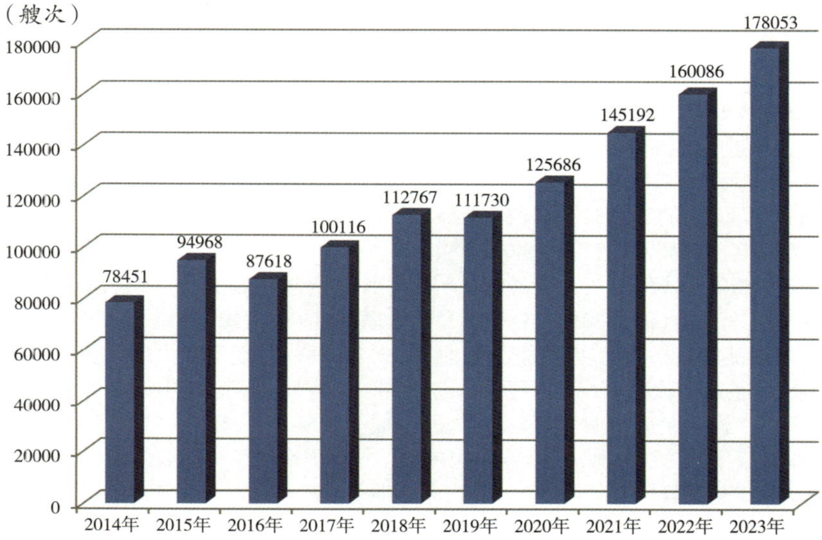

图4　2014—2023年太仓港国内航行船舶进出港统计图

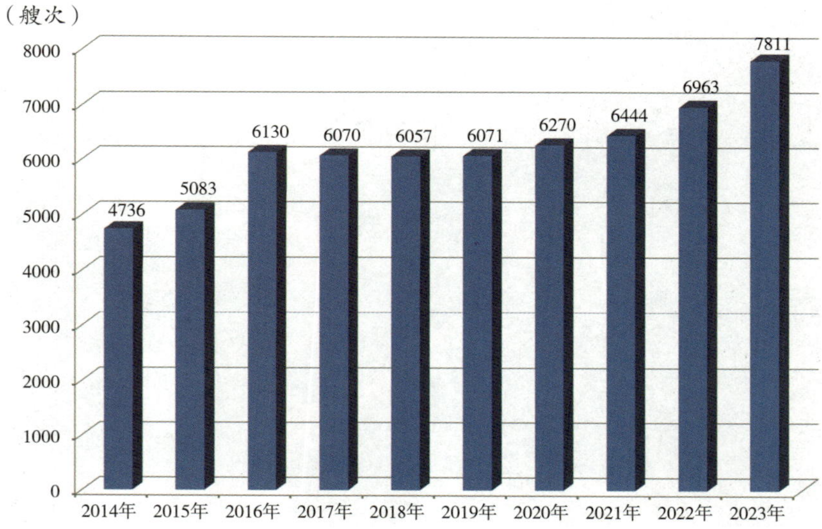

图5　2014—2023年太仓港国际航行船舶进出港统计图

2023年9月7日，太仓海事局护航进江最大尺度滚装船“拉各斯盛世”轮接靠太仓港 （陶朝博摄）

行船舶7811艘次，较上年分别增长10.8%、12.2%，助力太仓港完成集装箱吞吐量803.9万标箱、货物吞吐量2.75亿吨、外贸货物吞吐量超1亿吨，较上年分别增长0.2%、3.7%、13.6%。全年维护新造船试航415艘次，处置水上险情184起，救助遇险人员1690人、遇险船舶206艘次，救助成功率100%。

【绿色航运发展】 2023年，太仓海事局落实“一零两全四免费”举措（“一零两全”是指靠港和锚泊船舶污染物零排放、全接收，在航船舶污染物排放全达标；“四免费”是指内河船舶免费生活垃圾接收、免费生活污水接收、免费水上交通、免费锚泊），太仓水上绿色综合服务区规范运行。全年全港累计接收生活垃圾5.9万艘次、545.2吨，生活污水4.4万艘次、2.8万立方米，较上年分别增长9.3%、108.0%和9.9%、5.2%，提供免费交通572艘次、806人次。与市人民检察院联合开展船舶污染防治协同共治示范区创建，与上海宝山海事、生态环境部门开展苏沪交界水域溢油防控联合演习，建立苏沪交界水域船舶污染应急联动机制。建立“码头—海事—设备供应商”三方船舶岸电应急协调机制，辖区到港船舶使用岸电5.3万艘次、用电量574.9万千瓦时，较上年分别增长51.2%、27.0%。助推太仓港正和兴港集装箱码头获评江苏省五星级绿色港口。

【长江水上风险隐患治理】 2023年，太仓海事局加强事前预防治理，开展辖区风险隐患排查。实体化运行太仓市长江水上交通安全专业委员会，常态化向沿江各镇发放风险提示函。推进全要素水上“大交管”建设，加强东南大风、寒潮大风、浓雾等恶劣天气重点时段的危化品船、渡船、渣土运输、小型集装箱船等重点船舶以及船舶横越区、河口交汇区、分流船集散区等重点水域管控。承接常通汽渡渡线停渡后客货分流压力，保障太海汽渡平安渡运3万航次、旅客59.9万人次、车辆46.2万辆次，较上年分别增长67%、95%、91%。加强涉危安全隐患排查，制定“一货一案”应急手册，推动实现危化品码头AI智能监控全覆盖。查处集装箱谎报瞒报违法行为10起。对辖区36家水上供油企业开展水上流动供油专项整治。完成码头涉水工程运行期通航安全检查，指导辖区17家码头企业完善安全靠泊配套措施，帮助企业厘清问题45项。成立“李雷除险队”，推动治理河口等安全隐患30余项，杨林河口船舶搁浅事故较上年下降90%。

【港航经济保障】 2023年，太仓海事局推进四期码头临时启用延期6个月并完成省级验收。服务保障海通汽车滚装码头建设、长江石化码头功能改造等重点项目实施。成立太仓港集装箱海事保运专班，推出“一次靠离、联合作业”“苏沪绿色快航”等举措。支持散货码头片区开展砂石保供、集装箱码头片区开展风筒风叶等业务拓展。办理国际航行船舶、两岸直航船舶进口岸申请3772件、170件，办理国际航行船舶进出口岸手续7811艘次、载运危险货物和污染危险性货物进出港口审批2.49万件、水上水下活动许可38件、内河通航水域安全作业备案168件、船舶在港区水域内安全作业备案1038件、船舶登记82艘次、水上无线电行政许可151件。完成太仓首例光船租赁及2艘江海直达特定航线船舶登记手续。助力港口外贸货物吞吐量首次突破亿吨大关。联合市招商局、市商务局等部门举行太仓市首届港航物贸业招商推介会，招引港航企业落户6家。开发新造船全链条管理平台，助力辖区造船企业建造大型船舶23艘，较上年增长53%。

【海事服务举措创新】 2023年，太仓海事局制定可折叠框架载运车辆、大型锂电池储能装置等海上运输监管服务标准，两项改革创新举措入选江苏自贸区2023年改革创新工作计划。保障汽车整车吞吐量47.2万辆（数据来源为太仓海事局，下同），较上年增长30.5%。设置运行内河小型船舶待装待卸临时停泊点3处，帮助超1万艘次船舶缓解锚泊难问题。持续优化水上交通组织，保障2458艘次大型受限船舶“直进直靠、直离直出”。实施海事监管领域“轻微免罚”“首违不罚”助企便民举措，共计惠及符合条件的企业、船舶400余家。成立长江干线首家船员行业党委和船员行业党建行动支部，建立太仓市船员党群服务中心。推出“仓海·仁心”医疗服务品牌，常态化开展“船员医疗服务日”活动。协调浏河人民医院成功申办苏州市首家海船船员体检机构资质。建立通江河口“信用闸口、诚信过闸”机制，保障5万余艘次船舶、超6000万吨“苏货”通航。 （郭国坤）

高新区及中德合作示范区

高新区建设

【概况】 江苏省太仓高新技术产业开发区（以下简称高新区）于2018年9月经省政府批复正式设立，地处太仓市主城区，管理面积116.74平方千米。高新区与科教新城、娄东街道、陆渡街道实施区城街一体化管理，高新区聚焦经济发展职能，城街聚焦基层社会治理。高新区贯彻落实新发展理念，建设国内一流、国际知名的中德创新城，发展为以德企集聚、创新汇聚、产城融合为主要特色的开发区。先后被科技部、工信部授予国家高新技术产业化基地、国家新型工业化产业示范基地、国家先进制造技术国际创新园等称号。连续多年位居全省高新区综合评价前列，实施创新驱动发展战略、推进自主创新和发展高新技术产业工作连续三年受到省政府督查激励表彰。高新区加快打造汽车零部件、航空航天、工业母机三大产业创新集群，集聚耐克、舍弗勒、通快、联合汽车电子、吉太航空、中美冠科等一批优质内外资企业，其中德资企业超450家。2023年完成地区生产总值710.35亿元，较上年增长6.03%；一般公共预算收入91.46亿元，占全市48%，一般公共预算税收收入82.26亿元，占全市51%；规模以上工业产值1333.7亿元，较上年增长10%；全社会固定资产投资257.4亿元，较上年增长10.2%，其中工业投资64亿元，较上年增长37.2%。

【规划建设】 2023年，太仓高新区坚持“规划引领”推动城市建设展现新面貌。深化完善“1+5+N”规划体系（“1”为娄江新城总体控制规划，“5”为娄江新城综合交通、水系、绿地系统、管线综合和智慧城市规划，“N”为各个专项规划），完成高铁商务片区核心区城市设计及重点地块概念设计方案、北虹桥中德创新走廊城市设计等规划7项，停车专项规划、海绵城市专项规划等20项规划形成中期成果，启动十八港路站TOD（Transit Oriented Development，即以公共交通为导向的开发模式）、太仓站TOD城市设计深化设计等规划3项。先后召开娄江新城建设领导小组会议3次，推进太仓市实验高级中学、中德创新城医养中心等年度重点建设项目88个，竣工投用智汇谷·科技创新园等项目29个，加速推进瑞金医院太仓分院、太仓大道地下综合管廊等项目23个。征地76公顷，供应土地154公顷。签约农户109户，拆迁农户91户，签约门面房99家，拆除门面房79家，签约企业126家，拆除企业83家。建成开放口袋公园2个、幸福河湖18条，整治劣Ⅴ类河道5条。太仓市城东水质净化厂建成并试运行，建设规模15万立方米/天。

【招商引资】 2023年，太仓高新区深化“项目突破日”工作机制，全年签约落户产业项目87个，总投资超360亿元，其中50亿元项目1个，超30亿元项目2个，超10亿元项目6个，超1亿美元项目6个，超1亿元项目40个；其中新能源汽车核心零部件项目18个，航空航天项目10个，高端装备制造项目23个。设立总规模10亿元的娄城产业基金，成立全市首家保理公司、省债担保子公司，竣工投用舍弗勒二期、阿尔卑斯国际度假区、立琻半导体芯片等项目66个。出台《太仓高新区营商通1.0》，动态更新硬核政策10条、硬核保障10条、硬核服务10条。聘用政企事务官，用好政企服务地图，召开重点项目座谈会、供需对接会，借助“TOP企业家沙龙”“FLY财经沙龙”“HR菁才沙龙”和“Star留学人员沙龙”等企业俱乐部赋能企业发展。举办中欧（太仓）新能源产业合作交流会、Innovation Fair创新跨境交流会、北京汽车产业创投对接会、创新创业环境推介会等活动。

【产业发展】 2023年，太仓高新区坚持“产业为要”，推动产业创新集群发展。新能源汽车核心零部件、航空航天、工业母机三大产业产值占规模以上产值比重超75%。新引进舍弗勒电驱传动系统、华鹏电池包壳体、庆良汽车电子等新能源汽车核心零部件项目18个，全年产值突破800亿元，较上年增长26%。新引进中航集成设备、云圣智能、航辰机载等航空航天项目10个，全年产值突破150亿元，较上年增长45%。新引进斯凯孚、伯曼物流、L+R特种设备、申科谱等高端装备制造项目23个，全年产值突破150亿元，较上年增长30%。加快产业转型升级，高新技术产业、新兴产业产值分别实现964.77亿元和762.6亿元，较上年分别增长10.5%和6%，高新技术产业产值占比72.3%，新兴产业产值占比57.2%。投资建设中德五期，定制博泽、联电三期、双元制教育产业园、麦格纳改扩建等厂房9个，面积超105万平方米。高新控股集团成为太仓首家单体主体信用AAA评级企业，资产规模700亿元，营业收入近20亿元，隐性债务化解22.88亿元，发行债券30.2亿元。

【科技创新】2023年，太仓高新区坚持"高新定位"，推动创新转型。新认定高新技术企业156家，有效高企数389家。获评国家科技型中小企业590家，较上年增长26.9%。新增国家级专精特新"小巨人"企业2家、省"独角兽"（潜在）企业4家、江苏"瞪羚"企业3家，如果新能源科技（江苏）股份有限公司成为全市首家中国"独角兽"企业。新大洲本田摩托（苏州）有限公司获评国家级绿色工厂、裕克施乐塑料制品（太仓）有限公司获评全市第一家省智能示范工厂。航小天空天产业创新孵化器入选江苏省科技企业孵化器。提档升级太仓大学生创业园，出台专项政策。引进小科智能、光伦新能源等科技人才项目370个，较上年增长72.8%，其中潜在"独角兽"项目6个，注册千万元以上项目170个。获评国家级人才项目8个。国家级高新区创建工作获省长批示，省政府向科技部优先推荐太仓高新区创建国家高新区。

【企业选介】太仓博泽汽车部件有限公司。该公司成立于2014年9月，位于太仓高新区东亭北路158号。博泽集团位于德国科堡，是全球百强汽车供应商中第四大家族企业，全球四十强汽车供应商，为全球80余家汽车制造商及30余家供应商提供车门系统、后备厢门系统、座椅骨架和电子驱动系统等。博泽集团在太仓设立工厂2座，太仓博泽汽车部件和太仓博泽驱动，集中车门、座椅、电机驱动三大事业部的业务制造和创新任务。博泽汽车部件工厂主要生产加工门板模块及其部件、座椅导轨及部件等；博泽驱动工厂主要生产电动空调压缩机、制动助力电机、摇窗电机等汽车电机系统，为吉利、福特、捷豹路虎、大众及沃尔沃等多家国内外知名汽车制造商进行订单生产。2023年，太仓博泽实现营收51.52亿元，较上年增长59.8%。

克朗斯机械（太仓）有限公司。该公司成立于2004年7月，位于太仓高新技术开发区宁波东路9号。克朗斯集团是全球领先的设备及系统制造商，行业涉及软饮料、啤酒、乳品、调味品、烈酒、液态食品、个人和家庭护理用品、化学制药、塑料回收等领域，客户遍及全球156个国家和地区。全世界每4个饮料容器中，就有1个由克朗斯的设备进行处理。克朗斯太仓工厂为客户提供前处理、酿造、灌装包装等覆盖整个生产链的工艺设备和生产线，成为中国食品和饮料行业领军企业的长期合作伙伴及主要设备核心供应商。2023年，公司实现营收26.1亿元，较上年增长25.7%。

表19　2023年太仓高新区新增高新技术企业一览表

序号	企业名称	序号	企业名称
1	苏州冉飞智能科技有限公司	16	太仓泽成网络科技有限公司
2	太仓市建设工程质量检测中心有限公司	17	澔森特智能科技（苏州）有限公司
3	苏州小草电子科技有限公司	18	湃晟芯（苏州）科技有限公司
4	苏州文举智能科技有限公司	19	太仓市固德金属制品有限公司
5	苏州本旭塑料科技有限公司	20	太仓市迈辉机械制造有限公司
6	奥特莱博（苏州）实验室科技有限公司	21	苏州融速智造科技有限公司
7	祎智量芯（江苏）电子科技有限公司	22	太仓市永鑫盛五金塑胶有限公司
8	江苏希塔信息科技有限公司	23	康斐尔过滤设备（太仓）有限公司
9	太仓博泽驱动系统有限公司	24	苏州恒创达运动器材有限公司
10	江苏立辉机械科技有限公司	25	苏州诺济玛金属制品有限公司
11	太仓市国达金属制品有限公司	26	苏州希恩碧电子有限公司
12	德之昭科技（苏州）有限公司	27	苏州圣荣元电子科技有限公司
13	江苏奥文仪器科技有限公司	28	天之翼（苏州）科技有限公司
14	斯德拉马机械（太仓）有限公司	29	苏州宇慕汽车科技有限公司
15	苏州华宇云天信息科技有限公司	30	苏州徕泽丰材料科技有限公司

续表 19

序号	企业名称	序号	企业名称
31	江苏慧东出智能科技有限公司	65	太仓市信军展示道具有限公司
32	云动（太仓）测控技术有限公司	66	江苏杰泽罗通信科技有限公司
33	太仓鹏丰包装制品有限公司	67	明澔模具技术（太仓）有限公司
34	苏州恒浩网络通信工程有限公司	68	江苏吉尔吉智能机械有限公司
35	苏州岩建智能科技有限公司	69	苏州智行畅联科技有限公司
36	苏州瑞弗曼智能科技有限公司	70	苏州厚桥金属制品有限公司
37	疆合材料科技（苏州）有限公司	71	苏州澳盛网络发展有限公司
38	太仓申立金属制品有限公司	72	爱友智信息科技（苏州）有限公司
39	苏州帆通汽车科技有限公司	73	苏州紫竹信息科技有限公司
40	太仓瑞鼎精密机械科技有限公司	74	苏州科易胜智能科技有限公司
41	苏州布佳尔自动化科技有限公司	75	苏州视趣电子科技有限公司
42	苏州誉高紧固系统有限公司	76	苏州市猎创信息技术有限公司
43	苏州优世达智能科技有限公司	77	苏州格祐智能装备科技有限公司
44	太仓晶天精密模具科技有限公司	78	苏州安智因医学检验实验室有限公司
45	江苏德普检测技术有限公司	79	苏州良焱光电有限公司
46	太仓恒久链传动有限公司	80	苏州裕复利新材料有限公司
47	帛度光电科技（苏州）有限公司	81	太仓市百顺通风设备有限公司
48	苏州合高软件科技有限公司	82	苏州粤辉煌新材料科技有限公司
49	苏州海思健康科技有限公司	83	焓创制冷技术（苏州）有限公司
50	苏州启泽检测技术有限公司	84	太仓久益精密机械有限公司
51	安耐达工业自动化（苏州）有限公司	85	航宇检测技术（太仓）有限公司
52	苏州迈创利电子科技有限公司	86	太仓富莱克斯模具科技有限公司
53	苏州一目万相科技有限公司	87	太仓鑫天健环保科技有限公司
54	海之韵（苏州）科技有限公司	88	太仓卡兰平汽车零部件有限公司
55	苏州市世跃智能科技有限公司	89	卓智（太仓）物联科技有限公司
56	太仓臻溢科技有限公司	90	苏州迪芬德物联网科技有限公司
57	苏州赫铭柏锝机械设备有限公司	91	江苏域圆智能科技有限公司
58	琥崧智能装备（太仓）有限公司	92	苏州亮立昇科技有限公司
59	苏州莱博真空技术有限公司	93	陛通半导体设备（苏州）有限公司
60	蓝合智能科技研究院（苏州）有限公司	94	艾伯纳工业炉（太仓）有限公司
61	苏州江森特自动化科技有限公司	95	腾创益昂资讯科技（太仓）有限公司
62	太仓新绿杰实业有限公司	96	江苏云幕智造科技有限公司
63	苏州华拓生物科技有限公司	97	苏州创造环保科技有限公司
64	苏州海运达精密零部件有限公司	—	—

表20　2023年太仓高新区规模工业企业(不含德企)一览表

序号	企业名称	行业大类名称	投资来源地
1	太仓德鑫能源有限公司	电力、热力生产和供应业	中国内地
2	特灵空调系统(中国)有限公司	电气机械和器材制造业	美国
3	苏州天顺风能设备有限公司	电气机械和器材制造业	中国内地
4	麦格纳(太仓)汽车科技有限公司	电气机械和器材制造业	中国香港地区
5	多摩川精密电机(苏州)有限公司	电气机械和器材制造业	日本
6	如果新能源科技(江苏)股份有限公司	电气机械和器材制造业	中国内地
7	德特威勒(苏州)信息技术科技有限公司	电气机械和器材制造业	瑞士
8	红壹佰照明股份有限公司	电气机械和器材制造业	中国内地
9	雷勃电气(苏州)有限公司	电气机械和器材制造业	美国
10	江苏莫安迪科技股份有限公司	电气机械和器材制造业	中国内地
11	江苏昌哲新能源有限公司	电气机械和器材制造业	中国内地
12	苏州天瀚光电科技有限公司	电气机械和器材制造业	中国内地
13	太仓年益科技电子有限公司	电气机械和器材制造业	中国台湾地区
14	苏州天积维尔光电科技有限公司	电气机械和器材制造业	中国内地
15	太仓摩力伺服技术有限公司	电气机械和器材制造业	中国香港地区
16	江苏通领科技有限公司	电气机械和器材制造业	中国内地
17	美南精密电机(太仓)有限公司	电气机械和器材制造业	日本
18	苏州矽美仕绿色新能源有限公司	电气机械和器材制造业	中国内地
19	尤尼梅特电线电缆(苏州)有限公司	电气机械和器材制造业	中国内地
20	洋保电子(太仓)有限公司	电气机械和器材制造业	日本
21	苏州鑫点石精密机械制造有限公司	电气机械和器材制造业	中国内地
22	苏州英翔电子有限公司	电气机械和器材制造业	英国
23	太仓泰柯尼电缆有限公司	电气机械和器材制造业	意大利
24	华利安(太仓)运动服装有限公司	纺织服装、服饰业	美国
25	太仓祺美时装有限公司	纺织服装、服饰业	中国内地
26	太仓衣稻服装有限公司	纺织服装、服饰业	中国内地
27	苏州华钟针织有限公司	纺织服装、服饰业	日本
28	苏州博航体育用品有限公司	纺织服装、服饰业	中国内地
29	太仓泰坦体育用品有限公司	纺织服装、服饰业	中国内地
30	横滨丝带(太仓)有限公司	纺织业	日本
31	苏州虹盛印染有限公司	纺织业	中国香港地区
32	苏州三和管桩有限公司	非金属矿物制品业	中国香港地区
33	太仓海螺水泥有限责任公司	非金属矿物制品业	中国内地
34	太仓市建国混凝土制品有限公司	非金属矿物制品业	中国内地
35	华忠金属材料(太仓)有限公司	非金属矿物制品业	中国台湾地区

续表 20

序号	企业名称	行业大类名称	投资来源地
36	卡莱司卓奥斯曼（太仓）建筑材料有限公司	非金属矿物制品业	韩国
37	苏州弗罗斯复合材料有限公司	非金属矿物制品业	中国内地
38	科纺勒特种纺织品（太仓）有限公司	非金属矿物制品业	中国香港地区
39	苏州太丰玻璃饰品有限公司	非金属矿物制品业	中国内地
40	苏州久晶光电科技有限公司	非金属矿物制品业	中国内地
41	丰田通商（太仓）特钢加工有限公司	黑色金属冶炼和压延加工业	日本
42	江兴（太仓）金属制品有限公司	黑色金属冶炼和压延加工业	英国
43	太仓环球化纤有限公司	化学纤维制造业	美国
44	太仓市同维电子有限公司	计算机、通信和其他电子设备制造业	中国内地
45	太仓阿尔派电子有限公司	计算机、通信和其他电子设备制造业	日本
46	太仓斯迪克新材料科技有限公司	计算机、通信和其他电子设备制造业	中国内地
47	太仓展新胶粘材料股份有限公司	计算机、通信和其他电子设备制造业	中国内地
48	众华电子科技（太仓）有限公司	计算机、通信和其他电子设备制造业	中国香港地区
49	苏州希恩碧电子有限公司	计算机、通信和其他电子设备制造业	日本
50	兴和电子（太仓）有限公司	计算机、通信和其他电子设备制造业	日本
51	日立数据制造有限公司	计算机、通信和其他电子设备制造业	中国内地
52	太仓神明电子有限公司	计算机、通信和其他电子设备制造业	日本
53	苏州市共进汽车技术有限公司	计算机、通信和其他电子设备制造业	中国内地
54	苏州富士端子有限公司	计算机、通信和其他电子设备制造业	日本
55	苏州智行畅联科技有限公司	计算机、通信和其他电子设备制造业	加拿大
56	科思泰半导体配件（苏州）有限公司	计算机、通信和其他电子设备制造业	韩国
57	菲码（江苏）智能科技有限公司	计算机、通信和其他电子设备制造业	中国内地
58	太仓邝德—友联电讯设备有限公司	计算机、通信和其他电子设备制造业	中国香港地区
59	苏州蔡伦格蒂电子材料有限公司	计算机、通信和其他电子设备制造业	中国内地
60	太仓迪尼罗智能家居有限公司	家具制造业	中国内地
61	太仓海华家具有限公司	家具制造业	中国香港地区
62	长富不锈钢中心（苏州）有限公司	金属制品业	日本
63	苏州悦贸金属制品有限公司	金属制品业	日本
64	太仓世珍集装箱部件股份有限公司	金属制品业	韩国
65	美固龙金属制品（中国）有限公司	金属制品业	中国香港地区
66	苏州冠景彩涂板有限公司	金属制品业	中国内地
67	高盟机械（太仓）有限公司	金属制品业	中国台湾地区
68	太仓夏鑫电镀有限公司	金属制品业	中国内地
69	苏州静冈刀具有限公司	金属制品业	日本
70	太仓申立金属制品有限公司	金属制品业	中国内地

续表 20

序号	企业名称	行业大类名称	投资来源地
71	源文兴车料（太仓）有限公司	金属制品业	美国
72	太仓市国达金属制品有限公司	金属制品业	中国内地
73	苏州誉高紧固系统有限公司	金属制品业	中国内地
74	苏州葛雷固普五金科技有限公司	金属制品业	中国内地
75	太仓众易金属制品有限公司	金属制品业	中国内地
76	太仓锦捷机械有限公司	金属制品业	中国内地
77	太仓源壬金属科技有限公司	金属制品业	中国内地
78	太仓德洋开发管理有限公司	木材加工和木、竹、藤、棕、草制品业	中国内地
79	佳格食品（中国）有限公司	农副食品加工业	中国台湾地区
80	太仓彬彬豆业食品有限公司	农副食品加工业	中国内地
81	苏州新明阳鞋业有限公司	皮革、毛皮、羽毛及其制品和制鞋业	日本
82	博格华纳汽车零部件（江苏）有限公司	汽车制造业	美国
83	太仓世钟汽车配件有限公司	汽车制造业	韩国
84	伟速达（中国）汽车安全系统有限公司	汽车制造业	美国
85	法可赛（太仓）汽车配件有限公司	汽车制造业	西班牙
86	合兴汽车电子（太仓）有限公司	汽车制造业	中国内地
87	和承汽车配件（太仓）有限公司	汽车制造业	韩国
88	博格华纳传动系统（江苏）有限公司	汽车制造业	美国
89	培奇爱汽车配件（太仓）有限公司	汽车制造业	韩国
90	福驰特精密零部件（太仓）有限公司	汽车制造业	法国
91	法因图尔精密部件（太仓）有限公司	汽车制造业	瑞士
92	太仓奥托立夫申达汽车安全系统有限公司	汽车制造业	瑞典
93	万特赛传动系统（中国）有限公司	汽车制造业	英国
94	博最科技（苏州）有限公司	汽车制造业	中国内地
95	新井精密部件（太仓）有限公司	汽车制造业	日本
96	太仓东泰精密机械有限公司	汽车制造业	中国内地
97	太仓市联宏电塑有限公司	汽车制造业	中国内地
98	太仓泷田金属制品有限公司	汽车制造业	日本
99	苏州旭鸿金属制品有限公司	汽车制造业	毛里求斯
100	太仓南丰汽车零部件有限公司	汽车制造业	中国内地
101	英明精密机件（苏州）有限公司	汽车制造业	英国
102	全宇精密汽车配件（太仓）有限公司	汽车制造业	中国内地
103	苏州世珍橡塑有限公司	汽车制造业	韩国
104	苏州温橡特种橡胶有限公司	汽车制造业	中国内地
105	鲍迪克热处理技术（太仓）有限公司	汽车制造业	英国

续表 20

序号	企业名称	行业大类名称	投资来源地
106	太仓华润燃气有限公司	燃气生产和供应业	中国香港地区
107	挪亚圣诺（太仓）生物科技有限公司	食品制造业	荷兰
108	全盈（苏州）食品有限公司	食品制造业	中国内地
109	苏州全味食品有限公司	食品制造业	中国内地
110	百卡弗（太仓）烘焙有限公司	食品制造业	英国
111	禾萃食品（苏州）有限公司	食品制造业	中国内地
112	苏州北纬拾贰度食品有限公司	食品制造业	中国内地
113	太仓市水务集团有限公司	水的生产和供应业	中国内地
114	新大洲本田摩托（苏州）有限公司	铁路、船舶、航空航天和其他运输设备制造业	中国内地
115	见诚自行车（太仓）有限公司	铁路、船舶、航空航天和其他运输设备制造业	中国台湾地区
116	欧亚马电动科技（江苏）有限公司	铁路、船舶、航空航天和其他运输设备制造业	中国台湾地区
117	太仓安笙精密金属制品有限公司	铁路、船舶、航空航天和其他运输设备制造业	中国台湾地区
118	翔宇实业（太仓）有限公司	铁路、船舶、航空航天和其他运输设备制造业	中国台湾地区
119	太仓华夏精密机械有限公司	铁路、船舶、航空航天和其他运输设备制造业	中国内地
120	太仓市祥跃运动器材有限公司	铁路、船舶、航空航天和其他运输设备制造业	中国内地
121	太仓海鸿车业有限公司	铁路、船舶、航空航天和其他运输设备制造业	中国内地
122	天迅金属制品（太仓）有限公司	铁路、船舶、航空航天和其他运输设备制造业	中国台湾地区
123	苏州龙跃锂动车辆有限公司	铁路、船舶、航空航天和其他运输设备制造业	中国内地
124	太仓市派恩海洋装备科技有限公司	铁路、船舶、航空航天和其他运输设备制造业	中国内地
125	瑞振车料（太仓）有限公司	铁路、船舶、航空航天和其他运输设备制造业	中国台湾地区
126	陇亿车料（太仓）有限公司	铁路、船舶、航空航天和其他运输设备制造业	中国台湾地区
127	凯得爱依安全运动器材（太仓）有限公司	铁路、船舶、航空航天和其他运输设备制造业	日本
128	苏州华易航动力科技有限公司	铁路、船舶、航空航天和其他运输设备制造业	中国内地
129	太仓升达机械有限公司	铁路、船舶、航空航天和其他运输设备制造业	中国台湾地区
130	元毅车料（太仓）有限公司	铁路、船舶、航空航天和其他运输设备制造业	中国台湾地区
131	祥力自行车配件（太仓）有限公司	铁路、船舶、航空航天和其他运输设备制造业	中国台湾地区
132	苏州鸿安机械股份有限公司	通用设备制造业	中国内地
133	苏州优尼昂精密金属制造有限公司	通用设备制造业	日本
134	椿中岛机械（太仓）有限公司	通用设备制造业	日本
135	艾伯纳工业炉（太仓）有限公司	通用设备制造业	奥地利
136	广濑精密机械（太仓）有限公司	通用设备制造业	日本
137	恩纳湃克（江苏）工业设备有限公司	通用设备制造业	英国
138	固耐重工（苏州）有限公司	通用设备制造业	中国内地
139	超汇桂盟传动（苏州）有限公司	通用设备制造业	中国台湾地区
140	江苏置田锻压有限公司	通用设备制造业	日本
141	大庆油田力神泵业（太仓）有限公司	通用设备制造业	中国内地

续表 20

序号	企业名称	行业大类名称	投资来源地
142	桂盟链条（太仓）有限公司	通用设备制造业	中国台湾地区
143	太仓翱铿梯锻压有限公司	通用设备制造业	日本
144	金益成（太仓）轴承有限公司	通用设备制造业	中国台湾地区
145	太仓宝沃帕克机械科技有限公司	通用设备制造业	中国香港地区
146	太仓顺天自动化设备有限公司	通用设备制造业	中国内地
147	太仓旭莱自动化机械有限公司	通用设备制造业	中国内地
148	佳兴紧固件工业（苏州）有限公司	通用设备制造业	中国台湾地区
149	西螺（苏州）精密紧固件有限公司	通用设备制造业	西班牙
150	太仓艾拉德物流设备有限公司	通用设备制造业	意大利
151	太仓濂辉液压器材有限公司	通用设备制造业	中国台湾地区
152	太仓志霖液压机械有限公司	通用设备制造业	中国内地
153	苏州东金机械金属有限公司	通用设备制造业	日本
154	罗特液压（太仓）有限公司	通用设备制造业	中国香港地区
155	艾亦特工业炉（太仓）有限公司	通用设备制造业	奥地利
156	太仓沃普特机械科技有限公司	通用设备制造业	中国内地
157	苏州摩庆机械科技有限公司	通用设备制造业	中国内地
158	苏州阿提申机械有限公司	通用设备制造业	中国内地
159	太仓威格玛机械设备有限公司	通用设备制造业	中国香港地区
160	太仓市天致工程技术有限公司	通用设备制造业	中国内地
161	英特飞模块地毯（中国）有限公司	文教、工美、体育和娱乐用品制造业	中国香港地区
162	江苏中联地毯有限公司	文教、工美、体育和娱乐用品制造业	泰国
163	苏州一和儿童礼品有限公司	文教、工美、体育和娱乐用品制造业	中国内地
164	苏州新沣复合纤维制品有限公司	文教、工美、体育和娱乐用品制造业	中国台湾地区
165	江苏东泰聚合材料有限公司	橡胶和塑料制品业	中国内地
166	江苏冠联新材料科技股份有限公司	橡胶和塑料制品业	中国内地
167	老虎表面技术新材料（苏州）有限公司	橡胶和塑料制品业	奥地利
168	和承特种橡胶（太仓）有限公司	橡胶和塑料制品业	韩国
169	苏州裕丰塑胶科技有限公司	橡胶和塑料制品业	中国内地
170	太仓荣南密封件科技有限公司	橡胶和塑料制品业	中国内地
171	白特荣塑胶（太仓）有限公司	橡胶和塑料制品业	新加坡
172	迪美斯（太仓）窗型材有限公司	橡胶和塑料制品业	中国香港地区
173	展诚（苏州）塑料制品有限公司	橡胶和塑料制品业	日本
174	疆合材料科技（苏州）有限公司	橡胶和塑料制品业	中国内地
175	苏州盛万达塑胶包装材料有限公司	橡胶和塑料制品业	中国内地
176	普泰橡塑垫片（苏州）有限公司	橡胶和塑料制品业	中国香港地区
177	苏州屹胜佳业包装材料有限公司	橡胶和塑料制品业	中国内地

续表20

序号	企业名称	行业大类名称	投资来源地
178	苏州晗普新材料科技有限公司	橡胶和塑料制品业	中国内地
179	太仓傲奔矽品科技有限公司	橡胶和塑料制品业	中国香港地区
180	太仓茂纶新型材料科技有限公司	橡胶和塑料制品业	中国内地
181	太仓中航塑业有限公司	橡胶和塑料制品业	中国内地
182	苏州嘉泰橡塑科技有限公司	橡胶和塑料制品业	中国内地
183	苏州新波生物技术有限公司	医药制造业	中国内地
184	苏州奥智智能设备股份有限公司	仪器仪表制造业	中国内地
185	沪工智能科技（苏州）有限公司	仪器仪表制造业	中国内地
186	普曼普传动系统（太仓）有限公司	仪器仪表制造业	意大利
187	太仓创造电子有限公司	仪器仪表制造业	中国内地
188	太仓源凯汽车配件有限公司	仪器仪表制造业	中国内地
189	苏州笠亿冲压自动化有限公司	仪器仪表制造业	中国内地
190	太仓比泰科自动化设备有限公司	仪器仪表制造业	中国内地
191	苏州福共新材料科技有限公司	印刷和记录媒介复制业	中国内地
192	苏州缤克印刷包装有限公司	印刷和记录媒介复制业	中国内地
193	昆山奥博环保科技有限公司	印刷和记录媒介复制业	中国内地
194	苏州天众印刷有限公司	印刷和记录媒介复制业	中国内地
195	太仓兴宇印刷包装股份有限公司	印刷和记录媒介复制业	中国内地
196	苏州华南印务有限公司	印刷和记录媒介复制业	中国内地
197	申睿实业（苏州）有限公司	印刷和记录媒介复制业	中国内地
198	太仓健立包装材料有限公司	印刷和记录媒介复制业	中国内地
199	太仓市璜泾益友装潢印刷厂	印刷和记录媒介复制业	中国内地
200	江苏仓环铜业股份有限公司	有色金属冶炼和压延加工业	中国内地
201	苏州新太铜高效管有限公司	有色金属冶炼和压延加工业	中国台湾地区
202	太仓市金鑫铜管有限公司	有色金属冶炼和压延加工业	中国内地
203	太仓沪北特种铝材有限公司	有色金属冶炼和压延加工业	中国内地
204	明达铝业科技（太仓）有限公司	有色金属冶炼和压延加工业	中国台湾地区
205	共建新材料（苏州）有限公司	有色金属冶炼和压延加工业	中国内地
206	太仓市凯斯汀精密压铸有限公司	有色金属冶炼和压延加工业	中国内地
207	苏州撼力合金股份有限公司	有色金属冶炼和压延加工业	中国内地
208	苏州弘楠伸铜有限公司	有色金属冶炼和压延加工业	中国内地
209	太仓腾辉金属制品有限公司	有色金属冶炼和压延加工业	中国内地
210	太仓市岭南纸业包装有限公司	造纸和纸制品业	中国香港地区
211	实耐格（太仓）包装有限公司	造纸和纸制品业	新加坡
212	永顺和纸业（苏州）有限公司	造纸和纸制品业	中国内地
213	太仓市六盈包装制品有限公司	造纸和纸制品业	中国内地

续表 20

序号	企业名称	行业大类名称	投资来源地
214	日精塑料机械(太仓)有限公司	专用设备制造业	日本
215	固瑞特模具(太仓)有限公司	专用设备制造业	中国香港地区
216	康斐尔过滤设备(太仓)有限公司	专用设备制造业	瑞典
217	太仓市合泰机械有限公司	专用设备制造业	中国内地
218	陛通半导体设备(苏州)有限公司	专用设备制造业	中国内地
219	鹿宏电子(苏州)有限公司	专用设备制造业	日本
220	奥胜制造(太仓)有限公司	专用设备制造业	奥地利
221	太仓维特根机械有限公司	专用设备制造业	中国内地
222	史太林格塑胶机械(太仓)有限公司	专用设备制造业	奥地利
223	太仓艺斯高医疗器械科技有限公司	专用设备制造业	中国内地
224	太仓维高模塑有限公司	专用设备制造业	中国内地
225	苏州立琻半导体有限公司	专用设备制造业	中国内地
226	百特医疗设备(苏州)有限公司	专用设备制造业	中国内地
227	瑞好环境科技(太仓)有限公司	专用设备制造业	瑞士
228	财荣金属制品(太仓)有限公司	专用设备制造业	中国台湾地区
229	太仓丽盛制版有限公司	专用设备制造业	中国内地
230	苏州陆钢精密模具有限公司	专用设备制造业	英国
231	太仓久信精密模具股份有限公司	专用设备制造业	中国内地

(周孙冬)

中德合作示范区

综 述

【概况】 从1993年第一家德资企业克恩—里伯斯落户太仓以来，经过30多年的发展，太仓形成较完备的对德合作体系，被誉为中国“德企之乡”。先后被中德两国政府部门授予中德企业合作基地、中德(太仓)中小企业合作示范区、中德智能制造合作创新园、国家先进制造技术国际创新园、高端装备制造业(智能制造)标准化试点、国际科技合作基地、中德企业合作基地、全国专利保护重点联系基地、出口精密机械质量安全示范区等称号。2023年，太仓高新区坚持开放特色，推动对德合作。新落户舍弗勒智能装备、伯曼设施设备、通快霍廷格等德企25家，增资扩产克朗斯机械扩建、博纳环境设备亚太区总部、福尔哈贝高端驱动等德资项目14个。设立中德信保、中德友好幼儿园、SEE德企服务站、“五庭协同”对德合作司法服务工作站、德企专窗、中德专线等。打破德籍人士支付壁垒。投用中德标准化合作创新中心。举办中德产业园经验交流会、德国中小企业圆桌会、中欧企业太仓行、中德企业可持续发展交流会(GIZ)等高层级活动。参加第11届中德经济技术合作论坛。德国“太仓日”入选“中国城市(区)国际传播示范案例”。拜仁慕尼黑展示中心开业、足球学校正式开班，投用德国餐饮、特色生活馆、跨境电商等项目。揭牌中德文化艺术会客厅。举办“中德友谊杯”乒乓球国际邀请赛、“遇见太仓”中德文化艺术节、第15届斯图加特“太仓日”、第18届太仓啤酒节等品牌活动。

【德企规划和建设】 太仓高新区高质量建设太仓中德创新园，先后建成中小企业园(中德一期)、先进制造园(中德二期)和航空产业园(中德三期)等系列化、专业化的对德合作载体。2023年，太仓中德创新园—生命科学园(中德四期)竣工，中德五期开工建设。太仓中德创新园—生命科学园延续太仓中德创新园品牌，建设多栋高标准生物医药CMP厂房及多层标准厂房，同时可按企业需求提供高品质厂房，为高新区企业提供优质载体和五星服务。聚焦发展创新药研发、医药服务外包、高端医疗器械等，周边集聚中美冠科、熠昭七溪等服务平台以及康乃德生物医药、景泽生物、康济方元生物等重点企业，打造创新药研发服务集聚产业高地，同时依托珀金埃尔默仪器、瑞孚迪、通快医疗、堀场科技、拓腾医疗等医疗器械等项目，发挥原有精密零部件制造基础，打造高新区高端医疗器械产业集群。

【德企特色产业】 2023年，太仓德资企业总数超500家，制造业德企数量占全国比例10%，太仓成为中国德企投资密、发展好的地区之一。集聚德国“隐形冠军”企业56家，规模以上德企亩均产值、利润、税收分别为1400万元、150万元和110万元。德企投资总额60亿美元，年工业产值超600亿元，形成高端装备制造、汽车核心零部件、航空航天等主导产业，与太仓市“3+3”（高端装备制造、先进材料、现代物贸三大主导产业和生物医药、航空航天、文化旅游三大特色产业）产业集群规划融合发展。超95%的规模以上德企进行本土化研发及创新成果本地化应用，提高德资企业在国内大循环中的参与度。构建德企与民企融合发展格局，600余家本土企业、科研院所与德资企业开展产业配套、创新协同、人才共育、资本联合等多样化合作。

表21　2023年太仓高新区规模德企一览表

序号	企业名称	行业大类名称
1	太仓博泽汽车部件有限公司	电气机械和器材制造业
2	欧托凯勃汽车线束（太仓）有限公司	电气机械和器材制造业
3	德恩科电机（常州）有限公司	电气机械和器材制造业
4	和柔电缆制造（太仓）有限公司	电气机械和器材制造业
5	威赛家用电器（太仓）有限公司	电气机械和器材制造业
6	博恩斯坦电子（太仓）有限公司	电气机械和器材制造业
7	太仓英硕空调材料有限公司	电气机械和器材制造业
8	英普瑞格管道修复技术（苏州）有限公司	非金属矿物制品业
9	爱慕莎居家用品（太仓）有限公司	非金属矿物制品业
10	蓝浦树脂应用技术（太仓）有限公司	化学原料和化学制品制造业
11	卓能电子（太仓）有限公司	计算机、通信和其他电子设备制造业
12	海瑞恩精密技术（太仓）有限公司	计算机、通信和其他电子设备制造业
13	益技欧电子器件（中国）有限公司	计算机、通信和其他电子设备制造业
14	贺利氏电测骑士（太仓）有限公司	计算机、通信和其他电子设备制造业
15	太仓阿托斯电气部件有限公司	计算机、通信和其他电子设备制造业
16	必特克刀具（太仓）有限公司	金属制品业
17	萨普精密金属（太仓）有限公司	金属制品业
18	通快金属薄板制品（太仓）有限公司	金属制品业
19	太仓博泽驱动系统有限公司	汽车制造业
20	佩尔哲汽车内饰系统（太仓）有限公司	汽车制造业
21	宝适汽车部件（太仓）有限公司	汽车制造业
22	福缔汽车（太仓）有限公司	汽车制造业
23	慧鱼汽车系统（太仓）有限公司	汽车制造业
24	吉尔泰汽车部件（苏州）有限公司	汽车制造业
25	飞势管道技术（太仓）有限公司	汽车制造业
26	来达隔热隔音汽车部件（太仓）有限公司	汽车制造业
27	爱尔卡美特合成材料技术（太仓）有限公司	汽车制造业

续表 21

序号	企业名称	行业大类名称
28	太仓卡兰平汽车零部件有限公司	汽车制造业
29	凯乐金霸紧固件（太仓）有限公司	汽车制造业
30	艾巴赫弹簧（太仓）有限公司	汽车制造业
31	欧博耐尔（太仓）汽车技术有限公司	汽车制造业
32	慧鱼（太仓）建筑锚栓有限公司	铁路、船舶、航空航天和其他运输设备制造业
33	太仓立方自行车有限公司	铁路、船舶、航空航天和其他运输设备制造业
34	世泰科特种材料（太仓）有限公司	铁路、船舶、航空航天和其他运输设备制造业
35	舍弗勒（中国）有限公司	通用设备制造业
36	克恩－里伯斯（太仓）有限公司	通用设备制造业
37	博纳环境设备（太仓）有限公司	通用设备制造业
38	德珂斯（江苏）自动化技术有限公司	通用设备制造业
39	毅结特紧固件系统（太仓）有限公司	通用设备制造业
40	阀安格水处理系统（太仓）有限公司	通用设备制造业
41	爱科空气处理技术（苏州）有限公司	通用设备制造业
42	安策阀门（太仓）有限公司	通用设备制造业
43	巨浪凯龙机床（太仓）有限公司	通用设备制造业
44	欧亚瑟水艺（太仓）有限公司	通用设备制造业
45	毕克礼斯精密部件（太仓）有限公司	通用设备制造业
46	福尔哈贝传动技术（太仓）有限公司	通用设备制造业
47	来普乐（太仓）工业科技有限公司	通用设备制造业
48	海尔曼超声波技术（太仓）有限公司	通用设备制造业
49	翰备机械部件（太仓）有限公司	通用设备制造业
50	帝希洁具系统（苏州）有限公司	通用设备制造业
51	都锐（太仓）焊接设备有限公司	通用设备制造业
52	琵乐风机科技（太仓）有限公司	通用设备制造业
53	康斐尔空气污染控制设备（太仓）有限公司	通用设备制造业
54	弗里森泵业（太仓）有限公司	通用设备制造业
55	施迈茨（中国）有限公司	通用设备制造业
56	萨尔福超高压液压技术（太仓）有限公司	通用设备制造业
57	泰创制冷系统（太仓）有限公司	通用设备制造业
58	必斯曼冷成型技术（太仓）有限公司	通用设备制造业
59	康唯特空调（太仓）有限公司	通用设备制造业
60	艾森文具用品（太仓）有限公司	文教、工美、体育和娱乐用品制造业
61	慕贝尔汽车部件（太仓）有限公司	橡胶和塑料制品业
62	瑞好聚合物（苏州）有限公司	橡胶和塑料制品业
63	裕克施乐塑料制品（太仓）有限公司	橡胶和塑料制品业

续表21

序号	企业名称	行业大类名称
64	欧皮特传动系统（太仓）有限公司	橡胶和塑料制品业
65	太仓恩福密封产品有限责任公司	橡胶和塑料制品业
66	宝丽菲姆保护膜（苏州）有限公司	橡胶和塑料制品业
67	克朗斯机械（太仓）有限公司	仪器仪表制造业
68	通快（中国）有限公司	仪器仪表制造业
69	苏州托克斯冲压设备有限公司	仪器仪表制造业
70	伟思富奇环境试验仪器（太仓）有限公司	仪器仪表制造业
71	欧玛执行器（中国）有限公司	仪器仪表制造业
72	珀金埃尔默仪器（苏州）有限公司	仪器仪表制造业
73	斯德拉马机械（太仓）有限公司	仪器仪表制造业
74	爱固机电（太仓）有限公司	仪器仪表制造业
75	孚尔默（太仓）机械有限公司	仪器仪表制造业
76	英诺太科测试设备（太仓）有限公司	仪器仪表制造业
77	美迪科包装材料（太仓）有限公司	印刷和记录媒介复制业
78	威尔斯新材料（太仓）有限公司	有色金属冶炼和压延加工业
79	易速达线材（太仓）有限公司	有色金属冶炼和压延加工业
80	太仓威尔斯－克恩.里伯斯新材料有限公司	有色金属冶炼和压延加工业
81	通快霍廷格电子（太仓）有限公司	专用设备制造业
82	爱克奇换热技术（太仓）有限公司	专用设备制造业
83	勃乐氏密封系统（太仓）有限公司	专用设备制造业
84	美名格－艾罗（太仓）纺织机械有限公司	专用设备制造业
85	太仓克恩－里伯斯纺织元件有限公司	专用设备制造业
86	温特图尔磨削技术（太仓）有限公司	专用设备制造业
87	摩丹智能制造（太仓）有限公司	专用设备制造业

表22　2023年太仓高新区新批德资企业一览表

序号	企业名称	批准日期
1	睿赢创汽车零部件（太仓）有限公司	1月
2	爱毕斯环保设备（太仓）有限公司	1月
3	申之航科技发展（太仓）有限公司	1月
4	苏州德之才智能制造有限公司	2月
5	贝克咨询（太仓）有限公司	2月
6	麦睿肯机械工程（太仓）有限公司	3月
7	苏州康宸芮德科技有限公司	3月
8	马格恩机械电子（太仓）有限公司	3月
9	伊亨伯科技咨询（苏州）有限公司	3月

续表 22

序号	企业名称	批准日期
10	茹鹰（苏州）文化传播有限公司	3月
11	通快霍廷格电子（太仓）有限公司第一分公司	4月
12	长德（太仓）管理咨询有限公司	5月
13	太仓德康健康管理咨询有限公司	6月
14	赛宜特科技（太仓）有限公司	6月
15	苏州爱米雅科技发展有限公司	6月
16	苏州伯格人力资源有限公司	7月
17	欧华艺术（苏州）有限公司	7月
18	倍斯恩机械电子（太仓）有限公司	7月
19	苏州玖嘉体育科技发展有限公司	10月
20	太仓博泽汽车技术有限公司	11月
21	苏州米雅戴烈科技有限公司	11月
22	伯曼企业管理（太仓）有限公司	12月
23	苏州绿聚科技有限公司	12月
24	太仓海涅新能源科技有限公司	12月
25	太仓蓝脑阿法智能科技有限公司	12月

表 23　2023 年太仓高新区增资德企一览表

序号	企业名称	增资时间
1	希钛克（苏州）企业管理发展有限公司	6月
2	法因图尔精密部件（太仓）有限公司	6月
3	通快霍廷格电子（太仓）有限公司	6月
4	瀚柏格精密夹具（太仓）有限公司	6月
5	福尔哈贝传动技术（太仓）有限公司	8月
6	海瑞恩精密技术（太仓）有限公司	8月
7	沃尔林喷涂技术（苏州）有限公司	11月

【职教合作】 太仓市坚持人才培养与产业经济同频发展、互相融合，2001年率先引入德国双元制教育模式，由太仓高新区、克恩—里伯斯等成员单位共同建立国内首个与德国职业教育同步的专业工人培训中心。至2023年，建立专业培训中心15个，累计培养技术工人和工程师近万名，年培养"工匠型"技能人才3000余人。2023年，全国首个AHK学院在太仓揭牌，启动建设中德双元制职教产业园。举办中德（太仓）教育与产业合作交流大会、中德人才培养与评价体系融合发展论坛。（周孙冬）

经济文化交流

【概况】 太仓对德合作从经济领域拓展到文化、体育、城市建设、生态环保等各个领域。常年在太仓生活的德籍人士超3000人。连续18年举办富有德国风情的啤酒节，创办中德乒乓球友谊赛、中德足球联赛、中德马拉松友谊赛等品牌交流活动。在建设现代田园城市过程中，注重学习借鉴德国城市建设与生态环保理念，开发建成一批具有德国风情的商业街区和生活配套设施，先后引入一批德国酒店、酒吧、餐厅、面包房等生活性服务企业，开办太仓中德友好幼儿园，实体化运作拜仁慕尼黑足球学校，在太仓形成独具特色的德式生活场景。2023年，罗腾堡风情街开街并入选省重点文旅产业项目，玛丽蒂姆酒店开业，途易BLUE酒店加快建设，打造具有德式风情的文旅打卡地。

【太仓市对德合作再获商务部支持】 2023年3月28日，商务部欧洲司副司长王宇鹏、省商务厅一级巡视员朱益民出席太仓市撤县建市30周年暨德企发展30年大会。王宇鹏在大会致辞中肯定太仓30年来对德经贸合作取得的成就。太仓的先进做法在务实推动对外开放层面起到示范和带动作用。中德在数字经济、绿色低碳、先进制造、生物医药等领域合作前景广阔，中小企业和地方合作蕴含潜力。商务部欧洲司重视太仓对德合作发展，太仓再获商务部欧洲司复函，支持太仓对德合作提质升级，加快建设中德（太仓）产业合作示范区。

2023年9月22—30日，太仓市举办第18届太仓罗腾堡啤酒节（高新区供稿）

【第11届中德经济技术合作论坛】 2023年6月20日（德国当地时间），国务院总理李强应邀赴德国进行第七轮中德政府磋商，并出席第11届中德经济技术合作论坛。太仓作为国内4个受邀城市之一且是唯一一个县级市参加论坛。当天在柏林举行的第七轮中德政府磋商上，双方围绕促进国际和平、应对气候变化、深化务实合作进行交流与沟通，为未来一个时期中德各领域合作做规划，推动中德合作深化发展，继续造福两国人民。太仓深度参与该次中德经济技术合作交流，开启对德合作新篇章。

【德国“太仓日”】 2023年6月20日（德国当地时间），由太仓市人民政府主办、太仓高新区承办的第15届“太仓日”活动走进“汽车之都”斯图加特，面向德国、奥地利、瑞士、比利时、卢森堡德语区投资者宣传太仓营商环境，深化对德投资贸易合作关系。自2008年起每年在德国举办的“太仓日”活动成为双方经贸、人文交流的一项机制、一个平台，该届“太仓日”是继2008年、2011年、2016年后第四次走进斯图加特。中国驻法兰克福总领馆参赞朱伟革、德国巴符州驻华首席代表海宁出席“太仓日”活动，德国联邦经济发展与对外贸易协会主席舒曼、太仓市委书记汪香元作视频致辞。该次活动吸引德国联邦投资贸易协会、德国工商会等知名经贸投资促进机构代表参加，共有博世、保时捷、通快等知名德企，海瑞恩、施迈茨、巨浪等德企“隐形冠军”，以及弗朗霍夫工业研究院、卡尔斯鲁厄工业生产研究所、巴符州双元制大学等机构的超150名嘉宾参加活动。

2023年6月20日（德国当地时间），由太仓市人民政府主办、太仓高新区承办的第15届“太仓日”活动在德国斯图加特市举行（高新区供稿）

【太仓啤酒节】 2023年9月22—30日，太仓与德国慕尼黑啤酒节同步，在海运堤罗腾堡风情街举办第18届太仓罗腾堡啤酒节，活动包括光影秀、音乐节、啤酒畅饮、盛装巡游等，架起又一座中德文化相融、民心相通之桥。相关商会、德企代表，太仓市内外的企业代表、人才代表以及德国友人参加活动。德国工商大会上海代表处首席代表、中国德国商会上海地区执行董事兼董事会成员马铭博，太仓市委书记汪香元，太仓港口管委会主任邵建林，市委副书记、代市长徐华东，市人大常委会主任王红星出席开幕式。

【江苏—德国经贸合作交流会】 2023年9月25日，江苏—德国经贸合作交流会在太仓举行。中德友好协会会长史明德，商务部欧洲司二级巡视员黄岳峰，德国驻上海总领事馆代总领事卢永胜，江苏省商务厅党组成员、省自贸办副主任汤大军，德国海外商会联盟大中华区高级总监华思武，汉堡港口与物流股份公司销售总监 Volker Werner，上海德国中心董事长兼总经理夏建安，太仓市委书记汪香元，太仓港口管委会

2023 年 10 月 26 日，中德（太仓）教育与产业合作交流大会在太仓举行
（高新区供稿）

主任邵建林，太仓市委副书记、代市长徐华东出席活动。GIZ（德国国际合作机构）中德能效网络专家、德国 Arqum 公司总经理菲利普在会上发布 GIZ 中德（太仓）能效与低碳网络小组助力绿色发展成果。2 家德企负责人作交流发言，分享在太仓投资的经历和收获。交流会上，AHK 学院、"五庭协同"对德合作司法服务工作站、公安 SEE 德企服务站揭牌，太仓港与汉堡港签订合作备忘录。海瑞恩新能源车轻量化电机主轴项目、克朗斯机械扩建项目、博马科技全球采购中心项目、EQT 生命科技产业园项目等 22 个德资项目签约落户太仓，总投资 4.3 亿美元。

【中德（太仓）教育与产业合作交流大会】 2023 年 10 月 26 日，中德（太仓）教育与产业合作交流大会在太仓举行，大会以"深化对德合作、产教协同发展"为主题，是太仓市对德合作 30 年系列活动的重要组成部分。中国德国友好协会常务副会长、上海外国语大学党委书记姜锋，中国工程院院士、德国工程科学院院士吴志强，中国教育发展战略学会常务副会长康宁，中国职业技术教育学会常务副会长王扬南，江苏省教育厅副厅长曹玉梅，苏州市副市长季晶，太仓市委副书记、市长徐华东等出席大会开幕式。现场举行双元制创新研究基地、多瑙艾辛根—太仓双元制海外培训中心、上海市欧美同学会留德语国家分会太仓创新中心揭牌仪式，成立中德新能源汽车零部件行业产教融合共同体，启动江苏省第一批现场工程师专项培养计划（太仓）项目。

【中德环境论坛】 2023 年 11 月 1 日，第七届中德环境论坛在太仓市举行，论坛主题为"推动绿色和可持续发展——协同应对污染、生物多样性丧失和气候变化"。生态环境部部长黄润秋，德国联邦环境、自然保护、核安全与消费者保护部部长莱姆克，江苏省委副书记、省长许昆林出席论坛并致辞。该届中德环境论坛是落实 2023 年 6 月两国总理在柏林举行第七轮中德政府磋商成果的重要活动之一，论坛期间，黄润秋与莱姆克举行双边会谈，并会见德国国际合作机构董事会主席托斯滕，分别就中德生态环境领域合作进行交流。在太仓期间，黄润秋调研舍弗勒（中国）有限公司和苏州立琻半导体有限公司。

【太仓高新区驻北德联络处成立】 2023 年 11 月 10 日，太仓市举行北德企业进博会代表团走进德企之乡太仓暨德国中小企业项目集中签约仪式，太仓市委书记汪香元、德国佩尔策苏伦律师事务所执行董事豪斯特·苏伦博士共同为太仓高新区驻北德联络处揭牌，现场集中签约落户太仓德国项目 15 个。北德联络处作为太仓高新区与北德合作的重要枢纽，负责太仓高新区北德招商网络的搭建与统筹，其中包括汉堡之家、高新区驻汉诺威联络处、驻勃兰登堡州联络处及高新区柏林创新中心，深化与北德的经贸合作与招商拓展。

【德国中小企业圆桌会】 2023 年 12 月 9 日，商务部副部长兼国际贸易谈判副代表凌激在太仓市主持召开德国中小企业圆桌会，听取 14 家德国中小企业和外国商协会在华发展运营情况、问题诉求及对中国营商环境的意见建议。北京市、辽宁省、江苏省、浙江省、广东省、山东省青岛市商务主管部门有关负责人参会。

（周孙冬　陆骊晨）

2023 年 11 月 10 日，太仓高新区驻北德联络处揭牌成立　（高新区供稿）

产业结构

综　述

【概况】 2023年，太仓市坚持稳字当头、稳中求进总基调，全力以赴稳经济、增动能、促改革、惠民生、防风险，经济运行回升向好。全年实现地区生产总值1734.94亿元，按可比价格计算，较上年增长5.3%。其中，第一产业增加值24.33亿元，较上年增长2.7%；第二产业增加值813.97亿元，较上年增长3.0%；第三产业增加值896.64亿元，较上年增长7.5%。三次产业占比1.4∶46.9∶51.7。按常住人口计算，人均地区生产总值20.51万元。

【农业】 2023年，太仓市实现农林牧渔业总产值44.11亿元，按可比价格计算，较上年增长2.6%。全市农作物播种面积3.60万公顷，其中粮食播种面积2.20万公顷，蔬菜播种面积1.29万公顷。全年粮食总产量15.52万吨，较上年增长1.3%。其中，夏粮产量4.67万吨，较上年增长0.4%；秋粮产量10.84万吨，较上年增长1.7%。年末生猪存栏1.9万头，较上年下降36.5%；全年生猪出栏2.9万头，较上年增长36%。主要农产品中，猪肉产量2382吨，较上年增长36.3%；蔬菜产量41.35万吨，较上年增长0.8%；水产品产量8970吨，较上年增长4.9%。全年新建、提档高标准农田1253.33公顷。入选省级数字乡村试点名单，获评省级农业生产全程机械化智能化示范基地6个。成立循环农业产业研究院，循环农业入选全国乡村文化产业创新典型案例，推广面积超1000公顷。新增全国名特优新农产品7个。获评全省首批农村人居环境整治提升示范县，创成省级特色田园乡村2个、苏州市特色康居乡村10个，东林村获评中国美丽休闲乡村。

【工业和建筑业】 2023年，太仓市实现规模以上工业产值3212.26亿元，较上年增长1.8%。全市有规模以上工业企业1265家，其中产值超1亿元企业498家、超50亿元企业8家、超100亿元企业2家。全市规模以上工业战略性新兴产业实现产值1455.35亿元，较上年下降3.1%，占规模以上工业产值的比重为45.3%。电子信息、装备制造、先进材料、生物医药四大创新产业集群实现产值2491.61亿元，较上年增长1.6%，占比为77.6%。高新技术产业产值占规模以上工业比重54.9%。全年，全市资质内总专包建筑业企业完成总产值90.42亿元，较上年增长18.0%；建筑企业房屋建筑施工面积487.69万平方米，较上年增长10.4%；房屋竣工面积69.97万平方米，较上年下降43.0%。

【固定资产投资】 2023年，太仓市完成全社会固定资产投资553.43亿元，较上年增长15.6%。其中，工业投资212.62亿元，较上年增长18.1%；服务业投资339.72亿元，较上年增长13.9%。完成新兴产业投资213.87亿元，占全社会固定资产投资的比重为38.6%；完成高新技术产业投资109.14亿元，占工业投资的比重为51.3%。全年完成房地产开发投资194.33亿元，较上年下降8.7%，占全社会固定资产投资的比重为35.1%。商品房新开工面积168.73万平方米，较上年增长102.7%；施工面积676.31万平方米，较上年下降17.9%；竣工面积29.73万平方米，较上年下降77.8%；销售面积165.41万平方米，较上年下降20.3%。

（沈敏亚）

高新技术产业

【概况】 2023年，太仓市高新技术产业产值1764.8亿元，占规模以上工业总产值54.9%。全年新认定高新技术企业460家，有效高新技术企业总数1175家。江苏省民营科技企业备案449家，科技型中小企业入库数量1880家。首次获评中国“独角兽”企业1家，获评江苏“独角兽”企业1家、江苏潜在“独角兽”企业9家、江苏省高新区“瞪羚”企业8家、苏南国家自主创新示范区“瞪羚”企业13家、苏州市“独角兽”培育企业10家、苏州市“瞪羚”企业55家。

【创新主体量质齐升】 2023年，太仓市全社会研发经费投入62.26亿元，占地区生产总值比重 3.77%，较上年提升 0.13 个百分点。太仓市坚持高新技术企业培育工作存量增量两手抓，兑现 2022 年度高企培育认定奖励 8061 万元。累计为 2054 家次企业减税 20.65 亿元，其中 186 家高新技术企业享受 15% 税收减免政策减免企业所得税额 6.67 亿元，1867 家企业享受研究开发费用税前加计扣除政策减免企业所得税 13.83 亿元，1 家技术先进型服务企业减免企业所得税 1528.9 万元。

表 24　2023 年太仓市新认定各类科技企业一览表

类别	企业名称	
高新技术企业	康润景星（苏州）生物科技有限公司	苏州跃都汇精密机械有限公司
	苏州众铄汽车零部件有限公司	苏州领速电子科技有限公司
	默邦科技（江苏）有限公司	太仓申昆混凝土有限公司
	苏州冉飞智能科技有限公司	苏州帆通汽车科技有限公司
	太仓市金锚新材料科技有限公司	苏州市雄林新材料科技有限公司
	太仓琪威金属制品有限公司	太仓久庄管业有限公司
	苏州阿提申机械有限公司	太仓瑞鼎精密机械科技有限公司
	太仓市建设工程质量检测中心有限公司	苏州信元德环保机械有限公司
	苏州小草电子科技有限公司	江苏思峻机械设备有限公司
	台玻太仓工程玻璃有限公司	苏州固甲安全防护科技有限公司
	裕克施乐塑料制品（太仓）有限公司	苏州布佳尔自动化科技有限公司
	信立泰（苏州）药业有限公司	中润科技股份有限公司
	江苏金纬智能制造有限公司	苏州贯龙电磁线有限公司
	太仓市林源电线电缆有限公司	苏州誉高紧固系统有限公司
	苏州煦骅自动化设备有限公司	苏州拓岭自动化设备有限公司
	苏州凯利昂光电科技有限公司	童韵游乐设备（苏州）有限公司
	苏州盱酋汽车科技有限公司	艾普零件制造（苏州）股份有限公司
	苏州佩琦材料科技有限公司	苏州优世达智能科技有限公司
	挪亚圣诺（太仓）生物科技有限公司	太仓连桥电子科技有限公司
	太仓市良盛橡胶制品有限公司	太仓市磁力驱动泵有限公司
	太仓天狮环保滤材有限公司	太仓晶天精密模具科技有限公司
	佰顿新材料科技（江苏）有限公司	苏州森姆斯精密机械有限公司
	苏州惠邦科信息技术有限公司	赫钢精密制造（苏州）有限公司
	南京超闪通讯科技有限公司	太仓阳鸿石化有限公司
	苏州本旭塑料科技有限公司	江苏德普检测技术有限公司
	太仓市恒博金属制品有限公司	苏州科博思流体科技有限公司
	苏州宏久航空防热材料科技有限公司	太仓源壬金属科技有限公司
	雷勃电气（苏州）有限公司	苏州申久高新纤维有限公司
	一钉紧固件（苏州）有限公司	江苏宏马科技股份有限公司
	巨浪凯龙机床（太仓）有限公司	苏州旗磐科技有限公司
	苏州黄河制药有限公司	太仓恒久链传动有限公司
	达必温汽车零部件（太仓）有限公司	帛度光电科技（苏州）有限公司

续表 24

类别	企业名称	
高新技术企业	青驭汽车科技（太仓）有限公司	苏州品控环境科技有限公司
	奥特莱博（苏州）实验室科技有限公司	苏州合高软件科技有限公司
	苏州葛雷固普五金科技有限公司	苏州海思健康科技有限公司
	太仓市泽记新材料有限公司	昂玛智能装备（苏州）有限公司
	中化蓝天霍尼韦尔新材料有限公司	太仓市凯格汽车零部件有限公司
	袆智量芯（江苏）电子科技有限公司	太仓市尤赫普染整有限公司
	苏州华辰净化股份有限公司	太仓维高模塑有限公司
	苏州瑞铁激光科技有限公司	苏州惠林节能材料有限公司
	太仓市同维电子有限公司	联禾厚普（太仓）精密机械有限公司
	苏州江泓电子科技有限公司	太仓华风环保科技有限公司
	苏州中久电子科技有限公司	格林莱特实业（苏州）有限公司
	江苏希塔信息科技有限公司	太仓东青金属制品有限公司
	太仓贝斯特机械设备有限公司	苏州莱尔特清洁器具有限公司
	苏州瑞弗逊环保科技有限公司	华亚工业塑胶（太仓）有限公司
	太仓同晟工业自动化有限公司	苏州瑞高新材料有限公司
	华城金科信息技术（苏州）有限公司	苏州科法曼化学有限公司
	康辉医疗科技（苏州）有限公司	太仓市双益化工防腐设备有限公司
	太仓沪试试剂有限公司	太仓市昊华电子科技有限公司
	苏州市祥冠合金研究院有限公司	江苏泰盟机械有限公司
	太仓金煜电子材料有限公司	苏州松北自动化科技有限公司
	太仓博泽驱动系统有限公司	苏州德运贸精密工业有限公司
	睿欧启富（苏州）包装科技有限公司	太仓立崴环保科技有限公司
	创德新电子（苏州）有限公司	苏州启泽检测技术有限公司
	知行机器人科技（苏州）有限公司	豪丰茂五金制品（太仓）有限公司
	苏州西岩机械技术有限公司	苏州娄城新材料科技有限公司
	苏州普美锐科工业装备制造有限公司	太仓市利铭金属制品有限公司
	嘉好（太仓）新材料股份有限公司	苏州奥普奥科技有限公司
	苏州诚和医药化学有限公司	苏州五源生物燃料科技有限公司
	北新建材（苏州）有限公司	苏州沃莱尔机械工业有限公司
	江苏立辉机械科技有限公司	苏州书欣包装材料有限公司
	太仓市新盛毛细管有限公司	苏州金汇科技材料有限公司
	太仓市国达金属制品有限公司	安耐达工业自动化（苏州）有限公司
	卓阮医疗科技（苏州）有限公司	苏州天邦世纪汽车配件有限公司
	椿中岛机械（太仓）有限公司	苏州东轩塑料制品有限公司
	戴贝尔（苏州）刀具有限公司	太仓市新景荣电子有限公司
	太仓摩力伺服技术有限公司	纳似韦科技（苏州）有限公司

续表 24

类别	企业名称	
高新技术企业	苏州融睿电子科技有限公司	恩毅汽车科技（苏州）有限公司
	鸿基伟业（苏州）汽车零部件有限公司	苏州世珍橡塑有限公司
	江苏车视杰电子有限公司	太仓市友众金属制品有限公司
	苏州轩胜仪表科技有限公司	苏州宁飞澄信息科技有限公司
	德之昭科技（苏州）有限公司	苏州高比智能科技有限公司
	苏州毕恩思实验器材有限公司	苏州迈创利电子科技有限公司
	苏州勇讯精密机械有限公司	江苏卓瑞环科环保设备有限公司
	苏州宝骅密封科技股份有限公司	苏州诚奥电梯部件有限公司
	苏州睿远智能科技有限公司	苏州一目万相科技有限公司
	江苏奥文仪器科技有限公司	太仓佳佳建筑材料有限公司
	帝希洁具系统（苏州）有限公司	太仓市壹加壹精密机械有限公司
	苏州吉玛环保科技有限公司	苏州鑫河镜业有限公司
	海瑞恩精密技术（太仓）有限公司	海之韵（苏州）科技有限公司
	苏州特莱恩塑胶技术有限公司	太仓市天丝利塑化有限公司
	斯德拉马机械（太仓）有限公司	苏州新意达仪器科技有限公司
	太仓市金毅电子有限公司	欧亿光信息技术（太仓）有限公司
	苏州硕宏高分子材料有限公司	哈硕永业精密机械（苏州）有限公司
	苏州仅一汇智能科技有限公司	弗里森泵业（太仓）有限公司
	苏州海苗生物科技有限公司	昭衍（苏州）新药研究中心有限公司
	苏州瑞霏光电科技有限公司	苏州市世跃智能科技有限公司
	苏州拓康自动化技术有限公司	苏州嘉谷环保科技有限公司
	太仓华庆汽车配件有限公司	苏州威奥得焊材科技有限公司
	太仓展新胶粘材料股份有限公司	康容生物科技（太仓）有限公司
	苏州安誉升船舶机械有限公司	太仓臻溢科技有限公司
	峰范新能源汽车技术（太仓）有限公司	苏州赫铭柏锝机械设备有限公司
	苏州如德纺织品有限公司	琥崧智能装备（太仓）有限公司
	苏州速传导热电子材料科技有限公司	江苏臻远生物科技有限公司
	苏州弘森药业股份有限公司	苏州莱博真空技术有限公司
	科卓信息科技太仓有限公司	太仓丞泰机电设备有限公司
	苏州华宇云天信息科技有限公司	核欣（苏州）医药科技有限公司
	太仓市华盈电子材料有限公司	汇仓新材料（苏州）有限公司
	苏州沪达精密科技有限公司	蓝合智能科技研究院（苏州）有限公司
	太仓磐晶包装材料有限公司	太仓顶艺半导体科技有限公司
	太仓泽成网络科技有限公司	太仓市平成有色铸造有限公司
	苏州良浦节能新材料股份有限公司	太仓鹏华实业有限公司
	同臣环保装备科技（苏州）有限公司	苏州江森特自动化科技有限公司

续表 24

类别	企业名称	
高新技术企业	苏州奥智智能设备股份有限公司	苏州志韧机械刀片有限公司
	江苏东睿航天科技有限公司	苏州磐宇科技发展有限公司
	苏州杜伦复合新材料有限公司	苏州序存金属制品有限公司
	华智焊测高科（苏州）有限公司	太仓强宇电子有限公司
	江苏冠联新材料科技股份有限公司	太仓新绿杰实业有限公司
	苏州吉格斯机械科技有限公司	江苏泰应生物科技有限公司
	太仓昌宏机械有限公司	苏州锐驰朗新材料有限公司
	苏州拓顺金属制品有限公司	欧梵机电科技（苏州）有限公司
	苏州瑞万金属制品有限公司	苏州华拓生物科技有限公司
	澔森特智能科技（苏州）有限公司	苏州海运达精密零部件有限公司
	太仓市吉利防腐化工设备有限公司	联冠（太仓）胶粘制品有限公司
	苏州常立科技有限公司	太仓市信军展示道具有限公司
	苏州笛恩网络技术有限公司	太仓市光明玻璃制品有限公司
	湃晟芯（苏州）科技有限公司	苏州尚拓光辉科技有限公司
	科曼车辆部件系统（苏州）有限公司	玥越科技（苏州）有限公司
	太仓市固德金属制品有限公司	太仓市星芸化工防腐设备有限公司
	太仓天宇电子有限公司	江苏杰泽罗通信科技有限公司
	苏州郅荣软件有限公司	苏州瑞昭丰自动化控制有限公司
	太仓市荣轩新材料科技有限公司	太仓市荟轩机械有限公司
	苏州吉臣日用品有限公司	奕瑞新材料科技（太仓）有限公司
	太仓市迈辉机械制造有限公司	世柜电气设备（苏州）有限公司
	苏州市欣盛医疗器械有限公司	弗克森切削技术（苏州）有限公司
	太仓奥林吉汽车零部件有限公司	太仓市金时利船用电器有限公司
	苏州易启畅检测技术有限公司	太仓市宏泽化工防腐设备有限公司
	太仓市源展机械设备有限公司	太仓市惠得利弹簧有限公司
	太仓日辉环保材料科技有限公司	苏州海泰汽车科技有限公司
	太仓市伦友精工机械有限公司	明澔模具技术（太仓）有限公司
	欧托凯勃汽车线束（太仓）有限公司	江苏吉尔吉智能机械有限公司
	苏州市富尔达科技股份有限公司	苏州智行畅联科技有限公司
	苏州融速智造科技有限公司	苏州厚桥金属制品有限公司
	太仓市永鑫盛五金塑胶有限公司	太仓德宝玩具制品有限公司
	康斐尔过滤设备（太仓）有限公司	苏州鼎力福机电科技有限公司
	太仓市何氏电路板有限公司	太仓市世博纺织配件有限公司
	太仓林珑塑业有限公司	良匠（苏州）机械设备有限公司
	太仓德祥宝通科技有限责任公司	太仓市宇格明叶环保设备有限公司
	赛业（苏州）生物科技有限公司	太仓创翔纺织科技有限公司

续表 24

类别	企业名称	
高新技术企业	苏州迎悦科技有限公司	佳珩三维科技（太仓）有限公司
	苏州金纬片板膜智能装备有限公司	莱讯（苏州）计算机科技有限公司
	苏州恒创达运动器材有限公司	太仓龙益塑业有限公司
	苏州诺济玛金属制品有限公司	太仓仓辉自动化设备有限公司
	太仓幕阳节能科技有限公司	苏州优力众能能源技术有限公司
	苏州运良机械科技有限公司	在孚测量技术（苏州）有限公司
	苏州图鸿建筑科技有限公司	苏州至上软件科技有限公司
	苏州尊尔光电科技有限公司	太仓升达机械有限公司
	太仓荣冠电子科技有限公司	苏州澳盛网络发展有限公司
	苏州词米网络科技有限公司	江苏同庆安全科技有限公司
	苏州创悦智能科技有限公司	苏州浩拓塑料包装有限公司
	太仓欧克仓储设备有限公司	江苏悦孚油品有限公司
	太仓市华阳防腐设备有限公司	太仓兴鑫纸业有限公司
	太仓市艾瑞斯纤维有限公司	苏州全玩互娱网络科技有限公司
	苏州斯踏特精密智造有限公司	太仓德纳森机电工程有限公司
	布拉诺汽车零部件（苏州）有限公司	壁玺电子科技（苏州）有限公司
	苏州希恩碧电子有限公司	爱友智信息科技（苏州）有限公司
	洪恩流体科技有限公司	苏州天能互信科技有限公司
	江苏华兑金属科技有限公司	太仓市华利达实验设备有限公司
	苏州圣荣元电子科技有限公司	苏州紫竹信息科技有限公司
	太仓信越模具有限公司	苏州科易胜智能科技有限公司
	太仓绿丰农业资源开发有限公司	太仓市顺邦防腐设备有限公司
	旭田科技（苏州）有限公司	苏州视趣电子科技有限公司
	天之翼（苏州）科技有限公司	苏州百因诺生物科技有限公司
	苏州轩度汽车科技有限公司	江苏华圣伦医疗器械有限公司
	太仓科益精密模塑股份有限公司	苏州市猎创信息技术有限公司
	富兰克润滑科技（太仓）有限公司	苏州培英实验设备有限公司
	新大洲本田摩托（苏州）有限公司	琥珀环保技术（中国）有限公司
	苏州宇慕汽车科技有限公司	苏州格祐智能装备科技有限公司
	江苏巨鳄科技有限公司	兰立生物科技（苏州）有限公司
	苏州禾中炬智能装备有限公司	太仓胜烁工业制品有限公司
	苏州徕泽丰材料科技有限公司	沃尔夫切削技术（太仓）有限公司
	太仓智鑫利塑模科技有限公司	太仓博德房车科技有限公司
	太仓众焱展示道具有限公司	太仓全盛展示道具有限公司
	苏州星呈环境建设有限公司	苏州安智因医学检验实验室有限公司
	苏州博创医疗器械有限公司	驰逸自动化科技（苏州）有限公司

续表 24

类别	企业名称	
高新技术企业	帕萨思汽车零部件（苏州）有限公司	苏州良焱光电有限公司
	太仓爱儿森环保科技有限公司	苏州裕复利新材料有限公司
	苏州鑫銮极泰建筑材料有限公司	太仓市百顺通风设备有限公司
	苏州赞勋金属制品有限公司	苏州润仟科技有限公司
	太仓汎亚涂装设备有限公司	太仓市畅飞博机械设备有限公司
	摩创科技（苏州）有限公司	苏州粤辉煌新材料科技有限公司
	江苏绿捷机电科技有限公司	太仓通利机械设备有限公司
	江苏慧东出智能科技有限公司	苏州巍锐智能科技有限公司
	中广核高新核材科技（苏州）有限公司	焓创制冷技术（苏州）有限公司
	苏州东研工业自动化设备有限公司	太仓市洁益环卫设备有限公司
	江苏绿派环保科技有限公司	苏州馨橡科技有限公司
	云动（太仓）测控技术有限公司	苏州棠裕塑胶机械有限公司
	太仓金塑汽车配件有限公司	苏州捷通金属制品有限公司
	苏州景科教育科技有限公司	太仓源凯汽车配件有限公司
	太仓实创塑胶制品有限公司	苏州特瑞菲机械设备有限公司
	天瑞节能科技（太仓）有限公司	伊斯特密封科技（江苏）有限公司
	苏州龙杰汽车设计有限公司	太仓腾辉金属制品有限公司
	太仓鹏丰包装制品有限公司	太仓技智机械有限公司
	苏州江腾智能科技有限公司	太仓久益精密机械有限公司
	苏州硕力重工有限公司	苏州麦迪尔安防设备制造有限公司
	新朝祥金属制品（苏州）有限公司	苏州泓鑫翔机械有限公司
	苏州花蝴蝶新材料科技有限公司	太仓市鸿运包装材料有限公司
	苏州恒浩网络通信工程有限公司	中美冠科生物技术（太仓）有限公司
	红壹佰照明有限公司	苏州洛尔帝科技有限公司
	坤锦电子（太仓）有限公司	航宇检测技术（太仓）有限公司
	苏州岩建智能科技有限公司	太仓富莱克斯模具科技有限公司
	苏州谦源合电子科技有限公司	太仓市鸿伟塑料制品有限公司
	苏州巨能发电配套设备有限公司	苏州诚易达自动化科技有限公司
	太仓市海丰精密模具有限公司	太仓市旭冉机械有限公司
	苏州荣文库柏照明系统股份有限公司	三樱包装（江苏）有限公司
	太仓市诚友五金机械有限公司	太仓鑫天健环保科技有限公司
	太仓鸿鑫精密压铸有限公司	昂科生物医学技术（苏州）有限公司
	江苏兴燃科技有限公司	太仓卡兰平汽车零部件有限公司
	太仓安博工业科技有限公司	苏州天昌包装材料科技股份有限公司
	苏州晗普新材料科技有限公司	卓智（太仓）物联科技有限公司
	太仓金钟电子科技有限公司	苏州邦伊医疗科技有限公司

续表 24

类别	企业名称	
高新技术企业	苏州金江铜业有限公司	旭研（苏州）精密工具科技有限公司
	太仓奇晔塑料制品有限公司	苏州新地源环保科技有限公司
	江苏安力电动车有限公司	有维科技（苏州）有限公司
	太仓力九和塑胶工业有限公司	太仓市意诚塑业有限公司
	擎先电子科技（苏州）有限公司	麦格纳（太仓）汽车科技有限公司
	太仓宝霓实业有限公司	苏州迪芬德物联网科技有限公司
	苏州瑞弗曼智能科技有限公司	江苏域圆智能科技有限公司
	诺易电气股份有限公司	捷固金属制品（太仓）有限公司
	疆合材料科技（苏州）有限公司	苏州亮立昇科技有限公司
	数恒（苏州）新材料科技有限公司	太仓科世通汽车零部件有限公司
	苏州云弼圣数字医疗科技有限公司	陛通半导体设备（苏州）有限公司
	太仓中化环保化工有限公司	艾伯纳工业炉（太仓）有限公司
	太仓申立金属制品有限公司	苏州青苹果展览展示器材有限公司
	同高先进制造科技（太仓）有限公司	太仓市安翔科技有限公司
	苏州依科赛生物科技股份有限公司	腾创益昂资讯科技（太仓）有限公司
	苏州丹尼斯塑胶科技有限公司	江苏云幕智造科技有限公司
	江苏东智禾新纤维科技有限公司	苏州创造环保科技有限公司
	苏州亿禾永利新能源有限公司	苏州博之顺材料科技有限公司
中国“独角兽”企业	如果新能源科技（江苏）股份有限公司	—
江苏“独角兽”企业	如果新能源科技（江苏）股份有限公司	—
江苏潜在“独角兽”企业	苏州依科赛生物科技股份有限公司	苏州芯合半导体材料有限公司
	卓阮医疗科技（苏州）有限公司	贲安能源科技江苏有限公司
	苏州立琻半导体有限公司	苏州欧米尼医药有限公司
	火箭派（太仓）航天科技有限公司	苏州百因诺生物科技有限公司
	苏州智行畅联科技有限公司	—
江苏省高新区“瞪羚”企业	苏州拓康自动化技术有限公司	苏州金纬片板膜智能装备有限公司
	太仓华夏精密机械有限公司	太仓长臂猿机器人科技有限公司
	太仓博泽汽车部件有限公司	苏州金韦尔机械有限公司
	苏州施必牢精密紧固件有限公司	苏州顺革智能科技有限公司
苏南国家自主创新示范区“瞪羚”企业	苏州拓康自动化技术有限公司	苏州好博医疗器械股份有限公司
	太仓华夏精密机械有限公司	苏州瑞高新材料有限公司
	太仓博泽汽车部件有限公司	苏州顺革智能科技有限公司
	苏州施必牢精密紧固件有限公司	苏州艾盾合金材料有限公司
	苏州金纬片板膜智能装备有限公司	太仓盖兹汽车零部件有限公司
	太仓长臂猿机器人科技有限公司	苏州百狮腾电气有限公司
	苏州金韦尔机械有限公司	—

续表 24

类别	企业名称	
苏州市“独角兽”培育企业	苏州多感科技有限公司	贵安能源科技江苏有限公司
	江苏零一汽车科技有限公司	苏州芯合半导体材料有限公司
	核欣（苏州）医药科技有限公司	苏州百因诺生物科技有限公司
	春风化雨（苏州）智能医疗科技有限公司	如果新能源科技（江苏）股份有限公司
	江苏碳什科技有限公司	苏州立琻半导体有限公司
苏州市“瞪羚”企业	苏州金韦尔机械有限公司	苏州格勒普机械有限公司
	苏州捷赛机械股份有限公司	苏州瑞峰医药研发有限公司
	太仓长臂猿机器人科技有限公司	苏州德奇汽车配件系统有限公司
	太仓金马智能装备有限公司	苏州华易航动力科技有限公司
	太仓市君盛机械有限公司	太仓荣南密封件科技有限公司
	苏州硕力重工有限公司	苏州优尼昂精密金属制造有限公司
	苏州乐泰医疗科技有限公司	江苏润孚机械轧辊制造有限公司
	苏州福柯思电气有限公司	江苏华兑金属科技有限公司
	靠博机电（太仓）有限公司	太仓卓高玻璃制品有限公司
	峰范新能源汽车技术（太仓）有限公司	太仓畅通精密机械有限公司
	苏州弘森药业股份有限公司	江苏保捷精锻有限公司
	苏州华辰净化股份有限公司	苏州永丰装饰材料有限公司
	太仓东青金属制品有限公司	华亚工业塑胶（太仓）有限公司
	苏州佩琦材料科技有限公司	太仓奥林吉汽车零部件有限公司
	苏州依科赛生物科技股份有限公司	亿鸿环保机械（苏州）有限公司
	苏州金江铜业有限公司	苏州艾航激光科技有限公司
	苏州利维鑫生物科技有限公司	苏州联桓汽车紧固件有限公司
	太仓丹妮尔模塑汽配有限公司	太仓红马机械设备制造有限公司
	太仓市业洪净水新材料有限公司	苏州富合创兴汽车科技有限公司
	太仓市兴港金属材料有限公司	思睿观通科技（江苏）有限公司
	中建材光电装备（太仓）有限公司	安佑生物科技集团股份有限公司
	苏州奥智智能设备股份有限公司	辉泰（太仓）汽配有限公司
	奥胜制造（太仓）有限公司	苏州邦季新材料科技有限公司
	德珂斯（江苏）自动化技术有限公司	索力迪精密科技（苏州）有限公司
	博纳环境设备（太仓）有限公司	苏州瑞技利机电科技有限公司
	欧亚马电动科技（江苏）有限公司	苏州园方生物科技有限公司
	英诺太科测试设备（太仓）有限公司	苏州宝骅密封科技股份有限公司
	大加利（太仓）质量技术检测中心有限公司	—

（曹　敏）

建筑业

【概况】 2023年，太仓市在建建筑工程363个，在建建筑面积1324万平方米。全年完成建筑业产值147.66亿元(数据来源市住建局，下同)，增速位居苏州市第二位。完成苏州市装配式发展目标，新开工装配式建筑面积317.75万平方米。新增省级建筑产业现代化示范项目1个，新增竣工绿色建筑项目83个，获省级文明工地称号39个、省级"扬子杯"优质工程奖4个、中国建筑工程装饰奖6个。

【建筑消防设计审验】 2023年，太仓市办理消防设计审查项目76个、消防验收项目74个、消防备案项目248个，实施消防备案抽查项目33个，办理消防审验处罚案件10起。对于民生工程、重点项目实行容缺受理施工图消防技术审查和分段多次的消防验收前置服务，对于既有建筑更新改造建立提前指导制度。做好无证建筑补充办证消防审验服务工作，明确受理原则，制定补办流程，解决企事业单位不动产登记中关于消防审验审批手续的历史遗留问题。

【太仓市建筑行业协会】 太仓市建筑行业协会成立于2004年5月，由太仓地区从事房屋建筑、市政工程、装修装饰工程、监理咨询、商品混凝土、勘察设计、检测、燃气、构配件、园林绿化、建筑机械11个专业委员会的企业单位自愿组成的非营利性社会团体。2023年，协会会员单位获"姑苏杯"15项、"扬子杯"4项、中国建筑工程钢结构金奖1项、"国优"6项。协会以国家政策为导向，引导督促企业向绿色建造、智慧建造方向发展，组织企业培训、观摩。配合上级协会开展各类评先工作，推荐各类别各等级企业，树立典型。抓好企业职工培训工作，全年组织二级建造师继续教育48期，参加培训人员271人次；一级建造师继续教育7期，参加培训人员21人次；ABC安全管理三类人员培训40场，参加培训人员900人次；三类人员继续教育3745人次；见证取样员培训及继续教育131人次；村镇工匠培训及继续教育285人次；建筑施工现场专业技术岗位人员(八大员)培训256人次；劳资专管员培训337人次；完成"苏安码"生成与申领共2.3万人次。常态化召开企业座谈会、分会座谈会，多渠道倾听企业意见建议，定期走访会员企业。向苏州市装修装饰行业协会提交《关于增加太仓市优秀企业指标的请示》，学习标杆企业，助力行业发展。组织开展太仓市建筑企业用工薪资纠纷调查工作，调查企业与农民工薪资纠纷的原因、影响及解决的方式，并整理形成报告呈交市住建局。推动合规管理体系建设，帮助企业建立健全合规管理组织机制，促进企业健康发展。 (朱琳媛)

工业经济

综　述

【概况】 2023年，太仓市累计完成工业总产值3665.01亿元，较上年增长3.5%，其中规模以上工业企业实现产值3212.26亿元，较上年增长1.8%。完成工业营业收入3397.2亿元，较上年增长0.6%，其中规模以上营业收入3051.12亿元；实现工业利润总额200.02亿元，较上年增长21.1%，其中规模以上利润总额192.49亿元，较上年增长19.0%。规模工业增加值累计增速3%。

【工业企业资源集约利用】 2023年，太仓市完成2022年度工业企业资源集约利用综合评价工作，全市共有参评地块2777个，参评单位6351家，用地4866.67公顷。参评单位分类结果在太仓市人民政府网站公示，并公布结果文件。

表25　2023年太仓市各区镇工业总产值一览表

区镇	工业总产值(亿元)	较上年(%)	区镇	工业总产值(亿元)	较上年(%)
全市合计	3665.01	3.5	沙溪镇	317.70	8.1
港区(含浮桥镇)	1058.19	-5.7	浏河镇	150.64	5.4
高新区	1524.20	9.5	璜泾镇	222.04	4.0
城厢镇	214.17	4.6	双凤镇	178.07	3.9

表26　2023年太仓市各区镇规模以上工业产值一览表

区镇	工业产值(亿元)	区镇	工业产值(亿元)
全市合计	3212.26	沙溪镇	238.32
港区(含浮桥镇)	1037.89	浏河镇	112.99
高新区	1333.68	璜泾镇	166.53
城厢镇	167.05	双凤镇	155.81

表 27　2023 年太仓市产值百强工业企业一览表

单位：亿元

序号	企业名称	产值
1	舍弗勒（中国）有限公司	205.91
2	江苏仓环铜业股份有限公司	115.40
3	玖龙纸业（太仓）有限公司	90.52
4	新大洲本田摩托（苏州）有限公司	68.51
5	特灵空调系统（中国）有限公司	61.74
6	埃克森美孚（太仓）石油有限公司	55.27
7	太仓港协鑫发电有限公司	53.51
8	华能太仓发电有限责任公司	53.20
9	碧辟（中国）工业油品有限公司	44.33
10	苏州天顺风能设备有限公司	43.58
11	苏州隆兴供应链管理有限公司	41.09
12	江苏宝洁有限公司	38.04
13	旭川化学（苏州）有限公司	38.01
14	江苏扬子三井造船有限公司	33.25
15	太仓博泽汽车部件有限公司	32.60
16	苏州共能能源有限公司	32.15
17	国能太仓发电有限公司	30.15
18	太仓市同维电子有限公司	28.23
19	克朗斯机械（太仓）有限公司	25.46
20	通快（中国）有限公司	25.20
21	中国石油天然气股份有限公司华东润滑油厂	24.91
22	江苏申久（集团）有限公司	24.59
23	慕贝尔汽车部件（太仓）有限公司	24.50
24	苏州天顺新能源科技有限公司	24.15
25	太仓中集特种物流装备有限公司	23.90
26	苏州首钢钢材加工配送有限公司	23.39
27	太仓东华能源燃气有限公司	22.60
28	太仓博泽驱动系统有限公司	19.22
29	太仓阿尔派电子有限公司	19.20
30	马森能源（太仓）有限公司	18.66
31	太仓中化环保化工有限公司	16.91
32	太仓市中溪食品有限公司	16.65
33	太仓中集冷藏物流装备有限公司	16.20
34	五矿邯钢（苏州）钢材加工有限公司	16.20
35	博格华纳汽车零部件（江苏）有限公司	14.20
36	太仓逸枫化纤有限公司	13.84

续表 27

序号	企业名称	产值
37	苏州三和管桩有限公司	13.54
38	麦格纳（太仓）汽车科技有限公司	13.23
39	卓能电子（太仓）有限公司	13.18
40	太仓世钟汽车配件有限公司	12.25
41	佳格食品（中国）有限公司	12.23
42	伟速达（中国）汽车安全系统有限公司	11.89
43	苏州瑞高新材料有限公司	11.66
44	玛顿重工（太仓）有限公司	11.38
45	奕瑞影像科技（太仓）有限公司	11.17
46	佩尔哲汽车内饰系统（太仓）有限公司	11.03
47	海瑞恩精密技术（太仓）有限公司	11.02
48	太仓斯迪克新材料科技有限公司	10.82
49	长富不锈钢中心（苏州）有限公司	10.67
50	亿迈齿轮（太仓）有限公司	10.24
51	琪优势化工（太仓）有限公司	10.09
52	江苏东泰聚合材料有限公司	10.00
53	上海连成集团苏州股份有限公司	9.78
54	苏州新太铜高效管有限公司	9.77
55	多摩川精密电机（苏州）有限公司	9.52
56	法可赛（太仓）汽车配件有限公司	9.42
57	中化蓝天霍尼韦尔新材料有限公司	9.38
58	江苏冠联新材料科技股份有限公司	9.13
59	苏州贯龙电磁线有限公司	9.00
60	太仓华润燃气有限公司	8.94
61	江苏皇冠新材料科技有限公司	8.88
62	苏州佳电永磁电机科技有限公司	8.67
63	太仓巨仁光伏材料有限公司	8.60
64	宝适汽车部件（太仓）有限公司	8.47
65	马勒电驱动（太仓）有限公司	8.37
66	鸣志电器（太仓）有限公司	8.35
67	苏州隆祥电子有限公司	8.32
68	苏州元亮食品有限公司	8.09
69	太仓海螺水泥有限责任公司	8.04
70	怡球金属资源再生（中国）股份有限公司	7.97
71	苏州仓松金属制品有限公司	7.90
72	瑞好聚合物（苏州）有限公司	7.84
73	北新建材（苏州）有限公司	7.51
74	有维科技（苏州）有限公司	7.47

续表 27

序号	企业名称	产值
75	中广核三角洲（江苏）塑化有限公司	7.34
76	威尔斯新材料（太仓）有限公司	7.22
77	太仓展新胶粘材料股份有限公司	7.16
78	瀚德（太仓）密封系统有限公司	7.14
79	太仓市华盈电子材料有限公司	7.11
80	太仓中集集装箱制造有限公司	7.10
81	苏州优洁能液化石油气有限公司	7.01
82	合兴汽车电子（太仓）有限公司	6.91
83	之宝（中国）户外产品有限公司	6.75
84	海德鲁铝业科技（太仓）有限公司	6.58
85	欧托凯勃汽车线束（太仓）有限公司	6.57
86	江苏保捷锻压有限公司	6.51
87	太仓新太酒精有限公司	6.49
88	裕克施乐塑料制品（太仓）有限公司	6.36
89	太仓利泰纺织厂有限公司	6.32
90	苏州英利汽车部件有限公司	6.25
91	克恩—里伯斯（太仓）有限公司	6.23
92	益技欧电子器件（中国）有限公司	6.22
93	苏州托克斯冲压设备有限公司	6.10
94	苏州良浦节能新材料股份有限公司	6.03
95	和承汽车配件（太仓）有限公司	5.86
96	利洁时（苏州）有限公司	5.78
97	环琪（太仓）塑胶工业有限公司	5.74
98	太仓荣文合成纤维有限公司	5.72
99	太仓市金鑫铜管有限公司	5.68
100	日精塑料机械（太仓）有限公司	5.67

（张文贝）

制造业

【概况】 2023年，太仓市加大有效投入力度，加快结构调整，创新工作举措，提升高端装备、先进材料、生物医药、航空航天等产业质效，推动工业经济高质量发展。全市306家规模新兴产业企业实现工业产值1686.10亿元，较上年下降4.0%，占规模工业比重52.5%；128家规模先导产业企业实现产值551.54亿元，较上年下降6.0%，占规模工业比重17.2%。

【高端装备制造产业】 2023年，太仓市471家规模以上高端装备制造产业企业实现产值1307.57亿元，较上年增长2.5%，拉动全市规模工业产值增长1.0个百分点，占规模工业总产值的40.7%。210家汽车核心零部件企业实现产值772.99亿元，较上年增长8.0%。舍弗勒（中国）有限公司全年实现产值205.91亿元，较上年增长1.8%。新大洲本田摩托（苏州）有限公司实现产值68.51亿元，较上年下降2.1%。

【先进材料产业】 2023年，太仓市350家规模以上新材料企业实现产值946.92亿元，较上年下降1.6%，拉动全市规模工业产值下降0.5个百分点，占规模工业总产值的29.5%。埃克森美孚（太仓）石油有限公司实现产值55.27亿元，较上年增长8.9%。旭川化学（苏州）有限公司实现产值38.01亿元，较上年下降10.4%。

【生物医药产业】 2023年，太仓市47家规模以上生物医药产业企业实现产值128.82亿元，较上年增长3.2%，占规模工业总产值的4.0%。其中，医药制造板块实现产值 26.92 亿元，较上年增长 2.2%；医疗仪器设备及器械制造板块实现产值 14.56 亿元，较上年增长 41.4%。

【纺织化纤服装产业】 2023 年，太仓市 167 家规模以上纺织化纤服装产业企业实现产值 127.02 亿元，较上年下降 5.0%，占规模工业总产值的 4.0%。其中，化纤制造板块实现产值 83.16 亿元，较上年下降 1.5%；纺织板块实现产值 24.23 亿元，较上年下降 19.6%；服装板块实现产值 15.7 亿元，较上年增长 1.3%。

【电力造纸产业】 2023 年，太仓市 60 家规模以上电力造纸产业企业实现产值 356.69 亿元，较上年增长 3.6%，占规模工业总产值的 11.1%。华能、协鑫、国能三大电厂产值合计 136.86 亿元，较上年增长 22.9%。造纸产业实现产值 126.28 亿元，较上年下降 9.8%。玖龙纸业（太仓）有限公司实现产值 90.52 亿元，较上年下降 11.2%。

【电子信息产业】 2023 年，太仓市 33 家规模以上电子信息产业企业实现产值 100.68 亿元，较上年下降 3.9%，占规模工业总产值的 3.1%。太仓市同维电子有限公司实现产值 28.23 亿元，较上年下降 24.3%。卓能电子（太仓）有限公司实现产值 13.18 亿元，较上年下降 21.1%。

表 28 2023 年太仓市工业主要行业情况一览表

产业	企业数（家）	产值（亿元）	较上年（%）	主营业务收入（亿元）	较上年（%）	利润（亿元）	较上年（%）	利税（亿元）	较上年（%）	资产（亿元）	较上年（%）	出口产品交货值（亿元）	较上年（%）
航工航天与高端装备制造	481	1343.29	2.2	1288.45	−2.5	107.38	7.7	133.797	8.9	1231.54	4.1	211.67	−6.0
先进材料	350	946.92	−1.6	883.11	−3.1	35.92	9.5	55.25	10.1	683.95	0.2	102.04	−7.2
生物医药	47	128.82	3.2	135.00	6.4	22.78	−13.4	28.35	−9.4	193.33	5.1	12.37	−15.0
纺织化纤服装	167	127.02	−5.0	121.88	−3.5	−0.23	59.2	1.02	53.7	76.03	2.6	10.142	−11.8
电力造纸	60	356.69	3.6	341.02	1.0	9.69	199.2	18.76	1919.0	438.82	8.4	3.00	2.0
电子信息	33	100.68	−3.9	96.34	−11.6	4.10	13.1	5.90	12.2	124.66	30.0	27.02	22.0

（张文贝）

服务业

综 述

【概况】 2023 年，太仓市服务业经济发展平稳有序，复苏强劲有力，保持稳定向好增长态势。全市完成服务业增加值 896.64 亿元，占地区生产总值比重 51.7%，增速 7.5%，增速位列苏州第二；全市 708 家规模以上服务业企业实现营收 1973.32 亿元，增速 9.33%。全市新兴服务业企业 349 家，实现核算营收 795.97 亿元，增速 17.2%。全市完成生产性服务业增加值 596.6 亿元，增速 12.5%，占地区生产总值比重 34.4%；生产性服务业企业 203 家，实现营收 335.1 亿元，增速 4.2%；交通运输业、批发业、金融业 3 个行业的生产性服务业增加值均超 100 亿元。

【服务业重点项目推进】 2023 年，太仓市推进服务业重点项目建设，多个重点项目竣工投产或开业运营，为太仓经济社会发展注入新动能。斯凯奇物流中心二期、金仓湖康养中心项目入选 2023 年省服务业重点项目名单，苏州港城物流园等 13 个项目入选 2023 年苏州市服务业重点项目名单，入选数量位列苏州市第二。夸特纳斯项目竣工验收，耐克中国零碳智慧物流园、霍夫曼太仓物流中心启用。

【港口物贸发展】 2023 年，太仓物贸产业发展再上新台阶，港口型国家物流枢纽建设成效明显。全市规模以上物贸企业实现营收 1572 亿元，增速 13.2%，其中限额以上贸易企业实现营收 1413 亿元，规模以上物流企业实现营收 158 亿元。太仓港全球排名升至第 22 位，完成货物吞吐量 2.75 亿吨，较上年增长 3.7%；集装箱吞吐量累计 803.9 万标箱，进出港船舶 17.81 万艘次，较上年增长 10.82%；出口汽车 43.95 万辆，较上年增长 39%，其中新能源汽车 18.07 万辆，较上年增长 93%，成为江苏汽车出口第一大港；获批全国智慧口岸建设试点，与上海港、宁波港实现双向“离港确认”，开辟航线 217 条。启动港口型物流枢纽综合功能提升项目，全球特色商品展销中心一期投入运营。太仓物流园蝉联省级示范物流园区 10 强首位。

【服务业政策支持】 2023 年，太仓市加大服务业政策扶持力度，激励市场主体创新发展，鼓励企业做大做强。制定《太仓市现代物贸产业创新集群发展专项政策（试行）》，围绕提升发展现代物贸、谋划发展港航服务、培育发展跨境电商等六方面制定支持措施18条，打造“现代物流＋现代商贸”一体化的现代物贸产业创新集群。举办2023年长三角一体化背景下苏州（太仓）港口型国家物流枢纽建设高端智库咨询会、2023年江苏省物流业高质量发展培训会。推行政策奖励兑现“免申即享”模式，兑现服务业转型升级政策奖励资金1089万元；兑现总部经济政策奖励资金1095万元，新认定太仓市级总部企业2家。

【服务业对上争取】 2023年，太仓市服务业对上争取成效明显。获评省现代服务业高质量发展集聚示范区4家。星药港获评苏州市专业特色楼宇。太仓武港码头有限公司、中美冠科生物技术（太仓）有限公司获评省现代服务业高质量发展领军企业，实现零的突破。太仓市同维电子有限公司、苏州鸿安机械有限公司获评省“两业”融合试点。昭衍（苏州）新药研究中心有限公司获评苏州市新兴服务业领军企业。获评AAA级物流企业2家，获评AAAA级物流企业3家。新认定苏州市级总部企业4家。

（程　勇）

商贸流通

【概况】 2023年，太仓市完成社会消费品零售总额548.83亿元，较上年增长7.5%。社会消费品零售总额增速高于苏州平均水平1.1个百分点。年内，太仓市持续推进重点商圈建设，成立罗腾堡德风街、南洋广场等重点商圈建设提升工作专班，出台《专班运行方案》，明确重点项目20个、重点活动36个。制定《太仓市现代商业高质量发展三年行动计划（2023—2025年）》。年内，罗腾堡德风街开业，并获评“苏州市级品牌夜市”。全球特色商品展销中心试运营，南洋广场咖啡花园竣工投用，太仓阿尔卑斯时光境开幕，推进长江后浪商业街、瑞江城建商业综合体、璜泾荟生活商业综合体等项目建设。与苏州市商联会共同签订“助发展·促消费”重点商圈建设提升战略合作协议，推动商圈经济提质升级。

表29　2023年太仓市零售额超亿元企业一览表

单位：亿元

序号	企业名称	金额
1	太仓京东健康有限公司	34.80
2	江苏雅鹿品牌运营股份有限公司	9.44
3	太仓中升之星汽车销售服务有限公司	8.39
4	太仓宝诚汽车销售服务有限公司	4.89
5	太仓德尚汽车有限公司	4.69
6	苏州丽婴房婴童用品有限公司	3.04
7	太仓市森誉汽车销售服务有限公司	2.76
8	云蛙（苏州）网络科技有限公司	2.54
9	太仓市森联汽车销售服务有限公司	2.27
10	太仓文洋申荔汽车销售服务有限公司	1.90
11	太仓仁天合新能源汽车销售有限公司	1.79
12	太仓市森丰盛达丰田汽车销售服务有限公司	1.65
13	太仓华联商厦有限公司	1.62
14	太仓昇佶汽车服务有限公司	1.62
15	江苏朗宝供应链管理有限公司	1.46
16	太仓市仓建超市有限公司	1.43
17	太仓仁胜合新能源汽车销售有限公司	1.42
18	太仓华苏汽车贸易服务有限公司	1.07
19	太仓文洋申港汽车销售服务有限公司	1.05

【促消费活动】 2023年，太仓市各项促消费政策持续发力，多措并举激发市场活力。制订全年促消费工作方案，开展“五五购物节”“中青年厨艺大赛”“秋冬季购物节”“双12购物节”及春季和秋季汽车大乐购等系列促消费活动，营造消费氛围。在重点消费领域集中开展促消费优惠活动，联合重点商圈、商家、银行发放数字人民币

及各类消费券超2000万元（含汽车补贴），重点商贸消费领域个人用户数字人民币支付超3亿元。金秋汽车大乐购活动累计数字人民币交易金额超2亿元，人均数字人民币支付近10万元，实现促进市民消费和促进数字人民币交易额提升“双赢”。打造罗腾堡德风街夜市经济、南洋广场周末集市等特色消费场景，常态化营造商圈消费热度。

【商贸特色品牌创建】 2023年，太仓市“延天龄”“沙溪老意诚”获第二批“苏州老字号”称号，“双凤孟家”“延天龄”“沙溪老意诚”经苏州公示推荐申报“江苏老字号”。娄东街道丽景社区、太东社区、太胜社区和沙溪镇西市社区4家社区获评“苏州市第二批一刻钟便民生活圈”。莆鑫海鲜城、凯景世纪大酒店、福福日料获评“江苏省级餐饮名店”。海运堤罗腾堡德风街获评“苏州市级品牌夜市”。太仓万达广场、森茂汽车城获评“2023年度苏州数字人民币示范商圈”。沙东市集、璜泾农贸市场被认定为江苏县域商业体系建设项目，拨付中央资金269.37万元。万达广场“沙胆彪”获评“2022年最具人气首店奖”，“口水娃”“俞长盛”获评苏州引领性本土品牌，阿尔卑斯雪世界、闪蝶在苏州首店经济发展大会亮相签约。12月，太仓市家政服务协会成立。

【电子商务发展】 2023年，太仓市电子商务业务稳定增长，全年完成网络零售额219.4亿元，较上年增长18.6%，直播电商销售额占比55%。举办电子商务相关活动，举办长三角直播电商太仓选品推介会和太仓市第二届电商直播大赛，促进全市直播电商高质量发展。苏州口水娃食品有限公司获评2024—2025年江苏省电子商务示范企业，太仓艾酷直播电商产业园认定为苏州市级直播电商基地（园区），助推全市电商发展走上新台阶。全年全市累计兑付电商扶持资金300万元。 （陆骊晨）

金融业

银　行

【概况】 2023年，人民银行太仓市支行实施稳健的货币政策，发挥总量和结构双重功能，为支持经济回升向好提供金融支撑。截至年底，太仓市金融机构本外币存款余额2815.76亿元（数据来源人民银行太仓市支行，下同），较上年增加322.41亿元，增长12.93%；金融机构本外币贷款余额3005.3亿元，较上年增加404.94亿元，增长15.57%。本外币贷款增幅高于苏州全辖平均水平3.49个百分点。10月，根据中共中央、国务院印发的《党和国家机构改革方案》文件要求，不再保留中国人民银行县（市）支行，相关职能上收至中国人民银行地（市）中心支行，人民银行太仓市支行履行的工作职能和主要任务上收至人民银行苏州市分行。

表30　2023年太仓市金融机构本外币信贷收支情况表

项目	年末余额（亿元）	较上年增长数（亿元）	较上年增长（%）
各项存款	2815.76	322.41	12.93
其中，1. 住户存款	1227.40	169.97	16.05
2. 非金融企业存款	1116.64	83.80	8.11
各项贷款	3005.30	404.94	15.57
其中，1. 住户贷款	866.75	45.91	5.59
2. 非金融企业及机关团体贷款	2132.19	359.85	20.30

（张　悦）

【银行机构】 截至2023年年底，太仓市共有银行机构29家，其中法人机构2家，分别是太仓农村商业银行和太仓民生村镇银行；非法人机构27家，其中政策性银行1家，大型商业银行6家，股份制商业银行11家，城市商业银行7家，港资银行1家，农村商业银行1家。全市营业网点171个（不含异地机构），较上年减少4家。

表31　2023年太仓市银行业金融机构不良贷款分类情况表

机构分类	年末贷款余额（亿元）	年末不良贷款余额（亿元）	年末不良贷款率（%）
政策性银行	27.89	0	0
大型商业银行	1721.96	5.16	0.30
股份制商业银行	529.75	0.85	0.16
城市商业银行	328.53	4.02	1.22
农村商业银行	430.65	3.90	0.90

续表 31

机构分类	年末贷款余额（亿元）	年末不良贷款余额（亿元）	年末不良贷款率（%）
港资银行	0.30	0	0
合计	3039.08	13.93	0.46

表 32　2023 年太仓市银行业金融机构网点、人员一览表

机构名称	小计（家）	总行（家）	二级分行（家）	支行（家）	社区支行（家）	小微支行（家）	分理处（家）	营业所（家）	从业人员（人）	备注
农业发展银行	1	—	—	1	—	—	—	—	6	政策性银行
工商银行	13	—	—	13	—	—	—	—	249	大型商业银行
农业银行	17	—	—	17	—	—	—	—	424	
中国银行	17	—	1	16	—	—	—	—	312	
建设银行	16	—	1	14	—	—	1	—	330	
交通银行	2	—	—	2	—	—	—	—	49	
邮政储蓄银行	30	—	—	4	—	—	—	26	228	
中信银行	1	—	—	1	—	—	—	—	34	股份制商业银行
光大银行	2	—	—	1	1	—	—	—	24	
华夏银行	1	—	—	1	—	—	—	—	24	
招商银行	1	—	—	1	—	—	—	—	43	
浦发银行	2	—	—	1	—	1	—	—	44	
民生银行	2	—	—	1	—	1	—	—	41	
兴业银行	2	—	—	1	1	—	—	—	19	
广发银行	1	—	—	1	—	—	—	—	18	
恒丰银行	1	—	—	1	—	—	—	—	21	
浙商银行	1	—	—	1	—	—	—	—	31	
平安银行	1	—	—	1	—	—	—	—	13	
江苏银行	1	—	—	1	—	—	—	—	56	城市商业银行
宁波银行	2	—	—	2	—	—	—	—	64	
上海银行	1	—	—	1	—	—	—	—	25	
南京银行	1	—	—	1	—	—	—	—	44	
苏州银行	5	—	—	5	—	—	—	—	104	
浙江泰隆银行	3	—	—	2	—	1	—	—	51	
江西银行	1	—	—	1	—	—	—	—	17	
太仓农商行	46	1	—	31	—	—	14	—	813	农村商业银行
常熟农商行	1	—	—	1	—	—	—	—	17	
民生村镇银行	4	1	—	3	—	—	—	—	70	村镇银行
汇丰银行	1	—	—	1	—	—	—	—	6	港资银行
合计	177	2	2	127	2	3	15	26	3187	—

说明：太仓农商行含异地网点 6 家

（岳逸夫）

【金融服务新市民】 2023年，人民银行太仓市支行贯彻落实总行关于加强新市民金融服务工作的精神和要求，打造新市民综合金融服务。联合相关部门和金融机构签订《聚焦新市民综合金融服务框架合作协议》，明确共享共建内容和范围，为后续金融服务提供机制保障。针对新市民融资需求特点量身打造“娄城新市民创业贷”产品，把太仓普惠担保公司引入“娄城新市民创业贷”落地担保，加大对新市民群体信贷支持。

【金融风险防范】 2023年，人民银行太仓市支行坚持底线思维，发挥金融稳定工作领导小组协调机制作用，开展年度县域金融生态环境综合评估工作。关注地方法人机构经营合规性及各类风险，注重流动性风险监测和风险预警。落实大型有问题企业季报制度，关注辖内大型民营企业经营、融资及风险情况。

【国库经理】 2023年，人民银行太仓市支行经理国库业务量463万笔，金额1517.35亿元，办理各项预算收入610.11亿元，其中中央级229.19亿元，省级56.46亿元，地市级24.11亿元，地方级300.36亿元。一般公共预算收入189.42亿元。年内，做好增值税留抵退税工作、个人所得税汇算清缴工作，优化退税业务流程，提升资金退付效率。全年共办理增值税留抵退税11.8亿元，个人所得税汇算清缴退税0.58亿元。

【反洗钱工作】 2023年，人民银行太仓市支行贯彻落实《苏州市打击治理洗钱违法犯罪三年行动计划实施方案》，强化跨部门协作，走访市检察院交流反洗钱工作形势。加强与市经侦大队联系，做到线索互通、共同研判，推动1起涉嫌洗钱案立案。

【数字人民币工作】 2023年，人民银行太仓市支行推进数字人民币试点工作。截至年底，发放数字人民币贷款4702笔，金额237.16亿元。协助上级行设计数字人民币使用简明指引，协调试点银行数字人民币跨行转账不畅问题，开展辖区数币商户常态化巡检。

【征信管理】 2023年，人民银行太仓市支行推动太仓市“征信”课程纳入苏州健雄职业技术学院选修课程项目落地。开展“普及征信知识，共建和谐社会”校园宣传活动，助力青年学子握好“经济身份证”。联合市信用办、市文明办、市发改委举办“‘诚’势而为、信创未来·2023年诚信建设万里行太仓在行动”主题活动，优化太仓市信用环境。

【外汇管理】 2023年，太仓市跨境收支总额220亿美元，较上年增长4.13%，其中，跨境收入107亿美元，较上年增长1.86%，跨境支出113亿美元，较上年增长6.33%，跨境收支逆差6亿美元，较上年度逆差规模扩大4.78亿美元。推进经常项目外汇管理创新，截至年底，货物贸易便利化试点企业85家，服务贸易便利化试点企业62家。推进银行经常项目外汇业务直联机制建设，选取中国银行太仓分行和太仓农村商业银行作为外汇业务直连网点，拉近与市场主体距离，提升外汇管理服务能力和水平。提升跨境投融资便利化水平，推动符合条件的高新技术企业和“专精特新”企业参加跨境融资便利化试点业务，稳步推广综合险保单融资和中小企业险保单融资，落实区块链上链融资。在人民银行机构改革过渡期间，联合政府相关单位探索设立太仓涉外服务站，作为上级行外汇管理的支点和触角，畅通政策传导，便利企业就近咨询外汇政策，降低“脚底成本”，持续维护良好涉外营商环境。 （张　悦）

【苏州银保监分局太仓监管组】 2023年，苏州银保监分局太仓监管组贯彻落实银保监会各级决策部署，坚持稳中求进工作总基调，做好服务实体、防控风险、改革创新等各项工作。优化金融供给，增强服务效能。持续推动金融服务乡村振兴，推进双凤镇金融服务乡村振兴，通过会议等方式向银行保险机构宣传政策，推动试点乡镇“金融顾问”上墙、金融机构进村宣讲、经营主体走访对接等相关举措落地实施。截至年底，完成整村授信数9个，各金融机构累计进村宣讲109次，贷款余额142.27亿元，较上年增加44.54亿元。创新推动金融机构做好新市民金融服务。坚持把主题教育与业务相结合，通过调研成果转化，联动太仓市新市民中心等部门，在全国率先建立新市民金融服务平台，为创新创业的新市民配套政策性贷款，解决新市民融资过程中信息缺失、资信偏弱、成本较高、手续繁杂等问题，相关情况在《人民日报》、新华社等中央媒体报道。截至年底，获批信用贷款新市民33户，授信金额434.4万元，平均利率4.21%。推动保险机构做好社会经济保障工作。通过窗口指导等方式推动辖内保险公司创新道路运输企业安责险产品，深度参与社会治理和安全生产，发挥保险“社会稳定器”作用。召开保险业发展座谈会，督促保险公司抓住重点机构、重点业务、重点时点、重点环节等方面采取措施，提振保险市场，提高保费收入。强化消保工作，服务维稳大局。全年办理投诉举报310件，对于服务纠纷类投诉，协调银行保险机构处置；对于涉嫌违规的举报，加强与苏州银保监分局职能部门联动，防控舆情风险，推动机构合规建设，维护太仓金融生态。加强分析研判，防控风险。督促银行机构严控信用风险。制定统计全年不良处置计划，按月跟踪处置进展，全年银行机构不良贷款处置金额14.42亿元。督促银行机构从严做好资产分类。截至年底，太仓地区不良贷款率0.46%，较上年减少0.37个百分点。助力辖内相关风险防范化解。发挥桥梁纽带作用，协助苏州银保监分局与太仓市政府召开相关企业大额授信风险协调会；协调各债权行加强分析研判，稳定授信规模。配合政府做好相关楼盘“保交楼”工作。针对楼盘风险，协调相关机构发放按揭贷款，为项目“保交楼”保障资金来源，推进项目建设。

（岳逸夫）

【中国农业发展银行太仓市支行】 截至2023年年底，农发行太仓市支行贷款余额27.89亿元，较上年增加3.19亿元，其中购销储贷款2.28亿元、中长期贷款25.44亿元、普惠小微贷款1600万元。存款日均余额5.25亿元，较上年增加0.77亿元，增幅16.25%。年内，农发行太仓市支行按照“保收储、增供给、当主导、防风险”总体要求，做好粮食收购信贷工作。保证政策性收购资金足额供应。截至年底，累计投放地方储备粮贷款1.31亿元，其中投放地方储备粮贷款（小麦）3507.3万元，地方储备粮贷款（稻谷）8531.3万元，地方储备粮贷款（成品粮大米）1042.86万元。加大对市场化收购的信贷支持力度，累计投放市场化收购贷款1.17亿元。加强全域营销，服务乡村振兴。截至年底，农发行太仓市支行累计获批安置房项目2个，审批金额16.1亿元，其中古浦路安置房项目8亿元、新毛安置房项目8.1亿元。支持全市高标准农田建设。根据《太仓市全域规划建设高标准农田近期实施方案》，审批中长期贷款5.1亿元，该项目通过市级平台统一组织建设全域高标准农田建设，保障农业稳产增收。全市农机资源统一配置运营，探索共同富裕路径。助力实体经济发展。服务涉农普惠小微企业，累计投放小微企业贷款1600万元。新营销小微企业1户，贷款金额1000万元，实现支行水利建设贷款零的突破。拓展数字人民币推广，聚焦粮食企业数字人民币结算需求，累计完成数字人民币结算资金2亿元，推动数字人民币在支农领域应用实施。

（高 颖）

【中国工商银行股份有限公司太仓支行】 截至2023年年底，工行太仓支行本外币存贷款余额超600亿元。全市共有营业网点13个、自助银行（点）16个。年内，工行太仓支行服务太仓经济社会发展，加大重点领域信贷支持力度，全年累计投向实体经济贷款150亿元，投放重点项目贷款37亿元。服务普惠金融和乡村振兴，全年累计投放普惠贷款80亿元，涉农贷款较上年新增27亿元。加强民生领域信贷支持，依托“小微贷”产品，做好民生保供金融服务。聚焦民生消费，全年投放民生消费领域贷款20亿元。融入太仓“中国德企之乡”城市名片建设，参与中欧企业太仓行——走进长三角系列活动、第18届太仓罗腾堡啤酒节工行之夜活动，支持首届“遇见太仓”中德文化艺术节暨高新区新春音乐会。加快数字化转型，围绕苏州、太仓两级市政府推进数字人民币试点行动方案要求，推动本地试点与场景创新，与市统计局、市地方金融监督管理局联合举办太仓市第五次全国经济普查有奖知识问答活动，以数字科技赋能区域经济普查；与市城投集团、市资产经营集团联合开发落地太仓市数币乘车功能，实现区域首个公共交通领域数币支付场景；落地全省首笔慧餐通智慧食堂项目，解决学校食堂管理痛点。

（钱 健）

【中国农业银行股份有限公司太仓分行】 截至2023年年底，农行太仓分行本外币各项存款余额480.52亿元，较上年增长89.02亿元；本外币各项贷款余额404.91亿元，较上年增长64.30亿元。年内，农行太仓分行提升金融服务实体经济能力，紧盯稳增长惠民生重点领域，加大信贷投放力度，信用规模较上年增加109.41亿元。服务产业创新集群融合发展，制造业贷款余额122.8亿元，较上年增加34.35亿元；绿色信贷余额59.19亿元，较上年增加35.69亿元。持续发力重大项目，助力项目建设提速，全年审批通过项目贷款38笔，总授信额度249.15亿元，覆盖实体、民生、基础设施等各个方面。深耕普惠金融，优化线下批量融资模式，紧盯产业链、专业市场等特色产业源头客群，挖掘优质小微企业用信需求，加大普惠金融投放力度。银保监口径普惠贷款余额65.22亿元，较上年增加16.78亿元。推进三代社保卡换发，累计发卡53.02万张，较上年增加12.22万张，市场份额80.1%。加快改革创新步伐，为璜泾镇永乐村上线数字乡村村民积分系统，为沙溪镇涂松村开发对接党员积分管理系统，以金融之力助力乡村振兴。

（王雅茹）

【中国银行股份有限公司太仓分行】 截至2023年年底，中行太仓分行本外币存贷款规模分别为368亿元和359亿元，存贷款增量均创历史新高。本外币贷款业务市场份额、系统贡献实现双提升，分别较上年提升0.2个百分点和0.11个百分点。加速服务实体经济。制造业贷款余额超50亿元，战略新兴贷款余额30亿元，民营贷款新增15.45亿元。普惠金融新增15.73亿元，新增市场份额较上年提升3.87%。加快步伐转型升级，跨境金融稳坐市场第一。养老金融取得探索性成果，辖属上海路支行获评省适老文明示范网点。数字金融创新探索，投产数字人民币土拍保证金系统“一键联动”到账功能。推进公益事业。完成消费

2023年6月6日，太仓农行普惠金融服务站在太仓江南农副食品城揭牌开业

（邱晓刚摄）

帮扶18.36万元，以金融力量助力乡村振兴。（苏莲花）

【中国建设银行股份有限公司太仓分行】 截至2023年年底，建行太仓分行本外币一般性核心存款日均余额288.98亿元，各项贷款余额446.23亿元。年内，建行太仓分行推动重点项目落地生效，围绕娄江新城建设、港产城一体化建设、航空航天产业建设等重点项目，加快项目申报、审批进度，助力开发建设承接"专项债"项目，发挥建行造价咨询传统优势，承接太仓辖内首批"专项债"项目5个，涉及金额10.42亿元。落实服务农村经济"建行方案"，以数字乡村平台、农房翻建系统等为切入点，助力乡村治理智慧化，与10个村签约数字乡村合作，农民翻建房系统覆盖率83%。加快产品创新，联合推出"留创贷""文旅贷"等金融产品，成为太仓首批"文旅贷"合作试点银行，给予专项授信额度50亿元。为村级经济提供优质金融服务，加大"裕农贷—城乡融合贷""农户生产经营贷"等产品投放力度，农户生产经营贷款新增3.4亿元，累计拓展农户239户。深耕场景拓展，打造数字人民币试点"新标杆"。实现数字人民币在水电、天然气、学杂费等基础民生服务场景全覆盖。依托金融科技，联合市房产管理中心与苏州市公积金管理中心太仓分中心，把数币托管与存量房买卖交易资金有机结合，优化企业、群众支付体验，为数币大额交易提供实践场景与应用经验。实现太仓首单停车与公共出行领域数币缴费应用，将金融服务渗透生活场景。依托建行生活平台培育消费场景，响应数字人民币促消费活动，将数币融入太仓特色商圈建设，实现个人数币账户开立11万人，带动交易金额超9亿元。推进"万企共建，点亮美好"智慧食堂行动计划，实现"建行生活＋智慧食堂"在多个场景落地。优化营商环境，持续优化开户、销户流程，做好工商驻点对接，设立企业服务一站式专窗，为新注册企业提供"零见面、零纸张、零跑路、零等待"的工商服务。（林　玲）

2023年2月21日，苏州市"留创贷"金融产品服务正式启动
（建行太仓分行供稿）

【交通银行股份有限公司太仓分行】 截至2023年年底，交通银行太仓分行存款时点余额突破50亿元，人民币各项存款时点余额51.64亿元，较上年增加9.33亿元，增幅22.05%；人民币各项贷款时点余额65.88亿元，较上年增加7.46亿元，增幅11.32%。年内，交通银行太仓分行累计获批国资银团授信项目17个，金额超100亿元，其中牵头行或代理行项目8个。做好养老金融新文章，实现养老板块新突破，作为牵头行、代理行参与太仓市城发康养银团项目，放贷3亿元，助力打造太仓"颐养金仓"品牌。打造科技金融高质量发展路径。截至年底，"娄城小微贷"余额排名太仓同业第一。与国发文鑫基金、苏创投、毅达资本、中信建投等投资机构实现投贷联动，成立创新投贷联动科创产品"娄创贷"，联动科创授信客户近20户。其中，实现国发文鑫基金投贷联动合作客户覆盖率近50%，授信额度1.52亿元。联合市退役军人事务局共同推出服务退伍军人创业的"拥军贷"，持续创新金融服务模式，助力地方经济建设。（徐莉莉）

【中国邮政储蓄银行股份有限公司太仓市支行】 截至2023年年底，邮储银行太仓市支行人民币存贷款余额206.08亿元，较上年增加29.12亿元，增幅16.46%。全市有自营网点4个，其中主城区2个、浏河镇1个、沙溪镇1个，邮政代理网点26个。年内，邮储银行太仓市支行完善民营企业、制造业等金融服务机制，落实金融服务优化工作。投向民营企业贷款余额23.81亿元，较上年增加6.07亿元，增长34.22%；投向制造业贷款余额8.04亿元，较上年增加2.01亿元，增速39.96%。聚焦普惠金融。开展企业大走访活动，畅通银企对接渠道，了解地方小微客群的金融需求。截至年底，普惠型小微企业贷款余额5.07亿元，较上年增加0.98亿元，增长23.96%。支持乡村振兴。探索乡村振兴新模式，为乡村振兴项目授信1.75亿元，投放贷款1.25亿元。成立乡村振兴专班，加强对鱼类养殖、果蔬种植等客群信贷资金支持。涉农贷款净增10.54亿元，增速22.42%；普惠涉农贷款净增1.88亿元，增速21.84%。发展绿色金融，绿色信贷余额3.27亿元，较上年增加1.26亿元，增速62.84%；清洁能源贷款余额2.81亿元，较上年增加0.91亿元。（包丽诗）

【中国光大银行股份有限公司太仓支行】 截至2023年年底，光大银行太仓支行本外币存款余额28.84亿元，较上年增长4.68亿元。其中，对公存款23.5亿元，对私存款5.34亿元。本外币贷款余额71.4亿元，较上年增长9.98亿元。其中，对公贷款余额69.12亿元，个人贷款余额2.28亿元。年内，光大银行太仓支行贯彻落实国家乡村

振兴政策部署，支持“三农”信贷融资，涉农贷款46.09亿元，较上年增加5.26亿元，增长12.88%；普惠型涉农贷款余额2.77亿元，较上年增加0.86亿元，增长45.03%；精准帮扶贷款总量1.53亿元。提升综合金融服务能力，改善客户质量，优化业务结构，提升经营成效。坚定构建线下、线上零售“双曲线”融合发展新模式，加快建设“分层分群、数据驱动、渠道协同、交易转化”客户经营体系，优化客户体验。（邰渺苗）

【招商银行股份有限公司太仓支行】截至2023年年底，招商银行太仓支行人民币自营存款余额47.33亿元，较上年减少7.09亿元，其中公司存款余额35.73亿元、储蓄存款余额11.6亿元。人民币自营贷款余额71.87亿元，较上年新增8.33亿元，其中公司贷款余额36.04亿元、个人贷款余额35.83亿元。年内，招商银行太仓支行注重对实体经济支持，加大对普惠企业支持力度。优化服务流程，中标住房维修基金保证金专户、预售房资金监管专户、农民工工资监管保证金专户资格，为太仓市民生工程提供服务保障。（周晓露）

【中信银行股份有限公司太仓支行】截至2023年年底，中信银行太仓支行本外币存款余额50.48亿元，较上年减少2.58亿元；本外币贷款余额70.61亿元，较上年增加6.57亿元。年内，中信银行太仓支行加快业务转型，巩固政府金融优势地位，获得地方债2亿元、社保资金2.7亿元、交通建设指挥部专项资金2.7亿元。扩大国资公司合作面，与市文旅集团、市文教投集团合作取得新突破，实现市属国资公司全覆盖。加强区域内重点企业合作力度，新开发玖龙纸业、阳鸿石化、仓环铜业、恒逸化纤、润邦、捷赛机械等市重点企业客户，深化扬子江船业、华一新能源、鸿安机械、恒度生物等重点企业合作。加快中小客群和科创企业开发，补齐客群短板，紧跟区域经济转型方向，在生物医药、航空航天、新能源、高端制造等行业加大营销力度，特别是科创类企业合作取得突破。零售业务再上新台阶。加强公私联动，挖掘零售队伍内驱力，推动零售规模取得新的突破，个人全口径存款日均增量2.4亿元。（张　超）

【华夏银行股份有限公司太仓支行】截至2023年年底，华夏银行太仓支行本外币各项存款余额39.26亿元，其中单位存款余额28.8亿元、储蓄存款余额10.46亿元；各项贷款余额39.03亿元，其中单位贷款余额35.01亿元、个人贷款余额4.02亿元；存贷比99.41%，资产质量优良，逾欠贷款率0.03%。年内，华夏银行太仓支行做好各项金融服务工作，服务实体经济。创新产品运用，保障信贷投放，推广“证租通”“菁英e贷”等产品，实现“客户降本、银行增效”双赢，通过“商户贷”“信保贷”等线上线下产品助理普惠金融，支持中小企业发展。推进金融适老服务，宣传反假反诈知识，承担金融机构企业社会责任。（费希强）

【恒丰银行股份有限公司太仓支行】截至2023年年底，恒丰银行太仓支行各项存款余额12.59亿元，较上年下降5.58亿元，降幅30.71%。贷款余额32.81亿元，较上年增加6.76亿元，增长率25.74%。年内，恒丰银行太仓支行深挖政信类客户，新增授信7户，金额29.14亿元，其中获批金额22.9亿元。6月，获批首笔产城融合项目贷款14亿元。11月，首笔银团流贷业务落地。通过深挖征信类业务，摸排区域内城市更新、乡村振兴等项目类贷款，第四季度新增储备批单28户，金额合计48.1亿元。加强专精特新、绿色金融、新经济领域客户营销走访。截至年底，累计上报专项授信30户，金额47.4亿元；实现新增投放7户，金额4亿元。零售业务方面，利用多种渠道开展新客户营销活动提升零售客户数，同时通过存量客户梳理，整理临界客户清单，逐户开展电话、微信营销，提升零售客户数。

（王　青）

【兴业银行股份有限公司太仓支行】截至2023年年底，兴业银行太仓支行本外币存款时点余额38.76亿元，较上年减少12.62亿元，其中单位存款余额33.86亿元、个人存款余额4.9亿元；本外币贷款时点余额69.56亿元，较上年增加21.01亿元，其中单位贷款余额65.71亿元、个人贷款余额3.85亿元。年内，兴业银行太仓支行落地上市公司宏川智慧并购贷款业务，助力其并购港股私有化项目落地，为银行带动大额结算性存款留存以及FICC中间业务收入。该项目创造全行并购业务多个首单记录，包括首单A股私有化港股、首单港股（非H股）私有化、首单上市公司+并购基金发起的私有化、首单配套提供境外利率互换（IRS）的跨境并购项目。深化业务转型，发挥创新产品优势，深化与区域内优质上市、拟上市公司业务合作，提升银行品牌影响力。（奚艳萍）

【中国民生银行股份有限公司太仓支行】截至2023年年底，民生银行太仓支行存款余额44.28亿元，其中对公本外币存款余额38.73亿元、储蓄存款余额5.55亿元；贷款余额38.26亿元，其中对公贷款余额27.7亿元、消贷余额3.1亿元、小微贷款余额7.46亿元。年内，民生银行太仓支行以支持地方经济建设为经营理念，实现自身效益和社会效益同步增长。公司业务表内外投放余额31.92亿元，除政府平台业务外主要投向行业包括装备制造、新材料、生物医药、航空航天、金属加工、纺织化纤、汽车销售及配件制造等。支行围绕市政府制定的重点项目、重点工程计划等工作，整合资源优势，优化信贷结构，加强对重点项目的关注和调查力度，加大授信投入力度。除传统表内贷款外，根据企业实际业务需求，针对企业上下游交易结构提供包括商业承兑保贴、承贴直通车、票据管家、国内信用证、信融E、票融E、国内保理、法人账户透支等方式的灵活融资品种，为企业节约财务成本。提供多样化的综合金融服务方案，通过上市企业定向增发、股票质押回购、并购基金、信用债投资、同业直投等方式为太仓企业提供资金融通和服务。通过外汇衍生产品和外汇展业便利化措施的推广，为企业提供外汇避险工具和结算便利。加大对科技型和专精特新企业的产品推广和支持力度，除“科创贷”“星火贷”“易创贷”“信保贷”等产品外，“萤火计划”主要有针对优质企业的股权投资业务和全流程综合服务。加大普惠金融支持力度，推出各项扶持政策。对中小和小微企业信贷投放额度不设限，加大“云快贷”“云企贷”“厂房抵押”“二押贷”和“民生惠”等特色产品投放力度，特别是加大信用类贷款产品投放力度，为普惠金融提供专项额度信用贷款支持。普惠金融贷款余额5.05亿元，为太仓中小和小微企业提供信贷支持。

（吕晓华）

【江苏银行股份有限公司太仓支行】
截至2023年年底，江苏银行太仓支行本外币各项存款余额74.64亿元，本外币各项贷款余额72.98亿元。年内，江苏银行太仓支行坚持存款立行，稳存增存。利用各种产品，拓展核心企业上下游客户，争取交易结算资金的体内循环和沉淀，拓宽资金来源渠道，提升客户与银行的黏性。深化与市政府业务合作，了解机构客户需求，做好配套产品服务，营销机构客户存款。分层营销管理，联动拓展客群。支行开展分层管理与维护，有针对性、条理性地拓展业务。重点客户、重大项目由支行行长室牵头负责，统一安排，客户经理配合营销；小企业客群、日常业务管理由团队经理牵头负责，客户经理协同配合；零售类指标则由分管行长与网点负责人牵头负责，理财经理着重营销财私客户，同时注重公私联动，网点与对公团队结对，定期通报督导联动成效。建立项目推进会机制，以政府重点部门为突破口，下沉乡镇关键部门，推动客户触达渠道建设。立足区域特色，依托新材料、高端装备、航空航天、物流等主要集聚产业，提升创新服务能力，快速触达企业，了解客户核心需求，制定综合服务方案。

（姚秋红）

【苏州银行股份有限公司太仓支行】
截至2023年年底，苏州银行太仓支行本外币存款余额62.99亿元，较上年新增3.93亿元；贷款余额74.01亿元，较上年新增12.55亿元。年内，苏州银行太仓支行融合打通银行系统与电子印章系统，成为全省首家应用国标服务体系实现电子印章线上开户的银行。与太仓担保公司合作，“娄城小微贷”破亿元，准入“娄城优企贷”“娄城人才贷”区域特色化产品2款，发放太仓市首笔“娄城优企贷”数字人民币贷款。与市市场监管局配合，落地全省首单数据知识产权混合质押融资业务。

（邹佳莹）

【江苏太仓农村商业银行股份有限公司】
截至2023年年底，太仓农村商业银行各项存款余额544.07亿元，较上年增长57.94亿元，增幅11.92%。其中，对公存款余额138.8亿元，较上年增长12.38亿元，增幅9.79%；储蓄存款余额405.27亿元，较上年增长45.56亿元，增幅12.67%。全行资产规模725.15亿元。各项贷款余额443.56亿元，较上年增长54.96亿元，增幅14.14%。其中，对公纯贷款254.84亿元，较上年增长33.18亿元，增幅14.97%；零售贷款余额130.77亿元，较上年增长10.71亿元，增幅8.92%。全行实现营业收入29.27亿元，较上年增长2.62亿元，增幅9.83%；实现净利润5.68亿元，较上年增长0.62亿元，增幅12.20%；不良贷款率1.10%，较上年下降0.05个百分点，各项监管指标符合稳健经营要求。

2023年，太仓农村商业银行坚持“服务三农事业、服务小微和民营企业、服务地方经济”定位，各项业务稳步健康发展。聚焦主责主业，推动服务有效触达。针对重点领域出台纾困政策，优化信贷服务流程，开辟助企纾困绿色通道，按照“急事急办、特事特办”原则，重点加大对受困企业应急资金支持力度。启动“推进五访五增，助力市场主体”“滴灌润苗行动”“普惠春风暖千企”等专项活动，走访对接企业金融需求，坚持以客户需求为中心，做到快调查、快审批。截至年底，“普惠春风暖千企”活动走访企业2112户，落实授信89户，授信总额11亿元，贷款用信4.72亿元；“五访五增”活动走访对公客户672户，走访率100%；走访科技型企业1168户，其中用信户数218户，用信余额20.32亿元；走访“苏质贷”企业11户；“滴灌润苗行动”共计走访企业746户，走访率100%，其中授信51户，授信金额2.48亿元。针对农业农村重大项目走访对接，“现代农业高质量发展示范园项目”授信成功，投放贷款1000万元。健全优化产品和业务创新机制，全年共创新信贷产品12个。创新“研发贷”产品，满足企业在技术研发、工艺开发或技术更新改造等科学研究与技术开发相关用途的融资需求，截至年底，贷款余额700万元，共2户。探索“银保合作”机制，减轻“小微贷”“信保贷”等政策调整影响，与中国人保财险苏州分公司合作推出“苏保贷”产品；创新省级“人才贷”产品，专项支持江苏省辖内“人才库”内人才及人才企业；创新“娄城人才贷”产品，11月以数字人民币形式实现首笔贷款发放；针对乡村振兴、交通强国、质量强国、就业稳岗、海洋经济等方面分别定向创新统计口径类产品8个。零售产品创新支持乡村振兴。零售条线针对优质客户开发“幸福易存”系列产品，推出零售信贷转型专属产品“幸福易贷”，优化传统零售信贷产品业务流程，补齐零售贷款100万元以下的产品短板，并与“幸福贷”产品互补，逐渐形成小额零售贷款线上线下产品分类管理体系；结合场景化营销，同步配置与之相对应的贷款产品。国际业务条线完善与中行签署的同业合作协议，把代理手续费优惠落到实处。加强与交行沟通，做好远期客户的签约和展期工作，满足客户远期结售汇需求；引入多家全国性股份制商业银行购买同业存单，提高银行外汇资金收益率。加强金融知识宣传。全行组织开展反诈、防骗、防范非法集资、拒赌、网络安全等金融知识宣传活动10项。建立普惠金融服务点33个，其中支付服务点22个、综合服务点7个、智能服务点4个，满足群众日常金融不出户、基础金融不出村、综合金融不出镇的需求。向小微企业减费让利，巩固清费减负成果，降低小微企业贷款综合成本，满足小微企业融资需求。全年累计为1.3万户企业客户减免手续费383.19万元。

（谭华舟）

【太仓民生村镇银行股份有限公司】 截至2023年年底，太仓民生村镇银行各项存款余额10.06亿元，较上年增长5.18%；各项贷款余额8.43亿元，较上年下降6.95%。年内，太仓民生村镇银行坚持支农支小市场定位，深化服务乡村振兴，践行普惠金融，履行社会责任，提升金融服务水平。全年各类贷款投放总金额7.82亿元，其中涉农贷款投放4.08亿元，占比52.17%；紧跟国家政策导向，加强宣传引导，加大产品与服务创新力度，灵活调整贷款定价，加大对普惠小微客户资源倾斜力度，普惠小微企业贷款余额6.51亿元，占各项贷款比重超77%；提升金融支持普惠小微服务能力，减费让利，降低客户融资成本，提供无还本续贷服务，缓解企业资金周转难题，全年实行无还本续贷客户183户，发放金额2.9亿元。

（刘寅卉）

证　券

【概况】 截至2023年年底，太仓市共有证券机构7家。全年累计成交3186.78亿元，较上年增长12.63%，全年证券机构新增证券资金账户数1.3万户，累计证券资金账户数17.52万户，托管市值168.21亿元。

（邵　赟）

【东吴证券股份有限公司太仓分公司】 2023年，东吴证券太仓分公司下属5家营业部累计完成A股成交量1183.84亿元，较上年下降13%，市场占有率0.3‰，较上年下降3.23%，实现利润4560万元，较上年下降7.2%，其中全年新增有效户366户，托管资产95.62亿元。年内，东吴证券太仓分公司实现签署IPO（首次公开募股）上市财务顾问协议1家；进行北京证券交易所上市尽职调查1家；上市辅导期企业2家。主承销债券7单，金额36.4亿元，单数和金额分别占全市的78%和71%，金额较上年增长21%，市场份额连续三年创历史新高。落地天顺风能（苏州）股份有限公司8000万元股票质押业务；储备江苏斯迪克新材料科技股份有限公司的股票质押等业务。东吴创投与太仓市联合设立2亿元太仓娄城人才科技基金，实缴1亿元，前期共走访企业200家。截至年底，投资在太仓企业3家，累计金额3000万元；立项或洽谈项目7家。完成私募产品销售2234万元，公募产品销售3.08亿元，资管固收类产品销售1.5亿元。

（曾　英）

【华泰证券股份有限公司太仓太平南路营业部】 2023年，华泰证券太仓营业部实现业务收入940.49万元，较上年保持稳定发展。年内，华泰证券太仓营业部继续践行公司“经纪＋机构”双轮驱动战略，在保障经纪业务稳步增长的同时，保持同各级政府部门、金融机构及太仓企业合作交流，为企业提供全方位综合金融服务，包括推进企业IPO（首次公开募股）进程、协助企业解决股权融资、债权融资及科创板、创业板、北京证券交易所新规解读等。在服务群众财富管理方面，实现非贷金融产品保有4.24亿元。在机构业务方面，配合市金融监管局举办北京证券交易所“深改19条”政策解读会，为专精特新企业北交所上市道路指引方向；参与太仓市上市服务协会成立，并为会员单位之一；在与市金融监管局战略合作协议框架下，发挥全方位综合金融服务作用，为太仓临港集团发行科创债2亿元，并与多家发债平台达成债券承揽业务合作意向，为地方平台融资保驾护航。

（程广建）

【东吴期货有限公司苏州市太仓营业部】 2023年，东吴期货太仓营业部稳健经营，各项业务有序开展，做好传统业务的同时发展综合金融业务、子公司业务及资管业务。年内，东吴期货太仓营业部拓展产业客户及私募业务。加强与商会及政府部门合作，深入相关企业交流，为产业链开发铺开道路。与客户开展深度合作，提供投资咨询业务及综合金融业务。全年累计成交金额5607.74亿元，较上年增长82.59%，累计成交1039.2万手，较上年增长68.96%。日均权益5.06亿元，较上年增长55.2%。

（朱奕露）

保　险

【概况】 截至2023年年底，太仓市保险业务保费收入35.19亿元，较上年增加3.82亿元，增速12.18%；赔付支出13.17亿元，较上年增加3.23亿元，增速30.82%。全市有保险机构34家，其中财产保险公司15家，人寿保险公司18家，保险中介机构1家。全市保险从业人员约3850人。

表33　2023年太仓市保险机构一览表

序号	分类	单位名称
1	财产保险	中国人民财产保险股份有限公司太仓中心支公司
2		中国平安财产保险股份有限公司太仓支公司
3		中国太平洋财产保险股份有限公司太仓中心支公司
4		太平财产保险有限公司太仓支公司
5		中国人寿财产保险股份有限公司太仓市支公司
6		都邦财产保险股份有限公司太仓支公司

续表 33

序号	分类	单位名称
7	财产保险	阳光财产保险股份有限公司太仓支公司
8		紫金财产保险股份有限公司太仓支公司
9		中国大地财产保险股份有限公司太仓支公司
10		中华联合财产保险股份有限公司太仓支公司
11		天安财产保险股份有限公司太仓支公司
12		永安财产保险股份有限公司苏州中心支公司太仓营销服务部
13		中银保险有限公司太仓支公司
14		长安责任保险股份有限公司太仓支公司
15		大家财产保险股份有限公司江苏分公司太仓营销服务部
16	人寿保险	中国人寿保险股份有限公司太仓支公司
17		太平人寿保险有限公司太仓支公司
18		中国太平洋人寿保险股份有限公司太仓支公司
19		中国平安人寿保险股份有限公司太仓支公司
20		华夏人寿保险股份有限公司苏州分公司太仓营销服务部
21		中国人民健康保险股份有限公司太仓支公司
22		东吴人寿保险股份有限公司苏州分公司太仓支公司
23		中国人民人寿保险股份有限公司太仓市支公司
24		友邦保险有限公司江苏分公司苏州市太仓营销服务部
25		富德生命人寿保险股份有限公司苏州分公司太仓支公司
26		新华人寿保险股份有限公司苏州中心支公司太仓营销服务部
27		泰康人寿保险有限责任公司江苏苏州太仓第一营销服务部
28		华泰人寿保险股份有限公司苏州中心支公司太仓支公司
29		信泰人寿保险股份有限公司苏州中心支公司太仓营销服务部
30		百年人寿保险股份有限公司太仓营销服务部
31		国联人寿保险股份有限公司分苏州分公司太仓营销服务部
32		中信保诚人寿股份有限公司太仓支公司
33		前海人寿股份有限公司太仓支公司
34	中介机构	苏州东江保险代理有限公司

（岳逸夫）

【中国人民财产保险股份有限公司太仓中心支公司】 2023年，人保财险太仓中心支公司完成保费收入5.64亿元，累计为全市提供各类风险保障1.13万亿元，支付各类赔款3.68亿元。全年为120家企业提供保额3.84亿元的政银保中小企业贷款保证保险，为16家中小微企业提供保额2.5亿元的出口信用险，助力推动实体经济发展。服务乡村振兴，共为36个村提供1.15亿元乡村振兴保险保障，覆盖人群10万人、困难群众5000人。全年共惠及困难群众365人，赔付金额102万元。创新高标准农田“政府指导＋保险保障＋第三方服务”综合模式，在太仓10个村开展高标准农田设施损毁保险服务试点工作，运用保险机制助力高标准农田建设，保险保障服务农田833.33公顷。首次承保新市民意外险，为太仓新市民群体提供意外险保障1.6亿元。落地省总工会《关于做好2023年向新就业形态劳动者赠送互助保障（保险）服务的通知》，对接市总工会，签订全市首单新就业劳动者团体意外险，为全市新就业形态劳动者提供专项保险服务，累计风险保障总额1.29亿元。服务安全发展，全年为 177 家企业提供“保险 + 服务”的安全生产责任保险，总保额 25.33 亿元。为 2 家企业、5 个安置小区电梯提供“保险 + 服务”，总保障额 7.74 亿元。（王慧敏）

【中国人寿保险股份有限公司太仓支公司】 2023 年，中国人寿太仓支公司总保费累计 6.18 亿元，较上年增长 8.6%，其中当年新增期交保费 1.4 亿元，较上年增长 27.4%，10 年期及以上期交保费 6015 万元，较上年增长 11.3%，续收保费 4.28 亿元，较上年增长 2.4%，短期健康险和意外险业务 4097 万元，较上年增长 8.2%。年内，中国人寿太仓支公司深化与政府各部门合作关系，直面市场需求，创新改革产品方案。参与面向太仓地区 60 周岁老人险保障民生项目，服务老年人群 16 万人次，全市老年人群涵盖率 100%，理赔件数约 3000 件，理赔金额近 400 万元。面对市场重疾需求，增加特扶家庭保险责任，参与政府慰问活动，年度理赔服务 500 人（户）次，理赔金额超 100 万元。为全市学生群体提供全面保障和优质服务，提供学生理赔服务 1400 人，理赔金额近 300 万元。参与政府公益项目，为老年人、未成年人、特殊人群提供公益性保险保障，参与医保服务网点建设，搭建医保、商保赔付一站式平台，参与医保乡镇服务网点建设，推动保险服务驻村、驻社区工作，发展个人养老产品推广，为太仓市民提供良好保障和周到服务。（廖君吉）

【中国太平洋财产保险股份有限公司太仓中心支公司】 2023 年，太平洋财险太仓中心支公司实现入账保费 4.23 亿元，增速 13.78%，市场份额 28.88%，较上年提升 1.34 个百分点。全年承办各类保险 20.05 万件，提供风险保障 6495 亿元，支付各类赔款 2.45 亿元。累计缴纳税款 1357.77 万元，代征车船税 1319.77 万元。参与乡村振兴保险服务，累计承办农业保险 3361 笔，保额 63.24 亿元，发生理赔 837 笔，理赔金额 586.25 万元。开办省级险种仔猪保险填补地方空白，为苏州地区首单。开办小麦提标保险、育肥猪提标保险，保障种养业成本风险，为苏州地区首创。气象指数保险实现总量翻倍。中标太仓市第五轮农业保险第一标段，份额 71.43%，为苏州地区最高。承保全市 17.48 万户家庭、66.87 万名市民的民生灾害综合保险，保障全市居民财产安全。（孙　晔）

【中国太平洋人寿保险股份有限公司太仓支公司】 2023 年，太平洋人寿保险太仓支公司实现保费收入 2.18 亿元，较上年增长 11.22%。全年新保保费 7921.16 万元，续收保费 1.39 亿元。年内，太平洋人寿保险太仓支公司确立以代理人渠道为核心的多元渠道布局，把握银保客户发展机遇。资产板块完善资产负债管理机制，提升专业投资能力。重点关注社会弱势群体保障和高危行业风险保障，与市教育局、市卫健委、市残联等单位合作，推出“学生平安保险”“在校学生意外险”“0~3 岁科学育儿保险”“困境儿童保险”“快递员意外保险”“残疾人人身意外伤害保险”“退役军人综合保险”等保险产品。全年未曾发生重大投诉，客户满意度提升。（李艳芳）

旅游业

【概况】 2023 年，太仓市旅游消费市场回暖复苏，全市旅游接待总人数 745 万人次，较上年增长 180.44%；实现旅游总收入 145 亿元，较上年增长 178.66%。截至年底，全市共有省级旅游度假区 1 家，国家 AAAA 级旅游景区 2 家、国家 AAA 级旅游景区 2 家，江苏省乡村旅游重点村 1 家，苏州市乡村旅游重点村 3 家。共有旅行社 26 家，其中国际旅行社 1 家；共有旅游饭店 13 家，其中五星级 2 家、四星级 2 家、三星级 4 家。共有“太仓假日”品牌签约工厂店 16 家。

【民宿管理】 2023 年，太仓市发挥民宿领导小组统筹作用，全市新增发放民宿备案登记证 12 张。开展等级评定工作，评定太仓市乙级民宿 2 家、丙级民宿 10 家，根据相关政策兑现奖励 22.8 万元。

【旅游活动】 2023 年 4 月 21 日，太仓旅游文化美食节暨金仓湖文化嘉年华在金仓湖公园举行，活动以“寻鲜之旅 · 乐享太仓”为主题，发布太仓文旅品牌矩阵暨春季潮玩线路和 2023 年寻味太仓美食地图，发放太仓文旅促消费措施“大礼包”，成立嘉昆太江南水乡景区联盟，开通太仓首条旅游巴士线路，启动同程验客推荐暨千团万人游太仓发车仪式，发布金仓湖现代农业示范片区农文旅活动。6 月 21 日，第七届太仓乡村旅游节暨沙溪镇“夏日溪游季”活动在沙溪古镇举行，

2023 年 4 月 21 日，太仓旅游文化美食节暨金仓湖文化嘉年华在金仓湖公园举行
（市文体广旅局供稿）

2023年6月21日，第七届太仓乡村旅游节暨沙溪镇“夏日溪游季”活动开幕 （市融媒体中心供稿）

评选太仓首批乡村研学游基地10个，发起“我在村口等你来”——太仓市农文旅发展乡村“主理人”项目，推出非遗文化特色夏季旅游路线2条，发放“夏日溪游季”特惠大礼包和太仓夏季农文旅消费盲盒，开启古镇嘉年华巡游活动。9月26日，2023年太仓市农文旅金秋季系列活动开幕暨七十二家理想村开园活动在浏河镇举行。活动介绍七十二家理想村一期情况，发布七十二家理想村二期概念规划，签约农文旅沪太协同系列合作项目，为2023年太仓市等级民宿奖励单位颁奖，太仓市民宿联盟、太仓市民宿学校揭牌，开通“上海—太仓”长三角旅游直通车，启动2023年太仓市农文旅高质量发展金秋季系列活动。10月20日，2023年太仓市全域旅游高质量发展大会在金仓湖公园举行，聘任太仓市首批文旅发展顾问，发布太仓市全域旅游重点行动和金仓湖现代农业示范片区规划，为阿尔卑斯雪世界项目、时光境首店、太仓市首个水上游项目等文旅新业态颁发许可证书，发布太仓市“文旅贷”金融产品，启动太仓市首批“文旅贷”授信仪式。

【旅游市场】 2023年，太仓市丰富旅游产品供给，建成投运太仓阿尔卑斯国际度假区、七十二家理想村、万丰三水一宅等项目16个，罗腾堡德风街、太仓美术馆成为网红打卡地，提档升级郑和公园、金仓湖公园，引进“南园戏语”夜游、“弇山园剧本杀”等沉浸式体验产品，备案首个非通航水域水上游项目。沙溪镇香塘村“布朗熊家族的甜蜜露营”亲子度假项目入选“江苏省乡村旅游业态创新示范项目”，浏河镇七十二家理想村获评2023年度苏州旅游创新产品（业态）。加强品牌宣传营销，发布“四季太仓”文旅品牌矩阵，拍摄春季旅游宣传片，赴南京、上海举办太仓文旅专场招商推介会，举办“走读中国 · 走进太仓”外国网红太仓行、媒体达人采风、线上直播等活动，“太仓号”花车亮相上海旅游节。央视《约定苏城 · 县在出发》打卡苏州宝藏县市直播活动走进太仓，在央视新闻客户端、抖音、优酷等10个平台播出。推出各类特色主题线路超20条，“寻隐江南，潮玩乡村”线路获评2023年度苏州市乡村旅游十大精品线路。完善公共服务体系，提档升级太仓全域旅游综合服务中心，拓展“醉美太仓”线上总入口应用场景，主要文旅资源接入率达80%。系统推进全域旅游宣传氛围营造，开通“上海—太仓”一站式旅游直通车，开通运营4条市内旅游巴士专线，新建旅游公共厕所2座。

【旅游业态】 2023年，太仓市以农文旅深度融合为重点，持续推进乡村旅游高质量发展。成立农文旅融合工作专班，研究制定《推动农文旅融合高质量发展，打造长三角休闲旅游目的地城市三年行动计划（2023—2025）》，梳理形成年度重点项目49个、年度重点活动73项以及18个成员部门年度重点任务“三张清单”，加快构筑“双核、两廊、多极”（“双核”即发挥阿尔卑斯国际度假区、玫瑰庄园景区两大文旅项目带动作用；“两廊”即建设新浏河亲水景观带、七浦塘水乡风光带，突出“水韵特色”主题，串联都市休闲、田园风光、水乡古镇、江海文化等旅游元素，生动呈现水上旅游体验场景；“多极”即根据各地资源禀赋，打造东部沿江生态、中部田园古镇、西部渔农特色三个独具特色的主题旅游片区）全市农文旅发展格局。加强与嘉定、宝山、昆山、常熟等毗邻板块交流合作，牵头成立嘉昆太江南水乡景区联盟、太昆常乡村旅游发展联盟。推进“1+1+3”乡村振兴示范片区建设，打造跨市域的太仓—昆山—常熟生态循环农业暨农文旅融合发展片区，打造跨镇域的金仓湖现代农业示范片区，构建独溇小海生态农业示范片区、浏河沿江乡村旅游示范片区、七浦运河农文旅融合示范片区三大跨村域示范片区，片区化、组团式提升太仓乡村旅游整体发展。城厢镇东林村入选“2023年中国美丽休闲乡村”名单，“夏季田园休闲纳凉体验游”线路获2023年中国美丽乡村休闲旅游行精品线路推介。6月9日，“江海拾遗 · 乐享文旅”非遗市集暨2023年“文化和自然遗产日”太仓非遗展示展演活动在海运堤罗腾堡德风街二期中心广场举行。活动发布“乐享非遗 · 畅游太仓”非遗旅游线路3条，设置“江海拾遗 · 乐享文旅”非遗市集，展演太仓代表性非遗项目，打造“看得见、尝得到、摸得着、带得走”非遗文化盛宴，让广大市民游客沉浸式感受非遗魅力，推动非遗与旅游融合。“龙狮”非遗礼盒入选全省“2023乡村文创优秀案例”。

表 34　2023 年太仓市主要旅游景点一览表

类别	名称	级别	颁布年份	地址
度假区	长江口旅游度假区（包括江滩湿地公园、浏河古镇、园花园山庄、天妃宫、阅兵台等景区点）	江苏省级	2012 年	太仓市浏河镇东部
国家 A 级旅游景区	现代农业园	国家 AAAA 级	2012 年	太仓市新港路与协星公路岔口
	沙溪古镇	国家 AAAA 级	2014 年	太仓市沙溪镇白云路 170 号
	南园	国家 AAA 级	2005 年	太仓市南园东路 7 号
	弇山园	国家 AAA 级	2005 年	太仓市城厢镇县府西街 40 号
	张溥故居	国家 AA 级	2008 年	太仓市新华西路 57 号
水利风景区	金仓湖公园	国家水利风景区	2009 年	太仓市新毛区新兴东路 100 号
	双凤生态园	江苏省级	2014 年	太仓市双凤双浮线与中心路交叉口
乡村旅游重点村	电站村	江苏省级	2020 年	太仓市城厢镇新毛电站村
	香塘村	苏州市级	2022 年	太仓市沙溪镇香塘村
	东林村	苏州市级	2023 年	太仓市城厢镇东林村
	浏南村	苏州市级	2023 年	太仓市浏河镇浏南村
乡村旅游区	现代农业园	★★★★	2011 年	太仓市新港路与协星公路岔口
	双凤生态园	★★★	2014 年	太仓市双凤双浮线与中心路交叉口
	电站村生态园	★★★★	2017 年	太仓市城厢镇新毛电站村
	永丰村独溇小海	★★★	2017 年	太仓市城厢镇 204 国道以南
	半泾村田庐园	★★★	2017 年	太仓市沙溪镇天竹园山庄西侧
	东林村梦幻农场	★★★	2017 年	太仓市城厢镇东林村
	吴家湾幸运花海	★★★	2017 年	太仓市璜泾镇吴家湾
	万丰村三水一宅	★★★	2018 年	太仓市城厢镇万丰村
休闲农庄	现代农业园	国家级	2015 年	太仓市新港路与协星公路岔口
星级农家乐	天竹园生态农庄	★★★★★	2009 年	太仓市沙溪镇沙南路 188 号
	嘉乐农庄	★★★★	2009 年	太仓市昆太路 889 号
	雅园酒店	★★★	2009 年	太仓市城厢镇电站村
	川湾饭店	★★★	2009 年	太仓市新湖镇建湖西路 28 号
农业旅游示范点	艳阳农庄	国家级	2006 年	太仓市新港路现代农业园内
	电站村生态园	国家级	2008 年	太仓市城厢镇电站村
其他景区	郑和公园	—	—	太仓市港区滨江大道与南环路交叉口
	天镜湖公园	—	—	太仓市太平新路与文治路交叉口
	西庐园	—	—	太仓市城厢镇西部昆太路附近
	华丽菲尼克斯度假村	—	—	太仓市双凤镇双园路华丽大道 888 号

表 35　2023 年太仓市主要旅游饭店一览表

类别	名称	级别	颁布年份	地址
星级酒店	金陵花园酒店	★★★★★	2005 年	太仓市城厢镇人民北路 11 号
	锦江国际大酒店	★★★★★	2008 年	太仓市上海东路 89 号
	陆渡宾馆（停业）	★★★★	2008 年	太仓市郑和中路 78 号
	娄东宾馆	★★★★	2009 年	太仓市县府街 6 号
	青草湖度假村（停业）	★★★	2004 年	太仓市浏家港飞马路 88 号
	港湾假日酒店	★★★	2005 年	太仓市浏河镇郑和路 888 号
	香江假日酒店（停业）	★★★	2010 年	太仓市太仓港华苏路 18 号
	新小地方大酒店	★★★	2013 年	太仓市浏河镇郑和北路 188 号
国际品牌酒店	宝龙福朋喜来登酒店	—	2010 年	太仓市上海东路 288 号
	华旭假日酒店	—	2012 年	太仓市新华西路 9 号
	华发珀尔曼酒店	—	2020 年	太仓市书院路 188 号
主题酒店	郑和国际酒店	—	2010 年	太仓市太仓港北环路 18 号
	玫瑰庄园	—	2010 年	太仓市新港路现代农业园内

表 36　2023 年太仓市主要旅行社一览表

类别	名称	地址
国际旅行社	红太阳国际旅行社	太仓市县府东街 28–3 号
国内旅行社	顺达国际旅行社	太仓市长春南路金色江南商铺 01 号
	国贸国际旅行社	太仓市长春南路金色江南商铺 03 号
	金色阳光国际旅行社	太仓市上海东路 1 号上海国际广场 1–409 室
	新世纪国际旅行社	太仓市县府东街 55–10 号
	华夏国际旅行社	太仓市人民南路 30–1 号
	春秋国际旅行社	太仓市惠阳路 247 号
	山水国际旅行社	太仓市太平南路 18 号上城国际 430 室
	天马旅行社	太仓市太平南路 18 号上城国际 808 室
	苏州雄狮旅行社	太仓市县府东街 12–1 号
	青新假日旅行社	太仓市城厢镇东港路 7–6 号
	交运国际旅行社	太仓市太平北路 107 号
	莱太旅行社	太仓市城厢镇城北东路 43 号
	天竹园旅行社	太仓市沙溪镇半泾村 3 组
	爱特旅旅行社	太仓市郑和西路 280 号 3 幢 501 室
	博狮旅行社	太仓市弇周府邸 5 幢 203 室
	携家旅行社	太仓市朝阳西路 199 号 1309 室
	趣游旅行社	太仓市沙溪镇归庄区玄恭东路
	太仓太享游旅行社有限公司	太仓市城厢镇文治路 51 号渓华国际大厦 609 室

续表 36

类别	名称	地址
国内旅行社	太仓乐程国际旅行社有限公司	太仓市城厢镇东仓路惠阳三村 24 楼 1 号
	星晨国际旅行社（太仓）有限公司	太仓市娄东街道上海东路 168 号 1 幢 713 室
	苏州游米时光旅行社有限公司	太仓港口开发区滨江大道东侧、北环路北侧联检大楼 1 幢 1903 室
	太仓天空旅游服务有限公司	太仓市城厢镇上海东路 188 号 12 幢 2207 室
	叮当猫国际旅行社（苏州）有限公司	太仓市城厢镇果园一村 7 幢 103 室门面房 03 室
	苏州蜂鸟生境旅游文化发展有限公司	太仓市城厢镇东林村南稻香路 1 号
	苏州娄江旅行社有限公司	太仓市城厢镇上海东路 1 号 1-407 室

表 37　2023 年“太仓假日”签约工厂店一览表

序号	名称	地址
1	雅鹿工厂店	太仓市郑和中路 318 号
2	都市星期天工厂店	太仓市陆渡北工业区区中路 39 号
3	春竹羊绒工厂店	太仓市浏家港飞马西路 28 号
4	群鸿服饰工厂店	太仓市浏河镇闸南工业园区沪太路旁
5	龙辉精品工厂店	太仓市沙溪镇印溪南路 1055 号
6	安德露工厂店	太仓市浏河镇南海路 2 号
7	祺美服饰工厂店	太仓市青岛东路 19 号
8	托菲尼户外运动工厂店	太仓市沙溪镇直塘直任路 79 号
9	盛达服饰工厂店	太仓市常胜北路 66 号
10	太仓港进口商品展示交易中心	太仓港经济技术开发区龙江路五洋滨江广场
11	威利世家工厂店	太仓市双凤镇凤林路 16 号
12	锦超服饰工厂店	太仓市浮桥镇老闸区通港路 188 号
13	迪玛·雅居家纺工厂店	太仓市常胜北路 66-1 号
14	康乐家居工厂店	太仓市发达路 100 号
15	拉夏贝尔工厂店	太仓市广州东路 116 号
16	丽婴房工厂店	太仓市台南路 1 号

（匡芡茏）

房地产业

【商品房建设销售】 2023 年，太仓市完成房地产开发投资 212.95 亿元（数据来源市住建局，下同），较上年增长 13.50%，其中住宅 203.54 亿元，较上年增长 23.35%；商品房销售面积 223.34 万平方米，较上年下降 17.10%；销售均价 8532.4 元每平方米，较上年下降 29.29%。全市在建 70 个商品住房楼盘总建筑面积 825.38 万平方米，其中上市预售房源面积 502.56 万平方米（全口径）。

【保障性住房建设与管理】 2023 年，太仓市推进保障性安居工程建设。保障性租赁住房新开工 3067 套，基本建成 2201 套，租赁补贴发放 73 户，超额完成省政府下达的 2023 年度保障性安居工程目标任务。全年落实保障城镇住房困难家庭 76 户，其中租赁补贴发放 73 户，发放金额 34.1 万元，实物配租 2 户，购房补贴 1 户；公租房（市级管理）落实保障 614 户，其中城北青年公寓配租 603 户，南城雅苑人才公寓配租 11 户。

表 38　2023 年太仓市公租房（市级管理）、保障性租赁住房项目情况表

单位：套／间

项目名称		房源数量
公租房（市级管理）	城北青年公寓	763
	南城雅苑	180
	城区零星公租房	23
	滨河花园	10
	柳月阁	144
保障性租赁住房	娄江新城人才服务中心（在建）	558
	万科崇学雅苑人才公寓	85
	太仓龙马公寓	531
	智汇谷科技创新园人才公寓	478
	科通力鞋厂宿舍	320
	天顺风能宿舍	91
	苏州佳电飞球宿舍	87
	无机非金属材料综合研发楼配套宿舍	87
	百花集宿楼	146
	华能港务员工宿舍	133
	毛太路菁英公寓（在建）	510
	太仓软件园公寓	281
	双凤人才公寓（在建）	232
	城发集团 2022 年保障性租赁住房项目	463
	中集集装箱制造有限公司新建人才公寓项目	306
	仓环铜业股份有限公司宿舍楼	80
	共建新材料（苏州）有限公司宿舍楼	72
	红壹佰照明有限公司宿舍楼	205
	苏州市英丰电器有限公司员工宿舍	132
	俪创投资发展有限公司新建车载智能设备项目集宿楼	236
	台资科技创业园集宿楼	476
	安佑生物科技集团股份有限公司宿舍	128
	太仓南雁新能源传动有限公司宿舍楼	222
	星光印刷（苏州）有限公司宿舍楼	220
	双凤新太仓人公寓	190
	新湖新太仓人公寓	240
	鹿河工业区村级抱团宿舍	560

【物业管理】 2023 年，太仓市物业管理指导中心印发《太仓市住宅区物业管理工作实施意见》。实施《太仓市物业服务质量综合评价办法》，组织市文明办、市公安局、市住建局、市城管局、市市场监管局、市消防救援大队等部门对 175 个小区的物业服务质量开展综合考评。印发《关于进一步规范和加强住宅物业小区民主自治管理的通知》，推动社区党组织引领下的物业管理联席会议制度落地见效。出台《太仓市物业服务企业分类评价

办法》，形成每季度评定物业管理项目、每年度评定物业服务企业的“双榜”制度。年内，累计评定“红榜”项目26个、“黑榜”项目19个，在全市拆迁安置小区以及由物业管理委员会组织的物业服务企业招投标活动中以企业加减分的形式运用，形成信用建设成效。累计指导监督前期物业招投标活动15场，验收新建项目17个。推进有条件的物业小区组建物业管理委员会，全年新组建物业管理委员会51个，业主组织总体覆盖率74.8%。印发《关于进一步加强物业管理区域公共事务公示公开的通知》，推进业主委员会规范履职。年内，培育和组织各类示范项目创建活动，创建2022年度党建引领物业管理服务工作省级示范点1个、2022年度省级示范物业管理项目1个、2023年度苏州市“美好家园”住宅小区1个、2023年度党建引领物业管理服务工作市级示范点3个、2023年度苏州市市级示范物业管理项目5个。沿江物业、新鑫物业获2023年度苏州市质量奖。组织开展太仓市首届“最美物业人”寻访活动，评定“最美物业人”5人、“最美物业人”提名奖5人。绿城物业王晓辉获评“见义勇为”人员，太湖世家物业殷庆祝“赤脚灭火”事迹获央视点赞。

表39　2023年太仓市获评苏州市市级示范物业管理项目一览表

序号	物业管理项目	物业公司
1	东亭大厦	苏州沃德物业管理有限公司
2	太仓市公共卫生中心	苏州联泰物业管理有限公司
3	锦绣朝阳花园	苏州吴中颐璟物业发展有限公司
4	曼悦裕沁轩	永旺永乐（江苏）物业服务有限公司
5	横沥花园	太仓金娄江企业运营管理有限公司

（朱琳媛）

物流业

【概况】 2023年，太仓市完成货物运输量2795万吨，较上年增长11.3%；货物运输周转量167.57亿吨千米，较上年增长47.4%；港口货物吞吐量2.75亿吨，较上年增长3.7%。其中，金属矿石7731.67万吨，较上年增长10.91%；煤炭及制品5584.14万吨，较上年增长5.28%；集装箱吞吐量803.9万标箱，较上年增长0.2%。外贸货物吞吐量1.11亿吨，较上年增长13.6%。

【物流企业】 截至2023年年底，太仓市列统规模物流企业96家，较上年增长17%；从业人员3.22万人，较上年增长23%；营业收入总额237亿元，较上年增长10%；实现利润总额15.6亿元，较上年增长64%。全市有营业收入超5000万元的物流企业49家，苏州隆兴物流有限责任公司、中外运物流供应链管理（苏州）有限公司、江苏讯唐物流发展有限公司、中国太仓外轮代理有限公司、太仓港港务集团有限公司为省重点物流企业。全市有AAA级（含）以上物流企业19家。在企业数量增加的情况下，主营业务收入相应增长，物流市场需求稳定，物流企业吸纳就业人员能力增强。

【港口物流】 2023年，太仓港紧扣“高质量发展”和“一体化改革”两个关键，优化口岸营商环境，推进港产城融合发展，提升港口综合竞争力，全年完成集装箱吞吐量803.9万标箱，集装箱吞吐量稳居全国第八位，连续6年位居江苏省第一，连续14年领跑长江。其中，外贸货物吞吐量突破1亿吨大关。外贸集装箱吞吐量完成507.5万标箱，较上年增长5.8%。持续推进海产品、水果、木材、大宗商品、整车等“五大交易集散中心”建设，从太仓港出口的汽车占全国出口汽车总量的十分之一，特色货种成为港口发展“特色标识”。抢抓光伏、风能、新能源汽车、大容量储能柜等新能源产业发展“风口”，打造新能源商品出口基地。全年汽车、电池、光伏“新三样”出口超48万标箱，其中新能源汽车完成18.1万辆，较上年增长193%。

【物流园区】 2023年，太仓港持续提升海铁联运服务能级，全年疏港铁路完成到发588列，铁路装卸完成5万标箱，较上年增长40%。铁水联运完成3.65万标箱，较上年增长50.4%。太仓港综保区完成进出口额10.68亿美元，较上年下降0.9%，其中出口5.11亿美元、进口5.57亿美元。

表40　2023年太仓市营业收入超5000万元物流企业一览表

序号	企业名称	序号	企业名称
1	江苏京迅递供应链管理有限公司	3	中国太仓外轮代理有限公司
2	太仓港集装箱海运有限公司	4	江苏久鼎供应链管理有限公司

续表 40

序号	企业名称	序号	企业名称
5	似鸟（太仓）商贸物流有限公司	28	太仓远太国际船舶代理有限公司
6	太仓港福人林产品开发有限公司	29	江苏长江石油化工有限公司
7	太仓武港码头有限公司	30	太仓市鑫龙运输有限公司
8	伊融航运（太仓）有限公司	31	太仓港长海船务有限公司
9	太仓港口投资发展有限公司	32	太仓港国际货运有限公司
10	太仓鑫海港口开发有限公司	33	江苏德悦供应链管理有限公司
11	太仓阳鸿石化有限公司	34	中国太仓船务代理有限公司
12	太仓锦诚国际船务代理有限公司	35	苏州鑫新海运有限公司
13	荣庆物流（太仓）有限公司	36	太仓港德润物流有限公司
14	太仓正和国际集装箱码头有限公司	37	海通（太仓）汽车码头有限公司
15	苏州现代货箱码头有限公司	38	太仓玖龙运输有限公司
16	中外运物流供应链管理（苏州）有限公司	39	太仓港公用集装箱作业有限公司
17	华能太仓港务有限责任公司	40	太仓市中通兴华速递服务有限公司
18	太仓国际集装箱码头有限公司	41	狮行智慧物流有限公司
19	赋桥（太仓）码头有限公司	42	创峰物流（苏州）有限公司
20	苏州龙达国际货运代理有限公司	43	飞力达奥远国际船舶代理（江苏）有限公司
21	太仓万方国际码头有限公司	44	乐凡仓储（太仓）有限公司
22	江苏耀华物流有限公司	45	太仓润禾码头有限公司
23	苏州华航物流有限公司	46	太仓市世通速递有限公司
24	弗玛仓储（太仓）有限公司	47	苏港航务工程（太仓）有限公司
25	太仓港正和兴港集装箱码头有限公司	48	太仓市安路快递有限公司
26	太仓港正和物流有限公司	49	江苏杰恒国际货运代理有限公司
27	太仓海皇物资运输有限公司	—	—

表 41　2023 年太仓市 AAA 级（含）以上物流企业一览表

序号	企业名称	等级	获评时间
1	太仓港正和兴港集装箱码头有限公司	AAAA	2023 年
2	荣庆物流（太仓）有限公司	AAAA	2023 年
3	江苏久鼎供应链管理有限公司	AAAA	2023 年
4	太仓港港务集团有限公司	AAAA	2022 年
5	中国太仓外轮代理有限公司	AAAA	2022 年
6	中外运物流供应链管理（苏州）有限公司	AAAA	2021 年
7	弗玛仓储（太仓）有限公司	AAAA	2021 年
8	苏州龙达国际货运代理有限公司	AAAA	2021 年
9	太仓万方国际码头有限公司	AAAA	2021 年
10	太仓阳鸿石化有限公司	AAAA	2014 年

续表 41

序号	企业名称	等级	获评时间
11	太仓武港码头有限公司	AAAA	2013 年
12	江苏长江石油化工有限公司	AAAA	2010 年
13	创峰物流（苏州）有限公司	AAA	2023 年
14	江苏洹海供应链管理有限公司	AAA	2023 年
15	太仓港正和物流有限公司	AAA	2022 年
16	太仓港公用集装箱作业有限公司	AAA	2022 年
17	太仓陆丰国际物流有限公司	AAA	2022 年
18	太仓新港物流管理有限公司	AAA	2021 年
19	中国太仓船务代理有限公司	AAA	2021 年

（王　晶）

居民服务业

【住宿餐饮业】 2023 年，太仓市住宿餐饮业发展态势良好。年内，通过“乐购太仓”购物节等各类促消费活动，刺激太仓住宿餐饮业增长。全年全市限额以上住宿业营业额 2.95 亿元，较上年增长 52.2%；全市限额以上餐饮业营业额 4.74 亿元，较上年增长 35.2%。

（陆骊晨）

【养老服务业】 2023 年，太仓市夯实养老服务一体化网络，升级养老供给，持续健全基本养老体系。补齐养老服务设施短板，全年建成镇（街道）综合为老服务中心 3 家，科教新城综合为老服务中心开工建设。新增日间照料中心（站）5 家，累计建成 200 余家，城乡覆盖率超 125%。“1+N+X”老年助餐网络［“1”指依托每个乡镇的养老机构、综合为老服务中心建设“区域性综合助餐中心（老年食堂）”，开展膳食加工、集中配餐、堂食助餐、上门送餐等多元服务；“N”指依托村（社区）标准化日间照料服务中心、小型日间照料站建设“村社区老年助餐点”，为村社区老年人提供膳食配制、集中用餐、送餐上门等服务；“X”指依托养老配套用房建设小区“银龄餐桌”，打通老年人助餐“最后一公里”］初步形成。截至年底，共建成综合助餐中心 2 家、村（社区）综合助餐点 161 家，村（社区）实现 100% 全覆盖，日均助餐千余人。试点打造认知症友好社区，组建太仓市老年人认知照护家庭支持中心，打造示范站点 4 家、友好机构 10 家，开展宣讲 1000 场次，培训认知症好朋友 1000 人，筛查 1300 人次，完成个案 100 人。推动全天候数字关爱，适老化改造老年人家庭 1135 户，安装智能烟感 1125 户、智能水表 1000 户，开发“颐养金仓智慧关爱”小程序，打造数智关爱平台。升级关爱保障，融合“入户巡访 + 社工站”服务，累计开展“空巢”独居老年人上门寻访关爱 3300 余人次。推广互助养老，村（社区）覆盖率超 80%。全年为近 13 万名老年人发放尊老金 9275 万元。聚力构建“品质享老”“县域养老 2.0”太仓样板，推动“颐养金仓”幸福享老惠及每一位太仓老人。

（王歆怡）

【家政服务业】 2023 年 8 月 18 日，太仓市人社局举办 2023 年度家政企业职业经理人培训班，邀请苏州健雄职业技术学院经济管理学院教师讲课，全市各类家政服务行业近 50 名管理人员参加培训。通过培训提升家政从业人员综合能力和职业素养，促进家政服务业提质扩容，助力家政行业规范化、职业化、标准化发展。12 月，太仓市家政服务协会成立。

（吴可菲）

【房地产经纪】 截至 2023 年年底，太仓市完成入网信息登记的房地产经纪机构 643 家，完成入网信息采集的房地产经纪服务人员 3064 人，全年制作、发放房地产经纪服务人员信息卡 123 张。年内，太仓市根据《苏州市房地产经纪行业信用管理办法》《苏州市房地产经纪信用评价标准》要求，完善房地产经纪机构及其经纪服务人员诚信档案，健全房地产经纪机构、房地产经纪服务人员“一号一码”制度，构建房地产经纪机构信用等级体系。

（朱琳媛）

【邮政快递】 截至 2023 年年底，太仓市注册快递经营许可企业 7 家，注册分支机构 13 家，快递末端备案网点 318 处，全市共安装智能快递柜 768 组，总计格口 8.01 万个。2023 年，太仓市邮政行业业务总量 13.19 亿元，较上年增长 18.69%；快递业务 13.31 亿元，较上年增长 15.07%；快递业务量 1.28 亿件，较上年增长 29.69%。全年建设乡镇寄递综合服务站 2 处、村级寄递综合服务站 8 处，开通公交邮路 2 条。

（陈颖兰）

【法律服务】 2023 年，太仓市共有律师事务所 21 家，其中合伙所 11 家、分所 7 家、个人所 3 家。有公职律师办公室 21 家，公司律师事务部 2 家。有执业律师 230 人、公职律师 61 人、公司律师 3 人、援助律师 1 人。律师受聘担任常年法律顾问单位 1165 家，其中政府顾问单位 103 家、外企 160 家、私企 636 家、其他单位 266 家。全市律师办结各类案件 4375 件，其中刑事

2023年4月21日，太仓市法律服务业高质量发展"青训营"暨涉外法律服务领军人才培训班开班 （何　悦摄）

案件136件、民商事案件3669件、行政案件129件、非诉讼法律事务441件，全年业务创收1.45亿元，较上年增长18%，其中5家律师事务所业务创收超千万元。年内，太仓市研究制定《太仓市现代公共法律服务体系建设改革创新项目的实施方案》《太仓市娄城现代法务区建设工作实施方案》《太仓市司法局服务港产城发展工作实施方案》，指导全市公共法律服务体系改革创新。建设以太仓市公共法律服务中心为核心，以万达商圈、五洋商圈和中德合作圈为支撑点的"一中心三片区"娄城现代法务区。依托港区商会，建立太仓市港产城公共法律服务工作站，推动律师行业和港区商会党组织共建，律师协会、港区商会、物流与供应链管理协会成立"业务共建联盟"。在中德创新园、航空产业园成立中德创新航空产业公共法律服务站，组建专业律师团队，为园区企业提供知识产权、劳动合同等法律服务。每季度开展法律"四护"——"法护平安""法护营商""法护未来""法护银龄"专项法律服务活动。完成全市律师行业基层党组织换届等相关工作。举办"昆太一体化"律师行业党建共建活动，开展青年律师互动交流，构建"共建、共创、共享、共赢"党建工作新格局。遴选30名青年律师参加在上海政法学院举办的太仓市法律服务业高质量发展"青训营"暨涉外法律服务领军人才培训班。组织开展太仓市律师行业高质量发展"招才引智"专题活动，组织律师事务所赴上海政法学院举办春季、秋季两场招聘活动，全市参与招聘律所11家。每季度开展律师行业"线上＋线下"巡查活动及基层法律服务行业集中互查活动。组织召开全市法律服务行业警示教育大会，与市市场监管局开展"双随机、一公开"（在监管过程中随机抽取检查对象，随机选派执法检查人员，抽查情况及查处结果及时向社会公开）联合检查，提升法律服务行业规范化水平。

表42　2023年太仓法律服务机构一览表

序号	单位名称	地址
1	江苏金太律师事务所	太仓市上海东路168号
2	江苏广浩律师事务所	太仓市郑和中路309号工业发展大厦
3	江苏众谊律师事务所	太仓市上海东路86号世纪财富大厦
4	江苏孙剑良律师事务所	太仓市上海东路86号世纪财富大厦
5	江苏周瑞昌律师事务所	太仓市上海东路5号华侨大厦
6	江苏德龙律师事务所	太仓市县府街33号
7	江苏新中远律师事务所	太仓市郑和中路309号工业发展大厦
8	江苏名仁（太仓）律师事务所	太仓市上海东路77号五洋国际广场
9	江苏新天伦（太仓）律师事务所	太仓市县府东街万达广场12号楼
10	江苏娄东律师事务所	太仓市上海东路5号华侨大厦
11	江苏至誉律师事务所	太仓市县府东街万达广场11号楼
12	上海利歌（太仓）律师事务所	太仓市人民南路95号华旭财富中心
13	上海市光明（太仓）律师事务所	太仓市朝阳路科尔雅大厦
14	江苏镇洋律师事务所	太仓市上海东路168号
15	江苏华保律师事务所	太仓市东仓北路2号

续表 42

序号	单位名称	地址
16	上海市汇业（苏州）律师事务所	太仓市太平南路 28 号
17	江苏勤本律师事务所	太仓市上海东路 333 号
18	江苏尚修律师事务所	太仓市人民南路 95 号
19	江苏策霖律师事务所	太仓市郑和中路 319 号兰德东亭大厦
20	上海融力天闻（太仓）律师事务所	太仓市上海东路 168 号汇金大厦
21	江苏同丰（太仓）律师事务所	太仓市北京东路 77 号兰德中德大厦

【公证服务】 2023 年，太仓市公证处围绕经济和民生两大主题，提供公证法律服务，在推动优化营商环境、知识产权保护、房地产市场调控等方面发挥作用，全年累计办理各类公证事项 8002 件。围绕重点领域、重大工程、重点项目提供公证服务。参与城市更新建设，参加古松弄地块分房大会，确保选房活动在公开、公平、公正、有序状态下进行，保障选房结果的真实性、有效性。推行“远程公证服务”，在浏河镇、璜泾镇、双凤镇、沙溪镇 4 个镇公共法律服务中心设立远程公证服务点，通过“远程公证系统”办理公证 12 件。完成区块链赋强公证平台搭建并正式运行，联合邮储银行太仓市支行完成首例区块链赋强公证。与太仓市行政审批局就“视频存证项目”签署三方合作协议。 （陈　虹）

邮政通信

【邮政概况】 2023 年，太仓邮政分公司全年收入实现 2.39 亿元，较上年增长 19.4%。其中，邮政业务收入 1.35 亿元，较上年增长 17%；寄递业务收入 1.04 亿元，较上年增长 22.3%。太仓邮政在全市设有邮政服务网点 26 个，其中农村 20 个；邮政信筒信箱 52 个；投递段道 167 条，全年投递总里程 362 万千米，上行邮路 4081 车次，下行邮路 2.22 万车次，年内妥投邮件 1431.15 万件。全年函件业务量 134.29 万件，包裹 1.96 万件，报纸 1752.86 万份、流转额 2224.51 万元，杂志 34.98 万份、流转额 411.12 万元，汇票收汇 0.45 万张，快递包裹业务量 2019.88 万件。年内，太仓邮政打造邮政特色驿站，推进暖心驿站进社区、进村委、进锚地。推进三级物流体系建设，建成县级共配中心 1 个，改建乡镇运营中心 4 个，建立村级复用节点 5 个并投入使用。建有社会自提点 70 个，实现村村通邮。推进农村信用体系建设，6 个信用村完成整村授信整村开发的五项业务验证。签约成立太仓市新毛芋艿产业发展联盟，推动现代特色农业高质量发展。年内，太仓邮政沙溪支局户外劳动者服务站点被江苏省总工会评为 2023 年度全省“最美工会户外劳动者服务站点”。

【苏州市领导调研太仓邮政】 2023 年 12 月中旬，苏州市邮政管理局党组书记、局长杨月新一行调研太仓邮政，先后到灯塔驿站、处理中心实地调研。在灯塔驿站，杨月新详细了解驿站的服务人群、服务内容以及运作模式，肯定驿站整合各方资源、为民办实事解难题的做法和邮政服务乡村振兴的担当，指出要打造一个集“党建、收寄、商超及电商”于一体的便民服务中心。在邮件处理中心，杨月新参观农产品仓配中心和寄递共配中心，肯定仓储包装、收寄和集包一体模式，指出要发挥仓配一体化特点，加大引进入仓客户力度，打造产业集聚优势。

【“儿童关爱之家”项目开发】 2023 年，太仓邮政对接地方政府，与鹊桥社区合作，创新开发“儿童关爱之家”项目。以政策为导向，瞄准市场主体，以“做优品质公共服务供给”“一老一幼”为切入点，瞄准儿童关爱市场主体需求，加大乡镇社区走访力度，专人跟进开发进度。以活动为载体，厚植文化沃土，该项目除了为社区提供儿童关爱品牌氛围建设，包括打造德育、

2023 年 9 月 28 日，太仓市新毛芋艿产业发展联盟签约成立

（太仓邮政供稿）

美育、体育等多场景成长空间，还搭载“集邮讲座”“普法宣传”“红色教育”等活动，采用太仓邮政、市委宣传部、市司法局等多部门融合共建模式，定期为社区儿童提供丰富的文化活动。以品牌为引领，推广以点带面，鉴于前期成功运作的“社会主义核心价值观公园”“出生一件事”“邮说生肖”等公共服务项目，邮政品牌信服力得到提升，为项目成功开发奠定基础。

2023年12月20日，太仓市首批支援甘肃应急救灾物资运往甘肃临夏州积石山县（太仓邮政供稿）

【新毛芋艿产业发展联盟成立】 2023年9月28日，太仓邮政与常熟理工学院、太仓文旅集团、太仓电商协会等院校、企业以及村社签约成立太仓市新毛芋艿产业发展联盟，推动现代特色农业高质量发展，促进农业供给侧结构性改革，助力乡村振兴。该联盟在加强政企合作、整存授信赋能及发挥资源优势等方面，发挥实物流、资金流、信息流、商流“四流合一”的资源禀赋，打通农业产业链的产、供、销全环节。

【邮政商务合作】 2023年12月21日，太仓邮政与市商务局签订为期三年的战略合作协议。该协议聚焦推进乡村振兴，推动高质量发展，发挥邮政实物流、资金流、信息流、商流“四流合一”的资源优势，协助商务部门服务国家战略、做好民生保障、助推经济发展，打造太仓政企合作新模式。双方建立会商机制，通过定期或不定期会晤和协商对话等方式，在县域商业体系建设、电子商务进农村、跨境电商、保供保畅保生产、农产品销售、党建共建等方面，深化并丰富合作内容与形式。

【太仓市首批应急救灾物资运输】 2023年12月20日，太仓邮政响应市邮政管理局号召，无偿为太仓市首批支援甘肃临夏州积石山县的应急救灾物资提供物流运输服务，践行国有企业社会责任担当。该批物资由市市场监督管理局和市私营个体经济协会组织募集，由太仓市国达金属制品有限公司、太仓市创新保洁有限公司捐赠，共计军用床、棉被60套，羽绒服、棉衣100套，总价值4万元，为受灾群众提供基本生活保障。太仓邮政同各方协调沟通，快速调配车辆、人员，及时前往厂区打包、装运，并紧急运往灾区。

【太仓邮政灯塔驿站落地】 2023年，太仓邮政聚焦群众需求，借鉴小邮局经验案例，创新落地特色驿站进锚地，打通船民服务“最后一公里”。联动畅通信息，召开乡村振兴联席会议，根据居民、村民及船民等群体用邮需求，叠加整合资源，探索“政府扶持＋社会运作＋专业管理＋互助共赢”模式，通过多元参与、资源整合、场景营建等方式，因地制宜，创新建成灯塔驿站。灯塔驿站集收寄、自提、商超、预约代买等功能于一体，实现“一站多能”，为船民提供多元化定点服务。多覆盖打造品牌，苏州市邮政管理局肯定太仓邮政灯塔驿站的成功做法，要求加大宣传推广。太仓邮政按照“创建一个、带动一片、推动整体”的工作思路，加快驿站的推广创新，打造“多站合一”的邮政暖心“家”“邮”站特色品牌。（李　睿）

【电信概况】 2023年，中国电信太仓分公司强化通信网络建设，全市电信天翼手机用户42.34万户，宽带用户23.96万户，宽带户均网速478兆比特，较上年提升57兆比特。共建5G基站887个，新建5G宏站44个，新建5G室分分布站点43个；完成自建5G 800M一期工程，开通基站109个，覆盖主城区和港区，形成电信自建可控托底5G网络；规划“电联4G一张网”建设，4G站点增加127个，室外站点累计1270个。太仓电信以云网融合为核心，服务教育、公安、交通、医卫、社区等领域，在电子信息、汽车零部件、装备制造、新能源等重点行业加快典型场景覆盖，推进南沿江铁路安防、新能源汽车充电桩管理平台、医院急诊大楼智能化改造、东郊菜场提档升级等项目建设，助力新型智慧城市发展。其中，太仓电信携手新大洲本田共同申报的“5G赋能智慧工厂”项目获第六届“绽放杯”5G应用融合技术专题赛全国二等奖，实现5G与制造行业生产关键环节深度融合。

【电信网络建设】 2023年，太仓电信聚焦薄弱场景，提升4G深度覆盖；细分重点场景，加深5G精准覆盖。在4G建设方面，完成“电联4G一张网”建设及优化工作，完成电信独址回填209个，4G基站规模增加127个，联合优化完成三轮拉网测试，里程数5100千米，完成天馈调整543个扇区，处理网络障碍干扰。在5G建设方面，推进5G网络工程部署和精准规划，协同中国联通开通5G基站75个，累计开通887个，实现太仓5G网络室外连续覆盖。其中，2.1G频段5G基站105个，新增5G共享扇区701个，累计3833个，覆盖农村区域及道路；5G室分设备建设累计开通508台，覆盖核心商圈、医院等重点场景。

【通信保障】 2023年，太仓电信落实各类通信保障工作，完成太仓市撤县建市30周年系列活动通信保障、两会期间网络信息安全保障、2023年全

2023 年 6 月 29 日，“数字跨境　翼联无际”高质量跨境发展研讨会在太仓举办　　（胡　笛摄）

国竞走大奖赛暨世界田联竞走巡回赛网络直播保障、中高考通信保障等重大专项任务 12 次。响应第七届中德智能制造论坛通信保障、2023 年中欧（太仓）新能源产业合作交流会通信保障、复游城·太仓阿尔卑斯国际度假区开业通信保障等 20 余场重大活动通信网络支撑需求。

【数字跨境交流】　2023 年 6 月 29 日，以“数字跨境　翼联无际”为主题的苏州电信高质量跨境发展研讨会在太仓举办，微软（中国）、德电咨询等生态合作企业的 120 余名专家代表参加活动，活动围绕高质量跨境发展、数字出海、AI 大模型发展趋势、跨境合规实践、下一代企业网服务等主题分享行业领先经验。会上，中国电信欧洲分公司代表发布《中资企业赴欧营商指南》和《中国电信网络安全和数据保护法律法规指南》，为中国出海欧洲企业在使用通信网络资源或数据产品服务时提供合规指引，中国电信为在苏州企业和出海企业提供创新、高效、合规、安全的通信解决方案，保障企业的网络安全和数据安全。

【数智未来体验中心启用】　2023 年 11 月 16 日，在太仓市互联网行业党群服务中心，由太仓市委网信办与太仓电信共同打造的数智未来体验中心正式启用。数智未来体验中心为太仓市民打造多元参与平台，构建“线上数字服务平台”与“线下数智生活展区”协同立体化服务体系。参观者可以体验 5G+ 实时渲染技术、5G+ 虚拟直播、智能家居样板间等数字化应用场景，以可触、可感、可互动的方式，体验数智生活。太仓电信定期举办产业数字生态圈交流活动与互联网行业论坛，打通企业市场主体与本地高校科研院所之间的信息壁垒，为太仓市互联网行业搭建交流合作平台，推动更多数字化应用场景在太仓签约落地。　　（胡　笛）

【广电网络概况】　截至 2023 年年底，太仓市共有有线数字电视用户 8.89 万户、高清互动终端 9.7 万端、广电宽带用户 5.7 万户、5G 在网用户 2.4 万户。双向网覆盖率 99.51%，覆盖用户 26 万户，光纤到户覆盖用户 20 万户。网内传输有线数字电视节目 203 套，其中标清电视节目 137 套、高清电视节目 66 套，87 套高标清电视节目可 7 天回看。有一镇一品（屏）、太仓发布、太仓教育、太仓司法等互动电视专区 15 个。累计建成覆盖全市的社会面视频监控系统点位 1.85 万个。

【广电用户服务】　2023 年，太仓广电网络落实国家广电总局、中国广电治理电视“套娃”收费和操作复杂工作要求，优化机顶盒开机流程，加强看直播频道引导，简化首页用户界面设计，突出回看和免费业务推荐，优化产品套餐设计，改善用户大屏收视体验。践行“全时守护，爱在分秒”服务理念，客服热线升级为 7×24 小时服务，确保服务响应全时在线；落实营业员和社区工程师标准化服务营销动作，持续提升服务质量和客户满意度。

【广电反诈宣传】　2023 年，太仓广电网络配合落实国家反电信网络诈骗要求，利用营业厅、机顶盒开机画面、微信公众号、视频号等自有平台，线上线下联动开展反诈宣传。上线“全民反诈·你我同行”电视专区，覆盖全市机顶盒用户 13 万户。开展内部人员行业法规、业务规范常态化培训和警示教育，加强反诈专职队伍建设。实施“固垒”反制行动，与市反诈中心及派出所建立联动工作机制，配合开展调证、封停、拓查等工作，配合国网建立反诈模型。严格实名制规范入网，做到新入网业务全量自查和稽核，增强疑似涉诈人员前置管理工作力度，持续做好“源头治理”工作。

【广电助力智慧城市建设】　2023 年，太仓广电网络通过统筹信息联动、抓好数字共享、更新科技设施，助力智慧城市建设。配合政府数字化转型，搭建全市多级多端视频会议网络，从政务会议到居民调解，降低紧需且烦琐事务的执行成本，实现城市管理智慧化、便民化提升。完善城市治安监控补盲，运用人脸识别、图像处理异常行为分析等技术，实现智慧安防全覆盖，提高紧急事件防范和应急联动处置能力。响应乡村居民和村委实际需求，助力乡村信息化升级改造，依托广电数字电视基础业务，实现乡村光纤覆盖、高清入户、多端互动，做好乡镇“最后一公里”信息覆盖；结合热门数据云管理新方式，搭建乡村云平台，实现居民快速反应，村委快速响应，以信息统筹促进政务落实。　　（闵　靓）

【联合通信概况】　2023 年，中国联通太仓分公司共计建设 5G 站点 138 个、5G 室内分布 85 个，完成全年 5G 建设任务。5G 专网建设前后端联动完成武港码头项目交付。“4G 一张网”工作历时一个半月完成电信站点回填任务 214 个，4G 共享电信小区 69 个，全年共计完成 4G 新增基站 396 个；新国标小区室分交付 30 个，较好覆盖太仓 4G 网络。“武港码头、现代货箱码头 4G/5G 网络的深度覆盖”项目按时完成设备安装，该项目获世界 5G 大会组织委员会优秀奖和“绽放杯”江苏赛区优秀奖。（王晓晨）

【移动通信概况】 2023 年，中国移动太仓分公司（以下简称太仓移动）手机用户 59 万户，有线宽带用户 20 万户。全年新增建设 5G 基站 77 个，截至年底全域建成 5G 基站 1276 个，平均下载速率 650 兆比特以上，5G 手机用户 35 万户。年内，完成第七届中德环境论坛以及省政协会议等重大活动通信保障工作。为全市教育系统考试提供安检及通信保障服务 8000 人次，包括 2023 年全国高考、2023 高等教育自学考试成人高考。为全市重点项目企业开通语音、互联网、电路等基础通信业务，并根据外资企业需求提供德商专属服务。年内，太仓移动获评“苏州市劳模创新工作室”。

【5G+ 工业互联网】 2023 年，太仓移动作为太仓市工业互联网行业协会常务副会长单位，持续推进“5G+ 工业互联网”串联产业转型升级，通过系列专项行动，协助主管部门推动各项“智改数转网联”政策宣传贯彻，举办多场数字化乡镇行活动，总计覆盖企业 300 家。太仓移动带领利洁时（苏州）有限公司参加 2023 年工业互联网大会——电子信息制造行业 5G+ 工业互联网融合应用主题论坛，邀请太仓市 7 家重点企业代表赴杭州海康威视数字技术股份有限公司开展数字化考察学习活动，推动企业开展智改数转网联，为企业发展持续赋能。太仓移动推动市内 5G 专网项目实施落地，累计新增拓展 5G 共享专网 13 个，开通裕克施乐塑料制品（太仓）有限公司 5G 下沉 UPF 专网，为裕克施乐 2024 年申报 5G 工厂做准备。为太仓海事局实施 5G+ 卫星双专网试点建设，助力其获评工信部 5G 绽放杯“5G+ 水利海洋专题赛道”全国总决赛二等奖。（杨丽燕）

表 43　2023 年太仓市通信网络设施一览表

通信网络设施	电信	移动	联通	广电	总和
固话用户数（万台）	11	0.39	0.34	—	11.73
移动电话用户数（万台）	41	60	27.87	2.88	131.75
有线电视用户数（万户）	16	13.70	1.60	8.89	40.19
有线电视双向改造覆盖用户数（万户）	16	—	—	25.90	41.90
宽带用户数（万户）	23.50	19.85	3.29	5.72	52.36
3G、4G 业务用户数（万户）	18	22.20	13.80	—	54
5G 基站数（个）	—	1698	1408	—	3106
光纤总长度（万芯千米）	80	61.98	246	18.50	406.48
交换机数（万门）	16	—	—	—	16
互联网接入带宽（千兆）	2200	1140	160	30	3530

（张文贝）

供销合作

【概况】 2023 年，太仓市供销合作总社贯彻习近平总书记关于供销合作社工作的重要指示批示精神，从“三农”工作大局出发，聚焦主责主业，服务乡村振兴。年度大化肥（尿素、碳铵、磷肥、有机肥、复合肥等）进销存总量超 8000 吨，平均库存保有量超 1000 吨，确保全市农用化肥供应和价格稳定。全年农药零差率统一配供配送金额 3113.44 万元，农药集中配送率超 95%，为农业经营主体节约用药成本 1200 万元；配送水稻测土配方肥料 3500 吨、小麦测土

2023 年 3 月 14 日，太仓市放心农资下乡进村宣传周活动启动（郑舜怡摄）

配方肥料 3100 吨、复合微生物配方肥料 400 吨，节约农民用肥开支 210 万元。回收农药废弃物 673.78 万件，无害化处理率 100%；完成废旧农（地）膜回收 159.96 吨，回收处置率 100%。实施农资服务网点提升工程；构建“药、肥、膜”集中配送、科学使用、统一回收的“农资三位一体综合服务体系”；试点设置“城市花农”农资自动售卖机；打造供销无人机飞防服务队，为全市农业生产经营者提供小麦水稻无人机精准施药防治病虫草害、配方肥撒施等服务，提升作业效率 300%。

【供销基层组织体系建设】 2023 年，太仓市供销合作总社改造提升浮桥供销合作社，提档升级城区供销合作社下属陆渡、南郊 2 家农村综合服务社，建成村级供销合作社 1 家，延伸供销农业社会化服务。赋能供销创新便民服务，共承接托管生活服务中心 2 个、停车场 1 个、农贸市场 6 个，形成供销便民服务体系，建立供销托管服务标准。

【农产品流通主渠道作用发挥】 2023 年，太仓市供销合作总社组织参加省、市供销合作社举办的各类展销活动 5 次，举办展销活动 10 场。持续深化“供销合作社 + 专业合作社 + 集体农场 / 农户”合作模式，与双凤镇人民政府联合打造中国地理标志证明商标“太仓大米”种植基地，打造 γ —氨基丁酸免淘洗米，提升“太仓大米”品牌附加值。与港航发展中心、太仓邮政共同打造“灯塔驿站综合便民服务社”。支援对口帮扶地区优质农副产品销售，做好中西部协同发展，形成优势互补新格局。发挥订单农业带动作用。打造供销合作社、村集体、新型农业经营主体与农民互利共赢平台，与万丰村成立新毛芋艿生产加工基地，与庆丰村筹备建设红薯种植基地。

（方云青）

粮食和物资储备

【应急物资管理】 2023 年，太仓市完成 30 吨储备猪肉增储工作，落实储备猪肉的收储、轮换、投放及费用拨付工作。做好粮油市场价格监测及交易量统计工作，全年累计交易量 10.77 万吨，较上年增加 9.7%。落实大米日应急加工能力和应急保供点 30 家，实现全市镇区全覆盖，增加粮食应急保障中心 1 个，保证突发事件粮食供应安全。

【粮食安全保障】 2023 年，太仓市落实原粮储备规模和成品粮油储备规模。塘桥库项目开工建设，时思库和璜泾库完成改造提升任务。全市 8 个粮库全部完成信息化改造，储备粮实现全覆盖、全程动态实时监控和穿透式监管。

【粮食行业监管】 2023 年，太仓市发改委联合市财政局、市市场监管局和农发行太仓市支行等部门开展储备粮验收、两季收购等检查 7 次。通过省、苏州市储备粮库存检查 4 次。全年开展粮食和物资储备行业安全生产大排查及各类专项检查 12 次，保证行业安全无事故。高质量考核指标“粮食储备安全保障率”位列苏州第一，较上年提升 6 个名次。

【粮食两季收购】 2023 年，太仓市启用新的粮食收购系统。全年累计收购粮食 12.3 万吨，价外补贴订单收购累计 9.5 万吨，直接促进农民增收 1995 万元。

（程　勇）

专项经营

【食盐专营】 2023 年，太仓市盐业有限公司拓展业务领域，提高产品品质量，销售盐产品总量 3.8 万吨，实现盐业营业收入 4199 万元，其中非盐收入 1390 万元。太仓市盐业有限公司响应国企改革号召，与昆山市盐业有限公司进行资源整合。融合两市销售资源，完善非盐产品体系，加大与终端客户多产品合作力度，增强公司市场竞争力，为消费者提供更加丰富的选择。太仓市盐业有限公司加强品牌建设，利用“3 · 15”消费者权益日、“5 · 15”全国碘缺乏病日等节点，开展系列淮盐宣传活动，增强公众对“淮牌”食盐的品牌认知度和信任度。公司在全市大型商超、农贸市场等场所开展品牌宣传活动 105 次，通过现场展示、互动体验等方式，让消费者直观感受“淮牌”食盐优质品质。

（夏　雯）

【烟草专卖概况】 2023 年，太仓市烟草专卖局查获各类涉烟违法案件 267 起，违法卷烟 854.23 万支，较上年增长 21.76%；案值 960.2 万元，较上年增长 34.61%。其中，5 万元以上案件 34 起，较上年增长 9.68%；100 万元以上案件 2 起；刑拘 2 人，逮捕 1 人，判刑 4 人，上报三级案件 1 起。年内，太仓市烟草专卖局被太仓市文明办设

2023 年 10 月 16 日，太仓市开展世界粮食日和全国粮食安全宣传进社区活动

（市融媒体中心供稿）

2023 年 2 月 21 日，太仓市烟草专卖局开展联合执法检查　（邹云龙摄）

为太仓市新时代文明实践分中心，政务服务中心与 3 个基层服务站被设立为新时代文明实践点。

【烟草专卖管理】 2023 年，太仓市烟草专卖局持续开展“净链 2023”“利剑 10 号”等专项行动，保持市场监管高压态势。全年取缔违法违规大户 7 户，查获电子烟案件 4 起。与综治网格员开展联合检查 280 次，查获案件 86 起，案值 94.45 万元。完善“政府领导、部门联合、多方参与、密切协作”打假打私体系，加强与苏州情报中心信息互通共享，与市公安局、苏州海警局、长江航运公安局苏州分局太仓派出所等相关职能部门开展执法协作，联合市市场监管局、市文体广旅局对校园周边、网吧违规销售烟草制品开展专项整治，树牢未成年人保护屏障。截至年底，全市共有正常持证户 4504 户，电子烟持证户 15 户，持证户稳中有降。全年清理中小学校、幼儿园周边 100 米内零售户 32 户。

【烟草营销网建】 2023 年，太仓市烟草专卖局累计完成卷烟销量 3.95 万箱，较上年增长 2.41%，主要经济指标保持在合理区间。利用“金丝利 · 家”平台开展直播活动 13 场，其中助农直播收看 1.88 万人次，带动农户增收 8 万元。共发展诚信互助小组 396 个，覆盖率 100%，开展“五个一结对共建”活动 93 场。新增加盟终端 8 户，其中城网 6 户、农网 2 户，累计建成加盟终端 34 户。新增新现代终端 26 户，累计建成新现代终端 136 户。实施农网“焕新工程”，对 36 户农户进行店面和门头形象改造，打造一站式便民惠民服务综合体。强化诚信体系建设和诚信文化宣传。开展雪茄主题跨界营销活动，提升中式雪茄市场知名度和美誉度。助力文明吸烟环境建设，新增吸烟区 11 个、吸烟柱 150 个，累计建成吸烟区 37 个、吸烟柱 750 个，开展中心市区吸烟亭夜间亮化工程。联合市文明办、市城管局开展“小烟头，大文明”烟头清零专项行动，全市范围内设置兑换点位 12 个，累计收集兑换烟头近 60 万个。

（朱雪斐）

都市农业

综　述

【概况】 2023 年，太仓市加快建设农业强、农村美、农民富的新时代鱼米之乡，向高水平率先基本实现农业农村现代化进军，推动“三农”工作实现高质量发展。全年农牧渔业总产值 44.11 亿元，其中种植业 24.68 亿元、林业 4.11 亿元、畜牧业 1.27 亿元、渔业 6.41 亿元。粮食、棉花、油料种植面积分别为 2.20 万公顷、6.67 公顷、540 公顷。全市村均集体经营性收入 1008 万元，农村居民人均可支配收入 4.65 万元。

【生态循环农业推广】 2023 年，太仓市推广东林循环农业发展模式，试点布局独溇小海农渔循环、勤力农渔综合种养、璜泾园区粮蔬循环等多种模式，推广复制循环农业模式超 1000 公顷。探索农业有机废弃物资源化利用新技术、新模式、新路径，通过“国有

2023 年 12 月 7 日，太仓市全域规划建设高标准农田项目集中开工暨农业农村重大项目签约仪式在浮桥镇茜泾村举行　（陆海斌摄）

2023年12月15—17日，太仓市“名特优”农产品亮相第20届苏州优质农产品交易会
（陆艳芳摄）

资本+社会资本”联合，启动“一厂六中心”（1个有机废弃物处理厂，6个有机废弃物处理腐熟中心）农业有机废弃物资源化利用载体建设，年内完成双凤镇庆丰村、璜泾镇雅鹿村、沙溪镇项桥村、浮桥镇浪港村等地4个腐熟中心建设。全市秸秆综合利用率99.98%，畜禽粪污综合利用率99.18%。

【农产品品牌创优】 2023年，太仓市增加绿色优质农产品供给，新申报绿色食品49个，新增绿色食品种植面积3013.33公顷，实现绿色食品加工企业和绿色养殖企业零的突破。首次开展园艺类省级绿优基地创建，培育“五有”（生产有标准、管理有规范、过程有记录、产品有追溯、宣传有标识）绿色食品企业2家。打造特色优质农产品品牌矩阵，成功申报全国名特优新农产品7个。实施新毛芋艿地理标志保护工程，建设核心基地3个、科普展示馆1座。健全农产品质量安全服务网络，建成承诺达标合格证服务站点14家，全年出具合格证537万张。

表44　2023年太仓市全国名特优新农产品一览表

序号	证书编号	产品名称	获证单位	主要生产经营单位
1	CAQS-MTYX-20220306	太仓梅山猪	太仓市璜泾镇政府	太仓肉松食品有限公司
				太仓市双凤勤之立生态养殖场
				太仓市雅勤生猪养殖有限公司
				太仓德康农牧有限公司
2	CAQS-MTYX-20220693	太仓紫葛叶	太仓市沙溪镇政府	太仓市绿阳蔬果专业合作社
				太仓市泰西农场专业合作社
				太仓市胜利农场专业合作社
3	CAQS-MTYX-20230017	璜泾大米	太仓市璜泾镇政府	太仓市秀兴农场专业合作社
				太仓市雅丰农场专业合作社
				太仓市联新农场专业合作社
				太仓市家欣农场专业合作社
4	CAQS-MTYX-20230352	南郊香葱	太仓市城厢镇政府	太仓市乐胜农场专业合作社
				太仓市乐阳果蔬花卉专业合作社
				太仓市丰缘农场专业合作社
5	CAQS-MTYX-20230353	新毛芋艿	太仓市城厢镇政府	太仓市电站生态园农产品产销专业合作社
				太仓市海丰农场专业合作社
				太仓市东林农场专业合作社
6	CAQS-MTYX-20230356	浏河大球盖菇	太仓市浏河镇政府	太仓市稻花香农场专业合作社
				太仓市苏慕现代农业专业合作社
				太仓市瑞何农副产品产销专业合作联社

续表 44

序号	证书编号	产品名称	获证单位	主要生产经营单位
7	CAQS-MTYX-20230354	新湖番茄	太仓市双凤镇政府	太仓市新湖惠民蔬菜专业合作社
				太仓市汇禾农场专业合作社
				太仓市绿仓蔬果专业合作社
8	CAQS-MTYX-20230355	双凤莲子	太仓市双凤镇政府	太仓市水溇农场专业合作社
				太仓市南圩农场专业合作社
				太仓市新湖惠民蔬菜专业合作社
9	CAQS-MTYX-20230867	沙溪大米	太仓市沙溪镇政府	太仓市胜利农场专业合作社
				太仓市聚丰农场专业合作社
				太仓市虹桥农场专业合作社
				太仓市泰西农场专业合作社
				太仓市凡山农场专业合作社
				太仓市岳西农场专业合作社
				太仓市中荷农场专业合作社
				太仓市庄西农场专业合作社

【省级现代农业产业高质量发展示范园项目推进】 2023年，太仓市推进省级现代农业产业高质量发展示范园建设，年度投入资金1500万元。优质水稻科技示范基地、水稻绿色发展创新基地、水稻双创主题孵化基地建设子项目竣工并完成自验收；太仓市“三农”大数据云平台基础设施建设项目、“三农”大数据云平台软件、“慧种地”无人农场建设等项目推进建设。

【耕地质量保护提升】 2023年，太仓市创新耕地质量综合管理方式，推出全省唯一一个县市级补充耕地信息管理平台，央视《焦点访谈》栏目专题报道太仓耕地保护工作。加强耕地安全利用示范基地建设，完善耕地质量监测体系，全市受污染耕地安全利用率93.06%。全省率先启动第三次全国土壤普查，完成调查、采集及检测表层土样品399个、土壤剖面样品样点18个、生物样点2个，并全面完成试点县图件制作和成果汇总。7月17日，太仓市第三次全国土壤普查试点县成果通过省级验收和国家抽验，并在全国土壤普查工作推进会上交流“太仓经验”。

（宋　健）

种植业

【概况】 2023年，太仓市粮食种植面积2.2万公顷，产量15.52万吨。其中，水稻种植面积1.15万公顷，平均实收单产615千克，总产10.59万吨；小麦种植面积0.96万公顷，平均单产321千克，全市总产4.63万吨。蔬菜播种面积1.29万公顷，产量41.37万吨；瓜果面积540公顷，产量1.54万吨。

【粮食生产保障】 2023年，太仓市有水稻绿色高质高效创建示范片6个共900公顷，大豆绿色高效示范基地6个，建立现代农业（稻麦）产业技术体系主推技术示范点7个。实施稻麦良种补贴，补贴供应水稻良种72.18万千克，良补面积1.20万公顷，良补占比93.80%。

【果蔬产业发展】 2023年，太仓市以蔬菜基地建设为切入点，夯实“菜篮子”绿色蔬菜保供基地产能，全市蔬菜播种面积1.29万公顷次。开展苏州市“美丽菜园”创建工作，城厢镇万丰村、璜泾镇永乐村、浏河镇新闸村获评苏州市“美丽菜园”典型。开展苏州市园艺作物标准园及“美丽果园”特色村认定工作，认定苏州市园艺标准园单位2家、“美丽果园”乡村3家。

【植保植检】 2023年，太仓市加强落实病虫监测防控措施，设立稻麦监测点8个、果蔬监测点5个，全年测报准确率100%。经防治，小麦赤霉病病穗率0.03%，总体防治效果96.8%。推动农药减量，全年全市农药商品使用量较上年减少0.61%。开展绿色防控，建设2个省级、2个市级绿色防控示范基地。落实稻麦田草害综合治理，建设2个省级、2个市级稻麦田杂草综合治理示范区。持续推进外来检疫性有害生物阻截带建设，设立阻截带疫情监测点4个，开展加拿大一枝黄花、福寿螺、草地贪夜蛾等外来有害生物防控工作。

（宋　健）

畜禽业

【概况】 2023年，太仓市做好动物免疫和重大动物疫病防控工作，屠宰企业平稳生产，市民“肉盘子”得到有效保障。截至年底，生猪存栏1.99万头，累计出栏 2.82 万头，较上年增长 27.25%。家禽存栏 7.69 万羽，累计出栏 4.5 万羽。肉羊存栏 6524 只，累计出栏 5026 只。生猪屠宰量 104.68 万头、肉羊 6.05 万只、家禽 217.83 万羽。

【动物检疫管理】 2023 年，太仓市产地检疫生猪 3.12 万头，犬猫产地检疫 8 只，实验动物产地检疫 1.54 万只。屠宰检疫羊 6.16 万只、鸡 169.53 万羽、鸭 22.7 万羽，开具检疫证 6.87 万张。做好运输环节卫生检疫工作，204 国道南郊公路动物防疫监督检查站规范化运行，共查验畜禽超 57 万头（羽），消毒车辆 3497 辆，监测"瘦肉精" 8717 头（份），结果均为阴性。10 月，204 国道南郊公路动物防疫监督检查站与上海市葛隆动物防疫监督检查站签署指定通道监督执法协作备忘录，建立毗邻省际通道检查站联合执法长效机制。

【畜禽业绿色发展】 2023 年，太仓市采取"三个一"工作法（一套模板：制定外立面设计、养殖户简介、上墙制度等模板，做到外立面风格统一、安全美观；一张图：制定养殖户粪污消纳要素布局示意图，明确粪污固液分离、干粪污水处理设备设施、管道走向等；一张表：制定美丽牧园建设方案一览表，根据上级要求建设内容，条目式列出养殖户已建、改造、新建等内容，详细列出建设方案），完成全市 24 家规模以下畜禽养殖户美丽牧园创建工作，达到美丽牧园动态全覆盖。太仓市完善畜禽养殖污染防治网格化机制，健全长效管理制度，保障畜禽养殖污染防治常态化开展。太仓德康农牧有限公司实施兽用抗菌药减量化工作通过验收，全市 50% 规模养殖场实施兽用抗菌药减量化示范基地建设。太仓市种猪场完成畜牧生态健康养殖场示范场复检，中美冠科生物技术（太仓）有限公司动物病原微生物实验室完成备案评审。

【畜牧业监管】 2023 年，太仓市开展动物卫生监督执法专项行动，累计出动检查人员 124 人次，检查企业 62 家次，发现问题并督促整改落实到位 11 项，立案查处 3 起。加强屠宰企业管理，检查发现并完成整改安全隐患 72 处，完成屠宰环节质量抽检样品 558 份，屠宰环节抽样检测生猪"瘦肉精"尿样 4.9 万份、羊"瘦肉精"尿样 6053 份。开展规范宠物诊疗秩序专项整治行动，检查诊疗机构 24 家，发现并整改问题 12 项。（宋　健）

水产业

【概况】 2023 年，太仓市推动渔业生产方式转变和产业结构调整，全市水产养殖面积 1006.67 公顷，其中常规鱼 100 公顷、特种水产品 906.67 公顷，特种水产养殖占比超 90%。工厂化高密度养殖基地 1.2 万平方米，稻渔综合种养 66.67 公顷。全年水产品总产量 8970 吨，其中淡水养殖 7700 吨、海洋捕捞 1270 吨，渔业一产产值 6.6 亿元。

【水产养殖业发展】 2023 年，太仓市制定《太仓市高标准池塘长效管理办法》，组织现场集中检查 2 次，常态化开展指导服务和工作巡查。开展《江苏省养殖池塘尾水排放标准》集中宣传贯彻活动，对照排放标准，在全市设置水质监测点位 15 个，监测面积 93.67 公顷，全年检测 105 样次，全部合格。开展水产品质量安全专项整治行动，部署鲫鱼、鳊鱼"两条鱼"专项行动，完成全市 41 户养殖主体摸底并建立主体名录，完成全部养殖主体各 1 批次采样工作。

【水生动物病害防控】 2023 年，太仓市完成水产品采集和接收样品 59 个，其中阳性样品 44 个，占比 74.58%。开展药敏实验，从典型病例中分离纯化病原致病菌 11 株。全市设置病害测报点 10 个，监测面积 120 公顷。参与农业农村部 2023 年水生动物防疫系统实验室检测能力验证工作，其中"白斑综合征""草鱼出血病""鲫造血器官坏死" 3 个项目获评结果满意项目。与中国水产科学研究院淡水研究中心合作，共同实施 2023 年太仓市水产品用药减量行动项目。开展规范用药科普宣传，培训太仓市乡村渔医 20 余人次。

【渔业生产指导和技术培训】 2023 年，太仓市以新型村级渔业经营单位为重点、规模以上养殖主体为对象、生态健康养殖模式为要素开展技术推广工作，全年入户指导累计超 500 人。在青虾、河蟹养殖重点村推广应用青虾套养黄蟹、河蟹套养青虾、南美白对虾与青虾轮养等模式，亩均增效超 800 元（1 公顷约等于 15 亩）。在浮桥镇、双凤镇等地探索成蟹套养罗氏沼虾模式，其中罗氏沼虾平均规格每尾超 125 克，亩产量 20 千克。在南京农业大学无锡渔业学院和常熟理工学院开展职业渔民及三新技术专题培训 2 期，参训人员近 100 人次。推送生产关键技术、灾害性天气防范提醒与应急措施短信息覆盖超 2500 人次。

【水产种质资源普查和优化】 2023 年，太仓市制作水产养殖种质资源名录，涉及四大类 34 个品种。全年完成 68 个踏查点的踏查工作、29 个样地调查点的两轮样地调查，发现一种外来入侵水生动物——福寿螺。年内，开展水产新品种养殖试验，引进"太湖 3 号"青虾 F0 代原种 200 千克，在双凤镇、沙溪镇开展养殖试验，"南太湖 3 号"罗氏沼虾养殖 100 公顷，澳洲淡水龙虾养殖 20 公顷，刀鲚池塘养殖 4000 尾。（宋　健）

休闲观光农业

【概况】 2023 年，太仓市发挥农业旅游资源优势，助推乡村休闲旅游农业高质量发展，推进农村一、二、三产融合发展。全市休闲农业接待游客 1350 万人次，收入超 15 亿元。

【休闲农业品牌培育】 2023 年，太仓优化乡村旅游农业模式，培育中国美丽乡村、精品村及精品线路。城厢镇东林村获评 2023 年中国美丽休闲乡村，沙溪镇香塘村获评 2023 年苏州市乡村休闲旅游农业精品村。"太仓市夏季田园休闲纳凉体验游"入选农业农村部 2023 中国美丽乡村休闲旅游行（夏季）推介名单。太仓市"寻隐江南 · 潮玩乡村"线路获评 2023 年度苏州乡村旅游精品线路。

【苏州共享农庄创建】 2023年，太仓市完成2019—2022年苏州共享农庄复评工作。对太仓市电站村生态园、半泾村共享农庄、孟河村吴家湾共享农庄、“三水一宅”休闲农庄、太仓晨旭生态农庄、太仓现代农业园共享农庄、味稻东林共享农庄、庄西村玄恭共享农庄等8家2019—2021年苏州共享农庄（乡村民宿）开展动态复评工作，复评结果均合格。 （宋 健）

种质资源保护与创新

【概况】 2023年，太仓市贯彻落实中央、省委关于打好种业翻身仗部署，加大种质资源的收集、保护与开发力度，解决种业种源“卡脖子”问题。年内，太仓市与江苏省农科院对接合作，构建农作物种质资源信息化库管系统1套，完成全市150余份种质资源基本信息、特性信息的采集和数字化入档。与山东农业大学、江苏徐淮地区徐州农科所等科研院所合作，完成地方农作物品种太仓白蒜的组培脱毒培育和一代脱毒太仓白蒜的田间提纯复壮。与苏州市种子管理站合作，开展鸭血糯、苏御糯的繁育繁种，以及御脂糯21YN06等6个水稻新品系比较试验。

【棉花和彩椒新品种选育】 2023年，太仓市对300份中长绒棉进行组合配制，加快推进优异新材料创制和选育，选择5份早熟优质棉开展麦棉两熟栽培试验，完成太优棉10号、太优棉12号品种权保护的申请并开展新品种DOS测试，选送6个优质棉新品系在新疆开展适应性种植试验。对欣红192、欣红1911、品黄195等彩椒新品系重点材料进行提纯扩繁和示范试种。 （宋 健）

农田水利

【概况】 2023年，太仓市编制完成《太仓市农田灌溉发展规划（2021—2035）》，《太仓市水务基础设施国土空间规划》完成审定稿，《太仓市圩区治理规划修编》完成评审稿。年内，市水务局督促指导各区镇开展水系专项规划修编工作。

【农村水环境整治】 2023年，太仓市共疏浚河道130条，长度109.9千米，疏浚土方201.0万立方米，超额完成年度任务。全年做好乡村振兴示范片区内河道轮浚工作，疏浚乡村振兴示范片区内村级河道65千米。推动各区镇高标准开展农村生态河道建设，全年完成36条、96.2千米。完成省民生实事项目河道建设6条，全市生态河道总体覆盖率突破60%。完成金仓湖生态清洁型小流域建设，总面积13.94平方千米。推进农业水价综合改革，全年累计下达农业水价综合改革资金176万元。

【水土保持工作】 2023年，太仓市调整完善全市水土保持规划实施情况考核工作联席会议制度，厘清水务部门与执法部门的职责边界，加强部门联动，破解行政壁垒。全年准予水土保持行政许可124件，接收水土保持自主验收报备项目79个，开展项目现场监管153次，水土保持补偿费净入库753.59万元，减免水土保持补偿费150.6万元，惠及企业103家。举办全市生产建设项目水土保持业务培训班、2023年太仓市水土保持政策宣讲会。太仓高新技术产业开发区完成水土保持区域评估。 （周 婷）

农业机械化

【概况】 2023年，太仓市加快推动特色农业“一业一机”全面发展，获评省级农业生产全程机械化智能化示范基地7个，特色农业机械化水平超80%。提高粮食生产智能化、绿色化水平，主要粮食作物耕种收综合机械化率99.2%，完成清洁能源烘干机改造32台，清洁能源烘干机占比80.33%。

【省级农机示范基地创建】 2023年，太仓市沙溪镇泰西农场专业合作社申报创建2023年省级“全程机械化+综合农事”服务中心。截至年底，太仓市省级“全程机械化+综合农事”服务中心创建完成3家。东林生态养殖专业合作社（湖羊养殖）、鹿杨蔬果生产专业合作社（蔬菜生产）、稻花香农场专业合作社（蔬菜生产）、苏州金双凤水乡生态旅游发展有限公司（水产养殖）、电站生态园农产品产销专业合作社（果茶桑生产）、广丰农场专业合作社（果茶桑生产）6家单位入选全省第二批农业生产全程机械化示范基地创建名单；雅新农机作业专业合作社（无人化农场）入选全省第二批农业生产智能化示范基地创建名单。组织乐阳果蔬花卉专业合作社（蔬菜生产）、林港农场专业合作社（特粮特经）、新湖惠民蔬菜专业合作社（蔬菜生产）、太仓福田家庭农场（果茶桑生产）、高新技术产业园有限公司（水产养殖）5家单位参与全省第三批农业生产全程机械化示范基地创建申报，筹备祥江农机专业合作社（无人化农场）、双泾农场专业合作社（无人化农场）、鹿杨蔬果生产专业合作社（智慧化植物工厂）、苏州金双凤水乡生态旅游发展有限公司（数字化渔场）4家单位参与全省第三批农业生产智能化示范基地创建申报。

【全程全面机械化示范县建设】 2023年，太仓市召开农业生产全程全面机械化示范县创建工作推进会，重点调研本地特色林果、蔬菜机械化发展情况，开展机具适配性试验，提炼技术路线和标准化作业规范，加快形成本地特色农机化“一机一业”方案。完成浏河镇万安村、沙溪镇庄西村、沙溪镇岳星村3个粮食产地烘干中心32台（套）烘干设备“油改电”绿色化升级，提升全市清洁热源烘干机占比至80.33%。太仓市完成农机后装型智能化改造402台（套），加装360度摄像头、显示屏、智能终端及辅助驾驶系统，并全部接入市级智慧农机管理平台。推广农机“一机一码”服务管理模式，完成二维码覆盖安装1200台（套），智能农机入网率90%，实现线上电子化农机维保巡检1290台。璜泾镇雅鹿村、城厢镇东林村、浏河镇祥江农机合作社等5个智能农机示范基地创建完成验收。

【农机服务体系提升】 2023年，太仓市对全市主要农机具、农机设施用房等集体资产进行全面评估，总价值3.69亿元，共有各类农机2413台、生产用房 221 处、生产场地等构筑物 168 处。组建金仓湖农业服务公司，与各镇村研究制定农机调度体系运行方案，协商确定作价入股及利益分配机制，开展金仓湖现代农业示范区农机社会化服务试点工作，逐步培育全市农机服务队伍，建立全市农机调度网络。加大对第三方农机维保服务商监督力度，完成全市 930 台套主要农机和 360 台套谷物烘干机的维保检查工作，最大程度消除农机安全隐患，延长机具使用寿命。加强对农机合作社机务管理指导考核，规范农机合作组织运作管理水平，提升自主维保能力。在农机"一机一码"铭牌上公开农机质量投诉、技术服务、安全监督电话，全年全市农机质量零投诉。开展农机"3·15"国际消费者权益日活动，现场接受群众维权咨询 50 余次，发放宣传资料 150 余份，促进全市农机市场稳定健康发展。（宋　健）

科技创新

综　述

【概况】 2023 年，太仓市贯彻实施创新驱动发展战略，融入长三角区域一体化发展，把握苏南国家自主创新示范区建设、嘉昆太协同创新核心圈建设等战略机遇，优化科创资源配置，激发市场创新活力，不断突破科技创新领域。全年全市地方财政科技经费 17.49 亿元。研发支出与地区生产总值比及增速位居苏州第一；科学研究和技术服务业实现营收 31.94 亿元，较上年增长 5.3%，从业人员工资总额 7.61 亿元，较上年增长 22.4%。年内，太仓市入选国家创新型县（市）建设名单，再次列全国科技创新百强县市第二位。

【机制创新】 2023 年，太仓市健全支持科技创新的政策体系，推动重点项目、人才、资金一体化配置。出台《太仓市加快推进科技创新企业梯度培育的实施意见（试行）》《太仓市大院大所高质量发展绩效评价管理办法（试行）》《太仓市科技创业孵化载体管理办法实施细则（试行）》《太仓市科创载体高质量发展指导意见》，加快推进科技治理体系和治理能力现代化，优化创新服务环境。

【长三角科创合作】 2023 年，太仓市融入长三角一体化发展，举办中国科学院研究所系列活动——上海硅酸盐所专场，深化关键技术攻关、科技成果转化、专业人才培养等方面供需对接。联合上海市研发公共服务平台管理中心举办"长三角平台进园走企系列活动"之太仓市生物医药产业专场活动，优化长三角地区科技资源配置。组织 7 家企事业单位参加第六届长三角科技成果交易博览会；协办第三届航空航天增材制造大会、昆太协同发展·科创载体提升行动暨创业孵化从业人员培训班。参加长三角产学研用一体化高质量协同发展研讨会、上海市科技创新资源开放日系列活动、第七届高工智能汽车年会、香港应用科技研究院长三角成果转化发布会暨科技交流会等科创交流活动。

【双创服务】 2023 年，太仓双创综合服务线上平台兼具门户网站和对接交互平台双重功能，为创新主体提供全链条科技创新综合服务。平台注册用户 6796 个，进行企业认证并实名注册太仓企业 1952 家；累计发布政策申报资讯 843 条、科技动态 701 条；发布政策图说 76 条、视频解读 1 条、政策文库 1 条；入驻服务机构 6 家；发布技术供需 253 条。梦工厂平台根据需求主办或协办产业沙龙、人才项目路演、辅导培训、双创服务活动共计 35 场，参与近千人次。回应企业高频诉求咨询答疑 2000 条，激活企业蝶变动能科技资讯 2700 条。创新推出科技金融特色产品"娄才贷"，开展太仓市科技人才企业融资服务直通车活动，"苏科贷"等科技金融产品累计帮助全市 228 家科技型企业获得授信 10.89 亿元，14 家企业累计获得太仓基金公司投资 9300 万元。

【科技惠民】 2023 年，太仓市发布各类科普志愿服务活动 20 场，开展科技下乡活动 4 场。安佑猪文化博物馆、苏州禾世木古生物化石收藏馆获评省级科普教育基地。太仓市科技局志愿服务团队获评苏州市"最佳志愿服务团队"。获评省科技计划专项资金（重点研发计划社会发展）项目 1 项，争取资金 100 万元。获评苏州科技发展计划（碳达峰碳中和）项目 1 项，争取资金 100 万元；列为苏州科技发展计划（科技成果转化生物医药）项目 3 项，补助经费 755.2 万元。举办太仓

2023 年 6 月 20 日，太仓市生物医药产业创新集群融合发展推进会召开
（市科技局供稿）

市生物医药产业创新集群融合发展推进会，签约落户项目12个，投资总额超30亿元。举办江苏省（太仓市）乡村振兴蔬菜产业培训、太仓市乡村振兴片区化产业培训，省农业科技型企业、星创天地、科技服务超市负责人、科技特派员和农技推广员等近百人参训。

【科技活动】 2023年，太仓市组织开展高新技术企业申报系列培训14场、乡村振兴系列培训3场、“科e融”科技人才企业融资路演活动3场、企业必备谈判技巧提升等益企活动9场。市科技局联合江苏银行苏州分行推进“太仓市科技人才企业融资府服务直通车”活动，累计走访对接企业432家，81家企业获得授信5.42亿元。举办2023年化合物半导体先进技术及应用大会、苏州市基金业联合会政府基金主题培训暨太仓市科创产业融资对接会、太仓市基金发展推进会暨项目投融资路演、太仓航空航天与数字智能产业创新集群论坛暨项目路演、“赢创未来·智汇太仓”2023年太仓先进载运和智能网联汽车专项路演、第三届西北工业大学校友通航研讨会等活动。参加吸入药物开发与评价学术会议、2023年浦江论坛全球技术转移大会、2023年先进技术成果交易大会成果转化峰会、第23届工业博览会、“科创苏州·双创天堂”2023年中国·苏州创新环境推介会暨全球科技创业大赛（西安站）、全球科技创业大赛（合肥站）、2023年中国海外人才交流大会暨第25届中国留学人员广州科技交流会等活动。组织企业、研发机构、科创载体参加首届先进技术成果交易大会、苏州市高性能功能纤维产业创新集群建设推进会、2023年香港国际创科展、清华大学2023年产学研合作年会、长三角算力发展大会、科技资源进园走企系列活动——嘉定生物医药专场、江苏省第二届产学研合作对接大会、第四届江苏企业（研发机构）创新大赛、2023年国际科学家苏州峰会等活动。

【科技项目】 2023年，太仓市紧抓科技项目“牛鼻子”，项目制推进“卡脖子”关键技术攻关，形成科技招商创新模式。全市科技招商落户项目总数1067个，注册总金额91.77亿元，项目投资总额261.98亿元，引进硕士及以上人才1425人。其中，投资额1亿元以上项目42个，高质量科技项目超300个。

【科研机构】 2023年，太仓市拥有大院大所10家。全年新增江苏省工程技术研究中心7家、苏州市工程技术研究中心36家、苏州市新型研发机构2家。

【科技创新载体】 2023年，太仓市首次获评专业类国家级科技企业孵化器1家，新增省级科技企业孵化器1家、众创空间5家、苏州市级科技企业孵化器1家。在深圳、上海两地建成投用飞地孵化器3家。

表45 2023年太仓市重点科技项目立项一览表

单位：万元

项目类型	项目名称	承担单位	项目经费
省产业前瞻与关键核心技术项目	高效大功率高可靠船用燃料电池发电系统核心部件开发	海德韦尔（太仓）能源科技有限公司	320
	高效大功率深紫外LED芯片制备与封装关键技术研发	苏州立琻半导体有限公司	300
省科技计划专项资金（重点研发计划社会发展）—生物医药竞争类	医疗CT辐射探测用低余辉硫氧化钆闪烁陶瓷的研发	奕瑞新材料科技（太仓）有限公司	100
苏州市重大科技成果转化计划	大尺寸背入式CT光电传感器的研发及产业化	奕瑞新材料科技（太仓）有限公司	500
苏州市科技成果转化项目	面向半导体器件高精密智能检测成套装备的研发及产业化	苏州鸿安机械股份有限公司	150
	新型低温碳锰钢40000m^3节能环保型LPG运输船的研发及产业化	江苏扬子三井造船有限公司	100
	5G通信设备用微纳米结构高效能散热模组的研发及产业化	太仓市华盈电子材料有限公司	50
苏州市前沿技术研究项目	基于数字孪生技术的元宇宙数字影棚内容创作平台研发	太仓中科信息技术研究院	50
苏州科技发展计划（碳达峰碳中和）	移动空间光储智能供配电技术集成与示范	如果新能源科技（江苏）股份有限公司	100
苏州科技发展计划（科技成果转化生物医药）—临床试验资助	新型抑酸药物X842完成反流性食管炎三期临床试验	江苏太瑞生诺生物医药科技有限公司	383.8

续表 45

项目类型	项目名称	承担单位	项目经费
苏州科技发展计划（科技成果转化生物医药）—医疗器械资助	硬脑（脊）膜修补片取得三类医疗器械产品资助	卓阮医疗科技（苏州）有限公司	171.4
苏州科技发展计划（科技成果转化生物医药）—本地生产创新药或改良药资助	特立帕肽注射液产业化	信立泰（苏州）药业有限公司	200

表 46　2023 年太仓市大院大所一览表

序号	单位名称
1	太仓中科信息技术研究院
2	江苏先进无机材料研究院（原中国科学院上海硅酸盐研究所苏州研究院）
3	西北工业大学太仓长三角研究院
4	苏州中科激光智能制造创新研究院
5	太仓光电技术研究所
6	苏州思萃免疫技术研究所
7	天航长鹰可靠性工程研究院
8	吉太航空科技研究院
9	苏州思萃临床药理技术研究所
10	江苏集萃能量光子制造技术研究所

表 47　2023 年太仓市新增苏州市级以上研发机构一览表

机构类别	单位名称
江苏省工程技术研究中心	瑞铁机床（苏州）股份有限公司
	北新建材（苏州）有限公司
	苏州凯利昂光电科技有限公司
	江苏保捷精锻有限公司
	博纳环境设备（太仓）有限公司
	太仓意欣智能科技有限公司
	苏州金江电子科技有限公司
苏州市工程技术研究中心	太仓金煜电子材料有限公司
	苏州施米特机械有限公司
	太仓坤泰精密模具有限公司
	苏州福柯思电气有限公司
	鸣志精密制造（太仓）有限公司
	太仓祥好塑胶科技有限公司
	苏州博元纺织实业有限公司
	苏州利维鑫生物科技有限公司

续表 47

机构类别	单位名称
苏州市工程技术研究中心	瀚德（太仓）密封系统有限公司
	峰范新能源汽车技术（太仓）有限公司
	英克化工科技（太仓）有限公司
	苏州华一新能源科技股份有限公司
	吉尔泰汽车部件（苏州）有限公司
	太仓顺天自动化设备有限公司
	苏州智行畅联科技有限公司
	摩丹智能制造（太仓）有限公司
	勃乐氏密封系统（太仓）有限公司
	苏州华易航动力科技有限公司
	太仓艺斯高医疗器械科技有限公司
	固耐重工（苏州）有限公司
	大加利（太仓）质量技术检测中心有限公司
	苏州鑫睿达精密机械有限公司
	太仓庄正数控设备有限公司
	琥珀环保技术（中国）有限公司
	艾普零件制造（苏州）股份有限公司
	鸿基伟业（苏州）汽车零部件有限公司
	洪恩流体科技有限公司
	太仓正信干燥设备科技有限公司
	苏州众铄汽车零部件有限公司
	奕瑞新材料科技（太仓）有限公司
	如果新能源科技（江苏）股份有限公司
	卓阮医疗科技（苏州）有限公司
	博最科技（苏州）有限公司
	云动（太仓）测控技术有限公司
	太仓港正和兴港集装箱码头有限公司
	太仓阳鸿石化有限公司
苏州市新型研发机构	天航长鹰（江苏）科技有限公司
	苏州思萃临床药理技术研究所

表 48　2023 年太仓市新增各类科技创新载体一览表

类型	载体名称
国家级科技企业孵化器	太仓生物医药企业孵化器
省级科技企业孵化器	航小天空天产业创新孵化器

续表 48

类型	载体名称
省级众创空间	沃洛（太仓）创新创业中心
	中桐（太仓）创智空间
	金仓立（长三角）科创赋能中心
	上海交通大学太仓空天技术创新中心
	高智汇众创空间
苏州市级科技企业孵化器	力合未来科技谷

（曹　敏）

产学研合作

【概况】 2023年，太仓市探索校地企合作，累计挖掘企业技术需求52个，公布高校科研院所可转化科技成果134项。促成产学研合作159项，其中沪太校地校企合作项目28项。举办"高校太仓日"走进上海大学专场宣传推介活动，与上海大学国家大学科技园签订合作协议，开展校地校企科技成果转移转化合作。举办西浦创业家学院（太仓）智能制造机器人专场产学研合作对接会、2023年"校园苏州日"太仓—西北工业大学产学研对接会、第二届人工智能产业发展研讨会、医疗器械领域专场成果对接会、先进载运装备专场、生物医用材料领域专场、先进载运装备航空航天专场产学研对接活动共计7场，展示最新科技成果，搭建校企双方交流合作平台，推进校企产学研深度合作。举办"技术转移中的知识产权风险识别和防控"专题培训，保障科技成果顺利转化和产学研合作开展。与国家技术转移人才培养基地苏南中心、苏州市产学研学院联合举办国家技术转移专业人员能力等级（初级）2023年太仓市线上培训班，取得结业证书160人。与省统筹中心对接，组织20人参加第九期技术经理人培训班。全年太仓市技术合同成交额185.51亿元，较上年增长5.75%。

【太仓大学科技园】 太仓大学科技园占地面积约20.13公顷，总建筑面积约20万平方米，建有菁英公寓、特色食堂、公共会议室、室外足球场、室外篮球场和特效影棚等公共配套设施。园区以航空航天、数字经济、高端装备、先进材料等为主导产业。园区先后获国家级科技企业孵化器、江苏省级大学科技园、苏州市级留学归国人员创新创业园、苏州市级创业孵化基地和苏州市文明单位等称号。2023年，园区在孵企业199家，累计有太仓本级领军人才获评项目140个、姑苏领军人才获评项目57个、省"双创人才"获评项目12个、国家级人才获评项目6个。建设国家级孵化器1个、江苏省级孵化器1个、省级众创空间4个及创新中心2个。

2023年5月25日，太仓市科技创新发展高校联盟（西南片区）成立

（市科技局供稿）

【西北工业大学太仓长三角研究院】 2023年，西北工业大学太仓长三角研究院实施"品字形"战略目标（融入国家区域战略布局第一切口，服务地方科技创新核心端口，支撑世界一流高校建设最美窗口），推进人才队伍建设、科技创新、成果转化与社会服务等方面工作，促进创新链人才链产业链深度融合。新增横纵向科研项目56项，项目到款1785万元；新增专利64项、授权专利28项、软件著作权7个；出版专著1部，参与制定国家标准1项、企业标准1项；获中国有色金属工业科学技术奖一等奖1项（省部级）。挂牌智能博弈重点实验室创新工作站；通过苏州市新型研发机构验收；获批江苏省外国专家工作室；获批苏州市大数据创新应用实验室建设；牵头成立苏州市航空航天产业标准化联盟。开展各项人才引育工作，为研究院和智汇港从校外引进或培育"国字号"人才2人，与相关学院联合柔性聘任客座教授4人，联合西北工业大学太仓智汇港相关学院获批江苏省"333"人才工程、江苏省青年托举人才、姑苏人才等科技人才项目49个（获评太仓科技领军人才7个、姑苏领军人才4个、省"双创

人才”28个)。累计引进和孵化企业38家(年度新增12家),孵化企业估值超10亿元。其中获评姑苏领军人才企业3家,获评太仓领军人才(创业类)企业7家,获评高新技术企业1家;全年新增申报科技型中小企业5家、太仓市“小巨人”企业1家、“元宇宙应用场景需求、元宇宙典型应用案例”企业1家。

(曹　敏　周孙冬)

科技人才

【概况】 2023年,太仓市入选省“双创人才”计划15人,累计入选121人。新增姑苏创新创业领军人才67人,累计入选305人。新引进外国高端人才60人。

【科技领军人才】 2023年,太仓市优化人才计划工作体制机制,接轨上级人才计划申报改革工作,在太仓领军人才计划申报中增设未落户人才专项,实现人才项目未落先评,提升人才项目扶持精准度和实效性。推出企业创新类领军人才引才奖励“免申即享”举措,激发企业引才主动性、积极性,激发人才创新活力。全年新增太仓科技领军人才106人,苏州各类市级以上领军人才超100人,位居苏州前列。

【外国专家工作】 2023年,太仓市入选国家外国专家项目1项,入选省“外专百人计划”1项,获评海鸥计划2项。全年太仓累计审核通过外国人来华工作许可505项,工作量2560次。与太仓出入境管理部门联动,设立“外国人来华工作许可、居留证件单一窗口”,推动实施工作许可和居留许可“并联办理”,实现外国人来华工作居留一件事一次办,大幅缩短办理时间,为企业招聘外国高层次人才提供便利服务。

(曹　敏)

科技镇长团工作

【概况】 2023年,太仓市第15批、第16批科技镇长团由上海交通大学、西北工业大学、南京航空航天大学等多家企事业单位的教授、学者、投资人组成。科技镇长团结合太仓市产业布局,以政产学研合作为主要途径,以人才招引和科技服务为核心,以深入企业为抓手,发掘科技镇长团成员在高校和社会的人才、人力资源,发挥校地合作“联络员”、产才融合“助推员”、科技创新“引导员”、乡村振兴“服务员”作用。

【载体建设推动】 2023年,太仓市科技镇长团协调资源、促进各方洽谈。协助长三角生物医药和医疗器械材料创新中心申报江苏省技术创新中心;推进“新材料科创空间”项目,吸引医疗器械领域高端人才和优质项目落户太仓,引进孵化苏州特亿解生物科技有限公司、中科硅诺(太仓)生物材料科技有限公司、牧垦生物材料(太仓)有限公司等企业。推进硅酸盐所与江苏先进无机材料研究院共建半导体产业创新工厂;推动上海交通大学长三角电动飞机研究院建设落地;推动上海交通大学科技园与太仓高新区对接,围绕新能源方向共建创新载体;南京航空航天大学与圣雷动力联合建设大学生实践基地和野外机器人联合实验室;苏州市生物学会科技经济融合工作站落户太仓市生物医药产业园;同济大学与市文教投集团联合建设航空适航重点实验室;太仓市科技镇长团上海工作站挂牌成立。

【企业需求服务】 2023年,太仓市科技镇长团走访调研企业200余家,挖掘发布各类技术、人才、融资等需求100余项。镇长团成员发挥个人技术专长,指导企业优化产品结构,协助企业申请专利,指导企业融资,为企业智改数转、技术升级、招才引智等出谋划策。挖掘企业产学研合作、融资等全生命周期发展需求,协助太仓港区苏州华一新能源科技股份有限公司新申报各类专利10项,企业获评国家级高新技术企业,并通过深交所上市发行审核会审核。引入金融活水,为苏州光电智能科技有限公司、赛业生物科技有限公司、太仓冠联高分子材料有限公司等科技企业提供投融资咨询服务并对接国内头部创业投资机构;帮助江苏皇冠新材料科技有限公司、嘉好(太仓)新材料股份有限公司、太仓点石航空动力有限公司、百奥芯(苏州)生物科技有限公司等企业与知名高校达成产学研合作意向;牵头联系中科智慧产业城、海美国际产业园、中科院硅酸盐研究所、英丰产业园区、复安产业园等载体,与近40家企业交流产业瓶颈问题,联合攻关技术难题。

【重点工作服务】 2023年,太仓市科技镇长团举办飞机维修工程MSG-3培训班、智能制造与工业软件前沿技术论坛、航空航天领域学术年会等活动,参加“苏州科技行”西安站、哈尔滨站等活动,擦亮“科创太仓”城市金色名片。组织企业参加2023年江苏省“揭榜挂帅”技术转移品牌活动人才专项暨“科技镇长团杯”苏州国际创新挑战赛,太仓市2家企业获“最佳创新单位奖”,科技镇长团成员曾庆喜获“技术经纪人匠心奖”。推动太仓市第一人民医院医学研究中心与苏州大学第一附属医院合作开展研究项目,并进行研究生联合培养。帮助苏州口水娃食品有限公司对接江苏省外扩产机会。支持太仓新建垃圾焚烧发电厂展厅规划设计,与生态环境部相关部门建立联系,打造环保设施向公众开放的全国试点,展现低碳太仓的绿色魅力。探讨创新太仓融资租赁合作方案,探索服务太仓实体制造型企业新模式。

【人才招引】 2023年,太仓市科技镇长团围绕全市产业发展规划,加强内引外联、产才融合,招才引智、招商落户。瞄准各级各类人才,招引高校、科研院所的创新团队和人才向太仓聚集。重点引进国家级专家学者,以及高校学生到太仓创新创业,柔性进企业挂职或兼职科技副总,帮助企业科技创新,推动企业加强研发,加速企业产品提档升级。引进落地科技企业10家,邀请专家到太仓合作洽谈110余人次,推荐“启明计划”人才2人。

(曹　敏)

知识产权管理

【概况】 2023年，太仓市有效发明专利拥有量7906件，万人发明专利拥有量93.72件，有效商标累计2.36万件，驰名商标11件，马德里注册商标133件，地理标志证明商标5件，申报快速预审备案企业328家。全市知识产权质押融资项目99项，融资金额24.37亿元。旭川化学（苏州）有限公司、苏州鸿安机械股份有限公司2家企业被国家知识产权局认定为2023年度国家知识产权优势企业。安佑生物科技集团股份有限公司入围首批“千企百城”商标品牌价值提升行动企业商标品牌名单，太仓市知识产权工作站入围首批“千企百城”商标品牌价值提升行动区域商标品牌指导站名单。太仓市连续三届入围《中国县域知识产权竞争力百强报告》排行榜十强。

【知识产权保护】 2023年，太仓市把知识产权保护工作纳入市政府重点工作，以开展国家知识产权强市示范城市、全国商业秘密保护创新试点地区、省知识产权保护示范区建设为抓手，健全知识产权“严保护、大保护、快保护、同保护”工作机制，为太仓高质量发展保驾护航。印发《2023年太仓市“蓝天”专项整治行动实施方案》等方案，与市人民法院联合开展华东国际塑化城塑化行业保护知识产权专场活动，净化塑化原料交易市场。开展知识产权法律法规及监管执法业务培训，提升执法人员业务能力，提高办案质量，办理的多起案件被评为典型案例。年内，太仓市被苏州市人民政府评为“2023年度苏州市知识产权保护工作先进地区”。

【知识产权服务】 2023年，太仓市实施知识产权“十百千”强基项目，提升企业知识产权创造能力。启动知识产权上市服务项目，成立专家组为4家重点企业提供《知识产权工作合规指引》，解决上市企业知识产权问题。通过服务规范企业知识产权管理、挖掘技术领域相关发明专利、规避知识产权风险，促进企业核心技术专利化、产业化，增强企业知识产权内生动力。联合开展“入园惠企”活动11场，惠及园内企业超200家次，走进中欧先进制造产业园、航空航天产业园、生物医药产业园等，开展普法宣传、政策宣讲、快速审查培训活动，促进企业提升专利申请量、缩短专利授权周期。

【知识产权宣传】 2023年，太仓市围绕“加强知识产权法治保障，有力支持全面创新”全国知识产权宣传周主题，召开知识产权战略实施联席会议，统筹谋划推进全市知识产权工作，提升城市综合实力和竞争力。举办天境湖环湖运动赛、知识产权案件巡回审判、广场设点宣传等活动，活动现场发放各类宣传资料5000份，接受群众咨询百余人次。年内，太仓市推进“尊重知识、崇尚创新、诚信守法”为核心的知识产权文化建设，构建知识产权人文环境。

表49 2023年太仓市获认定的中国驰名商标一览表

商标名称	注册人／利害关系人	类别	核定使用商品／服务	认定时间
雅鹿	雅鹿集团股份有限公司	25	服装	2002年
雅鹿·自由自在	雅鹿集团股份有限公司	25	服装	2007年
Yalu & Freedom	雅鹿集团股份有限公司	25	服装	2007年
乡村树	雅鹿集团股份有限公司	25	服装	2007年
太仓及图	太仓肉松食品有限公司	29	肉松	2008年
图形	江苏德威新材料股份有限公司	1	聚氯乙烯树脂、合成树脂塑料	2009年
安佑及图	安佑（中国）动物营养研发有限公司	31	猪饲料	2012年
蓝冰及图	苏州雅鹿控股股份有限公司	25	服装等	2015年
口水娃及图	苏州口水娃食品有限公司	29	精制坚果仁、熟制豆	2015年
FrognieZila	苏州佛朗尼齐拉服饰有限公司	25	工作服、皮衣、鞋、帽等	2015年
多力 MIGHTY 及图	佳格投资（中国）有限公司	29	食用油脂、食用油、玉米油、食用橄榄油、食用葵花籽油、食用菜籽油、牛奶制品、芝麻油、食品用胶	2021年

（寿　芸）

经贸合作

招商引资

【概况】 2023年，太仓市新增外资及港澳台资注册300万美元以上、内资注册2000万元以上产业项目319个，总投资889.87亿元人民币，注册资本266.88亿元。引进华苏发电、博最能源等内资总投资超10亿元项目10个，庆鸿机械、润鑫科技等外资及港澳台资总投资超1亿美元项目12个。航空航天方面，落户高博航空以及信控航天、领动国创、航辰机载等航空航天项目，超100家航空产业链配套企业集聚太仓市。生物医药方面，全市累计对接生物医药类项目超1100个，新注册熠昭七溪生物和左旋星生物、国医通等重点生物医药类项目179个。

【招商举措】 2023年，太仓市扩大招商宣传，举办太仓（深圳）生物医药产业合作交流会、太仓（北京）航空航天产业交流会等专题招商推介会70余场。多次赴德国、日本、韩国、法国、瑞典拜访交流，举办"东京太仓日""首尔太仓日""德国招商会"等境外主题活动，扩大招商"朋友圈"，提升城市品牌能级。推进招商合作。与仲量联行、素维等咨询机构保持联系，深化与德国、法国、意大利等国外商协会互动，与中德国际文化交流总会、OCO Global咨询、茵创商务咨询等达成友好合作关系，开拓德国慕塔睿思基金、德国德腾基金等新渠道，在分析招商目标对象、研判招商策略措施、拓展重特大项目渠道等方面加深合作，针对目标客户精准对接。深化机制改革。出台《太仓市产业招商发展有限公司考核体系实施办法》，完成人员"双向双选"等工作；修订招商引资社会化专项激励实施办法，评选2022年度"优秀伙伴""招商大使""优质项目引荐人"等奖项，颁发"2023年度太仓市产业咨询顾问"聘书，兑现奖励273.4万元。改进招商方式。持续优化云招商服务平台，发布和更新各区域空间布局、园区布局、主导产业等关键招引信息，上线载体78个、载体全景图49个，为企业、载体和招商部门搭建供需对接桥梁。

（缪玉婷）

对外及对港澳台贸易

【概况】 2023年，太仓市推进对外贸易稳增长、调结构、促转型各项工作，稳住外贸基本盘，全市外贸进出口总体平稳可控。全年全市累计实现进出口总额152.77亿美元，较上年下降7.9%，增速在苏州市排名第四，高于苏州市2个百分点。其中，出口总额82.85亿美元，较上年下降7.6%；进口总额69.92亿美元，较上年下降8.3%。贸易结构保持稳定，一般贸易进出口总额占比较高。一般贸易方式进出口总额116.4亿美元，较上年下降5.3%，占比76.2%；加工贸易进出口总额20.8亿美元，较上年下降19.5%，占比13.6%；保税区进出境仓储或转口贸易进出口总额9.6亿美元，较上年下降10.7%，占全市的比重为6.3%。商品结构保持稳定，机电产品进出口占比较高。机电产品进出口总额79.5亿美元，较上年下降10.0%，占比52%，是全市第一大类进出口产品。高新技术产品出口总额5.6亿美元，较上年下降8.5%。外资及港澳台资企业进出口比重较高，国有企业进出口快速增长。外资及港澳台资企业实现进出口总额96.4亿美元，较上年下降8.3%，占全市比重的63.1%。民营企业实现进出口总额54.3亿美元，较上年下降8.9%，占比35.5%。国有企业进出口总额2.1亿美元，较上年增长70.0%。贸易伙伴多元共进，"一带一路"共建国家（地区）占比提升。对东盟进出口总额37.6亿美元，较上年下降0.3%。对欧盟进出口总额34.4亿美元，较上年下降11.9%，其中对德国进出口总额17.3亿美元，较上年下降3%。共建"一带一路"国家（地区）共计进出口总额60.5亿美元，较上年下降0.5%，占比39.6%。德国、越南、日本列全市进出口总额前三名，占全市进出口的30.4%。

【外贸企业发展】 2023年，太仓市推进对外贸易企稳回升。重点关注外贸50强企业，集中走访江苏长江石油化工有限公司、江苏天扬船舶进出口有限公司等头部企业，加强要素保障，引导企业争取总部及海外订单在太仓生产，扩大进出口增量。召开专题研究港口重点物贸项目会议，抓好重点外贸企业增量项目落地，推动外贸增量加快展现。加强贸易企业招商引资，赴贸易发达的国家、地区开展招商活动。组织200家次企业参加广交会等各类专业境内外展会，助力企业开拓国际市场。指导4家企业获评"江苏省重点培育和发展的国际知名品牌"，指导旭川化学（苏州）有限公司、苏州荣文库柏光电科技有限公司2家企业获评2023—2024年"苏州市出口名牌"，鼓励企业用自主品牌出口国际市场。强化政策扶持，修改完善外贸扶持政策，全年为外贸企业争取各级各类扶持资金2600万元。搭建中小微企业出口信用保险统保平台，化解外贸企业出口风险。

表50 2023年太仓市进出口主要商品情况表

商品名称	进出口		出口		进口	
	累计（万美元）	较上年增长（%）	累计（万美元）	较上年增长（%）	累计（万美元）	较上年增长（%）
机电产品	795186.7	−10	587957.1	7.3	207229.6	−20.1
高新技术产品	114092	−21.5	56383.7	25.3	57708.3	−31.2

表 51　2023 年太仓市对外贸易情况表
（按贸易方式分）

贸易类别	进出口		出口		进口	
	累计（万美元）	较上年增长（%）	累计（万美元）	较上年增长（%）	累计（万美元）	较上年增长（%）
全市	1527691.6	−7.9	828495.4	−7.6	699196.2	−8.3
一般贸易	1164193.2	−5.3	623679.5	−6.3	540513.7	−4.1
加工贸易	207991.8	−19.5	160644.8	−16.7	47347	−27.8
来料加工	18864	−28.5	12503.6	−26.6	6360.4	−31.9
进料加工	189127.8	−18.5	148141.2	−15.7	40986.6	−27.1
保税仓库进出口货物	56024.2	−8.8	2392.3	−9	53631.9	−8.8
保税区进出境仓储或转口贸易	95929.5	−10.7	41000.6	16.1	54928.9	−23.8
其他贸易	3552.9	10.8	778.2	56.3	2774.7	2.4

表 52　2023 年太仓市对外贸易情况表
（按企业性质分）

贸易类别	进出口		出口		进口	
	累计（万美元）	较上年增长（%）	累计（万美元）	较上年增长（%）	累计（万美元）	较上年增长（%）
外资企业	964146	−8.3	411996	−13.6	552150	−3.8
国有企业	20767	70	10342	90.9	10425	53.3
民营企业	542778	−8.9	406157	−1.9	136621	−24.9

表 53　2023 年太仓市进出口主要国家情况表

序号	国家	进出口		出口		进口	
		累计（万美元）	较上年增长（%）	累计（万美元）	较上年增长（%）	累计（万美元）	较上年增长（%）
1	德国	172773	−3	59018	10.6	113755	−8.8
2	越南	153846	1.8	20943	−18.1	132903	5.8
3	日本	137121	−13.3	92904	−9.8	44217	−19.8
4	美国	121245	−22.9	83506	−27.7	37739	−9.8
5	印度尼西亚	71116	−3.2	14100	−8.7	57015	−1.8
6	韩国	70776	−15.6	44644	−4.4	26132	−29.6
7	新加坡	56389	−3.1	29839	−0.7	26550	−5.7
8	印度	46700	37.8	35754	38.1	10946	36.9
9	马来西亚	39087	1.4	16182	2.6	22905	0.6

表 54　2023 年太仓市进出口前 20 家企业一览表

序号	企业名称	序号	企业名称
1	耐克体育（中国）有限公司	11	通快机床（太仓）有限公司
2	舍弗勒（中国）有限公司	12	特灵空调系统（中国）有限公司
3	江苏长江石油化工有限公司	13	克朗斯机械（太仓）有限公司
4	江苏天扬船舶进出口有限公司	14	碧辟（中国）工业油品有限公司
5	太仓中集冷藏物流装备有限公司	15	玛顿重工（太仓）有限公司
6	太仓中集特种物流装备有限公司	16	苏州本新国际贸易有限公司
7	盈维来工具（苏州）有限公司	17	太仓市旭川树脂有限公司
8	新大洲本田摩托（苏州）有限公司	18	太仓市同维电子有限公司
9	埃克森美孚（太仓）石油有限公司	19	太仓中化环保化工有限公司
10	太仓港德润物流有限公司	20	苏州讯唐供应链管理有限公司

【外资及港澳台资利用】 2023 年，太仓市完成注册外资及港澳台资 11.35 亿美元（数据来源市商务局，下同），较上年下降 51.95%；实际使用外资及港澳台资 5.41 亿美元，较上年下降 9.59%。新注册外资及港澳台资项目 123 个，注册外资及港澳台资 9.54 亿美元，较上年下降 35.4%；增资扩股项目 39 个，新增注册外资及港澳台资 2.41 亿美元，较上年下降 76.3%。其中，完成注册德资 3.37 亿美元，实际使用德资 2.45 亿美元，较上年增长 217.7%，占全市实际使用外资及港澳台资的 45.3%；引进德资新项目 39 个，其中 7 家企业投资总额超 1000 万美元，新引进“隐形冠军”德企 2 家。增资项目 10 个，注册外资 1.3 亿美元。总部经济持续壮大，佩尔哲汽车内饰系统（太仓）有限公司、江苏骏伟精密部件科技股份有限公司被认定为 2023 年苏州市级跨国公司地区总部和功能性机构；被核定为苏州市外资研发中心外企 19 家。截至年底，全市累计省级以及苏州市级跨国公司地区总部和功能性机构分别为 15 家和 21 家，省级以及苏州市外资研发中心分别为 1 家和 19 家，列苏州市第三位。举办“苏韵入香江 · 聚焦港产城”——苏州太仓投资说明会、2023 年生命健康产业跨境合作“太仓对话 500 强”等活动，加强政府和外企交流，优化太仓投资环境和营商环境。404 家规模以上工业外企是经济发展的中坚力量，占规模以上工业企业总数的 31.9%，完成工业总产值 1549.3 亿元，占规模以上工业企业总量的 48.2%；实现营业收入 1513.15 亿元，占规模以上企业总量的 49.6%；吸纳就业人员 8.35 万人，实现利润总额 119.33 亿元，分别占总量的 49.2% 和 62.0%。

表 55　2023 年太仓市注册外资及港澳台资情况表

区镇	新设项目（个）	累计（万美元）	较上年增长（%）
全市	123	113456.33	−51.95
港区（含浮桥镇）	25	26744.73	−67.27
高新区（含娄东街道、科教新城）	59	60591.11	−25.46
城厢镇	12	3364.79	−81.46
沙溪镇	15	11417.66	−39.12
浏河镇	5	7391.65	−40.72
璜泾镇	2	1377.93	−88.57
双凤镇	5	2568.47	−78.03

表 56　2023 年太仓市实际使用外资及港澳台资情况表

区镇	累计（万美元）	较上年增长（%）
全市	54091.47	-9.59
港区（含浮桥镇）	6927.53	-49.34
高新区（含娄东街道、科教新城）	29000.00	7.36
城厢镇	3041.84	-40.73
沙溪镇	6000.00	0
浏河镇	3072.23	103.38
璜泾镇	3048.55	-46.14
双凤镇	3001.31	255.92

表 57　2023 年太仓市入库税收超亿元外资及港澳台企业一览表

单位：亿元

序号	企业名称	入库税收
1	耐克体育（中国）有限公司	34.81
2	舍弗勒（中国）有限公司	9.71
3	玖龙纸业（太仓）有限公司	3.37
4	埃克森美孚（太仓）石油有限公司	2.73
5	碧辟（中国）工业油品有限公司	2.52
6	慕贝尔汽车部件（太仓）有限公司	2.18
7	特灵空调系统（中国）有限公司	2.10
8	斯凯奇（太仓）商贸物流有限公司	1.94
9	克朗斯机械（太仓）有限公司	1.53
10	和路雪（中国）有限公司太仓分公司	1.28
11	江苏扬子三井造船有限公司	1.2
12	亿迈齿轮（太仓）有限公司	1.14
13	太仓港协鑫发电有限公司	1.11

表 58　2023 年太仓市工业总产值超 20 亿元外资及港澳台资企业一览表

单位：亿元

序号	企业名称	工业总产值
1	舍弗勒（中国）有限公司	205.91
2	玖龙纸业（太仓）有限公司	90.52
3	特灵空调系统（中国）有限公司	61.74
4	埃克森美孚（太仓）石油有限公司	55.27
5	太仓港协鑫发电有限公司	53.51

续表 58

序号	企业名称	工业总产值
6	碧辟(中国)工业油品有限公司	44.33
7	江苏扬子三井造船有限公司	33.25
8	太仓博泽汽车部件有限公司	32.60
9	克朗斯机械(太仓)有限公司	25.46
10	通快(中国)有限公司	25.20
11	慕贝尔汽车部件(太仓)有限公司	24.50
12	太仓中集特种物流装备有限公司	23.90

(陆骊晨)

对外及对港澳台经济合作

【概况】 2023年,太仓市贯彻中央和省、市关于高水平开放、高质量发展决策部署,牢固树立创新、协调、绿色、开放、共享的新发展理念,保持对外投资和经济合作持续平稳健康发展。全年新设境外投资项目12个,新增协议投资额2.8亿美元。

表59 2023年太仓市新批对外及对港澳台企业投资项目一览表

序号	项目名称	投资方	投资地
1	天顺风能(德国)有限公司	天顺风能(苏州)股份有限公司	德国
2	鑫源新加坡有限公司	苏州国信贸易集团有限公司	新加坡
3	爱柯迪富乐精密科技(马来西亚)有限公司	爱柯迪富乐精密科技(太仓)有限公司	马来西亚
4	依科赛生物科技(澳大利亚)有限公司	苏州依科赛生物科技股份有限公司	澳大利亚
5	新加坡硕新有限责任公司	苏州松北自动化科技有限公司	新加坡
6	越南雅卓电子科技有限公司	太仓市雅卓智能科技有限公司	越南
7	莱博瑞科技(越南)有限公司	苏州新尃流体科技有限公司	越南
8	思睿观通科技(越南)有限公司	思睿观通科技(江苏)有限公司	越南
9	施必牢防松紧固件股份公司	苏州施必牢精密紧固件有限公司	美国
10	启盛(香港)发展有限公司	江苏柏跃供应链管理有限公司	中国香港地区
11	DK株式会社	苏州欣科导轨有限公司	韩国
12	墨西哥骏伟工业有限公司	江苏骏伓精密部件科技股份有限公司	墨西哥

【服务贸易】 2023年,太仓市服务贸易进出口总额32.57亿美元,较上年增长4.14%,总量位列苏州市第二,其中进口总额24.56亿美元,出口总额8.01亿美元。全年全市知识密集型服务贸易进出口总额21.41亿美元,较上年增长0.82%,占全市服务贸易总额的65.74%,其中知识密集型服务出口额为4.88亿美元,较上年增长33.29%,占全市服务贸易出口额的60.95%。年内,昭衍(苏州)新药研究中心有限公司入选苏州市十大数字贸易创新企业名单,昭衍(苏州)新药研究中心有限公司、中美冠科生物技术(太仓)有限公司入选省级数字贸易平台名单。

【服务外包】 2023年,太仓市累计接包合同额12.19亿美元,较上年增长0.84%;累计完成离岸执行额4.32亿美元,较上年减少8.49%,累计完成在岸执行额6.2亿美元,较上年增长2.95%,三项指标总量在苏州市均居第四位。年内,服务外包产业结构稳定,企业接包合同主要以KPO(知识流程外包）和 BPO（业务流程外包）为主，形成供应链管理服务、研发设计、生物医药等三大优势行业，并逐步推动软件开发、信息技术服务等行业发展。其中，KPO 企业执行额 5.12 亿美元，BPO 企业执行额 4.98 亿美元，分别占全市执行额比重为 48.67% 和 47.34%。研发设计外包企业主要有特灵空调系统（中国）有限公司，生物医药研发外包企业有中美冠科生物技术（太仓）有限公司、赛业（苏州）生物科技有限公司、昭衍（苏州）新药研究中心有限公司等。

【跨境电商】 2023 年，太仓市完成跨境电商进出口额 3.13 亿元，较上年增长 192.2%，增速及综合指数均位列苏州市第二，新增注册苏州跨境电商线上综合服务平台企业 13 家。太仓跨境电商产业主要以 B2B（境内企业通过跨境物流将货物运送至境外企业或海外仓，并通过跨境电商平台完成交易的贸易形式）直接出口为主，B2C（企业对消费者的电子商务模式）邮包出口、B2B2C（网购保税进口）保税备货进口小量开展。B2B 出口企业主要依托阿里巴巴国际站、环球资源网、中国制造网、亚马逊等第三方平台承接国际订单开展跨境销售业务。如果新能源科技（江苏）股份有限公司、苏州飘志华复合材料科技有限公司等企业逐渐向搭建独立站发展，截至年底，如果新能源科技（江苏）股份有限公司在德国、美国、英国等 7 个国家设立站点，网站流量实现 987 万 UV（独立访客数量）。B2B2C 保税备货进口主要通过苏州天下仓供应链有限公司、中外运物流供应链管理（苏州）有限公司 2 家企业依托与其他电商企业合作提供仓储、物流的方式开展。全年跨境电商出区包裹单量 4790 单。B2C 邮包出口企业如苏州岩石户外用品有限公司、太仓勿争通信设备有限公司等，主要依托 Tik Tok、速卖通等平台接单通过 EMS、UPS 向国外发送包裹，包括服装、鞋帽等产品。全年新增苏州市级公共海外仓 1 个（位于英国南安普敦的爱友智公共海外仓），主要为国内企业提供仓储、清点和平台发货等服务。（陆骊晨）

经济管理

宏观经济运行管理

【概况】 2023 年，太仓市坚持稳中求进工作总基调，贯彻新发展理念，经济运行回稳向好，社会大局和谐稳定。位列中国县域发展潜力百强第二、中国县域高质量发展百强第六、全国综合实力百强县第七，实现中国最具幸福感城市县级市“八连冠”。全市实现地区生产总值 1734.94 亿元，较上年增长 5.3%，增速高于苏州平均 0.7 个百分点，位居苏州市第二。完成一般公共预算收入 189.42 亿元，较上年增长 6.5%，增速位居苏州市第三；其中税收收入 160.3 亿元，较上年增长 9.8%，增速位居苏州市第四。完成规模以上工业产值 3212.26 亿元，较上年增长 1.8%，增速高于苏州平均 1.7 个百分点，位居苏州市第五。高端装备、先进材料、生物医药、航空航天四大产业创新集群实现产值 2419 亿元，较上年增长 0.7%，占规模以上工业产值比重 75.3%。其中，471 家规模以上高端装备企业实现产值 1307.57 亿元，350 家规模以上先进材料企业实现产值 946.92 亿元。全年实现服务业增加值 896.64 亿元，较上年增长 7.5%，增速高于苏州平均 2 个百分点，位居苏州市第二，占地区生产总值比重 51.7%，较上年提高 7.5 个百分点。708 家规模以上服务业企业实现营收 1973.32 亿元，较上年增长 9.3%，其中物贸产业实现营收 1571.87 亿元，较上年增长 13.2%。完成社会消费品零售总额 548.83 亿元，较上年增长 7.5%，增速位居苏州市第二。全市新注册内资项目 221 个，注册资本 123.55 亿元，投资金额 499.38 亿元。注册外资及港澳台资 11.35 亿美元，实际使用外资及港澳台资（部口径）5.34 亿美元，实现进出口总额 152.77 亿美元。

【重点项目建设】 2023 年，太仓市完成全社会固定资产投资 553.43 亿元，较上年增长 15.6%，其中工业投资 212.62 亿元，较上年增长 18.1%；服务业投资 339.72 亿元，较上年增长 13.9%。完成民间投资 343.69 亿元，占固定资产投资比重 62.1%。完成高技术制造业投资 90.58 亿元，较上年增长 17%。全市省级、苏州市级重点项目数量居苏州前列，183 个三级重点项目完成投资 369.89 亿元，年度计划投资完成率 108%。其中，6 个省重大项目完成投资 31.26 亿元，年度计划投资完成率 110.8%；56 个苏州重点项目完成投资 235.48 亿元，年度计划投资完成率 101.1%。联电新能源汽车动力总成项目一期、利洁时太仓工厂滴露项目竣工投产，麦格纳智能驾驶系统项目一期租赁投用。推进博马科技中国区总部及制造基地项目、斯凯奇二期建设，夸特纳斯国际食材集采集配加工销售中心项目完工。

【综合改革】 2023 年，太仓市深化“一网通办”改革，新推出“定点医药机构签约”“承包经营权备案登记”等“一件事”集成服务 8 项。“太融 e”App 入选智慧江苏重点工程项目名单，累计上线本地应用超 150 个。发布“五化协同”优化营商环境方案，启用个体工商户发展服务中心，企业服务中心工作经验在苏州全市推广。重点项目平均审批时间缩短至 6 天，“多测合一”改革在全省推广。产业用地更新 192.33 公顷，新增产业载体 154 万平方米、人才公寓 3365 套。新设“娄城人才贷”“新市民贷”，上线全省首个新市民金融服务平台，政府增信金融产品规模 56.1 亿元。金融机构本外币存贷款余额分别增长 12.9% 和 15.6%。深化国资国企改革，成立市国控公司并获 AAA 评级。落实免罚轻罚清单制度，为 1781 件涉企违法案件减免罚金 5133 万元。获评城市营商环境创新县（市），营商环境评价位列全省第二，蝉联企业家幸福感最强市（区）榜首。全社会研发经费支出占地区生产总值比重 3.9%。高新技术产业产值占规模以上工业产值比重 54.9%，较上年提高 1.8 个百分点。全市有效高新技术企业 1175 家，科技型中小企业评价入库1880家。新增国家级专精特新“小巨人”企业12家、省独角兽（潜在）企业10家。全年技术合同成交额185.51亿元，较上年增长5.8%。完善人才“引育留用”全链条机制，新引进外国高端人才A类60人，获评苏州市级以上人才105人，万人发明专利拥有量93.72件。入选国家创新型县（市）建设名单，蝉联全国科技创新百强县第二。

【社会民生保障】 2023年，太仓市多渠道促进就业，投用零工市场，建成“家门口”就业服务站10个，发放就业惠企资金超8300万元，城镇新增就业1.97万人。创建社保“就近办”银行网点43个，获评首批“15分钟医保服务圈”省级示范县。上调社会救助和困境儿童保障标准，发放各类生活救助慰问金6451万元。新开工保障性租赁住房3067套，基本建成2201套，新增公积金缴存职工4.16万人。实施新市民子女积分入学制度，学校投用7个，新增学位6435个。入选全省示范性居家社区养老服务网络建设地区，璜泾镇永乐村获评全国示范性老年友好型社区。开展文化惠民活动超3000场次。建成智慧停车“一张网”，新增机动车公共泊位1.96万个、“商居共享”泊位2138个。新改建新能源车辆充电场（站）44座，城市道路实现LED路灯全覆盖。网格化管理优化升级，受理群众诉求及网格事件166万件，办件满意度99%。打造“娄城老娘舅”调解服务品牌，96%以上矛盾纠纷在镇村两级就地化解。

（程　勇）

“太舒心”营商服务

【“太e办”建设】 “太e办”是“太仓容易办事”的简称，旨在打造“在太办事容易”营商环境氛围。太仓市以“一网通办平台”为基础，建设线上政务服务统一入口，即“太e办”，通过流程再造、数据共享，实现2个“全生命周期”（个人从出生到身后、企业从设立到注销）服务事项“一网申报、一次办成”，提升群众和企业获得感。2023年，太仓市推进“一网通办”改革，加快构建线上线下融合立体化政务服务体系，规范各类政务服务场所设置，迭代升级“太e办”，推进政务服务线上线下标准统一、全面融合、服务同质，推动“太e办”PC端、移动端、自助端和窗口端“四端融合”，实现线上“入一口、好办事、管全程”，线下“进一门、到一窗、一次办”。“太e办”微信小程序新推出“学生医保参保确认”模块，全市10.9万名学生通过“太e办”完成参保确认，确认率95%。

【区域营商环境一体化建设】 2023年，太仓以数字政府建设为引领，致力长三角“一网通办”推进政务融合升级，搭建区域一体“数字高速路”，推进长三角优质政务服务共建共享。长三角“一网通办”事项标准化和“虚拟窗口”建设。通过“虚拟窗口”技术，解决原先远程通办产生的材料审核不及时、远程交互核实不畅通、网上填报导办困难等非标准化问题，实现企业、群众在常住地就近政务服务大厅窗口即可获得与户籍地政务服务大厅窗口同城化、标准化服务。“掌上办”应用场景建设。在推进长三角电子证照互认方面，依托“随申办”和“苏服办”掌上应用端，实现上海和江苏电子证照的亮证功能。依托全国一体化政务服务平台，实现27个应用场景的身份证、户口簿、行驶证等高频证照的跨省调用。依托国家跨省异地就医管理平台开展医疗费用直接结算服务，太仓参保人在沪苏两地享受免备案直接划卡服务。完善线下专窗覆盖和自助终端建设。强化人员、设备、环境建设，在全市所有镇（街道）便民服务中心开设标准化“跨省通办”专窗。在推动自助终端持续赋能方面，丰富自助机服务能力，并把太仓高频政务服务嵌入到上海市嘉定区和昆山市的自助机中，办事群众可以直接在嘉定或昆山的政务大厅自助终端上办理太仓市无房证明打印、房屋水电气过户、参保证明查询打印等多个便民应用，无须在两地奔波即可实现长三角‘自助办”。推进长三角公共资源交易一体化发展合作。融合苏州市域一体化公共资源交易平台建设，使用统一的门户网站，完成统一主体库的前期布置和数据推送、项目测试等工作，CA数字证书省内互联互通，电子营业执照应用，平台内一次登录，构建全市公共资源交易信息一网尽览、交易服务一网集成、交易监管一网协同、交易数据一网共享的运行体系。在苏州市首推水利工程项目跨域交易，推动公共资源市域一体化交易。

【惠企利民政策和服务“免申即享”工作】 2023年，太仓市提高惠企政策供给，依托“太仓市企业服务总入口”对接“苏企通”，推送本级政策400余条。开通政策在线申报系统，实现35个大类162个荣誉类奖励“免申即享”。加大惠企政策文件评估审核力度，提高市场主体参与度。（王　雯）

【五化协同】 2023年，太仓市擦亮“5E·太舒心”品牌，发布“五化协同”优化营商环境方案，企服中心工作经验在苏州全市推广。推进打造港口特色营商环境，实现政务服务事项“跨省即办”26项，获批全国智慧口岸建设试点。作为唯一县级市参加第11届中德经济技术合作论坛，获商务部复函支持建设中德（太仓）产业合作示范区。市场环境更加有序。拓宽市场主体准入推出双渠道，企业开办全流程办理时间平均压缩至2小时内，法人企业电子营业执照发放率超70%。推行简易注销“一件事”，简易注销企业占比超80%。持续推进太仓金融综合服务平台建设，用好省“小微贷”、苏州市“信保贷”产品，发展完善具有太仓特色的“娄城贷”政府增信金融产品体系。监管体系更加优化。完善企业合规办案机制，制发《运用简易机制办理小微企业合规案件工作办法（试行）》。建立“审管执信信息交互系统”，实现审批、监管、执法、信用数据互联互通。承办全省县级地区创新信用管理与服务试点工作推进会，拓展信用便企服务应用场景，构建“1+3+N”信用便企服务体系，为企业发展纾困赋能。政务服务更加高效。全市122个重点项目从立项到开工平均审批时间缩短至6天。围绕企业、个人2个“全生命周期”，在省定标准26项“一件事”基础上，推出“居民充电桩报装”“企业上市合规性审查”等“一件事”集成服务15项。推出“云上太仓·智享税务”十大惠企利民智慧服务产品，打造网上办、掌上办、自助办等信息化办税缴费渠道，落实“零跑动”办税事项195个，实现太仓97%业务线上办理。要素保障更加精准。开展“外企服务月”活动，累计走访企业210家，收集问题建议55个。推进“智改数转”全覆盖，摸排项目源，入库项目903个。“江苏精品”、省质量信用A级及以上、苏州市质量奖获评数量和增量创历史新高。率先建立县域基本养老服务地方标准，建立基本养老七大类30项内容及工作标准、监测指标。（程　勇）

价格管理

【概况】 2023年，太仓市健全组织机制，研究制定《太仓市2023年价格调控目标责任制实施意见》，分解落实调控目标任务，及时追踪问效，把促进生产、保障供应、稳价为民的价格调控任务落到实处。落实物价补贴，根据《太仓市价格异动应急预案》，向困难群体发放一次性特殊补贴及物价上涨补贴，共计103.04万元。保障市场供应，根据《关于2023年春节期间苏州市市级储备猪肉投放工作方案的请示》，春节期间按计划向市场投放市级储备猪肉13.8吨，促进猪肉市场保价稳供。强化监测预警，关注重要商品价格变化，及时分析价格走势，预警预报经济运行，确保重要商品价格基本稳定。

【价格调控】 2023年，太仓市调整非居民用天然气销售价格，4月1日至10月31日，全市非居民用管道天然气销售价格由4.17元/立方米调整为3.73元/立方米，11月1日至2024年3月31日调整为4.13元/立方米。民用天然气使用阶梯气价，依据居民用管道天然气价格联动机制，11月1日起，疏导全市居民阶梯用气价格，第一阶梯气价2.99元/立方米。加大政策优惠力度、执行便捷度，用户办理“一户多人口”凭证范围由原户口簿扩大为户口簿、居住证或所属社区（村）证明等。依据煤热联动管理办法，每月测算煤炭购入价格，调整蒸汽销售价格。3月，蒸汽价格262.84元/吨；7月为242.4元/吨。

【清费减负】 2023年，太仓市落实减负政策，贯彻清费减负政策4项，减征幅度20%至50%。更新“三个目录”，清理和规范行政事业性收费目录、政府定价管理的经营服务性收费目录、口岸收费目录，全年更新“三个目录”3次，打造全市收费管理规范化、收费标准透明化的营商环境。清理加价行为，维护中小微企业降价红利不受侵占，制定转供电巡视整改方案，召开专题会议，部署整改措施，建立联合监管机制，常态化巩固整治成果，源头治理预防转供电环节违规加价复发。开展收费巡访，联合市财政局巡访收费单位134家，其中纳入省收费平台动态监管132家。全市2022年度收费总额8.3亿元，其中行政事业性收费4.14亿元，占比49.88%，涉企收费2.87亿元，占比34.63%。落实电价改革，深化电力价格改革，执行农产品初加工电价。组织协调11个区镇板块摸排新增农产品初加工用电企业情况，核实新增企业1家，涉及1%的生产用电享受农业电价。

2023年11月20日，太仓市转供电环节加价行为专项整治工作会议召开
（市发改委供稿）

【价格服务】 2023年，太仓市开展农本调查，提升农产品成本调查科学化、规范化、信息化水平，提高农产品成本调查及时性、准确性、真实性，以一手调查样本数据助力国家及有关部门合理制定粮食最低收购价和涉农补贴等惠农政策。按期完成年度种植意向、存售粮、农资购买和小麦、水稻成本收益直报、常规调查及3品蔬菜常规调查等工作。优化价格信息服务，依托“娄东民生价格在线”平台，每日发布各类民生价格信息，共采集发布全市13家农贸市场120种农副产品价格信息250期、重要民生价格信息24期，其中主副食品12期、日用品12期，方便群众掌握市场价格动态变化。疏解民生价格争议，捕捉民生疑点，精准解读物业、停车等领域的价格政策，解决民众困惑。（程　勇）

政府采购

【概况】 2023年，太仓市政府采购工作贯彻落实上级政府采购有关法律法规，强化政府采购进口产品和采购方式变更审核管理，督促部门编制政府购买服务指导性目录，科学界定政府购买服务的内容和边界，规范政府购买服务行为。全年政府采购预算额18.66亿元，实际采购金额18.04亿元，节约资金0.62亿元，节约率3.3%，实际采购金额较上年下降1.56%。

【框架协议采购落实】 2023年，太仓市通过“苏采云”平台共成交全省联动框架协议采购项目1008个，预算金

额 1451.9 万元，实际采购金额 1425.6 万元，资金节约率 1.8%，提升零星采购便利化水平，节约财政资金。框架协议采购在一定程度上避免重复招标、评审的问题，实现以量压价、以量提质的效果。

【采购人主体责任落实】 2023 年，太仓市落实政府采购制度改革精神，按照"谁采购、谁负责"原则，督促预算单位履行采购活动采购人的主体责任，加强采购需求、信息公开、履约验收、款项支付等采购重点环节管理，全年采购单位共公告采购意向 671 批。各主管预算单位通过苏州市政府采购网公开本部门 2022 年度面向中小企业预留项目执行情况，公布全市政府面向中小企业采购的账单。

【政府采购营商环境优化】 2023 年，太仓市按照省财政厅和苏州市财政局部署，开展全市政府采购代理机构监督检查评价工作，抽取 2022 年后从事全市政府采购项目的 4 家代理机构的 20 个项目，总中标（成交）金额 2514.1 万元。针对项目执行中存在的 145 个问题，对照处罚处理依据作出责令整改的处理决定。开展集采机构监督检查工作，完成交易中心 2022 年业务监督考核工作。压降采购争议案件，全年案件量 6 件，较上年下降 73%，按类型划分，政府采购投诉案 4 件、监督检查案 2 件。审核入库新代理机构，全年新收入库政府采购代理机构 9 家，共有代理机构 94 家。

【政府采购支持乡村振兴政策落实】 2023 年，太仓市落实脱贫地区农副产品采购和省内消费帮扶要求，完成年初设定的目标任务，定期统计、及时跟进各预算单位采购进度和情况，确保各项政策要求落到实处。年内，"832 平台"拟预留采购份额 219.74 万元，完成 235.92 万元，完成比例 107.15%；省"鲜丰汇平台"预留采购份额 65.27 万元，完成 68.47 万元，完成比例 104.9%。 （陈　晨）

财政收支

【概况】 2023 年，太仓市完成一般公共预算收入 189.42 亿元，增长 6.5%；其中税收收入 160.3 亿元，税收占比 84.6%。区镇板块中，太仓港经济技术开发区（含浮桥镇）、城厢镇、双凤镇一般公共预算收入增幅位居前三，分别为 32.3%、31.3%、28.7%。太仓港经济技术开发区（含浮桥镇）、高新区（含科教新城）是全市收入的"压舱石"，一般公共预算收入占全市比重分别为 19.8%、48.3%。

表 60　2023 年太仓市财政收入分项目执行情况表

项目	累计收入（万元）	上年同期（万元）	增长（%）
一、一般公共预算收入	1894177	1778188	6.5
（一）税收收入	1602994	1459568	9.8
1. 国内增值税	779456	509992	52.8
2. 企业所得税	339918	334346	1.7
3. 个人所得税	61666	57908	6.5
4. 资源税	4	3	33.3
5. 城市维护建设税	84696	69642	21.6
6. 房产税	84881	80833	5.0
7. 印花税	33457	19559	71.1
8. 城镇土地使用税	23288	25078	−7.1
9. 土地增值税	50511	231458	−78.2
10. 车船税	10279	10280	—
11. 耕占税	6888	7401	−6.9
12. 契税	119678	103468	15.7
13. 环境保护税	8346	9175	−9.0
14. 其他税收收入	−74	425	−117.4
（二）非税收入	291183	318620	−8.6
1. 行政事业性收费	30826	25637	20.2
2. 罚没收入	7585	8623	−12.0

续表 60

项目	累计收入（万元）	上年同期（万元）	增长（%）
3. 专项收入	71963	61979	16.1
4. 国有资本经营收入	70000	20000	250.0
5. 国有资源（资产）有偿使用收入	98848	122442	−19.3
6. 捐赠收入	—	239	−100.0
7. 政府住房基金收入	3679	5090	−27.7
8. 其他收入	8282	74610	−88.9
二、政府性基金预算收入	1004693	1290419	−22.1
1. 港口建设费收入	—	—	—
2. 国有土地收益基金收入	41984	64719	−35.1
3. 农业土地开发资金收入	1133	1526	−25.8
4. 国有土地使用权出让收入	926774	1190328	−22.1
5. 城市基础设施配套费收入	16802	15383	9.2
6. 彩票公益金收入	2844	3043	−6.5
7. 污水处理费收入	15000	15000	—
8. 彩票发行机构和彩票销售机构的业务费用	156	420	−62.9
三、国有资本经营预算收入	—	69095	−100.0

表 61　2023 年太仓市一般公共预算税收收入分地区执行情况表

地区	累计收入（万元）	上年同期（万元）	增长（%）
全市合计	1602994	1459568	9.8
港区（含浮桥镇）	322604	255281	26.4
高新区（含科教新城）	822618	839059	−2.0
城厢镇	168694	143752	17.4
沙溪镇	104406	84670	23.3
浏河镇	85419	67315	26.9
璜泾镇	37496	29477	27.2
双凤镇	62846	50825	23.7
其他	−1089	−10811	—

说明：2022 年起市级收入企业全部纳入属地管理，“其他”主要为省属铁路企业留抵退税调库

表 62　2023 年太仓市财政支出预算执行情况表

预算科目	调整预算（万元）	实绩（万元）	上年同期（万元）	较上年同期	
				增长额（万元）	增长（%）
地方财政支出总计	2940775	2874275	3096461	−222186	−7.2
一、一般公共预算支出合计	1897155	1837155	1789233	47922	2.7
一般公共服务支出	198339	184080	162863	21217	13.0

续表62

预算科目	调整预算（万元）	实绩（万元）	上年同期（万元）	较上年同期	
				增长额（万元）	增长（%）
外交支出	0	0	0	0	—
国防支出	286	228	13	215	1653.8
公共安全支出	105654	104276	114982	−10706	−9.3
教育支出	310204	293553	288097	5456	1.9
科学技术支出	179678	174923	187798	−12875	−6.9
文化旅游体育与传媒支出	26726	25298	32296	−6998	−21.7
社会保障和就业支出	180967	180061	172139	7922	4.6
卫生健康支出	119983	119614	119673	−59	−0.0
节能环保支出	32268	26753	74829	−48076	−64.2
城乡社区支出	408734	408017	293008	115009	39.3
农林水支出	121897	113118	113074	44	0.0
交通运输支出	31830	29138	22085	7053	31.9
资源勘探工业信息等支出	28357	26612	41386	−14774	−35.7
商业服务业等支出	17936	17291	27250	−9959	−36.5
金融支出	1889	1879	2074	−195	−9.4
援助其他地区支出	3333	3333	4010	−677	−16.9
自然资源海洋气象等支出	9682	9604	12877	−3273	−25.4
住房保障支出	65606	65591	65806	−215	−0.3
粮油物资储备支出	4535	4535	3252	1283	39.5
灾害防治及应急管理支出	15735	15735	16177	−442	−2.7
预备费	0	—	—	—	—
其他支出	32	32	16	16	100.0
债务付息支出	33386	33386	35299	−1913	−5.4
债务发行费支出	98	98	229	−131	−57.2
二、政府性基金预算支出合计	1043608	1037108	1293092	−255984	−19.8
科学技术支出	0	0	0	0	—
文化旅游体育与传媒支出	194	143	671	−528	−78.7
社会保障和就业支出	0	0	0	0	—
节能环保支出	0	0	0	0	—
城乡社区支出	1013955	1007954	1252855	−244901	−19.5
农林水支出	0	0	0	0	—
交通运输支出	0	0	0	0	—
资源勘探工业信息等支出	0	0	0	0	—
金融支出	0	0	0	0	—
其他支出	3954	3506	18287	−14781	−80.8
债务付息支出	25349	25349	21156	4193	19.8

续表 62

预算科目	调整预算（万元）	实绩（万元）	上年同期（万元）	较上年同期	
				增长额（万元）	增长（%）
债务发行费支出	156	156	123	33	26.8
抗疫特别国债安排的支出	0	0	0	0	—
三、国有资本经营预算支出合计	12	12	14136	-14124	-99.9
社会保障和就业支出	0	0	0	0	—
国有资本经营预算支出	12	12	14136	-14124	-99.9

【财政服务经济】 2023年，太仓市加大科技创新投入力度，全年支出科技经费17.49亿元，促进全市科技领军人才政策和资金效果综合提升。支持重点产业创新、企业“智改数转网联”和先进制造业集群发展，兑现“生物医药”“航空航天”“对德合作”等产业政策奖励资金5000万元。完善普惠金融服务体系，做精做细政府增信产品，创新设立“娄城人才贷”和“娄城新市民创业贷”产品，新增“省小微贷”合作银行6家、“省苏科贷”合作银行3家，政府性担保公司全年累计担保581笔，担保金额17.77亿元。

【财政保障民生】 2023年，太仓市坚持“人民生活高质量、民生支出可持续”原则，调整民生保障政策，对困难残疾人、特殊儿童群体等民政固定对象拨付市级补助资金3269万元，兜牢特殊困难群体民生保障底线。支持医疗机构能力建设，强化公立医疗机构运转保障，统筹安排相关补助经费2亿元，弥补公立医疗机构综合改革后各项经费差额。实施新冠病毒感染“乙类乙管”，按照“保健康、防重症”总体要求，统筹安排疫情防控经费2.9亿元，重点支付往年疫情防控支出资金结算、医疗救治审慎退费等。

【财政改革举措】 2023年，太仓市践行“数字财政”转型，把“三公”[政府部门人员因公出国（境）费用、公务接待费、公务用车购置和运行维护费]经费纳入一体化系统监控范围，重点加强对无预算、超预算列支及应列未列“三公”经费情况的监控，全年共监控支付信息3926笔、金额24.06亿元。推动一体化系统向纵深延伸，实现市与区镇“三保”（保工资、保运转、保基本民生）支出预算执行管理与风险预警、直达资金预算执行动态监控系统与一体化系统直达资金模块的并行运作。巩固、拓展组合式减税降费政策实施效果，接收、分配支持基层落实减税降费和重点民生等转移支付资金，全年实施留抵退税12.2亿元，先进制造业加计抵减政策1.8亿元。

（陈　晨）

地方金融监督管理

【概况】 2023年，太仓市地方金融监管工作聚焦核心主业，推进提升金融服务水平、推动资本市场发展、维护地方金融稳定等各项工作，为全市经济高质量发展提供金融保障。截至年底，全市本外币存贷款余额5821.06亿元（数据来源市金融监管局，下同），较上年增长14.28%。其中，本外币存款余额2815.76亿元，较上年增长12.93%；本外币贷款余额3005.3亿元，较上年增长15.57%。年内，太仓市推进政府增信体系建设，新设立“娄城人才贷”及“娄城新市民创业贷”，共有省“小微贷”、苏州“信保贷”、太仓“娄城贷”产品合计9项，全年共发放各类政府增信产品1937笔，金额56.1亿元，较上年增长3.56%。发挥金融服务平台作用。引导1369家企业通过苏州综合金融服务平台获得授信61.51亿元，较上年增长15.79%。联合苏州银行打造太仓的综合金融服务平台，优化功能及用户体验。

【企业融资渠道拓宽】 2023年，太仓市做优做强企业上市工作，修订完善《关于推动太仓市金融更高质量服务实体经济的政策意见》，优化上市奖励节点、流程，新增股权投资机构租房、落户奖补、鼓励金融机构招引等内容。全年共为6家企业兑现上市奖励资金

2023年10月19日，北交所“深改19条”政策解读会暨第八期“BEGI·N”金融沙龙在市企业服务中心举行
（市金融监管局供稿）

750 万元，为 67 家企业兑现省普惠金融发展专项资金 509 万元。加快推进“育林、苗圃、种子”计划，更新重点后备企业“白名单”26 家，遴选“苗圃”企业 26 家、“种子”企业 26 家，上市“育林、苗圃、种子”梯队建设初现规模。推出“企业上市合规性审查一件事”服务事项，为 10 家企业协调全市 18 个部门开具合规证明超 120 件。

【产业基金发展优化】 2023 年，太仓市优化产业基金发展步伐，整合原有基金政策，制定《太仓市产业投资基金管理办法》，完善全市产业投资基金管理与运作体系。全年新增股权投资基金 10 支，规模 11.09 亿元，全市累计成立股权投资基金管理公司 13 家，股权投资基金 54 支，基金总规模 262.02 亿元。其中，太仓市产业引导基金投资合作子基金 8 支，总规模 154 亿元，子基金投资项目 117 个，金额 63.06 亿元。子基金实现太仓返投项目 16 个，返投金额 34 亿元，引进如果新能源、元气森林等项目落户太仓。太仓智汇科创基金（市级天使投资基金）全年完成本地企业股权投资 10 家，累计 12 家，投资金额 6100 万元，投资领域涵盖航空航天、新材料、高端装备制造等全市重点产业。

【金融生态环境优化】 2023 年，太仓市紧盯重点民营企业金融风险稳控，分类精准处置，协调解决雅鹿集团贷款问题，配合做好渤海地块解抵押及长乐化纤资产处置等工作；协同市人民法院推进德威新材破产重整程序，确保社会面保持平稳；协调江苏银行、光大银行做好恒大文旅城按揭放款及相关地块解抵押，做到稳市场、保交楼。全年共提供应急转贷资金 19 笔，金额 10.85 亿元。完成备案创投机构年检 8 家，风险排查企业债 8 种、公司债 1 种，处理“12345”平台非法金融投诉举报案件 25 件。新设立太仓娄城合创商业保理有限公司，实现商业保理公司零的突破。引入外部辅助机制，做好 17 家地方金融组织日常监管、现场检查及监管评级等工作。对 135 家投融资服务企业开展会商。举办 2023 年江苏防范非法集资宣传全省行 · 走进太仓暨苏州市防范非法集资集中宣传日活动，全年开展各类处非宣传 50 余场，发放宣传材料 5000 余份。

表 63　2023 年太仓市新增挂牌企业情况表

序号	企业名称	股票代码	挂牌时间	挂牌地
1	红壹佰照明股份有限公司	874213	12 月 23 日	全国中小企业股转系统
2	江苏德普检测技术有限公司	656510	1 月 30 日	江苏股交中心成长板
3	苏州永丰装饰材料有限公司	656523	2 月 28 日	江苏股交中心成长板
4	辉泰（太仓）汽配有限公司	656528	3 月 14 日	江苏股交中心成长板
5	太仓汎亚涂装设备有限公司	656688	4 月 28 日	江苏股交中心成长板
6	苏州太丰玻璃饰品有限公司	656820	6 月 5 日	江苏股交中心成长板
7	苏州大鑫华激光科技有限公司	656821	6 月 5 日	江苏股交中心成长板
8	太仓华瑞热工科技有限公司	656823	6 月 5 日	江苏股交中心成长板
9	瑞森（太仓）真空科技有限公司	656825	6 月 5 日	江苏股交中心成长板
10	太仓希拓自动化设备有限公司	656826	6 月 5 日	江苏股交中心成长板
11	太仓长乐人力资源有限公司	656899	6 月 21 日	江苏股交中心成长板
12	太仓汉诺威精密机械有限公司	657102	8 月 17 日	江苏股交中心成长板
13	苏州天众印刷有限公司	657121	8 月 17 日	江苏股交中心科创板
14	太仓普尔司通新能源科技有限公司	657139	8 月 18 日	江苏股交中心成长板
15	苏州唯质精密制造有限公司	657155	8 月 18 日	江苏股交中心成长板
16	太仓祺美时装有限公司	657282	8 月 23 日	江苏股交中心成长板
17	帝悦精密科技（苏州）有限公司	657307	8 月 24 日	江苏股交中心科创板
18	苏州鼎力福机电科技有限公司	657341	8 月 25 日	江苏股交中心科创板
19	太仓市凯福士机械有限公司	657352	8 月 25 日	江苏股交中心科创板
20	苏州安软信息科技有限公司	657362	8 月 28 日	江苏股交中心科创板
21	洪恩流体科技有限公司	657367	8 月 28 日	江苏股交中心科创板

续表 63

序号	企业名称	股票代码	挂牌时间	挂牌地
22	佳兴紧固件工业（苏州）有限公司	657431	8月29日	江苏股交中心科创板
23	阿普尔顿特种玻璃（太仓）有限公司	657525	9月5日	江苏股交中心成长板
24	兴锋脚轮（江苏）有限公司	657579	9月8日	江苏股交中心科创板
25	苏州能德化纤有限公司	657708	9月19日	江苏股交中心成长板
26	苏州邦季新材料科技有限公司	657739	9月21日	江苏股交中心科创板
27	太仓展新胶粘材料股份有限公司	657778	9月22日	江苏股交中心科创板
28	苏州莱尔特清洁器具有限公司	657796	9月25日	江苏股交中心科创板
29	太仓市晨启电子精密机械有限公司	657813	9月26日	江苏股交中心科创板
30	江苏君威人力资源有限公司	657931	10月11日	江苏股交中心成长板
31	太仓市鸿运包装材料有限公司	657943	10月11日	江苏股交中心科创板
32	苏州东奕盛材料科技有限公司	657949	10月11日	江苏股交中心科创板
33	太仓市昊华电子科技有限公司	657973	10月17日	江苏股交中心科创板
34	太仓升达机械有限公司	658039	10月27日	江苏股交中心科创板
35	江苏大力士投资有限公司	658062	11月3日	江苏股交中心科创板
36	江苏优珀斯材料科技有限公司	658109	11月13日	江苏股交中心科创板
37	苏州博航体育用品有限公司	658220	12月18日	江苏股交中心成长板

（邵　赟）

公共资源交易

【概况】 2023年，苏州市公共资源交易中心太仓分中心交易项目1232个，交易总额368.4亿元，节约资金20.51亿元。其中，工程建设项目471个，交易总额227.75亿元，通过招标节约资金18.99亿元，资金节约率7.7%；完成政府采购项目702个，实际采购金额14.83亿元，节约资金1.52亿元，资金节约率9.28%；土地交易完成进场交易59宗，面积204.59公顷，交易金额125.82亿元，溢出资金1.96亿元，溢价1.59%。

【公共资源交易平台建设】 2023年，太仓市在实现工程建设和政府采购“双领域不见面交易”基础上，推动公共资源交易全部服务事项网上办，所有入驻交易类别实现“不见面交易”全流程办理。12月，建设完成“不见面询标系统”，满足不同场景下评委询标需求，实现专家与投标人线上“面对面”询标，提升公共资源交易“不见面”程度，不见面占比95%以上。助推市县一体化管理工作。首个市县一体化水利工程项目——“2023年科教新城水利零星工程设计”项目完成开评标工作，该项目利用苏州市级电子交易平台并在太仓分中心完成交易。截至年底，累计完成水利项目标段42个，中标金额3.47亿元。

【制度性交易成本降低】 2023年，太仓市全额免收建设工程交易服务费。深化金融服务保障创新，推广投标保函，全年开具投标保函5918单，以保函替代投标保证金，为中小企业节省资金6.55亿元。保证金实行差异化缴纳，工程服务类招标免收投标保证金，为中小企业参与招投标活动提供便利；政府投资项目根据当年度综合考评等级，A类免收、B类减半收取投标保证金，全年A类免收2984家次，免收6.22亿元；B类减收4881家次，减收2.13亿元。承诺替代投标保证金先行先试，全年累计免收保证金1.86亿元。

【投标保证金模式更新】 2023年，太仓市财政资金工程建设项目投标保证金从传统的现金、转账缴纳，到银行保函、保险保函替代，到按照企业信用等级差异化缴纳，再到先行先试的承诺替代保证金，实现从减到免。依托电子化管理，保证金管理模式逐步向数智融合方向发展，优化系统结构和具体业务流程，提升交易效率，大幅降低企业交易资金占用成本，提高企业资金利用率，为中小微企业参与投标降门槛、降成本，增添中小微企业市场竞争力，激发政府投资工程建设项目招投标市场活力。截至年底，退还保证金企业2236家，退还金额21.8亿元。

【中小企业发展助力】 2023年，太仓市政府采购项目交易702宗，其中专门面向中小企业的采购项目509宗，占比 73%，惠及中小企业 2100 家，中小企业中标比例 94%。创新推出线上无抵押无担保"政采贷"，政府采购中标企业通过线上申办无抵押、无担保的"政采贷"信用融资，解决中小企业急难愁盼问题，缓解资金压力。4 月，发放首笔"政采贷"贷款。至年底，累计为小微企业申请贷款 610 万元。

【数字人民币应用场景建设】 2023 年，太仓市在公共资源交易领域数字人民币应用场景实现全覆盖，打造"交易 + 数币"应用样板。"政府集中采购专家评审费""投标工具使用费" 2 个数币应用场景被苏州公共资源交易领域选定为首批推广成果，由苏州市行政审批局印发《苏州公共资源交易数字人民币首批场景应用操作规范（试行）》，并向周边地区推广试点工作经验。截至年底，建成应用场景 6 个，以数字人民币形式累计发放日常预算支出 204 次，共计 250.92 万元；公证费 10 次，共计 100 万元；政府采购专家评审费 450 次，共计 32.07 万元；建设工程投标工具使用费结算 74 笔，共计 7400 元；鼓励支持交易主体使用数字人民币支付货款和工程款。（王　雯）

税　务

【概况】 2023 年，太仓市累计组织入库各类税费收入 508.1 亿元，入库税收稳步增长。其中，税收收入 309.2 亿元，较上年增长 16.7%，完成一般公共预算收入 160.6 亿元，较上年增长 9.1%，全年企业所得税、个人所得税汇算清缴准期申报率均位于苏州前列。落实各类税费优惠 149.1 亿元，办理出口退税 36.7 亿元。年内，太仓市税务局倡议市政府建立税源高质量发展"两共两协"机制，包含创新子项目 8 个，实现税源信息管理联动、服务联通，项目成果转化为税费治理成效超 1.5 亿元。

【税收服务】 2023 年，太仓市税费治理实现多点突破，创优争先做成一批"树品牌"样板产品。开展税收经济数据分析，撰写《太仓重点税源高质量发展报告》等税收经济分析报告，建立税收经济分析模型，获市委、市政府主要领导批示肯定。推广数电发票，全市 4.4 万户纳税人纳入数电发票试点推广范围，试点企业实现去"三专"（专业户、专业市场、专业经营）比例 97%，耐克体育（中国）有限公司入围省税务局乐企试点企业。社保费"统模式"平稳运行，首月社保费申报率 98.5%，征缴率 99.4%，与改革前基本持平。升级智慧税务渠道，线上税费服务运营中心集约处理业务 3 万余条，线下智能办税服务厅实现"集成式、全天候、智能化"办税缴费，太仓全市业务线上办理率 97%。防控税费风险，构建"宏观研判—中观分析—微观验证"的税费风险日常监管体系，全年取得风险应对总成效 9.3 亿元，开展房地产一体化管理专项工作，取得应对成效超 2400 万元。拓展"一网通办"服务，完成首笔跨境不动产"不见面"交易过户，"一网通办"模式和成效均走在全省前列。创新"枫桥分局"路径，紧盯"办不成事"，营造和谐环境。打造标准化、规范化、标杆式基层"枫桥式"税务分局，娄东税务分局入选全省首批新时代"枫桥式"税务分局名单。制定《关于推动解决"办不成事"问题的实施意见（试行）》，在全市 14 个办税场所和 75 个税务窗口张贴"办不成事"监督二维码，全年处理"办不成事"诉求 11 件。建立社保欠费预警管理及投诉上访联合处理机制，控制社保费投诉上访风险。成立公职律师涉税争议咨询调解中心，受理咨询调解 15 起，调解成功率和纳税人满意率均为 100%。全年共处理各类涉税费投诉举报 1287 件，为高质量发展营造和谐稳定的税费环境。

2023 年 5 月 18 日，太仓市税务局在市民广场开展"学雷锋 · 送政策 · 惠企利民春风行动"主题服务活动（杜彦奇摄）

【惠企利民】 2023 年，太仓市税务局发挥税费政策红利，落实国家以及省支持科技创新、支持小规模市场主体发展等各项新政和延续性税费优惠政策，共计落实各类税费优惠 149.1 亿元，其中增值税 17.5 亿元，企业所得税 63.88 亿元，"六税两费"［资源税、城市维护建设税、房产税、城镇土地使用税、印花税（不含证券交易印花税）、耕地占用税和教育费附加、地方教育费附加］6.77 亿元。发挥服务效能，创新推出"1+7"党建品牌工作室集群、"税惠春风，护航市场主体高质量发展 20 条""'办不成事'处置机制"等系列服务太仓高质量发展"样板产品"，开展"办好惠民事、服务现代化暨便民办税春风行动""办税'零跑动'满意'一百分'"等"攻坚先锋"提升行动，成立"税宝微光"税收志愿者团队，优化税收营商环境。减少办税缴费成本，太仓市税费服务中心启用后，太仓市纳税人平均等候时间由 5.8 分钟降至 2.5 分钟，一站式集成实名认证信息无感识别、税收政策"云上体验"、全天候自助办税等多项功能于

一体的智慧办税服务厅——“云上太仓·智享税务”智慧办税厅在年底建成并对外服务，提升纳税人缴费人满意度获得感。（杜彦奇）

国有资产监督管理

【概况】 2023年，太仓市国资系统以提高国资监管效率、增强国企核心竞争力为中心，探索完善国有资产监管体制机制，深化国资国企改革发展，做强做优做大国有资本和国企。截至年底，市国资办直接管理企业137家，其中作为一级企业管理7家，二级以下子企业130家；综合类7家，商业类84家，公益类46家；信用评级AAA级1家，AA+级3家，AA级3家。

【国企改革】 2023年，太仓市深化国资国企改革，优化国有资本布局。制定推进全市国有经济布局优化和结构调整方案，明确主要目标，厘清发展思路。把市属国企中农业板块5家公司、体育板块1家公司整体转让至市文旅集团，推动全市农文旅产业创新聚集发展。加快企业高质量发展。出台太仓市国企高质量发展工作方案，指导各市属国企、各区镇结合自身情况出台各自高质量发展方案，深化国资国企改革，提高国企核心竞争力。纵深推进国企改革。巩固国企改革三年行动成果，开展新一轮国企改革深化提升行动。提升国企融资能力。市国控公司获评AAA信用等级并开展发债担保业务，发挥AAA评级降成本效用。开展市国控公司高级总监和工作人员选聘工作，加快实体化运营步伐。

【国资监管】 2023年，太仓市完善国资监管体系建设，建立统一监管机制。出台国企统一监管办法，深化全市国资国企监管体制改革，加强对镇级国企监管工作的指导，理顺管理机制，推动镇级国企集团化发展和市场化转型，打造全市国资监管“一盘棋”。抓好全面预算管理。做好市属一级企业2023年全面预算审核，完成市属国企全面预算情况汇报，跟踪监测预算执行情况，推动企业实现预算目标。加强投资项目管理。开展市属国企2023年度投资项目计划申报，建立固定资产投资情况分析机制，推进市属国企重大项目开工建设，形成工程实物量。加强参股企业管理，规范开展参股投资，维护国有股东合法权益。优化薪酬考核体系。市属国企高质量发展综合考核首次纳入全市高质量发展综合考核范围，构建“一企一策、导向鲜明”的考核体系。完成2022年度市属国企负责人综合考核工作，制定薪酬分配方案，合理拉开差距。抓好人才引进和培养。强化青年人才队伍储备，开展市属国企“青苗计划”，开展2023年专业化青年人才定岗特选，举办“国资+”系列培训4期和国资国企青年干部培训，提升国资人才队伍素质。实现资产“图表”融合。梳理市属国企资产明细，厘清资产性质和权属，形成市属国企资产“一张表”，采用信息化等方式，搭建市属国企资产“一张图”平台，做到资产台账与实物“一体化”。

【国企发展】 2023年，太仓市深耕国企主责主业，注重企业发展质量和效益，提升产业集中度和企业发展竞争力。市资产集团发挥基金撬动力，高效运作产业引导基金和专项子基金，合作子基金总规模突破134亿元，累计投资项目117个，推荐返投项目近130家。市太诉集团聚焦产城融合发展，推进古松弄地块、原城三小地块、胜利村地块更新，开发建设江南禾风、熙华合源、海和澜庭等项目，建成运营产业园6个。市水务集团做深水文章，持续做好供水管网建设，建设市镇两级水务服务中心，拓宽供排水服务渠道；污水处理提质扩能，把7家生活污水处理厂纳入特许经营范围，实现污水处理业务由政府补贴向政府购买服务的转变。市城发集团做优城市服务，启动“房产超市”项目和商品房“以旧换新”活动，推进人才乐居工程，完善基础设施建设，推进智能化城市管理。市文教投集团加快推进太仓智汇谷·科技创新园、中科院硅酸盐研究所等项目建设；发挥科创基金引领支撑作用，与区镇板块共同成立专项基金，投资项目10个。市文旅集团立足全域旅游产业，打造“幸福文旅·享游太仓”主品牌及“太享游”旅行等子品牌6个，组建农文旅产业联盟，推进文旅产业链、供应链优化升级。

（陈　晨）

【国企选介】 太仓市资产经营集团有限公司。成立于1999年4月，为太仓市属国有企业，注册资本53.3亿元。集团总部按照“定战略、带队伍、控风险、抓考核、强服务”工作方针，设置办公室、党建工作部、纪检审计部、战略发展部、企业管理部、融资管理部、财务管理中心和工程管理中心等部门或类部门8个。资产集团适应国资国企改革发展新趋势，融入太仓产业转型升级和城市创新驱动发展新潮流，深耕“资本投资与运营、资产管理、现代服务业”三大主业，围绕基金与股权投资、不动产开发建设、资产管理与物业服务、金融服务、智慧城市、人力资源服务、安保守押、驾考服务等业务经营方向，为太仓产业能级和城市能级的提升贡献“资产力量”。2023年，资产集团实现资产总额332.69亿元，营业收入54.89亿元，利润总额2.91亿元。资本运作成效显著。对外投资方面，新增对外参股类股权投资7.78亿元，新增直投项目4个，投资总额7910万元；新增参与合作基金5支，总认缴规模6.99亿元。完成项目返投11个，总金额10.51亿元。累计推荐返投项目近130家，产业基金向子基金推荐本地项目81家。重要参股公司进出口总额超5亿美元。主业拓展方面，深化与中煤集团、招商蛇口、上海工投、苏创投等央企、国企合作对接；推进省重点项目华能太仓电厂三期项目落地；完成埃斯凯电气股改，筹划北京证券交易所挂牌前期准备。与上海东湖物业合资成立联湖公司，保障市行政中心日常运营；与苏州新三实科技产业发展有限公司、苏州邃智信息技术研究院成立太仓市数字经济科技发展有限公司，围绕网络安全优势开展业务。金融赋能方面，金控板块5家类金融子公司累计业务投放26亿元，业务余额20.8亿元（其中普惠担保业务余额16.7亿元），服务中小企业客户数965家，普惠担保公司获江苏省政府性融资担保、再担保机构绩效评比"第一等次";搭建太仓金融综合服务平台,构建"线上+线下"的区域投融资服务体系。成立上市企业服务协会,协助3家成员企业获得投资机构投资1.85亿元。资产管理提质增效。项目建设方面,数智集成港产业社区项目完成总工程量的60%,搭建生态合作体系,对接重点意向客户20家,实现首单签约。时代金融大厦项目完成整体进度的75%,营销中心对外开放,储备民生银行、苏州银行、华泰证券、银谷基金等意向客户15家。文化交流中心项目完成项目验收及功能定位规划方案;上海西路3号学前教育项目取得用地规划许可证;航空航天材料表面处理中心项目组建合资公司,启动环评;娄江新城金融创新区项目对接属地确定规划方案;加速器A区项目强排并完成可行性研究报告;瑞金医院太仓分院南侧地块住宅项目完成拍地;沙溪镇南部新城商住地块、浏河镇住宅项目实现年内开工。存量盘活方面,推进危房腾退,全年腾退房屋6.29万平方米,清理土地13.04公顷。民生服务更有温度。数字太仓方面,"太融e" App满足数字社会民生需求,累计完成功能建设156项,注册用户26.5万人,获评"2023年智慧江苏重点工程";推动市民卡、社保卡两卡合一新平台建设。完成政务云扩容二期建设项目,提升"数字政府"支撑保障能力;加快推进新型基础设施建设,制定数字太仓融合创新中心规划方案。人力资源方面,市人力资源公司打通人才招引渠道,累计举办招聘会近50场,提供就业岗位超2万个。牵头成立人力资源轮值服务联盟,投建运维市级零工市场,年度累计提供就业援助服务超1万人次,获评"苏州市人力资源服务业专精特新企业""苏州市诚信人力资源服务机构"。便民利民方面,驾考公司服务驾考26万人次,特种设备考场建设项目完成整体进度的70%。（潘鑫林）

审　计

【概况】 2023年,太仓市审计工作贯彻二十届中央审计委员会第一次会议精神,加大审计力度,推进审计全覆盖,保障经济社会发展大局。全年完成审计项目17个,融合开展审计专题5个,出具审计报告、审计结果报告、审计调查报告和审计专报31份,发现问题203个,查出主要问题金额28.87亿元,提出防范风险、完善制度、深化改革等审计建议55条,推动建立健全规章制度3项,到达审计整改期限的42个问题,完成整改41个,推进整改1个。

【政策跟踪审计】 2023年,太仓市重点审计科技创新、先进制造业、人才开发等方面专项资金的分配、使用和管理情况。持续跟进城市更新、沪苏通铁路配套设施建设等重点项目推进情况,做好339省道东延新建工程、科技信息产业园等重点项目结算审计监督工作。围绕防范化解系统性风险,重点关注政府隐性债务化解、融资平台公司流动性风险、新增政府隐性债务风险情况,关注政府专项债券发行使用情况,守住不发生系统性金融风险底线。

【国企审计】 2023年,太仓市落实《太仓市市属国有企业审计全覆盖三年行动计划(2023—2025年)》要求,组织召开市属国企审计监督工作会议,开展市水务集团、市城发集团主要领导人员经济责任审计,推进市属国企重要二、三级子企业审计全覆盖,以及市属国企投融资、工程建设等重要领域审计全覆盖。组织实施市属国企工程建设管理专项调查,审计调查6家市属国企三年内实施建设的工程项目80个,实地稽查城东水质净化厂、生物医药产业园人才公寓、弇山园等完工项目,促进工程项目规范管理,推动项目建设提速增效。

【财政审计】 2023年,太仓市制定《"同级审"质效提升三年行动计划(2023—2025年)》,转变审计思路,突出审计重点,做到"同级审"工作报告有新意、有亮点。坚持财政资金使用到哪里、审计监督就跟进到哪里,对"四本预算"(一般公共预算、政府性基金预算、国有资本经营预算、社会保险基金预算)、58家一级预算单位、146家二级预算单位、10家条线单位和3家其他单位,以及24项财政专项资金实施审计,三年实现全覆盖。"同级审"推动收缴入库非税收入等4.66亿元,促进拨付资金150万元,收回资金299.78万元,促进相关单位出台制度3项、修订制度1项。

【民生审计】 2022年,太仓市审计局聚焦市人代会"一号议案"、民生实事

2023年12月11日,国企工程调查审计组到龙江快速路施工开展现场审计
（单　翔摄）

项目，把推动解决老百姓最关心、最直接、最现实的利益问题作为审计着力点和切入点。全年开展养老服务体系建设政策落实情况、计划生育利益导向机制补助资金、新冠病毒感染防控经费（市级）使用情况、城乡垃圾分类与处理奖补资金等审计项目，关注民生政策的普惠性、基础性、兜底性，把群众满意标准贯穿工作始终，促进项目资金规范管理、惠民政策落地生根。

【自然资源审计】 2023 年，太仓市审计局与市发改委、市资源规划局等 5 部门签订《领导干部自然资源资产离任审计合作框架协议》，凝聚跨部门自然资源资产审计监督合力。研究探索乡镇领导干部自然资源资产审计评价指标体系，率先在苏州市范围内建立试点，从 5 个方面、30 项指标提升自然资源资产审计评价“含金量”。规范开展经济责任审计，全年对 9 名领导干部（人员）开展经济责任审计，对 1 名领导干部开展自然资源资产离任审计，审计发现问题 141 个，发现管理不规范金额 2.53 亿元，提出审计建议 28 条。

【数字审计】 2023 年，太仓市印发《数字审计高质量建设三年行动计划（2023—2025 年）》，采取推进基础性建设、践行创新性方法、构建综合性防线、打造专业性队伍等措施构建数字化审计工作格局。组建数据分析攻坚团队，成立无人机数据分析小组，推动数字技术在工程、自然资源等领域审计应用。织密大数据审计信息网，做好财政、国企等领域常态化数据采集，加强金审三期应用、审计分析平台、经济责任审计管理系统、政府投资审计监督系统等一批数字审计监督基础建设。

【内部审计】 2023 年，太仓市印发《太仓市内部审计项目质量综合评价指标（试行）》《太仓市内部审计工作综合评价指标（试行）》，优化内审工作考核标准。参加审计业务综合能力培训内审人员 45 人，参加“以审代训”内审人员 14 人，提升与内审机构在结对联系、业务指导等方面的协同成效。印发《进一步加强全市内部审计工作的实施细则》，完善内部审计组织体系，明确审计监督重点，规范内部审计工作程序，推动全市内部审计工作高质量发展。（夏　玥）

统　计

【概况】 2023 年，太仓市推进统计改革，强化经济运行监测研判，拓展统计服务职能，夯实统计基层基础，提高统计数据质量和服务。年内，市统计局月度编印《太仓统计月报》和《太仓服务业统计季报》，年度编印《统计年鉴》、统计公报，定期向市四套班子、相关部门、区镇和公众公布，满足各级各部门、社会公众对统计数据的不同需求。借助政府网站及“太融 e”App 平台，推动更多数据发布，提升统计影响力。

【统计调查】 2023 年，太仓市统计局狠抓数据质量，完成常规统计工作。贯彻执行国家、省、苏州市统计局文件及会议精神，按照统计报表制度，做好各专业报表催报、审核、查询、验收等工作，把好源头数据质量关。做好全市 3988 个建筑物及 1.38 万个住房单元核查工作，完成 2023 年人口变动抽样调查。开展文化产业统计工作，反映全市文化产业发展情况。完成粮食测产和农作物面积遥感调查、经济作物产量调查、畜禽监测调查，推进劳动力调查采购经理、工业生产者价格、总部经济等统计调查联网直报工作。聚焦普查重点，推进“五经普”（第五次全国经济普查）工作。完成组建机构。成立由市委常委、副市长任组长，市统计局主要负责人，市政府办、市委宣传部、市发改委负责人任副组长，56 个部门负责人为成员的市经济普查领导小组。做好“两员”（普查指导员、普查员）选聘与培训。划分镇区、村普查小区 819 个，选派普查指导员 240 人和普查员 1197 人，采用集中参训和线下实操双轨并用的培训方式，打造一支有能力、有经验、有素质的“两员”队伍。强化普查宣传动员。通过太仓新闻、太仓发布、“太融 e”App 等媒体发布经普信息，依托公交站台张贴宣传图画海报，制作公交车尾屏广告，联合市金融监管局开展“五经普”有奖知识问答，提升社会知晓度。完成“地毯式”清查工作。做好单位和个体户清查、行业赋码、查遗补漏等各项工作。截至 11 月底，全市采集法人单位和产业活动单位 4.55 万家、个体户 9.14 万家。强化动态调整，优化名录库质量。加强与行业主管部门沟通对接，强化“四上”（一定规模以上的工业企业、资质等级建筑业企业、限额以上批零住餐企业、国家重点服务业企业等四类规模以上企业统称）单位日常动态监测，严把入退库单位质量审核关，做好新入库企业答疑解惑

2023 年 8 月 28 日，太仓市开展第五次全国经济普查暨统计法治宣传活动
（市统计局供稿）

和服务指导，确保符合入库条件且成长性好的企业及时入库纳统，发挥名录库在统计中的基础作用。全年完成月度入库企业83家，年度申请入库企业224家，全年合计新增入库企业307家。

【统计服务】 2023年，太仓市统计局把握动态发展，加强经济运行监测。紧扣市委、市政府中心工作，对照全市全年经济社会发展目标，紧盯权重行业、权重指标，及时收集指标基础数据38项，开展地区生产总值核算相关指标监测，把握全市经济发展趋势。开展"苏考"共性指标体系研究，建立健全分工明晰、协调有序的考核分工机制，做好指标责任分解，加强指标完成进度跟踪监测，主动对标找差，并结合全市实际提出对策建议。关注重点指标，强化统计分析预判。以主要经济指标为核心，抓好重点行业、主导产业、龙头企业预警分析。关注规模以上工业总产值、社会消费品零售总额、固定资产投资等重要统计数据，有针对性地开展调研走访，加强对数字背后影响因素的分析，提高意见建议科学性。年度撰写统计分析29篇、经济信息51条，获省网录用信息12篇，获苏州优秀统计分析报告评选一等奖统计分析1篇。

【统计法治宣传】 2023年，太仓市统计局加强统计制度建设与宣传。制定《2023年太仓市统计法治工作要点》《太仓市统计法治宣传教育第八个五年规划（2021—2025年）》。推动把统计法律法规常态化纳入党校干部教育培训主体班次。利用政府楼宇、大型商超、公交站台等电子显示屏循环播放自制宣传动漫《坚持依法统计，查实经济家底》，做客太仓电视台《相逢》栏目，宣传《中华人民共和国统计法》《全国经济普查条例》，推动全市统计法治宣传广覆盖。开展专项治理行动和统计执法检查。制定《太仓市统计造假屡禁难绝专项治理行动实施方案》，协同纪检监察机关，自查自纠是否存在违反国家统计调查制度、调查单位入退库不规范、统计数据失实等问题，规范审查2018年后的118份统计执法检查案卷。落实专项治理行动各项工作任务，提高统计数据质量。按照省统计局"双随机"执法检查要求，完成太仓7个镇（区）50家统计调查对象的"双随机"执法检查，针对发现的统计违法行为，分别对2家企业做出警告和对11家企业作出责令改正的行政处罚。与市发改委、市商务局联合执法检查企业12家。做强基层基础与诚信建设。加强统计执法队伍建设，充实执法监督力量，统计执法证持证人数增至4人，推选2名业务骨干参与省统计执法重点任务，丰富执法经验，提升执法水平。加强诚信理念宣传，组织开展统计政务诚信承诺、企业诚信统计承诺工作，引导全市统计系统和各统计调查对象依法统计、诚信统计。做好统计诚信示范企业认定推荐，被认定为苏州市统计信用红名单企业2家，被认定为太仓市统计红名单企业3家。办理"寒山闻钟"、在线咨询、部门信箱和"12345"热线信箱等事宜17条。

（陆　燕）

市场监督管理

【概况】 2023年，太仓市推进各项市场监督管理工作，促进质量强市建设，激发市场活力，市场监管安全领域状况稳定向好。开展市场秩序治理，打造县域一流现代化监管体系。年内，全市新增市场主体1.54万家，较上年减少1.91%。新设外资及港澳台资企业137家，较上年增长10.48%。通过"容缺登记"服务受理外资及港澳台资企业10家，提升企业开办服务水平，推动全市外资及港澳台资经济高质量发展。深化嘉昆太商业秘密保护协同发展，签订《嘉昆太市场监管部门商业秘密保护机制协作备忘录》，推进全域商业秘密保护示范区建设，创建商业秘密保护示范基地3家、指导站6家、示范点71家。办理案件1991起，其中一般程序立案1386起（结案1209起）、简易程序605起，罚没款入库592万元，移送涉嫌犯罪案件11件。

【质量强市】 2023年，太仓市推进质量强市建设，获2022年苏州市质量工作考核A级等次。质量品牌培育提质增效。8家企业8项产品通过"江苏精品"认证。5家企业5项产品通过"苏州制造"产品认证，1家企业通过苏州首批"苏州制造"品牌企业认证。获评苏州市质量奖企业13家，创年度获评数量新高，数量位列苏州第二。新增省质量信用AAA级1家、AA级4家、A级110家。提升质量管理水平。建立首席质量官制度企业5475家，规模以上企业覆盖率100%。裕克施乐塑料制品（太仓）有限公司获评江苏省优秀企业首席质量官。获评长三角质量提升示范试点建设"数质赋能·微创新"成果优胜奖企业1

2023年11月7日，中德标准化合作苏州创新中心在太仓揭牌运行

（寿　芸摄）

家。获评苏州市质量提升微创新成果竞赛一等奖企业1家、二等奖企业2家。产业能级迈向高端，推动“苏州市航空航天质量创新联合体”在太仓成立。检验检测服务重点产业能力持续提升，成立太仓市检验检测行业协会，首批会员单位55家。天航长鹰入选长三角检验检测促进产业优化升级典型案例名录。年内，太仓市健全完善标准化工作联席会议制度，新增发布实施国际标准3项、国家标准68项、行业标准17项、省市级地方标准5项，新增获批立项苏州市地方标准7项。贯彻落实省政府与国家标准委签署的《标准化合作备忘录》，成立中德标准化合作苏州创新中心，打造全省首个、苏州唯一中德标准化创新载体。成立航空航天产业标准化联盟，编制发布《苏州市航空航天标准体系建设指南》。新能源汽车核心零部件智能工厂标准应用试点成为全国首批智能制造标准应用试点苏州唯一获批项目，也是全省唯一的新能源汽车零部件智能车间/工厂建设项目。基层社工站（室）管理和服务标准化试点获批第九批国家社会管理和公共服务综合标准化试点，成为年度苏州唯一获批项目。

【市场监管模式创新】2023年，太仓市强化事中事后监管，牵头全市“双随机、一公开”监管工作，通过重点监管、智慧监管、信用监管等方式，依法实施事中事后监管。推进执法监管信息公示工作，全市企业年报率97.3%。优化信用修复管理服务，助力全市28家企业完成信用修复。加快建设小微企业发展服务中心。高质量、便捷化、普惠化提供一站式综合服务。创新举措被列入《太仓市民营经济高质量发展实施意见》和苏州市委、市政府《关于促进全市经济持续回升向好的若干政策措施》，为苏州全市先行先试提供“首创经验”“太仓样板”。发布《助推生物医药产业发展2.0实施方案》，实体化运作市场监管创新服务中心，建成运行苏州首个共建审评核查服务窗口，全年招引生物医药企业7家，其中正式营业2家，取得营业资质并开工建设5家。医疗器械生产企业新增获证企业23家，较上年增长35%。联合市委网信办、市公安局设立太仓市场监管网络综合作战中心。电子数据勘验联合实验室成立，通过关键词检索、重点事件、重点领域专项监测等手段，实现全天候多维度监测。全年监测数据2.3万条、线索55条，查办民生涉网案件243件，合规性指导涉网企业260家。

【质量安全监管】2023年，太仓市工业品质量稳步提升。开展“灶管阀”、塑料污染等重点工业产品质量安全排查治理，工业产品生产许可证企业检查覆盖率100%。处办国家、省、苏州市三级抽查不合格产品后处理24件，处置率100%。推动工业产品质量安全“两个责任”（《工业产品生产单位落实质量安全主体责任监督管理规定》和《工业产品销售单位落实质量安全主体责任监督管理规定》）落细落实，注册使用质量安全主体责任平台单位258家。开展民生领域重点消费品监督抽查80批次，助推消费持续增长和经济提质增效。推进绿色认证促进体系建设。出台《太仓市深入推进绿色认证促进绿色低碳循环发展的实施意见》。全市拥有有机认证证书3张、绿色食品认证证书144张。新增服务认证证书40张，共计93张。新增能源管理体系认证证书7张，共计47张。新增环境管理体系认证证书231张，共计850张。新增节能节水低碳绿色产品认证证书35张，共计172张。

表64　2023年太仓市参与制定（修订）国家标准、行业标准企业（部分）一览表

序号	标准编号	标准名称	参与（负责）起草单位
1	IEC TR 63401-1:2022	大容量电力系统中基于逆变器的资源的动态特性 第1部分：逆变器电源与低短路比弱交流电网互连	华能太仓发电有限责任公司
2	ISO 492:2023	滚动轴承 向心轴承 尺寸与几何公差	舍弗勒（中国）有限公司
3	ISO 199:2023	滚动轴承 止推轴承 产品几何技术规范(GPS)和公差值	舍弗勒（中国）有限公司
4	GB/T 41793-2022	人造革合成革试验方法潜在酚黄变的测定	江苏瑞高新材料股份有限公司
5	GB/T 34590.2-2022	道路车辆 功能安全 第2部分：功能安全管理	舍弗勒（中国）有限公司
6	GB/T 34590.9-2022	道路车辆 功能安全 第9部分：以汽车安全完整性等级为导向和以安全为导向的分析	舍弗勒（中国）有限公司
7	GB/T 34590.10-2022	道路车辆 功能安全 第10部分：指南	舍弗勒（中国）有限公司
8	GB/T 34590.11-2022	道路车辆 功能安全 第11部分：半导体应用指南	舍弗勒（中国）有限公司
9	GB/T 34590.12-2022	道路车辆 功能安全 第12部分：摩托车的适用性	舍弗勒（中国）有限公司

续表 64

序号	标准编号	标准名称	参与（负责）起草单位
10	GB/T 34590.6-2022	道路车辆 功能安全 第 6 部分：产品开发：软件层面	舍弗勒（中国）有限公司
11	GB/T 34590.8-2022	道路车辆 功能安全 第 8 部分：支持过程	舍弗勒（中国）有限公司
12	GB/T 34590.4-2022	道路车辆 功能安全 第 4 部分：产品开发：系统层面	舍弗勒（中国）有限公司
13	GB/T 34590.7-2022	道路车辆 功能安全 第 7 部分：生产、运行、服务和报废	舍弗勒（中国）有限公司
14	GB/T 34590.5-2022	道路车辆 功能安全 第 5 部分：产品开发：硬件层面	舍弗勒（中国）有限公司
15	GB/T 34590.3-2022	道路车辆 功能安全 第 3 部分：概念阶段	舍弗勒（中国）有限公司
16	GB/T 34590.1-2022	道路车辆 功能安全 第 1 部分：术语	舍弗勒（中国）有限公司
17	GB/Z 42285-2022	道路车辆 电子电气系统 ASIL 等级确定方法指南	舍弗勒（中国）有限公司
18	GB/T 42200-2022	智能制造 大规模个性化定制 生产要求	通快（中国）有限公司
19	GB/T 42202-2022	智能制造 大规模个性化定制 通用要求	通快（中国）有限公司
20	GB/T 42199-2022	智能制造 大规模个性化定制 设计要求	通快（中国）有限公司
21	GB/T 42137-2022	离散型智能制造能力建设指南	通快（中国）有限公司
22	GB/T 42134-2022	智能制造 大规模个性化定制 术语	通快（中国）有限公司
23	GB/T 42079-2022	电力数字传输照明控制（DLT）基本要求	红壹佰照明有限公司
24	GB/T 28995-2022	人造板饰面专用纸	亚列克斯表面技术（太仓）有限公司
25	GB/T 7994.3-2022	搪玻璃设备试验方法 第 3 部分：耐机械冲击枪击试验	太仓新工搪玻璃有限公司
26	GB/T 11764-2022	葵花籽	佳格投资（中国）有限公司
27	GB/T 10343-2023	食用酒精质量要求	太仓新太酒精有限公司
28	GB/T 5374-2023	摩托车和轻便摩托车可靠性试验方法	新大洲本田摩托（苏州）有限公司
29	GB/T 19215.5-2023	电气安装用电缆槽管系统 第 2 部分：特殊要求 第 3 节：安装在机柜中的带槽电缆线槽系统	江苏通领科技有限公司
30	GB/T 42324-2023	电气装置用电缆密封头	江苏通领科技有限公司
31	GB/T 42394-2023	电气装置用电缆夹具	江苏通领科技有限公司
32	GB/T 42325-2023	切相调光照明系统中切相调光器的电气接口规范	江苏通领科技有限公司
33	GB/T 21145-2023	运输用制冷机组	特灵空调系统（中国）有限公司
34	GB/T 4798.4-2023	环境条件分类 环境参数组分类及其严酷程度分级 第 4 部分：无气候防护场所固定使用	天航长鹰（江苏）科技有限公司
35	GB/T 13821-2023	锌合金压铸件	苏州市祥冠合金研究院有限公司
36	GB/T 21655.1-2023	纺织品 吸湿速干性的评定 第 1 部分：单项组合试验法	大加利（太仓）质量技术检测中心有限公司
37	GB/T 21655.1-2023		耐克体育（中国）有限公司

续表 64

序号	标准编号	标准名称	参与（负责）起草单位
38	GB/T 1972.1—2023	碟形弹簧 第 1 部分：计算	克恩—里伯斯（太仓）有限公司
39	GB/T 18916.7—2023	取水定额 第 7 部分：酒精	太仓新太酒精有限公司
40	GB/T 14092.2—2023	机械产品环境条件 第 2 部分：寒冷	天航长鹰（江苏）科技有限公司
41	GB/T 42909—2023	无线终端设备用导电胶粘带	太仓斯迪克新材料科技有限公司、江苏皇冠新材料科技有限公司
42	GB/T 42910—2023	无机胶粘剂高温压缩剪切强度试验方法	苏州健雄职业技术学院
43	GB/T 42918.1—2023	塑料 模塑和挤出用热塑性聚氨酯 第 1 部分：命名系统和分类基础	旭川化学（苏州）有限公司
44	GB/T 678—2023	化学试剂 乙醇（无水乙醇）	太仓新太酒精有限公司
45	GB/T 23609—2023	海水淡化装置用铜合金无缝管	苏州富瑞合金科技股份有限公司
46	GB/T 29314—2023	电动机系统节能改造规范	上海连成集团苏州股份有限公司
47	GB/T 42710.1—2023	家用和类似用途直流插头插座 第 1 部分：通用要求	江苏通领科技有限公司
48	GB/T 23451—2023	建筑用轻质隔墙条板	苏州娄城新材料科技有限公司
49	GB/T 43148—2023	增材制造 结构轻量化设计要求	裕克施乐塑料制品（太仓）有限公司
50	GB/T 43074—2023	弹簧 符号	克恩—里伯斯（太仓）有限公司
51	GB/T 43016—2023	人造革合成革试验方法 表面褶皱的测定和评价	苏州瑞高新材料有限公司
52	GB/T 42710.2—2023	家用和类似用途直流插头插座 第 2 部分：型式尺寸	江苏通领科技有限公司
53	GB/T 43028—2023	甩负荷设备（LSE）的特殊要求	江苏通领科技有限公司
54	GB/T 43094—2023	工业用反式 -1- 氯 -3,3,3- 三氟丙烯 [HCFO-1233zd(E)]	中化蓝天霍尼韦尔新材料有限公司
55	GB/T 43198—2023	食品包装用聚乙烯吹塑容器	苏州维港包装有限公司
56	GB/T 42545—2023	核电厂橡胶衬里工程腐蚀控制全生命周期通用要求	中广核高新核材科技（苏州）有限公司
57	GB/T 42567.1—2023	工业过程测量变送器试验的参比条件和程序 第 1 部分：所有类型变送器的通用程序	太仓市锅炉自动化仪表厂有限公司
58	GB/T 42918.2—2023	塑料 模塑和挤出用热塑性聚氨酯 第 2 部分：试样制备和性能测定	旭川化学（苏州）有限公司
59	GB/T 43393—2023	再生纸浆	玖龙纸业（太仓）有限公司
60	GB/T 43253.2—2023	道路车辆 功能安全审核及评估方法 第 1 部分：通用要求	舍弗勒（中国）有限公司
61	GB/T 43253.3—2023	道路车辆 功能安全审核及评估方法 第 3 部分：软件层面	舍弗勒（中国）有限公司
62	GB/T 43253.3—2023	道路车辆 功能安全审核及评估方法 第 2 部分：概念阶段和系统层面	舍弗勒（中国）有限公司
63	GB/T 43253.4—2023	道路车辆 功能安全审核及评估方法 第 4 部分：硬件层面	舍弗勒（中国）有限公司
64	GB/T 43254—2023	电动汽车用驱动电机系统功能安全要求及试验方法	舍弗勒（中国）有限公司

续表 64

序号	标准编号	标准名称	参与（负责）起草单位
65	GB/T 43253.1-2023	道路车辆 功能安全审核及评估方法 第 1 部分：通用要求	舍弗勒（中国）有限公司
66	GB/T 43232-2023	紧固件 轴向应力超声测量方法	西北工业大学太仓长三角研究院
67	GB/Z 42023.1-2023	工业自动化设备和系统可靠性 第 1 部分：自动化设备可靠性数据保证及其来源规范	苏州拓康自动化技术有限公司
68	GB/T 43262-2023	电磁干扰诊断导则	苏州铂韬新材料科技有限公司
69	GB/T 43254-2023	电动汽车用驱动电机系统功能安全要求及试验方法	舍弗勒（中国）有限公司
70	GB/T 43232-2023	紧固件 轴向应力超声测量方法	西北工业大学太仓长三角研究院
71	GB/T 34497-2023	端子连接器用铜及铜合金带箔材	苏州金江电子科技有限公司
72	GB/T 15231-2023	玻璃纤维增强水泥性能试验方法	苏州景征新型材料有限公司
73	FZ/T 34013-2022	天然防紫外线麻纺织品	大加利（太仓）质量技术检测中心有限公司
74	JC/T 2660-2022	建筑材料及构件盐雾 / 干 / 湿 / 光老化耦合循环暴露加速试验方法	蓝海永乐（江苏）新材料有限公司
75	QB/T 5754-2022	水性 / 无溶剂聚氨酯复合人造革	江苏瑞高新材料股份有限公司
76	HG/T 2006-2022	热固性和热塑性粉末涂料	老虎表面技术新材料（苏州）有限公司
77	HG/T 6002-2022	氟树脂粉末涂料	老虎表面技术新材料（苏州）有限公司
78	JB/T 14628-2023	增材制造 面光源立体光固化工艺规范	裕克施乐塑料制品（太仓）有限公司
79	JB/T 10491-2022	额定电压 450/750 伏及以下交联聚烯烃绝缘电线和电缆	中广核三角洲（苏州）高聚物有限公司
80	JB/T 10438-2022	额定电压 300/500 伏及以下交联聚烯烃绝缘软电线	中广核三角洲（江苏）塑化有限公司
81	FZ/T 54003-2023	涤纶预取向丝	江苏申久（集团）有限公司
82	FZ/T 54063-2023	有色涤纶预取向丝	江苏申久（集团）有限公司
83	FZ/T54141-2023	聚对苯二甲酸丙二醇酯 / 聚对苯二甲酸乙二醇酯 (PTT/PET) 复合预取向丝	太仓荣文合成纤维有限公司
84	FZ/T54142-2023	聚对苯二甲酸丁二醇酯 / 聚对苯二甲酸乙二醇酯 (PBT/PET) 复合弹力丝	太仓荣文合成纤维有限公司
85	JB/T 14026-2021	机器人装箱机	克朗斯机械（太仓）有限公司
86	JC/T 1023-2021	石膏基自流平砂浆	龙牌粉料（太仓）有限公司
87	JG/T 576-2021	防水卷材屋面用机械固定件	毅结特紧固件系统（太仓）有限公司
88	JT/T 1463-2023	系列 2 集装箱 代码、识别和标记	太仓中集特种物流装备有限公司
89	SN/T 5534—2022	黄带芳小蠹检疫鉴定方法	太仓海关

（寿 芸）

检验检测

【概况】 2023 年，太仓市检验检测中心坚持“科学、公正、廉洁、高效”行业宗旨，聚焦服务发展、服务企业、服务民生，放大检验检测技术优势，为奋力谱写中国式现代化太仓新答卷贡献检测力量。1 月，太仓市检验检测中心通过中国合格评定国家认可委员会（CNAS）专家现场复评审，评审技术能力 136 项，全部予以推荐；10 月，通过江苏省计量认证复评审及扩项评审，新增食品农产品检验检测参数 129 项，食品检验检测领域共涉及二大类二小类2项产品、一大类九小类226项参数。非食品检验检测领域一大类三小类34项产品。一大类二小类17项参数，提升农药残留、兽药残留全领域定性定量检测能力，满足全市食品农产品安全监督及风险预警要求。年内，建成多参数监护仪检定装置社会公用计量标准，推进医用数字摄影（CR、DR）系统X射线辐射源、医用诊断全景牙科X射线辐射源等项目、《定量包装商品净含量计量检验规则大米》《定量包装商品净含量计量检验规则小麦粉》等项目建设。社会公用计量标准共87个大项，可实施检定项目115项、校准项目126项、商品量/商品包装计量检验项目5项，总量在苏州市法定计量检定机构中位于前列。组织参加长三角示范区膜式燃气表、F2等级砝码、气体涡轮流量计等计量实验室间比对测量审核，参加液体乳中蛋白质的测定、优钢材料显微组织检验等能力验证，外部质量控制项目23个，结果均为满意。

【产品质量检验】 2023年，太仓市检验检测中心发挥技术优势，采取技术支持下的食品安全风险评估与行政监管良性互动，在完成全市食品安全抽检和重大活动食品安全保障基础上，强化对第三方食品检测机构的监督，注重对从业人员的技术培训。全年完成各类食品、产品检测任务2000批次。接受监管部门委托开展全市集体用餐配送企业膳食、青团、冷冻饮品、"注水鸡"等产品专项抽检132批次，检测出不合格产品11批次；强化"快检—法检""抽检—监管"联动，与市市场监管局联合对江南农副食品城开展突击夜查，完成农产品快检、法检55批次。参与太仓撤县建市30周年暨德企发展30年大会、全国竞走大赛、太仓啤酒节等10个重大活动食品安全技术保障工作，出动检验人员66人次，完成蔬菜、水果、豆制品、酱腌菜、餐饮具等食品安全快速检测共计1329批次。对全市7家基层监管单位、11家农贸市场快检室开展国家食品安全示范城市创建专项辅导及规范化建设指导，完成快检室考核验收13家；对全市第三方食品抽检承检机构开展数据及现场监督考核，完成数据抽查668批次，发现问题数据52批次。开展从业人员技术培训，全市30家集贸市场、15家集体用餐（食材）配送企业的52名人员参训。

【计量强制检定】 2023年，太仓市检验检测中心服务企业3000余家，检定计量器具8.4万台（套、件）。其中，电动汽车充电桩1446台（件），血压计、体温计、验光仪、焦度计等医用计量器具2109台（件），压力表2.88万台，膜式燃气表4.37万台，衡器4562台，加油机2279台（件），出租车计价器451台，流量计265台。持续减半收取全市个体工商户委托检验检测费用，共计为企业节约检验检测费用近600万元。结合日常检定服务，常态化走访企业问需解困，解决设备检定与企业生产之间的矛盾，利用设备检修期，开展上门送检服务，帮助企业保生产保订单。为落实市政府关于促进汽车消费、加快新能源汽车推广工作部署，分析全市充电桩行业发展现状，提出保有量将超规划预期、项目建设亟须统筹布局、运营管理水平还需提升等意见建议。发挥计量技术支撑作用，加大人员设备投入，提前做好资质申报，靠前服务市场运营主体，采取重点攻关举措，在苏州地区率先完成公共领域充电桩检测全覆盖。联合市市场监管局开展农资定量包装、茶叶过度包装等多项专项治理行动，完成抽样检测225批次。

2023年7月7日，市检验检测中心工作人员对充电桩开展计量强制检定工作 （市检验检测中心供稿）

【检验监测惠民服务】 2023年，太仓市检验检测中心办好惠民实事，增强人民群众获得感、幸福感。以"行动支部+党建"模式打造"检测赋能·助企惠民"服务品牌，形成"助企""惠民"清单2份，在全市25家集贸市场、70个加油站、14个乡镇卫生医疗机构等重点领域开展计量专项服务，检定涉民生计量器具超4000台（件）。围绕群众所需所盼，开展检验检测服务进菜场、进医院、进社区、进学校活动，常态化开展"你点我检""你送我检""送检上门"，设立免费检测窗口等服务，共计走进社区20个，覆盖全市镇区街道，完成快检428批次，惠及群众上千人。 （邹　瑾）

就业创业

【概况】 2023年，太仓市组织企业参加“春风行动”、“校园苏州日”太仓专场、“汇智太仓·金秋引才”等专项招聘活动，与南京、重庆、贵阳等地职业院校开展政校企合作，举办第二届“百校千企”人力资源供需洽谈会，为太仓企业发展提供人才智力支撑，全年城镇新增就业1.97万人。实施人社公共服务提质项目，投运太仓市零工市场，建设“家门口”的就业服务站10个，举办访企探岗、人才夜市、抖音直播等创新招工活动，把工作力量和求职招聘信息延伸到车站、社区、夜市等地，累计举办线上线下各类招聘活动465场。开展“一人一档”精准就业帮扶行动，针对失业人员、就业困难人员、未就业高校毕业生进行“一对一”结对帮扶，累计建立援助档案3455份，提供职业指导、职业培训、就业见习等服务超1万人次，帮助实现就业1381人。

【就业培训】 2023年，太仓市累计向高校毕业生、外来劳动者、失业人群等职业技能培训对象发放城乡劳动者职业技能宣传材料5000份，走访太仓阿尔派电子有限公司、苏州口水娃食品有限公司等多家企业，开展培训政策推介。支持认定备案的就业培训定点机构开展农村转移就业劳动者等重点群体免费职业技能培训，推动全市职业技能培训机构及职业院校面向企业职工、就业重点群体开展培训，支持社会评价机构开展职业技能评价。全市共有苏州健雄职业技术学院、江苏省太仓中等专业学校、太仓市泰才职业技能培训学校3家单位承担定点培训任务，确定就业技能培训工种27个，发布包括电工、物流服务师等工种在内的招生计划15批次。鼓励企业对技能岗位员工实行技能等级认定，全年新增职业技能等级认定备案企业23家，全市职业技能等级认定备案企业179家，备案企业职工技能等级认定5805人。推荐AHK双元制培训师、车身与车辆制造机械工2个AHK职业资格列入江苏省国（境）外职业技能比照认定目录，累计完成AHK证书比照认定技能等级证书（二级）6批次、技师232人。开展岗前培训、企业职工技能提升培训、企业新型学徒制培训、项目制培训等各类补贴性技能培训9900人次，使用培训补贴资金1798.53万元，新增取得职业资格证书或职业技能等级证书7830人，新增高技能人才5913人，其中新增取得技师以上职业资格证书或职业技能等级证书239人。

【劳动权益保护】 2023年，太仓市共受理劳动纠纷投诉举报6790件，其中一窗式窗口受理105件，“12345”联动平台移送投诉举报1996件，省平台流转1668件，全国根治欠薪平台接受违法线索2259件。受理的投诉举报中，劳动报酬类5314件，占比78.26%，其他为社会保险类、解除劳动合同类等纠纷。深化人力资源市场专项整治，对全市C级劳务派遣单位开展巡查检查，约谈部分劳务派遣单位，累计排摸劳务派遣单位501家，开展联合执法行动8次，立案50起，涉

2023年5月8日，太仓市就业援助招聘专场暨零工市场启用仪式举行
（黄　伟摄）

2023年8月23日，太仓市举办人才夜市招聘专项活动——沙溪古镇专场
（吴可菲摄）

及人员1200人，涉及金额103万元。推进工资保证金线上审批制度，开展农民工工资保证金账户开户及线上缴存审批工作，线上办理建设单位200家，涉及金额8568.52万元。组织开展全市房地产建设项目农民工工资支付情况专项检查，落实房产建设工程项目实名制管理、总包代发制度。建立农民工工资专户预警巡查机制，根据网格化排查和欠薪投诉举报，定期分析研判农民工工资专户资金的存储及使用情况，发现问题及时约谈。

【惠企稳岗政策落实】 2023年，太仓市延续实施阶段性降低失业保险费率和失业保险稳岗返还等政策，累计为企事业单位减免失业保险金1.17亿元，发放稳岗返还资金7513.6万元。对招用2023年毕业、年度首次就业且于当年签订一年以上劳动合同并参加失业保险的高校毕业生的企业，按每人1500元的标准发放一次性扩岗补助，累计发放367.65万元；对2023年3月较2022年12月有净增社会保险参保人员，且4月处于正常缴费状态的太仓市重点用工企业，按每净增1人给予企业1000元标准的稳就业补贴，累计发放296.2万元。鼓励有组织开展劳务协作，人力资源服务机构2023年第一季度为太仓市输送苏州市以外户籍劳动力30人（含）以上的，且按规定签订劳动合同并连续参加社会保险3个月及以上的，按500元/人标准给予机构劳务协作补助，同时按照省内、省外交通情况分别再给予机构100元/人、300元/人的到太仓交通补贴，累计发放5.78万元。

【事业单位人事管理】 2023年，太仓市录用事业单位工作人员81人、教育系统教师389人、卫健系统专技人员65人、健雄学院专职教师及辅导员26人、专业化青年人才定岗特选25人。办理事业单位股级职务审核54人，其中正股职24人、副股职30人。核准事业单位岗位设置方案15家，其中首次岗位设置7家、调整岗位设置8家，核批“双肩挑”（同时在管理岗位和专业技术岗位任职）人员31人。办理市内外事业单位人员调动40人，另核准内部流动10人，办理事业单位解聘133人、合同备案1489人。完成全市事业单位工作人员年度考核工作，累计审核2022年度事业单位考核人次1.21万人，其中优秀2577人，优秀率21.2%。完成2022年度事业单位工作人员记功申报101人、嘉奖2473人。完成机关事业单位编外考核工作，累计审核编外考核人员4963人，其中优秀989人。完成年度事业单位管理岗位晋升八级职员25人、九级职员68人。

【专业技术人员管理】 2023年，太仓市做好初、中、高级专业技术人员职称申报工作，把好学历、专业、社保审验关。通过德系职业资格比照认定评定初级职称3人；全年初定初级职称1171人、中级职称7人；通过评审取得初级职称31人、中级职称378人、高级职称151人、正高级职称1人。市教育局初定初级职称461人、中级职称95人；评审通过中级职称123人、高级职称71人、正高职称3人；市卫健委考试通过初级职称75人、中级职称190人、高级职称187人。

（吴可菲）

居民收入与消费

【居民可支配收入】 2023年，太仓市城镇居民人均可支配总收入82639元，较上年增长4.3%，其中工资性收入54792元、经营净收入6710元、财产净收入10832元、转移净收入10304元，分别较上年增长4.6%、4.1%、2.6%和4.3%。农村居民人均可支配总收入46462元，较上年增长6.3%，其中工资性收入28393元、经营净收入8182元、财产净收入3726元、转移净收入6161元，分别较上年增长6.2%、6.6%、3.0%和8.1%。

【居民生活消费支出】 2023年，太仓市城镇居民人均消费支出49376元，较上年增长6.4%，其中食品支出12869元、衣着支出2684元、居住支出11710元、生活用品及服务支出2790元、交通通信支出8290元、教育文化娱乐支出7199元、医疗保健支出2369元、其他商品和服务支出1465元，分别较上年增长4.0%、3.9%、2.9%、7.9%、8.7%、11.0%、14.5%、12.9%。农村居民人均消费支出32390元，较上年增长9.2%，其中食品支出8859元、衣着支出1687元、居住支出6850元、生活用品及服务支出2070元、交通通信支出5931元、教育文化娱乐支出4483元、医疗保健支出1801元、其他商品和服务支出709元，分别较上年增长8.6%、6.7%、5.6%、10.8%、10.7%、12.5%、12.8%、11.7%。

【居民耐用品消费品拥有量】 2023年，太仓市城镇居民每百户拥有家用汽车 93 辆，较上年增长 4.5%；农村居民拥有 83 辆，较上年增长 7.8%。城镇居民每百户拥有洗衣机 100 台，较上年减少 5.7%；农村居民拥有 118 台，与上年持平。城镇居民每百户拥有电冰箱 105 台，较上年减少 2.8%；农村居民拥有 123 台，较上年增长 0.8%。城镇居民每百户拥有彩色电视机 202 台，较上年减少 1.9%；农村居民拥有 241 台，较上年增加 1.7%。城镇居民每百户拥有空调 328 台，较上年增加 2.2%；农村居民拥有 349 台，较上年减少 9.4%。城镇居民每百户拥有移动电话 258 部，较上年减少 4.1%；农村居民拥有 298 部，较上年增长 3.8%。

（陆　燕）

教　育

综　述

【概况】 2023 年，太仓市教育系统坚持"为党育人、为国育才"，落实立德树人根本任务，对标太仓市"十四五"教育事业发展规划，深化教育综合改革，构筑教育高质量体系，提升教育公共服务水平。截至年底，全市拥有高等院校 3 所，在校学生 11592 人，教职工 894 人；普通中等职业学校 1 所，在校学生 5327 人，教职工 389 人；普通中学 22 所（其中高中 4 所、初中 18 所），在校学生 31194 人，教职工 2539 人；小学 40 所，在校学生 56182 人，教职工 3454 人；特殊教育学校 1 所，在校学生 130 人，教职工 31 人；幼儿园 63 所，在园儿童 21086 人，教职工 2720 人。开放大学 1 所，老年大学 1 所，社区教育中心 9 个。

表 65　2023 年太仓市教育事业基本情况表

学校类型	学校数（所）	班级数（个）	毕业生数（人）	招生数（人）	在校学生数（人）	毕业班学生数（人）	教职工（人）	
							合计	专任教师
高等院校	3	292	2778	3944	11592	3330	894	593
中等职业学校	1	135	1327	1708	5327	1619	389	358
普通中学	22	683	8539	11651	31194	9311	2539	2403
高中（十二年一贯制）	4	186	2325	3434	8489	2375	758	661
初中（九年一贯制）	18	497	6214	8217	22705	6936	1781	1742
小学	40	1359	8365	9849	56182	9029	3454	3369
特殊学校	1	10	22	31	130	33	31	24
幼儿园	63	733	7915	6387	21086	7560	2720	1516
非学校单位	7	—	—	—	—	—	127	—

【省智慧教育样板区培育】 2023 年，太仓市入选省智慧教育样板区培育名单，建立"谈松华教育综合改革研究工作室"，开展教育教学改革，依托教育部重点课题、省教育评价改革试点项目，打造太仓教育数字化平台。以太仓智慧教育云服务平台为核心，构建教育资源中心、应用服务中心、大数据中心"三位一体"的信息化平台，打造规范统一、安全可靠的数据共享体系。全市共享免费优质教育资源，线上教育中心实现所有学校全覆盖。公办学校全面建成省中小学智慧校园。提速升级市教育数据专网、视频监控专网等基础设施，构建数据信息安全体系。开展省级中小学教师信息技术应用能力提升工程 2.0 培训，合格率 100%。依托省级中小学网络名师工作室和苏州市首批中小学师生信息素养提升实验基地，提升智慧教育"软环境"。完善资源共享、互动课堂、学习图谱等应用服务，提升"教、学、测、评、管"五方面质效。义务教育阶段学校启用太仓教育课后服务管理平台，加强课后服务保障。建立多个智慧课堂创新教学实践点，形成中学智慧作业等新型教学模式的可推广经验。

【教育投入】 2023 年，太仓市教育经费总投入 33.91 亿元。完善教育设施布局规划，《太仓市教育设施布局专项规划（2021—2035 年）》通过专家评审。协同推进《太仓市"十四五"期间新建改扩建中小学、幼儿园项目库》建设。推进苏州、太仓两级 2023 年教育类实事项目，加快建设太仓市实验高级中学，竣工投用明德二中、高新区第二中学等学校项目 7 个，新增学位 6435 个。健全既有建筑安全管理长效机制，完成 2023 年全市学校暑期校舍维修项目。整合初中教育优质资源，引进昆山通海实验中学合作项目。引入上海教育资源，与上海外国语大学签署共建基础教育合作意向，启动上海外国语大学附属学校项目。

【师资队伍】 2023 年，太仓市完善师德师风建设长效机制，发挥师德示范引领和辐射带动作用，评选太仓市"师德标兵"45 人，新增江苏省师德师风建设宣传基地校1所、苏州市“四有”（有理想信念、有道德情操、有扎实学识、有仁爱之心）好教师团队2个。出台《太仓市教师队伍建设三年规划（2023—2025年）》，实施太仓市教育人才计划，优化“四层九级六模式”（“四层”指新锐教师、骨干教师、名教师、教育家教师；“九级”指职初教师、学科新秀、学科能手、引航教师、太仓市学科带头人、苏州市学科带头人、苏州名教师、正高级省特级教师、苏教名家培养对象；“六模式”指初教师规范化培训、校本培训、高级研修班培训、名师研修班、名师俱乐部、省人才培训项目）教师专业进阶路径，办好名师俱乐部等研训平台，市教育局获评“江苏省中小学教师和校长培训工作先进单位”。晋升正高级教师3人、高级教师73人，引进高层次教育人才10人，高起点招录新教师389人。市域统筹师资建设与管理，创新教师交流形式，推进城乡教师流动。完善优秀高中毕业生报考师范类专业奖励政策，完成签约师范生20人、乡村定向师范生签约计划60人。

2023年12月15日，江苏省首届中小学体育俱乐部联赛跳绳总决赛在太仓市明德第二小学举行
（吴　珲摄）

【教育督导与评估】 2023年，太仓市做好县级市（区）政府教育履职整改，开展省义务教育优质均衡监测、省普及普惠监测等工作。加强办学行为督查，完成王秀小学、陆渡小学等8所学校素质教育综合督导，落实校园安全、心理健康教育等专项督导，规范中小学校办学行为。针对教育热点、难点及时开展食堂“四不两直”（不发通知、不打招呼、不听汇报、不用陪同接待，直奔基层、直插现场）专项检查、近视防控专项检查等督查工作。修订《太仓市中小学校素质教育督导考核标准》，完善督导信息平台建设。抓实质量监测，开展2023年度全市义务教育学业质量监测结果运用优秀案例评选活动，入选苏州市义务教育学业质量监测结果运用优秀案例43项。

【素质教育】 2023年，太仓市部署关心关爱未成年人工作，抓好未成年人健康成长服务中心建设。构建大中小幼一体化思政课建设，用好习近平新时代中国特色社会主义思想读本，帮助学生扣好人生第一粒扣子。推进教育部重点课题“政社协同视域下县域教育治理创新的行动研究”，健全“政府主导、学校组织、家长参与、社会支持”育人链，“联合家访”“馆校合作”等协同育人典型案例亮点纷呈，“一校一社工”获省社会工作优秀项目第一名。践行社会主义核心价值观，注重榜样激励，开展新时代好少年选树宣传、劳模（好人）进校园等活动，营造榜样正向激励氛围，全年新增各类文明校园50个。学习宣传贯彻中共二十大精神，组织开展“学习新思想，做好接班人”“强国复兴有我”“七彩夏日”“缤纷的冬日”等主题教育实践活动100场，开辟社会实践研学线路8条，新增“馆校合作”项目基地8个，全市中学生参加志愿服务活动累计4.6万小时。加强科技教育，组织科教融合活动40场，协办第34届江苏省青少年科技创新大赛。打造“学生节”五育融合阵地，承办江苏省中小学体育俱乐部跳绳总决赛等各类联赛，2023年阳光体育联赛获中国田径协会校园系列赛“精品赛事典型案例”第一名，高新区二小获省长杯小学男子甲乙组双冠军，双凤中心小学女篮获苏州市校园篮球联赛“七连冠”。获评省市级艺术教育特色学校4所。建成市级“少年农学院”示范点、省级中小学生职业体验中心3个，累计发布中小学生劳动清单7个，组建劳动教育联盟13个，获评苏州市中小学劳动教育实践基地11家。提

2023年4月1日，“大中小一体化学生发展指导的探索与实践”主题沙龙在太仓市明德高级中学举行
（吴　珲摄）

升学生综合素质，获得省市及太仓市级综合荣誉学生483人。擦亮德育新时空品牌，丰富区域德育课程，新增品格提升工程项目省级1项、苏州市级1项、太仓市级9项，开发德育类课程491节，实现全市中小学德育工作"一校一品"全覆盖。探索心理健康教育"最优解"，实施生命健康"润心"专项行动，优化心理健康教育和心理危机干预方式，在全省率先实现初高中"一校一社工"全覆盖，推动中小学校校医配备率和心理教师配备率100%。建立综合化青少年心理健康咨询平台，畅通心理指导热线1条、家庭教育指导热线2条。组织全市专职心理教师专项培训，新增心理健康教育教师、家庭教育指导师200人，举办讲座及家长沙龙活动411场。"积极教养——赋能青少年健康成长"项目获评2023年苏州市新时代文明实践优秀项目。紧抓队伍建设，成立德育发展共同体，新增苏州市德育类名师工作室4个、太仓市级名师工作室5个、苏州市优秀班主任28人、太仓市优秀班主任67人，在苏州市中小学班主任基本功竞赛中获一等奖2人、二等奖4人。

【学前教育】 2023年，太仓市推进国家学前教育普及普惠县（市、区）创建工作。学前教育课程游戏化项目获省级视导"双优"，完成省优质园复审24所，新增省市优质幼儿园6所，省市优质园占比91%。

【义务教育】 2023年，太仓市推进市域一体义务教育优质均衡发展，推进小学生良好学习品质培养计划、初中学校"强校计划"和教育集团化办学创优行动。年内，太仓市通过义务教育优质均衡发展国家评估认定实地核查，全市优质均衡工作亮点得到核查组认可。

【高中教育】 2023年，太仓市高中教育发展呈现新高度，高高合作有所突破，3所省四星高中通过省级复审，进入首轮省高品质特色高中网络评选。高考拔尖创新人才培养取得新突破，高考特殊类出线人数增加246人，出线率增加11.85%，特殊类及本科上线率均位列苏州市前列。

【职业教育】 2023年，太仓市推进双元制本土化创新实践，办学成果亮相全国职业教育活动周"中国式现代化道路上的职教力量"主题展览，教学成果获国家二等奖3项，江苏联院特等奖1项、一等奖1项。推进产教深度融合，入选省第一批现场工程师专项培养计划项目3个，新增省产教融合型试点企业9家、五年制高职高水平产业学院1个、苏州市现代学徒制建设项目1个、苏州市"双师型"教师培养培训基地1个、五年制高职专业2个、省市优质专业各1个。加大双元制人才培养力度，下达专项资金344.5万元，推动职教"四大赛"（全国职业院校技能大赛、省级职业院校技能大赛、世界技能大赛选拔类别、国家级高职院校技能大赛类别）取得重大突破，获得省赛3金3银8铜等成绩。

【特殊教育】 2023年，太仓市融合教育新增江苏省孤独症儿童教育研究基地联盟成员校6所。《融爱成海·合创未来——融合教育高质量发展的区域实践》项目申报江苏省基础教育内涵建设项目。

【民办教育】 2023年，太仓市规范民办义务教育工作，落实政府购买民办义务教育学位7551个，停办民办学校3所，有序分流学生1751人。推动民办教育规范办学，落实民办教育高质量发展专项奖补资金1287.7万元，完成22所民办学校年检工作。

【社区教育】 2023年，太仓市修订《太仓市市级社区教育经费使用和管理办法（修订）》，组织太仓市终身教育成果展，获评苏州市"家门口的老年大学"项目点机构9家，苏州市第二批老年教育赋能项目结项2个。加强社区教育队伍建设，获省、市荣誉称号5人，获省社区教育教师能力大赛一等奖、苏州市级奖项4个。立项重点项目4个，"行阅魅力城厢·寻脉'厢'土文化"获评苏州市级社区教育特色品牌。城厢镇社区教育中心立项"家校社协同育人"实验基地项目，该项目是由中国成人教育协会管理和实施的全国性项目。

【教育交流】 2023年，太仓市深化"嘉昆太"区域联盟合作，参加2023年上海市嘉定区品质教育学术节，实现优质教育资源互联共享，提升区域教育发展水平。构建集团化办学新样态，加强纵向小初高中教育教学衔接，有序推进"小—初—高"贯通一体化拔尖创新人才培养工作，促进区域教育优质均衡发展。深化东西部两地教育深度融合，赴陕西省周至县、新疆支教帮扶骨干教师16人。以创建"苏州市国际理解教育示范学校"为契机，推动全市各中小学开展国际理解教育活动。江苏省太仓中等专业学校、太仓市实验小学完成江苏省"十四五"第二批基础教育职业教育对外合作交流重点建设项目中期成果汇报。新增苏港姐妹学校1所、中意友好学校1所、中德友好学校3所。

【教育装备】 2023年，太仓市用好先进实验教学设备，加强和改进中小学实验教学，开足开齐实验教学课程，开展太仓市学校实验操作技能随机抽测，小学科学、初中物理合格率为95.8%、96.3%。强化岗位练兵，举办全市图书馆论文比赛、实验室管理员业务能力大赛，共有获奖论文10篇，获省级奖项实验员87人。配合做好公办义务教育学校食堂工作县级联动巡察，推动学校食堂管理科学规范。推进"阳光食堂"建设，协同相关部门开展学校食品安全专项检查，全市基础教育学校食堂量化等级优秀率98.4%、优良率100%，"五常示范"学校82家，"苏源e码通""苏食安""阳光食堂""明厨亮灶"等管理平台使用率100%。做亮"逐梦未来"资助育人品牌，全年资助学生5879人次，资助金额511.48万元。

【教育综合改革】 2023年，太仓市制定《全市教育高质量发展的若干措施》，细化教育发展重点领域和关键环节。聚焦新课程改革，完善"学科半日研训"制度，落实"活力课堂"评价标准，开展跨学科主题学习研训活动

2023年12月12日，省前瞻项目《建设跨学科主题学习课堂的评价工具箱》启动仪式举行
（吴　珲摄）

15次，组织申报课题345项。内涵类项目建设再上新台阶，实施省级教育评价改革试点项目2个，获评2023年省教育评价改革优秀案例1个，新增基础教育内涵建设项目3个，立项省基础教育前瞻性项目4个，获评省级前瞻性教学改革实验项目调研视导优秀单位2家。

【“双减”工作】 2023年，太仓市“双减”（减轻义务教育阶段学生作业负担、减轻校外培训负担）工作、课后服务工作提质增效，做到学校课程、课后服务和课外实践活动一体化设计。年内，获评科普活动全国优秀单位1家、省市“双减”工作典型案例4个、苏州市“双减”示范学校4所。

【学校法治教育】 2023年，太仓市健全行政权力清单动态调整机制，执行权力清单公示制度，做好规范性文件的立、改、废工作，强化合法性审查和公平竞争审查事中事后监管，推进教育依法行政。推动习近平法治思想进校园，制定《2023年教育系统普法依法治理工作要点》，与各学校签订法治建设目标责任书，持续做亮“法润成长·放飞梦想”普法特色品牌，进入全国依法治校示范校创建申报公示名单学校1所，获评太仓市级网络普法优秀单位学校1所，法治宣传教育活动覆盖学生逾8.5万人。

【招生考试】 2023年，太仓市推进“臻美”招考目标建设，完成国家、省级组考工作24项，服务考生近11万人次。加速构建区域学生生涯规划体系，办好2023年大中小一体化学生发展指导论坛，省前瞻性项目《区域推进中小学学生发展指导的实践探索》获评“优秀”等第，编用《初中学生发展指导教学设计》读本。

【校园安全】 2023年，太仓市印发《2023年全市学校安全工作要点》，执行“一岗双责、党政同责”要求，动态调整“一校一策”风险清单，健全融合化安全教育机制，落实落细校园安全主体责任。以江苏省高质量平安校园建设市创建为契机，发挥市校园安全专业委员会牵头抓总作用，强化“1+X”安全监管机制，一体化做好校外培训机构安全监管、食品安全、校车运营、危化品管理等工作，实现校园安全风险数据化巡查监管，实现学校实验室危化品储存室规范化建设率100%，通过苏州智慧安防校园三级标准评估学校35所，居苏州市前列。

（顾颖啸）

苏州健雄职业技术学院

【概况】 苏州健雄职业技术学院是经江苏省人民政府批准、教育部备案、由太仓市人民政府举办的普通高等职业学校，学院坚持“深耕太仓、深化双元、深入创新、深得人心”办学思路，打造区域“人才仓、技术仓、服务仓”。2023年，苏州健雄职业技术学院在第18届“挑战杯”全国大学生课外学术科技作品竞赛“黑科技”专项赛江苏省选拔赛中获“星系级”奖项。辅导员王钰岚获“第13届江苏省高校辅导员年度人物入围奖”，辅导员李志辉获评“苏州时代新人”，校友张江辉获评“江苏最美人物”，校友高旭获“全国高校毕业生基层就业卓越奖”，校友唐嘉蔚获“大学生就业年度人物提名奖”。学院获“江苏省高校毕业生就业工作量化考核督导A等次”“江苏省对外合作与交流工作考核A等次”“全国健康学校”等荣誉，连续两年蝉联苏州市属高（职）院校高质量发展综合考核第一等次。

【学院科系建设】 2023年，苏州健雄职业技术学院招生录取全日制学生3379人（含“0+2”本科项目130人），有全日制在校生9460人，继续教育录取各类新生2814人，2023届毕业生就业去向落实率96.42%。学院共设置专业34个，设有智能制造学院、生物医药学院、人工智能学院、经济管理学院、艺术设计学院、马克思主义学院、公共教学学院（体育部）、中德双元制学院（国际教育学院）、继续教育学院、吴健雄产业技术学院等二级学院10个。

【学院专业建设】 2023年，苏州健雄职业技术学院新增智能产品开发与应用和工艺美术品设计专业2个，停招电子信息工程技术和建筑装饰工程技术专业2个。联合常州大学等5所本科院校建设“3+2”本科项目7个，联合江苏理工学院建设“0+2”本科项目1个。《网络营销——概念、工具、方法、实战（第2版）》等11部教材获批国家规划教材。“中德智慧制造双元制教育产业园”项目获批江苏省高等职业教育产教融合集成平台建设项目。“基于双元制本土化的市域产教联合体研究与实践”立项江苏省高等教育教改研究重中之重课题，“儒家人格理想融入新时代工匠精神教育研究与实践”立项江苏省高等教育教改研究重点课题。

【师资队伍】 2023年，苏州健雄职业技术学院优化师资结构，教职工总数433人，专任教师350人，硕士以上学位教师占比91%（博士学位教师70人，占比20%），双师素质教师占比85%。全年共引进博士教师21人、硕士教师9人，其中省高层次人才3人、高技能人才1人。获评省级以上人才项目17个，其中郑广成获评江苏省教学名师，庞师坤获评江苏省“双创博士”，王稳领衔的智能控制技术专业教学团队获评江苏省高校“青蓝工程”优秀教学团队，刘家骅、刘静、杨诗勤、章朋、吴成炎、车娟获评江苏省高校“青蓝工程”优秀青年骨干教师，仲小英、章朋、沈啸、郑广成、浦灵敏获评江苏省技术能手，敖雁、樊继开、梁刁卉子、杨华军、贾海涛入选江苏省科技副总名录，外聘教师陆晓春、张克军、古元安、石敏、陈智华获评江苏省产业教授。

【科技创新】 2023年，苏州健雄职业技术学院持续提升科研能力。纵向课题到账经费263.95万元，较上年增长104.4%，企事业单位委托科研项目到账经费545.37万元，较上年增长110.38%。周燕妃主持的《“双碳”目标下高铁对区域绿色创新绩效的影响路径及提升对策研究——基于热传递视角》立项教育部人文社会科学研究青年基金项目，范丽丹、陈有权主持的《数字赋能江苏高职院校专业敏捷预警机制的探索与实践》，张敏珠、沈晔主持的《基于“双元制”职教模式的学生增值性评价研究》，车娟、庞师坤主持的《工作本位视域下校企协同共育现场工程师培养模式研究与实践》，孙庆国、沈海龙主持的《高职院校艺术博物馆美育课程统整研究》4个项目立项江苏省教育科学规划课题重点项目。张灵芝主持的《基于CADD法的ERK/PI3Kα双重抑制剂的开发及抗肿瘤活性研究》、冒小妹主持的《DPY30通过H3K4甲基化修饰调节结直肠癌细胞糖代谢的机制研究》立项江苏省高等学校自然科学研究面上项目。

【产教融合】 2023年，苏州健雄职业技术学院升级服务产业能力。《碳基新材料智能设备装调生产实践项目》获批江苏省校企合作典型生产实践项目。联合慕贝尔汽车部件（太仓）有限公司申报机械设计制造类江苏省首批现场工程师联合培养项目。获批工信部重点领域（智能制造）产业人才基地。推荐赛业（苏州）生物科技有限公司、通快（中国）有限公司、众华电子科技（太仓）有限公司、星光印刷（苏州）有限公司、苏州口水娃食品有限公司、联合汽车电子有限公司太仓分公司等6家企业获批江苏省第五批产教融合型试点企业，省产教融合型企业总数12家。苏州生物医药产教融合实践中心和长三角中德双元制产教融合实践中心获批江苏省开放型区域产教融合实践中心。联合慕贝尔集团、苏州大学牵头成立全国首个中德新能源汽车零部件行业产教融合共同体。

2023年10月26日，中德（太仓）教育与产业合作交流大会在太仓举行，会上中德新能源汽车零部件行业产教融合共同体成立 （樊春吉摄）

【社会服务】 2023年，苏州健雄职业技术学院与太仓高新区合作共建中德双元制职业教育产业园，打造公共培训（学徒）中心。与市公安局共建“辅警学院”，与市老年大学共建“健雄学院—老年大学培训基地”，与娄东街道共建“健雄学院—娄东街道社区教育培训基地”，全年开展2023年中等职业学校教师省级培训新教师专业素养与职业资格培训、太仓市交通运输系统安全生产培训、华能（上海）电力检修有限责任公司2023年度华东分公司新员工钳工培训、太仓市消防救援队伍指挥员及班长骨干培训等多项社会培训，培训总量7.22万人/日、1.93万人/次，社会公益培训3.85万人/日，培训创收476.23万元。学院获“苏州市工人先锋号”称号。

【职业教育合作】 2023年，苏州健雄职业技术学院承办中德（太仓）教育与产业合作交流大会，会聚中德院校、研究院所、德国企业等嘉宾300人，邀请中国工程院院士、德国工程科学院院士吴志强等专家学者作主旨报告、交流报告，成立国家职业教育研究院双元制创新研究基地，与德国多瑙艾辛根职业学校共建“多瑙艾辛根—太仓”双元制海外培训中心。机电一体化技术专业中德合作办学项目首届招生47人，现代物流管理专业获批教育部高等专科教育中德合作办学项目，中德合作办学专业扩大到2个。招收德国双元制学徒生、共建“一带一路”国家汉语进修生等不同类型的留学生20人。双元制省级标准化试点建设通过中期评估，学院作为第一起草单位、侯彦博作为第一起草人制定的苏州市地方标准《双元制职业教育学徒管理规范》发布。

（陆梦联）

西北工业大学太仓智汇港

【概况】 西北工业大学是一所以同时发展航空、航天、航海（三航）等领域人才培养和科学研究为特色的多科性、研究型、开放式大学，是国家“211工程”“985工程”高校，国家“一流大学”建设高校（A类），隶属于工业和信息化部。作为学校“一校三区”（友谊校区、长安校区、太仓校区）的重要组成部分，2022年11月，太仓校区命名为西北工业大学太仓智汇港（以下简称西工大太仓智汇港）。2023年，西工大太仓智汇港建成软件学院、网络空间安全学院、微电子学院、民航学院、海洋研究院、清洁能源研究院等学院和研究院；包括航空宇航科学与技术、力学、软件工程、网络空间安全、核科学与技术、电子科学与技术、集成电路科学与工程、船舶与海洋工程信息与通信工程、电子科学与技术机械工程等学科方向。

【师资队伍建设】 2023年，西工大太仓智汇港招聘公示专任教师245人，报到专任教师和博士后共计150人，具有国内一流大学或海外博士学位者占比90%，包括教授20人，副教授104人，助理教授18人。其中，国家级高层次人才5人，占比3%；具有海外博士学位51人，占比37%；具有国内一流大学博士学位71人，占比44%。新进教师中，世界排名前100顶尖名校博士学位教师占比21%，排名前300高校博士学位教师占比72%，排名前500高校博士学位教师占比88%。

【科研与学术交流】 2023年，西工大太仓智汇港2名教师以负责人身份分别立项国家重点研发计划常规项目和青年科学家项目，取得牵头立项国家级科技项目零的突破。入选2023年度江苏省“双创博士”“青年托举”等省级人才计划10人，获评苏州市级人才10人；首名教师通过学校晋升考核，由助理教授进入长聘教职岗位。搭建人才交流和科研合作平台，班子定期和青年教师“一对一”交流，解决工作生活困难；常态化举行“智汇午餐”交流活动、青年教师走进科技企业调研活动，促进跨学科交流和产学研合作。

【教育生态建设】 2023年，西工大太仓智汇港丰富校企合作课程体系，组织各类实习实践项目。新增与企业共建课程8门，丰富实践教学体系。组织第二届实习实践教学月（夏季学期）活动，西北工业大学11个学院近1500名学生先后在太仓智汇港开展专业实习、暑期学堂、认识实习等实践教学项目15批次。首次组织毕业生就业活动，联合学工部和地方政府组织首届“千人百企进太仓”活动，推介全校2024届毕业生资源信息，组织千名学生参与招聘双选会、企业考察调研、校地联欢晚会等活动，并揭牌成立“西北工业大学—太仓市大学生就业创业联合服务中心”。探索国际化办学。与校内有关学院逐一对接，为国际化项目落地太仓提供支持，2023年度机电学院的中德联合硕士培养项目阶段化教学和动力能源学院凌云班的学术培训环节均在太仓智汇港开展。承办第12期中国国际公务员能力建设培训项目、第五届“一带一路”航天创新联盟太空探索夏令营、2023年国际胜任力培养实训项目苏州工作坊等各类大型国际化教学培训项目，承办中国日报社“一带一路”十周年系列活动暨青少年英语演讲比赛总决赛颁奖活动，吸引近百所国内外高校的500余名专家学者和师生代表在太仓智汇港参与教学培训，营造国际化校园氛围。

（顾颖啸）

2023年8月19日，西北工业大学清洁能源研究院揭牌仪式在太仓举行

（市教育局供稿）

西交利物浦大学太仓校区

【概况】 西交利物浦大学是经教育部批准、由西安交通大学和英国利物浦大学于2006年5月合作创立的中外合作大学。西交利物浦大学太仓校区（以下简称西浦太仓校区）是西交利物浦大学两个校区（西浦苏州工业园区校区与西浦太仓校区）之一。2023年，西浦太仓校区共有学生1730人，教职工261人。7月，西浦太仓校区迎来首届毕业生229人，其中选择继续深造读研192人，88.83%获全球TOP100大学录取；就业学生中，近一半获得全球知名公司录用。8月，启动西浦2.0融合式教育模式探究新举措，优化课程结构，强化办学特色，围绕“行业精英”的三维培养目标，提升技术创新在教学中的应用；发展建设融合式教育卓越中心20个，构建创新工场、浦创汇等一系列校级创新创业支撑体系和孵化平台，坚持走以高质量、重特色为核心的内涵式发展道路。

2023年12月20日，西交利物浦大学全球创业梦想家大赛总决赛在西浦太仓校区举行
（市教育局供稿）

【学院及专业建设】 2023年，西浦太仓校区建成人工智能与先进计算学院、芯片学院、智能机器人学院等行业学院7个，创业与企业港1个，面向社会开放的终身学习平台——学习超市1个，各类专业实验室45间，企业合作伙伴超100家；开设数据科学与大数据技术、智能智造工程、机器人工程等本科专业7个，创业与创新硕士专业，以及数学科学、计算机科学与软件工程、商学、电气与电子工程等博士生专业。年内，西浦太仓校区在完善原有本硕博生专业建设基础上，向教育部申请增设数字化商业、先进微电子技术与材料、先进机器人系统、智能工程科学与工业运营、人工智能等新硕士专业5个。智造生态学院与海尔集团联合组建工业互联网综合实训多功能实验室，共建一套完整的工业4.0柔性生产示范线；芯片学院柔性电子和智能传感器实验室建成并投入使用；智能机器人学院开设机器学习实验室、计算机视觉及机器智能设施；创业与企业港设立数据研究实验室和社会创业研究中心。

【师资队伍建设】 2023年，西浦太仓校区专任教师队伍中有教授9人、高级副教授8人、副教授27人、助理教授56人，全部具有国际知名大学的学习、科研和工作经历，大多数具有博士学位，外国专家教授占比50%。人工智能与先进计算学院副教授李华康申请苏州市大数据创新应用实验室；刘净心获姑苏领军人才称号，教授Jasmine Kah Phooi Seng入选国际工程与技术学会会士，并连续两年当选斯坦福大学全球前2%顶尖科学家；芯片学院教授陆骐峰主持国家自然科学基金—青年科学基金项目；智造生态学院贺童、陈伟、罗杨、朱雨逸等专任教师在智能制造先进技术、先进工业生态系统设计、可持续发展和技术引领创新生态系统3个战略研究重点科研项目开发中共获外部科研经费近百万元；文化科技学院高级副教授Luciano Zubillaga的艺术作品被选中参展上海双年展（Shanghai Biennale），助理教授Myria Christophini执导制作的实验动画片《致格拉斯哥的情书》获国内外多个电影奖项。聘请企业客座讲师、行业专家、产业教授、访问学者等走进课堂开展教学，分享行业、专业相关前沿知识和技能。

【科研与学术交流】 2023年，西浦太仓校区共获批外部科研项目20个，外部项目资金500万元。多个学院获批国家自然科学基金、姑苏创新领军人才项目、江苏省高校自然科学基金项目，入选苏州市大数据创新应用实验室名单。举办第15届网络分布式计算与知识发现国际会议、首届智能制造及智能机器人国际会议、第11届国际机器人智能技术机器应用会议等多场学术会议，为师生与国际及业界专家学术交流提供平台。

【教育生态建设】 2023年9月，西浦太仓校区成立支持学生创新创业的校级孵化平台——“浦创汇”。开展第二届创新创业品牌大赛——西浦全球创业梦想家大赛，大赛吸引6个国家的参赛项目105个，成为国内外创新创业教育探索新模式的内容载体，推动创新创业教育从知识理论导向向创新创业素养导向的教育转型。加大对外开放合作力度，西浦学习超市2023年首期开放的合作伙伴“店铺”包括苹果校园体验店、VMware校园体验中心、ClassIn智慧教室试验间、麦格劳·希尔品牌展位、英国皇家建造协会作品展等，为西浦师生及社会终身学习者提供最新教育技术应用体验。 （顾颖啸）

卫生健康

综　述

【医疗卫生机构概况】 截至2023年年底，太仓市有各级各类医疗卫生机构331所，其中三级乙等综合医院、三级乙等中医医院各1所，疾病预防控制、卫生监督、妇幼保健计划生育服务、精神卫生防治、卫生培训与健康促进、采供血、医疗急救机构各1所，二级专科医院4所，护理院6所，区域性医疗卫生中心5所，社区卫生服务中心7所，社区卫生服务站101所。太仓市卫生服务体系健全率100%。

【医疗机构床位数】 截至2023年年底，太仓市医疗机构床位数4530张。其中，医院3360张、社区卫生服务中心及卫生院1170张。全市每千常住人口医疗卫生机构床位数5.34张（按84.80万人计算，下同）。

【卫生技术人员】 截至2023年年底，太仓市有卫生技术人员5703人，其中执业（助理）医师2434人、注册护士

2023 年 6 月 26 日，娄江新城医院（瑞金医院太仓分院）举行封顶仪式
（戴　征摄）

2472 人。全市每千常住人口执业（助理）医师数 2.87 人，每千常住人口注册护士数 2.92 人。

【卫生改革】 2023 年，太仓市优化整合基层医疗卫生机构，沙溪镇、浏河镇、璜泾镇、双凤镇等区域内机构完成合并，其中直塘、归庄、岳王、新塘、王秀等 5 家乡镇卫生院完成撤销。推进政府实事工程建设，抓好市第一人民医院急诊科技楼建设、市中医医院门急诊楼改扩建等。加强长三角地区医疗合作，推进跨区域医联体建设和专（学）科发展，做好与苏州、上海等地知名医院、医学院校合作对接。推进瑞金医院太仓分院建设，主体结构封顶，完善组织架构、规章制度，实行管委会领导下的执行院长负责制（筹建期）。深化智慧医疗建设，拓展“互联网 + 医院”应用，市一院、市中医医院、市三院接入江苏医保云移动就医通道，沙溪人民医院、浏河人民医院电子病历系统完成升级改造，“电子社保卡支付”“医保先诊疗后付费”实现二级以上医疗卫生机构全覆盖。年内，太仓市获评“深化医药卫生体制改革、城市和县级公立医院综合改革成效明显的地方”；市一院获中国县域医院智慧创新奖，入选“艾力彼医院竞争力智慧医院 HIC300 强”。　（朱云倩）

公共卫生服务

【基本公共卫生服务项目】 2023 年，太仓市加强基本公共卫生服务项目督导管理，常住人口基本公共卫生服务项目经费标准为 100 元 / 人。全市累计建立居民健康档案 78.63 万份，建档率 93.72%。管理高血压患者 7.71 万人，规范管理率 63.34%；最近一次血压达标人数 5.46 万人，血压控制率 70.8%。管理糖尿病患者 2.26 万人，规范管理率 66.38%；最近一次血糖达标人数 1.3 万人，血糖控制率 57.47%。新登记管理肿瘤患者 1333 人，管理肿瘤患者 6941 人；新登记管理脑卒中患者 1190 人，管理脑卒中患者 1.15 万人；新登记管理冠心病患者 319 人，管理冠心病患者 3569 人。完成 65 岁以上老年人中医药健康管理服务 10.78 万人次；完成 65 岁以上老年人健康体检 9.94 万人次，65 岁以上老年人健康管理率 70.91%。管理肺结核患者 174 人，规范服药率 98.46%。新建儿童预防接种证 8534 份，累计建立 0~6 岁儿童预防接种证 4.74 万份，建证率 100%。产后访视 3500 人，产后访视率 98.01%。开展慢性病报告和死因统计，全年死因监测网络直报死亡人数 5274 例，其中，男性死亡 2721 例，女性死亡 2553 例。随机抽样调查显示，全市居民对国家基本公共卫生服务知晓率 95.56%，满意度 97.78%。

【社区卫生与农村卫生】 2023 年，太仓市推进基层医疗卫生机构建设，抓好港区医院新院建设，陆渡街道社区卫生服务中心与娄江新城医养中心同步建设。高新区社区卫生服务中心达国家“优质服务基层行”推荐标准，双凤人民医院获评省社区医院，城厢镇胜泾社区卫生服务站、娄东街道城北社区卫生服务站等 10 家卫生站获评江苏省甲级村卫生室，沙溪人民医院获评基层医疗卫生机构糖尿病规范化管理中心三星门诊，双凤镇卫生院康复医学科、沙溪镇卫生院消化内科等 4 个科室获评苏州市基层医疗卫生机构特色科室（含建设单位）；建成家庭医生工作室 50 个，累计组建家庭医生团队 157 个，家庭医生服务重点人群签约率 74.05%。全市村（居）民委员会依法设置公共卫生委员会 157 个。

【妇幼保健】 2023 年，太仓市强化母婴健康管理，提高妇幼健康水平。

2023 年 7 月，乍得妇幼卫生促进官员研修班在太仓开班　（沈　静摄）

全市孕产妇死亡率为0，婴儿死亡率2.52‰，5岁以下儿童死亡率3.64‰。城厢镇新毛幼儿园、浏河镇新塘幼儿园、璜泾镇鹿河幼儿园等3家托育机构建成苏州市普惠托育机构，三之三幼儿园获评江苏省普惠托育机构，贝嘟托育有限公司获评苏州市示范性托育机构。完成新生儿29种遗传代谢性疾病免费筛查3553例、新生儿听力筛查3550例、儿童先天性心脏病免费筛查3566例；完成在园儿童视力筛查2.51万例。全市6个月内婴儿纯母乳喂养率66.89%，剖宫产率42.68%，孕产妇系统管理率95.69%。全年0~6岁儿童健康管理率99.76%，3岁以下儿童保健系统管理率99.81%。完成乳腺癌筛查2.86万人、宫颈癌筛查2.87万人，妇女“两癌”（宫颈癌和乳腺癌）检查实现全覆盖。全年婚检率97.33%，新增叶酸服用人数1970人。孕产期艾滋病及梅毒、乙肝检测率100%。7月，乍得妇幼卫生促进官员研修班、发展中国家孕产妇及新生儿护理技术培训班等5期援外培训班在太仓开班，培训班由商务部、国家卫生健康委员会主办，国家卫生健康委生殖健康家庭保健中心（CTC）承办，为期20天，93名外国官员、专家参训，并考察太仓妇幼保健、人口发展工作。

2023年5月21日，瑞金医院医疗专家在太仓开展义诊活动　（陈振明摄）

【老年人健康服务】 截至2023年年底，太仓市户籍人口52.24万人，全市60周岁以上老人16.96万人，占全市户籍人口的31.2%，其中80周岁以上老人2.94万人，占全市户籍人口的5.42%。全市医养结合机构14家，其中医疗床位1306张、养老床位1157张。日间照料中心210家，医疗卫生机构与日间照料中心等建立签约合作关系116对。推进家庭医生服务，完成老年人签约10.47万人。太仓市持续探索多样性、智慧型为老服务模式，提高为老服务质量，实现老有所养、老有所医。创建老年友善医疗机构，市一院、市中医医院、科教新城社卫中心、新安康复医院、璜泾九如城护理院等获评省老年友善医疗机构优秀单位。开展智能技术专项普及培训，开展“智享时代·银龄生活”幸福关爱行动，做好老年人智能手机教学、电信防诈骗等科普和宣教活动，保障老年群体智享现代化网络生活。推动创建老年友好型社区，璜泾镇永乐村创成全国示范性老年友好型社区，科教新城常丰社区、双凤镇凤秤社区创成省级老年友好型社区。新增太仓颐诚护理院、新鑫护理院等4家医疗机构创成老年友善医疗机构，太仓老年友善医疗机构实现医疗机构全覆盖；沙溪人民医院、浏河镇新塘卫生院获评优秀机构。市一院、市中医医院、璜泾人民医院入选苏州市首批市级安宁疗护试点医疗机构名单。市一院创成江苏省级优秀老年营养病房建设单位。市中医医院口腔项目创成江苏省老年口腔健康孵化支持项目。“太仓市老年认知症友好示范社区试点项目”获2023年江苏省老年健康服务优秀案例二等奖，获评2023年苏州市老龄工作十佳案例。市卫健委获评2022年度全省“安康关爱行动”先进单位。

【卫生监督】 2023年，太仓市推进医疗卫生行业综合监管，规范医疗监督执法行为，提高医疗监督执法水平，维护人民群众健康权益。全年全市行政复议案件1起、行政诉讼案件1起。开展系列卫生监督专项检查43次，检查单位3000户次。实施行政处罚201件，结案200件，罚没款316.47万元。查处无证行医16起，移送公安机关1起，申请法院强制执行1起。实施对医务人员不良执业行为记分71人次，共计177分。受理举报投诉159件，结案率100%。完成卫生行政许可现场审查493件。完成“双随机”监督抽查国家级任务148家、省级任务176家，其中完成职业卫生省级随机抽查250家。年内，市卫健委获评2023年度苏州市卫生监督综合工作先进集体；市卫生监督所“某公司未经批准擅自从事职业卫生技术服务案”获评全省2022年度卫生健康执法优秀案例三等次。

【职业健康】 2023年，太仓市完成工作场所职业病危害因素检测用人单位2231家，完成在岗期间职业健康检查用人单位1979家，完成职业病危害项目年度更新申报用人单位1834家，培训职业卫生主要负责人和管理人员5191人。开展职业病危害专项整治、职业卫生分类监督执法试点、职业病报告单位、职业病防治项目监测、职业健康领域风险隐患排查等专项工作，全年共计行政指导拟上市企业80家，帮扶中小微企业132家，查处职业卫生各类违法案件78件，罚没款165.05万元。年内，国能太仓发电有限公司获评江苏省健康单位（企业），海螺水泥有限公司获评苏州市健康单位（企业），太仓中化环保化工有限公司等4家单位获评苏州市职业病防治示范企业。

【精神卫生】 2023年，太仓市做好贫困精神疾病患者免费服药及安全检测工作，减轻精神疾病患者家庭负担，控制精神病患者病情，推进精神分裂症长效针剂试点工作。全市登记在册严重精神疾病患者 3764 人，完成随访 3617 人，在册服药患者数 3573 人。深化社会心理服务体系建设，完善多渠道、多形式心理疏导帮扶举措，开设 7×24 小时免费心理援助热线，为市民提供心理健康服务，全年累计接听心理援助热线电话 1289 次；开展心理健康知识科普，全年累计举办心理健康知识讲座 29 场、线上心理微课 12 次、心理健康直播 2 次。 （朱云倩）

医疗服务

【医政管理】 2023 年，太仓市完善医疗机构院感防控督查机制，开展各类专项督查 4 轮次，其中医疗机构消毒供应中心（室）专项督查、血液透析中心（室）专项督查、医疗废物与污水处置专项督查、重点部门感染管理专项督查各 1 次，出动督查人员 40 余人次。推动重点专科建设，市一院药剂科、心血管内科、消化内科被确认为苏州市临床重点专科，市中医医院医学影像科（放射）被确认为苏州市中医临床重点专科。全市门急诊总数 601.56 万人次，较上年增长 18.17%；出院 10.99 万人次，较上年增长 21.98%；病床使用率 71.55%，平均住院日 9.38 天。12 月，市一院接受三级甲等综合医院创建评审。

【中医药事业】 2023 年，太仓市持续推进公立中医医院综合改革，提升基层医疗机构中医药服务能力，完善中医药服务体系。市中医医院通过三级乙等中医医院复核评审，全市各乡镇卫生院、社区卫生服务中心评定等级中医馆，浏河人民医院、新塘卫生院 2 家医疗机构中医馆获评四级中医馆，城厢镇社区卫生服务中心中医馆获评五级中医馆，双凤人民医院中医馆获评五级中医馆建设单位。

【无偿献血】 2023 年，太仓市全血采集 6964 人次，其中 300 毫升以上占比 67.91%，采血量 10080 单位；采集血小板 742.5 个治疗量。按照血液来源，2 个献血屋采血量占采血总量 53.68%；采血车和站内采血量占采血总量 46.32%。临床用血中，红细胞类使用量 9804.5 单位，较上年增加 7.11%；血小板使用量 503 个治疗量，较上年减少 4.82%；血浆使用量 5770 单位，较上年增加 34.03%。临床用血 100% 来自自愿无偿献血，血液供需基本平衡。

【卫生应急】 2023 年，太仓市持续完善卫生应急体系，健全优化应急机制，持续提升应急反应速度和院前应急救治能力，新增双凤急救分站、城厢急救分站。全市急救电话总量 11.54 万次，较上年减少 23.63%；出车 2.25 万次，较上年减少 4.92%；接送病人 1.9 万人次，较上年减少 8.71%，其中救治危重病人 2830 人，较上年增长 15.6%。急救车平均调度时间 45 秒，平均出车时间 90 秒。做好医疗保障和应急救援培训，组织医护人员参加重大活动医疗卫生保障工作 76 次。组织参加西浦创业家公寓综合应急演练、太仓市厢创投资发展有限公司新建车载智能设备项目工程消防应急救援演练、2023 年度消防宣传月主题活动“预防为主，生命至上”建筑施工领域消防安全演练等活动 7 次。

（朱云倩）

2023 年 12 月 28 日，太仓市第一人民医院等级医院评审现场反馈会举行
（闵国强摄）

疾病预防控制

【概况】 2023 年，太仓市人均期望寿命 83.3 岁，其中男性 81.2 岁、女性 85.34 岁。全年无甲类传染病报告，乙类法定报告传染病报告发病率 182.33/10 万，其中死亡 2 例（狂犬病 1 例、肺结核 1 例）；丙类法定报告传染病报告发病率 339.02/10 万，无死亡病例。开展职业病危害因素监测 36 家次，共监测物理因素岗位 137 个、化学因素岗位 182 个、粉尘岗位 34 个、超标岗位 28 个，合格率 92.07%。持续开展学校卫生监测与管理工作，重点开展近视眼、龋齿、营养不良和肥胖等防治工作。开展学生因病缺课监测，网络直报覆盖率 100%。开展学校教学环境卫生监测，对 38 所学校教室开展教学环境卫生监测。对全市初一住宿新生和高一新生开展结核菌素皮肤试验，实检人数 4459 人。开展学生常见病和健康影响因素监测工作，完成学生问卷 1788 份、体检 2474 人，学校基本情况调查及环境监测完成率 100%。开展食源性疾病风险监测，共监测 277 例（含阳性 39 例），其中致病菌 24 例、诺如病毒 15 例，阳性率 14.1%。接报突发食源性疾病事件 10 起。开展公共场所健康危害因素监测，完成 18 家公共场所监测 2 轮次，完成公共场所基本情况调查 18 份、从业人员健康情况调查 284 份。

【免疫预防】 2023 年，太仓市有儿童预防接种门诊 13 家、成人预防接种门诊 15 家、犬伤门诊 10 家。全市免疫规划疫苗接种 12.63 万剂次，免疫规划疫苗基础免疫接种率均在 95% 以上；非免疫规划疫苗接种 17.44 万剂次，其中狂犬病疫苗接种 6.98 万剂次。实施苏州市群体性预防接种项目，初一女生双价 HPV（人乳头瘤病毒）疫苗、初三学生麻腮风疫苗、老年

2023 年 12 月 1 日，太仓市在苏州健雄职业技术学院开展艾滋病防治知识传播校园行活动　　　（市卫健委供稿）

人肺炎疫苗共接种 1.01 万剂次。全市共报告疑似麻疹病例 20 例，均排除麻疹。全年报告疑似预防接种异常反应 197 例，其中偶合症 1 例，其余为一般反应。

【艾滋病防治】 2023 年，太仓市新发 HIV（人类免疫缺陷病毒）感染者 / 艾滋病患者 42 例，较上年增加 6 例。其中 HIV 感染者 37 例、艾滋病患者 5 例。全年开展老年人健康体检 HIV 检测 7.25 万人次，新发现艾滋病患者 1 例；从业人员健康体检（办理健康证）HIV 检测 4.91 万人次，新发现 HIV 感染者 6 例。太仓市完善公共场所艾滋病的宣传防控措施，持续拓宽艾滋病干预途径，与社会组织签订干预协议书，加强重点场所及重点人群高危行为干预，做到"早预防、早发现、早报告、早管理、早治疗"，降低艾滋病社会传播风险。全年开展干预宣传 7901 人次，发放宣传资料 6407 份、安全套 1.3 万只，检测 1411 人次。做好艾滋病宣传教育工作，艾防宣教"进社区、进企业、进医院、进校园、进家庭"，增强公众艾滋病防治意识，倡导建立健康文明的生活方式。2023 年 12 月 1 日是第 36 个"世界艾滋病日"，太仓市分别在西交利物浦大学太仓校区、苏州健雄职业技术学院开展"凝聚社会力量，合力共抗艾滋"主题宣传活动。通过横幅签名、有奖问答、互动游戏等方式，提高青年学生防艾意识，树立正确的性观念和健康的生活方式，鼓励青年学生积极参与预防艾滋病活动，成为抗击艾滋病的积极力量。

【结核病防治】 2023 年，太仓市登记结核病初诊病人 533 人，初诊查痰率 95.87%。发现活动性肺结核病人 174 例，其中病原学阳性肺结核病人 112 例，病原学阳性率 68.71%。登记病人系统管理率 100%，活动性肺结核患者完成治疗率 95.24%。病人报告率 100%，病人转诊率 100%。全年开展免费痰涂片检查 6964 张。开展高危人群耐药筛查 31 例，开展基因分子生物学检测 561 人次，发现利福平耐药患者 3 例，全部登记治疗。及时处置学校结核病散发疫情 2 起，筛查密切接触者 106 人次。

【肠道传染病防治】 2023 年，太仓市各医疗机构肠道门诊腹泻病就诊数 3745 人，其中镇级 3342 人、村级 403 人。用金标法初筛 1311 人，检索率 35.01%，检查中未发现阳性霍乱病例。全市肠道传染病报告 54 例，其中甲肝 9 例、戊肝 22 例、未分型肝炎 12 例、细菌性痢疾 6 例、伤寒 5 例，按照苏州市工作要点肠道传染病监测与防制要求，所有病例均作流行病学调查及疫源地处理。

【血吸虫、地方病、寄生虫病防治】 2023 年，太仓市完成 45 个流行村、22 个非流行村查螺工作，共计查螺环境 424 个，查螺面积 157.81 万平方米。药物灭螺环境 9 个，灭螺面积 1.08 万平方米。开展血吸虫病监测工作，监测 2770 人，未发现血检阳性。救助晚期血吸虫病病人 5 例，救助金额 2.11 万元。全市随访体检在册晚期血吸虫病病人 69 人。开展重点地区碘盐抽样检测工作，共采集 200 名 8~10 岁儿童和 100 名育龄妇女的尿样和盐样，儿童尿碘中位数 136.40 微克 / 升，孕妇尿碘中位数 152.47 微克 / 升。太仓市居民碘盐覆盖率、碘盐合格率及合格碘盐食用率均在 94% 以上。全市 19 家医疗卫生机构对"三热"（疟疾、疑似疟疾、不明发热原因者）病人进行血检 695 人次，发现输入性恶性疟阳性病例 1 例。市疾病预防控制中心督查全市基层医疗卫生机构门诊镜检站工作，覆盖面 100%，复审血片 330 张，均为阴性。

（朱云倩）

爱国卫生与健康促进

【健康城市建设】 2023 年，太仓市通过国家健康促进县复审，通过国家卫

2023 年 3 月 20 日，太仓市爱国卫生运动与健康促进委员会全委会暨国家卫生城镇复审动员会召开　　　（沈　静摄）

生城镇省市暗访抽查。开展健康细胞建设，科教新城社区卫生服务中心建成省级健康促进医院，沙溪镇庄西村、城厢镇德兴社区等13个村（社区）建成省健康村（社区），沙溪镇泰西村、科教新城良辅社区等8个村（社区）建成苏州市级健康村（社区），新增（含重新命名）苏州市健康教育与健康促进基地7家，市人民法院等4家单位建成省级健康机关（含健康企业），城厢镇新毛幼儿园、浏河镇综合行政执法局等6家单位建成苏州市级健康场所（含健康企业）。新建健康步道、健康小屋等健康场景24个。

【健康教育与促进】 2023年，太仓市推进“健康中国”典范城市建设，新增一批省市级健康村（社区）和单位。太仓市在以村（社区）为单位的健康自我管理小组全覆盖基础上，评选示范小组8个、健康管理先进工作者8人、健康生活方式带头人7人。实施市民健康素养提升工程，引入青年科普能手参与大讲堂，举办“娄东健康大讲堂”“肿瘤俱乐部”等公益活动114场，受众1.7万人次。持续做好健康生活方式指导员培训，开展健康生活方式指导员继续教育19场。开展无烟党政机关建设等控烟宣传系列活动，发挥“无烟娄城啄木鸟”控烟监督员队伍作用，加强对重点控烟场所明察暗访，即时发现、上报公共场所禁控烟问题，整改相关控烟问题。对照监管范围，检查公共场所1178家，下发整改通知书14份，处罚个人669人次，处罚金额1.34万元。

【病媒生物防制】 2023年，太仓市开展环境综合整治、滋生地处置，推动病媒生物防制设施落实。开展灭鼠、灭蟑、灭蚊蝇等集中消杀行动。推进病媒生物防制培训，完成各级各类专题培训40场、7000人次。组织市城管局、市市场监管局等对全市重点场所开展病媒生物防制专项检查，落实病媒生物密度监测等工作，提高全市病媒生物防控质量。病媒生物展示馆建成投用，是省内首家县区级病媒生物科普馆。（朱云倩）

人口家庭

【“三孩”生育政策】 2023年，太仓市依法实施“三孩”生育政策，组织实施“三孩”生育政策及配套支持措施，促进人口长期均衡发展。完善生育登记服务制度，推进“一网通办”，实现生育登记网上办理。加强部门工作协同，推动相关部门落实积极生育配套措施，保障生育妇女休假合法权益，推动落实产假、男方护理假、育儿假、独生子女带薪护理假等制度。全年全市常住人口出生3503人。全年办理“一孩”生育登记2566例、“二孩”生育登记1857例、“三孩”生育登记677例。

【计划生育奖励扶助】 2023年，太仓市实施计划生育奖励扶助制度，维护计划生育家庭合法权益。落实农村部分计划生育家庭奖励制度、持证企业退休人员一次性奖励制度、计划生育特别扶助制度和计划生育公益金救助制度。全年发放农村计划生育家庭奖励金2824.35万元，惠及2.82万人；发放一次性奖励金2158.92万元，惠及5997人；发放特别扶助金2388.09万元，惠及2407人。计划生育公益金一次性救助家庭109户，发放公益金24.3万元。

（朱云倩）

文　化

文化设施

【概况】 2023年，太仓市完善公共文化体系建设，打造太仓文化新地标。太仓市美术馆新馆正式开馆揭幕，形成以“四馆一院”为依托的文化艺术场馆集群。推动公共文化特色空间建设，完成首批太仓市“最美公共文化空间”打造验收，南园娄东书房入选2023年省“最美公共文化空间”打造对象名单。加强文化供给，做强品牌示范，优化图书馆、博物馆、美术馆、文化馆（站）等公共文化场馆服务，打造便民惠民服务体系。完善文化设施服务体系，图书馆分馆分布于全市各区镇、社区，24小时自助图书馆、娄东书房遍布城区。年内，共青团中央、文化和旅游部授予太仓市图书馆少儿部“一星级全国青年文明号”。

【太仓市图书馆】 太仓市图书馆位于上海东路100号，国家一级图书馆，总建筑面积1.9万平方米，藏书量165万余册（其中2023年新增4.6万册），与苏州地区公共馆外购共享CNKI中国知网、万方、维普、龙源等数据库16个，自建共建数据库9个，容量56TB。图书馆一层为少儿活动及阅览区域，设有少儿图书借阅室、亲子阅读区、多功能报告厅、4D影院等服务区域。其中少儿图书借阅室收藏少儿图书30万册；多功能报告厅面积150平方米，座位192个；4D影院座位32个。图书馆二层为综合服务区域，设有数字阅读空间、报刊阅览室、地方文献室、盲文阅览室等。其中，数字阅读空间设有“非遗”文化墙，包含200余种国家“非遗”资源的介绍，读者体验区配备电脑32台、“超星阅读本”8台、喜马拉雅有声听读机8台；报刊阅览室有杂志600种、报刊141种；地方文献室陈列太仓地方文献3086册；盲文阅览室有盲文书籍823册。图书馆三层为流通区域，设有文学阅览室和社科科技阅览室。图书馆四层设有生活阅读空间、经典阅读空间等。生活阅读空间设有“方寸之间”“立言之境”两处开展活动的场地；新增设的经典阅读空间设阅览席位200余个，为读者提供多元阅览选择。2023年，太仓市图书馆全年接待读者225万人，有效借阅证（含市民卡）53.37万张，办理新证297张，信用借阅电子证1.19万张；全年外借图书198.85万册次。全年举办各类线下活动402场次、线上活动68场次，联合乡镇分馆举办线下活动296场，参与人员19.5万人次。

【太仓市博物馆】 太仓市博物馆位于上海东路100号，国家二级博物馆，成立于1987年，系江苏省内率先创

2023年10月22日，《使女的故事》责编杨懿晶在太仓图书馆讲课（市文体广旅局供稿）

办的首批县（市）级博物馆，是太仓唯一一家地方性综合博物馆。2010年12月，太仓市博物馆新馆落成，2011年1月，面向全社会免费开放。新馆建筑面积约1.4万平方米，建筑高度24.4米，总体造型为"圆仓"形。博物馆新馆共分为地下一层和地上四层，展厅面积约7750平方米。主要陈列展览有太仓历史文化陈列、馆藏文物陈列、大元瓷仓陈列、娄东画派陈列、太仓革命历史陈列、太仓元代古船展。有2个临展厅承办各种不同类型和题材的临时展览。博物馆下辖张溥宅第、王锡爵故居、钱祠花园3个文保单位，馆藏文物包括陶瓷、青铜器、书画、玉器等共计2000余件，以地方出土文物和元明时期航海文物为主。太仓市博物馆开展文物保护和社会宣教活动，持续加强文博学术研究。2023年，太仓市博物馆获评"江苏省节水型单位"，入选2022年度太仓市十佳文明实践站点，获授太仓市"红领巾"学雷锋志愿服务岗、太仓市华侨文化交流基地称号；"樊村泾元代遗址出土文物展"入选2023年度江苏省博物馆纪念馆精品展览、巡回展览项目。年内，太仓市博物馆及下属张溥宅第、王锡爵故居共举办临时展览22场，其中巡展7场，接待各类游客30.27万人次，讲解210场次，开展社教活动51场次。新入库藏品共10件（套），包括征集1件（套），社会捐赠5件（套），重新登记旧藏、传世及出土1件（套），采集藏品2件（套），其他来源1件（套）。

【太仓市文化馆】 太仓市文化馆位于上海东路98号，国家一级文化馆，毗邻太仓大剧院，建筑面积7648平方米，分为地下一层和地上三层。文化馆一层设有小剧场（387座）、化装间、展示厅、多功能厅、舞蹈戏曲排练厅、录音房等群众文化活动场所。文化馆二层为办公用房。文化馆三层为服装道具间、综合服务部办公室。文化馆配有流动舞台、流动演出车、专业录音棚等现代化演出和技术设备，秉承"博学、精专、实干、远志"馆风精神，常年担负着组织群众文化活动、开展群众文艺创作、全民艺术普及、收集整理和保护民族民间文化遗产、开展社会公共文化服务和对外文化交流等职能。馆内常设"娄东戏台""舞林会友""太仓乐坛"等常态化免费开放项目，全民艺术普及覆盖老中青少各年龄段。拥有阿卡贝拉人声乐团、文化馆民乐团、太仓青年合唱团等馆办文艺团队。2023年，太仓市文化馆举办文化活动191场次，举办全民艺术普及班364个；线下服务群众22万人次，线上服务群众近50万人次。

【宋文治艺术馆（太仓名人馆）】 宋文治艺术馆位于县府东街12号，占地1428平方米，总建筑面积536平方米，属于文物系统国有博物馆、省级文保单位。宋文治艺术馆有各类藏品683件，包括宋文治、朱屺瞻、文徵明、董其昌、吴昌硕等书画作品，另有古代陶瓷器111件。艺术馆设有对外免费开放展厅4个，主要展览以宋文治为主题的艺术作品和宋文治生平事迹。太仓名人馆位于太平南路38号，总建筑面积4050平方米。名人馆展陈内容涵盖太仓从宋代至今116位太仓名人的珍贵资料展示，共分为文苑撷英、翰墨清芬、名宦乡贤、科教精英、梨园艺坛、实业名家、状元及第、中外院士等展厅8个，常年对外开放。2013年，宋文治艺术馆与太仓名人馆整合，整合后的宋文治艺术馆（太仓名人馆）由美术展馆转型为集收藏、研究、展览、教育等诸多功能于一体的文化艺术机构。2023年，宋文治艺术馆（太仓名人馆）举办临

2023年2月8日，太仓美术馆正式开馆（市文体广旅局供稿）

时展览 15 场，接待游客 7 万人次，讲解 90 场次，开展巡展 5 场次、社教活动 120 场次。宋文治艺术馆新入库藏品 6 件。

【太仓市美术馆】 太仓市美术馆新馆于 2018 年 11 月立项，2023 年 2 月正式开馆，是太仓市政府重点建设的公益性大型文化设施，总建筑面积 1.67 万平方米，占地 1.76 公顷，其中展厅面积 3220 平方米，艺术品收藏库 600 余平方米。共设有临时展厅 7 个、画库 2 个和会议室、学术报告厅、艺术家工作室、文创商店等配套设施，是集展览、典藏、研究及公共教育和服务功能于一体的现代美术馆。太仓市美术馆新馆肩负美术精品收藏、学术研究、陈列展览、公共教育、对外交流等职能。2023 年，太仓美术馆举办展览 22 场，接待游客 35.15 万人次。

（匡芡茏）

2023 年 5 月 23 日，"欢乐文明百村（社区）行" 第十届文化养老艺术节暨第十六届业余文艺团队 "百团大展演" 活动启动仪式在双凤镇凤中村举行

（市文体广旅局供稿）

公共文化服务

【概况】 2023 年，太仓市以保障群众公共文化权益为根本，加快推进现代公共文化服务体系建设，构建覆盖城乡、便捷高效、普惠均等、群众满意、引领全国的现代公共文化服务体系。2 月 8 日，"潮涌大江东——太仓美术馆开馆展" 揭幕。沙溪镇新时代文明实践所建设完成，璜泾镇新时代文明实践所进入装修阶段，科教新城新时代文明实践所完成装修设计。5 月，市图书馆经典阅读空间完成建设并投用。年内，南园娄东书房入选 2023 年省 "最美公共文化空间" 打造对象名单，并与太仓市博物馆共同入围 2023 长三角及全国部分省市最美公共文化空间大赛评比名单。促进新型公共文化空间建设，推进文化空间服务场景多样化。"大美娄东最是江南" 首批太仓市 "最美公共文化空间" 培育打造工作完成，涵盖基层公共文化空间、公共阅读空间、美丽乡村文化空间、商圈文化空间、文博艺术空间、跨界文化空间等多种业态。开展 "撤县建市 30 周年" 系列文化活动，举办 "娄东之春" 文化艺术节、业余文艺团队 "百团大展演"、文化养老艺术节等文化品牌活动，优化公共文化资金投入保障机制；创新送戏下乡活动形式，开展数字文化服务，打造 "文化 +" 等文化惠民活动新业态，开展文化惠民服务进景区活动，推动文旅融合发展，提升 "娄东大讲堂" "娄东戏台" 等文化服务品牌影响力，常态化开展 "文化小书场"、"太有戏" 演出季、"南园夜游" 等活动。

表 66　2023 年太仓市文化活动（部分）情况表

序号	活动名称	活动内容
1	欢乐文明百村（社区）行	政府购买大戏演出配送到各村社区，配送 200 余场次
2	"娄东之春" 文化艺术节	展示太仓本土民间文化艺术，累计举办 10 届
3	文化养老艺术节暨业余文艺团队 "百团大展演"	由优秀群文业余社团演出，鼓励群众参与文艺活动，累计举办 16 届
4	江南丝竹演出季	深入学校、村、社区等地，演奏非遗 "江南丝竹"，累计举办 8 届
5	娄东戏台	普及戏曲常态化品牌栏目，每月 2 场

【文化精品展览】 2023 年，太仓市博物馆加强馆际交流协作，推动太仓文化传承发展，弘扬历史文物时代价值，展现太仓多元文化特色，讲好太仓故事，传播太仓声音，通过 "大元瓷仓——太仓樊村泾元代遗址出土文物展" 和 "尺素诗情——太仓市博物馆藏清末民初名人手札展"，增强太仓文化传播力和影响力。2 月，"樊村泾元代遗址出土文物展" 入选 2023 年度江苏省博物馆纪念馆精品展览、巡回展览项目，是苏州大市范围内唯一一个双入选项目。

表 67　2023 年太仓市博物馆巡展情况表

序号	展览名称	联合承办单位	时间
1	尺素诗情——太仓市博物馆藏清末民初名人手札展	佛山市祖庙博物馆	2 月 18 日至 4 月 18 日
		睢宁县博物馆	9 月 20 日至 11 月 20 日
		阜阳市博物馆	2023 年 12 月 5 日至 2024 年 3 月 5 日
2	大元瓷仓——太仓樊村泾元代遗址出土文物展	海安市博物馆	7 月 25 日至 8 月 25 日
		江苏省江海博物馆	9 月 15 日至 11 月 15 日
		丰县博物馆	11 月 21 日至 12 月 24 日

2023 年 10 月 29 日，太仓市举行青少年合唱音乐会　（**市文体广旅局**供稿）

【文化制度管理】 2023 年，太仓市推动公共文化服务高质量发展，结合市公共文化服务体系建设工作实际，印发《太仓市市级公共文化发展专项资金使用办法》，太仓市市级公共文化发展专项资金由市级财政结合上级资金设立，专项用于支持太仓市公共文化服务体系建设，促进基本公共文化标准化、均等化，保障群众基本公共文化权益，推动乡村文化振兴等。专项资金使用范围包括公共文化设施运行与管理、公共文化活动、公共文化产品和服务购买、文化惠民补贴、文化人才队伍建设、文化艺术产品生产和文化宣传、创建及品牌建设等。太仓市联合浙江大学城市学院实施公共文化空间建设标准课题研究项目，初步完成太仓市新型公共文化空间建设标准和服务规范的制定。

【文艺精品创作】 2023 年，太仓市推动文艺创作持续繁荣，戏剧小品《真是一家人？》、相声《吃不饱》分获第六届江苏省曲艺、喜剧小品大赛三等奖和优秀创作奖，在第五届苏州市群众文艺“繁星奖”活动评比中，太仓共获 2 金、5 银、9 铜。打造江南丝竹国乐新媒体融合音乐会，扶持沪剧大戏《春暖花开》等文艺团体重点文艺作品 3 部。江南丝竹《昆韵》获 2023 年江苏省文艺大奖优秀民间艺术表演奖。器乐曲《娄江晨曲》获第十九届长三角民族乐团展演“优秀团队奖”。雅鹿沪剧团原创沪剧大戏《异姓人家》入围苏州市艺术基金扶持项目。歌曲《党旗最红》获苏州市第十三届精神文明建设“五个一工程”入选作品奖。市文化馆全年共创作作品 36 件，其中 17 件作品获得 22 个奖项。合唱《山中月》获评第五届苏州市群众文化“繁星奖”合唱类金奖；广场舞《双手编织幸福路》和锡剧小戏《遂愿》获银奖；广场舞《欢喜灯缘》、歌曲《肩膀》《妈妈的微笑像玫瑰》、器乐曲《娄江晨辉》、相声《吃不饱》获铜奖。音乐剧《爷爷的女神》获评苏州市文联“三霞人才”扶持项目、第三届“梁辰鱼”杯剧本征集三等奖；《写给爸爸妈妈的日记》《期待的远方》获 2023 年“童声里的中国”校园歌曲创作大赛优秀奖等。《柳如是诗三首》入选“弘道养正 · 当代篆书作品提名展”；张道恰的《包山书院》入选“三衢道中 · 全国女书法家作品邀请展”。　（匡艾茏）

【电影戏剧】 2023 年，太仓市 11 家影院共放映电影 11.65 万场次，观影人数 116 万人次，票房收入 5341 万元。11

2023 年 11 月 15 日，《郑和下西洋 1：沧海幽冥》项目签约落户太仓
（**太仓高新区**供稿）

月，万达影城、华夏电影发行有限公司《郑和下西洋 1：沧海幽冥》电影项目落户太仓。全市放映农村公益电影共计 2700 场次，观影人数 25.29 万人次。推动“文明实践 + 公益电影”融合发展，组织“文明实践 · 纳凉电影夜”、公益电影“五进”等活动，做好“学思想 · 建新功”优秀影片展映。各区镇文明实践所挂牌建立“周末电影院”9 个，每周六放映公益电影 1 场；开展“光影传情 · 工会有爱”——企业职工公益电影鉴赏等活动。太仓市文化馆、太仓市戏曲家协会全年共举办各类戏剧活动近 80 场次，其中“娄东戏台”24 场次、“太有戏”演出季 14 场次、基层党员冬训巡回演出 38 场次。举办第三届戏曲演唱大奖赛，分别与浙江省桐乡市、扬州市邗江区举办“活力太仓 · 风雅桐乡”“江河交融 · 乡音交会”两地文化交流演出活动。年内，“娄东戏台”获江苏省群众文化“百千万”工程优秀群众文化活动品牌称号、2023 年全省文化馆公共文化服务“十佳项目”称号。锡剧小戏《遂愿》获第五届苏州市群众文化“繁星奖”戏剧类银奖，沪剧小戏《孙二娘闹春》获戏剧类铜奖。沪剧大戏《异姓人家》获苏州艺术基金项目扶持。沪剧大戏《小卫警官》在第四届苏州市戏剧创作推优活动中获大型剧目创作奖。

表 68　2023 年太仓市撤县建市 30 周年专场演出暨第十届“娄东之春”文化艺术节系列活动一览表

序号	活动名称	活动时间
1	太仓市撤县建市 30 周年专场演出暨第十届“娄东之春”文化艺术节开幕式	4 月 22 日
2	李花春雨江南——宋文治山水画作品展	4—6 月
3	再识 · 梅花草堂——朱屺瞻中国画展	4—7 月
4	诗意江南 · 长三角古镇文化寻踪	4—9 月
5	第八届“江南丝竹演出季”	4—11 月
6	2023 年“非遗进校园”	4—11 月
7	2023 年“太有戏”文旅融合活动	5—10 月
8	“江海拾遗”非遗市集	6 月
9	第四届江浙沪娄东昆曲雅集	6 月
10	“郑和时代”特别展	7—9 月
11	2023 年“夜太美”太仓市江南丝竹音乐会	10 月
12	第十九届太仓市江南丝竹演奏比赛	10 月
13	“江畔南风”江南丝竹国乐新媒体融合音乐会	11 月
14	“好春好景好娄东”系列群众性文化活动	6 月
15	“传承戏曲文化 · 唱响科教新城”戏曲折子戏巡演	4—5 月
16	“魅力城厢 · 盛世华裳”——第四届太仓市汉服文化节	9 月
17	“舒心夜沙溪 · 古镇嘉年华”活动	9 月
18	浏河天妃宫 900 周年系列活动	10 月
19	2023 年浮桥镇邻里文化节	7—10 月
20	“仲夏夜笙歌 · 缤纷吴家湾”璜泾镇吴家湾之夜音乐节	5—7 月
21	第十六届中国 · 双凤羊肉美食文化旅游节	11 月
22	第十届“娄东之春”文化艺术节闭幕式	11 月

（丁志刚　戴新刚）

文化市场管理

【概况】 2023 年，太仓市规范文化市场行政执法行为，加强文化市场管理，维护文化市场管理秩序，促进文化市场健康发展。市文体广旅局完成歌舞娱乐场所新设审批 43 家、经营变更 9 家、经营延续 36 家、停业注销 18 家；完成游艺娱乐场所新设审批 1 家、经营延续 5 家、停业注销 28 家；完成网吧变更 4 家；推进表演团体新设 3 家、注销 1 家、延续 11 家；完成艺术品备案变更 1 家；完成旅行社新设 5 家、旅行社分社 1 家，高危险性体育经营场所新设5家，其中1家为阿尔卑斯雪世界滑雪场所，并完成开业前行政检查；完成游艺游戏设备备案2家、艺体类校外培训机构审核97家；完成内地营业性演出内容许可99场，内容均符合要求。根据国家文化旅游部门关于剧本娱乐经营场所的备案要求，指导完成全市10家剧本杀、1家密室机构的线上备案工作，剧本娱乐新业态纳入监管。

【文化市场行政执法】 2023年，太仓市加强出版物市场监管，开展未成年人保护专项行动，依法查处艺术考级、出版物市场等违法违规经营行为。深化文化市场综合执法工作信息化、规范化、专业化建设，完善文化市场技术监管指挥中心功能，为执法取证提供技术支撑，实现高效快捷远程监管，加强新兴业态监管，针对剧本杀、推理社等行业开展内容监管和版权执法，加大网络文化和未成年人保护等方面的执法力度。市文体广旅局统一行使文化、文物、体育、广播电视、电影、旅游、出版（版权）领域的行政执法职能，重点聚焦旅游、文化、演出和新兴领域，开展旅游市场、印刷企业、歌舞娱乐场所、无证经营等专项整治行动，组织参与网络文化市场巡查，配合开展太仓市“扫黄打非·护苗2023”活动等，遏制违法违规行为，确保文化市场稳定有序。全年共出动执法人员6682人次，检查各类市场经营主体1943家次，受理举报45起，开出责令改正通知书99份，拆除非法安装的地面卫星接收设施2个，查扣话筒183只、点歌设备33套。全年全市立案查处文体旅市场违法违规行为80起。

（匡芡茏）

文化产业

【概况】 2023年，太仓市按照“城市即旅游、旅游即城市”发展理念，挖掘梳理生态、人文、旅游等资源，推进总投资超245亿元的农文旅融合项目46个，打造电站生态园、七十二家理想村等一批特色亮点项目，初步形成东部沿江生态文化旅游、中部田园古镇休闲旅游、西部湿地渔农特色旅游的农文旅发展布局。加强对文化产业高质量发展工作的组织协调，发挥重点产业项目的引领示范带动作用，推动文化产业与旅游业高质量融合发展。3月，市政府办公室印发《太仓市推动文化创意产业高质量发展三年行动计划（2023—2025年）》，以打造“江南文化”太仓品牌、推动文化科技融合实践、放大文旅融合发展效应、助推文化创意产业创新发展、促进文体旅消费质效提升为目标，实施突出数字内容领域、加强创意设计融合、发展影视娱乐产业、培育电竞产业集群、支持工艺美术升级、推动产业园区建设、加快文旅融合发展、激发文体旅消费潜力等重点任务。市文体广旅局发挥重点产业项目的引领示范带动作用，推动文化产业与旅游业高质量融合发展。7个项目入选《苏州市2023年度重点文化产业项目》，分别是复游文旅城、香塘艺术田园国际亲子度假村、沙溪国际卡丁车中心、沙溪古镇“七浦文脉”水乡原真风貌展示项目、长江林场户外探险公园项目、福地水乡乡村文旅项目、罗腾堡德风文旅消费集聚区，项目涉及休闲旅游、亲子度假、电竞赛事、户外露营、水上运动、人文艺术等产业类别。太仓市实施“旅游+”融合发展战略，在体育户外游、城市休闲游、特色乡村游中融入更多文化创意元素，延长文体旅消费链条，推动全域消费、全时消费。融合大数据等现代信息技术打造“云+”消费模式，促进消费场景升级。

表69　2023年太仓市入选苏州市文化产业重点项目一览表

序号	项目名称	项目类别	项目建设内容
1	太仓复游文旅城	文旅融合	项目位于复游城南、东仓新路西、正夫路北，总开发区域100公顷，总建设规模约180万平方米。项目拥有阿尔卑斯雪世界、狼队运动公园、欧风街等三项核心旅游资源，Club Med Joyview度假村、Cook's Club&Cook's Home系列酒店及配套社区
2	香塘艺术田园国际亲子度假村	文旅融合	项目位于沙溪镇香塘村，是亚洲首家LINE FRIENDS家族主题露营村。项目二期围绕萌友IP故事线，打造布朗农场线下体验区，包含丰收集结地、野食花园、野娱之丘、无动力小乐园、小仓栏牧场、欢野岛和忘忧花园等特色业态
3	太仓沙溪国际卡丁车中心	文体旅融合	项目位于沙溪镇沙南西路，计划建成国内高标准的国际级卡丁车赛道，以及赛车电竞训练与比赛基地，举办国际国内各项大型赛事。项目汇集卡丁车相关产业集群，包含新型竞赛级卡丁车和新能源电动卡丁车的研发生产销售，卡丁车装备、赛道安全系统、电控计时系统、赛车电竞互动平台的研发生产及物流基地
4	沙溪古镇“七浦文脉”水乡原真风貌展示项目	文旅融合	项目为长江国家文化公园江苏段重点项目，打造“江南美好生活”体验区和“江南自然生态”保护区，包含溪畔书场、“风起楼”江南戏台、“风和楼”非遗研学馆、橄榄岛山体公园二期等
5	长江林场户外探险公园项目	文体旅融合	项目一期位于林区中部临江侧，设置水上运动中心、林下木屋、林下帐篷等。项目二期开发主要集中在南端建设用地，拟建设综合服务中心一处，包含住宿、餐饮等配套设施

续表 69

序号	项目名称	项目类别	项目建设内容
6	福地水乡乡村文旅项目	文旅融合	项目位于双凤镇勤力村，融合田园风光、渔业文化、休闲度假等理念，依托全国钓鱼比赛训练基地、生态采摘园、水八仙种植基地等载体，打造集农耕体验、欢乐采摘、垂钓竞技、生态观赏、亲子互动等于一体的乡村旅游打卡地
7	太仓罗腾堡德风文旅消费集聚区	文旅消费	项目占地 8.4 万平方米，新建区主建玛丽蒂姆酒店、拜仁慕尼黑足球俱乐部体验馆、1886 德国汽车餐厅等，提档区主要进行业态调整、景观及外立面改造

【文化产业重点企业选介】 太仓阿尔派电子有限公司。公司位于太仓高新区广州西路 1 号，属于文化制造业企业，占地面积 10 万平方米，员工 700 余人，主要生产车载音响设备、车载导航设备、汽车通信设备及承担相关产品和零部件的组装、加工、生产等。在国内实现汽车电子产品从新产品设计到零部件制造、成品生产到销售再到售后服务，以及软件的开发生产与销售的一条龙式经营模式。2023 年实现营业收入 18.13 亿元，文化产业增加值 1.98 亿元。

星光印刷（苏州）有限公司。公司位于太仓市浏河镇沪太新路 98 号，属于文化印刷企业，员工 800 余人，核心业务为包装印刷、生产拼图，利用数字技术、互联网、软件等高新技术支撑文化内容、装备、材料、工艺、系统的开发和利用，加快文化企业技术改造步伐，致力于文化创意设计行业，发挥"研发、培训、孵化、展示、交易"五大功能，引导印刷复制加工向综合创意和设计服务转变，打造科技创新和文化创意有机互动的平台。2023 年实现营业收入 2.26 亿元，文化产业增加值 8670 万元。

苏州资华文化传媒有限公司。公司位于太仓市科教新城文治路 5 号，属于数字文化电竞企业，是一家集电子竞技、视频 MV 制作、娱乐、栏目制作、明星主播演艺经纪、艺人签约管理、大型文化活动策划制作、广告及新闻媒体等于一身的文化产业平台。公司培养各平台主播人数超 2 万人，原创视频点击量超 2 亿次。旗下情久电子竞技俱乐部拥有穿越火线、和平精英等项目，参与 TGA（腾讯电竞运动会）、CFPL（穿越火线职业联盟电视联赛）等赛事。2023 年实现营业收入 3668 万元。

中国科学院太仓研究分所。公司位于太仓市科教新城健雄路 20 号太仓大学科技园 3 楼，属于数字文化企业，公司建有能打造沉浸式虚拟环境的智能摄影棚，为文化内容相关行业提供高端装备。旗下奥视佳数字影棚技术与智能投影应用于文旅消费场景、虚拟演唱会、影视剧拍摄、广告、大型品牌发布直播活动等内容制作。

（匡芡笼）

2023 年 5 月 20—22 日，KPL 王者荣耀夏季赛资格赛在太仓市体育馆举行

（市文体广旅局供稿）

媒体融合

【概况】 2023 年，太仓市加快推进全媒体传播体系建设，媒体融合向纵深推进。持续提升新闻舆论引导力，全市新闻战线围绕大局、服务人民、改革创新，新闻工作者深入采访、融合创新，创作一批有思想、有温度、有品质的优秀新闻作品。市融媒体中心（传媒集团）拥有《太仓日报》、太仓电视台、太仓广播、太仓新闻网、"太融 e"客户端和"太仓发布""太仓融媒"微信公众号、视频号、抖音号等媒体平台，形成集"报、台、网、端、微、屏"等于一体的传播格局。作为太仓市域新闻报道和舆论引导的主要力量，围绕全媒体内容建设、全媒体传播渠道、全媒体功能拓展，融合平台资源，探索多元转型，持续提升精神文明感召力。年内，市融媒体中心在 2022 年度江苏省县级融媒体中心高质量发展综合评估中获评良好等次。

【全媒体传播】 2023 年，太仓市"1+2+N"（"1"指"太融 e" App 客户端，"2"指"太仓发布""太仓融媒"微信微博等新媒体平台，"N"指报纸、广播、电视、视频、新媒体账号）全媒体传播矩阵基本形成，开设官方微博、微信订阅号、微信服务号、新闻客户端、新闻网站及各类平台账号 17 个。年内，"太融 e" App 推送各类新闻资讯 1.2 万条，实现 365 天、24 小时不间断推送。"太仓发布""太仓融媒"等微信平台

2023 年 12 月 26 日，太仓市"1+N"数字文化联盟共建签约仪式举行（戴　征摄）

推送稿件 2261 条，总阅读量 2330 万人次。"太仓发布""太仓融媒"推送微博 3017 条，总阅读量 1850 万人次。"太仓发布""太仓融媒"视频号、抖音号制作推送原创短视频 2655 条，平台总播放量 2076 万人次。2023 年，"太仓发布""太仓融媒"两大微信公众号持续位居苏州政务类、媒体类微信榜单前列，"太仓发布"微信公众号作为苏州市唯一一个县（区、市）级新媒体账号入选 2023 年全省"走好网上群众路线"优秀新媒体榜单。年内，完成"学习强国"学习平台太仓通讯站供稿 4170 篇，录用稿件 1434 篇。市融媒体中心联合太仓相关单位，依托客户端全面整合、汇集太仓数字文化资源，逐步建立、完善"光影太仓"数字资源库，加快数据版权宣传推广平台建设，形成线上线下融合互动、立体覆盖的影像服务供给体系，为太仓市数字文化产业建设注入新活力。

【"太融 e"App 建设】 2023 年，太仓市融媒体中心以"融媒体 + 融服务"理念，推动"太融 e"App 新闻资讯功能持续增强，探索应用场景与创新。9 月，"太融 e"数字人民币应用服务平台建设启动。12 月 26 日，"太融 e"客户端区镇频道开通，"光影太仓"数字文化平台上线。"太融 e"客户端是太仓市人民政府打造的以自然人为对象的城市服务总入口，也是太仓市数字政府建设的重要载体，为太仓全市数字文化产业发展搭建重要平台。作为平台注册主体，太仓市融媒体中心抢抓战略机遇，创新探索文化数字化、数字文化产业化的发展新路径。截至年底，"太融 e"App 推出新闻宣传、政务办事、数币应用、医疗健康、城事生活、文体旅游、交通出行、学习教育及专区服务八大模块、170 余项应用服务，累计下载量 35 万次，注册用户 27 万次，客户端本地影响力指数位居全省第一方阵。

表 70　2023 年市融媒体中心部分创优获奖作品一览表

序号	主题	主创	奖项
1	潮起东方　寻找百强"共富"密码	太仓市融媒体中心	第 33 届中国新闻奖（2022 年度）二等奖
2	城市更新蹲点日记	记者：张立、顾嘉乐 编辑：董沁妍、冯子燕	2022 年度江苏省县级融媒好新闻奖一等奖
3	助浴师：不只是帮忙洗澡那么简单！	记者：徐静、陈益 编辑：欧阳孙晶	2023 年度江苏省县级融媒好新闻奖一等奖
4	全国首宗限地价"竞生态投入"产业用地成交	记者：周斌、肖朋 编辑：刘少树	2023 年度江苏省县级融媒好新闻奖一等奖
5	太仓这对"跨国 CP"，我磕了 30 年！	记者：邢智丰、徐静、郑天赐、王静微、夏凤丹、欧阳孙晶、张韵卓、唐倩、刘嘉瑶、朱明波 编辑：郑天赐	2023 年度江苏省县级融媒好新闻奖二等奖
6	娄江夜读花市灯如昼：那年，我们这样过元宵（语言类）	戴喜栋、许轶、潘宇迪	2023 年度江苏省广播节目录制技术质量奖二等奖

【电视概况】 太仓市建有 158 米高的调频电视发射塔 1 座，有 800 平方米综艺演播厅、高清新闻演播厅、全媒体高清虚实结合演播室等 18 个演播室、直（录）播室、配音间和 5.1 声道录音棚，拥有 8+2 讯道高清电视转播车 1 台。2023 年，太仓电视有太仓综合频道、娄东民生频道等，共开设自办电视栏目（节目）12 个，日均首播时长 36 分钟。全年公共电视节目播出时间 5972 小时，全年自制电视节目播出时间 1370 小时，全年制作电视节目时间 219 小时。

2023 年 12 月 26 日，文献纪录片《百年沪太路》在市融媒体中心举行首映式
（戴　征摄）

【电视新闻宣传】 2023 年，太仓电视新闻宣传继续以《太仓新闻》栏目为主，访谈栏目《相逢》、新闻评论栏目《新闻勇报》为延伸补充。《太仓新闻》全年制作 365 期，其中电视手语新闻节目 52 期，共播出新闻 5000 余条。全年开设“新春走基层”“光影三十年”“我们的节日”“强信心·稳经济·促发展”等新闻专栏和系列报道 40 余个。全年中央电视台报道太仓新闻稿件 120 条，江苏电视台报道太仓新闻稿件近 60 条，苏州电视台报道太仓新闻稿件 700 余条。12 月 20 日，《太仓新闻》正式在“太仓融媒”视频号开通同步直播，为互联网用户便捷了解太仓最新实事动态、感受太仓高质量发展新动向提供新平台。

【电视社教综艺节目】 2023 年，太仓电视开设社教综艺类节目 9 个。其中自办节目 4 个，分别为《太仓闲话》《娄城大爱》《娄东戏台》《老有腔调》；与市级部门联办节目 4 个，分别为《光辉太仓》《科普新说》《市场监管》《科技创新》；自办生活资讯类节目 1 个，即《乐活太仓》。拍摄制作《非凡十年》《光影流年》《吹响集结号》《未来之城》《扬文明之帆》《猕恋》《寻找马士达》等专题片、宣传片 30 余部。12 月 26 日，太仓市扬帆纪录片工作室揭牌成立，举行专家顾问聘任仪式和“光影太仓”数字文化平台上线仪式。

【《百年沪太路》首映】 2023 年 12 月 26 日，由太仓市融媒体中心独立创作拍摄的文献纪录片《百年沪太路》在市融媒体中心举行首映式。从上海长途汽车客运总站出发，一路向北，一条全长 38.5 千米的沪太公路通往太仓浏河。作为上海通往外省的第一条公路，沪太路始建于 1921 年，是中国公路史上第一条民办公路，也是上海的主要道路之一。沪太路见证太仓融入上海、融入长三角一体化发展的奋斗征程。文献纪录片《百年沪太路》以沪太路的筹建为切入点，通过遗迹寻访、后裔寻访、故事讲述、专家采访、情景再现等方式，讲述百年前参与筹建沪太路建设的 9 位浏河先贤（唐文治、洪伯言、项惠卿、张纶卿、朱恺俦、沈润挹、吴挹峰、汪恩博、项甘伯）不畏艰险，克服困难，发起、筹路、筑路、保路的真实故事。创作过程中，摄制团队采访沪太路筹建者朱恺俦儿子朱人庆，项惠卿后裔项祖国、项扬，吴挹峰后裔吴菡洁，唐文治再传弟子陈国安以及上海市城乡建设和交通发展研究院院长薛美根、上海市工商业联合会原调研员王昌范、郑和研究专家汪放等。纪录片的摄制，既是对百年前参与筹建沪太路乡贤的致敬，也是对太仓通往上海、通往全国、通往世界的一次展望。

【广播概况】 2023 年，太仓市融媒体中心综合广播继续发挥主平台、主渠道作用。全年共开设自办节目 7 档，其中《早安太仓》《欢乐晚高峰》《有事我帮忙》《车 · 生活》为直播节目，总时长 4 小时；《太广新闻》《把耳朵叫醒》《娄江夜读》为录播节目，总时长 3.5 小时；另有转播节目 2 档，每档时长 0.5 小时，共计 1 小时；合作翻录节目 7.5 小时（主要为晚间节目）。FM96.7 频率全天播音 16 小时，全年安全播出运行 5284 小时，其中直播节目近 2000 小时。

【广播特色节目与活动】 2023 年，太仓综合广播加快多媒体融合传播步伐，广播直播、网络直播、新媒体发布等多种播出形式呈现常态化。《早安太仓》栏目推出“最太仓”短视频，《欢乐晚高峰》栏目开设“交警大队直播间”。本土文学类栏目《娄江夜读》推出视频节目“好书推荐”，开展“太

2023 年 8 月 21 日，第八届“太仓七夕杯”全国爱情诗大奖赛颁奖典礼暨《娄江夜读》诗歌朗诵会在新浏河畔举行
（市文明办供稿）

仓撤县建市30年故事我来说”征集活动，举办七夕爱情诗朗诵活动。将青少年节目与心理节目融合创新，推出网络视频微课堂“成长不烦恼”。民生服务栏目《有事我帮忙》与市退役军人事务局联办“最美老兵”板块，全年播出10期；与市市场监管局联办“月月315”板块，全年播出8期；政务类栏目《政务直通车》全年播出9期，《新闻发布会》全年播出11期。

【报刊概况】《太仓日报》为对开4版、全彩周六报，2023年共出版300期，每期发行量约1.8万份。《太仓日报》以“权威可读、服务互动”为办报宗旨，开设《要闻》《民生》《观点》《影像》《娄江观察》等新闻版面和《平安法治》《乐活》《墨妙亭》《小记者》等周刊。年内，市融媒体中心代表队获第三届全国报刊编校技能大赛江苏赛区初赛团体奖三等奖；案例《融媒小记者・成就大梦想》获全省报业“小记者活动”三等奖。

【报刊新闻宣传】 2023年，《太仓日报》围绕市委、市政府中心工作，聚焦重大项目建设、经济社会发展等重点领域、重点行业，开展新闻宣传报道。开设“学习贯彻党的二十大精神”“领导干部学习笔谈”“强信心·稳经济·促发展”“敢为·敢闯·敢干·敢首创”“牢记嘱托·感恩奋进·走在前列”等专栏。聚焦太仓撤县建市30周年暨德企发展30年，连续推出“六个维度”看太仓系列报道、“光影30年”系列特刊、“一见三十年・而立再出发”等专刊，全方位展示30年来太仓在经济社会发展方面取得巨大成就以及太仓对德合作高质量发展的特色与亮点。强化民生新闻报道力度，“倾听民声　关注民生”“12345老张热线”等栏目从百姓视角做好民生新闻报道，刊发的《门诊共济给就医带来哪些变化？》《新能源汽车缘何受青睐》《老小区安装道闸卡在何处》《“小口袋”兜住民生“微幸福”》《日照中心太仓老人温馨的“家”》等获得良好社会反响。

（李晓红）

遗产保护

【物质文化遗产保护】 2023年，太仓市持续推进文物保护利用工作，推动文物资源活化利用，促进文物保护利用与旅游业协调发展，推动完善文物和博物馆公共服务体系建设，配合做好历史文化名城、名镇、名村和历史文化保护区的保护管理。年内，张溥宅第屋面修缮工程、沙溪雕花厅修缮工程、张溥宅第防雷工程通过省文物局验收，浏河阅兵台、钱祠花园、三里庙城隍殿修缮工程竣工验收，指导沙溪凤和楼、张国栋故居完成保护性修缮方案并获批复；张溥宅第、太仓石拱桥两项保护规划获省人民政府批准公布；开展文物安全评估，完成省保及以上文保单位安全检查与评估15处；推进长江国家文化公园建设，完成樊村泾遗址环境整治提升，完成郑和纪念馆改造提升项目并对外开放；太仓市博物馆馆藏文物预防性保护、数字化保护等项目通过验收。推进考古前置工作，截至年底，完成申报考古勘探地块37个，累计涉及用地面积565万平方米，17个地块通过省文物局考古勘探项目验收；完成发掘墓葬群3项，发现遗迹200余处，出土铜镜、铜钱、陶罐、瓷碗、墓志等遗物962件（组），为了解太仓地区唐代晚期及明清墓葬形制结构和葬俗等提供考古学资料。

表71　2023年太仓市文物保护单位、其他不可移动文物（含两线范围）一览表

级别	名称	年代	分类	确定时间
国家级历史文化名镇	沙溪古镇	—	—	—
苏州市历史文化名镇	浏河镇	—	—	—
苏州市历史街区	直塘历史街区	—	—	—
国家级重点文物保护单位	张溥宅第	明代	古建筑	2006年
	太仓石拱桥—皋桥	元代	古建筑	2006年
	太仓石拱桥—州桥	元代	古建筑	2006年
	太仓石拱桥—周泾桥	元代	古建筑	2006年
	太仓石拱桥—井亭桥	元代	古建筑	2006年
	太仓石拱桥—金鸡桥	元代	古建筑	2006年
	浏河天妃宫遗迹	清代	古建筑	2013年
	太仓海运仓遗址	元代	古遗址	2013年
省级文物保护单位	王爵故居及赵孟頫书法碑	明代	古建筑	2002年
	沙溪雕花厅	清代	古建筑	2002年
	吴晓邦故居	民国	古建筑	2011年

续表 71

级别	名称	年代	分类	确定时间
省级文物保护单位	维新遗址	新石器时代	古遗址	2011 年
	宋文治旧居	现代	其他	2011 年
	新毛粮仓	现代	其他	2011 年
	樊村泾遗址	元代	古遗址	2019 年
市（县）级文物保护单位	王氏碑廊石刻	元代	石窟寺及石刻	2002 年
	墨妙亭石刻	明代	石窟寺及石刻	1986 年
	东亭子桥	清代	古建筑	1986 年
	郏亶墓	宋代	古墓葬	1979 年
	铁釜	元代	其他	1979 年
	通海泉	明代	其他	1980 年
	望海峰	明代	其他	1980 年
	义兴桥	清代	古建筑	1981 年
	浏河阅兵台	明代	古建筑	1979 年
	浏河新闸	清代	古建筑	1986 年
	保素堂	明代	古建筑	1981 年
	流顺桥	清代	古建筑	1986 年
	洞庭分秀园	清代	古建筑	2004 年
	钱祠花园	清代	古建筑	1980 年
	南园	清代	其他	2007 年
	新桥	清代	古建筑	1981 年
	庵桥	清代	古建筑	1981 年
	庵弄桥	元代	古建筑	1986 年
	西塔	清代	古建筑	1979 年
	吴健雄墓园	现代	其他	2004 年
	朱氏老宅	清代	古建筑	2004 年
	永乐古井	明代	古建筑	1986 年
	吴晓邦祖居	清代	古建筑	2004 年
	云山塔	明代	古建筑	1979 年
	沙溪老花街旧址	清代	古建筑	2004 年
	陆京士故居	清末民国初	古建筑	2004 年
	曹家祠堂	明代	古建筑	2004 年
	沙溪宋碑	宋代	石窟寺及石刻	2004 年
	浏河乡政府	民国	其他	2013 年
	中国人民银行浏河支行旧址	清代	古建筑	2013 年
市（县）级文物保护单位	西城门水关	明代	古建筑	2013 年
	明德楼	现代	其他	2013 年
	浏河节制闸	现代	其他	2013 年

续表 71

级别	名称	年代	分类	确定时间
市（县）级文物保护单位	三里庙	清代	古建筑	2013 年
	七浦塘浮桥水闸	现代	其他	2013 年
	茜泾古井群—陶氏宅井	宋—清代	古建筑	2013 年
	茜泾古井群—倪氏井	宋—清代	古建筑	2013 年
	茜泾古井群—严家井	宋—清代	古建筑	2013 年
	茜泾古井群—通江泉	宋代	古建筑	2013 年
	茜泾古井群—李家井	宋—清代	古建筑	2013 年
	海宁寺遗址	元代	古遗址	2013 年
	长安桥	明代	古建筑	2013 年
	新华书店旧址	现代	其他	2013 年
	沙溪胡聚丰酒店旧址	清代	古建筑	2013 年
文物古建控制保护单位	孔庙月亮河及古树	清代	古建筑	2004 年
	干将墓	元代	古墓葬	2007 年
	王氏墓地石人石马及王原祁孙墓志铭	明代	古墓葬	2004 年
	杨氏南北厅	清代	古建筑	2004 年
	静观堂	清代	古建筑	2004 年
	毕氏祖居	清代	古建筑	2004 年
	盛氏（常氏）居民住宅	清末民国初	古建筑	2004 年
	张国栋故居	清末民国初	古建筑	2004 年
	叶复隆旧址	清代	古建筑	2004 年
	忠王府	清代	古建筑	2004 年
	王伟生古宅	清代	古建筑	2004 年
	利泰旧址	民国	近现代	2004 年
	璜泾古石桥（万春桥、关王桥）	清代	古建筑	2004 年
	朱氏民居	清代	古建筑	2004 年
	留耕堂	清代	古建筑	2013 年
	浏河永安桥	清代	古建筑	2013 年
	浏河中津桥	清代	古建筑	2013 年
	浏河朱家厅	清代	古建筑	2013 年
	陆渡碉堡群	民国	近现代	2013 年
	璜泾狄氏宅	民国	近现代	2013 年
	许镇平、许良图宅	民国	古建筑	2013 年
	河南街张氏宅	清代	古建筑	2013 年
	双凤陈氏宅	清代	古建筑	2013 年
	双凤吴氏宅	清代	古建筑	2013 年

续表 71

级别	名称	年代	分类	确定时间
文物古建控制保护单位	双凤赵氏宅	清代	古建筑	2013 年
	太仓县抗战指挥部旧址	清代	近现代	2013 年
	顺宝斋	民国	古建筑	2013 年
	璜泾陈氏宅	清代	古建筑	2013 年
	沙溪周氏宅	清代	古建筑	2013 年
	沙溪花篮厅	清代	古建筑	2013 年
	直塘凌家祠堂旧址	清代	古建筑	2013 年
	杜缘桥	清代	古建筑	2004 年
古构筑物	南郊古井	明代	古构筑物	2004 年
	曹家祠堂内古井圈	明代	古构筑物	2004 年
	岳王古街花窗	清代	古构筑物	2004 年
三普新发现文物点	太仓州试院碑	清代	石窟寺及石刻	—
	玄通寺井	元代	古建筑	—
	浏河老浮桥	民国	近现代	—
	浏河碉堡群	现代	近现代	—
	浏河傅氏宅	民国	近现代	—
	浏河朱泾庙遗址	清代	古遗址	—
	泉水亭	清代	古建筑	—
	镇洋县界碑	清代	石窟寺及石刻	—
	陆渡烈士陵园	现代	近现代	—
	板桥大捷旧址	清代	古建筑	—
	施家宅	清代	古建筑	—
	璜泾钱氏宅	民国	古建筑	—
	璜泾永安桥	清代	古建筑	—
	顾氏井	明代	古建筑	—
	璜泾市河泊岸	明代	其他	—
	璜泾陆氏宅	民国	古建筑	—
	中共太仓党支部诞生地	民国	古建筑	—
	璜泾曹家桥	明代	古建筑	—
	上冈桥井	清代	古建筑	—
	双凤金氏宅	清代	古建筑	—
	龚氏鸳鸯楼	清代	古建筑	—
	凤西街张氏宅	清代	古建筑	—
	侯氏宅	民国	古建筑	—
	双凤孟家羊肉面老店	民国	古建筑	—
	双凤施氏羊肉面老店	民国	古建筑	—
	双凤桂香斋号	民国	古建筑	—

续表 71

级别	名称	年代	分类	确定时间
三普新发现文物点	直塘井亭	清代	古建筑	—
	双凤侯宅水桥泊岸	民国	其他	—
	浮桥宋氏宅	民国	古建筑	—
	浮桥闵氏宅	清代	古建筑	—
	浮桥邵家门楼	清代	古建筑	—
	浮桥王氏宅	清代	古建筑	—
	茜泾恒德堂	清代	古建筑	—
	浮桥马氏宅	清代	古建筑	—
	老闸曹氏宅	清代	古建筑	—
	三家市村	清代	古建筑	—
	茜泾陶氏宅	清代	古建筑	—
	茜泾方家宅	民国	古建筑	—
	伯勋桥	民国	古建筑	—
	总官堂井	明代	古建筑	—
	怀德堂	清代	古建筑	—
	金家坟	明代	古墓葬	—
	王世贞家族墓	明代	古墓葬	—
	太平军保卫太仓战役指挥所遗址	清代	古遗址	—
	新毛老旅馆	民国	古建筑	—
	新毛章家宅	民国	古建筑	—
	新毛梁氏宅	民国	古建筑	—
	新毛李家民居	民国	古建筑	—
	李时珍、戚继光莅太上岸处	现代	其他	—
	朱棣文祖居旧址	现代	其他	—
	唐氏宅	清代	古建筑	—
	重建海宁寺碑	元代	石窟寺及石刻	—
	养老堂	民国	古建筑	—
	杨氏宅	清代	古建筑	—
	太仓清真寺碑	明代	石窟寺及石刻	—
	赵王花园遗址	宋代	古遗址	—
	洞庭分秀碑	清代	石窟寺及石刻	—
	黄姑塘桥	清代	古建筑	—
	沙溪黄氏宅	清代	古建筑	—
	朱氏蜡烛行旧址	清代	古建筑	—
	利泰棉纺厂宿舍楼	民国	古建筑	—
	元昌和店铺	清代	古建筑	—

续表 71

级别	名称	年代	分类	确定时间
三普新发现文物点	沙溪范氏宅	清代	古建筑	—
	沙溪陆氏宅	清代	古建筑	—
	沙溪胡氏宅	清代	古建筑	—
	沙溪新祥泰百货店	清代	古建筑	—
	凤和楼	民国	古建筑	—
	永安旅社旧址	民国	古建筑	—
	沙溪西天丰银楼旧址	民国	古建筑	—
	沙溪万春楼茶馆旧址	民国	古建筑	—
	沙溪裕兴昌店铺	清代	古建筑	—
	万兴祥木行旧址	民国	古建筑	—
	直塘同德信旧址	民国	古建筑	—
	直塘广仁堂国药号旧址	民国	古建筑	—
	杨胜利祖居	民国	古建筑	—
	王恒昌米行旧址	民国	古建筑	—
	直塘祥丰米行旧址	民国	古建筑	—
	钱桓家族墓地	明代	古墓葬	—

【非物质文化遗产保护】 2023年，太仓市保护、传承和弘扬非物质文化遗产，推动传统非遗融入现代生活，重视、走近、活化“非遗”。组织认定第五批太仓市非遗代表性项目传承人6人，双凤羊肉面制作技艺、白猿通背拳2个项目入选第五批省级非物质文化遗产代表性项目名录，双凤庙会、元宵节（浏河闹元宵）、娄东方氏皮科、娄东陆氏眼科4个项目入选第八批苏州市非物质文化遗产代表性项目公示名录。举办“江海拾遗·乐享文旅”非遗市集暨2023年“文化和自然遗产日”宣传活动，开展江南丝竹演出季，非遗进校园、进社区、进园林等活动，联合苏州大学举办“丝竹情”Ⅶ——江南丝竹传承音乐会，让非遗走进现代生活。参加长三角滚灯联盟成立暨海盐县滚灯文化节，共同促进长三角地区滚灯艺术保护、传承和发展。组织认定太仓市首批共4家首批非遗工坊，太仓肉松制作技艺工坊入选江苏省首批省级非遗工坊。

表72　2023年太仓市非物质文化遗产情况表

序号	项目名称	种类	国家级	省级	苏州市级	太仓市级	保护单位
1	江南丝竹	传统音乐	第一批	第一批	第一批	第一批	太仓市文化馆
2	滚灯	传统舞蹈	—	第一批	第二批	第一批	太仓市文化馆
3	七夕节（太仓七夕习俗）	民俗	—	第二批	第二批	第一批	太仓市文化馆
4	双凤山歌（吴歌扩展）	民间文学	—	第二批	第三批	第一批	太仓市文化馆
5	太仓肉松制作技艺	传统技艺	—	第三批	第四批	第一批	太仓肉松食品有限公司
6	太仓糟油制作技艺	传统技艺	—	第三批	第四批	第一批	太仓糟油食品有限公司 太仓沙溪酿造厂
7	妈祖祭	民俗	—	第四批	第五批	第二批	浏河镇文体站
8	唐调（苏州吟诵）	传统音乐	—	第四批	第六批	第四批	太仓市诗词学会
9	堂名（昆曲扩展）	传统戏剧	—	—	第二批	第一批	太仓市文化馆

续表 72

序号	项目名称	种类	国家级	省级	苏州市级	太仓市级	保护单位
10	双凤新湖龙狮制作技艺	传统技艺	—	—	第四批	第一批	双凤镇文体站
11	渔民号子（浏河渔民号子）	传统音乐	—	—	第四批	第二批	浏河镇文体站
12	摇大橹	传统舞蹈	—	—	第四批	第三批	浏河镇文体站
13	汤面制作技艺（双凤羊肉面制作技艺）	传统技艺	—	第五批	第五批	第三批	太仓天盛投资有限公司
14	璜泾红木雕刻（明式家具制作技艺）	传统美术	—	—	第五批	第二批	太仓市永贵红木家具有限公司 璜泾镇文体站 沙溪镇文体站
15	打莲湘	传统舞蹈	—	—	第六批	第四批	城厢镇文体站 浏河镇文体站
16	荡湖船	传统舞蹈	—	—	第六批	第四批	城厢镇文体站 浏河镇文体站
17	谭氏中医外科	传统医药	—	—	第六批	第四批	太仓市浮桥镇牌楼卫生院
18	宣卷	曲艺	—	—	—	城厢宣卷第一批	城厢镇文体站
						双凤宣卷第四批	双凤镇文体站
19	昆曲	传统戏剧	—	—	—	第一批	太仓市文化馆
20	古琴艺术	传统音乐	—	—	—	第一批	太仓市文化馆
21	利泰高跷	传统舞蹈	—	—	—	第一批	沙溪镇文体站
22	矛子舞	传统舞蹈	—	—	—	第一批	浮桥镇文体站
23	灶头画	传统美术	—	—	—	第二批	陆渡镇文体站
24	抛石锁	传统体育游艺与杂技	—	—	—	第二批	浮桥镇文体站
25	陆渡白烧羊肉制作技艺	传统技艺	—	—	—	第三批	陆渡镇文体站
26	双凤玉皇阁道教音乐	传统音乐	—	—	—	第三批	双凤镇玉皇阁
27	沙溪鼎盛祥猪油米花糖制作技艺	传统技艺	—	—	—	第三批	太仓市沙溪镇酿造厂
28	土布制作技艺	传统技艺	—	—	—	第三批	太仓市文化馆
29	姐妹舞	传统舞蹈	—	—	—	第三批	浏河镇文体站
30	倪鸿顺肉松骨头制作技艺	传统技艺	—	—	—	第三批	太仓市城厢镇倪鸿顺肉松骨头店
31	河蚌舞	传统舞蹈	—	—	—	第三批	沙溪镇文体站
32	风筝制作技艺	传统技艺	—	—	—	第四批	城厢镇文体站
33	朱大全刀剪制作技艺	传统技艺	—	—	—	第四批	城厢镇文体站
34	百草梨膏糖制作技艺	传统技艺	—	—	—	第四批	城厢镇文体站
35	竹编	传统技艺	—	—	—	第四批	沙溪镇文体站
36	许氏喉科秘方	传统医药	—	—	—	第四批	城厢镇文体站

续表 72

序号	项目名称	种类	国家级	省级	苏州市级	太仓市级	保护单位
37	陆氏全息诊疗法	传统医药	—	—	—	第四批	浮桥镇文体站
38	督脉灸	传统医药	—	—	—	第五批	太仓珍宝堂中医门诊部有限公司
39	陆氏眼药	传统医药	—	—	—	第五批	城厢镇文体站
40	龙狮舞	传统舞蹈	—	—	—	第五批	双凤镇文体站
41	棕藤编织技艺	传统技艺	—	—	—	第五批	璜泾镇文体站
42	闹元宵	民俗	—	—	—	第五批	浏河镇文体站
43	大成拳	传统体育游艺与杂技	—	—	—	第六批	大成拳研究会
44	陈式太极拳	传统体育游艺与杂技	—	—	—	第六批	沙溪镇中荷村
45	白猿通背拳	传统体育游艺与杂技	—	第五批	第七批	第六批	浏河镇文体站 太仓市武术协会
46	太仓江海河三鲜烹饪技艺	传统技艺	—	—	—	第六批	城厢镇文体站 浏河镇文体站
						老戚浦江鲜烹饪技艺（第七批）	太仓市浮桥镇老戚浦江鲜馆
47	西衡兴酒制作技艺	传统技艺	—	—	—	第六批	沙溪镇半泾村
48	阿四马青团制作技艺	传统技艺	—	—	—	第六批	沙溪镇半泾村
49	水火丹制作技艺	传统医药	—	—	—	第六批	太仓珍宝堂中医门诊部有限公司
50	张根木蛇酒制作技艺	传统医药	—	—	—	第六批	苏州张根木生物科技有限公司
51	烧烫伤及其他皮肤外伤愈合膏制作技艺	传统医药	—	—	—	第六批	城厢镇文体站
52	武医伤科	传统医药	—	—	—	第六批	浏河镇文体站
53	杨氏太极拳	传统体育游艺与杂技	—	—	—	第七批	太仓市武术协会
54	孙氏太极拳	传统体育游艺与杂技	—	—	—	第七批	太仓市武术协会
55	箍桶制作技艺	传统技艺	—	—	—	第七批	太仓市沙溪镇文体站
56	钱氏中医外治法（银铜杵锤和药酒罐疗法）	传统医药	—	—	—	第七批	太仓珍宝堂中医门诊部有限公司
57	方氏中医外科（皮肤病）治疗技艺	传统医药	—	—	—	第七批	太仓市中医医院
58	蛇串疮及后遗神经痛治疗技艺	传统医药	—	—	—	第七批	太仓市娄东街道办
59	沪剧	传统戏剧	—	—	—	第七批	太仓市雅鹿沪剧团
60	双凤庙会	民俗	—	—	—	第七批	太仓市玉皇阁

表 73　2023 年太仓市级非物质文化遗产项目代表性传承人一览表

序号	项目名称	省级	苏州市级	太仓市级
1	江南丝竹	张佳林（第五批）	张佳林、高音佳、范绍芳（第二批）；陈建中（第五批）	高音佳、张佳林、范绍芳、顾奎明、钱小龙、沈文璋、孙利红、陈建中、徐锦元、顾无畏（第一批）；高琛、王吉、周舟（第五批）
2	滚灯	袁光华（第二批）	袁光华（第一批）	袁光华（第一批）
3	七夕节（太仓七夕习俗）	—	—	管爱生（第一批）
4	双凤山歌（吴歌扩展）	—	徐士龙（第一批）；徐松明（第五批）	徐士龙（第一批）；徐松明（第二批）
5	堂名（昆曲扩展）	—	陆晋德（第一批）王耀宗（第二批）（苏州市第一批荣誉传承人）	王耀宗（第一批）
6	双凤新湖龙狮制作技艺	—	仇国良（第二批）	仇国良（第一批）；顾浩强（第四批）
7	太仓肉松制作技艺	—	唐孝耆（第二批）	唐孝耆（第一批）
8	太仓糟油制作技艺	—	—	朱雪生（第一批）；李建雄（第四批）
9	渔民号子（浏河渔民号子）	—	周金尧（第二批）（苏州市第一批荣誉传承人）	周金尧（第一批）
10	摇大橹	—	王锦华（第二批）（苏州市第二批荣誉传承人）	王锦华（第一批）
11	宣卷（城厢宣卷、双凤宣卷）	—	—	周梅珍（第一批）（城厢宣卷）；徐慧芳（第三批）（双凤宣卷）
12	昆曲	—	—	陈有觉（第一批）
13	古琴艺术	—	—	朱才元（第一批）；冯庆龙（第三批）
14	利泰高跷	—	—	卢平原（第一批）
15	璜泾红木雕刻	—	—	胡永贵、王江青（第一批）；陆加忠（第四批）
16	妈祖祭奠仪式	—	—	王更红（第一批）
17	倪鸿顺肉松骨头制作技艺	—	—	陆汉平、唐孝耆（第一批）
18	河蚌舞	—	—	陆小福（第一批）
19	双凤羊肉面制作技艺	—	李永康（第四批）	俞桃珍、毛雪林（第一批）；李永康（第二批）
20	沙溪鼎盛祥猪油米花糖制作技艺	—	—	李建雄（第一批）
21	唐调（苏州吟诵）	—	季位东（第四批）（苏州市第一批荣誉传承人）	季位东、周黎霞（第二批）
22	谭氏外科	—	程鸿（第四批）（苏州市第二批荣誉传承人）	程　鸿（第二批）
23	许氏喉科秘方	—	—	许瑞英（第二批）；许勤生（第三批）
24	百草梨膏糖制作技艺	—	—	方锁根（第二批）
25	风筝制作技艺	—	—	孙坤荣（第二批）

续表 73

序号	项目名称	省级	苏州市级	太仓市级
26	朱大全刀剪制作技艺	—	—	朱建明（第二批）
27	荡湖船	—	—	叶健芳（第二批）
28	莲湘	—	—	杨秋萍（第二批）
29	龙狮舞	—	—	黄永胜（第三批）
30	太仓江海河三鲜烹饪技艺	—	—	陆以延（第三批）
31	太仓江海河三鲜烹饪技艺（老戚浦江鲜烹饪技艺）	—	—	周惠忠（第四批）
32	阿四马青团制作技艺	—	—	张月娟（第三批）
33	棕藤编织技艺	—	—	马国清（第三批）
34	竹编	—	—	王耀良（第三批）
35	大成拳	—	—	冯庆龙（第三批）
36	白猿通背拳	—	仇必松（第五批）	仇必松（第三批）；张英（第五批）
37	陈氏太极拳	—	—	杨成英（第三批）
38	烧烫伤及其他皮肤外伤愈合膏制作技艺	—	—	支国忠（第三批）
39	水火丹制作技艺	—	—	陆家瑛（第三批）
40	张根木蛇酒制作技艺	—	—	张根木（第三批）
41	武医伤科	—	—	胡显勇（第三批）
42	督脉灸	—	—	鲍庆祥（第三批）
43	陆氏眼药	—	—	梅澄华（第三批）；沈丹青（第五批）
44	杨氏太极拳	—	—	曹孝玲、曹孝萍（第四批）
45	孙式太极拳	—	—	沈宝发（第四批）
46	箍桶制作技艺	—	—	杨宝明（第四批）
47	钱氏中医外治法（银铜杵锤和药酒罐疗法）	—	—	钱卫东（第四批）
48	方氏中医外科（皮肤病）治疗技艺	—	—	冯健清（第四批）
49	沪剧	—	—	陆瑛、金娥、杨金花、王铁强（第四批）
50	双凤玉皇阁道教音乐	—	—	李开婷（第五批）

（匡艾茏）

社会科学

【概况】 2023 年，太仓市贯彻落实中共中央总书记习近平在哲学社会科学工作座谈会上的重要讲话精神，牢记“为党委政府决策服务，为经济社会发展服务”宗旨，创新思路、创设载体、创优品牌。各社科理事单位和哲学社会科学工作者坚持以习近平新时代中国特色社会主义思想为指导，学习宣传贯彻中共二十大、二十届二中全会精神和习近平总书记对江苏、苏州工作重要讲话重要指示精神，紧扣全市中心工作及经济社会发展中的重大理论与现实问题，开展社科应用研究探索，普及社科理论知识。

【社科研究】 2023年，太仓市学习贯彻习近平新时代中国特色社会主义思想和中共二十大精神以及习近平总书记在参加十四届全国人大一次会议江苏代表团审议时的重要讲话精神，动员全市社科界参与研究关系太仓经济社会长远发展的重大理论和实践问题，为在新征程上全面推进中国式现代化太仓新实践提供理论支撑、智力支持和决策参考，市委宣传部、市社科联组织开展太仓市哲学社会科学2023年度研究课题申报工作，围绕全市经济社会发展大局，聚焦新发展理念、改革开放、创新驱动、共同富裕、生态文明、依法治市、城市文化和党的建设等重点，征集2023年度太仓市级研究课题，立项课题74个。《太仓市网络综合治理体系建设的路径探索与研究》获2022年度"江苏省社科应用研究精品工程"市县专项课题立项。《全面深化苏州对德合作的对策建议》《苏州加快推动生产性服务业与制造业融合的建议》分别获批2023年度苏州市社会科学基金项目（应用对策类）重大项目预选和一般项目立项。《苏州市强化科技招商工作的实践与研究——以太仓市为例》获第六届"苏州市社科应用研究精品工程优秀成果奖"三等奖。组织申报江苏省社科界第十七届学术大会学会专场征文7篇、2023年度苏州市社会科学基金项目（应用对策类）课题11个、第六届"苏州市社科应用研究精品工程优秀成果奖"15个。7月13日，中国社科院社会学所太仓研究中心揭牌，以太仓市委、市政府中心工作和重大决策为科研重点及主攻方向，围绕太仓实践开展调查研究，开启中国社科院社会学所与太仓"所地合作"新篇章。

表74 2023年度太仓市优秀社科研究课题一览表

序号	课题名称	奖项	申报单位及作者
1	关于推进太仓农文旅融合发展的思考	一等奖	太仓市人民政府办公室
2	关于打造国内最优国际一流营商环境城市的建议	一等奖	太仓市政协提案委员会　朱自元
3	太仓市网络综合治理体系建设的路径研究	一等奖	太仓市委网络安全和信息化委员会办公室
4	太仓市推动数字经济时代产业创新集群建设的对策研究	一等奖	太仓市发展和改革委员会
5	关于加快打造德国"双元制"最佳中国实践的调研报告	一等奖	太仓高新技术产业开发区工作委员会
6	释放叠加效应一体推进"三不腐"的实践探索	二等奖	太仓市纪委监委
7	"枫桥经验"融入企业合规化治理的基础证成与实现进路——基于浙江"企业枫桥经验"的观察	二等奖	太仓市人民法院　吴琪
8	新时代"枫桥经验"视角下基层检察机关民事和解规范探索	二等奖	太仓市人民检察院　张云东、王照
9	关于在新形势下扎实推进重大决策社会稳定风险评估工作的思考	二等奖	太仓市委政法委维稳指导科
10	太仓智慧乡村建设的路径研究	二等奖	太仓市委党校　吴俏、徐逸山、钱沈妍
11	加快太仓市生物医药产业创新集群高质量发展的探索研究	二等奖	太仓市科技局　金春雁、何庆、陆心瑶
12	融合共治典范带动探索社区分类精准治理新样态	二等奖	太仓市民政局基层政权和社区治理科
13	关于太仓"无废城市"建设的调研报告	二等奖	苏州市太仓生态环境局
14	关于推进临港先进制造业与现代服务业协同发展的实践与思考	二等奖	太仓港经济技术开发区工作委员会
15	首创自主更新新路径践　行全过程人民民主——以大庆锦绣新城小区自主更新项目为例	二等奖	太仓市娄东街道工作委员会
16	关于加快推进太仓市航空航天产业集群高质量发展的思考	三等奖	太仓市委党校　张曼娜
17	浅谈区域推进中小学科学课程衔接的路径与策略	三等奖	太仓市教育局　严乃超
18	太仓市村（社区）"两委"班子成员法治素养提升研究	三等奖	太仓市司法局
19	太仓市新就业形态劳动者权益保障研究	三等奖	太仓市人力资源和社会保障局

续表 74

序号	课题名称	奖项	申报单位及作者
20	多路径融合　推动村集体经济高质量发展	三等奖	太仓市农业农村局
21	论评估导向下的审计整改价值优化路径	三等奖	太仓市审计局　杜金超
22	推进“审管执信”一体化助力经济社会治理更高效	三等奖	太仓市行政审批局
23	中德标准化合作创新“太仓实践”的路径研究	三等奖	太仓市市场监督管理局、中德标准化合作苏州创新中心
24	共青团引导青年社会组织参与社区治理路径研究	三等奖	太仓团市委、太仓市启航青少年事务服务中心
25	太仓推进生活数字化的路径和措施研究	三等奖	苏州健雄职业技术学院　徐炜
26	发挥沙溪底蕴优势赋能太仓高质量发展	三等奖	太仓市沙溪镇委员会
27	统一战线融入基层社会治理有效路径的实践运用	三等奖	太仓市浏河镇委员会　丁左娇
28	打通平台渠道　盘活基层资源　全面提升乡村精神文明风貌——基于浮桥镇新时代文明实践工作的研究	三等奖	浮桥镇党政办公室
29	聚焦转型升级　紧抓创新浪潮　加快打造绿色数字经济产业集聚发展高地	三等奖	太仓市璜泾镇委员会
30	关于做强村集体经济助力乡村振兴的研究	三等奖	太仓市双凤镇委员会

【社科普及】 2023年，太仓市举办第十八届社科普及宣传周活动，组织相关学会、协会、研究会以及新华书店设摊展示各类社科普及图书、刊物与展板，发放宣传资料和提供专业咨询。组织市档案馆、市规划展示馆、太仓郑和纪念馆等申报新一批省级社科普及基地，指导市图书馆申报通过省级基地复评。组织市规划展示馆和太仓郑和纪念馆讲解员参加第二届全国各省区市社科普及基地讲解员大赛苏州地区选拔赛，制作短视频《娄东画派》参与省社科联“人文社科之光”首届社科普及短视频大赛评比。组织申报苏州市社科普及惠民扶持项目9个。太仓市美术馆等8家单位获评“太仓市第四批社会科学普及基地”，“桥见文明·有理有剧”理论社科微宣讲项目等获评2023年度优秀社科普及项目。与昆山市社科联共同实施昆太社科牵手项目，举办双方互相参访社科普及基地和基地讲解员共同培训等活动。组织开展“学客空间”点位提升行动，为全市11家“学客空间”点位赠送书籍，扩大“学客空间”品牌效应。彰显《太仓社科论坛》“弘扬主旋律、增强针对性、当好智囊团、发出最强音”办刊理念，全年刊发杂志3期，包括理论性、应用性文章近60篇。在《太仓日报》刊登“娄东大讲堂”8期。定期更新“太融e”App“i学习”栏目“太仓社科”版面。

【社科管理】 2023年，太仓市印发《太仓市社科联2023年度工作要点》，明确重点工作14项。筹备2023年度社科联理事会。贯彻落实意识形态工作责任制，根据《太仓市社科类社会组织意识形态工作引导和管理办法（试行）》，发挥全市社科类社会组织在意识形态建设中的作用。加强对社科类论坛讲坛、研讨会报告会以及社科类社会组织的引导管理，营造风清气正、互学互鉴、积极向上的学术生态。

（蒋晓晨）

编史修志

【概况】 2023年，太仓市编史修志工作持续抓好党史编研、地方志编修指导、年鉴编辑出版和史志地情宣传等各项重点任务。全年，市史志办继续修改完善《中共太仓地方史》第三卷（1978—2012）初稿；编纂出版《鹿河镇志》《王秀镇志》《太仓年鉴（2023）》《浏河年鉴（2022）》《沙溪年鉴（2023）》；推进旧志点校整理，出版咸丰《壬癸志稿》、弘治《太仓州志》点校本；加强在编志书业务指导，全市17部在编村志基本完成资料采集，其中《东林村志》《闸北村志》进

2023年9月28日，太仓市第十八届社科普及宣传周启动

（市社科联供稿）

入出版审校阶段；抓好史志地情宣传，做好“太仓史志”微信公众号的信息编发，在宣传太仓地情的同时，扩大史志工作影响。年内，《新毛镇志》《浮桥镇志》《陆渡镇志》《城厢镇志》获“2023年度全省镇村志质量评定三等奖”，《太仓年鉴（2022）》获“苏州市2023年县级市（区）年鉴质量评定一等奖”，《浏河年鉴（2022）》获评“苏州市2023年优秀镇村年鉴”。

2023年2月9日，《太仓年鉴（2023）》撰稿业务培训在市行政中心举行

（许　斌摄）

【党史编研】 2023年，太仓市围绕党史编研工作要求，持续修改完善《中共太仓地方史》第三卷（1978—2012）初稿，做好送审前的各项准备工作。按要求完成《苏州党史纪事（2022）》太仓部分的编写供稿。市史志办发挥党史资政、育人功能，配合市文体广旅局做好苏州红色地名申报相关工作。协助沙溪镇做好中共太仓特区工委纪念馆布馆资料的收集和浮桥镇方桥村红色展厅布馆相关工作，协助市退役军人事务局开展“娄城英烈红”英烈事迹的挖掘整理。

【地方志编修】 2023年，太仓市继续抓好镇村志编修和业务指导，推动一批条件成熟的志书正式出版。推进村志编纂工作。3月，市史志办组织召开全市村志编纂业务培训会，发放村志参考样书和《村（社区）志编纂手册》，邀请苏州市地方志办为村志编纂人员开展业务培训。11月，召开全市村志编纂学习交流推进会，各村志编纂单位分管领导和主要编纂人员参加会议。与会人员围绕志书的组织构建、篇目制定、资料收集方式、初稿撰写进度等方面开展交流。会议组织与会人员到张家港市塘桥镇开展村志编纂实地交流，学习张家港村志编纂工作经验。至年底，全市17部在编村志基本完成资料采集工作，个别村志完成村志初稿，进入终审阶段。其中，《东林村志》《闸北村志》进入出版审校阶段。推动撤并镇镇志编纂。市史志办加强镇志编修指导和推进工作，加速撤并镇镇志出版。年内，《鹿河镇志》《王秀镇志》正式出版。两部志书均为撤并镇镇志，完整记述两地有史以来至撤并前的经济社会发展情况，较好保存太仓东北部沿江地区的历史文化地域风貌。《鹿河镇志》设置的“红色传承”篇、《王秀镇志》设置的“革命老区”篇体现两地为中华人民共和国成立前革命斗争发生地的地方特点，反映两地光荣革命传统和革命斗争精神的地域特色。两志卷首选用图片均延至2022年，反映撤并后在镇村建设、现代农业、工业商贸、社会事业、民生保障等方面的发展成就和时代特征。浮桥镇与有关单位签订镇志编纂出版合同，推进其5个撤并镇采用合志方式合成志稿，加快进入出版程序。加强专业志跟踪指导，至年底，《太仓高新区志》《太仓市人力资源和社会保障志》《太仓市工会志》《太仓市国税志》的编纂工作有序推进。

【年鉴编辑出版】 2023年，太仓市年鉴工作贯彻《苏州市年鉴质量提升三年行动计划（2023—2025）》要求，推进业务培训、组稿编辑、校对修改、送审出版和宣传发行等各个环节，同时加强镇级年鉴的联系指导。9月，《浏河年鉴（2022）》正式出版。11月，《沙溪年鉴（2023）》正式出版。至12月，《太仓年鉴（2023）》经过近一年的编辑修改，正式出版发行；《浏河年鉴（2023）》基本定稿，进入出版社审核阶段。《太仓年鉴（2023）》是全市连续编纂出版的第27部综合年鉴，编写框架较往年略有调整，卷首设置“封面故事”“年度便览”“视觉太仓”图片专题，共收录图片110幅，其中在“视觉太仓”中增设“幸福‘金’太仓”专题，用图片的形式展示市民群众的幸福生活，贴合太仓“最具幸福感城市”的特点。正文设置“特别报道”“大事纪要”“太仓概览”等类目11个，共有分目69个、副分目169个、条目1142个、统计图表112张、随文图片161幅，共计114.9万字。市史志办在做好年鉴出版发行的同时，加强年鉴资源开发利用，继续制作推广年鉴小程序，方便读者“掌上查阅”。

【旧志点校整理和志鉴数字化】 2023年，市史志办按照《太仓市旧志整理实施方案》和苏州市地方志办相关要求，继续开展历代旧志点校整理。年内，咸丰《壬癸志稿》、弘治《太仓州志》完成点校出版，并同步推进嘉靖《太仓州志》的点校整理工作。咸丰《壬癸志稿》点校本由广陵书社出版，陈吉祥、陈必佳点校。《壬癸志稿》为清咸丰三年（1853年）钱宝琛辑，该志稿最初为钱宝琛、季耘菘、赵耳山、叶涵溪、毕雄伯等人欲上承嘉庆《直隶太仓州志》而编写，后因故未成。清光绪六年（1880年），钱宝琛之孙钱溯耆将钱宝琛所纂人物部分志稿付印成书，因原书稿编修年份为“壬子、癸丑”二年（清咸丰二年、三年），故名《壬癸志稿》。弘治《太仓州志》点校本由广陵书社出版，陈其弟点校。弘治《太仓州志》由明代李端修、桑悦纂，成书于明弘治十三年（1500年）。该志传世最早为弘治十三年刻本，国家图书馆藏。《铁琴铜剑楼藏书目录》著录有写本，清光绪二十八年（1902年）东仓书库（缪朝荃藏书处）据之重刻。《江苏旧方志提要》又著录清宣统元年（1909年）缪朝荃《汇刻太仓旧志五种》本，该次点校整理以《汇刻太仓旧志五种》为底本。年内，市史志办继续抓好志鉴数字化工作，在梳理太仓市志鉴数字化书目清单后，及时对接数字化专业公司，明确数字化价格和完成时限等相关事宜。完成数字化志鉴书籍64部，数字化成果按规定全部报送苏州市地方志办。

【史志地情宣传】 2023年，市史志办立足单位主要职能，持续抓好史志地情宣传。围绕党史宣教，做好苏州市党史教育基地太仓名单的上报及后期调研，位于璜泾镇雅鹿村的太仓县政府、太仓民抗成立大会旧址入选第二批苏州市党史教育基地名单。7月起，引进“延安精神　永放光芒”主题展，在太仓市博物馆连续展出3个月，同时在“太仓史志”微信公众号上分期推送，实现线下线上同步展出。9月起，联合市委宣传部、市文明办在“太仓史志”微信公众号上开展“学党史、忆初心、开新篇”地方党史知识线上竞赛2期，受到市民群众欢迎并热情参与。围绕地方志宣传，在“方志江苏”微信公众号发表太仓地情文章4篇，在“太仓史志”微信公众号编发信息118篇，其中史志专题48篇。配合旧志点校整理和江南文化宣传，撰写推送《该如何描述太仓，五百年前这本志书告诉您》《壬癸志稿：一部三代人守护的人物志》《知往鉴来，太仓本该这么自信》等专题文章，同时在《太仓日报》、“方志江苏”微信公众号上刊发。做好史志文化推广，为太仓撤县建市30周年图片展提供史料，参与图片展的分类策划、文案撰写及图照供稿、审校等工作。撰写撤县建市纪念文章在《太仓日报》上发表。配合苏州市地方志办开展苏州方志文化大讲堂走进太仓活动，面向太仓市新时代文明实践所（站）赠送地方志类书籍180余套、近4000册。组织参与全市科技、文化、卫生“三下乡”服务和志愿服务等集中赠书活动2次，面向社会累计赠送史志书籍800余册。

【苏州方志文化大讲堂走进太仓】 2023年5月5日，苏州方志文化大讲堂走进太仓活动在太仓兰德东亭大厦举行，苏州市地方志办公室党组书记、主任乐江，苏州市地方志办公室副主任傅强，太仓市委常委、宣传部部长、统战部部长查焱，太仓市委宣传部副部长马千里，苏州市地方志办相关处室，太仓市史志办公室，太仓市文明办，太仓市新时代文明实践所（站）代表，太仓市图书馆，太仓市档案馆等单位代表40余人参加活动。查焱在活动上首先致辞；苏州市地方志办公室向太仓市新时代文明实践所（站）代表赠送志鉴类书籍180余套、近4000册，总价值约70万元。活动现场举行“传承方志文化、赓续娄东文脉”太仓旧志整理成果展示暨点校整理再出发启动仪式、“接续村志编纂、留住纸上乡愁”太仓市村志规模编纂接棒赠书仪式。苏州市地方志办年鉴工作处处长刘凤伟专题讲授《成语里的苏州》专题地情讲座。

2023年5月5日，苏州方志文化大讲堂走进太仓　（市史志办供稿）

【苏州市年鉴质量提升专项行动部署会在太仓召开】 2023年5月5日，苏州市年鉴质量提升专项行动部署会在太仓兰德东亭大厦召开，苏州市地方志办党组书记、主任乐江，苏州各市（区）地方志部门主要领导、分管领导26人参会。会上，苏州市地方志办解读《苏州市年鉴质量提升专项行动计划（2023—2025年）》（以下简称“专项行动计划”），相城区、常熟市介绍省级精品年鉴创建经验。各市（区）地方志部门围绕“专项行动计划”安排，就各自年鉴“提高质量、创建精品”开展交流和表态发言。太仓市史志办主任顾鸿飞就太仓市年鉴工作提出四点要求：一要对标精品年鉴要求，加强年鉴工作队伍建设；二要学习精品年鉴经验，优化年鉴框架设置；三要树立精品年鉴意识，高标准开展年鉴编纂工作；四要立足年鉴功能作用，推进镇级年鉴提质扩面。会上，乐江点评各市（区）发言，指出“专项行动计划”虽是工作计划，但要注重“行动”，通过实干来落实。乐江强调，年鉴质量提升既是自加压力，又是发展要求；精品年鉴创建不是“自选动作”，而是“必选动作”，要敢于对标精品年鉴这一最高标准，迎难而上，奋力拼搏；推进年鉴工作既要全市联动，也要因地制宜，结合各市（区）年鉴自身特点争创精品。

【文登籍南下干部资料征集】 2023年3月29日，山东省威海市文登区委党史研究中心主任鞠波一行5人到太仓市史志办交流。市史志办召开专题座谈会，双方就征集太仓解放初期文登籍南下干部资料和做好史志编纂工作展开交流，并互赠党史、地方志、年鉴等书籍。3月30日，由市史志办组织的文登籍南下干部子女代表座谈会在太仓娄东宾馆召开，文登区委党史研究中心、文登区档案馆、太仓部分文登籍老干部子女代表、太仓市老区开发促进会、太仓市委老干部局、太仓市档案馆等单位的领导及相关人员近30人参会。会上，太仓的文登籍老干部子女代表分享老一辈南下干部建设太仓、支援太仓的峥嵘岁月，文登区委党史研究中心征集部分有价值的书面材料、实物档案等。（邢友来）

2023年3月28日，中国前驻外大使姚培生（左）向太仓市档案馆捐赠个人档案（王湘宁摄）

档案管理

【概况】2023年，太仓市聚焦档案工作四个“好”（保管好、利用好、记录好、留存好）、两个“服务”（服务党和国家工作大局、服务人民群众），优化档案利用服务，提升档案服务水平。探索新形势下档案收集、档案保管、档案利用、档案数字化转型等工作，加强网络与信息安全，筑牢档案信息化安全防线，守护档案信息安全。年内，市档案馆做好45家进驻行政中心单位档案隔年进馆工作。推进行政中心外单位档案进馆，完成高新区、娄东街道办、市城管局、市委老干部局、市气象局、市残联等13家单位1.5万件、1万卷档案进馆。至年底，馆藏档案总计全宗群9个，全宗238个、41万卷、52万件，资料1.7万册。

【特色档案征集】2023年，太仓市档案馆征集中国最具幸福感城市、企业家最具幸福感城市、企业家城市等国家级奖牌奖杯，太仓市政府与德国、法国、日本等国家对外交流纪念品，太仓报社20世纪90年代老照片30卷、2555张。征集进馆名人档案有中科院院士黄胜年《乡居消夏赋》及黄氏家属诗词书法手稿，中科院高能物理研究所吴素娟捐赠的照片、荣誉证书、奖牌、纪念文集等37张。另有太仓籍名人和相关单位捐赠的《太仓州镇洋县志》（民国七年）20本、抗美援朝战争的老照片（扫描件）65张、民国老报纸、抚恤状1张、长江林场《接班人》杂志27卷等。截至年底，市档案馆图片中心有各类照片12万余张。2月20日，太仓籍文化工作者、收藏家周洪霞向太仓市郑和公园捐赠个人珍藏的千年陶瓷艺术藏品15件。3月28日，出生于太仓的中国前驻吉尔吉斯斯坦、拉脱维亚、哈萨克斯坦、乌克兰大使姚培生向太仓市档案馆捐赠聘书类证件15件。

2023年6月12日，“奋进新征程·兰台谱新篇”——太仓市红色档案展览开幕暨关工委青少年校外教育实践基地启用（王湘宁摄）

【档案利用服务】2023年，太仓市档案馆优化取号、叫号、登记、查阅、出证、统计等流程，提供婚姻、独生子女、增资批复、退伍档案、建房批复等档案查阅服务1万人次，共为500余人次提供介绍信、工资核定单、任免文件、嘉奖文件等相关档案近2000份。为浙江省、安徽省、北京市和江苏省徐州市、宜兴市等地提供异地查档服务40例。按照国家档案局《关于全面推行机关档案分类方案、文件材料归档范围和档案保管期限表三合一制度的通知》要求，结合太仓实际，制定太仓档案工作“三合一”制度，采取专题培训、业务指导、督促检查等方式推动机关各单位“三合一”制度编制工作。

【档案安全】2023年，太仓市做好档案网络安全保障工作和应对日益增长的网络安全问题，保障档案信息安全，加强档案安全管理。市档案馆在制度完善、设备配置、日常监管、应急演练等方面强化举措，提高应对网络与信息安全风险能力。在全市区镇100%完成基础上，向重点民生档案单位延伸，共计投入档案安全系统20组。档案管理员通过互联网监管平台对档案室的实时情况及历史记录进行浏览及查阅，市档案馆通过馆内视频主机对各重点部门档案室档案安全进行实时监管。年内，市档案馆加大检查力度，通过实地检查和材料审核相结合，对全市约100家基层档案室开展年度检查，及时反馈问题。在要求各单位开展档案安全自查的基础上，对双凤镇等4个乡镇的档案安全工作开展现场执法检查，强化检查效果。

【档案编研宣传】 2023年，太仓市档案馆出版《太仓老报刊辑存》（馆藏民国老报刊）。与市融媒体中心合作，制作以"揭开太仓民国历史面纱"为主题的《娄江夜读》节目，达成栏目常态化制作合作协议。编纂《娄潮涌动谱华章——太仓撤县建市30周年剪影》，参与承办"娄江潮涌——太仓撤县建市30周年"展览。围绕全市中心工作开展撤县建市30周年主题图册编纂工作，利用馆藏图片中心的新老图片，甄选照片420张，以"撤县建市篇""党建引领篇""城乡发展篇""经济腾飞篇""社会和谐篇"5个篇章，述说太仓30年来发展历程。开展"奋进新征程·兰台谱新篇"国际档案日系列活动，设置红色档案展览，举办档案征集工作宣讲，档案捐赠仪式以及青少年实践活动。参加市委宣传部"新时代大家说"基层主题宣讲活动、"娄城飞燕"巡回演讲等20余场次。举办弘扬爱国主义精神走进校园日活动，开展"百名局长百场宣讲"乡镇专题宣讲。举办"缤纷冬日暨未成年人成长档案进浦溪社区"、景瑞社区"德育新时空——红色档案沁童心"等系列活动。结合抗美援朝战争胜利70周年，开展太仓籍抗美援朝老战士口述档案抢救性征集工作。年内，市档案馆获《档案与建设》期刊宣传"先进单位"一等奖。 （王雨伟）

【土地档案管理】 2023年，太仓市完善土地档案工作机制，健全档案管理制度体系，依法收好、管好、用好档案。规范做好档案归档工作，库存档案总量累计96.60万卷、2.99万件。新增2022年度档案9.47万卷、1632件，其中，文书档案1473件、会计档案237卷、专业档案9.45万卷、音像档案140件、科技档案1卷、实物档案19件。1月，太仓市自然资源和规划局档案室被江苏省档案馆认定为"江苏省示范档案室"。 （陆春蕾）

【城建档案管理】 2023年，太仓市共办理建筑安装工程报建登记项目524个，报建总面积421.97万平方米。办理建设工程档案移交手续157个，总建筑面积791.8万平方米。为城建档案需求人提供免费档案查询利用1990人次，利用案卷3.82万卷。年内，开展重点项目档案验收集中指导培训工作，改进完善建设档案管理新系统，发挥"档案服务日"指导作用，为工程建设相关单位提供便捷化服务。加强指导第三方档案整理服务机构，组织档案业务工作培训，提高档案整理质量和工作效率，确保入库档案合格、规范、完整。做好建设档案声像编研工作，拍摄系列专题片《村镇建设风貌》《寻绿太仓》，在撤县建市30周年暨对德合作30年活动期间拍摄《城建三十年，而立再出发》《太仓城建三十年》，记录城市变迁，保留城市记忆。1月，太仓市建设档案馆被江苏省档案馆认定为"江苏省示范档案室"。 （朱琳媛）

体 育

综 述

【概况】 2023年，太仓市体育工作以"增强人民体质，提升城市品质"为根本任务，坚持体育惠民便民导向，完善公共服务体系，推动竞技体育发展，推进体育强市建设。年内，太仓市依托省级体质测定与运动健身指导站和志愿者服务平台，完成国民体质监测任务，监测对象为3~69周岁居民（不含7~19周岁人群），约4000人。

【太仓籍运动员】 截至2023年年底，太仓市注册苏州市级项目有田径、足球、自行车、篮球、排球、手球、乒乓球、武术、柔道、击剑、射击、国际象棋、中国象棋、羽毛球、游泳、跆拳道、轮滑等，总注册人数567人。注册江苏省级项目有田径、跆拳道、散打、羽毛球、少儿体适能、乒乓球，总注册人数122人。年内，太仓田径、排球、举重、足球、击剑、射击、摔跤奥、柔道、篮球等项目向苏州市体育运动学校输送37人，自行车项目向苏州市第二青年少年业余体校输送运动员4人，赛艇项目向苏州市网球和水上运动业余体校输送运动员3人。

【体育社会组织】 截至2023年年底，太仓市共有各类体育社会组织45个，其中市级体育社团协会28个、体育俱乐部17个。体育总会、社会体育指导员协会、老年体协、武术协会、门球协会实现镇、街道全覆盖。全市共有AAAA级社会组织2个、AAA级9个、AA级2个。全市共有社会体育指导员3371人。全年通过三级体育指导员考试138人。

【体育设施】 截至2023年年底，太仓市体育场地共计4003个，总面积410.13万平方米，人均拥有公共场地面积4.86平方米。年内，更新及新增健身路径共计50个（套）、篮球架9副。新增香塘村、半泾村体育公园2个，新增浏河刘苑、沙溪涂松、双凤新川苑篮球场3片及沙溪塘桥村多功能场地1片。

表75 2023年太仓市新增体育场地类型一览表

序号	体育场地类型	体育场地数量（个）	体育场地面积（平方米）	体育场地片数（片）
1	田径场	1	18533	4
2	健身房	66	13710	121

续表 75

序号	体育场地类型	体育场地数量（个）	体育场地面积（平方米）	体育场地片数（片）
3	篮球馆	11	10248	16
4	篮球场	10	9380	16
5	台球馆	32	8723	33
6	小运动场	1	6909	4
7	游泳馆	10	3925	10
8	乒乓球馆	13	3155	15
9	步行道	3	2720	3
10	马术场	1	2400	1
11	羽毛球馆	4	2315	4
12	七人制足球场	1	2209	3
13	五人制足球场	4	2014	5
14	排球场	3	1940	8
15	全民健身路径	34	1290	34
16	三人制篮球场	2	934	4
17	跆拳道馆	5	640	5
18	轮滑馆	2	592	2
19	网球场	1	480	1
20	棋牌室	5	430	11
21	滑板场	1	390	1
22	拳击馆	4	390	4
23	羽毛球场	2	224	2
24	武术馆	1	200	1
25	乒乓球场	4	190	4
	总计	221	93941	313

（匡芡茏）

竞技体育

【江苏省青少年县组田径锦标赛】 2023年8月19—24日，江苏省青少年县组田径锦标赛在张家港市举行，全省报名参赛县（市、区）代表队64个。太仓市体育运动学校组队的8名运动员在该次比赛中获2金2银8铜，并以团体总分98分列全省第三名。其中，郑文煜获女子13~15岁组5000米竞走金牌、3000米竞走银牌；刘培获男子13~15岁组跳高金牌、三级跳远铜牌；张桓语获男子13~15岁组5000米竞走银牌、1万米竞走铜牌；李雅婷获女子13~15岁组跳高、跳远、三项全能3个项目铜牌；尹向阳获男子16~17岁组1万米竞走铜牌、5000米竞走铜牌；王熠林获女子13~15岁组1500米铜牌。

【江苏省青少年田径中长跑、竞走锦标赛】 2023年9月6—10日，由江苏省体育局主办的2023年江苏省青少年田径中长跑、竞走锦标赛在连云港市灌云县举办。太仓市体育运动学校市队县办竞走队获1金3银。其中，郑文煜获3000米竞走金牌、5000米竞走银牌；张桓语获3000米竞走银牌、5000米竞走银牌。

【全国竞走冠军赛暨青少年竞走锦标赛】 2023年9月2—3日，由中国田径协会主办的2023年全国竞走冠军赛暨青少年竞走锦标赛在山东省日照市举办，全国各地的国家田径高水平后备人才基地、从事竞走项目的各级体校单位的优秀运动员参加比赛。太仓市体育运动学校竞走队的郑文煜获3000米竞走铜牌、5000米竞走第五名。

【田径后备人才竞走项目训练营暨挑战赛】 2023年7月16—24日，由中国田径协会主办的2023年田径后备人才竞走项目训练营暨挑战赛在吉林省长春市举办，全国各地的国家田径高水平后备人才基地的优秀运动员参加比赛。太仓市体育运动学校竞走队的徐天运获3000米竞走第五名，张静怡获5000米竞走第六名，张桓语获3000米竞走第八名。（匡芠茏）

群众体育

【群众运动】 2023年，太仓市开展各级各类群众体育赛事活动100余项，参与人数近10万人，营造全民健身氛围。举办太仓市第17届百村乒乓球、篮球比赛。组织太仓市第七届《国家体育锻炼标准》达标赛，全市各镇（区、街道）及主办单位12支队伍、300余人参赛，参照国家体育锻炼标准评分办法，大赛设置壮年一组（25~44岁）、壮年二组（45~59岁）两大组别，测试内容包括速度、力量、韧度、敏捷等大类，涵盖跳绳、1000米跑、3000米快走、立定跳远、仰卧起坐、坐位体前屈等运动测试。依托全市镇、街道和体育社团举办太仓市社区运动会。组织以“行走大运河”为主题的全民健身健步走，以“发展体育运动，增强人民体质”纪念毛泽东题词71周年为主题活动的第三届嘉昆太乒乓球联盟俱乐部（总决赛），以“全民健身日”为主题的太仓市第11届广场舞比赛，以“大众冰雪季”为主题的2023年太仓轮滑冰雪体验嘉年华，以“九九重阳节”为主题的老年人乒乓球单打积分赛，以“农民丰收节”为主题的三人篮球争霸赛，以“假日体育”为主题的迎新年线上欢乐跑，以“辞旧迎新·走向明天”为主题的徒步活动，以及迎中秋、庆国庆三人篮球争霸赛等主题类体育活动。

【特色品牌赛事】 2023年，太仓市各体育运动协会举办足球、篮球、气排球、羽毛球、乒乓球、门球、围棋、桥牌等市级体育联赛和其他传统体育品牌赛事。市门球协会举办太仓市门球单双打球王争霸赛，市围棋协会举办太仓市围棋邀请赛，市网球协会举办太仓市第七届网球公开赛，市轮滑协会举办太仓市单排轮滑球邀请赛，市老体协举行江苏省老年人体育节太仓分会场相关系列活动等。指导承办更高级别群体赛事与活动，市毽绳协会承办中国毽球公开赛（江苏站）江苏省毽球锦标赛，太仓全进马术俱乐部承办2023年苏州马协俱乐部联赛既嘉年华活动，承办2023年苏州市第九届门球球王争霸赛等赛事。各镇区举办太仓市10千米路跑黄金联赛、科教新城第二届“3V3篮球精英赛”、城厢镇“端午龙舟赛”、沙溪镇首届全民健身运动会、浏河镇第六届乒乓球联赛、浮桥镇首届篮球赛、璜泾镇足球邀请赛、双凤镇村社区广场舞展演、陆渡街道娄东街道第二届象棋邀请赛等赛事。（匡芠茏）

学校体育

【中小学生围棋、象棋比赛】 2023年2月26日，太仓市中小学生阳光体育运动联赛小学生围棋、中小学生象棋比赛在太仓市科教新城南郊小学举行。太仓市高新区第三小学、太仓市实验小学、太仓市科教新城实验小学分获围棋小学组团体总分前三名。太仓市实验小学、太仓市高新区第四小学、太仓市镇洋小学分获象棋小学组团体总分前三名；太仓市第二中学、太仓市良辅中学、太仓市第一中学分获象棋初中组团体总分前三名。

【小学生春季田径运动会】 2023年3月18日，太仓市中小学生阳光体育运动联赛小学生春季田径运动会在太仓市体育场举行。太仓市经贸小学和太仓市实验小学并列获得团体总分第一名，太仓市明德小学、太仓市朱棣文小学分获团体总分第二名、第三名。

【中学生排球比赛】 2023年3月25日，太仓市中小学生阳光体育运动联赛中学生排球比赛在太仓市明德高级中学举行。太仓市浏家港中学、太仓市明德初级中学分获初中男子组第一名、第二名；太仓市金浪中学、太仓市第一中学、太仓市浏家港中学分获初中女子组前三名。江苏省太仓中等专业学校、太仓市明德高级中学、江苏省太仓高级中学分获高中男子组前三名；江苏省太仓中等专业学校、江苏省太仓高级中学、太仓市明德高级中学分获高中女子组前三名。

【小学生排球比赛】 2023年4月16—17日，太仓市中小学生阳光体育运动联赛小学生排球比赛在太仓市浮桥镇九曲小学举行。太仓市明德小学、太仓市沙溪镇第三小学、太仓市科教新城实验小学分获小学男子组前三名；太仓市浮桥镇九曲小学、太仓港港口开发区第一小学、太仓市实验小学分获小学女子组前三名。

【中小学生毽球比赛】 2023年5月14—15日，太仓市中小学生阳光体育运动联赛中小学生毽球比赛在太仓市镇洋小学举行。太仓港港口开发区第一小学、太仓市科教新城实验小学、太仓市高新区第二小学分获小学组团体总分前三名；太仓港港口开发区第一小学、太仓市高新区第二小学、太仓市荣文小学分获小学男子组前三名；太仓港港口开发区第一小学、太仓市高新区第三小学、太仓市科教新城实验小学分获小学女子组前三名；太仓港港口开发区第一小学、太仓市高新区第二小学、太仓市科教新城实验小学分获小学混合组前三名。太仓市浮桥镇浏家港中学、太仓市高新区中学、太仓市明德初级中学分获初中组团体总分前三名；太仓市高新区中学、太仓市浮桥镇浏家港中学、太仓市明德初级中学分获初中男子组前三名；太仓市浮桥镇浏家港中学、太仓市沙溪镇岳王学校（中学部）、太仓市良辅中学分获初中女子组前三名；太仓市明德初级中学、太仓市良辅中学、太仓市第一中学分获初中混合组前三名。江苏省太仓高级中学、太仓市明德高级中学、江苏省沙溪高级中学分获高中组团体总分前三名；江苏省太仓高级中学、太仓市明德高级中学、江苏省沙溪高级中学分获高中男子组前三名；太仓市明德高级中学、江苏省太仓高级中学、江苏省太仓中等专业学校分获高中女子组前三名；江苏省太仓高级中学、太仓市明德高级中学、江苏省沙溪高级中学分获高中混合组前三名。

【中小学生乒乓球比赛】 2023年5月28—29日，太仓市中小学生阳光体育运动联赛中小学生乒乓球比赛在太仓市弇山小学举行。太仓市实验小学、太仓市朱棣文小学、太仓市经贸小学分获小学团体组前三名；太仓市第一中学、太仓市实验中学、太仓市双凤中学分获初中团体组前三名。

【中小学生田径比赛】 2023年9月23—24日，"全民健身日"主题活动中国田径大众达标赛校园系列赛暨2023年太仓市中小学生阳光体育运动联赛中小学生田径比赛在太仓市陆渡中学举行。江苏省太仓中等专业学校、太仓市第一中学、太仓市浮桥中学、太仓市经贸小学、太仓市朱棣文小学获团体第一名，江苏省太仓高级中学、太仓市陆渡中学、太仓市城厢镇第一小学获团体第二名，江苏省沙溪高级中学、太仓市良辅中学、太仓市实验小学获团体第三名。

【中小学生校园三对三篮球比赛】 2023年11月11—12日，太仓市中小学生阳光体育运动联赛中小学生校园三对三篮球比赛在太仓市双凤中学和太仓市双凤中心小学举行。太仓市港城小学、太仓市陆渡中心小学、太仓市浮桥镇九曲小学分获小学男子组前三名；太仓市双凤中心小学、太仓市高新区第二小学，太仓市城厢镇第一小学分获小学女子组前三名。太仓市第二中学、太仓市沙溪实验中学、太仓市良辅中学分获初中男子组前三名；太仓市高新区中学、太仓市实验中学、太仓市第一中学分获初中女子组前三名。江苏省沙溪高级中学一队、江苏省沙溪高级中学二队、江苏省太仓高级中学一队分获高中男子组前三名；江苏省太仓高级中学二队、太仓市明德高级中学一队、江苏省太仓中等专业学校一队分获高中女子组前三名。

【中小学生绳毽锦标赛】 2023年11月18—19日，太仓市中小学生阳光体育运动联赛中小学生绳毽锦标赛在太仓市明德第二小学举行。太仓市浏河镇新塘小学、太仓市城厢镇第四小学、太仓市实验小学分获小学组前三名；太仓市高新区中学、太仓市明德初级中学、太仓市实验中学分获初中组前三名；江苏省沙溪高级中学、江苏省太仓高级中学、江苏省太仓中等专业学校分获高中组前三名。

【小学生武术段位制暨武术俱乐部比赛】 2023年11月26—27日，太仓市中小学生阳光体育运动联赛小学生武术段位制暨武术俱乐部比赛在太仓市镇洋小学举行。太仓市沙溪镇第二小学、太仓市明德小学、太仓市高新区第三小学分获团体总分前三名。

（匡芙茏）

重大体育赛事

【全国竞走大奖赛（第2站）暨世界田联竞走巡回赛】 2023年4月8—9日，由中国田径协会、江苏省体育局主办，江苏省体育竞赛管理中心、苏州市体育局、太仓市人民政府承办的2023年全国竞走大奖赛（第2站）暨世界田联竞走巡回赛在太仓举行。该次比赛共有4个国家和地区的近360名运动员参赛，比赛设置35千米、20千米、10千米、5千米以及团体赛等项目。比赛赛道为公路绕环形赛道，每圈1000米。DAVID HURTADO、尤涛、牛文超分获男子20千米竞走（国际组）前三名；刘红、杨家玉、杨柳静分获女子20千米竞走（国际组）前三名；广东队、云南队、甘肃队分获男子20千米竞走团体前三名；辽宁队、重庆队、西藏拉萨城投队分获女子20千米竞走团体前三名。张俊、李炎东、李兴富分获男子成年组20千米竞走前三名；王榛浩、张家旭、王欣分获男子成年组35千米竞走前三名；刘虹、杨家玉、苏文秀分获女子成年组20千米竞走前三名；常相锟、雷霏、熊翠红分获女子成年组35千米竞走前三名。赵亮、闫振强、浦仕成分获男子青年组10千米竞走前三名；斗毛措、许宏丽、多杰措分获女子青年组10千米竞走前三名。浦仕钰、汪杰、文敏吉分获男子少年组10千米竞走前三名；杨惜珍、朱茹萍、李蕾分获女子少年组5千米竞走前三名。江苏铁人队杨惜珍打破女子少年组5千米竞走全国纪录。

【"全能王"全国钓鱼锦标赛（江苏太仓站）】 2023年4月22—23日，由中国钓鱼运动协会、太仓市人民政府联合主办，太仓市文体广电和旅游局、太仓市双凤镇人民政府、太仓市文化旅游发展集团有限公司承办的2023年"全能王"全国钓鱼锦标赛（江苏太仓站）在太仓市双凤生态园举行。该站比赛共吸引全国各地钓鱼爱好者250人，包括国家级特级、一级、二级、三级竞钓大师参赛。崔日、周义博、刘闻轩分获前三名。

2023年4月8—9日，全国竞走大奖赛（第2站）暨世界田联竞走巡回赛在太仓举行
（市文体广旅局供稿）

2023年4月22—23日，“全能王”全国钓鱼锦标赛（江苏太仓站）在太仓市双凤生态园举行 （市文体广旅局供稿）

【全国桥牌A类俱乐部联赛（总决赛）】 2023年11月20—26日，由中国桥牌协会主办、太仓市人民政府承办的2023年全国桥牌A类俱乐部联赛（总决赛）在太仓华发铂尔曼酒店举行。代表国内最高桥牌竞技水平的11支俱乐部队参加比赛。比赛采用单循环赛，每场16副牌，以VP积分排列名次，共进行15轮比赛，锦烁桥牌俱乐部获得冠军。

【“新健杯”中国毽球公开赛（江苏站）江苏省毽球锦标赛暨长三角毽球大赛】 2023年2月25—27日，由中国毽球协会、江苏省体育局、江苏省体育总会主办，江苏省毽球跳绳运动协会、太仓市文体广电和旅游局、太仓市教育局承办的“新健杯”中国毽球公开赛（江苏站）江苏省毽球锦标赛暨长三角毽球大赛在太仓市体育馆举行。该次赛事共有长三角地区的34支队伍、400余人参赛。比赛分为小学生组、大中学生组、大众组多个组别，男双、女双、混双、三人赛等多个项目。

【中国马术U系列俱乐部杯赛总决赛】 2023年11月26—27日，由中国马术协会主办的2023年中国马术U系列俱乐部杯赛总决赛在太仓全进马术俱乐部举行。该次比赛共计参赛队伍11支，根据技术会议抽签结果依次登场。梁潇文、Kaitlyn McIntyre、张藝宸分获60厘米单边贴时赛前三名。Angelina Zimo Bian、徐嘉鸿、吴容宇分获80厘米特殊两段赛前三名。朱栩成、张警文、Kela Chen分获100厘米争时赛前三名。周欣悦赢、巴方汇、张智轲分获110厘米争时赛前三名。

【江苏省中小学生踢毽锦标赛】 2023年7月6—9日，由江苏省学生体育协会主办，江苏省学生体育协会中小学校工作委员会、太仓市教育局、太仓市文体广电和旅游局承办的2023年江苏省中小学生踢毽锦标赛在太仓市高新区第三小学举行。该次赛事分小学、初中、高中3个组别，毽球与花式毽球2个竞赛项目，共有参赛小学9所、初中6所，运动员157人。无锡市锡北镇寨门小学、太仓港港口开发区第一小学、宿迁市实验小学、苏州市相城区黄桥实验小学分校获小学组团体总分一等奖，太仓市浏河镇新塘小学、南京市天景山小学、太仓市科教新城实验小学、太仓市高新区第三小学获小学组团体总分二等奖。太仓市浮桥镇浏家港中学、丹阳市珥陵初级中学获中学组团体总分一等奖，太仓市高新区中学、南通市通州区刘桥中学、太仓市良辅中学、太仓市陆渡中学获中学组团体总分二等奖。

【江苏省中小学生桥牌锦标赛】 2023年12月1—3日，由江苏省学生体育协会主办，江苏省学生体育协会中小学校工作委员会、太仓市教育局、太仓市文体广电和旅游局、江苏省沙溪高级中学承办的2023年江苏省中小学生桥牌锦标赛在江苏省沙溪高级中学举行。该次赛事分高中、初中、小学团体赛和双人赛，共有参赛队伍35支、运动员177人。江苏省沙溪高级中学三队、江苏省太仓高级中学二队、江苏省太仓高级中学一队分获高中组团体赛前三名；太仓市实验中学、南环乙组、太仓市沙溪实验中学二队分获初中组团体赛前三名；太仓市荣文小学、太仓市朱棣文小学、太仓市高新区第四小学分获小学组团体赛前三名。高中组双人赛南北方向第一名钱名州、高志远，第二名王天祥、陈罗涛，第三名管宠、秦闻阳；东西方向第一名张尚然、赵熠陈，第二名陈大猷、高田升，第三名奚雨霖、陆风婷。初中组双人赛南北方向第一名顾宇涵、顾孙畅，第二名戴马逸、张炜杰，第三名陈宜菊、朱辰逸；东西方向第一名段李明、王子豪，第二名刘子豪、梁帆，第三名朱欣妍、盛果。小学组双人赛南北方向第一名朱董铭、张顾嘉，第二名吴晨雨、徐辰旭，第三名夏语楠、吕皓澈；东西方向第一名王钰轩、杜昕恒，第二名曹鋆、王弈凡，第三名顾恒睿、赵子贤。

【苏州市青少年阳光体育联赛中小学生武术散打比赛】 2023年4月29—30日，由苏州市体育局、苏州市教育局主办，太仓市文体广电和旅游局、太仓市教育局承办的2023年苏州市青少年阳光体育联赛中小学生武术散打比赛在太仓市体育馆举行。比赛设小学甲、乙、丙组，初中组以及高中组五大组别，并根据年龄及体重级别细分小项42个，参加比赛代表队15个、运动员225人。琴岛学校、五十九中、五十七中分获中学组团体总分前三名；榉园学校、福林小学、金门路小学分获小学组团体总分前三名。

【苏州市青少年阳光体育联赛中学生排球比赛】 2023年7月14—17日，由苏州市体育局、苏州市教育局主办，太仓市文体广电和旅游局、太仓市教育局承办的2023年苏州市青少年阳光体育联赛中学生（初中组）排球比赛在太仓市体育馆举行。比赛分男子组和女子组，参赛学校11所、选手216人。张家港大新代表队、张家港南丰代表队、昆山陆家代表队分获男子组前三名。苏州工业园区金鸡湖代表队、张家港大新代表队、昆山陆家代表队分获女子组前三名。7月18—21日，2023年苏州市青少年阳光体育联赛中学生（高中组）排球比赛在太仓市体育馆举行。比赛分男子组和女子组，参赛学校12所、选手191人。张家港中专代表队、张家港三职中代表队、昆山陆家代表队分获男子组前三名。苏州附中代表队、昆山陆家代表队、张家港乐余代表队分获女子组前三名。

【第五届“中德友谊杯”足球邀请赛】 2023年9月16—17日、23—24日，为期两周的太仓市第五届“中德友谊杯”足球邀请赛在新区足球公园举行。在太仓的德企、新闻媒体和太仓地方等组织的16支球队参赛，舍弗勒足球队、机关联队足球队、太仓公安足球队分获前三名，旅游时报今鲸足球队、亿迈齿轮足球队、卓能电子足球队、托克斯足球队和欧托凯勃足球队分获第四至第八名。

【第六届“中德友谊杯”乒乓球国际邀请赛】 2023年12月9—10日，由太仓市人民政府主办，太仓高新技术产业开发区管委会、太仓市商务局、太仓市文体广旅局、上海德国中心承办的第六届“中德友谊杯”乒乓球国际邀请赛在市体育馆举行。该届赛事特邀队伍16支，分为A组公开组和B组业余组两个组别，先后进行小组赛和淘汰赛两个阶段。上海统嘉集团、宜兴乒乓俱乐部、太仓三江乒乓球俱乐部分获A组前三名；苏州玖嘉体育、陕西益华国球易起乒乓俱乐部、山东滨州队分获B组前三名。

表76　2023年太仓市大型比赛一览表

序号	名称	时间	地点	主办单位
1	“新健杯”中国毽球公开赛（江苏站）江苏省毽球锦标赛暨长三角毽球大赛	2月25—27日	太仓市体育馆	中国毽球协会 江苏省体育局 江苏省体育总会
2	2023年全国竞走大奖赛（第2站）暨世界田联竞走巡回赛（金标）	4月8—9日	太仓大道	中国田径协会 江苏省体育局
3	2023年“全能王”全国钓鱼锦标赛（江苏太仓站）	4月22—23日	太仓市双凤生态园	中国钓鱼运动协会 太仓市人民政府
4	2023年苏州市青少年阳光体育联赛中小学生武术散打比赛	4月29—30日	太仓市体育馆	苏州市体育局苏州市教育局
5	2023年江苏省中小学生踢毽锦标赛	7月6—9日	太仓市高新区第三小学	江苏省学生体育协会
6	2023年苏州市青少年阳光体育联赛中学生（初中组）排球比赛	7月14—17日	太仓市体育馆	苏州市体育局 苏州市教育局
7	2023年苏州市青少年阳光体育联赛中学生（高中组）排球比赛	7月18—21日	太仓市体育馆	苏州市体育局 苏州市教育局
8	太仓市第五届“中德友谊杯”足球邀请赛	9月16—17日 9月23—24日	太仓市新区足球公园	太仓市人民政府
9	2023年中国马术U系列俱乐部杯赛总决赛	11月26日	太仓全进马术俱乐部	中国马术协会
10	2023年全国桥牌A类俱乐部联赛（总决赛）	11月20—26日	太仓华发铂尔曼酒店	中国桥牌协会
11	2023年江苏省中小学生桥牌锦标赛	12月1—3日	江苏省沙溪高级中学	江苏省学生体育协会
12	太仓市第六届“中德友谊杯”乒乓球国际邀请赛	12月9—10日	太仓市体育馆	太仓市人民政府

（匡芡茏）

体育产业

【户外运动产业】 2023年，太仓市体育产业快速发展，包含滑雪、马术、卡丁车、垂钓、露营等项目提速建设，“体育＋旅游”发展机遇良好。新动力赛车越野基地每年举办江苏长三角场地越野联赛（太仓站），为游客提供更多户外体育旅游活动。全进马术基地举办马术联赛、“马术进校园”项目课程培训。复星复游城项目阿尔卑斯冰雪世界、时光境商业街、Club Med邻境太仓度假村开业运营，日均游客量3000人次。乡草时光露营基地接待游客5万人次。双凤钓鱼国家基地常态化举办国家级赛事，在周边区域影响攀升。沙溪国际卡丁车中心项目加快建设，计划建成国内最高标准的国际级卡丁车赛道以及赛车电竞训练与比赛基地。年内，双凤生态园全国钓鱼基地、太仓全进马术基地获评2023年苏州市体育旅游示范基地。第二届长三角体育节“中国石化杯”汽摩场地越野邀请赛获评2023年苏州市体育旅游精品赛事。太仓天镜湖环湖滨水体旅线路获评2023年苏州市体育旅游精品线路。新动力（太仓）越野基地户外越野时尚运动场景、太仓海运堤体育健身场馆综合服务场景获评2023年江苏省体育消费场景典型案例。

【体育彩票】 截至2023年年底，太仓市完成体彩销售3.55亿元，市场份额占比56.39%，全省排名第13，销量增幅41.36%，贡献率11.24‰。募集体彩地方公益金2530.03万元。年度大奖情况：“排列5”120万元，“顶呱刮”100万元，中心兑奖金额959.61万元。太仓体彩围绕建设“负责任、可信赖、高质量发展的国家公益彩票”品牌发展目标，弘扬“责任、诚信、团结、创新”体彩精神，开启“体彩+”门店计划，向社会传递“公益体彩·乐善人生”理念，促使门店提升体彩品牌形象、丰富门店功能、激发市场活力。年内，全市建成“体彩+”实体店6家，其中党员服务店1家、体育主题店3家、即开主题店2家。（匡芡茏）

社会保障

社会保险

【概况】 2023年，太仓市延伸社会保险覆盖范围，持续创新社保服务模式，创建社保业务“就近办”银行合作网点43个，借助银行场地、人员、设备和渠道，满足群众“多点可办”“就近能办”需求。建设社会保障卡居民服务“一卡通”平台，实现公共交通、政务服务、图书借阅等场景应用，全市三代社保卡持卡人数超68.51万人，覆盖率87.1%。

2023年5月24日，江苏省银行办理社保业务“就近办”合作网点揭牌仪式举行
（张　瑜摄）

【养老保险】 2023年，太仓市制定《2023年社会保险扩面提质工作方案》，市人社局联合市税务局、太仓公积金分中心、市医保局等部门，加强数据交换和比对，助力镇区破解参保扩面提质难题和困境。全年累计征缴养老保险基金61.92亿元，其中企业职工基本养老保险在职参保人数35.65万人，参保缴费率98.13%；城乡居民基本养老保险参保人数1236人，参保缴费率97.17%。提高基本养老金水平，全年累计发放养老保险待遇60.14亿元，企业退休职工养老金待遇水平为2351.93元/月，城乡居民基本养老保险保障水平为727.02元/月。

【工伤保险】 2023年，太仓市按照工伤保险省级统筹工作要求，落实工伤保险基金省级统收统支。落实新就业形态就业人员职业伤害保障试点工作，推动职业伤害保障“一站式”服务模式，实现小伤“快认快支”，累计支付职业伤害保障待遇319万元。巩固拓展工伤预防、康复、补偿“三位一体”工作成效，实施危化品企业工伤预防能力提升培训工程、重点企业工伤预防培训改善项目、全市工伤预防宣传项目和镇区工伤预防项目，累计开展工伤预防培训2705人次，完成工伤康复183人次。全年累计作出工伤认定决定3106件（含建筑工伤203件），组织劳动能力鉴定21批次，因工伤进行劳动能力鉴定2872人次，非因工或因病鉴定126人次。

【失业保险】 2023年，太仓市失业保险参保人数31.87万人，累计征缴失业保险基金2.35亿元。失业保险金最低标准1673元/月，最高标准2280元/月，累计发放失业待遇2.22亿元。落实失业保险基金稳岗位提技能防失业政策，实施参保职工技能提升补贴政策，累计缴纳失业保险费36个月及以上并取得初级（五级）、中级（四级）、高级（三级）职业资格证书或职业技能等级证书的企业参保职工，可申领不超过1000元、1500元、2000元的技能提升补贴，全年累计发放425.42万元，涉及2332人次。

（吴可菲）

医疗保障

【概况】 2023年，太仓市推进《江苏省医疗保障条例》落地，完善医疗保障体系建设，深化医保领域重点改革，强化基金安全监管，健全医保公共服务体系，全市医保事业取得新进展。年内，太仓市获评“15分钟医保服务圈”省级示范县，苏州改革简报推介太仓市高效推进“15分钟医保服务圈”试点工作经验。全年持续推动“15分钟医保服务圈”示范点建设向村（社区）延伸，建成医保服务站157

个，初步建立“市、镇（街道）、村（社区）”三级联动、覆盖广泛的医保公共服务体系。全市村（社区）医保服务站共办理医保业务 1.97 万件。

【医疗保险】 2023 年，太仓市医疗保险参保人数 71.58 万人，其中职工基本医疗保险 55.58 万人，城乡居民医疗保险 16 万人，职工医保参保人数占比 77.65%。职工医保和居民医保政策范围内住院医疗费用基金支付比例分别为 88.81% 和 74.28%。全市职工基本医疗保险基金（含生育、大额）收入 24.2 亿元，支出 23.81 亿元；城乡居民基本医疗保险基金收入 2.01 亿元，支出 1.91 亿元。大病保险基金收入 9861 万元，支出 5837 万元，当年结余 4024 万元，历年累计结余 1.14 亿元；长护保险基金收入 6768 万元，支出 5215 万元，当年结余 1553 万元，历年累计结余 6063 万元；医疗救助基金收入 1411 万元，支出 1157 万元，累计结余 1212 万元，享受实时医疗救助 5309 人。

【生育保险】 2023 年，太仓市依法依规经办管理生育保险工作，促进生育保险事业可持续性发展。全年全市生育保险参保人数 32.7 万人，生育保险基金收入 1.87 亿元，支出 1.46 亿元。

【医疗保障体系建设】 2023 年，太仓市贯彻落实阶段性降低职工基本医疗保险单位缴费费率，全年共减征 2.33 亿元。推动《江苏省医疗保障条例》实施，落实经办流程和医保退休待遇核定政策，推进门诊共济保障机制改革。推进全民参保，优化参保结构。针对各类未参保人员开展参保扩面工作，通过数据比对等方式开展医保短信提醒参保服务，共计发送参保提醒短信 14.46 万条。落实重特大疾病医疗保险和救助制度，改进大病补偿方式，实行“一站式”实时刷卡结算，全市大病保险受益 24.91 万人次。推动长护险试点优化升级，把失能、失智人群纳入长护保障范围，待遇惠及 4971 人，待遇支付 4724.82 万元。推动“江苏医惠保 1 号”“苏惠保”等普惠型商业补充医疗保险发展，“江苏医惠保 1 号”参保 5.2 万人，“苏惠保”参保 6 万人。

【医保基金监管】 2023 年，太仓市医保局通过日常巡查、智能审核、专家评审病案、专项检查、“双随机、一公开”等方式，做到医保基金监管常态化。全年共完成全市 566 家定点医药机构全覆盖现场检查，查处定点机构和个人违规违法金额 410.59 万元，处理定点医药机构 434 家，占医药机构总数的 76.68%，其中暂停或解除医保服务协议 21 家、行政处罚处理 6 家、移交司法机关 2 家；处理违规违法 41 人，其中暂停医保结算 3 人、行政处罚 3 人。完成苏州下达的“双随机、一公开”检查任务，把打击欺诈骗保专项整治行动纳入事中事后监管计划，单独检查 38 家，联合检查 49 家。举行 2023 年医保基金监管集中宣传月暨党建共建合作“医保春风进万家”项目启动仪式，公布打击欺诈骗保成果，畅通举报投诉渠道，强化社会监督。与市行政审批局、市市场监管局打通信息互通渠道，对正在调查、拟行政处罚、已移交公安的案件主体，主动通报给相关行政单位，防止其申请注销市场主体恶意逃避处罚，全年共暂停 2 家机构的注销申请。与市人民法院、市人民检察院共同推进医疗保险基金追偿工作，移交和协作处理医保基金追偿案件 10 起，追回金额 3.3 万元。

2023 年 11 月 15 日，太仓市举行医疗保障经办政务服务练兵比武竞赛
（市医保局供稿）

【药品和医用耗材集中带量采购】 2023 年，太仓市医保局常态化开展药品耗材阳光采购监管，组织开展 2022 年度药品（医用耗材）阳光采购专项督查。全市公立医疗机构药品网采率 99%、医用耗材网采率 98%，节省采购资金超 1.5 亿元。走访信立泰苏州药业有限公司、康辉医疗科技（苏州）有限公司等医药企业，了解企业诉求。开展“千家万户，千村万企”大走访活动，到太仓生物医药产业园收集企业诉求，开展相关集采政策指导解读，帮助解决企业实际困难。

【医疗服务价格改革】 2023 年，太仓市落实医疗服务价格动态调整机制，全年共调整医疗服务项目 164 项。组织全市公立医疗机构全面清理医疗服务价格项目 5982 项。召开口腔种植专项治理“回头看”督查，推动开展口腔种植服务的医疗机构响应医疗服务价格全流程调控政策，优先使用口腔种植体中选产品和牙冠挂网产品，推动口腔种植服务提质降费。

【医保公共服务水平提升】 2023 年，太仓市开通“太 e 办”微信小程序线上学生参保功能，为学生提供“一站式”参保渠道。拓展“掌上办”服务内容，实现大学生、流动人口子女等居民医保参保人群全覆盖。实现“出生一件事”“身后一件事”掌上办。在全省率先推行电子营业执照应用于医保年度协议网上签约服务，全年医保协

2023 年 3 月 27 日，太仓市医保局在景瑞社区开展医保政策宣传活动
（市医保局供稿）

议网签家数 567 家，医保协议网上签约率 93.9%。开通异地就医备案“免审即享”，全年全市跨省异地就医划卡 51.7 万人次，基金支出 4.43 亿元。其中，在上海异地就医划卡 42.8 万人次，基金支出 3.97 亿元。推动“沪苏同城”融合，推动异地购药结算与免备案、脱卡结算等便捷服务无缝衔接，实现“嘉昆太”参保人员在三地异地就医免备案，“嘉昆太”三地医保零售药店跨省异地购药直接结算。为提升医保政策知晓率开展专项课题研究，在《中国医疗保险》杂志发表《居民医保政策知晓度调查及提升路径研究》。开展医保宣传活动，深入企业、学校、村居开展宣传 31 场次，与中国人寿太仓支公司实施党建合作项目“医保春风进万家”，950 名医保宣传网格员组成专业宣传团队，进入 114 个村（社区）开展宣传，参与群众 3.8 万人次。以太仓市新时代文明实践中心为平台，在各类新时代文明实践站开展医保政策宣传活动 15 场次。

【医保数字化治理能力提升】 2023 年，太仓市推进 DRG 支付方式（按疾病诊断相关分组付费，将疾病按照严重程度、治疗方法的复杂程度以及治疗成本的不同划分为不同的组，制定医保支付标准）改革三年行动计划，市一院等 10 家医院全面实行 DRG 付费结算方式，实现符合条件的医院 DRG 付费全覆盖。依托“江苏医保云”“苏周到”App，开通“先诊疗后付费”、医保移动支付和电子处方流转等功能，简化就诊流程和支付环节。上线“先诊疗后付费”就医服务医疗机构 8 家，实现二级以上医疗机构全覆盖。实现医保“移动支付”医疗机构 3 家，实现“电子处方流转”功能医疗机构 2 家。试点部分药店、门诊开展“刷脸支付”服务，结算服务 1.5 万人次。丰富医保电子凭证应用场景，定点药店使用率 46.11%，较上年增长 15.8%；医疗机构使用率 14.52%，较上年增长 6.14%。加快推广数字人民币在医保基金拨付使用中的应用，鼓励全市定点医药机构参与数字人民币试点工作，以数字人民币形式向 507 家定点医药机构拨付医保款项 15.27 亿元。 （朱　琪）

社会救助

【最低生活保障】 2023 年 7 月起，太仓市最低生活保障标准由 1095 元 / 月调整为 1115 元 / 月。发挥救助兜底保障功能，贯彻落实《关于进一步做好社会救助兜底保障工作的通知》文件精神，推动符合条件的成年无业重残“单人户”单独纳入低保，全方位做好救助扩围增效工作。截至年底，全市共有低保对象 614 户 866 人，全年共社会化发放低保救助金 846.5 万元。

【医疗救助】 2023 年，太仓市做好重大疾病医疗保障，强化市医保局、市民政局、市卫健委、市残联等部门数据共享，将特困、低保等 12 类困难群众纳入医疗救助对象，在基本医保、大病保险待遇基础上，进一步享受居民医保参保的保费补助、医疗费用实时救助等医疗救助待遇，全年享受实时医疗救助 5309 人。经过基本医保、大病保险、医疗救助三重保障后，困难群众医疗费用综合保障率达 80% 以上，一定程度上减少因病致贫、因病返贫的发生。

【自然灾害救助】 2023 年，太仓市为 52.6 万名户籍居民、16.6 万名新市民购买自然灾害人身意外险，为 17.9 万户房屋购买自然灾害房屋保险，总保费 84.3 万元。全年发生人身意外理赔案件 17 起，赔付 61.5 万元；房屋损坏案件 295 起，赔付 32.42 万元。

【慈善救助】 2023 年，太仓市累计募集捐赠资金 1819.44 万元，直接捐赠 1819.44 万元，支出善款 1805.64 万元，惠及困难群众 2.93 万人次。太仓市打造“太善 · 积爱家”品牌，新建慈善就业帮扶中心，建成慈善实体 10 家、慈善空间 119 家，社区慈善基金覆盖率 100%，依托“99 公益日”“慈善一日捐”，开展“情暖苏城”春节送温暖、“13”要善共济月等活动，实施居家改造、心理疏导、助学成长等服务帮扶 12 类，慈善氛围日益浓厚。

【流浪乞讨人员救助】 2023 年，太仓市扩大救助对象范围，组织开展“寒冬送温暖”“夏季送清凉”专项救助行动，加大常态化巡查与救助力度，救助流浪乞讨人员，深化“互联网 + 寻亲”模式，帮助各类遇到应急性困难或特殊性原因而导致生活无着的人员摆脱临时困境。全年共救助流浪乞讨人员和临时遇困群众 138 人次，其中未成年人 21 人次，提供医疗康复救治 24 人次，安排特殊困难受助人员护送返乡 24 人次，特殊受助对象寻亲 44 人次，寻亲成功率 100%。

【临时救助】 2023年，太仓市发挥临时救助应急性、补充性、过渡性功能，对遭遇突发事件、意外伤害、重大疾病或者其他特殊原因导致基本生活暂时陷入困境的对象及时给予临时救助。全年共向符合条件的526人次足额发放临时救助金88.7万元。

（王歆怡　朱　琪　徐诗铭）

社会福利

【残疾人福利】 2023年，太仓市规范残疾人“两项补贴”（生活补贴、护理补贴）发放，出台《关于加强困难残疾人生活补贴和重度残疾人护理补贴精准管理的实施意见》，确保残疾人“两项补贴”按月及时、准确、足额发放。截至年底，全市共有享受困难残疾人生活补贴对象2300人、重度残疾人护理补贴对象4655人，全年共社会化发放残疾人生活补贴2476.2万元、残疾人护理补贴765.1万元。为974名重残人员发放养老保险补贴1039.54万元，为911名重残人员发放医疗保险补贴238.92万元。发放智力、精神（三、四级）无业残疾人养老、医疗保险补贴560人次244.66万元。为1772名残疾人发放“扶贫帮困送温暖”慰问金177.2万元。为55名就业年龄段外智力、精神（三、四级）残疾人发放生活补贴24.87万元。为2094户重残户发放有线电视费补贴19.75万元。为全市0~64周岁持证残疾人购买团体综合保险33万元。为663名残疾人发放各类辅具补贴164万元。落实新增城乡居民基本医疗保险保费减免政策，残疾等级一级、二级和智力、精神（三、四级）残疾人的个人应缴费用由医疗救助基金全额减免，享受该项政策残疾人478人。为1名自主创业残疾人发放补贴3.43万元。全年新增康复转介儿童104人，累计为409名残疾儿童提供康复救助，发放康复补贴1025万元。修订《太仓市精神残疾人免费基本用药实施办法》，为80名持证精神残疾人办理重症精神病门诊特需项目，门诊专科用药标准为限额内每人4000元/年，由基本医疗保险基金100%结付。年内，太仓市推动精神障碍社区康复服务发展，市民政局联合市财政局、市人社局、市卫健委、市残联开展精神障碍社区康复服务绩效评价，以问题为导向督促各区镇提升服务水平，全年共向各区镇发放以奖代补资金53万元。创建精神障碍社区康复服务省级示范点，沙溪镇、浮桥镇、双凤镇康复驿站通过创建验收，娄东街道、璜泾镇康复驿站通过复评验收。

【妇女儿童福利】 2023年，太仓市推进市“十四五”妇女儿童发展规划各项指标落实，召开全市妇女儿童工作会议，推进指标监测，《太仓市妇女发展规划（2021—2025）》达标率96.6%，《太仓市儿童发展规划（2021—2025）》达标率92.08%，制订实施2023—2024年太仓市妇女儿童实事项目11个。推进儿童友好城市建设，建成苏州市儿童示范社区4个，建设沙溪老医院儿童友好口袋公园、太仓市实验小学高新区校区等一批儿童友好公园、学校，探索打造儿童友好街区、场馆等适儿化项目。开展“99公益日”募捐活动，10个妇女儿童家庭关爱项目募集资金23.6万元。开展第六届妇女儿童家庭公益服务微创投活动，征集实施“‘小龙小凤’抗逆力亲子工作坊”“合力共育·赋能家庭”等项目6个，累计开展活动95场次，服务妇女儿童1578人次。推进“幸福港湾”项目5个，命名新一批实践基地5个，实现街镇项目的全覆盖。深化“一户一策微关爱”项目，“康乃馨”单亲贫困母亲、“太仓妈妈”帮困助学等妇儿关爱项目帮助贫困妇女儿童100人。

【困境儿童关爱】 2023年，太仓市制定未成年人保护工作八项制度等文件，建立“未成年人社会保护联盟”，成立未成年人保护实训基地，开展“童享未来·太有期待”未成年人保护系列活动，助力未成年人健康成长。做好2023年困境儿童基本生活费补贴调标和补发，全市共有困境儿童608人，共计发放社会散居困境儿童基本生活费补贴587万元。强化基层儿童工作者队伍和能力建设，表彰全市“最美儿童工作者”，评选未成年人保护优秀案例，发布未成年人保护十大重点项目和未成年人保护服务阵地，在苏州市第二届儿童主任职业技能大赛中获个人二等奖、团体奖三等奖。

【福利彩票】 2023年，太仓市福利彩票累计销售2.75亿元，较上年增加1.12亿元，增幅69.18%，位居全省县级市第五。其中，电脑票销量1.8亿元，较上年增加5650万元，增幅45.8%；即开票销量9525万元，较上年增加5596万元，增幅142.43%。收到拨付的福彩公益金2229.92万元，福彩公益金用于公益事业2227.05万元。

（王歆怡　徐　垠　张　丽）

住房保障

【住房公积金管理】 2023年，太仓市新增住房公积金缴存职工4.16万人，强制缴存职工净增7955人，净增人数居苏州第四。截至年底，全市公积金缴存职工24.75万人，超额完成上级下达的覆盖率提升1.9%的年度任务。年内，太仓市推进灵活就业人员参加公积金制度试点政策，面向新就业群体，推广自由职业者个人业务“网上办”“掌上办”。截至年底，灵活就业人员新增8768人。推进商业性个人住房贷款转个人住房公积金贷款业务。全年共受理1810名职工“商转公”贷款12.5亿元。实施租房提取新政，取消租房提取金额上限、简化办理材料，在太仓无房的新市民、青年人可按实际月租金全额提取公积金支付房租，帮助租房群体减轻房租支付压力。整合利用线上线下宣传载体，在西交利物浦大学太仓校区人才公寓、城北青年公寓、湖畔祥云3处人才公寓设置公积金先锋服务驿站，更新租房委提宣传册、易拉宝，指导青年人（40周岁以下）在“太易居”App上一键办理租房提取，后台系统自动审核，实现即申即享。截至年底，生效的租房提取5037笔，累计租房提取金额5731.72万元，完成租房提取年度人数计划和金额计划的157.4%和179.09%。落实提取公积金支付购房款政策，协调市房产管理中心重塑二手房交易资金托管业务流程，在苏州公积金系统率先完成该项业务落地。全年为293户

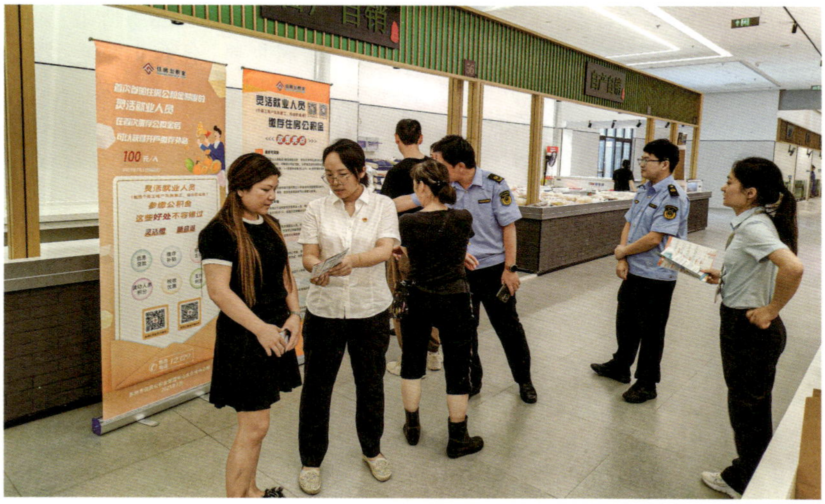

2023 年 7 月 26 日，公积金太仓分中心工作人员在东郊菜场面向商户开展灵活就业人员缴存公积金政策宣传（王　炎摄）

家庭办理提取公积金支付购房款业务 2843 万元。联合市不动产登记中心、市房产管理中心、建设银行太仓分行和住房置业担保公司研究“带押过户”二手房贷款新模式，实现二手房公积金贷款“带押过户”多维度事项“一站式”组合办理。全年累计办理住房公积金贷款带押过户 67 笔，金额 4765 万元。实现数字人民币缴存、提取、贷款、转移等场景应用，发放住房公积金数字人民币贷款 841 笔，金额 5.97 亿元，数字人民币汇缴公积金 293 笔，金额 2712 万元。

【住房公积金政策调整】 2023 年 5 月 1 日起，太仓市调整公积金贷款可贷额度计算方式。首次办理住房公积金贷款的，可贷额度从借款申请人（含参与计算可贷额度的共同借款申请人，下同）个人账户余额之和的 10 倍调整为 15 倍；第二次办理住房公积金贷款的，可贷额度从借款申请人个人账户余额之和的 6 倍调整为 10 倍。

调整公积金租房提取额度。5 月 1 日起，缴存职工租赁自住住房且符合本市租房提取住房公积金条件的，在个人住房公积金账户扣除按最新缴存基数留存的一个月缴存额（不含新职工补贴）后的可用余额内，每月可按实际房租支出提取住房公积金。新市民（非本市户籍）、青年人（40 周岁以下）无须扣除相应缴存额和提供租赁合同。

实施公积金贷款生育支持政策。5 月 1 日起，养育未成年二孩及以上多子女的缴存职工家庭使用住房公积金贷款购买首套自住住房的，贷款最高限额以全市统一贷款限额为基础上浮 30%。养育未成年二孩及以上多子女，是指养育两个及以上子女且至少一个子女未成年。10 月 10 日起，养育未成年二孩及以上多子女的缴存职工家庭使用住房公积金贷款购买家庭首套或第二套自住住房的，贷款额度在可贷额度基础上可上浮 30%。

施行“商转公”贷款。5 月 1 日起，施行商业性个人住房贷款转住房公积金个人住房贷款政策。“商转公”贷款对象为原商业贷款借款人或其配偶，且应为不动产权证书载明的权利人。其他共同借款人、不动产权利人不得以共同还款或对该套住房拥有所有权为由申请商转公贷款。借款人申请商转公贷款除应符合苏州市住房公积金贷款相关政策和条件外，还应同时满足以下条件：（一）原商业贷款所购住房须为借款申请人及其家庭成员（成员范围包括配偶以及未成年子女）在太仓市行政区域内唯一自住住房；（二）原商业贷款未结清；（三）原商业贷款当前未处于逾期状态且近两年内无连续三期或累计六期逾期记录；（四）原商业贷款所购住房已取得不动产权证书（或房屋所有权证和国有土地使用证）；（五）已征得原商业贷款银行同意可将原商业贷款提前结清；（六）原商业贷款所购住房抵押权人仅为原商业贷款银行，且无其他抵押、查封、未设立居住权等权利限制情形；（七）借款申请人和共同借款申请人无公积金贷款记录；（八）不存在中心认为不符合贷款条件或存在贷款风险的情形。“商转公”贷款可贷额度按照《苏州市住房公积金个人住房贷款管理细则》相关规定执行，且不超过原商业贷款本金余额。商转公贷款期限按照《苏州市住房公积金个人住房贷款管理细则》执行，且不超过原商业贷款期限。商转公贷款利率按照中国人民银行规定的住房公积金贷款利率标准和有关规定执行。政策有效期五年。

灵活就业人员参加公积金制度试点。5 月 8 日，苏州市住房公积金管理中心发布《苏州市灵活就业人员参加住房公积金制度试点实施细则》。自 7 月 1 日起，个体工商户及其雇工和自由职业者两类灵活就业人员可参与住房公积金制度。灵活就业人员参照单位缴存职工住房公积金相关规定提取住房公积金。灵活就业人员不再参加住房公积金制度且账户封存的，可申请提取住房公积金，提取限额不超过以灵活就业人员身份缴存的住房公积金账户余额。灵活就业人员可贷额度结合住房公积金缴存余额和缴存连续性综合核定。灵活就业人员在申请日前连续按期足额缴存住房公积金 6 个月（含）以上，可贷额度参照单位缴存职工执行。灵活就业人员在申请日前未按期缴存、累计缴存住房公积金 6 个月（含）以上，可贷额度的计算倍数参照单位缴存职工可贷额度的计算倍数的 60% 折算。灵活就业人员与单位缴存职工身份转换的，缴存月份可合并计算。灵活就业人员其他贷款规定参照全市住房公积金贷款政策执行。政策有效期两年。

缴存补贴参加公积金制度的灵活就业人员。5 月 9 日起，对参加住房公积金制度的灵活就业人员给予缴存补贴，缴存补贴包括开户缴存补贴和年度缴存补贴。《苏州市灵活就业人员参加住房公积金制度试点实施细则》实施后，首次参加住房公积金制度的灵活就业人员可以享受开户缴存补贴；开户缴存补贴标准为100元/人，在首次按月正常缴存住房公积金后计发；每个灵活就业人员只能享受一次开户缴存补贴。年度缴存补贴按照本住房公积金年度新增缴存资金的1%于年度结息（每年6月30日）时计发。政策有效期两年。11月21日起，优化对参加公积金制度的灵活就业人员进行缴存补贴，开户缴存补贴标准100元/人，在开户后计发。

调整公积金贷款可贷额度计算方式。10月10日起，使用住房公积金贷款购买家庭首套自住住房的，首付款比例不低于住房总价的20%，可贷额度为借款申请人（含参与计算可贷额度的共同借款申请人）个人账户余额之和 ×15（倍）；使用住房公积金贷款购买家庭第二套自住住房的，首付款比例不低于住房总价的30%，可贷额度为借款申请人（含参与计算可贷额度的共同借款申请人）个人账户余额之和 ×10（倍）；在全市行政区域内缴存住房公积金购买家庭首套或第二套自住住房的单位职工，可贷额度还可按缴存基数计算。公式为借款申请人（含参与计算可贷额度的共同借款申请人）缴存住房公积金的月工资基数或月工资基数之和 ×35%× 贷款期限（月）。

提高公积金贷款可贷额度上限。10月10日起，使用住房公积金贷款购买家庭首套或第二套自住住房，借款申请人及共同借款申请人中有两人（含）以上共同参与计算可贷额度的，贷款最高限额为110万元；仅借款申请人参与计算可贷额度的，贷款最高限额为80万元。

调整小面积住房公积金贷款政策。10月10日起，使用住房公积金贷款购买家庭首套套型建筑面积90平方米（含）以内的自住住房，且住房总价不超过200万元的，贷款最高限额为住房总价的80%。

调整高层次人才公积金贷款政策。10月10日起，高层次人才及其共同借款申请人在评定所在地购买家庭首套自住住房的，可以享受一次高层次人才住房公积金贷款支持政策，贷款额度在可贷额度基础上可上浮相应倍数。

延长公积金贷款年限。10月10日起，借款申请人年龄与申请贷款期限之和不超过其法定退休年龄后5年（国家另有规定可延长的，不超过延长后的退休年龄后5年，最长不得超过70周岁）。存量成套住房、建造住房、翻建住房的住房公积金贷款期限最长不超过30年，且存量成套住房的贷款期限不得超出所购住房的剩余使用年限。

实施“筑梦苏城”工程。10月10日起，针对全日制普通高校本科以上在读学生、获得全日制普通高校本科以上学历且毕业10年内的高校毕业生、在国（境）外获得学士以上学位并取得教育部学历学位认证且毕业10年内的留学回国人员，实施公积金优惠政策。具体为：在太仓市缴存住房公积金，符合太仓市住房公积金贷款条件，申请太仓市住房公积金贷款的，本人（含共同借款申请人）或共同还款人信用良好且具备还款能力，贷款额度在可贷额度基础上可上浮50%；在全市连续足额缴存住房公积金满3个月，本人及配偶在工作所在地无自有住房且租赁住房用于自住的，可按实际房租支出提取住房公积金；租赁和公积金中心签约的住房保障机构、住房租赁企业提供住房的，可申请提取住房公积金按月直付租金。

（汪彧倩）

【保障性住房建设】 2023年，太仓市完成公租房资格审核16户，其中南城雅苑人才公寓10户，南城雅苑实物配租2户，租赁补贴4户。完成经适房上市审核9户，收缴差价收益161.42万元。落实保障75户，其中南城雅苑实物配租2户，租赁补贴发放73户，金额34.1万元。

【城市更新改造】 2023年，太仓市完成古松弄地块上部主体结构。原城三小地块地下室结构完成，地上主体结构完成55%。胜利村地块完成腾地，进入前期施工准备工作。

【农村住房建设】 2023年，太仓市村庄住宅竣工面积27.13万平方米。截至年底，村庄实有住宅总面积1119.37万平方米，村庄公共建筑竣工面积1.28万平方米，实有公共建筑面积61.18万平方米。 （朱琳媛）

社会事务

民政事务

【婚姻登记】 2023年，太仓市推进公民婚育“一件事一次办”工作，优化“一站式”便捷化便民服务。市婚姻登记处推行“一窗受理”，推动婚育“一件事”办理和婚姻登记日常工作，实行一窗综合受理、集成服务，做好婚姻登记“跨省通办”“省内通办”，开展集中补领婚姻登记证、补办结婚登

2023年8月22日，“相约七夕 · 爱在弇山”新人集体颁证仪式在弇山园举行
（市民政局供稿）

记试点工作。年内，共办理结婚登记3215对、离婚申请1775对、离婚登记1143对、补领婚姻登记证1207件、补办（补发）结婚证80件。建成婚俗文化展示馆、科教新城“七夕园”婚俗文化主题园，编印《幸福婚姻宝典》，举办爱在罗腾堡浪漫德风街“520”新人户外集体颁证、“为爱减负·相约七夕”第四届集体婚礼和“相约七夕·爱在弇山”新人集体颁证等活动，倡导和谐文明的婚俗改革新风，完成全省首批婚俗改革实验区验收工作。年内，太仓市获评江苏省第一批婚俗改革实验县（市、区）优秀单位。

【收养登记】 2023年，太仓市持续优化收养登记工作流程，规范收养登记条件、申请材料、评估标准和办理时限等事项，完善收养家庭第三方评估机制。太仓市民政局婚姻登记处设立专门的收养登记办公场所，依法依规受理收养登记工作，严把资格审查，规范收养行为，严格档案管理。全年依法办理收养登记12件，较上年增加9件。

【殡葬管理】 2023年，太仓市完善殡葬服务设施建设，做好运营管理工作，提升殡葬服务机构管理水平和服务质量，确保殡葬服务机构规范有序发展。年内，全市殡仪馆火化遗体5912具，免除丧户基本殡葬收费711.8万元。市民政局加强殡葬服务标准化和规范化管理，推进殡葬规范化管理和长效化监督。打造“人文殡葬、绿色殡葬、惠民殡葬、生态殡葬、文明殡葬”服务品牌，开展文明祭祀进乡村、进社区、进家庭活动，全市村（居）红白理事会实现全覆盖。倡导实施无烟祭扫，倡导绿色祭扫、网上祭扫，树立殡葬文明新风，完成清明祭扫服务保障工作，全市累计祭扫99.32万人次。

【地名管理】 2023年，太仓市传承保护本土地名文化，赓续娄东历史文脉，举办“跟着地名看太仓”系列主题活动，加强地名文化建设和地名文化服务转型。6月，太仓市第二批地名文化遗产名录公布，分别是武陵街、庵弄桥、明德桥、东亭子桥、关帝庙桥、新闸桥、沪太公路、水带桥、卖秧桥、泥桥、木行弄、渡缘桥、迎仙桥、陌巷桥、仁寿桥、湖川桥、重冈桥、中津桥、庵桥、平昌桥、万春桥、皋桥、铁锚弄、流顺桥、邱家弄、金鸡桥、伯埙桥、新桥、周泾桥、井亭桥、义兴桥、黄姑塘桥、州桥、西水关桥。8月，太仓市水带桥、金鸡桥、井亭桥、周泾桥、皋桥、西水关桥、庵桥、庵弄桥、州桥、东亭子桥、义兴桥、新桥、仁寿桥、流顺桥、重冈桥和武陵街、安里街入选苏州市第二批地名文化遗产保护名录。年内，太仓市命名街路巷地名22条，更名及调整街路巷地名3条；注销街路巷地名4条。

表77 2023年太仓市新命名（更名）道路名录

区镇	路名及范围	类别
科教新城	油车路、冈身路	街路巷地名命名
沙溪镇	民富路、香山路、棠心路	街路巷地名命名
浏河镇	花溪路、揽风路、沐阳路、田园路、映月路、阅水路、平洋街、杨家浜路、郑和东路、中泾港巷、裕民巷	街路巷地名命名
双凤镇	民丰路、西水沟路	街路巷地名命名
璜泾镇	东影巷、怀橘巷、魏家巷路	街路巷地名命名
沙溪镇、璜泾镇	塔山路	街路巷地名命名
浏河镇、娄东街道、陆渡街道	上海东路：将位于浏河镇、娄东街道、陆渡街道辖区内的郑和东路、郑和中路路段统一更名为上海东路。调整后的上海东路东至浏河江堤，西至太平南路	街路巷地名更名及调整
娄东街道、陆渡街道	郑和中路：将郑和中路的起讫点向东延伸至融沪大道。调整后的郑和中路东至融沪大道，西至太平南路	街路巷地名更名及调整
娄东街道	兴业南路：将位于娄东街道娄申商业广场西侧的郑和中路路段更名为兴业南路。调整后的兴业南路南至滨河新路，北至郑和中路	街路巷地名更名及调整
娄东街道、陆渡街道	江南路：东至融沪大道，西至兴业北路（接原郑和中路）	街路巷地名注销
浏河镇	南海路：东至北江滩路，西至融沪大道（接原江南路）	街路巷地名注销
城厢镇	县南弄：东起古松弄，西至府南街； 向阳弄：南起向阳一村，北至县府街	街路巷地名注销

【首批县级“太仓红色地名”名录公布】 2023年，太仓市开展全市首批县级红色地名名录征集评定工作，挖掘红色地名资源、保护传承红色文化、赓续红色血脉。经过资料收集、逐级推荐、部门会商、专家论证、征求意见、社会公示等工作环节，建立首批县级“太仓红色地名”名录，分别是重要机构旧址及纪念地：唐家宅基、太仓革命烈士陵园；重要事件发生地：杨漕村、项桥村、方家桥、解放璜泾战斗县大队指挥部旧址、利泰纱厂旧址、沪太路、吴晓邦故居、沙溪中学、西塔、穿山遗址、七丫口；代表新中国建设发展成就的地名：太星村、中荷村、雅鹿村、太仓港、太仓站、长江江堤。

（王歆怡）

2023年6月，太仓市推进老年认知症友好社区试点建设 （曹 磊摄）

老年人事务

【老年人口概况】 2023年，太仓市构建居家社区机构相协调、医养康养相结合、文化互助为特色的“颐养金仓”养老服务体系，打造县域积极应对人口老龄化示范市。截至年底，全市60周岁以上老年人口16.96万人，占户籍总人口31.2%。其中70周岁以上老人9.44万人，80周岁以上老人2.96万人，百岁老人152人，全市最高龄老人106周岁。年内，太仓市被认定为2023年江苏省首批示范型社区居家养老服务网络建设地区；太仓市老年大学获评江苏省示范老年大学。

【养老服务实事工程】 2023年，太仓市升级“城乡一体、普惠均等、便利可及、优质共享”的“县域”养老服务体系，印发《2023年度养老服务工作要点》，推进中德创新城医养中心和金仓湖康养中心项目土建施工。新建镇街道综合为老服务中心3家。新增日间照料中心（站）2家，累计建成200余家。新增镇级综合助餐中心2家，累计建成助餐点161家。全省创新试点认知症友好示范社区4家，组建太仓市老年人认知照护家庭支持中心。完成老年人家庭适老化改造1135户，安装智能烟感系统1125户，安装智能水表系统1000户。

记者拍摄创作的《中国长寿之乡 · 太仓人瑞图》，记录太仓100名百岁老人的生活情景 （姚建平摄）

【养老服务社会化改革】 2023年，太仓市公开发布《2023年度政府购买养老服务名录》，涉及养老服务管理、考核等项目169个，购买资金2600万元。区域性养老服务中心覆盖率100%，日间照料服务中心社会运营比例100%。推广互助养老，“银龄伙伴计划”全面试点，全市建成互助小组超500个，打造“银龄餐桌”“银龄助老加油站”等银龄品牌300余个。

【老年人关爱保障】 2023年，太仓市创新“入户巡访+社工站”融合服务，落实每周2次关爱巡访，全年累计开展空巢独居老年人上门寻访关爱3300余人次。推广互助养老，村（社区）覆盖率超80%。全年共为近13万名老年人发放尊老金9275万元。

【全省首创老年认知症友好社区试点建设】 2023年，太仓市坚持积极老龄观、健康老龄化理念，树立“预防为先、协同共享、全龄友好”工作原则，创新打造共建共治、全民参与的老年认知症友好社区，推动实现全体老年人享有高品质普惠养老服务，为建设中国式现代化“县域养老”探索可观、可感、可推广的实践路径。加快建设“国家积极应对人口老龄化重点联系城市”，全面探索认知症早期筛查、家庭支持、社区干预、综合服务体系，打造太仓特色的老年认知症“互联体”服务模式，推动县域养老现代化发展。5月18日，太仓在全省率先启动太仓市老年认知症友好示范社区试点，市民政局联合市卫健委成立“太仓市老年人认知照护家庭支持中心”，发布太仓市老年人认知照护友好试点社区六大项目，研究建立老年认知障碍照护服务体系，让认知障碍老人拥有更幸福、更具尊严的晚年生活。太仓市聚焦“预防胜过治疗”原则，开展老年人认知症科普宣教、风险评测，搭建干预支持体系、构建长效工作机制，建立“县域特色”的老年认知症友好社区。重点推动科教新城学苑社区、沙溪镇松南村、璜泾镇永乐村、娄东街道惠阳社区4个村（社区）开展首批试点工作。

表78　2023年太仓市百岁老人一览表

序号	姓名	年龄	镇区街道	序号	姓名	年龄	镇区街道
1	余汉栋	106岁	沙溪镇	31	杨梅娣	102岁	沙溪镇
2	唐永明	106岁	浮桥镇	32	陈秀珍	102岁	城厢镇
3	杨仁林	106岁	浏河镇	33	蒋小妹	102岁	璜泾镇
4	何瑞娥	105岁	娄东街道	34	高招娣	102岁	浮桥镇
5	吴阿玉	105岁	璜泾镇	35	孙根兴	102岁	璜泾镇
6	王耀妹	105岁	璜泾镇	36	杨瑞珍	102岁	浮桥镇
7	陆杏宝	105岁	娄东街道	37	陈桂大	102岁	娄东街道
8	黄云芳	104岁	娄东街道	38	陆彩凤	102岁	璜泾镇
9	周　桃	104岁	浮桥镇	39	蒋惠君	102岁	科教新城
10	钱金大	104岁	陆渡街道	40	徐园娣	102岁	沙溪镇
11	闵秀娟	104岁	浮桥镇	41	范根妹	102岁	城厢镇
12	叶相娥	104岁	浏河镇	42	俞　其	102岁	浮桥镇
13	须积生	104岁	浮桥镇	43	张巧英	102岁	璜泾镇
14	陆宝珍	104岁	浮桥镇	44	唐丽英	102岁	沙溪镇
15	陈素贞	104岁	城厢镇	45	杨大妹	102岁	浮桥镇
16	曹桂生	104岁	沙溪镇	46	吴惠宝	102岁	娄东街道
17	王云娣	104岁	浮桥镇	47	李　藕	102岁	璜泾镇
18	俞惠芬	104岁	璜泾镇	48	马秀英	102岁	沙溪镇
19	费瑞娣	103岁	浮桥镇	49	张林宝	102岁	浏河镇
20	沈阿珍	103岁	城厢镇	50	严秀亚	102岁	沙溪镇
21	沈招娣	103岁	城厢镇	51	陈宝娣	102岁	娄东街道
22	陆彩芬	103岁	浮桥镇	52	王阿荣	102岁	璜泾镇
23	周阿招	103岁	沙溪镇	53	李瑞英	101岁	娄东街道
24	张三梅	103岁	沙溪镇	54	吴宝媛	101岁	沙溪镇
25	谢云娣	103岁	娄东街道	55	张　镳	101岁	沙溪镇
26	周月珍	103岁	浏河镇	56	张阿岁	101岁	浮桥镇
27	金爱宝	103岁	沙溪镇	57	邱娟娣	101岁	双凤镇
28	王妹宝	103岁	浏河镇	58	倪培珍	101岁	浮桥镇
29	徐惠娥	103岁	沙溪镇	59	陆锦英	101岁	城厢镇
30	顾婉芬	102岁	璜泾镇	60	张阿凤	101岁	沙溪镇

续表 78

序号	姓名	年龄	镇区街道	序号	姓名	年龄	镇区街道
61	徐华娣	101 岁	浏河镇	97	王球娣	100 岁	浮桥镇
62	徐月娣	101 岁	娄东街道	98	李六妹	100 岁	璜泾镇
63	陈翠娣	101 岁	璜泾镇	99	包金男	100 岁	璜泾镇
64	顾学中	101 岁	浏河镇	100	何生娣	100 岁	娄东街道
65	陈秀娟	101 岁	璜泾镇	101	杨琴娣	100 岁	浮桥镇
66	徐金南	101 岁	璜泾镇	102	石　小	100 岁	浮桥镇
67	顾美娣	101 岁	浮桥镇	103	顾娟宝	100 岁	浮桥镇
68	钱佑斌	101 岁	沙溪镇	104	陆瑞珍	100 岁	沙溪镇
69	杨善生	101 岁	城厢镇	105	顾云宝	100 岁	双凤镇
70	龚连生	101 岁	璜泾镇	106	张球娣	100 岁	沙溪镇
71	龚金林	101 岁	沙溪镇	107	顾金娥	100 岁	璜泾镇
72	储学逸	101 岁	城厢镇	108	朱士华	100 岁	浮桥镇
73	管妹华	101 岁	陆渡街道	109	王秀英	100 岁	沙溪镇
74	王爱宝	101 岁	璜泾镇	110	戴月娣	100 岁	科教新城
75	何金保	101 岁	城厢镇	111	陈招娣	100 岁	双凤镇
76	张　葵	101 岁	双凤镇	112	张老虎	100 岁	璜泾镇
77	冯阿华	101 岁	城厢镇	113	钱柏良	100 岁	璜泾镇
78	张小妹	101 岁	沙溪镇	114	陈　秀	100 岁	璜泾镇
79	陈小弟	101 岁	沙溪镇	115	施张妹	100 岁	璜泾镇
80	陈美英	101 岁	娄东街道	116	陆定亚	100 岁	浮桥镇
81	沈阿大	101 岁	娄东街道	117	沈三妹	100 岁	陆渡街道
82	姚月娣	101 岁	浮桥镇	118	王秀英	100 岁	娄东街道
83	严云娣	101 岁	双凤镇	119	浦文林	100 岁	浮桥镇
84	沈月珍	101 岁	浮桥镇	120	徐妹妹	100 岁	沙溪镇
85	陆阿大	101 岁	浮桥镇	121	陆月娥	100 岁	娄东街道
86	陈桂香	101 岁	沙溪镇	122	孙学贤	100 岁	沙溪镇
87	顾秀珍	101 岁	沙溪镇	123	赵秀珍	100 岁	浮桥镇
88	赵步莲	101 岁	城厢镇	124	穆灿娥	100 岁	璜泾镇
89	黄阿金	101 岁	璜泾镇	125	徐秀英	100 岁	沙溪镇
90	虞蕴娥	101 岁	沙溪镇	126	李凤明	100 岁	浮桥镇
91	冯阿叶	101 岁	浮桥镇	127	王桂宝	100 岁	浏河镇
92	顾月琴	101 岁	浏河镇	128	李阿二	100 岁	璜泾镇
93	吕召元	101 岁	城厢镇	129	何瑞英	100 岁	陆渡街道
94	黄宝兰	101 岁	璜泾镇	130	顾凤娣	100 岁	娄东街道
95	于德源	100 岁	娄东街道	131	龚阿英	100 岁	璜泾镇
96	高明才	100 岁	城厢镇	132	王瑞荣	100 岁	沙溪镇

续表 78

序号	姓名	年龄	镇区街道	序号	姓名	年龄	镇区街道
133	陶杏宝	100 岁	陆渡街道	143	潘凤祥	100 岁	浮桥镇
134	王阿大	100 岁	娄东街道	144	祝慧芳	100 岁	城厢镇
135	陈阿奴	100 岁	科教新城	145	陶秀娣	100 岁	沙溪镇
136	王坤荣	100 岁	沙溪镇	146	王秀英	100 岁	陆渡街道
137	杨阿小	100 岁	城厢镇	147	叶　静	100 岁	璜泾镇
138	徐家华	100 岁	娄东街道	148	潘秀英	100 岁	沙溪镇
139	朱定珍	100 岁	沙溪镇	149	高阿小	100 岁	沙溪镇
140	王秀英	100 岁	沙溪镇	150	李阿五	100 岁	城厢镇
141	蔡培娣	100 岁	浮桥镇	151	陈金伯	100 岁	浮桥镇
142	汤月英	100 岁	城厢镇	152	陆　娣	100 岁	浮桥镇

（王歆怡）

新市民服务

【概况】 2021 年 10 月，太仓市新市民事务中心成立，为太仓市公安局下属正科级事业单位，负责贯彻落实市委、市政府关于新市民服务和管理工作的决策部署，组织拟订全市新市民服务有关政策规定；负责全市新市民服务、管理和其他社会服务管理，指导全市开展新市民服务管理工作。2023 年，太仓市实有新市民 49.29 万人，其中大专及以上学历 3.3 万人；居住半年以上 40.55 万人。新市民人数前三的区镇分别是娄东街道 8.64 万人、浮桥镇 8.58 万人、城厢镇 7.21 万人。太仓市加强出租房屋居住安全管理，全年采集出租房屋房东信息 8.84 万户。通过扫描数字门牌二维码，新市民自主申报 910 人次，房东申报 40 人次。

【新市民积分入学管理】 2023 年，太仓市取消积分落户，规范全市义务教育阶段公办学校入学管理，做好新市民子女入学工作，提高教育公共资源均等化服务效率，促进教育公平和社会和谐，印发《太仓市义务教育阶段新市民子女积分入学实施细则（试行）》。市新市民事务中心开展新市民积分入学工作。积分入学平台共收到 4238 条入学申请，电话咨询 4000 余人次，“12345” 联动平台受理咨询办件 5 件，全年信访零登记。

【新市民金融服务】 2023 年，太仓市聚焦新市民融合服务，试点优化新市民金融服务，持续擦亮太仓金融惠新矩阵品牌。市新市民事务中心与市地方金融监管局、苏州银保监分局太仓监管组、人行太仓市支行等 12 家金融机构签订《聚焦新市民综合金融服务框架合作协议》，建立 “1+3+N”（“1” 指新市民中心；“3” 指市地方金融监管局、苏州银保监分局太仓监管组、人行太仓市支行；“N” 指各金融机构）新市民金融服务工作机制，发布《太仓市 2023 年新市民金融服务工作要点》，健全完善联席会商、信息共享、数据赋能、督导问效等措施。牵头组建 “海棠暖新党建联盟”，指导 12 家金融机构成立 “海棠暖新行动支部”。开展 “海棠暖新在行动” 系列活动，推动银保机构 “一行一险一品” 新市民融合特色项目落地，组织开展学子公益行、健康小屋智慧守护、助企惠民政策宣讲、“微心愿” 征集、集宿区关怀等项目 12 项，惠及新市民 6 万人次。推动金融网点服务融合，各机构网点均设立新市民金融综合服务窗口，帮助新市民在银行网点 “一站式” 完成企业登记、税务登记等事项。举办太仓市新市民金融惠新矩阵发布仪式，建设 1 个中心（新市民金融综合服务中心）、2 个平台（新市民创业融资、新市民创业赋能），发布省内首个新市民金融服务平台——娄城新市民金融服务平台，建设新市民金融产品汇聚超市，探索引入针对新市民创业的普惠金融

2023 年 12 月 5 日，太仓市新市民之家、新市民金融服务站及服务示范点揭牌，12 家金融机构被授予 “海棠暖新行动支部” 旗帜

（市新市民事务中心供稿）

发展风险补偿机制，会同市地方金融监管局开发“娄城新市民创业贷”，鼓励金融机构加大对新市民信贷投放力度，活跃实体经济。在“太e办”平台推出“新市民金融服务一件事”，提供金融贷款、补充医疗保险等服务；推动新市民综合保险服务落地，为新市民提供意外保险保障。年内，市新市民事务中心获评苏州市新市民金融服务示范点。

【新市民社会治理服务】 2023年，太仓市完善新市民服务机制保障，确保群众普惠均等和社会平安稳定，发挥群众自治，引导新市民参与社会治理。市新市民事务中心会同娄东街道打造“菁英小镇”新市民集宿区管理品牌，将居住证办理、出入境办理、政府政策解答等政务服务延伸至“菁英小镇”，设立心理咨询室、调解室、“青诉”法律援助工作站为新市民提供温情服务，凝聚集宿区共治合力，打造太仓新市民一站式服务管理样板。完善新市民协会自治章程，探索群众自治路径，优化协会议事协商制度，引导新市民参与政府决策，累计收集社情民意30条，参与矛盾纠纷调处5次，组织社会公益活动500余人次。举办新市民政策宣讲活动5场，惠及企业200余家、员工4万人；累计助难解困12件，惠及185人次。年内，市新市民事务中心获评苏州市新市民服务管理创新基地。 （胡佳莉）

退役军人事务

【概况】 2023年，太仓市持续加强军人军属荣誉激励和权益保障，做好退役军人服务保障，巩固发展军政军民团结，推进退役军人事务领域治理体系和治理能力现代化，营造爱国拥军、尊重优抚对象氛围，增强优抚对象的荣誉感、获得感、幸福感。按照“上下贯通、无缝对接、注重统筹、适当超前、安全可靠”原则，研究信息化系统模块应用，配合建设一体化、综合性、开放型系统，推进退役军人事务信息化工作。加强“数字退役军人”系统建设，从“服务数智、基层数治、发展数质”愿景出发，创新“一中心三平台N链接”，实现线上线下、全时全程、便捷高效全过程服务链。推进“一库共享、一网通办、一网核查和督办、一图研判”信息化建设，实现多部门大数据互联共享、社会主体多元结合、智能应用场景互认互通，集成政务服务、政府扶持和社会荣军等各类事项“一网通办”。年内，市退役军人事务局获评“戎耀今生”全省退役军人就业创业工作先进集体，市退役军人服务中心获评江苏省无矛盾上行服务中心（站）。

2023年4月21日，江苏省退役军人事务信息化建设工作座谈会在太仓召开（施亮东摄）

【退役军人服务保障】 2023年，太仓市持续完善退役军人服务保障体系，强化褒扬激励、生活优待、养老优待、医疗优待、就业优待、住房优待、教育优待，做好军人军属、退役军人及其他优抚对象的优待服务工作。沙溪镇、科教新城、璜泾镇退役军人服务站“人武融合、全程服务”工作提质增效，浏河镇创立“戎耀江海·社工+志愿者”特色项目。苏州健雄职业技术学院“戎耀”退役军人志愿服务队、太仓国家电网“心连心”退役军人志愿服务队、太仓市阳鸿警消卫士志愿服务队成立。截至年底，全市共组建退役军人志愿服务队170支，全年开展志愿服务活动851场。针对特困、低保、低保边缘、支出型困难退役军人，链接“微心愿·圆梦”慈善项目，收集困难对象微心愿14个、烈属微心愿29个，心愿完成率100%。举办“戎耀练兵”技能大赛，市退役军人系统戎耀练兵比武积分在苏州各板块中排名第二。

【双拥工作】 2023年，太仓市召开全市双拥工作领导小组会议暨创建新一届全国双拥模范城推进会，印发《第十二届全国双拥模范城创建工作方案》，推进全国双拥模范城创建。抓好“三前”（前线、前沿、前哨）保障，推进苏州海警局太仓工作站数字图书馆建设、营房出入口道路整修工程，提供执法办案设备价值58.64万元。外训期间，做好食品及生活用品保障。签订城连共建协议书，实现军地资源互补。常态化落实“三后”（后院、后路、后代）工作，协调开展军属军娃夏令营活动，为现役军人子女协调解决入学问题，为随军家属落实事业编制、发放货币安置金。建成“一馆十园N点位”双拥阵地，市双拥展示馆开馆。全市交通要道和主要公共场所新增永久性宣传标语30余条，镇区（街道）全部建立双拥公园，实现“一镇一园一品”双拥氛围“全覆盖”。申请展品充实双拥国防主题园。开展“进军营、双拥杯、文明有我”等系列活动20余场。

【优抚褒扬】 2023年，太仓市调整各类优抚对象待遇标准，烈士遗属补助从4754元/月上调至4952元/月，因公牺牲军人遗属补助从4225元/月上调至4401.75元/月，病故军人遗属补助从3697元/月上调至3851.58元/月，在乡复员军人补助（中华人民共和国成立后入伍）从3169元/月上调至3301.33元/月，参战参试人员补助从1585元/月上调至1650.67元/月，60周岁以上烈士子女补助从715元/月上调至760元/月，60周岁以上农村籍退役士兵的老年生活补助从每服役一年义务兵补助54元/月上调至57.33元/月，企业退休参战人员慰问金标准从每年10050元上调至10650元。义务兵家庭发放优待金标准从每年34530元上调至35670元。印发《军人军属、退役军人及其他优抚对象关爱服务实施方案》，组织重点优抚对象短期疗养178人。为军人家庭上门送立功喜报，营造“一人立功，全家光荣”的尊崇军人军属氛围。为享受国家抚恤补助的优抚对象、企业退休“两参”人员以及荣立二等功以上退役军人购买团体意外及重疾综合保险。落实苏州市“两公”（公园、公交）优待政策，3月18日起针对全国退役军人及优抚对象，全市6家公园（沙溪古镇、现代农业园、南园、弇山园、金仓湖公园、郑和公园）、71条公交线路实现免费“全覆盖”。创新推出驾照学习、汽修服务“85折”优惠、体育健身“5折”优惠、广电宽带首年免费、戎耀号段免费通话等服务，扩大“拥军商圈”。开展第三届太仓市“最美退役军人”评选表彰活动，展现新时代退役军人退役不褪色、转业不转志的新风采。保障“2023年·崇尚·清明祭英烈”主题系列活动，升级“网上祭英烈”“英烈云平台”。清明节期间，全市开展线下瞻仰180场，接待超1万人次，线上祭扫超1.3万人次，代祭扫烈士墓108座、烈士110人。配合做好“中国人民抗日战争暨世界反法西斯战争胜利78周年纪念日”“烈士纪念日”等活动保障。创新“红色讲师团”“娄城英烈红”等品牌，赓续红色精神。《娄江夜读》推送英烈事迹3期，举办“红色印记·信仰力量”苏州英烈红色档案专题展太仓站主题活动9场次。

表79　2023年太仓市军人军属及其他优抚对象优待服务职责清单一览表

序号	牵头单位	配合单位	职责清单
褒扬激励			
1	退役军人局	镇区（街道）	为烈属、军属和退役军人等家庭悬挂光荣牌
2		镇区（街道）	发春节慰问信
3		健雄学院 镇区（街道）	为当年退役的军人举行迎接仪式
4		镇区（街道）	开展常态化联系，八一、春节等节日期间开展各种形式走访慰问活动
5		人武部 健雄学院 镇区（街道）	为新入伍的公民举行欢送仪式
6		人武部 镇区（街道）	为获得功勋荣誉表彰的现役军人家庭转送喜报
7		人武部 镇区（街道）	按照太仓市当年义务兵家庭优待金标准的规定比例发放立功奖励金，并做好宣传工作
8		镇区（街道）	入伍地为太仓市的义务兵服现役期间，按规定标准给其家庭发放优待金
9		健雄学院	从太仓市入伍的普通高等学校在校生（含保留入学资格或者学籍的学生）、毕业生服义务兵役期间，按照太仓市义务兵家庭优待金标准给其家庭发放优待金，并按规定发给奖励金
10	宣传部	退役军人局	邀请优秀退役军人代表参加重要庆典和纪念活动
11		退役军人局 融媒体中心	在市内主流媒体开设的国防教育相关专栏中，宣传退役军人中优秀典型的先进事迹
12		交运局 文体广旅局	利用大型集会、赛事播报，航班、车船及机场、车站、码头的广播视频等载体和形式，宣传退役军人中优秀典型的先进事迹
13	退役军人局	镇区（街道）	对在地方经济社会发展、国防和军队建设中作出突出贡献的优抚对象给予表彰奖励
14	史志办	退役军人局	将服现役期间荣获个人二等功（含）以上奖励的退役军人名录载入地方志

续表 79

序号	牵头单位	配合单位	职责清单
15	文体广旅局	退役军人局	优先聘请优秀退役军人担任图书馆、文化馆、博物馆、烈士纪念馆等讲解员
16	教育局	退役军人局	聘请优秀退役军人在中、小学校担任编外辅导员
17		退役军人局	鼓励具备条件的退役军人优先到中小学任教
生活优待			
18	退役军人局	镇区（街道）	按规定标准为享受国家抚恤补助的优抚对象发放抚恤补助
19		镇区（街道）	按规定标准为退役士兵发放一次性经济补助金，具体标准按有关规定执行
20		镇区（街道）	当残疾军人固定收入与国家确定的抚恤金标准之和低于省定抚恤金标准时，可以向退役军人局申请，经确认后，应当给予补差
21		镇区（街道）	领取定期定量生活补助的老复员军人和1954年10月31日前入伍的残疾军人死亡后，其配偶本人无固定收入的，可以向退役军人事务部门提出申请，经确认后按照城镇居民最低生活保障标准发给生活补助
22		镇区（街道）	固定收入低于当地同类对象抚恤补助标准的“三属”、老复员军人、参战参试退役军人、带病回乡退伍军人，可以向退役军人局申请，经确认后，应当给予补差
23		镇区（街道）	向已领取企业职工基本养老保险金或城乡居民基本养老保险金，但未享受定期生活补助的参战参试退役军人发放专项慰问金
24		镇区（街道）	对于享受国家抚恤补助的优抚对象，按规定每月享受家庭有线电视费、网络宽带费和生活用水、电、燃气费补贴
25		民政局	设立双拥冠名基金和退役军人关爱基金，鼓励社会力量为生活困难的退役军人提供服务保障
26	民政局	退役军人局	优抚对象申请城乡居民最低生活保障、临时生活救助等社会救助时，其依法享受的抚恤金、补助金、优待金、立功荣誉金和护理费，在准入审核中不计入个人和家庭收入
27		退役军人局 农业农村局	军属、烈士遗属在城乡低保办理、涉农技术培训上给予优先照顾
28		退役军人局	对符合条件的困难优抚对象纳入社会救助范围
29		退役军人局	按照“普惠加优待”的原则，对因生活发生重大变故遇到突发性、临时性特殊困难的优抚对象，在其享受社会保障待遇后仍有困难的，按照规定给予必要的帮扶援助
30		退役军人局	对最低生活保障家庭中的退役军人，其本人每月增发太仓市最低生活保障标准20%的保障金
31	城管局	退役军人局	残疾退役军人在退役军人事务局信息核准登记并办理专用停车证后，可在全市公共停车场点（不含商业停车场）免费停车2小时以内（含）
32	发改委	交运局 退役军人局 城投集团	持中华人民共和国退役军人优待证和中华人民共和国烈士、因公牺牲军人、病故军人遗属优待证的优抚对象，在苏州市行政区域内免费乘坐公交（不含预付费定制公交及长途客运等）、地铁、有轨电车
33		文体广旅局 退役军人局 城投集团	持中华人民共和国退役军人优待证和中华人民共和国烈士、因公牺牲军人、病故军人遗属优待证的优抚对象，在苏州市行政区域内免费参观游览国有博物馆、纪念馆、美术馆等公共文化设施和实行政府定价或指导价管理的公园、展览馆、名胜古迹、景区
34		退役军人局 民政局 市场监管局	鼓励经营性服务机构和社会组织为优抚对象日常生活提供便利和优惠服务

续表 79

序号	牵头单位	配合单位	职责清单
35	人行太仓市支行	退役军人局	鼓励银行提供优先办理业务，免收卡工本费、卡年费、小额账户管理费、跨行转账费，以及其他个性化专属金融优惠服务
36	移动公司 联通公司 电信公司	退役军人局	鼓励移动、联通、电信运营商给予套餐资费优惠，并在营业厅提供优先服务
养老优待			
37	民政局	退役军人局	依托市、镇两级福利中心养老机构，对符合条件的退役军人实行集中供养
38		退役军人局	对长年患病卧床、生活不能自理的退役军人优先提供服务并按规定减免相关费用
39		退役军人局	对生活长期不能自理且纳入当地最低生活保障范围的优抚对象，根据其失能程度等情况优先给予护理补贴
40		退役军人局	推动与老年人日常生活密切相关的服务行业为老年退役军人提供优先、优惠服务
41		退役军人局	探索政府购买服务方式，鼓励各级各类养老机构优先接收退役军人，提供适度的优惠服务
42		退役军人局 镇区（街道）	对于重点优抚对象和专项慰问金的企业退休“两参”退役军人，日常生活需要介助或介护的，可向村（社区）居家养老服务站提出申请，经审核符合条件的，按标准享受相应的居家养老服务
医疗优待			
43	卫健委	退役军人局	市公立医疗机构为优抚对象开通优先窗口，提供普通门诊优先挂号、缴费、取药等服务
44		退役军人局	市公立医疗卫生机构应当依法优先为伤病残、老年优抚对象提供家庭医生签约和健康教育、慢性病管理等基本公共卫生服务
45		退役军人局	对现役军人的急诊、危重伤的抢救直接进入急救“绿色通道”，并实行“先救治、后收费”
46		退役军人局	享受国家抚恤补助的退役军人和专项慰问金的企业退休“两参”退役军人，每年可依托镇（街道）卫生院、社区卫生服务中心享受一次免费体检
47		退役军人局 医保局	重点优抚对象每年享受一次免费体检和分批组织的短期免费疗养，按规定享受保费救助、实时救助、年度救助等社会医疗救助服务
48		退役军人局 医保局	重点优抚对象和享受专项慰问金的企业退休“两参”退役军人享受免费接送就医服务
49		退役军人局 医保局	经军队团级以上单位批准，远离军队定点体系医院的军人军属可以就近选择市内医疗保险定点医院就医，凭有效证件优先就诊
就业优待			
50	人社局	人武部 退役军人局	设置一定数量事业编制岗位，面向符合条件的大学生退役士兵招考。镇区（街道）人民武装部干事职位，可以面向服现役满五年的高校毕业生退役军人招考
51		退役军人局	在职职工应征入伍的，原单位应当在其入伍前发给其入伍当月的全额工资、奖金和各项补贴，原劳动合同期限根据服役期限相应顺延，本人提出解除或者终止劳动关系的除外

续表 79

序号	牵头单位	配合单位	职责清单
52	人社局	退役军人局	开发公益性岗位，对符合条件的下岗失业退役士兵实施再就业帮扶
53	人社局	退役军人局	符合认定就业困难人员条件的失业退役军人，在办理失业登记时可以申请认定为就业困难人员，按规定享受社保补贴、岗位补贴等就业援助政策
54	组织部	人社局 退役军人局 国资运服中心	入伍前是机关、群团组织、企业事业单位、社会组织职工的，服现役期间，其家属继续享受该单位职工家属的有关福利待遇
55	组织部	退役军人局	设置一定数量的基层公务员职位，面向服役满 5 年的高校毕业生退役军人招考
56	组织部	人社局 编办 退役军人局 民政局	注重从退役军人中培养选拔村（社区）干部，引导企事业单位、社会组织优先招录、招聘退役军人
57	税务局	退役军人局 人行太仓市支行	退役军人创办小微企业，可按国家有关规定申请创业担保贷款，并享受贷款贴息等融资优惠政策
58	税务局	退役军人局 人行太仓市支行	退役军人从事个体经营以及用人单位招用退役军人符合国家规定的，符合条件的可申请免费孵化、贷款贴息、税收优惠等服务
59	发改委	科技局 工信局 退役军人局	市人民政府投资建设或者与社会共建的创业孵化基地和创业园区，优先为退役军人创业提供服务
60	退役军人局	镇区（街道）	“兵哥哥乐创园”为退役军人提供经营场地、投资融资等方面的优惠服务
61	退役军人局	组织部 人社局	军人配偶随军前在机关或者事业单位工作的，符合有关规定的，按规定安排到相应的工作单位
住房优待			
62	住建局	退役军人局	符合条件的优抚对象申请保障性住房时，同等条件下，应当优先予以解决
63	住建局	退役军人局	对符合条件并享受国家定期抚恤补助的优抚对象租住公租房的，可适当给予租金补助或减免
64	住建局	退役军人局	优抚对象申请购房补贴、公租房实物配租或租房补贴时，其依法享受的抚恤金、补助金、优待金、立功荣誉金和护理费，在准入审核中不计入个人和家庭收入
65	住建局	退役军人局	配偶随军后在部队和驻军所在地无住房，且符合当地住房保障条件的军人家庭，向有关部门申请保障住房时，应当优先安排
66	住建局	退役军人局	被评定为一至四级残疾等级的义务兵和初级士官退出现役时分散供养的，其住房保障按有关规定执行
67	民政局	住建局 退役军人局 镇区（街道）	对符合条件的退役军人，在同等条件下优先纳入政府实施的老年人居家适老化改造、农村危房改造相关项目范围
68	农业农村局	退役军人局 镇区（街道）	军属、烈士遗属在农村宅基地划拨时给予优先照顾

续表 79

序号	牵头单位	配合单位	职责清单
教育优待			
69	教育局	退役军人局	因公牺牲和病故军人子女接受学前教育的，本人、父母、祖父母、外祖父母或者其他法定监护人户籍所在地为太仓的，或者父母居住地、部队驻地为太仓的，"就近就便"优先安排在市内优质公办幼儿园、托儿所或普惠性民办幼儿园、托儿所入学
70	教育局	退役军人局	鼓励和扶持具备条件的民办学校，为优抚对象提供教育优待
71		退役军人局	军人子女、烈士子女、因公牺牲和病故军人子女、一至四级残疾军人子女"就近就便"入读公办义务教育阶段质量较好的学校，享受就读地教育优待政策
72		退役军人局	烈士子女、因公牺牲军人子女免交学费、书本费，对其中家庭经济困难的学生依照规定给予生活补助
73		退役军人局	烈士子女在公办学校寄宿依照规定给予生活补助
74		退役军人局	退役待安置的军人，在待安置期间，子女可在本人或配偶所属房产所在学区入学
75		退役军人局	符合上级政策的优抚对象子女，中考可以按规定加分
76		退役军人局 健雄学院	烈士子女报考普通高等学校的，录取时按规定加分投档
77		退役军人局 健雄学院	退役士兵报考普通高等学校，同等条件下优先录取；符合加分投档条件的，按有关政策执行
78		退役军人局 健雄学院	残疾军人报考高等学校的，在同等条件下优先录取；在校学习期间免交学费
79	退役军人局	教育局 健雄学院	对退役一年以上、参加全国统一高考，考入全日制普通本科和高专高职学校的自主就业退役军人，学历教育期间按规定享受学费资助，家庭经济困难的享受学生生活费补助
80		教育局 健雄学院	参加非全日制成人学历教育的退役军人，按规定给予学费补贴，并发放奖学金
81		教育局 健雄学院	退役军人按规定免费参加职业教育和技能培训
82		教育局 健雄学院	服现役期间保留普通高等学校、职业院校（含技工学校）入学资格或者学籍的退役军人，退役后两年内允许入学或者复学；经学校同意并履行相关程序后，可以转入本校其他专业学习；原所学专业撤销的，由学校安排转入其他专业学习

【退役军人就业安置】 2023年，太仓市强化退役军人就业安置政策落实，全市退役军人就业形势稳中有进，安置满意率100%。为春季自主就业退役士兵发放一次性经济补助金，为企业军转干部、下岗失业转业志愿兵、无军籍职工发放生活困难补助。全市新增退役军人教育培训承训机构2家，直播带货、消防员操作证等课程7门，退役士兵参与适应性培训占年度退役总数70%以上。依托太仓市科技创业园（国家级科技企业孵化器），建立"兵哥哥乐创园"科创基地，带动镇级乐创园往高端产业发展。全市乐创园在孵企业40余家，年内成功孵化8家。打造"无人机驾驶培训"特色品牌，承办江苏省、苏州市退役军人特色培训班开班仪式并纳入两级特色培训班。组织退役士兵参加职业技能培训。组织线上线下"3+N"招聘，线下举办退役军人（军属）专场招聘会3场，线上常态化开展招聘专题活动。

【荣立二等功退役军人事迹】 张善斌，男，中共党员，1977年8月出生，2000年7月入伍，2022年12月退伍，原服役于武警海警第二支队，任上校政治委员，2023年转业至太仓市司法局，任副局长。在部队服役期间，先后在6个边防所站任职。2006年11月20日，因在公安部边防局开展全国边防部队爱民固边活动中表现突出，被中国人民警察武装警察边防部队政治部授予先进个人并记二等功。张善斌还先后荣立个人三等功2次，获"三访四见"先进个人、世博安保先进个人等称号。

（凌佳南）

社区建设

政社互动

【概况】 2023年，太仓市深化提升全市“政社互动”工作，加强和规范司法行政领域社会组织建设专项经费的使用和管理。深化新时代“政社互动”实践，打造“融合共治”社区治理典范，启动“典范社区”建设，重点打造5种社区治理样板，为深化新时代“政社互动”实践，构建“共建共治共享”幸福生活共同体贡献“太仓样本”。根据市委、市政府《关于在推进“四个全面”战略布局中深化提升“政社互动”实践的意见》《太仓市2023年度综合考核实施办法》《2023年度市级机关单位服务高质量发展（绩效管理）考核实施方案》等文件精神以及相关工作部署，制定“政社互动”绩效考评方案，评估“政社互动”开展情况单位76家。市政府办公室印发《关于印发〈深化全市社会组织参与司法行政领域工作创新创业实施办法（修订）〉的通知》，市司法局、市财政局印发《太仓市司法行政领域社会组织建设专项经费管理办法（修订）》。

【“政社互动”法治宣传】 2023年，太仓市坚持党建引领，发挥基层治理优势，持续深入推进试点工作和法治乡村建设，提高基层社会治理体系和治理能力现代化水平。根据社会化工作发展实际，以司法行政领域社会组织创客基地的社会组织为主，包括全市范围内司法行政领域的社会组织，资助入选的公益项目，保障法治宣传教育活动正常开展。组织举办“宪”身说“法”法治游园会精彩呈“宪”主题实践活动、法治惠民宣传项目、绿茵争“宪”乐动娄东活动、“12·4”国家宪法日与“宪”同行普法宣传等活动。

▲资料链接

政社互动

“政社互动”是政府行政管理与基层群众自治有效衔接和良性互动的创新实践。2008年，太仓在全国率先启动“政社互动”实践，从县市试点到江苏省内推行，再向全国推介，成为太仓创新社会治理的特色品牌。政社互动1.0是法治政府下的“清单式管理”；政社互动2.0是社会协同下的“主导式治理”；政社互动3.0是协商民主下的“能动式善治”；政社互动4.0是多元善治下的“融合式共治”。这四个发展阶段形成具有太仓特色的社会治理路径。2023年是太仓开启“政社互动”4.0阶段新征程的第二年。太仓以“融合式共治”构建幸福生活共同体。以党建“绣花针”穿起基层治理服务千条线，通过融合治理主体、融通治理机制、融聚治理资源、融汇治理方式，引领提升推动基层治理现代化建设的能力水平。

【“政社互动”深化基层治理法治化水平】 2023年，太仓市推进民主法治示范村（社区）建设，对全市已命名的国家级、省级民主法治示范村（社区）开展动态管理和自查工作。开展提升村（社区）“两委”班子成员法治素养活动，制订涵盖27项子项目的实施方案，五大类42项法治素养提升指标体系，推出“两委”班子成员学法清单，将试点工作纳入镇区年度法治考核。鼓励村（社区）“两委”班子成员加入“法律明白人”队伍，培育“法律明白人”1129人，实现每个网格2名以上“法律明白人”全覆盖。出台加强法治阵地建设的实施意见，发展和加强法治文化阵地。在太仓市“法律明白人”法治培训基地、法治学校等基础设施基础上，建立以太仓市乡村振兴法治文化特色园为核心的法治文化阵地集群。结合“福安安”和“田园园”等卡通人物，制作短视频和微动漫，构建线上线下的“双元”学法阵地。

（陈　虹）

基层自治组织

【概况】 截至2023年年底，太仓市共有村民委员会72个，村民小组2781个；社区89个（翱翔、向东岛、古塘、江沿4个社区未选举产生居委会成员），居民委员会85个，居民小组2242个。年内，太仓市深化城乡社区分类治理，推动75%城乡社区实现分类治理，构筑多样态、精准化社区分类治理模式和长效机制。推进“典范社区”建设，制定“典范社区”建设工作实施方案，打造无物业社区、拆迁安置社区、混合型社区、集宿区社区、青年人才型社区等5个社区治理样板。推进集宿区社区化管理，以华盛园社区菁英公寓集宿区为试点，探索可复制、可推广的集宿区社区化管理样板。夯实社区治理基础，召开全市城乡社区治理工作会议，规范村（居）委会出缺补选工作，梳理村（居）委会补选工作流程，指导城乡社区及时、规范完成补选工作。强化村（居）委会带头人队伍建设，建立社区工作者领军人才工作坊，培育社区工作人才队伍。推进社区减负，制定村（社区）民生工作综合台账目录、村级组织“三张清单”，厘清村（社区）工作职能，减轻工作负担。

表80　2023年太仓市居民、村民委员会一览表

单位：个

镇区	分类	名称	数量
娄东街道	社区	惠阳、东郊★、太平、洋沙★、朝阳★、香花桥★、太东★、太胜★、华盛园★、滨河、娄江、景瑞、城北、浦溪、裕珑、柳园、丽景、花北★、荷塘	19
陆渡街道	社区	陆渡、东城、珠江★、翱翔#、向东岛#	5
	村	小桥、岳南、红庙、横沥、洙泾、陆渡	6
科教新城	社区	南郊★、常丰、学苑、鹊桥、新丰★、城南、文渊、良辅	8
城厢镇	社区	南区、西区、梅园、德兴、康乐、西郊、东区、中区、南园、县府、府东、桃园、弇山、新毛、伟阳★、太丰★、胜泾★、古塘#	18
	村	电站、万丰、东林、新农、永丰	5
沙溪镇	社区	东市、西市、利泰、新北、直塘、岳王、归庄、沙东	8
	村	涂松、印北、洪泾、半泾、中荷、泥桥、虹桥、泰西、胜利、松南、凡山、香塘、渠泾、项桥、庄西、太星、岳星、新建、塘桥、岳镇	20
浏河镇	社区	复兴、新塘、河北、闸北、紫薇苑、东方、海塘、江沿#	8
	村	东仓、何桥、新闸、闸北、浏南、万安、张桥、新塘	8
浮桥镇	社区	牌楼★、九曲★、时思★、老闸★、建红★、浮南★、浮桥、茜泾、和平花园、六尺、新城花园、新港花苑、陆公、戚浦	14
	村	浮桥、七丫、新邵、丁泾、茜泾、马北、时思、浪港、方桥、绿化、三市	11
璜泾镇	社区	银杏、西塔、王秀、玉影山	4
	村	新华、新联、荡茜、永乐、王秀、孙桥、荣文、孟河、杨漕、新海、新明、长洲、雅鹿	13
双凤镇	社区	双凤、湖川桥、新川苑、凤雅、新苑	5
	村	庆丰、凤中、黄桥、勤力、泥泾、维新、新湖、新卫、新闾	9

说明：1. 全市共有社区89个（标“★”为涉农社区，共20个）、村72个

2. 标“#”为未选举产生居委会成员

【“典范社区”建设】 2023年，太仓市以“典范社区”建设为切入点，紧扣人民群众主体需求、聚焦基层治理痛点难点，通过典型引领、示范带动、整体推进建设工作。重点探索拆迁安置社区、无物业社区、混合型社区、集宿区社区、青年人才型社区等5种社区治理与服务样板。市民政局联合华东理工大学研究团队进行田野调研，具体化、精细化分析不同类型社区内的矛盾问题。科教新城常丰社区聚焦集中安置小区习惯转变难、居民融合难、民意收集难、互助关爱难、协商议事难、居民自治难；城厢镇南区社区聚焦无物业小区停车难、充电难、照料难；娄东街道华盛园社区聚焦集宿区社区介

2023年，太仓市“有事好商量”协商议事会常态化开展　（市民政局供稿）

入难、品质提升难、自治管理难；璜泾镇银杏社区聚焦混合型社区差异化治理难题、老街巷环境提升难、安置小区居民融合难、商业小区服务延伸难；陆渡街道翱翔社区聚焦青年人才型社区融入难、校地合作难。分类确定治理目标，实现分类共治、融合精治，打造社区分类共建典范样板。科教新城常丰社区治理目标：融入城市生活，实现动迁农民“人与思想同上楼”；城厢镇南区社区治理目标：开展协商议事，实现无物业老小区自治共治相融相促；璜泾镇银杏社区治理目标：强化基础保障，实现社区治理能力和治理效能全面提升；娄东街道华盛园社区治理目标：推行社区化管理，实现集宿区居住品质和服务功能显著提升；陆渡街道翱翔社区治理目标：激发时尚活力，实现社区“产城人”融合发展和服务品质提升。太仓市着眼建设智慧共享、和睦共治的新型数字社区，加快构建立体式、数智化信息平台。推动建设“社会工作信息系统”，实现需求到服务的快速响应和全流程线上流转。通过“有事大家议”形式，培育社区自治力量，助推社区从“要我治”转变为“我要治”，从“有效管理”向“有效治理”转变。通过“有事大家议”，培育社区自治力量。至年底，各典范社区治理目标均如期实现。

（王歆怡）

2023年，太仓市在全省首创实现初级、高级中学“一校一社工”全覆盖
（朱陈晨摄）

社会组织管理

【概况】 2023年，太仓市新登记成立社会组织19家，注销登记15家，变更登记67家。截至年底，全市共有登记社会组织517家，其中社会团体221家、民办非企业单位295家、基金会1家。市民政局推进社会组织纾困解难，向4家重点领域社会组织发放一次性资金补贴和人才经费补贴10.5万元，向9家社会组织发放人员岗位补贴63万元。投入319万元资助社会组织实施公益创投和“微创投”项目68个，完成服务3731场，服务对象11万人次。深化社会组织等级评估，新增AAAA级社会组织4家、AAA级组织13家、AA级组织7家。至年底，全市等级社会组织总数339家。对443家社会组织和11家慈善组织进行年检年报，抽查社会组织25家，开展打击整治非法社会组织专项行动，取缔非法社会组织1家。召开全市行业协会商会服务高质量发展推进会，引导协会商会在全市经济社会发展中发挥积极作用。

【全省“五社联动”创新试点县建设】 2023年，太仓市入选全省“五社联动”机制创新试点，试点周期为2年（2023年7月至2025年7月），按照“编制试点方案、形成工作实效、注重总结推广”的要求推进试点工作。太仓市坚持“需求导向、优势互补、项目运作、互联互动”，建立以社区为平台、社会工作者为支撑、社区社会组织为载体、社区志愿者为辅助、社区公益慈善资源为补充的“五社联动”服务机制，印发《关于深化推进“五社联动”，全面提升基层治理效能的实施方案》，探索建立“党建引领、主体多元、融合共进、运转高效”的“五社联动”运行机制，提升城乡社区现代化治理水平。11月27日，太仓市召开全市城乡社区治理工作推进会，加快构建“融合共治”机制，推进城乡社区分类治理，打造“人人有责、人人尽责、人人享有”的幸福生活共同体。

【全省首创实现初级、高级中学“一校一社工”全覆盖】 2023年，太仓市在全市所有（20所）初级、高级中学推进学校社会工作，按照“一校一社工”配比，由社工机构向学校派驻20名专业社工提供专业服务。驻校“岗位社工”面向全体学生提供心理筛查、个案服务、小组服务、社工课堂等专项服务，服务覆盖初中、高中学生3.1万人次。太仓市将学校社会工作纳入“家校社”协同育人、未成年人保护等重点工作的制度设计，推动市级社工服务载体（社创空间、社会组织党建工作室等）、专业督导资源、人才引育政策向学校社会工作的辐射覆盖，实现学校社工站同县级社会工作服务中心、镇级学校社会工作支持中心以及教育系统学生心理健康中心的体系衔接和机制融通，推动学校社会工作站在“市社会工作服务指导中心—乡镇（街道）社工站—村（社区）社工室”系统生态圈中的嵌入式发展，形成服务转介、信息共享、服务协作的运作机制。创设“童享未来·护航成长”学校社会工作服务品牌，将学校社工常态化纳入心理健康教师研训、青少年社会工作实训基地培训对象，有针对性地提升学校社工取得教师资格证、社会工作者职业水平证书和心理健康咨询证“三证”比率，丰富品牌内涵，提升品牌专业度。3月，太仓市成立社会工作创新创业港，重点打造集社会工作成果展示、模式梳理、行业培训、专业实操等为一体的综合型产研基地。基地配备华东理工大学社会学博士后科研流动站太仓工作站、省社会工作领军人工作室等专家团队，面向学校社会工作提供从“项目计划”到“行业引领”的全过程服务，强化从“实务探索”到“专业示范”的全方位支持，构建产研一体的学校社会工作发展机制。

表81　2023年太仓市新增等级社会组织一览表

序号	单位名称	等级
1	太仓市物业管理协会	AAAA
2	太仓市启晨社会工作发展中心	AAAA
3	太仓市德生社会工作服务中心	AAAA
4	太仓市源禾社会事务发展服务中心	AAAA
5	太仓市机器人学会	AAA
6	太仓市企盟信息技术发展中心	AAA
7	太仓市众华社会事务综合服务中心	AAA
8	太仓市元华社会服务发展中心	AAA
9	太仓市华顿外国语学校	AAA
10	太仓市善行公益服务中心	AAA
11	太仓市娄东公益发展促进中心	AAA
12	太仓市康云健康服务发展中心	AAA
13	太仓市康颐社会事业发展服务中心	AAA
14	太仓市悟源绿色社区发展中心	AAA
15	太仓市智慧百屋语言文化社	AAA
16	太仓市润祺社会工作服务中心	AAA
17	太仓市蒲公英社会工作服务发展中心	AAA
18	太仓市双凤镇环境卫生管理所	AA
19	太仓市浏河镇环境卫生管理所	AA
20	太仓市浮桥镇浏家港环境卫生管理所	AA
21	太仓市浮桥镇金浪环境卫生管理所	AA
22	太仓市港城环境卫生管理所	AA
23	太仓市璜泾镇环境卫生管理所	AA
24	太仓高新技术产业开发区环境卫生管理所	AA
25	太仓市伊斯兰教协会	A
26	太仓市体育总会	A
27	太仓市信鸽协会	A
28	太仓市博爱慈善协会	A
29	太仓市心理健康协会	A
30	太仓市湖南商会	A
31	太仓市社会体育指导员协会	A
32	太仓市光辉法治志愿服务社	A
33	太仓市和信社会事务综合服务中心	A
34	太仓市岐黄针灸经络研究所	A

续表 81

序号	单位名称	等级
35	太仓市康乐文化养老服务中心	A
36	太仓市新航为老服务中心	A
37	太仓市星星雨特殊儿童康复中心	A
38	太仓市梧桐树青少年健康成长服务中心	A
39	太仓市沙溪镇童乐幼儿园	A
40	太仓市浏河镇闸北村农村社区服务中心	A
41	太仓市湖川堂殡仪服务中心	A
42	太仓市瑞翼青少年社会工作发展中心	A
43	太仓市璜泾镇新明村启明爱心服务社	A
44	太仓市璜泾镇残疾人之家	A
45	太仓市精细化工研发中心	A
46	太仓市英英养老服务中心	A
47	太仓市陆渡街道社会组织服务中心	A
48	太仓市高式熊艺术馆	A
49	太仓市高新区滨河路幼儿园	A

表 82　2023 年太仓市新登记社会组织一览表

序号	单位名称	性质	登记日期
1	太仓市知识产权保护协会	社会团体	3 月 2 日
2	太仓市朗诵协会	社会团体	5 月 17 日
3	太仓市南通商会	社会团体	6 月 25 日
4	太仓市青年美术家协会	社会团体	12 月 4 日
5	太仓市上市服务协会	社会团体	12 月 5 日
6	太仓市家政服务协会	社会团体	12 月 8 日
7	太仓市军桥退役军人服务社	民办非企业	1 月 29 日
8	太仓市有光公益发展中心	民办非企业	2 月 22 日
9	太仓市高雪峰江南丝竹音乐工作室	民办非企业	2 月 24 日
10	太仓市沙溪镇晨星志愿服务队	民办非企业	3 月 28 日
11	太仓市城厢镇县府社区哈达志愿服务中心	民办非企业	4 月 18 日
12	太仓市益童颐乐社会服务研发中心	民办非企业	4 月 21 日
13	太仓市嘉世璞国际航空产业链合作中心	民办非企业	4 月 27 日
14	太仓市快乐足球文化俱乐部	民办非企业	5 月 5 日
15	太仓市壹心社会工作事务所	民办非企业	6 月 29 日
16	太仓市暖暖社会工作发展中心	民办非企业	7 月 5 日
17	太仓市昱晟社会工作发展中心	民办非企业	8 月 3 日
18	太仓市嘉和法律服务调解中心	民办非企业	10 月 19 日
19	太仓市友邻社区营造与发展中心	民办非企业	10 月 31 日

（王歆怡）

信　访

【概况】 2023年，太仓市以人民满意为目标，探索信访工作改革创新，在化解信访案件过程中，使信访群众对政府部门信任、对信访干部信服、从信访服务中体会到幸福，打响“太信服”信访服务品牌，提升信访事项化解处置质效。市信访局强化目标导向和问题导向，以信访问题源头治理攻坚行动为主线，全面梳理排查风险隐患，攻坚化解突出信访问题，实现“化解在当地、矛盾不上交、服务不缺位”，以高质量信访工作服务保障全市经济和社会和谐。年内，太仓市获评江苏省信访工作示范县（市、区）、“治理重复信访、化解信访积案专项工作”先进单位。

【信访工作联席会议机制健全】 2023年，太仓市落实信访工作责任，由党政主要领导担任会议召集人，每月定期研究信访突出问题，推动形成“上下联动、运转高效”信访工作格局。全市党政领导班子成员主动约访、带案下访、随机接访，深入矛盾多、问题多、困难多的地方走访调研，指导帮助基层解难题、谋发展，全市党政领导干部接待来访161批次，化解一批疑难复杂的信访重点问题。集中排查收集重点难点涉民生类信访事项16件。聚焦城乡建设、劳动保障等重点领域，成立专业委员会11个，落实党政主要领导接访下访制度，面对面倾听群众诉求，“一对一”解决群众难题；一体推进市、镇、村三级综治中心、矛调中心、公共法律服务中心和网格联动指挥中心建设，整合人民调解、非诉服务、行政复议、信访接待、公证、仲裁等职能，实现群众诉求“一窗口受理、一站式接待、一条龙服务、一揽子解决”。发挥信访联席会议优势，针对城乡建设、劳动保障等矛盾风险领域，调整优化市信访工作联席会议组成人员和工作机制，分别成立专业委员会11个，发挥专业委员会行业监管、部门联调优势。市信访联席办定期组织有关单位、各镇（区、街道）专题排查风险隐患，坚持围绕业务指标、重点工作制度化、常态化开展综合分析研判，研究提质增效办法。制定《推进群众合理诉求最多访一次意见》，规范信访受理办理等基础业务，坚持问题导向、源头治理，按照《信访工作条例》协调各方承担工作责任，督促有关部门压实责任，加强源头化解。

【“枫桥经验”“浦江经验”太仓实践】 2023年，太仓市聚焦群众急难愁盼问题，坚持和发展新时代“枫桥经验”，传承弘扬“浦江经验”，化解一批“钉子案”“骨头案”，提升信访工作质效。太仓市将“三官两师一员”（法官、检察官、警官、律师、心理咨询师、人民调解员）引入信访工作多元化解机制，让有需求的群众在村（社区）就能享受专业便捷的公共服务资源，在家门口及时就地解决纠纷争议。以“浦江经验”为指引，在全面强化市镇村三级信访工作组织建设前提下，拓展信访服务内涵和外延。通过“跳出信访看信访”思路，从“两代表一委员”（党代表、人大代表、政协委员）、乡贤、网格员中聘请懂政策、善做群众工作的信访代理员168人，探索形成覆盖市、镇、村、网格四级的信访代办制度，建立“登记受理、接访代办、跟踪落实、反馈回访”闭环代办模式，打通联系服务群众“最后一公里”，助力形成“小事不出村、大事不出镇、矛盾不上交、化解在当地”的善治格局。通过政府购买服务，引入律师参与、访调对接、访援对接、第三方社会组织等多元力量参与信访工作，建立健全矛盾纠纷多元化解机制。根据每个案件的特点，针对性吸收心理咨询师、社会工作师等专业力量或社会力量，参与信息筛查、矛盾调处过程，综合运用中立评判、心理疏导、关怀帮扶等措施，“情理法”交融开展工作，实现“案结事了、事心双解”。相关经验做法被《法治日报》《江苏法治报》等媒体专题报道。

【“太信服”服务品牌持续深化】 2023年，太仓市信访局推广“N+5”举措（“N”即N次沟通交流。对每件纳入满意度评价的信访件，从信访事项受理之时起，坚持随时和信访人进行沟通交流，促成群众认可和满意。“5”即五项实际举措。开展一次实地调研，安排一次见面交流，组织一次协调会商，征求一次意见建议，组建一个网上交流群），持续打造办信工作“太信服”服务品牌。市信访局向信访群众亮出“五心”（热心接待群众、细心聆听诉求、耐心沟通交流、诚心帮扶救助、信心化解矛盾）服务承诺，在倾听群众诉求和化解矛盾的过程中，用群众乐于接受的方式、接地气的语言，拉近信访干部与群众的距离。搭建沟通交流平台，全过程跟踪

2023年3月22日，太仓市委书记汪香元（中）接待到访群众、倾听群众诉求

（龚　雪摄）

2023 年 9 月，践"枫桥经验" 谱善治新篇——城厢镇诉源治理暨"小网格·微治理"推进大会召开 （城厢镇供稿）

记录信访事项办理情况，做到政策解释、路径指引、情绪纾解，取得群众理解信任，推动信访事项化解。坚持以群众需求为导向，结合"太信服"服务品牌建设，助力"数字信访"。促使信访群众对政府部门处理化解信访事项的能力水平呈现"树立信心—深度信任—真正信服"三种心理转变，从让信访群众初步树立"信心"到确保信访群众深度"信任"，逐步赢得群众真正"信服"。 （马玲玲）

法　治

全面依法治市

【概况】 2023 年，太仓市围绕"加快建设更高水平法治太仓"目标，统筹协调推进法治太仓、法治政府、法治社会建设，坚持问题导向，创新工作载体，深化法治实践。运用法治思维和法治方式推动改革发展稳定工作，发挥法治固根本、稳预期、利长远的作用，为全面推进太仓现代化建设新实践提供法治保障。全市法治建设工作体系有效运行，政府决策程序日臻完善，法治化营商环境持续优化，行政执法行为规范，公正司法质效提升，法治社会建设加快推进，人民群众法治获得感和满意度增强。年内，太仓市作为唯一一个县级市代表在法治江苏建设"一规划、两方案"〔《法治江苏建设规划（2021—2025 年）》和《江苏省贯彻落实〈法治政府建设实施纲要（2021—2025 年）〉实施方案》《江苏省法治社会建设实施方案（2021—2025 年）》〕实施情况中期评估工作会上交流法治建设工作太仓实践经验，法治小区试点建设经验在全面依法治省工作调研座谈会上交流推介，法治建设工作获中央依法治国办法治督察局肯定，大庆锦绣新城小区自主更新"事事投票，处处按'法律意见'办"经验做法获省政府分管领导批示肯定。太仓市法治建设综合考核位列苏州第一等次。

表 83　2023 年太仓市法治政府建设工作情况表

序号	主要内容	牵头单位	责任单位
一、加强党对法治政府建设的领导			
1	全面学习贯彻党的二十大精神，深入学习贯彻习近平法治思想	市委依法治市办、市委组织部	市政府各有关部门
2	坚决贯彻落实中央、省、苏州市法治建设决策部署	市委依法治市办	市政府各有关部门、各区镇
3	加强法治政府督察工作	市委依法治市办	市政府各有关部门
二、不断增强政府依法履职效能			
4	纵深推进"放管服"改革	市行政审批局、市综合指挥中心	市政府各有关部门、各区镇
5	持续放大营商环境比较优势	市发改委、市商务局	市政府各有关部门、各区镇
6	打造政务服务太仓样本	市行政审批局	市综合指挥中心、市政府各有关部门、各区镇
三、不断完善依法行政制度体系			
7	健全完善立法参与机制	市司法局	市政府各有关部门、各区镇
8	提高合法性审查工作质效	市司法局	市政府各有关部门、各区镇
四、以高质量决策保障高质量发展			
9	健全依法决策机制	市政府办公室、市司法局	市政府各有关部门、各区镇

续表 83

序号	主要内容	牵头单位	责任单位
10	增强公众参与实效	市政府办公室、市司法局	市政府各有关部门、各区镇
11	发挥公职律师、法律顾问作用	市政府办公室、市司法局	市政府各有关部门、各区镇
12	推动法律服务行业高速稳定发展	市司法局	市政府各有关部门
五、严格规范公正文明执法			
13	深化基层综合执法监督	市委编办、市司法局	市各执法部门、各镇区
14	加快构建全覆盖的执法监督体系	市司法局	市各执法部门、各区镇
15	加强对重难点领域执法监督检查	市委依法治市办	市司法局、市公安局、市交运局、市住建局、市城管局、太仓生态环境局、市文体广旅局、市政府各有关部门
16	持续提升行政执法队伍能力素质	市司法局、市综合行政执法局	市各执法部门、各区镇
17	坚持包容审慎监管	市司法局	市政府各有关部门、各区镇
六、依法有效预防处置重大突发事件			
18	推动事前预防转型治理	市应急局、市住建局、市工信局	市政府各有关部门、各区镇
19	扎实做好防灾救灾与应急处置	市应急局	市政府各有关部门、各区镇
20	全面提升安全意识	市应急局	市教育局、市政府各有关部门、各区镇
七、坚持依法化解矛盾纠纷			
21	健全完善非诉工作体系	市司法局、市公安局、市法院、市检察院、市信访局	市政府各有关部门、各区镇
22	加强调解能力建设	市司法局	市政府各有关部门、各区镇
23	坚持将矛盾纠纷化解在萌芽状态	市司法局	市政府各有关部门、各区镇
24	发挥行政复议化解行政争议主渠道作用	市司法局	市政府各有关部门
25	提升行政应诉工作质效	市司法局	市政府各有关部门、各区镇
八、强化行政权力制约监督			
26	形成监督合力	市审计局、市统计局、市财政局、市政府办公室	市政府各有关部门、各区镇
27	健全行政执法投诉举报机制	市司法局	市政府各有关部门
28	完善执法问责机制	市委依法治市办、市司法局	市政府各有关部门、各区镇
29	全面推进政务公开	市政府办	市政府各有关部门、各区镇
30	加快推进政务诚信建设	市发改委、市司法局、市行政审批局	市政府各有关部门、各区镇

【法治建设理论学习】 2023年，太仓市学习贯彻习近平法治思想，印发《关于深入学习宣传贯彻党的二十大精神加快建设更高水平法治太仓的通知》等文件，市委理论学习中心组专题学习习近平法治思想，市委、市政府领导班子累计开展专题学法9次。组织召开市委全面依法治市委员会（扩大）会议、办公室（扩大）会议，专题研究全面依法治市工作。开展2022年度专题述法活动，42家单位50名党政主要负责人进行书面述法，全市领导干部按规定完成法治建设履职档案报备。研究出台领导干部应知应会法律法规清单制度，组织开展领导干部旁听庭审活动，增强领导干部运用法治思维和法治方式的能力和水平。

【法治督察】 2023年，太仓市印发《太仓市2023年度法治督察工作计划》，公开遴选律师15人，成立全市合法性审查专家库，调整充实全市法治督察专员117人。组织召开镇（街道）行政诉讼败诉和行政复议纠错案件责任追究情况督察汇报会，压实主体责任。对市公安局、市交运局、市文体广旅局、市市场监管局等单位开展专项法治督察，通报反馈存在问题，督促规范开展法治建设工作。联合市法院多次就行政诉讼败诉案件和风险案件开展

2023 年 4 月 27 日，太仓市党政主要负责人履行推进法治建设第一责任人职责述职评议会召开（任宵敬摄）

督察指导，规范执法行为，督促争议化解。开展基层法治建设调研和督察，梳理各镇（街道）法治议事协调机构法治建设工作推进情况，各镇司法所所长均担任依法治镇（街道）办公室副主任，并列席镇（街道）党政联席会议。4 月 27 日，市委全面依法治市委员会办公室（扩大）会议暨全面依法治市工作推进会在市行政中心召开。会议全面贯彻落实中共二十大精神，深入学习贯彻习近平法治思想，总结部署全市法治建设工作，开展党政主要负责人履行推进法治建设第一责任人职责述职评议，动员部署道路交通安全和运输执法领域突出问题专项整治工作，推进中国式现代化法治太仓新实践。

【群众法治满意指数提升】 2023 年，太仓市统筹推进立法联系点建设，在镇、村（社区）、网格三个层级联动打造基层立法联系点、立法民意征集点、立法民意收集点三级平台。组织实施“提高立法制规公众参与度、提升现代公共法律服务水平、重点领域行政执法案卷评查、司法案件法律文书和卷宗评查”4 个专项行动、道路交通安全和运输执法领域突出问题专项整治行动，解决人民群众反映强烈的法治领域突出问题。开展“关爱民生法治行”实践活动，推动“十大行动”79 个惠民项目规范实施。实施“法治小区‘十百千万’提升工程”，指导沙溪镇、浮桥镇、高新区等拓展援法议事进产业园区，探索推进村（社区）“两委”班子成员述法，打通法治建设“最后一公里”。组织开展法治建设满意度微信调查测评、微信圈宣传推广、“小手拉大手”满意度调查、“法治为民 · 我说你评”等活动，接受群众检验和评议监督，提升群众法治获得感和满意度。

表 84　2023 年度太仓市“关爱民生法治行”实践惠民“十大行动”项目情况表

序号	十大行动	具体项目名称	实施单位
1	弱势群体法治关爱行动	控辍保学护蕾行动	市检察院
		“情相系、太暖心”困难群体救助计划	市民政局
		“七彩夏日”爱心暑托班法治自护教育	团市委
		“呵护花蕾”未成年人守护项目	市妇联
		残疾人尊法学法守法用法专项行动	市残联
		贯彻《江苏省红十字会条例》擦亮“救”在身边品牌	市红十字会
		“典亮青春”法治型儿童友好社区建设行动	科教新城
2	法润民心普法惠民行动	电力安全宣传进社区	市发改委
		粮食安全科技相伴	市发改委
		“平安出行 · 你我同行”交通安全知识送教上门	市公安局
		长江大守护《中华人民共和国长江保护法》系列宣传	市住建局
		以法治之光照亮戎耀征程	市退役军人局
		推进法治宣传 · 优化营商环境	机关事务中心
		守住钱袋子 · 护好幸福家	市金融监管局
		多元普法 · 提升公积金法治认同行动	市公积金中心
		法治阵地进基层行动	市烟草专卖局

续表 84

序号	十大行动	具体项目名称	实施单位
3	法治化营商环境优化提升行动	小微德企及港口企业合规项目	市检察院
		科技金融助企直通车	市科技局
		多维度益企同行 法治护航企业发展	市工信局
		“助企面对面纾困零距离”优化营商环境系列活动	市城管局
		职业健康帮扶“立方体”项目	市卫健委
		生物医药产业园法治服务集聚区	沙溪镇
		惠企服务 打造“溪引力”品牌	沙溪镇
		政企协商 共促发展 法治化营商环境提升行动	浏河镇
		“法满桥红”法治营商助力港产城一体化专项行动	浮桥镇
4	法治素养提升强基行动	践行“四敢”精神 奏响法治强音	市委党校
		“寻找”青少年法治游学基地	市教育局
		市镇两级综合行政执法队伍纠察专项行动	市城管局
		“我是工程师”法律素养培育提升计划	市科协
		以法治之力护航双元制班级高质量发展	健雄学院
		为毕业季的你撑起法治保护伞	健雄学院
		“两委”班子成员法治素养提升多元融合行动	城厢镇
		“青诉”外企青年法治提能专项行动	娄东街道
5	基层治理法治先行行动	警旅紧密协作 共推文旅发展	市公安局
		强化基层治理 推动省级历史文化名镇申报	市资源规划局
		维护旅游市场秩序 营造文明旅游氛围	市文体广旅局
		审计护航绿色发展行动	市审计局
		太仓港集装箱“平安箱运”系列活动	太仓海事局
		气象法治助推行业监管	太仓气象局
		推进社会基层治理 以永乐村法治小区为样板	璜泾镇
		打造小区自主更新法治路径	娄东街道
		区域协同法治连锁服务行动	陆渡街道
		法治小区“十百千万”提升工程	依法治市办
6	践行新时代枫桥经验专项行动	深化法“HUI”驿站诉讼服务品牌建设	市法院
		推进“诉源善治乐业太仓”劳动人事争议项目建设	市法院
		依法协调解决铁路建设项目中的农民工欠薪问题	市交运局
		太仓市汽车消费纠纷联动调处项目	市市场监管局
		镇（区、街道）信访问题专业委员会建设	市信访局
		调解中心释疑普法 公职律师定纷止争	太仓税务局
		诉源化解公共法律服务护工专项行动	科教新城
		村（社区）人民调解矩阵工程	城厢镇
		港城枫桥矛盾纠纷立体化纠纷解决机制建设	浮桥镇
7	聚焦急难愁盼专项治理行动	提升交安设施 促进依法治路	市交运局
		强化部门联动 完善预付卡管理	市商务局
		四个“全覆盖”强化医疗机构依法执业	市卫健委

续表 84

序号	十大行动	具体项目名称	实施单位
7	聚焦急难愁盼专项治理行动	保护民生消费安全"铁拳"执法行动	市市场监管局
		依法普查摸家底 关爱民生谋发展	市统计局
		见微知著微执法速行动垃圾分类能效提升行动	浮桥镇
		"法治引擎"助力重点地区整治行动	陆渡街道
8	蓝天绿水法治守护行动	太仓市幸福河湖创建活动	市水务局
		太仓市主城区河道河常青巡河行动	市水务局
		守护长江 打好渔业资源修复攻坚战	市农业农村局
		长剑护渔 筑牢长江禁捕执法网	市农业农村局
		企业环保经理人培训和考核机制项目	太仓生态环境局
		法护一江清水 共筑生态文明	璜泾镇
9	智慧法治数字赋能行动	加强源头企业监管 保障道路运输安全	市交运局
		上好开工第一课 把牢安全生产关	市应急管理局
		太仓市企业(项目)全生命周期管理平台	市行政审批局
		搭建太仓港智慧水运口岸 提高监管效能	太仓海关
		一证准营、一码亮证 创优营商环境行动	浏河镇
		严法治 强服务 群众安全感提升行动	浏河镇
10	与法同行服务为民行动	惠民惠农财政补贴一卡通	市财政局
		多措并举践行"阳光仲裁"	市人社局
		二手房带抵押过户惠民项目	市资源规划局
		全市餐饮用户瓶改管项目	市住建局
		让溺水事故远离,让平安幸福相伴	市应急管理局
		法治医保进乡村	市医保局
		"四步工作法"保障新就业形态劳动者权益	市总工会
		建设星辰海人才公寓法律服务驿站	城发集团

2023 年 11 月,沙溪镇香塘村召开援法议事会,就露营度假村停车难、人员招聘、管理维护等问题共商共议 (谢丽雯摄)

【"援法议事"激活法治内生力】 2023 年,太仓市挖掘地方资源,依托载体平台,将"援法议事"与乡村振兴紧密结合,因地制宜打造援法议事特色品牌 52 个,凝聚群众依法自治共识,提升基层社会治理法治化水平。利用"有事好商量"协商议事会、自管委员会、第三方社会组织等平台搭建"援法议事"小组,与"政社互动""海棠花红""新时代文明实践站"等活动载体融合共享,做到全市村(社区)"援法议事"机构全覆盖。将"援法议事"活动与法治小区建设、民主法治示范村(社区)创建相结合,依托法治公园、广场、长廊等阵地作为开展议事活动主要场所,扩大群众参与面,引导参与社区治理。 (居丽莉)

人大法律监督

参见 312 页“地方组织机构 · 太仓市人大 · 法律监督”。

政法工作

【概况】 2023 年，太仓市坚持党对政法工作的绝对领导，履行维护国家政治安全、确保社会大局稳定、促进社会公平正义、保障人民安居乐业的职责使命。坚持总体国家安全观，把维护政治安全摆在首位，推动基层社会治理创新，守护社会安定，保护人民安宁。服务保障高质量发展，持续提供优质高效便捷的政法公共服务，营造法治化营商环境。太仓市委政法委防范化解重大风险，推动政法工作现代化、基层社会治理现代化，持续巩固政法队伍教育整顿成果，提高政法队伍革命化、正规化、专业化、职业化水平，锻造一支本领高强、作风优良的政法铁军。年内，太仓市政法队伍满意率位列苏州市第一。

【平安太仓建设】 2023 年，太仓市推进平安法治重点任务，在严防严控中构筑社会安全稳定屏障，在对标对表中扛起护航发展大局责任，在创新创优中提升基层社会治理水平，打造社会治理现代化“太仓样本”。健全完善政治安全工作体系建设，印发《建立政治安全领域风险隐患排查处置工作机制》，推进维护政治安全专项行动 11 个。加强反恐怖安全防范，对全市反恐重点目标单位落实分类分级管理和重新评估工作。坚持完善社会稳定风险合成处置机制，重点强化研判工作，常态化开展风险研判 300 余次、专题风险研判 20 余次，超前化解扬言类信访问题 100 余件。完成重大项目风险评估 128 件，挂牌督办重大涉稳群体性风险事项 22 件，化解 16 件。完成全国两会、杭州亚运会、第六届“进博会”等重大活动安保维稳任务，维护社会安定。印发《太仓市政法机关落实“四敢”要求保障“企业敢干”责任分解方案》，细化分解具体任务 70 项，每月跟踪掌握进度并通报落实情况，联合建立涉案企业合规审查机制，建立每半个月研判推进打击拒执犯罪工作例会制度，推动落实“免罚清单”。推动“五庭协同巡回审判点”、南京海事法院太仓巡回审判点、对德合作司法服务工作站作用发挥，新增商会商事调解中心 12 家，建立港产城公共法律服务工作站，组织开展“法护营商”等专项行动，做优法治营商环境。深化司法体制综合配套改革，持续推进以审判为中心的刑事诉讼制度改革，准确适用认罪认罚从宽制度，刑事案件认罪认罚适用率 95% 以上。推进民事案件繁简分流，深化全省首创的群体性纠纷示范调判机制，扩大金融案件要素式裁判适用，推动诉前调解与诉讼案件有效衔接，提升审判质效。市检察院规范推进涉案企业合规改革，建立刑事诉讼全流程规范化适用机制。常态化推进扫黑除恶斗争，建立“九类案件”（聚众斗殴罪、强迫交易罪、寻衅滋事罪、敲诈勒索罪、非法拘禁罪、组织卖淫罪、强迫卖淫罪、开设赌场罪、故意毁坏财物罪）警情强制检索报告制度，深入治安重点地区和重点行业领域开展整治。严厉打击涉黑涉恶、侵害妇女儿童权益和黄赌毒、食药环、盗抢骗等违法犯罪。推进“无诈社区（村）”“无诈机关（单位）”“无诈校园”“无诈企业”创建。打击治理电信网络诈骗犯罪工作，宣传常见诈骗手段，预警最新诈骗手法，组织开展反诈知识培训，完善劝阻联动机制建设。加强政法领域公共安全监管，深化道路交通事故“零死亡”创建，开展重点车辆、驾驶人、道路隐患全链条治理，交通事故亡人事故数、亡人数较上年均下降 13.25%。

2023 年 2 月 9 日，太仓市委政法工作会议召开　　（王　超摄）

▲资料链接

“无诈社区（村）”“无诈机关（单位）”“无诈校园”“无诈企业”建设

“无诈社区（村）”建设：营造一个浓厚的村居宣传氛围，组建一支专业宣传队伍，进行一轮全覆盖的上门宣传，每周至少开展一场集中宣传活动，每个社区（村）至少建立一个反诈宣传群，每个乡镇（街道）至少建立一个“无诈村居”教育基地。

“无诈机关（单位）”建设：对全体员工发放一封《反诈提示信》，组织一次反诈知识测试，发放一本反诈知识宣传册，组织一次反诈培训讲座。

“无诈校园”建设：为全部师生寄上一封《反诈提示信》，为全部师生召开一次反诈班会，为全部师生上好开学反诈第一课，为全部师生组织一次反诈考试，为全部师生发放一本防诈宣防册，每学期举办一次反诈宣讲活动。

“无诈企业”建设：对全体员工发放一封《反诈提示信》，对全体员工开展一次反诈宣传讲座，对全体员工组织一次反诈知识测试，对全体员工发放一本反诈知识宣传册。

2023年8月24日，太仓市港区派出所设摊发放特制“反诈四件套”——反诈宣传单、手提包、反诈纸巾、反诈小扇，与群众面对面讲解反诈知识

（王　超摄）

【社会治理现代化】 2023年，太仓市完善社会治理体制机制，夯实社会治理基层基础，提升社会治理效果效能，聚焦基层社会治理，走出社会治理现代化新路径。持续深化网格联动，推进“精网微格”，全市划分基层治理微网格7249个，配齐、配强“微”网格联络员，建立走访巡查、联动处置、沟通联系和信息公示“四项制度”，推进信息化支撑模块建设，提升微网格信息流转、风险防范、绩效监测等质效。协同推进警务网格、综治网格“双网融合”，印发《太仓市“12345”政务服务便民热线与“110”报警服务台高效对接联动实施方案》，推动太仓市“12345”热线与“110”平台形成互联互通、资源共享工作模式，建立健全精准分类、层级流转、联动处置的工作机制。开发部署“热线百科”引用功能，研发上线物业管理、薪资拖欠、道路积水等高发问题预制化主题工单模板。联动指挥平台受理各类群众诉求及网格事件166万件，处置率99.39%，办件满意度98%。市公安局深化双网融合机制运行，全市592个警格网格融合，逐步形成以“广覆盖、全要素、高智能、大联动”为特点的“多网融合、一网治理”基层社会治理新格局。《转念破题数智提效大数据赋能太仓基层治理现代化》获评“全国新时代‘枫桥经验’精品案例”。健全完善解纷体系，推进“枫桥式村（社区）”建设，全市111个村（社区）实现“枫桥式村（社区）”建设达标并命名。加强各类调解组织和专业社会组织建设，新成立市汽车消费纠纷人民调解委员会，挂牌全国人大代表褚峰调解工作室，市人民调解员孵化基地举办培训班10批次、培育专职调解员112人。开展践行新时代“枫桥经验”深化“非诉服务”行动，率先在全省建立“个案精审、类推调判、快审快结”的群体性纠纷示范调判机制，全市各类调解组织共调解矛盾纠纷1.58万件，法院诉前成功调解4599件、司法确认839件。“专业社会力量赋能”解纷工作法入选中央政法委“枫桥经验”案例汇编。推进市域社会治理现代化示范城市各项指标落实提升工作并满分通过省级验收。系统重塑实战化治安防控体系，推进智慧版技防城建设，开发“慧巡防”系统，提高街面见警率和巡防管事率。市公安局联合华为技术有限公司举办慧眼·扬帆——县域数智公安（交管）合作论坛。建立健全防范发生恶性刑事案件工作机制，推动社会心理服务指导中心实战化运行，壮大心理危机干预专业队伍，落实风险评估、分级管控、分类施教的重点人员管理服务机制，及时监测预警，夯实平安根基。

（王　超）

社会治理综合指挥

【概况】 2023年，太仓市以推进市域治理现代化为总目标，持续优化网格化社会治理机制，丰富网格化社会治理内涵，拓展网格化实战应用场景，维护社会大局平安稳定。依托数据赋能，打造“新增违建一类事”“工地欠薪一类事”“前置服务一类事”等实战业务场景。推进“精网微格”模块建设，划分基层治理微网格7249个，选齐配强“海棠先锋”微网格联络员，信息化赋能基层治理。推动公安、安监、烟草等专业网格与综合网格互动叠加，“网格＋青少年服务”“网格＋社会服务”“社烟融网”等多网融合经验在省内推广。推进镇级网络综合治理中心建设，创新探索基层网络治理中的“网络＋网格”双网融合共治路径，提升基层社会治理能力水平，打造县域网络综合治理“太仓样本”。年内，市综合指挥中心联动指挥平台共受理各类群众诉求及网格事件166万件，处置率99.39%，办件满意度98%。

【“精网微格”治理模式推进】 2023年，太仓市持续探索社会治理现代化路径，通过网格化治理赋能城市精细管理，推进“精网微格”工程，通过“微小化”划分网格、“精细化”统筹管理、“精准化”服务群众，打通基层治理“神经末梢”，让居民幸福“满格”。市综合指挥中心在全市划分592个网格的基础上，探索推进“小网格微治理”模式，根据地理位置、居民户数、产业布局、治理难度等客观因素，进一步细分微网格7249个（按照50户规模划分）。按照“一格一员”标准，做好“海棠先锋”微网格联络员配备，坚持以“党建”带“网建”，吸纳各行业、各领域党员，就近参与“微网格”工作，优选热心公益事业的社区居民、物业管理员、快递员、外卖员加入微网格员队伍，再从微网格员中择优选聘微网格长。在配齐配强微网格力量同时，围绕入户走访、日

2023 年 6 月 1 日，太仓市双凤镇网格员帮助一名走失男童找到家人
（市综合指挥中心供稿）

常巡查、邻里帮扶 3 个方面制定微网格职责清单 10 条，引导微网格员做到重点隐患、矛盾线索、热点诉求必报，外来人口、空巢老人、特殊群体必访，太仓“网格学校”“网格云校”常态化对微网格员进行业务培训，提升微网格员业务能力。明确联系服务群众、推动基层治理、助推中心工作和宣传政策法规“四个先锋”工作职能，建立走访巡查、联动处置、沟通联系和信息公示“四项制度”。“太融 e”App 开发微网格工作模块，建立“统一采集—分类梳理—逐级分流—按责转办”流程体系，助力微网格工作全平台、全流程运作，让矛盾纠纷可解可控，持续推进基层社会治理精细化、精准化。

【警务网格 + 综治网格“双网融合”】 2023 年，太仓市贯彻全市警务网格与综治网格“双网融合”工作部署，探索推进基层网格化社会治理机制创新，深化“铁脚板 + 大数据 + 网格化”工作机制，筑牢人、房、地、事、物等基础管控根基，将一线网格员、社区民警和社区协管员嵌入每一个网格，推动治理中心下沉，治理关口前移，实现“多元化解决矛盾、全时空守护平安、零距离服务群众”工作目标。依托综治网格，科学调整划分警务网格，建设联动娄城人房信息采集模块，重新开发移动采集平台，人口协管员和网格员在统一平台采集信息，实现信息时时汇聚，共采共享，打造共建共治共享的社会治理新格局。

【“大数据 + 网格化”助力“九小场所”消防安全隐患排查】 2023 年，太仓市探索市安委办、市消委办、市消防安全专项治理机制办“三办合一”工作机制，整合市综合指挥中心职能，发挥“大数据 + 网格化”优势，助力全市“九小场所”〔购物场所：建筑面积 300 平方米以下的小商场（商店、市场）。餐饮场所：额定就餐人数 100 人以下的小饭店。住宿场所：床位数 50 张以下的小旅馆。公共娱乐场所：设置在建筑物首层、二层、三层且建筑面积 200 平方米以下的小公共娱乐场所。休闲健身场所：建筑面积 200 平方米以下的洗浴、足疗、美容美发美体、酒吧、茶社、棋牌室、咖啡厅、健身俱乐部等小休闲健身场所。医疗场所：乡镇卫生院，街道卫生院，社区卫生院以及床位数 30 张以下的其他小医院（诊所）、疗养院、养老院、福利院。教学场所：床位数 50 张以下的寄宿制学校和托儿所、幼儿园；500 人以下的非寄宿制学校，100 人以下的非寄宿制托儿所、幼儿园。生产加工企业：职工总人数 50 人以下或者设有 30 人以下员工集体宿舍的小生产加工企业。易燃易爆危险品销售、储存场所：建筑面积 100 平方米以下的易燃易爆危险品销售、储存场所〕排查消防安全隐患。市综合指挥中心坚持网格与网络深度融合，实践信息采集新路径，通过网格走访采集“九小场所”动态信息、定期排查隐患，夯实“九小场所”火患防治基础。摸清走访底数清单。以公安标准地址为索引，汇聚网格员采集、系统对接、数据共享等信息，动态更新全市实有单位库。聚焦消防安全、燃气安全重点领域，定制任务清单 21 条。按照“应报尽报”原则，推进形成“常态走访全覆盖、隐患处置全流程”工作格局，规范排查工作标准，流程化处置安全隐患。定制开发“九小场所”消防安全隐患排查 App 专属模块，按照一般场所每年一次，重点场所每季一次的要求，落实“三必清”“三必报”排查标

2023 年 5 月，太仓市沙溪镇网格员在沿街店铺开展消防安全隐患排查
（市综合指挥中心供稿）

准（网格内场所底数、检查任务、隐患问题必清，重点隐患、回潮隐患、现场督促拒不整改隐患必报）。印发《“九小场所”消防安全隐患立案处置结案标准》，明确立案标准、派遣流程和结案标准，规范隐患办件处置闭环。开发“九小场所”消防安全隐患排查处置数据监测版面，为科学决策提供数据支撑。探索建设太仓市综指大数据平台场所消防安全隐患数据分析应用模块，综合基础数据、巡查信息、隐患问题等内容，多维度清单化比对分析，对高发隐患、重复隐患等情况作出快速预警，系统化辅助决策参考。截至年底，全市共排查上报各类“九小场所”消防安全隐患3.3万条，其中网格员现场督促整改0.47万条，流转部门处置2.8万条。

【“12345”热线与“110”平台对接联动】 2023年4月，太仓市印发《太仓市“12345”政务服务便民热线与“110”报警服务台高效对接联动实施方案》，推进太仓市“12345”政务服务便民热线（以下简称“12345”热线）与“110”报警服务台（包括接处警平台，以下简称“110”平台）高效对接联动。建立健全精准分类、层级流转、联动处置的工作机制，设立对接联动专席和话务绿色通道，专人专岗24小时负责。建立健全流转渠道和工作机制，细化完善对接联动事项操作流程，全面实现“12345”热线与“110”平台高效对接联动。“12345”热线负责受理企业和群众对政府管理、服务的非紧急诉求，“110”平台负责受理处置企业和群众报警、紧急求助、警务投诉。“12345”热线与“110”平台根据法定职责，梳理明确受理范围、职责边界，科学合理分流非警务求助，快速处置突发警情。建立实施分流转办机制、高效联动机制、应急响应机制、研判会商机制、“双哨”联处机制、监督考评机制等各项机制，快速处置群众诉求，治理成效实现“1+1>2”目标。开展打击恶意骚扰“12345”热线、“110”平台违法行为的治理行动，制定线下线索移交查处机制。截至年底，双方平台互转电话8000余个，工单警单互派2000余件，全部得到快速闭环处置，保障群众需求件件有回音、事事有着落。

▲**资料链接**

“110”平台承接“12345”热线分流转办的涉及公安的紧急求助事项

1. 违法犯罪行为：公安机关管辖的刑事、行政（治安）案件，以及举报违法犯罪的线索。

2. 群体性事件：涉及社会稳定、妨害治安秩序或者危及人身、财产安全的群体性事件。

3. 道路交通管理：道路交通事故、非道路交通事故、水上交通事故、交通堵塞、车辆管理，以及公安机关管理的道路交通设施损坏。

4. 治安灾害事故：需要公安机关参与紧急处置的危化物品泄漏事故、中毒事故、爆炸事故、火灾事故、沉船事故、挤压死伤事故、建筑坍塌事故、疫情灾害、自然天气灾害等。

5. 群众救助服务：老年人、未成年人以及智障人员、精神障碍患者等行为能力、辨别能力差的人员走失，需要公安机关在一定范围内帮助查找的。发生溺水、高坠、自杀等危及人身安全状况，以及公众遇到其他危难，处于孤立无援状况，需要公安机关紧急救助的。

6. 抢险抗灾救援：涉及水、电、油、气、热等公共设施险情，威胁公共安全、人身或者财产安全，需要公安机关参与紧急处置的；发生地震、洪涝、泥石流等自然灾害险情，威胁公共安全、人身或者财产安全，需要公安机关参与紧急救助的。

7. 涉警投诉举报：公安机关工作人员正在发生的违反法律法规和各项纪律规定，违法行使职权，不履行法定职责，不遵守各项执法、服务、组织、管理制度和违背职业道德的各种行为。

8. 其他紧急求助：危及公共安全、人身或者财产安全的其他紧急情况，以及“12345”热线在受理过程中，遇到扬言实施过激行为及言论、矛盾纠纷激化、事态难以控制或阻碍行政执法等情形，需要公安机关派警联动处置的事项。公共设施类的破损、歪斜、倾倒、塌陷等存在安全隐患类的事项（信号灯、树木、电线、护栏、井盖、花坛等）。

【“12345”热线服务优化】 2023年，太仓市“12345”热线依托网格化社会综合治理机制，推动群众诉求“接诉即办”。“12345”热线整合各公共热线号码，升级为受理全市各部委办局职能范围内的咨询、投诉、求助、意见和建议等非紧急类诉求的“全科型热线”，通过责任清单锁定诉求案件承办单位，明确归口类型、责任部门，实现从“咨询”向“办事”的实用性转变。太仓市依托市综合指挥平台，开发企业服务专家库上报维护功能模块，相关信息实时推送苏州市级政务信息平台。安排专人负责对接协调，提供在线指导解答，审核部门上报内容。加强座席员业务流程培训，提高涉企诉求在线解答能力。维护上报专家库信息347条。优化完善“知识库”系统，提高热线座席员在线解答率。上线话务服务满意度评价功能，在线搜集企业群众真实评价，加强接听质量监督，提升座席员服务水平，参评满意率98%。完成“12318”文化市场违法举报热线、“12319”城建服务热线、“12369”环境违法举报热线的整体并入，承接对应业务工作，推动全市政务服务便民热线归并优化工作提档升级。

【社会协同治理】 2023年，太仓市综合指挥中心制定协调研判工作流程，上线智能预警辅助模块，提升研判预警时效性，强化研判分析，提高办件效能。开展协调会商，明确责任分工和联动平台处置流程，化解疑难问题。强化监督考核，严把审核回访关口，提高群众满意度。苏州“12345”平台交办工单按时办结率100%，“寒山闻钟”论坛留言按时办结率99.94%、满意率93.89%；国务院“互联网+督查”按时处置率100%；“人民网”留言办结率100%、满意率92.78%。市综合指挥中心在《太仓日报》创办“民生专栏”，共推出专栏报道12期，关注推进民生热点问题化解，定期宣传报道热点问题处置情况，做好热点政策答疑解惑，跟踪疑难问题落实情况，提升部门处办效率和服务水平。

（张姝敏）

公　安

【概况】 2023年，太仓市提升公安侦协工作质效，深化法治制度体系建设，坚持政治建警、改革强警、科技兴警、从严治警、从优待警，以推进公安工作现代化和高质量发展为主线，锚定“五个一流”（一流服务意识，着力提升服务决策、服务实战、服务基层、服务群众的能力水平；一流履职本领，更好服务警务实战；一流联动能力，筑牢维护全市社会安全稳定的治安防线；一流管理水平，牵引全局警务质态提升；一流业绩水准，争创全市、全省先进）目标，深化“八大警务”（忠诚警务、民生警务、服务警务、预防警务、法治警务、改革警务、智慧警务、强基警务）体系，加快打造公安工作现代化先行示范区。紧扣“1+3+4”（“1”是以“执行力提升年”为主题，“3”是全力实现“绩效考核争先进位、争创全国文明单位、确保社会面平安稳定”三大目标，“4”是以“安全、融合、智慧、高效”为关键）工作策略，忠诚履职，团结奋战，确保社会大局持续稳定。全年全市共接报警42.63万起，其中有效警情17.28万起。年内，市公安局法制大队获评全省公安机关“执法示范单位”，市公安局获“苏州市五一劳动奖章”，“慧眼”智管平台电动自行车管理经验获全省推广。

【社会治安】 2023年，太仓市严防政治安全风险，筑牢社会稳定风险，强化公共安全监管。市公安局按照社会治安防控体系建设总体要求，提档升级市“1+5+N”（“1”是巡逻防控实战中心；“5”是“四骑一特”巡逻处突队伍，即在城区范围组建巡特警重骑、轻骑、游骑、交警铁骑及EU冲锋车；“N”是在市区以外乡镇划分若干巡逻防控微网格）防控矩阵体系。建强“四骑一特”巡逻处突队伍。做实巡防微网格，持续调优“1、3、5”分钟快速反应机制，调优一线警力勤务运行模式，打通应急处置工作链各个环节，实现先期警力到场速度和规范化处置水平提升，构建“市县主战、派出所主防”实战化职能体系太仓范本。年内，市公安局在苏州市公安局组织的三次“红蓝对抗”实战演练中，人、车拦截速度均列各板块第一。提升巡防效能，自主研发集指挥调度、动态巡防、勤务运行、装备管理等实战功能于一体的“慧巡防”系统，依托警务基础数据支撑，助力路面警力精准盘查可疑人员8000余人。年内，盗窃警情较前三年均值下降34.6%，人民群众夜间出行安全感提升。

2023年7月，太仓市公安局开展“夏季行动”，做好治安巡查宣防

（市公安局供稿）

【刑事犯罪打击】 2023年，太仓市以夏季治安打击整治行动为牵引，依法严厉打击涉黑涉恶、涉枪涉爆、侵害妇女儿童权益，以及黄赌毒、食药环、盗抢骗等违法犯罪，因情施策开展各类专项打击整治行动。全年全市刑事案件破案数较上年上升22.8%，破获部督案件3起。现行命案全部告破，连续17年实现命案现行现破。

【经济犯罪侦查】 2023年，太仓市围绕洗钱、假币、金融、传销、非法集资、涉税领域开展线索收集、信息研判、打击治理，严防涉众型违法犯罪，做好安商护企工作。年内，市公安局在涉税领域发起“集群战役”1起，移送起诉犯罪嫌疑人15人。在商贸领域通过云端发起数据协同1起，移送起诉犯罪嫌疑人8人。全年立洗钱案1起，破案1起，非法集资陈案化解4起，化解率100%。建设覆盖全市的处非工作网络，建成涵盖会商研判、监测预警、核查处置、案件打击、善后处置全流程的工作机制，通过建强机制完善防控体系、加强排查全力压降风险、做强宣教营造氛围等措施，防范金融风险，优化金融生态，保持非法金融风险动态清零、非法集资“零立案”。依托“部门+板块”协作模式，叠加“大数据+网格化+铁脚板”排查体系，精准排查各类非法金融活动，常态化开展处非宣传活动。5月21日，太仓市合规案防警示教育大会暨不法贷款中介专项治理行动部署会议在市委党校召开，市公安局经侦大队围绕“银行从业人员刑事法律风险”主题举办专题讲座，警醒银行从业人员严守法律底线，防范刑事法律风险。6月15日，2023年防范非法集资宣传全省行·走进太仓暨苏州市防范非法集资集中宣传日活动在太仓市民公园举行，太仓市启动“无非法集资示范单位”建设工作。

【禁毒工作】 2023年，太仓市实施系统治毒、专业缉毒、精准控毒、全民防毒、智慧禁毒战略，打赢新时代禁毒人民战争。全年办理涉毒刑事案件4起，抓获毒品犯罪嫌疑人3人，涉毒违法犯罪持续下降，基本摧毁全市毒品贩卖运输网络，极大压缩毒品违法犯罪空间。推进全民禁毒宣传，市公安局发动基层力量和禁毒志愿者队伍，组织开展禁毒文艺演出、禁毒法律咨询、禁毒知识竞赛等活动，引导全社会关注支持禁毒工作。统筹协调各类媒体特别是广播电视和网络视听媒体开展禁毒宣传报道；教育引导在校师生学习禁毒知识和防毒技巧，养成良好生活习惯和生活理念；结合暑期文化市场专项整治行动，部署娱乐场所落实禁毒宣传主体责任；重点针对农民工群体、青年职工、放假学生、留守妇女儿童等开展针对性禁毒宣传教育，突出麻醉药品和精神药品滥用的危害，加大青少年吸食"笑气"严重后果的宣传力度。娄东街道、沙溪镇、浏河镇获评2023年度太仓市创建"无毒社区"示范单位；苏州健雄职业技术学院、江苏省太仓中等专业学校、太仓市良辅中学、太仓市荣文中学、太仓市科教新城南郊小学、太仓市沙溪镇第一小学获评2023年度太仓市毒品预防教育示范学校；获评2023年度太仓市禁毒工作成绩突出个人15人。

【户籍管理】 2023年，太仓市累计办理首次申领居民身份证19639张、临时居民身份证5692张，新生儿入户2587人次。年内由省内迁入3463人，省外迁入10744人，迁往省内322人，迁往省外1414人。3月，太仓市政府印发《关于贯彻落实〈苏州市户籍准入登记管理办法〉的实施意见》（以下简称《实施意见》）的通知，明确太仓市非苏州户籍人员落户申请、办理等事项，保障落户人员合法权益。《苏州市户籍准入登记管理办法》中明确的直系亲属间投靠、干部职工调动、人才引进、宗教人员、高校毕业生、退役转业等政策性落户，按照《苏州市户籍准入登记管理办法实施细则》要求办理。按照国务院《推动1亿非户籍人口在城市落户方案》、国家发改委《2022年新型城镇化和城乡融合发展重点任务》等文件要求，太仓市取消积分落户制度。在太仓市行政区域内稳定就业生活的非苏州户籍常住人口，可申请将本人及其共同居住生活的配偶、未婚子女户口迁入其合法稳定住所（含租赁）所在地。实施意见自2023年4月1日起施行，有效期至2026年3月31日。

▲资料链接

《关于贯彻落实〈苏州市户籍准入登记管理办法〉的实施意见》要点

一是政策性落户具体按照相关部门的职能要求办理，内容在实施意见中不再表述。

二是取消积分落户制度。

三是结合太仓市实际，按照上级户改文件精神，重点突出以两个"合法稳定"（合法稳定住所、合法稳定就业）作为基本的落户条件。具体内容主要包括：1. 对符合政策性落户的，按照相关部门的职能要求办理。2. 根据上级户改文件精神，取消积分落户制度。3. 对落户情形作出规定。（1）以所有权住宅申请落户；（2）以租赁住房申请落户。4. 对两个"合法稳定"落户条件作明确界定。相关要求条件及落户所需提供材料、办理流程，由市公安局根据上级户籍制度改革要求制定实施细则并发布。

【出入境及往来港澳台管理】 2023年，太仓市受理中国公民出国及往来港澳台申请共3.24万人次，较上年增加1277.39%；受理外国人各类签证申请1290人次，较上年增加86.42%；受理港澳台居民通行证申请212人次。在长三角警务协作一体化框架下，太仓市公安局聚焦企业所盼、群众所急，依托长三角区域口岸签证代转等警务协作机制，为外资企业搭建人员往来"空中快捷通道"，塑造服务企业"SEE"品牌，让安全（Safe）、顺畅（Smooth）和满意（Satisfaction）的营商环境"看得见"（See），为企业发展消除后顾之忧。推出窗口"延时服务、预约服务、提醒服务、容缺服务"等特色服务内容，为企业生产经营中紧急办理事项开通"绿色通道"。完善畅通警企互动渠道，创新开发服务企业平台，征集涉企意见建议，形成流转工作闭环，各警种部门第一时间反馈答复、规范处置，推出急事急办、容缺受理、外籍人才包括船员绿色通道等便利举措。做好外籍高层次人才服务工作，全年单一窗口办理工作居留证件405人次，为外国高层次人才解读、受理永居证30人次，德企专窗开辟绿色通道150余人次。办理太仓首例长三角区域口岸签证。

【道路交通安全管理】 2023年4月，太仓市健全完善道路交通安全监管责任体系，推动道路交通事故预防"减量控大"工作责任和措施落实，形成政府主导、部门协同、社会参与的道路交通安全治理工作格局。太仓市成立道路交通安全管理委员会，办公室设在市公安局，负责市交安委日常工作。市公安局维护道路交通安全、交通秩序、机动（非机动）车辆及驾驶员管理工作，推进道路交通"苏畅工程"。双凤镇、浏河镇、璜泾镇等10余所学校开展儿童友好设施建设，优化224个路口信号灯配时，全市641个信控路口实现100%联网，全市拥堵指数由1.28下降至1.26。推进道路交通安全隐患整治，推动落实国省道平交路口改造14个，整改限速设施192处，增设黄牌货车右转必停管控215处，施划"右转危险区"80处。科学勤务部署，最大化推警上路，加强亮灯巡逻、动态纠违，共查处各类交通违法15.3万起。推进"智慧交通"建设，依托"慧眼"智管平台提升非机动车闭环管控力度，构建全面、精准闭环的交通违法治理新模式，探索"数智化"在交通管理领域的应用前景。

【反诈宣防打击】 2023年，太仓市公安局重塑"自上而下、全员联动"反诈宣防打击体系，依托全市联席办工作专班指挥体系，横向联动市级成员单位和镇区工作专班，纵向牵引业务警种和派出所。全年共追回电信网络诈骗涉案资金830万元。织密反诈防诈阵线，打造短视频宣传品牌"58号工作室"，依托抖音、视频号传播矩阵，推出"58号剧场"以防范诈骗为主题的系列短视频作品140余部，阅

2023 年 3 月，太仓市公安局陆渡派出所在社区开展反诈宣传
（市公安局供稿）

读点赞量 500 万人次，全网粉丝量 85 万人次。联动行业系统培训反诈宣传骨干 1000 余人，吸收学校老师、楼栋长、外卖小哥等“反诈宣传员”。全年共开展宣传活动 436 次，受众 20.3 万人次，发放宣传资料 12 万份，反诈宣传知晓率 91%。建强预警劝阻体系，市公安局反诈中心组建反诈民警、社区民警、街道干部、网格员“四位一体”劝阻队，在实行 24 小时值守制度、全天候开展紧急劝阻、受理市民举报咨询的基础上，第一时间下发预警指令精准劝阻、紧急止付，提升反诈预警劝阻效率，预后被骗率降至 4.33%。会同科技公司研发全自动全量保护性止付程序，降低人工止付不及时、续止有遗漏等问题风险。建立预警指令“回头看”机制，对预警对象逐人评估风险程度、明确跟踪回访要求。全年成功劝阻 4922 起，见面劝阻率 97.68%，避免损失 2147.54 万元。严厉打击电信网络诈骗及黑灰产犯罪，打击境外回流诈骗人员 46 人。市公安局与全市 243 家通信、金融营业网点达成协作机制，建立“警银通”三方联动机制，打掉为境外诈骗集团提供资金转移帮助的犯罪团伙 1 个，抓获嫌疑人 6 人，查明涉案流水总金额 400 万元。围绕打击电信网络诈骗黑灰产业链条，市公安局深化警企协作，通过大数据分析、网络溯源等手段，建立线索“快研快侦快查”机制，开展跨区域联合行动。全年打掉诈骗及关联犯罪团伙 22 个，抓获“两卡”（手机卡、银行卡）犯罪嫌疑人 253 人，依法冻结涉案账户 8253 个、涉案资金 2300 万元，返还 150 余名（家）群众和公司被骗资金 830 万元。

【警网融合】 2023 年，太仓市印发《全市警务网格综治网格“双网融合”工作实施方案》，深化双网融合机制运行，实现警务、综治力量全覆盖，提升基础信息采集、安全隐患排查和矛盾纠纷化解水平，支撑派出所防发案、防隐患、防事端工作。市公安局加强数智公安建设，提升智慧赋能水平，加快融入智慧城市建设。深化“政务 + 警务”新模式，创新基层公共服务模式，依托“太仓一网通办平台”，融合政务服务和警务。推动规范源头执法、优化法治营商环境优化等工作机制，维护社会公平正义，护航经济社会发展，提升群众对法治公安建设满意度。

【警民互动】 2023 年，太仓市公安局用好“太仓警方”“太仓公安微警务”等新媒体宣传平台，开展系列法治宣传活动，促进公众参与平安建设。依托“少年警校”平台，开展安全防范进校园、警务课程授课、社会实践活动、警营开放等系列活动，引导教育青少年健康成长。加强校园安保，市公安局定人定岗定责做好全市中小学、幼儿园“护学岗”工作，打造“五型”（安全型、互动型、平安型、服务型、品牌型）警务，筑牢校园安防屏障。4 月，市公安局与苏州健雄职业技术学院开展战略合作、联合办学，成立太仓辅警学院，深化警校合作共建。12 月 2 日，太仓市公安局交警大队在万达广场举办“文明交通 · 你我同行”2023 年太仓市“12 · 2”全国交通安全日活动。

2023 年 11 月 29 日，太仓市高新区派出所民警在市朱棣文小学“少年警校”讲授禁毒知识
（市公安局供稿）

【保安安全防护】 2023年，太仓市公安局组织协调和监督指导全市公安机关对国家机关、社会团体、企事业单位和重点建设工程的治安保卫工作，指导、监督全市群众性治安保卫组织的治安防范工作。优化保安员考试发证管理服务，推行保安员网上报名考试，促进保安员充分就业，全年组织保安员考试共计45场、1133人次，发放保安员证736张。围绕全市20家保安服务公司、136家备案自招保安员单位，完善监管机制，加强监管执法，持续提升保安服务监管效能，规范推进保安行业高质量发展。开展居民小区物业公司保安服务活动监管工作专项活动，对域内居民小区物业公司提供保安服务情况、保安人员管理情况展开全面摸排梳理审查，依法加大执法查处力度。全年市公安局办理各类违反《保安服务管理条例》行政案件共计71起。 （成　波）

检　察

【概况】 2023年，太仓市检察工作聚焦为大局服务、为人民司法、为法治担当，以“高质效办好每一个案件”为目标，发挥法治引领、规范、保障作用，尽心履职纾解群众急难愁盼，持续强化新时代检察机关法律监督，以守正创新保障公平正义更好更快实现。全年共办理刑事、民事、行政、公益诉讼检察等各类案件2214件，办理的10起案例入选省级以上典型案例汇编。2月，太仓市人民检察院获评2022年度全国检察宣传先进单位。

【刑事检察】 2023年，太仓市人民检察院做优做强刑事检察工作，依法惩治各类刑事犯罪，批捕犯罪嫌疑人296人、起诉1253人。常态化推进扫黑除恶斗争，联合市公安局建立“九类案件”警情强制检索报告制度，1篇检察建议书获评苏州市常态化扫黑除恶斗争优秀“三书一函”。参与网络治理，贯彻落实最高检《关于加强新时代检察机关网络法治工作的意见》，起诉96人。成立办案组依法办理在境外针对境内居民实施电信网络诈骗的“7·17”缅北专案，批准逮捕犯罪嫌疑人31人。办理公安部督办的154人特大电信网络诈骗案，引导115名犯罪嫌疑人在检察环节主动退赃退赔313万元。市检察院获评苏州市打击治理电信网络诈骗犯罪“百日行动”先进单位。贯彻宽严相济刑事政策，严惩严重破坏群众安全感的暴力犯罪，起诉116人。立足案件制发检察建议11份，推动安全生产、交通运输等领域堵漏建制、消弭风险。针对轻罪案件，落实认罪认罚从宽制度，一审服判率99%，对因犯罪情节轻微的266人不予起诉，在争取挽救、引导悔罪中消弭社会对立、修复社会关系。监督刑事立案撤案79件，追捕追诉24人，对刑事裁判提请抗诉7件，检察长列席审委会9次。构建以证据为核心的刑事指控体系，协同市公安局加强侦查监督与协作。通过发出提前介入侦查意见、法律适用意见、证据指引、开展专项评查等方式，实现立案前积极引导、批捕前介入把关、起诉前繁简分流，形成检警协作与监督并进新格局。强化刑事执行监督，通过“派驻＋巡回”检察，强化“减假暂”监督案件实质化审查，经验做法获省检察院推广。

【民事和行政检察】 2023年，太仓市做强民事检察，完善抗诉、再审检察建议、纠正意见等多元化监督格局，规范民事检察依职权监督，化解行政争议，推动诉源治理现代化，推行民事诉讼监督“一案三查”制度，即一查人民法院行政审判、执行活动是否合法，二查行政机关行政行为是否合法，三查行政争议有无实质性化解的可能，将化解行政争议作为审查行政诉讼监督案件的必经程序。市检察院对裁判结果、审判程序、执行活动全流程延伸，提出民事检察建议9件。对一起历经一审、二审、再审程序，当事人仍不服法院判决，向苏州市检察院申请民事抗诉的案件，苏州、太仓两级院利用调查核实权，通过笔迹鉴定找到监督突破口，促成当事人之间10年债务纠纷化解。做实行政检察，坚持个案监督与类案监督、专项监督相结合，通过行政生效裁判监督与执行监督促进依法行政，助力法治政府建设。开展行政非诉执行监督，扩大监督领域，促进规范执法。坚持行政检察“一手托两家”，既监督审判机关公正司法，又促进行政机关依法行政，提出行政检察建议11件，实质性化解行政争议13件。探索构建行刑反向衔接机制，推进检察监督与行政执法有效衔接，对不起诉案件提出予以行政处罚检察意见68件。推进“数字检察”战略，数据赋能类案监督，参与搭建的船舶跨区域倾倒工程渣土监督模型获江苏省检察机关数字检察模型竞赛一等奖。推进检察大数据法律监督模式变革，深化数字办案实战实效，入选江苏省检察技术辅助检察办案典型案例2起。

【公益诉讼检察】 2023年，太仓市人民检察院发挥公益诉讼检察职能，拓展公益诉讼案件范围，公益诉讼由生态环境和资源保护、食品药品安全、国有财产保护、国有土地使用权出让等4个领域，扩展到英烈权益保护、未成年人保护、军人荣誉名誉权益保障、安全生产、个人信息保护、反垄断、反电信网络诈骗、农产品质量安全、妇女权益保障等领域，并继续向无障碍环境建设、文物保护等新领域拓展，初步建立“4+N”基本业务框架，形成以传统法定领域为核心、新增法定领域为增长点、其他新领域为补充的基本业务格局。办理公益诉讼案件59件，向主（监）管部门发出督促履职检察建议12份，80%公益损害案件在诉前磋商环节得到及时修复解决，加大公益保护力度。注重代表建议、委员提案与公益诉讼检察建议衔接转化，对于10名人大代表联名议案中反映的老旧小区线路老化等问题，开展公益调查。办理的“太仓市人民检察院督促整治农村河道水环境行政公益诉讼案”入选全省检察机关“政法委书记出题”检察公益诉讼典型案例。拓展公众参与机制，联合团市委建立大学生社会实践基地，吸引在校大学生和青年志愿者加入“益心为公”队伍。推进“益心为公”检察云平台建设工作，在长江太仓水上综合服务区设立“益心为公”公益诉讼联络点，形成检察＋行政＋民间力量的公益保护合力。深化

2023 年 9 月 21 日，长江太仓水上综合服务区设立“益心为公”志愿者公益诉讼联络点（市人民检察院供稿）

公益诉讼检察工作成效，做好典型案例培育及宣传等工作。邀请人民监督员参与公开审查、公开听证、公益诉讼调查、案件质量评查等办案活动 380 场次，擦亮人民监督“第三只眼”，获评江苏省检察机关人民监督员工作典型案例 1 例。

【“沪苏同行 · 守护长江”特色建院品牌】 2023 年，太仓市人民检察院深化“沪苏同行 · 守护长江”特色建院品牌，创新“刑事诉讼为先导、公益诉讼为主导”的生态检察模式。聚焦区位优势特点和城市发展战略，丰富品牌内涵、拓展品牌外延，以法治之力推进长江大保护，探索长江口生态环境联防联控联治，助力跨区域一体化发展。深化跨域协作，凝聚生态资源跨域司法保护合力。6 月 5 日，太仓市人民检察院举办“生态检察助力美丽中国建设”主题活动，邀请上海市宝山区、嘉定区、崇明区人民检察院，南通启东市人民检察院，苏州张家港市、常熟市、昆山市人民检察院分管公益诉讼检察工作负责人参加，与会人员实地参观调研太仓市长江生态保护社区矫正损害修复基地。协同沪苏检察机关开展专项监督，清理长江左右岸、上下游“幽灵渔具”1200 余件，邀请人民监督员监督长江口岸废置渔具整治公益诉讼案。丰富“嘉昆太”协同创新核心圈检察协作，推进跨界治理、社区矫正监督、党建共融共建。开展跨界河湖“河长 + 检察长”联合行动、党建教育联盟活动等合作 20 余场次，实现项目联动、活动联办、平台联建、力量联合、问题联解，打造一体化、多维度、深层次检察协作区域样板。

【检察服务营商环境优化】 2023 年，太仓市人民检察院创新司法服务保障措施，出台优化“企业敢干”营商环境 41 条意见，联合市人民法院、市市场监管局签署《法治护航经济高质量发展协议》，与上海市宝山区人民检察院建立知识产权检察综合履职协作机制，强化知识产权综合司法保护。加大刑事惩治和追赃挽损力度，起诉侵害企业权益犯罪 51 人，对涉案金额高、影响大的案件，第一时间走访听取被害企业意见，及时通报案件办理进度，推进追赃挽损。将平等对待、平等保护要求落实到检察履职全过程。深化涉案企业合规改革，针对太仓小微企业及港区企业发展特点，联合制定针对性合规整改方案，打造涉案企业合规“双轨模式”，办理合规案件 5 件。加强与市工商联、市市场监管局、市金融局等部门和行业商会协会的沟通，在金融服务、“挂案”清理、涉企案件法律监督等方面提供针对性法律服务。在办理一起“总部企业”商业秘密被侵犯案中，引导被侵权企业通过证据保全、合规建设，实现维权有据、诉讼无忧。打造“娄检先锋”品牌矩阵，发挥市场主体“法律顾问”作用，与市工商联建立信息互通机制，开展“问需于企 · 法护企航”主题调研，征求在企代表委员意见建议，邀请企业家代表 70 余人走进检察机关，面对面了解法治需求，强化营商护商意识，为经济发展创造法治化营商环境。接受外部监督，专题向市人大常委会报告优化法治化营商环境建设情况，落实审议意见。

【检察为民】 2023 年，太仓市人民检察院坚持人民至上，严厉打击惩治电信网络诈骗、养老诈骗、危害食品药品安全等违法犯罪行为，解决群众急难愁盼问题，保障和改善民生。坚持和发展新时代“枫桥经验”，落实群众信访件件有回复制度，办理群众信访 229 件，答复率 100%。开展重复信访积案实质性化解三年攻坚行动，综合运用领导包案、刑事和解、公开听证、检调对接等工作机制，妥善化解信访积案 7 件。市人民检察院运用“法理情相融”理念指导办案，在办理一起残障母女因房屋拆迁款纠纷申请民事支持起诉时，通过委托鉴定、跨域接力、建议变更监护权，变“有讼”为“无讼”，获评苏州市检察机关民行纠纷化解十大典型案例并被《检察日报》报道。坚持“小案”不小看、精心办，立足案件开展专项检察监督，推动物业管理、噪声污染、食品药品虚假宣传等问题治理。落实“谁执法谁普法”责任制，检察干警进社区、进农村、进企业、进机关，开展防范养老诈骗、防范非法集资等公益性普法讲座 22 场次。开展主题式检察开放日 13 场次，接待人员 236 人次。强化检察全媒体传播生态链，运用“报刊网微屏书”多元阵地，发布检察宣传 1400 余篇次。参与策划的全国两会“对话最高检”特别活动获评全国政务微博优秀案例。

【司法救助】 2023 年，太仓市人民检察院探索司法救助新路径，提升民事监督精准性，发挥支持起诉制度在保护弱势群体权益方面的特殊作用，审

2023年5月19日，太仓市人民检察院开展普法宣传，鼓励群众检举揭发违法犯罪线索 （市人民检察院供稿）

慎拓展支持起诉案件类型。加大对弱势群体、困难群众的司法扶助力度，办理民事支持起诉案件40件，支持务工人员依法追索薪酬105万元。做实"娄东检爱"司法救助品牌，融入社会救助体系，为遭受犯罪侵害或民事侵权、但无法通过诉讼得到有效赔偿的困难当事人提供司法救助。为89名因案受困人员发放司法救助金101万元，最大程度保障司法救助的"救急救难"效果。深化"1+X"多元化司法救助体系，市人民检察院依托国家司法救助职能和平台，牵头市司法局、市卫健委、市民政局、团市委、市红十字会等部门建立以检察机关为主、多方协调配合，以经济救助为主、其他救助方式为辅，以刑事被害人救助为主、强化涉案未成年人和民事侵权当事人等对象救助的司法救助模式，保护弱势群体合法权益。

【未成年人保护】 2023年，太仓市人民检察院发挥未成年人检察集中统一办理优势，践行"最有利于未成年人"原则，推进重点未成年人"立体关护·成长护航"项目，链接多方力量，强化源头预防和综合治理，守护未成年人健康成长。起诉侵害未成年人犯罪48人，为36名未成年被害人提供"一站式"心理疏导和法律援助。拓展未成年人司法保护路径，通过训诫、制发督促监护令、开展公益诉讼等方式，综合履行未成年人保护职责，获评"全国维护青少年权益岗"。联合出台《关于建立保障未成年人劳动权益协作机制的实施意见》，针对16岁至18岁未成年人开展普法宣传、职业安全教育和技能培训，引导做好学工对接，维护未成年人合法权益。构建"检察院+"综合保护模式，促使未成年人重返校园11人。针对违法招用未成年人问题向主管部门制发检察建议，该检察建议获评2023年度全省优秀社会治理检察建议。发挥"法治副校长"作用，针对在校学生广泛开展法治夏令营、送法进校园、模拟法庭等活动28次，加强未成年人安全教育、提升未成年人法治意识。创设德国双元制教育法治"彩虹桥工程"，举办定制教案、特色课堂活动17场次，营造劳动用工良好法治环境。4月24日，市人民检察院与市人社局会签《关于建立保障未成年人劳动权益协作机制的实施意见》，明确在线索移送、证据共享、结果反馈等方面建立协同联动机制，加大对侵害未成年人劳动权益行为的打击力度，针对重点行业开展联合检查行动，营造全社会遵守未成年人劳法就业规定的良好氛围。组织社区党员干部、未成年学生及家长参观市未成年人社区矫正损害修复基地等，重点围绕强化未成年人保护问题进行普法宣传，提升守法尊法用法的意识能力。

（金　蕾）

法　院

【概况】 2023年，太仓市人民法院围绕"公正与效率"工作主题，持续深化高质量司法实践，为全面推进中国式现代化太仓新实践提供司法服务和保障。全年市人民法院共受理各类案件2.07万件，审执结1.88万件，解决争议标的95.86亿元，一审服判息诉率、一审裁判被改判发回重审率、审限内结案率等主要质效指标居苏州基层法院首位。市人民法院审理的10个案例入选全国性典型案件名单，其中"孤寡残疾老人遗产指定管理人案"入选2023年度全国人民法院十大案件名单，获全国法院系统2023年度优秀案例二等奖、"新时代推动法治进程2023年度十大案件"称号。年内，太仓市人民法院在太仓市级机关单位综合考核和苏州法院工作综合考评中，均获评第一等次。

【刑事审判】 2023年，太仓市人民法院常态化开展扫黑除恶斗争，依法打击违法犯罪行为，审结各类刑事案件964件，判决罪犯1239人。开展打击治理电信网络诈骗犯罪"百日行动"，审结电信网络诈骗及关联犯罪案件64件。严惩危害人民群众生命健康的违法犯罪行为，审结高空抛物、危害食品药品安全、交通肇事等犯罪案件406件。依法惩治腐败犯罪，审结贪污、受贿等各类国家公职人员职务犯罪案件5件。

【民事、商事审判】 2023年，太仓市人民法院树立新时代能动司法理念，审结各类民商事案件1.04万件。加强教育、医疗、就业、消费等民生领域司法保障力度，化解相关纠纷1433件。《"假外包真派遣"不能规避用工单位应承担的法定义务》案例入选苏州法院劳动人事争议十大典型案例名单。依法规制高利贷、套路贷等非法金融活动，审结民间借贷案件905件。做好涉少、家事审判工作，与市心协开展"护家"家事案件心理疏导工作座谈会，深化"护家"品牌建设，在妇女儿童个案深入维权、家暴分级管理中加强协作，共同做好妇女儿童心理健康关护工作。把心理疏导工作机制应用在家事纠纷化解中，提升家事案件处理效果。加强对老年人、未成年人、妇女等群体权益保护，审结离婚纠纷403件、涉老年人案件137件、涉抚养费案件153件。年内，市人民法院出台服务保障“企业敢干”司法举措16项，优化企业发展环境。与市工商联联合召开商会商事调解工作推进联席会议，发挥商会调解组织在化解涉民企纠纷方面优势，促进涉民企纠纷高效便捷低成本化解，造“情理法宜·暖商护企”商事调解品牌。发挥破产审判职能作用，深化“执破融合”改革，创新引入破产信托服务机制，提升破产资产处置效果，促进“僵尸企业”有序出清。全年共审结各类上市合同、公司经营纠纷3890起；审结破产及强制清算案件95件，推动94家企业有序退出市场，清理债务31.15亿元。

2023年4月21日，太仓市人民法院在市市场监管局巡回审判点公开审理一起不正当竞争纠纷案（市人民法院供稿）

【知识产权审判】 2023年，太仓市人民法院围绕“公正与效率”工作主题，发挥审判职能作用，树立能动司法理念，加强与苏州5个“国字号”专业法庭（苏州知识产权法庭、破产法庭、国际商事法庭、劳动法庭、互联网法庭）、太仓市相关职能部门以及太仓欧商会等单位的协作联动，营造市场化、法治化、国际化营商环境。健全联动保护机制，形成知产保护合力，依托驻市场监管部门的巡回审判点等平台，建立健全个案联动保护、信息沟通交流、证据调取等工作机制，加大对涉企商标侵权、专利侵权、不正当竞争等行为的打击力度，提高知识产权全链条保护水平。全年市人民法院审结知识产权案件139件，审结侵害商标权纠纷79件，支持赔偿诉请1189万元。

【案件执行】 2023年，太仓市人民法院围绕“切实解决执行难”目标，持续加大拒执罪打击力度，提高司法公信力和威慑力。组织召开执行联动协作联席会议，向市人大常委会专题报告综合治理执行难工作情况，落实审议意见，推动构建“综合治理执行难”大格局。依托府院联动机制，践行能动司法理念，审理涉恒大、苏创液化气公司等民生案件，保障当事人胜诉权益。优化执行资源配置，推进繁简分流，执结案件5328件，实际执结率、法定期限内结案率等主要质效指标居苏州基层法院前列。常态化开展“天网行动”“法警精准突击”集中执行活动，严厉打击失信拒执行为，对规避执行的被执行人采取罚款、司法拘留等强制措施，彰显强制执行震慑效果，维护司法权威。践行司法为民理念，持续开展打击拒执犯罪专项行动，依法遏制和打击规避执行、抗拒执行等行为，强化执行强制措施运用，共移送涉嫌拒执罪线索16件，判决12件、15人。《“一体两翼”解决执行难“太仓路径”项目》获评“市域社会治理现代化试点工作优秀项目”。

【司法服务】 2023年，太仓市人民法院持续深化“嘉昆太”司法协作内涵，与上海市宝山区、嘉定区人民法院围绕人民法庭、跨域执行、警务合作等内容加强协作。深化落实服务保障太仓港高质量发展十项司法举措，聚焦港口重大项目建设、物流、用地等需求，加大司法支持力度。太仓市人民法院与南京海事法院苏州法庭签订《港产城司法联动协同共建协议》，南京海事法院太仓巡回审判点揭牌，探索构建港产城司法联动共建协作机制，以海事司法服务助力营造一流港航营商环境。运行“对德合作司法服务工作站”“五庭协同巡回审判点”，组织开展涉德企案件审理情况发布、巡回审判、法治讲座等系列活动。践

2023年6月29日，“情理法宜·暖商护企”商会商事调解工作推进联席会议召开（龚思文摄）

行恢复性司法理念，依托长江（郑和公园）司法生态修复基地，首次将修复基金用于长江司法生态修复，签订长江重点水域替代性修复合作备忘录。坚持和发展新时代"枫桥经验"，融入社会治理大格局，与属地镇区、村（社区）联合实施"诉源化解"法治实训项目，实训18名调解员参与诉讼服务、纠纷调处、观摩庭审213件次。做好"保交楼、保民生、保稳定"司法保障工作，通过加强府院联动、示范调判、破产重整等，化解"问题楼盘"纠纷842起。

【司法为民】 2023年，太仓市人民法院依托诉讼服务中心载体，对接矛调中心建设，推动全体法官、法官助理挂钩全市160个村（社区），调处纠纷提供业务指导。落实"有信必复"要求，规范来信接收、交办、答复流程，解决群众合理诉求。共受理来信来访298件次，回复率100%。加强和规范诉前调解工作，建设以全国人大代表名字命名的"褚锋调解工作室"，引入市场化调解组织参与化解民商事纠纷，提升诉前调解工作实效。共诉前分流纠纷1.13万起，调解成功4652件，调解成功率37.94%。推进"枫桥式人民法庭"创建，发挥人民法庭前沿解纷阵地作用，完善"1+3+N"（沙溪镇人民法庭"溪法巡回"主体+3个亮点品牌+多条阶梯式解纷机制）立体化诉源治理体系，沙溪镇人民法庭入选苏州法院诉源治理示范法庭。加大对典型案例的法治宣传力度，弘扬社会主义核心价值观，审理的顾氏三兄弟申请指定遗产管理人案被中央电视台《今日说法》栏目、最高人民法院官微等媒体报道。推进汽车消费纠纷联动化解机制建设，促进规范汽车领域经营者诚信经营，保障汽车消费者享有平等消费权利。

【司法改革】 2023年，太仓市人民法院落实司法责任制，完善独任制、合议庭等审判组织运行，探索建立案件阅核机制，强化院庭长对裁判文书的审核把关，提升办案质量。发挥"法答网"、专业法官会议、类案强制检索等机制作用，促进类案裁判尺度统一。规范审限管理，管控审判流程节点，建立疑难复杂案件指导督办工作机制，对94件"六类案件"（涉及群体利益，需要政府和相关部门配合的案件；人数众多的共同诉讼、集团诉讼案件；案情复杂，当事人之间情绪严重对立，且双方都难以形成证据优势的案件；相关法律法规没有规定或者规定不明确，在适用法律方面有一定困难的案件；敏感性强，社会关注度大的案件；申诉复查案件和再审案件）纳入监管，12个月以上长期未结案案件全部清零。发挥院庭长办案示范引领作用，院庭长担任审判长或者主审法官办结案件1.03万件，占结案总数55.09%。深化以审判为中心的刑事诉讼制度改革，推进庭审实质化，6件案件要求侦查人员出庭作证，1件案件启动非法证据排除。规范刑事速裁及认罪认罚从宽制度适用，速裁程序适用率68%，认罪认罚适用率95%以上。持续推进民事诉讼繁简分流，深化群体性纠纷示范调判机制，扩大金融案件要素式裁判适用，化解相关民事案件6000余件，平均审理天数较上年缩减10%以上。发挥司法建议防风险、促治理功能，对执法办案中发现的集体资产管理、假牌套牌车辆整治等问题制发司法建议13份，力求"审理一案、治理一片"。（陈 源）

司法行政

【概况】 2023年，太仓市各类调解组织调解矛盾纠纷2.19万件，调处成功率100%。全市律师行业办结各类案件4375件，其中刑事案件136件，民商事案件3669件，行政案件129件，非诉讼法律事务441件，业务创收1.45亿元，较上年增长18%。太仓市公证处办理各类公证8002件。全年累计接收社区矫正对象392人，衔接刑满释法解矫人员212人。截至年底，全市在册社区矫正对象369人、刑释解矫人员950人。市法律援助中心办理各类法律援助案件1311件，接受来电来访法律咨询8953人次。年内，太仓市法治建设工作考核位列苏州第一等次。

表85　2023年太仓市基层法律服务所一览表

序号	单位	地址
1	太仓市娄江法律服务所	太仓市城厢镇东仓北路8号
2	太仓市城厢法律服务所	太仓市城厢镇郑和西路46号
3	太仓市浏河法律服务所	太仓市浏河镇东港路3号汇金坊102室
4	太仓市沙溪法律服务所	太仓市沙溪镇白云中路
5	太仓市双凤法律服务所	太仓市双凤镇凤北路198号
6	太仓市璜泾法律服务所	太仓市璜泾镇怀仁路18号
7	太仓市浮桥法律服务所	太仓市浮桥镇中兴南街

【"娄城老娘舅"调解服务】 2023年，太仓市坚持和发展新时代"枫桥经验"，发挥人民调解在社会治理体系建设中作用，化解矛盾纠纷，持续擦亮太仓"娄城老娘舅"人民调解品牌，维护社会和谐稳定。建立健全市、镇

2023 年 2 月 28 日，太仓市司法局开展新入矫社区矫正对象警示教育
（市司法局供稿）

（街道）、村（社区）三级人民调解委员会、行业性专业性人民调解委员会组织机构，推动有条件的社会团体或者其他组织根据需要依法设立人民调解委员会，配齐配强专职人民调解员队伍。开展人民调解“十百千”工程建设，挖掘十名金牌调解员、百名调解能手和千名网格调解志愿者，推动调解工作向特色化、品牌化、社会化发展。培育“金厢灵”“泾心调”“娄东新枫”等一批人民调解特色品牌，形成一镇（街道）一个调解品牌。常态化开展调解员走社区、进小区、讲案例活动，加强调解典型案例发布和优秀调解员宣传，讲好身边的“人民调解故事”，让“有纠纷先调解，就找娄城老娘舅”理念深入人心，在全社会营造崇尚法治、安宁和谐氛围。

【社区矫正】 2023 年，太仓市以长江生态环境保护为主题，以太仓市长江生态保护社区矫正损害修复基地为载体，融合打造太仓市长江生态保护社区矫正损害修复 2.0 版本，丰富太仓社区矫正高质量发展独特品牌。开展“守护绿色长江”法治教育，用“线上＋线下”普法模式搭建长江保护法宣传平台。组建长江生态环境保护法律服务专家团，开展“守护绿水青山”警示活动，以案释法，法理结合，增强社区矫正对象的法治意识和环保意识。开展“关护绿色环境”实践活动，发挥未成年社区矫正对象损害修复基地功能，打造未成年关护绿色环境“五色课堂”。强化公益修复，助力融入社会。组织护树增绿行动，培养社区矫正对象社会责任感；开展鱼苗放流行动和现场集体警示活动；组织徒步环保行动，赴长江沿岸徒步开展清脏治理。组织开展未成年人“绿色”公益生态活动，在基地开展除草、植树、团建等。强化融合发展，配合做好公益诉讼，搭建社区矫正公益志愿者平台，组织、引导社区矫正对象参与检察公益活动；强化多元共治，整合公、检、法、司和社会专业力量等资源。2 月 28 日，太仓市司法局社区矫正管理局组织开展“牢记身份·从心归航”警示教育活动，强化社区矫正对象身份意识和法律意识，确保全市社区矫正对象在管在控。市司法局将远程查验和上门核查相结合，做实做细社区矫正夜间查验活动，构建社区矫正对象的监管闭环机制，打击社区矫正对象不假外出、人机分离等违法行为。5 月，市司法局社区矫正管理局联合全市各司法所开展夜间突击夜查活动，抽查重点对象，未发现违法现象。

【“八五”普法】 2023 年，太仓市深入宣传习近平法治思想，坚持普法与依法治理相结合，持续推进“强基工程”试点工作，实施“1133 工程”，围绕法治建设“一条主线”，打造示范创建“一套体系”，建设法治文化阵地、法治文化作品、法治人才队伍“三个集群”，突出法治文化片区、法治口袋公园、普法品牌显性化行动“三个特色”，提升全民法治素养。市司法局印发国家机关普法责任清单、领导干部应知应会法律清单、法治宣传教育工作联动事项。完成“八五”普法中期检查评估验收工作，承接司法部试点任务，组织实施村（社区）“两委”班子成员法治素养提升行动，创新推出正负面清单、述法测评体系、“沉浸式”研学等一系列制度，形成法治素养提升“太仓实践”，经验做法获司法部肯定。部署开展《中华人民共和国民法典》宣传、“12·4”国家宪法日和“宪法宣传周”集中宣传等活动。年内，新增“娄江法治文化带”等法治阵地 20 余个，创成苏州市法治文化建设示范点 3 个，连点成片发布法治研学线路 9 条。市司法局获评全省“八五”普法中期成绩突出集体。

2023 年 8 月，太仓市开展“与法同行——未成年人暑期普法活动”
（毛林林摄）

表86　2023年太仓市"最受群众关注的普法特色品牌"一览表

序号	普法特色品牌	等级	单位
1	法润成长 · 放飞梦想	优秀奖	市教育局
2	e路护航	优秀奖	市公安局
3	城管家 · 普法之窗	优秀奖	市城管局
4	交通情　伴你行	优秀奖	市交运局
5	情系三农 · 普法惠农	优秀奖	市农业农村局
6	江海为民工作室	优秀奖	太仓海事局
7	法治护航成长	优秀奖	苏州健雄职业技术学院
8	法润新城	优秀奖	科教新城
9	法汇厢治	优秀奖	城厢镇
10	法润印溪	优秀奖	沙溪镇
11	璜泾法泽	优秀奖	璜泾镇
12	法安娄东	优秀奖	娄东街道
13	保"驾"护"行"你我同行	提名奖	市法院
14	阳光检察	提名奖	市检察院
15	救助见成效　兜底有温度	提名奖	市民政局
16	阳光财政 · 普法惠民	提名奖	市财政局
17	法润太仓　法护自然	提名奖	市资源规划局
18	依法治水惠民生	提名奖	市水务局
19	关注健康　医法同行	提名奖	市卫健委
20	应急先锋 · 安全卫士	提名奖	市应急管理局
21	阳光政务面对面	提名奖	市行政审批局
22	市监说法	提名奖	市市场监管局
23	普法惠企 · 法护职工	提名奖	市总工会
24	法润双凤	提名奖	双凤镇

【"国家宪法日"宣传活动】 2023年12月4日是第十个国家宪法日，是学习推广"枫桥经验"60周年暨习近平总书记指示坚持和发展"枫桥经验"20周年。太仓市加强宪法学习宣传，强化宪法意识，弘扬宪法精神，建设社会主义法治文化，坚持和发展新时代"枫桥经验"。12月1—11日，太仓市组织开展"宪法宣传周"活动，活动主题为"大力弘扬宪法精神，建设社会主义法治文化"。重点宣传习近平新时代中国特色社会主义思想，特别是习近平法治思想、习近平文化思想；习近平总书记关于宪法的重要论述；《中华人民共和国宪法》《中华人民共和国民法典》等国家法律，与推动高质量发展、高品质生活、高效能治理密切相关的法律法规；社会主义法治文化；中共十八大以来党领导人民进行法治建设取得的伟大成就和基本经验，以及法治太仓建设的新进展新成绩。活动包括"强基工程——国家宪法日"活动，"国家宪法日"青春法学院揭牌仪式，"宪法进校园"主题课堂，"法满桥红"国家宪法日活动，"宪"身说"法"，法治游园会精彩呈"宪"主题实践活动；宪法进基层系列

活动；第六届全省“百万党员学宪法学党章考法律”活动等。

【行政应诉工作】 2023年，太仓市推进依法行政，履行行政应诉职责，提高依法行政意识，规范行政执法行为，提高行政诉讼案件胜诉率，加强全市行政应诉工作。压紧压实党政主要负责人“第一责任”，党政主要负责人履行推进法治建设第一责任人职责，提高政治站位，强化责任落实，提升尊法学法用法和解决实际问题的能力。持续提升行政应诉工作水平，严格规范应诉答辩工作，强化执法规范化建设，化解行政争议。坚持党委统一领导、法院搭建平台、政府积极作为、社会多元参与的工作思路，建立完善衔接顺畅、协调有序的行政争议化解机制。建立行政行为自我纠错机制，实现行政机关自我识错、自我纠错、自我防错。强化工作保障，深化工作协同，加强执法监督，打造市镇（街道）两级行政执法监督工作体系，实现执法监督工作体系化、标准化、程序化。强化监督问效，完善法治督察与纪检监察监督协作机制，提升工作成效。

【合法性审查专家库建立】 2023年，太仓市推进依法行政，全面建设法治政府，做好行政规范性文件制定和监督管理工作。市政府办公室印发《太仓市行政规范性文件制定管理实施细则》，提高行政规范性文件制定质量，加强行政规范性文件监督管理。市司法局做好全市行政规范性文件、重大行政决策、重大行政执法决定以及其他事项合法性审查工作，提升合法性审查公信力和权威性，公开遴选律师15人作为太仓市合法性审查专家库成员，市合法性审查专家库成员主要参与行政规范性文件、重大行政决策、重大行政执法决定及其他需要进行合法性审查的事项，助推太仓市依法行政和法治政府建设水平。（陈　虹）

劳动仲裁

【概况】 2023年，太仓市持续完善“一窗式”维权服务平台建设，市、镇（区）二级平台累计接待群众1.12万人次，受理劳动维权案件1956件，调解251件，通过调解为劳动者挽回经济损失3042.3万元。提供法律援助61次，为劳动者追索劳动报酬、经济补偿赔偿和工伤赔偿累计764.41万元。开展各类劳动人事维权法治宣传和法律援助宣传31次。

【劳动仲裁处理】 2023年，太仓市仲裁院联合市人民法院开设巡回法庭，公开审理典型劳动争议案件，统一裁判尺度，增强仲裁和诉讼公信力。常态化开设周末仲裁庭30次，促进案件快审快结。全年立案处理劳动人事争议案件1664件，涉及职工1892人。全年结案1680件（含2022年度未结案件30件），其中裁决827件、调解574件、撤诉及其他方式279件，案件结案率99.17%，为职工挽回经济损失8243.45万元。处理10人以上集体劳动争议12件，涉及劳动者262人，为职工挽回经济损失1685.12万元。

表87　2023年太仓市镇“一窗式”劳动保障维权服务平台一览表

序号	市／镇（区）	所在场所	地址
1	市级	劳动保障维权服务大厅	太仓市十八港路29号
2	港区／浮桥镇	党群服务中心一楼大厅	太仓市港口开发区北环路12号
3	高新区	高新区人社局二楼	太仓市郑和中路397号
4	城厢镇	城厢镇组织人事和社会保障局101室	太仓市城厢镇长春路238号
5	沙溪镇	沙溪镇行政中心一楼信访大厅	太仓市沙溪镇仁溪站88号
6	浏河镇	浏河镇综合行政执法局一楼大厅	太仓市浏河镇东港路1号
7	璜泾镇	璜泾镇公共法律服务工作站大厅	太仓市璜泾镇园林路2号
8	双凤镇	双凤镇司法大厅一楼办事大厅	太仓市双凤镇凤北路198号

表88　2023年太仓市劳动人事争议仲裁委各镇（区）巡回仲裁庭一览表

序号	镇（区）	地址
1	港区仲裁庭	太仓市港区北环路12号党群服务中心
2	高新区仲裁庭	太仓市高新区郑和中路397号
3	城厢镇仲裁庭	太仓市城厢镇长春南路238号

续表 88

序号	镇（区）	地址
4	沙溪镇仲裁庭	太仓市沙溪镇仁溪路 88 号
5	浏河镇仲裁庭	太仓市浏河镇东港路 11 号
6	璜泾镇仲裁庭	太仓市璜泾镇园林路 2 号
7	双凤镇仲裁庭	太仓市双凤镇凤北路 188 号

【劳动保障维权】 2023 年，太仓市坚持和发展新时代“枫桥经验”“浦江经验”，把非诉讼纠纷解决机制挺在前面，加强涉企矛盾纠纷排查化解，推进企业人民调解组织建设，开展商会商事调解培优培育行动。建立健全矛盾纠纷多元化解机制，持续强化基层调解组织建设，累计建立劳动人事争议调解组织 540 家，其中企业调解组织 511 家、市级商会调解组织 12 家、市级协会调解组织 6 家、镇（区）商会调解组织 11 家，增加协商调解服务供给，促进争议就地就近就便化解。9 月，太仓市劳动人事争议人民调解委员会获评江苏省 2023 年“金牌劳动人事争议调解组织”。 （吴可菲）

社会信用体系建设

【概况】 2023 年，太仓市社会信用体系建设围绕政务诚信、商务诚信、社会诚信和司法公信“四大领域”，锚定信用赋能服务经济高质量发展、营商环境提优、社会治理提效目标，以固基础保障、强共享应用、促监管提升、谋创新拓展、重宣传教育为抓手，推进“信用太仓”建设，提升城市信用水平，诚实守信氛围浓厚。年内，太仓市城市信用状况监测（县级市）居全省第 2 名；市城管局、陆渡街道、市资源规划局选送的 3 个案例入选 2023 年苏州市社会信用体系建设典型案例名录；苏州捷赛机械股份有限公司入选“亮信企业”名录，伟速达（中国）汽车安全系统有限公司入选“企业信用看苏州”媒体采风企业名录。

【信用制度建设】 2023 年，太仓市构建与经济社会高质量发展要求相适应的社会信用体系，有效降低经济社会运行成本，打造“5E · 太舒心”营商环境，推进市域治理体系和治理能力现代化。构建信用长效机制，完善信用管理制度，建立信用标准体系。印发《太仓市推进社会信用体系建设高质量发展，促进形成新发展格局的工作方案》《太仓市关于进一步加强政务诚信建设的工作方案》等文件，制定《2023 年太仓市社会信用体系建设工作要点》《2023 年太仓市社会信用体系建设工作考核办法》等文件。开展“十四五”（2021—2025 年）社会信用体系建设规划中期评估。锚定“信用便企”主攻方向，创新社会信用体系建设工作思路和方法，围绕信用支撑优化营商环境为重点方向，依托公共信用信息归集共享应用为基础，以守信激励便企善治为主要手段，持续拓展“信易 +”应用场景，健全信用便企服务体系。印发《太仓市“信用便企”创新信用管理与服务试点工作实施方案（2023—2025 年）》，明确构建信用便企“1+3+N”服务体系，把“信用便企”理念融入企业全生命周期服务。以“政企互信、政企守信”为原则，推进国有建设用地资产配置从“严进宽管”向“宽进严管”转变。

【信用信息共享】 2023 年，太仓市以省市一体化信用信息资源共享平台为依托，搭建太仓市公共信用信息服务平台，提供线上信用报告查询审查服务，归集共享纳税、水、电、不动产、燃气费、科技研发六类特定信用信息。规范公共信用信息的归集、披露、使用和提升信用数据质效，全年归集共享各类信用数据 90.27 万条，其中：行政许可信息 1.23 万条、行政处罚信息 0.9 万条；提供各类信用查询报告 783 份、查询记录 3.62 万条。更新“信用太仓”网站栏目信息 400 余条，发布信用政策、信用建设工作动态和公示各类信用信息。

【诚信宣传教育】 2023 年，太仓市印发《太仓市 2023 年度诚信宣传活动计划》，确保全年诚信宣传活动有特色、有数量、有成效。通过线下参与和

2023 年 6 月 14 日，“‘诚’势而为　信创未来”2023 年诚信建设万里行 · 太仓在行动主题活动在市融媒体中心举行 （市融媒体中心供稿）

线上直播扩大宣传影响力，深耕“信用太仓”城市宣传品牌。6月14日，市信用办、市文明办、市发改委、市金融监管局和人行太仓市支行联合举办“‘诚’势而为 信创未来”2023年诚信建设万里行·太仓在行动主题活动暨第六期“BEGI·N”金融沙龙，活动通过“太融E”客户端以及“太仓融媒”微信公众号现场同步直播。活动包括“以信兴业”“以诚立人”“信筑太仓”3个篇章，播放专题片《“信用便企”太仓模式》，以各种文艺形式展示“信用便企”场景应用，发布“信易贷”系列产品，表彰太仓市第五届“诚信市民（群体）”和年度诚实守信红榜企业［苏州捷赛机械股份有限公司、太仓市同维电子有限公司、安佑生物科技集团股份有限公司、五矿邯钢（苏州）钢材加工有限公司、众华电子科技（太仓）有限公司）］。市信用办牵头开展“诚信建设万里行·太仓在行动”诚信宣传走进陆渡街道红庙村、浮桥镇浪港村活动，举行信用知识有奖竞答，发放《江苏省社会信用条例》宣传手册和诚信宣传品，传递诚信文化、诚信知识和诚信正能量，营造诚信氛围，提升城市文明水平。

表89 第五届太仓诚信市民和诚信群体一览表

序号	获奖者	获奖名称
1	王能雄	诚信经营·做客户和员工可信赖的伙伴
2	张永刚	戎耀暖心·把公交车开成救护车
3	张维忠	一句承诺·照顾瘫痪岳母25年
4	张蕴秋	以诚为本·“小乌龟”做成“大产业”
5	陆永兰	拾金不昧·“美”了城市、“暖”了人心
6	高建新	以德兴商·当好“老娘舅”解纠纷
7	太仓市爱心商家联合会	用点点滴滴营造浓浓诚信氛围
8	高新区娄江幼教中心小荷志愿服务团队	为幼儿成长注入诚信正能量
9	陆渡街道“文明红”志愿者团队	“小事”“大事”事事上心
10	市资源规划局“标准地＋双信地＋定制地”工作专班	以信用为桥梁优化营商环境

【信用监管机制】 2023年，太仓市建立健全以信用为基础的新型监管机制，覆盖事前、事中和事后全监管环节。“事前”在市场准入、项目申报、政务服务、招标投标等重点领域推广信用承诺；“事中”在税务、环保、住建、卫生、城管等行业领域开展信用评价，把评价结果与“双随机、一公开”监管有机结合，实行分级分类差异化监管；“事后”依法依规实施信用奖惩，在财政奖补资金项目申报方面加强信用审查，实施失信约束措施。建立健全信用修复机制，入驻市企业服务中心举办“信用修复”专题培训会2场，举办信用修复培训进区镇专场活动7场，为300多家失信企业开展现场信用修复业务指导，督促、指导企业主动纠正失信行为、重塑信用形象。创新监管理念、监管制度、监管方式，推进信用监管制度、监管措施、规范标准全市“一盘棋”，以安全生产、产品质量、商贸流通、消费、金融税务、工程建设、交通运输、电子商务、中介服务、校外培训等领域为重点，建立健全市场主体全生命周期信用管理制度，创新监管机制，惩戒违法失信行为，提升行业诚信水平，营造诚信市场环境，持续优化营商环境。

【创新信用管理与服务试点】 2023年是省县级地区创新信用管理与服务试点工作的开局之年。太仓市落实省县级地区创新信用管理与服务试点工作部署要求，围绕“信用便企”主攻方向，将“信用便企”服务与部门职责结合，持续拓展创新信用管理与服务应用场景。挖掘服务空间，将“信用便企”理念融入企业全生命周期服务，探索可复制、可推广的太仓经验，打造更优营商环境，为全市经济社会高质量发展提供信用硬支撑。组织召开“信用便企”试点工作研讨会、部署会、启动会和推进会，印发《太仓市“信用便企”创新信用管理与服务试点工作实施方案（2023—2025年）》，承办全省县级地区创新信用管理与服务试点工作推进会，着眼企业发展全要素拓展信用便企服务应用场景，构建“1+3+N”（“1”即1个实体化运作的企业服务中心平台；“3”即涵盖“信易+”政务服务、“信易+”金融服务、“信易+”监管服务3大领域；“N”即拓展与企业发展密切相关的“便企服务”应用场景，让信用为企业发展纾困赋能）信用便企服务体系。《“信易＋服务＋监管”规范“地摊经济”守护城市“烟火气”》《垃圾分类“信用承诺＋社会治理”2.0版》《“信易＋监管”打造应急信用“引擎”助推安全监管提质增效》《“信用承诺”创新赋能外资登记服务》4个案例入选2023年苏州市“信易+”场景。

【政务诚信】 2023年，太仓市以政务诚信建设引领全社会诚信建设，建立健全政务信用管理体系，推进政务公开规范化和标准化。深化重点领域政务诚信建设，加强政府采购、政府和社会资本合作、招标投标、招商引资、地方政府债务、统计等领域政务诚信建设，督促政府部门和公职人员全面依法履行职责，严格履行向社会作出的承诺以及依法订立的各类合同，在社会信用体系建设中发挥示范表率作用，提升政府诚信水平，健全政务诚信档案，依法记录政府部门和公职人员在履职过程中被依法追究责任的违法违约行为信息。在公务员录用、调任等工作中查询信用信息，在评先评优等工作中应用政务失信记录。实施政务诚信建设专项督察和考核，将考核结果纳入全市高质量发展考核体系。持续开展政府机构失信问题治理，将党政机关作为失信被执行人案件纳入治理范围。

（程　勇）

▲资料链接

政务诚信助推"5E·太舒心"营商环境建设

1. 助力企业开办注销"全链通"，推进数字监管。利用信用承诺线上化操作，建立信用承诺模板，梳理信用承诺清单，共享信用承诺数据库，构建多场景多模式适用的信用承诺，加强信用承诺追踪监测；通过深入完善信用信息归集，加强各相关部门信息共享交换，提升审批效率，升级"一网通办"政务服务。

2. 提高中小企业融资服务便利度。通过分级分类监管，完善中小企业公共信用评价和行业信用评价，通过信用评价结果与相应措施的差异化构建，为各信用级别企业提供更加精准便利的服务，特别是明确信用较高企业的融资便利程度，并可以将中小企业融资作为试验示范，推动构建具有太仓特色的信用监管和营商环境结合机制。

3. 营造最公平的营商环境。通过完善事后监管，特别是严重失信主体名单认定和依法适当惩戒，以及信用修复工作的健全完善，有效保护市场主体权益，持续推进信用监管机制，营造公平营商环境。

公共安全

应急管理

【应急管理体系建设】 2023年，太仓市修编市级应急预案6个（新增1个、修订5个），累计修编市级应急预案43个、镇级应急预案123个，160个村（社区）全部制定应急处置方案。探索应急预案数字结构化，"可视化"转换气象灾害、危化品突发事故、地震等预案7个。城市应急演练方面，重点开展城市燃气事故、抗旱洪涝、道路交通、通信保障、水上救援等灾难事故演练，开展市级专项应急预案演练27场；各镇（区、街道）组织开展应急演练68场，村（社区）开展应急处置演练144场，开展防台风码头工人紧急转移疏散桌面推演1次。企业应急演练方面，通过安全生产监管平台下达应急演练任务，570家劳动密集型企业、70家重点行业领域单位开展消防应急逃生演练，702家有限空间作业企业开展有限空间作业应急演练。探索"九小场所"（小学校或幼儿园、小医院、小商店、小餐饮场所、小旅馆、小歌舞娱乐场所、小网吧、小美容洗浴场所、小生产加工企业）消防演练模板，开展教育培训13场次，覆盖场所150余家。举办2023年应急救援队伍技能提升培训，共29支队伍58人参加。制订应急救援物资年度采购计划，每季度开展应急物资核查，全市共有应急物资与装备储备库224个，其中区县级储备库2个、乡镇级73个、村社级52个、企业级97个。储备工程机械设备243台、排水泵1259台、应急发电机73台、陆地运输车辆425辆；另储备应急装备及配套物资、基本生活保障物资及工程材料与机械加工设备，全部录入应急管理综合平台。

【工贸企业安全监管】 2023年，太仓市对全市49家金属冶炼企业开展安全检查，推进5家企业开展金属熔融作业区"二道门"建设，至年底完成建设企业1家。推动粉尘涉爆企业落实每日粉尘清扫任务，每日线上巡查粉尘清扫质量，推动33家重点粉尘涉爆企业完成除尘设施验收。开展重点危化品使用企业安全整治提升，逐一排查涉及危化品使用重点工艺、危化品使用量较大的企业205家，完成"三同时"（同时设计、同时施工、同时投入生产和使用）报告企业16家；督促81家基础条件较好的企业完成安全现状评价报告；基础条件过于薄弱而无法出具安全现状评价报告的108家企业，限期完成整改任务，制定"一企一策"整改方案并完成闭环整改。对劳动密集型工业企业开展"生命通道"专项执法，为车间人员密集、可燃材料多的100家劳动密集型企业免费安装烟雾报警器270个，第二批采购联网式烟雾报警器1300个，通过建设"感知平台"在线监控烟雾报警装置运行情况。将所有烟花爆竹零售店纳入监管平台，落实每月隐患风险自查。全覆盖执法检查烟花爆竹批发企业1家、烟花爆竹零售店32家，共发现问题隐患52处，全部落实整改。开展烟花爆竹打非治违行动，查处烟花爆竹非法经营案2起，立案处罚3.65万元。

【危化企业安全监管】 2023年，太仓市深化危化品企业老旧装置更新改造三年行动，全面完成8家企业13套老旧装置更新改造。开展重大危险源企业"消地协作"（消防、应急合作）专项检查督导，开展重大隐患动态清零行动。推动危化领域安全治理体系建设，关闭退出化工园区外的化工企业3家。加快化工企业信息化建设，政府端健全完善全市化工企业安全监管一体化平台。企业端健全"五位一体"（集重大危险源监测预警、可燃有毒气体监测报警、企业安全风险分区管理、人员在岗在位管理、企业生产全流程管理于一体）信息化系统，推动11家重大危险源企业、3家涉及高危工艺的危化企业将双重预防机制、电子作业票模块对接上传苏州中间库。

【安全生产执法检查】 2023年，太仓

市建立“安全管理预警”模块，结合安全生产监管平台大数据分析，对存在问题每日生成预警信息并短信提醒企业，累计向企业发送提醒短信3.2万条。推进“互联网＋监管”模式，探索、推行非现场执法，打击企业主观性违法违规行为，太仓市被应急管理部定为首批安全生产非现场执法试点地区。全年全市应急系统事前执法立案645件，实施经济处罚753.46万元，其中“一案双罚”（安全生产执法部门发现生产经营单位违法生产，在要求生产经营单位整改的同时，直接对其处以罚款，不仅处罚企业，主要负责人未履行法定的职责还要处罚企业责任人）立案429件。优化执法方式，根据企业隐患自查自纠、教育培训等情况，结合企业综合资源评价等级，形成安全生产优质企业安全服务准则，执法人员现场指导，一般隐患限期整改，将严格执法与指导服务相结合，推行柔性执法。

【群租厂房安全和消防隐患整治】2023年，太仓市印发《全市群租厂房安全生产专项整治工作要求》，对出租方（房东）落实统一监管要点15处。在监管平台增设“出租厂房”模块，对新出租项目实行前置管理，要求租赁合同签订之前先通过平台线上申报，杜绝不符合产业导向、不具备安全生产条件的新增项目落地。排摸存量出租项目，综合运用“数据比对＋现场核实”方法，摸清全市1578家房东、4112家租客基础信息，督促所有租客将安全生产协议上传平台。实行分类整治，推动管理较好的A类群租厂房创成示范园区5家；针对安全管理基础相对较差的B类、C类群租厂房，每季度每个镇（区）选取10家群租厂房实施动态挂牌督办，落实整改全市288处群租厂房出租点位、1599家承租企业的隐患问题6325条。通过平台“出租厂房自查”模块，督促房东每月自查，全年共自查7轮、1.18万家次，发现隐患1197处，整改完成982处。对整改且复查完毕的出租厂房定期“回头看”检查，防止问题隐患反弹，共巡查443家次，发现隐患323处，整改完成221处。

【风险报告动态监管体系建设】2023年，太仓市持续更新完善全市风险库，发挥“1+2+3”（企业每月动态开展风险辨识，专职安全员每2个月开展一轮全覆盖风险巡查，市镇两级应急管理部门每3个月对重点企业开展一次风险管控措施有效性执法检查）风险管控机制效能，对全市工业企业所有风险点开展全面自查巡查。全年全市工业企业完成风险辨识12轮，排查隐患8.17万处，整改完成7.93万处；专职安全员完成全覆盖巡查6轮，指导服务企业3.85万家次，排查隐患7.38万处，整改完成6.82万处；市镇两级应急部门开展巡查4轮，检查企业2573家次，排查整改隐患6583处，整改完成4226处。针对“即知即改”隐患，设置“简易隐患”上报项，推动现场整改闭环隐患2.47万处。针对危险作业建立“危险作业管理”模块，对吊装作业、动火作业、高处作业和有限空间作业等实施过程化管控，全市工贸企业运用平台开展危险作业过程化管控3.75万次，推动行业部门开展危险作业过程化管控4864次。针对特殊企业任务，下达“粉尘每日清扫”“有限空间演练”“人员密集型企业消防灭火应急逃生演练”“行车前例检”等特殊企业任务。针对委外作业，开发企业和房东访客管理小程序，试点阶段审核委外施工访客信息1561处。

【安全生产教育】2023年，太仓市优化“三项岗位人员”（生产经营单位主要负责人、安全管理人员和特种作业人员）培训考试，苏州健雄职业技术学院考点通过省应急厅验收并投入使用。改造完成特种作业实操考试点，实现焊接与热切割作业、高处作业使用真实设备考试，升级特种作业理论考试网络，完成云数据同步。全年完成“三项岗位人员”考核9786人，通过考核9223人，其中企业负责人和安全员通过270人、特种作业人员通过7465人。更新优化“网上安全学校”题库，推进18万名企业员工在线学习，完成学习257.72万人次。推行每季度考试，全年考试63.89万人次。持续运行积分管理机制，积分兑换礼品1.8万份。

【“三办”实体化一体化运作】2023年，太仓市推进各镇区安全生产委员会办公室、消防安全委员会办公室、消防安全专项治理机制领导小组办公室“三办”实体化一体化运作。落实实体化运作办公场所，全面整合网格员、社区民警、消防参谋等力量，深化“联管联处”。

【基层减灾能力建设】2023年，太仓市印发《关于加强基层综合减灾能力建设的实施意见（试行）》，将9个镇（区、街道）防灾减灾救灾职能全部整合至应急部门。每季度考核通报各镇（区、街道）防灾减灾救灾工作，确保各项重点工作落到实处。构建184人的灾害信息员队伍，开展灾情统计业务培训2次。璜泾镇成立减灾委员会办公室。

【民生灾害保险】2023年，太仓市为52.6万户籍居民、16.6万新市民购买自然灾害人身意外险，为17.9万户房屋购买自然灾害房屋保险，总保费84.3万元。全年发生人身意外理赔案件17起，赔付61.5万元；房屋损坏案件295起，赔付32.42万元。

【自然灾害风险防范应对】2023年，太仓市印发《太仓市应急管理局灾害预警和安全提示信息发布机制》《太仓市应急管理局极端灾害天气应对工作方案》，明确工作流程和工作职责。发送自然灾害预警短信13次共14.8万条，制作发布气象灾害应对工作提示单12份，与太仓市气象局发布联合预警6次。成立线上自然灾害灾情会商工作群，就汛期应急资源整合、视频监控调度、地下空间重点防范等工作开展会商研判5次，落实预警发布、启动预案、响应机制、队伍准备等防范应对措施。在汛期内开展汛前检查，开展粮库、应急物资库汛期防范措施检查，对沪苏锡常城际在建轨道交通、港区3处疏港铁路下穿桥涵及金仓湖避难场所、江南农贸批发市场积水点改造工程开展防汛专项检查。

【防灾减灾科普宣传】2023年，太仓市开展“防灾减灾日全民参与”主题

2023 年 10 月 17 日，太仓市化工（危化品）安全技能实训基地启用
（市应急管理局供稿）

宣传教育。开展“5·12”防灾减灾宣传周系列活动，在机关、车站、学校、社区、万达广场进行现场展示，发放宣传资料。开展“国际减灾日”宣传活动，发放《市民应急手册》1000 份、宣传折页 2000 份，播放警示教育片 2000 次。升级改造半泾村“空中花园”综合防灾实践场所，启用“泾兵强将”减灾驿亭。开展“防灾减灾进社区，风险防范入民心”宣传培训，走进村（社区）举办防灾减灾培训讲座 60 场次，发放宣传材料 5 万份、宣传品 2 万份。举办“安全童行，自救必修”青少年教育课程，暑假期间，在全市 50 个社区开展防灾减灾教育活动 80 场，惠及青少年学生 3000 人。开展“防范溺水风险，护航城市安全”活动，紧盯重点水域，在沙溪镇、浮桥镇、浏河镇、璜泾镇的农村重点危险水域醒目位置配置安全防护设施，设立“水深危险、珍爱生命”警示牌 200 块；在 85 个村（社区）开展宣传教育和落水自救互救培训；对小渔船开展隐患排查，走访渔民家庭，发放“应急救生包”400 件、“防溺水明白卡”等宣传册 5000 份。

【化工（危化品）安全技能实训基地启用】 太仓市化工（危化品）安全技能实训基地位于科教新城健雄路 1 号，2021 年 11 月通过省应急厅“江苏省安全生产培训示范职业院校”验收。基地面积 5000 平方米，建有化工安全通用技能培训中心、化工安全专项技能培训中心、化工安全技能仿真培训中心、培训研讨教室等场地及相应设施设备，拥有专职管理人员 4 人，专职培训教师 16 人，外聘安全技术专家 8 人，作为太仓市及周边地区化工园区配套基地，为相关企业提供安全技能实训服务。2023 年，太仓市化工（危化品）安全技能实训基地完成升级改造，正式启用，增加安全体验馆相关设施，重新合理规划布置实操设备区。

【化工园区专业消防站建设】 太仓港区化工专业消防站位于化工园区滨海路，占地面积 2 公顷，是集化工专业消防站、区域性战勤保障中心和轮训中心于一体的综合基地。该基地规划人员编制 75 人，按照特勤站标准和战勤保障需求配备常规泡沫水罐消防车、抢险救援车、大功率泡沫水罐消防车、高喷车、云梯车、装备运输车、远程供水泵组、充气车、油料补给车、消防机器人（坦克）等装备，另配备各类灭火救援、抢险救援器材和处置化工突发事件的专业性器材装备；配备各类泡沫和新型灭火药剂。2023 年，化工园区危化品应急救援队被纳入省级应急救援专业骨干队伍，被命名为“江苏省危险化学品应急救援太仓队”，配备应急抢险救灾专业装备 187 套。

（徐诗铭）

交通行业监管

【概况】 2023 年，太仓市加强道路客运执法监管，查获网约车违法行为案件 69 起，出租车违章案件 97 起，两客违章行为案件 88 起，危险化学品运输车辆违法行为案件 37 起；治理车辆超限超载联合执法常态化、制度化，查处超限车辆 1232 辆，卸驳载货物 1.19 万吨；普通国省干线公路超限超载率控制在 0.2% 以内。水上集体监管累计巡航 1278 艘次、1.02 万千米，水上接处警 61 起，出动执法人员 5028 人次，检查船舶 3807 艘次，摸排梳理疑似逃管船舶 24 艘。年内，市交运局完成网上旅游包车业务审批 9381 次，完成出租车及客运车辆年审 757 辆次，办理出租车驾驶员上、下岗手续 287 人次，办理网约车道路运输证 444 张。开展内河码头企业提档升级工作，推动港口环保设施提质增效。推进船舶水污染物船港城一体化治理。构建港口企业环境保护源头管理机制，强化

2023 年 9 月 7 日，江苏省危化品应急救援太仓队授牌仪式举行
（市应急管理局供稿）

执法监管，开展船舶和港口污染突出问题整治整改工作，提升全市船舶、港口污染防治能力和水平。

【杨林船闸征收管理工作】 太仓杨林船闸共安全开放6230闸次，放行各类单机船3.78万艘次，船舶通过量5145.85万吨，征收过闸费1978.32万元，过闸船舶ETC使用率99.9%。为过往船舶优惠、减免过闸费635.09万元，其中免收集装箱运输船舶过闸费140.51万元。市交运局加强船舶过闸诚信管理，按照《江苏省内河航道船舶过闸信用管理办法》规定，对船舶过闸行为进行诚信计分考评。根据不同分值采取教育、惩戒或激励措施，促进船员自觉遵守过闸规定，维护良好过闸秩序。合理安排调度计划，加强现场管理，科学调度过闸船舶，尤其是在节制闸引排水期间，保障船舶快速安全过闸。制订年度防汛抗灾工作方案，成立防汛抗灾应急指挥领导小组。杨林节制闸严格按照苏州市防汛办调度指令引排水，全年共引排水237潮次，其中引水165潮次、排水72潮次。引排水期间通过微信公众号和远调站公告及时通知过往船舶引排水的预计时间，确保引排水期间船舶通航安全，提高通航质量和服务水平。

【汽修及驾驶员培训】 截至2023年年底，太仓市有机动车维修企业76家。其中，一类维修企业17家（含品牌4S店8家、客车维修企业1家、危险品车辆维修企业2家），二类维修企业59家（含品牌4S店16家），三类维修业户205家。全行业实现年产值7.75亿元，年维修能力100万辆次。全市有驾校7家、教练车358辆、教练员349人，全年学员报名人数13.4万人，培训1.35万人。

【交通信息化建设】 2023年，太仓市继续推进智慧交通信息化建设，建成太仓交通运输集成指挥系统，提升运行监测应急指挥智慧化管理水平，推进视频监控系统建设维护，持续提升视频监控覆盖率、在线率、稳定率，落实动态监测、处办监测信息；建立太仓市超限检测与运行监管平台，系统收集汇总重点货源装载单位的称重和视频数据，实现对超限行为的实时预警；建立船舶智能识别系统，强化船舶动态监管，提升水路交通安全监管效率。完成公交无感支付试点工作，在3条江苏省太仓高级中学夜间专线部署掌静脉系统，通过学生上下车刷掌纹，实时监测学生是否上下车，为江苏省太仓高级中学夜间通学专线提供交通信号绿波控制系统支持，专线公交途经路口时，可享受绿灯先行待遇。

【交通运输安全和应急保障】 2023年，太仓市开展全市交通运输岁末年初安全生产重大隐患专项整治、企业安全生产突出风险隐患排查治理、安全生产风险专项整治巩固提升年、重大事故隐患专项排查整治、消防安全大排查大整治等各类安全生产专项行动。依托太仓市安全生产监管平台，将全市道路客运、危货运输、公共交通、一二类汽修维修企业及客运站等120家行业企业纳入太仓市安全生产监管平台监管，通过企业自查和部门巡查，防范化解各类安全风险。发挥市交通运输安全生产专业委员会平台功能，会商解决行业监管难题。健全完善交通、应急、公安、气象等多部门应急联动机制，做好汛期、重要时间节点、低温雨雪冰冻灾害等期间的交通运输应急处置工作。1月，太仓市交通运输综合行政执法大队党总支获评全省深化货车司机群体党建试点工作先进集体；12月，太仓市交通运输局获评全省交通运输系统先进集体。

（陈颖兰）

2023年，杨林船闸通航保证率100%，优良闸次率100%。图为杨林船闸
（市交运局供稿）

消防救援

【概况】 2023年，太仓市推进消防治理体系和治理能力现代化建设，开展“生命至上，隐患必除”消防安全专项行动和消防安全重大风险隐患专项排查整治2023年行动等专项活动，开展全域火灾隐患排查整治。围绕群租厂房、劳动密集型企业、人员密集场所、“九小场所”等加大布控力度、完善监管机制、建立整改闭环。通过网格巡查、行业集中排查、消防监督抽查、部门联合检查，持续对消防安全隐患排查治理保持高压态势，对检查发现的隐患登记造册、挂账销号，确保整改到位。全年共检查单位1510家（次），督促整改隐患1962处，受理一般程序行政办案423起。

【消防责任落实】 2023年，太仓市消防救援大队依托市消防安全委员会平台，完善党委政府定期研究消防工作常态机制，太仓市、各镇（区、街道）消防安全委员会实体化运作，明确消防安全综合监管职能定位和执法流程，固化形势分析、定期会商、考核巡查、挂牌督办、约谈警示等工作机制，将消防水平纳入各镇（区、街道）高质量发展绩效评价。加强基层消防监管能力建设，同娄东街道、港区等板块签约建立“代履行”机制，推动建立板块消防安全职责和单位监管主体“双备案”，将消防安全工作纳入网格化管理内容，打造社会面火灾防控新局面。

【消防救援练兵】 2023年是国家消防救援局组建运行的第一年，也是国家综合性消防救援队伍整合改革的关键年。市消防救援大队对标“全灾种、大应急”职能需要，开展各类练兵比武活动，围绕“六熟悉+实地演练”（“六熟悉”即熟悉消防队责任区交通道路、水源情况，熟悉责任区内重点单位分类、数量及分布情况，熟悉责任区内主要灾害事故处置对策及基本程序，熟悉责任区内重点单位建筑物使用及重点部位情况，熟悉重点单位内部消防设施情况，熟悉重点单位消防组织及其灭火救援任务分工情况），指导各队站制定《辖区差异化练兵指导手册》，开设指挥员及班长骨干培训班，加强专业技术人才队伍建设，建成化工、水域、地震3支专业救援队伍，提升队伍应急处置水平和灭火救援实战能力。探索打破消防队伍向前发展的瓶颈，强化物防技防措施，推进灭火救援装备向“高、精、尖”升级转型，建立健全各类保障性队伍，同社会单位签订24小时保供协议，加强应急装备物资储备。

【消防安全基础设施完善】 2023年，太仓市消防救援大队打造全市消防安全格局，建成港区“一基地两中心”（“一基地”即危化品应急救援基地，“两中心”即应急救援培训中心、器材储备中心）综合性示范大型应急救援基地，投入使用科教新城专职消防救援队，初步完成娄江新城特勤站选址、设计方案，将“智慧消防”纳入数字政府、智慧城市建设规划，落实经费保障。全年完成新增安装独立式烟感探测报警器1025套，新增配备消防四小件及自救逃生器材897套，推广安装简易喷淋165套、智能电动车集中充电装置1048套，新接入消防设施联网系统10家，各类公共消防设施均超额完成年度建设任务。

【营商环境优化】 2023年，太仓市消防救援队优化企业营商环境，建立外企白名单和分级监管制度，依据企业消防安全水平良好程度，对白名单内单位推行履责不罚、轻违不罚、首违不罚、首查不罚等4类消防安全柔性执法措施，减少对企业的检查频次。按照“主官+专家+骨干”模式组建大服务团队，开展消防营商环境“大走访、大调研、大服务”活动，立足企业实际落实“一企一策”，帮助协调和解决隐患整改过程中存在的问题和难题，涉及重大工程提前上门服务，杜绝“以罚代管”现象，将消防服务工作往企业需求上靠、往薄弱环节上靠，解决企业遇到的消防难题。

【消防安全宣传】 2023年，太仓市消防救援大队拓展社会面宣传渠道，丰富消防安全宣传形式，提升宣传质效。依托志愿服务队、“火焰蓝鸽”女子服务队、消防讲师团深化“五进”（进企业、进农村、进社区、进学校、进家庭）宣讲活动，与辖区多家奶茶品牌联名推出限量款消防主题奶茶，联合“美团”“饿了么”等外卖品牌在全市启动“消防+美团”携手同行共创消防安全活动，联合市交运局将207路公交车打造成流动式消防安全“宣传站”。开展“民房火灾逃生实验”直播活动，在央视频、江苏消防微博、苏州消防抖音等多个平台同步直播。年内，共开展宣传活动1300余次，累计发放宣传资料20万余份，受惠人群20万人。

（翁嘉伟）

消防安全专项治理

【概况】 2023年，太仓市消防安全专项治理工作围绕出租房（群租房）、“三合一”（人员住宿与加工、生产、仓储、经营等场所混合在同一建筑内）、小餐饮、电动自行车“四类隐患”，紧盯重点领域和关键环节，持续推进中小旅馆整治、小餐饮燃气“双改”、专项领域“百日攻坚”等系列专项行动。深化落实“三办合一”（全市各级安委办、消委办、消防安全专项治理机制办“三办合一”模式）机制运行，统筹协调相关部门和镇区，明确职责边界、梳理业务流程，健全工作机制、搭好工作平台，明确镇（区、街道）党政“一把手”“双组长”制、村（社区）双主官负责制，落实“条”“块”同考，完善部门联动机制，发挥专项机制办综合协调优势，运用督导考核健全完善“周研判、月通报、季点评、年考核”考评制度，对工作开展落后的单位和板块，综合采取督办交办、提示提醒、驻点督导等形式，强化全过程把控、全时段检测，推动年度5类16项重点任务目标超额完成，保障全市消防安全形势持续稳定向好。消防安全专项领域火灾事故起数较上年下降41.27%，伤人亡人和有影响的火灾事故保持“零发生”。年度考核总分100.4分，连续6年获苏州综合考评“优秀”等次。市“三办合一”实体化、一体化经验做法被苏州市消防安全专项机制办向全市推广，娄东街道“一体双维三联”（“一体”即构建市安委办、市消委办、市专项机制办、市整治办、市污防办“五办合署办公”工作体系，“双维”即将“人防”与“物防”结合，“三联”即加强部门联动机制，发挥社会组织专业优势，激发商户自治活力）升级消防安全专项治理机制获评苏州“十佳优秀机制战法”。

【消防安全隐患整治】 2023年，太仓市把消防安全专项治理工作作为安全生产工作的一项重要内容，围绕出租房（群租房）、电动自行车、“三合一”和小餐饮场所四大领域开展排查整治，统筹网格员、社区条线人员、综合执法人员等力量，围绕全领域、全场景，突出城中村、农村自建房、拆迁安置小区、老旧小区等区域，持续开展检查、督查、夜查“三查”工作。全年累计出动检查人员3万人次，开展“三查”19.9万次，查改各类火灾隐患6.5万处。以全市中小旅馆消防治安专项整治、小餐饮“瓶改管”“瓶改电”百日攻坚行动为契机，开展消防安全专项整治，全市中小旅馆消防五件套和简易烟感配备完成100%，小餐饮“无罐”比例占比59.86%，较上年提升36个百分点。督促小餐饮业主配置消防器材，定期清洗油烟管道，专兼职消防安全员100%配置并落实“五会六

2023 年 4 月 10 日，太仓市消防安全专项机制办在陆渡街道青草巷开展消防安全夜查行动
（市消防安全专项机制办供稿）

必须”（“五会”即会检查用火、用电、用气、用油及安全疏散等方面的火灾隐患，会组织消防宣传教育培训，会报“119”火警，会组织、引导人员疏散，会使用室内消火栓、灭火器、灭火毯等消防设施、器材，扑救初起火灾；“六必须”即必须知道本场所用火、用电、用气、用油的火灾危险性，必须在营业期间保证安全出口和疏散通道畅通，必须每月对消防设施、器材进行维护保养，必须每日在营业前、营业中、营业后等时段进行防火巡查，及时消除火灾隐患，必须对新员工进行岗前消防安全培训，加强日常消防安全宣传教育，必须严格火源、电源、气源管理，在营业结束后采取关闭或其他管控措施）要求，合规化改造动态保持在 95% 以上。

【重大隐患挂牌攻坚】 2023 年，太仓市用好“三级挂牌督办”机制，对重大隐患实行挂牌督办，做到“一区域一方案”，由镇（区、街道）分管领导挂钩，成立攻坚整治队伍，倒排工期，挂图作战，推进整治销号。按照“市级控面、县级治线、镇级攻点”目标，销案整改城厢镇弇州府“四类场所”综合隐患、浏河镇新闸村出租房及电动自行车隐患、陆渡街道恒通佳苑电动自行车及出租房隐患等消防安全重点隐患 20 处。

【消防安全违法行为查处】 2023 年，太仓市重点围绕房屋租赁、消防违法、电动自行车“两类主体”和个人违规停放充电、小餐饮违规储存使用燃气等 6 类违法行为，依据《高层民用建筑消防安全管理规定》和新修版《江苏省消防条例》，发挥市市场监管局、市公安局、市消防救援大队等职能部门作用，强化部门间“联管联处”“联合执法”。全年查处出租房违法案件 241 起，处罚金额 25 万元；查处涉及电动自行车案件 73 起，处罚金额 12 万元；查处小餐饮消防违法案件 53 起，处罚金额 0.6 万元。

【安全基础建设管理】 2023 年，太仓市推进电动自行车充电桩建设，加大智慧烟感、智慧梯控、智能充电桩、燃气泄漏报警等技防设施应用力度，最大可能压降因用火不当、电瓶充电、燃气泄漏引发的风险，一体推进电动自行车充电设施新建提优、“满电下班”工程、老旧电动自行车回收报废、科技楼道建设等工作。全年累计新建和提档升级电动自行车充电头 1.05 万个，配套“三防”保险充电头 8602 个，回收老旧电动自行车 2010 辆，推广智能梯控、AI 识别等科技设备 263 套，缓解人民群众停车难、充电难问题。

【消防安全培训宣教】 2023 年，太仓市结合“全民心防”工程，运用线上线下多种手段特别是短视频、微信等新媒体开展业务培训。全年累计开展“送教上门”培训活动 20 余场，受众 2 万余人次。推进老旧小区、商业街区、村（社区）三类示范建设工程，完善评审制度，严格验收标准，打造示范点位 18 处，在隐患治理、基础设施、队伍建设等方面树立标杆。聚焦居民小区、城中村及农村自建房等重点区域，锁定隐患易发、常规转角以及大众盲区等关键部位，推广标识化管理，匹配宣传标语、安全提示、主题视频等宣传内容，提升宣传针对性、实效性。加强宣传阵地建设，年内新建心防校园 5 处、心防村（社区）64 处，推动全市中小学校、村（社区）心防宣传全覆盖。

（周　斌）

防震减灾

【概况】 太仓市东濒长江，西连昆山，南邻上海，北接常熟，地处下扬子准地台东部，在漫长的历史时期内，除随同整个下扬子准地台大规模的海侵海退外，地壳变动不大。境内地质构造较简单，主要由湖（州）苏（州）断裂斜插北部鹿河一带越江而过，呈西南往东北向构造。岩浆活动贫乏，仅在陆渡桥钻孔 101~460 米处见及玄武岩。太仓市全境地势平坦，属长江三角洲冲积平原，自东北向西南略呈倾斜。以盐铁塘为界，西部为古泻湖平原中的低洼圩区，东部为三角洲平原中的沿江平原。太仓地区地震总体活动水平较低，历史上发生过最大的地震为 5 级，共发生 2 次。最近一次破坏性地震是 1990 年 2 月 10 日常熟—太仓 4.9 级地震，该地震共造成 26 人伤亡，10.11 万间房屋倒塌，直接经济损失约 1.55 亿元。截至 2023 年年底，全市各监测台站运行良好，信息速报体系完整，各项地震数据分析准确有效。地震监测数据采集连续率 99% 以上，全市两处地震宏观监测站运行正常，无宏观异常上报。落实防震减灾信息更新工作，做好群测群防震情上报工作，建立经费渠道，引导公民参与群测群防活动。做好防灾减灾日、国庆等重要节点时段的震情跟

2023年5月9日，苏州消防救援支队地震救援实战拉动演练在璜泾镇新联村举行 （计海新摄）

踪和防震减灾知识宣传。防震减灾科普教育基地再次通过中国地震局中期评估。

【地震应急避难所】 截至2023年年底，太仓市建成地震应急避难场所5处，避难场所建设面积47万平方米。5处应急避难场所管理制度及设施配套情况良好，应急转换设施设备按照标准配置，维护管理情况正常。

（朱琳媛）

人民武装

【概况】 2023年，太仓市人民武装工作以习近平新时代中国特色社会主义思想为指导，深入贯彻落实习近平强军思想，完成以党管武装、战备训练、兵役征集、国防动员和后备力量建设为重点的各项工作任务，巩固和加强全面建设。推进基层武装部和民兵营连规范化建设提档升级，加强基层武装干部队伍建设；开展法纪教育，加强督导检查和群众监督，巩固武装工作战线，常态落实安全预防教育和安全形势分析，持续保持安全稳定良好态势。

【党管武装】 2023年，太仓市委、市政府同步谋划，一体部署、协调推进武装工作和经济社会发展。市人武部落实议军会、党管武装述职等制度。市委书记审定武装工作年度计划，明确思路重点，破解矛盾问题。各镇（区、街道）党（工）委落实党管武装责任，落实"军事日"等党管武装各项制度，推进武装阵地建设。各板块结合"全民国防教育月"等时机开展国防教育活动。8月，承办军分区首次"军属军娃夏令营"活动。

【练兵备战】 2023年，太仓市人武部贯彻习近平开训动员令，坚持聚焦备战打赢目标和战斗力标准，开展各类民兵分队集中轮训和岗位自训。完成2023年度苏州市专武干部集训暨资格认证组织保障工作，代表军分区接受省军区民兵工作考核，成绩靠前。发挥民兵队伍平时服务、急时应急职能作用，参与抗击台风、防洪排涝、秩序维护、国防教育、卫生环境整治等任务。遴选优秀教官为全市8000余名大中学新生组织军训。

【国防动员】 2023年，太仓市优化民兵整组，采取统一部署、分级实施、统一标准、集中会审的办法，完成年度民兵编组任务，通过检查验收。提高兵员征集数量、质量，开展征兵宣传和国防教育，重点加大征兵进高校、进企业宣传力度，营造热爱国防、参军报国氛围，为部队输送优秀青年。提高国防动员效能，适应国防动员体制机制改革要求，围绕援战职能和精准要求，重点抓好规划论证、需求提报、组织指挥和检验评估等工作。优化民兵队伍，提升新域新质力量占比；建立军事设施保护协作机制，密切军地配合。 （刘培艺）

边防检查

【概况】 2023年，太仓出入境边防检查站面对太仓口岸"一个快速、四个激增、一个滞后"（保障驻地经济快速发展；口岸非法出入境风险激增、口岸边检业务流量激增、口岸涉政治风险输入激增、口岸集装箱吞吐量激增；相配套的保障机制滞后）发展态势，依法履行"出入境边防检查和监护管理"两大核心职能，开展外国人治理、夏季治安打击整治等专项行动，完成成都大运会、杭州亚运会和上海进博会等重大安保维稳任务。深化"国门前哨"品牌建设，完善进入长江水域外国籍船舶主权宣示、政策法规宣传和人文地理宣介"三宣"工作法。全年验放出入境（港）船舶7624艘次，创历史新高，验放出入境（港）员工14.9万人次，保障港口外贸货物吞吐量突破亿吨大关，业务量连续三年排名江苏长江开放口岸第一。5月30日，公安部党委委员、副部长，国家移民管理局党组书记、局长许甘露到太仓边检站执勤一线考察，先后到海通（太仓）汽车码头有限公司、太仓港集装箱四期码头执勤现场和边检办证窗口观摩"国门前哨"运行情况，太仓边检站"关于给予德国等来华贸易人员提供边检通关便利"的相关建议被国家移民管理局采纳。

【口岸限定区域管理】 2023年，太仓出入境边防检查站警惕来自海上的非法出入境风险，扛起长江入海口"国门前哨"责任担当，突出重点领域斗争和重点方向管控。年内，核查长江水域过境船舶3590艘，发现擅自出境入境等问题船舶72艘次，查获各类违法违规案件7起。依法全面履行对开放港区、岸线、水域管理职责，严格口岸限定区域管理，结合平安锚地创建

2023 年 4 月 27 日，太仓出入境边防检查站民警在太仓港汽车堆场巡逻
（吴泽宁摄）

工作，开展水上无线电秩序整治、江面联合巡查、夏夜治安巡查联合执法行动，震慑各类违法违规行为。

【边检服务高质量发展】 2023 年，太仓出入境边防检查站走访地方政府单位和涉外企业，收集边检服务高质量发展意见建议。贯彻落实国家移民管理局“服务长三角十项措施”“服务航运企业十六项新措施”“服务便利企业生产十四项措施”等便利举措，支持太仓口岸加快建设“三个百亿”级交易集散中心。抢抓“一带一路”、长三角一体化、长江经济带发展机遇，高质量服务保障“一带一路”项目设备通关安全畅通。全年累计查验出口车辆船舶 284 艘次，保障 43.95 万辆中国新能源汽车顺畅通关。

【边检助力港口建设】 2023 年，太仓出入境边防检查站对接太仓“港产城”一体化发展需求，跟进正和国际四期码头 4 个泊位对外开放省级验收，完成玖龙码头 2 个泊位预验收。贯彻落实江苏出入境边防检查总站“新旧八项措施”“服务跨境电商发展六项工作措施”等便利举措，为港航企业提供 24 小时通关保障，持续优化口岸营商环境，缩减船舶在港时间 3500 余小时，全年服务太仓自主研造首艘 LPG 船舶（液化石油气船）等新造船试航 27 艘，办理夜航船舶 1005 艘次，一次性办理靠泊不足 24 小时船舶 431 艘，免办移泊边检手续 3021 艘次，为 450 余名外籍船员提供过境免签服务。

【边检服务创新】 2023 年，太仓出入境边防检查站融入沪太同港化战略，简化审批手续，打造太仓港移民管理服务中心，推进“单一窗口”应用，实行办证办检“无纸化”、国内移泊“免手续”、短时靠泊“一次办”等惠民举措，推动船员换班“一网通办”。边检行政许可管理实行“速审快办”，实现“一地办证、区域通用”。坚持和发展新时代“枫桥经验”，为服务对象提供“7×24”小时待命、“零等待”通关保障服务。 （刘天恺）

海　警

【概况】 2023 年，苏州海警局贯彻中共中央总书记习近平关于海上维权执法重要指示精神，抓好海上执法工作会议精神贯彻落实，实现维权执法、海上管控、提升队伍战力的目标任务，维护管辖海域平稳可控和安全稳定。年内，办理案件 52 起，共抓获犯罪嫌疑人 247 人，现场查扣涉案船舶 54 艘、车辆 19 辆，查获涉案成品油 700 余吨、冻品 1100 余吨、渔获物 20 余吨，总计案值 2.4 亿元。

【海域管控】 2023 年，苏州海警局坚持打击犯罪，净化辖区治安环境。年内，开展“净海”“獴猎”和伏季休渔等专项行动，召开专题会议部署行动，分析研判辖区形势，落实 7×24 小时网格化巡逻管控机制，开展海上巡逻和船舶登临检查，提高海上见警率。联合苏州、泰州等地公安机关共同查办团伙走私案件，以开展全链条打击为目标，从走私活动“购、运、储、销”环节入手，统一开展收网行动，实现“海上截、岸边堵、路上查”的闭环执法效果，对走私分子形成有力打击和震慑，保证辖区秩序安全稳定。年内，苏州海警局查处走私违法犯罪团伙，实现海上走私形势较长时间平稳可控。打击治理“中央关注、社会关切、群众关心”的突出问题，发挥海上执法主力军作用，完成打击海上犯罪的职责任务。联合苏州海关缉私局共

2023 年 9 月 7 日，苏州海警局检查涉嫌非法走私的船只 （唐　怡摄）

同破获一起走私普通货物案，捣毁盘踞在长江口水域的走私船用燃料油入境团伙，对走私分子形成打击和震慑。该案是苏州海警局联合驻地海关缉私等涉海协作单位破获的全省首个走私进口保税燃料油案件。

【海上执法协作】 2023年，苏州海警局规范完善执法办案场所布设。先后赴江阴海关、苏州市公安局、长航公安苏州分局等单位召开联席会议，分析当前执法形势，交流执法工作进展，密切与职能部门的协作配合。深化“陆海统筹、军地协同”联动机制，加强与驻地党委政府及公安、海关、海事等职能部门的联系，形成军地协同、齐抓共管格局。 （唐　怡）

人民防空

【人防工程建设管理】 2023年，太仓市按照人防工程“应建必建”、人防易地建设费“应缴必缴”要求，推进结建人防工程中长期规划落实。按照省国动办要求，修编《太仓市人防工程专项规划（2022—2035年）》，组织和指导全市人防工程建设，促进人防工程与地下空间融合发展。筑牢全市“地下长城”，按照监督管理办法加强对人防工程各方责任主体质量行为和工程实体质量的检查，对全市在建人防工程质量进行监督管理。贯彻省政府《江苏省人民防空工程维护管理规定》，全年发放人防工程平时使用证86张。落实属地管理职责，推进已建人防工程可持续发展。

【指挥通信体系建设】 2023年，太仓市新增防空警报设备2台，总计53台，扩大全市警报音响覆盖率。开展安全生产大排查活动，排除警报安全隐患1处，维修更换设备4套。完成“9·18”防空警报试鸣活动，警报鸣响率100%。完成2023年度人防专业队整组任务，点验统计、整理汇总、及时更新全市传统专业队7支和新型专业队伍3支。坚持机动指挥所“周发动、月出动、季拉动”制度，完成苏州区域内拉练活动2次，开展全市“季拉动”训练活动4次。健全人防指挥所指挥体系，确保战时指挥系统顺利运行，指导平时指挥系统演习演练。

【太仓市国防动员办公室挂牌】 2023年，太仓市完成国防动员体制改革，为新时代国防动员高质量发展奠定基础。根据改革部署，完成市国防动员委员会、国动委联合办公室的完善和设立，明确联合办公室运行规则，组织召开国防动员系统工作会议，部署全市国防动员工作任务。调整组建市国防动员办公室，在市发改委挂牌，完成人员转隶，实现国动办机构、编制、人员“三到位”任务。

【人防宣传教育】 2023年，太仓市落实国防动员系统素质教育。组织各镇（区、街道）和成员单位参加全省国防动员业务培训班、走访调研活动。推进“五进”宣传教育，结合重要时间节点开展进机关、进企业、进社区、进学校、进网络等大型宣传活动，受众人群万余人。暑期面向全市27个暑托班开展未成年人国防动员知识宣传教育活动，受众千余人；秋季开学前为全市61所中小学校征订发放《人防知识读本》1.5万册，确保人人有课本，实现全市人防知识教材使用的规范和统一。 （程　勇）

食品药品安全

【食品安全综合协调】 2023年，太仓市推动落实食品安全“党政同责”，市政府第19次常务会议专题听取食品安全工作情况汇报，“食品安全水平”纳入高质量发展考核指标。落实国家食品安全示范城市创建任务，印发创建实施方案，落实落细创建责任，取得示范引领成效。建立健全分层分级包保工作机制，市、镇、村三级共803名包保干部均层级对应签订承诺书，对1.45万家食品生产经营主体开展包保督导，排查化解风险隐患，推动企业食品安全主体责任落实，包保督导覆盖率、完成率、问题整改率均为100%。

【食品生产监管】 2023年，太仓市贯彻《企业落实食品安全主体责任监督管理规定》，全市255家食品生产企业食品安全总监、食品安全员设置率100%，督促各企业做好日管控、周排查、月调度三件事，从建制度、配人员、明职责、强机制、建档案、强考核等方面抓细化落实，压实企业主体责任，企业自查率达100%。食品生产日常监督检查覆盖率100%，组织开展食品添加剂、肉制品、大米、酒类等专项整治，委托第三方机构对30家企业开展风险排查，提升全市生产企业产业链供应链控制水平。强化企业质量管理体系建设，全市98%的规模以上企业通过相关体系认证。开展食品小作坊提档升级工作，打造食品小作坊高质量发展新模式，推动全市食品

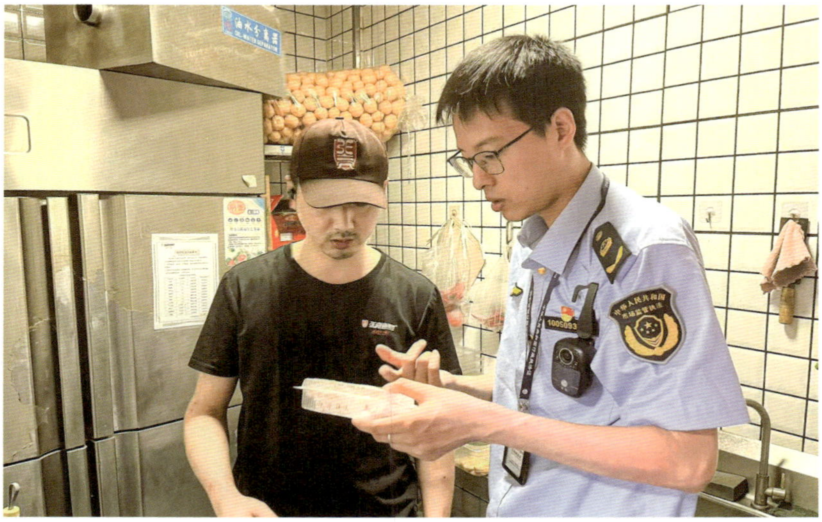

2023年8月，太仓市市场监督管理局开展食品安全专项检查 （寿　芸摄）

小作坊逐步从“加工价值”向“品牌价值”“文化价值”转变。年内，建成苏州首批食品小作坊集中连片区工作服务站，助推沙溪黄酒产业提档升级。

【食品经营监管】 2023年，太仓市创新打造食品安全风险防控平台，并在学校食堂、小餐饮、小作坊、小摊贩等重点业态全覆盖推广运用，对风险隐患实时预警、精准治理和动态管控。实施食用农产品质量安全提升行动，强化溯源管理，农贸市场、学校食堂“苏源e码通”平台接入率100%，全市农贸市场开展快检26万批次。聚焦重点领域、时段和场所，开展食品安全监督检查，累计检查1.49万家次，覆盖率75%，解决食品安全存在的突出问题。推进校园食品安全守护行动，组织开展春季、秋季校园食品安全检查，督促学校强化防虫防鼠等食品安全工作措施，138家学校（含幼儿园）食堂量化等级优秀率98%，良好及以上100%。开展网络食品经营提升行动，完成线上核查2100家次，线下检查1800家次，下线网络餐饮服务单位15家。专项整治“注水肉”“生鲜灯”、集中用餐单位食品安全问题等，回应民生关切。聚焦食品违法案件高发领域，打击食品安全违法行为，一般程序立案查办食品违法案件474件。组织做好太仓两会、中高考、啤酒节等19场重大活动期间食品安全监管，开展快检1513批次，保障255餐次、6.66万人次用餐安全。结合食品安全宣传周等常态化开展食品安全宣传活动，组建食品安全前哨队伍，引导社会参与，建立制止餐饮浪费长效机制，构建食品安全社会共治格局。

【药械行政许可优化】 2023年，太仓市优化许可、备案流程，提高办事效率，做好政策咨询解答服务，快速受理、审批许可和备案申请，压缩相对人申请审批时间，提升行政审批效能。全年共计核发药品经营许可证77家，变更药品经营许可证325家次，换发药品经营许可证4家，完成一类生产企业备案25家次、二类经营备案270家次、三类器械经营许可65家次。截至年底，太仓市共有药品批发企业2家，注册地在太仓的药品零售连锁企业3家，药品零售企业（含连锁门店）402家；在业医疗器械批发企业115家、零售企业515家。

【药械安全监管】 2023年，太仓市发挥药品安全委员会、集中打击整治危害药品安全违法犯罪工作领导小组、疫苗联席会议等3个药品安全协调机制作用，加强对相关工作的统一领导、组织协调，落实部门监管责任和地方政府属地管理责任。强化药械经营和使用环节监管，保障人民群众用药安全。全年统筹部署稳价保质、医美行业整治“回头看”、药械质量安全等各类专项整治工作，工作任务具体化、责任化、节点化，强化零售药店和医疗器械经营企业药械经营监管，突出对重点药械产品质量安全监管，部署开展药品、防疫物资等专项监督抽检工作。加强疾控和疫苗接种单位监管，强化对医疗机构药械使用环节的监督管理，突出集采药品、防疫物资等重点产品的质量安全监管。全市累计检查零售药店575家次、医疗器械经营单位550家次、药械使用单位237家次。

【化妆品安全监管】 2023年，太仓市围绕化妆品安全主题，强化市场监管，突出监管执法，深入宣传发动，确保太仓化妆品市场安全。落实开展“线上净网、线下清源”、“一号多用”、儿童化妆品安全等专项行动，加大监管执法力度，重点打击不合格、假冒伪劣、非合法途径进口化妆品等违法行为，开展化妆品不良反应监测工作。全年共对30家化妆品经营企业开展“双随机、一公开”抽查检查，开展儿童化妆品等专项抽检75批次。（寿　芸）

网络安全

【概况】 2023年，太仓市加强网络安全保障体系和能力建设，抓好重点领域和重要时间节点网络安全风险防范化解，分别在全省网信系统研讨会、全省网络安全官培训班、《中华人民共和国网络安全法》实施六周年研讨会上作网络安全工作经验交流。持续推进网络安全态势感知平台建设，打造全流程闭环管理业务平台。市委网信办、市工信局、市公安局、市大数据管理中心定期针对机关单位、行业企业系统安全和数据安全等重点问题开展实地督导检查10次，召开督导约谈会议9次。组织2023年全市互联网基础资产普查排查、外包网络安全风险排查和“网安2023”太仓专项行动。在全国率先建成县域常态化网络安全众测体系，引入23家网络安全公司开展以漏洞挖掘、数据分析为核心的常态化网络安全众测工作。《太仓市基于新监管体系的数字安全融合建设与实践》入选全国数字安全十大实践案例名单。

【网络安全宣传】 2023年，太仓市组织开展“嘉昆太”网络安全宣传周活动，线下策划网络安全曲艺巡演、企业数据出境安全培训等主题活动58项，发放手册、海报等宣传材料1.5万份；线上在太仓新闻网开设“网络安全宣传周”专栏，并通过全市政务新媒体平台推送《网络安全知识防护手册》，以H5（HyperText Markup Language 5的缩写，是构建以及呈现互联网内容的一种语言方式）、图解、微视频等形式宣传解读网络安全法律法规，活动覆盖人数超30万人次，获评2023年苏州市网络安全宣传周活动优秀案例。太仓市委网信办获评2023年苏州市网络安全宣传周活动优秀组织单位。

（朱亦鸣）

中共太仓市委

综　述

【概况】 2023年，中共太仓市委坚持以习近平新时代中国特色社会主义思想为指导，把深入学习宣传贯彻中共二十大精神，中共中央总书记习近平对江苏、苏州工作重要讲话重要指示精神，和开展主题教育结合起来，贯彻中央和省委、苏州市委决策部署。举办太仓撤县建市30周年暨德企发展30年系列活动，扛起勇挑重担、多作贡献责任担当，团结带领全市党员干部拼出“太仓速度”，推动全市经济社会发展和党的建设各项工作取得新成绩。截至年底，太仓市完成地区生产总值1734.94亿元，较上年增长5.3%；一般公共预算收入189.42亿元，较上年增长6.5%；规模以上工业总产值3212.26亿元，较上年增长1.8%；全社会固定资产投资553.43亿元，较上年增长15.6%，其中工业投资212.62亿元，较上年增长18.1%。年内，太仓市列中国县域高质量发展百强第六位、中国县域经济百强第六位、全国综合实力百强县市第七位，连续3年居全国科技创新百强县市第二位，连续8年位居中国最具幸福感城市县级市榜首，蝉联企业家幸福感最强市（区）榜单第一。

【中共二十大精神学习宣传贯彻】 2023年，太仓市以中共二十大精神统一思想、统一意志、统一行动，举办市管干部集中轮训班，示范引领各级干部开展培训，学习贯彻中共中央总书记习近平对江苏、苏州工作重要讲话重要指示精神，召开市委常委会扩大会议、全市领导干部会议等会议传达学习，召开市委十四届五次全会作出全面部署，审议通过《中共太仓市委关于深入学习贯彻习近平总书记对江苏工作重要讲话精神，在推进中国式现代化中走在前做示范，高质量建设“现代田园城　幸福金太仓”的决定》。开展主题教育，举办市级领导干部读书班，完成“牢记嘱托、感恩奋进、走在前列”大讨论等任务，领导班子带头开展“千村万企、千家万户”大走访、“集中服务月”活动，累计解决企业和群众急难愁盼问题2500余个，形成调研报告48篇，实现成果转化83项。

【经济发展质效加速】 2023年，太仓市新引进伯曼设施设备、庆良电子等产业项目319个，总投资890亿元，超10亿元项目22个，超50亿元项目1个。联电新能源汽车二期、舍弗勒太仓制造基地新能源二期等97个项目建成投产。省重大项目、苏州市重点实施项目数量均位居苏州市第一。产业集群加速壮大，高端装备、先进材料、现代物贸三大千亿元级主导产业量质齐升，规模以上汽车零部件企业产值增长8%，其中新能源汽车产值增长13.2%。航空航天企业总数超120家，太仓生物医药企业孵化器获评国家级科技企业孵化器，生物医药企业超520家，实现三年3倍增长。突出政策最优、效率最高、环境最宽松，出台创业资助、场地免租等太仓大学科技园专项支持政策，打造长三角大学生创新创业首选地。32万平方米智汇谷科创园竣工，有效高新技术企业1175家，如果新能源科技（江苏）股份有限公司入选中国“独角兽”企业名单。新增国家级人才计划22人，位居苏州第二。太仓市入选国家创新型县（市）建设名单。

【改革开放深化】 2023年，太仓市融入长三角一体化发展大格局，新引进高博航空等上海项目138个，与中国科学院上海硅酸盐研究所签约科技成果转化专项合作协议，瑞金医院太仓分院主体结构封顶，上海外国语大学附属太仓学校共建项目签约。加速构建包括沪宁沿江高铁和沪苏通铁路在内的沪苏通铁路二期、北沿江铁路、与嘉闵太线贯通运营的苏锡常城际铁路太仓先导段等组成的“5+1”轨道交通网络，沪宁沿江高铁开通运营，苏锡常城际铁路太仓先导段运营筹备合作意向书签署，北沿江高铁、沪苏通铁路二期加快推进。打造以港强市枢纽城，太仓港区四期工程获联合增资37.9亿元，集装箱吞吐量排名上升至全球第22位，利洁时一期、范斯特新能源等制造业项目竣工投产，斯凯奇二期入选省服务业重点项目，太仓物流园蝉联省级示范物流园区10强榜首。持续优化港城功能配套，龙江路快速化等项目加快建设，全球特色商品展销中心一期投入试运营。打造对德合作示范区，获商务部复函支持加快建设中德（太仓）产业合作示范区，举办中德环境论坛、商务部中德产业园经验交流会等活动，作为国内唯一一个县级市受邀参加第11届中德经济技术合作论坛。新落地德资项目39个，全年实际使用德资2.45亿美元，较上年增长217.7%。中德生命科学园建成投用，全国首个AHK学院揭牌运营，中德标准化合作苏州创新中心启用，中德双元制职教产业园加快建设。德式场景街区——罗腾堡风情街开街，成为集人文艺术、年轻潮流、微度假于一体的文旅平台及中德文化交流舞台。

【营商环境建设优化】 2023年，太仓市优化提升企业服务中心一站式、集成式功能，企业（项目）全生命周期管理平台启用。市企业服务中心、市人才服务中心等集成式、一站式的综合性服务平台建设运行，系统做优线下线上相融合的服务模式。新增人才公寓3365套，累计7000余套。持续做优“双信三即”“三线平行”服务模式，重点项目平均审批时限缩短至6天。出台民营经济高质量发展实施意见，实施新一轮国有企业改革深化提升行动，加快国资“翻一番”步伐。持续运作产业引导基金及其子基金，全市产业投资基金总规模扩大至262亿元。开展国土空间全域整治，完成土地拆旧复垦75.8公顷、征迁“清零”201.53公顷、拆违112万平方米，原地更新125.87公顷，低效用地再开发169.73公顷。年内，太仓市自然资源节约集约考核排名全省第二、苏州第一；入选全国城市营商环境创新县（市）名单。

【城乡融合发展加速】 2023年，《太仓市国土空间总体规划（2021—2035）》通过省级专家论证。娄江新城建设全面提速，科教创新区基本成形，太仓大道地下综合管廊等重点项目加快实施，长江后浪商业街区等30个项目竣工。城市更新古松弄地块主体结构封顶，原城三小地块加快建设。金仓湖现代农业示范片区加快建设，东林村“四个一”生态循环农业模式扩面提质。勤力村、永丰村获评省级特色田园乡村，太仓市获评全省首批农村人居环境整治提升示范县。乡村振兴实绩考核连续三年蝉联全省第一等次。太仓阿尔卑斯国际度假区开业，七十二家理想村开业运营，香塘野邻露营村入选省乡村旅游业态创新示范项目名录。

【生态环境面貌优化】 2023年，太仓市推进长江大保护工作，国省考断面和主要通江河道水质优Ⅲ比例均达100%，$PM_{2.5}$浓度26微克/立方米，空气优良天数比例83.6%，保持苏州第一，地表水环境质量排名全省第二。污水处理提质增效达标区建设完成，城东水质净化厂试运行，再生资源综合利用项目投用。推动绿色低碳转型，完成“散乱污”企业（作坊）整治148家，新增国家级绿色工厂2家，耐克中国物流中心成为国内首个“风光一体化”零碳智慧物流园，中欧（太仓）绿色数字创新合作区入选全国首批中欧碳中和试点项目。创新产业供地模式，在全国首创“限地价竞生态投入”供地模式。

【社会民生福祉增进】 2023年，太仓市新增就业近2万人、高技能人才0.6万人。全年城镇居民人均可支配收入8.26万元，农村居民人均可支配收入4.65万元，城乡居民收入比降至1.779∶1，位居苏州各板块第一。太仓市获评首批“15分钟医保服务圈”省级示范县（市、区）。试行商品房“以旧换新”政策，尝试以国企收购的方式支持市民存量住宅“以旧换新”。建设推进民生实事项目20个，太仓市实验高级中学（原名娄江新城高中）加快建设，太仓市通过国家级健康促进县（区）复评验收，入选全省示范性居家社区养老服务网络建设地区名单。太仓美术馆开馆，满足市民对文化艺术生活的追求。深化“融合共治”实践，社会工作服务实践获评全国社会工作优秀成果，入选全省“五社联动”创新试点县名单。市镇村三级矛盾纠纷调处化解中心实现全覆盖，矛盾纠纷在基层化解率99%以上。实施户籍新政，吸引更多流动人口在太仓落户安居、就业创业。推进安委办、消委办、机制办实体化一体化运作，开展专项整治巩固提升年等行动，港区化工园区专业消防站启用，全市生产安全事故起数、死亡人数实现“双下降”。

【党建引领加强】 2023年，太仓市落实“第一议题”制度，推进“五聚焦五落实”深化提升行动，聚焦基本组织提功能、基本队伍提素质、基本活动提质量、基本制度提效能、基本保障提标准，确保党的全面领导、党的坚强力量、党的号召要求、党的纪律规矩、党的关心服务落实到基层，增强党组织政治功能和组织力凝聚力。实施“海棠花红·和美田园”党建引领乡村振兴提升工程，开展“海棠花红·暖商护商”党建惠企服务先锋行动，深化“海棠暖蜂·娄城暖新”新业态、新就业群体党建品牌建设。开展“担当指数”评价和干部敢为善为表现调查，出台激励干部担当作为举措15条、保障干部敢为基层敢闯措施10项。执行中央八项规定精神，一体推进“三不腐”（不敢腐、不能腐、不想腐）实践，开展纪检监察干部队伍教育整顿，深化运用容错纠错、风险报备、澄清正名等机制。把接受省委巡视作为重要政治任务，对照巡视反馈意见，围绕6个方面20项问题，制定整改措施119条，逐条逐项整改，逐一对账销号，同步抓好选人用人、意识形态、巡察工作专项检查整改。彰显党建引领发展成效，提升城市治理体系和治理能力现代化，打造党建引领高站位践行、高品质生活、高质量发展、高效能治理、高境界勤廉的“县域样板”。

【调查研究】 2023年，中共太仓市委学习贯彻中共中央总书记习近平关于调查研究的重要论述精神，把调查研究作为深入学习贯彻习近平对江苏、苏州工作重要指示精神的具体举措，作为组织开展学习贯彻习近平新时代中国特色社会主义思想主题教育的重要内容，围绕全市中心工作，开展调查研究活动，推动解决一批实际问题。市委研究室围绕全市发展大局，组织开展2023年度市领导、镇（区、街道）领导和市级机关（部门）重点调研，形成并汇编重点调研报告110篇，部分调研成果转化成为改进工作、推动发展的实际举措；紧扣市委决策部署，动员相关职能部门围绕职责分工、重点问题开展调查研究，为市委、市政府决策发挥参谋助手作用，多篇稿件获《群众》《江苏通讯》《江苏改革简报》《苏州改革》等刊物录用。（马　帅）

重要会议

【中共太仓市第十四届委员会全体会议】 2023年，中共太仓市第十四届委员会召开全体会议2次。

中共太仓市第十四届委员会第五次全体会议。8月1日召开，市委常委会主持会议。出席会议的市委委员23人、候补委员6人，市纪委委员和有关方面负责人及省第十四次党代会、苏州市第十三次党代会、市第十四次党代会部分代表列席会议。全会指出，太仓市委学习宣传贯彻习近平重要讲话指示精神，推动产业攀高逐新，厚植开放特色优势，统筹优化城市功能形态，加快乡村振兴步伐，持续增进民生幸福感受，全面从严提高党的建设水平。全会强调，要聚焦具有牵引性的重点工作，推进中国式现代化太仓新实践。全会审议通过《中共太仓市委关于深入学习贯彻习近平总书记对江苏工作重要讲话精神，在推进中国式现代化中走在前做示范，高质量建设"现代田园城　幸福金太仓"的决定》《中国共产党太仓市第十四届委员会第五次全体会议决议》。

中共太仓市第十四届委员会第六次全体会议。12月27日召开，市委常委会主持会议。出席会议的市委委员28人、候补委员6人，市纪委委员和有关方面负责人及省第十四次党代会、苏州市第十三次党代会、市第十四次党代会部分代表列席会议。全会指出，太仓市委常委会坚持把深入学习宣传贯彻中共二十大精神，习近平对江苏、苏州工作重要讲话重要指示精神和开展学习贯彻习近平新时代中国特色社会主义思想主题教育作为贯穿全年工作的主题主线，推动经济加快回升向好，全面深化改革开放，加快城乡融合步伐，推进美丽太仓建设，持续保障和改善民生，坚决守牢安全底线，加强宣传思想文化工作，推进全过程人民民主，坚定不移全面从严治党，推动全市经济社会发展和党的建设各项工作取得新成绩。全会强调，要持续推动经济实现质的有效提升和量的合理增长，打造融入上海桥头堡、以港强市枢纽城、对德合作示范区、城乡和美幸福地，拼出"太仓速度"，在推进中国式现代化中走在前、做示范，精心描绘太仓新图景。全会要求重点抓好创新驱动、产业立市、项目为王等九方面工作。全会审议通过《中共太仓市委常委会2023年度落实全面从严治党主体责任情况的报告》《中国共产党太仓市第十四届委员会第六次全体会议决议》。

【中共太仓市第十四届委员会常委会会议】 2023年，中共太仓市第十四届委员会常委会共召开会议26次。

第45次常委会会议。1月20日召开。学习贯彻中共中央总书记习近平近期系列重要讲话重要指示精神和省、苏州两会精神。审议《中共太仓市委常委会关于坚决维护党中央权威和集中统一领导的规定》《中共太仓市委关于贯彻落实〈中央政治局贯彻落实中央八项规定实施细则〉的实施办法（修订稿）》。听取建立有关重点工作专班的汇报。审议《太仓市国土空间总体规划（2021—2035）》。传达学习《中国共产党处分违纪党员批准权限和程序规定》《十四届江苏省委巡视工作规划（试行）》，听取太仓市贯彻落实建议汇报。审议《关于加强新时代统一战线工作的实施方案》。听取2022年度市级机关"窗口服务示范单位"和作风效能建设"十佳先进个人"建议名单汇报、2022年度镇（区、街道）和市级机关单位综合考核情况汇报。

第46次常委会会议。2月7日召开。学习贯彻中共中央总书记习近平近期系列重要讲话重要指示精神和省委书记信长星在苏州调研时的讲话要求，传达学习习近平对政法工作的重要指示和中央政法工作会议精神。审议《中共太仓市委关于贯彻落实"敢为、敢闯、敢干、敢首创"在中国式现代化建设上作出引领示范的实施意见》《市委常委会2023年工作要点》《关于贯彻落实中央经济工作会议精神做好一季度经济社会发展工作的通知》。传达学习全省、苏州安全生产电视电话会议精神，听取2023年重点工作建议及春节后复工复产、全国两会期间安全防范工作建议的汇报。传达学习第二十届中央纪委二次全会和省、苏州市纪委全会精神，听取太仓市委书记汪香元在十四届市纪委三次全会上讲话的起草情况、十四届市纪委三次全会工作报告起草情况的汇报。听取2022年巡察工作情况和2023年巡察工作计划的汇报。

第47次常委会会议。2月23日召开。学习贯彻中共中央总书记习近平近期系列重要讲话重要指示精神。传达学习全国、全省、苏州市宣传部长会议精神和苏州市安全生产工作会议精神，听取下一步安全防范工作建议汇报。传达学习省推动长江经济带发展领导小组会议暨长江经济带生态环境突出问题整改推进会议精神，研究部署下一步工作安排。传达学习省、苏州市深入打好污染防治攻坚战指挥部会议精神，研究太仓市贯彻落实工作。审议《太仓市2023年全面推进乡村振兴，加快高水平率先基本实现农业农村现代化工作要点》《太仓市农民收入倍增计划实施方案》《太仓市关于加快推进农业产业现代化的实施意见》《太仓市义务教育阶段新市民子女积分入学实施细则（试行）》。听取2022年度市人民武装工作情况及2023年度市人民武装工作部署安排的汇报。

第48次常委会会议。3月8日召开。学习贯彻中共中央总书记习近平在参加十四届全国人大一次会议江苏代表团审议时的重要讲话精神和中共二十届二中全会精神，听取太仓市撤县建市30周年暨德企发展30年大会筹备情况汇报。

第49次常委会会议。3月20日召开。学习贯彻中共中央总书记习近平在全国两会期间有关重要讲话精神及近期其他重要讲话重要指示精神。传达学习全国、全省、苏州市组织部长会议精神，听取部分道路更名工作的汇报。审议《关于贯彻落实〈苏州市户籍准入登记管理办法〉的实施意见》。听取市关工委2022年工作情况和2023年工作安排的汇报，审议市关工委2023年工作要点。听取市人大常委会2023年度工作要点的汇报、市政协常委会2023年工作要点和2023年度政协协商工作计划的汇报。传达学习全国、全省纪检监察干部队伍教育整顿动员部署会议精神，听取太仓市贯彻落实举措的汇报。听取有关干部人事安排的汇报。

第50次常委会会议。3月23日召开。听取太仓市撤县建市30周年10件大事、“十大突出贡献企业”“十大杰出德国友人”评选结果的汇报和撤县建市30周年暨德企发展30年大会筹备进展情况汇报。

第51次常委会会议。4月7日召开。学习贯彻中共中央总书记习近平近期系列重要讲话重要指示精神，听取全市当前经济运行情况和下一步重点工作建议的汇报，审议《关于在全市各级党组织和广大党员干部中大兴调查研究的实施方案》，听取2022年度市管干部年度考核结果及三等功建议名单汇报。

第52次常委会会议。4月25日召开。学习贯彻中共中央总书记习近平近期系列重要讲话重要指示精神。传达学习省委第83次常委会会议及苏州市经济运行分析会议精神，研究部署太仓市下一阶段经济工作。传达学习全省学习贯彻习近平新时代中国特色社会主义思想主题教育动员会议精神和省委、苏州市委党的建设工作领导小组会议精神，听取2022年党建工作情况汇报，研究太仓市2023年党建工作（同时作为市委常委会专题研究全面从严治党暨市委党建工作领导小组会议议题）。审议《太仓市村（社区）党组织书记队伍“赋能提质”三年行动计划（2023—2025年）》《中共太仓市委全面深化改革委员会2022年工作总结》及《中共太仓市委全面深化改革委员会2023年工作要点》（同时作为市委深改委会议议题）。传达数字苏州建设工作推进大会精神，汇报太仓市数字建设相关工作推进情况。传达学习中央和省委、苏州市委人才工作领导小组会议精神，研究太仓市人才工作（同时作为市委人才工作领导小组会议议题）。学习《中央巡视工作规划（2023—2027年）》，传达十四届省委第三轮巡视动员部署会、巡视培训动员会、配合省委巡视联动巡察暨十三届苏州市委第三轮巡察动员部署会精神。听取全市安全生产工作情况和下阶段重点工作安排建议的汇报，审议《市委常委会成员、市政府领导班子成员2023年安全生产重点工作清单》。传达学习全国、全省、苏州市统战部长会议精神，审议《市委统一战线工作领导小组工作要点》《太仓市关于新一代民营企业家培养“新领航”计划的实施意见》《中共太仓市委2023年政党协商计划》（同时作为市委统一战线工作领导小组会议议题）。审议《推动农文旅融合高质量发展，打造长三角休闲旅游目的地城市三年行动计划（2023—2025年）》。听取有关案件处理意见的汇报。

第53次常委会会议。5月12日召开。学习贯彻中共中央总书记习近平近期系列重要讲话重要指示精神。听取全市信访和社会稳定工作情况汇报，审议《关于债务审计整改情况的报告》《太仓市全面推进乡村振兴探索高水平率先基本实现农业农村现代化行动方案（2023—2025年）》。传达省推动长江经济带发展领导小组专题会议精神，听取省2023年长江经济带生态环境警示片披露问题整改情况的汇报。

第54次常委会会议。6月10日召开。学习贯彻中共中央总书记习近平近期系列重要讲话重要指示精神。学习《中国共产党巡视工作条例》《被巡视党组织配合中央巡视工作规定》，传达省委第二巡视组对接会会议精神，审议《配合省委第二巡视组巡视太仓市服务保障工作方案》。听取市纪委关于市商务局党组在2022年全国文明城市年度测评工作中履职不力问题调查情况的报告，并由市商务局党组作检查。书面审议《关于贯彻落实〈关于加强和改进新时代市县政协工作的意见〉的实施意见》，审议《太仓市2023年度东西部协作和对口支援工作要点》。

第55次常委会会议。6月26日召开。学习贯彻中共中央总书记习近平近期系列重要讲话重要指示精神，传达贯彻中央纪委关于河南虞城“麦田里长出高楼”相关问题查处情况的通报精神。传达学习省委书记信长星到苏州调研精神、信长星在省委常委会赴省应急管理厅开展响水“3·21”特别重大爆炸事故案例解剖式调研暨警示教育时的讲话精神、信长星在省委常委会开展“长江江苏段的‘沧桑巨变’”案例解剖式调研时的讲话精神。审议《关于贯彻落实中共中央总书记习近平重要批示精神深入学习借鉴浙江“千万工程”经验的建议方案》。传达学习全国、全省安全防范工作紧急会议精神，听取当前安全防范工作安排建议，审议《关于深化质量强市建设的工作方案》《中共太仓市委全面依法治市委员会2023年工作要点》〔同时作为市委全面依法治市委员会第五次（扩大）会议议题〕和《中共太仓市委工作情况汇报》。

市委常委会（扩大）会议。7月9日召开。传达学习中共中央总书记习近平视察江苏、视察苏州重要讲话重要指示精神。

第56次常委会会议。7月9日召开。传达学习中共中央总书记习近平对防汛救灾工作作出的重要指示精神，听取太仓市有关情况汇报，研究部署下一步工作。传达学习习近平给南京审计大学审计专业硕士国际班留学生的重要回信精神。学习贯彻习近平近期重要讲话重要指示精神。

第57次常委会会议。7月20日召开。讨论有关人事安排。

第58次常委会会议。7月27日召开。讨论有关人事安排。

第59次常委会会议。7月31日召开。学习贯彻中共中央总书记习近平近期系列重要讲话重要指示精神和习近平总书记在全国生态环境保护大会上的重要讲话精神，传达省有关会议精神，研究太仓市贯彻落实意见。听取市委十四届五次全会筹备工作情况汇报，审议有关文件材料。听取有关案件处理意见的汇报、有关干部人事安排的汇报。

第60次常委会会议。8月17日召开。学习贯彻中共中央总书记习近平近期系列重要讲话重要指示精神和苏州市委常委会专题调研太仓市工作会议精神。传达学习全省加重村级组织负担突出问题专项整治推进会议精神，听取太仓市贯彻落实情况汇报。传达学习中央文明办改革改进文明城市创建工作专题调研座谈会精神，听取太仓市贯彻落实举措汇报。传达学习全国巡视工作会议、中央巡视工作规划培训班、全国新任职县级巡察办主任培训班精神，省委国安委会议、全省党委国安办主任会议和苏州市委国安委会议精神，审议《中共太仓市委国家安全委员会2023年工作要点》（同时作为市委国安委会议议程）、《2023年度太仓市高质量发展综合考核实施办法》（同时作为市委考核委会议议程）。听取“企业家幸福感营商对话暨制造业立市苏州论坛”方案汇报，审议《太仓市推进长三角一体化发展、融入虹桥国际开放枢纽建设2023年工作要点》《太仓市关于持续擦亮“5E · 太舒心”品牌，加快推进“五化协同”优化营商环境的实施方案》。听取太仓市2023年电力迎峰度夏工作汇报，审议《关于建立健全审计查出问题整改长效机制的实施意见》《关于推进基本养老服务体系高质量发展的实施意见》。传达学习上级对台工作会议精神，听取太仓市对台重点工作汇报。听取有关干部人事安排的汇报。

第61次常委会会议。9月11日召开。学习贯彻中共中央总书记习近平近期系列重要讲话重要指示精神和省委书记信长星在张家港太仓调研时的讲话精神。审议《贯彻落实市委十四届五次全会〈决定〉重点任务分工方案》。学习贯彻习近平对党的建设和组织工作的重要指示，传达学习全国、全省、苏州组织工作会议主要精神及太仓市贯彻落实建议的汇报。审议《关于进一步激励广大干部在中国式现代化太仓新实践中担当作为的若干举措》。传达学习《党委（党组）意识形态工作责任制问责实施细则》主要精神，审议《2023年度全市意识形态工作重点任务清单》。听取关于近期全市信访和社会稳定工作情况的汇报。审议《太仓市现代商业高质量发展三年行动计划（2023—2025）》《太仓市产业投资基金管理办法》《太仓市干部大病医疗补助操作办法（试行）》。听取有关干部人事安排的汇报。

第62次常委会会议。9月12日召开。听取关于中央和省委、苏州市委主题教育工作有关精神及太仓市相关工作情况的汇报，审议《关于深入开展学习贯彻习近平新时代中国特色社会主义思想主题教育的实施方案》《关于成立市委学习贯彻习近平新时代中国特色社会主义思想主题教育领导小组及办公室的建议方案》等，审议《中共太仓市委常委会关于深入开展学习贯彻习近平新时代中国特色社会主义思想主题教育的工作安排》。

第63次常委会会议。9月25日召开。学习贯彻中共中央总书记习近平近期系列重要讲话重要指示精神。审议《关于促进太仓市房地产市场平稳健康发展的若干意见》《太仓市国有企业高质量发展工作方案》（同时作为市委深改委会议议题）。听取太仓市民营经济高质量发展大会筹备工作情况、2022年度（第二届）“太仓市优秀民营企业家”“2023年太仓市民营企业20强”“2023年太仓市民营企业创新榜单”评选结果的汇报，审议《太仓市民营经济高质量发展实施意见》（同时作为市委深改委会议议题）。听取关于太仓市防范化解地方债务风险情况的汇报。

第64次常委会会议。10月12日召开。传达学习中共中央总书记习近平关于巡视整改工作的重要指示精神以及省委书记专题会议、省委第三轮巡视集中反馈会议精神，听取关于省委巡视反馈意见整改工作分工的汇报。

第65次常委会会议。10月25日召开。学习贯彻中共中央总书记习近平近期系列重要讲话重要指示精神，学习传达《党委（党组）讨论决定干部任免事项守则》精神，通报《关于巡视检查太仓市选人用人情况的报告》，听取有关干部人事安排的汇报。

第66次常委会会议。11月9日召开。学习贯彻中共中央总书记习近平近期系列重要讲话重要指示精神，研究当前经济运行情况并部署下一步工作。传达学习全省巡视巡察工作会议精神，审议《中共太仓市委关于省委巡视反馈意见整改方案》和相关专项整改方案。审议《关于开展“千村万企、千家万户”大走访工作的实施方案》《关于贯彻落实苏州市“1+7”工作清单制度的方案》《关于进一步推动强市富民惠企在高质量发展上继续走在前列的行动方案》《关于成立太仓市政府投资基金问题专项整治工作专班的方案》《太仓市关于开展政府投资基金问题专项治理的实施方案》《关于开展政府投资基金问题专项治理监督的方案》，书面审议《十四届太仓市委巡察工作规划》。

第67次常委会会议。12月12日召开。讨论有关人事安排。

第68次常委会会议。12月16日召开。传达学习中共中央总书记习近平在盐城考察时的重要指示精神和习近平在深入推进长三角一体化发展座谈会上的重要讲话精神及习近平近期系列重要讲话重要指示精神。传达学习中央经济工作会议精神、苏州市省委巡视整改情况专题汇报会精神，听取太仓市省委巡视整改工作进展情况汇报。传达学习全省安全生产工作视频会议精神，听取太仓市当前安全防范工作安排建议汇报。听取市十七届人大四次会议筹备情况汇报、市政协十五届三次全会筹备情况汇报。传达学习苏州市《关于当前意识形态领域情况的通报》精神，审议《关于当前太仓市意识形态领域情况的通报》。传达学习全国、全省网信工作会议精神，听取太仓市贯彻落实建议汇报。听取太仓市贯彻落实中央和省委、苏州市委主题教育工作推进会精神建议汇报（同时作为市委主题教育领导小组会议议题）。传达学习习近平对宣传思想文化工作的重要指示及全国、全省、苏州市宣传思想文化工作会议主要精神。学习《干部教育培训工作条例》《全国干部教育培训规划（2023—2027年）》和全国干部教育培训工作会议主要精神。听取太仓市产业工人队伍建设改革推进情况汇报、太仓市团员和青年主题教育开展情况汇报及有关干部人事安排的汇报。

第69次常委会会议。12月25

日召开。学习贯彻中共中央总书记习近平近期系列重要讲话重要指示精神。听取市委十四届六次全会筹备工作情况汇报，审议有关文件材料。听取市法院、市检察院工作报告起草情况汇报，全市信访和社会稳定工作情况的汇报。书面审议《太仓市国有企业改革深化提升行动实施方案（2023—2025年）》。（马 帅）

2023年6月27日，十四届市委第四轮巡察集中反馈会暨集体约谈会召开（**市委巡察办**供稿）

巡　察

【概况】 2023年，太仓市委巡察机构贯彻落实巡视巡察工作新部署新要求，做好协助市委接受省委巡视、接受巡察工作专项检查、深化本级政治巡察等系列工作。年内，市委巡察办调整巡察组组长1人，轮岗交流副组长1人，从纪检、审计、财政等部门抽调业务骨干77人参加巡视巡察工作。推进组办一体化建设，巡察办工作人员分别挂钩联系巡察组。完成十三届市委和十四届市委前三轮巡察文件的整理归档工作，共归档文书档案1180件、专业档案1399卷，合计747盒、24万余页，实现电子档案与纸质档案同步归档、双套保存。

【巡察主体责任落实】 2023年，太仓市委巡察办印发《十四届太仓市委巡察工作规划》，加强对市委任期内巡察全覆盖的科学系统谋划。全年召开市委常委会会议7次、市委书记专题会议2次、市委巡察工作领导小组会议12次，研究部署巡察工作。市委书记履行第一责任人责任，亲自研究部署巡察工作，出席巡察工作动员部署会并讲话，对巡察工作作出批示9次，集中约谈市级机关、国有企业、镇（街道）和村（社区）党组织负责人50人。市委巡察办协助市委做好省委第二巡视组巡视太仓和苏州市委联动巡察有关工作，接受省委巡视期间对太仓市委巡察工作的专项检查。

【巡察全覆盖】 2023年，太仓市开展十四届市委第四轮、第五轮巡察，采取常规巡、机动巡等方式，对50家党组织（第四轮被巡察党组织为市史志办、市医保局党组、市机关事务中心党组、市总工会党组、团市委、市妇联党组，第五轮被巡察党组织为璜泾镇党委、娄东街道党工委、市民政局党组、市文体广旅局党组、市卫健委党组、市第一人民医院党委、市中医医院党委及璜泾镇、娄东街道所辖36个村社区党组织、苏州太仓临港投资发展集团有限公司党委）进行“政治体检”，共发现问题625个，移交“立行立改”问题22个，形成领导班子评价及“一把手”专项材料5份、专题报告6个，移送问题线索36条，立案19件。创新巡察方式方法，制定个性化监督指引5个，梳理形成对村巡察共性问题清单（涉及4个问题领域55项问题表现形式及具体事例），探索运用“三巡三带”〔巡镇（街道）带村（社区）、巡部门带村（社区）、巡部门带下属单位〕等巡察模式，推动巡察监督向深拓展、向专发力、向下延伸。

2023年2月23日，太仓市召开巡察工作会议暨十四届市委第四轮巡察工作动员会（**市委巡察办**供稿）

【巡视巡察整改】 2023年，太仓市委巡察办协助市委落实巡视整改工作，围绕省委巡视整改制定的6个方面、119条整改措施，强化跟踪督促，逐条对账销号，确保整改到位。针对巡察工作专项检查指出的4个方面、12个问题，制定落实整改措施31条，整改完成率100%。发挥巡察办“统筹协调、跟踪督促、汇总分析”作用，完善巡察整改日常监督责任体系，建立巡察整改日常监督联席会议制度，制定对村（社区）巡察整改质效评估工作指引，制发巡察整改提醒函和巡察整改典型案例，开展巡察整改集中培训和“一对一”辅导，推动落实整改主体责任和监督责任。完成对璜泾镇、娄东街道下辖36个村（社区）党组织的整改质效评估工作。

【巡察协作】 2023年，太仓市委巡察办修改完善《关于进一步增强巡察与纪检监察工作合力，着力提升监督工作效能的实施意见》《关于进一步增强巡察与组织工作合力，着力推动全面从严治党向纵深发展的意见》《关于进一步增强巡察与审计工作合力，着力提升监督效能的实施意见》，深化巡纪、巡组、巡审协作。在第五轮巡察中，市纪委监委业务骨干4人参加巡察，巡纪深度协作推动问题线索快查快处，巡中成案16件；市委各巡察组与选人用人专项检查组在巡前通报情况、听取党组织工作汇报、开展个别谈话、调阅复印资料、撰写专项报告等方面加强协作配合；巡审同步进驻市文体广旅局、市卫健委、市第一人民医院、市中医医院开展监督检查，巡审双方加强工作进度的统筹安排和双向配合，巡审协作共发现问题线索9个。8月18日，市委常委、市纪委书记、市监委主任杨庆参加市委第二巡察组巡察市卫健委党组工作动员会。

【“田野巡察·板凳夜话”品牌深化】 2023年，太仓市委巡察办开展“田野巡察”，“带着板凳”访民情、听民意，开展“板凳夜话”活动36场（次），走村入户1474户，收到群众各类信访反映162件，督促为民办事48项，下沉一线了解百姓反映强烈的急难愁盼问题，推动解决农村道路安全隐患、集宿区流动摊贩管理不规范、老旧小区消防安全隐患、公园公共设施破损、医院停车位不足等一批民生问题。“田野巡察·板凳夜话”相关案例被苏州市委巡察办“田野巡察·让群众‘甜在心头’”宣传片采用，在中央纪委国家监委网站播出。 （王由酉）

组织工作

【概况】 2023年，太仓市委组织工作坚持围绕中心、服务大局，开展学习贯彻习近平新时代中国特色社会主义思想主题教育，做深做优党建引领惠企、惠农、惠民工作，加强党的政治建设，激励干部担当作为，创新推出“担当指数”评价和干部敢为善为表现调查，持续加强重大人才团队和“高精尖缺”人才招引力度，干部、人才、基层党建等各项工作都取得较好成效。截至年底，全市共有基层党组织2210个（党委185个、党总支74个、党支部1951个），其中市委直属党（工）委23个。全市共有党员4.22万人，其中女性党员1.35万人，35岁以下党员7740人，60岁以上党员1.68万人，大专以上学历党员2.31万人。全市累计获评国家级人才33人，省“双创团队”6个，省“双创人才”121人，姑苏创新创业领军人才305人；累计评选太仓科技领军人才742人。

【党员教育管理】 2023年，太仓市贯彻新时代党员队伍建设总要求，持续提升党员教育管理工作质效。加强“思源工程”工作体系建设，全年全市发展党员391人，青年占比超73%、产业工人占比超36%，高技能人才、新业态新就业群体占比持续提升。创新推出流动党员“4×3”工作法，建立健全流动党员组织网络和服务网络，召开太仓市流动党员管理服务联席会议，发布流动党员服务清单，为流动党员提供5大类82项服务。新建江苏省沭阳县、河南省杞县2个驻太仓流动党员支部，全年累计纳管流动党员1800余人。提升党务干部工作水平，举办市级党务干部业务专题培训，开展党务干部履职资格认证，70名新任职党务干部持证上岗。持续擦亮“海棠光影”党员教育品牌，开展“海棠光影”创作培育结对，推动一批优秀青年党务干部与专业媒体工作者结对帮带。组建“光影新伙伴”海棠智囊团，吸纳先锋典型、媒体平台、行业协会等力量。举办第三届海棠电影节，围绕科技创新、基层治理、乡村振兴等方面摄制作品90部，获评第16届全省党员教育作品观摩交流活动一等奖作品2部。

▲资料链接

流动党员“4×3”工作法

“3坐标”推动流动党员“双向奔赴”。

广泛开展居住地排查。设立流动党员“报到站”，配备“红色向导”，指引流动党员主动向流入地党组织报到。发挥“大数据+铁脚板”作用，做好流动党员“数据库”筛查和片区民警、网格员、“海棠先锋”入户排查。深入开展工作地排查。着重在新业态新就业群体中开展流动党员“双向奔赴”行动，以“六个清”标准做好“两新”组织党组织集中排查工作。联合建立常态化流动党员信息月报机制。主动与流出地做好衔接。依托党建信息平台，落实流动党员信息转接“日清”制度。加强与流出党员较为集中地区的沟通联系，强化流动党员主动报到

2023年12月15日，太仓市举办第三届海棠电影节，“光影新伙伴”海棠智囊团正式成立 （市委组织部供稿）

意识。

“3机制”明确流动党员管理职责。

落实流动党员上下联管机制。按照“工作相近、居住相邻、便于管理”原则，将流动党员编入具体党支部。制定“党（工）委＋党支部”流动党员管理责任清单，建立支部委员挂钩联系流动党员制度，定期了解流动党员动态。建立驻外流动党组织管理机制。在条件成熟的流出地成立驻外流动党组织，选派讲政治、有威望、敢负责的党员担任党组织书记，实现流动党员集中式管理。健全流动党员关爱帮扶机制。关心关爱困难流动党员，帮助其解决子女上学、看病就医等生活问题。依托各级党群服务中心、海棠邻里驿站等党建阵地，持续优化幼儿托管、社医保咨询、法律答疑等服务。

“3维度”抓实流动党员学习教育。

“统一＋定制”学。面向流动党员发放党章、党的二十大报告、党员应知应会口袋书等学习资料，立足流动党员工作实际，推出定制化学习菜单，提高学习普适性、实效性。“集中＋分散”学。组织优秀党组织书记、“先锋代言人”等到流动党员较多的行业开展上门送学、集中宣讲，选派“红色引航员”赴企业一线引导流动党员开展分散式“班前一刻钟”学习。“定时＋随时”学。依托“5+X”主题党日等载体，建立流动党员每月固定学习日制度。开设“指尖课堂”“先锋e家”等平台，推动流动党员学习教育“触手可及”。

“3行动”促进流动党员作用发挥。

开展“三亮三争”先锋行动。组建流动党员先锋队，发动流动党员亮身份、亮目标、亮实绩，为项目建设、产业发展、文明典范城市创建等工作增添动力。开展“海棠暖蜂”行动。充分发挥新就业群体流动党员流动性强、联系面广、影响范围大的优势，推动流动党员积极参与安全隐患排查、环境卫生巡逻、方针政策宣传等工作。开展“助力腾飞”行动。以“金点子”“微创新”等为载体，引导流动党员结合自身优势特长，为流入流出两地建设建言献策，在助力发展中贡献先锋力量。

2023年5月17日，“海棠花红　暖商护商”党建惠企服务先锋行动启动，机关行动支部、行业协会行动支部和红色引航员授旗出征仪式举行

（市委组织部供稿）

【基层党建工作】 2023年，太仓市做深做实产业链党建，突出党建引领城乡基层治理，落实基层党建提质增效重点项目81个。推进抓党建促乡村振兴，实施村（社区）书记“赋能提质”计划，组建乡村振兴片区大党委和党建惠农服务联盟，以党组织为纽带推动村村、村企抱团发展，获评第三批省“百名示范”村（社区）书记2人，中央电视台新闻频道专题报道太仓现代农业发展。深化高质量党建引领基层治理现代化“根系工程”，织密织细基层治理“微网格”，持续开展“村居有需要、党员来报到”活动，配备“海棠先锋”7100余人，创新“宅基管家”等特色做法，推进党建引领老旧小区改造工程。深化产业链党建工作，开展“海棠花红 暖商护商”党建惠企服务先锋行动，组建机关行动支部、行业协会行动支部和红色引航员队伍，签约“揭榜挂帅”攻关项目、金融授信和基金投资项目，打造航空航天、生物医药等产业园党群服务中心，紧扣“企业发展需求”，锚定“最优营商环境”，发挥党建引领高质量发展的“红色引擎”作用，经验做法获“共产党员网”推介、省《组工信息》刊载。

▲资料链接

“海棠花红　暖商护商”

党建惠企服务先锋行动

1. 组织覆盖在惠企一线。实施“双有”目标提升计划，纵向建强产业链党委，横向推进大党委建设。

2. 服务供给在惠企一线。推进党员干部挂钩服务，组织实施“行业助企”服务，优化升级惠企政务服务。

3. 资源整合在惠企一线。推进惠企党群服务中心集成升级，推进惠企服务信息系统集成增效。

4. 机制建立在惠企一线。建立诉求发现上报机制、诉求快速办理机制、诉求协调办理机制。

5. 骨干培育在惠企一线。加强年轻干部实践锻炼，激发企业党员先锋作用，发挥优秀企业党务工作者作用。

6. 意见反馈在惠企一线。注重成效评价，强化结果运用。

表90　2023年太仓市基层党建示范点一览表

序号	名称	等级
1	城厢镇电站村党委	五星级示范点
2	科教新城常丰社区党委	四星级示范点

续表 90

序号	名称	等级
3	浏河镇浏南村党委	四星级示范点
4	陆渡街道洙泾村党委	四星级示范点
5	江苏省太仓中等专业学校党委	四星级示范点
6	市公安局高新区派出所党支部	四星级示范点
7	市德颐善社会工作发展中心党支部	四星级示范点
8	太仓农商行党委	四星级示范点
9	苏州海苗生物科技有限公司党支部	三星级示范点
10	市航空产业园党支部	三星级示范点
11	城厢镇县府社区党委	三星级示范点
12	沙溪镇香塘村党总支	三星级示范点
13	浮桥镇方桥村党委	三星级示范点
14	璜泾镇新华村党委	三星级示范点
15	双凤镇庆丰村党委	三星级示范点
16	娄东街道娄江社区党总支	三星级示范点
17	市法院机关党委	三星级示范点
18	市市场监管局机关党委（市外卖配送行业党委）	三星级示范点
19	苏州健雄职业技术学院智能制造学院党总支	三星级示范点

【干部宏观管理】 2023年，太仓市围绕经济社会发展各项重点任务，优化干部选育管用各环节，鼓励支持“干部敢为”，解决“好干部在哪里”“好干部如何用好”等问题，提高干部专业素质，锻造一支政治过硬、适应新时代要求、具备领导现代化建设能力的干部队伍。健全领导班子日常调研工作机制，探索开展“担当指数”评价和干部敢为善为表现调查，掌握一批担当实绩突出的干部。构建干部“螺旋式”上升成长通道，持续加大跨部门、跨条块、跨领域交流力度，全年共交流市级机关干部到镇（区、街道）、国企任职17人，交流镇（区、街道）、国企干部到市级机关任职12人。印发《关于进一步激励广大干部在中国式现代化太仓新实践中担当作为的若干举措》，固化优势、补齐短板，构建长效激励机制，鼓励激励干部敢为善为、担当作为。坚持严管与厚爱结合，贯彻落实《推进领导干部能上能下规定》，健全能上能下纪实报备制度，推动干部敢于担当、奋发有为。

▲资料链接

进一步激励广大干部在中国式现代化太仓新实践中担当作为的若干举措

1. 坚持政治引领，树立实干担当的鲜明导向。激发担当作为的政治自觉和行动自觉。大胆使用担当实绩突出的干部。发挥职级晋升正向激励作用。

2. 坚持培养历练，锻造担当作为的过硬本领。加强专业化干部培训。强化一线实践历练。推动常态化、多层次、宽领域干部交流。

3. 坚持考用结合，完善担当作为的评价体系。探索干部实绩“清单化”考核。深化领导班子日常调研。强化考核结果运用。

4. 坚持激浊扬清，构建担当作为的良好生态。选树新时代担当作为先进典型。旗帜鲜明为担当作为的干部撑腰鼓劲。加大调整不担当不作为干部力度。

5. 坚持关心关爱，营造担当作为的浓厚氛围。加大对基层干部关爱力度。常态化开展谈心谈话。关心干部身心健康。

【年轻干部培养】 2023年，太仓市贯彻落实中央、省委和苏州市委关于年轻干部配备要求，持续加大优秀年轻干部培养使用力度，集聚青年人才，让人才愿意扎根太仓、与太仓共成长。强化源头储备，开展年轻干部专项分类建库，按照4个年龄段、分8个培养方向储备培养潜力较大的人选436人，全市“90后”股级干部队伍持续壮大。注重实践锻炼，推荐24名年轻干部参与苏州和太仓市级专题培训13批次，提升年轻干部能力素质。选派14名年轻干部到上级机关、长三角地区跟班学习，拓宽视野格局。选派26名年轻干部到基层一线、巡察专班、艰苦地区摔打磨炼，提升解决实际问题能力。坚持大胆使用，举办“95后”年轻干部集训营、“沙场比武，赛场选才”等活动，结合日常了解掌握一批比较成熟年轻干部名单，提拔使用“冲劲足、能力强、实绩好”的年轻干部。截至年底，全市共有“90后”正科职干部5人、副科职干部20人。

【公务员综合管理】 2023年，太仓市坚持在党的干部工作全局中统筹推进公务员工作，建立健全公务员日常管理、源头培养、素质提升等机制，实现与干部选育管用有效贯通。坚守精准科学目标，优化公务员队伍结构，紧扣全市主导产业发展需求，加大航空航天、生物医药、文化旅游等专业背景公务员招录力度，全年共招录公务员97人。落实落细《中华人民共和国公务员法》和公务员政策，梳理优化公务员转任、中层干部调整、试用期满考核、任职定级等业务流程11项，提升公务员日常管理科学化、法治化、规范化水平。

【人才强市】 2023年，太仓市坚持生态、计划、平台、服务"四位一体"建设，持续抓好上级和市委关于人才工作重大决策部署，打响"人到苏州必有为·才聚太仓更幸福"工作品牌。全市新增苏州市级以上领军人才105人；获评国家级人才22人；引进院士项目2个；新增江苏省"双创团队"1个。坚持党管人才，确立人才引领发展的战略地位，调整市委人才工作领导小组，召开市委人才工作领导小组会议等一系列重要会议，加强全市人才队伍建设系统谋划和整体推进，持续健全"一把手"抓"第一资源"工作机制。聚焦政策迭代，完善人才创新创业全生命周期政策支持体系，全面接轨上级人才计划申报改革工作，增设太仓科技领军未落户人才专项。优化完善沪上科技领军人才资助标准，加大沪上引进领军人才项目支持力度，打造临沪科创人才高地。深化"双招双引"，做强招才引智平台，办好精英周太仓专场，举办"科创太仓""创赢太仓"等赛事品牌，开设航空航天、生物医药、数字经济等赛道，赴北京、深圳、武汉等城市招才引智，推动零一汽车等优质项目快速落地。引育青年人才，办好走进"校园苏州日"西北工业大学、北京航空航天大学等专场活动，挖掘名校人才资源。制定大学科技园专项政策，创新推出创业资助、场地免租、基金直投等举措，启动"高校太仓日"上海高校系列活动，打造长三角大学生创新创业首选地。优化人才生态，运作市人才服务中心，丰富拓展"总入口""一点通"等智能平台功能。优化人才考察礼遇，累计发放"首次考察补贴""首年生活补贴"近1万人次，提供免费青年人才驿站住宿2434晚。推进高品质人才公寓、人才社区建设，建成投用星辰海人才社区，新增人才公寓3365套，加快构筑多主体供应、多渠道保障、多元化投入的人才安居体系，打响"人到太仓就有房"工作品牌，让人才时刻感受到"才聚太仓更幸福"的获得感和归属感。

【作风效能建设】 2023年，太仓市开展"三强三优三担当"（聚焦破解发展难题，强信念、优素质，切实扛起更高政治担当；聚焦提升发展质效，强调研、优作风，切实扛起更强责任担当；聚焦开辟发展新局，强保障、优服务，切实扛起更大使命担当）主题实践活动，推动市级机关单位强本领、提效能、优服务，扛起服务保障经济社会高质量发展的政治担当、责任担当、使命担当，打造服务机关、效率机关。落实"四下基层"（宣传党的路线、方针、政策下基层，调查研究下基层，信访接待下基层，现场办公下基层）要求，持续开展市级机关单位"千村万企、千家万户"大走访活动，常态化落实挂钩联系制度，回应企业需求、民众呼声，累计走访企业2200余家、群众2.3万户，解决企业和群众急难愁盼问题1870个，推动市级机关单位深入基层听民声、察民情、解民忧。

（高中亚）

宣传工作

【理论武装】 2023年，太仓市坚持学习宣传贯彻习近平新时代中国特色社会主义思想和中共二十大精神，市委理论学习中心组开展学习18次。组建督查组6个，对18家单位开展习近平新时代中国特色社会主义思想学习情况督查和中心组巡学旁听。完成学习贯彻中共二十大精神宣讲160场，覆盖受众1.1万人。举办"学党史·忆初心·开新篇"党史知识竞赛，推动党史学习教育常态化长效化。擦亮"有理也声高"理论宣讲品牌，举办"百姓名嘴"风采展示活动，组建"飞燕轻骑兵"青年宣传队，培育"娄城飞燕"宣讲员8类、280余人。实施"多元融创·全时冬训"项目38个，创新打造"五心课堂"等特色项目，推进"i学习"云端模块等宣传阵地建设，《行走的理论学习圈》位列全省"我是冬训主讲人"优秀视频第五名，太仓市获评省基层党员冬训工作示范市。举办"学习达人"挑战赛、"飞燕巡回宣讲""飞燕训练营"等活动100余场，组织"贯彻二十大·奋进新征程""百名局长百场宣讲"等主题宣讲1500余场。建好用好"学习强国"学习平台，全国、省、苏州三级平台全年累计录用稿件1400余篇，录用率位列苏州第二，视频《太仓：中德融创工场·爱与光相融》获"学习强国"江苏学习平台2023年度优秀作

2023年2月22日，"我是冬训主讲人"风采展示暨2022—2023年度太仓市党员冬训理论宣讲示范活动在市融媒体中心演播大厅举行　（市委宣传部供稿）

品三等奖。完成36个太仓市宣传文化人才项目结题评审，累计拨付扶持资金97.75万元。

【新闻宣传】 2023年，太仓市做好学习贯彻中共二十大精神宣传报道，在市级全媒体平台开设“奋进新征程·建功新时代”“新时代·新征程·新伟业”等新闻报道专栏。聚焦“四篇文章”、撤县建市30周年等主题新闻报道，邀请海内外媒体到太仓采访超100批次，国家级媒体刊发太仓报道600余篇，获央视报道120余次，其中央视《新闻联播》报道8次。策划推出“非凡三十年”全媒体新闻报道、“太仓撤县建市30周年”宣传特刊、“光影三十年”系列报道等宣传产品。8月，“中央广播电视总台江苏总站苏南记者站联系点”在太仓揭牌。新华社通过《参考消息》《新华每日电讯》等媒体矩阵，整版刊发《寻路太仓》《同心同“德”30年——探寻中德合作的“太仓密码”》等系列报道，同步播发英文全球文字新闻稿，全网阅读量过亿；《解放日报》推出太仓城市发展专题报道8篇，《苏州日报》头版报道4篇；苏州电视台专题报道4个。市委宣传部编制《幸福之道》主题献礼书，解析中国式现代化“太仓样本”。聚焦中德合作故事，拍摄《小城里的学徒新风》《老马识途》等纪录片在央视、凤凰卫视和多家德国电视台播出。制作撤县建市30年“数读”“人物”系列短视频10集，通过“苏州发布”官方微博同步转发，全平台点击量150万次。

2023年9月6日，太仓市精神文明建设“金帆奖”正式启动

（市委宣传部供稿）

【新闻管理】 2023年，太仓市举办第18届“太仓新闻奖”评选活动，展示年度新闻工作成果。全市获苏州市级以上奖项新闻作品65件，其中省级以上奖项作品11件。参与制作的江苏省广电总台大型全媒体新闻行动《潮起东方·寻找百强“共富”密码》获第33届中国新闻奖融合报道（新媒体）二等奖，新闻专栏《城市更新蹲点日记》获江苏省县级融媒好新闻评选一等奖，《紫薇树下永恒的追忆——纪念吴健雄诞辰110周年》获江苏省优秀广播电视节目三等奖。全端口推出“敢为、敢闯、敢干、敢首创”“强信心·稳经济·促发展”“学思想、强党性、重实践、建新功”“牢记嘱托·感恩奋进·走在前列”“聚力项目建设·打造强力引擎”等专题专栏30余个。突出移动优先，主流媒体借助移动传播，做大“1+2+N”（“1”指“太融e”App客户端，“2”指“太仓发布”“太仓融媒”微信微博等新媒体平台，“N”指报纸、广播、电视、视频、新媒体账号）可延展性媒体传播矩阵。“太仓发布”“太仓融媒”累计粉丝数超160万人次，在苏州市微信排行中位居政务类、媒体类微信榜单前列。“太仓发布”微信公众号作为苏州唯一上榜的县（市、区）级新媒体账号获评2023年全省“走好网上群众路线”优秀新媒体账号。“太融e”客户端累计下载量35万次，注册用户26万人次，全年推送各类新闻资讯1.2万条。深化内容生产供给侧结构性改革，启动融媒体中心综合广播整体频率节目及《相逢》《太仓闲话》《娄城大爱》等电视栏目改版，推出《娄城视点》《太仓周刊》等栏目，“主播看”短视频影响力增强。做强“小融在线”“小布vlog”“静观沧海”等新媒体工作室，全年推出原创产品180余个。根据技术发展和市场需求，推出5G+4K网络直播测试及多平台多点网络直播。

【国际传播】 2023年，太仓市加强国际传播能力建设，向世界讲好中国对德合作“封面故事”，获评“中国城市（区）国际传播示范案例”。发挥中国日报社等平台联结中外优势，发动美国福克斯电视台、道琼斯市场观察网等28家国际新闻媒体持续刊发太仓撤县建市30周年系列报道，全球传播量过亿。依托新华社海外供稿线路的德语专线进行常态化新闻发布，联合新华社拍摄的《根在德国·花开太仓》短视频在英文全球和德文专线同步播发，Facebook（脸书）平台浏览量323万人次。加强“Discover Taicang”海外社交媒体矩阵运营和维护，海媒平台共计发稿1300余条，总粉丝数18万人，总阅读量4300万次，互动量近360万人次。持续做优太仓英文网，获中国外文版政府网站领先奖，连续8次登上中国优秀政务平台推荐及综合影响力榜单。年内，太仓获评“中国国际传播突出表现（区）县域城市”。

【文明培育】 2023年，太仓市以理想信念教育和公民道德建设为抓手，开展“强国复兴有我”群众性主题宣传教育活动，举办“百姓故事汇”“红色故事我来讲”“同升国旗·同唱国歌”等主题活动2500余场。开展“我爱国防”全民国防教育系列活动167场。常态化开展“我推荐、我评议身边好人”活动，实施“德耀娄城·文明有我”工程，举办“文明之帆·幸福之城”太仓市首届精神文明建设“金帆奖”颁奖展示活动，修订《太仓市礼遇帮扶道德模范及身边好人实施办法》，表彰“太仓好人”30人（组），获评“江苏好人”“江苏最美人物”各1人，入选“苏州时代新人”4人。评选表彰2023年“新时代太仓好少年”“优秀文明小义工”。

表 91　太仓市入选“中国好人榜”人员一览表

序号	当选时间	姓名	推荐类别
1	2011 年 8 月	闵知行	助人为乐
2	2011 年 9 月	朱建国	孝老爱亲
3	2011 年 10 月	郭　跃	诚实守信
4	2011 年 10 月	范依萍	孝老爱亲
5	2012 年 3 月	杨建清	孝老爱亲
6	2013 年 1 月	陆丁兴	敬业奉献
7	2016 年 2 月	王振球	诚实守信
8	2016 年 6 月	钱惠新	诚实守信
9	2017 年 4 月	顾文忠	敬业奉献
10	2018 年 5 月	魏晓云	见义勇为
11	2019 年 8 月	胡学雷	助人为乐
12	2020 年 12 月	王耀宏	孝老爱亲
13	2021 年 7 月	陆庆权	诚实守信
14	2022 第四季度	梁雪芳	助人为乐

【文明实践】 2023 年，太仓市持续深化新时代文明实践工作，构建“中心—所—站”与“中心—区域、行业分中心—实践基地（点）”双线并行、融合互促的工作布局。印发《太仓市高质量推进区域新时代文明实践分中心建设实施意见》，围绕长江大保护、乡村振兴等主题分别设立沿江、金仓田园等区域新时代文明实践分中心。新成立民政、生态环境等行业分中心，推动优质资源机制化注入实践中心（所、站）。推出“我在太仓市新时代文明实践中心过佳节”“情暖娄城·梦想接力”系列活动，全年开展各类新时代文明实践活动 4.5 万场。围绕“夜太美·践文明”文明实践“夜模式”和“温暖秋冬”文明实践等主题系列活动，推出送理论政策、送文化文艺、送健身健康、送文明新风、送暖心平安系列内容 169 项，开展“理论润心”“文化悦心”“榜样立心”“服务聚心”“关爱暖心”“康养怡心”“邻里连心”七大行动。持续深化“理”有“剧”、书场故事汇、班前一刻钟等品牌活动。举办 2023 年太仓市新时代文明实践集中行动暨志愿服务展示交流活动，集中展示全市文明实践志愿服务成果。聚焦宣传推广，“夜模式”创新做法案例入选省文明实践工作案例汇编，区域分中心案例获评苏州市精神文明建设十佳新事，“行走的文明实践圈”行业融合、守护长江母亲河等 6 个文明实践案例入选《苏州市行业新时代文明实践项目汇编》。2 名个人、3 个项目、1 个实践所、5 个实践站获评 2023 年度苏州市新时代文明实践工作先进典型。

【文明创建】 2023 年，太仓市树立“全面创建、全域创建、全民创建、全时创建”意识，推行“现场督办、专项治理，多方融合、城乡共建，慧眼问诊、智数赋能”等方法，以组织机制筑牢保障，以共建机制凝聚合力。承办苏州市深化文明楼道建设现场推进会，召开全市深化创建全国文明城市工作推进会、全市深化文明楼道建设工作推进会、全市深化文明单位创建工作专题培训会等，评选表彰太仓市文明单位 169 个、文明镇 6 个、文明村 72 个、文明社区 84 个、文明校园 51 个。开展“三大提升工程九类专项行动”，持续推进文明市场建设、老旧小区改造、背街小巷提升等，定期开展全国文明城市创建实战模拟测评，检查反馈问题 13.35 万个，整改率 99.44%。在 2023 年全国文明城市测评中太仓市受到中央文明办通报表扬。

【城乡精神文明建设融合发展】 2023 年，太仓市坚持以文明创建为抓手、文明实践为引擎、文明培育为目标，举办“推进城乡精神文明建设融合发展”工作推进会，推进“以城带乡、群众自治、以乡促城”的城乡精神文明建设融合发展。实施“城乡结对·文明共建”行动；持续优化乡风文明岗、家庭诚信积分制等方法。探索共治共享新机制，持续开展“千楼万院焕新颜”文明楼道、美丽庭院建设专项行动，分时分类推进楼道提档升级，实施一批“幸福微实事”项目，打造具有太仓创建特色的“品质楼道”，通过激活社区文明“小细胞”催生城市文明“大裂变”。完成主城区居民小区楼道全覆盖检查 3 轮，打造达标楼道 5600 个、文明示范楼道 827 个，修复楼道硬件设施 1300 余处，整治楼道乱搭建 348 处，提升楼道环境卫生 4300 余处，实现“以小楼道传递大文明”，城乡文明共建共享。挖掘弘扬乡土文化，推广宣介移风易俗“太风尚 10 条”新规，培育婚事新办、丧事简办、节俭养德等文明风尚，引导党员干部和群众更新思想观念，提升社会文明程度。城乡精神文明建设融合发展相关宣传报道在中央广播电视总台《“中国梦·家国情”2023 国庆特别节目》播出。

▲资料链接

“太风尚 10 条”新规

红白理事明细则，倡导标准易于行；服务平台全流程，爱心联盟好婚尚；标准菜单来制定，金牌厨师把勺掌；喜事新办齐参与，“为爱减负”情意浓；文明办丧齐参与，厚养薄葬是孝心；无烟祭扫一样情，缅怀在心不在形；“以文化人”更走心，不搭棚台不唱戏；适量光盘打包清，文明用餐新风尚；人居环境齐守护，绿色低碳我先行；理论宣讲接地气，传播新风最强音。

【未成年人思想道德建设】 2023 年 6 月，太仓市印发《2023 年太仓市未成年人思想道德建设工作方案》，围绕“扣好人生第一粒扣子”主题，组织开展各类教育实践活动，加强和改进未成年人思想道德建设工作，落实立德树人根本任务，激励青少年争做有理想、敢担当、能吃苦、肯奋斗的圆梦接班人。举办“童声里的中国”童谣创作大赛和传唱展示活动、第四届“童真里的色彩”书画创作大赛等“童”字系列活动，通过展播展示、体验参与等方式，引导青少年在艺术审美中陶冶情操、涵育文明。发挥校园文化、团队活动、主题教育作用，开展入学仪式、成长仪式、青春仪式、成人仪式等礼仪养成教育，引导青少年养成良好习惯。推进优秀传统文化浸润工程，结合太仓“娄东文化”特色，组织开展戏曲进校园、非遗进校园等特色课外活动。以“我们的节日”为主题，利用端午、中秋、重阳等重要传统节日组织未成年人开展主题活动，教育引导未成年人感悟中华优秀传统文化的精髓与魅力，增强文化自觉，坚定文化自信。加强青少年生命健康教育，组织开展第四届心理健康宣传月活动。依托新时代文明实践所（站）等各类阵地，实施心理健康志愿服务普及工程。持续净化社会文化环境，开展“护苗 2023”行动，以校园及周边市场为重点，针对儿童绘本、漫画书等开展执法监管，开展针对未成年人的非法绘本和不良信息专项整治。开展预防未成年人网络沉迷宣传教育，加强互联网上网服务营业场所管理，加大对不良网络游戏整治力度。11 月 30 日，全市未成年人思想道德建设暨文明校园创建现场推进会召开，会议要求提高未成年人思想道德建设工作凝聚力和执行力，坚持贴近实际、贴近生活、贴近未成年人，加强协同联动、强化责任落实，凝聚关心关爱未成年人的强大合力，健全“学校、家庭、社会”协同育人机制，营造全社会关注未成年人健康成长的良好氛围。

2023 年 12 月 5 日，太仓市“温暖秋冬”新时代文明实践主题活动——“12·5”国际志愿者日集中行动举行 （市委宣传部供稿）

【志愿者工作】 2023 年，太仓市志愿者总会倡导“奉献、友爱、互助、进步”的志愿者精神，以“家在太仓·情暖娄城”品牌引领志愿服务工作，围绕培育和践行社会主义核心价值观，挖掘雷锋精神时代内涵和特征，以“学习雷锋好榜样·践行核心价值观”为主题，构建“管理有制度、服务有载体、培训有系统、宣传有媒介”的志愿服务管理体系，推进志愿服务管理规范化、队伍网格化、服务常态化、活动项目化、队伍专业化的发展目标。探索“志工 +”服务发展模式，引领全市各类志愿服务组织和团队，以城乡社区和公共文化设施为重点，开展邻里守望、关爱妇儿、爱心助残、环保公益、公共文明、科普宣传、红十字等十二大类共计 2697 项志愿服务，营造“我为人人，人人为我”良好风尚。截至年底，太仓沿江新时代文明实践分中心统筹浮桥镇、浏河镇、璜泾镇等沿江区镇板块，形成“1+3+N”的网络格局。1 个行业分中心、24 个新时代文明实践站（点）、25 支志愿服务队串联起一个沿江“文明实践圈”；太仓海事局、长江航运公安苏州分局太仓派出所等口岸服务单位组成长江水上新时代文明实践区。太仓沿江区域文明实践资源丰富且特色鲜明，拥有村（社区）、口岸单位、码头、企业、集宿园区、旅游景点、楼宇商圈、科创园区等各类载体。1 月 12 日，浏河镇复兴社区新时代文明实践站举行第五届“最美系列”颁奖仪式。7 月 25 日，太仓市法宣办、团市委组织青少年暑托班永乐村站点的 30 余名学员到太仓市法治实践基地，开展“夏立生长·法治有序——青少年法治实践体验”研学活动。10 月，城厢镇胜泾社区建成“泾”喜共享小站，根据全市“太风尚 10 条”新规，探索婚俗用品共享、简化新婚置物流程，推进社区移风易俗工作，引导践行节俭养德的文明新风尚。12 月 5 日，太仓市“温暖秋冬”新时代文明实践主题活动——“12·5”国际志愿者日集中行动在市民公园北草坪举行。

（夏一凡）

2023 年 3 月 1 日，第四届"嘉温昆太"新的社会阶层人士统战工作协同创新论坛在太仓举行（市委统战部供稿）

统战工作

【概况】 2023 年，太仓市委常委会专题学习统战相关会议精神，研究部署统战工作。召开市委统一战线工作领导小组会议、全市统战工作会议。将统战知识和理论政策的学习纳入全市党组织理论中心组学习内容。持续完善大统战工作格局，建立健全领导小组会议、领导小组专题会议、专项协调小组三级议事架构，分层分级研究统一战线各项事务。全年各民主党派、统战团体共发展新成员 62 人，其中各民主党派 40 人、无党派知联会 7 人、留学人员联谊会 7 人、新的社会阶层人士联谊会 8 人。

【统一战线政治思想基础】 2023 年，太仓市统一战线学习宣传贯彻中共二十大精神，落实落细学习交流、宣传宣讲、培训教育、实践活动。举办全市统一战线工作专题培训班和统战干部培训班。召开市各民主党派、无党派人士和党外知识分子、新的社会阶层人士"凝心铸魂强根基、团结奋进新征程"主题教育动员会。举办"纪念中共中央发布'五一口号'75 周年"书画摄影展。开展"话征程 · 主委说"系列活动，组建市级"同心讲师团"，深入乡镇、村居、国企、高校开展专题宣讲 17 场。组织各民主党派、工商联和各统战团体开展"学习中共二十大精神""学习掌握四个共同，铸牢中华民族共同体意识""追寻先辈足迹 奋进新的征程""民营企业家理想信念教育培训"等主题教育和理想信念教育活动。

2023 年 5 月 10 日，太仓市统一战线"同心话征程"集中活动月启动（市委统战部供稿）

【多党合作】 2023 年，太仓市鼓励支持民主党派人士参与人大协商、政府协商、政协协商。两会期间，各民主党派、无党派知联会共提交各级代表建议、委员提案 74 件，太仓政协集体提案 50 件，获评年度优秀建议 2 件、优秀提案 11 件。持续深化领题调研活动，围绕市"十四五"规划和市委、市政府中心工作，精选领题调研课题 32 项，承接省级课题 2 项、苏州市级课题 28 项。市委召开全市党外人士调研协商座谈会，听取各民主党派、工商联和无党派人士重点课题调研成果汇报及相关意见建议。推进参政党自身建设，组织党外人士开展国情市情调研学习活动。创新打造"同心话征程"活动品牌，定向开展"话征程 · 大咖讲"理论学习专题辅导 20 次，研发推出红色沙盘创新实践课程《"五一口号" · 记忆》。加快阵地建设，提档升级太仓市党派服务中心，建设多党合作事业文化展厅，在太仓第一个党支部纪念馆挂牌建立"党外人士实践教育基地"。启动"话征程 · 建新功"集中服务月，组织 8 个党派支部与社区结对共建，8 支市级"同心服务队"深入社区、学校、机关开展科普宣讲、健康义诊、文艺下乡等社会服务 48 次，覆盖群众近 5000 人次，擦亮"中山博爱""医心为民"等特色服务品牌。

【党外代表人士队伍建设】 2023 年，太仓市健全党外代表人士信息库，对全市 264 名党外中层干部实现"发现—培养—使用"全链条跟踪管理。加强党外知识分子统战工作，成立无党派知联会国企分会，引导科研院所、高校、国企党外知识分子发挥专业力量。推进新阶层人士统战工作，办好第四届"嘉温昆太"新的社会阶层人士统战工作协同创新论坛，深化四地交流合作。成立新的社会阶层人士网络人士专业委员会和青年律师专业委员会。举办全市新的社会阶层人士培训班，参训人员 70 余人。推进新业态新就业群体党建工作，引领新业态新就业群体共同参与基层社会治理现代化建设，拓展"娄东新力量"品牌矩阵，加强党在新业态新就业群体中的号召力、凝聚力、影响力。

【民族宗教工作】 2023年，太仓市以党的宗教工作政策为准则，坚持法治化道路，依法处理宗教事务，确保宗教和睦，促进社会稳定。加强宗教活动场所建设，确保全市宗教领域和谐稳定。太仓市共有佛教协会、道教协会、伊斯兰教协会、天主教爱国会、基督教三自爱国会5个宗教团体，经批准的合法宗教活动场所共34处。太仓市召开市委民族宗教工作领导小组会议，开展民族团结进步宣传月活动，深化民族团结进步示范基地创建。打造"互联网+民族团结"模式，推送民族政策法规20余条。强化引导培育，聚力推动宗教中国化"太仓实践"，举办海峡两岸妈祖文化交流暨庆祝浏河天妃宫落成900周年活动、素食文化节等活动。推进宗教活动场所"气改电"和消防安全大检查、宗教领域既有建筑安全隐患排查等工作。持续深入开展民族宗教领域安全专项整治，持续整改佛教、道教领域商业化问题。对全市宗教教职人员开展政策法规教育培训，规范管理宗教事务，铸牢中华民族共同体意识。

【非公有制经济统战工作】 2023年，太仓市召开全市民营经济高质量发展大会，印发《太仓市民营经济高质量发展实施意见》。建立政企沟通协商机制，协调民营企业家、年轻一代民营企业家、商协会代表、工商联界别委员等召开座谈会20次。制定新一代民营企业家培养新领航计划。举办2023年太仓市年轻一代民营企业家专业能力素质提升培训班。办好民企与德企对接会3场，协调举办中德企业总裁高级研修班，推动民企、德企高管走进企业等项目实施。加强商会党的组织和党的工作全覆盖，商会商事调解中心扩容至15家。

【港澳台统战工作】 2023年，太仓市加强港澳台统战工作，做好联谊交友和凝聚人心工作。举办"太港同心"庆元宵、迎中秋等主题活动，增进东区社区与香港安定邨交流合作。举办"源圆两岸交流汇"等太台青年交流活动。建立台协会分会与各镇（区、街道）面对面交流机制，举办台商台青座谈会、三方恳谈会等活动。对接戈峻、朱德庸等10多名乡贤，协助乡贤参与江苏发展大会和苏州发展大会。

【侨界统战工作】 2023年，太仓市加强侨界统战工作，深入走访侨企，召开生物医药产业侨商侨企座谈会。开展"侨见文学"等侨文化活动，挂牌成立"中医惠侨"基地。开展侨界"法治宣传月"活动，成立为侨法律服务工作站和涉侨纠纷调解中心。

【同心聚才工作】 2023年，太仓市成立统战部人才工作专班，提升"同心聚才"工作战斗力。探索打造"统战会客厅""同心会客厅""同心服务站"等人才阵地，构建惠才"强磁场"。成立留学生家长联谊会。首创STAR留学生俱乐部，吸引成员100人，常态化开展留学归国人员联谊交流活动，持续深化"留联圆桌·思享汇""留联spark·益之光"品牌。放大对德合作优势，打造"德国留学生归国首选地"，举办同名宣传推介会，和德国11个学联建立常态化联系机制。举办引凤工程创新营苏州太仓站活动，成立引凤工程创新营——太仓"梧桐里"人才驿站，聘请"引凤领航员"6人，提供人才引育服务保障，落地海创项目2个。举办海外人才创新创业交流会和项目路演，确定落户意向近10个项目。推荐引进海外高层次人才50人。

（王　蕾）

【太仓市无党派知识分子联谊会概况】 2023年，太仓市无党派知识分子联谊会（以下简称市无党派知联会）设城乡建设组、社会事业组、财经组和新阶层组等活动小组4个和科研院所分会、国有企业分会等分会组织2个。年内，新发展会员7人，共有会员129人，会员中有苏州市政协委员1人，太仓市人大代表5人（其中人大常委会委员2人）、太仓市政协委员18人（其中政协常委6人）。

【市无党派知联会思想建设】 2023年，太仓市无党派知联会坚持把学习贯彻中共二十大精神作为首要政治任务，通过会议"集中学"、会员"自主学"等形式，把政治理论学习贯穿各类安排、各种活动、各项工作，组织学习全国两会精神，习近平总书记考察江苏、苏州重要讲话精神以及省委、苏州和市委等重大会议精神。以纪念中共中央发布"五一口号"75周年为契机，发动会员撰写征文，其中《重温"五一口号"·携手奋进新征程》获苏州市委统战部征文活动二等奖。征集书画摄影作品7件，参与太仓市统一战线书画摄影大赛，其中3件作品参展入册。组织新发展会员体验《"五一口号"·记忆》情景式沙盘课程，绘制流动学习手账，重温多党合作光辉历史。组织各小组、分会到新四军太湖游击队纪念馆、苏州湾博物馆等地开展主题教育实地教学。推荐

2023年9月27日，太仓市无党派知联会在市弇山小学开展"书香知联"图书捐赠活动　（金庆苏摄）

骨干会员参加市委统战部国情市情调研学习活动。

【无党派知联会参政议政】 2023年，太仓市无党派知联会提交政协大会发言1篇、集体提案3件、个人提案6件。其中，集体提案《关于进一步提升农村生活性基础设施的建议》被列为重点提案，受到市领导督办答复，获评市政协2023年度优秀提案。收集新会员社情民意信息7篇，全年共提交社情民意信息20篇。发挥各小组、分会特色优势，开展领题调研5项，调研报告转化为人大建议、政协提案，发挥领题调研工作成效，为市委、市政府科学决策提供参考。持续加强与政府职能部门、国有企业对口联系工作，开展座谈交流、参观调研、机关开放日等活动。6月，与市文旅集团围绕文化旅游产业发展情况开展联合调研。

【市无党派知联会社会服务】 2023年，太仓市无党派知联会结合“书香知联”主题读书活动，连续10年开展图书捐赠活动。年内，分别向太仓市弇山小学、太仓市科教新城幼教中心桴亭路幼儿园捐赠价值4万余元的图书、绘本。5月，与科教新城学苑社区结对共建，以“同心话征程”主题活动为抓手，融合社区工作、群众需求与自身特色优势，组织开展健康义诊、教育法律咨询便民服务，“同心课堂”普法宣讲，“名医进社区”健康科普讲座，太仓“老山歌”进社区特色文化活动，暑期素描公益课堂等公益活动。赞助出品太仓首部原创公益儿童剧《豚豚历险记》，关怀青少年健康成长。发挥科研院所分会特色优势，开设科普研学课堂，引领青少年儿童热爱科学、崇尚科学。 （金庆苏）

全面深化改革

【概况】 2023年，中共太仓市委全面深化改革委员会（以下简称市委深改委）坚持把全面深化改革作为引领推动太仓现代化建设新征程的关键动力，健全改革推进机制，推动各领域改革向纵深推进、取得实效。市委深改委健全重点改革跟踪落实机制，推进年度重点改革任务共9个方面、35类、164项。落实市领导挂钩联系改革任务制度，明确重点改革任务18项。推进改革专项调研，形成“航空产业发展的机遇与建议”“拓宽对德经贸合作渠道”等调研成果。出台关于贯彻落实“敢为、敢闯、敢干、敢首创”在中国式现代化建设上作出引领示范的实施意见，鼓励各地各部门在顶层设计的框架内大胆试、大胆闯、大胆干。全市承接省级以上改革试点20项，结项12项，市委深改委梳理2020年后省级以上改革试点并形成专题报告。《深化对德合作赋能高质量发展》《以融合共治打造网络综合治理县域样本》被《江苏改革简报》刊发，《高效推进“15分钟医保服务圈”试点工作》被《苏州改革》刊发，“企业服务中心建设”和“网络综合治理”获评“2023年度苏州市改革典型案例”。

【经济体制改革】 2023年，太仓市持续完善党领导经济工作体制机制，市委常委会会议开展专题研究，定期召开经济工作分析会，聚焦地区生产总值主要指标分析、研判攻坚。落实上级推动经济运行率先整体好转等政策。创新推出商品房“以旧换新”太仓模式，出台存量房置换补贴、购房分类补贴等政策措施15项，确保房地产市场稳定。

【科技与产业对接机制深化】 2023年，太仓市推动产业创新集群高质量发展，印发《2023年太仓市产业创新集群和新兴服务业细分领域工作要点》，加快建设具有国际竞争力的先进制造业基地，纵向推进集聚头部资源，延伸产业链、提升价值链；横向协作突出融合发展，推动创新链、产业链、资金链、人才链融合，加快科技成果产业化进程。全年全市实施产学研合作项目159个，新认定高新技术企业460家，有效高新技术企业1175家。新增省级工程技术研究中心7家、省级企业技术中心17家。制定实施科创载体高质量发展指导意见，新增省级以上科创载体7家。完善招商市场化激励机制，落户科技招商项目1067个。提档升级太仓大学科技园，出台支持大学生到太仓就业、创业、购房等专项政策。完善“以赛代评”“以投代评”等科技人才项目评审机制，引进院士项目2个，入选国家级人才计划22人，数量位居苏州第二。入选国家创新型县（市）建设名单，连续3年进入全国县域知识产权竞争力十强。

【数字化改革】 2023年，太仓市召开数字苏州建设太仓实施方案工作推进会，推进智慧城市、数字化便捷公共服务等重点改革事项。“智改数转”覆盖全部规模以上工业企业，汽车产业（关键核心零部件）基地获评国家新型工业化产业五星级示范基地。加快政府数字化转型，政务系统全部“上云”，建成数字太仓城市运营管理中心，上线政务资源自助超市。启用太仓教育新市民积分入学系统，完善“颐养金仓”数字养老服务平台，“太融e”App入选智慧江苏重点工程项目。在全省率先建成县域常态化网络安全众测体系，数字安全建设经验入选全国十大实践案例。

【开放合作空间拓展】 2023年，太仓市推进沪太党建、规划、交通、产业、科创、人才、民生、生态“八个同圈”。“5+1”轨道交通网络加速构建，助力强化太仓产业、资金、人才等要素资源的集聚。全年新引入上海项目138个，上海市嘉定区、江苏省昆山市和太仓市共同发布“五大行动”（党建引领共促行动、产业链供应链共融行动、科技创新共同体共筑行动、基础设施共建行动、公共服务共享行动）方案、《嘉昆太协同创新核心圈建设100项重点合作事项清单》。太仓港口综合竞争力持续提升，获批全国智慧口岸建设试点，与上海港、宁波港实现双向“离港确认”。港产城融合发展，引进港航服务业企业80家，全球特色商品展销中心一期投入运营。德企总数突破500家，全国首个AHK学院揭牌运营，获商务部复函支持加快建设中德（太仓）产业合作示范区，太仓市作为唯一一个县级市参加第11届中德经济技术合作论坛。

【优化营商环境】 2023年，太仓市围绕优化提升政策环境、市场环境、法治环境、政务环境、人文环境，持续擦亮“5E·太舒心”品牌，构建服务品牌化、准入便利化、监管规范化、办事智能化、保障精准化“五化协同”联动工作机制，促进各类市场主体迸发活力。年内，太仓居全省营商环境评价第二位、苏州第一位，入选全国城市营商环境创新县（市）名单，蝉联中国企业家幸福感最强市（区）榜单第一位。实施新一轮国有企业改革深化提升行动。太仓市企业服务中心功能优化提升，获评2023年度省级中小企业公共服务示范平台。企业（项目）全生命周期管理平台启用，推进工程建设项目竣工验收集成改革，重点项目平均审批时间缩短至6天。产业用地更新204.4公顷，新增产业载体154万平方米、人才公寓3365套。省内首个新市民金融服务平台——娄城新市民金融服务平台上线，便利新市民个人贷款融资，加强对新市民创业的信贷支持。

【农业农村改革】 2023年，太仓市推进乡村振兴片区化发展，实现“1+1+9”（第一个“1”指太仓—昆山—常熟协同区生态循环农业暨农文旅融合发展片区，第二个“1”指太仓市金仓湖现代农业示范片区，“9”指独溇小海生态农业示范片区、七浦运河农文旅融合示范片区、沙溪岳王城乡融合片区、浏河沿江乡村旅游示范片区、浏河西部生态绿色农业片区、浮桥镇乡村振兴片区、璜泾东部生态农业片区、双凤镇吴塘河片区、太仓高新区乡村振兴片区）乡村振兴片区规划全域覆盖，重点推进金仓湖现代农业示范片区建设。成立农业产业现代化工作专班，出台加快推进农业产业现代化实施意见。完成粮食生产功能区和重要农产品保供区补划调整，新建、提档高标准农田1253.33公顷，获评多个省级农业生产全程机械化智能化示范基地，分别是：太仓市雅新农机作业专业合作社获评粮食生产“无人化农场”，太仓市东林生态养殖专业合作社（湖羊养殖）获评畜禽养殖全程机械化示范场，太仓市鹿杨蔬果生产专业合作社（西蓝花、菠菜、甘蓝、青菜等）和太仓市稻花香农场专业合作社（菌菇、叶菜类）获评蔬菜生产全程机械化示范园区，太仓市金双凤水乡生态旅游发展有限公司（四大家鱼、鲫鱼）获评水产养殖全程机械化示范基地，太仓市电站生态园农产品产销专业合作社（梨）和太仓市广丰农场专业合作社（梨）获评果茶桑生产全程机械化示范园区。加快推进“一厂六中心”农业有机废弃物资源化利用体系建设，循环农业推广面积1000公顷。推进省级数字乡村试点，开展“智慧绿色乡村”建设，聚焦生态循环农业发展特色，推动数字技术在智慧绿色乡村各环节的融合应用。建设宜居宜业和美乡村，获评全省首批农村人居环境整治提升示范县。制定《农民收入倍增计划实施方案》，新增抱团发展平台5个，多渠道壮大集体经济。全市村均集体经营性收入1008万元，城乡居民收入比降至1.779 : 1，位居苏州各板块第一。

【民主法制领域改革】 2023年，太仓市完善新时代人大工作机制，健全民生实事项目代表票决工作机制，推进全过程人民民主实践基地建设，健全开发区人大工作协调会议制度和开发区人大代表联席会议制度。深化政协民主监督与中共党内监督联动协作工作机制，完善委员联系界别群众机制，持续擦亮“有事好商量”协商议事工作品牌。创设省内首个“党外人士教育实践基地”，打响“同心话征程”主题活动品牌。实施公正文明规范执法专项提升行动，落实免罚轻罚清单制度。打造涉案企业合规“双轨模式”，经验做法获最高人民检察院推广。

【文化体制改革】 2023年，太仓市深化“娄城飞燕”理论宣讲品牌，持续开展“理论飞燕”进万家活动，获评省基层党员冬训工作示范市。推进媒体融合发展，中央广播电视总台江苏总站省内首个县级联系点落户太仓。推进城乡精神文明创建，建成全省首个区域新时代文明实践分中心，文明城市常态长效测评位列苏州市第一。完善历史文化保护传承工作机制，持续做好樊村泾遗址考古研究、海运仓遗址规划等工作。举办“娄东之春”文化艺术节、江南丝竹演出季等品牌活动，推动文体旅事业持续繁荣、文体旅产业加速发展，坚定文化自信，打造文化强市。

【社会治理领域改革】 2023年，太仓市落实完善稳就业政策，城镇新增就业1.97万人。加快实现更高水平“民生七有”（幼有所育、学有所教、劳有所得、病有所医、老有所养、住有所居、弱有所扶），增加优质基本公共服务供给，民生福祉普惠共享。全省首创中学“一校一社工”全覆盖，优化“家校政社”协同育人机制。通过国家级健康促进县（区）复评验收，获评首批“15分钟医保服务圈”省级示范县（市、区），入选全省示范性居家社区养老服务网络建设地区名单。深化“融合共治”城乡社区幸福生活共同体建设，入选全省“五社联动”创新试点县名单，推广“典范社区”建设，探索社区治理分类精治“太仓路径”。市镇村三级矛盾纠纷调处化解中心实现全覆盖，矛盾纠纷在基层化解率99%以上，初次信访一次性化解率超98%。连续12次获评中国最具幸福感城市，连续8年位居中国最具幸福感城市县级市榜首。

【生态文明体制改革】 2023年，太仓市抓好中央、省生态环保督察反馈问题整改，第二轮中央及省生态环境保护督察交办一般信访件全部销号，减污降碳协同增效工作获省政府督查激励。全市域推进长江大保护，国考省考断面和主要通江河道水质优Ⅲ比例均达100%。实施大气污染防治项目，$PM_{2.5}$平均浓度、空气优良天数比例均位居全省前列。推进非现场执法监管，建设生态环境监测监控网络，实现监管执法闭环。全域建设“无废城市”，推动减污降碳协同增效。创新产业用地配置模式，在全国首创“限地价竞生态投入”供地模式。推动工业绿色低碳发展，中欧（太仓）绿色数字创新合作区入选全国首批中欧碳中和试点项目名录。 （杨志栋）

机构编制管理

【概况】 2023年，太仓市委编办落实习近平总书记关于机构编制工作最新重要论述和部署要求，在深化改革、统筹资源配置、绩效评价考核等方面出实招。优化编制资源管理分配机制，加强机构编制管理政策法规宣传，为全面推进中国式现代化太仓新实践提供坚强体制机制和机构职能编制保障。

【基层管理体制改革】 2023年，太仓市委编办在各镇统一设置“综合服务中心”基础上，统一街道及科教新城下属事业单位名称为“综合服务中心”。推进机构编制资源配置向经济发达镇倾斜，分别补充沙溪镇和浏河镇行政编制。探索编内、编外人员统筹管理，专项统计各镇（区、街道）编外人员情况，督促各镇（区、街道）完善编外用工岗位职级管理制度。

【重点领域改革】 2023年，太仓市委编办深化国防动员体制改革，调整优化国防动员机构设置，在市发展和改革委员会增挂“太仓市国防动员办公室”牌子，协调市发改委、市住建局等单位做好职责划分和人员转隶相关工作。贯彻落实上级关于做好市县疾控机构改革工作相关要求，完善疾病预防控制体系建设，提升应对突发重大公共卫生事件能力。在市卫生健康委员会加挂“太仓市疾病预防控制局”牌子，核增市疾病预防控制局局长兼市卫生健康委员会副主任1人，整合市疾病预防控制中心（太仓市卫生检测中心）和市卫生监督所，重新组建“太仓市疾病预防控制中心”，挂“太仓市卫生监督所”“太仓市卫生检测中心”牌子。深化医药卫生体制改革，提升公共卫生服务水平。

【权责清单管理】 2023年，太仓市委编办严肃机构编制纪律，维护机构编制的权威性和严肃性。在省、苏州市行政权力调整事项的基础上，梳理全市涉及调整的县级行政权力，按照部门反馈及市司法局合法性审查意见，修正事项主体和设定依据等，动态调整市民族宗教事务局、市发改委等26个单位行政权力事项1326项。

【市级机关绩效评价考核】 2023年，太仓市委编办紧扣高质量发展要求，围绕“少而精”“深而实”，调整优化绩效评价指标设置，着重考核市级机关单位落实市委、市政府重点工作、服务市场主体、服务基层等方面的成效。坚持统筹减负和增效，科学设置加减分，新增“安全发展情况”为一级指标，围绕全市安全工作实际情况，研究丰富指标内涵，设置“安全生产工作”“生态环境保护责任落实”“机要保密等工作”3个子项。保留设置“作风效能建设”指标传统，结合新时代新要求，新增考核“三强三优三担当”主题实践活动情况。印发《2023年度市级机关单位高质量发展绩效评价考核指标说明》。根据市委考核办统一部署，开展2023年度市级机关单位高质量发展绩效评价考核工作。在考核方式上，各考核牵头和责任部门开展动态化实时监测，将考核重点落脚在日常工作中。会同其他领导小组成员单位建立市级机关部门挂钩联系制度，将76个机关部门分成4个组，成员单位定期检查督导挂钩的机关部门，及时发现短板，及时改进提升。科学规范考核方式，引导全市干部改进作风、严谨履职、提高效能，以工作实绩检验工作成效。

【机构编制监督检查】 2023年，太仓市委编办严格执行用编及股级职数预审制度，发挥机构编制部门前置把关作用，提升机构编制监督检查质效。在市融媒体中心、市信访局开展机构编制执行情况和使用效益评估工作，加强和规范机构编制管理评估，优化机构编制资源配置。提质升级太仓市机关事业单位机构人员信息管理系统，运用大数据技术，为机构编制科学高效管理提供决策依据。

【事业单位登记管理】 2023年，太仓市委编办完成全市363家事业单位2022年度报告公示工作。全年设立登记事业单位6家，变更登记92家，证书补领1家，注销42家。机关、群团新申领统一社会信用代码证书及变更、到期换证27家。做好机关事业单位域名管理，注销清理已撤销单位域名，完成机关事业单位域名注册续费工作。搭建对德合作新平台，完成中德标准化合作苏州创新中心事业单位法人登记。 （王春鹰）

保密工作

【概况】 2023年，太仓市树立做好新时代保密工作就是保党的长期执政地位、保国家安全、保人民幸福、保民族复兴的大局观念，全面加强党管保密、依法治密、科技强密建设，加强源头信息管理，强化办公社交软件管理，严格信息审查，严控涉密文件管理，落实保密工作责任制，确保无涉密事故发生。年内，将保密工作纳入党委工作规划，定期研究部署保密工作，印发年度保密工作要点，谋划解决全年保密工作重要问题、重大事务。完善领导体制机制建设，修订领导小组工作规则，召开市委保密委员会全体会议并传达重点工作安排。守好安全保密思想防线，树牢总体国家安全观，增强风险防范意识，推动新形势下保密工作和网络安全工作迈上新台阶。

【依法治密】 2023年，太仓市遵守各项保密法律法规，持续提升法治思维能力和水平。完成重点部门、资质企业定密年度数据统计工作，推进定密工作制度化、规范化。落实涉密人员保密管理办法，做好岗前教育、在岗培训、离岗离职脱密等工作，抓好涉密岗位、涉密人员信息报备等事项。组织推进全市涉密信息系统运维管理、涉密档案数字化保密管理等专项整治行动。开展政务信息化安全保密诊断检测服务，为15家单位的34套系统无偿提供网络脆弱性体检。配合做好巡察保密检查，4家受检单位全部通过现场调研检查。落实保密责任，做好重要时期保密工作，强化保密安全管理工作，组织开展高考、学业水平测试等国家统一考试的保密监督检查，为考生营造公平、公正、安全、放心的考试环境。

【科技强密】 2023年，太仓市加强保密监督管理，全市机关单位基本接入苏州市监管平台，各单位涉密单机均安装“三合一”管理终端（U盘单向导入装置、专用涉密U盘和涉密计算机防非法外联的组合产品）。统筹推进远程保密检查与现场检查。加大保密科技创新力度，完善协同办公系统保密备案、统计数据反馈等功能。加强保密技术服务能力建设，组织参加苏州涉密信息系统“三员”（系统管理员、安全保密管理员、安全审计员）培训，参训人员全部获得“三员”资格认证。提升涉密载体分类销毁服务保障水平，持续优化销毁操作流程、完善工作机制，抓实抓好重大风险领域保密治理。

2023 年 7 月 4 日，太仓市老干部志愿者到沙溪镇福田农场开展老干部助农“‘梨’你很近”活动 （周 怡摄）

【保密宣传培训】 2023 年，太仓市组织全市机关单位保密主官赴苏州市保密教育实训平台观展培训。举办全市保密工作培训会等会议活动。开展公务员初任培训保密专题授课、青年秘书人才研修班保密教学、保密形势教育、典型案例警示教育等活动，为全市机关单位提供保密指导服务。举办系列保密宣传活动，印发《常见失泄密案例汇编》等保密宣传册、宣传品 2000 余份，投放公益屏近 500 块，增强全民密码安全意识和保密意识。

（童 帅）

老干部工作

【概况】 截至 2023 年年底，太仓市共有离休干部 67 人、市管退休干部 1377 人。市委老干部局规范党内政治生活，建强退休干部党组织，持续提供针对性服务关怀，提升离退休干部归属感。组织各类活动，聚焦老干部所需所盼，做好老干部服务保障工作，提高老干部幸福指数。发挥老干部实践经验丰富、理论功底深厚的优势，组织老干部讲好奋进故事，鼓舞激励年轻干部和群众。

【离退休干部党组织建设】 2023 年，太仓市老干部工作坚持思想引领，把开展学习贯彻习近平新时代中国特色社会主义思想主题教育作为贯穿工作的主题主线，采取“集中 + 自主”“线上 + 线下”“研讨 + 实境”等方式，制定离退休干部党员菜单式学习清单，明确学习专题 8 个。1 月，太仓市委办印发《关于加强新时代离退休干部党的建设工作的实施方案》，引导全市离退休干部党支部用好 11 个党建共享阵地、6 条党建活动线路。全年开展“沉浸式”活动 77 次，近 600 名离退休干部党员参加。市委老干部局组织 50 名“老书记”集中参加省委老干部局离退休干部党组织书记示范培训，举办太仓离退休干部党支部书记培训班，组织观看网上专题报告会 13 场，发放学习资料 500 余套。成立“嘉昆太”离退休干部党组织联谊会，加强嘉定、昆山、太仓三地离退休干部党组织互学互鉴、共促共进，推动“毗邻党建”再深化。与市委组织部联合表彰太仓市“六好”离退休干部示范党支部 15 个。太仓市公安局离退休民警党支部获评全省第二批“六好”示范党支部，浏家港、民政局退休支部获评苏州首批“六好”离退休干部示范党支部。

2023 年 8 月 25 日，太仓市委老干部局开展“‘红’印童心 · 携手‘童’行”小记者寻访活动，宣传发扬老一辈革命者的崇高精神 （夏琳娜摄）

【老干部引领作用发挥】 2023 年，太仓市打造“余晖红”“常青藤”等一批老干部志愿服务特色品牌，发挥“银发人才库”、银发工作室以及老干部志愿者分队传帮带作用，组织老干部在助力乡村振兴、社会治理、关心下一代工作中贡献力量，发挥政治优势、经验优势、威望优势，在基层治理、扶贫帮困、培育新人等领域建言献策，贡献新时代老干部“银发力量”。开展“书”送希望 · “晖”映未来、老干部“‘梨’你很近”助农、“红色基因、绿色梦想”等活动，推动出台强市富民惠企等政策举措 15 项，志愿服务时长 300 小时，帮助群体近千人次。以太仓撤县建市 30 周年为契机，推出“娄东耆英话而立”老干部微访谈 7 期，点击量近 5000 次。老干部宣讲员进农村、进社区、进企业宣讲中共二十大精神 60 余场，受众 2000 余人次。年内，常青藤老干部志愿者团队获评苏州最美志愿团队，武术进校园活动获评最佳服务项目。

【老干部服务保障】 2023年，太仓市落实老干部政治生活待遇，保障老干部合法权益。颁发"光荣在党50年"纪念章。开展"春风行动""致敬·聚力"暖心行动等，慰问离休干部73人次。服务热线接听各类咨询34次，解答离退休干部家庭用药咨询11次。办好"牢记嘱托·感恩奋进·余晖再出发"主题活动，常态化举办市管干部退休仪式。以大型活动特色化、小型活动常态化、兴趣学习经常化增强吸引力，承办"春意太仓·诗意余晖"苏州市老干部诗词雅集，举办"春暖花开·巾帼风采"离退休女干部"三八"节活动等专题活动近40场，参加人数近3000人。出版《娄东耆英庆而立》书画集。办好朗诵等兴趣班12个。市老年大学获"2023年度苏州市'家门口的老年大学'项目点考核"优秀等次。 （环素珍）

2023年5月10日，太仓市第二期领导干部理论知识讲座在市委党校举办
（张懿琳摄）

党校工作

【概况】 2023年，中共太仓市委党校以习近平新时代中国特色社会主义思想为指导，学习贯彻中共二十大精神和习近平总书记对江苏、苏州工作重要讲话、重要指示精神，坚守"为党育才、为党献策"初心，持续推进党校事业新发展。年内，市委党校举办各类培训班71期，参训学员6320人次，其中主体培训班次37期，参训学员3961人次；服务全市领导干部理论知识讲座8期，参训干部4000余人次；与太仓有关部门联合举办各类培训班次29期，参训学员2128人次；接待外来培训班次5期，参训学员231人次。全年开发新课程37门，开展"娄城星火理论宣讲基层行""微型党课送基层""优秀党课送基层"等活动，为各单位、村（社区）提供党课宣讲373场次，参与学习1.8万人次。出版《实践》4期，刊发反映太仓经济社会发展实际的调研文章50余篇。完成省级立项课题1项、环太湖发展研究中心课题1项、苏州社科基金项目2项、苏州市党校系统协作课题4项、市委主要领导交办课题1项、太仓社科立项课题13项，校级立项课题17项。

表92 2023年太仓市领导干部理论知识讲座（线下）一览表

单位：人

序号	讲座名称	日期	主讲人	人数
1	发扬斗争精神，提高斗争本领，强化政治担当	5月10日	肖　晋	515
2	当前国际格局与国家安全战略	7月21日	何德明	627
3	以高质量发展推进中国式现代化——深入学习习近平总书记考察江苏重要讲话精神	8月23日	孙耀武	667
4	牢记嘱托守红线　铸就安全促发展	9月20日	苏　斌	561
5	深化认识、压实责任，推动巡视巡察整改落深落细落实	9月26日	王友良	366
6	ChatGPT与未来产业转型升级	11月2日	高奇琦	297
7	习近平文化思想	11月20日	章　凝	218

表93 2023年太仓市委党校（行政学校）干部培训主体班次一览表

单位：人

序号	班次名称	日期	联办单位	人数
1	市级机关单位党组织书记学习贯彻党的二十大精神专题培训示范班	2月1—3日	市委组织部	95
2	市级机关单位党组织书记学习贯彻党的二十大精神专题培训示范班（第二期）	2月8—10日	市委组织部	109

续表 93

序号	班次名称	日期	联办单位	人数
3	市级机关单位党组织书记学习贯彻党的二十大精神专题培训示范班（第三期）	2 月 15—17 日	市委组织部	179
4	全市国企、“两新”组织党组织书记学习贯彻党的二十大精神专题培训示范班	2 月 20—22 日	市委组织部	110
5	全市村（社区）党组织书记学习贯彻党的二十大精神培训班	2 月 22—24 日	市委组织部	149
6	全市科级领导干部学习贯彻习近平新时代中国特色社会主义思想和党的二十大精神集中轮训	3 月 7—11 日	市委组织部	226
7	市管主要领导干部学习贯彻习近平新时代中国特色社会主义思想和党的二十大精神研讨班	3 月 17—21 日	市委组织部	25
8	2023 年度市级机关入党积极分子培训班	3 月 22—24 日	市委组织部	141
9	太仓市党委国家安全工作专题培训班	3 月 30—31 日	市委组织部	50
10	第二期市管干部学习贯彻习近平新时代中国特色社会主义思想和党的二十大精神集中轮训	4 月 3—8 日	市委组织部	280
11	全国村党组织书记和村委会主任视频培训班	4 月 24—28 日	市委组织部	69
12	2023 年太仓市青年人才创新能力提升培训班	5 月 8—12 日	市委组织部	31
13	太仓市 2023 年青年秘书人才研修班	5 月 9—19 日	市委组织部	69
14	2023 年度太仓市发展对象标准化培训班（第一期）	5 月 24—26 日	市委组织部	196
15	太仓市统战干部培训班	6 月 19—21 日	市委统战部	70
16	2023 年度上半年新党员标准化培训班	6 月 26—28 日	市委组织部	83
17	2023 年度太仓市发展对象标准化培训班（第二期）	7 月 26—28 日	市委组织部	107
18	太仓市 2023 年事业单位新录用人员岗前培训班	9 月 19—22 日	市人社局	108
19	县处级以上领导干部主题教育读书班	9 月 21—25 日	市委组织部	67
20	2023 年度太仓市发展对象标准化培训班（第三期）	9 月 25—27 日	市委组织部	80
21	周至县科级干部能力素质提升班	10 月 9—14 日	市委组织部	43
22	2023 年度太仓市网格学校培训班（第一期）	10 月 17—18 日	市综治办	143
23	2023 年度太仓市网格学校培训班（第二期）	10 月 23—24 日	市综治办	143
24	2023 年度太仓市网格学校培训班（第三期）	10 月 25—26 日	市综治办	143
25	2023 年太仓市新党员标准化培训（第二期）	10 月 25—27 日	市综治办	143
26	2023 年度太仓市发展对象标准化培训班（第四期）	10 月 30 日—11 月 1 日	市委组织部	29
27	2023 年度太仓市网格学校培训班（第四期）	10 月 30—31 日	市综治办	143
28	2023 年全国新录用公务员初任培训班（太仓市委党校分课堂）	10 月 30 日—11 月 3 日	市委组织部	121
29	太仓市基层党组织书记学习贯彻习近平新时代中国特色社会主义思想主题教育示范班	10 月 31 日—11 月 2 日	市委组织部	114
30	全市“两新”党组织书记学习贯彻习近平新时代中国特色社会主义思想主题教育培训班	10 月 31 日—11 月 2 日	市委组织部	80
31	2023 年太仓市“95 后”年轻干部培训班	11 月 1—6 日	市委组织部	56
32	2023 年太仓市新录用公务员初任培训班	11 月 4—11 日	市委组织部	121
33	2023 年度太仓市市级机关单位党务干部业务能力提升示范班	11 月 20—21 日	市委组织部	65

续表 93

序号	班次名称	日期	联办单位	人数
34	全省机关党组织书记学习贯彻习近平新时代中国特色社会主义思想示范培训班	11 月 29—30 日	市委组织部	80
35	全省村（社区）书记专题培训班	12 月 6—7 日	市委组织部	159
36	全省“三新”领域主题教育示范班	12 月 11—12 日	市委组织部	100
37	2023 年“两新”党组织党务工作者专业资格认证培训班	12 月 27 日	市委组织部	34

【“95 后”年轻干部集训营】 2023 年 11 月 1—6 日，太仓市委党校与市委组织部联合举办太仓市“95 后”年轻干部集训营，参训学员 30 人。培训班集中安排专题教学 13 次、专题活动 8 次。教学内容包括学习《推动高质量发展，建设中国式现代化——从二十大看中国经济新走向》《太仓“十四五”发展战略解读》《从循环农业走向共同富裕，加快推进农业农村现代化》《ChatGPT 与未来产业转型升级》《深入学习贯彻习近平总书记在江苏考察重要讲话精神，争当中国式现代化建设新征程排头兵》等。授课教师主要是苏州、太仓各级领导干部和华东政法大学、苏州大学专家学者。

【年度科研立项课题结题】 2023 年，太仓市委党校完成省委党校系统调研课题 1 项、环太湖发展研究中心课题立项 1 项、苏州市社科基金项目（应用对策类）结项 2 项、苏州市党校系统协作课题立项 4 项、市委主要领导交办课题 1 项、太仓社科立项课题 13 项、校级立项课题 17 项，出版社科期刊《实践》4 期，刊发反映太仓经济社会发展的文章 50 余篇。科研成果获全省党校系统第十一届优秀决策咨询二等奖、苏州市第九届党校系统优秀决策咨询二等奖，入选环太湖发展研究中心 2023 年度年会暨第七届“智论苏州”高层论坛 3 项（其中优秀论文 1 项），太仓市优秀社科研究课题一等奖 1 项、三等奖 1 项，获评太仓市“学思践悟二十大　奋力开启新征程”理论征文活动优秀成果 3 项。在《太仓日报》刊发调研成果 1 篇，《太仓社科论坛》刊发调研成果 3 篇。

【基层理论宣讲工作】 2023 年，太仓市委党校把学习宣传习近平新时代中国特色社会主义思想和中共二十大精神作为首要政治任务。围绕学习宣传贯彻中共二十大精神，习近平总书记对江苏、苏州工作重要讲话重要指示精神和开展主题教育等主题主线，新开发“深入学习贯彻习近平新时代中国特色社会主义思想”“《习近平著作选读》导读”“牢牢把握习近平新时代中国特色社会主义思想的世界观和方法论”等课程 37 门，录制《推进中国式现代化太仓新实践》等视频微党课 8 讲。“推进港产城一体化·打造以港强市枢纽城”通过苏州“干将”精品课程评审认证。通过各类宣讲平台，深入基层一线开展理论宣讲 373 场次，服务对象 1.8 万人次。

2023 年 11 月 1—6 日，太仓市举办“95 后”年轻干部集训营

（张懿琳摄）

【党校师资队伍建设】 2023 年，太仓市委党校持续推进“理论宣讲名师”培养计划，综合运用学习培训、挂职锻炼、结对传帮带、跟班学习等形式，加大人才培养力度。组织“谈初心、谈青春、共奋斗”青年教师座谈会，常态化举办“青春燃星火·匠心铸名师”教学沙龙活动，开展“太仓市撤县建市 30 周年暨德企发展 30 年”主题微课堂评比活动，全年组织教师外出培训、业务进修 6 次，到综合部门挂职锻炼 1 人，到省委党校、苏州市委党校等地集中调研 6 次。1 名骨干教师获评第四批苏州市基层理论宣讲名师，1 名青年教师获苏州市第八届“百姓名嘴”风采展示活动二等奖、太仓市首届“百姓名嘴”风采展示活动一等奖，1 名青年教师获苏州市党校系统“家国天下”暨新时代家庭家教家风建设精品课评选二等奖。

（张曼娜）

老区开发建设

【特区工委纪念馆筹建】 2023 年，太仓市老区开发促进会、太仓市扶贫开发协会、太仓市合作经济研究会（以下简称市“三会”）推进爱国主义教育基地、党史教育基地建设，再现红色历史。市“三会”与市委组织部实地调研沙溪镇项桥村，做好修建项桥村革命遗址纪念室前期准备工作。根据项桥地区在太仓革命斗争年代的历史地位和作用，与市史志办、沙溪镇党委政府、项桥村党委村委会沟通确定项桥村革命遗址纪念设施定名为“中共太仓特区工委纪念馆”。召开纪念馆设计方案论证会，商讨纪念馆陈列大纲和建筑设计初步方案。沙溪镇协调落实纪念馆选址、负责纪念馆筹建工作，纪念馆陈列面积扩大至370平方米。市史志办承担陈列史料征集编辑工作，收集党史、地方志等历史文献档案。年内，市“三会”到中共常熟党史馆、沙家浜革命历史纪念馆、苏州革命历史博物馆、茅山新四军纪念馆等教育基地征集图片资料。开展编写陈列文本工作，加强审核把关，确保文本严谨性、周密性和史料真实性、合理性。

【水环境改善调研】 2023年，太仓市“三会”持续围绕全市水环境改善、提升美丽乡村建设水平等主题，就全市水环境改善献计献策。利用长江段现有涵闸调度沿江水系，建议科学合理调度沿江口门引排水功能。与市水务局等实地踏勘沿江闸涵，建议对沿江堤闸制订调度、考核方案，建立引排水考核体系，争取多引长江水、多排内河水。在浏河镇实地调研中，发现沿江河道中有一些废弃不用的小水闸和部分地区房地产开发中填埋河道等问题，提出清除废弃小水闸、恢复河道原貌等建议。参与制订天镜湖、七十二家理想村等地区改善水环境方案。在城厢镇电站村调研中，提出引金仓湖水改善电站村水环境方案。

【红色资源保护利用】 2023年，太仓市“三会”利用红色资源普查成果，推动将红色元素融入农文旅项目。向市文旅集团协助制订红色旅游精品线路，宣传太仓红色资源。助力将红色文化融入文旅项目，在方家桥文旅项目建设中，建议增设方家桥联席会议、打响苏南反“清乡”第一仗遗址等史料陈列。在浏河镇七十二家理想村文旅项目建设中，建议增设淞沪会战长江沿岸反击战遗址、“七十二家村惨案”等史料展览。

【爱心服务社建设管理】 2023年，太仓市“三会”做好村级爱心服务社品牌，帮助困难群众解决实际困难。规范爱心服务社管理，增强帮扶能力。市、镇、村三级“三会”组织拓展资金募集渠道，争取市财政局奖励资金44万元。全市各镇的村社区爱心服务社基本实现筹集资金10万元目标。规范爱心资金收支流程，各分会与镇财监中心协商设置村级“爱心资金”科目，制订相应收支流程，实行专款专用，专人负责。各村爱心资金的支出严格按照村级“三资”管理要求，由村行政负责人审批、监委会主任监督、资产办主任审核，实行村务公开，定期公开账目明细。在村民主决策日会议上向村民代表报告爱心资金募集情况、贫困家庭救助情况、爱心资金使用情况等，并进行民主表决，接受群众监督。加强对爱心服务社运作督查。11月，市“三会”与市民政局联合检查爱心服务社“爱心资金”使用情况，确保资金使用合法、规范。总结推广爱心服务社经验，调研报告《雪中送炭人心暖·锦上添花梦成真——来自全国文明村璜泾镇永乐村爱心服务社建设的经验》被《中国老区建设》《江苏老区》刊用。

【“三项基金”稳步推进】 2023年，太仓市“三会”根据省、苏州市乡村发展基金会要求，做好省乡村发展基金会公募活动、冠名基金和苏州市乡村发展基金会“强村富民”基金推进工作。筹备开展2023年江苏省乡村发展基金会“2023乡村振兴·苏州行”子项目“助学助困·情暖太仓”活动，活动主要资助太仓市困难家庭及学生150户。7月，组织爱心人士网上捐赠活动，参加捐赠609人次，募集资金3680元。9月5日，华盛园2023年太仓市强村富民基金签约暨“助学助困情暖太仓”公募捐赠仪式在娄东街道华盛园社区举行，10家爱心企业捐赠15万元。推广“强村富民”基金，新建苏州市“强村富民”基金14家，增资4家，到账280万元。印发《太仓市强村富民基金账务处理指导意见》等文件，规范全市“强村富民”基金的管理。11月，协助沙溪镇项桥村建立红色资源保护利用冠名基金——中共太仓特区工委纪念馆建设专项基金，筹集资金30万元（社会人士捐赠20万元、市“三会”节约办公经费10万元）。

（章昌健）

关心下一代工作

【概况】 2023年，太仓市关心下一代工作聚焦青少年群体健康成长成才需求，完善各级关工委组织体系建设和“党建带关建”工作机制，把握服务青少年的正确方向，抓好以爱国主义教育为核心的青少年思想道德建设，规范基层组织建设，打造特色品牌，推动新时代太仓关心下一代工作高质量发展。《关心下一代周报》《火炬》征订量稳定。2月，“太仓关工委”微信公众号改版启用。

2023年7月2日，太仓市“七彩夏日”爱心暑托班正式启动

（市文明办供稿）

【"五老"队伍建设】 2023年，太仓市调整镇关工委主任5人，常务副主任3人。各村（社区）关工委由党委书记兼任主任，副书记兼任辅导站站长。调整充实"五老"（老干部、老战士、老专家、老教师、老模范）志愿者队伍，优化"五老"结构。全市"五老"志愿者核心骨干队伍3800余人，组建"五老"讲师团52个、帮教小组258个、关爱工作团（由退教中心建立）178个，新组建中小学心理健康教育外援团13个。2月27日，太仓市关工委举办"五老"骨干培训班，全市"五老"骨干91人参加培训。8月30日，市关工委召开"五老"讲师团座谈会，总结"暑托班"思想引领讲教育的经验和做法，讲师团成员等20余人参加会议。全市30个办班点两期共计招募学员831人，开展各类活动1320场次，服务青少年5.2万人次。28名"五老"讲师团成员参与暑托班送课200余课次。

【"五有五好"基层关工委建设】 2023年，按照江苏省、苏州市关工委开展"'五有五好'基层关工委建设三年（2023—2025年）巩固深化年活动"的通知要求，太仓市成立创建工作组。"五有"分别是有班子、有队伍、有阵地、有经费、有制度，"五好"分别是领导班子建设好、"五老"作用发挥好、制度健全执行好、积极探索创新好、活动经常效果好。6月8日，太仓市关工委召开重点工作推进会，各镇（区、街道）、系统关工委常务副主任、办公室主任和"五老"工作室代表等43人参加会议。对标新要求，梳理"五有五好"在基层关工委建设上的成功做法和存在不足，对"五有五好"基层关工委建设、校外辅导站优质化建设、"五老"志愿者工作室、"七彩夏日"系列活动等工作做部署要求。全市新增"五老"志愿者工作室10家。

【校外辅导站建设】 2023年，太仓市关工委规范阵地建设，全市校外教育辅导站标配"一站五室"，即教室、图书室、文体活动室、电子阅览室、心理咨询室。陆渡街道关工委校外教育中心辅导站与党群服务中心同步规划建设，站长工作室、心源馆、德育大讲堂、图书室、电子阅览室、烘焙工坊和书画室等功能设施齐全。娄东街道丽景社区关工委建设与儿童友好型社区创建相融合。以点带面，均衡全市校外教育辅导站建设发展。2月9日，市关工委在娄东街道荷塘社区调研"清荷满塘"工作品牌推进情况。3月7日，市关工委在璜泾镇长洲村太仓市长江生态保护科普基地举行"市青少年校外教育实践基地"揭牌仪式。6月12日，市关工委与市档案馆联合筹建的"市红色档案青少年校外教育实践基地"揭牌启用。7月3日，"七彩夏日"未成年人暑期系列活动启动仪式暨"老少心向党·奋斗新征程"老少同台文艺展演在市文化馆举行。11月，市关工委联合沿江"一区三镇"关工委，成立太仓市"老少共护母亲河"志愿者联盟，设"一江碧水"（浏河镇）、"三水友好"（浮桥镇）、"人水和谐"（璜泾镇）、"黄金水道"（港区）等分队4个。全年全市新建青少年红色教育基地2个（累计10个）、劳动实践基地6个（累计16个），新授牌"五老"志愿者工作室10个（累计18个）。优化璜泾镇"品良工作站"、双凤镇维新村辅导站等设施布局，强化建立校外教育辅导长效机制。

【青少年思想道德建设主题教育】 2023年1月5日，太仓市关工委印发《关于开展2023年"缤纷冬日"寒假系列活动的通知》，调整市关工委青少年思想道德、法治教育讲师团成员。组织部分"五老"志愿者，编写2023年《老少心向党、奋斗新征程主题教育专辑》，印发2000册。3月7日，印发《关于开展"老少心向党、奋斗新征程"主题教育活动暨"五心"教育实践活动的通知》。3月29日，市关工委召开"老少心向党·奋斗新征程"主题教育推进会。全市关工系统有主题宣讲员155人，编写材料550篇。开展"'五老'进校园，共学二十大"活动千余场次，听课青少年约13万人次。市关工委主任王国其在浏河中心小学开讲"第一课"。市"五老"志愿者讲师团被团市委、市教育局评为"优秀送课单位"。《推进村级校外教育辅导站优质化建设的思考》获2023年度全省关工委调研报告三等奖。太仓市沙溪镇第一小学获"我是强国小主人"主题征稿活动优秀组织奖。

【"五心"教育实践活动】 2023年，太仓市关工委以"心怀梦想、心想成才、心有文明、心愿劳动、心系太仓"为主要内容，推动"五心"教育实践走深走实。市关工委联合市文明办等7个单位印发《在全市青少年学生中开展"五心"教育实践活动的实施方案》，通过开展"我心梦想""我心有才""我心文明""我心劳动""我心太仓"教育实践活动，教育引导全市青少年坚定信念、砥砺品格、增长才干，强化文明修养，塑造阳光心灵。联合市文明办组织实施"七彩夏日——我心太仓"暑期行动，开展"地标建筑我打卡、时代楷模我走访、红色历史我铭记、田园城市我手绘、幸福太仓我解码、新的征

2023年8月11日，"强国复兴 童心逐梦"之"七彩的夏日"——"夏游古村落 田园享农趣"亲子研学活动在浮桥镇三市村开展 （市文明办供稿）

程我畅想”等六大行动，发挥“五老”村干部、在职教师等社会力量，利用校外教育辅导站、关爱工作站、文明实践基地等，采用青少年喜闻乐见的形式，在访太仓、绘太仓、唱太仓、写太仓、献计太仓过程中，增强青少年听党话、跟党走的信心和决心，引导他们在新的征程中，敢于筑梦、勇于追梦、善于成梦，成长为未来建设祖国的时代新人。11月24日，《太仓日报》整版刊登《我心太仓——太仓市青少年“五心”教育实践暑期行动巡礼》专刊。

【青少年法治教育】 2023年，太仓市关工委推动预防和减少青少年违法犯罪工作的常态化、规范化，创新教育方式，做好校内教育与校外教育结合，普遍教育和个别帮教结合，课堂教育与社会教育结合，传统教育与现代信息网络教育结合。召开预防青少年“零犯罪零受害”工作调研座谈会。11月9日，联合市委老干部局，组织“五老”和“银发志愿者”等17人走进看守所，展开“一对一”交谈疏导，送上《太仓老底子》等书籍。全市200余个帮教小组与“五失”（失学、失业、失亲、失足、失能）青年结对，参与家庭教育指导工作。市关工委获评2023年太仓市未成年人保护工作先进集体。

【“关爱未来、扶贫助学”活动】 2023年，太仓市关工委持续实施“关爱未来、扶贫助学”项目，调动企业和社会公众积极性，引导社会各界参与扶贫、助学、助教。“六一”儿童节期间，市关工委到太仓市弇贤小学、太仓市洪泾小学、太仓市红旗小学、太仓市新华小学、太仓市耀华学校 、太仓市横沥小学、太仓市三港小学等7所学校，为100名家庭有经济困难的优秀学生送上慰问金，为特殊教育学校的学生赠送学习用品，共发放助学慰问金及学习用品价值共计近10万元。全市18名困难学生获得《关心下一代周报》冰凌花奖学金，总金额9000元；10名学生获省关心下一代基金会“2023年千人助学计划”助学金，总金额9000元 。持续动员企业家、热心人士、离退休干部与特困优秀学生结对助学。市离休干部胡国芬夫妇“芬芳助学基金”第二期启动，首批资助江苏省太仓高级中学5名品学兼优、家境贫困的学生。

【企业关工委工作】 2023年，太仓市关工委建立健全企业关工委组织体系和制度，创新工作机制，发掘培育企业关工委典型，总结推广经验，以点带面，拓展关工组织覆盖面和影响力，共同营造全社会关心关爱下一代的良好氛围。3月29日，市关工委召开全市企业关工委推进会，提出“扩面增量，提质增效”工作要求。沙溪镇、陆渡街道新成立企业关工委均超5家。9月，市外卖配送行业和2家配送企业成立关工委。太仓市太诚控股集团有限公司、文化旅游发展集团有限公司、太仓市安徽商会、双凤商会等成立关工委组织。全市新挂牌企业关工委27家。港区关工委联合10家企业组成“匠心联盟”服务阵地，组织青工开展创新创效交流。 （陶陵夏）

太仓市人大

综　述

【太仓市人大常委会概况】 2023年，太仓市人大常委会贯彻落实习近平总书记关于坚持和完善人民代表大会制度的重要思想，坚持党的领导、人民当家作主、依法治国有机统一，履行宪法和法律赋予的各项职能，丰富发展全过程人民民主基层实践。全年共召开常委会会议8次、主任会议15次，组织开展专题视察8次、专题询问2次，听取和审议“一府一委两院”专项工作报告35项，作出决议决定11项，依法任免国家机关工作人员23人次，补选市人大代表3人。截至年底，太仓市第十七届人民代表大会共有代表263人，在太仓的全国人大代表1人，在太仓的江苏省人大代表4人，在太仓的苏州市人大代表42人。

【人事任免】 2023年，太仓市人大常委会坚持党管干部和依法任免有机统一，行使人事任免权，任免市人大常委会及其工作机构人员4人次，市人民政府及其工作部门人员5人次，市监察委员会、市人民法院、市人民检察院人员14人次。市十七届人大常委会第十二次会议决定接受胡卫江辞去市人民政府市长职务的请求，决定接受郑丙华辞去市人民政府副市长职务的请求，决定接受祝真旭辞去市人民政府副市长职务的请求，决定任命徐华东为市人民政府副市长、代理市长。 （朱予成）

重要会议

【太仓市第十七届人民代表大会第二次会议】 2023年1月3—5日，太仓市第十七届人民代表大会第二次会议

2023年1月3日，太仓市第十七届人民代表大会第二次会议开幕
（市人大办供稿）

召开。会议应到代表261人，实到代表217人。会议听取和审议市人民政府市长胡卫江作的《政府工作报告》；审查批准《太仓市2022年国民经济和社会发展计划执行情况与2023年国民经济和社会发展计划》《太仓市2022年预算执行情况和2023年预算》；听取和审议市人大常委会主任王红星作的《太仓市人大常委会工作报告》、市人民法院院长张晓江作的《太仓市人民法院工作报告》和市人民检察院检察长张云东作的《太仓市人民检察院工作报告》；会议通过各项报告的决议和《实施农贸市场改造提升，营造放心舒心消费环境》议案的决议。全体代表票决确定2023年太仓市民生实事项目20项。

【太仓市第十七届人民代表大会第三次会议】 2023年10月19—20日，太仓市第十七届人民代表大会第三次会议召开。会议应到代表260人，实到代表242人。会议听取和审议市人民政府代市长徐华东作的《太仓市人民政府关于今年以来全市经济社会发展情况的报告》，会议选举徐华东为太仓市人民政府市长。

【太仓市第十七届人大常委会会议】 2023年，太仓市第十七届人大常委会共召开常委会会议8次。

第8次会议。2月16日召开。听取和审议《太仓市国土空间总体规划（2021—2035）》编制情况报告；审议通过市人大常委会2023年度工作要点。

第9次会议。3月30日召开。听取和审议2023年市民生实事项目启动情况报告、2022年度生态环境质量状况和生态环境保护目标完成情况报告；审议通过《太仓市人民代表大会常务委员会关于进一步加强新时代检察机关法律监督工作的决定》；通过市人大常委会、市监察委员会、市人民法院、市人民检察院有关人事任免事项。

第10次会议。5月29日召开。听取和审议全市房屋质量监督情况报告、市人民法院关于综合治理执行难工作情况报告；审议通过《江苏省河道管理条例》《苏州河道管理条例》执法检查报告。

第11次会议。7月28日召开。听取和审议2022年度市级决算草案及2023年上半年预算执行情况报告，作出相应决议；听取和审议2023年上半年国民经济和社会发展计划执行情况报告，通过2023年国民经济和社会发展计划调整方案；听取和审议2022年度本级预算执行、决算草案及其他财政收支的审计工作报告、医保公共服务体系建设情况报告、全市创建全国义务教育优质均衡发展县（市、区）情况报告、市人民检察院关于强化司法保障优化营商环境工作情况的报告。

第12次会议。9月10日召开。决定接受胡卫江辞去市人民政府市长职务的请求；决定接受郑丙华辞去市人民政府副市长职务的请求；决定接受祝真旭辞去市人民政府副市长职务的请求；决定任命徐华东为市人民政府副市长、代理市长。

第13次会议。9月21日召开。听取和审议2022年度企业国有资产管理情况专项报告，书面审议2022年度国有资产管理情况综合报告；听取和审议太仓市国民经济和社会发展第十四个五年规划纲要中期评估报告，高标准农田建设情况报告，全市医疗卫生体系建设情况报告，市十七届人大二次会议议案实施情况报告，市十七届人大二次会议代表建议、批评和意见办理情况报告；听取部分法官检察官履职情况报告，并进行满意度测评；听取部分苏州市人大代表的履职报告。

第14次会议。10月17日召开。审议通过代表资格审查报告、关于召开市第十七届人民代表大会第三次会议的决定。

第15次会议。11月27日召开。听取和审议2023年市级预算调整报告，作出相应决议；听取和审议工程建设领域农民工工资保证金管理实施情况报告、2022年度审计发现问题整改情况报告；听取部分政府组成人员履职情况报告，并开展测评；通过市人大常委会、市人民法院、市人民检察院有关人事任免事项。

【太仓市第十七届人大常委会主任会议】 2023年，太仓市第十七届人大常委会共召开主任会议15次。其中第15次、第17次、第19次、第21次、第26次会议主要内容如下。

第15次会议。2月27日召开。听取太仓高新区人大代表联席会议工作情况报告。

第17次会议。4月26日召开。听取关于全市税收工作情况报告、关于全市深化产教融合加快双元制职业教育发展情况报告。

第19次会议。7月5日召开。听取关于全市智能化改造数字化转型情况报告、关于住宅区物业管理情况报告、关于现代农业产业示范园建设情况报告。

第21次会议。9月1日召开。听取关于太仓市"八五"普法中期工作情况报告、关于全市企业（项目）全生命周期管理平台开发应用情况报告、关于全市宗教活动场所建设情况报告。

第26次会议。10月27日召开。听取关于推动服务样态创新，打造县域社会工作发展样板的报告；关于全市信访重点工作的报告；关于全市资本市场发展情况的报告。

（朱予成）

法律监督

【法律法规实施监督】 2023年，太仓市人大常委会组织开展《江苏省河道管理条例》《苏州市河道管理条例》执法检查，推进太仓市水环境整治提升。5月22日，市人大常委会举办《江苏省河道管理条例》《苏州市河道管理条例》专题法治讲座，听取市人民政府关于贯彻实施《江苏省河道管理条例》《苏州市河道管理条例》情况的汇报。执法检查组到有关单位就《江苏省河道管理条例》《苏州市河道管理条例》开展执法检查，重点检查条例学习宣传普及情况、相关配套政策制定情况、劣Ⅴ类河道整治、河道保护与利用情况等方面内容。5月29日，市十七届人大常委会第10次会议审议通过《江苏省河道管理条例》《苏州河道管理条例》执法检查报告。6月9日，

2023年5月22日，太仓市人大常委会组织开展《江苏省河道管理条例》《苏州市河道管理条例》贯彻实施情况执法检查 （市人大办供稿）

市人大常委会联动市资源规划局开展《中华人民共和国湿地保护法》《江苏省湿地保护条例》（以下简称“一法一条例”）贯彻实施情况检查，检查组在江滩湿地公园、金仓湖省级湿地公园和太丰西庐市级湿地公园实地查看湿地生态、湿地保护和修复情况，听取湿地主管部门的情况汇报，做好湿地保护“一法一条例”及相关法律法规的实施工作，推动全市加强河道管理，保障水安全、改善水环境、修复水生态、保护水资源、弘扬水文化，推进“水美太仓”建设。配合开展《江苏省外商投资条例》《江苏省农村集体资产管理条例》《苏州市道路交通安全条例》《苏州市文明行为促进条例》《苏州市公共汽车客运条例》等地方性法规立法（修订）调研。召开各类群体代表座谈会，对相关草案提出合理化建议，为上级立法机关法律法规草案的起草和法案审议提供参考。

【司法监督】 2023年3月，太仓市人大常委会印发《关于进一步加强新时代检察机关法律监督的决定》，支持和推动检察机关依法履行法律监督职责，提升法律监督工作质量和效果，以公正司法护航高质量发展。听取和审议市法院综合治理执行难工作报告，要求市法院以实现“基本解决执行难”目标为新起点，发挥执行职能作用，健全执行权力运行监督制约机制，提升公正规范文明执行水平。听取和审议关于市检察院强化司法保障优化营商环境工作情况报告，要求市检察院担负好监督之责，督促《苏州市优化营商环境条例》正确实施，依法平等保护各类市场主体合法权益。以“提升司法效能、服务地方发展”作为评议重点，对12名员额法官、6名员额检察官开展履职评议。“两官”履职评议是市人大常委会依据宪法法律、顺应群众期盼而开展的重点监督工作，是支持“两院”加强队伍建设的重要载体，也是推动司法公正、提高司法公信力的重要平台。

【法治政府建设推进】 2023年，太仓市人大常委会听取“八五”普法中期工作报告，要求政府及相关部门完善落实“谁执法谁普法”普法责任制，构建“大普法”工作格局。听取信访重点工作报告，要求政府及相关部门继续发挥信访工作“社会稳定器、矛盾减压阀”作用、联系人民群众的纽带作用。专题视察社会治安防控体系建设情况，要求政府及相关部门加快打造防控网络，提升防范风险、维护治安秩序、服务社会治理的能力水平，助力更高水平的平安太仓建设。加强规范性文件备案审查制度和能力建设，备案审查规范性文件6件，指导乡镇人大开展规范性文件电子报备工作。做好人大信访工作，依法受理人民群众来信13件，接待到访11人次，维护人民群众合法权益。 （朱予成）

工作监督

【经济工作监督】 2023年，太仓市人大常委会紧扣全市改革发展大局，坚持正确监督、有效监督、依法监督，不断提升监督实效。听取和审议市“十四五”规划纲要实施中期评估、计划、预算执行、审计工作、税收工作等报告，审查批准市级决算、预算调整方案，助力经济运行率先整体好转。听取和审议企业国有资产管理情况专项报告及年度国有资产管理情况综合报

2023年5月4日，太仓市人大常委会专题视察美丽村庄建设情况 （市人大办供稿）

告，助力提升太仓市国资国企改革发展成效。专题视察全市科创载体优化提升、“两院”优化法治化营商环境工作情况，听取太仓市产业（项目）全生命周期管理平台开发应用、智能化改造数字化转型、资本市场发展等情况报告，重点视察港区、高新区发展情况和娄江新城建设情况，助推经济高质量发展。

【民生工作监督】 2023年，太仓市人大常委会做好民生监督，打造全过程人民民主的太仓典范。聚焦教育、医疗、就业等群众关切问题，听取和审议太仓市创建全国义务教育优质均衡发展县（市、区）情况、医疗卫生体系建设情况、医保公共服务体系建设情况等报告，开展坚持就业优先、促进公共就业服务提质增效专题询问，助力推动解决群众急难愁盼问题。聚焦社会治理重点领域，听取和审议房屋质量监督情况、工程建设领域农民工工资保证金管理实施情况等报告，听取住宅区物业管理情况、宗教活动场所建设情况、推动服务样态创新打造县域社会工作发展样板等报告，专题视察退役军人信息化建设情况，推动平安太仓建设。聚焦双元制职业教育“本土化”，专题听取太仓市深化产教融合加快双元制职业教育发展情况报告，围绕中德双元制人才培养与评价融合探索，开展专题调研、组织专家讨论，推动高技能人才队伍建设赋能产业高质量发展。聚焦城市发展，听取和审议《太仓市国土空间总体规划（2021—2035）》编制情况报告，围绕构建高效便捷的综合交通网络开展专题询问，助推城市能级提升。聚焦乡村振兴，听取和审议高标准农田建设情况报告，视察美丽村庄建设情况，听取现代农业产业示范园建设情况，专题调研农村集体经济发展、乡村振兴片区化推进等工作。 （朱予成）

代表工作

【代表议案建议督办】 2023年，太仓市十七届人大二会议表决通过顾永忠等10名代表提出的《实施农贸市场改造提升，营造放心舒心消费环境》议案为大会议案。市人大常委会加大代表建议办理督办力度，以高质量代表建议助推高质量发展。市十七届人大二次会议期间共收到代表建议、批评、意见85件，其中10名以上代表联名的议案转为建议、批评和意见的5件。其中：农业农村方面11件，工业环保方面7件，财税金融方面3件，水利水务方面3件，交通运输方面7件，教育卫生方面13件，规划建设管理方面18件，政法民政方面12件，社会保障方面3件，文化体育方面2件，其他方面6件。对代表提出的建议，常委会交办确定重点建议8件，实行常委会分管领导牵头督办、各委室重点促办、政府分管市长牵头领办、相关责任部门对口承办、市政府办公室统一协调的议案建议办理联动机制。所有建议均在规定时限内办结，总体满意率100%。开展2022年度重点处理代表建议办理情况“回头看”视察。评选表彰年度优秀代表建议11件、建议办理先进单位8家。太仓代表团2件建议入选苏州市十佳“市民最满意的人大代表建议”名单。

表94 2023年太仓市人大常委会主任会议重点处理建议一览表

序号	建议编号	建议内容	建议人
1	1	关于普及小区新能源充电桩的建议	陈春莉
2	19	关于加强民族品牌建设的建议	施　静
3	32	关于国企村企联手，助力乡村振兴的建议	仲　明
4	40	关于进一步做好反诈法宣贯，守护人民群众“钱袋子”的建议	仲红燕
5	44	关于推动中小型企业数字化转型的建议	郁展翔
6	79	关于推动生物医药产业集群发展的议案（议案转建议）	周力强等10人
7	80	关于加强青少年心理健康教育工作的议案（议案转建议）	王晓芸等11人
8	82	关于优化全市电力需求侧保供方案的议案（议案转建议）	陆彩珍等10人

【代表履职服务保障】 2023年，太仓市人大常委会加强代表履职培训，增强代表履职能力。组织全市各级人大代表开展分层级、全覆盖集中培训，举办市人大代表履职培训班2期，开展各级各类培训23场次，参训代表1000余人次。印发《关于进一步深化人大代表网格化履职工作的实施意见》，明确“四联系”〔联系选民、网格员、村（社区）和重点企业〕工作要求，促进代表网格化履职常态化、规范化、精细化。全年代表开展网格化履职4000余人次，提出“微建议”559件，办结551件，推动群众“小急难”问题得到及时解决。加强代表专业小组建设，新设双元制职业教育专业小组，组织“中国式现代化职业教育‘太仓样板’代表专家说”等小组活动。

【社情民意渠道畅通】 2023年，太仓市人大常委会推进开展常委会组成人员联系代表、代表联系群众工作。开展代表统一接待选民活动2次，参与的各级人大代表、街道议政代表976人次，接待选民1406人次，收集选民意见689条。常态化邀请代表列席常委会会议，参与立法调研、执法检查、专题询问、视察调研等履职活动，

2023年11月1日，太仓市人大常委会开展主任接待代表日活动，围绕“做好‘以港强市枢纽城’文章”开展主题座谈　（市人大办供稿）

定期开展主任接待代表日活动，畅通代表知情知政渠道，促进代表履职拓面增效。组织代表述职，8名在太仓的苏州市人大代表向常委会报告履职情况，43名市人大代表向选区选民述职。璜泾镇人大、双凤镇人大通过组织代表“现场述职”结合“云述职”等形式，扩大代表接受选民监督范围，强化履职为民担当。

（朱予成）

重要工作

【概况】 2023年，太仓市围绕省市县人大上下联动重点工作，融入省市人大工作“一盘棋”。市人大常委会听取高新区人大代表联席会议工作汇报，推动形成具有太仓特色的开发区人大工作体系和工作机制。加强对镇街人大工作指导，推动镇人大健全完善相关工作制度，各镇均通过镇人民代表大会议事规则、镇人大主席团闭会期间工作规程；开展基层人大“一镇一品”建设，引导各镇（街道）人大培育工作特色，形成“扫码找代表”“联督问政”“你提我办——浏代表强网格”等人大工作品牌。贯彻落实新时代党的建设总要求，成立市人大常委会机关党组、市人大常委会机关党委，健全机关党的建设各项制度机制，推动党建和业务工作融合。落实全面从严治党和党风廉政建设主体责任，支持派驻纪检监察组履行职责，接受监督，营造风清气正良好政治生态。

【人大代表活动】 2023年，太仓市人大联动开展各级人大代表“牢记嘱托、感恩奋进”学习实践活动，制订“五聚焦五强化”（聚焦能力建设，强化学习培训；聚焦中心大局，强化履职担当；聚焦民之关切，强化调研联系；聚焦民生实事，强化监督问效；聚焦基层实践，强化履职创新）主题活动方案，围绕“助力经济运行率先整体好转”，开展“聚焦发展高质量、扛起人大新担当”主题活动，推动在太仓的各级人大代表带头投身中国式现代化太仓实践。组织引导全市近千名五级人大代表（全国人大代表、江苏省人大代表、苏州市人大代表、太仓市人大代表、镇人大代表）进车间、看现场、解问题，走访重点民营企业600余家，收集问题153个，为企业发展排忧解难。开设“人大代表讲坛”，市人大常委会主要领导领学领讲，五级人大代表聚焦代表履职、乡村振兴、社会治理、依法行政等主题分别讲学。举办“青年人大代表话履职、议民生、谋发展”“以高质量代表建议助推高质量发展”等各类代表讲坛活动31次。以太仓对德合作30周年为契机，举办人大代表“统一接待日”德企专场活动。在太仓的全国人大代表褚锋受邀参加全国人大主办的发展中国家议员研讨班交流，讲述太仓全过程人民民主基层故事，相关情况被全国人大网站等专题报道。

【数字人大】 2023年，太仓市推进“数字人大”建设，印发《太仓市“数字人大”建设工作方案》，建立监督工作、决定工作、选举任免、会议阅文、公众参与等五大模块，开发代表工作、家站点、民生实事项目全流程监督、数观人大、基层立法等个性化应用场景。以数据支撑促进人大各项工作，高效便捷了解群众期盼和诉求，倾听群众呼声，提炼汇总百姓意见，为决策提供依据，以信息化技术助推人大代表履职，回应群众关切。

【人大调研宣传】 2023年，太仓市人大常委会提升人大宣传工作质效。办好“太仓人大”微信、常委会网站、人大工作通讯、常委会公报等，在全国人大网站和《人民与权力》《新华日报》等全国、省、苏州市级媒体发表文章70多篇次，《持续深化“人大代表网格

2023年11月28日，浏河镇人大组织开展“人大代表讲坛”活动
（市人大办供稿）

化履职”，探索全过程人民民主基层新实践》获省人大优秀调研成果二等奖、苏州市优秀调研成果一等奖。

（朱予成）

太仓市政府

综　述

【概况】 2023年，太仓市坚持以习近平新时代中国特色社会主义思想为指导，学习贯彻中共二十大精神和习近平总书记对江苏、苏州工作重要讲话重要指示精神，攻坚克难、锐意进取，吹响“三十而立再出发”奋斗号角，各项事业在新起点上取得新成效。全市地区生产总值较上年增长5.3%；完成一般公共预算收入189.4亿元，其中税收收入160.3亿元，较上年分别增长6.5%和9.8%。年内，太仓市位列中国县域高质量发展百强第六、全国综合实力百强县第七，连续八年位居中国最具幸福感城市县级市榜首。

【产业升级】 2023年，太仓市1265家规模以上工业企业实现产值3212.3亿元，高端装备、先进材料、航空航天、生物医药四大产业产值占规模以上产值比重77.6%。规模以上汽车零部件企业产值较上年增长7%，获评国家新型工业化产业五星级示范基地。全球航空集群联盟第一中国中心揭牌成立。“智改数转”覆盖全部规模以上工业企业，兑付专项资金5376.7万元、惠及企业项目283个，工业技改投资增长22.3%。新增国家级工业互联网试点示范项目3个，江苏宝洁有限公司、新大洲本田摩托（苏州）有限公司入选国家级绿色工厂，中欧（太仓）绿色数字创新合作区碳中和试点项目启动。入围国家创新型县（市）建设名单，位列科技创新县域百强第二。新认定高新技术企业460家，有效高新技术企业1175家，科技型中小企业评价入库1880家，新增国家级专精特新“小巨人”企业12家、省“独角兽”（潜在）企业10家，如果新能源科技（江苏）股份有限公司获评中国独角兽企业。新增省级工程技术研究中心7家、省级科创载体6家，生物医药企业孵化器获评国家级科技企业孵化器。全社会研发经费支出占地区生产总值比重3.9%。获评苏州市级以上人才105人、省“双创团队”1个。新增主导和参与制定国家标准68项，万人有效发明专利拥有量93.7件。健全项目全生命周期管理机制，入选省重大项目6个、苏州重点项目56个，数量均居苏州前列，183个三级重点项目年度计划投资完成率超100%。完成全社会固定资产投资553.4亿元，较上年增长15.6%，其中工业投资212.6亿元，较上年增长18.1%。太仓物流园蝉联省级示范物流园区10强首位，现代物贸产业规模以上营收超1500亿元，新增省现代服务业高质量发展集聚示范区4个、领军企业2家、“两业”深度融合试点企业2家。实现进出口总额152.8亿美元，跨境电商交易规模持续壮大。全域旅游体系加快构建，阿尔卑斯国际度假区、七十二家理想村开业，开展城市休闲、乡村旅游、文化美食等各领域活动，全年接待游客745万人次。完成社会消费品零售总额548.8亿元，较上年增长7.5%。

【开放合作】 2023年，太仓市引进上海项目138个，与上海硅酸盐所达成成果转化专项合作。共建嘉昆太协同创新核心圈，发布“五大行动”和“百项重点合作事项”，建立新能源汽车产业等合作联盟，连续六年共同举办长三角科技成果交易博览会。瑞金医院太仓分院主体结构封顶，上海外国语大学共建项目签约，“5+1”轨道交通网络持续完善，签署苏锡常城际铁路太仓先导段运营筹备合作意向书，沪宁沿江高铁通车。太仓港获批全国智慧口岸建设试点，与上海港、宁波港实现双向“离港确认”，与德国汉堡港、省港口集团、苏州港航集团加强多领域合作，集装箱吞吐量803.9万标箱、货物吞吐量2.75亿吨。引进港航服务业企业80家，太仓港科创园一期、生物港四期基本建成，全球特色商品展销中心一期投入试运营。作为唯一一个县级市参加第11届中德经济技术合作论坛，获商务部复函支持建设中德（太仓）产业合作示范区，中德（太仓）产业合作发展基地写入“虹桥升级版政策”，承办中德环境论坛、中德教育与产业合作交流大会、德国中小企业圆桌会等高层次活动。新设北德联络处，与德国斯图加特大区共建中德零碳试验示范区，新落地德资项目39个。AHK学院揭牌，中德标准化合作创新中心投用。拜仁慕尼黑展示中心开业，德国“太仓日”、太仓啤酒节等活动举办。启用个体工商户发展服务中心，企业服务中心工作经验在苏州全市推广。产业用地更新195.07公顷，新增产业载体154万平方米、人才公寓3365套。政府增信金融产品规模55亿元，金融机构本外币存贷款余额分别增长13.5%和15.9%。入选城市营商环境创新县（市），蝉联企业家幸福感最强市（区）榜首。

【城乡融合】 2023年，太仓市推动“多规合一”，国土空间规划体系基本形成。娄江新城加快拓展，智汇谷科创园等竣工项目30个，太仓大道地下综合管廊、临沪国际商业中心等加速建设。古松弄地块主体结构封顶，原城三小、胜利村地块稳步推进，完成改造提升城镇老旧小区8个。沪宜高速金仓湖互通、城蓬线提档等交通项目完工，完成浏泾河等骨干河道治理，供水互联互通工程完工。优化公交线路16条，新辟夜间通学专线3条。智慧交通建设持续深化，建成智慧停车“一张网”，新增机动车公共泊位1.96万个、“商居共享”泊位2138个。新改建新能源车辆充电场（站）44座，城市道路实现LED路灯全覆盖。连续三年获省乡村振兴实绩考核第一等次。乡村振兴片区规划全域覆盖。新建、提档高标准农田1253.33公顷，粮食产量超1.5亿千克。获评全省首批农村人居环境整治提升示范县，创成省级特色田园乡村2个、苏州市特色康居乡村10个，城厢镇东林村获评中国美丽休闲乡村。新增抱团发展平台5个、省级以上新型农业经营主体

9家，村均集体经营性收入超1000万元，城厢镇电站村获评全国农村创业基地。落实长江大保护。实施大气污染防治项目401个，淘汰国三及以下柴油车超1500辆，空气优良天数比例、$PM_{2.5}$年均浓度、臭氧浓度等指标均为苏州最优。落实“林长制”，新增和更新造林46.67公顷。城东水质净化厂试运行，璜泾生活污水处理厂扩建完成，新改建污水管网51千米，建成污水处理提质增效达标区9个，整治劣Ⅴ类河道18条，12个国省考断面水质优Ⅲ比例100%，地表水环境质量全省第二。

【民生福祉】 2023年，太仓市多渠道促进就业，投用零工市场，建成“家门口”就业服务站10个，发放就业惠企资金超8000万元，城镇新增就业1.97万人。获评首批“15分钟医保服务圈”省级示范县。上调社会救助和困境儿童保障标准，发放各类生活救助慰问金6450万元。新开工保障性租赁住房3067套，基本建成2201套，新增公积金缴存职工4.2万人。完善退役军人服务保障体系。推进户籍制度改革。实施新市民子女积分入学制度，投用学校7所，新增学位6435个。推进医共体建设，实现基层医疗机构人财物区域统筹。打造老年认知症友好社区，入选全省示范性居家社区养老服务网络建设地区，璜泾镇永乐村获评全国示范性老年友好型社区。改造提升农贸市场10家，新增沙东市集等苏州市文明菜场4家。美术馆新馆开放运营，举办全国竞走大奖赛等大型赛事，开展文化惠民活动超3400场次。深化社区分类治理，推进“典范社区”建设，构建“共建共治共享”幸福生活共同体，入选全省“五社联动”创新试点县。加强未成年人保护，全省首创中学“一校一社工”模式。网格化管理优化升级，受理群众诉求及网格事件166万件，办件满意度98%。打造“娄城老娘舅”调解服务品牌，98%以上矛盾纠纷就地化解。深化“太信服”服务品牌，开展信访工作质效巩固提升行动。推进根治欠薪等工作。建立“警网融合”治理体系，打造娄东街道多网融合警务工作站。新设安全生产专业委员会6个，安全生产监管平台功能持续优化。深化“三办”（安委办、消委办、专项机制办）实体化一体化运作，加强“九小场所”（小学校或幼儿园、小医院、小商店、小餐饮场所、小旅馆、小歌舞娱乐场所、小网吧、小美容洗浴场所、小生产加工企业）消防能力建设，推进“瓶改管”“瓶改电”，危化品安全技能实训基地、化工园区专业消防站启用。未发生较大及以上和有重大影响的生产安全事故。

【政府建设】 2023年，太仓市做好依法行政，实施公正文明规范执法专项提升行动，落实免罚轻罚清单制度，为1338家企业减免罚金3212万元。加强行政规范性文件制定监督管理，废止或修改市政府规范性文件44件。深化政务公开平台建设，发布政府网站信息1.1万条。接受人大法律监督和政协民主监督，办理市人大代表建议79件、市政协提案130件，满意率100%。市政府获评苏州法治政府建设先进集体。推进“数字太仓驾驶舱”建设，投用数字太仓城市运营管理中心，上线政务资源自助超市。“太融e”App入选智慧江苏重点工程项目，累计上线本地应用超150个。深化“一网通办”改革，新推出“定点医药机构签约”“承包经营权备案登记”等“一件事”集成服务8项。加强政府系统党风廉政建设，落实中央八项规定精神，做好省委巡视反馈问题整改，强化重大政策措施落实、重点项目建设审计，拓展政务督查广度深度。严格预算管理，建设节约型机关，推进债务化解，提升财政资金使用效能。

（瞿　晨）

重要会议

【市政府常务会议】 2023年，太仓市人民政府共召开常务会议19次（第19次至第37次）。

第19次常务会议。2月4日召开。听取《关于苏州市推动经济运行率先整体好转的若干政策措施》分解落实及下一步工作计划的汇报，审议《关于贯彻落实中央经济工作会议精神，做好一季度经济社会发展工作的通知》《太仓市现代物贸产业创新集群发展专项政策（试行）》《太仓市加快推进政务服务标准化规范化便利化的工作方案》《太仓市推动存量空间自主更新，推进载体高质量发展的指导意见（试行）》《太仓市市级政府投资项目集中建设管理办法（试行）》，听取农业农村、养老护理和救助2个安全生产专业委员会关于专委会工作情况的汇报，审议《太仓市景观照明管理办法》《首届太仓市市长质量奖、质量管理优秀奖建议名单》，听取相关环保问题整改情况汇报和关于建立健全食品安全分层分级、精准防控末端发力终端见效工作机制的情况汇报。

第20次常务会议。2月22日召开。听取油气输送管道、工矿商贸2个安全生产专业委员会工作情况的汇报，审议《太仓市2023年全面推进乡村振兴，加快高水平率先基本实现农业农村现代化工作要点》《太仓市关于加快推进农业产业现代化的实施意见》《太仓市农民收入倍增计划实施方案》《太仓市生态空间管控区域监督管理评估实施方案》，听取《关于贯彻落实〈苏州市户籍准入登记管理办法〉的实施意见》的情况汇报、优化市新市民事务中心运行的情况汇报。

第21次常务会议。3月15日召开。听取城市地下管网安全生产专业委员会、城厢镇、市卫健委关于安全生产工作情况的汇报，审议《太仓市推动文化创意产业高质量发展三年行动计划（2023—2025年）》《太仓市促进知识产权、检验检测认证服务业发展三年行动计划（2023—2025年）》《关于加强农村道路交通安全工作的实施意见》《太仓市污水处理资金管理办法（修订）》《太仓市全域规划建设高标准农田近期实施方案》，审议《关于促进汽车消费加快新能源汽车推广若干措施》及追加预算事宜，听取关于实施部分道路更名工作情况的汇报，审议《关于市文教投集团与省沿海开发集团共同设立江苏沿海文鑫科创股权投资基金的立项申请》。

第22次常务会议。4月10日召开。听取《市政府领导班子成员2023年安全生产重点工作清单》制定情况的汇报、全市疫情防控工作情况汇报，听取沙溪镇、市城管局关于安全生产工作情况的汇报，审议《太仓市着力提升城镇燃气本质安全水平三年行动方案》《2023年度太仓市政府重大行政决策事项目录》《2023年太仓市对德合作工作要点》《推动农文旅融合高质量发展，打造长三角休闲旅游目的地城市三年行动计划（2023—2025年）》，听取关于全市2023年水生态环境工作开展情况的汇报，审议《关于促进太仓市知识产权高质量发展若干政策意见》。

第23次常务会议。4月28日召开。传达学习省委常委会、苏州市经济运行分析会精神并研究部署下一阶段重点工作，听取重点工作专班最新工作进展情况及下一步工作安排，审议《太仓市全面推进乡村振兴，探索高水平率先基本实现农业农村现代化行动方案（2023—2025年）》《太仓市乡村建设行动实施方案》，听取关于开展重点行业领域安全生产风险专项整治巩固提升年行动的汇报，审议《太仓市企业（项目）全生命周期管理平台管理办法》《2023年城市管理重点工作任务实施方案》《2023年"治违靓景'绣'美太仓"违法建设治理行动实施计划》《2023年太仓市生活垃圾分类工作行动方案》，听取关于对政策性文件梳理分析的情况汇报、关于债务审计整改情况的报告。

第24次常务会议。5月11日召开。听取港区关于安全生产工作的情况汇报、大型商超安全生产专业委员会关于安全生产工作情况的汇报，审议《太仓市新能源汽车公共充电设施建设和管理指导意见》《太仓市现代生态循环农业—农业有机废弃物肥料化利用专项规划（2023—2030年）》，听取省2023年长江经济带生态环境警示片披露问题整改情况的汇报、全市疫情防控工作情况汇报、苏州市委常委会专题调研太仓市工作重点任务落实情况的汇报。

第25次常务会议。5月23日召开。审议《2023年度市级政府投资项目》《数字苏州建设太仓实施方案2023年工作要点》《2023年太仓市产业创新集群和新兴服务业细分领域工作要点》《太仓市"信用便企"创新信用管理与服务试点工作实施方案（2023—2025年）》《2023年太仓市法治政府建设工作要点》，听取全市消防安全专项治理工作情况汇报，审议《太仓市创建江苏省城市管理示范市工作方案》《太仓市公共停车设施特许经营项目实施方案》《关于建立全市国有企业统一监管机制的办法》《太仓市加快推进科技创新企业梯度培育的实施意见（试行）》《太仓市科技创业孵化载体管理办法（试行）》《太仓市大院大所高质量发展绩效评价管理办法（试行）》《太仓市2023年度东西部协作和对口支援工作要点》。

第26次常务会议。6月13日召开。传达学习市委常委会关于巡视工作有关精神，学习《江苏省城市市容和环境卫生管理条例》，听取第五次全国经济普查工作情况汇报、高新区和市消防救援大队关于安全生产工作情况的汇报，审议《太仓市关于加强应急管理体系和能力建设的实施意见》《太仓市高端装备制造产业创新集群2025行动计划》《太仓市汽车电子及汽车零部件产业创新集群2025行动计划》《太仓市数控机床及工业软件产业创新集群2025行动计划》《太仓市专精特新企业培育三年行动方案（2023—2025年）》《关于深化质量强市建设的工作方案》《太仓市现代商业高质量发展三年行动计划（2023—2025年）》《太仓市信息化项目管理办法（2023年修订）》。

第27次常务会议。6月29日召开。审议《2023年太仓市深入推进数字人民币试点行动方案》《太仓市城市消防专项规划（2020—2035年）》《2023年度太仓市高质量发展综合考核实施办法》，专题传达学习省委第二巡视组巡视太仓市工作动员会精神。

第28次常务会议。7月14日召开。审议《关于推进基本养老服务体系高质量发展的实施意见》，听取浏河镇和市水务局关于安全生产工作情况的汇报、重点工作专班上半年工作总结及下半年工作计划的汇报、太仓市2023年电力迎峰度夏工作汇报，审议《关于建立健全审计查出问题整改长效机制的实施意见》《太仓市无证建筑补充办证实施方案》。

第29次常务会议。8月2日召开。传达学习中共苏州市委十三届五次全会、中共太仓市委十四届五次全会精神，审议《太仓市推进长三角一体化发展，融入虹桥国际开放枢纽建设2023年工作要点》《太仓市推动长江经济带发展2023年重点工作安排》《太仓市关于推进"五化协同"持续优化营商环境的实施方案》，听取璜泾镇、太仓生态环境局关于安全生产工作情况的汇报。

第30次常务会议。8月19日召开。审议《太仓市特大暴雨城市防洪避险预案》《太仓市产业投资基金管理办法》，听取双凤镇和校园安全生产专业委员会关于安全生产工作情况的汇报、关于增设太仓市安全生产专业委员会情况的汇报。

第31次常务会议。9月16日召开。学习《江苏省数字经济促进条例》，审议《太仓市汽车促消费政策中期评估报告》并听取追加预算事宜的汇报，审议《2023年太仓市深化"一网通办"改革工作要点》《太仓市民营经济高质量发展实施意见》《太仓市政府投资农村绿化管养实施方案》《太仓市国有企业高质量发展工作方案》《太仓市区域突发环境事件风险评估报告（2023版）》，听取关于科教新城和城镇燃气安全生产专业委员会安全生产工作情况、关于框架协议政府采购推进工作的汇报、太仓市第五次全国经济普查单位清查进展情况的汇报、太仓市2022年度本级预算执行和其他财政收支审计情况和整改建议的汇报、沙溪镇政府南侧商住地块规划指标修改事宜的汇报、关于太仓市民营经济高质量发展大会筹备工作和评选活动情况的通报，审议《关于促进太仓市房地产市场平稳健康发展的若干意见》。

第32次常务会议。9月26日召开。审议《太仓市暴雨强度公式编制报告》《太仓市市级公共文化发展资金使用办法》《太仓市文旅产业贷款贴息管理办法（试行）》《太仓市农村生活垃圾分类就地处置工作奖补办法（2023年修订版）》，听取太仓市高端装备产业创新集群工作情况、沙溪镇和交通运输安全生产专业委员会安全生产工作情况的汇报、太仓市公平竞争审查工作情况的汇报，审议《太仓市产业招商发展有限公司考核体系实施办法》，听取高新区管委会关于复星地中海欧洲风情小镇项目合作内容调整的汇报。

第33次常务会议。10月27日召开。传达学习习近平总书记对新时代办公厅工作重要指示精神、全国党委和政府秘书长会议精神、江苏省党委和政府秘书长办公室（厅）主任会议精神，审议《关于进一步推动强市富民惠企在高质量发展上继续走在前列的行动方案》，听取市应急局传达学习国务院安全生产十五条硬措施和全市安全生产工作情况及下阶段重点工作安排建议汇报，娄东街道、特种设备安全生产专业委员会关于安全生产工作情况的汇报，审议《关于进一步加强和改进征兵工作的意见》《太仓市重点场所“瓶改管”“瓶改电”补贴方案》，听取关于全市公共自行车设施迭代更新事项的情况汇报，审议《太仓市逐步把永久基本农田全部建成高标准农田实施方案（2023—2035年）》《太仓市关于开展政府投资基金问题专项治理的实施方案》《关于成立太仓市政府投资基金问题专项整治工作专班的方案》。

第34次常务会议。11月14日召开。听取陆渡街道和科研实验室安全生产专业委员会关于安全生产工作情况的汇报、2023年江苏省长江经济带生态环境警示片披露问题整改销号工作进展情况的汇报，审议《关于加快推进气象高质量发展的实施意见》，听取《太仓再生资源综合利用项目投资与许可协议之补充协议（二）》事项的汇报。

第35次常务会议。11月29日召开。听取市消委办（消防大队）关于消防安全工作情况的汇报，市安委办、市消防安全专项机制办的补充汇报，听取太仓市“五经普”清查工作及“四上”单位入退库工作情况汇报，审议《关于加强经济分析和指导服务的工作方案》《关于创新“乐活老龄”模式，构建“幸福生活共同体”的实施意见》《关于创新推动学校社会工作，关爱未成年人心理健康的实施意见》《关于申请追加2023年度人才开发专项资金预算的汇报》。

第36次常务会议。12月21日召开。听取全市禁毒工作汇报，审议《太仓市国有企业改革深化提升行动实施方案（2023—2025年）》，传达学习全国安全生产电视电话会议上的讲话精神，审议《太仓市城市道路突发塌陷事件应急预案》《太仓市城市桥梁应急预案》《太仓市城市地下道路突发事件应急预案》，听取全市自建房等既有建筑安全专项整治工作进展情况汇报，审议《关于进一步加强太仓市城市园林绿化建设养护管理工作的实施意见》《太仓市房屋征收搬迁中推行房票安置实施办法（试行）》《太仓市海绵城市专项规划（修编）》《太仓市道路交通安全重点隐患路段“5510”整治工程实施方案》《太仓市人民政府关于调整国Ⅲ及以下排放标准柴油车限制通行的通告》《太仓市娄东产业发展基金汇报方案》《太仓市人力资源与教育培训服务业高质量发展三年行动计划（2023—2025年）》，听取关于机关事业单位养老保险原有试点期间个人缴费退费工作的汇报，审议《口岸单位经费保障方案及考核意见》，书面学习《中华人民共和国行政复议法》。

第37次常务会议。12月29日召开。审议《政府工作报告》，听取太仓市商场市场安全生产专业委员会、医疗卫生机构安全生产专业委员会关于安全生产工作情况的汇报，审议《太仓市科创载体高质量发展指导意见》《太仓市招商引资社会化专项激励实施办法》《关于推行工业用地弹性年期出让，加强工业用地出让价格管理的指导意见》，听取2024年度民生实事项目候选项目安排情况，审议《关于2023年指标预计完成、2024年指标设置和2024年计划报告起草情况的汇报》《关于太仓市2023年预算执行情况与2024年预算草案的报告》《太仓市人民政府与大公国际战略合作协议》。

【全市性重要会议】 2023年1月13日，太仓市召开全市安全生产工作会议暨市安委会全体成员（扩大）会议。2月13日，召开太仓市农贸市场改造提升三年行动推进会。2月27日，召开2023年度太仓市对德合作工作会议和全市商务工作会议。3月7日，召开市人大代表建议和政协委员提案交办工作会议。6月4日，召开国家食品安全示范城市创建推进会暨市食安委全体（扩大）会议。9月21日，召开太仓市“专精特新”企业发展推进会。10月8日，召开市政府全体会议。

（瞿 晨）

数字政府建设

【概况】 2023年，太仓市围绕苏州市关于加强数字政府建设、推进数字化转型工作要求，紧扣率先建成全国数字政府样板城市总目标，系统谋划、主动作为。年内，制定《数字政府建设2023年工作要点》《全面推进数字苏州建设太仓实施方案》等文件，打造服务便捷、治理精准、运行规范、开放透明、公平普惠、安全可控的数字政府。

【政务基础设施建设】 2023年，太仓市以“云、网、数、端”+基础平台构筑数字政府建设四梁八柱，提供一体化技术支撑、全方位政务应用。实现云资源统一纳管，政务云服务器超1000台，政务系统上云率100%，政务网100%覆盖委办局和村社区。优化政务数据管理，以“三类五库”为数据资源框架，规范完善太仓政务信息资源多级目录。开展全市政务信息系统和数据资源底数摸排，完成资源目录调研与普查部门60个，梳理自建系统249个、政务信息资源6136个、政务信息项超13万个，累计交换数据7.48亿次。

【政务数据共享】 2023年，太仓市上线政务资源自助超市，打造全市政务资源一站式发布平台，供部门自主调用，上线数据资源792项，苏州资源目录5万条、地理信息资源36项、政务云CPU1585核、内存29.25TB（太字节）、视频资源超6万路、政务事项1.5万项、算法仓资源29个。建设娄城解析赋能中心，全省首创“算法与算力解耦，算法与应用解耦”的视频解析示范应用。完善首席数据官运行机制，开展首席数据官常态化培训，实现跨层级、跨部门资源要素的有序协调和共享。建设应用开放市场，整合各政务部门业务服务资源，提供电子证照、电子印章、消息推送等共性技术服务能力，提高政务服务资源一体化、规范化、集约化利用水平。“苏州市城市感知与智能计算实验室”和“产教一体、科创融合的大数据创新应用实验室”入选首批苏州大数据创新应用实验室名单。

【城市公共服务】 2023年，太仓市坚持以人为本的价值理念，打造“太e办”“太政通”便民、惠企、优政数字服务品牌，加快“太融e”App城市服务场景的聚合创新应用，重点围绕数字货币消费场景、“一码通”城市生活、多维出行服务场景，拓展应用渠道。年内，“太融e”App上线政务办事、数币应用、医疗健康、城事生活、文体旅游、交通出行、学习教育及特色专区8类，本地应用超150个，累计下载量超32万次。推进市民卡、人社三代卡双卡合并，构建“一卡通”线上线下服务体系，以社会保障卡为线下载体，结合“太融e”App“一码通”线上支付和身份认证，重点打造“一卡一码一库一平台一体系N领域”六大主体工程，实现交通出行、卫生健康、教育文旅、民生服务等方面“一卡通”应用接入。

【城市运行】 2023年，太仓市推进“数字太仓驾驶舱”建设，聚焦城市治理突出问题、重点问题，打造“1335”建设框架，包含数字底座1个，算法中心、资源超市、应用市场3大中枢，数据看板、指挥调度、预警分析3大能力平台，数字政务、数字城市、数字安全、数字社会、数字产业5大重点领域。完善各类城运功能事项及大屏数据看板，实现融合通信设备与苏州市对接。

【标准化体系和制度建设】 2023年，太仓市“数字法人标签建设指南”入选江苏省数字政府标准化技术委员会2023年重点标准规范责任清单。《数字法人标签建设指南》《县域安全生产监管信息化通用要求》2项标准入选第四批苏州市地方标准计划。完善数字政府制度建设，围绕数据资源产权、系统安全运维、自主可控信创建设要求，修订《太仓市级信息化项目管理办法》《太仓市信息化项目建设合同》。 （瞿　晨）

外事工作

【概况】 2023年，太仓市提高外事工作针对性、时效性，做好全市重大涉外活动的保障与接待工作。主要有太仓市撤县建市30周年暨德企发展30年大会、第七届中德环境论坛、2023年中德（太仓）教育与产业合作交流大会等，承办2023年长三角—北德地方合作论坛。保障叙利亚驻华大使、德国驻上海总领事、法国驻上海总领事、波特兰—苏州姐妹城市协会会长、德国工商大会全球首席执行官等到访接待工作。

表95　2023年太仓市部分重要外事活动一览表

序号	日期	活动名称或主要来宾
1	9月6日	穆格工业控制（苏州）有限公司开业典礼
2	9月25日	通快霍廷格开业仪式活动
3	9月27日	2023年长三角—北德地方合作论坛
4	10月11日	宝得流体控制系统（江苏）有限公司开业仪式
5	10月14日	第五届“一带一路”青少年英语演讲比赛全球总决赛暨第28届“21世纪杯”全国英语演讲比赛总决赛及全球“Z世代”嘉年华活动
6	10月27日	2023年“Hi Jiangsu”外媒访苏活动走进太仓
7	11月1日	第七届中德环境论坛
8	11月2日	波特兰—苏州姐妹城市协会会长罗伯特·福睿泽
9	11月11日	德国工商大会全国副主席基尔斯滕·肖德尔—施泰因米勒

【因公出国】 2023年，太仓市做好因公出国（境）报批工作，遵循“因事定人、人事相符”原则，做到出访前有提醒、出访中有联系、出访后有跟踪，按照要求落实访后材料上报，及时归还团组证件。共获批团组19批、61人次，其中自组团14批、56人次，苏州组团3批、3人次，上组团2批、2人次。出国团组中经贸类团组12批、52人次，初步达成项目72个，协议金额13.76亿美元。畅通外国人入境到苏州商务类核实单申请通道，签发邀请核实单申请团组105批、181人次。主动为全市企业办理APEC（亚太经合组织）商务旅行卡，便于全市企业与APEC成员经济体的贸易往来，受理APEC团组40批、58人次，领取发放卡片35张。

【涉外管理】 2023年，太仓市参加上级外事部门组织的外媒记者管理、涉

2023 年 10 月 27 日，由省政府新闻办、省外办与中国日报社联合组织的 2023 年“Hi Jiangsu”外媒访苏活动走进太仓（陈 超摄）

外安全等专项业务工作培训会，强化涉外领域风险防控。加强对境外非政府组织、外国驻华使领馆、外国媒体记者在太仓活动的引导、规范和管理。配合上级部门，做好涉外领域突发事（案）件处置工作，调查全市境外企业项目及相关人员情况，做好太仓籍人士在外统计工作。

【友好交流】 2023 年，太仓市深化与已结友城从政府到民间交流合作的深度和宽度，挖掘国际友城合作潜力。4 月 21 日，太仓市与意大利马切拉塔市举行文旅交流合作签约仪式。太仓市文旅集团与同达有限公司签订中意文旅合作框架协议，金仓湖旅游发展有限公司与马切拉塔法奈利旅游酒店管理学校签订合作协议。4 月 23—24 日，由学生、企业家、工程师等 30 余人组成的意大利友城马切拉塔交流团到访太仓。

（马一玮）

行政审批与政务服务

【“一网通办”改革深化】 2023 年，太仓市围绕加快数字化发展、建设数字中国重大战略部署，贯彻落实《省政府关于加快统筹推进数字政府高质量建设的实施意见》，推进“一网通办”数字政务改革，通过流程再造、数据共享，实现 2 个“全生命周期”（个人从出生到身后、企业从设立到注销）服务事项“一网申报、一次办成”，提升群众和企业获得感。加强“一网通办”平台建设。“太仓一网通办平台”横向接入市资源规划局、市住建局、市城管局、市农业农村局、太仓生态环境局、市行政审批局等 10 个部门的部分事项，实现受理、审核、办结、发证全流程在平台内完成。纵向对接市、镇（街道）、村（社区）“1+9+157”个点，完成全覆盖，实现各级平台统一标准、协同管理。太仓“一网通办”平台实名注册用户约 60 万人，全年访问量 790 万人次，可办理事项 2380 个。办件量超 95 万件，“好差评”评价满意率 99.9%。建成全省首个“新市民金融服务平台”，13 项政务大数据与人民银行个人征信及风控机制结合，实现新市民“刷脸见分，见分即贷”。全年调用各类电子证照 133 万份次。向苏州市电子证照库推送太仓证照 100 类 1.64 万份次。联通市资源规划局“不动产地籍图”、市住建局“网签管理平台”、市卫健委“居民健康档案管理平台”等部门系统 7 个，丰富数据资源。构建“全生命周期”服务体系。推出个人“全生命周期”服务。把个人生命周期细分为出生、入学、毕业、就业、置业、婚育、退休、身后等阶段，以对应阶段划分相应服务事项，并统一事项查找入口，优化用户操作路径，以“一件事”的形式实行集成办理。推出企业“全生命周期”服务。推出企业开办“易企办”服务，依托“全链通”平台，将企业开办涉及的营业执照办理、公章刻制、银行开户、申领发票、社保开户、公积金开户、医保开户 7 个事项合并办理。推出项目建设“一网通”服务，从立项到竣工验收四个阶段包含的 35 个事项，均可在太仓市“一网通办”平台在线智能填报。推出企业注销“利企退”服务。依托企业注销网上一体化平台，实现企业营业执照、税务、社保等网上一站式注销。

【“一件事”改革深化】 2023 年，太仓市把“一件事”改革作为解决企业群众办事堵点、难点的突破口，通过对办事流程重塑、对电子证照的实际性运用，拓展应用场景和覆盖面，实现“掌上一次办、材料 0 提交”最优目标。平均压缩审批时限 75%，压缩审批环节 70%，压缩跑动次数 89%，压缩申请材料 72%。“一件事 0 材料掌上办”获评省政府办公厅“放管服”改革和数字政府建设督查激励。围绕企业和个人 2 个全生命周期，在省定标准 26 项“一件事”基础上，聚焦企业群众办事堵点、难点，探索推出“居民充电桩报装”“购房入住联办”“企业上市合规性审查”等“一件事”集成服务 16 项。推出“置业一件事”集成服务，建设“线上房产超市”。实现市民足不出户在线看房、选房、租房和购房。“线上房产超市”上线后，汇聚房源 2294 套，累计浏览量 1.58 万次。通过“数据归集、证号关联、信息共享、自动核验”，实现“一次申请”即可完成网签合同备案、合同签订、税款缴纳、不动产权证及他项权证登记、水 / 电 / 气 / 视联合开（过）户等置业服务线上“一站式”集成办理。“置业一件事”一手房线上办件占比 61%，存量房线上办件占比 97.8%。

（王 雯）

企业服务

【概况】 太仓市企业服务中心于 2022 年 10 月 12 日投用，面积 2400 平方米，设窗口服务区、服务展示体验区、商务洽谈区、多功能厅及会议室，开设工信综合、人才、太易居、质量标准、知识产权、优企贷、金融服务、法律服务等专业化服务窗口 8 个，20 家涉企服务部门每周开展中心轮值服务，建立“太仓市企业服务总入口”一站四端口线上服务矩阵，设立“33001717”益企服务热线，实现“一键直达、一站集成、一兜到底、一链畅通、一路呵护”。2023年，市企服中心累计接待或回复各类咨询近10万人次，网站累计注册用户1.01万家、浏览量50万人次，被评为苏州市民营经济工作贡献突出单位。

【惠企政策免申即享】 2023年，太仓市依托线上企业服务总入口平台，优化升级“政策计算器”功能，建立政策项目库，推动政策精准查询、智能匹配，汇集政策超2万条，服务企业超46万家次。每周、每月汇编发布政策申报指南，通过上门走访、召开专题会等方式强化政策宣传讲解和申报辅导。根据企业初创期、成长期、成熟期等阶段，分类汇编工业经济高质量发展、知识产权高质量发展等政策清单20类，专精特新“小巨人”、企业技术中心等申报服务项目83项，集成制造业智能化改造和数字化转型、企业质量和标准高质量发展等政策项目申报系统11个，享受在线一键申报企业4400家次。梳理荣誉类奖励39类170个，企业提供银行账号即可“免申即享”，惠及企业超2860家次。

【专业服务系统整合】 2023年，太仓市为企业提供专业化、个性化服务，打造“专业服务超市”，入驻机构超600家，汇集环评、安评、招标代理、工程设计、知识产权等服务事项超580项，为520家企业的近1500个项目提供服务。依托智改数转专业服务机构，为企业提供数字化“画像”服务，累计实施诊断项目417个；组织举办“专精特新”申报专题讲座解读及一对一辅导，新增国家级专精特新“小巨人”企业实现翻番。针对中小微企业融资难问题，搭建政企银对接平台，推广“娄城优企贷”“专精特新贷”等金融产品，投放“娄城科创贷”“娄城小微贷”等政府增信金融产品48.9亿元。发挥活动路演功能，每月发布服务企业活动排片及政策申报月历，累计举办项目辅导等活动320场，参会人员1.8万人次。

【企业诉求办理】 2023年，太仓市把企服中心交办工作完成情况纳入太仓高质量发展综合考核体系，坚持首问负责与闭环反馈，形成“接诉—流转—办理—反馈—回访”工作闭环，确保“事事有着落、件件有结果”。通过线下走访、线上对接等方式收集企业诉求，系统梳理共性问题，以“解决一个问题”实现“解决一类问题”，梳理金融扶持、人才招聘、土地需求等企业常见问题清单8类143个，联系对接企业2080家，收集问题诉求260条并全部办结。

【产业供需对接】 2023年，太仓市搭建企业供需对接平台，构建太仓产业供需“内循环”网络，打造线上“工业品供需对接超市”，征集发布本土企业产品信息711条，举办“云上”发布会、“益企强链供需赋能”线上线下对接等活动20场，帮助中小微企业融入区域产业链供应链。促成4家太仓企业成为船舶制造龙头企业扬子三井的配套供应商，配套产品产值近1亿元；针对江苏科莱泰克科技有限公司反映的急需定制产线工业炉诉求，协调艾伯纳工业炉（太仓）有限公司与其签订协议并提前交货，帮助企业提前6个月投产达效。举办“民企走进德企”“专精特新企业与隐形冠军企业对话会”等活动，推动超600家民企与德企产业融合。

【人才服务】 2023年，太仓市集成人才乐居、海外归国人才服务等服务事项6类40项，开设人才服务专窗、“尚贤”人才服务热线，配备人才服务专员，开通线上“人才服务总入口”，迭代升级“太i才政策一点通”，实现人才服务“一站统揽”“一网通办”。创新推出考察礼遇微信申领，为到太仓就业创业人才提供最高500元考察补贴和最长15天青年人才驿站免费住宿，累计惠及近1.3万人。构建人才公寓线上线下一体化服务体系，上线“太易居”融合服务平台，设置人才公寓、人才社区实景展示沙盘，累计投用人才公寓7798套。举办人才政策及人才公寓专题推介会，为20多家企业提供集中供房服务，帮助企业节省成本近500万元。（张文贝）

扶贫协作与对口支援

【概况】 2023年，太仓市向帮扶地区拨付财政帮扶资金1.5亿元（其中陕西省周至县1600万元、江苏省宿迁市1500万元、重庆市云阳县60万元、新疆维吾尔自治区4847万元、西藏自治区970万元、青海省536万元，省级统筹东西部协作资金5190万元，“五方挂钩”500万元），社会捐赠资金物资合计535万元。城厢镇额外拨付西藏林周县唐古乡帮扶资金40万元。年内，太仓“周至猕猴桃，鲜甜更有道”东西部协作案例入选国家乡村振兴局2023年度东西部协作和省内区域性协作帮扶典型案例。

【东西部协作】 2023年5月和9月，太仓市、周至县党政主要领导先后互访调研，召开东西部联席会议2次，研究部署全年重点工作。中共太仓市第十四届委员会第54次常委会会议、市政府第25次常务会议专题听取工作汇报并审议工作要点。6月28日，太仓市委办、市政府办下发《太仓市2023年度东西部协作和对口支援工作要点》，分解落实重点工作58项，压实落实相关责任部门和单位职责。产业协作激发乡村振兴活力。全年太仓累计向周至县拨付帮扶资金3480万元，其中省级苏陕协作资金1580万元，扶持项目12个；太仓市县、镇两级财政资金1900万元，扶持项目13个。2017年起太仓连续4年每年投入500万元、共计2000万元，支持“太周创新园”建设。年内，引导东部地区产业项目17个，实际到位投资6.16亿元。其中：共建产业园区项目7个，实际到位投资4.1亿元，吸纳农村劳动力就业101人（脱贫人口7人）。援建周至社区工厂5个，全年吸纳农村劳动力就业230人（脱贫人口69人）。消费帮扶加强产销两端合力。太仓助力周至县对接东部地区农产品需求，探索建立长期稳定的产销衔接机制。扶持周一村京东农场数字化示范基地、周至佰瑞猕猴桃标准化种植基地、司竹猕猴桃专业合作社果品冷链物流产业化中心等猕猴桃上下游产业项目31个，推动猕猴桃产业全域全链发展。助力周至向太仓等东部地区销售周至猕猴桃等农特产品9697万元。深化两地劳务对接，两地协作推进线上线下就业招聘活动31场次，各类稳岗就业政策宣传11次，推介就业岗位超5万个，累计转移就业脱贫人口超4.5万人。助力周至县新增就业1147人。累计在东部结对省份就业的农村劳动力2971人，其中脱贫劳动力540人。持续巩固党政干部、教育、医疗、农业等领域专业技术人才交流互派的工作格局，遴选33名"三支"（支农、支教、支医）人才赴周至接续开展工作。陕西省选派党政干部挂职太仓2人。周至县选派科级干部20人、专技人才26人到太仓跟班交流学习。举办乡村振兴干部培训6批次，参与培训212人；举办乡村振兴专业技术人才培训班1期，培训专技人才32人。截至年底，太仓、周至两地镇镇（街道）结对9对、村村（社区）结对14对、企村结对11对、学校结对13对、医院结对2对、社会组织结对1对，全社会参与助力周至县巩固脱贫攻坚成果、实施乡村振兴的立体帮扶体系初具规模。

（程　勇）

机关事务管理

【概况】 2023年，太仓市机关事务工作坚持勤俭办一切事业，落实"两个更好服务"（更好服务党和国家中心工作，更好服务国家治理体系和治理能力现代化）要求，融入和服务全市经济社会发展大局，抓管理、强保障、优服务。年内。市机关事务中心推进公物仓建设，盘活存量资产，加快新能源汽车推广应用，推动公共机构节能降碳，深化智慧食堂建设，强化集中办公区设备保障，提升管理服务保障水平，保障党政机关高效有序运行。

【机关后勤服务保障】 2023年，太仓市机关事务中心深化智慧食堂建设，餐品样式定期更新，机关食堂就餐人数持续上升，全年就餐50万人次。配合市委组织部助力"海棠集市·太仓特产"进机关，打响海棠集市党建品牌。开展"反食品浪费行动"，打造文明餐饮风尚。开展消防、反恐、防汛知识培训及演练37批次，参与619人次。共登记查验外来办事人员7.42万人次，检查车辆6.77万辆次。完成市委全会、市两会、全市经济工作会议等重大会议的服务保障。做好23家单位委托财务服务工作，完成代理记账24本。

【公务用车管理】 2023年，太仓市机关事务中心加强公务用车管理，严格实施"一车一卡"制度，督促检查全市各单位公车加油卡使用情况。完善公车管理平台，实时查看车辆出行状态、用车里程、日常加油、维修、保险等数据，提升监管效能。加快新能源汽车推广应用，全年全市财政预算单位更新车辆中新能源车占比超64.6%。5月起，落实公车租赁、维保服务框架协议工作，规范各单位公车管理工作。

【办公用房管理】 2023年，太仓市机关事务中心推进办公用房权属统一登记工作，完成3家单位的产权变更登记工作，做好办公用房调剂使用工作。年内，累计为巡察巡视部门、行政中心入驻单位配置调整办公桌、会议桌、办公橱柜、沙发等办公家具528套，处置各类报修6156件。实施各类工程维修及改造项目48项，做好行政中心设施设备日常巡检及维护保养工作。推进公物仓建设，把临时闲置的办公设备纳入公物仓管理范畴，为行政中心集中办公区以外的太仓市党派服务中心配置一批闲置办公家具，丰富在库品类，拓展覆盖范围。

（张严严）

太仓市政协

综　述

【政协委员概况】 2023年，太仓市第十五届政协委员、常委会组成人员规模及界别设置分别为259人、52人，界别组22个。各界别人数：中共27人，民革9人，民建9人，民进7人，无党派8人，工商联16人，工会、共青团、妇联、科协11人，侨联、台联8人，文体新闻和艺术界15人，科学技术界10人，教育界12人，医药卫生界14人，经济界49人，农业和农村界21人，社会福利和社会保障界15人，少数民族界、宗教界8人，特邀人士20人。委员中，中共党员委员99人、非中共委员160人。政协常委会组成人员52人，其中中共20人、非中共32人。非中共常委中，民革3人、民建2人、民进2人，无党派3人、工商联3人、科技界1人、文体新闻和艺术界2人、教育界2人、医药卫生界3人、经济界3人、农业和农村界2人、社会福利和社会保障界4人、宗教界2人。在太仓的苏州市十五届政协委员16人，其中致公党1人、工商界2人、工会界1人、妇联界1人、科技界4人、经济界2人、医卫界2人、

2023年11月22日，太仓市机关事务中心举行消防应急疏散演练

（张严严摄）

2023 年 4 月 14 日，嘉定、昆山、太仓三地政协在太仓开展美丽乡村建设联合调研视察活动（市政协办供稿）

特邀人士 3 人。在太仓的省政协委员 1 人（社会福利和社会保障界）。

【界别活动组工作会议】 2023 年 3 月 2 日，太仓市政协界别活动组工作会议在市行政中心召开，会议学习贯彻中共二十大精神，贯彻落实二十大报告中关于“完善委员联系界别群众制度机制”的有关要求。年内，界别活动组发挥自身优势，组织委员联系界别群众，在推进阵地全覆盖、创新开展界别活动、报送社情民意信息等各方面发挥作用。13 个界别活动组全年开展各类活动近百场次，部分活动得到中央、省、市级新闻媒体关注报道。

【反映社情民意信息暨宣传工作会议】 2023 年 3 月 31 日，太仓市政协召开反映社情民意信息暨宣传工作会议，推动全市社情民意和宣传工作再上新台阶。会议通报 2022 年度反映社情民意信息工作先进集体和先进个人的表扬情况，并进行颁奖。市政协农业和农村界别活动组、市政协科技界别活动组、市政协经济界别活动组二组、浮桥镇政协工委、璜泾镇政协工委、城厢镇政协工委、民建太仓市委被评为 2022 年度反映社情民意信息工作先进集体。张绪美、郁颖珠、陈永健、蒋志达、姜俭、陈朝、凌云帆、沈柳晨、张田群、王蕾被评为 2022 年度反映社情民意信息工作先进个人。

【各镇（区、街道）政协工委工作】 2023 年 3 月 31 日，太仓市政协召开各镇（区、街道）政协工委主任会议。各镇（区、街道）政协工委主任交流工作情况、工作思路。年内，各镇（区、街道）政协工委主任组织委员开展读书学习、联系群众、协商建言等工作，在助推经济社会发展、解决群众急难愁盼、提升社会治理效能等方面发挥作用。

【嘉昆太三地政协合作】 2023 年 4 月 14 日，嘉定、昆山、太仓三地政协在太仓开展美丽乡村建设联合调研视察活动，旨在发挥政协优势、放大联动效应，通过凝聚共识与建言资政双向发力，推动嘉昆太三地美丽乡村建设同步提升。三地政协实地察看浮桥镇方桥村农村人居环境、城厢镇东林村循环农业、城厢镇电站村农文旅融合产业。座谈会上，三地农村环境主管部门交流美丽乡村建设有关情况，与会人员就推进美丽乡村建设协商建言。11 月 24 日，嘉定、昆山、太仓三地政协在昆山开展“推进嘉昆太交通一体化”专题协商活动。三地政协实地视察沪苏轨交握手第一站——苏州轨交 11 号线花桥站、沪昆交通执法示范站——昆山交通运输执法大队花桥中队、沪苏内河水域一张网——浏河航道。座谈会上，三地交通运输主管部门交流推动嘉昆太交通一体化有关情况，与会人员就推进交通一体化发展协商建言。

【文史工作】 2023 年 3 月 16 日，“践行二十大·礼赞新时代” 2023 年江苏太仓·安徽太和书画联展在市工人文化宫开幕。该次联展由市政协与太和县政协主办，两地文联等单位协办，集中汇集两地书画家及政协委员的书画精品，参展书画作品 80 余幅。在太仓期间，太和县政协书画界一行参观太仓规划展示馆、太仓港、太仓南园、沙溪古镇协商议事坊等地。6 月 7 日，市政协召开《太仓“老底子”》编撰成果活化利用和宣传推广活动动员会。紧扣《太仓“老底子”》编撰成果，市政协以“寻太仓‘老底子’·画最大同心圆”为主题，策划开展系列文化展示展演、互动交流、参观体验、宣传推广、“有事好商量”协商议事等活动，营造全社会共同参与、关注和保护传承中华优秀传统文化，促进太仓文化传承。（沈晨宇）

重要会议

【市政协十五届二次会议】 2023 年 1 月 2 日，中国人民政治协商会议太仓市第十五届委员会第二次会议在市行

2023 年 1 月 2 日，中国人民政治协商会议太仓市第十五届委员会第二次会议在市行政中心开幕（市政协办供稿）

政中心开幕。会议应到委员259人，实到206人。市委书记汪香元讲话。市政协主席赵建初代表市政协十五届委员会常务委员会作工作报告。市政协副主席周健慧代表市政协十五届委员会常务委员会作提案工作情况的报告。会上，通报表扬市政协2022年度优秀提案、提案先进承办单位、协商议事优秀典型案例。

表96　2023年度太仓市政协优秀提案一览表

序号	提案号	提案案由	提案单位或个人
1	第5号	关于加快制造业"智改数转"为"太仓速度"蓄势赋能的建议	陈永健
2	第12号	关于太仓市航空产业对技能人才需求的建议	民革太仓市委
3	第34号	关于进一步加强火车站广场管理工作的建议	唐　健
4	第40号	关于优化升级学生公交专线的建议	教育界
5	第42号	关于维护车主权益，完善车险定损机制的建议	石小菁
6	第43号	关于优化商业网点布局，提升太仓市商业层次的建议	民建太仓市委
7	第52号	关于进一步提升农村生活性基础设施的建议	市无党派知识分子联谊会
8	第70号	关于加快村级经济发展，助力乡村振兴的建议	农工党太仓市基层委
9	第89号	关于进一步加强儿童青少年心理健康筛查及隐私保护的建议	王　强
10	第90号	关于进一步深化港产城融合发展的建议	民进太仓市基层委
11	第96号	关于太仓市科技人才企业发展情况的建议	九三学社太仓市基层委
12	第111号	关于打造浏河镇"长江国家文化公园"主阵地的建议	民盟太仓市基层委
13	第122号	关于建设"土方储蓄库"的建议	严云芳、邵云民、黄　健
14	第124号	关于推动民营经济在中德合作中健康成长的建议	工商联
15	第128号	关于进一步加强港区车辆违停整治的建议	张冰华

表97　2023年度太仓市政协提案先进承办单位一览表

序号	单位名称	序号	单位名称	序号	单位名称
1	市委办公室	6	市工信局	11	市文体广旅局
2	市政府办公室	7	市住建局	12	市卫健委
3	市委宣传部	8	市城管局	13	市行政审批局
4	市发改委	9	市交运局	—	—
5	市教育局	10	市商务局	—	—

【市政协常委会会议】 2023年，政协太仓市十五届委员会共召开常委会会议6次。

第6次常委会会议。1月4日召开。会议听取各组讨论情况汇报和市政协十五届二次会议期间提案审查情况汇报，审议《市政协十五届二次会议决议（草案）》。

第7次常委会会议。1月4日召开。会议审议通过《市政协常委会2023年工作要点》。

第8次常委会会议。4月25日召开。专题听取全国文明城市创建工作政情通报。

第9次常委会会议。8月4日召开。会议传达学习习近平总书记考察江苏重要讲话精神和市委十四届五次全会精神。听取市政府通报全市经济社会发展情况。听取市政府办理政协委员提案工作情况通报。部分政协常委和委员交流发言。

第 10 次常委会会议。10 月 24 日召开。专题协商高质量推动农文旅融合发展。

第 11 次常委会会议。12 月 26 日召开。会议决定市政协十五届三次会议召开时间。听取市政府工作情况通报，以及 2024 年总体思路和主要任务。审议通过《关于召开中国人民政治协商会议太仓市第十五届委员会第三次会议的决定》、会议议程（草案）和会议日程安排；审议通过市政协十五届三次会议秘书处工作机构设置及负责人名单、分组召集人名单，以及市政协 2023 年度优秀提案、提案先进承办单位、优秀委员工作室、协商议事优秀案例名单；审议通过市政协常委会工作报告、市政协常委会关于提案工作情况的报告；协商通过市政协有关人事事项；审议通过新修订的《市政协协商工作规则》。

【市政协政情通报会】 2023 年 3 月 29 日，太仓市政协召开政情通报会，听取全市司法行政工作情况通报，并围绕如何推进司法行政工作创新发展、提升群众法治获得感等方面协商建言。6 月 1 日，市政协召开政情通报会，听取"一件事一次办"全国试点工作情况通报，并结合调研情况协商建言。（沈晨宇）

协商议政

【主席会议专题协商】 专题协商航空航天产业创新集群发展。2023 年 7 月 12 日，太仓市政协召开主席会议，专题协商航空航天产业创新集群发展。实地调研 GACP 中国中心和卓能电子有限公司。听取全市航空航天产业创新集群发展情况通报，并结合前期调研情况协商建言。

专题协商提升基层医疗卫生服务水平。8 月 9 日，市政协召开主席会议，专题协商提升基层医疗卫生服务水平。实地调研新湖卫生院、双凤人民医院、直塘卫生院等基层医疗机构 3 家。听取市卫健委关于全市提升基层医疗卫生服务水平情况汇报，与会人员结合前期调研情况协商建言。

专题协商提升住宅小区物业管理水平。9 月 8 日，市政协召开主席会议，专题协商提升住宅小区物业管理水平。实地调研世纪苑、万科 · 崇学雅苑、金谷府邸 3 个小区。听取市城管局关于全市物业管理工作开展情况的汇报，与会人员结合前期调研情况协商建言。

【主席会议专题调研视察】 专题调研视察资产经营集团发展情况。2023 年 4 月 27 日，太仓市政协召开主席会议，专题调研视察资产经营集团发展情况。实地调研资产经营集团参与投资的苏州立琻半导体有限公司、资产集团 · 数智集成港产业社区项目现场。听取太仓市资产经营集团有限公司负责人关于集团发展情况的汇报，并结合调研情况提出意见建议。

专题调研视察全市重点商圈建设情况。6 月 2 日，市政协召开主席会议，专题调研视察全市重点商圈建设情况。实地调研南洋广场、海运堤罗腾堡风情街 2 个重点商圈。听取市商务局关于全市重点商圈建设提升情况的汇报，与会人员结合调研情况协商建言。

专题调研视察非物质文化遗产保护与传承工作情况。6 月 15 日，市政协召开主席会议，专题调研视察非物质文化遗产保护与传承工作情况。实地调研市文化馆非遗展厅、江南丝竹馆和娄东医派展示馆。听取市文体广旅局关于全市非物质文化遗产保护与传承工作情况的汇报，与会人员结合调研情况协商建言。

专题调研视察城市安全"智慧化"建设工作情况。7 月 5 日，市政协召开主席会议，调研视察城市安全"智慧化"建设工作情况。实地调研太仓新锦表面处理有限公司和苏州捷赛机械股份有限公司。听取市应急管理局就应急管理信息化建设情况和"太仓市安全生产监管平台"运行情况的汇报，与会人员结合前期调研情况建言献策。

专题调研视察宗教工作。10 月 23 日，市政协召开主席会议，专题调研视察全市宗教工作情况。实地调研城厢基督教堂、双凤玉皇阁、沙溪长寿寺等宗教活动场所。听取相关负责人介绍场所建设情况、工作情况，了解存在的问题及开展宗教工作的意见、建议等。

【重点课题专题调研】 全国政协副主席、全国工商联主席到太仓考察调研。2023 年 5 月 9 日，全国政协副主席、全国工商联主席高云龙率调研组到太仓，就"积极发挥民营企业在恢复和扩大消费中的作用"开展重点考察调研。调研组深入舍弗勒（中国）有限公司、博泽汽车部件有限公司、联合利华智能工厂等企业，实地走访复星阿尔卑斯国际度假区、罗腾堡风情街等消费综合体，了解企业发展状况和诉求。

民革中央到太仓开展专题调研。9 月 18 日，全国政协常委、民革中央专职副主席、民革江苏省委会主委陈星莺一行到太仓，专题调研全市"凝心铸魂强根基，团结奋进新征程"主题教育开展情况。陈星莺一行了解民革太仓市委员会发展历史，参观"中山博爱之家"各个功能区域，听取民革太仓市委员会在加强自身建设、示范创建等方面工作情况的汇报。

省政协到太仓调研建立长期护理保险制度工作情况。10 月 27 日，省政协社会法制和民族宗教委员会主任赵长林一行到太仓，调研建立长期护理保险制度相关工作。调研组实地调研德颐善社会工作发展中心、景瑞社区日间照料中心，详细了解两地具体运营情况。座谈会上，苏州市医疗保障局作相关工作汇报，与会人员开展协商建言。

苏州市政协主席到太仓视察数字经济时代产业创新集群融合发展情况。3 月 9 日，苏州市政协主席朱民一行到太仓，视察调研数字经济时代产业创新集群融合发展情况。实地走访联合汽车电子有限公司太仓分公司、江苏华钛瑞翔科技有限公司和瑞铁机床（苏州）股份有限公司，深入企业生产车间，察看企业产品研发、技术创新等情况，听取企业负责人关于企业智能制造、数实融合等情况介绍。座谈会上，听取太仓数字经济时代产业创新集群融合发展情况

2023 年 3 月 9 日，苏州市政协视察调研数字经济时代产业创新集群融合发展座谈会在太仓召开 （市政协办供稿）

的汇报。

“城乡和美看太仓”专题调研视察。10 月 20 日，市政协组织全体政协委员分组开展“城乡和美看太仓”专题调研视察活动。在港区和浮桥镇，政协委员们实地调研方桥村、港区（浮桥镇）新时代文明实践所、郑和公园、太仓港集装箱四期码头、海通码头等地。在高新区，委员们实地调研太仓中德展示馆、娄江新城规划展示馆，了解太仓经济社会发展情况和新城建设情况。在浏河镇，委员们实地调研七十二家理想村、江滩湿地公园。在城厢镇和双凤镇，委员们先后调研东林村、电站村、凤雅社区、双凤龙狮馆、市老年大学等地，详细了解全市在推动乡村振兴、打造文明社区、传承传统文化、开展养老服务等方面的实践。

专题调研港区、高新区经济社会发展情况。11 月 13—14 日，市政协专题调研港区、高新区经济社会发展情况。在港区，实地察看江苏扬子三井造船有限公司、华能太仓支撑性电源项目、全球特色商品展销中心、郑和纪念馆等地。在高新区，实地察看阿尔卑斯国际度假区、瑞金医院太仓分院、太仓中德合作展示馆等地。

（沈晨宇）

民主监督

【专题民主监督】 2023 年 3 月 30 日，太仓市政协召开主席会议，专题民主监督全市科创载体建设情况。市政协主席赵建初一行实地调研太仓生物医药产业园、力合未来科技谷。听取市科技局关于全市科创载体建设情况的汇报，与会委员结合前期调研情况协商建言。5 月 11 日，市政协召开主席会议，民主监督全市医保基金管理和使用工作情况。赵建初一行实地视察同德堂药店、市第一人民医院和市医保局医保大厅。听取全市医保基金管理和使用情况汇报，并结合前期调研情况协商建言。7 月 20 日，市政协召开主席会议，民主监督全市“长江十年禁渔”工作落实情况。赵建初一行实地视察长江禁渔渔政执法基地和长江禁捕联合执法基地。听取市农业农村局关于“长江十年禁渔”工作落实情况的汇报，与会人员结合前期调研情况协商建言。

【民生实事项目推进情况视察】 2023 年 11 月 6 日，太仓市政协联合市人大常委会，专题视察 2023 年民生实事项目。联合视察组实地视察古松弄地块城市更新项目、常丰社区“典范社区”营造项目、城镇燃气“瓶改管”项目、娄江新城高中新建项目、沙溪镇中荷村高标准农田连片改造提升项目，听取项目负责人汇报，了解各项目进度以及项目建设中遇到的问题。

【提案工作】 2023 年，太仓市政协十五届二次会议期间，共收到提案 149 件，经审查，立案 144 件。立案提案中，集体提案 53 件，委员个人提案 94 件。截至 7 月底全部办复，办复率 100%，委员满意率 100%。其中，问题已经解决或正在解决的提案答复（A 类）131 件，占 91.0%；列入计划拟解决的提案答复（B 类）9 件，占 6.2%；因受条件限制留作参考的提案答复（C 类）4 件，占 2.8%。

【市委书记领衔督办重点提案】 2023 年 10 月 27 日，太仓市委书记领衔督办重点提案座谈会召开，督促办好提案《关于进一步深化港产城融合发展的建议》。市委书记汪香元出席会议

2023 年 7 月 20 日，太仓市政协召开主席会议，民主监督全市“长江十年禁渔”工作落实情况。图为与会人员参观市长江禁捕联合执法基地 （市政协办供稿）

并讲话，市政协主席赵建初主持会议。汪香元听取提案办理情况汇报，指出要聚焦关键重点，推动港产城一体化，太仓依港而建、因港而兴，港产城一体化是太仓城市发展第一战略，要树牢“港城即全域、城市即港城”理念，推进“以港强市、以市兴港”。

【重点提案督办会】 2023年7月28日，太仓市政协召开乡村振兴类重点提案督办会，以重点提案的办理协商推动提案办理提质增效，助力乡村振兴。市农业农村局通报《关于进一步提升农村生活性基础设施的建议》和《关于国土空间全域整治背景下村级经济发展的建议》2件提案办理思路、办理进度、办理成效。8月4日，市政协召开重点提案督办会，督办城乡建设类重点提案。市发改委作为承办单位之一汇报《关于聚焦城市特色，争创新型城镇化建设示范地区的建议》提案办理情况。8月11日，市政协召开重点提案督办会，督办经济发展类重点提案2件。市科技局、市工信局通报《关于太仓市科技人才企业发展情况的建议》《关于推动民营经济在中德合作中健康成长的建议》2件提案办理情况。8月18日，市政协召开重点提案督办会，督办民生类提案2件。市教育局、市民政局、市财政局通报《关于进一步加强儿童青少年心理健康筛查及隐私保护的建议》《关于加强青少年心理健康教育的建议》2件提案办理情况。

【重点提案“回头看”】 2023年8月18日，太仓市政协举办民生类重点提案“回头看”活动，以办复提案落实情况为重点，持续跟踪问效、放大提案监督效能。该次“回头看”提案为《关于优化太仓市商业网点布局，提升太仓市商业层次的建议》。与会人员实地视察娄江新城长江后浪商业街区、罗腾堡风情街、复星文旅街等地。听取市商务局关于提案办理情况的汇报。8月31日，市政协举办城乡建设类重点提案督办及“回头看”活动。与会人员实地调研高铁太仓站、太仓南站。听取《关于进一步加强火车站广场管理工作的建议》《关于优化升级学生公交专线的建议》2件提案办理情况的汇报。（沈晨宇）

太仓市纪委监委

政治监督

【概况】 2023年，太仓市纪委监委聚焦高质量发展首要任务，制定《太仓市纪委监委发挥职能作用助力经济持续回升向好工作方案》，深化营商环境专项监督“十大行动”，通报曝光破坏营商环境典型案例3起，建立重点企业营商环境联系点，帮助企业解决急难愁盼问题114个。开展乡村振兴领域不正之风和腐败问题专项整治，起底排查问题线索309条，党纪政务立案107人。推进统计造假屡禁难绝专项治理，开展政府投资基金问题专项监督，保障上级决策部署落地落实。

【民生民利监督保障】 2023年，太仓市纪委监委开展安全生产第三方服务领域专项整治，严查执法监管人员与第三方机构勾连牟利等问题，党纪政务立案66人，留置1人。紧盯基层小微工程招投标领域问题隐患，推进专项监督，党纪政务立案16人，完善镇村工程项目招投标管理办法，严管小微权力。强化公职人员防止利益冲突专项监督，党纪政务立案5人，追回违纪违法所得466万元，规范领导干部从政行为，防止与民争利。拓展群众诉求反映渠道，基层小微权力“监督一点通”平台受理投诉4442件，全部按期办结，群众满意率99.25%，指尖微平台化解群众急难愁盼创新做法被中央纪委国家监委网站录用。

【政治生态监测】 2023年，太仓市做好各镇（区、街道）和市属国有企业政治生态研判分析，形成高质量报告供市委参考，获市委主要领导批示肯定2次，在苏州市政治生态监测评价中连续三年排名第一。用好问责利器，依规依纪依法实施党内问责3起、监察问责3起，释放失责必问、问责必严信号。全年回复党风廉政意见86批4361人次，提出暂缓或否定性意见13人次，坚决防止干部“带病提拔”“带病上岗”。（陆玖庆）

反腐败斗争

【概况】 2023年，太仓市纪委监委坚持以“全周期管理”方式治理腐败，构建办案、治理、监督、教育完整闭环，巩固发展反腐败斗争压倒性胜利成果。全年处置问题线索607条，立案312件，其中自办案件261件。给予党纪政务处分236人，采取留置措施5人，移送检察机关24人，挽回经济损失1406.81万元，运用“四种形态”（经常开展批评和自我批评，及时进行谈话提醒、批评教育、责令检查、诫勉，让“红红脸、出出汗”成为常态；党纪轻处分、组织调整成为违纪处理的大多数；党纪重处分、重大职务调整的成为少数；严重违纪涉嫌犯罪追究刑事责任的成为极少数）批评教育帮助和处理611人次。紧盯“一把手”和“关键少数”，查处“一把手”案件13件，查处乡科级以上干部21人。紧盯行业性、系统性腐败问题，配合开展医药领域腐败问题集中整治，党纪政务立案11人，查办苏州范围内第一起医药领域腐败留置案件。坚持行贿、受贿一起查，严惩权钱交易、利益输送等问题，立案审查调查行贿人员11人，较上年增长120%。

【以案促改】 2023年，太仓市纪委监委坚持在监督中办案、在办案中监督，把查办案件与堵塞制度漏洞、强化行业监管有机结合，围绕国有资产监管、安全生产等方面，制发纪检监察建议8份，督促财政等职能部门加强行业监管，推动出台《2024年太仓市级政府购买服务指导性目录》，规范政府购买第三方服务行为。向市检验检测中心党组制发的《关于加强廉政风险防控的纪律检查建议》获评苏州市纪检监察建议优秀案例，“一案一策一评估”工作被中央纪委国家监委网站报道。

2023 年 11 月 28 日，市委常委、市纪委书记、市监委主任杨庆（左二）在企业调研营商环境专项监督工作，并了解企业生产状况　　（周　琦摄）

【干部警示教育】 2023 年，太仓市召开全市领导干部警示教育大会，摄制警示教育片，督促发生严重违纪违法案件的相关单位党委（党组）召开专题民主生活会。强化精准施教，分类分层开展经常性纪律教育，做好“廉砖”文化品牌建设，教育引导党员干部从思想上正本清源，增强拒腐防变能力。办好“廉砖 · 我爱廉”系列活动，承办苏州市“青春担使命，青年‘爱廉说’”现场决选，以征文、视频等方式，推动廉洁文化古今交融、廉洁思想代际传承。（陆玖庆）

【群众身边的腐败和不正之风惩治】 2023 年，太仓市纪委监委聚焦基层保洁一体化、垃圾分类等问题开展专项监督，查处群众身边的腐败和不正之风问题 17 起、19 人。严惩公益性岗位补贴、农村户厕改建等群众身边的腐败，挽回经济损失 525 万元。推进居家养老服务、计生奖扶资金发放等领域专项整治，为群众补发资金 16.8 万元。完善镇、村、村民小组三级廉勤监督组织体系，优化调整基层廉勤监督队伍，提升基层“微腐败”治理成效。

【正向鼓励激励机制完善】 2023 年，太仓市纪委监委践行“四敢”（敢为、敢闯、敢干、敢首创）工作要求，制定《太仓市纪检监察机关保障干部敢为基层敢闯十项措施》，督促干部在围绕中心服务大局中彰显担当作为。用好用活“三项机制”（鼓励激励机制、容错纠错机制、能上能下机制），打造干部“暖心”咨询平台，激发党员干部干事创业积极性。通报曝光遭诬告陷害澄清正名典型案例 3 起，澄清正名干部 11 人，回访教育受处分干部 97 人，容错纠错干部 14 人。加大风险报备指导力度，制定工作指引，实施风险报备事项 58 个，较上年增长 383.3%，为智汇谷科创园招商引资办理风险报备事宜被《江苏组工信息》作为激励担当专刊推介。（陆玖庆）

纪检监察体制改革

【中共太仓市第十四届纪律检查委员会第三次全体会议】 2023 年 2 月 9 日，中共太仓市第十四届纪律检查委员会第三次全体会议召开，回顾总结 2022 年纪检监察工作，研究部署 2023 年重点任务。市委书记汪香元出席会议并讲话。市委常委、市纪委书记、市监委主任杨庆作工作报告，要求全市纪检监察机关坚持以习近平新时代中国特色社会主义思想为指导，贯彻落

正风肃纪

【概况】 2023 年，太仓市纪委监委坚持以严的基调强化正风肃纪，以钉钉子精神落实中央八项规定精神。紧盯收送礼品礼金、违规吃喝、违规发放津贴补贴等顽瘴痼疾，坚决防反弹回潮、防隐形变异、防疲劳厌战。紧盯“四风”（形式主义、官僚主义、享乐主义和奢靡之风）新表现新动向，深挖彻查作风问题背后的腐败行为和腐败案件中的作风问题，查处违反中央八项规定精神问题 33 起，批评教育帮助和处理 37 人，通报曝光 33 起、33 人。深化整治形式主义、官僚主义突出问题，开展党员干部不担当不作为专项整治，处理“躺平甩锅”、敷衍塞责和得过且过党员干部 3 人。

2023 年 2 月 9 日，中国共产党太仓市第十四届纪律检查委员会第三次全体会议召开　　（周滟芸摄）

实中共二十大精神，贯彻坚定不移全面从严治党战略部署，落实健全全面从严治党体系任务要求，开展党风廉政建设和反腐败斗争，推动新时代新征程纪检监察工作高质量发展，建设人民满意的廉洁太仓，为全面推进中国式现代化太仓新实践开好局起好步提供保障。

【基层监督体系完善】 2023年，太仓市纪委监委细化落实纪检监察体制改革任务，完成监察官等级首次确定工作，提升工作规范化水平。统筹基层监督力量，完善分片协作机制和"室组"联动监督、"室组地"联合办案机制，派驻纪检监察组处置问题线索134条，较上年增长5.5%，立案37件，较上年增长12.1%；派出监察员办公室政务立案70件，较上年增长20.6%。以廉洁社会组织建设为抓手，探索形成基层监督体系"太仓样板"，相关做法得到苏州市纪委监委肯定。加强党内监督与各类监督贯通协同，深化与人大监督、政协民主监督、审计监督等协同工作机制，中共党内监督与政协民主监督贯通协调相关做法受到全国政协领导批示肯定。

【智慧纪委监委建设】 2023年，太仓市纪委监委深化运用大数据方式拓宽监督渠道，搭建各类监督模型26个，分析比对数据450万条，推动发现线索并立案查处违纪违法案件90件，挽回经济损失881万元。建强审查调查技术中心，加大"一体化"协查应用力度，强化电子数据调查取证，推动信息技术与纪检监察工作融合，初步实现"初核查询不出门"。

【纪检监察办案水平提升】 2023年，太仓市纪委监委坚持以法治思维和法治方式正风肃纪反腐，深化"乡案县审"机制做法，制定健全案件审核把关体系工作方案，开展案件质量评查，制发评查通报，推动全系统办案水平整体提升。接受市委监督，执行重大事项请示报告制度。召开党风廉政建设和反腐败工作情况通报会，公布执纪审查信息，回应社会关切。坚持党建业务双融合，贯通机关党委、工会、妇联、青工委各项工作，把依规依纪依法落实到纪检监察工作全过程、各方面。

（陆玖庆）

民主党派

中国国民党革命委员会太仓市委员会

【概况】 2023年，中国国民党革命委员会太仓市委员会（以下简称民革太仓市委）共有党员134人，下辖8个支部及博爱慈善协会，内设秘书处、祖国和平统一促进委员会、社会法制和资源环境委员会、经济和"三农"委员会、青年工作委员会、妇女工作委员会、理论研究与学习工作委员会、法律服务中心、教科文卫体委员会、老党员联谊会、企业家联谊会等工作职能部门及中山博爱志愿者服务队。党员中本科学历占比90%，中高级职称占比74%，硕士以上学位占比29%，其中博士学位6人。江苏省特级教师2人，省"333工程高层次人才"3人，省"双创人才"1人，省乡土人才"三带"（带领技艺传承、带强产业发展、带动群众致富）新秀1人，姑苏人才3人；苏州市政协委员1人；太仓市人大代表3人（其中人大常委会委员2人）、政协委员24人（其中副主席1人、政协常委6人）；太仓市劳动模范3人，太仓市高技能重点人才1人，突出人才1人。

【思想建设】 2023年，民革太仓市委将理论学习作为历次主委、市委（扩大）会议"必修课"，专题学习习近平总书记系列重要讲话精神。骨干党员深入联系群众，开展中共二十大精神宣讲，凝聚思想共识。贯彻中央部署，举办"凝心铸魂强根基、团结奋进新征程"主题教育动员部署会，组织骨干党员参观太仓撤县建市30周年图片展、太仓第一个党支部纪念馆以及璜泾乡愁馆，加深民革党员对中共党史、统一战线史的了解。推进"观故居，走多党合作之路"活动，组织6批党员分别赴上海、广东、湖南、湖北、山东等地开展实地学习，重温民革前辈光辉历史。结合打造书香民革具体要求，市委会与市台胞台属联谊会联合开展"寻太仓'老底子'·画最大同心圆"主题读书分享活动；举办纪念太仓民革40周年暨民革太仓市委成立20周年征文活动；各支部开展读书活动，大科园支部与科教新城党工委、太仓市台胞台属联谊会共同举办"同心阅读会"——2023年世界读书日分享活动；一支部与良辅社区党支部开展"中山博爱"读书分享活动，营造浓厚读书氛围。参加苏州市委统战部"同心向党——纪念中共中央发布'五一口号'75周年"主题征文活

2023年6月12日，民革太仓市委召开"凝心铸魂强根基、团结奋进新征程"主题教育动员部署会
（唐文洁摄）

动，获三等奖；参加民革苏州市委“忆初心、话传统、增共识、共奋进”分享交流会，获优秀奖；参加“团结奋进新征程·同心共筑中国梦”——全市统战系统主题征文活动，上报主题征文1篇；参加太仓统一战线纪念中共中央发布“五一口号”75周年“同心话征程·群英绘”主题活动以及书画摄影大赛，5幅书画、2组摄影作品入展入册。

【组织建设】 2023年，民革太仓市委坚持“以质为重、量质并举”原则，做好政府机关、高校、科研院所等重点分工领域的党员发展工作，提升民革特色比例。全年共发展新党员8人，其中拥有中级及以上职称2人，太仓市政协委员2人，政府机关干部5人，拥有民革渊源及特色8人。组织2名骨干党员赴浙江嘉兴参加民革苏州市委举办的“凝心铸魂强根基、团结奋进新征程”主题教育骨干党员培训班，提升党员整体素质。推荐1名党员担任民革江苏省委会2023年度骨干信息员。组织8名新党员参加民革苏州市委举办的新党员培训班，强化党员们思想政治建设和领导力建设。改造升级中山博爱之家，注重提升“家”的实用性，凸显民革文化，强化民革党员对组织的认同感和归属感。为弘扬多党合作优良传统，民革太仓市委与科教新城党工委、大科园支部与良辅社区党支部分别签订共建协议，全年开展共建活动5场。

【参政议政】 2023年，民革太仓市委发挥民主党派人士智力密集、交流广泛的优势，紧扣全面推进中国式现代化太仓新实践建言资政。太仓两会期间，民革太仓市委共计提交集体提案15件，个人提案、议案18件，大会发言1篇，大会发言材料入选4篇，内容涉及经济发展、社会事业和教科文卫等多方面。市委会集体提案《关于加强太仓市区道路交通精细化管理的建议》《关于进一步强化预付式消费监督管理工作的议案》获评优秀代表建议，《关于聚焦城市特色，争创新型城镇化建设示范地区的建议》被市政协列为2023年度重点提案。苏州两会期间，共计提交提案3篇，其中《关于在长江国家文化公园苏州段规划建设中突出“海运”特色的建议》得到关注，苏州市委常委、宣传部部长金洁到太仓开展专题调研。市委会落实部署苏州民革和太仓市委统战部调研课题申报工作，通过实行市委会“点题”与党员“领题”相结合的方式，面向全体党员“招标”申报调研课题，把好调研课题选题关，督促并协助各课题组开展调研、广泛听取意见建议，最终形成苏州民革中山议政会调研课题15个、太仓市委统战部领题调研课题5个。在苏州民革中山议政会中，《关于加快苏州港港域建设，推进港产城一体化发展的建议》获一等奖，《苏州市非物质文化遗产保护和传承高质量发展调研报告》获二等奖。利用与太仓市资产经营集团有限公司、市公安局、市住建局等5个部门的对口联系活动以及市委统战部召开的5次情况通报会，了解政府部门工作动态，聚焦城市发展热点，提出针对性意见建议，供市委、市政府参考。引导民革党员依托自身优势撰写社情民意信息，并加大辅导培养力度，提升报送数量和质量，参与各级举办的反映社情民意信息工作培训共计22人次；向政协、民革、统战等各条线组织上报社情民意信息48条。其中苏州民革采用20篇、苏州政协采用7篇、苏州统战专报采用1篇，民革江苏省委采用6篇，转报省政协2篇，转报全国政协3篇。

【社会服务】 2023年，民革太仓市委坚持用“中山博爱”品牌统筹社会服务工作，深入社区、学校、企业常态化开展法律咨询、义诊等服务，扩大社会服务影响力。联合农工党太仓市基层委为太仓市实验小学、太仓市科教新城南郊小学230余名学生举办青春期健康讲座；赴良辅社区举办《物业管理条例》知识讲座、中医养生保健知识讲座并组织义诊服务；连续五年向太仓市第二中学发放“博爱奖学金”。“中山博爱”志愿者服务队联合社工组织开展志愿服务，服务关爱困境儿童、外来务工人员子女、失独老人2000多人次。民革企业家参与助残行动，关心支持太仓残疾人事业发展。向太仓市朱棣文小学、太仓市实验中学等学校提供奖教金共计20万余元。（唐文洁）

中国民主同盟太仓市基层委员会

【概况】 2023年，中国民主同盟太仓市基层委员会（以下简称民盟太仓市基层委）下设文化、教育、综合3个支部，共有盟员23人，其中中级职称6人、高级职称以上6人。盟员中有硕士学位8人、博士学位1人。盟员中担任太仓市政协委员2人，其中常委1人。

【思想建设】 2023年，民盟太仓市基层委持续提高思想政治水平，把学习贯彻中共二十大精神以及习近平总书记系列重要讲话精神作为首要政治任务，召开全国两会精神专题学习会，参加太仓市各民主党派、无党派知联会、新联会“凝心铸魂强根基、团结奋进新征程”主题教育暨国情市情调研学习和《“五一口号”·记忆》红色沙盘创新实践课程活动，开展“话征程·主委说”“话征程·大咖讲”等活动，通过领读原文、交流心得等形式，团结引导广大盟员坚守合作初心、传承优良传统，提高政治判断力、政治领悟力、政治执行力，领悟“两个确立”的决定性意义，增强“四个意识”、坚定“四个自信”、做到“两个维护”，巩固同中国共产党团结奋斗的共同思想政治基础。深化“凝心铸魂强根基、团结奋进新征程”主题教育，制订主题教育工作方案，召开动员部署会，组织盟员赴上海市陶行知纪念馆、楼宇党建主题展馆、太仓美术馆参观学习。组织盟员参加“同心向党——纪念中共中央发布‘五一口号’75周年”“团结奋进新征程·同心共筑中国梦”征文和统一战线书画摄影展，参加太仓市统一战线“同心向党——纪念中共中央发布‘五一口号’75周年”暨“同心话征程”集中活动月活动，持续提高盟员的思想自觉和行动自觉，夯实多党合作的共同思想政治基础。

【组织建设】 2023年，民盟太仓市基层委贯彻“人才强盟”战略，推进新盟员发展工作，把好入盟思想政治关，做好入盟考察工作。提升盟员整体素质，组织参加市委统战部开展的参政议政主题沙龙培训、苏州民盟各市区盟务工作会议和主题教育骨干盟员培训班；与民盟上海市新阶层（综合）委员会直属新盟员支部举办基层盟务工作交流暨低碳城市研讨会。联合市图书馆、市文化馆开展“太仓记忆·声临‘老底子’”——《太仓“老底子”》选文朗诵活动。民盟太仓市教育支部获评民盟苏州市2023年度先进集体。

【参政议政】 2023年，民盟太仓市基层委聚焦全市重点工作建言献策。太仓两会期间，提交《关于打造浏河镇“长江国家文化公园”主阵地的建议》等集体提案3件、委员个人提案3件、政协会议书面发言1篇。集体提案《关于沪太同城化背景下生物医药产业融通创新的建议》获评2022年度优秀提案。围绕全市重点工作，履行参政党职能，完成《太仓市生物医药企业科技创新人才发展中的问题与建议调研》《点亮文化艺术空间，助力太仓城市发展——以太仓美术馆新馆为例》等民盟苏州市委立项调研课题和市委统战部领题调研课题。民盟江苏省委专职副主委吴胜兴率课题组到太仓开展“推进交通运输方式低碳发展，助力江苏省加快实现‘双碳’目标”课题调研。参与太仓市人大法制委组织的《太仓市城乡居民基本养老保险实施细则》《太仓市住宅区物业管理工作实施意见》《苏州市长江防洪工程管理条例》等法规文件征求意见工作。提交《关于高新区引进昆山通海实验中学托管一事的公开解疑的建议》等社情民意信息。

【社会服务】 2023年，民盟太仓市基层委提升服务、助力民生，组织盟员立足自身岗位，在教育、文化、科技等方面发挥界别特色。在实施“点亮心灯·同力托举梦想”项目的基础上，丰富社会服务内容，提升社会服务水平，成立“同力”志愿服务队，与科教新城城南社区开展结对共建，深入社区、学校开展“走出隔代教育的误区，优化教养策略”“如何提高自己的抗挫折能力”“关注眼健康，有健康才有未来”等“话征程·建新功”主题活动，为太仓高质量发展贡献民盟力量。

（邢莉萍）

中国民主建国会太仓市委员会

【概况】 2023年，中国民主建国会太仓市委员会（以下简称民建太仓市委）下设创业园、工业、财经、商业、机关、文教、卫生、综合、大科园等支部9个和参政议政、社会服务、对外交流、文化宣传、企业家、青年、妇女、老年等专门工作委员会8个。年内，新发展会员13人，共有会员214人。会员中担任苏州市人大代表1人、政协委员2人（其中常委1人），担任太仓市人大代表2人、政协委员33人（其中常委9人）。会内享受国务院政府特殊津贴2人。

【思想建设】 2023年，民建太仓市委坚持把思想政治建设作为主轴主线，巩固深化“凝心铸魂强根基、团结奋进新征程”主题教育成效，围绕中共二十大精神、学习贯彻习近平总书记考察江苏重要讲话精神，开展“主委说”理论宣讲、“统战课堂”专题辅导、“书香民建·阅享生活”读书分享等活动，组织各专委会到民建中央爱国主义教育基地——冷遹纪念馆、黄炎培故居开展实境教学。承办民建苏州市委会主题教育暨中青年骨干培训班，邀请浦东干部学院等专家学者专题授课。以纪念中共中央发布“五一口号”75周年为契机，举办“太仓民建40年会史纪实图片展”，民建江苏省委会秘书长洪继东、苏州市委统战部副部长黄志勇先后到太仓调研该活动并给予肯定。深化交流协作，与民建上海师范大学委员会、常熟民建建设支部开展主题教育联学共建活动，拓展学习场景，推动创新创效。

【组织建设】 2023年，民建太仓市委加大对会员及会员企业的关心关爱力度，领导班子带头参加挂钩支部、基层组织活动，走访会员及会员企业，收集问题清单。邀请全国政协委员、民建苏州市委会副主委宋青到太仓开展“走基层”活动暨企工委专题调研，就民营企业健康发展等方面开展座谈交流。与团市委、西交利物浦大学太仓校区联合举办“校外导师进学院”活动，江苏五洋集团、苏州荣文集团、瑞途人力资源等会员企业获“西交利物浦大学教学实践基地”授牌，市委会被授予“西交利物浦大学战略合作伙伴”称号，为推动招才引智、服务经济发展搭建桥梁。

2023年5月29日，民盟太仓市基层委在太仓市良辅中学举办“话征程 建新功”家庭教育公益讲座活动 （邢莉萍摄）

2023年5月7日，民建太仓市委获“西交利物浦大学战略合作伙伴”授牌
（王 蕾摄）

【参政议政】 2023年，民建太仓市委提交《关于推进污水处理厂网一体化运行的建议》等苏州市政协提案2件。聚焦做深“四篇文章”（融入上海桥头堡、以港强市枢纽城、对德合作示范区、城乡和美幸福地）、“3+3”产业发展（高端装备制造、先进材料、现代物贸三大主导产业和生物医药、航空航天、文化旅游三大特色产业）、培育“专精特新”企业、推进基层社会治理现代化等方面，提交太仓市政协集体提案14件、个人提案18件。其中，《关于优化商业网点布局，提升太仓市商业层次的建议》等2件提案获评太仓市政协2023年度优秀提案。《赋能海外仓储物流设施，推动“一带一路”产能升级》《生物科技企业与美国合作情况风险分析与对策建议》等2篇建言信息被全国政协采用，《加快实现国产替代“真替真用”》《完善数据要素市场体系，提升数字产业化水平》等9篇反映信息被民建中央、江苏省政协、民建省委会采用。市委会被民建江苏省委会评为2022—2023年全省“社情民意信息工作优秀直报点”，被民建苏州市委会授予“参政议政先进集体”一等奖。

【社会服务】 2023年，民建太仓市委响应民建中央定点帮扶工作要求，面向全市企业家会员发起“爱心箱送·情暖丰宁”公益助农行动，共计募集善款3.63万元，专项用于解决当地农产品包装、运输、售后等实际问题。参与民建苏州市委赴河北省丰宁满族自治县胡麻营镇调研座谈会，向胡麻营镇小学26名贫困家庭学生发放助学金3万元及教学物资。开展2023年度“思源工程——生育关怀”暑期夏令营、“爱心妈妈助学行”等活动，累计捐资助学金额5.3万元，助推温情救助，助力成长成才。发挥卫生支部、社会服务工作委员会资源优势，在共建社区常态化开展“话征程·建新功”健康义诊、“法律援助进社区”科普宣讲，全年共计开展活动6场次，服务群众1000余人次。

（王 蕾）

中国民主促进会太仓市基层委员会

【概况】 2023年，中国民主促进会太仓市基层委员会（以下简称民进太仓市基层委）下设文化、教育、高教、医卫、综合、经济等支部6个，共有会员142人，集中一大批著名书画家、工艺美术家、表演艺术家、教育家、文学家和一部分科技、医卫、经济、司法、政府机关、中介组织的代表人士。会员中有苏州市人大代表1人、苏州市政协委员1人、太仓市人大代表3人（其中人大常委会委员2人）、太仓市政协委员18人（其中政协常委4人）。

【思想建设】 2023年，民进太仓市基层委以习近平新时代中国特色社会主义思想为指导，学习贯彻中共二十大精神，贯彻习近平总书记关于做好新时代党的统一战线工作的重要思想；深入学习多党合作优良传统、民进会章会史；学习民进先贤前辈高尚风范和“身边先进”光荣事迹。组织班子领导骨干会员赴民进江苏省委会、吴贻芳纪念馆、民进邗江区总支开展会史教育暨学习交流活动，拍摄“话征程·主委说”主题视频，开展《以中国式现代化全面推进中华民族伟大复兴》《科创筑梦与文化自信》等“话征程·大咖讲”专题学习宣讲活动。报送征文参加“同心向党——纪念中共中央发布‘五一口号’75周年”“团结奋进新征程·同心共筑中国梦”征文活动。开展“凝心铸魂强根基、团结奋进新征程”主题教育，结合主题教育和组织建设、参政议政、社会服务、“五一口号”发布75周年等内容，专题学习《大道薪传——中国的民主党派》（民进篇），开展“走进美丽乡村”“继承古精神、探索新经验”“情暖重阳、和美幸福”等主题教育实践活动，弘扬民进优良传统，坚定中国共产党的领导。参加太仓市各民主党派、无党派知联会、新联会“凝心铸魂强根基、团结奋进新征程”主题教育暨国情市情调研学习活动和太仓市统一战线“同心向党——纪念中共中央发布‘五一口号’75周年”暨“同心话征程”集中活动月启动仪式、“同心向党——纪念中共中央发布‘五一口号’75周年”书画摄影展、《“五一口号”·记忆》红色沙盘创新实践课程活动。

【组织建设】 2023年，民进太仓市基层委按照新时代参政党要求，健全各项规章制度，提升党派工作整体水平。重点加强领导班子建设，发挥带头人引领作用。加强队伍建设，把好新会员“入口关”，组织拟发展成员参加参政议政主题沙龙培训，组织新会员参加培训班、见面会、座谈会，为党派发展奠定人才基础。协助民进苏州市委做好“直属昆山支部”成立工作。建设“民进会员之家”，新建“民进会员之家”1个，重新布置“民进会员之家”2个，设立阅读角，制作“同心悦读分享荟”有声学习二维码，为会员提供线上线下有声学习服务。在太仓召开苏州民进组织工作会议暨“民进会员之家”规范建设会议、“同心共进·企航未来”启动仪式暨首期苏州民进服务企业高质量发展沙龙，开展“苏州民进图书馆”图书、音像资料征集和“同心共进·七彩惠阳”“寻太仓‘老底子’·画最大同心圆”“同心悦读·书香民进”等活动。全年分享《沉沙无意却成洲——中国经济改革的文化底色》《太仓老街桥》等数十本书籍，发挥阵地宣教作用，提升党派自身建设效能，把“民进会员之家”建成汇聚人心的精神家园、参政履职的实践载体和对外交流展示的窗口。年内，民进太仓市基层委获评“民进江苏省委会宣传思想工作先进集体”，医卫支部获评“2023年度苏州民进优秀支部”，获评“民进江苏省委会宣传思想工作先进个人”1人，获评“2023年度苏州民进优秀会员”2人，获评“2023年度苏州民进宣传思想工作先进个人”1人。

【参政议政】 2023年，民进太仓市基层委对标新时代参政党目标要求，发挥民进界别特色优势参政履职。积聚智慧履职尽责。太仓两会期间，提交《关于太仓市工业用地提质增效的建议》《关于长三角一体化背景下推进“沪太同港化”的建议》等集体提案11件、委员个人提案11件，作《进一步深化港产城融合发展的建议》大会交流发言。集体提案《关于进一步推动乡村振兴的建议》、会员个人提案《关于融入未来城市理念，加快推进娄江新城建设的建议》获评2022年度优秀提案，《关于进一步深化港产城融合发展的建议》被列为市委书记领衔督办重点提案。《关于加快苏州技能人才强市建设、推动区域高质量发展的建议》获评“情系苏州——市民最满意的人大代表建议（2023）”。优化调研助推发展。加强课题调研全过程管理，落实具体调研方案，完成民进苏州市委立项课题《“产城人”融合发展背景下苏州现代物贸产业人才供应链构建研究》、民进苏州市委关注课题《关于进一步优化营商环境推动产业集群发展的建议》和《关于建立太仓特色餐饮文化，拉动居民消费的建议》等市委统战部领题调研课题5个，其中调研报告《关于加快打造国内最优国际一流营商环境城市的建议》得到太仓市委书记和常务副市长重视并作出批示。开展“优化营商环境及人口结构调整变化情况”“港产城一体化发展”“太仓市乡村旅游及乡村振兴发展情况”“特色文艺项目进校园”等专题调研，做好民进江苏省委“校家社协同育人科学实践路径及建议”课题组、民进苏州市委“推进城乡义务教育优质均衡发展”课题组到太仓调研工作。多维联动赋能增效。与市卫健委、市医保局、市教育局、市文教投集团开展对口联系活动，与太仓临港集团、太仓城发集团开展“同心·聚智·凝力”等共建交流、调研座谈活动。组织近30人次参加各级社情民意信息工作培训，报送的社情民意信息被民进中央和全国政协采用，《关于在城市更新建设中大力推广绿色建筑的建议》被省信访局评为年度优秀人民建议，并受到省长批示。

【社会服务】 2023年，民进太仓市基层委结合自身特点优势，在做好民进爱心奖学金、精准扶贫等传统社会服务活动基础上，成立“医心为民”同心志愿服务队，擦亮“春联万家”“医心为民”等特色品牌。与科教新城鹊桥社区、娄东街道惠阳社区结对共建，依托“医心为民”专家义诊工作站和“医心为民·民进和医药卫生界委员工作室”“郁文明委员工作室”，深入学校、社区、企业开展“同心课堂”“关爱教师·呵护健康”“名医进社区·健康讲座”“医心为民·情暖鹊桥”及“悠悠茶韵”茶文化体验、公益清洁消杀活动、“联墨传亲情·明月寄相思”等“话征程·建新功”主题活动，推进新时代文明实践，共同营造良好社会风尚，在开启新征程的道路上贡献更多民进力量。参与苏州民进“江南文化行”活动，讲好民进故事。参加苏州民进“江南文化行”品牌活动启动仪式，开展“人文江南”体验活动，申报的邢少兰艺术馆、凌鼎年文学馆、天工草堂3家单位被列入苏州民进首批“江南文化体验点”。在图书馆、学校、社区举办“会员讲堂”“文化大讲坛”“高雅艺术进校园”等“文化浸润”“江南文化行”主题活动，和市文体广旅局、中共太仓市浏河镇委员会、市文联共同举办“甲子丹青——邢少兰中国画精品展”“融古创新——邢曦峰作品展”，助力宣传江南文化。民进太仓市基层委获2023年度苏州民进“江南文化行”活动优秀组织奖。

（邢莉萍）

2023年9月6日，第三届太仓民进爱心奖学金颁奖仪式在双凤中学举行
（邢莉萍摄）

中国农工民主党太仓市基层委员会

【概况】 2023年，中国农工民主党太仓市基层委员会（以下简称农工党太仓市基层委）下辖支部3个，党员60人，年内发展新党员5人。党员中硕士及以上学历学位占比23%，本科学历占比62%，中高级职称占比65%。党员中江苏省人大代表1人，苏州市人大代表2人，农工党苏州市第十四届委员会委员1人，太仓市人大代表2人，太仓市政协委员7人（其中政协常委1人）。

【思想建设】 2023年，农工党太仓市基层委把学习贯彻中共二十大精神和农工党十七大精神作为首要政治任务。学习贯彻习近平总书记考察江苏重要讲话精神，参加农工党江苏省委会“学党章”主题教育知识竞赛。举办“主委说”理论宣讲、“书香农工·悦读有你”读书分享会等活动。开展“凝心铸魂强根基、团结奋进新征程”主题教育，组织基层委党员到安吉余村、中南百草集团乡村振兴实践基地开展实地教学。以纪念中共中央发布“五一口号”75周年为契机，征集书画摄影作品，参与太仓市统一战线书画摄影大赛。组织近三年新发展党员体验《“五一口号”·记忆》情景式沙盘课程，绘制流动学习手账。与农工党张家港市委会开展联学共建活动。继续开展“不忘合作初心、共过政治生日”主题活动，强化农工党党员的身份意识、责任意识，赓续农工党爱国、革命、奉献的优良传统。

【参政议政】 2023年两会期间，农工党太仓市基层委提交江苏省人大建议4件、苏州市人大建议3件。《关于进一步加强法治乡村建设的建议》被评为“情系苏州——市民最满意的人大代表建议（2023）”。基层委向太仓市政协十五届二次会议提交大会发言1篇、书面发言1篇、政协提案4件，其中《关于加快村级经济发展，助力乡村振兴的建议》被列为重点提案，受到市领导督办答复，并获评2023年度优秀提案。《警惕基层组织土地租赁乱象，避免集体资产流失》《抓好受污染耕地安全利用水平，提升耕地质量》等信息被农工党中央《信息专报》采用并上报全国政协。发挥界别特色和资源优势，开展调查研究，完成农工党江苏省委会立项课题1项、农工党苏州市委会立项课题1项。调研报告《国土空间综合整治中补充耕地项目管理存在的问题及对策》《关于加强县域医院儿科专科建设的建议》分别获农工党苏州市委会2023年调研课题二等奖和三等奖。

2023年9月15日，农工党太仓市基层委开展《关于加强县域医院儿科专科建设的建议》专题调研 （顾金娟摄）

【组织发展】 2023年，农工党太仓市基层委执行组织发展工作规程，注重吸收政治素质高、业务能力强的人才，全年共发展党员5人。重视加强领导班子和人才队伍培养，推荐班子成员、骨干党员、新党员参加上级农工党组织的培训班、新党员成长营、国情市情调研学习活动，为优秀人才成长创设条件。首次召开基层委领导班子民主生活会，通过查找问题、剖析原因，促进领导班子改进工作作风、加强整体合力。持续建好、管好、用好“农工党党员之家”，发挥其思想政治教育和组织建设阵地作用。年内，基层委“农工党党员之家”被农工党江苏省委会评选为“示范农工之家”。为进一步联系群众、发挥作用，搭建载体冯瑞兴委员工作室揭牌启用。做好服务党员工作，组织开展妇女节活动、重阳节慰问老党员活动、慰问医卫界党员等，提升组织凝聚力、向心力。

【社会服务】 2023年，农工党太仓市基层委以“同心话征程”主题活动为依托，以服务社会、改善民生、惠及群众为着力点，持续提升社会服务的精准化水平。与科教新城南郊社区结对共建，先后组织开展“环境与健康宣传周”民法典科普宣讲、“话征程·建新功”健康咨询活动、“名医进社区”糖尿病预防宣教等，将优质服务送到居民家门口。关注青少年心理健康，先后在太仓市实验小学高新区校区、太仓市科教新城南郊小学举办青春期知识讲座，为青少年健康成长保驾护航。党员唐烨到陕西省周至县开展对口帮扶医疗工作。持续开展爱心捐助活动，全年共募集党费及善款2.16万元，以“党费一月捐”形式向前进基金会捐款1000元，向“中国好人”顾文忠捐款2000元，向周至医院捐款1万元用于医疗器械采购及帮助困难职工。

（王　莉）

九三学社太仓市基层委员会

【概况】 2023年，九三学社太仓市基层委员会（以下简称九三学社太仓市基层委）共有社员 40 人，主要为科学技术、高等教育、医药卫生领域的知识分子。其中，硕士及以上学历占 50%，中高级职称占比 60%。社员中担任市人大常委会委员 1 人，市政协委员 5 人（其中常委 1 人）。九三学社太仓市基层委下设一支社、二支社、三支社和青年工作委员会。

【思想建设】 2023 年，九三学社太仓市基层委开展“主委说”理论宣讲，领导班子领学中共二十大精神、习近平总书记考察江苏重要讲话精神。结合纪念中共中央“五一口号”发布 75 周年，召开“聚焦二十大 · 奋进新征程”主题座谈会，推荐社员参加苏州市委“五四”青年座谈会，推动思想政治学习。面向近三年新发展社员、行业专家、中青年骨干，开展参政议政信息工作专题培训，引导广大社员把准履职方向，夯实履职基础。持续办好九三学社“五史学习教育实境课堂”，通过开展“同心向党 · 携手前进”健步行、走访同心教育实践基地——刘国钧生平事迹纪念馆等方式，确保主题教育取得实效。依托“社员之家”活动阵地，举办“寻太仓‘老底子’· 画最大同心圆”书香九三读书分享会，引导社员赓续优良传统、汲取奋进力量。

【组织建设】 2023 年，九三学社太仓市基层委推进基层组织建设，邀请九三学社江苏省委会专职副主委一行到太仓调研指导，走访社员企业及党派活动阵地，并就完善组织体系、落实人才强社等方面进行座谈。与宁夏回族自治区银川市九三学社灵武支社开展社务工作交流，增进两地深层次、宽领域、多维度学习互访和课题协作，共同探索基层组织建设经验做法。

【参政议政】 2023 年，九三学社太仓市基层委在两会期间，围绕构建创新创业生态、优化民营企业营商环境、推进光伏开发建设、提高公共服务水平等方面，提交人大建议 1 件、政协提案 5 件。其中，《关于太仓市科技人才企业发展情况的建议》被列为市政协重点提案，受到市领导重视督办，《关于进一步加强港区车辆违停整治的建议》等 2 件提案获评市政协 2023 年度优秀提案。与市交运局、太仓市太讼控股集团有限公司召开对口联系座谈会，就产业发展、城市更新、工程建设等方面，畅通知情明政渠道、落实民主监督职责。邀请九三学社江苏省委副主委、苏州市政协副主席、九三学社苏州市委主委张东驰到太仓开展“传承历史文脉 · 推进古镇保护”专题调研，助力农文旅融合发展、赋能乡村振兴。

2023 年 6 月 10 日，九三学社太仓市基层委开展参政议政信息工作专题培训
（王　蕾摄）

【社会服务】 2023 年，九三学社太仓市基层委持续做优社会服务品牌，先后在共建单位科教新城常丰社区、浏河镇新闸村揭牌成立九三学社“社会服务工作驿站”，全年定期举办“我为群众办实事”健康义诊暨科普讲座活动 3 场，服务群众 180 余人次。以“统战课堂”“中国国际科学与和平周”等履职窗口为抓手，推进“专家科普三进三讲”工作，深入学校、社区、机关单位开展“法治护成长 · 筑梦向未来”网络安全普法、养生知识讲座等新时代文明实践活动。聚焦东西部协作与对口帮扶工作，致力服务基层，赴陕西省周至县开展医疗援助与教育帮扶调研，长期结对捐助集贤中学 3 名品学兼优贫困学子。

（唐文洁）

群众团体

太仓市总工会

【概况】 2023 年，太仓市推进工会组织建设，扩大工会覆盖面，全年新建工会组织 203 家，其中独立工会 56 家，工会联合会 2 家，联合工会 7 家，覆盖工会 138 家；新增工会会员 8314 人。全市已建党组织的百人以上企业建会率超 93%。累计会员 31.35 万人，其中农民工会员 10.74 万人。完善直属工会组织架构，成立市级机关工会工作委员会，组建市金融行业工会联合会。落实上级关于加强新就业形态劳动者权益维护相关部署，新建太仓市房产经纪、电子商务联合工会和太仓市金融行业工会联合会、太仓市生物医药产业园工会联合会。完善市总工会第十四届委员会领导架构，召开第十四届七次全委会，增替补选举市总工会专职、兼职、挂职副主席和常委、委员。开展调查研究工作，建立工会干部基层挂钩联系点制度，累计调研挂钩 68 批次，研究解决职工素质提升、权益维护、文化建设、生活服务等方面问题 12 个。以“县级工会加强年”专项工作为抓手，探索开展以“摸清底数、动态管理、分类服务”为总原则的太仓“数字工会”提质增效行动。加强对基层指导帮扶，出台《太仓市职工之家管理办法》，成立市级集体协商指导员队伍，落实劳动保护监督和安全生产工作。落实工会经费预决算和绩效管理制度，出台《加强工会经费收缴管理工作备忘录》。

【职工思想引领】 2023年，太仓市总工会深入学习宣传贯彻中共二十大精神，坚持线上线下宣传一体推进，运用官方微信、工人文化宫新思想学习驿站等载体阵地，通过集中宣讲、专题研讨、文化活动等形式，引导工会干部和职工群众听党话跟党走。全年举办“学贯二十大·凝聚思想力”主题知识竞赛5期，参与职工近千人。累计开展“劳模工匠进校园、思政老师进企业”活动75场，为150余家企事业单位赠送思政微课程，参与职工5525人。贯彻落实习近平总书记致首届全民阅读大会贺信精神，开展太仓市“四季书斋·工享书荟”职工主题读书月重点活动23项，在职工中营造爱读书、读好书、善读书的氛围。创新宣传教育形式，构建全媒体传播体系，组建“微秀会”小编队伍及职工网评员队伍，编印《太仓工会》宣传册，刊登苏州市级及以上媒体宣传报道54篇。官方微信开展各类工会会员线上普惠活动，与职工互动，在江苏工会县区微信传播指数影响力排名榜上位居前列。

【劳模精神弘扬】 2023年，太仓市总工会做好先进典型宣传，先后推出点“匠”台专栏3期，“致敬劳动者”专栏3期，拍摄7位典型人物宣讲视频。开展“劳模工匠进校园、思政老师进企业”活动75场。壮大劳模先进队伍，新增享受省级劳模待遇1人，获授苏州以上五一劳动奖章26人。印发《关于规范开展太仓市五一劳动奖推荐评选命名工作的通知》，通过全市性劳动和技能竞赛命名太仓市五一劳动奖章12人。通过走访各级劳模、开展劳模座谈等形式，听取115名劳模的意见建议，了解劳模工作生活情况，鼓励劳模继续发挥先进带头作用。召开劳模协会第四届第四次理事会，赴全国劳模韩克勤劳模创新工作室、浙江宁波港开展参观学习。落实上级安排，组织108名劳模参与疗休养活动。做好特困劳模帮扶工作，发放劳模帮扶专项资金。做好劳模来访来电工作。配合做好苏州劳模卡办理工作。

【职工劳动竞赛】 2023年，太仓市总工会组织动员全市职工发挥主力军作用，围绕“3+3”产业创新集群，举办卸船机操作、PLC编程与调试、5G+工业互联网等全市性劳动和技能竞赛，全市各级工会开展竞赛146场，参赛职工2.14万人次，在产业工人中掀起讲奉献、学技术、练本领、敢创新的劳动热潮。成立太仓市首个劳模（工匠）创新工作室联盟，提升劳模（工匠）工作室整体创新创造活力，发挥工作室聚合效应。新增技能大师工作室4家，围绕数字经济、新材料等主导产业，新打造劳模创新工作室3家。举办“职工岗位创新竞赛”，引领广大职工立足岗位建功立业。重视新就业形态劳动者技能素质提升，组织队伍参与苏州市外卖配送员、网约车司机技能竞赛。

【和谐劳动关系建设】 2023年，太仓市总工会建立市级维护劳动领域政治安全工作协调机制。成立太仓工会维护劳动领域政治安全信息员队伍，印发《太仓工会劳动领域政治安全信息工作实施细则》，举办全市工会维护劳动领域政治安全工作暨信息员队伍培训。加强劳动关系发展态势动态监测工作，做好职工服务工作，帮助解决职工群众急难愁盼问题。全年共受理“12345”平台办件46件，职工法律咨询、信访网电事项27件，线下来访8件（涉及职工21人）。发挥劳动关系三方协商机制职能，参与劳动人事争议仲裁20起，涉及金额700万元。开展五一劳动法治宣传服务月系列活动之“普法惠企·法护职工”线上线下活动，送法进企业、“法治体检”等活动26次，覆盖职工3000余人，发放各类法律宣传资料2万册，现场接受法律咨询60余人次。

【职工合法权益维护】 2023年，太仓市总工会健全各项帮扶保障机制，做优做实职工生活品质提升实事，推动互助互济工作扩面，做好对口援助相关工作。发布太仓工会“会馨会行”职工权益服务品牌，与市民政局、市司法局、市人社局、市卫健委等单位合作，成立“会馨”红色服务联盟，建立工会志愿服务队伍5支；实施“会行”十大权益项目，从创业就业、帮扶维权、生活普惠、身心健康关怀等方面开出全市首张提升职工生活品质清

2023年4月25日，太仓市举办庆祝“五一”国际劳动节主题文艺活动
（伍紫君摄）

2023 年 9 月 26 日，太仓市举办双元制赋能新时代产改工作现场推进会
（伍紫君摄）

单。向全市职工发放价值 20 万元的农文旅消费券，组织千名一线职工参加疗休养活动。做实职工互助保障，全年向 55 名职工累计给付互助保障金 251.3 万元。完善帮扶政策，向困难职工发放生活救助金 7.5 万元、医疗救助金 9.6 万元。元旦、春节期间，各级工会投入资金 280 万元，慰问职工 1.3 万人。落实劳动保护监督检查，举办安康杯竞赛，35 支队伍 100 余名职工参加。工会创业贷累计发放贷款 1300 万元。加大对新就业形态劳动者关爱力度，打造零工市场“新享惠”阵地。围绕素质提升、专项服务各方面加强女职工权益保障。

【工会文体活动】 2023 年，太仓市总工会围绕庆祝太仓撤县建市 30 周年、德企发展 30 年主线，举办主题文艺会演和中德诗文朗诵会。举办全市首届职工乒乓球赛、游泳比赛、掼蛋比赛等，累计参与职工 3 万人次。春秋两季职工才艺培训班开设文艺类、文化类和大众体育类课程共 105 门、班级 204 个，累计参与职工 7 万人次，满足职工培训需求。实施“新时代职工赋能提质行动”，根据企业实际需求上门输送高质量定制培训课程，服务企业近 200 家，覆盖职工 2 万人。融入苏州市工人文化宫联盟，组队参加上级工会系统主办的各类体育赛事。推进职工精神文明建设，开设“职工文化大讲堂”，举办“工”庆元宵、漫话古琴、书香谜趣、书画赏鉴、茶韵飘香迎端午、中秋亲子、重阳全家乐等传统文化系列讲座。

【产业工人队伍建设改革】 2023 年，太仓市总工会印发《2023 年太仓产业工人队伍建设改革工作要点及责任分工方案》，明确工作目标和任务。推动将产改工作列入市委常委会年度重点工作和高质量发展综合考核内容，市委常委会专题听取市产改办工作汇报，太仓产改工作在苏州市产改工作评价考核中位列第一等次。开展产改推进情况评估督查，调动各单位推进产改的积极性与主动性。推荐产业工人中的先进典型作为“两代表一委员”（党代会代表、人代会代表、政协委员）的人选，适当增加产业工人当选比例。产业工人褚锋当选第十四届全国人大代表、中国工会十八大代表、省总工会兼职副主席。坚持履行牵头抓总职责，组建 29 人的产改工作指导员队伍，指导全市 68 家产改试点单位优化工作方案、解决瓶颈问题、提升改革成效。发挥沪太工匠学院作用，举办匠心学堂 2 期、工匠研修班 1 期、“太仓劳模工匠”讲师团宣讲活动 8 场，新培育苏州工匠实训基地 2 家，建设第二批产业工人赋能站，启动“职工赋能提质行动三年计划”，深入 201 家企业赠送定制课程，受益职工 3 万人。推出太仓产改专栏，发布推文 29 条，发放《产改 50 问》400 余册，营造支持产改、重视产改的氛围，推进产业工人队伍建设改革。

（伍紫君）

中国共产主义青年团太仓市委员会

【概况】 2023 年，太仓团市委团结引领广大团员青年投身经济社会高质量发展，提升共青团组织力、引领力、服务力和大局贡献度。全市共有各级团组织 3275 个，其中团委 43 个、团工委 11 个、团总支 53 个、团支部 3168 个。全市共有区镇街道团（工）委 11 个、学校领域团支部 662 个。全市共有团员 27130 人、团干部 4631 人。

【青少年思想引领】 2023 年，太仓团市委用习近平新时代中国特色社会主义思想武装团员青年，开展团员和青

2023 年 4 月 26 日，太仓市庆祝建团 101 周年暨纪念“五四”运动 104 周年主题团日活动举行
（团市委供稿）

年主题教育，组织全市3168个基层团支部开展“思想旗帜”“坚强核心”“强国复兴”“挺膺担当”等专题学习，“青年大学习”主题团课覆盖青少年超66万人次，参学率125.26%。依托娄城青年讲师团、青年学习社及线路做好党的创新理论青年化阐释，开展“强国复兴有我”等主题宣讲百余场，累计参与青年超3万人次。建立健全“一体化”育人体系，举办集中入团仪式5场、成人礼3场、主题团队课33场，优化少先队员阶梯式成长激励体系，推优参评各级“红领巾奖章”4669枚。开展先进典型选树工作，引领全市团组织及团员青年在各级评选中创先争优，104个集体和个人分别获全国、省、苏州和太仓“五四奖章”“两红两优”等荣誉。深化“互联网+共青团”工作格局，升级“青春太仓”新媒体宣传矩阵，粉丝数13.8万人，阅读量20万人次。创作推广“四敢青年说”“青说太仓”“青说二十大”等主题视频18期，全年各项工作被省级以上媒体报道38次，其中报刊录用5次。

【青年建功立业】 2023年，太仓团市委开展“青春攻关行动”，重点围绕安全生产、科技创新、民生保障、乡村振兴等领域组建青年突击队93支。年内，太仓市图书馆少儿部被全国创建青年文明号活动组委会评为“一星级全国青年文明号”，全市获苏州市级“青字号”荣誉13个，获评太仓市级“青字号”个人及集体荣誉88个。举办“青创太仓”系列赛事，开展“高校太仓日”“苏州校园日”“高校引才专列”等项目活动，助力太仓引才聚才。举办“碳”路者绿色产业领军人才研修营、“对话青商·走进太仓”、青联委员联系服务日、“娄城正青春”首届太仓青年美术作品展等，持续激发企业、新业态新就业等各领域青年干事创业社会氛围。以“娄城小太young”品牌为依托开展志愿服务活动，成立青年志愿服务队伍55支，全市新增青年志愿者5979人，开展“青年当家”“手绘乡村”“i在旅途”“河小青共建幸福河”等志愿服务50余场。

【青少年发展环境优化】 2023年，“做好青年发展型县域建设省级试点工作”首次写入太仓市委全会报告，全年市委领导出席共青团各类活动11次，组织召开青年工作联席会议2场。实施中长期青年发展规划，推动青年发展型县域建设省级试点，制定共青团改革、党建带团（队）建等一批制度性文件，增强城市友好、青年有为氛围。链接各方资源，满足青年多元化、多层次发展需求，策划校地城市定向赛、第16届单身青年交友汇、首届咖啡文化人才体验、青年发展型街区文化体验周等主题活动。做优“七彩夏日”爱心暑托班民生实事项目，设立苏州市青少年暑托班站点171个，其中集中式课程化暑托班30个，服务学生5.2万人次。推动青年人才驿站站点扩面增量，15个站点累计为407位到太仓求职青年提供免费住宿1306晚，提升青年在城市生活的归属感。深化青少年权益维护工作机制，升级“太仓市青少年维权港湾”阵地，配套实施“检爱护航”“青春护航”重点青少年个案公益服务项目和“梦想改造+”“暖冬行动”等关爱项目，维护青少年合法权益。

【基层团组织建设】 2023年，太仓团市委破解行政化选人用人模式，拓宽团工作骨干来源渠道，各级团工作力量新增200余人。抓实团员发展和教育管理，推进先进性评价、对标定级、学社衔接等各项基层组织工作，发展团员1975名。推动传统领域团组织建设，创新主题团日等组织生活形式载体，加强沉浸式体验、仪式化教育、社会化实践，强化组织育人功能；推动社会领域团组织建设，成立太仓籍大学生驻外团工委，打造太仓市产业团工委联盟，全年全市社会领域团组织密度增长超10%。落实“三会两制一课”制度（支部大会、支部委员会、团小组会、团员教育评议制度、团员年度团籍注册制度、团课）制度，加强团组织、团干部、团员革命性教育。依托“联青大走访”工作机制，团干部常态化走近青少年听心声、解难题、送温暖。

（姚丽丽）

2023年3月23日，第15届苏州青年精英创业大赛暨“青创太仓”系列赛事启动 （团市委供稿）

太仓市妇女联合会

【概况】 2023年，太仓市妇联贯彻落实习近平总书记关于妇女和妇女工作、妇联改革、家庭家教家风建设重要论述精神，围绕市委市政府中心工作和妇女儿童现实需求，履行引领服务联系职责，妇女儿童各项事业取得新成效。截至年底，全市共有镇（区）、街道妇联组织11个，村（社区）妇联158个，市级机关和局妇联45个，市属国有企业妇联6个，高校妇联1个，“三新”（新经济组织、新社会组织、新就业群体）领域妇联68个。

【妇女宣传教育】 2023年，太仓市围绕“巾帼心向党·奋进新征程”主题，开展深入学习贯彻习近平新时代中国特色社会主义思想主题教育，举办“三八”节主题活动，通过视频展播、对话访谈、家庭讲述等形式，宣传巾帼典型，展示巾帼风采。组织参加第五届苏州女性融媒体创意大赛，并获优秀组织奖。制作推出“学贯二十大·她说聚力量”线上微宣讲7期，邀请优秀家庭代表走进太仓广播“云上乡音”栏目宣读《习近平走进百姓家》24期，开展“百姓家·百姓读”“巾帼大学习·今天我来读”等线上阅读分享活动，向广大妇女宣传党的创新理论。开展“学习贯彻中共二十大精神，巾帼志愿者在行动”主题活动，实施“娄江花开，在你身边”文明实践巾帼志愿阳光行动，命名市级文明实践巾帼志愿阳光站14个。市诚信志愿驿站文明实践巾帼志愿阳光站被命名为苏州市“木兰花开，在你身边”文明实践巾帼志愿阳光站，沙溪镇东市社区东市人家治安服务队队员、沙溪镇第二小学退休人员邱蓉芬、陆渡街道陆渡社区等4个个人和组织获评苏州市巾帼志愿服务“四个十佳”。市镇村三级妇联开展以“思想引领、儿童关爱、助老服务、文明添彩”为主题的各类巾帼志愿服务200余场，服务群众近万人次。推荐选树省三八红旗手及标兵各1人、省三八红旗手示范工作室1个、苏州市三八红旗手7人、苏州市三八红旗集体3个、苏州市“最美巾帼科技人物”1人。培育太仓市三八红旗手30人、红旗集体20个、太仓市优秀巾帼平安志愿者15人。

【妇女创业就业】 2023年，太仓市开展创业创新巾帼行动，举办市女企业家联谊会年会、座谈会，举办女企业家创新发展研修班2期，组织太仓市女企业家联谊会会员赴清华大学、无锡等地学习考察，并联合市工信局举办“益企大讲堂”1期，培树苏州“最美巾帼科技人物”1人。联合市人社局举办“春风行动”女性专场招聘会8场，提供岗位7157个，联合团市委提供女大学生暑期社会实践岗位194个。开展乡村振兴巾帼行动，联合市税务局开展城乡妇女发展推进活动1期，培树省巾帼家政服务社区示范工作站1个。举办美丽庭院专题培训班1期，开展美丽庭院摄影作品投稿展示活动，打造省级巾帼新业态助农创新基地1个、省级“美丽家园”示范点1个、苏州美丽庭院特色村1个、苏州美丽庭院300户（含精品户15户）、太仓美丽庭院示范村2个、太仓美丽庭院示范户100户、太仓美丽庭院200户。开展岗位建功巾帼行动，联合市卫健委、太仓农商行等单位举办技能比赛，授予24名优胜选手太仓市“巾帼建功标兵”称号；选树苏州巾帼文明岗5个、巾帼建功标兵1人，太仓巾帼文明岗45个。依托市妇女儿童活动中心和市妇女干部学校，举办成人才艺、家庭服务技能、新媒体直播等培训班32期，培训妇女760人次。

2023年3月6日，太仓市纪念“三八”国际妇女节113周年主题活动举办
（市妇联供稿）

【妇女儿童合法权益维护】 2023年，太仓市深化“慧·家”家事服务品牌建设，常态化开展法律宣传、心理疏导、纠纷调解等服务，全年举办“双护课堂”“呵护花蕾”儿童防性侵教育、“护苗行动”儿童心理疏导项目等法律专题讲座87场，未成年人自我保护、心理团辅等活动30场，开展一对一心理个案辅导50余次。开展特殊人群走访，市妇联和市公安局实现数据共享，对太仓市社会治理现代化综合指挥平台335户重点关注家庭走访超1200次；发挥和市法院的家事联动合作机制作用，完成家事调查53件次；接待群众信访54件次，引导妇女群众通过合法渠道有序表达利益诉求；编撰《幸福婚姻宝典》免费发放给新婚夫妇，创新婚姻家庭辅导模式，辅导新婚夫妇109对，介入离婚劝导279对，劝和78对。联合市司法局开展“破茧成蝶，从心出发”社区矫正妇女活动，完成心理团辅、技能培训等专题活动4场。

【妇女儿童实事项目】 2023年，太仓市持续推进市“十四五”妇女儿童发展规划各项指标落实，召开全市妇女儿童工作会议，开展指标监测评估，《太仓市妇女发展规划（2021—2025）》达标率96.6%，《太仓市儿童发展规划（2021—2025）》达标率92.08%，印发实施《2023—2024年太仓市政府妇儿工委11件实事任务分解和职责分工》。推进儿童友好城市建设，建成娄东街道柳园社区、城厢镇梅园社区、沙溪镇东市社区、璜泾镇银杏社区等苏州市儿童友好社区4个，建设位于原沙溪医院对面的儿童友好口袋公园、实验小学高新区校区、市第一人民医院等一批儿童友好公园、学校、医院，探索打造儿童友好街区、场馆等适儿化项目。开展“99公益日”募捐活动，10个妇女儿童家庭关爱项目募集资金23.6万元。开展第六届妇女儿童家庭公益服务微创投，征集实施“小龙小凤”抗逆力亲子工作坊、“合力共育·赋能家庭”等项目6个，累计开展活动96场次，服务妇女儿童1578人次。推进“幸福港湾”项目5个，命名新一批实践基地5个，实现街镇项目全覆盖。持续深化“一户一策微关爱”项目，“康乃馨”单亲贫困母亲、“萱之爱”两癌贫困妇女、“太仓妈妈”帮困助学等妇儿关爱项目，帮助贫困妇女儿童100余人。

【家庭建设】 2023年，太仓市推进家文化建设，开展“激扬家国情，奋斗新征程”家风家教主题宣传月系列活动和第14届家庭文化艺术节，实施市、镇两级重点活动27个，举办“娄城记忆——我家的幸福瞬间”家庭摄影作品、“童心永向党、共创友好城”书画作品创作征集联展等活动。推进家庭教育服务，制定《太仓市家庭教育工作“十四五”规划》，召开家庭教育工作推进会，打造一批市级家教家风实践基地和亲子研学打卡点16个、街道（乡镇）家庭教育指导服务工作站11个，组建市级家庭教育骨干师资队伍，开展家庭教育讲座进基层、优秀家庭教育故事征集活动，推进家校社协同育人。开展家教巡讲、父母沙龙、绘本阅读和创意搭建等活动97场，参与群众2800余人次。推进家风建设，开展最美家庭、文明家庭等优秀家庭典型寻访评选，获评江苏省最美家庭1户，苏州最美家庭、健康家庭30户。联合市纪委开展“清廉寄语 · 家风传承”家书征集活动，征集作品99件。

【妇联组织建设】 2023年，太仓市拓展妇联组织网络，新建五洋商城建材市场妇联等新兴领域妇联15个，南洋商圈暖蜂驿站等妇女微家11个，太仓同维电子等妇女之家2个，开展“妇女微家”示范点评选活动和“温暖同新 · 聚力同行”新兴领域女性关爱服务。加强妇联队伍建设，替补、增补市妇联执委，选举妇联副主席，举办全市基层妇女干部培训班以及镇、村（社区）执委培训200余场，实施市镇村三级妇联执委自办领办项目1347个，推动妇联组织和妇联工作有形、有效覆盖。 （张　丽）

太仓市科学技术协会

【概况】 2023年，太仓市科协系统立足“四服务一加强”（服务科技工作者、服务创新驱动发展战略、服务公民科学素质提高、服务党委政府科学决策、加强自身建设）职责定位，团结带领全市科技工作者开拓创新、务实干事，推动科技创新、科学普及“一体两翼”融合发展，为全面推进中国式现代化太仓新实践贡献科协力量。市科协被中国科协办公厅评为“表现突出的科普中国信息员组织单位”“全国科普日活动优秀组织单位”。截至年底，全市共有区镇科协9个，社区（村）科协158个，各类学会、协会、研究会27个，企事业单位科协47个，科技服务站、院士专家工作站和企业研发中心9个，注册科技志愿者超2000人。

【科协服务创新驱动发展】 2023年，太仓市科协协办2023年中德智能制造论坛，中德智能制造领域10名院士科学家，中国国际科技交流中心主任苏小军，省科协党组成员、副主席李千目等300余人参加，该论坛入选中国科协双边科技人文交流合作三年行动计划重点项目。太仓服务德国科技人员相关工作受到中国科协关注，并委托省科协调研组到太仓作专题调研，为优化海外人才服务提供太仓经验。促成太仓生物医药产业园与苏州市生物学会成立苏州市生物学会科技经济融合工作站。举办2023年“海智服务基层行”走进太仓高新区活动，高端装备制造、新材料、生物医药等领域6个项目进行路演。立项重点学术活动7项、软课题项目20个，获批苏州市学术交流活动A类资助项目1个、苏州市科协软科学研究项目1个。

2023年4月20日，省科协受中国科协委托专题调研太仓德国科技人员需求情况 （市科协供稿）

【科技工作者服务】 2023年，太仓市科协围绕科技工作者能力提升需求，联合举办“工程师开放日”“10+X”月度沙龙和科技工作者能力提升季度分享课等品牌活动，举办工程技术人员走进大院大所、苏州人工智能产业发展研讨会、“质量管理中的女性领导力”等活动16场。春节期间，以邮寄慰问信和家乡土特产形式向施剑林等10名太仓籍院士专家送上新春慰问。免费为26家团体开通文献专利查询服务。

【科创项目人才举荐】 2023年，太仓市科协加强对企业科创项目和科创人才的推举，获“中国创新方法大赛”江苏赛区决赛优胜奖2个，2023年“科创江苏”创新创业大赛一等奖1个、二等奖1个、三等奖2个，苏州市2022—2023年“讲理想、比贡献”创新创业“双杯赛”优秀活动项目12个、优秀个人1人，市科协获评“优秀组织单位”，获奖数量质量创新高。指导企业申报科经融合项目，获苏州市科经融合项目立项1个、苏州市科协科经融合科企协同创新项目立项1个。获评2023年“科创江苏”企业创新达人1人、“江苏科技智库青年人才计划”杰出青年专项1个、“苏州魅力科技人物”1人（苏州市共10人）、首届苏州市“杰出工程师”1人、“苏州市科协青年科技人才托举工程”项目资助 2 人。

【全域化科普品牌矩阵构建】 2023 年，太仓市科协加强“科普宣传周”“全国科普日”“科普进万家”“科普大讲堂”“美丽城市科普行动”等一批活动品牌建设。举办以“热爱科学、崇尚科学”为主题的 2023 年全国科技活动周暨太仓市第 35 届科普宣传周活动，市级层面组织开展重点活动 13 项，全市共举办科普活动 417 项，受益市民 20 万余人次。举办以“提升全民科学素质，助力科技自立自强”为主题的 2023 年全国科普日活动，据不完全统计，全市共举办活动 265 项，线上线下受益超 110 万人次。“七彩夏日”暑期系列科普活动送讲座进暑托班 40 场次，受益超 1500 人次，市科协获评为“七彩夏日”青少年暑托班“优秀送课单位”。“你点我讲”科普大讲堂进村、社区、学校、企业、机关举办讲座 241 场次，受益市民超 2 万人次。

【青少年科普活动】 2023 年，太仓市科协首次承办第 34 届江苏省青少年科技创新大赛，比赛为期 3 天，参赛选手 700 人，观摩人员 2000 人。市实验小学作品获一等奖，高新区第二小学作品获二等奖。组织参加 2023 年苏州市青少年科普剧比赛，获幼儿园组铜奖 1 枚、小学组铜奖 2 枚。举办太仓市青少年科技创意比赛、中小学科技节等青少年科技教育品牌活动，开展各类青少年科普活动。太仓科技馆全年共开展“馆校合作”活动 417 课时，覆盖学校 14 所，服务学生超 1 万人次；开展“中科健雄青少年创客基地”“创梦工坊——深度看展品”系列活动 111 场次，参与人数超 4000 人；创作开发“动察世界——探奇数字化课堂系列科普动漫视频”；举办“植此一游 · 草木皆宾”植物科普展、“入木三分”中国传统木艺展等大型展览，为提升青少年科技创新能力创造氛围。

【科普阵地建设】 2023 年，太仓市科协立项科普设施建设项目 6 个，认定太仓科技馆分馆 5 家。新增江苏省科普教育基地 2 家、苏州市科普教育基地 2 家、江苏省科学教育综合示范学校 1 所、苏州市科学教育综合示范学校 2 所、太仓市科普教育基地 4 家。市规划展示馆在江苏省科普教育基地终期考核中获“优秀”等级，并被自然资源部办公厅评为“2023 年自然资源部科普基地”，成为江苏省唯一获评的科普场馆类基地（江苏省入选 3 家）。

2023 年 4 月 1 日，第 34 届江苏省青少年科技创新大赛在太仓举办
（市科协供稿）

【科协组织建设】 2023 年，太仓市新建企业科协 14 家，发展团体会员 15 家，完成企业科协备案登记 20 家，康辉科技发展有限公司科协、太仓荣文合成纤维有限公司科协获评首批苏州市级示范企业科协。8 家区镇科协完成换届，5 家科技团体完成年检年报。试点培育“科技工作者之家”，制定实施《太仓市“科技工作者之家”建设实施办法》，首批命名预防医学会等 3 家单位为太仓市“科技工作者之家”。实施学会能力提升计划，资助强化组织建设项目 1 个、特色工作项目 6 个和微信公众号项目 2 个，打造有特色有活力的学会典范。全年累计注册“科普中国”信息员 8.4 万人，传播科普信息 165 万余次，活跃量 13 万人次。“太仓科协”微信公众号全年推送文章 427 篇。成立科协惠企、惠农行动支部 2 个，助建沙溪镇新时代文明实践所科普智慧墙项目，常态化开展科普大讲堂进农村进企业服务。

（牛春艳）

太仓市归侨侨眷联合会

【概况】 2023 年，太仓市侨联贯彻落实第十一次全国归侨侨眷代表大会和《开展新时代全省侨联建设督导行动工作方案（2023—2025 年）》精神，建强基层服务阵地。成立太仓首家高校侨联——西交利物浦大学侨联太仓分会，实现高校侨联建设零的突破。发挥“地方侨联 + 高校侨联 + 校友会”优势，增强涉侨服务资源协同整合。在重点产业园区、特色载体、高校加强侨联组织建设，突出服务新侨和留学归国人员。全年新增德国留学生创业园、太仓生物医药产业园、港区、娄东街道太东社区“侨胞之家”4 家。指导镇（区、街道）相继成立太仓港区（浮桥镇）侨界联合会、太仓高新区（科教新城、娄东街道、陆渡街道）侨界联合会、城厢镇侨界联合会、沙溪镇侨界联合会、浏河镇侨界联合会、双凤镇侨界联合会、璜泾镇侨界联合会等基层侨联组织 7 个。成立太仓市留学生家长联谊会，成员 200 人，开创为新侨服务工作新局面。举办金融服务、急救培训、安全讲座等各类活动 4 场。成立太仓市侨界“侨爱有我”志愿服务队社会组织 2 个。年内，太仓市侨联获评 2023 年度苏州市侨联组织建设工作突出单位。

【侨界思想引领】 2023 年，太仓市侨联在全市侨界开展各类学习贯彻中共二十大精神群众性主题活动。主要领导领学导读习近平总书记系列重要讲话精神，在侨联微信公众号举办知识竞答等活动。宣传侨界先进人物，以典型引领凝聚侨心，推荐留学归国创业人员谭淼为"太仓好人"，成为太仓市爱岗敬业、热心公益的典范。结合各地侨情开展侨界宣讲和学习实践活动10余场次，参与近千人次。娄东街道组织侨界群众和社区居民开展第十一次全国归侨侨眷代表大会精神宣讲，巩固广大侨界群众"听党话、感党恩、跟党走"思想共识。组织侨界青年在清明节开展"侨青心向党·奋进新征程"缅怀先烈活动，重温烈士英勇事迹，凝聚爱国共识，激发青春力量，贡献青春智慧。组织侨界群众开展"学习二十大，奋进新征程""重温革命历程，汲取奋进力量"等主题实践活动，参观太仓美术馆社会主义建设时期绘画作品专题展览、苏州博物馆西馆苏州发展史和铁岭关战斗史迹陈列馆等，增强新时代侨界人士凝聚力和向心力。组织开展"强国复兴有我"群众性主题宣传活动，在侨界营造参与强国建设、民族复兴的社会氛围。

【为侨服务工作】 2023年，太仓市侨联深化归侨侨眷关爱帮扶工作，市镇两级联动开展"'太'爱侨——冬日暖侨"活动，高新区管委会开展"山海传情·春暖侨心"慰问活动，走访慰问在太仓过年的华侨华人及留学归国人员。浏河镇开展"听侨声，暖侨心"活动，走访慰问老归侨及侨企。双凤镇开展"冬日暖侨·情暖福地"活动，走访慰问侨眷。陆渡街道开展"隆冬沁香·新春送暖"活动，走访慰问街道重点侨眷和留学生家属。组建市镇两级"侨爱有我"志愿服务队，队员近百人。在《中华人民共和国长江保护法》实施两周年之际，市级侨界志愿服务队组织开展"长江大保护"侨界志愿行活动。浏河镇组建"蜂鸟行动"侨界绿色环境志愿服务队，开展亲子观鸟活动，推广生态环保理念。城厢镇侨界志愿者在第60个"学雷锋日"开展侨法宣传志愿活动。市侨联在中秋节、重阳节分别开展"中秋节送温暖""尊老敬贤·情暖侨心"慰问重点侨眷、老归侨侨眷活动，弘扬中华民族传统美德，增强侨界群众幸福感和归属感。年内，市侨联做深"维权工程"，与市法院、市司法局等部门加大联动，推动涉侨纠纷多元化解工作机制建设。成立市侨联涉侨纠纷调解中心，聘请律师、人民调解员等11人为市侨联涉侨纠纷调解员，并被市法院聘为"涉侨纠纷特邀调解组织"。5月，开展"法治宣传月"侨法宣传进园区、社区、校区活动，在太仓生物医药产业园、西交利物浦大学太仓校区、各镇村（社区）开展侨法宣传，开展涉侨法律进"三区"活动10余场次。联合娄东律师事务所，成立太仓市首家为侨法律服务工作站，发挥律师专业力量。牵线市法院与西交利物浦大学太仓分校成立"HUI法官工作室"，成立侨界高层次人才法律宣讲团。在微信公众号上举办"看漫画懂侨法"10期，扩大侨法知识普及率。市侨联常态化开展侨企服务需求调查，开展侨企情况摸排行动，梳理侨企近50家，新增20余家。结合全市"党建惠企·暖商护商"行动，全年走访企业30余家，收集的问题通过"党建惠企服务先锋行动"线上平台及时反馈相关部门。发挥侨联联系广泛的优势，建立企业与人才之间的桥梁，收集企业用工需求，面向海外留学人员，招募企业岗位实践人员，帮助企业人才招引。联合市政协港澳侨台委举办"创业中华·侨力助企"活动，召开生物医药产业侨商侨企座谈会，搭建侨商侨企与相关职能部门面对面沟通、答疑解惑平台，为侨界生物医药企业纾难解困。

【侨界联络联谊】 2023年春节期间，太仓市侨联组织海内外侨胞新春拜年活动，收到海内外侨胞祝福视频40余条。年内，市侨联发展壮大海外顾问、海外委员队伍，聘任3个国家的6名侨界重点人士担任市侨联第七届委员会海外顾问（委员），做好海外荣职跟踪和归国接待服务，提升海外荣职人士归属感、荣誉感。全年接待侨团侨胞14批次、70人次，相继接待意大利贸促会、德中联合会、中美科技创新合作中心、美国华人医药协会、欧华之声、德国贸促会、北美华人作家协会等侨团，以及核物理学家吴健雄亲属、物理学家朱棣文亲属、健合集团首席财务官王亦东、天九共享控股公司全球CEO戈峻、美国麻州大学波士顿分校绿色化学中心主任张炜、旅美明史专家马渭源、法国科学院主任研究员邵亮等太仓籍知名企业家和学术界人士。开展首届太仓侨界青少年研学夏令营活动，增强侨界青少年对市情的了解。

【侨界招才引智】 2023年，太仓市侨联参与协办第八届"郑和杯"中德青年创新创业大赛和2023年引凤工程创新营苏州太仓站活动，发动侨界创业青年参加比赛和路演，打响"人到苏州必有为·才聚太仓更幸福"工作品牌。年内，先后介绍美国麻州大学波士顿分校绿色化学中心主任与西交利物浦大学太仓校区对接，开展学术合作。英国葛兰素史克公司首席统计官与生物医药产业园企业对接，为侨企招才引智。天九共享集团全球CEO与市招商局对接，达成项目招引合作意向。美国希捷消费电子部主管与太仓众华电子有限公司开展产品开发意向等。为江苏省、苏州市、太仓市发展大会邀请乡贤嘉宾7人次，凭借各自的资源和影响，在国内外宣传家乡、推介家乡。

【侨界中华文化弘扬】 2023年，太仓市侨联开展"亲情中华"主题系列活动10余场，包括中德新年音乐交流会、春节送楹联活动、元宵节党的二十大知识猜灯谜活动、"中餐惠侨"素食文化节活动、中医惠侨等活动。成立全市首家太仓市素食文化推广基地、首家太仓市华侨会客厅，开展江南文化雅集活动，传播中华优秀传统文化。联合市委统战部建立首家"中医惠侨"基地，在侨界普及中医知识。新增浏河天妃宫、城厢镇电站村2家苏州市华侨文化交流基地，江南丝竹馆获评省华侨文化交流基地。端午节期间，在太仓港经济技术开发区举办"粽香家国情"活动，学习中华传统文化，弘

2023年1月13日，“亲情中华·中德文化增‘春’色”太仓侨界迎新春音乐交流会暨“德创园侨胞之家”成立仪式在太仓市德国留学生创业园举行（市侨联供稿）

扬家国情怀。联合苏州市中华文化促进会开展传统文化进校园活动，邀请演员六小龄童在太仓市9所小学开展重温名著经典《西游记》活动。举办侨界娄东大讲堂5期，在侨界群众中开展中德诗词鉴赏、郑和下西洋、跨文化视野中的国际电影节纵览、人工智能在金融领域的应用、走进非遗文化苏绣等宣讲，在中外文化交流、重温历史经典、领略华人国际影响、了解时代科技前沿、欣赏传统非遗文化中树立民族文化自信。线上线下同步举办首届侨界中秋晚会，通过地方非遗项目的演出，让太仓海内外侨胞感受中华优秀传统文化魅力，增强文化自信和民族认同。

【侨务宣传工作】2023年，太仓市侨联利用市侨联微信公众号等宣传阵地开展宣传，弘扬侨界正能量。侨界迎新春中德音乐交流会报道被新华网客户端录用，浏览量44万人次。旅德华侨王一茹通过钢琴独奏《我和我的祖国》表达爱国之情，美国华侨谭磊通过演绎江南名曲《声声慢》表达海外游子对故乡的眷恋，2个视频均被“学习强国”学习平台录用并受到侨界关注。全年，市侨联工作获新华社客户端报道1次、苏州及省级媒体报道7次、“学习强国”学习平台录用2篇。组织留学归国人员拍摄“强国复兴有我”快闪活动。

【侨界建言献策】2023年，太仓市侨联加大侨情调查研究力度，用好“五侨”（“五侨”即人大外事民宗侨台工委、政协港澳台侨委、侨办、侨联、致公党）联动机制，协助市委统战部办理《关于凝聚“乡贤”力量，共谋太仓发展的建议》政协提案，发挥群团优势，助力全市海外引才工作。开展“五侨”联动助力“太仓侨企发展现状”调研，联合市政协港澳侨台委走访调研侨企，收集问题建议，形成调研报告，为全市侨商侨企发展出力。

（时海炜）

太仓市工商业联合会

【概况】2023年，太仓市工商联学习宣传贯彻习近平总书记考察江苏重要讲话精神和《中共中央、国务院关于促进民营经济发展壮大的意见》，畅通政企沟通渠道，优化营商发展环境，加强商会组织建设。截至年底，共有下属基层商会40家，其中：区镇商会12家，行业商会18家，异地商会9家，新一代企业家商会1家。发展会员企业4100余家，其中，雅鹿集团入围2023年中国民营企业500强，位列第377位，并与香塘集团共同入围2023年中国制造业民营企业500强。年内，市工商联再次被全国工商联确认为全国“五好”县级工商联，下属商会中新增获评全国“四好”商会2家、省“四好”商会2家。

【商会思想建设】2023年，太仓市工商联组织开展全市商会系统中共二十大精神宣讲系列活动，在市工商联常执委会议、秘书长会议、商协会党支部书记会议等会上专题学习贯彻中共二十大精神和习近平总书记考察江苏重要讲话精神以及《中共中央、国务院关于促进民营经济发展壮大的意见》。开展理想信念教育培训活动，与市委统战部联合举办理想信念培训班以及年轻一代民营企业家培训班，共同推动制定《太仓市关于新一代民营企业家培养“新领航”计划的实施意见》。

【商会社会服务】2023年，太仓市工商联开展东西部协作和“万企兴万村”等公益活动，组织企业家代表赴陕西省周至县、江苏省睢宁县开展对口联系活动，港区商会、安徽商会向周至县“万企兴万村”项目捐款10万元，建筑行业协会、川渝商会向睢宁县邱集镇新闸村、邦彦村捐款4万元。各基层商（协）会开展助学、敬老、帮困等社会公益活动。9月，在第三届“太仓慈善奖”评选中，双凤镇商会、建筑行业协会、河南商会、荣文集团、香塘集团等10家商会和企业获评“慈善爱心企业”，5名企业家获评“慈善爱心人士”。

【政企沟通】2023年，太仓市工商联筹备举办民营经济高质量发展大会，通报2022年度（第二届）“太仓市优秀民营企业家”以及“2023年太仓市民营企业20强”“2023年太仓市民营企业创新榜单”情况，牵头起草《太仓市民营经济高质量发展实施意见》《市领导走访调研民营企业方案》。组织举办全市民营企业家座谈会、全市年轻一代企业家座谈会、民营企业走进企服中心专场座谈会。

【涉企服务创新】2023年，太仓市工商联多次举办民企德企双向交流活动，与市工信局联合举办中德企业总裁高级研修班。《中华工商时报》《新苏商》杂志刊登题为《太仓民企德企“双向奔赴”》《民企合作德企的“太仓样本”》的专题报道。持续开展涉案企

2023 年 9 月 27 日，太仓市召开民营经济高质量发展大会　（邓建红摄）

业合规工作，截至年底，开展合规考察涉案企业 4 家，完成 3 家。推动商会商事调解中心扩容，全市商会商事调解中心总数增加至 15 家。

【商会调查研究】 2023 年，太仓市工商联围绕推动民营经济在中德合作中健康成长、民营企业人才困境破解等专题做好政协提案工作。做好省区域民营经济营商环境满意度测评工作，在 2022 年度全省营商环境测评中，太仓位列全省第二、苏州第一。制订《关于在全市商会系统大兴调查研究的实施方案》，分组走访基层商会、企业，帮助协调解决问题困难。

【商会组织建设】 2023 年，太仓市 24 家商协会单独组建党支部，其他商协会由区镇统战委员担任或市工商联下派党建指导员，实现“两个全覆盖”（党的组织覆盖和工作覆盖）。指导成立太仓市南通商会，吸收太仓市印刷行业协会团体入会，完成浮桥镇商会、直塘商会、浏家港商会、金浪商会、江西商会、浙江商会、河南商会、盐城商会等基层商会换届。制定《太仓市工商联“四好”商会建设实施办法（试行）》，提升商会建设水平。引导争创全国、江苏省、苏州市“四好”商会，双凤镇商会、安徽商会获评 2023 年度全国“四好”商会、江苏省“四好”商会。（施燕秋）

太仓市文学艺术界联合会

【概况】 2023 年，太仓市文联坚持文艺“为人民服务、为社会主义服务”的方向和“百花齐放、百家争鸣”的方针，发挥文艺特长和“联”字优势，团结引领全市文艺工作者坚持以人民为中心的工作导向，将文艺创作、文艺传播与志愿服务相结合，将文艺服务送到群众身边，用文艺力量赋能乡村振兴，全市文学艺术事业和文联工作取得新进展。市文联举办各类文艺展览展演活动 260 余场，文艺惠民受益人群 50 万人次，出版文艺专著 9 部，获苏州市级以上奖项作品 270 余件，省级以上发表、入选、入展作品 250 余件。晋升国家级会员 2 人、省级会员 5 人、苏州市级会员 10 人。

【文艺方向引领】 2023 年，太仓市文联把深入学习宣传贯彻中共二十大精神，习近平总书记视察江苏、苏州工作重要讲话精神，和学习贯彻习近平新时代中国特色社会主义思想主题教育紧密结合，作为贯穿全年工作的主题主线。举办 2023 年百名文艺家培训班，引导文艺家听党话、跟党走。开展大走访活动，通过走访各文艺家协会，开展党建惠企服务先锋行动和“千村万企、千家万户”走访活动等方式，面对面调研，了解人民群众对精神文化的需求，搭建企业、社区与文艺团队的桥梁，提供宣传文化工作方面的帮助。

【主题文艺活动】 2023 年，太仓市文联围绕市委、市政府工作大局开展文艺活动，引领文艺工作者主动宣扬中共二十大精神，投身中国式现代化太仓新实践。在组织书画、摄影、楹联等活动宣传中共二十大精神的同时，创作歌曲、戏曲等作品，通过发放“乡音收音机”、举办“城乡和美幸福地”主题创作作品展和“礼赞新时代 · 奋进新征程”文艺专场等形式，宣传贯彻中共二十大精神，助力乡村文化振兴。以“四篇文章”（融入上海桥头堡、以港强市枢纽城、对德合作示范区、城乡和美幸福地）、“太仓速度”为主题开展创作，用摄影、美术等艺术作品记录、抒写太仓发展瞬间，用戏曲等形式把“太仓速度”搬上舞台，用沪剧作品《古松情怀》宣传城市更新，出版长篇报告文学《开弓没有回头箭：太仓市城市更新进行曲》等作品。开展“太仓市撤县建市暨对德合作 30 周年”系列文艺活动，举行主题书画展、摄影展赛、诗文朗诵会、联墨展、海内外灯谜创作大赛、文艺演出。

【文艺志愿服务】 2023 年，太仓市文联团结引领全市文艺工作者坚持以人民为中心的工作导向，面向基层、服务群众，开展“太仓市文艺志愿者进百村（社区）入万户”活动，将文艺服务送到群众身边。组织文艺家进机关、乡村、学校、部队、养老院等场所开展文艺志愿服务，到浮桥镇九曲社区、陆渡镇翱翔社区等地开展共建服务活动和“新时代颂”“镜头里的太仓速度”摄影作品展。举办第三届太仓市戏曲演唱大奖赛、“太有戏”演出季、“夜太美”江南丝竹演出、江南丝竹新春音乐会、“童声里的中国”优秀童谣展演活动、古琴音乐会、音乐培训成果展演、“盛夏流行色”演唱会等。第四届江浙沪娄东昆曲雅集暨首届“良辅曲会”由苏州市文联授权为第 24 届中国苏州虎丘曲会太仓分会场，活动受到苏州全媒体及紫牛新闻 App 报道，受到国内外昆曲曲友及专家好评。用好文艺阵地，发挥载体优势，强化“文艺之家”、《金太仓》杂志和“娄东戏台”“太仓乐坛”“舞林会友”等阵地建设。“娄东戏台”被江苏省委宣传部、

2023 年 5 月 28 日，太仓市“江南两地情深”民族管弦乐音乐会在常州市举行（市文联供稿）

省文明办、省文旅厅、省文联授予江苏省群众文化“百千万”工程优秀群众文化活动品牌。发展乡镇文联基层文艺工作，经申报推荐，浏河古镇获评首批江苏省文艺家采风创作基地，这是苏州市首家综合类省级采风创作基地，太仓市获得省文联、省文艺家协会在人才培养、文艺创作、成果共享等方面支持。

【文艺交流展示平台打造】 2023 年，太仓市文联与国家、省、市级文艺组织合作，举办“诗歌万里行”走进太仓暨首届国际双语诗歌颁奖活动、第二届“我为太仓写首诗”全国现代诗创作大赛、第八届“太仓七夕杯”全国爱情诗大奖赛颁奖典礼暨《娄江夜读》诗歌朗诵会、第八届“江南画风”中国书画摄影名家邀请展、“践行二十大 · 礼赞新时代”全国草书名家作品邀请展等活动，提升太仓市文艺对外影响力。组织文艺家协会及会员开展对外交流活动，油画学会会员作品展在上海展出，民族管弦乐作品交流音乐会在常州演出，江南丝竹传承音乐会在苏州演出，合唱音乐会在上海保利大剧院举办，美术家协会 8 名会员 40 余幅山水画作品参加广东“新娄东画派山水画作品展”，“从太仓出发”长江文化摄影作品展参加浙江丽水摄影节。与河北任丘摄影家协会缔结友好协会，与上海音乐出版社联合举办朱伟《新思路儿童吉他教程》首发式和创作分享会，与浙江桐乡市、扬州市邗江区等开展戏曲文化交流演出活动。举办太仓—周至摄影联展、太仓—太和书画联展、太仓—奉贤文学创作交流活动、长三角书画名家小品展等，促进不同风格、流派，不同地域之间文化交流。

【文艺精品战略实施】 2023 年，太仓市文联坚持正确的创作导向，聚焦精品，培育人才，鼓励创作更多融思想性、艺术性和观赏性相统一，人民群众喜闻乐见的文艺精品。凌鼎年文学馆、作文指导馆相继在太仓市第一中学、江苏省太仓高级中学开馆，凌鼎年获第二届中国微型小说（小小说）理论贡献奖等，周勇伶长篇小说《身如琉璃心似雪》获江苏省第八届紫金山文学奖（网络文学奖），全市在各类文学期刊中获奖、发表的文学作品超 400 篇；江南丝竹社《昆韵》获“江苏省文艺大奖 · 民间文艺奖 · 优秀民间艺术表演作品大奖”，史仁杰、王月英、顾晏如等创作的麦秸画《鹤翔九天》获“江苏省文艺大奖 · 民间文艺奖 · 优秀民间工艺美术作品金奖”，钱蕴创作的刺绣《四王山水》获“江苏省工艺美术博览会 · 江苏省第十四届‘艺博杯’工艺美术精品大奖赛银奖”；十余名书画家的作品在全国、省、市级书法、美术展赛中获奖、入展；在国家级摄影刊物上发表摄影作品 18 幅，在国家级展赛中获奖作品 7 幅；陈永明获江苏省“文润 30 年”最美文化工作者称号，王奉振创作的小品《真的是一家人？》获第六届江苏省曲艺、喜剧小品大赛三等奖；小百灵童声合唱团获上海国际童声合唱节童声组一等奖，张士超作曲的《山中月》获第六届紫金合唱节合唱作品征集“优秀作品”，金裕玲、周舟创作的歌曲《肩膀》获全国大型原创词曲征集活动优秀奖；倪艳编导的舞蹈《双手编织幸福路》获全国广场舞巡演优秀作品奖；何庆华、朱青等主创的电视文艺作品《紫薇树下永恒的追忆——纪念吴健雄诞辰 110 周年》获江苏省优秀广播电视节目政府奖电视文艺奖文学节目三等奖。全市获得苏州市“繁星奖”、苏州市创作推优等奖项的民间文艺、书法、美术、摄影、戏曲、音乐、舞蹈作品 30 余件。

【文艺家协会换届】 2023 年，太仓市文联根据《关于太仓市文联各文艺家协会换届工作的实施意见》要求，指导推进各文艺家协会换届工作，加强职业道德建设和行风管理，营造风清

2023 年 6 月 20 日，市文联举办太仓文艺人才培训班（市文联供稿）

气正的换届环境。关注文艺管理人才的培养，指导团体会员建立人才梯队，优化年龄结构和人才分布，把德艺双馨、能够胜任文艺工作的人才吸收到理事会中，为文艺事业可持续发展培育后备力量。完成8个文艺家协会的换届工作。推进协会理事会班子配备革新，壮大协会队伍，激发协会活力，呈现争先创优、整体推进态势。

（蒋喜桔）

太仓市残疾人联合会

【概况】 2023年，太仓市做好残疾人就业、康复、群宣、维权等各项工作，残疾人工作在全省"走在前、做示范"。截至年底，全市共有持证残疾人10964人，其中肢体残疾5451人，精神残疾1401人，智力残疾1170人，视力残疾926人，听力残疾1334人，言语残疾58人，多重残疾624人。年内，市残联获评苏州市残疾人工作先进集体；视力残疾人高志浩获评苏州市"十佳残疾人创业之星"和感动苏州"十佳残疾人自强模范"；助残典型邱蓉芬、李志辉获"苏州时代新人"称号，高凯获感动苏州"十佳助残先进个人"称号。

【"残疾人之家"建设】 2023年，太仓市印发《2023年太仓市高质量建设"残疾人之家"工作方案》，被列为2023年苏州市民生实事项目的浏河镇"高质量残疾人之家"建成，通过苏州市残联考核验收。全市27个"残疾人之家"吸纳287名残疾人从事辅助性就业，月收入最高超3000元。各镇（街道）"残疾人之家"举办各类宣传文体活动。在苏州率先研发建成"残疾人之家"监管信息系统，实现全程数字化、监管可视化。制定"残疾人之家"运营服务招标示范文本供各镇（街道）采购使用，统一服务内容、标准和评价指标，促进规范化运营。

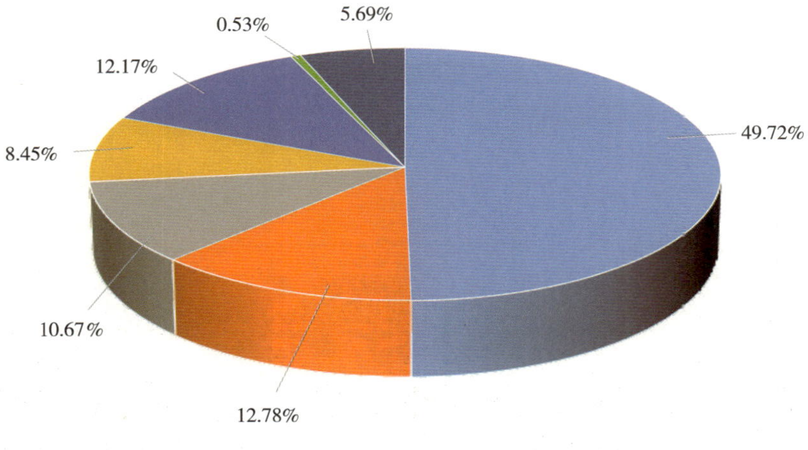

图6 2023年太仓市持证残疾人比例图

【残疾人就业托养】 2023年，太仓市制定促进残疾人就业三年行动方案，实施"走访拓岗促就业"专项活动，举办线上线下专场招聘会5场，发布、更新61家用人单位招聘岗位信息443条，全年新增实名制就业人数104人。应届高校残疾人毕业生就业率100%。中德融创工场在苏州市残疾人就业交流会上分享经验做法。向57家企业发放按比例补贴和超比例奖金44.23万元。建成投用太仓市残疾人就业创业孵化基地，吸引入驻助残单位4家，完成居家办公项目1项，帮助4名残疾人就业、4名残疾人创业注册，举办培训活动6场，2名残疾人在第三届苏州市残疾人创新创优大赛中分获第二名和第三名。探索电商直播、咖啡师、中式糕点等新业态、新领域技能培训，全年实施各类培训项目21个，参训人员163人次，完成率122.56%，获高级职业技能等级证书15人。新开"无声"咖啡店2家，璜泾镇残疾人开办"青葵"咖啡店。全年完成新增托养服务61人，全市托养总人数449人，其中居家托养190人、全日制托养17人、日间照料242人。

【残疾人康复服务】 2023年，太仓市新增残疾人康复机构2家并取得教育备案，共有教育机构3家、医疗机构4家，形成全类别儿童康复供给体系，儿童康复服务能力实现突破。印发《太仓市残疾儿童定点康复机构考评办法》，提升儿童康复机构服务水平，在苏州市康复技能比赛中获孤独症类第一名。联合团市委实施孤独症儿童暑托班项目，"星星港湾"班点被团省委评为江苏省"优秀示范班点"。在苏州市率先开发完成儿童康复机构监管平台，实现全日制、全方位、全流程信息化监管。在省残联、省财政厅2022年度残疾人专项资金绩效评价中康复项目名列苏州第一。加强残疾人证管理，扩充评残专家，改造提档评残室4个，安装叫号系统。创新实施"辅具到家"试点项目，为43名困难重度肢体残疾人发放辅具套餐，在全市10个区域设立辅具共享点，投放轮椅55辆，提供扫码自助借还服务。实施"太仓市残疾人心理关爱项目"，新建残疾人心理咨询室，开展上门辅导。联合市卫健委、市医保局开展重度肢残人员"减压"项目，对发现压疮的人员及时落实相应防治措施，重度肢残人员家庭医生签约率95.3%，一级肢残人员长护险比例提高30.0%。市政府残工委印发《太仓市残疾预防行动方案（2023—2025年）》，实施三级防控。在省残联残疾预防行动计划中期评估和残疾儿童基本康复服务督查中，太仓市残疾预防和残疾儿童康复工作获省残联肯定。在苏州市残联、苏州市人社局主办的"助残圆梦·创翼未来"第三届苏州市残疾人创新创业大赛中，太仓选手陈余新申报的"'传承之味'太仓特产的传承与电商营销"创业项目获二等奖，安大鹏申报的"电机科技研发与产业化"创业项目获三等奖。

表 98　2023 年太仓市残联惠残补贴一览表

序号	类别	人数（人）	金额（万元）
1	城乡重度无业残疾人缴纳城镇职工基本养老保险	974	1039.54
2	城乡重度无业残疾人缴纳城镇职工基本医疗保险	911	238.92
3	城乡智力、精神（三、四级）无业残疾人享受特惠政策参加城镇职工基本养老保险	281	172.58
4	城乡智力、精神（三、四级）无业残疾人享受特惠政策参加城镇职工基本医疗保险	279	72.08
5	精神、智力（三、四级）成年残疾人生活补助	64	29.46
6	残疾学生和残疾人家庭子女助学补贴	310	52.99
7	托养护理费补贴	147	46.84
8	残疾人自主创业补贴	1	3.43
9	残疾人和托养机构人员人身意外伤害团体综合保险	0~64 岁残疾人不记名	33
10	下肢残疾人代步机动（电动）轮椅车购置补贴	1	0.15
11	残疾人机动轮椅车燃油补贴	49	1.274
12	听力和言语残疾人短信信息费补助	1360	45.01
13	0~17 周岁残疾儿童康复训练补贴	409	1025
14	残疾人假肢矫形器补助	214	67.4
15	助听器适配补助	253	72.2
16	听力障碍人员人工耳蜗植入手术费用补贴	1	13.5
17	贫困精神残疾人免费服药	享受医保门诊特需项目	
18	其他辅助器具适配与租借服务	192	10.9
19	残疾人家庭无障碍建设	62	21
20	残疾人春节慰问补贴	1772	177.2

【残疾人权益保障及文体宣传】 2023年，太仓市实施残疾人“尊法、学法、守法、用法”专项行动，法律援助站建立运行，常年开展法律咨询服务，保障残疾人权益。实施无障碍改造困难残疾人家庭62户。成立市无障碍体验督导队，督促整改发现的问题。开展群众文体活动，全年组织1500人次参加各类文体活动50余场。市残疾人艺术团走进学校、社区、“残疾人之家”开展活动，深圳爱特乐园到太仓交流演出。沪剧小戏《小保姆》作为唯一一个县级残联选送节目，受邀参加长三角残疾人首场文艺会演。残疾人文艺节目多次参加全市群众性艺术表演，在苏州市特殊儿童文艺展评活动中获一等奖。举办“梦想放飞会”“草

2023 年 5 月 17 日，太仓市第三十三次“全国助残日”暨“太有爱·太无碍”2023 行动启动仪式在沙溪镇胜利村举行　（张　屹摄）

坪手语阅读会”“朗诵培训会”等“阅读点亮心灵”系列活动。新华社制作的《他们积极生活的样子需要被更多人看见》视频报道在全国助残日播出，聚焦太仓中德融创工场，讲述心智障碍者们在太仓圆梦的故事，浏览量超百万次。《我们互相鼓气，把最好的一面展现出来》在人民网·上海频道发布。3月，《半月谈》杂志发表《叩问太仓：幸福是什么》文章，讲述太仓无声咖啡馆“姐妹花”创业故事。5月21日，新华网海外版刊发《Mentally disabled embrace new life in China's charitable workshop》（中德融创）文章。年内，“学习强国”平台、省市各级媒体宣传太仓市残疾人工作120余次。太仓市残联获评2023年度苏州市残疾人宣传文体（组织建设）先进集体。

【助残行动】 2023年，太仓市残联实施“入户零距离·党建暖民心”基层党建书记项目，实施入户访视制度，每人每月走村入户，协调帮助解决残疾人急难愁盼问题。5月17日，太仓市第33次“全国助残日”暨“太有爱·太无碍”2023年行动启动仪式在沙溪镇胜利村举行，开展“关怀暖人心”“关爱进家庭”等六大主题系列活动66项，继续开展助残圆梦“微心愿”活动，满足60余名残疾人个性化需求。“同心助残”联盟单位持续开展结对帮扶，市残工委成员单位实施“为残疾人办实事”项目24项。组织“99公益日”募捐，市残联获省公益助残网络募捐工作推进奖。

（徐　垠）

太仓市红十字会

【概况】 2023年，太仓市红十字会发挥党委政府人道领域助手和联系群众桥梁纽带作用，关注易受损害群体，全年共计接收社会各类捐赠款物327.28万元（含下拨），发放款物277.74万元（含下拨），受益人数9227人。完成2023年度“博爱送万家”人道救助慰问活动，共计发放救助金37.2万元，棉被、食用油等物资折合人民币9.24万元；实施“博爱光明行”项目，联系沙溪人民医院、璜泾人民医院眼科，救助困难家庭老年性白内障患者。开展“5·8”人道公益日活动，联合南郊小学、直塘小学以及科教新城实验小学举办“天使微心愿”募捐活动，倡议学生捐献自己的零花钱。联合市民宗局、市残联及爱心捐赠代表，在“六一”儿童节走访慰问残疾儿童家庭20户，发放慰问款物。举办民营企业家助力乡村振兴捐赠100万元签约仪式，明确款项渠道、用途。利用腾讯公益平台，发布“99公益日”互联网筹资项目，联合太仓市烟草专卖局发动个体工商户，开展爱心捐款，累计募集捐款25.13万元。与太仓农村商业银行签订数字货币协议，开设数币专户，制作捐赠立牌，投放到全市25个营业网点。走访大额或特殊捐赠单位，到申达塑料制品有限公司、苏州春分检测技术服务有限公司、太仓市盛达工厂店等企业了解生产情况并发放健康包。

【红十字对口帮扶】 2023年，太仓市红十字会开展捐助陕西省周至县爱心物资活动，捐赠帮扶资金及棉衣、T恤、家纺等物品，折合人民币70.22万元；与苏州市红十字会一同赴周至考察近三年帮扶项目落实运行情况，在“家佳美”光彩超市、终南敬老院项目点了解情况，在竹峪镇中心学校了解学校教室、食堂、图书角等办学条件，与教师交流学生教学及家庭情况，为做好下一步帮扶工作互通意见和建议。联合市民宗局、爱心单位代表到连云港市灌南县、徐州市睢宁县开展对口帮扶活动，开展暑期关爱留守儿童活动，为家庭困难的学生发放救助金及书包、T恤等物资，价值10.58万元。持续开展与四川省隆昌市助学活动，资助学生77人，发放助学款6.12万元，联合市民宗局及长期结对爱心人士代表崇恩禅寺计华法师，赴隆昌市考察交流近20年助学项目及成果，看望受资助的困难学生，并与隆昌市红十字会开展交流。

【生命教育质效提升】 2023年，太仓市红十字会围绕服务市场主体常态化开展培训473场，培训人员1.89万人次，重点关注化工、建筑、运输、外贸等行业领域企业，安排师资及志愿者送教上门，助力企事业单位安全生产。联合市卫健委、市总工会举办太仓市职业健康达人技能竞赛活动；在市老年大学常态化开设应急救护课程；联合苏州健雄职业技术学院实施“博爱青春——城市摆渡人‘救’在每公里”项目，对全市公交车、货车、网约车、出租车司机等开展急救培训，服务群众1000余人次，项目获评2023年全省“博爱青春金奖项目”。完成全市180个点位AED（自动体外除颤器）巡检工作，对屏幕、机箱、AED电池等做全方位“体检”。联合青少年活动中

2023年5月5日，河南省信阳市红十字会到太仓考察“生命救助站项目”
（市红十字会供稿）

心共同开展“生命教育，‘救’在身边”主题亲子急救公益体验活动，联合港区一小、直塘小学共同举办“生命教育，‘救’在身边”主题研学活动。

【应急备灾能力建设】 2023年，太仓市红十字会强化社会力量协同参与，优化应急救援队伍结构，打造以灾后赈济为主的应急救援队模式。参照苏州工作模式，与市慈善总会合作，引入商业保险机制，为队员购买意外伤害险。储备一批简易帐篷、救灾帐篷及御寒衣物，仓库货架分类编码管理，开发计算机及手机端仓储管理数据系统，所有社会捐赠物资实现“应录尽录”，提升物资储备中心备灾响应能力。

太仓市在全市政务大厅内投放生命救助站，保护群众人身安全。图为娄东街道政务大厅内的生命救助站
（市红十字会供稿）

【红十字人道服务】 2023年，太仓市红十字会开展各类献血普及动员活动46场，完成捐献全血6964人次，献血量10080单位，献血小板474人次、742.5个治疗量。造血干细胞捐献新增入库209人，成功捐献2人。遗体（器官、角膜）捐献新增登记207人，成功捐献遗体10例，器官捐献2例，角膜捐献4例。召开汪佳敏、刘陈申捐献造血干细胞欢送会，市红十字会工作人员全程陪同完成捐献。与市文明办联合发文，明确成功捐献造血干细胞志愿者在体检、验车、文化活动等8个方面的礼遇措施；联合市城发集团，为造血干细胞成功捐献者赠送新能源汽车充电卡。开展现场义诊、义讲宣教30场，服务群众1000余人次。清明节期间，带领捐献遗体志愿者家属参加苏州市红十字会“生命·遇见”遗体（器官、角膜）捐献者缅怀纪念活动，在重阳节走访慰问高龄遗体捐献登记志愿者家庭。

【红十字合作共建】 2023年，太仓市红十字会联合市应急局举办太仓市2023年防灾减灾宣传周活动，为现场群众发放“三救”（应急救援、人道救助、应急救护）宣传资料并进行急救知识宣传和政策解读。联合市住建局、市教育局在弇山小学、沙溪高级中学、直塘小学、南郊小学举办疏散应急演练，提升师生防灾减灾意识。在全市180个“救助站”滚动播放应急救护宣传视频。在建有“生命安全体验馆”的学校开展生命教育知识宣传。整合太仓市健康科普体验馆暨市民救护培训基地，常态化安排学员开展应急救护培训，科普生命安全教育。联合市文明办、市慈善总会打造市级红十字文化广场，宣传红十字故事。河南省信阳市红十字会、常熟市红十字会、吴江区红十字会到太仓考察交流“‘救’在身边”红十字生命救助站政府实事项目以及红十字青少年工作。苏州市红十字会在太仓召开半年度会议，考察物资储备仓库、生命安全体验教室及市民救护培训基地等工作。

【生命救助站项目】 至2023年，太仓市红十字会在全市学校、车站、大型商超、重点景区、政务大厅等人流密集地累计投放生命救助站AED（自动体外除颤器）180台，并配套开发智能管理平台、AED导航地图软件，实现设备的远程监控和维护。组建医疗专家志愿者团队开展急救培训，加大宣传力度，推送各类公益广告。

（张　燕）

城镇街道

城厢镇

【概况】 城厢镇位于太仓市域西南部，西接昆山，南邻上海，镇域面积52.95平方千米，辖5个村、3个涉农社区、15个城市社区。2023年，城厢镇实现地区生产总值201.3亿元，完成一般公共预算收入20.08亿元，综合实力位列全国千强镇第65位。

【经济发展】 2023年，城厢镇实现规模以上工业产值167.05亿元，全社会固定资产投资59.4亿元，其中工业投资25.57亿元。引进内资新增注册资本134.44亿元，注册外资及港澳台资3364.79万美元，实际使用外资及港澳台资3041.84万美元。累计签约落户模泰柯、责安二期、高端预制菜等产业项目61个，总投资超133亿元，其中超10亿元项目5个、超5亿元项目1个、超1亿元项目10个。开工建设连成智慧泵房、英丰新能源等重点项目28个，纳入统计投资完成16.04亿元，其中竣工投运亿尚鸿电子、施米特机械等重点项目15个。自主更新产业载体面积7.77万平方米，新建产业载体6.5万平方米、科创载体1.5万平方米。引入中科云铄、赋源合创等"双招双引"平台，落地特亿解生物、若泰医药等科技人才项目33个。引进施剑林院士肿瘤解聚项目团队和程根宏院士免疫生物治疗技术项目，实现院士项目零的突破。新增苏州市级及以上各类"人才计划"15人。推出科创载体企业入驻管理办法，新认定高新技术企业42家。有效发明专利拥有量882件。获评国家级专精特新"小巨人"企业1家，新增省级"专精特新"中小企业9家，太仓金马智能装备有限公司工业设计中心获评省工业设计中心。入选江苏潜在"独角兽"企业2家。新增创新型中小企业54家，获评省星级上云企业30家、苏州市级示范智能车间3家、苏州市智能制造优秀服务商2家。

2023年12月20日，城厢镇举行第四季度重点项目集中签约活动暨产业链结对、招商全生命周期平台发布仪式 （城厢镇供稿）

【镇村建设】 2023年，城厢镇推进城市更新项目，古松弄地块主体结构封顶，完成住宅分房抽签工作；原城三小地块加快建设。推进古浦路、新毛二期（西区）项目。富豪小区、南洋花园及武家桥小区改造工程竣工交付。完成老城区冬春专项养护、昆太路及尺泾河改造提升等绿化项目4个。加快推进南洋广场、人民路商圈项目建设和招引，引进首店8家，提升南洋广场、华旭广场等既有商圈运营水平。突出昆太毗邻区域面貌焕新，完成综合整治提升行动重点项目15个。启动西郊老街环境提升专项行动。东林片区环线获评省级"美丽农村路"样板路。

【城乡统筹】 2023年，城厢镇以南北片区化建设为契机，确定金仓湖现代农业示范片区范围内农业产业、乡村旅游类重点项目22个，开工建设18个。推进独溇小海生态农业示范片区内新农高标准农田、独溇小海花间堂等项目15个，开工建设12个。"农牧循环产业""循环渔业"登上中央电视台、新华网等国家级主流媒体。《循环农业造就经济强村》入选全国乡村文化产业创新典型案例目录，《生态农场种养循环技术指南》成为太仓首个省级地方农业标准项目。提升粮食产能，种植小麦面积950.47公顷、水稻面积1054.73公顷，总产量1.5万吨。新毛芋艿、南郊香葱入选全国名特优新农产品名录，新毛芋艿栽培与文化系统入选苏州市首批重要农业文化遗产名录。建成省级农业生产全程机械化智能化示范基地2个，独漤小海生态农业产业园获评苏州市首批智慧农业园区。永丰村获评省级特色田园乡村，金仓湖现代田园特色精品示范区通过苏州验收。万丰村获评省级生态宜居美丽示范村，东林村获评中国美丽休闲乡村、全国乡村治理示范村，“城厢做法”获评苏州农村人居环境整治提升“十佳”典型案例。电站村获评全国农村创业基地。

2023年12月15日，苏州日报社（苏州新闻出版集团）太仓金仓湖现代农业示范片区“党报调研点”在城厢镇东林村揭牌 （城厢镇供稿）

【生态环境】 2023年，城厢镇推进国土空间全域整治，全年累计拆旧复垦土地7.31公顷、“退二还一”7.31公顷；完成市级拆迁“清零”地块5个，腾出土地空间14.61公顷；拆除违法建设13.36万平方米。落实大气污染防治，完成大气治理项目56个，100家重点企业开展VOCs（挥发性有机物）驻点管家服务，完成应急减排涉气企业24家。推进水环境综合治理，完成河道消劣3条及新泾河黑臭销号工作，加快烂泥泾、仗义泾、新开河水质提升，省考振东渡口断面水质稳定达标。建成幸福河湖16条、农村生态河道4条，东林“名人水街”水下森林项目完工。加强企业危险废物全生命周期监管，按时完成整改企业19家，推进土壤污染防治修复。整治“散乱污”企业（作坊）12家。港池企业“绿色码头”创建取得阶段性成效。

【公共服务】 2023年，城厢镇开展职工技能培训，7人完成新型学徒制培训，201人取得高级证书，新增就业岗位800个。获评省级“就业富民乡村振兴基地”“模范职工小家”。优化“家门口式”政务服务，民生综合、公安、税务等六类事项实现“一窗通办”。建成“15分钟医保服务圈”省级示范点。实施“企厢助”十大慈善项目，累计发放各类救助、补贴超1800万元。推进乡村公益医疗互助项目，惠及群众1500人，报销金额超200万元。宣传“模范退役军人”“最美退役军人”等先进事迹，开展双拥主题活动12场次。推进学校项目建设，城北幼儿园进入验收阶段，城四小改扩建（二期）主体完工，推进市二中迁建项目。建成投用全市首个镇级“翼阳光”学生成长促进中心和“悟厢田”村校农耕文化教育基地。探索“嵌入式”社区助餐服务，居家养老上门服务超3万人次，南区社区通过省级老年友好型社区验收。提档改造上海西路和中心菜场垃圾中转站。举办首届政企文体节等特色活动1200场，电站村获评苏州市“扫黄打非”进基层优秀站点。

【社会治理】 2023年，城厢镇入选太仓市首批“典范社区”建设单位1个。建立完善网格化管理联动机制。深化“小网格·微治理”模式，升级实施邻里善治工程。参与全国首个基层集成指挥中心地方标准建设。开展文明创建，获评苏州市首批文明示范楼道3个、最美志愿服务社区1个，新增苏州市新时代文明实践工作示范站1个、优秀带头人1人，电站花苑“文明公社·睦邻小家”做法在苏州推广并亮相中央电视台。升级镇级矛调中心，建设“金厢灵”矛调品牌，村居调解实现队伍全覆盖、资金全保障。启动嘉昆太社会治理共融圈建设，打造“城心安”心理服务品牌，建立健全诉源治理机制。获评全国模范人民调解员1人，获评苏州市“枫桥式村（社区）”建设示范单位1个、苏州市人民调解工作先进集体1个。实施村（社区）“两委”班子成员法治素养提升“强基工程”，推进金仓湖法治乡村片区建设，指定遗产管理人纠纷依法审结案例被中央电视台《今日说法》报道。

表99 2023年城厢镇主要经济社会指标一览表

项目	数值	项目	数值
地区生产总值（亿元）	201.30	实际使用外资及港澳台资（万美元）	3041.84
一般公共预算收入（亿元）	20.08	进出口总额（亿美元）	7.63
耕地面积（公顷）	1745	三产增加值（亿元）	127.47

续表 99

项目	数值	项目	数值
农业总产值（亿元）	1.35	镇村主干道（千米）	157.57
粮食总产量（万吨）	1.5	中小学校（所）	6
农机总动力（万千瓦）	2.6	在校中小学生（人）	9190
出栏家禽（万羽）	0.33	在职教师（人）	590
工业企业（家）	590	医院（家）	3
工业销售收入（亿元）	204.51	卫生室（个）	12
工业利税（亿元）	18.12	农民人均可支配收入（元）	46462
注册外资及港澳台资（万美元）	3364.79	农民人均住房（平方米）	75

表 100　2023 年城厢镇各村（涉农社区）基本情况表

村（社区）名	人均可支配收入（元）	户籍人口（人）	户籍户数（户）	村级总资产（万元）	村集体总收入（万元）	经营性收入（万元）
伟阳社区	52355	7007	1241	23082	1398	1011
太丰社区	46700	2955	723	16665	1622	1023
胜泾社区	46827	2969	640	13371	1308	983
新农村	44250	2894	915	17302	1602	847
永丰村	42295	3225	1046	15909	1316	831
电站村	52800	2519	619	14795	2735	1797
万丰村	48870	2464	801	10677	1387	786
东林村	55000	2714	765	30728	3311	2527

表 101　2023 年城厢镇骨干企业一览表

单位：万元

序号	企业名称	销售收入	利税总额
1	亿迈齿轮（太仓）有限公司	104121	28475
2	上海连成集团苏州股份有限公司	98840	11506
3	苏州佳电永磁电机科技有限公司	79830	2103
4	苏州隆祥电子有限公司	79024	3846
5	海德鲁铝业科技（太仓）有限公司	67750	13647
6	太仓市华盈电子材料有限公司	66722	2234
7	爱柯迪富乐精密科技（太仓）有限公司	40377	8141
8	苏州金韦尔机械有限公司	36112	7149
9	苏州施必牢精密紧固件有限公司	35126	3389
10	瑞铁机床（苏州）股份有限公司	34689	1643
11	新中联物流设施（苏州）有限公司	33353	4855
12	苏州欣科导轨有限公司	33110	447

续表 101

序号	企业名称	销售收入	利税总额
13	苏州杰威尔精密机械有限公司	31979	13128
14	苏州捷赛机械股份有限公司	28621	6238
15	格林莱特实业（苏州）有限公司	28380	1385
16	苏州金纬机械制造有限公司	28228	8118
17	江苏骏伟精密部件科技股份有限公司	24672	6719
18	苏州沪锦新材料科技有限公司	24567	1264
19	苏州岩谷金属制品有限公司	20846	2721
20	德禄（太仓）家具科技有限公司	20322	6535
21	苏州金纬片板膜智能装备有限公司	19613	3368
22	天纳克汽车零部件（太仓）有限公司	19252	1185
23	太仓市青田食品有限公司	19157	174
24	苏州久和砼有限公司	18923	2601
25	太仓市锦澄混凝土有限公司	18866	707
26	莱斯特瑞兹机械（太仓）有限公司	17828	732
27	联禾厚普（太仓）精密机械有限公司	16960	964
28	苏州睿昕汽车配件有限公司	16800	−1657
29	上海阿美泰克工业设备苏州股份有限公司	16575	2329
30	苏州东帝士纤维地毯有限公司	15119	−4507
31	苏州宝鼎玉盛砼业有限公司	15032	849
32	科伯舒特（苏州）汽车科技有限公司	14572	744
33	苏州安帝尔金属制品有限公司	14504	3040
34	苏州卓胜工贸有限公司	14143	335
35	苏州金纬化纤装备有限公司	13843	1957
36	太仓长臂猿机器人科技有限公司	13764	3215
37	天永锂电自动化设备（太仓）有限公司	12864	35
38	资勇五金制品（太仓）有限公司	12278	−1353
39	太仓市君盛机械有限公司	11216	1310
40	苏州金纬中空技术有限公司	11157	2151
41	太仓金煜电子材料有限公司	11143	3277
42	辛柏机械技术（太仓）有限公司	11138	−502
43	苏州智丰电器有限公司	11031	912
44	敬得（苏州）科技有限公司	10910	−228
45	苏州事达同泰汽车科技有限公司	10694	96
46	美利驰医疗器械（苏州）有限公司	10657	759
47	太仓肇丰电器有限公司	10209	−352
48	博可机械（太仓）有限公司	9984	−1091

续表 101

序号	企业名称	销售收入	利税总额
49	太仓华庆汽车配件有限公司	9936	1565
50	太仓华易塑业有限公司	9863	677
51	太仓欧亚标准板材有限公司	9606	-97
52	苏州诺伊曼实业有限公司	9263	347
53	苏州海力金属粉体材料有限公司	9091	79
54	太仓金马智能装备有限公司	8407	405
55	卡柯洛塑胶科技（太仓）有限公司	7214	2022
56	瑞得信机械制造（苏州）有限公司	7058	482
57	太仓同晟工业自动化有限公司	7042	246
58	鲍赫动力总成部件（太仓）有限公司	6721	1089
59	太仓市磁力驱动泵有限公司	6681	752
60	苏州施米特机械有限公司	6228	1032
61	沪金（苏州）实业有限公司	5796	226
62	苏州新亚科技有限公司	5692	644
63	明捷精密机械（太仓）有限公司	5473	454
64	苏州吉玛环保科技有限公司	5471	284
65	太仓市兴阳混凝土制品有限公司	5336	497
66	太仓博特精工机械设备有限公司	5154	90
67	太仓市南丰特种有色合金厂	5086	196
68	圣灌制药机械设备（苏州）有限公司	5071	-65
69	太仓仕瑞机械设备科技有限公司	5008	238

（全春兰）

沙溪镇

【概况】 沙溪镇东与港区、浮桥镇相连，西与双凤镇接壤，南与城厢镇毗邻，北接璜泾镇和常熟市支塘镇，镇域面积132.4平方千米，辖20个村、8个社区，户籍人口8.61万人，常住人口13.56万人。2023年，沙溪镇实现地区生产总值152.26亿元，一般公共预算收入11.77亿元，同口径增长24.8%；全社会固定资产投资59.96亿元，较上年增长6.7%，名列中国镇域高质量发展百强第89位、中国乡镇综合竞争力百强第92位、全国千强镇第100位。

【经济发展】 2023年，沙溪镇完成工业投资31.29亿元，较上年增长16.3%。完成“四上”企业（规模以上工业企业、资质等级建筑业企业、限额以上批零住餐企业、规模以上服务业企业）年度入库39家，全镇工业总产值317.7亿元，225家规模以上工业企业实现产值238.31亿元，较上年增长4.5%，其中企业利润、利税分别较上年增长36.56%、34.86%。实际使用外资及港澳台资6001.66万美元，年度任务完成率超150%。限额以上贸易额70.06亿元，较上年增长23.72%。完成进出口总额4.89亿美元。新引进注册资金2000万元或300万美元以上项目47个，总投资70.3亿元；增资项目12个，新增注册资金28.6亿元；签约项目90个，总投资154.3亿元，其中超1亿元项目40个、超10亿元项目6个。总投资151.8亿元的28个市级以上重点项目年度投资完成率超100%。新增产业载体32.28万平方米。实施“智改数转”项目32个，完成智能制造诊断企业25家，中小企业生产要素数字化采集7家。累计培育太仓市级及以上“专精特新”企业43家，太仓久本机械科技有限公司获评国家级专精特新“小巨人”企业。新认定高新技术企业69家，累计有效高新技术企业185家。获评工信部工业互联网试点示范项目企业2家。新增省星级上云企业27家、潜在“独角兽”企业2家，苏州华益美生物科技有限公司获评省企业技术中心，苏州宏达制酶有限公司获评省绿色工厂，太仓安佑生物科技有限公司获评省大数据产业发展试点示范项目。新增苏州市“独角兽”培育企业3家、“瞪羚”企业9家。获评太仓市级及以上各类人才计划人才17人。新增有效发明专利135件，累计1106件。在全市率先成立镇级企业服务中心，为企业和项目提供全链条、全天候、全生命周期一站式服务。

【镇村建设】 2023年，沙溪镇完成镇级详细规划单元划分成果，调整控规单元5个。年度供地17宗，总面积86.89公顷。推进节约集约用地，消化批而未供土地19.98公顷，完成产业用地原地更新15.8公顷。拆迁“清零”地块8个，腾地65.96公顷。拆除违建图斑1013块，面积超26万平方米，沙东社区创成“无违社区”。完成政府投资建设类项目110个，总投资2亿元。完善镇区配套，白云大厦续建项目完工，溪亭商业中心主体竣工。中市街、印溪湿地公园入选太仓市“席地而坐”城市客厅名单，南院路口袋公园竣工投用。沙东市集启用并获评苏州市文明菜场，归庄市集竣工投用。建成“城商协作”样板道路3条，覆盖商户400家。项桥中心线南延、洞星路等5条道路实现通车，604省道沙溪段建设工程施工单位进场。沙溪镇获评全市首个省级生态宜居美丽乡村示范镇、苏州市首批农村人居环境长效管护先进镇、苏州市“特色小城镇”，香塘村获评首批省级生态宜居美丽乡村示范村，庄西村获评苏州市传统村落。

【城乡统筹】 2023年，沙溪镇严守耕地红线，上报增减挂钩项目26.98公顷、耕地占补平衡项目21.03公顷，恢复基本农田11.15公顷。提档升级高标准农田443.39公顷，水稻、小麦产量4.24万吨，“沙溪大米”获评全国名特优新农产品，太仓市中溪食品有限公司获评农业农村部生猪屠宰标准化建设示范企业。新增苏州市级示范家庭农场3家、太仓市级示范家庭农场27家，福田家庭农场获评省“百佳家庭农场”。村均集体经营性收入1101万元。做优“七浦运河文旅带”，沙溪古镇沿河沿街景观亮化工程、橄榄岛风貌提升项目（二期）基本完工，七浦水岸文旅商业街区项目启动。沙溪古镇入选省文化和旅游厅“水韵江苏长江百景”名单，香塘野邻露营村获全国金选旅行住宿奖、获评省乡村旅游业态创新示范项目、获批省文化和旅游发展专项资金，半泾村获评苏州市特色精品乡村。

【生态环境】 2023年，沙溪镇实施大气污染防治项目39个，空气优良天数比例81.6%，$PM_{2.5}$和臭氧平均浓度分别为29.4和162微克/立方米。17个高质量发展水环境断面水质优Ⅲ比例82.4%。完成冬春水利河道整治34.8千米，建设生态河道4条、幸福河湖20条，完成劣Ⅴ类河道销号5条、整治2条。常态化开展“散乱污”企业（作坊）整治，纳入重点管理点位123个，完成整治41处。沙溪镇获评省公共机构能效领跑者、苏州市“生态环境保护工作”先进集体。

2023年6月21日，第七届太仓乡村旅游节暨沙溪镇“夏日溪游季”活动开幕
（沙溪镇供稿）

【公共服务】 2023年，沙溪镇坚持民生优先，总投资7.4亿元的八大类民生实事项目基本完成，直塘卫生院、利泰幼儿园等项目投用，河南街老小区改造（二期）、归庄幼儿园翻建等项目完工。举办首届沙溪镇全民健身运动会，项桥村、庄西村获评省健康村，太星村幸福里公园获评省最美乡村健身公园。东市社区获评苏州市儿童友好社区。举办常态化招聘会72场，进场企业230家，累计提供岗位4022个。新增社保开户企业435户，缴纳社保总人数3.24万人。新增公积金开户企业435家，新增缴纳职工1411人。开展居家养老服务5644人，适老化改造家庭192户，发放尊老金1870.9万元。发布“融创‘溪’望”社会救助品牌，发放各类社会救助金961.3万元，提供集中特困人员生活保障金115.1万元。提档升级退役军人服务站，发放双拥慰问金412万元。打造“15分钟政务服务圈”，推进170项政务服务事项向村（社区）便民服务站集中。获评“15分钟医保服务圈”省级示范点建设单位。深化“一件事”集成改革，41个“一件事”扩大“就近可办”范围，累计办结2625件。办理行政审批、公共服务和便民服务类事项19.5万件，综合好评率99.99%。

【社会治理】 2023年，沙溪镇提升“印溪蓝盾”执法服务品牌，处理行政处罚案件4651起。深化网格化服务管理，处置联动案件4.3万件，处置率99.99%，满意度98.29%。创新打造“信溪通”信访处置模式，人民来访接待中心获评省“人民满意窗口”建设质量提升工程先进单位。运转矛调分中心、矛调工作站，调处矛盾纠纷2728件，调处成功率98.75%。半泾村、中荷村获评苏州市首批“枫桥式村（社区）”建设示范单位，沙溪镇获评首批“苏州市法治政府建设示范地区”。解决工程类欠薪问题69起和企业类欠薪问题125起，获评苏州市劳动关系和谐乡镇。整改安全生产隐患1926处，查处违法违规行为为21件。完成“瓶改管”“瓶改电”单位51家。集成指挥中心获评电子信息数字政府行业年度优秀解决方案、数字孪生城市潜力案例。

【太仓市生物医药产业园】 太仓市生物医药产业园位于沙溪镇东北部，毗邻太仓港和沪苏通铁路。该园成立于2012年2月，是统筹全市生物医药产业发展而成立的高科技产业园区，是太仓市高新技术体系核心之一。2015年，市生物医药产业园管委会调整由沙溪镇运作，开启园镇一体化管理模式。园区重点发展新药研发生产、医疗器械和CRO（医药研发合同外包服务机构）服务三大产业，完善研发孵化、中试生产、交易展示、物流配送、生活配套等多元化功能，打造产业集聚发展、跨越发展、创新发展的综合性园区。先后获评国家火炬计划太仓生物医药特色产业基地、江苏省科技产业园、江苏省科技创业孵化链条、江苏省生产性服务业集聚示范区、苏州市特色先导产业园等。2023年，园区对接生物医药类项目超1060个次，累计新注册生物医药企业106家；新签约项目68个，总投资69.73亿元，其中亿元以上项目27个、5亿元以上项目5个，分别是同辐辐照、瀚诺馨生物、低碳双创中心、生物医药加速器和华氏医疗特医产业园项目。落地院士项目2个，分别是依诺医药（太仓）有限公司和苏州陶然堂生物科技有限公司。园内企业总数超400家。年内，产业园与江苏省生产力促进中心、中国医药保健品进出口商会、商务部投资促进事务局、上海市生物医药行业协会等签订战略合作协议；苏州思萃免疫技术研究所和苏州思萃临床药理技术研究所开业；“上海生物医药（太仓）创新成果转化中心”“长三角生物医药产业服务发展联盟办公室”揭牌；太仓生物医药（上海）创新飞地投入运营；重点推进规模1亿元的太仓金溪科创产业发展基金设立，加速基金助力生药园产业创新集群。

【太仓市岳王科技创新产业园】 太仓市岳王科技创新产业园位于沙溪镇南部，前身为江苏太仓台资科技创新产业园，成立于2006年。园区规划总面积3.33平方千米，以先进装备制造为主导产业，规划成为苏州地区重要的高科技产业为导向的现代化工业园区。截至2023年年底，园区实际进驻企业158家，其中外商投资企业36家、内资企业122家，包括悠远环境、丰武光电、安佑生物科技、久本机械、奥普拉、创艺卫生、布莱史塔等规模以上企业52家，实现规模以上工业总产值65.78亿元，较上年增长6.05%。

2023年6月20日，太仓生物医药企业孵化器揭牌 （沙溪镇供稿）

园区在建重点项目4个，其中乐客精密工具项目、平谦智能产业园三期单层厂房投产投运；莱茵消费类产品检测及智能检验检测项目处于装修收尾阶段；弘康汽车零配件项目竣工。年内，园区企业科技创新成效显著，安佑生物科技集团股份有限公司、中广核高新核材集团有限公司获评2022年度工信部工业互联网试点示范项目、2023年江苏省大数据产业发展试点示范项目、2023年苏州市工业互联网第六批重点平台和典型应用企业、2023年“工业互联网看苏州”标杆企业；太仓久本机械科技有限公司获评2023年国家专精特新“小巨人”企业，安佑生物科技集团股份有限公司、苏州英利汽车部件有限公司、太仓市海峰电镀有限公司获评2023年江苏省专精特新中小企业；鸿基伟业（苏州）汽车零部件有限公司获评2023年苏州市企业技术中心；苏州悠远环境科技有限公司获评2023年苏州市工业设计中心；鸿基伟业（苏州）汽车零部件有限公司、苏州悠远环境科技有限公司获评2023年苏州市示范智能车间；鸿基伟业（苏州）汽车零部件有限公司、太仓市富远精密模具有限公司通过四星级上云认定。

【太仓市沙溪镇新材料产业园】 太仓市沙溪镇新材料产业园位于沙溪镇东侧，前身为太仓市沙溪工业开发区，成立于2001年3月，2011年经市政府批准，更名为太仓市沙溪镇新材料产业园。园区规划面积5平方千米，为拓展园区规模，在沿江高速公路以西、锡太一级公路以北，规划产业配套区1.37平方千米。园区重点发展功能性差别化纤维新材料、新型高分子材料、有色金属材料等产业，发挥产业集聚效应，着力于特色化、专业化、集约化、生态化发展，培育一批竞争力强、特色优势明显产业群，形成以逸枫、振辉等企业为龙头的功能性差别化纤维新材料产业，以生富、鑫昌光电为龙头的电子、电气用有色金属材料产业，以德威新材料、环琪塑胶为龙头的高分子电缆料和塑胶管材、板材产业。截至2023年年底，园区入驻企业181家，其中外资企业14家、内资企业167家。园区内规模以上企业53家，全年实现规模以上工业产值73.59亿元，较上年增长16.11%。年内，园区企业科技创新成效显著，苏州三耐塑料设备有限公司获评2023年江苏省"专精特新"中小企业；思睿观通科技（江苏）股份有限公司获评2023年江苏省绿色工厂、2023年苏州市企业技术中心；艾普零件制造（苏州）股份有限公司获评2023年苏州市服务型制造示范企业、2023年苏州市示范智能车间；爱克（苏州）机械有限公司获评2023年苏州市智能制造优秀服务商；瑞宏精密电子（太仓）有限公司通过四星级上云认定。

表102　2023年沙溪镇主要经济社会指标一览表

项目	数值	项目	数值
地区生产总值（亿元）	152.26	合同利用外资及港澳台资（亿美元）	1.88
财政收入（亿元）	22	实际使用外资及港澳台资（万美元）	6001.66
耕地面积（公顷）	5317.29	出口创汇（亿美元）	5.2
农业总产值（亿元）	7.03	三产增加值（亿元）	75.55
粮食总产量（万吨）	4.24	乡镇公路里程数（千米）	839
农机总动力（万千瓦）	33082	中小学校（所）	10
出栏生猪（万头）	0.24	在校中小学生（人）	12838
出栏家禽（万羽）	0.939	在职教师（人）	889
工业企业（家）	2260	开通有线电视（户）	42215
工业销售收入（亿元）	301.8	医院（家）	1
工业利税（亿元）	18.2	卫生室（个）	26

表103　2023年沙溪镇各村基本情况表

村名	党组织书记	村委会主任	村级经济总收入（万元）	人均可支配收入（元）	设立时间	面积（平方千米）	户籍户数（户）	户籍人口（人）	可用财力（万元）	总资产（万元）
涂松村	樊志祥	—	2097	50233	1983年8月	4.53	861	3565	1776	15368
印北村	张永彬	张永彬	1198	51155	1983年8月	3.68	594	2145	782	8878
洪泾村	孙燕红	孙燕红	970	44899	1983年1月	4.2	636	2397	616	8383
半泾村	钱盛顺	—	1922	50176	1983年10月	5.2	764	2810	1777	18186
中荷村	徐建新	徐建新	1319	53968	1983年9月	8.2	996	3889	188	17434
松南村	刘文涛	刘文涛	3286	49654	1983年10月	4.81	540	2232	850	15427
胜利村	汤庆丰	汤庆丰	1543	48182	1983年10月	7.6	1160	4464	292	12517
泥桥村	蒋洪彬	蒋洪彬	1202	43132	2004年1月	9.7	1448	5648	992	9381
虹桥村	周志杰	周志杰	999	49444	1983年10月	7.11	1060	3599	953	6996
泰西村	王　健	王　健	1098	51127	2004年4月	7.65	1035	3685	1098	10327
太星村	陆志豪	陆志豪	1229	47340	1983年8月	2.12	242	708	456	15161
岳星村	王秋明	王秋明	1110	50161	1983年8月	5.96	672	2225	920	5529
新建村	丁宇洁	丁宇洁	1193	47340	1983年10月	5.4	583	2060	1756	6505
岳镇村	张　俊	—	922	44144	1983年8月	6.43	1009	3520	200	6016
塘桥村	王丹涛	王丹涛	1014	48497	1983年3月	7.9	859	3010	592	9181

续表 103

村名	党组织书记	村委会主任	村级经济总收入（万元）	人均可支配收入（元）	设立时间	面积（平方千米）	户籍户数（户）	户籍人口（人）	可用财力（万元）	总资产（万元）
项桥村	朱利兵	朱利兵	827	46932	1982 年 10 月	7.16	1040	3910	159	6813
庄西村	徐　健	徐　健	1320	46749	2004 年 5 月	9.2	1099	3567	455	8250
凡山村	洪　庆	洪　庆	789	42080	2004 年 4 月	5.69	644	2403	596	6160
香塘村	郭　蕾	—	624	47967	1999 年 9 月	2.14	240	887	216	4831
渠泾村	夏益峰	夏益峰	1007	48994	2004 年 4 月	6.24	820	2853	591	6825

表 104　2023 年沙溪镇骨干企业一览表

单位：万元

序号	企业名称	销售收入	利税总额
1	太仓市中溪食品有限公司	12891	40
2	太仓逸枫化纤有限公司	132910	−840
3	苏州元亮食品有限公司	83977	14010
4	苏州仓松金属制品有限公司	72253	1191
5	太仓利泰纺织厂有限公司	61796	−3029
6	苏州英利汽车部件有限公司	72459	6304
7	环琪（太仓）塑胶工业有限公司	53488	20457
8	苏州宏达制酶有限公司	51391	4078
9	苏州悠远环境科技有限公司	47604	1534
10	安佑生物科技集团股份有限公司	94065	24478
11	凡甲电子（苏州）有限公司	43969	16022
12	鸿基伟业（苏州）汽车零部件有限公司	41800	6143
13	瑞宏精密电子（太仓）有限公司	37166	982
14	苏州艾迈实业有限公司	36268	3110
15	江苏德威新材料股份有限公司	33603	−9468
16	立川木业（太仓）有限公司	35022	426
17	苏州如德纺织品有限公司	28675	−1042
18	太仓仲扬金属印刷有限公司	30773	2983
19	爱克（苏州）机械有限公司	23816	996
20	太仓市万隆混凝土制品有限公司	26531	1229
21	丰武光电（苏州）有限公司	26749	3278
22	苏州苏味轩食品有限公司	22418	1631
23	苏州特斯迈智能制造股份有限公司	21582	3817
24	太仓宏达热电有限公司	23340	5316
25	奥普拉（太仓）塑料制品有限公司	23829	2903
26	太仓仲英金属制盖有限公司	24003	1258

续表 104

序号	企业名称	销售收入	利税总额
27	太仓久本机械科技有限公司	20553	5709
28	布莱史塔粉末冶金制品（太仓）有限公司	20667	1913
29	思睿观通科技（江苏）有限公司	18044	4074
30	太仓中博铁路紧固件有限公司	19319	303
31	太仓市海峰电镀有限公司	18759	6596
32	太仓市中明化纤有限公司	19862	−221
33	太仓市恒力纺织有限公司	17155	−10
34	太仓沪试试剂有限公司	16379	1427
35	太仓市明顺和纺织有限公司	16322	150
36	苏州苏派食品有限公司	15581	711
37	苏州青蚨混凝土制品有限公司	14466	666
38	福玻斯（太仓）物联网科技有限公司	15141	895
39	斯科茨曼制冰系统（苏州）有限公司	15534	430
40	沃尔伯格（苏州）压缩机有限公司	14153	1440
41	苏州市雄林新材料科技有限公司	12861	−251
42	康辉医疗科技（苏州）有限公司	10810	1405
43	江苏思峻机械设备有限公司	11675	1087
44	苏州富合创兴汽车科技有限公司	12414	1595
45	苏州美农生物科技有限公司	11543	182
46	苏州华益美生物科技有限公司	11319	1789
47	太仓市骋贸纺织有限公司	10342	−493
48	苏州莱尔特清洁器具有限公司	9946	532
49	苏州鸿源特种纤维制品有限公司	10343	915
50	瑞钢精密模具材料（江苏）有限公司	10498	−901
51	亿鸿环保机械（苏州）有限公司	7885	2177
52	太仓市月生电镀有限公司	10082	1318
53	太仓天宇电子有限公司	9915	−1794
54	龙钜超洁净科技（苏州）有限公司	9534	1059
55	苏州鑫元欣纺织科技有限公司	9193	394
56	信立泰（苏州）药业有限公司	9214	1332
57	格尔泰（江苏）模塑科技有限公司	6039	−34
58	苏州旺发化纤有限公司	8543	137
59	江苏弘海皮革制品有限公司	8422	1043
60	太仓海震金属制品有限公司	8416	187
61	苏州绿香源食品有限公司	8396	95
62	苏州申乐化纤有限公司	8152	6

续表 104

序号	企业名称	销售收入	利税总额
63	太仓恩力成密封件有限公司	9111	27
64	太仓大中包装材料有限公司	8114	-12
65	昆宏新材料科技（苏州）有限公司	8002	169
66	苏州顺惠有色金属制品有限公司	7585	-2003
67	艾普零件制造（苏州）股份有限公司	7932	1462
68	太仓俊达塑化有限公司	7572	396
69	金染坊（苏州）纺织有限公司	3425	-461
70	太仓通盛包装材料有限公司	7659	218
71	太仓市强弟印染有限公司	7660	227
72	太仓星盛汽车零部件制造有限公司	7651	530
73	苏州艾航激光科技有限公司	7603	1141
74	苏州华丹展示器材有限公司	7381	2964
75	佳俊物流设备（太仓）有限公司	7352	729
76	太仓市宇格明叶环保设备有限公司	7347	122
77	华亚工业塑胶（太仓）有限公司	7264	1067
78	苏州福丰联合电子有限公司	7086	2383

（周之帆）

长江口旅游度假区

【概况】 长江口旅游度假区（浏河镇）位于太仓市东南部，东濒长江，西连太仓主城区，南与上海市宝山区、嘉定区接壤，北靠太仓港。镇域面积 68 平方千米，下辖 8 个村、8 个社区，总人口近 10 万人。2023 年，长江口旅游度假区实现地区生产总值 117.05 亿元，完成一般公共预算收入 8.98 亿元。

【经济发展】 2023 年，长江口旅游度假区全社会固定资产投资 39.55 亿元，较上年增长 16.29%。实现工业总产值 142.92 亿元，其中规模以上工业产值 150.64 亿元。到账外资及港澳台资 3072.23 万美元。签约落户项目 47 个，总投资 40.15 亿元。建设市级以上重点项目 15 个，产业项目竣工投产 14 个。竣工投用载体 11.75 万平方米，建设载体 12.7 万平方米。滨江兴业港一期引入中集产城专业化运营，引入行业“隐形冠军”项目 3 个。探索“以投促引”招商新路径，吾爱易达基金项目落地。壮大文旅产业，七十二家理想村投运，举办第二届江海浪玩节、乐农“四季浏亭”首届梨花节。古镇业态日益丰富，进口商品店、文创店等场馆开馆运营。全年接待游客超 115 万人次，较上年增长 43%；旅游经营收入 3.9 亿元，较上年增长 28%。

【镇村建设】 2023 年，长江口旅游度假区推进率先基本实现农业农村现代化示范镇建设，加快发展现代农业，新建高标准农田 120 公顷。完成

2023 年 3 月 30 日，“面朝江海 · 四季花开”嘉昆太协同创新核心圈首届梨花节在四季浏亭 · 梨花园举办
（长江口旅游度假区供稿）

祥江智能农机示范基地建设，"浏河大球盖菇"获全国名特优新农产品认定，文墨新塘特色田园、浏南乡愁博物馆入选全国乡村文化产业创新发展大会典型案例。实施产业融合发展，完善"三资"监管体系，村级项目全部纳入镇平台规范化管理，开展清缴欠租专项行动。村均集体经营性收入1238万元。新塘村获评省生态宜居美丽乡村示范村，万安村创成省级健康村。

【城乡统筹】 2023年，长江口旅游度假区推进国土空间规划编制，完善村庄规划。开展国土空间全域整治，推进娄江新城、北沿江铁路等重点地块动迁，完成市级"清零"地块8个，累计攻坚拆除违法建设20万平方米。启动实施复兴社区及周边区域综合环境整治提升集中攻坚专项行动，提升老镇区环境面貌。完善基础设施配套，完成贯通拓宽或绿化亮化工程道路9条，竣工截污纳管雨污分流项目4个。复兴东街北侧等老小区完成改造，提档升级古镇滨河街。

【生态环境】 2023年，长江口旅游度假区实施污染防治攻坚战，$PM_{2.5}$平均浓度22.9微克/立方米，臭氧浓度152微克/立方米，空气质量优良天数比例89%，断面水质达标率88.2%。推进污染物排放总量控制工作。深化"河长制"改革工作，完成整治劣V类河道3条，完成建设幸福河湖13条，污水处理提质增效达标区建设实现全覆盖。整治完成"散乱污"企业（作坊）19家。推进浏河闸国考断面整治，提升浏河塘支浜支流水质。长江经济带警示片披露问题按期整改销号。

【公共服务】 2023年，长江口旅游度假区扩大社保覆盖面，开展"阳光扶贫"等帮困工作，推进最低生活保障扩围增效，发放慰问救助金、党员关爱资金604万元。推进民生实事工程建设，明德二中、明德二小竣工投用，新塘医疗服务中心投入运营。6.5万平方米商业综合体开工建设。新建海塘社区老年人日间照料服务中心，完成困难家庭适老化改造200户，获评苏州市老年人家庭适老化改造先进集体。完成临江景苑、望海花苑安置房分房854套，办理东方花园、临江景苑二期不动产证2000本。社区分类共建试点实现社区全覆盖，打造"我爱我家"无物业小区分类治理等社会工作服务典型案例。文明城市建设常态开展。

【社会治理】 2023年，长江口旅游度假区深化全面依法治镇，推进严格执法、公正司法、全民守法建设，制定《全面依法治镇委员会2023年工作要点》。加大法治宣传教育力度，全年举办法治讲座超100场。推进法治素养"强基工程"，培育村（社区）"法律明白人"131人。强化执法队伍，全镇执法证持证人员新增13人。实施法治乡村建设，建成勤廉法治文化公园、万安村法治文化廊，加强特色法治文化阵地建设。建成镇社会矛盾纠纷调处化解分中心，推进村（社区）标准化家事调解工作室建设，全年化解各类矛盾纠纷800件。坚持履行"援法议事"制度，发挥公共法律顾问作用，围绕村居治理、拆迁拆违等领域议事解决问题179件。

表105　2023年长江口旅游度假区主要经济社会指标一览表

项目	数值	项目	数值
地区生产总值（亿元）	117.05	科技人员（人）	1563
财政收入（亿元）	20.92	中小学校（所）	6
耕地面积（公顷）	3177	在校学生总数（人）	9856
农业总产值（亿元）	2.27	出栏生猪（万头）	0.01
粮食总产量（万吨）	2.07	工业企业（家）	1118
农机总动力（万千瓦）	0.95	工业销售收入（亿元）	141.59
实际使用外资及港澳台资（万美元）	3072.23	工业利税（亿元）	9.86
合同利用外资及港澳台资（亿美元）	1.25	在职教师（人）	646
三产增加值（亿元）	65.26	医院（个）	5
镇村主干道（千米）	404.69	卫生室（个）	29

表106　2023年长江口旅游度假区各村基本情况表

村名	党组织书记	村委会主任	村级稳定性收入（万元）	设立时间	面积（平方千米）	户数（户）	人口（人）	总资产（万元）
浏南村	胡静艺	胡静艺	1190	2007年5月	12.9	1913	5012	7912
东仓村	黄展飞	黄展飞	3329	2007年5月	2.97	652	2210	25164

续表 106

村名	党组织书记	村委会主任	村级稳定性收入（万元）	设立时间	面积（平方千米）	户数（户）	人口（人）	总资产（万元）
何桥村	王叶青	王叶青	795	2007 年 5 月	8.5	865	3304	6214
新闸村	顾解龙	顾解龙	839	2007 年 5 月	9.8	1112	4008	7559
闸北村	陈　怡	陈　怡	440	2007 年 5 月	7.92	1600	5000	7883
万安村	刘传松	刘传松	692	2007 年 5 月	8.2	1185	4358	10370
张桥村	朱春智	朱春智	997	2007 年 5 月	8.4	1210	4206	11131
新塘村	朱　鹰	朱　鹰	393	2007 年 5 月	2.6	485	1523	6758

表 107　2023 年长江口旅游度假区骨干企业一览表

单位：万元

序号	企业名称	主营业务收入	利税
1	苏州贯龙电磁线有限公司	85027	8422
2	江苏保捷锻压有限公司	68447	7081
3	三樱包装（江苏）有限公司	45011	2184
4	江苏信步新材料科技集团有限公司	38106	284
5	江苏保捷精锻有限公司	34357	3397
6	江苏星瑞防务科技有限公司	33465	4413
7	太仓市华鼎塑料有限公司	27710	3491
8	苏州巨能发电配套设备有限公司	26197	4689
9	苏州好博医疗器械股份有限公司	25515	10412
10	太仓敬富塑胶制品有限公司	25460	3051
11	太仓海嘉车辆配件有限公司	25439	658
12	苏州铃兰医疗用品有限公司	24994	−596
13	苏州海泰汽车科技有限公司	22884	1715
14	星光印刷（苏州）有限公司	22125	2034
15	太仓越华精密机械配件有限公司	21766	1927
16	太仓优尼泰克精密机械有限公司	20744	5902
17	苏州梅克卡斯汽车科技有限公司	20345	−211
18	东佑服饰科技（太仓）有限公司	17230	734
19	太仓意欣智能科技有限公司	16495	1475
20	太仓科益精密模塑股份有限公司	16026	1242
21	苏州科博尔机床集团有限公司	15144	−777
22	斯托泰科热能科技（苏州）有限公司	14193	648
23	睿欧启富（苏州）包装科技有限公司	13986	877
24	太仓乐盈纸业有限公司	12669	62
25	苏州宜安诺包装科技有限公司	12152	822
26	太仓南雁新能源传动有限公司	11507	−5443

续表 107

序号	企业名称	主营业务收入	利税
27	太仓富田瑞兰得电机有限公司	11353	2315
28	奇兴家居（太仓）有限公司	10590	−443
29	太仓力九和塑胶工业有限公司	10521	2001
30	童韵游乐设备（苏州）有限公司	10346	207
31	江苏福群汽车零部件有限公司	10058	739
32	太仓市新塘电镀有限公司	9849	84
33	苏州颢德机电有限公司	9204	3346
34	太仓市新创机电有限公司	8495	1641
35	苏州米汉钠机床有限公司	8418	−42
36	苏州优缘建材有限公司	8075	371
37	荷顿汽车工程（江苏）有限公司	8063	17
38	苏州兴亚钉业有限公司	8047	780
39	康峰（苏州）纸品有限公司	7888	144
40	太仓怡安食品有限公司	7855	336
41	太仓卓高玻璃制品有限公司	7760	1259
42	苏州耀田金属制品有限公司	7721	92
43	太仓美事得时装有限公司	7227	1622
44	太仓盈丰制冷设备配套有限公司	7132	397
45	苏州英群传动系统有限公司	7092	91
46	太仓宏艾服饰有限公司	6474	146
47	佳隆五金（太仓）有限公司	6154	−126
48	太仓中佑机械工业有限公司	6125	−559
49	太仓市建港新型材料有限公司	5907	599
50	研海食品（苏州）有限公司	5864	111
51	苏州柏恩氏电子有限公司	5627	262
52	江苏华兑金属科技有限公司	5584	354
53	吉翔宝（太仓）离型材料科技发展有限公司	5484	−337
54	苏州久鋐电子有限公司	5319	−788
55	太仓畅通精密机械有限公司	5080	931

（金宇超）

浮桥镇

【概况】 浮桥镇位于太仓市东部，东濒长江，位于国家级太仓港经济技术开发区中心腹地，水陆交通便捷，拥有长江黄金岸线20余千米，苏昆太高速、疏港高速、339省道、346国道贯通全镇。镇域面积160.29平方千米，户籍人口7.35万人，常住人口13.8万人。2023年，浮桥镇辖浏家港、金浪（九曲）、牌楼、时思、老闸5个管理区及1个老镇区、25个村（社区），其中11个村、6个涉农社区、8个城市社区。

【镇村建设】 2023年，浮桥镇实施政府民生实事项目8个，总投资62.23亿元；政府投资项目10个，总投资8785万元。牌楼卫生院配套、九曲幼儿园新建、学校基础设施提档等项目竣工。浏家港农贸市场、颐悦园护理区改造项目基本完工。静江佳苑安置房项目主体完工。推进九曲小学风雨操场、社区卫生服务站提档等项目建设。完成时九路、方桥线、沪浮璜延伸段大中修工程 9.52 千米，提升牌楼、九曲、新仓小区路灯覆盖率。新增绿化面积 8 万平方米，绿化养护面积 976 万平方米。全年村级项目总投资额超 7500 万元。国家库九曲高标准农田 66.67 公顷建设进度超 70%，全域高标准农田开工。农户截污纳管接管率 92.1%。方桥村、三市村获评第六批中国传统村落。

【城乡统筹】 2023 年，浮桥镇坚持规划先行，编制村（社区）实用性村庄规划 18 个，丁泾村、牌楼社区规划成果获批，落实村庄规划专项流量指标 6.67 公顷。推动国土空间综合整治，完成拆旧复垦签约 14.01 公顷、拆除 5.3 公顷。保障“公铁集”疏运体系建设，全年完成动迁签约 287 户，释放土地超 80 公顷。完成沪渝蓉高铁、滨江大道北延全部农户签约任务。完成龙江路快速化工程动迁签约 180 户，总签约率 90%。完成光明小区签约 33 户，签约率 85%。全年拆除违建 250 处、12.15 万平方米。创成陆公社区“无违村（社区）”1 个。推进南环路过渡房、新仓小区综合整治项目建设。开展镇容镇貌综合整治提升行动，规范占道经营 2807 次，拆除各类违章广告 46 处、683 平方米，纳入“一周一路”常态管理道路 71 条。整治主次干道，清理道路沿线垃圾 75 吨，整治 346 国道流动摊 500 余处。

【生态环境】 2023 年，浮桥镇落实河道长效管护责任，镇村两级河长累计巡河 4.65 万人次，完成苏州“一事一办”任务 2 项、“一河一策”任务 58 项，整治销号劣Ⅴ类水体 22 条，全镇四类以上水质达标率 96.9%。争创示范幸福河湖 20 条，建成农村生活污水处理提质增效达标区 3 个。完成新塘河闸断面整治。推进农村人居环境整治，推行全域积分自治，实现全镇 1.38 万户积分治理全覆盖，引导带动农户主动改善宅前屋后卫生环境超 700 户。建成垃圾分类积分制小区 6 个，改造农村垃圾分类管理站 7 个，建筑垃圾分出率提升 10 个百分点。构建“城商协作”机制，打造“欧德福潮新荟”集中设摊疏导区，建成“星级商户”1 家，获评苏州市市容环境卫生管理红旗街道（镇）。

2023 年 9 月 28 日，浮桥镇在三家市古村落举办“团圆话传承 · 文明进万家”中秋喜乐会
（浮桥镇供稿）

【公共服务】 2023 年，浮桥镇建立完善困难家庭“一户一档一策”精准帮扶机制，落实各类社会救助资金 938.5 万元，惠及 1765 人，困难群众服务保障覆盖率 100%。建成“慈善实体”1 个、“慈善空间”12 个，村（社区）慈善基金实现全覆盖。发放义务兵家庭优待金 367 万元，办理退役军人优待证，做好对接返乡就业工作。完善“一老一幼”重点人群保障服务，完成适老化改造家庭 200 户，发放尊老金 1849 万元。婴幼儿托位数增至 420 个，实现积分入学学生 917 人。办理安置房不动产证 1.03 万套，总办证率超 85%。镇便民服务中心累计受理办结服务项目 11.72 万件，“一件事”办理 775 件，完成“好差评”23.23 万件，好评率 100%。14 个社区 24 小时自助服务设施实现全覆盖。打造“15 分钟医保服务圈”省级示范点 1 个，办理医保报销业务 2262 笔、金额 448.23 万元。打造“相剧港城 · 丰浮多彩”文化惠民品牌，开展公益电影放映、送戏下乡、文化书场等各类文体活动 1200 场次。

【社会治理】 2023 年，浮桥镇建立健全“多网融合、协同共治”机制，划分“精微网格”1110 个。“一网统管”综治平台累计处置案件 3.4 万件，处置率 99.98%，按时处置率 97.7%。全域“枫桥式村（社区）”建设达标率 100%。推动新时代文明家庭建设，举办“邻里文化节”系列活动，推出“桥见文明 · 我爱我家”志愿服务项目。建成“红色社工站”1 个。打造“安港之锚”浮桥镇平安建设品牌，新增“雪亮工程”视频监控，民生类案件破案率上升 15.33%。镇村两级矛调中心累计受理案件 1183 起，接待群众 1593 人次。完成既有建筑隐患排查 519 栋、面积 23.79 万平方米，解除危害隐患建筑 3 栋、面积 820 平方米。排查整治“九小场所”（小学校或幼儿园、小医院、小商店、小餐饮场所、小旅馆、小歌舞娱乐场所、小网吧、小美容洗浴场所、小生产加工企业）消防安全隐患 2785 处，整治燃气安全隐患 305 处，联合处办出租房违法租赁 5 起，拆除防盗窗 5500 扇，浪港村、时思社区鹿新花苑小区出租房完成合规化改造。整治秸秆焚烧乱象，处置险情 19 起。明确食品安全监管机制和镇村两级包保主体责任，累计走访包保企业 1618 家，督查率 100%。

表108　2023年浮桥镇主要经济社会指标一览表

项目	数值	项目	数值
财政收入（亿元）	9.23	中小学校（所）	9
农业总产值（亿元）	10.22	在校中小学生（人）	10245
粮食总产量（万吨）	4.17	在职教师（人）	837
农机总动力（万千瓦）	2.50	开通有线电视（户）	23400
出栏生猪（万头）	0.09	医院（家）	3
出栏家禽（万羽）	0.25	社区卫生服务站（个）	21
农民人均住房（平方米）	90	农民人均可支配收入（元）	46462
镇村主干道（千米）	111.1	—	—

表109　2023年浮桥镇各村（涉农社区）基本情况表

村（社区）名	党组织书记	村（居）委会主任	工农业总产值（万元）	人均可支配收入（元）
浮桥村	展益峰	展益峰	39655	46011
七丫村	钱　健	钱　健	18538	33998
方桥村	杨婷丹	杨婷丹	12695	43845
时思村	顾世伟	顾世伟	107932	41705
浪港村	庄文迪	庄文迪	11627	44894
绿化村	倪昌铃	倪昌铃	11009	42880
三市村	浦春花	浦春花	7771	44384
茜泾村	陈志强	陈志强	37860	41691
马北村	张正彬	张正彬	25545	37479
丁泾村	陆利平	陆利平	27663	48354
新邵村	王　戟	王　戟	13644	37549
九曲社区	陆叶青	陆叶青	56798	39197
时思社区	陈奔波	陈奔波	38826	38887
老闸社区	黄学明	黄学明	8131	37976
建红社区	顾　琴	顾　琴	4974	37433
浮南社区	施小峰	施小峰	5986	37957
牌楼社区	单丽婷	单丽婷	39450	42100

（张永斌）

璜泾镇

【概况】 璜泾镇地处太仓市北部，东濒长江，南与浮桥镇毗邻，西南与沙溪镇、常熟市支塘镇相连，西北与常熟市交界。镇域面积83.55平方千米，设2个管理区，辖13个村、4个社区，常住人口约8万人。2023年，璜泾镇实现地区生产总值68.8亿元，一般公共预算收入4.95亿元，其中税收收入3.75亿元，较上年增长27.2%。

【经济发展】 2023年，璜泾镇经济运行稳中向好，全社会固定资产投资32.2亿元，较上年增长27.1%，其中工业投资21.9亿元，较上年增长16.2%；规模以上工业产值166.5亿元；实际使用外资及港澳台资3048.6万美元。实现进出口总额1.5亿美元，较上年增长4.4%；限额以上批零住餐贸易额超107.9亿元，跨境电商企业实现零的突破。工业战略性新兴产业实现产值65.3亿元，占比超39%。开工建设市

2023年5月31日，中新智地（太仓）璜泾智能制造产业园奠基仪式举行
（璜泾镇供稿）

级以上重点项目11个，创镕金属、航发汽车零部件竣工投产。引进集成电路、高端装备、新材料等领域产业项目16个，总投资超37亿元。新建产业载体12.9万平方米。完成省星级上云项目24个，实施"智改数转"项目20个、"两化"融合贯标项目8个，获评省级质量标杆企业1家、省级示范智能车间1家，入选太仓市上市后备育林企业名单2家。世纪互联科技发展（苏州）有限公司获评亚太地区云和数据中心奖项。聚集创新资源，新增省级"专精特新"企业3家、高新技术企业38家、创新型中小企业7家，"千企升级"入库企业91家。规模以上工业企业研发经费投入超4.7亿元。苏州瑞高新材料有限公司获评省级工业设计中心，太仓市天丝利塑化有限公司获评省级企业技术中心。璜泾智能制造产业园获评太仓市级孵化器。新增国家级人才1人、省"双创人才"2人、姑苏领军人才1人。落户科技招商项目59个，在同济大学举办"创赢太仓"全球创业大赛先进运载装备与航天航空专场活动。新建人才公寓100套。参与制定国家标准2件、行业标准1件，有效发明专利授权110件。

【镇村建设】 2023年，璜泾镇衔接"三区三线"划定成果，完成镇级国土空间规划、行政村村庄规划编制。调整设立璜泾绿色数字经济产业园、新材料创新产业园、先进制造产业园三大工业园区。"三优三保"腾退土地28.93公顷、复垦土地24公顷，完成"清零"地块6个。荟彩商业坊建成，南部新镇文旅街区初具形态，璜泾老街核心区提升改造。丰华苑拆迁安置小区验收交付，荡茜小区配套基础设施竣工。园五路完工通车，实施玄武路、璜乐线改造。获评苏州市美丽宜居镇。推动文明城市创建常态长效建设，通过国家卫生镇年度复查。累计整治取缔流动摊位100个，规范店外经营商家200处，完成璜泾工业区便民疏导点建设。生活垃圾户外宣教基地建成投用，垃圾分类"三定一督"（定时、定点、定人监督）小区智能抓拍全覆盖。常态化实施重点场所卫生整治、病媒生物防制。指导成立小区业委会2个，牵头设置物业管理委员会4个。创新"拆建管"一体推进，整治违建19.8万平方米，打造口袋公园、街边小景4处。新增停车泊位320个，完成路口智能化改造28处，查处渣土车辆违法运输行为22起。

【城乡统筹】 2023年，璜泾镇致力增实效、提质效，获评国家农业产业强镇。耕地保护获中央电视台《焦点访谈》报道，获评省级耕地保护激励单位。提档升级高标准农田181公顷，创建省级农业生产全程机械化智能化示范基地2家，主要粮食作物耕种收综合机械化率超99%，秋收工作获中央电视台《新闻联播》关注。蔬菜保供基地申报省级绿色优质基地，新引进蔬菜品种32个。"璜泾大米"入选全国名特优新农产品名录，梅山猪保种场加快落地，苏州极味邦食品有限公司、太仓鼎膳食品科技有限公司获评太仓市农业产业化龙头企业。新增路灯农路5.1千米，安装临水路段护栏4千米。新增宅基地审批488户、燃气管道入户超600家，"三水"（厕所、厨房、庭院洗衣）接管率100%。杨漕村、雅鹿村获评江苏省首批生态宜居美丽示范村，新增苏州特色田园乡村2个，提档特色康居乡村6个。发布"江风丝韵·多彩璜泾"农文旅品牌，长江林场户外探险公园一期基本建成，打造太仓沿江生态农文旅示范区。农村集体资产超7亿元，村均经营性收入超1094万元。完善集体资产租赁指导规范，完成产权交易644个，年度产权交易额9035万元。村级抱团发展平台做大做强，投资超1000万元实施合盈建设公寓改造工程，建成出租公寓房560套，永乐村、荣文村、新华村联合镇国资公司入股参与中新智

2023年10月8日，航拍璜泾镇特色田园乡村 （璜泾镇供稿）

地产业社区开发。推进孙桥村重点帮促工作。新增“头雁”示范社1家、省级示范家庭农场1家、苏州市美丽家庭农场4家。

【生态环境】 2023年，璜泾镇擦亮生态底色，成交全国首宗“竞生态投入”产业用地，入选江苏首批自然资源领域生态产品价值实现典型案例。工业区规划环评获上级审批。整治“散乱污”企业31家，推进清洁原料替代企业25家，完成重点企业强制性清洁生产2家，培育国家级绿色工厂1家。加强秸秆禁烧力度，$PM_{2.5}$平均浓度25.7微克/立方米，空气质量优良天数比例85.5%。璜泾生活污水处理厂建成，建设工业污水处理厂。新改建污水管网83千米，建成生态美丽幸福河湖12条，整治劣Ⅴ类水体5条，国省考断面水质优Ⅱ比例100%。实施长江大保护，开展生态环境损害赔偿增殖放流活动，投放各类鱼苗超70万尾。

【公共服务】 2023年，璜泾镇服务民生事业发展，民生相关支出占公共财政支付比重86.6%，推进民生实事项目建设6个。荣文中学创成中考国家标准化考点，荣文小学获评苏州市级民族团结示范基地，改扩建项目主体完工。鹿河小学、王秀小学操场跑道提标改造，完成民办义务教育生源分流。璜泾人民医院王秀分院建成投用。提档升级璜泾、鹿河农贸市场设施。举办海太路跑邀请赛及工会杯足球赛、篮球赛，农旅文化节、书香璜泾阅读节落幕，开展非遗文化进校园、电影村村放、主题巡展系列活动300余次。组织企业参加“乐就太仓·百校千企”人力资源供需洽谈会等招聘活动30余场，新增城镇就业超300人。维护劳动者权益，处理劳动纠纷、劳动仲裁135起，涉及金额1064万元。净增住房公积金存缴职工706人，乡村医疗互助工作覆盖面超50%。在全市率先试点老年人助餐服务，实施老年人家庭适老化改造110户，永乐村获评全国示范性老年友好型社区。新增托幼机构托育位120个，创成苏州市儿童友好社区1个。社区慈善基金实现全覆盖，募集善款超150万元。完成困难户危房改造7户，累计发放各类救助金、慰问金764万元。

【社会治理】 2023年，璜泾镇推进城乡社区分类治理，完成市级分类试点村10个，银杏社区创成市级首批“典范社区”。提档升级璜泾镇社工站，雁月湖、丰华苑社区工作站建成投用。升级打造一站式矛盾纠纷调处中心，发布镇级人民调解品牌“泾心调”，开展“枫桥式村（社区）”建设，荡茜村获评省级民主法治示范村。优化“大数据+网格化+铁脚板”治理模式，处置联动案件5275件，满意率99.9%。做好国家级食品安全示范城市迎检工作，开展食品药品安全监督检查。紧抓城镇燃气、既有建筑等重点领域安全生产，深化“三办”（安委办、消委办、专项机制办）一体化运作机制，推进群租厂房专项整治。生产安全事故起数、死亡人数保持“双下降”。

表110　2023年璜泾镇主要经济社会指标一览表

项目	数值	项目	数值
地区生产总值（亿元）	68.8	三产增加值（亿元）	34.55
一般公共预算收入（亿元）	4.95	农业总产值（亿元）	4.50
财政收入（亿元）	3.75	粮食总产量（万吨）	3.11
耕地面积（公顷）	3693	农机总动力（万千瓦）	2.41
出栏生猪（头）	144	农技服务机构从业人员（人）	16
工业企业（家）	1383	中小学校（所）	4
工业总产值（亿元）	222.04	在校中小学生（人）	3142
工业销售收入（亿元）	217.4	在职教师（人）	227
工业利税总额（亿元）	6.56	医院（个）	2
实际使用外资及港澳台资（万美元）	3048.6	卫生室（个）	16
进出口总额（亿美元）	1.56	—	—

表111　2023年璜泾镇各村基本情况表

村名	党组织书记	村委会主任	设立时间	耕地面积（公顷）	户籍户数（户）	户籍人口（人）	工业总产值（万元）	总资产（万元）
新华村	胡庆丰	胡庆丰	1999年	140	743	2517	186651	5280
荣文村	周　雅	周　雅	2006年	197	1198	3993	187992	6705

续表 111

村名	党组织书记	村委会主任	设立时间	耕地面积（公顷）	户籍户数（户）	户籍人口（人）	工业总产值（万元）	总资产（万元）
新联村	赵宏义	赵宏义	2006 年	317	1060	3785	269799	8204
永乐村	朱雪琴	朱雪琴	2004 年	259	682	2472	358651	6883
荡茜村	浦英杰	浦英杰	1982 年	103	165	593	21604	3804
王秀村	高　萍	高　萍	2004 年	212	759	2258	95488	4845
孙桥村	赵琼宇	赵琼宇	1999 年	221	576	1879	6887	4568
孟河村	刘　娅	刘　娅	2006 年	346	964	3079	1705	5812
杨漕村	吴振清	吴振清	2004 年	382	1138	3779	1247	8322
新明村	黄晓军	黄晓军	2006 年	173	1008	3365	864124	10282
新海村	董　惠	董　惠	1999 年	164	462	1715	25815	7032
长洲村	何永刚	何永刚	1999 年	224	815	2747	36842	5061
雅鹿村	顾爱东	顾爱东	2006 年	319	1093	3876	48654	27495

表 112　2023 年璜泾镇骨干企业一览表

单位：万元

序号	企业名称	销售收入	序号	企业名称	销售收入
1	江苏申久（集团）有限公司	256967	22	太仓市万里化纤有限公司	17970
2	苏州瑞高新材料有限公司	127776	23	太仓大田铭博包装容器有限公司	17665
3	太仓荣文合成纤维有限公司	53596	24	苏州精艺纺织有限公司	16343
4	中润科技股份有限公司	38959	25	太仓市锦飞电镀有限公司	15803
5	苏州秉威科技有限公司	35593	26	苏州东源化纺有限公司	14851
6	太仓市美丽纱化纤有限公司	34377	27	太仓市景泰化纺有限公司	14259
7	太仓市吉炜化纤纺织有限公司	33853	28	太仓德力纺织品有限公司	14255
8	苏州申久高新纤维有限公司	30861	29	苏州图鸿建筑科技有限公司	13953
9	太仓市德隆化纤有限公司	26620	30	同臣环保装备科技（苏州）有限公司	13922
10	苏州荣文库柏照明系统股份有限公司	26248	31	苏州荣文纤维制品有限公司	12981
11	佰顿新材料科技（江苏）有限公司	26022	32	苏州鑫睿达精密机械有限公司	12930
12	太仓市威豪化纤有限公司	25887	33	苏州松北自动化科技有限公司	12811
13	太仓市天之路化纤有限公司	24462	34	苏州能德化纤有限公司	12518
14	太仓市天丝利塑化有限公司	23661	35	钜亚汽车零部件科技（太仓）有限公司	12101
15	苏州双宏纺织有限公司	23440	36	太仓市隆纺油剂有限公司	11569
16	太仓市宏亿化纤有限公司	23124	37	苏州双友汽车零部件有限公司	11122
17	江苏悦孚油品有限公司	22827	38	太仓市万环化纤纺织有限公司	10570
18	华伦皮塑（苏州）有限公司	22267	39	太仓市烨烨化纤有限公司	10403
19	太仓市明正化纤有限公司	19918	40	太仓市远舰化纤有限公司	9943
20	太仓济丰包装纸业有限公司	19349	41	太仓市鑫海纸业有限公司	9867
21	太仓市中江化纤厂	18001	42	江苏学泰印务有限公司	9769

续表 112

序号	企业名称	销售收入	序号	企业名称	销售收入
43	太仓鹿影包装材料有限公司	9752	63	太仓市凯德防腐科技有限公司	6693
44	苏州顿洁纺织有限公司	9627	64	太仓建晖化纤有限公司	6659
45	太仓市新佳化纤有限公司	9280	65	太仓仟羽化纤有限公司	6399
46	太仓托普斯特金属制品有限公司	8654	66	太仓市佳业化纤有限公司	6287
47	太仓市环宇化纤有限公司	8474	67	苏州市龙誉天化纤纺织有限公司	6181
48	苏州拓邦服饰化纤有限公司	8406	68	太仓市彬彬化纤纺织有限公司	6159
49	江苏钜普汽车零部件有限公司	8187	69	太仓市富宝化纤有限公司	6131
50	太仓市兰顺化纤有限公司	8158	70	苏州振跃化纤有限公司	5963
51	苏州木东纺织科技有限公司	8078	71	苏州远宏纺织有限公司	5869
52	太仓市雄瑞化纺有限公司	7988	72	太仓市鑫润化纤有限公司	5569
53	太仓时代潮化纤有限公司	7681	73	太仓鑫仁化纤有限公司	5537
54	苏州万鸿化纺有限公司	7556	74	苏州天彩化纤有限公司	5480
55	太仓兴蕾纺织科技有限公司	7408	75	庆爵不锈钢（苏州）有限公司	5439
56	苏州高鸿家纺有限公司	7337	76	太仓同益化纤有限公司	5385
57	太仓市杰畅化纤有限公司	7301	77	太仓金钟电子科技有限公司	5366
58	太仓市施美电镀有限公司	7276	78	苏州肖氏化纤纺织有限公司	5365
59	太仓至纯新材料有限公司	7137	79	太仓云洁日用品有限公司	5359
60	苏州聚祥纺织有限公司	7019	80	太仓市新凯化纺有限公司	5039
61	太仓雅爱纺织科技有限公司	6979	81	太仓市富瀚森化纤有限公司	5036
62	伟建实业（苏州）有限公司	6700	82	太仓市佳禄化纤纺织有限公司	5030

（王竟宇）

双凤镇

【概况】 双凤镇位于太仓市西部，紧邻城区，204国道、339省道、苏昆太高速贯穿全境，全镇总面积62.6平方千米，辖1个管理区、9个村、5个社区，户籍人口3.14万人，流动人口4.05万人。2023年，双凤镇实现地区生产总值81.87亿元，完成一般公共预算收入7.16亿元，较上年增长28.7%，其中税收收入6.28亿元，较上年增长23.7%。

【经济发展】 2023年，双凤镇146家规模以上企业实现产值155.8亿元，较上年增长2.8%。汽车零部件产业实现产值51.6亿元，占规模以上工业产值比重33%。完成全社会固定资产投资22.4亿元，其中工业投资14.9亿元。开放型经济态势良好，实现进出口总额4.5亿美元。实现限额以上批零住餐贸易额30.8亿元，较上年增长84.9%。实现使用外资及港澳台资3001万美元，较上年增长256%。

【镇村建设】 2023年，双凤镇完成凤桦路路灯工程、凤冈路3号桥等项目

2023年10月7日，航拍双凤镇庆丰村田园风光 （计海新摄）

建设。推进飞凤路、凤新线、闯和路、湖乐线提档改造工程建设，新红线提档工程完成招投标。加强道路日常巡查，完成中市南路、凤新线、双安线等破损较为严重道路的集中修补，面积1.7万平方米。构建"特色村庄+毗邻共建"农村人居环境提升示范框架，实现"红榜村"全覆盖，重点推进太仓市"金仓湖片区"庆丰片、双凤镇"吴塘河片区"综合整治提升工作。以"路在绿化中，人在风景中"为目标，实施村内巷道绿化、庭院美化工程。抓好苏州特色精品乡村试点、特色康居建设，创建新湖村朱泾浜、庆丰村杜柴塘2个苏州市特色田园乡村，勤力村获评江苏省特色田园乡村。

【城乡统筹】 2023年，双凤镇完成《太仓市双凤镇新湖片区控制性详细规划及广州路两侧地块城市设计》《太仓市双凤镇中心片区控制性详细规划》《太仓市镇村布局规划》调整。完成市级"清零"地块腾地5块。推进X203浏双公路、吴塘河新澄线桥梁工程等项目拆迁工作，完成拆迁评估22户，签约42户，其中签约企业10家。完成安置房不动产办证141套。新增增减挂钩拆旧复垦项目3个，总面积5.11公顷；占补平衡土地复垦项目6个，总面积47.55公顷。推进城乡公交一体化和农村物流点建设，增设村级物流点9个。

【生态环境】 2023年，双凤镇多维改善生态环境，开展环境影响评价工作，完成"散乱污"企业（作坊）整治44家，建立取缔"散乱污"企业（作坊）厂房再租赁报备制度。打造水美乡镇，完成建设幸福河湖10条、生态河道3条，完成劣Ⅴ类河道销号3条、清淤疏浚河道10条，完成"333"污水处理提质增效达标区建设1个。完成大气污染防治工程项目52个，落实重污染天气重点行业应急减排措施，开展大气污染防治"大干50天"攻坚行动，$PM_{2.5}$平均浓度22.7微克/立方米，空气质量优良天数比例84.4%。完成涉磷企业规范化整治整改67家，推进太湖入河（湖）排口整治销号19个，苏州市考断面平均水质优Ⅲ比例100%。

【公共服务】 2023年，双凤镇常态化推进文明城市建设，"我家双凤"理念深入人心。推进全民阅读活动，获评苏州市全民阅读先进单位。做好稳就业、保用工等工作，开展"四个一"企业人力资源服务专项行动，举办线上线下招聘活动23场，涉及企业71家，提供岗位1360个。办理被征地农民土地换保障16人，办理灵活就业人员社保补贴140人，完成住房公积金净增职工1212人。完成劳动关系案前调解47起，受理劳动人事仲裁立案143起。做好救助工作和残疾人"两项补贴"动态管理及资金发放，发放救助金418万元。开展老龄工作，完成适老化改造家庭80户，新建日间照料服务中心1家，发放尊老金667万元，凤雅社区获评省级老年友好型社区。推进殡葬改革，完成殡仪服务中心规划设计。办理行政审批、公共服务和便民服务类事项6.6万件，办结率100%，满意度100%。

【社会治理】 2023年，双凤镇处理各类社会矛盾，共调解纠纷1206件，信访接待106批次、396人，化解信访积案1项，双凤镇人民来访接待中心获评省"人民满意窗口"建设先进单位。完成"六有六无"平安村社区创建全覆盖。严守安全防线，开展安全生产风险专项整治巩固提升年行动，总计消除安全隐患9599处，完成三级挂牌督办重大隐患企业整改6家。巡查全镇小餐饮、商超等各类场所1657家次，整改消防安全隐患3174处。开展群租厂房专项整治，落实群租厂房动态挂牌督办制度，整改隐患1480处。组织安全生产培训、宣讲574次，开展应急演练184次。

表113 2023年双凤镇主要经济社会指标一览表

项目	数值	项目	数值
地区生产总值（亿元）	81.87	进出口总额（亿美元）	4.5
一般公共预算收入（亿元）	7.16	实际使用外资及港澳台资（万美元）	3001
税收收入（亿元）	6.28	新增注册外资及港澳台资（万美元）	1200
耕地面积（公顷）	2172.43	中小学校（所）	4
农业总产值（亿元）	10	在校中小学生（人）	4544
粮食总产量（万吨）	3.92	在职教师（人）	279
农机总动力（千瓦）	6816	开通有线电视（户）	9320
出栏生猪（万头）	2.8	卫生院（个）	2
工业企业（家）	915	卫生室（个）	9
工业总产值（亿元）	178.1	村集体平均可支配收入（万元）	1187.9
工业销售收入（亿元）	175.5	户籍总人口（万人）	3.14
工业利税总额（亿元）	9.1	总人口数（万人）	7.2

表114　2023年双凤镇各村基本情况表

村名	党组织书记	村委会主任	设立时间	耕地面积（公顷）	村集体收入（万元）	户籍户数（户）	户籍人数（人）
庆丰村	马　健	马　健	1983年7月	583.12	1696	1229	4079
凤中村	金　鑫	金　鑫	1983年7月	168.56	1064	1074	3238
黄桥村	张建忠	张建忠	1983年7月	214.12	1322	827	3192
勤力村	高树云	高树云	1983年7月	191.99	839	649	2150
泥泾村	—	—	2000年7月	143.55	1017	227	1753
维新村	吴　郐	吴　郐	2000年7月	154.48	1900	1347	4866
新湖村	顾芳芳	—	2000年7月	312.75	1105	944	2990
新卫村	张建明	张建明	2000年7月	179.36	1200	591	2034
新闾村	孙春华	孙春华	2000年7月	224.50	548	817	2625

表115　2023年双凤镇骨干企业一览表

单位：万元

序号	企业名称	销售收入	序号	企业名称	销售收入
1	马勒电驱动（太仓）有限公司	86894	22	苏州地和桩业有限公司	19518
2	江苏皇冠新材料科技有限公司	87605	23	联冠（太仓）胶粘制品有限公司	18196
3	苏州口水娃食品有限公司	56820	24	苏州创扬医药科技股份有限公司	17643
4	赛纳（苏州）安防用品有限公司	50048	25	江苏优珀斯材料科技有限公司	17472
5	苏州贝斯特装饰新材料有限公司	47954	26	苏州剑派实业有限公司	17320
6	苏州富瑞合金科技股份有限公司	39266	27	苏州德能电机股份有限公司	17077
7	苏州飘志华复合材料科技有限公司	38040	28	苏州东南佳新材料股份有限公司	16885
8	科曼车辆部件系统（苏州）有限公司	35016	29	勃格科技有限公司	15613
9	苏州富洲胶粘制品有限公司	34917	30	太仓大东保健器有限公司	14950
10	伍享汽车配件（太仓）有限公司	34807	31	苏州健能新材料科技有限公司	13986
11	帕萨思汽车零部件（苏州）有限公司	34128	32	苏州鼎力福机电科技有限公司	13884
12	太仓市汇湖电镀有限公司	32375	33	苏州联畅特种纤维有限公司	13254
13	桑德斯热交换器（太仓）有限公司	31313	34	格堡汽车配件（太仓）有限公司	12538
14	苏州东奕盛材料科技有限公司	29267	35	太仓格利索拉精密金属制造有限公司	11607
15	苏州市富尔达科技股份有限公司	26319	36	太仓市宝马油脂设备有限公司	11593
16	苏州维港包装有限公司	25715	37	苏州圣雷动力机械有限公司	11157
17	江苏宏马科技股份有限公司	23868	38	太仓市荟轩机械有限公司	10999
18	布拉诺汽车零部件（苏州）有限公司	21849	39	苏州华盟塑化有限公司	10143
19	太仓新锦表面处理有限公司	21235	40	羽田电子科技（太仓）有限公司	9907
20	苏州伊斯丹实业有限公司	21061	41	苏州镭超科技有限公司	9401
21	聚宝盆（苏州）特种玻璃股份有限公司	19867	42	—	—

（王天允）

科教新城

【概况】 科教新城与高新区实施“区城街一体化”管理体制，行政区域面积12.6平方千米，东、南均与上海市嘉定区接壤，西至204国道，北至新浏河。2023年，辖区户籍人口2.55万人，常住人口5.3万人，下辖南郊（涉农社区）、新丰（涉农社区）、常丰、学苑、鹊桥、城南、文渊、良辅8个社区。

【经济发展】 2023年，科教新城服务高新区重点项目建设，助力推进太仓大学生创业园、清华力合天镜湖科技谷等项目提档升级。优化太仓阿尔卑斯国际度假区功能配套建设，11月，太仓阿尔卑斯国际度假区开业运营。

【城乡统筹】 2023年，科教新城完善路网、桥梁、水系等基础配套设施建设，天如路、海运堤路西延、复游城路桥竣工通车，文华路北延、南珠大桥项目完成设计招标，推进施家泾、彭家泾等4个闸站建设。完成市级“清零”项目地块7个，拆除遗留时间超十年重难点户14户。强化与城厢镇毗邻区域拆迁整治，新老国道夹弄地块拆除率98%。全年共完成拆迁26户，拆除建筑5.22万平方米，释放土地15.93公顷。新增违法建设案件办结率实现100%，年度违法建设挂牌督办案件全部完成办理，违法建设完成年度任务235.27%，位居全市第一。南郊社区获评“无违社区”。利民五期安置房基本建成，开展3个安置小区跨区域安置，消化存量安置房229套，办理安置房不动产证3500套。完成204国道西侧高标准农田提升改造，提档升级都市果园生态项目，推进新城产业园项目建设，拓宽集体经济增收路径。

【生态环境】 2023年，科教新城建成良辅公园、南张路口袋公园、复星地块绿化景观配套等生态环境项目，推进老浏河南岸口袋公园、污水厂北侧绿化改造工程、南码头水文化主题公园等建设，其中盐铁塘两岸景观亮化提升工程入选江苏省100处“乐享园林”活力空间名单，盐铁塘健身步道公园工程获评苏州市“园林杯”最美口袋公园。日常养护绿化310公顷，新增绿化12公顷，完成17个主要节点绿化景观提升。利用现有条件打造不同功能主题的桥下休闲娱乐空间，桥下空间升级改造成为全市首创和典型。强化大气微环境管理，获评全市首个“苏州清洁空气示范社区”。强化河湖长制，全年水质达标率100%，天镜湖水质稳定在三类水标准，排查养护雨水管道，保障汛期雨水管道畅通，养护市政污水管网30千米，污水收集率100%。完成达标区污水提质增效“回头看”任务。加强水美幸福河湖建设，推进市级河道“一事一办”项目4个、“一河一策”项目16个，建设南郊河、中心河、老浏河、赵家河等幸福河湖4条，创建老浏河农村生态河道1.53千米，殷沙滩获评苏州市级幸福河湖。

2023年11月16日，太仓市互联网行业党群服务中心在科教新城成立启用
（陈　超摄）

【公共服务】 2023年，科教新城建设运行“数字新城”智慧平台，启动建设为老服务中心、新时代文明实践所，提档便民服务中心，打造人民武装与退役军人服务融合式阵地。与市委网信办合作共建“云上太仓”，建成苏州市首个互联网行业党群服务中心。在全市首批开展认知症友好社区建设，打造科教新城首家省级老年友好型社区。在全市率先开展老年助餐服务，打造“老年食堂＋助餐点＋预订配送”助餐模式。深化适老化改造和居家养老服务，完成适老化家庭改造37户，居家养老服务超9000人次。建设家门口的老年大学，开设书法、丝竹、编织、交谊舞等课程8门，推动老年教育向基层延伸。创建省级未成年人保护工作站，打造“德智体美劳”五创成长空间。推进文化惠民工程，开展文化书场巡演229场，文化天天演系列活动80场，社区教育主题活动25场，服务居民超4万人次。设立社区学院，实施社区“一居一品”工程，累计开展分类治理项目18个。常丰社区建成市级“典范社区”。做好社会救助工作，推进一户一档一策精准救助，实施“点亮希望·童心守护”困境儿童关爱项目。

【社会治理】 2023年，科教新城围绕海运堤路、南郊老镇区、复游城街区等主要路段深化城市精细化管理，海运堤罗腾堡风情街获评“苏州市美丽街区”，“HOMEBASE·品”获评第二届“苏州市市容环卫责任星级商户”。创建海运堤路城商协作示范道路，创新打造太仓市首个城商协作积分系统。修订安置小区物业管理实施细则，同悦锦园物业获评省级示范物业管理项目。抓好建筑工地、城镇燃气、“九小场所”（小学校或幼儿园、小医院、小商店、小餐饮场所、小旅馆、小歌舞娱乐场所、小网吧、小美容洗浴场所、小生产加工企业）等重点领域安全管理，开展警示教育2次、应急演练5次，落实消防安全员培训661人。建成投用科教新城消防站，成立科教新城政府专职消防救援队。抓好接访、走访、信访积案化解，确保矛盾化解在基层。推进织密“精网微格”共创“幸福新城”综治平安建设重点项目，受理群众信访件275件、各类欠薪投诉线索599件，科教新城人民调解委员会获评苏州市人民调解工作先进集体，“法润新城”获评太仓市最受群众关注普法品牌。

表116　2023年科教新城涉农社区基本情况表

社区名	党组织书记	居委会主任	村集体收入（万元）		农户及人口情况		总资产（万元）
			总收入	可支配	户籍户数（户）	户籍人口（人）	
南郊社区	周　峰	周　峰	3704	133	1781	4923	15974
新丰社区	叶　斌	叶　斌	1798	448	2043	5580	17788

（陈　雯）

娄东街道

【概况】 娄东街道与高新区实行“区城街合一”管理体制，行政区域面积25.02平方千米（实际管辖区域面积46.2平方千米，其中华盛园社区、城北社区由娄东街道代管）。2023年，辖区户籍人口11.21万人，常住人口16.81万人，管理娄江、太平、惠阳、滨河、景瑞、城北、浦溪、裕珑、丽景、柳园、荷塘等城市社区11个和朝阳、太东、洋沙、东郊、太胜、华盛园、香花桥、花北等涉农社区8个。

【城乡统筹】 2023年，娄东街道办理不动产证771套，其中华盛八园435套，恒通花园315套，华盛六园多层11套、小高层2套，惠阳新园8套。清零市级地块7个及备选地块2个，腾出土地16.4公顷。板桥企业和太胜工业园117宗地块完成评估99户，签约58户，腾出土地20公顷。东润物流园完成动迁，东郊老菜场完成搬迁，东亭园剩余4户门面房完成签约腾地，完成拆除市市场监管局南侧1户。推动南丁园、铭成花园、津华园等7个小区基础环境提升工程，落实镇洋小学、新区四小、娄江幼教中心和镇洋幼教中心4所校园零星改造建设。抓好花北社区高标准农田建设和农文旅融合发展，建立绿色生态数字智能农业生产体系。指导娄欣、德民村级抱团公司差异化发展，拓展河道保洁、物业管理等业务覆盖面，提升村级集体经济盈利能力。

【生态环境】 2023年，娄东街道践行“四周工作法”及“拆违建·周五见”行动指南，拆除北郊工业园、洋沙工业园、烨珉涂装等违法建设企业18家，涉及面积8.4万平方米，完成全年目标任务159%。融合创城、创卫、城乡环境长效管理及农村人居环境整治提升工作，开展“美丽村庄保洁日”“百日行动”等系列活动，推进环境综合整治。推进“河长制”“路长制”“林长制”工作，销号劣V类河道3条、黑臭河道2条，完成幸福河湖创建12条。全年完成污水提质增效达标区建设5个，完成雨污分流改造小区4个。试点打造大庆小区垃圾分类“两网融合”，建立再生资源回收网络体系。完成岳阳路、郑和路2条城市管理示范路创建，万和路获评苏州市精品美丽街区。

【公共服务】 2023年，娄东街道综合为老服务中心投入运营，完成花北社区、裕珑社区日间照料服务中心提档升级以及老年人家庭适老化改造101户。推广“村级医疗互助”模式，覆盖2.3万人，互助项目资金专户入户近235万元。打造“娄东善行”慈善

2023年9月，娄东街道综合为老服务中心投入运营　（娄东街道供稿）

品牌，建成“慈善空间”20个，“一人一档”全覆盖数字化管理困境儿童90人。在华盛园社区设立“家门口”就业服务站，开展“人才夜市·直播带岗”招聘活动，服务青年就业、创业。落实“退役返乡一件事”，为退役军人提供18家企业的180个岗位。建立太仓残疾人创业就业新典范，孵化“无声咖啡”4家。擦亮“惠服娄东”服务品牌，开设“办不成事”反映窗口，为民服务中心办理各项业务2.4万件。布点智能充电桩455个，覆盖道路16条，惠及街面商铺1000家。推进智慧停车2.0系统接入，接入小区停车场13个，最大限度盘活停车设施资源。

【社会治理】 2023年，娄东街道大庆锦绣新城自主更新项目竣工，推动信访问题治理工作前移，在小区内设立人大代表联络点、海棠议事厅、自主更新办公室，把困难矛盾化解在第一线。改造后，新增和改造停车位3962个，道路新建及修复1.3万平方米，雨污管道、消防、监控设施改造完成率100%，各类别案件投诉量较上年下降95%，打造社会治理新样板。创新自治模式，打造华盛园社区“典范社区”，建立职工议事会、妇女议事会、共管会等协商议事机制。探索物业管理新模式，27个安置小区参照“物业管理酬金制”先行先试，完成筹备小区物管委3个，提高物业管理质效。试行“点调制”调解工作法，深化“诉源共治”，建立“警法相融、三所共治”机制，累计化解矛盾纠纷1600件。打造航空产业园公共法律服务站，构建“产业链＋公共法律服务”模式。完成“景美人和”“缤纷祥和”等法治小区品牌创建，助推小区依法管理。

表117　2023年娄东街道涉农社区基本情况表

社区名	党组织书记	居委会主任	村集体收入（万元）		农户及人口情况		总资产（万元）
			总收入	可支配	户籍户数（户）	户籍人口（人）	
朝阳社区	王中明	王中明	954	575	345	1671	5835
太东社区	高建君	高建君	762	359	333	1443	10213
洋沙社区	夏琳芳	夏琳芳	1558	1054	604	2529	12667
东郊社区	孙建春	孙建春	808	416	567	2300	4371
太胜社区	王小清	—	901	405	657	2491	8717
华盛园社区	苏　林	苏　林	1891	1260	1940	5776	16297
香花桥社区	顾伟清	顾伟清	1603	855	1165	3167	11775
花北社区	陈卫红	陈卫红	1350	908	587	2570	8478

（张　懿）

陆渡街道

【概况】 陆渡街道东与浏河镇接壤，西至G15沈海高速，南至上海界，北至S48沪宜高速，区域面积46.7平方千米。2023年，辖区户籍人口2.6万人，常住人口4.6万人，下辖陆渡、横沥、红庙、洙泾、小桥、岳南6个村和向东岛、翱翔、陆渡、东城、珠江（涉农社区）5个社区。

【城乡统筹】 2023年，陆渡街道筑牢娄江新城建设要素保障，娄江新城智汇谷·科技创新园、北京新路东延工程、洙泾河整治工程等竣工项目29个，推进瑞金医院太仓分院、中德创新城医养中心、太仓大道地下综合管廊等在建项目23个。全年累计签约企业28家，腾房及拆除46家；签约农户19户，拆除16户；签约门面房52户、65间，拆除31户、37间。完成河田羽绒、江兴政科等市级地块“清零”8个，额外完成区级地块“清零”7个，腾地21.6公顷。推进岳南村高标准农田项目建设。拓展村集体抱团公司业务，鼎全公司投资全家门店7家，年销售收入1213万元。抱团公司收入2255万元，吸收劳动力703人。村集体总收入超1.2亿元，村均经营性收入超1036万元，村级经济持续壮大。下属金娄江公司提供物业管理服务，服务金额6232万元，获评为农服务先进单位。

【生态环境】 2023年，陆渡街道深化环境整治三年行动，拆除违建5.7万平方米，陆渡社区获评2023年度“无违达标村（社区）”。打好污染防治攻坚战，完成“散乱污”企业（作坊）整治6家，“两治一提升”（治理噪声、异味污染专项行动，进一步提升人民群众获得感）下降50%。整治河道30条，销号劣Ⅴ类河道11条，完成幸福河湖建设5条、生态河道建设3条。完成洙泾河、胡家港综合整治，胡家港控导工程建成投用。完成宗艺花园、白云渡公寓等雨污改造小区8个。建设郑

2023 年 4 月 19 日，航拍建设中的瑞金医院太仓分院　（陆渡街道供稿）

和路至城东水质净化厂配套管网 800 米，城东水质净化厂投入试运行。三港大型车辆停车场完成建设。中市路沿街立面、向阳一园、向阳二园城中村改造完成，拆除车库 470 间。中市路获评“苏州市城市管理示范路”。长江后浪街区获评苏州市“美丽街区”。

【公共服务】 2023 年，陆渡街道深化为民服务，幸福社区建设初显成效。邻里中心完成建设，农贸市场搬迁准备完成。深化“放管服”改革，“一件事”办理 149 件，街道便民服务中心获评“2023 年度苏州市巾帼文明岗”。落实困难群众基本生活保障，发放救助金 170.64 万元，临时救助 26 人次、救助金额 6.04 万元。完善养老体系，完成适老化改造老年人家庭 62 户，居家养老服务率 100%，村社区日间照料服务中心实现标准化建设、社会化运营全覆盖。完善医疗体系建设，完成社区卫生服务中心 CT 室建设，免费为 4000 名 60 周岁以上老年人体检增设 CT 检查项目，提升民生幸福指数。受理群众诉求及网格事件超 2.7 万件，办件满意度 99%。

【社会治理】 2023 年，陆渡街道以红枫小区为试点，创新“信用承诺 + 无人督导”模式，入选苏州市诚信优秀案例。横沥佳苑完成智慧消防改造，保障小区消防设施有效运行。横沥花园获评苏州市市级示范物业管理项目，横沥花园和景湖 1—4 区获评太仓市优秀示范项目。落实“三管三必须”（管业务必须管安全、管行业必须管安全、管生产经营必须管安全）要求，深化“三办”（安委办、消委办、专项机制办）实体化一体化运作，合规化改造出租房 2672 套，安装烟感器 2200 个，打通恒通佳苑楼顶消防通道 34 条。排查整治“九小场所”（小学校或幼儿园、小医院、小商店、小餐饮场所、小旅馆、小歌舞娱乐场所、小网吧、小美容洗浴场所、小生产加工企业）1180 家，落实沿街小餐饮“瓶改管”“瓶改电”52 户、居民天然气改造 550 户。全年无重大安全事故和火灾事故发生。办理信访事件 196 件，日常接访 513 批次、1322 人次，协调推动解决群众拆迁、拆违等事项。受理农民工讨薪 1215 批次。总体国家安全观主题公园获评江苏省级法治景观。

表 118　2023 年陆渡街道各村（涉农社区）基本情况表

村（社区）名	党组织书记	村（居）委会主任	村集体总收入（万元）	经营性收入（万元）	户籍户数（户）	户籍人口（人）	总资产（万元）
珠江社区	许海刚	许海刚	2136	1530	639	2186	18375
小桥村	陈伟刚	陈伟刚	2651	2259	1095	3597	16876
岳南村	龚　列	龚　列	2192	1007	624	2282	10883
红庙村	张　婷	张　婷	1274	598	404	1358	9867
陆渡村	李　晔	李　晔	1877	990	545	1676	14326
横沥村	杨建钢	杨建钢	1160	578	773	6429	9950
洙泾村	张玲琳	张玲琳	1005	295	244	958	6426

（刘　佳）

组织机构及负责人名录

（2023 年 1—12 月）

中共太仓市委员会

书　记　　汪香元

副书记　　徐华东（9 月—）　徐志强

　　　　　胡卫江（—9 月）

常　委　　杨　庆　戚振宇　吴敬宇　施　敬

　　　　　许超震　查　焱　毛雅萍　王跃飞

太仓市人大常委会

主　任　　王红星

党组书记　王红星

副主任　　韩　飚　邹家宏　周鸿斌　顾建康

太仓市人民政府

代市长　　徐华东（9—10 月）

市　长　　徐华东（10 月—）　胡卫江（—9 月）

党组书记　徐华东（9 月—）　胡卫江（—9 月）

副市长　　吴敬宇　王莉萍　倪嘉臻　陈　磊

　　　　　张　展　傅　玖（挂职）　盛海峰

　　　　　郑丙华（—7 月）　祝真旭（挂职，—9 月）

政协太仓市委员会

主　席　　赵建初

党组书记　赵建初

副主席　　周健慧　黄浩忠　张培明　汤文英

中共太仓市纪律检查委员会

书　记　　杨　庆

副书记　　郑　洁　周亚飞

常　委　　黄建刚　吕　品　高富堂

　　　　　黄晓春（3 月—）　程　达（—3 月）

太仓市监察委员会

主　任　　杨　庆

副主任　　郑　洁　周亚飞

委　员　　黄建刚　黄晓春　陈新安

　　　　　吕　乔（3 月—）　程　达（—3 月）

派驻纪检监察组

组　长　　陆月明　王益锋　沈李江（10 月—）

　　　　　王维军　祁殿成　单晓风　张　华

　　　　　邬雪锋　陆艳艳　顾惠清　孙晶凌

　　　　　陈丽红　任芳敏　李建发

　　　　　张蓓婷（8 月—）　汪　军（—3 月）

　　　　　黄海波（—10 月）　张永强（—12 月）

太仓市人民法院

院　长　　张晓江

副院长　　张莹玮　龚红星　杨耀红　陈晓凯

政治处主任　周永飞

党组书记　张晓江

第十三派驻纪检组组长　陈丽红

太仓市人民检察院

检察长　　张云东
副检察长　　袁　满　李兆民
　　冯怡帆（12月—）　李　峰（—12月）
政治部主任　　孙　倩
党组书记　　张云东
第十四派驻纪检组组长　　任芳敏

市委各部门

市委办公室

主　任　　童　刚
副主任　　赵理平　马　帅　陈思啸　袁宝峰
　　陈凌甦（12月—）　汪倩倩（—10月）
第一派驻纪检组组长　　陆月明

市委研究室

副主任　　蔡卫军

市档案局

局　长　　童　刚
副局长　　赵理平

市委组织部

部　长　　施　敬
副部长　　王维峰（常务）　何晓玲　冯　谡
　　高　洁（兼职）
第三派驻纪检组组长　　张永强（—12月）

市公务员局

局　长　　冯　谡
副局长　　丁美琴

市委党建工作领导小组办公室

主　任　　何晓玲
副主任　　高中亚

市委非公有制企业和社会组织工作委员会

书　记　　何晓玲
副书记　　杨炫昆　毛剑峰（兼职）
　　赵　健（兼职）　杨俊峰（兼职）

市委宣传部

部　长　　查　焱
副部长　　刘　菊（常务，3月—）
　　韩志敏（12月—）　沈　晖
　　马千里　张　忠（—10月）
第四派驻纪检组组长　　沈李江（10月—）
　　黄海波（—10月）

市精神文明建设指导委员会办公室

副主任　　黄文溢

市新闻出版局（市版权局）

副局长　　朱　慧（—10月）

市委网络安全和信息化委员会办公室

主　任　　刘　菊
副主任　　王　勇

市委统一战线工作部

部　长　　查　焱
副部长　　王孝红　房宇峰　毛剑峰（兼职）
第五派驻纪检组组长　　王维军

市委台湾工作办公室、市政府台湾事务办公室

主　任　　王孝红

市民族宗教事务局

局　长　　房宇峰
副局长　　时永建（—12月）

市委政法委员会

书　记　　许超震
副书记　　陈　磊　陈卫平（常务）
　　钱振刚　袁其桃
政治处主任　　张沉成

市委机构编制委员会办公室

主　任　　王伟刚
副主任　　李　丽　缪　斌

市事业单位登记管理局

副局长　　钱　峰

市委巡察工作办公室

主　任　　黄建刚
副主任　　李青玉　傅锦花

市委巡察组

组　长　　程　达　马　骏　钱　峰
　　张宏斌（—12月）
副组长　　江件新　黄建锋　郁胜宝　翟金龙
　　张　敏　唐志灏　汪　军（3月—）
　　顾惠清（—3月）　王　茜（—10月）

市委老干部局

局　长　　王娴敏（12月—）　高　洁（—12月）
副局长　　王林志　李春皓（—12月）

市委离退休干部工作委员会

书　记　　王娴敏（12月—）　高　洁（—12月）
副书记　　李春皓（—12月）

市委党校

校　长　　徐志强
副校长　　郭亚萍（常务）　印春平　邵宁妍
　　李春生（—10月）

市档案馆

馆　长　　仇　君
副馆长　　陆　坚　李春生（10月—）
　　顾江峰　洪良纯（—10月）

市史志办公室

主　任　　芮　萌（10月—）　顾鸿飞（—10月）
副主任　　许　斌　龚益锋

市接待办公室

主　任　　印亚瑜
副主任　　朱纯钰　唐晓平　周叶萍（—12月）

市融媒体中心

主　任　　朱　慧（10月—）　张　忠（—10月）

总编辑　朱　慧（—10月）
副主任　奚海燕　周　斌　山　飚
　　王　嵘
党委书记　朱　慧（10月—）　张　忠（—10月）
纪委书记　沈　伟

市人大各部门

办公室（设立机关党组，8月—）

主　任　沈　炯
副主任　秦　昊　张伊楠
机关党组书记　沈　炯（8月—）

人事代表联络工作委员会

主　任　陈艳萍
副主任　周裕兰

监察和司法工作委员会

主　任　周　华
副主任　姚忆江　张玉飞

财政经济工作委员会

主　任　黄　海
副主任　顾莺燕（10月—）　贺　仁（—3月）

城建环保工作委员会

主　任　杨建新
副主任　王青青

农业农村工作委员会

主　任　叶俭洁
副主任　丁晓红

教科文卫工作委员会
（外事民宗侨台工作委员会）

主　任　杨　敏
副主任　刘友佺　杜凌明（12月—）
　　杨其康（—3月）

市政府各部门

市政府办公室

主　任　王晨清
副主任　倪明德　赵隽春　毛晓波（兼职）
　　丁　曜　张贤峰　施英杰　孙方金
党组书记　王晨清
第二派驻纪检组组长　王益锋

市大数据管理局

副局长　张贤峰（兼职）
　　杨勇民（兼职，—3月）

市发展和改革委员会（市粮食和物资储备局）
（党委改设党组，8月—）

主　任　万芬奇
副主任　张玉柱　倪香萍　马　震
　　郁　珽　孙　波（10月—）
党委（组）书记　万芬奇
第六派驻纪检组组长　祁殿成

市国防动员办公室

主　任　万芬奇

市长三角地区合作与发展办公室

副主任　吴　俊

市教育局

局　长　李广耀
副局长　吴　健　毛　静　顾新华
市委教育工委书记　李广耀
第八派驻纪检组组长　张　华

市高校发展服务中心

主　任　顾新华（10月—）
副主任　俞　杨（10月—）

市科学技术局

局　长　郁颖珠
副局长　汪志杰　刘翔宇　何伟伟
党组书记　汪志杰

市工业和信息化局
（党委改设党组，8月—）

局　长　方海宁
副局长　殷　伟　龚锦芳　郁晓蓉
　　王宜刚（—10月）
党委（组）书记　方海宁
第七派驻纪检组组长　单晓风

市公安局

局　长　陈　磊
副局长　顾晓红（12月—）　胡　昊　钱凌霄
　　马　良　陆　峰（12月—）
　　唐　健（—12月）　施军平（—12月）
政　委　包顶益
党委书记　陈　磊
副书记　包顶益
督察长　陈　磊
政治处主任　郁宏兵
第十五派驻纪检组组长　李建发

市新市民事务中心

主　任　唐　健（12月—）
副主任　陈一天

市民政局
（党委改设党组，8月—）

局　长　张跃忠
副局长　董志军　赵　健　王娴敏（—12月）
党委（组）书记　张跃忠

市司法局
（党委改设党组，8月—）

局　长　张　翼
副局长　张　英　孙建国　徐林峰　张永生
　　张善斌（10月—）
党委（组）书记　张　翼
政治处主任　颜　浩

市委全面依法治市委员会办公室

副主任　陆晓清

市财政局（党委改设党组，8 月—）

局　长　周淑亚
副局长　吴　艳　潘学远　贾彦乐（12 月—）
　　　　金佳敏（—10 月）　项建军（—12 月）
党委（组）书记　周淑亚
第九派驻纪检组组长　邬雪锋

市政府国有资产监督管理办公室

副主任　王　燕

市人力资源和社会保障局
（党委改设党组，8 月—）

局　长　严　枫
副局长　钱琼瑛　孙小峰　颜庭宇（10 月—）
　　　　朱文高　蔡　峻（—10 月）
党委（组）书记　严　枫

市自然资源和规划局（市林业局）

局　长　李　焱
副局长　陆振超　姚金鑫　缪永华　韩小翔
总规划师　曾　瑜
党组书记　李　焱

市住房和城乡建设局
（党委改设党组，8 月—）

局　长　陆　江
副局长　李红艳　许　刚（8 月—）
　　　　李文骞　杨　政
党委（组）书记　陆　江
第十派驻纪检组组长　陆艳艳

市城市管理局（市综合行政执法局）
（党委改设党组，8 月—）

局　长　徐　彬
副局长　黄　健　朱　渊　祁建庚
党委（组）书记　徐　彬
第十一派驻纪检组组长　顾惠清

市交通运输局（党委改设党组，8 月—）

局　长　徐　勤
副局长　李　健　卢忠茂　朱宏伟（11 月—）
　　　　王文华（—10 月）　倪永良（—12 月）
党委（组）书记　徐　勤

市水务局（党委改设党组，8 月—）

局　长　毛华乾
副局长　吴南山　朱　清　包燕珍
党委（组）书记　毛华乾

市农业农村局（市乡村振兴局）
（党委改设党组，8 月—）

局　长　顾　强（12 月—）
　　　　宣　峰（—12 月）
副局长　赵晓兵　曹炳华　冯瑞兴
　　　　邹　翔　朱红华
总畜牧兽医师　朱庆兰
党委（组）书记　顾　强（12 月—）　宣　峰（—12 月）
第十二派驻纪检组组长　孙晶凌

市委农村工作领导小组办公室

主　任　顾　强（12 月—）　宣　峰（—12 月）
副主任　吕　迅

市商务局（市口岸办公室）

局　长　刘利民
副局长　徐　兰（12 月—）　虞　斐
　　　　王　辛　王轶蕊（—12 月）
党组书记　刘利民

市口岸办公室

副主任　曹前程

市文体广电和旅游局（市文物局）
（党委改设党组，8 月—）

局　长　严　浩
副局长　王　冰　张海华　王雪春　杨冬梅
　　　　陈凌甦（—12 月）
党委（组）书记　严　浩
副书记　王　冰

市卫生健康委员会
（党委改设党组，8 月—）

主　任　周　纯
副主任　张　英　钱军民　张春龙　王志萍
　　　　孙异锋
党委（组）书记　周　纯

市退役军人事务局

局　长　张永强（12 月—）　周红亚（—12 月）
副局长　徐忠诚　卢阳松　严国华（兼职）
党组书记　张永强（12 月—）　周红亚（—12 月）

市应急管理局

局　长　徐向明
副局长　王晓峰　魏　俊　金　鑫（—10 月）
党委书记　徐向明

市安全生产委员会办公室

专职副主任　朱　进

市审计局

局　长　陈伟峰
副局长　倪永良（12 月—）　杨洪生
　　　　倪敏玉　曹　静（1 月—）
总审计师　齐小洁
党组书记　陈伟峰

市行政审批局（市政务服务管理办公室）
（党委改设党组，8 月—）

局　长　蔡　健
副局长　王　东　凌　玲　高菊平　凌　喆
　　　　周　奕
党委（组）书记　蔡　健

市市场监督管理局（市知识产权局）
（党委改设党组，8 月—）

局　长　杨伟东

副局长　方海清　杨理贤　杨俊峰（10月—）
高　屹（10月—）　宋丽琛
食品安全总监　张水兵（10月—）
杨俊峰（—10月）
总工程师　高　屹（—10月）
党委（组）书记　杨伟东

市统计局

局　长　周　静
副局长　徐志刚　李　菊
党组书记　周　静

市医疗保障局

局　长　杨琴洁
副局长　王宇舟　杨　俊（12月—）
杜凌明（—12月）
党组书记　杨琴洁

市信访局

局　长　毛晓波
副局长　徐国锋　诸葛晓斌
信访督查专员　顾慧玉
党组书记　毛晓波

市地方金融监督管理局
（市政府金融工作办公室）

局　长　胡雪峰
副局长　杨怀球　朱婉君
党组书记　胡雪峰

市检验检测中心

主　任　杨伟东
副主任　苏　珂　时　连　荚恒星
党组书记　杨伟东

市国有资产运行服务中心

主　任　王　燕
副主任　陆　瑾　徐建东（—12月）

市招商局

局　长　郁颖珠（10月—）
副局长　钱丽丽　张　程
徐　兰（—12月）

市供销合作总社
（党委改设党组，8月—）

理事会主任　张　健
理事会副主任　乐　琦　吴建达（12月—）
监事会主任　浦永明
党委（组）书记　张　健

市社会治理现代化综合指挥中心

主　任　朱弇菁
副主任　浦卫纲　朱　俊

市机关事务中心

主　任　朱晓峰
副主任　武建国　洪良纯（10月—）
施海鹰（—10月）
党组书记　朱晓峰

市政协各部门

市政协委员会办公室（与秘书处合署办公）
（设立机关党组，8月—）

秘书长　潘井亚
副秘书长　陈永忠　李永川　张　炜
主　任　陈永忠
副主任　顾钱医（12月—）　游　洋
黄　蓉（—10月）
机关党组书记　潘井亚（8月—）

提案委员会

主　任　朱自元
副主任　李　兰（12月—）　袁宝峰（兼职）
施英杰（兼职）　顾钱医（—12月）

经济科技和农业农村委员会

主　任　陆文卫
副主任　朱卫清　陈加林　倪香萍（兼职）
何伟伟（兼职）　冯瑞兴（兼职）

社会事业委员会

主　任　朱　坚
副主任　夏永刚　徐昭君（12月—）
毛　静（兼职）　张　英（兼职）
王娴敏（兼职，—12月）

城乡建设委员会

主　任　陈立华
副主任　唐四新　陆建清（10月—）
李文骞（兼职）　黄　健（兼职）
王丽坚（—3月）
王文华（兼职，—10月）

港澳台侨（民族宗教）委员会

主　任　张舒源
副主任　黄　蓉（10月—）
顾晓春（兼职）
顾敏华（—10月）
时永建（兼职，—12月）

文化文史委员会

主　任　李永川
副主任　钱　进　仇　君（兼职）
芮　萌（兼职，10月—）
王雪春（兼职）
顾鸿飞（兼职，—10月）

民主党派

民革太仓市委

主　委　黄浩忠
副主委　朱　坚　陆建清　贺延辉

民盟太仓市基层委

主　委　王雪春
副主委　苗向阳

民建太仓市委

主　委　　黄卫东
副主委　　孙剑国　杨春雨　凌　玲

民进太仓市基层委

主　委　　王　燕
副主委　　朱自元　邢曦峰　黄冬明　郭红玲

农工党太仓市基层委

主　委　　冯瑞兴
副主委　　胡永明　倪敏玉

九三学社太仓市基层委

主　委　　王文华
副主委　　杨成德　苏青青

群众团体

市总工会

主　席　　凌晓波
副主席　　王宏宾　曹丹丹　时永建（12月—）
　　　　　何国清（—10月）　徐昭君（—12月）
挂职副主席　　李　琳
兼职副主席　　李红艳　高军会　褚　锋
党组书记　　凌晓波

共青团太仓市委员会

书　记　　汪倩倩（10月—）　周　骏（—10月）
副书记　　邓华民　吴好萱（12月—）
　　　　　刁欣雨（—12月）
挂职副书记　　尹彦青
兼职副书记　　顾晓磊　刘丽华

市妇女联合会

主　席　　胡　敏
副主席　　施海鹰（10月—）　孙　艳
　　　　　朱　丽（—10月）
挂职副主席　　张凌淏
兼职副主席　　闻　柳　王娴敏（—12月）
党组书记　　胡　敏

市科学技术协会

主　席　　顾技峰
副主席　　许正明（10月—）　费春燕
　　　　　严子祥　吴　巍（—10月）
兼职副主席　　陈国良　杨忠慧　沈文忠　代作晓
党组书记　　顾技峰

市文学艺术界联合会

主　席　　张　忠（10月—）　杨喜良（—10月）
副主席　　李　黎　王宜刚（10月—）
　　　　　许正明（—10月）
兼职副主席　　王雪春　邢曦峰　靳慧慧
党组书记　　张　忠（10月—）
　　　　　杨喜良（—10月）

市归侨侨眷联合会

主　席　　顾晓春
挂职副主席　　杨欣怡
兼职副主席　　顾　准　杨　力

市工商业联合会

主　席　　汤文英
副主席　　毛剑峰　蔡　峻（10月—）
　　　　　朱文强（—3月）
兼职副主席　　于万祥　马志刚　方　凯　叶　锋
　　　　　朱约辉　刘　枫　许惠忠　杨春雨
　　　　　闻建中　顾晓磊　顾静良　徐义新
　　　　　黄韵涛　谢东奎　管星宇　潘锦超
党组书记　　毛剑峰

市残疾人联合会

理事长　　周　栋
副理事长　　刘　俊　陆志萍
挂职副理事长　　曹　静
兼职副理事长　　徐　燕　何　逸　蔡　峻（—10月）
党组书记　　周　栋

市哲学社会科学界联合会

主　席　　韩志敏（12月—）
副主席　　张　燕
兼职副主席　　马　帅　孙方金
　　　　　李春生（—10月）

市红十字会

会　长　　倪嘉臻
常务副会长　　李云汉
挂职副会长　　祁富伟
兼职副会长　　孙异锋　顾新华
兼职监事会监事长　　杨洪生

太仓港经济技术开发区及下属部门

党工委

副书记　　戚振宇
党工委委员　　朱永明　王　哲　吴建国
　　　　　李　峰（5月—）　陆　征
　　　　　严国强　周　燕
纪工委书记　　周　燕
纪工委副书记　　龚利花

管委会

副主任　　戚振宇　朱永明　王　哲　吴建国
　　　　　李　峰（5月—）　陆　征　严国强
　　　　　刘文博（挂职，—12月）

党政办公室

主　任　　严　俊
副主任　　杨　波　刘亚彬　沈锶颖

宣传办公室

主　任　　严　俊

科学技术局

局　长　　刘　君（10月—）　王永健（—10月）
副局长　　张　敏　王炜刚

组织人事和劳动保障局

局　长　徐晓华
副局长　唐利祥　冯金宝

规划建设局（城市管理局）

局　长　吴　龙（10月—）　陆建清（—10月）
副局长　方　正　钱　琪　殷海洋　顾　佳

经济发展局

局　长　王永健（10月—）　赵　倩（—10月）
副局长　陆燕芳　回国涛　张红友（—10月）

安全生产与环境保护局

局　长　张玉清
副局长　江宏卫　陆健峰　许惠星
毛　俊（10月—）

行政审批局

局　长　张红友（10月—）　吴　龙（—10月）
副局长　王晓军　柯　峤　姚　健

财政局（国有资产管理局）

局　长　金佳敏（10月—）　顾莺燕（—10月）
财政局副局长　沙海丰（12月—）　王　颖（3月—）
傅晓斌（—12月）
国资局副局长　李　萍

社会事业管理局

副局长　顾常青

化工园区管理办公室

主　任　宋巍伟（—3月）
副主任　童　琛（3月—）　陆　益　曹志强

总工会（武装部）

主　席　王　浩

太仓港综合保税区管理委员会

主　任　张艳维
副主任　谢伟峰　金　俊

招商中心

主　任　张　瀚
副主任　汪华明　顾千慧　韩季琳　郁莺莺

现代服务业发展中心

副主任　杨　勇　沈一尘

太仓高新技术产业开发区及下属部门

党工委

书　记　毛雅萍
副书记　李　刚　白　斌　夏家辉
纪工委书记　夏家辉
委　员　陆利璟　胡晓瑜（3月—）

管委会

主　任　李　刚
副主任　陆利璟　胡晓瑜（3月—）

党政办公室

主　任　征　垚（12月—）
副主任　高震宇（10月—）　征　垚（—12月）

党群工作部

副部长　周陆彦（10月—）　季晨吉
吴炜芬（—10月）

经济发展局

局　长　屠丹平
副局长　彭　渊　时　静　周　玥（10月—）

科学技术局

局　长　莫振宙（12月—）　张荣海（—12月）
副局长　邱谌岑　严泽贵（12月—）
沈　宁（—12月）

财政局（国有资产管理局）

局　长　陈　俭
副局长　朱　敏　周雅红

中德（太仓）中小企业合作示范区管理办公室
（1月—，机构设立）

主　任　段月强（3月—）
副主任　周叶萍（12月—）

农村工作局

副局长　张一帆

人力资源和社会保障局

副局长　吴振键（10月—）　王秋琼
张蓓婷（—8月）

规划建设局

局　长　乘　康
副局长　范伟民　查晓冬　沈燕丽　杨凯健

安全生产与环境保护局

局　长　孙文彪
副局长　张珺晖　胡　靖（12月—）
吴振键（—10月）

招商局

局　长　沈超未（10月—）　胡晓瑜（—10月）
副局长　狄建刚　孙敬育　段月强（—3月）

工会

主　席　笪文敏（—12月）
副主席　沈　宁（12月—）

市科教新城

党工委

书　记　宣　峰（12月—）　韩志敏（—12月）
副书记　朱　琼　顾凯凯
纪工委书记　顾凯凯
委　员　袁金华　陈洲洋　钱　宇（7月—）
陈　佳　陈芬千　王坚强（12月—）
龚宣东（—12月）

管委会

主　任　朱　琼
副主任　袁金华　陈洲洋　钱　宇（7月—）
陈　佳　陈芬千　王坚强（12月—）
龚宣东（—12月）

娄东街道

党工委

书　记　　江芝才
副书记　　邵　旻　马喜斌　莫振宙（—12 月）
纪工委书记　　陆叔安
委　员　　龚宣东（12 月—）　朱建东
王　茜（10 月—）　陈苏燕　金利锋
陆叔安　李军虎（挂职，12 月—）
颜庭宇（—10 月）　顾永忠（—12 月）

办事处

主　任　　邵　旻
副主任　　朱建东　陈苏燕　金利锋
韩晓婷　杨武昌（10 月—）
马永平（—10 月）　颜庭宇（—10 月）
王俐君（—10 月）

人大工委

主　任　　张荣海（12 月—）
顾永忠（—12 月）

陆渡街道

党工委

书　记　　顾益新
副书记　　龚　迪　周燕晨　张小宏
纪工委书记　　孙　博
委　员　　徐晓锋　孙　博　王乐屏　吴开洋
罗　震　孙　镭（挂职，12 月—）

办事处

主　任　　龚　迪
副主任　　李慧华　李新超　沈丽芳

人大工委

主　任　　徐晓锋

太仓长江口旅游度假区

党工委

书　记　　徐洪明
副书记　　宋　蔚　吴　强
周　骏（10 月—）
芮　萌（—10 月）
委　员　　朱学锋　杨志刚　陈　晓
黄　莉　居远志　李　伟
王　莉（—12 月）
纪工委书记　　陈　晓

管委会

主　任　　宋　蔚
副主任　　李　益　戴寅盈　金　磊
徐默涵　曹俊锋（10 月—）
钱　宇（—7 月）　孙　波（—10 月）

太仓大学科技园

管委会

主　任　　吴敬宇（—3 月）
副主任　　苏霄飞（—3 月）　韩志敏（—3 月）
郁颖珠（—3 月）

太仓港口及下属部门

党工委

书　记　　汪香元
副书记　　邵建林
委　员　　徐卫强　周晓荷　浦利兵　孙达成
李海峰（5 月—）

管委会

主　任　　邵建林
副主任　　徐卫强　周晓荷　浦利兵
李海峰（5 月—）

纪检监察工委

书　记　　孙达成
副书记　　谢建华

党政办公室

主　任　　李海峰

发展服务局

局　长　　王敏勇

港政服务局

局　长　　方　健
副局长　　沈培明　杨　琴

口岸委办公室

主　任　　束晨辉

安全生产监督与港政执法局

局　长　　郭保春
副局长　　黄春曦　钱　晓

科技与信息化建设办公室

副主任　　顾祖旭

发展服务中心

主　任　　王敏勇（兼）

条线部门

苏州海警局

局　长　　徐　进
政　委　　倪　鸣
副局长　　阮伟磊

太仓出入境边防检查站

站　长　　叶林军
政　委　　忽伟军
副站长　　徐宝峰　黄　翔
边检处处长　　陈国华
政治处主任　　周正山

后保处处长　　刘　海

太仓市消防救援大队

大队长　　王国祥
教导员　　姜玉智
副大队长　　邱云鹏　李大伟

太仓海关

关　长　　储伯标
副关长　　范英姿　陈　康　郭　健　江红星
纪检组组长　　黄友永（—7 月）
纪检组副组长　　王晓军（12 月—）

太仓海事局

局　长　　丁湖海
政　委　　韩光民（3 月—）
副局长　　李大为（10 月—）　方志成（6 月—）
　　张小东（6 月—）　胡　红（—6 月）
　　李泽兵（—4 月）　金　波（—10 月）
纪委书记　　韩光民（3 月—）

长江引航中心太仓引航站

站　长　　周　彬
书　记　　张　猛
副站长　　朱建忠　金　校

税务局

局　长　　夏　钧
副局长　　蒋志达　曹敏强　顾志明　赵弇斌
纪检组长　　宋　承（7 月—）　郑　珂（—7 月）

太仓电信

总经理　　王志勇
党委书记　　王志勇
副总经理　　戴萍萍　范华星　黄　健（2—7 月）
　　张　磊（9 月—）　盛　晓（—11 月）
纪委书记　　戴萍萍（11 月—）　盛　晓（—11 月）

太仓邮政

总经理　　许　昕（5 月—）　蔡永华（—5 月）
党委书记　　许　昕（5 月—）　蔡永华（—5 月）
副总经理　　张亚倩　石文舟（8 月—）
　　沈维超（8 月—）　王彩宾（—5 月）
纪委书记　　张亚倩

太仓移动

总经理　　郭　磊（12 月—）　郑　翎（—12 月）
副总经理　　费　勤　朱亦佳

太仓联通

总经理　　赵剑毅（—4 月）
副总经理　　周菊华（主持工作，4 月—）　李志刚
　　张　阳（—7 月）

供电公司

总经理　　沈国民
副总经理　　文　锐　顾文献　龚海华　陈建昌
　　王加臣
党委书记　　文　锐
党委副书记　　沈国民

纪委书记　　詹元方

太仓公积金中心

主　任　　龚志浩（5 月—）　陆伟光（—5 月）
副主任　　胡　倩　乐仲毅（11 月—）
　　任　燕（—9 月）

烟草专卖局（分公司）

局　长（经理）　　何　进（3 月—）　李宏昌（—3 月）
副局长　　邱　峰（4 月—）　曹　忠（—2 月）
副经理　　贾红霞

盐业公司

经　理　　叶　伟（12 月—）
副经理　　叶　伟（主持工作，—12 月）
　　孙　鼎　单东琴（5 月—）

气象局

局　长　　周卫兵
副局长　　陈　彦（10 月—）　吴俊梅（挂职，11 月—）
　　吴　赟（—10 月）

人行太仓市支行

副行长　　林立彬（主持工作）
　　周立兴　陈平频

苏州银保监分局太仓监管组

组　长　　许　晋

农发行太仓市支行

行　长　　汪　峰
副行长　　陈　晨（12 月—）　司　越（12 月—）

工行太仓支行

行　长　　桑文元
副行长　　凌学成　郑　荣　叶　刚
纪委书记　　钱　忠
行长助理　　贾靖谊

农行太仓分行

行　长　　周文杰
副行长　　张琳莹　赵科伟　顾晓中　王　义
　　林振华　沈续雷（—10 月）
纪委书记　　陈建国

中行太仓分行

行　长　　刘　海
副行长　　吴海燕　吴戈亮　张　鹏
纪检组组长　　黄苏华（8 月—）

建行太仓分行

行　长　　高雪峰
副行长　　殷健明　孙艳丹　沈华萍
　　赵　晖（8 月—）　王　敏（—6 月）
纪检组组长　　成　冲

交行太仓分行

行　长　　龚期林
副行长　　高晓静　周　刚　路忠强

邮储银行太仓市支行

行　长　　王　霄（6 月—）　周利庭（—6 月）
副行长　　李陈筛　周　超

中信银行太仓支行

行　长　　顾　卫
副行长　　许　峰

华夏银行太仓支行

行　长　　徐敬慈
副行长　　陆晓斌　蒋美芬

招商银行太仓支行

行　长　　顾玉麒
副行长　　凌　伟　孙慰灵

中国光大银行太仓支行

行　长　　叶丽花（4月—）　成　劼（—4月）
行长助理　唐益菲　陈叶鑫

中国民生银行太仓支行

行　长　　方　雷
副行长　　华　吉（6月—）
行长助理　费　雁

兴业银行太仓支行

行　长　　卢东亮
行长助理　孙少华

恒丰银行太仓支行

行　长　　惠　彪（7月—）　李　明（—7月）
副行长　　何晓明
行长助理　徐　正（挂职，9月—）

江苏银行太仓支行

行　长　　徐明珠
副行长　　赵　岚　吴　雷
行长助理　龚菊文

苏州银行太仓支行

行　长　　柳　婷
行长助理　黄　亮　李橙青

太仓农村商业银行

董事长　　沈向东
行　长　　王　星
监事长　　张亚勤
副行长　　马志刚　吴　健　徐卫忠　韩文斌

太仓民生村镇银行

董事长　　王盛文
行　长　　王　伟
风险总监　曹兴进
市场总监　邢立瑞

东吴证券太仓分公司

太仓分公司总经理　张文华
太仓上海东路证券营业部总经理　朱　靓
太仓人民南路证券营业部总经理　赵　洪
太仓沙溪镇白云中路证券营业部总经理　顾卫东

华泰证券太仓太平南路营业部

总经理　　刘李红

人保财险太仓中心支公司

总经理　　彭静梅
副总经理　朱　鸾　齐松松

中国人寿太仓支公司

总经理　　孙　峰（11月—）　朱李乐（—11月）
副经理　　丁叶芬（11月—）　孙　峰（—11月）
经理助理　陈向楠　冉　云

太平洋财险太仓中心支公司

总经理　　朱煜伟
副总经理　吕　靖
总经理助理　赵志龙

太平洋人寿太仓支公司

总经理　　周　平
副总经理　闻金平

苏州健雄职业技术学院

党委书记　　苏宵飞
党委副书记　林长永
院　长　　林长永
副院长　　周晓刚　吴建洪

各　镇

城厢镇

党委书记　盛海峰
副书记　　王　益　陈　敏（3月—）
　　　　　张东平（挂职，—6月）
　　　　　顾　强（—12月）
委　员　　殷　托　沈　华　高　成　陈　晨
　　　　　成　露　钱　宸　王　业
　　　　　刘俏到（10月—）
　　　　　徐志峰（挂职，12月—）
纪委书记　沈　华
人大主席　叶　强
镇　长　　王　益（12月—）　顾　强（—12月）
副镇长　　高　成　张　寅　王文雷　李俊杰
　　　　　徐　蓉　何晓东（3月—）
　　　　　陈　敏（—3月）

沙溪镇

党委书记　王晓红
副书记　　王永伟　郑　珑　吴昊波（3月—）
委　员　　季春芳　周丽清　王建宏　吕春燕
　　　　　陈　承　吴　越
　　　　　顾晓红（挂职，12月—）
　　　　　吴昊波（—3月）
纪委书记　季春芳
人大主席　秦建刚
镇　长　　王永伟
副镇长　　吕春燕（3月—）　苏益初　张宗庭
　　　　　尹旸艳　钱　路　马晓东
　　　　　吴昊波（—3月）

浏河镇

党委书记　徐洪明
副书记　宋　蔚　吴　强　周　骏（10月—）
芮　萌（—10月）
王颖俊（挂职，—12月）
委　员　朱学锋　杨志刚　陈　晓　黄　莉
居远志　李　伟
刘一涛（挂职，12月—）
王　莉（—12月）
纪委书记　陈　晓
人大主席　王晓芸
镇　长　宋　蔚
副镇长　李　益　戴寅盈　金　磊　徐默涵
曹俊锋（10月—）　钱　宇（—7月）
孙　波（—10月）

浮桥镇

党委书记　严国强（7月—）　王　哲（—7月）
副书记　陈　颖　王国新　刘　君（—10月）
委　员　高　峰　顾春兰　浦春燕　金　钰
倪佳柱　吴保军（10月—）
罗　涛（挂职，12月—）
张　锋（—10月）
纪委书记　顾春兰
人大主席　陆建忠
镇　长　陈　颖
副镇长　王　辉　许卫国　陆佳斌　单丽婷
顾　澄（12月—）　王锦波（12月—）
童　琛（—3月）　吴建达（—12月）

璜泾镇

党委书记　李天一
副书记　张　杰　陈利锋　张　震
委　员　蒋婷婷　姚巍峰（12月—）　倪伟峰
龚　易　王艳飞　杨佳倩
吴晓燕（10月—）
李林超（挂职，12月—）
周陆彦（—10月）　王曹平（—12月）
纪委书记　龚　易
人大主席　周志强
镇　长　张　杰
副镇长　蒋婷婷　杨翠珠　王旭聪　冯　韬
陆　晓（3月—）　刁欣雨（12月—）
姚巍峰（—12月）

双凤镇

党委书记　王晔豪
副书记　陈　凯　唐正道　徐　震
委　员　王　莉（12月—）　沈佳乐　沈　洁
段成亮　王永生（3月—）
王　勇（挂职，12月—）
吕　乔（—3月）　沈超未（—10月）
纪委书记　王永生（3月—）　吕　乔（—3月）
人大主席　吴静怡
镇　长　陈　凯
副镇长　陆　菲　沙春明　张彦生　顾庆锋
杨王益

（市委组织部、港口管委会、各条线部门）

年度荣誉

表119　2023年太仓市先进集体一览表（部分）

序号	获奖单位	荣誉名称	授予单位
1	太仓市	2023年中国县域高质量发展百强第六位	壹城智库
2	太仓市	2023年全国县域发展潜力百强县第二位	壹城智库
3	太仓市	2023年中国县域投资竞争力百强县第六位	赛迪顾问县域经济研究中心
4	太仓市	全国第二批创新型县（市）	科技部
5	太仓市	2023年度全国综合实力百强县市第七位	中国中小城市发展指数研究课题组、国信中小城市指数研究院
6	太仓市	2023年度全国绿色发展百强县市第三位	中国中小城市发展指数研究课题组、国信中小城市指数研究院
7	太仓市	2023年度全国科技创新百强县市第二位	中国中小城市发展指数研究课题组、国信中小城市指数研究院

续表 119

序号	获奖单位	荣誉名称	授予单位
8	太仓市	2023 年度全国新型城镇化质量百强县市第三位	中国中小城市发展指数研究课题组、国信中小城市指数研究院
9	太仓市	2023 年“中国最具幸福感城市”县级市榜首	新华社《瞭望东方周刊》、瞭望智库
10	太仓市	2023 年“企业家幸福感最强市（区）”榜首	新华社《瞭望东方周刊》、瞭望智库
11	太仓市	2022 年中国县域知识产权竞争力十强	新结构经济学知识产权研究院
12	太仓市	全国城市营商环境创新县（市）（2022 年）	中央广播电视总台
13	太仓海事局	2023 年度交通运输文化建设优秀单位	交通运输部
14	太仓海事局	五十佳人民满意的海事执法集体	交通运输部
15	太仓市科教新城实验小学少先队大队	2023 年度“红领巾奖章”五星章	全国少工委
16	太仓市工商联	全国“五好”县级工商联	中华全国工商业联合会
17	太仓市双凤镇商会	全国“四好”商会	中华全国工商业联合会
18	太仓市安徽商会	全国“四好”商会	中华全国工商业联合会
19	太仓市陆渡中心小学	2023 年中小学国防教育示范学校	教育部、中央军委政治工作部
20	太仓市人民法院	节约型机关	国管局、中直管理局、国家发改委、财政部
21	太仓市人民检察院	2022 年度全国检察宣传先进单位	最高人民检察院、检察日报社
22	太仓市人民检察院	2022 年度《清风苑》宣传工作先进集体	清风苑杂志社
23	太仓市图书馆少儿部	一星级全国青年文明号	全国创建青年文明号活动组委会
24	太仓市人力资源和社会保障局	2022—2023 年劳动保障“新闻宣传工作做得好”的单位	人力资源社会保障部办公厅
25	太仓科技馆	2022 年度“‘科创筑梦’助力‘双减’科普行动”优秀单位	中国科协青少年科技中心、中国青少年科技教育工作者协会
26	太仓市科学技术协会	2023 年表现突出的科普中国信息员组织单位	中国科协办公厅
27	太仓市科学技术协会	2023 年全国科普日活动优秀组织单位	中国科协办公厅
28	国网太仓市供电公司	2023 年全国电力设施保护宣传周电力设施保护公共宣传示范单位	中国电力技术市场协会电力安防专业委员会
29	太仓市城厢镇东林村	第三批全国乡村治理示范村	农业农村部农村合作经济指导司等
30	国网太仓市供电公司	国家电网公司“村网共建”电力便民服务示范点	国家电网有限公司市场营销部
31	太仓市第一人民医院	中国县域医院智慧创新奖	健康县域传媒、中国健康县域大会组委会
32	太仓市第一人民医院	血栓防治中心优秀单位	全国肺栓塞和深静脉血栓形成防治能力建设项目办公室
33	太仓市第一人民医院	第七届“县域医疗榜样力量”系列评选最佳管理团队	中国县域卫生发展研究中心
34	太仓市浏河镇	第九批江苏省历史文化名镇	省政府
35	太仓市	2022 年度职业教育改革发展成效明显地区	省政府办公厅
36	太仓市	“减污降碳协同增效工作”督查激励	省政府办公厅
37	太仓市	“改善职业教育办学条件工作”督查激励	省政府办公厅
38	太仓市	“深化医疗卫生体制改革工作”督查激励	省政府办公厅

续表 119

序号	获奖单位	荣誉名称	授予单位
39	太仓市	城市和县级公立医院综合改革成效明显的地方	省政府办公厅
40	太仓市	省首批农村人居环境整治提升示范县	省委农村工作领导小组
41	太仓市	2022 年度"15 分钟医保服务圈"省级示范县（市、区）	省医疗保障局
42	太仓市	省智慧教育样板区培育区域	省教育厅
43	太仓市	省级示范性居家社区养老服务网络建设地区	省民政厅
44	太仓市	江苏省"五社联动"机制创新试点单位	省民政厅
45	太仓市	江苏省第一批婚俗改革实验县（市、区）优秀单位	省民政厅
46	太仓市	城乡公交一体化达标县（市、区）	省交运厅
47	太仓市	2023 年江苏省自然资源节约集约利用模范县（市、区）	省自然资源厅
48	太仓市	全省信访工作先进县（市、区）	省信访工作联席会议
49	太仓市	治理重复信访、化解信访积案专项工作先进单位	省信访工作联席会议
50	太仓市	2022 年度全省基层党员冬训工作示范市	省委宣传部、省委组织部
51	太仓市沙溪镇行政审批局	2022 年度"15 分钟医保服务圈"省级示范点	省医疗保障局
52	太仓市浏河镇行政审批局	2022 年度"15 分钟医保服务圈"省级示范点	省医疗保障局
53	太仓市城厢镇行政审批局	2022 年度"15 分钟医保服务圈"省级示范点	省医疗保障局
54	太仓市中小学社会实践基地	2023 年江苏省中小学劳动教育与综合实践优秀基地	省教育厅
55	太仓市劳动人事争议人民调解委员会	2023 年江苏省金牌劳动人事争议调解组织	省人社局、省总工会、省企业联合会、省工商联
56	太仓市税务局组织人事股	全省税务系统"税务巾帼文明岗"	省税务局
57	太仓市浏河镇新塘村	2022 年度江苏省生态宜居美丽乡村示范村（社区）	省委农村工作领导小组
58	太仓市双凤镇勤力村	2022 年度江苏省生态宜居美丽乡村示范村（社区）	省委农村工作领导小组
59	太仓市沙溪镇香塘村	2022 年度江苏省生态宜居美丽乡村示范村（社区）	省委农村工作领导小组
60	太仓市沙溪镇	2022 年度江苏省生态宜居美丽示范乡镇	省委农村工作领导小组
61	太仓市沙溪镇村镇建设档案室	全省建设档案管理工作先进单位	省住建厅
62	太仓市生物医药产业园	江苏省现代服务业高质量发展集聚示范区	省发改委
63	太仓市沙溪镇人民政府	2022 年度江苏省公共机构能效领跑者	省机关事务管理局、省发改委、省工信厅、省财政厅、省生态环境厅
64	太仓市老年大学	江苏省示范老年大学	省老年大学协会
65	太仓市双凤镇凤雅社区	2023 年度江苏省智慧社区建设试点单位	省民政厅
66	太仓海事局	江苏省示范档案室	省档案馆
67	太仓海事局指挥中心	2021—2023 年江苏省水上搜救先进集体	省水上搜救中心
68	太仓海事局	2022 年长江海事局建设模范机关先进集体	长江海事局

续表 119

序号	获奖单位	荣誉名称	授予单位
69	太仓海事局	江苏海事局2022年度先进单位	江苏海事局
70	太仓海事局璜泾海巡执法大队	江苏海事局2022年度先进集体	江苏海事局
71	太仓海事局浮桥海巡执法大队	江苏海事局2022年依法行政（执法督察）工作先进集体	江苏海事局
72	太仓边检站	全省边检机关综合研究工作先进单位	省出入境边防检查总站
73	太仓边检站	全省边检机关新闻宣传工作成绩突出集体	省出入境边防检查总站
74	太仓边检站执勤二队	集体三等功	省出入境边防检查总站
75	太仓市娄东街道团工委	江苏省五四红旗团委（团工委）	共青团江苏省委
76	太仓市卫生健康委员会团委	江苏省五四红旗团委（团工委）	共青团江苏省委
77	太仓市璜泾镇永乐村团支部	江苏省五四红旗团支部（团总支）	共青团江苏省委
78	太仓市港城小学少先队大队	江苏省优秀少先队集体（少先队大队）	共青团江苏省委、省教育厅、省人社厅、省少工委
79	太仓市经贸小学六（9）中队	江苏省优秀少先队集体（少先队中队）	共青团江苏省委、省教育厅、省人社厅、省少工委
80	太仓市星星港湾暑托班	2023年“爱心暑托班”优秀示范班点	省希望工程办公室
81	太仓市高新区娄城大厦暑托班	2023年“爱心暑托班”优秀示范班点	省希望工程办公室
82	太仓市公安局“警娃一家亲”警娃暑托班	2023年“爱心暑托班”优秀示范班点	省希望工程办公室
83	太仓市行政审批局团委	2023年“爱心暑托班”优秀支持单位	省希望工程办公室
84	太仓市“快乐仓”暑托班志愿服务队	2023年“爱心暑托班”优秀大学生志愿服务团	省希望工程办公室
85	太仓市“加速渡”暑托班志愿服务队	2023年“爱心暑托班”优秀大学生志愿服务团	省希望工程办公室
86	苏州健雄职业技术学院	江苏省青年学习社	共青团江苏省委
87	太仓市双凤镇商会	江苏省“四好商会”	省工商联
88	太仓市安徽商会	江苏省“四好商会”	省工商联
89	太仓市第一中学	“十四五”第二批江苏省科学教育综合示范学校	省科协、省教育厅
90	太仓市市场监督管理局	2022年度江苏省物品编码工作单项优秀等次	中国物品编码中心江苏分中心
91	太仓市市场监督管理局城厢分局	江苏省四星市场监督管理分局	省市场监督管理局
92	太仓市市场监督管理局浏河分局	江苏省四星市场监督管理分局	省市场监督管理局
93	太仓市司法局	全省“八五”普法中期成绩突出集体	省司法厅
94	太仓市司法局	2022年度全省司法行政系统“高质量发展争先进位奖”	省司法厅
95	太仓市沙溪法律服务所	全省公共法律服务工作成绩突出集体	省司法厅
96	太仓市璜泾司法所	“法律明白人”培育工作成绩突出集体	省司法厅

续表 119

序号	获奖单位	荣誉名称	授予单位
97	太仓市城厢后续照管服务站	后续照管工作成绩突出集体	省戒毒管理局
98	太仓市消防救援大队	全省消防救援队伍“基层建设标兵大队”	省消防救援总队
99	太仓市消防救援朝阳东路特勤站	全省“基层建设先进消防救援站”	省消防救援总队
100	太仓海关查验一科	2023 年江苏省“扫黄打非”先进基层示范点	省“扫黄打非”工作领导小组
101	国网太仓市供电公司	国网江苏省电力有限公司工人先锋号	国网江苏省电力有限公司
102	国网太仓市供电公司沙溪供电所	国网江苏省电力有限公司 2023 年度五星级供电所	国网江苏省电力有限公司
103	国网太仓市供电公司	国网江苏省电力有限公司 2023 年度安全生产先进集体	国网江苏省电力有限公司安全生产委员会
104	太仓市疾病预防控制中心	江苏省五一劳动奖状	省总工会
105	太仓市沙溪人民医院	江苏省老年友善医疗机构优秀单位	省卫健委、省中医药管理局
106	太仓市浏河镇新塘卫生院	江苏省老年友善医疗机构优秀单位	省卫健委、省中医药管理局
107	太仓颐诚护理院	江苏省老年友善医疗机构	省卫健委、省中医药管理局
108	太仓新鑫护理院	江苏省老年友善医疗机构	省卫健委、省中医药管理局
109	太仓广慈医院	江苏省老年友善医疗机构	省卫健委、省中医药管理局
110	太仓卫康医院	江苏省老年友善医疗机构	省卫健委、省中医药管理局
111	太仓市城厢镇社区卫生服务中心	江苏省基层医疗机构五级中医馆建设单位	省中医药管理局
112	太仓市双凤人民医院中医馆	江苏省基层医疗机构五级中医馆建设单位	省中医药管理局
113	太仓市妇幼保健计划生育服务中心	江苏省国家免费孕前优生健康检查项目临床检验室间质评优秀地区	省卫生健康发展研究中心
114	太仓市人民法院	江苏省示范档案室	省档案馆
115	太仓市人民法院执行局	全省法院系统先进集体	省法院、省人社厅
116	太仓市人民法院立案庭	全省法院党的二十大维稳安保工作先进集体	省高院
117	太仓市公安局治安大队	2022 年全省“扫黄打非”先进集体	省“扫黄打非”工作领导小组
118	太仓市公安局沙溪派出所	全省“枫桥市公安派出所”	省公安厅
119	太仓市公安局档案室	江苏省示范档案室	省档案馆
120	太仓市人民检察院	江苏省示范档案室	省档案馆
121	太仓市港航事业发展中心	2023 年度江苏省交通行业优秀质量管理小组	省交通企业协会
122	太仓市交运局船舶流量统计辅助软件研发 QC 小组	2023 年江苏省交通行业优秀质量管理小组	省交通企业协会
123	太仓市交运局调度收费三班	2023 年度江苏省交通行业质量信得过班组	省交通企业协会
124	太仓市交运局船舶流量统计辅助软件研发 QC 小组	2023 年江苏省优秀质量管理小组	省质量管理协会
125	太仓市交通运输综合行政执法大队党总支	全省深化货车司机群体党建试点工作先进集体	省交通运输行业委员会
126	太仓市交通运输局	全省交通运输系统先进集体	省人社厅、省交运厅

续表 119

序号	获奖单位	荣誉名称	授予单位
127	太仓市气象局	2023 年度江苏省气象局观测网络业务先进集体	省气象局
128	太仓市退役军人事务局	“戎耀今生”全省退役军人就业创业工作先进集体	省退役军人事务厅
129	太仓市璜泾镇	2022 年度全省基层党员冬训工作示范镇	省委宣传部、省委组织部
130	太仓市自然资源和规划局	2022 年度全省自然资源系统法治建设和普法工作成绩优秀单位	省自然资源厅
131	太仓市自然资源和规划局	2022 年度全省系统信访工作业绩突出单位	省自然资源厅
132	太仓市自然资源和规划局档案室	江苏省示范档案室	省档案馆
133	太仓市建设档案馆	江苏省示范档案室	省档案馆
134	太仓市土地学会	2022 年度江苏省土地学会先进集体	省土地学会
135	太仓市土地学会	2022 年度学会工作先进单位	省土地学会
136	太仓市规划展示馆	江苏省防震减灾科普教育基地（2022—2026 年）	省地震局、省科协
137	太仓市规划展示馆	江苏省科普教育基地（社会科学普及基地）（2023—2026 年）	省科协、省社科联、省科技厅、省教育厅
138	太仓市双凤镇勤力村水溇	江苏省第十一批特色田园乡村	省农村住房条件改善和特色田园乡村建设工作联席会议办公室
139	太仓市城厢镇永丰村朱门泾	江苏省第十二批特色田园乡村	省农村住房条件改善和特色田园乡村建设工作联席会议办公室
140	太仓市城厢镇永丰村横塘河	江苏省第十二批特色田园乡村	省农村住房条件改善和特色田园乡村建设工作联席会议办公室

表 120　2023 年太仓市先进个人一览表（部分）

序号	姓名	单位	荣誉称号	授予单位
1	张立新	太仓市城厢镇司法所	全国模范人民调解员	司法部
2	陈一帆	苏州苹禾万夹农业科技有限公司	全国优秀共青团员	共青团中央
3	高天一	太仓市公安局岳王派出所	全国公安机关“猎狐 2022”专项行动成绩突出个人	公安部
4	张子瑜	太仓市实验小学	2023 年度“红领巾奖章”五星章	全国少工委
5	孔泽恩	太仓市第一中学	2023 年度“红领巾奖章”五星章	全国少工委
6	闻梓捷	太仓市实验中学	2023 年度“红领巾奖章”五星章	全国少工委
7	周　雁	太仓市市场监督管理局	2022—2023 年全国消费维权先进个人	中国消费者协会
8	张水兵	太仓市市场监督管理局	“长江禁捕，打非断链”专项行动表现突出个人	国家市场监督管理总局
9	孙　陈	太仓市德颐善社会工作发展中心	年度中国社工人物	中国社会工作联合会
10	刘丽华	太仓市启航社会工作发展中心	年度中国最美社工	中国社会工作联合会
11	顾　绒	太仓市义工联合会	年度中国最美社工	中国社会工作联合会

续表 120

序号	姓名	单位	荣誉称号	授予单位
12	陆明钰	太仓市卫生培训与健康促进中心	中国红十字会“会员之星”	中国红十字会
13	杨忠慧	太仓市第一人民医院	第五届“健康县域卓越建设者”系列评选——“中国县域医院优秀院长”	健康县域传媒、中国健康县域大会组委会
14	杨忠慧	太仓市第一人民医院	2023 年北京健康大会“光辉县城”系列评选——“县域优才——医院管理奖”	中国农村卫生事业管理杂志社、健康县域传播平台
15	邵雪峰	太仓市第一人民医院	第七届“县域医疗榜样力量”系列评选党建领军人物	中国县域卫生发展研究中心
16	孙　健	太仓市中医医院	第五届“健康县域卓越建设者”系列评选——“中国县域医院优秀院长”	健康县域传媒、中国健康县域大会组委会
17	吕　红	太仓市中医医院	第五届“健康县域卓越建设者”系列评选——“中国县域医院优秀科主任”	健康县域传媒、中国健康县域大会组委会
18	江　杰	太仓市公安局高新区派出所	2020—2021 年全国无偿献血奉献奖金奖	国家卫健委、中国红十字会、中央军委后勤保障部卫生局
19	曹春英	太仓市人民检察院	玫瑰书香·阅读学习成才女职工	中华全国总工会女职工委员会办公室
20	沈一飞	太仓市融媒体中心	第八届全国县市区域“百佳优秀媒体人”称号	中国县市报研究会
21	邢智丰	太仓市融媒体中心	第八届全国县市区域“百佳优秀媒体人”称号	中国县市报研究会
22	张江辉	太仓光电技术研究所	江苏“最美人物”	省委宣传部
23	姜红芬	太仓市沙溪镇利泰社区居民	2023 年第四季度“孝老爱亲”江苏好人	省委宣传部
24	王　业	太仓市城厢镇党委	2022 年度全省基层党员冬训工作先进个人	省委宣传部、省委组织部
25	石祖红	太仓市自然资源和规划局	全国自然资源信访工作业绩突出个人	省自然资源厅、省科协
26	吴敏敏	太仓市科教新城实验小学	教育部新时代中小学学科领军教师示范性培训培养对象	教育部
27	凌　锋	江苏省太仓高级中学	江苏省教学名师（2022 年）	省教育厅
28	倪建斌	太仓市实验小学	江苏省教学名师（2023 年）	省教育厅
29	顾爱东	太仓市璜泾镇雅鹿村	全省第三批“百名示范”村（社区）书记	省委组织部
30	钱征宇	太仓市娄东街道景瑞社区	全省第三批“百名示范”村（社区）书记	省委组织部
31	龙绍眉	太仓市欣诚社会工作服务社	江苏省“最美社工”	省民政厅
32	耿彤彤	太仓市德颐善社会工作发展中心	江苏省社会工作领军人才	省民政厅
33	瞿秋霆	太仓市民政局殡仪馆	窗口服务明星	省人社厅
34	方晓东	太仓市民政局殡仪馆	窗口服务明星	省人社厅

续表 120

序号	姓名	单位	荣誉称号	授予单位
35	季　怡	太仓市第一人民医院	江苏省优秀共青团员	团江苏省委
36	魏俐敏	太仓众德物业管理有限公司	江苏省优秀共青团员	团江苏省委
37	施权洋	太仓市城厢镇电站村	江苏省优秀共青团干部（团支部书记专项）	团江苏省委
38	王　玉	苏州健雄职业技术学院经济管理学院	江苏省优秀共青团干部（团支部书记专项）	团江苏省委
39	李易峰	太仓市科教新城实验小学	2023 年度江苏省优秀少先队员	共青团江苏省委、省教育厅、省人社厅、省少工委
40	陈赛赛	太仓市青少年活动中心	2023 年度江苏省优秀少先队辅导员	共青团江苏省委、省教育厅、省人社厅、省少工委
41	王　琰	太仓市广电网络有限公司	先进工作者	省广电有线信息网络股份有限公司
42	郑芬芳	太仓市广电网络有限公司	先进工作者	省广电有线信息网络股份有限公司
43	陆见青	太仓科技馆	长三角科普场馆联盟“十佳女馆长”	上海科技馆、上海中国航海博物馆、江苏省科学技术馆、南京科技馆、浙江省科技馆、浙江自然博物院、安徽省科学技术馆、合肥市科技馆
44	史　玲	太仓市司法局	推进行政复议体制改革表现突出个人	省司法厅
45	钱姚健	太仓市司法局	全省合法性审查成绩突出个人	省司法厅
46	居丽莉	太仓市司法局	2022 年度依法治省工作成绩突出个人	省委全面依法治省委员会办公室
47	张　晶	太仓市陆渡街道司法所	“法律明白人”培育工作成绩突出个人	省司法厅
48	谢丽雯	太仓市沙溪镇司法所	后续照管工作成绩突出个人	省戒毒管理局
49	费嫣红	太仓市娄东街道司法所	后续照管工作成绩突出社工	省戒毒管理局
50	马煜昊	太仓市璜泾镇司法所	后续照管工作成绩突出社工	省戒毒管理局
51	徐　燕	太仓市双凤镇双凤社区	全省百佳“法律明白人”	省司法厅、省法律援助基金会
52	邱云鹏	太仓市消防救援大队	个人三等功	省消防救援总队
53	赵思宇	太仓市消防救援朝阳东路特勤站	全省“模范消防员”	省消防救援总队
54	吴　凡	国网太仓市供电公司	国网江苏省电力有限公司劳动模范	国网江苏省电力有限公司
55	金　花	太仓市卫生健康委员会	江苏省爱国卫生运动 70 周年表现突出个人	省爱国卫生运动委员会
56	张　俊	太仓市疾病预防控制中心	百名卫生防疫之星	省疾控中心
57	顾鸿儒	太仓市疾病预防控制中心	江苏省重点职业病监测先进个人	省疾控中心
58	周晓青	太仓市城管行政执法大队	2023 年度全省城管行政执法队伍“强基础、转作风、树形象”专项行动“表现突出个人”	省住建厅
59	陈卫平	太仓市人民法院	立案信访工作先进个人	省高院

续表 120

序号	姓名	单位	荣誉称号	授予单位
60	张艳艳	太仓市人民法院	全省法院打击整治养老诈骗专项先进个人	省高院
61	姚彬彬	太仓市人民法院	全省法院司法警察工作先进个人	省高院
62	徐瑜洁	太仓市人民法院	全省法院书记员业务标兵	省高院、省委省直机关工委、省总工会
63	袁海龙	太仓市公安局城西派出所	个人二等功	省公安厅
64	朱红昌	太仓市公安局刑警大队	个人二等功	省公安厅
65	陈　立	太仓市公安局政治安全保卫大队	个人二等功	省公安厅
66	顾海龙	太仓市公安局经侦大队	个人二等功	省公安厅
67	沈咏春	太仓市人民检察院	2022 年度《清风苑》宣传工作先进个人	清风苑杂志社
68	顾依婷	太仓市人民检察院	全省检察机关聘用制书记员技能竞赛标兵	省检察院
69	何晓红	太仓市交运局	2022 年度全省公路系统争先创优工作成绩突出个人	省交通运输厅公路事业发展中心
70	钱云超	太仓市交运局	全省交通运输行业青年建功标兵	省交通运输行业党委
71	何庆华	太仓市融媒体中心	江苏省广播电视系统先进工作者	省人社厅、省广播电视局
72	汤　华	太仓市文体广电和旅游局	全省文化市场综合执法“护航”专项行动有功个人	省文旅厅
73	项红亮	太仓市文化市场综合执法大队	2023 年江苏省文化市场综合执法“先锋”系列行动有功个人称号	省文旅厅文化市场综合行政执法监督局
74	陈永明	太仓市文体广电和旅游局	文润 30 年最美文化馆人	省文化馆
75	倪　艳	太仓市文化馆	江苏省“百千万”工程优秀文艺骨干、江苏省舞蹈专业委员会委员	省群众文化学会
76	关　帅	太仓海事局	江苏省五一创新能手	省总工会
77	李　雷	太仓海事局	2021—2023 年江苏省水上搜救先进个人	省水上搜救中心
78	商晶晶	太仓海事局	长航系统 2021—2022 年“优秀女班组长”	长江航务管理局
79	邓子成	太仓海事局	2022 年长江海事局建设模范机关先进个人	长江海事局
80	姚晓坤	太仓海事局	2022 年长江海事局建设模范机关先进个人	长江海事局
81	董　萍	太仓海事局	2022 年长江海事局建设模范机关先进个人	长江海事局
82	关　帅	太仓海事局	2022 年度长江海事系统先进工作者	长江海事局
83	李　雷	太仓海事局	长江海事系统第一届“最美海事人”	长江海事局
84	李　健	太仓海事局	记三等功	江苏海事局
85	董　萍	太仓海事局	记三等功	江苏海事局
86	帅　帅	太仓海事局	江苏海事局 2022 年度先进工作者	江苏海事局

续表 120

序号	姓名	单位	荣誉称号	授予单位
87	李　雷	太仓海事局	江苏海事局 2022 年度先进工作者	江苏海事局
88	李明军	太仓海事局	江苏海事局 2022 年度先进工作者	江苏海事局
89	夏　村	太仓海事局	江苏海事局 2022 年度先进工作者	江苏海事局
90	孙宗波	太仓海事局	江苏海事局 2022 年度先进工作者	江苏海事局
91	赖志尧	太仓海事局	江苏海事局疫情防控工作先进个人	江苏海事局
92	邓君剑	太仓海事局	江苏海事局疫情防控工作先进个人	江苏海事局
93	陈小会	太仓海事局	江苏海事局疫情防控工作先进个人	江苏海事局
94	李明军	太仓海事局	江苏海事局疫情防控工作先进个人	江苏海事局
95	杨　觅	太仓海事局	江苏海事局 2022 年依法行政（执法督察）工作先进个人	江苏海事局
96	王少康	太仓海事局	江苏海事局 2022 年海事履约研究先进个人	江苏海事局
97	李　雪	太仓海事局	2022—2023 年江苏海事局先进纪检干部	江苏海事局
98	陈小会	太仓海事局	江苏海事局 2023 年体系审核工作先进个人	江苏海事局
99	李　健	太仓海事局	江苏海事局 2023 年海事调查工作先进个人	江苏海事局
100	孙宗波	太仓海事局	2022—2023 年江苏海事局“我们身边的好青年”	江苏海事局
101	李天培	太仓海事局	2022—2023 年江苏海事局“我们身边的好青年”	江苏海事局
102	邵志佳	太仓边检站	全省边检机关新闻宣传工作成绩突出个人	省出入境边防检查总站
103	任云松	太仓边检站	全省边检机关“警保联盟”先进个人	省出入境边防检查总站
104	刘钰杰	太仓边检站	全省边检机关成绩突出党员民警	省出入境边防检查总站
105	姜　龙	太仓边检站	全省边检机关成绩突出党务工作者	省出入境边防检查总站
106	周伟伟	太仓边检站	全省边检机关成绩突出女民警	省出入境边防检查总站
107	吴　昊	太仓边检站	个人三等功	省出入境边防检查总站
108	陈甫亮	太仓边检站	个人三等功	省出入境边防检查总站
109	孙旭宏	太仓边检站	个人三等功	省出入境边防检查总站
110	钱　毅	太仓边检站	个人三等功	省出入境边防检查总站

（市史志办）

重要文献

在市委十四届六次全会上关于市委常委会工作的报告

汪香元

2023 年 12 月 27 日

市委十四届四次全会以来，市委常委会坚持以习近平新时代中国特色社会主义思想为指导，全面贯彻党的二十大、二十届二中全会和习近平总书记对江苏、苏州工作重要讲话重要指示精神，落实党中央决策部署和省委、苏州市委工作要求，一体推进三件大事，突出抓好九个方面工作，推动全市经济社会发展和党的建设各项工作取得新成绩。

一体推进三件大事：把深入学习宣传贯彻党的二十大精神，习近平总书记对江苏、苏州工作重要讲话重要指示精神，和开展主题教育紧密结合起来，作为贯穿全年工作的主题主线，引领推动太仓现代化建设新征程开好局、起好步。

*深入学习宣传贯彻党的二十大精神。*我们坚持把学习宣传贯彻党的二十大精神作为首要政治任务，兴起学习宣传贯彻热潮，举办市管干部集中轮训班，示范引领各级干部开展培训，切实以党的二十大精神统一思想、统一意志、统一行动。

*深入学习贯彻习近平总书记对江苏、苏州工作重要讲话，重要指示精神。*今年 1 月，习近平总书记在江苏全票当选第十四届全国人大代表，3 月 5 日参加江苏代表团审议并发表重要讲话，提出“四个走在前”重大任务。围绕学习贯彻总书记重要讲话精神，市委理论学习中心组进行专题学习交流，市委常委带头开展重点课题调研；聚焦总书记强调的具有牵引性的重大任务，按照省委五个行动方案、苏州市委六个行动方案部署要求，制定实施《关于进一步推动强市富民惠企在高质量发展上继续走在前列的行动方案》，部署六项具体行动。7 月初，总书记亲临江苏考察，明确“走在前、做示范”重大要求和“四个新”重大任务，我们及时传达学习研讨，召开市委十四届五次全会，审议通过学习贯彻《决定》。12 月，总书记亲临盐城考察并作出重要指示，市委常委会第一时间召开会议传达学习，将总书记重要指示作为主题教育的生动教材，推动学习宣传贯彻往深里走、往实里抓。

*深入开展学习贯彻习近平新时代中国特色社会主义思想主题教育。*召开专题会议部署开展主题教育，围绕学思想、强党性、重实践、建新功，持续深入推进以学铸魂、以学增智、以学正风、以学促干，把“牢记嘱托、感恩奋进、走在前列”贯穿始终。建立习近平总书记重要讲话和重要指示批示精神贯彻落实工作清单，举办主题教育读书班，围绕农业农村现代化正面案例、环保问题反面案例进行解剖式调研，不断丰富提升思路举措。认真贯彻落实中央、省委、苏州市委经济工作会议部署，牢牢把握“五个必须”规律性认识，紧抓当前、抓好当前，引导全市党员干部实干担当、推动发展。开展“四下基层”“千村万企、千家万户”大走访、“集中服务月”等活动，累计解决企业和群众诉求超 2500 个。建立巡视、审计、督查、生态环保督察、安全生产和自然灾害、网络舆情、群众信访 7 张问题清单，构建动态销号、闭环管理等机制，切实把主题教育成果转化为高质量发展实际成效。

通过深学细悟、笃信笃行，我们更加深刻感悟到总书记对江苏、苏州工作重要讲话重要指示精神是习近平新时代中国特色社会主义思想和党的二十大精神在江苏、苏州的具体化；更加深刻感悟到习近平新时代中国特色社会主义思想处处闪耀着马克思主义光辉，具有强大真理力量和实践伟力；更加深刻感悟到总书记党的核心、军队统帅、人民领袖的非凡政治智慧、顽强意志品质和深厚人民情怀；更加深刻感悟到总书记对江苏、苏州人民的关怀厚爱，对江苏、苏州发展的殷切期望。学之愈深、知之愈明、行之愈笃，全市上下更加坚定自觉地以忠诚感恩之心、实干担当之行拥护“两个确立”、做到“两个维护”，紧跟伟大复兴领路人开创更加美好未来。

在习近平新时代中国特色社会主义思想的指引下，我们牢记嘱托、感恩奋进，拼出“太仓速度”、全力突破跨越，努力让中国式现代化在太仓充分展现可观可感的现实图景。这一年，我们壮志满怀迈上了三十而立的新征程。隆重举办太仓撤县建市三十周年暨德企发展 30 年系列活动，发布“太仓市撤县建市三十周年 10 件大事”，颁发“十大突出贡献企业”“十大杰出德国友人”奖项，总投资 671 亿元的 45 个重点项目签约落户，众多海内外嘉宾齐聚太仓，各级各类媒体聚焦太仓，共同回顾太仓砥砺奋进、精彩蝶变的 30 年，共同吹响这座城市三十而立再出发的奋斗号角，以昂扬的心态、决胜的姿态、满格的状态，昂首阔步迈向下一个“黄金三十年”。这一年，我们乘势而上提升了城市的影响力。长三角一体化发展等多重国家战略机遇加速转化，融入上海、以港强市、对德合作特色优势加速彰显，城市能级和美誉度加速提升，作为唯一县级市入选中国城市（区）国际传播示范案例，举办中德环境论坛、商务部中德产业园经验交流会、企业家幸福感营商对话等一系列高层级活动，海内外媒体来太采访超100批次，国家级媒体刊发太仓报道600余篇，获央视报道120余次，其中《新闻联播》报道8次，形成了“重大活动接连举办、国内外媒体深度聚焦、社会各界广泛关注”的生动局面。这一年，我们敢为善为拼出了发展的加速度。一着不让抓好项目引建、娄江新城建设等大事，快马加鞭推进国土空间全域整治、全域旅游等要事，全心全意落实大学生创新创业、企业服务中心等实事，全力为太仓高质量发展蓄势增能。今年以来，一般公共预算收入、全社会固定资产投资等主要经济指标增速位居苏州前列，位列中国县域高质量发展百强第六位、中国县域经济百强第六位，连续三年位居全国科技创新百强县市第二位，连续八年位居中国最具幸福感城市县级市榜首。

突出抓好九个方面工作：

一、全力推动经济加快回升向好，实现高质量发展

市委常委会始终坚持把高质量发展作为首要任务，着力抓经济、拼项目、优服务，推动经济运行率先整体好转。全年地区生产总值增长5%以上（预计数，下同）；一般公共预算收入189.4亿元，增长6.5%；规上工业产值3210亿元，增长1.7%；全社会固定资产投资545亿元，增长13.9%，其中工业投资220亿元，增长22.2%，社会消费品零售总额548.1亿元，增长7.3%。

*坚持大抓项目、抓大项目。*加快项目“扩产投产”和“引进推进”，不断掀起招商引资和项目引建热潮。强化招商引资全市域统筹，完善招商市场化激励机制，举办北京、上海、成都、深圳等城市招商推介活动，成立招商小分队赴德法日韩等开展境外招商。1—11月，新引进产业项目292个，总投资817亿元，分别增长18.7%、7.1%，其中伯曼设施设备、庆良电子等超亿美元或10亿元项目22个。省重大、苏州市重点实施项目数量均位列苏州第一，183个三级重点项目年度投资完成率超100%，博马科技、莱茵长三角运营中心二期等一批重大产业项目加快建设，联电新能源汽车动力总成二期、舍弗勒太仓制造基地新能源二期等97个项目建成投产，元气森林华东生产运营基地竣工。

*加速提升产业规模质效。*高端装备、先进材料、现代物贸三大千亿级主导产业持续壮大，1—11月，规上汽车零部件企业产值增长7.2%，其中新能源汽车产值增长12%，央视《新闻联播》头条特别报道太仓“一条马路集聚一条产业链”。推荐吉太航空、卓能电子等112家企业进入苏州航空航天产业企业优选培育库，数量位列苏州第一，占苏州比重超三分之一。着力打造“太仓药谷”，太仓生物医药企业孵化器获评国家级科技企业孵化器，全市生物医药企业超520家、实现三年3倍增长。加速推动智改数转网联，入选工业互联网试点示范项目数位居全省县级市第一。

*持续增强科技创新能力。*出台太仓大学科技园专项支持政策，提升大学生来太就业、创业、购房等补贴力度，持续营造优良创新创业生态。32万平方米智汇谷科创园竣工，已落户德国弗劳恩霍夫城市生态发展创新平台实验室、西门子双碳实验室等优质项目30个。强化创新企业梯队建设，有效高新技术企业数达1177家，新增国家专精特新“小巨人”企业12家，同比实现翻番，如果新能源成为全市首家中国“独角兽”企业。加大人才引育力度，引进院士项目2个，实现零的突破；入选国家级人才计划22人，位居苏州第二。入选国家创新型县（市）建设名单。连续三年获评全国县域知识产权竞争力十强。

*全力打造最优营商环境。*持续擦亮“5E·太舒心”营商服务品牌，位居全省营商环境评价第二位、苏州第一位，入选全国城市营商环境创新县（市），蝉联企业家幸福感最强市（区）榜单第一。优化提升一站式、实体化企业服务中心功能，提供一揽子兜底和专业化贴心服务，相关工作经验在苏州全市推广。完善重点企业、重点项目挂钩联系制度，着力解决企业困难问题。企业（项目）全生命周期管理平台启用，实现对项目、企业的全过程跟踪服务。出台民营经济高质量发展实施意见，全力支持民营企业做大做强。加强金融服务供给，出台产业投资基金管理办法，江苏信保集团苏州首个担保子公司落户。高效运作人才服务中心，设立娄城人才贷、娄城新市民创业贷，新增人才公寓3365套，累计超7000套。

二、全面深化改革开放，持续巩固拓展特色优势

市委常委会坚持用好改革开放这个关键一招，着力探索创新性举措、构筑特色化平台，不断为太仓现代化建设赋能增力。

*融入上海步伐不断加快。*深度融入虹桥国际开放枢纽、上海大都市圈建设，加速构建“5+1”轨道交通网络，沪宁沿江高铁开通运营，北沿江高铁、沪苏通铁路二期、海太过江通道等加快推进，苏锡常城际铁路太仓先导段运营筹备合作意向书成功签署，太仓沿江综合交通走廊枢纽地位逐步显现。强化沪太产业链创新链分工协作，积极对接进博会，新引进巴克斯酒业太仓生产基地、特亿解生物科技等沪上项目138个，穆格工业控制等项目竣工投产，与上海硅酸盐研究所签约科技成果转化专项合作协议。深化嘉昆太协同创新核心圈建设，共同发布“五大行动”方案和“百项重点合作事项”清单。瑞金医院太仓分院主体结构封顶，上海外国语大学共建项目签约落户，同城化“生活圈”加速构建。

*以港强市成效不断拓展。*高标准建设港口型国家物流枢纽，与省港集团、苏州港航集团达成战略合作，太仓港区四期工程获联合增资37.9亿元，海通太仓码头、综合枢纽（多式联运）物流园区等项目加快建设，太仓港集装箱吞吐量全球排名上升至第22位，1—11月完成741.2万标箱，增长1.5%；整车出口39.7万辆，增长1.6倍；外贸货物年吞吐量首次突破1亿吨大关。不断壮大沿江先进制造业和现代服务业，领动国创通航发动机总部基地项目签约落户，利洁时一期、范斯特新能源等项目竣工投产，斯凯奇二期入选省服务业重点项目，太仓物流园蝉联省级示范物流园区10强榜首。持续优化港城功能配套，龙江路快速化等项目加快建设，全球特色商品展销中心一期投入试运营。

*对德合作水平不断提升。*获商务部复函支持加快建设中德（太仓）产业合作示范区，连续两年承办江苏—德国经贸合作交流会，作为国内唯一县级市受邀参加第十一届中德经济技术合作论坛。加速提升德企集聚度，新引进德资

项目39个，通快霍廷格电子等6家德企增资超千万美元，德企总数突破500家。中德生命科学园建成投用，中德标准化合作苏州创新中心正式启用，全国首个AHK学院揭牌运营，2023中德教育与产业合作交流大会成功举办。设立北德联络处，与斯图加特大区签约共建中德零碳试验示范区。拜仁慕尼黑太仓足球学校正式开班，罗腾堡风情街盛大开街，成为体验德式风情的网红打卡地，德国"太仓日"、太仓啤酒节等品牌活动不断打响。《参考消息》整版报道中德合作的"太仓密码"。

重点领域改革不断深化。启动实施新一轮国有企业改革深化提升行动，加快国资"翻一番"步伐，全年预计国资资产总额增长20%。加强与苏州国企深度合作，积极导入优质资本、管理模式等资源。深化数字政府建设，打造"数字太仓驾驶舱"，"太融e"入选全国首批智慧城市运营优秀案例。推进智慧交通建设，大数据赋能电动自行车管理经验全省推广。巩固"一网通办""一件事"等改革成效，扎实推进工程建设项目竣工验收集成改革，重点项目平均审批时限缩短至6天。

三、加快城乡融合步伐，精心做优城市功能形态

市委常委会坚持城乡统筹、内外兼修，不断增强城市综合承载力，全力展现城乡和美新画卷。

全域空间布局持续优化。2035太仓市国土空间总体规划通过省级专家论证，镇村布局规划、村庄规划有序推进。坚持以国土空间全域整治优存量、促集约，统筹开展产业用地更新"双百"行动、超期未开发土地处置等工作，完成拆旧复垦1137亩、征迁"清零"2910亩、拆违112万平方米，原地更新1888亩，低效用地再开发2546亩，自然资源节约集约考核排名全省第二、苏州第一。推动存量空间自主更新，新开工产业载体近160万平方米，玖龙智能装备产业园二期、ESR智能产业园等载体竣工投用。

城市开发建设加快推进。娄江新城建设全面提速，科教创新区基本成形，太仓大道地下综合管廊、中德创新城医养中心等重点项目加快实施，长江后浪商业街区、娄江新城商务中心等30个项目竣工，白云渡大道城市化改造、浏泾河整治等基础设施工程完工，省港集团办公大楼、中国日报社Z世代国际传播中心等项目成功签约，优质资源承载地功能加速显现。高标准推进重点地块城市更新，古松弄地块主体结构封顶，原城三小地块加快建设。通过城乡运输一体化全国示范县验收。沪宜高速金仓湖互通、256省道沙溪至双凤段等工程基本完工，市域快速路网体系不断优化和完善。

乡村振兴战略深入实施。乡村振兴片区化规划全域覆盖，金仓湖现代农业示范片区加快建设。保障粮食和重要农产品稳定安全供给，改造提升高标准农田1.88万亩，《焦点访谈》专题报道太仓耕地保护工作。大力推进农业机械化、智能化发展，加快农机社会化服务改革，入选省级数字乡村试点。东林村"四个一"生态循环模式多次获央视新闻报道。探索"连片"打造宜居宜业和美乡村，获评全省首批农村人居环境整治提升示范县，勤力村、永丰村获评省级特色田园乡村。制定实施农民收入倍增计划，村均集体经营性收入超千万元。乡村振兴实绩考核连续三年蝉联全省第一等次。

四、扎实推进美丽太仓建设，不断厚植田园生态底色

市委常委会深入践行"两山"理念，协同推进降碳、减污、扩绿、增长，努力让"环境美"成为太仓最打动人心的鲜明标识。

坚决打好污染防治攻坚战。第二轮中央及省生态环境保护督察交办一般信访件100%销号，完成省长江经济带生态环境警示片披露问题整改验收。全市域推进长江大保护，严格落实"十年禁渔"任务，国省考断面和主要通江河道水质优Ⅲ比例均达100%。深入打好蓝天、碧水、净土保卫战，集中攻坚劣Ⅴ类水体，1—11月，地表水环境质量位居全省第二，$PM_{2.5}$平均浓度24.2微克/立方米，空气优良天数比例84.4%，均位居全省前列。

持续推进生态保护和修复。严格落实"三线一单"分区管控要求，生态保护和修复规划、湿地保护规划编制扎实推进。深化"林长制"，完成新增和更新造林700亩。建成幸福河湖110条，七浦塘获颁全省唯一全国"最美家乡河"。完成供水互联互通常太段工程。加强生态环境基础设施建设，污水处理提质增效达标区建设全面完成，璜泾生活污水处理厂扩建工程、城东水质净化厂投入试运行，再生资源综合利用项目投用。

着力打造绿色低碳发展样板。中欧（太仓）绿色数字创新合作区碳中和试点项目启动，合作区产业规划正式发布，先期开展"数字零碳产业园"一期建设，入选全国首批中欧碳中和试点项目。耐克中国物流中心风力发电项目启用，成为国内首个"风光一体化"零碳智慧物流园，宝洁、新大洲入选国家级绿色工厂。严把项目准入关，深化工业企业资源集约利用综合评价，完成"散乱污"企业（作坊）整治148家。全国首创"限地价竞生态投入"土地出让模式。

五、持续保障和改善民生，用心擦亮幸福太仓品牌

市委常委会始终把为民造福作为最大政绩，全力推动发展成果转化为生活品质，努力让越来越多的民生愿景变成幸福实景。

加大富民增收保障力度。坚持就业优先导向，加大援企稳岗、职业技能提升与创业扶持力度，全年预计新增就业超1.3万人，新增高技能人才近6000人。大力推进中等收入群体壮大行动，前三季度全体居民人均可支配收入53948元、增长4.6%。健全多层次社会保障体系，城乡居民基本养老金标准和最低生活保障标准稳步提高，获评首批"15分钟医保服务圈"省级示范县（市、区）。加大住房保障力度，出台存量房置换补贴、购房分类补贴等15项政策措施，创新推出商品房"以旧换新"太仓模式，相关做法受到广泛关注。

增进优质公共服务供给。加快推动"民生七有"向"民生七优"提升，20个民生实事项目扎实推进。高新区二中、明德二小等7个学校项目投用，太仓市实验高级中学加快建设，通过国家义务教育优质均衡发展实地核查。建立镇域基层医疗机构人、财、物、技一体化运行管理机制，市一院急诊科技楼、市中医医院门急诊楼主体结构封顶，通过国家级健康促进县（区）复评验收。创新开展“一老一小”服务工作，老年认知症友好示范社区启动建设，入选全省示范性居家社区养老服务网络建设地区，全省首创“一校一社工”模式、位列全省优秀社会工作项目首位。

深化社会治理创新实践。实施户籍新政，年内新增落户1.4万人。深化“融合共治”实践，创新推进“典范社区”建设，入选全省“五社联动”创新试点县。开展“枫桥式村（社区）”建设，市镇村三级矛盾纠纷调处化解中心实现全覆盖，矛盾纠纷在基层化解率达99%以上。实施信访问题源头治理三年攻坚行动，初次信访一次性化解率超98%，群众满意率超99%。推进常态化扫黑除恶斗争，打击治理电信网络诈骗等违法犯罪，社会治安大局持续平稳。

六、坚决守牢安全底线，全力维护社会和谐稳定

市委常委会全面落实总体国家安全观，健全风险防范化解机制，守牢安全稳定底线，努力交出发展和安全两张高分报表。

坚定维护政治和意识形态安全。推动政治安全协调机制高效运转，严格落实意识形态工作责任制，扎实推进意识形态工作基层建设年行动，加强舆情监测预警，强化网络、学校等阵地管理。坚持党管互联网，实现市镇村三级网络综合治理体系全覆盖，全省率先建成县域常态化网络安全众测体系，数字安全建设经验入选全国十大实践案例。

毫不放松抓好安全生产。严格落实“三管三必须”要求，大力推进安委办、消委办、机制办实体化一体化运作，深入开展专项整治巩固提升年等行动，突出抓好消防、城镇燃气、既有建筑、化工等重点领域安全隐患排查治理，港区化工园区专业消防站正式启用，市应急局被定为非现场执法全国试点单位。1—11月，全市生产安全事故起数、死亡人数分别下降25%、20%，安全生产形势总体平稳。

精准防范化解各类风险隐患。全面落实金融领域风险防控，抓好大型企业债务风险管控。加大化债和财政统筹力度，提前超额完成当年度省定化债任务，融资平台压降进度位居苏州前列，债务率持续下降。扎实做好“保交楼、保民生、保稳定”各项工作，“一楼一策”推进问题楼盘化解。

七、加强宣传思想文化工作，切实担负起新的文化使命

市委常委会深入学习贯彻习近平文化思想，深化文明实践，繁荣文化事业，壮大文化产业，充分彰显太仓城市文化魅力。

全面加强党的创新理论武装。坚持用党的创新理论凝心铸魂，强化学习宣传、研究阐释和推广普及，开展“理论飞燕”进万家活动，获评省基层党员冬训工作示范市。深入推进媒体融合发展，中央广播电视总台江苏总站省内首个县级联系点落户太仓。

大力弘扬社会主义核心价值观。用好太仓第一个党支部纪念馆等红色资源，广泛开展革命传统教育、爱国主义教育、国防教育。高水平推进城乡精神文明创建，评选表彰首届精神文明建设“金帆奖”，建成全省首个区域新时代文明实践分中心，今年两次文明城市常态长效测评均位列苏州第一，获评“中国好人”“江苏好人”“江苏最美人物”各1人。

加快推动文化事业发展。长江国家文化公园建设扎实推进，参与海上丝绸之路申遗，加快郑和公园改造提升，郑和纪念馆对外开放。加大历史文化保护传承力度，持续抓好樊村泾遗址考古研究、海运仓遗址规划，《太仓“老底子”》丛书发布。深化文化惠民工程，美术馆新馆正式开馆，高质量举办“娄东之春”文化艺术节、江南丝竹演出季等品牌活动。

大力发展文化旅游产业。以农文旅融合为重点的全域旅游框架体系不断完善，发布《推动农文旅融合高质量发展三年行动计划》《全域旅游高质量发展行动方案》，举办乡村旅游节、双凤羊肉美食文化旅游节等活动。突出重点文旅项目带动作用，太仓阿尔卑斯国际度假区盛大开业，玫瑰庄园景区改造提升等项目扎实推进，七十二家理想村开业运营，香塘野邻露营村入选省乡村旅游业态创新示范项目，全域旅游版图加快形成。

八、推进全过程人民民主，广泛汇聚团结奋斗强大合力

市委常委会认为，全过程人民民主是社会主义民主政治的本质属性，必须扩大人民有序政治参与，更好保证人民当家作主。

加强和改进党对人大工作的全面领导。支持市人大常委会开展“聚焦发展高质量、扛起人大新担当”主题活动。健全民生实事项目代表票决工作机制，深化代表网格化履职，丰富代表专业小组活动，高标准推进全过程人民民主实践基地建设。夯实人大基层基础，健全开发区人大工作协调会议制度和开发区人大代表联席会议制度，推动太仓市“数字人大”平台率先建设应用。

全面加强党对政协工作的领导。市委常委会成员带头领办督办政协重点提案。支持政协更好发挥专门协商机构作用，围绕城乡和美幸福地、农文旅融合发展等组织协商议政活动。深化政协民主监督与中共党内监督联动协作工作机制，聚焦科创载体建设、长江“十年禁渔”等开展联合监督。支持完善委员联系界别群众机制，持续擦亮“有事好商量”协商议事工作品牌。

坚持和完善大统战工作格局。支持各民主党派、工商联等广泛开展系列主题教育。打响“同心话征程”主题活动品牌，创设省内首个党外人士教育实践基地。深入开展民族团结进步示范基地创建，宗教工作法治化水平不断提高。强化归国留学人员服务保障，打造“德国留学生归国首选地”，港澳台侨和海外统战工作水平不断提升。推动群团组织改革持续走深走实。

九、坚定不移全面从严治党，持续巩固风清气正政治生态

市委常委会坚决扛起管党治党政治责任，始终把严的要求落实到党的建设全过程和各方面，推动全面从严治党向纵深发展。

切实加强党的政治建设。严格落实“第一议题”制度，及时学习习近平总书记最新重要讲话和重要指示批示精神，以实际行动坚定拥护“两个确立”、坚决做到“两个维护”。坚持和加强党的全面领导，专题听取市人大、政府、政协、法院、检察院党组工作汇报，召开市委深改委、国安委、审计委、依法治市委等议事协调机构会议，严格落实党管武装各项制度。

不断夯实基层组织基础。深入贯彻新时代党的组织路线，全面推进“五聚焦五落实”深化提升行动。大力实施“海棠花红·和美田园”党建引领乡村振兴提升工程，成立乡村振兴片区大党委、党建惠农联盟，深化村（社区）党组织书记“赋能提质”三年行动计划，抓好定制村干培育。开展“海棠花红·暖商护商”党建惠企服务先锋行动，抓好“海棠暖蜂、娄城暖新”新业态新就业群体党建工作，党建赋能发展质效不断提升。

着力加强干部队伍建设。持续健全领导班子日常调研工作机制，开展“担当指数”评价和干部敢为善为表现调查，干部识别更加精准。加大干部跨部门、跨条块、跨领域交流力度，常态化开展干部队伍专业化培训，干部资源配置效率、干部综合能力不断提升。持续开展优秀年轻干部专项分类建库，大胆提拔使用敢闯敢拼、实绩突出的干部。完善干部担当作为激励和保护机制，出台激励干部担当作为15条举措、保障干部敢为基层敢闯10项措施，干事创业氛围更加浓厚。

持续深化正风肃纪反腐。严格执行中央八项规定精神，推进作风建设常态化长效化。深入开展纪检监察干部队伍教育整顿，坚决防治“灯下黑”。一体推进“三不腐”，全市共立案312件，给予党纪政务处分236人，做实以案促改促治，分层分类开展警示教育。加强各项监督贯通协调，中共党内监督与政协民主监督贯通协调机制获中央领导批示肯定。开展市委第四轮、第五轮巡察，采取常规巡、机动巡等方式，对14家党组织和36个村（社区）党组织进行“政治体检”。

同时，坚持把接受省委巡视作为重要政治任务，积极配合完成各项工作。严格对照巡视反馈意见，围绕6个方面20项问题制定119条整改措施，逐条逐项整改、逐一对账销号。以省委巡视整改为契机，进一步补短板、强弱项、促提升，同步抓好选人用人、意识形态、巡察工作专项检查整改，不断夯实基层基础、优化政治生态。

政府工作报告

——在太仓市第十七届人民代表大会第四次会议上

市长　徐华东

2024年1月9日

2023年政府工作回顾

过去一年，全市上下坚持以习近平新时代中国特色社会主义思想为指导，深入学习贯彻党的二十大精神和习近平总书记对江苏、苏州工作重要讲话重要指示精神，在中共太仓市委的坚强领导下，攻坚克难、锐意进取，共同吹响“三十而立再出发”的奋斗号角，各项事业在新起点上取得新成效。全市地区生产总值同比增长5%以上（预计数、下同）；完成一般公共预算收入189.4亿元、其中税收收入160.3亿元，同比分别增长6.5%和9.8%。位列中国县域高质量发展百强第六、全国综合实力百强县第七，连续八年位居中国最具幸福感城市县级市榜首。

一、坚持质效优先，经济运行回升向好。工业经济加速壮大。1265家规模以上工业企业实现产值3210亿元，高端装备、先进材料、航空航天、生物医药四大产业产值占规上产值比重达75.5%。规上汽车零部件企业产值同比增长7%，获评国家新型工业化产业五星级示范基地。全球航空集群联盟第一中国中心揭牌成立，思萃免疫所、药理所投入运营。“智改数转”覆盖全部规上工业企业，兑付专项资金5376.7万元，惠及企业项目283个，工业技改投资增长22.3%。新增国家级工业互联网试点示范项目3个，宝洁、新大洲本田入选国家级绿色工厂，中欧（太仓）绿色数字创新合作区碳中和试点项目正式启动。创新动能加速汇聚。入围国家创新型县（市）建设名单，位列科技创新县域百强第二。科技镇长团成效明显。新认定高新技术企业460家、有效高企达1175家，科技型中小企业评价入库1880家，新增国家级专精特新“小巨人”企业12家、省独角兽（潜在）企业10家，如果新能源获评中国独角兽企业。新增省级工程技术研究中心7家、省级科创载体6家，生物医药企业孵化器获评国家级科技企业孵化器。全社会研发经费支出占地区生产总值比重达3.9%。获评苏州市级以上人才105人、省“双创团队”1个。新增主导和参与制定国家标准68项，万人有效发明专利拥有量达91.4件，鸿安机械、旭川化学获评国家知识产权优势企业。重点项目加速推进。健全项目全生命周期管理机制，6个项目列入省重大、56个项目列入苏州重点，数量均居苏州前列，联电新能源、博马科技等183个三级重点项目年度计划投资完成率超100%。完成全社会固定资产投资545亿元，同比增长13.9%；其中工业投资220亿元，同比增长22.2%。完善市场化招商机制，引进注册资金2000万元以上产业项目292个、总投资817亿元，其中庆良电子、伯曼设备等投资超1亿美元或10亿元项目22个，招引能量光子、零一汽车等科技及人才项目超1000个，实际使用外资5.34亿美元。三产业态加速提优。太仓物流园蝉联省级示范物流园区10强首位，现代物贸产业规上营收超1400亿元，新增省现代服务业高质量发展集聚示范区4个、领军企业2家、两业深度融合试点企业2家。实现进出口总额1080.3亿元，与共建“一带一路”国家贸易比重升至47.5%，跨境电商交易规模持续壮大。全域旅游体系加快构建，阿尔卑斯度假区、七十二家理想村开业，城市休闲、乡村旅游、文化美食等各领域活动高频开展，全年接待游客 750 万人次。推出新能源汽车推广、房地产“以旧换新”“带押过户”等促消费政策，举办“五五”“双十二”等系列活动，罗腾堡风情街开街并获评苏州品牌夜市，完成社会消费品零售总额 548.1 亿元，同比增长 7.3%。

二、坚持内接外联，改革开放纵深推进。融入上海多领域加强。“5+1”轨道交通网络持续完善，成功签署苏锡常城际铁路太仓先导段运营筹备合作意向书，沪宁沿江高铁通车，与南京通勤时间缩短至一个半小时。引进戴世智能等沪上项目 138 个，与上海硅酸盐所达成成果转化专项合作。积极共建嘉昆太协同创新核心圈，发布“五大行动”和“百项重点合作事项”，建立新能源汽车产业等合作联盟，连续六年共同举办长三角科技成果交易博览会。瑞金医院太仓分院主体结构封顶，上海外国语大学共建项目签约，开通长三角旅游直通车、政务跨省通办远程窗口、药店异地购药直接刷卡结算等便捷服务。以港强市多维度深化。太仓港全球排名升至第 22 位，获批全国智慧口岸建设试点，与上海港、宁波港实现双向“离港确认”，与德国汉堡港、省港口集团、苏州港航集团加强多领域合作，集装箱吞吐量 803.9 万标箱、货物吞吐量 2.75 亿吨，外贸货物吞吐量首次突破 1 亿吨。启动港口型物流枢纽综合功能提升项目，推动国开行等 8 家银行组建百亿级银团。引进华光源海、进极航远等 80 家港航服务业企业，巴克斯酒业、归藏供应链等项目签约，范斯特新能源、宝得流体等项目竣工，太仓港科创园一期、生物港四期基本建成，全球特色商品展销中心一期投入试运营。对德合作多层级拓展。作为唯一县级市参加第十一届中德经济技术合作论坛，获商务部复函支持加快建设中德（太仓）产业合作示范区，中德（太仓）产业合作发展基地写入“虹桥升级版政策”，成功承办中德环境论坛、中德教育与产业合作交流大会、德国中小企业圆桌会等高层次活动，对德合作显示度、知名度与日俱增。新设北德联络处，与斯图加特大区共建中德零碳试验示范区，新落地舍弗勒智能装备、模泰柯汽车系统等德资项目 39 个。AHK 学院揭牌，中德标准化合作创新中心投用。拜仁慕尼黑展示中心开业，德国“太仓日”、太仓啤酒节等活动成功举办。营商环境多方面优化。发布“五化协同”优化营商环境方案，启用个体工商户发展服务中心，企业服务中心工作经验在苏州全市推广。“五经普”清查工作圆满完成。重点项目平均审批时间缩短至 6 天，“多测合一”改革在全省推广。产业用地更新 2926 亩，新增产业载体 154 万平方米、人才公寓 3365 套。新设娄城人才贷、新市民贷，上线全省首个新市民金融服务平台，政府增信金融产品规模达 55 亿元，金融机构本外币存贷款余额分别增长 13.9% 和 15.9%。国资国企改革持续深化，成立市国控公司并获 AAA 评级。入选城市营商环境创新县（市），营商环境评价位列全省第二，蝉联企业家幸福感最强市（区）榜首。

三、坚持城乡融合，美丽太仓焕新升级。城市建设拓展新空间。推动“多规合一”，国土空间规划体系基本形成，太仓规划展示馆获评自然资源部科普基地。娄江新城加快拓展，智汇谷科创园等 30 个项目竣工，太仓大道地下综合管廊、临沪国际商业中心等加速建设。大力实施城市更新，古松弄地块主体结构封顶，原城三小、胜利村地块稳步推进，8 个城镇老旧小区完成改造提升。沪宜高速金仓湖互通、256 省道（沙溪—双凤段）、城蓬线提档等交通项目完工，在苏州率先通过全国城乡交通运输一体化示范县创建验收。完成浏泾河（飞沪大道—石头塘段）等骨干河道治理，供水互联互通工程（常熟—太仓段）完工。220 千伏群星变电站等电力工程投运。城市管理呈现新面貌。创成苏州市级以上物业管理示范项目 6 个，大庆小区自主更新经验获全省推广。新增苏州“净美街巷”5 条，万和路、长江后浪街区获评苏州“美丽街区”。优化公交线路 16 条，新辟夜间通学专线 3 条。智慧交通建设持续深化，建成智慧停车“一张网”，新增机动车公共泊位 19551 个、“商居共享”泊位 2138 个。新改建新能源车辆充电场（站）44 座，城市道路实现 LED 路灯全覆盖。再生资源综合利用项目投用。完成昆太毗邻区环境整治项目 21 个。乡村振兴激发新活力。连续三年获评省乡村振兴实绩考核第一等次。乡村振兴片区规划全域覆盖。在苏州率先完成粮食生产功能区和重要农产品保供区补划调整，新建、提档高标准农田 1.88 万亩，粮食产量超 3 亿斤。地方粮食中心储备库开工建设。入选省级数字乡村试点，获评省级农业生产全程机械化智能化示范基地 6 个。成立循环农业产业研究院，循环农业入选全国乡村文化产业创新典型案例，推广面积超 1.5 万亩。新增全国名特优新农产品 7 个。获评全省首批农村人居环境整治提升示范县，创成省级特色田园乡村 2 个、苏州市特色康居乡村 10 个，东林村获评中国美丽休闲乡村。农村土地部级改革项目完成验收。新增抱团发展平台 5 个、省级以上新型农业经营主体 9 家，村均集体经营性收入超 1000 万元，电站村获评全国农村创业基地。生态环境展现新图景。落实长江大保护，第二轮中央及省生态环境保护督察交办一般信访件 100% 销号，完成省长江经济带生态环境警示片披露问题整改验收，减污降碳协同增效获省政府督查激励。实施大气污染防治项目 401 个，淘汰国三及以下柴油车超 1500 辆，空气优良天数比例、$PM_{2.5}$ 年均浓度、臭氧浓度等指标均为苏州最优。全域建设“无废城市”，全国首创“限地价竞生态投入”土地出让模式。深入落实“林长制”，新增和更新造林 700 亩。城东水质净化厂试运行，璜泾生活污水处理厂扩建完成，新改建污水管网 51 千米，建成污水处理提质增效达标区 9 个，整治劣Ⅴ类河道 18 条，12 个国省考断面水质优Ⅲ比例 100%，地表水环境质量全省第二。

四、坚持以人为本，民生福祉普惠共享。社会保障更加健全。多渠道促进就业，投用零工市场，建成“家门口”就业服务站 10 个，发放就业惠企资金超 8000 万元，城镇新增就业 1.3 万人。创建社保“就近办”银行网点 43 个，获评首批“15 分钟医保服务圈”省级示范县。上调社会救助和困境儿童保障标准，发放各类生活救助慰问金 6450 万元。新开工保障性租赁住房 3067 套、基本建成 2201

套，新增公积金缴存职工4.2万人。退役军人服务保障体系持续完善。户籍制度改革有序推进。公共服务更加优质。实施新市民子女积分入学制度，明德二小等7个学校项目投用、新增学位6435个，引进省教学名师等高层次教育人才10名，新招录教师389名、其中“双一流”高校毕业生44名，通过国家义务教育优质均衡发展核查，获评省智慧教育样板区培育区域，改善职业教育办学条件工作获省政府督查激励。深入推进医共体建设，实现基层医疗机构人财物区域统筹，深化医疗卫生体制改革工作获省政府督查激励。积极打造老年认知症友好社区，入选全省示范性居家社区养老服务网络建设地区，永乐村获评全国示范性老年友好型社区。改造提升农贸市场10家，新增沙东市集等4家苏州市文明菜场。美术馆新馆开放运营，成功举办全国竞走大奖赛等大型赛事，开展文化惠民活动超3000场次。浏河镇获评省级历史文化名镇。社会治理更加精细。文明城市常态长效测评位居苏州前列。深化社区分类治理，推进“典范社区”建设，构建“共建共治共享”幸福生活共同体，入选全省“五社联动”创新试点县。加强未成年人保护，全省首创“一校一社工”模式。网格化管理优化升级，受理群众诉求及网格事件166万余件，办件满意度98%。打造“娄城老娘舅”调解服务品牌，98%以上矛盾纠纷就地化解。深化“太信服”服务品牌，信访工作质效巩固提升行动扎实开展。根治欠薪等工作深入推进。建立“警网融合”治理体系，打造娄东街道多网融合警务工作站，电信网络诈骗等犯罪得到有效遏制。安全基础更加扎实。新设医疗卫生机构、商场市场等6个安全生产专业委员会，安全生产监管平台功能持续优化，安全生产专项整治巩固提升年、基础建设强化推进年等行动有序开展。深化“三办”实体化一体化运作，加强“九小场所”消防能力建设，扎实推进“瓶改管”“瓶改电”，危化品安全技能实训基地、化工园区专业消防站启用。强化交通运输安全保障，增设公路中央分隔带护栏110千米。建立食品安全风险隐患预警体系。未发生较大及以上和有重大影响的生产安全事故。

五、坚持实干担当，政府效能优化提升。法治建设持续深化。“八五”普法稳步推进。实施公正文明规范执法专项提升行动，落实免罚轻罚清单制度，为1338家企业减免罚金3212万元。加强行政规范性文件制定监督管理，废止或修改市政府规范性文件44件。深化政务公开平台建设，发布政府网站信息1.1万条。自觉接受人大法律监督和政协民主监督，办理市人大代表建议79件、市政协提案130件，满意率达100%。市政府获评苏州法治政府建设先进集体。数字政府高效运行。加快政府数字化转型，夯实数字底座，政务系统全部“上云”。积极推进“数字太仓驾驶舱”建设，投用数字太仓城市运营管理中心，上线政务资源自助超市。“太融e”入选智慧江苏重点工程项目，累计上线本地应用超150个。深化“一网通办”改革，新推出“定点医药机构签约”“承包经营权备案登记”等8项“一件事”集成服务。作风效能不断提升。深入开展学习贯彻习近平新时代中国特色社会主义思想主题教育，大兴调查研究之风，扎实做好“千村万企、千家万户”大走访，深入践行“四下基层”。加强政府系统党风廉政建设，严格落实中央八项规定精神，认真做好省委巡视反馈问题整改，强化重大政策措施落实、重点项目建设审计，拓展政务督查广度深度。坚持过紧日子，严格预算管理，建设节约型机关，扎实推进债务化解，提升财政资金使用效能。

同时，工会、青年、妇女儿童、残疾人、红十字、民族宗教、外事、侨务、对台事务、国防动员、人防、供销、档案、地方志、气象、邮政、电信等各方面工作成效明显。

各位代表，一年来成绩的取得来之不易，根本在于习近平新时代中国特色社会主义思想的科学指引，在于中共太仓市委的正确领导，在于全市党员干部的拼搏进取，在于全体太仓人民的团结奋斗。在此，我谨代表市人民政府，向全体市民，向人大代表、政协委员，向离退休老同志，向各民主党派、工商联、无党派人士，向各人民团体，向驻太人民解放军、武警官兵、公安民警和消防救援队伍，向国家和省驻太单位，向所有参与、关心和支持太仓发展的海内外朋友，表达衷心的感谢和崇高的敬意！

看到成绩的同时，我们也清醒认识到，当前全市经济社会发展还面临一些突出的困难与问题：外部环境错综复杂，稳增长压力依然较大，扩投资、促消费、稳外贸的政策举措需进一步细化强化；龙头企业显示度、特色产业标识度还不强，重大项目招引、产业转型升级的步伐仍需加快；对标城乡和美目标，基础设施、公共服务等还需提质升级，安全环保、风险防范等底线红线需进一步守牢；少数干部干事创业、狠抓落实的积极性、主动性还需提升。对于上述问题，我们已采取一系列扎实举措，今后将持续加大工作力度，推动各项工作迈上新台阶。

2024年目标任务和主要工作

今年是新中国成立75周年，是完成“十四五”规划的关键之年，做好今年工作意义重大。根据市委十四届六次全会部署安排，今年政府工作的总体要求是：坚持以习近平新时代中国特色社会主义思想为指导，全面贯彻党的二十大、二十届二中全会精神和习近平总书记对江苏、苏州工作重要讲话重要指示精神，坚持稳中求进工作总基调，完整准确全面贯彻新发展理念，全面落实“四个走在前”“四个新”重大任务，服务构建新发展格局，统筹扩大内需和深化供给侧结构性改革，统筹新型城镇化和乡村全面振兴，统筹高质量发展和高水平安全，巩固和增强经济回升向好态势，持续推动经济实现质的有效提升和量的合理增长，加快打造融入上海桥头堡、以港强市枢纽城、对德合作示范区、城乡和美幸福地，坚定不移拼出“太仓速度”、全力突破跨越，在推进中国式现代化中走在前、做示范，精心描绘中国式现代化太仓新图景。

全市经济社会发展的主要预期目标：地区生产总值增长5%以上，一般公共预算收入同口径增长4%以上，全社会固定资产投资增长5%左右，工业投资增长10%，规模以上工业产值增长5%，社会消费品零售总额增长5.5%左右，居民人均可支配收入与经济增长基本同步，完成上级下达的约束性指标任务。

为此，我们将切实把握好以下五个方面：

——以发展为主题，打造创新引领的现代化产业。统筹科技创新和产业创新，坚持内涵式发展路径，把科技创新作为强引擎，把产业集群作为主阵地，把人才要素作为硬支撑，推动产学研各方高效衔接、大中小企业协同创新，促进先进制造业和现代服务业深度融合，形成更多新质生产力。

——以改革为动力，打造特色彰显的开放型经济。统筹深层次改革和高水平开放，集成化推进企业服务改革、要素保障改革、数字化改革，全方位凝聚民企、外企、国企发展合力，进一步"借好东风"深度融入上海，"练好内功"深化以港强市，"树好高峰"深耕对德合作，以市场化、法治化、国际化一流营商环境助力更高水平开放。

——以融合为目标，打造城乡和美的高品质城市。统筹新型城镇化和乡村全面振兴，系统推进新城崛起、老城更新、乡村蝶变，加快推动形成绿色发展方式和生活方式，全力缩小城乡居民收入差距、公共服务差距、基础配套差距、生活环境差距，加快建设形态优美、业态优质、生态优良的现代田园城市。

——以民生为根本，打造近悦远来的最幸福生活。统筹经济发展和民生保障，坚持以人民为中心，既尽力而为、又量力而行、更全力以赴，持续"做大蛋糕""分好蛋糕"，加快实现更高水平"民生七有"，为全市人民提供均衡、可及、有感的公共服务，不断擦亮中国最具幸福感城市的"金字招牌"。

——以奋斗为底色，打造堪当重任的实干型队伍。统筹思想引领和行动自觉，树牢大局意识、市场意识、抢滩意识，做到腰板硬、敢于挑重担，身段软、勤于下基层，思路清、善于弹钢琴，措施实、精于抓落实，状态好、勇于争第一，用奋斗的辛勤汗水，换取群众的真心点赞。

重点做好以下八个方面工作：

一、聚力稳增长、调结构，打好经济发展组合拳

全力抓好项目引建。坚持大抓项目、抓大项目，着力增加有效益的投资，营造"一切围着项目转"的浓厚氛围。加大力度招商引资，进一步优化体制机制，充分运用灵活市场化考核机制，掀起"全员招商"热潮。聚焦世界500强、中国500强、行业前5和"专精特新"，持续招引牵引带动力强的重大项目，加强北上广深、东盟、北欧等海内外驻点招商，强化招商宣传和渠道拓展，高质量办好各类投资促进活动，推动10亿、50亿级项目集群持续壮大，力争实际使用外资6亿美元。围绕高博航空、熠昭生物医药等190个三级重点项目，强化项目全生命周期管理。支持存量企业增资扩产，鼓励外资企业利润再投资，提升民间投资信心。积极争取专项债、政策性金融等资金支持，加大基础设施投入力度，有序推进保障性住房建设、"平急两用"公共基础设施建设、城中村改造等"三大工程"。

持续扩大有效需求。着力激发有潜能的消费，常态化办好品牌购物节等促消费活动，以重点商圈提档促进传统消费提升，大力提振汽车、家居等大宗消费，培育壮大直播电商、品牌首店等新型消费，支持集聚型消费和夜间经济发展，进一步优业态、提规模、聚人气。持续改善激活房地产市场，完善"以旧换新"等政策，拓展"房产超市"功能，优化多层次住房供给，全力满足刚性和改善性住房需求。推动外贸稳量提质，积极组织外贸企业参加进博会、广交会等规模型专业型展会，帮助争取更多订单。发挥自贸区联动创新区等平台功能，大力培育跨境电商、海外仓等新业态，持续壮大平台经济，全力引育省级跨国公司地区总部和功能性机构。

加快推动产业升级。聚焦新型工业化，强化产业体系打造，推动传统产业转型升级、优势产业做大做强、新兴产业发展壮大、先进制造业和现代服务业融合发展，积极培育新质生产力。落实"智改数转网联"新三年行动计划，以数字赋能传统产业技术升级和更新改造。巩固高端装备、先进材料等主导产业优势，推动航空航天、生物医药等新兴产业做大规模。积极布局低空经济、前沿新材料、细胞基因诊断、光电子、数字经济等未来产业，推进航空航天产业展示中心、民用无人机试飞运行基地建设。构建完善"两极一带、市域联动"沿江现代服务业发展格局，优化总部经济等政策，集聚更多旗舰型、平台型、税源型物贸企业，力争新增6家苏州市级总部企业。加快发展研发设计、数字金融、商务会展等生产性服务业，建设一批楼宇经济"垂直开发区"，高水平打造沿江现代服务业集聚区。

全面强化企业服务。扎实推进国土空间整治、低效用地再开发，实施土地弹性年期出让，全面推行"数据得地"。系统布局特色产业园区，完善高品质产业空间"3+N"政策体系，加快推动"工业上楼"。强化重大项目金融保障，完善产投基金体系，推动民营企业与产投基金"双向互动"，全力支持企业上市。完善就业服务机制，推动供需协调、人岗相适。构建多维立体企业服务体系，强化企业服务中心、益企服务热线、企业服务总入口功能，拓展政企沟通渠道。落实民营经济高质量发展系列政策，实施国企改革深化提升行动，推动国企民企协同联动发展。推进数字化改革，深化"一网统管""一网通用""一网通办"，打造一批"小巧灵"的数字化应用项目。

二、聚力扩开放、扬优势，建好对外合作大平台

加快打造融入上海桥头堡。深入研究上海城市总体规划和功能布局，协同编制临沪协作示范区一体化国土空间规划。全域拓展娄江新城开发，加快推进万豪酒店等65个项目，全力打造上海五大新城"姐妹城"、苏州对接上海"桥头堡"。推动上海嘉闵线北延伸太仓段全线开工，提速建设北沿江高铁、沪武高速改扩建、沪宜高速东延等大型交通工程，打造江苏进入上海的重要交通枢纽。对接临港、虹桥、张江等重点区域，深化新能源汽车、生物医药等产业协作，推动与中国商飞深度合作。竣工交付瑞金医院太仓分院，加快上外合作办学项目签约落地。办好嘉昆太协同创新核心圈轮值会议，高效建设嘉太给水污水互联互通等基础工程。

加快打造以港强市枢纽城。完善公铁水集疏运体系，积极推进龙江路快速化、滨江大道北延、南疏港高速等交通项目，启动建设太仓港综合枢纽（多式联运）物流园区，深化沪太、甬太等港口协作，持续优化太仓港口岸通关环境。大力发展航运金融、航运保险、海事法律等现代航运服务业，提升太仓港综保区质效。实施化工园区高质量发展五年计划，推进低质低效非化企业清退。加快建设佳宸智能制造产业园、欧美产业园二期等产业载体，做大做强沿江先进制造业。加速优化港城中心区功能品质，启用港城广场1号楼，着力推进港航中心、省太中专港城校区二期等项目。强化港区与娄江新城联动发展。

加快打造对德合作示范区。编制中德（太仓）产业合作示范区规划，系统谋划对德合作提质升级。擦亮中德创新园产业载体品牌，高效运营生命科学产业园，围绕汽车、航空航天等产业链积极布局对德合作载体。完善驻德办事处海外联络体系，加大规模型龙头型制造业德企招引力度。深化标准化、检验检测等领域协作，实体化运营AHK学院和中德双元制职教产业园，打造产教融合发展综合体。争取承办江苏—德国经贸合作交流会等高层级活动，积极拓展金融、环保、教育、健康、文化等多领域对德合作。

三、聚力搭平台、汇英才，下好科技创新先手棋

引育创新型企业梯队。强化科技招商，引进高质量科技项目300个。深化科技企业分层孵化、梯次培育，建强“科技型中小企业——高新技术企业——瞪羚企业——独角兽企业”培育链条，推动初创期企业加快成长、成长期企业提质升级、创新型领军企业做大做强，新认定高新技术企业465家、独角兽培育企业12家，新增国家级专精特新“小巨人”企业12家。优化科技金融政策，健全天使基金、科创基金等多层次基金体系。加强知识产权保护，营造鼓励创新的浓厚氛围，引导支持企业加大科技投入，推动规上工业企业研发经费投入超92亿元，力争全社会研发经费支出占地区生产总值比重达4.05%。

构筑创新型载体平台。争创国家级高新区。主动融入G60科创走廊等区域协同创新战略，优化“一城一港一谷一廊”科创布局，完善“众创空间——孵化器——加速器”全链条创新孵化体系。实施“一园区一方案”，高水平运营智汇谷等科创载体，争创省航空装备技术创新中心，推动德国留学生创业园建设国家级科技企业孵化器。完善公共技术平台，支持大院大所与龙头企业组建创新联合体，加快建设赛迪科创中心、磐石创新工场，积极培育德国飞地孵化中心、技术创新中心，探索设立中德科技创新合作专项。

建设创新型人才队伍。发挥西工大、西交利物浦两所大学带动作用，建优建强健雄学院，大力培养高水平人才。升级全生命周期人才政策，优化“人才乐居”“引才奖励”等措施，强化重大人才团队、一流科技领军人才招引，推出“大学生创业贷”“园区保”等特色金融产品，提升大科园运营质效和引才实效，全力打造长三角创新创业首选地。加强城市推介，办好创赢太仓、T-MAX科创太仓、生物医药顶尖科学家论坛、中德智能制造科技创新峰会等赛事活动。高水平运作人才服务中心，高标准建好人才社区，全面完成三年新建1万套人才公寓目标。

四、聚力提品质、促振兴，绘好城乡和美样板图

精致推进城市建设。强化国土空间总体规划引领作用，统筹衔接各类规划，实现新一轮详细规划全覆盖。实施主城核心区新浏河、盐铁塘桥下空间治理更新，推动沙溪浦南、浏河人民医院旧址等地块城市更新，加快古松弄、原城三小、胜利村地块建设进度，新改造提升6个老旧小区。持续完善城市基础设施，开工东亭路南延、604省道沙溪段、广州路对接迎宾路等交通项目，打通良辅路对接东光路，投运110千伏红庙变电站等电力工程。

精细推进城市管理。常态开展文明城市建设，争创省城市管理示范市，投用城市运行管理服务平台。完善物业行业管理体制机制，加强无物业小区管理。深化市容环境综合整治，持续开展精准治违，拓宽“城商协作”范围，打造更多“净美街巷”。提升交通现代化管理能力，创新智慧交通应用场景，优化调整公交线路10条，完成公共自行车设施迭代更新，增加停车泊位供给，持续推广“共享停车”。加快城市照明集中控制，扩大多功能灯杆建设。推进生活垃圾跨区域协同处置。

精心推进乡村振兴。强化耕地保护，完成33万亩粮食、19.2万亩次蔬菜等农业生产任务，全域规划建设高标准农田2.74万亩。投用“三农”大数据中心云平台，建成5个“慧种地”无人农场。强化农业科技成果转化，建设3个农业科技展示基地。推广循环农业面积1.5万亩，建成农业有机废弃物循环体系。推进金仓湖现代农业示范片区业态融合，建成省级现代农业产业高质量发展示范园。推进农业“接二连三”融合发展，开工米面精深加工等产业项目，投用长江林场等农文旅项目。新增8个抱团发展项目，开展5个乡村振兴重点帮促村帮扶，力争村均集体经营性收入超苏州平均。优化提升农村人居环境，建成6个苏州市特色康居乡村，擦亮“三水一宅”“福运莲鲤”等特色田园品牌。

五、聚力优生态、快转型，弹好绿色发展协奏曲

全方位加强综合治理。持续深入打好污染防治攻坚战，强化污染源头治理。完成287个大气治理项目，强化扬尘污染管控和挥发性有机物综合整治，力争$PM_{2.5}$年均浓度24微克/立方米以下，空气优良天数比例86%以上，空气质量排名保持全省领先。推进致和塘、新荡茜河周边水系整治，落实87个污水处理提质增效达标区长效管护，新改建污水管网20千米，确保国省考断面水质稳定达标。加强固废监督管理，扎实推进“无废城市”建设和新污染物治理。

多举措加快生态修复。持续巩固中央、省生态环保督察、长江经济带警示片披露等问题整改成果。全面推进长江大保护，实施新一轮生态环境基础设施三年行动计划。完成生物多样性本底调查，健全耕地数量、质量、生态“三位一体”保护制度体系。探索“林长+”机制，因地制宜扩大林地、草地、湿地等生态空间。深化河湖长制改革，建成幸福河湖100条，打造双凤庆丰、璜泾雅鹿—杨漕2个幸福河湖群，努力实现劣V类河道动态清零。深入开展土壤调查监管，严格污染地块用地准入，确保重点建设用地安

全利用。

高质量推动低碳转型。推进中欧（太仓）绿色数字创新合作区碳中和试点项目，探索中欧绿色低碳领域标准互通。大力推动产业绿色化发展，启动建设长三角表面处理绿色循环产业园。精准实施能耗控制，深化工业企业资源集约利用综合评价，持续开展“散乱污”整治，推动低端低效企业改造升级。加快推广光伏等新型绿色能源，新建新能源充电站40座，综合施策提高新能源汽车渗透率。

六、聚力惠民生、增福祉，画好美好生活同心圆

做强社会保障支撑。坚持就业优先，持续推进“家门口”就业服务站建设，落实各项稳就业政策，深入开展困难群体就业专项帮扶行动，力争城镇新增就业1.7万人。扎实推进社保参保扩面提质，积极发展普惠型商业补充医疗保险，夯实多层次医疗保障体系。有序推进企业年金、灵活就业人员公积金缴存，加快构建多层次多支柱养老保险体系。大力筹集保障性租赁住房，稳妥推行房票安置。深入推进全国双拥模范城建设，深化“十个百万”拥军实事项目。做好东西部协作等对口支援工作。

做实公共服务配套。聚焦“小而美”，小切口、高质量办好民生实事项目。加快推进实验高级中学等学校项目，投用高新区五小等8所学校、新增学位5625个，启动沙溪镇培远学校招生工作。深化基础教育改革，争创国家学前教育普及普惠县市，推进小学生良好学习品质培养，实施初中强校计划，积极创建省高品质特色高中，全力推动教育高质量发展。争创三甲医院，投用市一院急诊科技楼、中医医院门急诊楼，启用市妇幼保健院，加快组建县域医联体。探索制定县域基本养老服务标准，承办全国基本养老服务现场会，完善助餐、评估、顾问、教育等老年服务。提档改造农贸市场20家。实现市民卡、第三代社保卡功能合并。

做优文旅产品供给。完善公共文体设施，建成璜泾、科教新城文化中心，高效运营图书馆、大剧院等文化阵地，完善全民健身服务体系，积极承办世界田联竞走巡回赛等高级别赛事。优化全域旅游体系，整合冰雪、古镇、港口、乡村等资源，推进长江对外交流公园、海运仓文创园、樊村泾遗址公园建设，提档郑和公园、玫瑰庄园，打造更多精品文旅线路。推动江南丝竹、娄东画派等传统文化资源产业化，优化天镜湖文化科技产业园、沙溪古镇数字文化产业孵化基地等载体，持续壮大创意设计、影视娱乐、电子竞技等细分行业。

七、聚力防风险、守底线，织好社会治理安全网

守牢风险化解防线。落实风险报告动态监管，高效运行社会稳定风险合成处置机制，确保“六个不发生”。严打严惩恶意欠薪，维护和谐劳动关系。全力完成“保交楼”任务，推动房地产市场健康稳定发展。健全完善金融协同治理监管机制，持续加强重点企业风险预警管控，防止发生区域性金融风险。坚决防范化解债务风险，遏制增量、化解存量，确保政府债务风险可控。强化内审内控，推进市属国有企业审计全覆盖。

提升本质安全水平。聚焦“人、火、楼、车、化”，拓展安全生产监管平台功能，加强分级分类安全风险管控，推进安全生产治本攻坚三年行动。健全出租厂房长效管理机制，强化人员密集、“多合一”等重点区域消防隐患整治。推动企业现场安全管理规范化建设，推进危化品企业老旧装置更新。开展道路交通安全重点隐患路段整治工程。打造长江水上特别安全监管区。推广智慧工地，落实既有建筑整改闭环。强化特种设备、食品药品安全监管，建设省药监局审评核查太仓工作站。持续做好极端天气、自然灾害等风险防范应对工作。

打造社会治理样板。深化“融合共治”城乡社区共同体建设，高标准推进全省“五社联动”机制创新试点。推广“典范社区”，探索社区治理分类精治“太仓路径”。一体化推进市、镇、村三级社会矛盾纠纷调处化解中心建设，以新时代“枫桥经验”赋能基层社会治理。深化党建网、治理网、服务网“三网融合”，探索“小网格 微治理”精网微格工作机制。常态化严厉打击电信网络诈骗等突出违法犯罪，优化提升社会治安防控体系，维护良好网络空间秩序，打造更高水平“平安太仓”。

八、聚力重担当、求实效，树好勤廉政府新形象

旗帜鲜明讲政治。深学笃用习近平新时代中国特色社会主义思想，巩固拓展主题教育成果，坚定捍卫“两个确立”，坚决做到“两个维护”，不断提高政治判断力、政治领悟力、政治执行力，始终在思想上政治上行动上同以习近平同志为核心的党中央保持高度一致。严肃党内政治生活，严格执行民主集中制，全面落实意识形态工作责任制。

依法行政重规范。纵深推进法治政府建设，完善市镇两级行政执法监督工作体系，严格规范行政执法过程，完善行政复议审理机制，强化诉源治理，加大行政争议实质性化解力度。深化政务公开，依法接受市人大及其常委会监督，自觉接受市政协民主监督，着力把代表建议、委员提案转化为具体政策和工作举措，主动接受纪检监察和社会、舆论监督，全面强化审计、统计、司法监督，确保行政权力在阳光下运行。

唯实惟先抓落实。不折不扣执行好上级党委政府和市委的各项决策部署，确保政令畅通、令行禁止。扎实做好省委巡视“后半篇文章”，认真抓好反馈问题整改。强化“以实干求实效”导向，发扬斗争精神，健全“专题会研究、专班化推进、清单化管理、节点化督查”闭环落实机制，力促各项工作提质增效。树立“以实绩论英雄”风向，主动对标先进，敢于比、善于争，全力拼、奋力进，全面提振干事创业“精气神”。

清正廉洁扬正气。坚持把纪律和规矩挺在前面，严格落实全面从严治党主体责任和党风廉政建设“一岗双责”，毫不放松抓好中央八项规定精神落实，持之以恒纠治“四风”。习惯过紧日子，强化预算约束和绩效管理，优化财政支出结构，压缩一般性支出，把有限财力更高效用在助企业、惠民生、促发展上。严防关键岗位和重点领域廉政风险，坚决整治群众身边腐败问题，营造政风清明、政府清廉、干部清正的良好生态。

有关词、句及内容的说明

1.“五大行动”：党建引领共促行动、产业链供应链共融行动、科技创新共同体共筑行动、基础设施共建行动、公共服务共享行动。

2.“离港确认”：集装箱到达码头发送抵港确报后，企业即可申报转关单，无需实时关注口岸码头的作业情况或所配二程船舶的情况，将单证作业与口岸物流作业由原有“串联”改为“并联”，提升转关货物的申报和物流效率。

3.“五化协同”：构建开放共享的政策环境，引领服务品牌化；构建公平有序的市场环境，提升准入便利化；构建公正透明的法治环境，实现监管规范化；构建高效便捷的政务环境，推进办事智能化；构建暖商护商的人文环境，突出保障精准化。

4.“限地价竞生态投入”：在土地出让竞价阶段超过终止价格时，系统不再接受竞买人报价，土地出让金竞价结束，转为竞生态投入，以生态投入所报价格最高的报价者为地块竞得人。

5.“保障性租赁住房”：由政府给予土地、财税、金融等政策支持，多主体投资、多渠道供给，主要面向在本市无房的新市民、青年人等符合条件的群体租赁的小户型、低于同地段同品质市场租赁住房租金的住房，主要有新建、改建和存量纳入三种房源筹集方式。2021—2023年，太仓有27个项目共7069套认定为保障性租赁住房，主要类型有企业员工宿舍、人才公寓等。

6.“五社联动”：以社区为平台、社会工作者为支撑、社区社会组织为载体、社区志愿者为辅助、社区公益慈善资源为补充的新型社区治理机制。

7.“数字太仓驾驶舱”：聚焦城市运行中的重点问题，打造数字政府中枢和能力平台、赋能重点领域应用场景、构建各类功能事项及大屏数据看板，实现“一屏总览全局、一网统管全域”的数字城市运营管理新模式新机制。

8.“四下基层”：宣传党的路线、方针、政策下基层，调查研究下基层，信访接待下基层，现场办公下基层。

9.“两极一带、市域联动”：“两极”指港区、娄江新城，港区重点巩固发展物贸产业，加快发展港航服务业；娄江新城围绕打造沿江现代服务业集聚区，加速高端要素集聚，支撑港航服务业发展，全力构建沿江现代服务业产业生态。“一带”指沿江一带板块在现有产业基础上，明确各自重点主导产业和功能，围绕沿江现代服务业发展建强特色产业，形成沿江现代服务业发展支撑带。“市域联动”指各部门、国有企业围绕开发建设需求，在功能配套、产业载体、商务楼宇及农文旅发展等方面主动参与，合力推动太仓沿江现代服务业高质量发展。

10.“高品质产业空间‘3+N’政策体系”：“一个规划、一个计划、一个政策、‘N’个专项办法”，“一个规划”指《太仓市特色产业园区建设规划》，“一个计划”指《太仓市特色产业园区发展行动计划（2023—2025）》，“一个政策”指《太仓工业特色产业园区增产增效“N”条措施》，“‘N’个专项办法”指《太仓市推动存量空间自主更新推进载体高质量发展的指导意见（试行）》《关于简化产业项目装修施工许可办理流程的实施方案》《关于进一步推进城镇低效用地再开发促进高质量发展的实施意见》《关于进一步简化工业企业提容增效报建程序的实施意见》等。

11.“一城一港一谷一廊”：“一城”是以娄江新城为核心，包括高新区和城厢镇的沿沪科创带，打造成为全市科创高地，引领创新发展；“一港”是以长江智慧港为中心的沿江片区，是发展临港产业创新的主阵地；“一谷”是以沙溪生物医药园为主体，建设太仓药谷，推动全市生物医药产业创新集群快速发展；“一廊”是构建“一城引领，多级联动，全域协同”的科创载体发展格局，塑造太仓开放创新主平台与新地标。

12.“‘十个百万’拥军实事项目”：保障八一春节慰问、退伍士兵培训、部队文化建设、双拥国防宣传、普惠慰问关爱、随军家属安置、后勤蔬菜保障、国防动员教育、新兵家属优待、优抚对象定补等十项经费。

13.“六个不发生”：坚决不能发生政治性事件，坚决不能发生重大群体性事件，坚决不能发生较大以上安全生产事故，坚决不能发生影响恶劣的重大治安案件，坚决不能发生因自然灾害应对不力造成群死群伤事件，坚决不能发生重大舆情事件。

年度文件目录

中共太仓市委文件

2023年1月28日	太委发〔2023〕1号	中共太仓市委、太仓市人民政府关于2022年度综合考核暨作风效能建设工作情况的通报
2023年2月15日	太委发〔2023〕4号	中共太仓市委、太仓市人民政府、太仓市人民武装部关于2022年度武装工作先进单位和个人的通报
2023年2月15日	太委发〔2023〕5号	关于贯彻落实“敢为、敢闯、敢干、敢首创”在中国式现代化建设上作出引领示范的实施意见
2023年2月20日	太委发〔2023〕6号	中共太仓市委、太仓市人民政府关于2022年度农业农村工作先进单位和先进个人的通报
2023年3月21日	太委发〔2023〕9号	中共太仓市委、太仓市人民政府关于印发《太仓市关于加快推进农业产业现代化的实施意见》的通知

2023 年 3 月 24 日	太委发〔2023〕10 号	关于市委常委工作分工的通知
2023 年 3 月 31 日	太委发〔2023〕11 号	关于转发《太仓市人大常委会 2023 年度工作要点》的通知
2023 年 4 月 7 日	太委发〔2023〕13 号	关于转发《政协太仓市第十五届委员会常务委员会 2023 年工作要点》的通知
2023 年 4 月 28 日	太委发〔2023〕14 号	中共太仓市委、太仓市人民政府关于 2022 年度河湖长制暨高质量推进城乡生活污水治理工作先进集体、先进个人和优秀河长的通报
2023 年 6 月 21 日	太委发〔2023〕15 号	关于市商务局党组在 2022 年全国文明城市年度测评工作中履职不力问题的通报
2023 年 6 月 23 日	太委发〔2023〕16 号	中共太仓市委、太仓市人民政府关于印发《太仓市全面推进乡村振兴探索高水平率先基本实现农业农村现代化行动方案（2023—2025 年）》的通知
2023 年 7 月 18 日	太委发〔2023〕18 号	中共太仓市委、太仓市人民政府印发《关于深化质量强市建设的工作方案》的通知
2023 年 8 月 12 日	太委发〔2023〕19 号	关于深入学习贯彻习近平总书记对江苏工作重要讲话精神，在推进中国式现代化中走在前做示范高质量建设“现代田园城 幸福金太仓”的决定
2023 年 8 月 23 日	太委发〔2023〕20 号	中共太仓市委、太仓市人民政府关于印发《太仓市关于持续擦亮“5E · 太舒心”品牌，加快推进“五化协同”优化营商环境的实施方案》的通知
2023 年 9 月 6 日	太委发〔2023〕21 号	中共太仓市委、太仓市人民政府印发《关于推进基本养老服务体系高质量发展的实施意见》的通知
2023 年 9 月 22 日	太委发〔2023〕22 号	印发《关于深入开展学习贯彻习近平新时代中国特色社会主义思想主题教育实施方案》的通知
2024 年 12 月 28 日	太委发〔2023〕24 号	中共太仓市委、太仓市人民政府关于入选 2020—2022 年太仓市文明单位、文明村镇、文明社区、文明校园的通报

太仓市人民政府文件

2023 年 1 月 17 日	太政发〔2023〕1 号	关于分解落实 2023 年政府各项主要工作和民生实事项目的通知
2023 年 1 月 18 日	太政发〔2023〕2 号	关于部分副市长分工调整的通知
2023 年 1 月 18 日	太政发〔2023〕3 号	关于建立港产城一体化发展联席会议制度的通知
2023 年 1 月 31 日	太政发〔2023〕4 号	关于 2022 年度征兵工作先进单位和个人的通报
2023 年 2 月 9 日	太政发〔2023〕6 号	关于印发《太仓市市级政府投资项目集中建设管理办法（试行）》的通知
2023 年 2 月 13 日	太政发〔2023〕7 号	关于印发《太仓市推动存量空间自主更新推进载体高质量发展的指导意见（试行）》的通知
2023 年 2 月 18 日	太政发〔2023〕8 号	关于调整太仓市安全生产委员会组成人员的通知
2023 年 2 月 23 日	太政发〔2023〕9 号	关于授予 2022 年太仓市市长质量奖的决定
2023 年 3 月 3 日	太政发〔2023〕11 号	关于同意太仓港经济技术开发区承接海绵城市建设专项审批和验收备案事项的通知
2023 年 3 月 6 日	太政发〔2023〕12 号	关于确定 2022 年度第二批太仓科技领军人才的通知
2023 年 3 月 21 日	太政发〔2023〕13 号	关于公布行政规范性文件清理结果的通知
2023 年 3 月 24 日	太政发〔2023〕14 号	关于确定 2023 年太仓市级重大事故隐患“挂牌督办”整改单位的通知
2023 年 3 月 31 日	太政发〔2023〕15 号	关于印发《太仓市 2023 年重点项目清单》的通知
2023 年 5 月 8 日	太政发〔2023〕19 号	关于做好我市第五次全国经济普查工作的通知
2023 年 5 月 8 日	太政发〔2023〕20 号	关于调整市防汛抗旱指挥部组成人员的通知
2023 年 5 月 14 日	太政发〔2023〕21 号	关于印发《2023 年太仓市对德合作工作要点》的通知

2023 年 5 月 25 日	太政发〔2023〕22 号	关于胜利村 11—3 号被征收人殷冬泉（户）征地补偿安置决定的公告
2023 年 5 月 31 日	太政发〔2023〕23 号	关于印发《太仓市“信用便企”创新信用管理与服务试点工作实施方案（2023—2025 年）》的通知
2023 年 6 月 1 日	太政发〔2023〕25 号	关于印发《太仓市加快推进科技创新企业梯度培育的实施意见（试行）》的通知
2023 年 6 月 8 日	太政发〔2023〕26 号	关于下达 2023 年度市级政府投资项目计划的通知
2023 年 6 月 8 日	太政发〔2023〕27 号	关于认定桂盟投资（中国）有限公司等为太仓市第十批总部企业的决定
2023 年 6 月 16 日	太政发〔2023〕28 号	关于印发《太仓市级信息化项目管理办法（2023 年修订版）》的通知
2023 年 7 月 5 日	太政发〔2023〕30 号	关于印发《太仓市城市消防专项规划（2020—2035）》的通知
2023 年 7 月 19 日	太政发〔2023〕31 号	关于胜利村 17 号被征收人濮杏英（户）征地补偿安置决定的公告
2023 年 8 月 29 日	太政发〔2023〕33 号	关于印发《关于进一步完善对社会特殊群体实施社会保障政策扶持的意见》的通知
2023 年 9 月 5 日	太政发〔2023〕35 号	关于第三届“太仓慈善奖”评选结果的通报
2023 年 9 月 18 日	太政发〔2023〕36 号	关于印发《太仓市产业投资基金管理办法》的通知
2023 年 9 月 27 日	太政发〔2023〕37 号	关于确定 2023 年度第一批太仓科技领军人才的通知
2023 年 10 月 10 日	太政发〔2023〕39 号	关于印发《太仓市产业招商发展有限公司考核体系实施办法》的通知
2023 年 10 月 11 日	太政发〔2023〕40 号	关于公布太仓市第三批历史建筑的通知
2023 年 10 月 17 日	太政发〔2023〕41 号	关于公布太仓市设计暴雨强度公式及设计雨型的通知
2023 年 10 月 23 日	太政发〔2023〕42 号	关于调整市征兵领导小组成员的通知
2023 年 11 月 1 日	太政发〔2023〕43 号	印发《关于进一步加强和改进征兵工作的意见》的通知
2023 年 11 月 10 日	太政发〔2023〕44 号	关于成立太仓市产业基金管理委员会的通知
2023 年 11 月 23 日	太政发〔2023〕45 号	关于印发《太仓市加快推进气象高质量发展实施意见》的通知
2023 年 11 月 29 日	太政发〔2023〕46 号	关于禁止猎捕陆生野生动物的通告
2023 年 12 月 16 日	太政发〔2023〕48 号	关于成立太仓市国土空间规划委员会的通知
2023 年 12 月 28 日	太政发〔2023〕49 号	关于印发《太仓市海绵城市建设专项规划（修编）（2021—2035）》的通知
2023 年 12 月 28 日	太政发〔2023〕50 号	关于印发《太仓市推动对德合作产业发展若干政策》的通知
2023 年 12 月 29 日	太政发〔2023〕51 号	关于授予 2023 年太仓市市长质量奖的决定
2023 年 12 月 30 日	太政发〔2023〕52 号	关于认定如果新能源科技（江苏）股份有限公司等为太仓市第十一批总部企业的通知
2023 年 12 月 30 日	太政发〔2023〕53 号	关于印发《太仓市招商引资社会化专项激励实施办法》的通知
2023 年 12 月 30 日	太政发〔2023〕54 号	关于印发《关于推动太仓市金融更高质量服务实体经济的政策意见》的通知

中共太仓市委办公室文件

2023 年 1 月 14 日	太委办〔2023〕1 号	印发《关于加强新时代离退休干部党的建设工作的实施方案》的通知
2023 年 1 月 29 日	太委办〔2023〕2 号	市委办公室、市政府办公室关于建立重点工作专班的通知
2023 年 2 月 14 日	太委办〔2023〕4 号	市委办公室、市政府办公室关于成立撤县建市 30 周年暨对德合作 30 周年活动组委会和专项工作组的通知
2023 年 2 月 17 日	太委办〔2023〕6 号	市委办公室、市政府办公室关于做好 2023 年度全市党政领导干部定期接待群众来访工作的通知

2023年3月3日	太委办〔2023〕7号	市委办公室、市政府办公室关于调整娄江新城建设领导小组组成人员的通知
2023年3月7日	太委办〔2023〕8号	市委办公室、市政府办公室关于认真办理市十七届人大二次会议代表建议和市政协十五届二次会议提案的通知
2023年3月10日	太委办〔2023〕9号	市委办公室、市政府办公室关于印发《太仓市农民收入倍增计划实施方案》的通知
2023年3月10日	太委办〔2023〕10号	市委办公室、市政府办公室关于印发《太仓市2023年全面推进乡村振兴、加快高水平率先基本实现农业农村现代化工作要点》的通知
2023年3月14日	太委办〔2023〕11号	关于调整市领导挂钩社区创建工作分工的通知
2023年3月23日	太委办〔2023〕12号	市委办公室、市政府办公室关于开展太仓市撤县建市三十周年暨德企发展30年系列活动的通知
2023年2月16日	太委办〔2023〕13号	市委办公室、市政府办公室关于印发《苏州交投集团来太座谈会会议纪要》的通知
2023年3月30日	太委办〔2023〕14号	关于转发《太仓市关心下一代工作委员会2023年工作要点》的通知
2023年4月10日	太委办〔2023〕17号	关于建立市关工委成员单位联席会议制度的通知
2023年4月12日	太委办〔2023〕18号	印发《关于在全市各级党组织和广大党员干部中大兴调查研究的实施方案》的通知
2023年3月3日	太委办〔2023〕19号	市委办公室、市政府办公室关于印发《娄江新城建设领导小组会议纪要》的通知
2023年5月5日	太委办〔2023〕21号	关于印发《太仓市村（社区）党组织书记队伍“赋能提质”三年行动计划（2023—2025年）》的通知
2023年5月10日	太委办〔2023〕22号	市委办公室、市政府办公室关于印发《推动农文旅融合高质量发展打造长三角休闲旅游目的地城市三年行动计划（2023—2025）》的通知
2023年5月10日	太委办〔2023〕23号	市委办公室、市政府办公室关于印发《2023年太仓市生活垃圾分类工作行动方案》的通知
2023年5月11日	太委办〔2023〕24号	市委办公室、市政府办公室关于印发《2023年“治违靓景‘绣’美太仓”违法建设治理行动实施计划》的通知
2023年5月23日	太委办〔2023〕26号	市委办公室、市政府办公室关于印发《太仓市乡村建设行动实施方案》的通知
2023年2月7日	太委办〔2023〕28号	市委办公室、市政府办公室关于印发《撤县建市30周年暨对德合作30周年活动筹备会会议纪要》的通知
2023年3月4日	太委办〔2023〕29号	市委办公室、市政府办公室关于印发《专题调研文旅集团会议纪要》的通知
2023年5月13日	太委办〔2023〕31号	市委办公室、市政府办公室关于印发《专题研究港口重点物贸项目会议纪要》的通知
2023年6月19日	太委办〔2023〕32号	印发《关于贯彻落实〈关于加强和改进新时代市县政协工作的意见〉的实施意见》的通知
2023年5月15日	太委办〔2023〕33号	市委办公室、市政府办公室关于印发《专题研究全市教育工作会议纪要》的通知
2023年6月23日	太委办〔2023〕34号	市委办公室、市政府办公室关于印发《数字苏州建设太仓实施方案2023年工作要点》的通知
2023年5月8日	太委办〔2023〕35号	市委办公室、市政府办公室关于印发《调研智汇谷·科技创新园建设工作会议纪要》的通知
2023年6月25日	太委办〔2023〕36号	市委办公室、市政府办公室关于成立太仓市优化营商环境工作领导小组的通知

2023年6月28日	太委办〔2023〕37号	市委办公室、市政府办公室关于印发《太仓市2023年度东西部协作和对口支援工作要点》的通知
2023年6月29日	太委办〔2023〕38号	市委办公室、市政府办公室关于印发《市领导调研民营企业工作方案》的通知
2023年7月10日	太委办〔2023〕40号	转发市纪委监委《关于落实“四敢”要求推进风险报备的工作指引（试行）》的通知
2023年7月31日	太委办〔2023〕41号	关于召开中国共产党太仓市第十四届委员会第五次全体会议的通知
2023年8月17日	太委办〔2023〕42号	市委办公室、市政府办公室关于转发《太仓市打击治理电信网络诈骗犯罪“百日行动”方案》的通知
2023年8月24日	太委办〔2023〕44号	市委办公室、市政府办公室关于印发《太仓市推进长三角一体化发展、融入虹桥国际开放枢纽建设2023年工作要点》的通知
2023年8月25日	太委办〔2023〕45号	市委办公室、市政府办公室关于开展太仓市“慈善一日捐”活动的通知
2023年9月11日	太委办〔2023〕46号	印发《关于进一步激励广大干部在中国式现代化太仓新实践中担当作为的若干举措》的通知
2023年9月14日	太委办〔2023〕47号	市委办公室、市政府办公室关于下达2023年太仓市营职以下转业军官和政府安排工作退役士兵安置计划的通知
2023年9月15日	太委办〔2023〕48号	关于印发《贯彻落实市委十四届五次全会〈决定〉重点任务分工方案》的通知
2023年9月27日	太委办〔2023〕50号	市委办公室、市政府办公室关于2022年度（第二届）“太仓市优秀民营企业家”评选结果的通报
2023年9月26日	太委办〔2023〕51号	关于开展太仓市镇（区、街道）、市属国有企业党内政治生态监测评价与预警工作的通知
2023年9月28日	太委办〔2023〕52号	市委办公室、市政府办公室关于印发《太仓市国有企业高质量发展工作方案》的通知
2023年8月18日	太委办〔2023〕53号	市委办公室、市政府办公室关于印发《全市低空经济专题研究会议纪要》的通知
2023年9月28日	太委办〔2023〕54号	关于印发《关于深入开展学习贯彻习近平新时代中国特色社会主义思想主题教育的工作方案》的通知
2023年6月7日	太委办〔2023〕55号	市委办公室、市政府办公室关于印发《专题研究城市更新工作会议纪要》的通知
2023年11月11日	太委办〔2023〕56号	市委办公室、市政府办公室关于印发《太仓市民营经济高质量发展实施意见》的通知
2023年11月10日	太委办〔2023〕57号	市委办公室、市政府办公室印发《关于开展“千村万企、千家万户”大走访工作的实施方案》的通知
2023年11月29日	太委办〔2023〕61号	市委办公室、市政府办公室关于印发《关于进一步推动强市富民惠企在高质量发展上继续走在前列的行动方案》的通知
2023年8月26日	太委办〔2023〕62号	市委办公室、市政府办公室关于印发《娄江新城建设领导小组会议纪要》的通知
2023年12月4日	太委办〔2023〕63号	市委办公室、市政府办公室关于调整太仓市深化医药卫生体制改革领导小组的通知
2023年11月3日	太委办〔2023〕64号	市委办公室、市政府办公室关于印发《苏州港航集团来太座谈会会议纪要》的通知
2023年10月25日	太委办〔2023〕66号	市委办公室、市政府办公室关于印发《专题研究智汇谷开园筹备工作会议纪要》的通知
2023年12月1日	太委办〔2023〕67号	市委办公室、市政府办公室关于印发《娄江新城建设领导小组会议纪要》的通知

2023 年 12 月 20 日	太委办〔2023〕68 号	关于贾华栋、孙鸣洁等同志职务任免的通知
2023 年 12 月 26 日	太委办〔2023〕69 号	关于召开中国共产党太仓市第十四届委员会第六次全体会议的通知
2023 年 12 月 31 日	太委办〔2023〕70 号	市委办公室、市政府办公室关于印发《太仓市道路交通安全重点隐患路段“5510”整治工程实施方案》的通知
2023 年 12 月 29 日	太委办〔2023〕72 号	市委办公室、市政府办公室关于印发《调研城发集团会议纪要》的通知

太仓市人民政府办公室文件

2023 年 1 月 16 日	太政办〔2023〕1 号	关于印发《太仓市社会保障卡居民服务“一卡通”应用实施方案》的通知
2023 年 1 月 18 日	太政办〔2023〕2 号	关于征集 2023 年度太仓市政府重大行政决策项目的通知
2023 年 2 月 8 日	太政办〔2023〕4 号	关于印发《太仓市农贸市场改造提升三年行动方案》的通知
2023 年 2 月 10 日	太政办〔2023〕5 号	关于下达 2023 年农村河道疏浚任务的通知
2023 年 2 月 13 日	太政办〔2023〕6 号	关于成立太仓市农贸市场综合管理委员会的通知
2023 年 2 月 13 日	太政办〔2023〕7 号	关于印发《太仓市现代物贸产业创新集群发展专项政策（试行）》的通知
2023 年 2 月 18 日	太政办〔2023〕8 号	印发《关于市中医医院门急诊楼改扩建项目专题推进会议纪要》的通知
2023 年 2 月 22 日	太政办〔2023〕9 号	关于调整太仓市爱国卫生运动与健康促进委员会成员和成员单位职责分工的通知
2023 年 2 月 23 日	太政办〔2023〕10 号	关于印发《太仓市生态空间管控区域监督管理评估实施方案》的通知
2023 年 2 月 23 日	太政办〔2023〕11 号	关于印发《雅鹿集团风险协调会会议纪要》的通知
2023 年 2 月 28 日	太政办〔2023〕13 号	关于调整太仓市消防安全委员会组成人员的通知
2023 年 3 月 6 日	太政办〔2023〕14 号	关于制定《2023 年太仓市行政执法监督工作计划》的通知
2023 年 3 月 6 日	太政办〔2023〕15 号	关于印发《2023 年度市政府常务会议学法计划安排》的通知
2023 年 3 月 9 日	太政办〔2023〕16 号	关于印发《2023 年“3 · 15”国际消费者权益日活动方案》的通知
2023 年 3 月 9 日	太政办〔2023〕17 号	关于调整太仓市安全生产各专业委员会组成人员的通知
2023 年 3 月 13 日	太政办〔2023〕18 号	关于做好 2023 年全市清明祭扫工作的通知
2023 年 3 月 14 日	太政办〔2023〕19 号	关于调整市残疾人工作委员会成员的通知
2023 年 3 月 16 日	太政办〔2023〕20 号	关于 2022 年度太仓市金融业服务实体经济综合评价考核结果及先进单位的通报
2023 年 3 月 16 日	太政办〔2023〕21 号	关于 2022 年度太仓市数字人民币试点工作先进单位的通报
2023 年 3 月 20 日	太政办〔2023〕22 号	关于印发《太仓市加快推进政务服务标准化规范化便利化的工作方案》的通知
2023 年 3 月 21 日	太政办〔2023〕23 号	关于印发 2023 年太仓市政府行政规范性文件制定计划的通知
2023 年 3 月 22 日	太政办〔2023〕24 号	关于调整太仓市职业病防治工作领导小组的通知
2023 年 3 月 23 日	太政办〔2023〕25 号	关于成立太仓市政府投资项目集中建设领导小组的通知
2023 年 3 月 23 日	太政办〔2023〕26 号	关于印发《太仓市推动文化创意产业高质量发展三年行动计划（2023—2025 年）》的通知
2023 年 3 月 23 日	太政办〔2023〕27 号	关于印发《太仓市全域规划建设高标准农田近期实施方案》的通知
2023 年 3 月 24 日	太政办〔2023〕28 号	关于印发《太仓市污水处理资金管理办法（修订）》的通知
2023 年 3 月 24 日	太政办〔2023〕29 号	关于转发太仓市 2023 年度审计项目计划的通知

2023 年 3 月 27 日	太政办〔2023〕30 号	印发《关于促进汽车消费加快新能源汽车推广若干措施》的通知
2023 年 3 月 28 日	太政办〔2023〕31 号	关于加强农村道路交通安全工作的实施意见
2023 年 3 月 28 日	太政办〔2023〕32 号	关于公布 2021 年度太仓市工业企业资源集约利用综合评价结果的通知
2023 年 3 月 31 日	太政办〔2023〕33 号	关于调整太仓市高标准农田建设工作领导小组组成人员的通知
2023 年 4 月 12 日	太政办〔2023〕34 号	关于成立太仓市追赃挽损和清收清欠工作专班的通知
2023 年 4 月 12 日	太政办〔2023〕35 号	关于印发《太仓市促进知识产权、检验检测认证服务业发展三年行动计划（2023—2025 年）》的通知
2023 年 4 月 20 日	太政办〔2023〕36 号	关于成立太仓市道路交通安全管理委员会的通知
2023 年 4 月 22 日	太政办〔2023〕37 号	关于调整太仓市建筑垃圾（工程渣土）处置管理工作领导小组成员的通知
2023 年 4 月 24 日	太政办〔2023〕38 号	关于公布 2023 年度太仓市政府重大行政决策事项目录的通知
2023 年 4 月 27 日	太政办〔2023〕39 号	关于做好 2023 年政风行风热线电视访谈节目《相逢》栏目工作的通知
2023 年 5 月 5 日	太政办〔2023〕41 号	关于印发《2023 年城市管理重点工作任务实施方案》的通知
2023 年 5 月 5 日	太政办〔2023〕42 号	关于转发《太仓市 2022 年本级财政预算执行、决算草案及其他财政收支情况审计工作方案》的通知
2023 年 5 月 9 日	太政办〔2023〕43 号	关于开展重点行业领域安全生产风险专项整治巩固提升年行动的通知
2023 年 5 月 9 日	太政办〔2023〕44 号	关于印发《太仓市企业（项目）全生命周期管理平台管理办法》的通知
2023 年 5 月 14 日	太政办〔2023〕45 号	关于印发《太仓市太湖流域水环境综合治理规划（2021—2035 年）》的通知
2023 年 5 月 14 日	太政办〔2023〕46 号	关于印发《太仓市重点流域水生态环境保护“十四五”规划》的通知
2023 年 5 月 22 日	太政办〔2023〕47 号	关于成立太仓市第五次全国经济普查工作领导小组的通知
2023 年 5 月 25 日	太政办〔2023〕48 号	关于印发《太仓市创建江苏省城市管理示范市工作方案》的通知
2023 年 5 月 26 日	太政办〔2023〕49 号	关于调整太仓市气象防灾减灾工作领导小组的通知
2023 年 5 月 26 日	太政办〔2023〕50 号	关于调整太仓市国家节水型城市建设工作领导小组的通知
2023 年 5 月 30 日	太政办〔2023〕51 号	关于下达 2023 年幼儿园、中小学和职业类学校招生计划的通知
2023 年 5 月 30 日	太政办〔2023〕52 号	关于印发《2023 年太仓市产业创新集群和新兴服务业细分领域工作要点》的通知
2023 年 5 月 30 日	太政办〔2023〕53 号	关于转发《2023 年太仓市“外企服务月”实施方案》的通知
2023 年 5 月 30 日	太政办〔2023〕54 号	关于印发《太仓市着力提升城镇燃气本质安全水平三年行动方案》的通知
2023 年 5 月 31 日	太政办〔2023〕55 号	关于成立县级地区创新信用管理与服务试点“信用便企”服务工作领导小组的通知
2023 年 5 月 31 日	太政办〔2023〕56 号	关于研究苏州燃气集团出资设立太仓市液化气有限公司使用名事项专题会议纪要
2023 年 5 月 31 日	太政办〔2023〕57 号	关于调整太仓市推进数字人民币试点工作领导小组成员的通知
2023 年 6 月 1 日	太政办〔2023〕58 号	关于印发《太仓市大院大所高质量发展绩效评价管理办法（试行）》的通知
2023 年 6 月 1 日	太政办〔2023〕59 号	关于印发《太仓市科技创业孵化载体管理办法（试行）》的通知
2023 年 6 月 1 日	太政办〔2023〕60 号	关于印发《关于建立全市国有企业统一监管机制的办法》的通知
2023 年 6 月 6 日	太政办〔2023〕61 号	关于印发 2023 年太仓市法治政府建设工作要点的通知
2023 年 6 月 7 日	太政办〔2023〕62 号	关于分解下达太仓市 2023 年度城镇保障性安居工程、老旧小区改造目标任务的通知

2023 年 6 月 12 日	太政办〔2023〕64 号	关于印发《太仓市永久基本农田储备区划定使用办法（试行）》的通知
2023 年 6 月 13 日	太政办〔2023〕65 号	关于印发《太仓市全域规划建设高标准农田专项推进会会议纪要》的通知
2023 年 6 月 20 日	太政办〔2023〕67 号	关于印发《太仓市“十四五”时期“无废城市”建设实施方案》的通知
2023 年 6 月 21 日	太政办〔2023〕68 号	关于成立太仓市平安医院建设工作小组的通知
2023 年 6 月 27 日	太政办〔2023〕70 号	关于印发《太仓市江苏省知识产权建设示范县域工作方案（2023—2025 年）》的通知
2023 年 6 月 27 日	太政办〔2023〕71 号	关于印发《太仓市高端装备制造产业创新集群 2025 行动计划》的通知
2023 年 6 月 27 日	太政办〔2023〕72 号	关于印发《太仓市工业母机及工业软件产业创新集群 2025 行动计划》的通知
2023 年 6 月 27 日	太政办〔2023〕73 号	关于印发《太仓市汽车电子及汽车零部件产业创新集群 2025 行动计划》的通知
2023 年 6 月 27 日	太政办〔2023〕74 号	关于印发《太仓市专精特新企业培育三年行动方案（2023—2025）》的通知
2023 年 6 月 29 日	太政办〔2023〕75 号	关于成立太仓市推进商业秘密保护创新试点工作领导小组的通知
2023 年 7 月 4 日	太政办〔2023〕77 号	关于印发《太仓市突发环境事件应急预案》等 5 个预案的通知
2023 年 7 月 4 日	太政办〔2023〕78 号	市政府办公室、市财政局关于印发《太仓市人民政府办公室政府购买服务指导性目录》的通知
2023 年 7 月 5 日	太政办〔2023〕79 号	关于印发《太仓市行政规范性文件制定管理实施细则》的通知
2023 年 7 月 14 日	太政办〔2023〕80 号	关于印发《太仓市 2023 年交通沿线环境专项整治行动方案》的通知
2023 年 7 月 31 日	太政办〔2023〕81 号	关于印发《太仓市 2023 届农业委培生就业工作实施方案》的通知
2023 年 7 月 31 日	太政办〔2023〕82 号	关于研究高新区星都房产工抵房办证事宜专题会议纪要
2023 年 7 月 31 日	太政办〔2023〕83 号	关于印发《太仓市 2023 年农村人居环境整治提升集中攻坚行动方案》的通知
2023 年 8 月 1 日	太政办〔2023〕85 号	关于印发《太仓市无证建筑补充办证实施方案》的通知
2023 年 8 月 7 日	太政办〔2023〕86 号	关于印发《璜泾镇雅勤猪场迁建项目协调会会议纪要》的通知
2023 年 8 月 22 日	太政办〔2023〕87 号	关于公布太仓市行政许可事项清单（2023 年版）的通知
2023 年 8 月 24 日	太政办〔2023〕88 号	关于印发《太仓市特大暴雨城市防洪避险预案》的通知
2023 年 8 月 29 日	太政办〔2023〕91 号	关于印发《关于强化应急管理体系和能力建设的实施意见》的通知
2023 年 8 月 30 日	太政办〔2023〕92 号	关于成立太仓市“工业上楼”工作领导小组的通知
2023 年 9 月 1 日	太政办〔2023〕93 号	关于成立耕地占补平衡专项整治及永久基本农田划定成果核实处置工作领导小组的通知
2023 年 9 月 8 日	太政办〔2023〕94 号	关于成立超期未开发土地暨闲置土地处置工作领导小组的通知
2023 年 9 月 14 日	太政办〔2023〕96 号	印发《关于研究残疾人免费乘坐公共交通工具工作会议纪要》的通知
2023 年 9 月 15 日	太政办〔2023〕97 号	关于成立太仓市部级水稻绿色高产高效创建项目领导小组的通知
2023 年 9 月 21 日	太政办〔2023〕98 号	关于印发《太仓市政府投资农村绿化管养实施方案》的通知
2023 年 9 月 25 日	太政办〔2023〕99 号	关于印发《太仓市区域突发环境事件风险评估报告（2023 版）》的通知
2023 年 10 月 10 日	太政办〔2023〕100 号	关于印发太仓周至 2023 年东西部协作联席会议纪要的通知
2023 年 10 月 10 日	太政办〔2023〕101 号	关于印发《太仓市文旅产业贷款贴息项目管理办法（试行）》的通知

2023年10月10日	太政办〔2023〕102号	关于调整2023年度住房保障相关政策的通知
2023年10月13日	太政办〔2023〕103号	关于印发《太仓市农村生活垃圾分类就地处置工作奖补办法（2023年修订版）》的通知
2023年10月16日	太政办〔2023〕104号	关于印发《2023年太仓市深化“一网通办”改革工作要点》的通知
2023年10月19日	太政办〔2023〕107号	关于建立太仓市古镇古村保护工作联席会议制度的通知
2023年10月21日	太政办〔2023〕108号	印发《关于研究医保部分公共服务外包专题会议纪要》的通知
2023年10月23日	太政办〔2023〕109号	转发《关于深入推进计量工作的实施意见及任务分工方案》的通知
2023年10月30日	太政办〔2023〕110号	关于印发《太仓市逐步把永久基本农田全部建成高标准农田实施方案（2023—2035年）》的通知
2023年11月7日	太政办〔2023〕111号	关于印发《太仓市重点场所“瓶改管”“瓶改电”补贴方案》的通知
2023年11月10日	太政办〔2023〕112号	关于成立太仓市智慧多功能杆建设管理领导小组的通知
2023年11月13日	太政办〔2023〕113号	关于印发《太仓市公平竞争审查工作重大政策措施会审制度（试行）》的通知
2023年11月14日	太政办〔2023〕114号	关于印发《太仓市现代商业高质量发展三年行动计划（2023—2025）》的通知
2023年11月24日	太政办〔2023〕116号	关于调整社会救助和困境儿童保障标准的通知
2023年12月7日	太政办〔2023〕118号	关于印发《关于创新“乐活老龄”模式构建“幸福生活共同体”的实施意见》的通知
2023年12月11日	太政办〔2023〕119号	关于印发《关于支持太仓大学科技园打造长三角大学生创新创业首选地的若干措施》的通知
2023年12月14日	太政办〔2023〕120号	关于印发太仓市行政执法突出问题专项整治行动实施方案的通知
2023年12月15日	太政办〔2023〕121号	关于印发《关于研究沪武高速（G15）改扩建工程涉及城市绿地占用与树木补偿工作会议纪要》的通知
2023年12月15日	太政办〔2023〕122号	关于印发太仓市国土空间规划委员会工作规则的通知
2023年12月19日	太政办〔2023〕123号	关于赵丽等同志职务任免的通知
2023年12月23日	太政办〔2023〕124号	关于下达2024年农村河道疏浚任务的通知
2023年12月25日	太政办〔2023〕125号	关于成立太仓市推动化工园区高质量发展领导小组的通知
2023年12月29日	太政办〔2023〕126号	关于印发《太仓市科创载体高质量发展指导意见》的通知
2023年12月29日	太政办〔2023〕127号	关于印发《太仓市城市地下道路突发事件应急预案》《太仓市城市道路突发塌陷事件应急预案》和《太仓市城市桥梁应急预案》的通知
2023年12月30日	太政办〔2023〕128号	关于印发《太仓市人力资源与教育培训服务业高质量发展三年行动计划（2023—2025年）》的通知

（市委办、市政府办）

统计表格

表121　2019—2023年太仓市国民经济和社会发展主要指标一览表

指标	单位	2019年	2020年	2021年	2022年	2023年
年末户籍人口	万人	50.17	51.05	52.59	53.30	54.25
其中非农业人口	万人	37.36	38.89	40.63	41.52	—
年末常住人口	万人	72.12	83.11	83.90	84.36	84.80
地区生产总值（当年价格）	亿元	1324.97	1386.09	1574.05	1653.57	1734.94
第一产业	亿元	32.59	26.96	23.98	24.21	24.33
第二产业	亿元	651.10	666.53	782.38	812.12	813.97
第三产业	亿元	641.29	692.60	767.69	817.24	896.64
农业总产值	亿元	59.09	48.6	44.31	43.94	44.11
工业总产值	亿元	2838.02	3033.19	3387.94	3529.22	—
其中规模以上工业总产值	亿元	2376.18	2504.53	2942.64	3112.93	3212.26
全社会固定资产投资	亿元	402.59	468.59	501.54	478.62	553.43
其中房地产开发投资	亿元	187.62	216.54	220.77	212.88	194.33
财政收入（预算内）	亿元	504.47	506.75	569.22	518.09	452.74
其中公共财政预算收入	亿元	162.97	171.12	190.03	177.82	189.42
财政支出（预算内）	亿元	365.92	402.27	398.19	390.56	308.28
其中公共财政预算支出	亿元	143.22	151.06	167.56	178.92	183.72
金融机构存款余额	亿元	1610.64	1867.10	2030.69	2417.55	2742.88
其中住户存款余额	亿元	669.74	761.21	856.85	1051.22	1219.95
金融机构贷款余额	亿元	1581.73	1851.64	2167.86	2583.94	2993.72
跨境收入	亿美元	77.60	76.76	107.24	105.05	—
跨境支出	亿美元	95.36	102.76	116.42	106.27	—
城镇居民人均可支配收入	元	68204	70592	76733	79265	82639
农村居民人均可支配收入	元	35198	37521	41446	43725	46462
全社会客运量	万人次	2645	1867	379	307	384
全社会旅客周转量	亿人千米	10.67	6.19	2.20	1.69	2.12
全社会货运量	万吨	1914	2101	2573	2512	2795
全社会货物周转量	亿吨千米	34.06	50.38	70.69	113.67	167.57
港口航线	条	209	211	216	217	—
港口货物吞吐量	万吨	21586	21606	24325	26554	27542
港口集装箱吞吐量	万标箱	515.2	521.2	703.79	802.59	803.91
全社会用电量	亿千瓦小时	105.17	103.86	115.07	105.6	112.10
其中工业用电量	亿千瓦小时	84.35	82.66	90.17	78.78	82.24
社会消费品零售总额	亿元	363.15	425.04	510.47	510.78	548.83

续表 121

指标	单位	2019 年	2020 年	2021 年	2022 年	2023 年
进出口总额	亿美元	133.57	133.35	170.87	165.94	152.77
其中出口总额	亿美元	63.64	63.36	92.70	89.66	82.85
注册外资及港澳台资	亿美元	11.21	19.46	24.07	23.61	11.35
实际使用外资及港澳台资	亿美元	4.56	8.15	9.39	5.56	5.34
高等职业技术学院数	个	1	1	1	1	1
高等职业技术学院在校学生数	人	6778	8810	9557	10659	11562
普通中学数	个	19	19	19	20	22
普通中学在校学生数	人	24401	25418	27022	28633	31194
小学数	个	39	39	39	39	40
小学在校学生数	人	50730	52265	54154	54444	56182
医疗卫生机构数	个	291	298	315	323	331
其中医院、卫生院	个	29	29	29	28	23
医疗卫生机构床位数	张	4081	4335	5096	5128	4530
其中医院、卫生院	张	3317	3371	3422	3296	3277
医疗卫生机构人员数	人	6989	7299	7912	7031	6883
其中卫生技术人员	人	5555	5638	6171	5372	5703

说明：1.2019 年起，"外汇收入""外汇支出"调整为"跨境收入""跨境支出"

2. "—"表示 2023 年起相关数据不再统计

（市统计局）

表 122 2023 年太仓市人口统计表

单位：人

镇（区）街道	派出所	户籍人口	暂住人口	实有人口	常住人口	暂住半年以上的流动人口
城厢镇	城西派出所	49699	51385	101084	90933	41234
	城中派出所	37842	14679	52521	50241	12399
	金仓湖派出所	7921	6079	14000	13179	5258
科教新城	科教新城派出所	25443	18839	44282	39158	13715
沙溪镇	沙溪派出所	74038	56417	130455	122555	48517
	岳王派出所	12121	12401	24522	21863	9742
浏河镇	浏河派出所	55852	51701	107553	98852	43000
	边防派出所	0	0	0	0	0
双凤镇	双凤派出所	31508	41081	72589	66059	34551
璜泾镇	璜泾派出所	42470	32947	75417	69032	26562
浮桥镇	港区派出所	30354	45961	76315	68346	37992
	金浪派出所	20497	11755	32252	30800	10303
	浏家港 派出所	22643	28041	50684	47224	24581
娄东街道	高新区派出所	88599	42829	131428	124939	36340
	板桥派出所	17605	43585	61190	51677	34072
陆渡街道	陆渡派出所	25859	35185	61044	53078	27219
合计		542451	492885	1035336	947936	405485

（市公安局）

表123　2023年太仓市户籍人口及其变动统计表

镇（区）街道	年末总户数（户）	年末总人口（人）									本年度人口变动（人）									
		合计	城镇人口	乡村人口	性别		年龄				出生			死亡			迁入		迁出	
					男	女	0~17岁	18~34岁	35~59岁	60岁以上	合计	男	女	合计	男	女	省内迁入	省外迁入	迁往省内	迁往省外
城厢镇	34665	95462	93112	2350	45179	50283	19182	16182	36626	23472	495	249	246	808	432	376	723	2013	60	267
娄东街道	37776	106204	106204	0	51057	55147	27993	19228	42739	16244	748	388	360	477	258	219	623	1396	91	453
浏河镇	19758	55852	41850	14002	26247	29605	8663	8874	20115	18200	253	137	116	620	331	289	466	1579	37	172
沙溪镇	28250	86159	44993	41166	40549	45610	10101	12334	30442	33282	345	173	172	1125	579	546	532	1727	22	103
科教新城	8847	25443	25443	0	12063	13380	5770	4537	9822	5314	174	83	91	143	69	74	231	493	49	93
陆渡街道	6982	25859	19025	6834	12051	13808	3261	5399	9397	7802	131	74	57	253	132	121	353	1472	27	159
双凤镇	10130	31508	16157	15351	15033	16475	2563	4281	12182	12482	80	52	28	437	228	209	115	430	6	35
璜泾镇	13783	42470	24300	18170	20288	22182	2191	5304	14661	20314	114	55	59	690	345	345	52	203	15	29
浮桥镇	24851	73494	55366	18128	34688	38806	7154	9505	24733	32102	247	128	119	1079	560	519	368	1431	15	103
合计	185042	542451	426450	116001	257155	285296	86878	85644	200717	169212	2587	1339	1248	5632	2934	2698	3463	10744	322	1414

（市公安局）

表 124　2023 年太仓市媒体报道题录一览表（部分）

序号	日期	文章（新闻）标题	刊发（报道）媒体
1	2023 年 1 月 4 日	江苏"包机出海"抢订单　推动新项目落地生根	中国中央电视台
2	2023 年 1 月 6 日	稳订单　拓市场　增信心	中国中央电视台
3	2023 年 1 月 10 日	江苏太仓：一条高速公路见证下的"生产复苏"	中国中央电视台
4	2023 年 1 月 10 日	稳经济　促发展　强信心 · 活力中国	中国中央电视台
5	2023 年 1 月 10 日	市场回暖　中国经济加速恢复	中国中央电视台
6	2023 年 1 月 11 日	江苏太仓港：出口货运繁忙　运输车排队进场	中国中央电视台
7	2023 年 1 月 12 日	江南小城缘何成为中小外资企业集聚地	中国中央电视台
8	2023 年 1 月 12 日	在外商投资热情中感知中国吸引力	中国中央电视台
9	2023 年 1 月 17 日	江苏：新年运车忙　太仓港整车出口夜间"不打烊"	中国中央电视台
10	2023 年 1 月 17 日	"内卷"的招商局长们：出国招商就是要解决外资疑虑	《中国新闻周刊》
11	2023 年 1 月 18 日	江苏太仓港：新年运车忙　整车出口持续增长	中国中央电视台
12	2023 年 1 月 28 日	新闻联播——推动高水平对外开放　为世界提供新机遇	中国中央电视台
13	2023 年 2 月 1 日	为什么是江苏太仓？	《决策杂志》
14	2023 年 2 月 1 日	招揽"城市合伙人"携手共赢！太仓新年首场招商会在沪举行	《新民晚报》
15	2023 年 2 月 1 日	939 亿元！太仓亮出年度招商成绩单	《文汇报》
16	2023 年 2 月 11 日	沪武高速公路太仓至常州段扩建工程开工	中国中央电视台
17	2023 年 2 月 11 日	江苏太仓：全球最大集装箱货轮开启试航旅程	中国中央电视台
18	2023 年 2 月 13 日	娄东大地涌动"敢""干"激情	《苏州日报》
19	2023 年 2 月 13 日	太仓：全力护航保障重大项目　确保早开工快推进	苏州电视台
20	2023 年 2 月 17 日	太仓创新推进基层党员冬训"理论大餐"滋养干事创业精气神	《新华日报》
21	2023 年 2 月 27 日	把脉长三角港口群高质量发展　全国物流行业专家齐聚太仓	新华网
22	2023 年 2 月 28 日	苏沪两地联合举行船舶防污染演习	中国中央电视台
23	2023 年 2 月 28 日	Foreign investors ramp up investment in China	中国国际电视台
24	2023 年 3 月 1 日	苏沪两地联合举行船舶防污染演习	中国中央电视台
25	2023 年 3 月 1 日	"嘉温昆太"四地新的社会阶层人士代表齐聚太仓　助推产业链优势互补融合并进	《新华日报》
26	2023 年 3 月 1 日	在希望的田野上奋力耕耘	《新华日报》
27	2023 年 3 月 1 日	Taicang on the rise since joining Hongqiao open hub	《上海日报》
28	2023 年 3 月 1 日	紧挨着上海的设在县级市的港口，集装箱吞吐量在全球能排到 25 名，它还不满足	《解放日报》
29	2023 年 3 月 3 日	江苏百余名全国人大代表赴京，带着这些民生关切	《中国青年报》
30	2023 年 3 月 4 日	江苏太仓高新区娄江新城来沪推介	《人民日报》
31	2023 年 3 月 7 日	中国拼经济的"卷王"为什么是他？	《中国新闻周刊》
32	2023 年 3 月 12 日	叩问太仓：幸福是什么	《半月谈》
33	2023 年 3 月 14 日	新华视界：江苏太仓港口运输忙	新华社

续表 124

序号	日期	文章（新闻）标题	刊发（报道）媒体
34	2023 年 3 月 15 日	太仓撤县建市 30 周年 | 太仓“驶”入上海	《解放日报》
35	2023 年 3 月 17 日	新华视界：江苏太仓德企生产忙	新华社
36	2023 年 3 月 21 日	2023 年太仓三级重点项目 183 个　总投资 1643.2 亿元	新华网
37	2023 年 3 月 21 日	金融服务助推高质量发展，太仓推出总投资超 1600 亿元重点项目安排	澎湃新闻
38	2023 年 3 月 21 日	太仓撤县建市 30 周年 | 太仓港：打开一座城，与世界相遇	《解放日报》
39	2023 年 3 月 22 日	18 个项目授信金额达 330 亿元，太仓以高质量金融服务助推发展	《现代快报》
40	2023 年 3 月 23 日	同心同“德”30 年——探寻中德合作的“太仓密码”	《参考消息》
41	2023 年 3 月 23 日	根在德国　花开彼岸　“弹簧大王”结缘江南水乡	《参考消息》
42	2023 年 3 月 23 日	“速度”：产业发展动力学——解析中国式现代化的“太仓样本”（上）	《苏州日报》
43	2023 年 3 月 23 日	太仓撤县建市 30 周年 | 太仓，在德国比在中国有名	《解放日报》
44	2023 年 3 月 23 日	太仓撤县建市 30 周年：数读三十年　创新中前进	苏州电视台
45	2023 年 3 月 24 日	太仓“城商协作”提升城市品质	《新华日报》
46	2023 年 3 月 24 日	“节点”：下海出洋开放观——解析中国式现代化的“太仓样本”（中）	《苏州日报》
47	2023 年 3 月 24 日	太仓撤县建市 30 周年：数读三十年　协调以致远	苏州电视台
48	2023 年 3 月 25 日	太仓撤县建市 30 周年：数读三十年　绿色绘未来	苏州电视台
49	2023 年 3 月 26 日	太仓撤县建市 30 周年：数读三十年　开放创新局	苏州电视台
50	2023 年 3 月 27 日	新华全媒 +| 卫星新闻——50 万米高空看太仓	新华社
51	2023 年 3 月 27 日	Taicang ideal option for business	《中国日报》
52	2023 年 3 月 27 日	寻路太仓——县域经济高质量发展样本观察	《新华每日电讯》
53	2023 年 3 月 27 日	“幸福”：安居乐业实践论——解析中国式现代化的“太仓样本”（下）	《苏州日报》
54	2023 年 3 月 27 日	太仓撤县建市 30 周年：数读三十年　共享幸福城	苏州电视台
55	2023 年 3 月 28 日	江苏国产全球最大装箱量集装箱船拖带出江	中国中央电视台
56	2023 年 3 月 28 日	全球连线 | 根在德国　花开太仓	新华社
57	2023 年 3 月 28 日	太仓：砥砺奋进三十年　壮志满怀开新篇	《新华日报》
58	2023 年 3 月 28 日	太仓迎来撤县建市暨深耕对德合作 30 周年　拼出“太仓速度”，打造开放示范	《新华日报》
59	2023 年 3 月 28 日	太仓市撤县建市三十周年暨德企发展 30 年大会举行	《苏州日报》
60	2023 年 3 月 28 日	太仓撤县建市 30 周年 | “小确幸”以“太仓速度”拥抱“大未来”	《解放日报》
61	2023 年 3 月 28 日	太仓召开撤县建市三十周年暨德企发展 30 年大会，续写“金太仓”的新篇章	《现代快报》
62	2023 年 3 月 29 日	汽车出口持续增长　港口满负荷运转仍然“车等船”	中国中央电视台
63	2023 年 3 月 29 日	太仓撤县建市三十周年大会举行　671 亿元项目集中签约	新华网
64	2023 年 3 月 29 日	30 年成就一个“德企之乡”，江苏太仓举办撤县建市三十周年大会	《人民日报》
65	2023 年 3 月 29 日	江苏太仓撤县建市三十周年暨德企发展 30 年大会召开	《光明日报》
66	2023 年 3 月 29 日	太仓发展再添新动力　总投资 671.38 亿元 45 个项目签约	《中国日报》
67	2023 年 3 月 29 日	太仓举办撤县建市三十周年暨德企发展 30 年大会	《中国日报》
68	2023 年 3 月 29 日	三十而立　矢志跨越	《苏州日报》

续表 124

序号	日期	文章（新闻）标题	刊发（报道）媒体
69	2023 年 3 月 29 日	太仓市撤县建市三十周年暨德企发展 30 年大会隆重召开！	《扬子晚报》
70	2023 年 3 月 30 日	Taicang celebrates 30th anniversary	《中国日报》
71	2023 年 3 月 30 日	江苏太仓撤县建市 30 周年大会召开　671 亿元项目签约	《中国青年报》
72	2023 年 3 月 30 日	太仓撤县建市 30 周年｜“务实创新”的太仓，如何汇聚发展势能？	《解放日报》
73	2023 年 3 月 31 日	太仓港建成全国沿江码头首个进口海鲜暂养池	中国中央电视台
74	2023 年 3 月 31 日	太仓撤县建市 30 周年：人物三十年　邢高前：踏浪江海　筑梦未来	苏州电视台
75	2023 年 4 月 1 日	太仓撤县建市 30 周年：人物三十年　王文英：悦纳百川　播撒希望	苏州电视台
76	2023 年 4 月 2 日	人到苏州必有为　才聚太仓更幸福	《中国青年报》
77	2023 年 4 月 3 日	Discovering Taicang, home to German enterprises in China	新华社
78	2023 年 4 月 4 日	Feature: Entdeckungsreise in die Heimat deutscher Unternehmen inChina	新华网
79	2023 年 4 月 4 日	大中小一体化学生发展指导论坛在江苏太仓举行	《光明日报》
80	2023 年 4 月 4 日	太仓撤县建市 30 周年｜城市如何让生活更美好？有一种答案叫太仓	《解放日报》
81	2023 年 4 月 6 日	Strong performance of China-EU business cooperation	中国国际电视台
82	2023 年 4 月 6 日	太仓撤县建市 30 周年｜“精致”的太仓，“跑者”无疆	《解放日报》
83	2023 年 4 月 7 日	太仓撤县建市 30 周年：人物三十年　斯坦姆：我是太仓的一部分	苏州电视台
84	2023 年 4 月 8 日	全国竞走大奖赛第 2 站在太仓举行	新华网
85	2023 年 4 月 11 日	太仓撤县建市 30 周年｜“金太仓”铺开“绿画卷”	《解放日报》
86	2023 年 4 月 11 日	太仓撤县建市 30 周年：人物三十年　冯瑞兴：耕耘希望田野　助力乡村振兴	苏州电视台
87	2023 年 4 月 12 日	当娄东文化“邂逅”德式风情——“走读中国·走进太仓”外国博主太仓行举行	新华网
88	2023 年 4 月 12 日	江苏太仓“人才号”扬帆起航多方聚力打造青年人才“强磁场”	《中国青年报》
89	2023 年 4 月 17 日	千万数币大放送！太仓购车补贴来了	新华社
90	2023 年 4 月 17 日	江苏太仓：耐克中国物流中心建成“风光一体化”零碳智慧园区	新华社
91	2023 年 4 月 18 日	吹响人才汇聚“集结号”太仓赴湖南岳阳招才	新华社
92	2023 年 4 月 20 日	2023 商用航空发动机国际论坛在太仓开幕	新华网
93	2023 年 4 月 21 日	活力夜中国　灯火长江口·江苏太仓港　开局首季集装箱吞吐量同比增长 23.7%	中国中央电视台
94	2023 年 4 月 21 日	China wages rooftop "green war" against climate change	新华社
95	2023 年 4 月 21 日	农文旅融合　太仓旅游文化美食节开幕	新华网
96	2023 年 4 月 21 日	中德合作的“太仓模式”	《中国新闻周刊》
97	2023 年 4 月 21 日	市长带队“抢外资”	《中国新闻周刊》
98	2023 年 4 月 21 日	“吃住玩购赏”要素齐全！2023 太仓旅游文化美食节今启幕	《新民晚报》
99	2023 年 4 月 23 日	“吃住玩购赏”样样俱全！太仓旅游有了新玩法！	新华社
100	2023 年 4 月 25 日	全国钓鱼锦标赛江苏太仓站落幕	中国中央电视台
101	2023 年 4 月 25 日	“县”在出发丨太仓的“快慢”和幸福	中国中央电视台
102	2023 年 4 月 28 日	我在德企当学徒	中国国际广播电台
103	2023 年 4 月 28 日	太仓，国家级认证！	新华社
104	2023 年 4 月 28 日	太仓：“五五购物节”来啦，走起！逛起！买起！	新华社

续表 124

序号	日期	文章（新闻）标题	刊发（报道）媒体
105	2023 年 4 月 28 日	太仓最大老旧小区这样“重获新生”	《新华日报》
106	2023 年 4 月 29 日	苏州加速市域一体化　7 大项目集中开工	江苏卫视
107	2023 年 4 月 30 日	新闻联播——“五一”假期消费出游市场大幅升温	中国中央电视台
108	2023 年 4 月 30 日	五一假期·消费　餐饮消费市场活力十足	中国中央电视台
109	2023 年 4 月 30 日	在上海虹桥站遇见幸福金太仓　开启“春游太仓　玩转幸福”之旅	《新华日报》
110	2023 年 5 月 5 日	江苏太仓首创产业用地生态投入“竞价”	《人民日报》
111	2023 年 5 月 11 日	以发展集聚人才　以人才引领发展	江苏卫视
112	2023 年 5 月 15 日	太仓撤县建市 30 周年：人物三十年　顾振其：跑好接力棒　做好一件事	苏州电视台
113	2023 年 5 月 17 日	太仓启动党建惠企服务先锋行动　点燃发展“红色引擎”	《新华日报》
114	2023 年 5 月 18 日	点燃红色引擎！“海棠花红　暖商护商”党建惠企服务先锋行动启动！	新华社
115	2023 年 5 月 18 日	太仓加码基金招商　各类基金今年已投当地项目 27 个	《证券时报》
116	2023 年 5 月 21 日	小城里的学徒新风	中国中央电视台
117	2023 年 5 月 21 日	Mentally disabled embrace new life in China's charitable workshop	新华社
118	2023 年 5 月 22 日	他们积极生活的样子需要被更多人看见	新华社
119	2023 年 5 月 25 日	苏州为何成外籍人才创业热土	《经济日报》
120	2023 年 6 月 2 日	太仓：乘风而上逐梦蔚蓝	《苏州日报》
121	2023 年 6 月 5 日	新闻联播——全国麦收过四成	中国中央电视台
122	2023 年 6 月 6 日	江苏太仓　在希望的田野上·三夏　种养循环绿色低碳助力粮食增产	中国中央电视台
123	2023 年 6 月 6 日	粽游太仓　雅趣一夏，太仓在虹桥站举办端午非遗文化快闪	《中国日报》
124	2023 年 6 月 7 日	太仓“三大举措”助力民营经济高质量发展	新华网
125	2023 年 6 月 9 日	逐梦蓝天，头等“仓”御风起航	《新华日报》
126	2023 年 6 月 11 日	当一座江南小城“迷上”航空航天	财联社
127	2023 年 6 月 12 日	内河航运一线调研：多式联运“联”出新速度	中国中央电视台
128	2023 年 6 月 15 日	太仓市委书记汪香元：走好幸福金太仓的乡村善治路	《群众杂志》
129	2023 年 6 月 17 日	一线调研·小港口“成长记”	中国中央电视台
130	2023 年 6 月 21 日	European tool distributor hails China's market and business environment	中国国际电视台
131	2023 年 6 月 21 日	推动生物医药产业做大做强！太仓这场大会释放重要信号	新华社
132	2023 年 6 月 21 日	太仓：三十而立同心同德　美美与共“双向奔赴”	新华网
133	2023 年 6 月 21 日	江苏“太仓日”第 15 次走进德国	《中国青年报》
134	2023 年 6 月 21 日	德国足球教练到江苏县级市的中学带队伍	《解放日报》
135	2023 年 6 月 21 日	太仓：开创对德合作下一个“黄金 30 年”	《苏州日报》
136	2023 年 6 月 22 日	剧透！这个夏天，太仓乡村又有新玩法！	新华社
137	2023 年 6 月 22 日	青年发展型城市建设试点巡礼·亮点聚焦苏州：建设温暖的青春之城	《中国青年报》
138	2023 年 6 月 22 日	江苏太仓：足球为媒　连接对德合作	《中国青年报》
139	2023 年 6 月 22 日	“太仓日”第 15 次走进德国　太仓持续担当中德地方合作“先行者”	《参考消息》

续表 124

序号	日期	文章（新闻）标题	刊发（报道）媒体
140	2023 年 6 月 24 日	Taicang aims to deepen relations with Germany	《中国日报》
141	2023 年 6 月 25 日	守好良田护“粮仓”	中国中央电视台
142	2023 年 6 月 27 日	太仓致力于打造中德合作示范区	《参考消息》
143	2023 年 6 月 29 日	双向奔赴结硕果而立之年再出发　太仓探索全方位对德合作新模式	《参考消息》
144	2023 年 6 月 30 日	“太”爱才，人才“仓”扬帆起航	《新华日报》
145	2023 年 7 月 3 日	这所中专缘何“登上”联合国教科文组织报告	《中国青年报》
146	2023 年 7 月 5 日	德国中小企业希望继续在华投资	《参考消息》
147	2023 年 7 月 11 日	长江首个船员党群服务中心成立　2023 年中国航海日庆祝活动启动	江苏卫视
148	2023 年 7 月 19 日	江苏　太仓港上半年汽车出口量创新高	中国中央电视台
149	2023 年 7 月 21 日	Catering industry in China embraces smart technologies to enhance quality and scope of services	中国国际电视台
150	2023 年 7 月 22 日	新闻联播——上半年我国制造业转型升级态势明显	中国中央电视台
151	2023 年 7 月 24 日	江苏太仓：摩托车突发自燃　居民及时处置	中国中央电视台
152	2023 年 7 月 24 日	江苏太仓发挥资源优势，增强服务能力全链条创新孵化体系助企成长	《人民日报》
153	2023 年 7 月 24 日	太仓周至山海情跨千里：东西协作结出“金果果”	江苏卫视
154	2023 年 8 月 2 日	太仓市集中力量做好 4 篇文章　推动产业能级和城市能级新跃升	《苏州日报》
155	2023 年 8 月 9 日	中欧（太仓）绿色数字创新合作区碳中和试点项目启动	江苏卫视
156	2023 年 8 月 11 日	我国电动载人汽车出口量增长明显	中国中央电视台
157	2023 年 8 月 12 日	中欧（太仓）绿色数字创新合作区碳中和试点项目启动	《苏州日报》
158	2023 年 8 月 17 日	新闻联播——沪宁沿江高铁今起试运行	中国中央电视台
159	2023 年 8 月 17 日	一个“嘉昆太”，万亿增长极　长三角毗邻区一体化发展观察	《新华每日电讯》
160	2023 年 8 月 18 日	“第一战略”加速实施，“港口、港区、港城”三位一体的协同联动格局加速构建，太仓港产城一体化的“路线图”“规划图”逐渐变成“施工图”“实景图”——一座枢纽城的一体化演变	《苏州日报》
161	2023 年 8 月 18 日	太仓：港产城“一体化”发展　加快建成港口型国家物流枢纽城市	苏州电视台
162	2023 年 8 月 22 日	太仓：发挥临沪优势　打造融入上海桥头堡	苏州电视台
163	2023 年 8 月 23 日	从项目招引到产业链嵌入，从“点状对接”到“块状融入”，从内联到外融，太仓擦亮“上海下一站、下一站上海”城市标识——“同城圈”的入局与变局	《苏州日报》
164	2023 年 8 月 26 日	太仓加快推进以经贸为重点的全方位对德合作——做好对外开放“系统工程”	《苏州日报》
165	2023 年 8 月 27 日	太仓：擦亮“德企之乡”金字招牌　铸就对德合作示范标杆	苏州电视台
166	2023 年 8 月 28 日	江苏“苏青驿站”：打造大学生求职就业“温暖第一站”	《中国青年报》
167	2023 年 8 月 31 日	海铁联运助力中国制造登船出海　苏州太仓港打开汽车出口新通道	江苏卫视
168	2023 年 9 月 1 日	江苏太仓：地库车辆突发自燃　热心居民扑灭火情	中国中央电视台
169	2023 年 9 月 3 日	了不起的工程 · 中国港丨　江苏太仓港	中国中央电视台
170	2023 年 9 月 3 日	太仓从幸福“城市”走向幸福“城乡”，打造生产生活生态不分彼此的空间形态——幸福城市“进化论”	《苏州日报》
171	2023 年 9 月 4 日	全力打造城乡和美幸福地　不断擦亮“幸福金太仓”名片	苏州电视台

续表 124

序号	日期	文章（新闻）标题	刊发（报道）媒体
172	2023 年 9 月 8 日	从“换位”到“升维”——太仓营商生态顶层设计新观察（上）	《苏州日报》
173	2023 年 9 月 12 日	太仓：擦亮“德企之乡”金字招牌　打造中德合作的典范	江苏卫视
174	2023 年 9 月 13 日	长江口的经济“洋流”	《解放日报》
175	2023 年 9 月 14 日	太仓全面推进幸福河湖群建设　力争把生态比较优势转化为发展领先优势	《新华日报》
176	2023 年 9 月 15 日	一流营商环境为高质量发展蓄势聚力　来太仓，太舒心	《新华日报》
177	2023 年 9 月 15 日	良法善治托起商事“天平”——太仓营商生态顶层设计新观察（中）	《苏州日报》
178	2023 年 9 月 18 日	江苏太仓优化营商环境赋能企业发展	新华社
179	2023 年 9 月 19 日	“2023 年企业家幸福感最强市（区）”调查结果发布	新华社
180	2023 年 9 月 19 日	企业家最具幸福感城市！苏州、太仓上榜	《新华日报》
181	2023 年 9 月 19 日	太仓速度的底气和追求	《解放日报》
182	2023 年 9 月 20 日	企业代表为“2023 企业家幸福感最强市（区）”主官颁奖	新华社
183	2023 年 9 月 20 日	“2023 年企业家幸福感最强市（区）”调查结果发布	新华社
184	2023 年 9 月 20 日	“2023 年企业家幸福感营商对话暨制造业立市苏州论坛”举行	《中国日报》
185	2023 年 9 月 20 日	蝉联榜首，企业家在太仓找到幸福答案	《解放日报》
186	2023 年 9 月 20 日	“企业家幸福感最强市（区）”榜单发布，太仓何以蝉联榜首？	《证券时报》
187	2023 年 9 月 22 日	全民“嗨啤”！太仓啤酒节今晚开幕！	新华社
188	2023 年 9 月 22 日	来太仓，呷啤酒！	新华社
189	2023 年 9 月 22 日	晒秋｜江苏太仓：一人一机百亩田！你“慧”种田吗？	新华网
190	2023 年 9 月 23 日	2023 年第十八届太仓罗腾堡啤酒节开幕	《中国日报》
191	2023 年 9 月 25 日	无人继承的房屋	中国中央电视台
192	2023 年 9 月 26 日	这片农田不一般　探索苏州太仓现代农业的奥秘	新华网
193	2023 年 9 月 26 日	“上海—太仓”长三角旅游直通车开通	新华网
194	2023 年 9 月 26 日	今天，太仓在江尾海头开启一场文旅盛宴！	《扬子晚报》
195	2023 年 9 月 26 日	江尾海头开启文旅盛宴！太仓打造农文旅新地标	江苏卫视
196	2023 年 9 月 26 日	2023 年江苏—德国经贸合作交流会在太仓召开	中国新闻网
197	2023 年 9 月 27 日	长三角—北德，携手共促新能源发展！	《新华日报》
198	2023 年 9 月 27 日	太仓浏河打造农文旅融合自然村落，聚力乡村振兴发展	澎湃新闻
199	2023 年 9 月 28 日	江苏太仓：沪宁沿江高铁首趟列车抵达太仓站	中国中央电视台
200	2023 年 9 月 28 日	构建交通骨架打通全域旅游“任督二脉”　太仓：全域皆景　全域可游	《新华日报》
201	2023 年 9 月 28 日	外籍网红打卡太仓　体验德企之乡与江南水乡“双面绣”魅力	《苏州日报》
202	2023 年 9 月 28 日	长三角联动　三省一市自贸区打造高质量区域市场	第一财经
203	2023 年 9 月 29 日	2023 年太仓市农文旅金秋季系列活动开幕暨七十二家理想村开园活动举行	《中国日报》
204	2023 年 9 月 29 日	2023 年长三角—北德地方合作论坛在太仓举行	《中国日报》
205	2023 年 9 月 29 日	一场金秋嗨购盛宴在太仓启幕　3000 户商家让利超 2000 万元	《新华日报》
206	2023 年 9 月 29 日	长三角—北德地方合作论坛举行　激活新能源领域合作活力	《扬子晚报》

续表 124

序号	日期	文章(新闻)标题	刊发(报道)媒体
207	2023年10月1日	全球连线丨这个江南小城,与慕尼黑啤酒节"神同步"	新华社
208	2023年10月7日	江苏 中欧班列有接续 "一带一路"添动能	中国中央电视台
209	2023年10月7日	解码太仓	《瞭望东方周刊》
210	2023年10月7日	德企之乡,三十而立	《瞭望东方周刊》
211	2023年10月7日	"港产城"蓄积城市新势能	《瞭望东方周刊》
212	2023年10月7日	从"营商"到"宜商"——专访太仓市委书记汪香元	《瞭望东方周刊》
213	2023年10月8日	在这座小城,企业家感到幸福	《半月谈》
214	2023年10月8日	双元、接轨和全赛道超车——太仓营商生态顶层设计新观察(下)	《苏州日报》
215	2023年10月8日	太仓:打造"太舒心"营商环境 赋能高质量发展	江苏卫视
216	2023年10月11日	乡村行 看振兴丨产业发展打造美丽乡村	中国中央电视台
217	2023年10月11日	Taicang a "role model" for China-Germany cooperation	《中国日报》
218	2023年10月13日	江苏太仓:电梯超员引发故障 消防员救出22人	中国中央电视台
219	2023年10月13日	"一带一路"为什么行?要从这位"宝藏船长"说起……	《中国日报》
220	2023年10月14日	中国日报"新时代大讲堂"苏州开讲 中外青年共话"一带一路"青春力量	《中国日报》
221	2023年10月16日	Taicang celebrates Tianfei Palace's 900th anniversary	《中国日报》
222	2023年10月16日	来太仓 滑雪!家门口滑雪的愿望终于实现啦!	江苏卫视
223	2023年10月19日	Xinhua Headlines: A Chinese county-level city packed with German enterprises	新华社
224	2023年10月21日	乡村行·看振兴丨江苏太仓:鱼米之乡展现新貌	新华社
225	2023年10月21日	千帆竞发 太仓港跃居全球集装箱港口第22名	江苏卫视
226	2023年10月22日	太仓加速推进全域旅游体系建设	中国新闻网
227	2023年10月26日	深化对德合作 产教协同发展——2023年中德(太仓)教育与产业合作交流大会在江苏太仓召开	《光明日报》
228	2023年11月3日	第七届中德环境论坛在江苏太仓举行	《中国青年报》
229	2023年11月6日	"若没有中国,将无法遏制这一危机"	《参考消息》
230	2023年11月7日	党建引领和美田园 太仓多措并举推进乡村振兴	新华网
231	2023年11月7日	太仓打好党建"引领牌" 奏响乡村"振兴曲"	《新华日报》
232	2023年11月7日	"海棠花红 和美田园",太仓市党建引领乡村振兴提升工程推进仪式举行	《现代快报》
233	2023年11月8日	chill一下! 走,去太仓滑"阿尔卑斯"的雪	《新华日报》
234	2023年11月8日	太仓阿尔卑斯国际度假区开业,上演炫丽建筑光影秀!	苏州电视台
235	2023年11月9日	太仓阿尔卑斯国际度假区开业	新华社
236	2023年11月9日	打造休闲旅游新地标 太仓阿尔卑斯国际度假区开业	江苏卫视
237	2023年11月10日	新闻联播——全国秋粮收购超4000万吨	中国中央电视台
238	2023年11月10日	加码新能源汽车 舍弗勒太仓制造基地启用	《中国工业报》
239	2023年11月11日	江苏 记者观察:太仓种粮"三变"	中国中央电视台
240	2023年11月11日	深入一线解难题 为高质量发展注入新动能	江苏卫视

续表 124

序号	日期	文章（新闻）标题	刊发（报道）媒体
241	2023 年 11 月 13 日	太仓启动党建引领乡村振兴提升工程	江苏卫视
242	2023 年 11 月 17 日	16 个航空航天产业链重点项目落户太仓	《中国工业报》
243	2023 年 11 月 17 日	太仓深化新时代“政社互动”实践，打造社区幸福生活共同体“典范社区”擦亮幸福底色	《新华日报》
244	2023 年 11 月 18 日	新闻联播——中国冰雪经济持续升温　释放发展“热效应”	中国中央电视台
245	2023 年 11 月 22 日	这些暖心故事③——爱心早餐	《光明日报》
246	2023 年 11 月 24 日	太仓：以直播经济带动好物实力出圈	新华网
247	2023 年 11 月 24 日	推动太仓品牌实力出圈　长三角直播电商太仓选品推介会举行	江苏卫视
248	2023 年 11 月 26 日	一路有缘·老马识途	中国中央电视台
249	2023 年 11 月 27 日	推动“三新”党员主题教育走深走实	《中国青年报》
250	2023 年 11 月 29 日	新闻联播——我国产业链现代化水平持续提升	中国中央电视台
251	2023 年 11 月 30 日	太仓　江海共此卷　“大写意”下描绘精细“工笔画”	《解放日报》
252	2023 年 12 月 4 日	江苏太仓——推动智能制造发展	《经济日报》
253	2023 年 12 月 6 日	多地发放购房补贴　“花式”补贴新政齐发　多地发力激活住房消费需求	中国中央电视台
254	2023 年 12 月 6 日	走遍中国丨走进诗画太仓	中国中央电视台
255	2023 年 12 月 8 日	江苏省太仓市创新开展区域新时代文明实践工作	《精神文明导刊》
256	2023 年 12 月 9 日	江苏太仓　拓展便民利企服务举措　优化涉外营商环境	中国中央电视台
257	2023 年 12 月 10 日	“县”在出发丨宝藏太仓	中国中央电视台
258	2023 年 12 月 10 日	为高质量发展一路护航　苏州开展重大项目集中服务月活动	江苏卫视
259	2023 年 12 月 11 日	扎实推进高质量发展　优化转型稳外贸	中国中央电视台
260	2023 年 12 月 12 日	中国外贸“新三样”今年出口规模快速增长	中国中央电视台
261	2023 年 12 月 15 日	江苏　太仓港迎汽车出口高峰　今年将突破 40 万辆	中国中央电视台
262	2023 年 12 月 15 日	让企业找到“加油站”遇见“娘家人”	《苏州日报》
263	2023 年 12 月 15 日	太仓把“以实为要”贯穿主题教育始终	《苏州日报》
264	2023 年 12 月 15 日	“无门槛”享 5 万元资助，“小气候”蕴藏创业大空间	《解放日报》
265	2023 年 12 月 16 日	大学生来创业就直接给 5 万元？长三角抢人大战升级	第一财经
266	2023 年 12 月 16 日	Taicang ramps up support for college entrepreneurs	《上海日报》
267	2023 年 12 月 19 日	太仓来沪招揽高校青年人才	《文汇报》
268	2023 年 12 月 19 日	“最美家乡河”七浦塘，藏着鱼米之乡的幸福密码	《现代快报》
269	2023 年 12 月 21 日	这片新景区名叫“金太仓”	《苏州日报》
270	2023 年 12 月 22 日	新“县”象调研报告——江苏太仓市：“最幸福城市”的幸福秘诀	江苏卫视
271	2023 年 12 月 24 日	中国新闻——新闻观察：中国冰雪经济“热”起来	中国中央电视台
272	2023 年 12 月 27 日	太仓市委副书记、市长徐华东：产业为基　增强高水平对外开放内生动力	《群众杂志》

（市委宣传部）

说 明

一、本索引依照国家标准《索引编制规则（总则）》GB/T22466—2008的相关规则编制。

二、本索引以类目、分目、副分目、子目、条目和随文图片、图表等标题为对象，大部分选用主题词。设“主题索引”“随文图片索引”和“图表索引” 3个分目，内容按标题首字的汉语拼音字母顺序排列，同音字按声调排列，声调相同则按下一字的音序排列，依次类推。

三、主题词后的数字表示所在页码，数字后的字母a、b、c分别表示版面的第1栏、第2栏、第3栏。类目标题用黑体表示，分目、副分目、子目、条目标题用宋体表示。

四、为便于读者检索，在太仓的企事业单位和在太仓发生的事件的名称，除易产生歧义外，均省略“太仓”二字。

主题索引

E

F

G

H

J

K

S

T

W

X

Y

Z

随文图片索引

A

B

C

D

R

S

T

W

X

Y

图表索引

J

K

L

M

N

Q

R

S

T

W

X

Y

Z

《太仓年鉴（2024）》审稿人、撰稿人名单

（排名不分先后）

审稿人名单

丁湖海	万芬奇	马　良	王　伟	王　辛	王　益	王　霄	王　燕
王文华	王伟刚	王孝红	王宏宾	王国祥	王晓红	王娴敏	王雪春
王维峰	毛义明	毛剑峰	仇　君	方　雷	方海宁	卢东亮	叶　伟
叶丽花	白　斌	印亚瑜	包小亮	包燕珍	冯瑞兴	朱　慧	朱弇菁
朱晓峰	朱煜伟	刘　海	刘　菊	刘天恺	江芝才	池　骋	许　昕
许　晋	孙　峰	孙方金	芮　萌	严　枫	严　浩	李云汉	杨伟东
杨琴洁	何　进	汪　峰	汪倩倩	沈向东	沈国民	张　忠	张　健
张　震	张云东	张永生	张永强	张振新	张莹玮	张跃忠	陆　江
陆晓清	陈　凯	陈　颖	陈一天	陈卫平	陈伟峰	陈芬千	陈顺香
林长永	林立彬	郁颖珠	周　平	周　纯	周　栋	周　骏	周卫兵
周文杰	周淑亚	郑　洁	胡　敏	胡志奇	胡雪峰	柳　婷	秦　昊
夏　钧	顾　卫	顾　强	顾玉麒	顾技峰	顾建康	顾晓春	顾晓峰
顾益新	顾新华	徐　正	徐　进	徐　彬	徐　勤	徐向明	徐志刚
徐国锋	徐明珠	高雪峰	高震宇	郭　磊	郭亚萍	唐海望	桑文元
黄卫东	黄建刚	黄浩忠	龚期林	彭　亮	储伯标	童　刚	游　洋
蔡　健	戴锦明						

撰稿人名单

丁志刚	马　帅	马一玮	马玲玲	王　青	王　莉	王　超	王　雯
王　晶	王　蕾	王天允	王由西	王雨伟	王春鹰	王晓晨	王竟宇
王雅茹	王歆怡	王慧敏	牛春艳	方云青	邓文斌	叶林军	包丽诗
匡荧茏	邢友来	邢莉萍	成　波	吕晓华	朱　琪	朱云倩	朱予成
朱奕露	朱雪斐	朱琳媛	伍紫君	任春艳	全春兰	刘　佳	刘　源
刘培艺	刘寅卉	孙　晔	寿　芸	苏莲花	杜彦奇	李　睿	李艳芳
李晓红	杨志栋	杨丽燕	时海炜	吴可菲	邹　瑾	邹佳莹	闵　靓
沈晨宇	宋　健	张　丽	张　悦	张　超	张　燕	张　懿	张文贝
张永斌	张严严	张姝敏	张曼娜	陆　燕	陆方舟	陆玖庆	陆春蕾
陆骊晨	陆梦朕	陈　虹	陈　晨	陈　雯	陈　源	陈婧雯	陈颖兰
邵　赟	部渺苗	环素珍	林　玲	岳逸夫	金　蕾	金庆苏	金宇超
周　斌	周　婷	周之帆	周孙冬	周晓露	居丽莉	胡　笛	胡佳莉
施燕秋	费希强	姚丽丽	姚秋红	秦茜茜	夏　玥	夏　雯	夏一凡
顾颖啸	钱　健	徐　垠	徐诗铭	徐莉莉	奚艳萍	翁嘉伟	凌佳南
高　颖	高中亚	郭国坤	唐　怡	唐文洁	陶陵夏	曹　敏	曹诗雨
章昌健	蒋晓晨	蒋喜桔	程　勇	程广建	舒中亚	童　帅	曾　英
曾亚萍	廖君吉	谭华舟	缪玉婷	戴新刚	瞿　晨		